D1573559

HANDBUCH DER
GESCHICHTE DER EVANGELISCHEN KIRCHE IN BAYERN

HANDBUCH DER GESCHICHTE DER EVANGELISCHEN KIRCHE IN BAYERN

Zweiter Band
1800–2000

Herausgegeben von

GERHARD MÜLLER, HORST WEIGELT
UND WOLFGANG ZORN

EOS VERLAG ERZABTEI ST. OTTILIEN

Redaktion: Nora Andrea Schulze

Titelbild: Johannes Schreiter, Rothenburg ob der Tauber, Evangelisch-lutherische Franziskanerkirche, Fenster nach dem Sonnengesang des Franz von Assisi (1997–1999); vgl. S. 551, Anm. 73

Die Deutsche Bibliothek – CIP-Einheitsaufnahme

Handbuch der Geschichte der evangelischen Kirche in Bayern / hrsg. von Gerhard Müller, Horst Weigelt, Wolfgang Zorn. – St. Ottilien : EOS-Verl.
  Bd. 2. 1800–2000. - (2000)
  ISBN 3-8306-7042-7

© by EOS Verlag Erzabtei St. Ottilien – 2000
Gesamtherstellung: EOS Druckerei, D-86941 St. Ottilien

INHALTSVERZEICHNIS

Vorwort		IX
Abkürzungen		XIII
Literatur		XXVII
V.	**Evangelische Kirche im Königreich Bayern**	1
V.1	Die Entstehung der evangelischen Landeskirche und die Entwicklung ihrer Verfassung (1806–1918) *Von Hartmut Böttcher*	1
V.2	Von der Spätaufklärung und der Erweckungsbewegung zum Neuluthertum (bis 1870) *Von Rudolf Keller*	31
V.3	Politik und Kirche (bis 1914) *Von Werner K. Blessing*	69
V.4	Kirchliches Leben und Frömmigkeit 1806–1918 *Von Reinhold Friedrich*	97
V.5	Die Erlanger Theologie 1870–1918 *Von Friedrich Wilhelm Graf*	121
V.6	Kirchlich-theologische Entwicklungen 1870–1918 Konsistorial- und Synodalgeschichte *Von Manfred Seitz*	137
V.7	Die Kirche vor der Herausforderung der Industrialisierung *Von Wolfgang Zorn*	149
V.8	Evangelisches Vereinswesen und Anfänge der Inneren Mission *Von Hannelore Braun*	163
V.9	Kirche und Kunst *Von Peter Poscharsky*	177
V.10	Musik *Von Walter Opp, Friedhelm Brusniak, Hermann Fischer, Theodor Wohnhaas und Bernhard Klaus*	185
V.11	Erster Weltkrieg und Revolution 1918/19 *Von Werner K. Blessing*	203

VI.	Die evangelische Kirche in Bayern von der Weimarer Republik bis zum Ende des Zweiten Weltkrieges	211
VI.1	Neuordnung der Evangelisch-Lutherischen Landeskirche und ihres Verhältnisses zum Staat *Von Hans-Peter Hübner*	211
VI.2	Kirchliches Leben und Frömmigkeit *Von Reinhold Friedrich*	233
VI.3	Theologische Strömungen *Von Friedrich Wilhelm Graf*	249
VI.4	Kirche, Politik, Wirtschaft und Gesellschaft *Von Wolfgang Zorn*	271
VI.5	Vereine und Jugendarbeit	281
VI.5.1	Innere Mission und evangelisches Vereinswesen *Von Hannelore Braun*	281
VI.5.2	Evangelische Jugendarbeit *Von Ulrich Schwab*	291
VI.6	Nationalsozialistische Herrschaft *Von Carsten Nicolaisen*	297
VI.7	Kirche und Kunst *Von Peter Poscharsky*	331
VI.8	Musik *Von Walter Opp, Hermann Fischer, Theodor Wohnhaas und Bernhard Klaus*	339
VII.	Kontinuität und Neubeginn seit 1945	355
VII.1	Nachkriegsprobleme	355
VII.1.1	Vergangenheitsbewältigung *Von Björn Mensing*	355
VII.1.2	Vom Flüchtling zum Neubürger Die Integration der Flüchtlinge und Vertriebenen *Von Helmut Baier*	363
VII.2	Rechtsfragen	377
VII.2.1	Neue Verfassungs- und Verwaltungsstrukturen *Von Hans-Peter Hübner*	377

VII.2.2	Rechts- und Bildungswesen Von Hartmut Böttcher	395
VII.3	Kirche, Politik, Gesellschaft und Wirtschaft Von Wolfgang Zorn	407
VII.4	Kirchliche Publizistik Von Paul Rieger	415
VII.5	Diakonie und Mission Von Barbara Städtler-Mach	439
VII.6	Kirchliches Leben Von Manfred Seitz	455
VII.7	Frauen in der Kirche Von Dorothea Vorländer und Gudrun Diestel	477
VII.8	Theologische Strömungen Von Joachim Track	493
VII.9	Kirchliche Zusammenschlüsse Von Gerhard Müller	509
VII.10	Ökumenische Entwicklungen und interreligiöse Kontakte Von Michael Martin	525
VII.11	Kirche und Kunst Von Peter Poscharsky	541
VII.12	Musik Von Christine Jahn, Peter Bubmann, Michael Lochner, Hermann Fischer, Theodor Wohnhaas und Bernhard Klaus	553
VIII.	**Die Evangelisch-Reformierte Kirche in Bayern** Von Alasdair I.C. Heron	575
IX.	**Evangelische Freikirchen** Von Hartmut Hövelmann	587

Anhang: Sondergemeinschaften Von Wolfgang Behnk	597
Farbabbildungen	611
Nachweis für die Farbabbildungen	627
Nachweis für die Karten und Bilder	627

Personen- und Ortsregister sowie Sach- und Stichwortverzeichnis 629

Verzeichnis der Mitarbeiterinnen und Mitarbeiter 661

VORWORT

Bereits vor fünfundzwanzig Jahren erwog Gerhard Pfeiffer eine neue evangelische Kirchengeschichte Bayerns. Das war naheliegend. Denn Matthias Simon hatte zwar die »Evangelische Kirchengeschichte Bayerns« gut informierend und leicht lesbar dargestellt, aber dieses Werk war bereits vierzig Jahre vorher erarbeitet und in seiner zweiten Auflage 1952 nicht wesentlich verändert worden. Inzwischen hatte aber die sozialgeschichtliche Methode die geistesgeschichtliche Fragestellung ergänzt und war die Territorialforschung erheblich vorangeschritten und detaillierter geworden.

Auch Claus-Jürgen Roepkes Darstellung »Die Protestanten in Bayern« (1972) machte den gehegten Plan nicht überflüssig. Hatte Roepke doch selbst erklärt, er habe »nicht an eine zusammenhängende, alle Regionen und alle Epochen der geschichtlichen Entwicklung umfassende Arbeit gedacht.« Vielmehr sollte »ein Lesebuch ... entstehen, ... allgemein verständlich abgefaßt.« Das ist ihm vorzüglich gelungen, machte aber im Grunde eine neue Gesamtdarstellung umso dringlicher, in der auch die Geschichte des Christentums in Bayern vor der Reformation angemessen berücksichtigt ist. Sind im Mittelalter doch wesentliche theologische, frömmigkeitsgeschichtliche und verfassungsmäßige Elemente erarbeitet worden oder zustande gekommen, die die evangelische Christenheit in Bayern erheblich beeinflußt haben.

In den achtziger Jahren hat sich der Verein für bayerische Kirchengeschichte für eine Gesamtdarstellung des Christentums in Bayern ausgesprochen. Durch sie sollten das Nebeneinander der verschiedenen Kirchen, ihre unterschiedliche und auch ihre gemeinsame Rezeption mittelalterlichen Erbes, ihre Auseinandersetzungen und Annäherungen synchron behandelt werden. Das erwies sich aber leider nicht als realisierbar. Deshalb erschien das von Walter Brandmüller herausgegebene dreibändige »Handbuch der bayerischen Kirchengeschichte« 1991 bis 1999 für sich. Der Herausgeber hat deutlich formuliert, daß darunter »eine Geschichte der katholischen Kirche im Raum des heutigen Bayern verstanden« wird. Zeitweise war daran gedacht, eine evangelische Kirchengeschichte in einem vierten Folgeband zu behandeln. Aber Eigenständigkeit gegenüber dieser ekklesiologischen Konzeption erschien als sachgemäßer. Deswegen wurde von uns ein Werk geplant, das in demselben Verlag wie die Geschichte der römisch-katholischen Kirche in Bayern erscheint, das auch diese Darstellung voraussetzt und berücksichtigt, das aber nicht darauf verzichtet, die evangelische Christenheit in Bayern in ihrer Gesamtheit darzustellen.

Was beide Werke miteinander verbindet, ist der geographische Bezug: Auch wir verstehen unter »Bayern« den heutigen Freistaat, behandeln also Territorien, die im Verlauf der Jahrhunderte ganz unterschiedlich strukturiert und politisch verschieden verbunden waren. Unter der »evangelischen Kirche« werden nicht nur die Evangelisch-Lutherische und die Reformierte Kirche in Bayern verstanden, sondern auch andere Gruppen, wie beispielsweise radikale Gemeinschaften während der Reformationszeit in Bayern. Auch auf die evangelischen Freikirchen wird eingegangen. Wir verstehen dies als einen Beitrag zur Geschichte der gesamten Christenheit in Bayern, denn Ökumene beschränkt sich nicht auf die Beziehungen zwischen lutherischer und römisch-katholischer Kirche. Selbst »Sondergemeinschaften« werden nicht ausgespart – nicht um diese als »evangelisch« in Anspruch zu nehmen, sondern um im Gegenteil zu zeigen, wie weit diese gegebenenfalls von dem, was von der Arbeitsgemeinschaft Christlicher Kirchen (ACK) als christlich definiert wird, entfernt sind. Aber es erschien uns angemessen, die Evangelischen in Bayern nicht aus theologischen oder aus pragmatischen Gründen isoliert darzustellen. Allerdings liegt das Schwergewicht gerade in diesem zweiten Band auf der Evangelisch-Lutherischen Kirche in Bayern, sind doch ihre Entstehung und ihre Entwicklung gerade in dem hier zu behandelnden Zeitraum erfolgt.

Während im ersten Band dieses Handbuchs die Geschichte der evangelischen Kirche in Bayern von ihren Anfängen bis zum Ende des 18. Jahrhunderts behandelt werden soll, widmet sich der vorliegende Band nur einem Zeitraum von zweihundert Jahren. Das hat mehrere Gründe. Einmal wächst der weitaus größte Teil der Evangelischen in Bayern erst jetzt zu einer einzigen Kirche zusammen, die ein eigenes Profil gewinnt und die einen wichtigen Bestandteil der lutherischen Christenheit in der Welt wie auch der evangelischen Kirchen in Deutschland bildet. Zum anderen hat die Erforschung der neueren Kirchengeschichte – erinnert sei nur an die Zeit des nationalsozialistischen Regimes oder an die Jahre nach dem Zweiten Weltkrieg – während der letzten Jahrzehnte große Aufmerksamkeit und auch eine erhebliche Intensivierung erfahren. Deren Ergebnisse sollten knapp referiert werden. Schließlich führt die Darstellung bis zur Gegenwart, was bei weit zurückgreifenden historischen Werken eher ungewöhnlich ist. Aber wir wollten uns nicht scheuen, auch erst kurz zurückliegende Vorgänge zu benennen, obwohl mangels nötiger Distanz hier geschichtliche Darstellung und Beurteilung sehr problematisch sind. Aber die Vorteile gewichten wir stärker als die Schwierigkeiten: Wenn immer möglich, soll den Lesern erforderliche Information vermittelt und ein Einstieg in weitere Arbeit offen gehalten werden.

Das Erscheinen des »Handbuchs der Geschichte der evangelischen Kirche in Bayern« (HGEKB) beginnt mit dem zweiten Band. Zwar hatten wir zunächst natürlich die Gesamtplanung erarbeitet. Aber schnell wurde deutlich, daß die Darstellung in einem einzigen Band zu umfangreich geworden wäre. Aus praktischen Gründen werden es deswegen zwei. Wir konzentrierten uns zunächst auf die Neuzeit, weil die Aussicht, am Ende dieses Jahrhunderts wirklich die neuere Kirchengeschichte vorlegen zu können, zu verlockend war.

Wir hoffen, daß das Handbuch die Möglichkeit bietet, sich einen Einstieg in die geschichtlichen Vorgänge zu verschaffen. Die Benutzer sollen nicht über alles erschöpfend Auskunft erhalten, sondern es soll ihnen ein Überblick über möglichst viele Themen ermöglicht werden. Den an Einzelheiten interessierten Leserinnen und Lesern wird durch Quellen- und Literaturhinweise die Weiterarbeit ermöglicht. Auch auf Lücken in der Forschung wird hingewiesen.

Es versteht sich von selbst, daß die Autorinnen und Autoren um Einheitlichkeit und Geschlossenheit der Gesamtdarstellung bemüht waren. Gleichwohl sind unterschiedliche Akzentsetzungen und Wertungen unübersehbar, die die Verfasserinnen und Verfasser selbst verantworten. Die Unterschiede spiegeln die Vielfalt der unterschiedlichen Zugänge, Ansätze und Sichtweisen. Die Herausgeber haben hier bewußt nicht glättend eingegriffen.

Bei der Gliederung der Literatur haben wir uns an das Spindlersche »Handbuch der bayerischen Geschichte« angelehnt. Man findet also vor den Darstellungen ein Literaturverzeichnis, in dem lediglich aufgeführt ist, was in mehreren Kapiteln zitiert oder benutzt worden ist. Die Abkürzung »(B)« verweist auf diese für den ganzen Band gültige Zusammenstellung. Vor jedem Kapitel wurde weitere Literatur für die folgenden Ausführungen zusammengestellt. In den Anmerkungen wurde diese Literatur abgekürzt und durch »(K)« auf die am Anfang der Ausführungen bibliographisch genannten Titel hingewiesen. Gelegentlich ist auch am Anfang von Teilkapiteln wichtige Literatur genannt worden. Auf diese Angaben macht in den Anmerkungen das Siglum »(T)« aufmerksam. Detailquellen oder -forschungen werden darüber hinaus in den Anmerkungen vollständig zitiert und ermuntern zur Weiterarbeit. Die Beiträge sind – so hoffen wir – so formuliert, daß alle, die das Buch zur Hand nehmen, davon Nutzen haben können.

Gegenüber vergleichbaren Werken war uns die Integration von Kunst und Musik in dieses Handbuch wichtig. In Kunst und Musik manifestieren sich bekanntlich Glaube und Frömmigkeit in vielfacher Weise. Das ist im Hinblick auf die evangelische Kirchenmusik unbestritten. Trotzdem gerät dies bei kirchenhistorischen Darstellungen leicht aus dem Blick. Das wollten wir vermeiden. Auch die Kunst ist vom evangelischen Glauben beeinflußt worden. Wir hielten es deswegen für unerläßlich, auch sie in unsere Darstellung zu integrieren. Ausgewählte Abbildungen sollen den Bänden Anschauung vermitteln. Mit Ausnahme der Abschnitte VII.1.2 und IX. wurden in diesen Band Bilder und Photos mit ihren Legenden durch die Herausgeber eingefügt. Anspruch auf künstlerische Qualität oder relative Vollständigkeit ist damit nicht verbunden.

Dieses Werk entstand aufgrund einer Anregung des Landeskirchenrates der Evangelisch-Lutherischen Kirche in Bayern. Die Vorgeschichte dieses Vorhabens ließ vor allem Herrn Oberkirchenrat Hans Schwager nicht ruhen, bis er uns als Herausgeber gewonnen hatte. Unsererseits danken wir für die finanzielle Unterstützung, die uns die Evangelisch-Lutherische Kirche in Bayern zukommen ließ und läßt. Dies gilt nicht zuletzt für die Beauftragung der wissenschaftlichen Mitarbeiterin Frau Nora Andrea Schulze durch den Landeskirchenrat, die die Redaktion gewissenhaft und erfolgreich durchgeführt hat.

Dem Verlag danken wir für eine reibungslose Zusammenarbeit, besonders seinem Leiter Pater Walter Sedlmeier OSB.

Allen Autorinnen und Autoren, die sich unserer Bitte um Mitarbeit nicht verschlossen haben, danken wir. Da sich die Forschung in viele Details begeben hat, hielten wir es für geboten, nach Möglichkeit diejenigen um eine Darstellung zu bitten, die sich in den entsprechenden Arbeitsgebieten bereits wissenschaftlich ausgewiesen haben. Sie mußten oft andere Arbeiten zurückstellen, um unserem Wunsch nach möglichst rascher Abgabe der Texte entsprechen zu können.

Selbstverständlich war die Erstellung der einzelnen Beiträge nicht ohne die Mithilfe von Bibliotheken und Archiven möglich. Da nicht alle einzeln genannt werden können, sei hier stellvertretend dem Landeskirchlichen Archiv Nürnberg mit seinem Leiter, Archivdirektor Dr. Helmut Baier, und für die Bibliotheken der Staats- und Stadtbibliothek Augsburg mit ihrem Ltd. Bibliotheksdirektor Dr. Helmut Gier Dank gesagt.

Wir hoffen, daß die Arbeiten am ersten Band, die seit geraumer Zeit begonnen haben, zügig weitergehen und daß durch sein Erscheinen möglichst bald das Gesamtwerk abgeschlossen werden kann.

Erlangen, Bamberg und Augsburg, 31. Dezember 1999

Gerhard Müller – Horst Weigelt – Wolfgang Zorn

ABKÜRZUNGEN

AaO/aaO	am angegebenen Ort
A.B.	Augsburgischen Bekenntnisses [bei Kirchen]
Abb.	Abbildung(en)
Abh.	Abhandlung(en)
ABlB	Amtsblatt für die protestantische Landeskirche des Königreichs Bayern rechts des Rheins. München 1 (1914) – 5 (1918, Nr. 34)
	Amtsblatt für die protestantische Landeskirche in Bayern rechts des Rheins. München 5 (1918, Nr. 35) – 7 (1920)
	Amtsblatt für die Evangelisch-Lutherische (Landes-)Kirche in Bayern rechts des Rheins. München 8 (1921) – 34 (1947)
	Amtsblatt für die Evangelisch-Lutherische Kirche in Bayern. 35ff (1948ff)
ABlEKD	Amtsblatt der Evangelischen Kirche in Deutschland. Schwäbisch Gmünd 1f (1947f). Hannover 3ff (1949ff)
ABlVELKD	Amtsblatt der Vereinigten Evangelisch-Lutherischen Kirche Deutschlands. Hannover 1ff (1954–1962ff)
Abs.	Absatz, Absätze
Abt.	Abteilung(en)
ACK	Arbeitsgemeinschaft Christlicher Kirchen in Deutschland
a.D.	außer Dienst
ADB	Allgemeine Deutsche Biographie, herausgegeben durch die Historische Commission bei der Königlichen Akademie der Wissenschaften. Leipzig 1 (1875) – 56 (1912)
ADWB	Archiv des Diakonischen Werkes, Berlin
AEEB	Arbeitsgemeinschaft für evangelische Erwachsenenbildung
AELKZ	Allgemeine Evangelisch-Lutherische Kirchenzeitung. Leipzig [1] (1868) – 74 (1941)
a.F.	alte Fassung
AGBELL	Arbeiten zur Geschichte der braunschweigischen evangelisch-lutherischen Landeskirche im 19. und 20. Jahrhundert. Büddenstedt 1ff (1982ff)
AGK	Arbeiten zur Geschichte des Kirchenkampfes. Göttingen 1 (1958) – 30 (1984). Ergänzungsreihe: Göttingen 1ff (1964ff)
AGP	Arbeiten zur Geschichte des Pietismus. Witten 1ff (1967ff)
AKat.	Ausstellungskatalog(e)
AKG	Arbeiten zur Kirchengeschichte. Berlin u.a. 1ff (1915ff)
AKiZ	Arbeiten zur Kirchlichen Zeitgeschichte. Reihe A: Quellen. Göttingen 1ff (1985ff). Reihe B: Darstellungen. Göttingen 1ff (1975ff)
amtl.	amtlich/e/er/es/en
Anm.	Anmerkung(en)
a.o.	außerordentliche/er/es/en
APTh	Arbeiten zur Pastoraltheologie. Göttingen 1ff (1962ff)
ApU	Evangelische Kirche der Altpreußischen Union

ArchKathKR	Archiv für katholisches Kirchenrecht. Mainz u.a. 1 (1857) – 7 [= Neue Serie 1] (1862) – 77 [= 3. Serie 1] (1897) – 93 [= 4. Serie 1] (1913) – 128 [4. Serie 36] (1957/58). 129ff (1959/60ff)
ARD	Arbeitsgemeinschaft der öffentlich-rechtlichen Rundfunkanstalten der Bundesrepublik Deutschland
ARPäd	Arbeiten zur Religionspädagogik. Göttingen 1ff (1982ff)
Art.	Artikel
AT	Altes Testament
AThANT	Abhandlungen zur Theologie des Alten und Neuen Testaments. Zürich u.a. 3ff (1944ff)
Aufl.	Auflage(n)
A. und H. Bek.	Augsburgischen und Helvetischen Bekenntnisses [bei Kirchen]
Az.	Aktenzeichen
AzP	Arbeiten zur Pädagogik. Stuttgart 1ff (1963ff)
AzTh	Arbeiten zur Theologie. Stuttgart. Reihe I: 1ff (1960ff). Reihe II: 1 (1962) – 15 (1969)
(B)	Titel vollständig aufgeführt im Literaturverzeichnis des Bandes
BA	Bundesarchiv
baier./Baier.	baierisch/e/er/es/en
bayer./Bayer.	bayerisch/e/er/es/en
BayRS	Bayerische Rechtssammlung, herausgegeben von der Bayerischen Staatskanzlei, München 1984
BayVBl	Bayerische Verwaltungsblätter. München 73 (1925) – 81 (1933). 86ff [= Neue Folge 1] 1955ff
BBKG	Beiträge zur bayerischen Kirchengeschichte. Erlangen 1 (1895) – 32 (1925)
BBKL	Biographisch-Bibliographisches Kirchenlexikon. Begründet und herausgegeben von Friedrich Wilhelm Bautz, fortgeführt von Traugott Bautz. Hamm 1 (ca. 1976) – 15 (1999)
Bd.	Band
Bde.	Bände
BDM	Bund Deutscher Mädel/Mädchen
BensH	Bensheimer Hefte. Göttingen 8 (1962). 11ff (1961ff)
bearb.	bearbeitet
Bearb.	Bearbeiter(in/nen)
Beih.	Beiheft(e)
Beitr.	Beitrag, Beiträge
ber.	berichtigt/e/er/es/en
Ber.	Bericht(e)
bes.	besonders/e/er/es/en
Best.	Bestand
betr.	betreff, betreffend/e/er/es/en
BFChTh	Beiträge zur Förderung christlicher Theologie. [Reihe 1:] Gütersloh 1 (1897) – 51 (1966)
BGBl	Bundesgesetzblatt. Herausgegeben vom Bundesminister der Justiz. Bonn u.a. 1949–1950. Teil 1: 1951–1990 (Nr. 51). 1990ff (Nr. 52ff)
BGPP	Beiträge zur Geschichte des Parlamentarismus und der politischen Parteien. Düsseldorf 1ff (1952ff)
BIM	Blätter für Innere Mission. Nürnberg 1 (1948) – 4 (1951)
BIMB	Blätter für Innere Mission in Bayern. Rothenburg/Tauber 1 (1886) [= 36. Jahrgang der »Puckenhofer Blätter«] – 54 (1939). Nürnberg 5 (1952) – 26 (1973) [danach fortgeführt als Beilage zu den bayerischen Sonntagsblättern]

BK	Bekennende Kirche
BMD	Bayerischer Mütterdienst
BPfKG	Blätter für Pfälzische Kirchengeschichte. Grünstadt 17ff (1950ff)
BR	Bayerischer Rundfunk
BRD	Bundesrepublik Deutschland
BSHST	Basler und Berner Studien zur historischen und systematischen Theologie. Zürich 23ff (1975ff)
BTX	Bildschirmtext
Buchst.	Buchstabe(n)
BV	Verfassung des Freistaates Bayern (vom 2. Dezember 1946)
BVerfGE	Entscheidungen des Bundesverfassungsgerichts, herausgegeben von den Mitgliedern des Bundesverfassungsgerichts. Tübingen 1 (1952) [1953] – 81 (1990). 82ff (1991ff)
BVP	Bayerische Volkspartei
bzw.	beziehungsweise
ca.	circa
CA	Confessio Augustana
CBlevKGD	Correspondenzblatt des evangelischen Kirchengesangvereins für Deutschland. Herausgegeben von dem Vorstande des Zentralausschusses. Darmstadt u.a. 1 (1887) – 16 (1902)
CDU	Christlich-Demokratische Union
Chr.	Christus
Christl./christl.	christlich/e/er/es/en
ChW	Die Christliche Welt. Gotha u.a. 1 (1886). 1 (1887) – 55 (1941)
CSU	Christlich-Soziale Union
CSVD	Christlich-sozialer Volksdienst
CThM	Calwer theologische Monographien. Stuttgart
CThM.PT	Calwer theologische Monographien. Reihe C: Praktische Theologie und Missionswissenschaft. 1ff (1973ff)
CThM.ST	Calwer theologische Monographien. Reihe B: Systematische Theologie und Kirchengeschichte. 1ff (1973ff)
CVJM	Christlicher Verein Junger Männer/Menschen
CwH	Calwer Hefte zur Förderung biblischen Glaubens und christlichen Lebens. Stuttgart 1ff (1956ff)
d.	der, die, das, des, den, dem
D.	Dr. theol. ehrenhalber
Dass./dass.	dasselbe
DC	Deutsche Christen
DCSV	Deutsche Christliche Studentenvereinigung
DDR	Deutsche Demokratische Republik
d. d. Rh.	diesseits des Rheins
DEK	Deutsche Evangelische Kirche
Ders./ders.	derselbe
DGB	Deutscher Gewerkschaftsbund
DGl	Dimensionen des Glaubens. Stuttgart 1ff (1967ff)
d.h.	das heißt
Dies./dies.	dieselbe(n)
DiKi	Dialog der Kirchen. Göttingen 1ff (1982ff)
Diss.	Dissertation(en)
DM	Deutsche Mark
DNVP	Deutschnationale Volkspartei

DPA	Deutsche Presseagentur
Ebd/ebd	ebenda
EC	Entschiedenes Christentum
EDG	Enzyklopädie deutscher Geschichte. München 1988ff
efi	Evangelische Frauenzeitung in [seit 1997: für] Bayern. München 1992ff
EFN	Evangelische Fachhochschule Nürnberg
EG	Evangelisches Gesangbuch. Für Gottesdienst, Gebet, Glaube, Leben. Ausgabe für die Evangelisch-Lutherischen Kirchen in Bayern und Thüringen, München u.a. [1995]
EHS	Europäische Hochschulschriften. Frankfurt/Main
EHS.G	Europäische Hochschulschriften. Reihe 3: Geschichte und ihre Hilfswissenschaften. 1ff (1967ff)
EHS.T	Europäische Hochschulschriften. Reihe 23: Theologie. 1ff (1970ff)
EK	Evangelische Kommentare. Stuttgart 1ff (1968ff)
EKD	Evangelische Kirche in Deutschland
EKG	Evangelisches Kirchengesangbuch. Ausgabe für die Evangelisch-Lutherische Kirche in Bayern, München [1958]
EKGB	Einzelarbeiten aus der Kirchengeschichte Bayerns. Nürnberg u.a. 1ff (1925ff)
EKKd	Evangelische Kirchenkunde. Tübingen u.a. 1 (1902) – 7 (1919)
EKL[1]	Evangelisches Kirchenlexikon. Kirchlich-theologisches Handwörterbuch. Herausgegeben von Heinz Brunotte und Otto Weber, Bd. 1–4, Göttingen 1956–1961
EKL[3]	Evangelisches Kirchenlexikon. Internationale theologische Enzyklopädie. Herausgegeben von Erwin Fahlbusch, Jan Milič Lochmann, John Mbiti, Jaroslav Pelikan und Lukas Fischer, Bd. 1–5, 3. Auflage (Neufassung), Göttingen 1986–1997
EKU	Evangelische Kirche der Union
ELKB	Evangelisch-Lutherische Kirche in Bayern
ELKZ	Evangelisch-Lutherische Kirchenzeitung. München u.a. 1 (1947) – 15 (1961)
em.	emeritiert/emeritus
Entschl.	Entschließung(en)
epd	Evangelischer Pressedienst
EPF	Evangelische Presseforschung. Witten 1ff (1970ff)
EPV	Evangelischer Presseverband für Bayern
ErF	Erlanger Forschungen. Reihe A: Geisteswissenschaften. Erlangen 1ff (1954ff)
erg.	ergänzt/e/er/es/en
Erg.-R.	Ergänzungsreihe
Erl.	Erlaß
erw.	erweitert/e/er/es/en
EStL[3]	Evangelisches Staatslexikon, begründet von Hermann Kunst/Siegfried Grundmann. Herausgegeben von Roman Herzog/Hermann Kunst/Klaus Schlaich/Wilhelm Schneemelcher, Bd. 1: A–M, Bd. 2: N–Z, Stuttgart [3]1987
etc.	et cetera
Ev./ev.	evangelisch/e/er/es/en
e.V.	eingetragener Verein
ev.-freikirchl.	evangelisch-freikirchlich/e/er/es/en
ev.-luth.	evangelisch-lutherisch/e/er/es/en
Ev.-Luth.	Evangelisch-Lutherisch/e/er/es/en
ev.-meth.	evangelisch-methodistisch/e/er/es/en
ev.-ref.	evangelisch-reformiert/e/er/es/en
Ev.-Ref./Ev.-ref.	Evangelisch-Reformiert/e/er/es/en
EvTH	Evangelische Theologie. München 1 (1934/35) – 5 (1938). 6ff [= Neue Folge 1] (1946/47ff)

f.	für
f	folgende (Seite)
ff	folgende zwei (Seiten)
FDP	Freie Demokratische Partei
FGLP	Forschungen zur Geschichte und Lehre des Protestantismus. München. Reihe 10: 1 (1942) – 43 (1972)
FH	Fachhochschule
Forsch.	Forschung(en)
Frhr.	Freiherr
FS	Festschrift
FSÖTh	Forschungen zur systematischen und ökumenischen Theologie. Göttingen 9ff (1962ff)
FuH	Fuldaer Hefte. Berlin 8 (1955). 10ff (1955ff)
GBl.	Gesetzblatt für das Königreich Bayern. 1818–1873
geb.	geboren/e/er
Gebr.	Gebrüder
gedr.	gedruckt/e/er/es/en
GeGe	Geschichte und Gesellschaft. Zeitschrift für historische Sozialwissenschaft. Göttingen 1ff (1975ff)
GEP	Gemeinschaftswerk der evangelischen Publizistik
ges.	gesammelt/e/er/es/en
Gesch.	Geschichte
gest.	gestorben
GG	Grundgesetz der Bundesrepublik Deutschland (vom 23. Mai 1949)
GKT	Grundkurs Theologie. Stuttgart 1ff (1988ff)
GmbH	Gesellschaft mit beschränkter Haftung
GO	Gemeindeordnung
GuK	Gottesdienst und Kirchenmusik. München 1950ff
GVBl	Gesetz- und Verordnungsblatt für den Freistaat Bayern. München 1874–1936 (Nr. 9)
	Bayerisches Gesetz- und Verordnungsblatt. München 1936 (Nr. 10) – 1949. 1950–1972 (Ausgabe A). 1973ff
GW	Gesammelte Werke
H.	Heft(e)
Habil.	Habilitation(en)
Hb.	Handbuch, Handbücher
HBG	Handbuch der Bayerischen Geschichte. Begründet von Max Spindler, herausgegeben von Andreas Kraus,
	Bd. 1: Das alte Bayern. Das Stammesherzogtum bis zum Ausgang des 12. Jahrhunderts, München 1967, verbesserter Nachdruck 1968, *unveränderter Nachdruck 1971 der verbesserten Ausgabe 1968*, 3., verbesserter Nachdruck 1975, 2., überarbeitete Auflage 1981,
	Bd. 2: Das alte Bayern. Der Territorialstaat vom Ausgang des 12. Jahrhunderts bis zum Ausgang des 18. Jahrhunderts, München 1969, *verbesserter Nachdruck 1974 der Ausgabe 1969*, 2., verbesserter Nachdruck 1977, 2., überarbeitete Auflage 1988,
	Bd. 3/1: Franken, Schwaben, Oberpfalz bis zum Anfang des 18. Jahrhunderts, *München 1971*, 2., verbesserte Auflage 1979,
	Bd. 3/1: Geschichte Frankens bis zum Ausgang des 18. Jahrhunderts, München, 3., neu bearbeitete Auflage 1997,

	Bd. 3/2: Franken, Schwaben, Oberpfalz bis zum Ausgang des 18. Jahrhunderts, *München 1971*, 2., verbesserte Auflage 1979,
	Bd. 3/3: Geschichte der Oberpfalz und des bayerischen Reichskreises bis zum Ausgang des 18. Jahrhunderts, München, 3., neu bearbeitete Auflage 1995,
	Bd. 4/1: Das neue Bayern 1800–1970, *München 1974*, verbesserter Nachdruck 1979,
	Bd. 4/2: Das neue Bayern 1800–1970, *München 1975*, verbesserter Nachdruck 1979[1]
HBKG	Handbuch der bayerischen Kirchengeschichte, herausgegeben von Walter Brandmüller, Bd. 1/1: Von den Anfängen bis zur Schwelle der Neuzeit. Kirche, Staat und Gesellschaft, Bd. 1/2: Von den Anfängen bis zur Schwelle der Neuzeit. Das kirchliche Leben, St. Ottilien 1999, Bd. 2: Von der Glaubensspaltung bis zur Säkularisation, St. Ottilien 1993, Bd. 3: Vom Reichsdeputationshauptschluss bis zum Zweiten Vatikanischen Konzil, St. Ottilien 1991
HdbStKirchR[2]	Handbuch des Staatskirchenrechts der Bundesrepublik Deutschland, herausgegeben von Joseph Listl und Dietrich Pirson, Bd. 1, Berlin ²1994, Bd. 2, Berlin ²1995
hebr.	hebräisch
hg.	herausgegeben
Hg.	Herausgeber/in
HGBB	Handbuch der Geschichte des bayerischen Bildungswesens, herausgegeben von Max Liedtke, Bd. 1: Geschichte der Schule in Bayern von den Anfängen bis 1800, Bad Heilbrunn 1991, Bd. 2: Geschichte der Schule in Bayern von 1800 bis 1918, Bad Heilbrunn 1993, Bd. 3: Geschichte der Schule in Bayern von 1918–1990, Bad Heilbrunn 1997, Bd. 4: 1. Teil, Epochenübergreifende Spezialuntersuchungen, 2. Teil, Geschichte der Universitäten, der Hochschulen, der vorschulischen Einrichtungen und der Erwachsenenbildung in Bayern, Bad Heilbrunn 1997.
HGEKB	Handbuch der Geschichte der evangelischen Kirche in Bayern, herausgegeben von Gerhard Müller/Horst Weigelt/Wolfgang Zorn, Bd. 1 (in Vorbereitung), Bd. 2, St. Ottilien 2000
HJ	Historisches Jahrbuch der Görresgesellschaft. München u.a. 1 (1880) – 61 (1941). 62–69 (1949). 70ff (1951ff)
HJ	Hitlerjugend
HKU	Hilfsbücher für den kirchlichen Unterricht. München 1ff (1949ff)
Hl./hl.	heilig/e/er/es/en
HLC	Homiletisch-Liturgisches Correspondenzblatt. Nürnberg u.a. 1 (1825) – 14 (1838)
HStA	Hauptstaatsarchiv
HThSt	Historisch-Theologische Studien zum 19. und 20. Jahrhundert. Neukirchen-Vluyn 1ff (1991ff)
HZ	Historische Zeitschrift. München u.a. 1 (1859) – 168 (1943). 169ff (1949ff)
i.	in, im
idea	Informationsdienst der Evangelischen Allianz. Wetzlar 1979ff
i.d.F.	in der Fassung
IM	Innere Mission
IM	Die Innere Mission [bis 24 (1929): im evangelischen Deutschland]. Berlin 25 (1930) – 36 (1941, Heft 3). 37 (1947) – 64 (1974)
IntBl.	Allgemeines Intelligenzblatt für das Königreich Bayern. München 1818–1820
i.R.	im Ruhestand/in Ruhe
i.V.	in Verbindung
jähr.	-jährigen

---

[1] Die im HGEKB für die Angabe der Seitenzahlen verwendeten Auflagen sind kursiv gesetzt.

Abkürzungen

Jb.	Jahrbuch, Jahrbücher
Jber.	Jahresbericht(e)
JbMiss	Jahrbuch Mission. Hamburg 18ff (1986ff)
JELLB	Jahrbuch für die Evangelisch-Lutherische Landeskirche Bayerns, herausgegeben von Siegfried Kadner. Erlangen u.a. 1 (1901) – 21 (1927)
JFLF	Jahrbuch für fränkische Landesforschung. Neustadt/Aisch u.a. 1 (1935) – 9 (1943). 10ff (1950ff)
Jg.	Jahrgang
JGNKG	Jahrbuch der Gesellschaft für niedersächsische Kirchengeschichte 46 (1941). 47ff (1949ff)
Jh.	Jahrhundert(e)
JSKG	Jahrbuch für schlesische (32 [1953] – 38 [1959] Kirche und) Kirchengeschichte. Ulm u.a. Neue Folge 32 (1953ff)
Jur. Fak.	Juristische Fakultät
JusEcc	Jus Ecclesiasticum. Beiträge zum evangelischen Kirchenrecht und zum Staatskirchenrecht. München [ab 23 (1976): Tübingen] 1ff (1965ff)
JVABG	Jahrbuch des Vereins für Augsburger Bistumsgeschichte. Augsburg 1ff (1967ff)
(K)	Titel vollständig aufgeführt im Literaturverzeichnis des Kapitels
Kap.	Kapitel
KAT	Kommentar zum Alten Testament. Leipzig u.a. 1ff (1913ff)
Kath./kath.	katholisch/e/er/es/en
KEK	Konferenz Europäischer Kirchen
KEK	Kritisch-exegetischer Kommentar über das Neue Testament. Begründet von Heinrich August Wilhelm Meyer. Göttingen 1832ff
KELGB	Korrespondenzblatt für die evangelisch-lutherischen Geistlichen in Bayern (rechts des Rheins). Rothenburg/Tauber u.a. 1 (1876) – 64 (1939). 66 (1951, Nr. 18)
KG	Kirchengeschichte
KGes.	Kirchengesetz
Kgl./kgl.	königlich/e/er/es/en
KGO	Kirchengemeindeordnung
Kgr.	Königreich/e/es
KIG	Die Kirche in ihrer Geschichte. Ein Handbuch. Begründet von Kurt Dietrich Schmidt und Ernst Wolf, herausgegeben von Bernd Moeller. Göttingen 1961ff
KiHiSt	Kieler Historische Studien. Stuttgart 1ff (1966ff)
kirchenrechtl.	kirchenrechtlich/e/er/es/en
Kirchl./kirchl.	kirchlich/e/er/es/en
KJ	Kirchliches Jahrbuch für die evangelischen Landeskirchen Deutschlands. Gütersloh 37 (1910) – 59 (1932)
	Kirchliches Jahrbuch für die evangelische Kirche in Deutschland. Gütersloh 60–71 (1933–1944). 72–75 (1945–1948). 76ff (1949ff)
Kl./kl.	klein/e/er/es/en
KKSMI	Konfessionskundliche Schriften des Johann-Adam-Möhler-Instituts. Paderborn 1ff (1957ff)
KKTS	Konfessionskundliche und kontroverstheologische Studien. Paderborn 1ff (1959ff)
KMBl	Kirchenmusikalische Blätter. Halbmonatsschrift zur Förderung und Vertiefung der evangelischen Kirchenmusik sowie zur geistigen und materiellen Hebung des Kirchenmusikerstandes. Organ des bayerischen evangelischen Kirchengesangvereins und der Bücherei für evangelische Kirchenmusik. Sitz Nürnberg. Herausgegeben und geleitet von Carl Böhm, München 1 (1920) – 3 (1922)

KNT	Kommentar zum Neuen Testament, herausgegeben von Theodor Zahn. Leipzig u.a. 1 (1903) – 18 (1926)
KoGe	Konfession und Gesellschaft. Frankfurt/Main 1ff (1988ff)
Kop.	Kopie
KorrBl	Korrespondenzblatt. Herausgegeben vom Pfarrer- und Pfarrerinnenverein [bis 1988: Pfarrerverein] in der Evangelisch-Lutherischen Kirche in Bayern. 66ff (1951ff, Nr. 19ff)
KPD	Kommunistische Partei Deutschlands
KSGW	Kritische Studien zur Geschichtswissenschaft. Göttingen 1ff (1972ff)
KuD	Kerygma und Dogma. Göttingen 1ff (1955ff). Beiheft: 1ff (1961ff)
KuK	Kirche und Kunst. Nürnberg 1 (1909/10) – 11 (1920). 12 (1927) – 27 (1942). 28ff (1949ff)
KuNM	Kirche und neue Medien. Informationsbrief/Newsletter. Herausgegeben vom Evangelischen Presseverband für Bayern. München 1980ff
KV	Kirchenvertrag
KVerf.	Kirchenverfassung
KVRG	Kölner Veröffentlichungen zur Religionsgeschichte. Köln 1ff (1983ff)
KW	Kirchen der Welt. Stuttgart. [Reihe A:] Selbstdarstellungen. 1ff (1959/60ff). Reihe B: Ergänzungsbände. 1ff (1960ff)
KZG	Kirchliche Zeitgeschichte. Göttingen 1ff (1988ff)
KZSS	Kölner Zeitschrift für Soziologie und Sozialpsychologie. Köln u.a. 7ff (1955ff)
LebBaySchwaben	Lebensbilder aus dem bayerischen Schwaben. München u.a. 1 (1952) – 15 (1997)
LebFranken NF	Fränkische Lebensbilder. Neue Folge der Lebensläufe aus Franken. Würzburg 1ff (1967ff) – 17 (1998)
LfP	Landesausschuß für Publizistik der Evangelisch-Lutherischen Kirche in Bayern
Lic./lic. (theol.)	licentiatus (theologiae)
(Lit.)/[Lit.]	Hinweis auf weiterführende Literatur im angegebenen Titel
LKA	Landeskirchenamt
LKAH	Landeskirchliches Archiv Hannover
LKAN	Landeskirchliches Archiv Nürnberg
LKGG	Die Lutherische Kirche, Geschichte und Gestalten. Gütersloh 1ff (1976ff)
LKMD	Landeskirchenmusikdirektor
LKR	Landeskirchenrat
LKW	Lutherische Kirche in der Welt. Jahrbuch des Martin-Luther-Bundes. Berlin 18 (1971). Hamburg 19 (1972). Neuendettelsau 20 (1973) – 23 (1976). Erlangen 24ff (1977ff)
LM	Lutherische Monatshefte. Hamburg 1ff (1962ff)
Luth./luth.	lutherisch/e/er/es/en
LuThK	Lutherische Theologie und Kirche. Oberursel 1ff (1977ff)
LWB	Lutherischer Weltbund
männl.	männlich/e/er/es/en
Mag.	Magister, Magisterarbeit
MAN	Maschinenfabrik Augsburg-Nürnberg
Masch./masch.	maschinenschriftlich/e/er/es/en
Mass.	Massachusettes
max.	maximal
MBM	Miscellanea Bavarica Monacensia. Dissertationen zur bayerischen Landes- und Münchener Stadtgeschichte. München 1ff (1967ff) = Neue Schriftenreihe des Stadtarchivs München
MdB	Mitglied des Bundestages

MdEZW	Materialdienst (1 [1929] – 13 [1941]. 14 [1951] – 34 [1971]) der Evangelischen Zentralstelle für Weltanschauungsfragen. Stuttgart 35ff (1972ff)
MdL	Mitglied des Landtages
m.E.	meines Erachtens
meth.	methodistisch/e/er/es/en
Mfr.	Mittelfranken
MGG	Die Musik in Geschichte und Gegenwart. Allgemeine Enzyklopädie der Musik. Unter Mitarbeit zahlreicher Musikforscher des In- und Auslandes herausgegeben von Friedrich Blume, Bd. 1–17, Kassel 1949–1986
MGG²	Die Musik in Geschichte und Gegenwart. Allgemeine Enzyklopädie der Musik. 21 Bände in zwei Teilen, begründet von Friedrich Blume, 2., neubearbeitete Auflage, herausgegeben von Ludwig Finscher, Kassel u.a. 1994ff
MHStud.	Münchener Historische Studien. Abteilung Bayerische Geschichte. Kallmünz 1ff (1955ff)
Mitt.	Mitteilung(en)
Monogr.	Monographie(n)
MSPD	Mehrheits-SPD
MThJ	Marburger Theologisches Jahrbuch. Marburg 1ff (1987ff)
MThS.H	Münchener theologische Studien. Abteilung 1: Historische Forschung. München 1ff (1950ff)
MThSt	Marburger Theologische Studien. Marburg [Neue Serie] 1ff (1963ff)
MuK	Musik und Kirche. Kassel 1 (1929) – 16 (1944). 17ff (1947ff)
MUS	Münchener Universitätsschriften. Kallmünz u.a.
MVG.EKD	Mitarbeitervertretungsgesetz der Evangelischen Kirche in Deutschland
MVGN	Mitteilungen des Vereins für Geschichte der Stadt Nürnberg. Nürnberg 1 (1879) – 39 (1944). 40ff (1949ff)
m.w.N.	mit weiteren Nachweisen
NBl.	Nachrichtenblatt
NELGB	Nachrichten für die Evangelisch-Lutherischen Geistlichen in Bayern. München 1 (1946) – 5 (1950)
NELKB	Nachrichten der Evangelisch-Lutherischen Landeskirche in Bayern. München 6 (1951) – 7 (1952)
	Nachrichten der Evangelisch-Lutherischen Kirche in Bayern. München 8ff (1953ff)
NF	Neue Folge
n.F.	neue Fassung
NKZ	Neue kirchliche Zeitschrift. Erlangen u.a. 1 (1890) – 44 (1933)
NL	Nachlaß
Nr.	Nummer
NSDAP	Nationalsozialistische Deutsche Arbeiterpartei
NSEP	Nationalsozialistischer Evangelischer Pfarrerbund
NSLB	Nationalsozialistischer Lehrerbund
NSV	Nationalsozialistische Volkswohlfahrt
NT	Neues Testament
NTD	Das Neue Testament Deutsch. Neues Göttinger Bibelwerk. Göttingen 1932ff
NVwZ	Neue Zeitschrift für Verwaltungsrecht. München u.a. 1ff (1982ff)
NWSLG	Nürnberger Werkstücke zur Stadt- und Landesgeschichte. Schriftenreihe des Stadtarchivs Nürnberg. Nürnberg 1ff (1970ff)
NZSTh	Neue Zeitschrift für Systematische Theologie und Religionsphilosophie. Berlin 1ff (1959ff)
o.ä.	oder ähnlich/e/er/es/en

Obb.	Oberbayern
öffentl.	öffentlich/e/er/es/en
ökum.	ökumenisch/e/er/es/en
ÖR	Ökumenische Rundschau. Frankfurt/Main u.a. 1ff (1952ff)
ÖRK	Ökumenischer Rat der Kirchen
o.J.	ohne Jahreszahl
OKE	Entschließung des Oberkonsistoriums
OKL	Ordnung des kirchlichen Lebens
OKR	Oberkirchenrat
o.O.	ohne Ort
Opf.	Oberpfalz
Orth./orth.	orthodox/e/er/es/en
OUH	Oberurseler Hefte. Oberursel/Taunus 1ff (1974ff)
PA	Personalakte
PG	Parteigenosse
Phil./phil.	philosophisch/e/er/es/en
PoKi	Politik u. Kirche. Witten 1ff (1974ff)
PreußALR	Allgemeines Landrecht für die preußischen Staaten. Berlin 1794
Prot./prot.	protestantisch/e/er/es/en
PSt(S).B	Predigtstudien. Beiheft: Stuttgart. 1ff (1968ff)
PuN	Pietismus und Neuzeit. Ein Jahrbuch zur Geschichte des neueren Protestantismus. Göttingen 1ff (1974ff)
QDZG	Quellen und Darstellungen zur Zeitgeschichte. Stuttgart u.a. 1ff (1957ff)
Rbl. Franken	Regierungsblatt für die Churpfalzbaierischen Fürstenthümer in Franken. Würzburg 1804–1805
rd.	rund
r. d. Rh.	rechts des Rheins
RE	Real-Encyklopädie für protestantische Theologie und Kirche. In Verbindung mit vielen protestantischen Theologen und Gelehrten herausgegeben von Dr. Herzog, Bd. 1–21, Hamburg u.a. 1854–1868
RE²	Real-Encyklopädie für protestantische Theologie und Kirche. Unter Mitwirkung vieler protestantischer Theologen und Gelehrten in zweiter durchgängig verbesserter und vermehrter Auflage begonnen von D. Johann Jakob Herzog und D. Gustav Leopold Plitt, fortgeführt von D. Albert Hauck, Bd. 1–18, Leipzig 1877–1888
RE³	Realencyklopädie für protestantische Theologie und Kirche. Begründet von Johann Jakob Herzog. In dritter verbesserter und vermehrter Auflage unter Mitwirkung vieler Theologen und Gelehrten herausgegeben von D. Albert Hauck, Bd. 1–24, Leipzig 1896–1913
rechtl.	rechtlich/e/er/es/en
Red.	Redaktion, Redaktor, Redakteur/in
Ref./ref.	reformiert/e/er/es/en
RegBl.	Chur-pfalz-baierisches Regierungs- und Intelligenz-Blatt. München 1800–1801
	Kurpfalzbaierisches Regierungsblatt. München 1802–1805
	Königlich-Baierisches Regierungsblatt. München 1806–1817
	Regierungsblatt für das Königreich Bayern. München 1826–1873
Reg. u. Intbl.	Regierungs- und Intelligenzblatt für das Königreich Bayern. München 1821–1825
rev.	revidiert/e/er/es/en
RGBl	Reichsgesetzblatt (1867 – 1871 [Nr. 18]: Bundes-Gesetzblatt des Norddeutschen Bundes). Berlin 1871 (Nr. 19) – 1922 (Nr. 26). Teil I: 1922 (Nr. 27/April) – 1945. Teil II: 1922 (Nr. 1) – 1945

RGG	Die Religion in Geschichte und Gegenwart. Handwörterbuch in gemeinverständlicher Darstellung. Unter Mitwirkung von Hermann Gunkel und Otto Scheel herausgegeben von Friedrich Michael Schiele und (ab Bd. 2) Leopold Zscharnack, Bd. 1–5, Tübingen 1909–1913
RGG²	Die Religion in Geschichte und Gegenwart. Handwörterbuch für Theologie und Religionswissenschaft. Zweite, völlig neu bearbeitete Auflage. Herausgegeben von Hermann Gunkel und Leopold Zscharnack, Bd. 1–5, Tübingen 1927–1931, Registerband: Tübingen 1932
RGG³	Die Religion in Geschichte und Gegenwart. Handwörterbuch für Theologie und Religionswissenschaft. Dritte, völlig neu bearbeitete Auflage. In Gemeinschaft mit Hans Freiherr von Campenhausen, Erich Dinkler, Gerhard Gloege und Knud E. Løgstrup herausgegeben von Kurt Galling, Bd. 1–6, Tübingen 1957–1962, Registerband: Tübingen 1965
RhWAW	Rheinisch-Westfälische Akademie der Wissenschaften. Düsseldorf
RhWAW.G	Rheinisch-Westfälische Akademie der Wissenschaften. Reihe Geisteswissenschaften. Düsseldorf 165ff (1970ff)
RKZ	Reformierte Kirchenzeitung. Freudenberg u.a. 1 (1851) – 3 (1853). 1=28 (1878) – 35=62 (1912). 63 (1913) – 89 (1939, Heft 6). 90ff (1949ff)
RM	Reichsmark
RMK	Reichsmusikkammer
röm.-kath.	römisch-katholisch/e/er/es/en
RPGG	Reihe Politik- und Gesellschaftsgeschichte. Bonn 1ff (1978ff)
RU	Religionsunterricht
S.	Seite(n)
SA	Sturmabteilung
SBLG	Schriftenreihe zur bayerischen Landesgeschichte. München 1ff (1929ff)
SBZ	Sowjetische Besatzungszone
sc.	scilicet
Schr.	Schrift(en)
SDI	Strategic Defense Initiative
SELK	Selbständige Evangelisch-Lutherische Kirche
SGNP	Studien zur Geschichte des neueren Protestantismus. Gießen 1 (1907) – 17 (1939)
SHKBA	Schriftenreihe der Historischen Kommission bei der Bayerischen Akademie der Wissenschaften. Göttingen 1ff (1957ff)
SKGNS	Studien zur Kirchengeschichte Niedersachsens. Göttingen 1ff (1919ff)
SKI	Studien zu Kirche und Israel. Berlin 10ff (1987ff)
SKRA	Staatskirchenrechtliche Abhandlungen. Berlin 1ff (1971ff)
SKZG	Studienbücher zur Kirchlichen Zeitgeschichte. München 1/2ff (1979ff)
SNKG	Studien zur neueren Kirchengeschichte. Lichtenfels 1 (1987)
sog.	sogenannt/e/er/es/en
SPD	Sozialdemokratische Partei Deutschlands
SPSGNC	Schriften zur politischen und sozialen Geschichte des neuzeitlichen Christentums. Bochum 1ff (1987ff)
SRVK	Studien zur religiösen Volkskunde. Dresden 1 (1936) – 10 (1939)
SS	Sommersemester
SS	Schutzstaffel
St.	Sankt
Statist./statist.	statistisch/e/er/es/en
SThKAB	Schriften des Theologischen Konvents Augsburgischen Bekenntnisses. Berlin 1 (1951) – 9 (1955)
Stud.	Studie(n)

Suppl.-Bd.	Supplementband
SZ	Süddeutsche Zeitung
(T)	Titel vollständig aufgeführt im Literaturverzeichnis des Teilkapitels
Tab.	Tabelle
TB	Theologische Bücherei. Neudrucke und Berichte aus dem 20. Jahrhundert. München 1ff (1953ff)
TBT	Theologische Bibliothek Töpelmann. Berlin 1ff (1952ff)
TEH NF	Theologische Existenz Heute. Neue Folge 1ff (1946ff)
ThBl	Theologische Blätter. Leipzig 1 [= 32] (1922) – 9 [= 40] (1930). 10 (1931) – 21 (1942, Heft 8)
Theol./theol.	theologisch/e/er/es/en
ThLZ	Theologische Literaturzeitung. Leipzig 1 (1876) – 69 (1944). 72ff (1947ff)
ThPr	Theologia Practica. Hamburg 1 (1966) – 15 (1980). 23ff (1988ff)
ThR	Theologische Rundschau. Tübingen 1 (1897/98) – 20 (1917). Neue Folge 1 (1929) – 16 (1944). 17ff (1948/49ff)
ThW	Theologische Wissenschaft. Stuttgart u.a. 1 (1978). 2ff (1972ff)
TRE	Theologische Realenzyklopädie. Herausgegeben von Gerhard Krause [bis Bd. 12] und Gerhard Müller, Berlin u.a. 1ff (1977ff)
Tsd.	Tausend
TuG	Theologie und Gemeinde. München 1ff (1958ff)
TuSt.P	tuduv-Studien. Reihe Politikwissenschaften. München 1ff (1983ff)
TVELKD	Texte aus der VELKD. Vereinigte Evangelisch-Lutherische Kirche Deutschlands. Hannover 1 (1978ff)
u.	und
u.a.	und andere, unter anderem
u.a.m.	und andere(s) mehr
u.ä.	und ähnlich/e/er/es/en/em
UdSSR	Union der Sozialistischen Sowjetrepubliken
Übers.	Übersetzer/in, Übersetzung
übers.	übersetzt
UKG	Untersuchungen zur Kirchengeschichte. Witten u.a. 1ff (1965ff)
ungedr.	ungedruckt/e/er/es/en
UNO	United Nations Organization
Unters.	Untersuchung(en)
unveröff.	unveröffentlicht/e/er/es/en
u.ö.	und öfter
USA	United States of America
USPD	Unabhängige SPD
UTB	Universitäts-Taschenbücher
usw.	und so weiter
u.v.m.	und vieles mehr
v.	von/vom/vor
v.a.	vor allem
VAAEK	Veröffentlichungen der Arbeitsgemeinschaft für das Archiv- und Bibliothekswesen in der Evangelischen Kirche. Neustadt/Aisch 1ff (1962ff)
VBGK	Veröffentlichungen zur bayerischen Geschichte und Kultur. München 1ff (1983ff)
VDWI	Veröffentlichungen des Diakoniewissenschaftlichen Instituts an der Universität Heidelberg. Heidelberg 1ff (1989ff)
VELKD	Vereinigte Evangelisch-Lutherische Kirche Deutschlands
verh.	verheiratet/e/er
Verh.	Verhandlung(en)

veröff.	veröffentlicht/e/er/es/en
Veröff.	Veröffentlichung(en)
verst.	verstorben
VGFG	Veröffentlichungen der Gesellschaft für Fränkische Geschichte. Würzburg u.a. Reihe 7: Lebensläufe aus Franken. 1ff (1919ff)
vgl.	vergleiche
VKL	Vorläufige Kirchenleitung
VKZG F	Veröffentlichungen der Kommission für Zeitgeschichte (1965–1971) bei der Katholischen Akademie in Bayern. Reihe B: Forschungen. Mainz 1ff (1965ff)
VKZG Q	Veröffentlichungen der Kommission für Zeitgeschichte (1965–1971) bei der Katholischen Akademie in Bayern. Reihe A: Quellen. Mainz 1ff (1965ff)
VLKB	Verhandlungen der Landessynode der Evangelisch-Lutherischen Kirche in Bayern, mit Versammlungsort und Jahr
VLKBR	Verhandlungen der Landessynode der evangelisch-lutherischen Kirche in Bayern rechts des Rheins, mit Versammlungsort und Jahr
VO	Verordnung
vorl.	vorläufig/e/er/es/en
VVPfKG	Veröffentlichungen des Vereins für Pfälzische Kirchengeschichte. Speyer u.a. 1ff (1939ff)
WA	Martin Luther, Werke. Kritische Gesamtausgabe [»Weimarer Ausgabe«]. Weimar 1ff (1883ff)
WdF	Wege der Forschung. Darmstadt 1ff (1956ff)
weibl.	weiblich/e/er/es/en
WRV	Weimarer Reichsverfassung (vom 11. August 1919)
WS	Wintersemester
z.	zu/zum/zur
Z.	Zeile(n)
z.B.	zum Beispiel
ZBKG	Zeitschrift für bayerische Kirchengeschichte. München u.a. 1 (1926) – 17 (1942/47). 18ff (1948/49ff)
ZBLG	Zeitschrift für bayerische Landesgeschichte. München 1 (1928) – 14 (1943/45). 15ff (1949ff)
ZCVL	Zeitfragen des christlichen Volkslebens. Frankfurt/Main u.a. 1 (1876) – 34 (1909)
ZDF	Zweites Deutsches Fernsehen
ZEvKM	Zeitschrift für Evangelische Kirchenmusik. Hildburghausen 1 (1923) – 10 (1932)
ZEvKR	Zeitschrift für Evangelisches Kirchenrecht. Tübingen 1ff (1951/52ff)
ZHVS	Zeitschrift des Historischen Vereins für Schwaben [bis 54 (1941): und Neuburg]. Augsburg 1 (1874) – 55/56 (1942/43). 57ff (1950ff)
Ziff.	Ziffer
zit.	zitiert
ZKG	Zeitschrift für Kirchengeschichte. Stuttgart u.a. 1 (1877) – 37 (1918). 38 [= Neue Folge 1] (1920) – 50 [=3. Folge 1] (1931) – 62 [=3. Folge 13] (1943/44). 63ff [=4. Folge 1] 1950/51ff
ZKWL	Zeitschrift für kirchliche Wissenschaft und kirchliches Leben. Leipzig 1 (1880) – 10 (1889)
ZPK	Zeitschrift für Protestantismus und Kirche. Erlangen 1 (1838) – 5 (1840). Neue Serie 1 (1841) – 72 (1876)
ZSRG.K	Zeitschrift der Savigny-Stiftung für Rechtsgeschichte. Kanonistische Abteilung. Weimar 1=33=45 (1911) – 33=64=77 (1944). 34=65=78ff (1947ff)
z.T.	zum Teil

ZThK   Zeitschrift für Theologie und Kirche. Tübingen u.a. 1 (1891) – 27 (1917). 28 [= Neue Folge 1] (1920) – 46 [= Neue Folge 19] (1938). 47ff (1950ff)
z.Zt.   zur Zeit

LITERATUR

KARIN ACHTELSTETTER/JÖRG ULRICH/GERHARD MEIER-REUTTI/MATTHIAS PÖHLMANN, Publizistik/Presse: TRE 27, 703–718.

[Achtzehnhundertvierundachtzig] 1884–1984 IM i. München. 100 Jahre Hilfen i. Zeichen d. Glaubens u. d. Liebe, hg. v. VEREIN F. IM I. MÜNCHEN, Schongau [1984].

GOTTFRIED ADAM/RAINER LACHMANN (Hg.), Religionspädagogisches Kompendium, Göttingen ^{5}1997.

DIETER ALBRECHT, Von d. Reichsgründung bis z. Ende d. Ersten Weltkrieges (1871–1918): HBG 4/1, 283–386.

WILLY ALBRECHT, Landtag u. Regierung i. Bayern am Vorabend d. Revolution v. 1918. Stud. z. gesellschaftlichen u. staatlichen Entwicklung Deutschlands v. 1912–1918, Berlin 1968 (Beitr. z. einer historischen Strukturanalyse Bayerns i. Industriezeitalter 2).

MARKUS AMBROSY, Gerhard v. Zezschwitz. Leben u. Werk, Frankfurt/Main u.a. 1998 (EHS.T 643).

WILHELM V. AMMON, Die Entstehung d. Ev.-Luth. Kirche i. Bayern u. ihre ersten Verfassungen: ZBKG 37 (1968), 71–99.

WILHELM V. AMMON/REINHARD RUSAM, Verfassung d. Ev.-Luth. Kirche i. Bayern v. 20. November 1971, München 1978, ^{2}1985.

Amtshb. f. d. Prot. Geistlichen d. Kgr. Baiern (ab 2. Aufl. d. Kgr. Bayern d. d. Rh.), 2 Bde., Sulzbach 1821 (Neudruck 1833) u. 1838, 2 Bde., Nördlingen 1862/63, 4 Bde., München ^{3}1883.

Anhang z. Pfarramtskalender f. d. Bereich d. Ev.-Luth. Kirche i. Bayern, bearb. v. HERMANN MEDICUS, [Lichtenfels] 79 (1998), 80 (1999).

Auf d. Weg z. einem Neuanfang. Dokumentation z. Erklärung d. Ev.-Luth. Kirche i. Bayern z. Thema Christen u. Juden, hg. v. WOLFGANG KRAUS, München 1999.

Aufstand d. Gewissens. Erinnerung an Wilhelm v. Pechmann 1859–1948. Texte u. Bilder d. Gedenkveranstaltung d. Landessynode d. Ev.-Luth. Kirche i. Bayern i. Memmingen 1998, hg. i. Auftrag d. Präsidenten d. Landessynode d. Ev.-Luth. Kirche i. Bayern v. DIETER BREIT, München 1998.

HELMUT BAIER, Die Deutschen Christen [= DC] i. Rahmen d. bayer. Kirchenkampfes, Nürnberg 1968 (EKGB 46).

HELMUT BAIER, Kirche in Not. Die bayer. Landeskirche i. Zweiten Weltkrieg, Neustadt/Aisch 1979 (EKGB 57).

HELMUT BAIER/ERNST HENN, Chronologie d. bayer. Kirchenkampfes 1933–1945, Nürnberg 1969 (EKGB 47).

BAYER. STAATSMINISTERIUM F. UNTERRICHT U. KULTUS (Hg.), 150 Jahre Kindergartenwesen i. Bayern. FS anläßlich d. 150-Jahrfeier d. v. König Ludwig I. genehmigten »Bestimmungen, die d. Einrichtung v. Kinderbewahranstalten betreffen«, München u.a. 1989.

Bayern i. Umbruch. Die Revolution v. 1918, ihre Voraussetzungen, ihr Verlauf u. ihre Folgen, hg. v. KARL BOSL, München u.a. 1969.

HERMANN BECK, Das kirchl. Leben d. ev.-luth. Kirche i. Bayern, Tübingen 1909 (EKKd 4).

HERMANN BECK, Die innere Mission i. Bayern d. d. Rh., Hamburg 1880.

WILFRIED BEHR, Politischer Liberalismus u. kirchl. Christentum. Stud. z. Zusammenhang v. Theologie u. Politik bei Johann Christian Konrad v. Hofmann (1810–1877), Stuttgart 1995 (CThM.ST 12).

CARSTEN BERG, Gottesdienst mit Kindern. Von d. Sonntagsschule z. Kindergottesdienst, Gütersloh 1987.

GERHARD BESIER, Kirche, Politik u. Staat i. 20. Jh., [erscheint voraussichtlich] München 2000 (EDG 56).

ERICH BEYREUTHER, Gesch. d. Diakonie u. IM i. d. Neuzeit, 3. erw. Aufl. Berlin 1983.

KARLMANN BEYSCHLAG, Die Erlanger Theologie, Erlangen 1993 (EKGB 67).

HANSJÖRG BIENER, Die »Zeitschrift f. Protestantismus u. Kirche« (1838–1876) i. ihrer Entwicklung: ZBKG 55 (1986), 113–157.

HERMANN BLENDINGER, Aufbruch d. Kirche i. d. Moderne. Die Ev.-Luth. Kirche i. Bayern v. 1945 bis 1990, Stuttgart 2000.

WERNER K. BLESSING, Staat u. Kirche i. d. Gesellschaft. Institutionelle Autorität u. mentaler Wandel i. Bayern während d. 19. Jh., Göttingen 1982 (KSGW 51).

HARTMUT BÖTTCHER, Kirchensteuer. Fakten u. Verpflichtungen. Am Beispiel d. Ev.-Luth. Kirche i. Bayern: Kirchensteuer. Notwendigkeit u. Problematik, hg. v. FRIEDRICH FAHR, Regensburg 1996, 92–109.

BERNHARD H. BONKHOFF, Gesch. d. Vereinigten Prot. Ev. Christl. Kirche d. Pfalz, Bd. 1: 1818 bis 1861, München 1986 (SBLG 84), Bd. 2: 1861 bis 1918, Speyer 1993 (VVPfKG 17).

GEORG BRENNINGER, Orgeln i. Altbayern, München 1978.

GEORG BRENNINGER, Orgeln i. Schwaben, München 1986.

AXEL FRHR. V. CAMPENHAUSEN, Staatskirchenrecht, München ³1996.

ELISABETH DAMMANN/HELGA PRÜSER (Hg.), Quellen z. Kleinkindererziehung. Die Entwicklung d. Kleinkinderschule u. d. Kindergartens, München 1981.

HANS DIETER DENK, Die christl. Arbeiterbewegung i. Bayern b. z. Ersten Weltkrieg, Mainz 1980 (VKZG F 29).

Deutsche Verwaltungsgesch., i. Auftrag d. Frhr.-vom-Stein-Gesellschaft hg. v. KURT G.A. JESERICH, HANS POHL, GEORG-CHRISTOPH V. UNRUH, Bd. 4: Das Reich als Republik u. i. d. Zeit d. Nationalsozialismus, Stuttgart 1985, Bd. 5: Die Bundesrepublik Deutschland, Stuttgart 1987.

Die Ev. Diakonissenanstalt Augsburg. Gegründet 1855. 100 Jahre i. d. Fröhlichstr. 17. 1893–1993, hg. v. d. EV. DIAKONISSENANSTALT AUGSBURG, Augsburg 1993.

GUDRUN DIESTEL, Antonie Nopitsch (1901–1975). Die Fürsprecherin d. Frauen u. Mütter: KARL LEIPZIGER (Hg.), Helfen i. Gottes Namen. Lebensbilder a. d. Gesch. d. bayer. Diakonie, München 1986, 257–311.

HERMANN DIETZFELBINGER, Veränderung u. Beständigkeit. Erinnerungen, München 1984.

GEORG DÖLLINGER (Hg.), Sammlung d. i. Gebiete d. inneren Staatsverwaltung d. Kgr. Bayern bestehenden Verordnungen, München 1ff (1835ff).

Dokumente z. Gesch. v. Staat u. Gesellschaft i. Bayern, hg. v. d. KOMMISSION F. BAYER. LANDESGESCH., Abt. III, 8: Kultur u. Kirchen, München 1983.

JOSEFINE DRESSEL, Die Entwicklung d. weibl. Jugendpflege i. Bayern, München 1932.

HANNELORE ERHART (Hg.), Dem Himmel so nah, dem Pfarramt so fern. Erste ev. Theologinnen i. geistlichen Amt, Neukirchen-Vluyn 1996.

GÜNTER ERNING/KARL NEUMANN/JÜRGEN REYER (Hg.), Gesch. d. Kindergartens, Bd. 1: Entstehung u. Entwicklung d. öffentl. Kleinkindererziehung i. Deutschland v. d. Anfängen b. z. Gegenwart, Bd. 2: Institutionelle Aspekte, Systematische Perspektiven, Entwicklungsverläufe, Freiburg 1987.

FS d. Vereins f. IM i. München anläßlich seines 50jährigen Bestehens, [München] 1935.

HERMANN FISCHER/THEODOR WOHNHAAS, Notizen z. regionalen Orgelforsch. i. Bayern: Musik i. Bayern 56 (1998), 99–105.

HERMANN FISCHER/THEODOR WOHNHAAS, Orgeln u. Orgelbau i. d. ev. Kirche Bayerns: ZBKG 67 (1998), 81–119.

HERMANN FISCHER/THEODOR WOHNHAAS, Sieben Jh. Nürnberger Orgelbau: Der schöne Klang, hg. v. DIETER KRICKEBERG, Nürnberg 1996, 158–170.

HANS FLIERL, Ein Jh. Diakonie i. Bayern. Werk d. Kirche u. Wohlfahrtsverband, München 1988.

PANKRAZ FRIED, Die Sozialentwicklung i. Bauerntum u. Landvolk: HBG 4/2, 749–780.

[Fünfzig] 50 Jahre Ev. Kirchengesangverein f. Deutschland 1883–1933, hg. v. VORSTAND I. ZENTRALAUSSCHUß, Dortmund 1933.

ROBERT GEISENDÖRFER, Kirche u. Presse. Zur Gesch. d. Ev. Presseverbandes f. Bayern, München 1968.

Gesch. d. Ev. Kirche i. Kgr. Bayern d. d. Rh., nach gedr. u. teilweise auch ungedr. Quellen zunächst f. praktische Geistliche u. sonstige gebildete Leser bearb. v. EMIL FRIEDRICH HEINRICH MEDICUS, Erlangen 1863; Suppl.-Bd.: Die Gesch. d. ev. Kirche d. kgl. bayer. Rheinpfalz enthaltend, Erlangen 1865.

Gesch. d. Pietismus, i. Auftrag d. Historischen Kommission z. Erforschung d. Pietismus hg. v. MARTIN BRECHT, KLAUS DEPPERMANN, ULRICH GÄBLER u. HARTMUT LEHMANN, Bd. 2: Der Pietismus i. 18. Jh., hg. v. MARTIN BRECHT u. KLAUS DEPPERMANN, Göttingen 1995.

CHRISTIAN GEYER, Heiteres u. Ernstes aus meinem Leben, München 1929, ²1962.

CHRISTIAN GEYER/FRIEDRICH RITTELMEYER, Gott u. d. Seele. Ein Jahrgang Predigten, Ulm 1906, ⁸1909.

FRIEDRICH WILHELM GRAF, Konservatives Kulturluthertum. Ein theologiegeschichtlicher Prospekt: ZThK 85 (1988), 31–76.

MARTIN GRESCHAT (Hg.), Die neueste Zeit 2, Stuttgart u.a. 1985 (Gestalten d. KG 9/2).

GERHARD GRETHLEIN/HANS-PETER JOTZO, Das Pfarrer-Dienst-Recht i. Bayern 1809–1989: 100 Jahre Pfarrer- u. Pfarrerinnenverein i. Bayern 1891–1991. Stationen u. Aufgaben, hg. i. Auftrag d. Vereins v. KONRAD KREßEL u. KLAUS WEBER, Ansbach 1991, 56–89.

GERHARD GRETHLEIN/HARTMUT BÖTTCHER/WERNER HOFMANN/HANS-PETER HÜBNER, Ev. Kirchenrecht i. Bayern, München 1994.

MICHAEL GRILL, 200 Jahre ev. Kirchenmusik i. München 1799–1999, München 1999.

MICHAEL GRÜNWALD, Die kirchenmusikalische Ausbildung i. d. Ev.-Luth. Kirche i. Bayern 1921–1953, Bayreuth 1997.

GERTRAUD GRÜNZINGER/CARSTEN NICOLAISEN (Bearb.), Dokumente z. Kirchenpolitik d. Dritten Reiches, Bd. 3: 1935–1937, Gütersloh 1994.

SIEGFRIED GRUNDMANN, Abh. z. Kirchenrecht, Köln u.a. 1969.

KARL EDUARD HAAS, Die Ev.-Ref. Kirche i. Bayern. Ihr Wesen u. ihre Gesch., Neustadt/Aisch 1970.

KARL EDUARD HAAS, Die kleinen christl. Kirchen u. freien Gemeinden i. Bayern, Erlangen 1976.

KARL EDUARD HAAS, Der Lehrstuhl f. ref. Theologie zu Erlangen, Erlangen 1961, 2. erw. Aufl. Erlangen 1987.

JOHANNA HABERER (Hg.), Er liebte seine Kirche. Bischof Hans Meiser u. d. bayer. Landeskirche i. Nationalsozialismus, München 1996.

Hb. Religiöse Gemeinschaften. Freikirchen, Sondergemeinschaften, Sekten, Weltanschauungen, missionierende Religionen d. Ostens, Neureligionen, Psycho-Organisationen, hg. i. Auftrag d. VELKD v. HORST RELLER, MANFRED KIESSIG u. HELMUT TSCHOERNER, Gütersloh ⁴1993.

JOHANNES HANSELMANN, Ja, mit Gottes Hilfe. Lebenserinnerungen, München 2000.

OTTO HASS, Hermann Strathmann. Christl. Denken u. Handeln i. bewegter Zeit, Bamberg 1993.

THEODOR HECKEL, Adolph v. Harless. Theologie u. Kirchenpolitik eines luth. Bischofs i. Bayern, München 1933.

MARTIN HEIN, Luth. Bekenntnis u. Erlanger Theologie i. 19. Jh., Gütersloh 1984 (LKGG 7).

MARTIN HEIN, Erlangen: TRE 10, 159–164.

MARTIN HEIN, Harleß, Gottlieb Christoph Adolf von: TRE 14, 444ff.

HANS HEIWIK, Er liebte seine Kirche. In memoriam D. Hans Meiser, München 1956.

JOSEF HEMMERLE, Die ev. Kirche i. Bayern. Dokumente ihrer Gesch., Ausstellung anläßlich d. 9. Deutschen Ev. Kirchentages (11.–16. August 1959), veranstaltet v. d. Generaldirektion d. staatlichen Archive Bayerns i. Verbindung mit d. Bayer. Staatsbibliothek München, AKat. München 1959.

GÜNTER HENKE, Die Anfänge d. Ev. Kirche i. Bayern. Friedrich Immanuel Niethammer u. d. Entstehung d. Prot. Gesamtgemeinde, München 1974 (JusEcc 20).

ERNST HENN, Führungswechsel, Ermächtigungsgesetz u. d. Ringen um eine neue Synode i. bayer. Kirchenkampf: ZBKG 43 (1974), 325–443.

ERNST HENN, Die bayer. Volksmission i. Kirchenkampf: ZBKG 38 (1969), 1–87.

DIETHARD HENNIG, Johannes Hoffmann. Sozialdemokrat u. bayer. Ministerpräsident, München 1990 (Schriftenreihe d. Georg-v.-Vollmar-Akademie 3).

MAX HEROLD, Alt-Nürnberg i. seinen Gottesdiensten. Ein Beitr. z. Gesch. d. Sitte u. d. Kultus, Gütersloh 1890.

MAX HEROLD, Passah. Andachten f. d. hl. Charwoche u. d. Auferstehungsfest sowie f. d. Passions- u. Osterzeit überhaupt, Nürnberg 1874.

MAX HEROLD, Vesperale oder d. Nachmittage unserer Feste u. ihre gottesdienstliche Bereicherung, Nördlingen 1883, ²1885.

GERHARD HIRSCHMANN, Die Ev. Kirche seit 1800: HBG 4/2, 883–913.

FRIEDRICH HÖGNER, Die Entwicklung d. ev. Kirchenmusik i. München: 50 Jahre Ev.-Luth. Gesamtkirchen-Gemeinde München 1920–1970. Festgabe z. 50jährigen Bestehen der Ev.-Luth. Gesamtkirchengemeinde München, hg. v. d. EV.-LUTH. GESAMTKIRCHENVERWALTUNG MÜNCHEN, München o.J., 44–51.

BEATE HOFMANN, Gute Mütter – starke Frauen. Gesch. u. Arbeitsweise d. Bayer. Mütterdienstes, Stuttgart u.a. 2000 (Reihe Diakoniewissenschaft 1).

ERNST RUDOLF HUBER, Deutsche Verfassungsgesch. seit 1789, Bd. 5: Weltkrieg, Revolution u. Reichserneuerung, Stuttgart u.a. 1978, Bd. 6: Die Weimarer Reichsverfassung, Stuttgart u.a. 1981, Bd. 7: Ausbau, Schutz u. Untergang d. Weimarer Republik, Stuttgart u.a. 1984.

ERNST RUDOLF HUBER/WOLFGANG HUBER, Staat u. Kirche i. 19. u. 20. Jh. Dokumente z. Gesch. d. deutschen Staatskirchenrechts, Bd. 1: Staat u. Kirche v. Ausgang d. alten Reiches bis z. Vorabend d. bürgerlichen Revolution, Berlin 1973, ²1990, Bd. 2: Staat u. Kirche i. Zeitalter d. Hochkonstitutionalismus u. d. Kulturkampfes 1848–1890, Berlin 1976, Bd. 3: Staat u. Kirche v. d. Beilegung d. Kulturkampfs bis z. Ende d. Ersten Weltkriegs, Berlin 1983, Bd. 4: Staat u. Kirche i. d. Zeit d. Weimarer Republik, Berlin 1988.

WOLFGANG HUBER/JOHANNES SCHWERDTFEGER (Hg.), Kirchen zwischen Krieg u. Frieden. Stud. z. Gesch. d. deutschen Protestantismus, Stuttgart 1976.

[Hundert] 100 Jahre Landesverband Ev. Kirchenchöre i. Bayern, hg. v. LANDESVERBAND EV. KIRCHENCHÖRE, o.O. 1985.

[Hundert] 100 Jahre Pfarrer- u. Pfarrerinnenverein i. Bayern 1891–1991. Stationen u. Aufgaben. Hg. i. Auftrag d. Vereins v. KONRAD KREßEL u. KLAUS WEBER, Ansbach 1991.

MICHAEL J. INACKER, Zwischen Transzendenz, Totalitarismus u. Demokratie. Die Entwicklung d. kirchl. Demokratieverständnisses v. d. Weimarer Republik bis z. d. Anfängen d. Bundesrepublik (1918–1958), Neukirchen-Vluyn 1994 (HThST 8).

HORST JESSE, Die Gesch. d. Ev.-Luth. Kirchengemeinden i. München u. Umgebung 1510–1990, Neuendettelsau 1994.

OTTFRIED JORDAHN, Georg Friedrich Seilers Beitr. z. praktischen Theologie d. kirchl. Aufklärung, Nürnberg 1970 (EKGB 49).

FRIEDRICH KALB, Grundriß d. Liturgik. Eine Einführung i. d. Gesch., Grundsätze u. Ordnungen d. luth. Gottesdienstes, München ²1982.

FRIEDRICH WILHELM KANTZENBACH, Ev. Geist u. Glaube i. neuzeitlichen Bayern, München 1980 (SBLG 70).

FRIEDRICH WILHELM KANTZENBACH, Prot. Pfarrer i. Politik u. Gesellschaft d. bayer. Vormärzzeit: ZBLG 39 (1976), 171–200.

FRIEDRICH WILHELM KANTZENBACH, Julius Schunck (1822–1857). Leben u. Werk f. d. Erziehungsdiakonie: KARL LEIPZIGER (Hg.), Helfen i. Gottes Namen. Lebensbilder a. d. Gesch. d. bayer. Diakonie, München 1986, 29–43.

FRIEDRICH WILHELM KANTZENBACH, Die Erlanger Theologie. Grundlinien ihrer Entwicklung i. Rahmen d. Gesch. d. Theol. Fakultät 1743–1877, München 1960.

FRIEDRICH WILHELM KANTZENBACH, Widerstand u. Solidarität d. Christen i. Deutschland 1933–1945. Eine Dokumentation z. Kirchenkampf aus d. Papieren d. D. Wilhelm Frhr. v. Pechmann, Neustadt/Aisch 1971 (EKGB 51).

THEODOR KARG, Die Einführung d. Landeskirchensteuer i. Bayern: ZBKG 29 (1960), 237–244.

THEODOR KARG, Kirchensteuerrecht i. d. Ev.-Luth. Kirche i. Bayern, München ²1969.

HANS-JOACHIM KATT, Friedrich Boeckh (1845–1914). Der Leiter eines Mutterhauses: KARL LEIPZIGER (Hg.), Helfen i. Gottes Namen. Lebensbilder a. d. Gesch. d. bayer. Diakonie, München 1986, 71–105.

HANNS KERNER, Reform d. Gottesdienstes. Von d. Neubildung d. Gottesdienstordnung u. Agende i. d. ev.-luth. Kirche i. Bayern i. 19. Jh. bis z. Erneuerten Agende, Stuttgart 1995 (CThM.PT 23).

HANNS KERNER/ELMAR NÜBOLD (Hg.), Ökum. Segensfeiern. Eine Handreichung, Paderborn u.a. 1997.

HANNS KERNER/MANFRED SEITZ/REINHOLD FRIEDRICH/ROLAND LIEBENBERG/THOMAS RÜBIG (Hg.), Die Reform d. Gottesdienstes i. Bayern i. 19. Jh. – Quellenedition –, Bd. 1: Entwürfe d. Gottesdienstordnung u. d. Agende v. 1823–1836, Stuttgart 1995, Bd. 2: Entwürfe d. Gottesdienstordnung u. d. Agende v. 1836–1847, Stuttgart 1996, Bd. 3: Entwürfe d. Gottesdienstordnung u. d. Agende v. 1852–1856, Stuttgart 1997.

Kirche i. Staat u. Gesellschaft i. 19. Jh. Referate u. Fachvorträge d. 6. Internationalen Archivtages Rom 1991, hg. v. HELMUT BAIER, Neustadt/Aisch 1992 (VAAEK 17).

KIRCHENSTATISTISCHES AMT D. DEK, Ev. Pfarrerfamilienstatistik. 9. Bayern r. d. Rh., Berlin 1937 (Hefte z. ev. Kirchenstatistik 11).

Kirchensteuer. Notwendigkeit u. Problematik, hg. v. FRIEDRICH FAHR, Regensburg 1996.

GERNOT KIRZL, Staat u. Kirche i. Bayer. Landtag z. Zeit Max' II. 1848–1864, München 1974 (MBM 50 = Neue Schriftenreihe d. Stadtarchivs München 68).

MANFRED KITTEL, Zwischen völkischem Fundamentalismus u. gouvernementaler Taktik. DNVP-Vorsitzender Hans Hilpert u. d. bayer. Deutschnationalen: ZBLG 59 (1996), 849–901.

BERNHARD KLAUS, Das Erlanger Institut f. Kirchenmusik. Seine Grundkonzeption u. ihr Ausbau: ZBKG 60 (1991), 115–136.

BERNHARD KLAUS, Das Erlanger Institut f. Kirchenmusik als Institut der Theologischen Fakultät: ZBKG 66 (1997), 69–82.

HENNING KÖSSLER (Hg.), 250 Jahre Friedrich-Alexander-Universität Erlangen-Nürnberg, Erlangen 1993 (ErF Sonderreihe 4).

SYBILLE KRAFFT (Koordination), Frauenleben i. Bayern. Von d. Jahrhundertwende bis z. Trümmerzeit. Mit Beitr. v. Sybille Krafft, Marita A. Panzer, Elisabeth Plößl, Karin Sommer, hg. v. d. BAYER. LANDESZENTRALE F. POLITISCHE BILDUNGSARBEIT, Red. Zdenek Zofka, München 1993 (Bayer. Landeszentrale f. politische Bildungsarbeit A 77).

DORIT-MARIA KRENN, Die Christl. Arbeiterbewegung i. Bayern v. Ersten Weltkrieg bis 1933, Mainz 1991 (VKZG F 57).

HANS KREßEL, Die Liturgie d. Ev.-Luth. Kirche i. Bayern r. d. Rh., Gesch. u. Kritik ihrer Entwicklung i. 19. Jh., Gütersloh 1935, München ²1953.

FRANZ KÜHNEL, Hans Schemm. Gauleiter u. Kultusminister (1891–1935), Nürnberg 1985 (NWSLG 37).

Die Landessynode i. Ansbach v. 9.–13. Juli 1946, hg. v. EV. PRESSEVERBAND F. BAYERN U. MÜNCHEN, o.O. o.J.

GERHARD LANGMAACK, Ev. Kirchenbau i. 19. u. 20. Jh., Kassel 1971.

HANS LAUERER, Die Diakonissenanstalt Neuendettelsau 1854–1954, Neuendettelsau 1954.

KLAUS LEDER, Universität Altdorf. Zur Theologie d. Aufklärung i. Franken. Die Theol. Fakultät i. Altdorf 1750–1809, Nürnberg 1965 (Schriftenreihe d. Altnürnberger Landschaft 14).

KARL LEIPZIGER (Hg.), Helfen i. Gottes Namen. Lebensbilder a. d. Gesch. d. bayer. Diakonie, München 1986.

Leiturgia. Hb. d. ev. Gottesdienstes, hg. v. KARL FERDINAND MÜLLER u. WALTER BLANKENBURG, Bd. 1, Kassel 1954, Bd. 2, Kassel 1955, Bd. 3, Kassel 1956, Bd. 4, Kassel 1961.

Ev. Lexikon f. Theologie u. Gemeinde, Bd. 2, Wuppertal u.a. 1993, Bd. 3, Wuppertal u.a. 1994.

MANACNUC MATHIAS LICHTENFELD, Georg Merz. Pastoraltheologe zwischen d. Zeiten. Leben u. Werk i. Weimarer Zeit u. Kirchenkampf als theol. Beitr. z. Praxis d. Kirche, Gütersloh 1997 (LKKG 18).

CHRISTOPH LINK, RU: HdbStKirchR² 2, 439–509.

CHRISTOPH LINK, Staat u. Kirchen: Deutsche Verwaltungsgesch., i. Auftrag d. Frhr.-vom-Stein-Gesellschaft e.V. hg. v. KURT G.A. JESERICH, HANS POHL, GEORG-CHRISTOPH V. UNRUH, Bd. 4: Das Reich als Republik u. i. d. Zeit d. Nationalsozialismus, Stuttgart 1985, 450–473, Bd. 5: Die Bundesrepublik Deutschland, Stuttgart 1987, 995–1011.

WILHELM LÖHE, Ges. Werke [= GW], hg. i. Auftrag d. Gesellschaft f. Innere u. Äußere Mission i. Sinne d. luth. Kirche e.V. v. KLAUS GANZERT, Neuendettelsau 1951–1986 [7 Bde. i. 12 Teilbänden].

WALTHER V. LOEWENICH, Erlebte Theologie. Begegnungen, Erfahrungen, Erwägungen, München 1979.

FERDINAND MAGEN, Prot. Kirche u. Politik i. Bayern. Möglichkeiten u. Grenzen i. d. Zeit v. Revolution u. Reaktion 1848–1859, Köln u.a. 1986 (KVRG 11).

FERDINAND MAGEN, Sozialer Protestantismus i. Bayern. Anmerkungen z. Gesch. d. sozialen Engagements i. d. ersten Hälfte d. 19. Jh.: Christl. Engagement i. Gesellschaft u. Politik. Beitr. d. Kirchen z. Theorie u. Praxis ihres Sozialauftrages i. 19. u. 20. Jh. i. Deutschland, hg. v. LOTHAR KOCH u. JOSEF G. STANZEL, Frankfurt/Main u.a. 1979, 125–144.

ARNE MANZESCHKE, Episcopum habemus. Zur Auseinandersetzung um d. Bischofsamt i. d. Ev.-Luth. Kirche i. Bayern r. d. Rh. i. d. Zeit d. Weimarer Republik (Masch. Diss.), Erlangen 1995 [erscheint voraussichtlich 2000].

HUGO MASER, Die Ev.-Luth. Kirche i. Bayern r. d. Rh. z. Zeit d. Weimarer Republik 1918–1933. Ein geschichtlicher Überblick, München 1990.

HUGO MASER, Ev. Kirche i. demokratischen Staat. Der bayer. Kirchenvertrag v. 1924 als Modell f. d. Verhältnis v. Staat u. Kirche, München 1983.

HUGO MASER, König Maximilian II. (1811–1864). Förderer privater Liebestätigkeit als Gründer d. St. Johannis-Vereins: KARL LEIPZIGER (Hg.), Helfen i. Gottes Namen. Lebensbilder aus d. Gesch. d. bayer. Diakonie, München 1986, 167–193.

WILHELM MAURER, Kirche u. Gesch. Ges. Aufsätze, Bd. 2: Beitr. z. Grundsatzfragen u. z. Frömmigkeitsgesch., hg. v. ERNST WILHELM KOHLS u. GERHARD MÜLLER, Göttingen 1970.

WILHELM MAURER, Die »Prot.« Kirche i. Bayern. Stud. z. Gesch. eines kirchenrechtl. u. kirchenpolitischen Begriffs: WILHELM MAURER, Kirche u. Gesch. Ges. Aufsätze, Bd. 2: Beitr. z. Grundsatzfragen u. z. Frömmigkeitsgesch., hg. v. ERNST WILHELM KOHLS u. GERHARD MÜLLER, Göttingen 1970, 120–145.

GOTTFRIED MEHNERT, Ev. Kirche u. Politik 1917–1919. Die politischen Strömungen i. deutschen Protestantismus v. d. Julikrise 1917 bis z. Herbst 1919, Düsseldorf 1959 (BGPP 16).

GOTTFRIED MEHNERT, Ev. Presse. Gesch. u. Erscheinungsbild v. d. Reformation b. z. Gegenwart, Bielefeld 1983 (EPF 4).

GOTTFRIED MEHNERT, Programme ev. Kirchenzeitungen i. 19. Jh., Witten 1972 (EPF 2).

GERHARD MEIER-REUTTI, Chancen kirchl. Presse. 90 Jahre ev. Kirchenpresse i. Bayern. Gesch., Inhalt, Gestalt, München 1977.

GERHARD MEIER-REUTTI, Politik d. Unpolitischen. Kirchl. Presse zwischen Theologie u. Gemeinde, Bielefeld 1976 (EPF 3).

HANS MEISER, Kirche, Kampf u. Christusglaube. Anfechtungen u. Antworten eines Lutheraners, hg. v. FRITZ u. GERTRUDE MEISER, München 1982.

BJÖRN MENSING, »Hitler hat eine göttliche Sendung«. Münchens Protestantismus u. d. Nationalsozialismus: Irrlicht i. leuchtenden München? Der Nationalsozialismus i. d. »Hauptstadt d. Bewegung«, hg. v. BJÖRN MENSING u. FRIEDRICH PRINZ, Regensburg 1991, 92–123.

BJÖRN MENSING, Pfarrer u. Nationalsozialismus. Gesch. einer Verstrickung am Beispiel d. Ev.-Luth. Kirche i. Bayern, Göttingen 1998 (AKiZ B. 26), Bayreuth ²1999.

GEORG MERKEL, 75 Jahre Kindergottesdienst i. Bayern: Ev. Kinderkirche 21 (1949), 65–68.

»Mit uns zieht d. neue Zeit«. Der Mythos Jugend, hg. v. THOMAS KOEBNER, ROLF-PETER JANZ u. FRANK TROMMLER, Frankfurt/Main 1985.

KARL MÖCKL, Der moderne bayer. Staat. Eine Verfassungsgesch. v. Aufgeklärten Absolutismus bis z. Ende d. Reformepoche, München 1979 (Dokumente z. Gesch. v. Staat u. Gesellschaft i. Bayern 3/1).

GERHARD MÜLLER, Die Erlanger Theol. Fakultät u. Wilhelm Löhe i. Jahr 1849: Dem Wort gehorsam. Landesbischof D. Hermann Dietzfelbinger DD. z. 65. Geburtstag, München 1973, 242–254.

WINFRIED MÜLLER, Zwischen Säkularisation u. Konkordat. Die Neuordnung d. Verhältnisses v. Staat u. Kirchen 1803–1821: HBKG 3, 85–129.

CARSTEN NICOLAISEN/NORA ANDREA SCHULZE (Bearb.), Die Protokolle d. Rates d. EKD, Bd. 1: 1945/46, Göttingen 1995 (AKiZ A. 5), Bd. 2: 1947/48, Göttingen 1997 (AKiZ A. 6).

KURT NOWAK, Gesch. d. Christentums i. Deutschland. Religion, Politik u. Gesellschaft v. Ende d. Aufklärung bis z. Mitte des 20. Jh., München 1995.

KURT NOWAK, Ev. Kirche u. Weimarer Republik. Zum politischen Weg d. deutschen Protestantismus zwischen 1918 und 1932, Göttingen 1981, Göttingen ^{2}1988 (AKG 7).

RUDOLF OESCHEY, Verfassung d. ev.-luth. Kirche i. Bayern r. d. Rh. v. 16. September 1920, München 1921.

GÜNTER OPITZ, Der Christl.-soziale Volksdienst. Versuch einer prot. Partei i. d. Weimarer Republik, Düsseldorf 1969 (BGPP 37).

WALTER OPP, Das Institut f. Kirchenmusik: HENNING KÖSSLER (Hg.), 250 Jahre Friedrich-Alexander-Universität Erlangen-Nürnberg, Erlangen 1993, 271–290 (ErF Sonderreihe 4).

GERHARD PFEIFFER, Bayern: TRE 5, 361–387.

GERHARD PFEIFFER, Friedrich Wilhelm Ghillany. Ein Typus aus d. deutschen Bürgertum v. 1848: MVGN 41 (1950), 155–255.

GERHARD PFEIFFER, Die Umwandlung Bayerns i. einen paritätischen Staat: Bayern. Staat u. Kirche, Land u. Reich. Forsch. z. bayer. Gesch. vornehmlich i. 19. Jh. Gedächtnisschr. f. Wilhelm Winkler, hg. v. d. STAATLICHEN ARCHIVEN BAYERNS, München [1960], 35–109 (Archiv u. Wissenschaft 3).

LYDIA PRÄGER (Hg.), Frei f. Gott u. d. Menschen. Ev. Bruder- u. Schwesternschaften d. Gegenwart i. Selbstdarstellungen, ber. Nachdruck Stuttgart 1960.

Profile d. Luthertums. Biographien z. 20. Jh., hg. v. WOLF-DIETER HAUSCHILD, Gütersloh 1998 (LKGG 20).

ALBERT REBLE, Das Schulwesen: HBG 4/2, 950–995.

Rechtssammlung d. Ev.-Luth. Kirche i. Bayern, hg. v. LANDESKIRCHENRAT D. EV.-LUTH. KIRCHE I. BAYERN, bearb. v. Jost Heinzel, München [jeweils mit Angabe zum Stand der verwendeten Ausgabe].

Die Religionswissenschaft d. Gegenwart i. Selbstdarstellungen, hg. v. ERICH STANGE, Bd. 1, Leipzig 1925, Bd. 2, Leipzig 1926.

MICHAEL RENNER, Nachkriegsprotestantismus i. Bayern. Unters. z. politischen u. sozialen Orientierung d. Ev.-Luth. Kirche Bayerns u. ihres Landesbischofs Hans Meiser i. d. Jahren 1945–1955, München 1991 (TuSt.P 46).

HEINRICH RIEDEL, Kampf um d. Jugend – Ev. Jugendarbeit 1933–1945, München 1976.

FRIEDRICH RITTELMEYER, Aus meinem Leben, Stuttgart 1937.

CLAUS-JÜRGEN ROEPKE, Die Protestanten i. Bayern, München 1972.

HANS ROSER, Von Bayern b. Brasilien. Der Martin-Luther-Verein. Ein Stück bayer. KG, Rothenburg/Tauber 1985.

WALTER RUPPRECHT, Hermann v. Bezzel (1861–1917). Sein Beitr. z. Verständnis d. Diakonie u. ihrer Gestaltung: KARL LEIPZIGER (Hg.), Helfen i. Gottes Namen. Lebensbilder aus d. Gesch. d. bayer. Diakonie, München 1986, 195–225.

WALTER SCHÄRL, Die Zusammensetzung d. bayer. Beamtenschaft v. 1806–1918, Kallmünz 1955 (MHStud., Abt. Bayer. Gesch. 1).

PETER SCHELLENBERG, Diasporawerke: TRE 8, 719–726.

WALTER SCHERZER, Ernst Friedrich Wilhelm Fabri, prot. Dekan z. Würzburg, u. sein Sohn, Friedrich Fabri, Wegbereiter d. IM i. Unterfranken: ZBKG 56 (1987), 165–176.

JULIUS SCHIEDER, 50 Jahre Ev. Nürnberg 1914–1964, Nürnberg 1964.

ULRICH SCHINDLER-JOPPIEN, Das Neuluthertum u. d. Macht. Ideologiekritische Analysen z. Entstehungsgesch. d. luth. Konfessionalismus i. Bayern (1825–1838), Stuttgart 1998 (CThM.ST 16).

MARTIN SCHLEE, 30 Jahre Verband ev. Posaunenchöre i. Bayern: GuK H. 2 (1952), 31–37, GuK H. 3 (1952) 75–78 (= Sonderdruck d. Bayer. Posaunenverbandes, o.O. 1952).

WOLFHART SCHLICHTING, Löhe, Johann Konrad Wilhelm (1808–1872): TRE 21, 410–414.

THEODOR SCHOBER, Wilhelm Löhe (1808–1872). Gestalter d. IM i. Sinne d. Luth. Kirche: KARL LEIPZIGER (Hg.), Helfen i. Gottes Namen. Lebensbilder a. d. Gesch. d. bayer. Diakonie, München 1986, 45–69.

RENATE SCHÖNFELD, 100 Jahre Regensburger Kantorei. Ev. Musiktradition i. Regensburg: FS 100 Jahre Regensburger Kantorei, Red. Friedhelm Moggert, hg. v. d. REGENSBURGER KANTOREI, o.O. 1988, 13–18 (Abdruck auch im Regensburger Almanach 1988, hg. v. ERNST EMMERIG, Regensburg 1988, 262–270).

OTTO SCHÖNHAGEN, Stätten d. Weihe, Berlin 1919.

Gotthilf Heinrich Schubert. Gedenkschr. z. 200. Geburtstag d. romantischen Naturforschers, Erlangen 1980 (ErF 25).

ALBRECHT SCHÜBEL, 300 Jahre Ev. Soldatenseelsorge, München 1964.

ULRICH SCHWAB, Ev. Jugendarbeit i. Bayern 1800–1933, München 1992.

ULRICH SCHWAB, »... eine Lebensfrage unserer Zeit ...«. Die Verlautbarung d. Bayer. Oberkonsistoriums z. IM aus d. Jahre 1849: ZBKG 62 (1993), 47–58.

MANFRED SEITZ, Hermann Bezzel. Theologie, Darstellung u. Form seiner Verkündigung, München 1960, Wuppertal ²1987 (FGLP 18).

MATTHIAS SIMON, Die Ev.-Luth. Kirche i. Bayern i. 19. u. 20. Jh., München 1961 (TuG 5).

MATTHIAS SIMON, Ev. Kirchengeschichte Bayerns, 2 Bde., München 1942, Nürnberg ²1952.

MATTHIAS SIMON, Mission u. Bekenntnis i. d. Entwicklung d. Ev.-Luth. Zentralmissionsvereins f. Bayern, Neuendettelsau 1953.

NOTGER SLENCZKA, Der Glaube u. sein Grund. F.H.R. v. Frank, seine Auseinandersetzung mit A. Ritschl u. d. Fortführung seines Programms durch L. Ihmels. Stud. z. Erlanger Theologie 1, Göttingen 1998 (FSÖTh 85).

NOTGER SLENCZKA, Selbstkonstitution u. Gotteserfahrung. W. Elerts Deutung d. neuzeitlichen Subjektivität i. Kontext d. Erlanger Theologie. Stud. z. Erlanger Theologie 2, Göttingen 1999 (FSÖTh 86).

WILHELM SPERL, Dr. Heinrich Stephani, Schul- u. Kirchenrat, dann Dekan i. Gunzenhausen, d. Führer d. Rationalismus i. Bayern 1761–1850, München 1940 (EKGB 20).

GERTRAUD STAB, 1895–1995. 100 Jahre Diakonisches Werk Augsburg, hg. v. DIAKONISCHEN WERK AUGSBURG, Augsburg 1995.

STADTMISSION NÜRNBERG E.V. (Hg.), Suchet d. Stadt Bestes u. betet f. sie zum Herrn. Stadtmission 100 Jahre jung Nürnberg e.V., Nürnberg 1985.

WILHELM STÄHLIN, Via Vitae. Lebenserinnerungen v. Wilhelm Stählin, Kassel 1968.

KARL STEINBAUER, Einander das Zeugnis gönnen, 4 Bde., Selbstverlag Erlangen 1983–1987.

HERMANN STEINLEIN, Die Entstehung d. bayer. Hauptvereins d. Gustav-Adolf-Stiftung, z. 75jährigen Jubiläum desselben: ZBKG 1 (1926), 120–146.

KLAUS STEUBER, Militärseelsorge i. d. BRD. Eine Unters. z. Verhältnis v. Staat u. Kirche, Mainz 1972 (VKZG F 12).

OSKAR STOLLBERG, Schwabach i. d. Musikgesch.: 600 Jahre Stadt Schwabach 1371–1971. FS z. 600-Jahr-Feier, i. Auftrag d. Stadt hg. v. HEINRICH SCHLÜPFINGER, Schwabach 1971, 241–267.

GOTTFRIED THOMASIUS, Das Wiedererwachen d. ev. Lebens i. d. Luth. Kirche Bayerns. Ein Stück süddeutscher KG (1800–1840), Erlangen 1867.

DIETRICH THRÄNHARDT, Wahlen u. politische Strukturen i. Bayern 1848–1953, Düsseldorf 1973 (BGPP 51).

JOHANNES TRIEBEL (Hg.), Miteinander weltweit unterwegs. Das Missionswerk d. Ev.-Luth. Kirche i. Bayern, Erlangen 1997.

WOLFGANG TRILLHAAS, Aufgehobene Vergangenheit. Aus meinem Leben, Göttingen 1976.

LUDWIG TURTUR/ANNA LORE BÜHLER, Gesch. d. prot. Dekanates u. Pfarramtes München 1799–1852. Ein Beitr. z. bayer. Religionspolitik d. 19. Jh., Nürnberg 1969 (EKGB 48).

FRIEDRICH VEIT, Die Kriegs- u. erste Nachkriegszeit d. bayer. Chorverbandes: GuK H. 5 (1960), 169f.

Verantwortung f. d. Kirche. Stenographische Aufzeichnungen u. Mitschriften v. Landesbischof Hans Meiser, bearb. v. HANNELORE BRAUN u. CARSTEN NICOLAISEN, Bd. 1: Sommer 1933 bis Sommer 1935, Göttingen 1985 (AKiZ A. 1), Bd. 2: Herbst 1935 bis Frühjahr 1937, Göttingen 1993 (AKiZ A. 2).

VERBAND EV. POSAUNENCHÖRE I. BAYERN (Hg.), FS 40 Jahre Verband ev. Posaunenchöre i. Bayern e.V., Nürnberg 1962.

Verh. d. vereinigten Generalsynode z. Bayreuth i. Jahre 1897, Bayreuth 1897.

Verh. d. a.o. Generalsynode f. d. Konsistorialbezirke Bayerns r. d. Rh. z. Ansbach i. Jahre 1920, o.O. o.J.

GUSTAV-ADOLF VISCHER, Die Ev.-Luth. Kirche i. Bayern v. 1800 bis 1920. Ihre staats- u. kirchenrechtl. Entwicklung, München 1951.

WILHELM VOLKERT (Hg.), Hb. d. Bayer. Ämter, Gemeinden u. Gerichte 1799–1980, München 1983.

Von Stalingrad z. Währungsreform. Zur Sozialgesch. d. Umbruchs i. Deutschland, hg. v. MARTIN BROSZAT, KLAUS-DIETMAR HENKE u. HANS WOLLER, München 1988 (QDZG 26).

ANDREAS WACHTER, Gesch. d. Reformierten i. Bayern v. ihren Anfängen bis i. d. Gegenwart, hg. v. MODERAMEN D. EV.-REF. KIRCHE I. BAYERN, Nürnberg 1994.

GERHARD WEHR, Gutes tun u. nicht müde werden. Ein Jh. Rummelsberger Diakone, München 1989.

JULIUS WEICHLEIN, Die Rechtsbeziehungen zwischen IM u. Ev.-Luth. Landeskirche i. Bayern r. d. Rh. unter bes. Berücksichtigung d. Rechtsverhältnisse d. Anstalts- u. Vereinsgeistlichen d. IM i. Bayern (Masch. Diss.), Erlangen 1942 [LKAN DW 1].

HORST WEIGELT, Erweckungsbewegung u. konfessionelles Luthertum i. 19. Jh. Unters. an Karl v. Raumer, Stuttgart 1968 (AzTh 2/10).

HORST WEIGELT, Karl v. Raumer (1783–1865). Karitatives u. soziales Engagement: KARL LEIPZIGER (Hg.), Helfen i. Gottes Namen. Lebensbilder a. d. Gesch. d. bayer. Diakonie, München 1986, 15–26.

ALFRED WENDEHORST, Gesch. d. Friedrich-Alexander-Universität Erlangen-Nürnberg 1743–1993, München 1993.

FRIEDRICH WILHELM WINTER, Die Erlanger Theologie u. d. Lutherforsch. i. 19. Jh., Gütersloh 1995 (LKGG 16).

RENATE WITTERN (Hg.), Die Professoren u. Dozenten d. Friedrich-Alexander-Universität Erlangen 1743–1960, Teil 1: Theol. Fakultät. Juristische Fakultät, Erlangen 1993 (ErF Sonderreihe 5).

... wo ist dein Bruder Abel? 50 Jahre Novemberpogrom. Christen u. Juden i. Bayern i. unserem Jh., Nürnberg 1988 (AKat. d. LKAN 14).

GERHARD PHILIPP WOLF, Ev. Kirche u. staatliche »Armenpflege« i. Bayern d. 19. Jh. Der Landpfarrer als Vorstand d. lokalen Armenpflegschaftsrates: ZBKG 59 (1990), 215–245.

WERNER WOLLENWEBER, Die Ev. Kirchenmusik u. d. Kantoren i. Regensburg v. 1542–1888: FS 100 Jahre Regensburger Kantorei, Red. Friedhelm Moggert, hg. v. d. REGENSBURGER KANTOREI, o.O. 1988, 7–12.

GERHARD VON ZEZSCHWITZ, System d. christl.-kirchl. Katechetik, Bd. 1: Der Katechumenat oder d. Lehre v. d. kirchl. Erziehung, Leipzig 1863, Bd. 2/1, Leipzig 1864, Bd. 2/2, Leipzig 1869.

WOLFGANG ZORN, Bayerns Gesch. i. 20. Jh. Von d. Monarchie zum Bundesland, München 1986.

WOLFGANG ZORN, Kirchl.-ev. Bevölkerung u. Nationalsozialismus i. Bayern 1919–1933: Politik u. Konfession. FS f. Konrad Repgen z. 60. Geburtstag, hg. v. DIETER ALBRECHT, HANS GÜNTER HOCKERTS, PAUL MIKAT, RUDOLF MORSEY, Berlin 1983, 319–340.

WOLFGANG ZORN, Die Sozialentwicklung d. nichtagrarischen Welt (1806–1970): HBG 4/2, 846–882.

WOLFGANG ZORN, Der bayer. Staat u. seine ev. Bürger 1806–1945: ZBKG 29 (1960), 219–236.

V. EVANGELISCHE KIRCHE IM KÖNIGREICH BAYERN

V.1 DIE ENTSTEHUNG DER EVANGELISCHEN LANDESKIRCHE UND DIE ENTWICKLUNG IHRER VERFASSUNG (1806–1918)

Von Hartmut Böttcher

AMMON (B).– AMMON/RUSAM² (B) 1–12.– Amtshb. 1883 (B) Bd. 3.– Bayern entsteht. Montgelas u. sein Ansbacher Mémoire v. 1796, hg. v. MICHAEL HENKER, MARGOT HAMM u. EVAMARIA BROCKHOFF, Augsburg 1996 (VBGK 32/96).– HARTMUT BÖTTCHER, Die Gestaltwerdung d. Ev.-Luth. Kirche i. Bayern: GRETHLEIN/BÖTTCHER/HOFMANN/HÜBNER (B) 25–35.– DERS., Wie wir wurden, was wir sind. Gesch. d. rechtl. Gestaltwerdung d. bayer. Landeskirche: NELKB 45 (1990), 454–458.– HELMUT BRUCHNER, Die synodalen u. presbyterialen Verfassungsformen i. d. Prot. Kirche d. rechtsrheinischen Bayern i. 19. Jh., Berlin 1977 (MUS, Jur. Fak., Abh. z. rechtswissenschaftlichen Grundlagenforsch. 24).– AXEL FRHR. V. CAMPENHAUSEN, Zur Frage d. Verfügungsgewalt d. Kirchen hinsichtlich d. Kirchenbücher: Münchener Gutachten. Kirchenrechtl. Gutachten i. d. Jahren 1970 bis 1980, erstattet v. Kirchenrechtl. Institut d. EKD, Tübingen 1983, 178–194 (JusEcc 30).– DÖLLINGER (B).– Gesch. d. Ev. Kirche i. Kgr. Bayern (B) 1ff. 492–524; Suppl.-Bd., 1f. 109–126 (Pfalz).– HENKE, Anfänge (B).– GÜNTER HENKE, 150 Jahre »Prot. Kirche« i. Bayern: NELKB 29 (1974), 385–388.– HIRSCHMANN (B).– HGBB 1 u. 2.– HUBER/HUBER 1² (B).– KARG, Einführung (B).– ARMIN RUDI KITZMANN, Das offene Tor. Aus d. Gesch. d. Protestanten i. München, München 1990.– THEODOR KOLDE, Das bayer. Religionsedikt v. 10. Januar 1803 u. d. Anfänge d. Prot. Landeskirche i. Bayern: BBKG 9 (1903), 97–140.– JOSEPH LISTL, Zur Auskunfts- u. Beurkundungspflicht aus Kirchenbüchern: ArchKathKR 143 (1974), 101–112 (= DERS., Kirche i. freiheitlichen Staat. Schr. z. Staatskirchenrecht u. Kirchenrecht, hg. v. JOSEF ISENSEE u. WOLFGANG RÜFNER i.V. mit WILHELM REES, Berlin 1996, Bd. 2, 768–779 [Staatskirchenrechtl. Abh. 25]).– MASER, Ev. Kirche (B) 27–44 [Vorgeschichte].– WILHELM MAURER, Die »Prot.« Kirche i. Bayern: ZBKG 32 (1963), 271–295.– GEORG KARL MAYR (Hg.), Sammlung d. Churpfalz-baier. allgemeinen u. bes. Landesverordnungen v. seiner Churfürstlichen Durchlaucht Maximilian Joseph IV., Bd. 1, München 1800, Bd. 2, München 1802.– CHRISTIAN MEURER, Bayer. Kirchenvermögensrecht, Bd. 1: Bayer. Kirchenstiftungsrecht, Stuttgart 1899, Bd. 2: Bayer. Pfründerecht, Stuttgart 1901.– W. MÜLLER (B).– OESCHEY, Verfassung (B) V–XXX.– RUDOLF OESCHEY, Zwei Kapitel aus d. Frühgesch. ev. Kirchenverfassung i. Bayern: ZSRG.K 13 (1924), 215–265.– PFEIFFER, Umwandlung (B).– ROEPKE (B) 336–373.– SCHÄRL (B).– KARL SCHORNBAUM, Aus d. ersten Zeit d. bayer. Landeskirche: BBKG 23 (1917), 1–9.– ISIDOR SILBERNAGL, Verfassung u. Verwaltung sämtlicher Religionsgemeinschaften i. Bayern, Regensburg ³1893.– SIMON, Kirche i. Bayern (B) 3–42.– SIMON, Kirchengesch.² (B) 540–653.– TURTUR/BÜHLER (B).– VISCHER, Kirche (B).– GUSTAV-ADOLF VISCHER, Aufbau, Organisation u. Recht d. Ev.-Luth. Kirche i. Bayern, Bd. 1, München 1952, 18–29.– VOLKERT (B).– KARL WEBER, Neue Gesetz- u. Verordnungssammlung f. d. Kgr. Bayern, 42 Bde., Nördlingen u.a. 1880–1919.– WENDEHORST (B).– ZORN, Staat (B).

1. Ausgangslage: Der Zuwachs evangelischer Gebiete an Bayern

Bis zum Beginn des 19. Jahrhunderts war das Kurfürstentum Bayern ein konfessionell nahezu einheitlich katholisches Land. Die wenigen, seit 1740 dazugewonnenen evangelischen bzw. auch von Evangelischen bewohnten Gebiete[1] änderten hieran zunächst kaum etwas, da sie überwiegend nicht dem bayerischen Stammland einverleibt wurden, sondern mit diesem – wie seit 1777 die Kurpfalz – lediglich in der Person des Kurfürsten in einer Personalunion verbunden waren.

Eine Besonderheit bestand am kurpfalz-bayerischen Hofe: Karoline Wilhelmine von Baden, die Frau des seit 1799 regierenden Kurfürsten Max IV. Joseph[2], war evangelisch. So bildete sich am Hofe um den Beichtvater der Kurfürstin, den Kabinettsprediger Ludwig Friedrich Schmidt, eine eigene Hofgemeinde, die die Keimzelle der späteren evangelischen Gemeinde in München bildete. Mit der Herkunft des neuen Kurfürsten und seines Ministers Freiherr (später Graf) Maximilian Joseph von Montgelas hing auch ein weiterer evangelischer Zuwachs zusammen, die Ansiedlung von pfälzischen und badischen Kolonisten im Donaumoos und in den Moorgründen zwischen Dachau und Freising sowie zwischen Rosenheim und Bad Aibling. Unter ihnen waren viele Evangelische – Lutheraner und Reformierte –, denen sehr bald das Recht zur eigenen Gemeindebildung zugestanden wurde.[3]

Der entscheidende Schritt zu einer Gebietsvermehrung und einer konfessionellen Mischung erfolgte durch den Reichsdeputationshauptschluß vom 25.2.1803.[4] Als Ausgleich für die von den deutschen Staaten im Frieden von Campoformio 1797 an Frankreich abgetretenen linksrheinischen Gebiete erhielt Bayern u.a. die Hochstifte Würzburg, Bamberg, Passau, Freising, Augsburg und Eichstätt und die Fürstabtei Kempten. Vermehrte diese Säkularisation vorwiegend den katholischen Bevölkerungsteil,[5] kamen mit den an Bayern gefallenen Reichsstädten Ulm, Kaufbeuren, Kempten, Memmingen, Nördlingen, Rothen-

---

[1] Mit Aussterben der Grafen von Wolfstein fiel 1740 die Grafschaft Wolfstein mit Sulzbürg-Pyrbaum (das »Landl«) an Bayern. 1777 fiel das Kurfürstentum Bayern auf dem Erbweg an Karl Theodor von Sulzbach. Damit waren die Herzogtümer Neuburg und Sulzbach sowie die Kurpfalz mit Bayern vereinigt. 1792 kamen Teile Nürnbergischer Pflegämter hinzu. Mit dem Regierungsantritt von Max IV. Joseph 1799 kam das Herzogtum Pfalz-Zweibrücken zu Bayern.

[2] Max IV. Joseph – ab 1806 König Max I. Joseph – stammte aus der wittelsbachischen Nebenlinie Pfalz/Zweibrücken-Birkenfeld. Diese war ehedem evangelisch. Erst Max Josephs Vater war anläßlich seiner Heirat katholisch geworden (vgl. SIMON, Kirchengesch.[2] [B] 541).

[3] Im Donaumoos (Untermaxfeld wurde 1804 evangelische Pfarrei), im Gebiet zwischen Rosenheim und Bad Aibling (Großkarolinenfeld ab 1804 mit eigenem evangelischen Pfarrer), ferner im Umkreis von München (Perlach, Feldkirchen und Trudering); vgl. dazu aaO, 556; ROEPKE (B) 331ff.

[4] KARL ZEUMER, Quellensammlung z. Gesch. d. Deutschen Reichsverfassung i. Mittelalter u. Neuzeit, Teil 2: Von Maximilian I bis 1806, Tübingen [2]1913, 521 (Quellensammlungen z. Staats-, Verwaltungs- u. Völkerrecht 2/2).

[5] Vgl. dazu und zu den Klosteraufhebungen WINFRIED MÜLLER, Die Säkularisation v. 1803: HBKG 3, 1–84 (30–81) m.w.N.

burg, Schweinfurt, Dinkelsbühl, Weißenburg und Windsheim[6] beträchtliche, teilweise geschlossene evangelische Gebiete dauernd hinzu. Bis auf eine Mischung in Kaufbeuren und Dinkelsbühl waren die mediatisierten Gemeinwesen evangelisch. Ulm, Rothenburg und Memmingen brachten große Eigenterritorien mit evangelischen Bauerndörfern mit, jedoch fielen Ulm samt seinem Hauptgebiet und anderer Südwest-Erwerb durch den Grenzregulierungsvertrag vom 18.5.1810 an Württemberg.[7] 1805 folgten durch den Preßburger Frieden (26.12.1805) die »paritätische«, noch zu 2/5 evangelische Reichsstadt Augsburg und die evangelische Reichsstadt Lindau, ferner durch ein Tauschgeschäft mit dem Grafen Joseph Carl von Ortenburg die evangelische Niederbayern-Grafschaft Ortenburg.

1806 wurde die seit 1791 preußische Markgrafschaft Ansbach von Frankreich an Bayern weitergegeben[8] und im Zusammenhang mit der Gründung des Rheinbundes die Reichsstadt Nürnberg mit dem größten deutschen Reichsstadtterritorium und verschiedene fränkische und schwäbische Herrschaftsgebiete, darunter evangelisch besonders die Grafschaften Oettingen-Oettingen im Ries, Schwarzenberg, Hohenlohe-Schillingsfürst, Castell und die Herrschaften Pappenheim und Thüngen. 1810 kamen die Markgrafschaft Bayreuth und die evangelische Reichsstadt Regensburg zu Bayern, 1814 endgültig und jeweils mit evangelischer Diaspora das (1806 dem Großherzog Ferdinand III. von Toskana zugeschlagene) Großherzogtum Würzburg und das (1803 geschaffene) Fürstentum Aschaffenburg,[9] 1816 andere Teilgebiete in Franken.[10] Ebenfalls 1816 kam die linksrheinische Rheinpfalz wieder zu Bayern.

1816 hatte das rechtsrheinische Bayern eine Gesamtbevölkerung von etwa 3,16 Millionen Einwohnern, davon rund 752.000 Evangelische. Der evangelische Anteil an der Einwohnerschaft betrug 23,8%. Sie waren in 774 Pfarreien zusammengefaßt und wurden von 911 Geistlichen seelsorgerlich betreut.[11]

---

[6] Dinkelsbühl, Weißenburg und Windsheim kamen erst 1806 endgültig zu Bayern.
[7] Einzelheiten bei SIMON, Kirche i. Bayern (B) 14.
[8] Vgl. aaO, 13.
[9] Mit den evangelischen Pfarreien Aufenau (1866 zu Preußen), Eschau, Haßloch, Kreuzwertheim, Michelrieth, Mittelsinn und Partenstein (aaO, 14).
[10] Vgl. ebd.
[11] Angaben nach ebd; vgl. auch SIMON, Kirchengesch.² (B) 543; HANS FEHN, Bayerns Bevölkerungsentwicklung seit 1800: HBG 4/2, 647–707 (685). Der evangelische Bevölkerungsanteil blieb seit 1816 bis heute mit rund einem Viertel fast unverändert. Die heutige Mitgliederzahl der Ev.-Luth. Kirche in Bayern mit rund 2,7 Millionen macht einen Anteil an der Gesamtbevölkerung von rd. 26% aus.

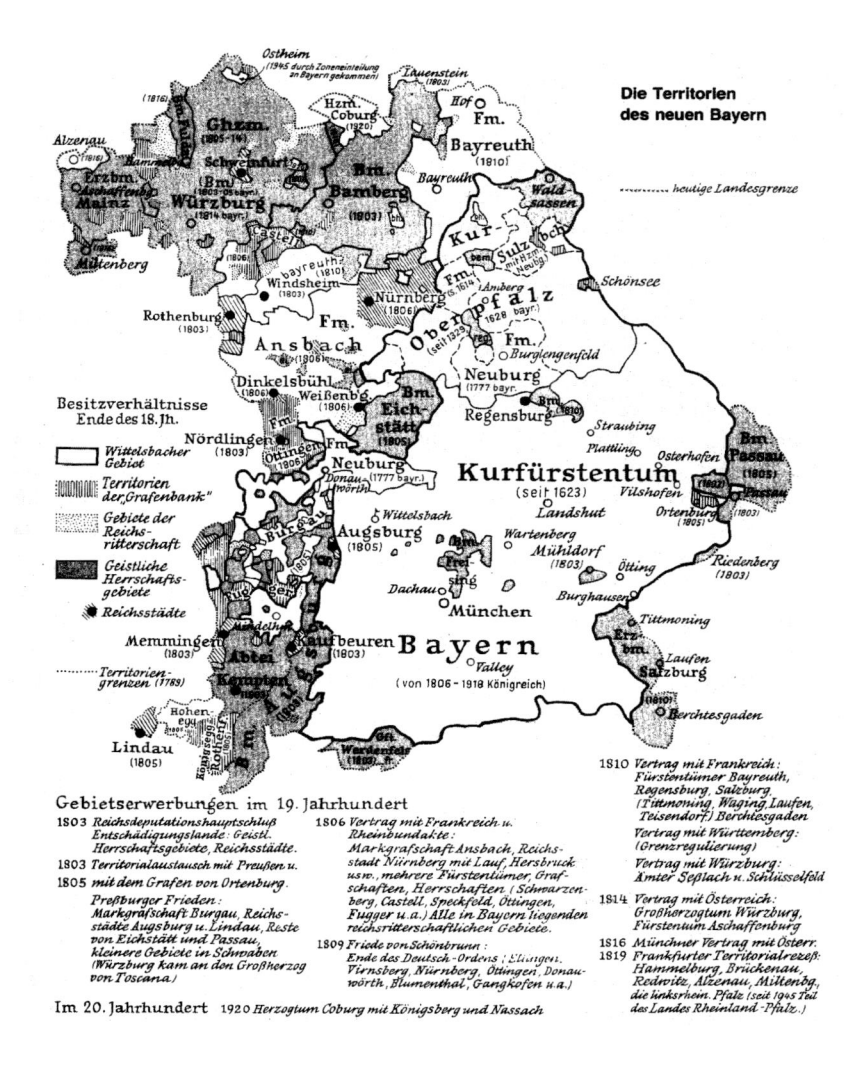

Die Territorien des neuen Bayern 1803/19.

2. Erste organisatorische Ansätze

2.1 Die Konfessionspolitik Montgelas'

Durch die territorialen Veränderungen bestanden nun in Bayern rund 90 evangelische Kirchen, die sich in Bekenntnis, Kultus und Organisation erheblich voneinander unterschieden. Ähnlich der Aufgabe der Eingliederung der verschiedenen Territorien in den bayerischen Staat galt es, diese Kirchen zu einer einheitlichen Organisation zusammenzufassen. Dies konnte entsprechend den damaligen Verhältnissen, in denen Kirche im wesentlichen noch ein Teil des Staates war, nur »von oben«, vom Staat her, geschehen. Montgelas' von der Aufklärung her bestimmtes Ziel war, Bayern zu einem modernen und zentralistischen Staat zu formen. Dazu gehörte auch die rechtliche Gleichstellung der nun in Bayern bestehenden verschiedenen Konfessionen. Zwei Grundgedanken leiteten Montgelas in seiner Konfessionspolitik: einmal die Bindung der Kirchen an die staatliche Oberaufsicht und zum anderen die religiöse Toleranz.

Bereits 1789 hatte Montgelas in einer Denkschrift über die Rechte der bayerischen Herzöge in kirchlichen Angelegenheiten (»Mémoire instructif sur les droits des Ducs de Bavière en matière ecclésiastique«)[12] sein staatskirchenrechtliches Programm entfaltet, das in die Grundaussage mündete: »Die Kirche ist im Staat und nicht der Staat in der Kirche.« Es ging damit um einen entschlossenen Ausbau der staatlichen Kirchenhoheit, die sich allein auf den Gedanken der Staatssouveränität gründete. Im Ansbacher Mémoire vom 30.9.1796[13] hatte Montgelas Max Joseph ein Programm für spätere innere Reformen in Bayern vorgelegt, welches in bezug auf die Kirchen die Aufhebung der Klöster und Bettelorden vorsah, die staatliche Kontrolle über die Verwaltung der kirchlichen Stiftungen, die Verbesserung des Pfarreisystems und der geistlichen Ausbildung und vor allem die Einführung der Gleichberechtigung der Konfessionen.

Begleitet war dieser Gedanke der Toleranz von handfesten staatlichen wirtschaftlichen Interessen. Durch die schon angesprochene Kolonistenansiedlung und das Niederlassungsrecht auch anders-konfessioneller Kaufleute und Handeltreibender in den Städten versprach man sich wichtige wirtschaftliche Impulse.[14] Geleitet von den Ideen eines strengen Territorialismus war es das Ziel von Montgelas und seinem führenden Mitarbeiter in Kirchenangelegenheiten, Georg Friedrich Freiherr von Zentner, eine mit den Staatsgrenzen übereinstimmende Kirchenorganisation herzustellen. Dies galt auch im Hinblick auf die evangelische Kirche, die zu einer einheitlichen Organisation, zu einer Landeskirche zusammengefaßt werden sollte. Voraussetzung hierfür war die paritätische Gleichstellung der evangelischen Einwohner.

---

[12] LUDWIG DOEBERL, Maximilian v. Montgelas u. d. Prinzip d. Staatssouveränität, München 1925, 12. 123.
[13] Vgl. Bayern entsteht (K); dort in deutscher Übersetzung abgedruckt: 23–36.
[14] W. MÜLLER (B) 100; vgl. auch Ansbacher Mémoire IV.7 (Bayern entsteht [K] 31).

2.2 Gleichstellung der evangelischen Bürger

Hier konnten Max IV. Joseph und Montgelas an Vorbilder aus der heimatlichen Kurpfalz anknüpfen. Durch die Religionsdeklaration vom 9.5.1799[15] war dort eine Toleranzgesetzgebung mit der Anerkennung individueller Religionsfreiheit und bürgerlicher Gleichberechtigung eingeleitet worden. Für das rechtsrheinische Bayern bot der Fall der Niederlassung eines protestantischen Fabrikanten in Amberg den Anlaß klarzustellen, daß protestantische Käufer von Landgütern in der Oberpfalz katholischen Interessenten gleichzustellen seien (Reskript vom 30.9.1800). Durch die Amberger Resolution vom 10.11.1800[16] wurde dieser Grundsatz auf ganz Bayern ausgedehnt und festgehalten, daß »bey der Ansässigmachung [...] die katholische Religionseigenschaft nicht ferner als eine wesentliche Bedingniß anzusehen sey«. Diese Resolution bildete die Grundlage dafür, daß der Kurfürst 1801 gegen den Münchener Magistrat die Aufnahme des Pfälzer Weinwirts Johann Balthasar Michel als ersten protestantischen Bürger Münchens durchsetzen konnte.[17] Dieser Fall war auch der Hintergrund für das Toleranzedikt vom 26.8.1801,[18] das im wesentlichen nur wiederholte, was in der Amberger Resolution bereits intern dekretiert worden war. Seitens der Regierung wurde erklärt, daß bei der Ansiedlung von Protestanten vom Toleranzprinzip nicht mehr abgewichen werden dürfe. Hintergrund dieses Edikts war unter anderem die Ermöglichung der Ansiedlung von nichtkatholischen Kolonisten, denen die vollen Bürgerrechte zustehen sollten.

Waren dies deutliche Wegzeichen für die Durchsetzung religiöser Toleranz, so bildete das Religionsedikt vom 10.1.1803[19] die eigentliche Grundlage des neuen staatskirchenrechtlichen Systems. Dieses Edikt gewährte die vollkommene bürgerliche Gleichberechtigung der drei durch den Westfälischen Frieden anerkannten christlichen Konfessionen (römisch-katholisch, lutherisch und reformiert) und gestattete die Bildung eigener Kirchengemeinden. Das Recht der äußeren Kirchenorganisation verblieb jedoch beim Staat. Damit war die Möglichkeit der Bildung einer evangelischen Kirche in Gesamtbayern gegeben. Das Religionsedikt vom 24.3.1809 bestätigte noch einmal die konfessionelle Parität.[20]

---

[15] MAYR 1 (K) 256.
[16] MAYR 2 (K) 259. Sie wurde zunächst nicht veröffentlicht.
[17] Gesch. d. ersten Bürgeraufnahme eines Protestanten i. München. Ein Beitr. z. Charakteristik d. Baier. Landstände mit Urkunden, o.O. 1801, Nachdruck München 1976.
[18] MAYR 2 (K) 267; RegBl. 1801, 559.
[19] RegBl. 25.
[20] »Edikt über die äußeren Rechtsverhältnisse der Einwohner des Königreichs Bayern in Beziehung auf Religion und kirchliche Gesellschaft« (RegBl. 897). Es stellte die grundlegende Regelung der staatskirchlichen Verhältnisse im Königreich dar und legte die staatliche Oberaufsicht über alle Kirchengemeinschaften im einzelnen fest. Zum Zustandekommen vgl. HENKE, Anfänge (B) 186–197.

2.3 Beginn der Neuorganisation des evangelischen Kirchenwesens

Ansatzpunkt für die ab 1803 beginnende Neuorganisation war die konsistoriale Ebene. Nach Auflösung einiger Lokalkonsistorien in den neu hinzugekommenen Landesteilen wurden den staatlichen Mittelbehörden, den Landesdirektionen, konsistoriale Stellen angegliedert. 1807 bestanden im damaligen Bayern fünf Konsistorien: Eines bei der Landesdirektion München für die evangelischen Gemeinden in Altbayern, die Kriegs- und Domänenkammer (!) in Ansbach, welche als Konsistorium für das Gebiet der ehemaligen Markgrafschaft Ansbach fungierte, Konsistorien bei der Landesdirektion Ulm für Schwaben, bei der Landesdirektion Amberg[21] für die Oberpfalz und bei der Landesdirektion Bamberg[22] für die fränkischen Gemeinden außerhalb der Zuständigkeit der Ansbacher Behörde. Durch diese Konsistorien übte der katholische König als summus episcopus seine Kirchengewalt über die evangelischen Gemeinden aus. Die Neuorganisation der Ministerien aufgrund der Verfassung vom 1.5.1808[23] und die sich daraus ergebende Veränderung in der Staatsverwaltung boten Gelegenheit, auch den bereits seit längerer Zeit bestehenden Plan einer obersten Kirchenleitungsbehörde in die Tat umzusetzen. Beim Ministerium des Innern wurde nun eine »Sektion in kirchlichen Angelegenheiten« gebildet. Dieser Kirchensektion oblag die Ausübung der staatlichen Hoheitsrechte über die katholische und die evangelische Kirche. Für den evangelischen Bereich, für den der obersten Staatsgewalt auch das jus episcopale zukam, fungierte die Kirchensektion gleichzeitig als Generalkonsistorium.[24] Damit war für alle evangelischen Gemeinden – lutherischer und reformierter Konfession – eine zentrale oberste Kirchenleitung geschaffen. Die Behörde bestand aus einem katholischen Vorstand, je einem katholischen und einem evangelischen Mitglied sowie zwei außerordentlichen evangelischen Mitgliedern.[25] Die Amtsbezeichnung der Mitglieder des Generalkonsistoriums lautete »Oberkirchenrat«.[26]

Zügig wurde jetzt auch auf der mittleren und der unteren Ebene die Kirchenorganisation vorangetrieben: Bei den neuen Mittelbehörden, den General-

---

[21] Insoweit als Nachfolgerin der früheren simultanen Religions- und Kirchendeputation Sulzbach.
[22] Zunächst als Generalkonsistorium in Würzburg für die evangelischen Gemeinden in den Würzburger und Bamberger Bereichen errichtet. Nach Abtretung Würzburgs an den Großherzog Ferdinand III. von Toskana (1806) nach Bamberg verlegt.
[23] RegBl. 985; vgl. ferner Organisches Edikt vom 21.6.1808 (RegBl. 1481) und v.a. Organisches Edikt vom 8.9.1808 (RegBl. 2271; HUBER/HUBER 1² [B] 629f).
[24] Offizielle Bezeichnung: »Generalkonsistorium für die in dem Reiche öffentlich rezipierten protestantischen Konfessionen«.
[25] Vorstand war Max Edler/Freiherr von Branca, ordentliches evangelisches Mitglied Heinrich Karl Alexander Haenlein (bisher Konsistorialrat in Ansbach – er wurde Friedrich Immanuel Niethammer vorgezogen, der bereits öffentlich als erster protestantischer Rat bezeichnet worden war: vgl. HENKE, Anfänge [B] 203). Die beiden außerordentlichen protestantischen Mitglieder waren Daniel Johann Andreas Becker und der Münchner Kabinettsprediger Schmidt.
[26] Da der Kirchensektion auch die Funktion eines protestantischen Generalkonsistoriums zukam, überwog die Zahl der evangelischen Oberkirchenräte (vgl. aaO, 200).

kreiskommissariaten, in deren Bezirken mehrere evangelische Gemeinden lagen, wurden »Generaldekanate« anstelle der bisherigen Konsistorien gebildet,[27] und zwar zunächst (1809) in München, Nürnberg, Augsburg, Ulm, Ansbach und Bamberg. 1810 wurde deren Zahl verringert und gleichzeitig neu geordnet: Generaldekanate bestanden jetzt in München, Regensburg, Ansbach und Bayreuth.[28] 1815 wurde das Generaldekanat München aufgelöst, 1817 nach dem Sturz Montgelas' und der Neuordnung der Staatsverwaltung auch das Generaldekanat Regensburg und das 1808 errichtete Konsistorium Würzburg, so daß es nur noch in Ansbach und Bayreuth Generaldekanate gab. Für die 1816 zu Bayern gekommene Rheinpfalz bestand ein Konsistorium in Speyer. Dieses blieb erhalten, als 1818 die lutherisch-reformierte Konsens-Union der Pfalz eingeführt wurde.[29]

Die Generaldekanate waren keine eigenen Behörden, vielmehr fungierten die Generalkreiskommissariate, seit 1817 Kreisregierungen, als Generaldekanate. Wie die Kirchensektion im Innenministerium staatliche Behörde war, so waren auch die Generalkreiskommissariate, die staatlichen Mittelbehörden, in ihrer Eigenschaft als Generaldekanate staatliche Institutionen, Mittelorgane des Generalkonsistoriums. In Ableitung des Summepiskopats des Königs übten die Vorstände der Kreisregierungen Kirchengewalt aus, wobei sie sich im praktischen Vollzug eigens berufener *Kreiskirchenräte* bedienten, die Theologen waren. Es gab also keinen »Generaldekan«. Diese Funktion wurde von der gesamten Behörde als Kollegium ausgeübt. Der Kreiskirchenrat war in diese Behörde eingegliedert und hatte lediglich Vortragsrecht.

Als Zwischenstufe zwischen den Pfarrämtern und den Generaldekanaten wurden Dekanate eingeführt. Bereits in vorbayerischer Zeit waren als mittlere Aufsichtsstellen Dekanate bzw. Superintendenturen üblich. Hieran konnte die neu vorgenommene Dekanatseinteilung anknüpfen. Dennoch bestand ein entscheidender Unterschied: Wurde früher im Amt des Dekans vor allem die Aufsichtsfunktion gesehen, so stand jetzt hinsichtlich des Dekanats die Zusammenfassung der Gemeinden und ihrer organischen Gliederung in einem einheitlichen Kirchenwesen im Vordergrund.[30] Die organisatorische Zusammenfassung mehrerer Kirchengemeinden zu einem Dekanat und mehrerer Dekanate zu einem Generaldekanat sollte dem zügigen Aufbau eines einheitlichen protestantischen Kirchenwesens dienen. Dem Dekanat stand ein Dekan vor. Die Formationsordnung vom 7.12.1810[31] sah in den damaligen Generaldekanaten Bayreuth, Ansbach, Regensburg und München 54 Dekanate vor. Hinzu kamen nach der Wiedereingliederung Würzburgs die zwischenzeitlich dort errichteten *Inspektionen*, die 1820 in Dekanate umgewandelt wurden. Abgesehen von einzelnen Änderungen geht

---

[27] Organisches Edikt vom 17.3.1809 (RegBl. 569).
[28] VO vom 25.10.1810 (RegBl. 1137).
[29] Vgl. dazu BONKHOFF 1 (B).
[30] Vgl. HENKE, Anfänge (B) 107.
[31] RegBl. 1414.

noch die heutige Dekanatsbezirkseinteilung zu einem großen Teil auf die damalige Formation zurück.

Das Organische Edikt vom 8.9.1808 sah in Abschnitt VI § 8[32] den Erlaß von Regeln vor, die den Geschäftskreis des »Generalkonsistoriums und dessen übrige Verhältnisse näher festsetzen« sollten. Damit wurden nähere organisatorische Bestimmungen über das entstehende protestantische Kirchenwesen angekündigt. Diese ergingen am 8.9.1809 unter der Bezeichnung »Konsistorialordnung«.[33]

Erste Beilage zu der Verfassungs Urkunde Königreichs Baiern. Tit. IV. § 9.

Edict

über die

äußern Rechtsverhältniße der Einwohner des Königreichs Baiern,

Königliches Religionsedict vom 24. März 1809 als Beilage zur bayerischen Verfassung vom 26. Mai 1809.

3. Die Entwicklung und Organisation der »Protestantischen Gesamtgemeinde«

3.1 Der Einfluß Niethammers

Entscheidenden Einfluß auf die Bildung einer evangelischen Landeskirche als Zusammenfassung der protestantischen Gemeinden im Königreich Bayern und deren verfassungsmäßige Gestaltung hatte der gebürtige Württemberger Fried-

---

[32] RegBl. 2271.
[33] RegBl. 1489.

rich Immanuel Niethammer, seit 1804 Theologieprofessor, Konsistorialrat und Oberpfarrer in Würzburg.[34]

Schon zu Beginn seiner Tätigkeit im Würzburger Konsistorium als Leitungsbehörde für die protestantischen Gemeinden im damaligen bayerischen Franken legte Niethammer 1804 die Grundlage für eine gemeinsame kirchliche Organisation der fränkischen Gemeinden. Er arbeitete ein *Schema* aus, welches als Fragebogen an alle Pfarreien ging und Aufschluß geben sollte über die Gemeinden (Zahl, Beruf und Stand der Mitglieder), über das Vorhandensein von presbyterialen Ämtern, über den Besitz der Gemeinden (Grundbesitz, Kapitalien, Stiftungen), über das Pfarramt mit Angaben über Patronatsrechte, Besoldungsverhältnisse, Aufgaben des Pfarrers (Anzahl der Gottesdienste, Kasualien u.a.), über Person, Vorbildung und besondere Interessen der Pfarrer wie über das Schulwesen, den Kantoren- und Mesnerdienst.[35]

Durch weitere Schemata wurden genauere Angaben über die finanziellen Mittel und das Vermögen der Gemeinden erfragt, gewissermaßen als Grundlage für eine einheitliche Besoldungsregelung und eine kirchliche Finanzverwaltung.[36] Die Erkenntnisse dieser Fragebogenaktion flossen in den Entwurf einer Konsistorialinstruktion ein,[37] die im wesentlichen Konsistorialrat Professor Heinrich Eberhard Gottlob Paulus[38] in Würzburg ausgearbeitet hatte. Dieser Entwurf trat aber vor allem wegen des Endes der bayerischen Verwaltung in Würzburg nicht in Kraft.

Auf ihm aufbauend konnte Niethammer – nach seinem Wechsel in das Münchener Ministerium – dem im Innenministerium für Schule und das protestantische Kirchenwesen maßgeblichen Mann, Zentner,[39] »Generalschemata« als Grundlage für eine Organisation der »Evangelischen Gesamtgemeinde in dem Königreich Bayern« und für eine Erhebungsaktion unter den bayerischen Pfarreien vorlegen.[40]

Der von Niethammer gebrauchte Ausdruck »Evangelische Gesamtgemeinde« wurde von der Regierung übernommen, allerdings in »Protestantische Gesamtgemeinde« abgewandelt. Dies gab ihr die Möglichkeit, sowohl die römisch-ka-

---

[34] Zu Niethammers Biographie vgl. GERHARD LINDNER, Friedrich Immanuel Niethammer als Christ u. Theologe, Nürnberg 1971 (EKGB, Fotodruckreihe 1); MATTHIAS SIMON, Niethammer, Friedrich Immanuel v.: RGG³ 4, 1475; HENKE, Anfänge (B) 42ff. Zur Bedeutung Niethammers für das bayerische Schulwesen vgl. MICHAEL SCHWARZMEIER, Friedrich Immanuel Niethammer. Ein bayer. Schulreformator, 1. Teil: Niethammers Leben u. Wirken bis z. Jahre 1807, München 1937 (Schr. z. bayer. KG 25); weiterführend HENKE, Anfänge (B) 120ff; HGBB 2.
[35] Rbl. Franken 1804, 180ff. Vgl. dazu näher HENKE, Anfänge (B) 72ff.
[36] AaO, 74.
[37] Abgedruckt aaO, 367–376; zum Inhalt vgl. aaO, 74ff.
[38] Vgl. WAGENMANN, Paulus, Heinrich Eberhard Gottlob: ADB 25, 287–295.
[39] Zu Zentner vgl. SCHÄRL (B) 118; FRANZ DOBMANN, Georg Friedrich Frhr. v. Zentner als bayer. Staatsmann i. d. Jahren 1799 bis 1821, Kallmünz 1962.
[40] »Vortrag die prot. Kirchenverfassung betr.« vom 12.7.1807 (abgedruckt bei HENKE, Anfänge [B] 389–395) und Vortrag vom 27.8.1807 »Die Abforderung einer umfassenden Beschreibung des protestantischen Kirchenwesens« (aaO, 396–401).

tholische als auch die protestantische Konfession paritätisch zu behandeln, ohne die katholische Seite, nicht zuletzt im Hinblick auf die laufenden Konkordatsverhandlungen,[41] dadurch zu verletzen, indem von zwei »Kirchen« geredet wurde. Niethammer sprach in seinen Entwürfen aber auch von der »Evangelischen Gesamtkirche des Königreichs«. Erst durch Allerhöchste Entschließung vom 28.10.1824[42] wurde auf Antrag der beiden Generalsynoden der Gebrauch der Bezeichnung »Protestantische Kirche« als der »passend und würdigere« genehmigt, und zwar »als der Analogie und der ausgesprochenen Gleichheit der Rechte der christlichen Confessionen gemäs«.[43] Niethammers Bestreben war es, durch seine Generalschemata die Vielfalt der vorhandenen kirchlichen Ordnungen zu erfassen und sie zu einer Einheit zu verschmelzen. Er setzte dabei an der Basis an. Mit seinen Vorstellungen konnte er sich allerdings gegen Zentner und Montgelas nicht durchsetzen.

3.2 Konsistorialordnung von 1809

Auch auf die im Edikt vom 8.9.1808 angekündigte Konsistorialordnung nahm Niethammer maßgeblichen Einfluß. Diese sollte den Aufgabenbereich des Generalkonsistoriums »und dessen übrige Verhältnisse« näher regeln. Die ersten von Oberkirchenrat Heinrich Karl Alexander Haenlein gefertigten Entwürfe wurden von Niethammer überarbeitet. Er versuchte dabei wiederum, das Generalkonsistorium zwar einerseits insoweit als Organ des Staates anzusehen, als es dessen Hoheitsrechte ausübte (Staatsaufsicht und oberste Leitung in kirchlichen Angelegenheiten), andererseits sollte es aber auch als eigenes Repräsentativorgan der protestantischen Kirche (Aufsicht über deren Lehre und Kultus, Ausübung der Kirchenpolizei und Kirchenzucht, Bewahrung der Rechte der protestantischen Kirche und ihrer Lehre) in dieser Beziehung vom Staat unabhängig sein. Dieser Versuch, die Rechte der Kirche durchzusetzen, stieß allerdings auf den Widerstand Zentners, der alle auf eine Selbständigkeit des Generalkonsistoriums in kirchlichen Angelegenheiten hinweisenden Formulierungen im Entwurf änderte.[44]

Die Konsistorialordnung umfaßte drei Teile, die »Instruction für das Generalconsistorium der protestantischen Gesammtgemeine des Königreichs Baiern«, die »Special-Instruction für die General-Kreiscommissariate in Beziehung auf das Kirchenwesen der protestantischen Gesammtgemeine des Königreichs Baiern« und die »Special-Instruction für die Districts-Decane«. Sie wurde am

---

[41] W. MÜLLER (B) 114–129; zu den Konkordatsverhandlungen vgl. bes. KARL HAUSBERGER, Staat u. Kirche nach d. Säkularisation. Zur bayer. Konkordatspolitik i. frühen 19. Jh., St. Ottilien 1983 (MThS.H 23).
[42] DÖLLINGER 8 (B) 1299; HUBER/HUBER 1² (B) 655f.
[43] MAURER, Prot. Kirche (B).
[44] Vgl. dazu HENKE, Anfänge (B) 219ff; OESCHEY, Kapitel (K) 227ff.

8.9.1809 veröffentlicht.[45] Die Bestimmungen über das Generalkonsistorium regelten dessen allgemeine Verhältnisse, seinen Wirkungskreis in bezug auf »die kirchlichen Ämter und Diener«, auf die »kirchlichen Handlungen, Gebräuche und Anstalten«, auf die »kirchlichen Rechte und Güter« und schließlich über seinen »Geschäftsgang«.[46] Die beiden Anhänge über die Generalkreiskommissariate und die Distriktsdekane regelten die Zuständigkeiten und Aufsichtsrechte auf der Ebene der Generaldekanate und der Dekanate. Mit der Konsistorialordnung war ein umfangreiches Organisationsstatut für die »Protestantische Gesamtgemeinde« festgelegt.[47] Dieses Organisationsstatut war die Grundlage für das allmähliche Zusammenwachsen zu einer einheitlichen Landeskirche. Sieht man in einer Kirchenverfassung lediglich die Zusammenfassung der grundlegenden Rechtssätze über Organisation und Funktionsweise einer Kirche, dann kann die Konsistorialordnung vom 8.9.1809 als erste Verfassung der bayerischen Landeskirche bezeichnet werden.[48]

3.3 Religions- und Protestantenedikt

Die 1808/9 erfolgte Ausformung der Organisation der evangelischen Kirche kam 1817/18 zu einem Abschluß, der für rund hundert Jahre die Grundlage ihres weiteren Wirkens bilden sollte. Die ersten Änderungen traten bereits 1817 kurz nach dem Sturz Montgelas' ein: Im Zuge einer Neuformation der staatlichen Verwaltung wurde die zugleich als Generalkonsistorium für die evangelische Kirche dienende Kirchensektion im Innenministerium aufgelöst. Die Kirchenhoheit wurde jetzt vom Ministerium selbst ausgeübt und als protestantische Kirchenleitung ein eigenes Generalkonsistorium gebildet.[49] Dessen Mitglieder hießen jetzt nicht mehr »Oberkirchenräte«, sondern »Oberkonsistorialräte«. Noch immer war das Generalkonsistorium aber keine selbständige Behörde, sondern blieb weiterhin dem Innenministerium integriert. Als dessen Vorstand fungierte Zentner als der (katholische) geschäftsführende Generaldirektor im Innenministerium.

Die Kreisregierungen, die 1817 die Generalkreiskommissariate abgelöst hatten, bestanden aus zwei Kammern, einer Kammer des Innern und einer Kammer der Finanzen. Die Innenkammer fungierte nunmehr als Generaldekanat (unter Beibehaltung des bisherigen Kreiskirchenrates als eigenem Referenten).[50] Die verbliebenen zwei Generaldekanate im rechtsrheinischen Bayern waren Ansbach

---

[45] RegBl. 1489.
[46] Näher dargestellt bei HENKE, Anfänge (B) 228–234.
[47] Stellenweise ist in der Konsistorialordnung zwar von einer »protestantischen« bzw. »evangelischen Kirche« oder einer »evangelischen Kirchengesellschaft« die Rede. Die offizielle Bezeichnung blieb bis 1824 aber »Protestantische Gesamtgemeinde«.
[48] HENKE, Anfänge (B) 236; AMMON/RUSAM² (B) 7; AMMON (B) 97.
[49] VO vom 15.4.1817 (RegBl. 329).
[50] VO vom 16.8.1817 (RegBl. 817).

und Bayreuth;[51] das Dekanat München blieb dem Generalkonsistorium direkt unterstellt.

Einen weiteren Schritt in der verfassungsrechtlichen Organisation der evangelischen Kirche brachte die Verfassung vom 26.5.1818[52] mit ihren beiden Beilagen, dem Religionsedikt und dem Protestantenedikt.[53] Die Verfassung setzte in Titel IV § 9 nochmals die individuelle Religionsfreiheit und die absolute Parität der drei Konfessionen (katholisch, lutherisch und reformiert) fest. Das Religionsedikt – weitgehend übereinstimmend mit dem Religionsedikt vom 24.3.1809 – enthielt die allgemeinen staatskirchenrechtlichen Bestimmungen, und dessen beide Anhänge (Konkordat von 1817 und Protestantenedikt) regelten die inneren Kirchenangelegenheiten der beiden Kirchen.

Als selbständige Kirchenleitung bestand nunmehr das *Oberkonsistorium* mit einem Präsidenten protestantischer Konfession[54] und insgesamt fünf Oberkonsistorialräten (vier geistliche und ein weltlicher; von den geistlichen Räten mußte einer der reformierten Konfession angehören).[55] Obwohl als eigene und selbständige Behörde konzipiert, blieb das Oberkonsistorium nach wie vor dem Innenministerium untergeordnet, von dem es gemäß § 18 des Protestantenedikts »Aufträge und Befehle« empfing.

Die Generaldekanate wurden in *Konsistorien* umgewandelt. Für das gesamte Bayern bestanden nun drei Konsistorien, nämlich in Ansbach für das Gebiet Mittelfranken und Schwaben, in Bayreuth für Oberfranken, Oberpfalz, Niederbayern und Unterfranken[56] und in Speyer für die linksrheinische Pfalz.[57] An der bisherigen Verfassung der Distriktsdekanate, wie sie 1810 vorgenommen worden war, traten keine Änderungen ein.

---

51 Vgl. dazu bereits V.1.2.3.
52 GBl. 101; HUBER/HUBER 1² (B) 650–653. Als »Vater« dieser Verfassung gilt Zentner, der auch die endgültige Fassung des Protestantenedikts (Anhang II zum Religionsedikt) ausgearbeitet hatte.
53 Abdruck des Religionsedikts: GBl. 1818, 141; Konkordat und Protestantenedikt: aaO, 397ff.
54 Darüber, ob der Präsident Theologe sein mußte oder auch »weltlich« sein konnte, enthielt das Protestantenedikt keine Bestimmung. Tatsächlich wechselten sich Theologen und Juristen an der Spitze des Oberkonsistoriums ab. Den ersten drei Juristen Johann Carl August Frhr. von Seckendorff (1818–1828), Friedrich Roth (1828–1848) und Friedrich Christian Arnold (1848–1852) folgten die Theologen Gottlieb Christoph Adolf von Harleß (1852–1879), Johann Matthias Meyer (1879–1883), Adolf Stählin (1883–1897), der Jurist Alexander Schneider (1897–1909) und wieder die Theologen Hermann Bezzel (1909–1917) und Friedrich Veit (1917–1920, seit 1920 Kirchenpräsident).
55 Neben von Seckendorff als Präsident gehörten dem Oberkonsistorium Haenlein, Niethammer, Heinrich Theodor Stiller, bisher Konsistorialrat in Ansbach, und (der reformierten Konfession angehörend) Philipp Casimir Heintz aus Zweibrücken an. Als weltlicher Oberkonsistorialrat wurde Bekker bestätigt.
56 Vgl. dazu V.1.3.4.
57 Neben diesen drei Konsistorien bestanden noch zwei sog. Mediatkonsistorien, die dem Oberkonsistorium direkt unterstellt waren. Durch die Verfassung von 1818 war den ehemaligen reichsständischen Herren das Recht eingeräumt worden, ihre Konsistorien wiederherzustellen. Hiervon machten aber nur die Fürsten zu Löwenstein-Wertheim in Kreuzwertheim und die Grafen von Giech in Thurnau Gebrauch. 1847 und 1851 wurden beide Mediatkonsistorien wieder aufgelöst (SIMON, Kirche i. Bayern [B] 31).

Porträt von Friedrich Immanuel Niethammer, Radierung von Lorenz Ritter.

Friedrich (von) Roth.

Dr. Gottlieb Christoph (von) Harleß, nach 1852.

Hermann (von) Bezzel.

War dieser Organisationsaufbau schon vorgezeichnet, so brachte das Protestantenedikt in anderer Weise eine Neuerung: die Einführung von Synoden. Bereits die Konsistorialordnung von 1809 kannte erste synodale Einrichtungen auf der Ebene der Distriktsdekanate. Sie glichen jedoch mehr einer heutigen Pfarrkonferenz. Das Protestantenedikt bestätigte diese »Diözesansynoden« und führte das synodale Element auch auf höherer Ebene ein, nämlich in Form von »allgemeinen Synoden am Sitze des Consistoriums zur Beratung über innere Kirchen-Angelegenheiten«. Es war dies insoweit eine Besonderheit, als dadurch eine weit überwiegend lutherische Kirche sehr früh zu einem synodalen Institut kam, sogar noch vor anderen deutschen Landeskirchen reformierten oder unierten Bekenntnisses, und Bayern rechts des Rheins auch für einige Zeit das einzige, fast ausschließlich lutherische Gebiet blieb, in dem Synoden abgehalten wurden. Äußerer Anstoß hierfür war sicherlich die Unionsbewegung in der Pfalz. Die dort zugestandene synodale Form sollte auch im rechtsrheinischen Bayern Gültigkeit erlangen. Zugleich war dies auch Ausdruck des im Religionsedikt enthaltenen staatlichen Zugeständnisses an eine begrenzte Selbständigkeit der Kirchen. Das Protestantenedikt begnügte sich mit einer allgemeinen synodalen Institutsgarantie, den drei Generalsynoden in Speyer, Ansbach und Bayreuth, die alle vier Jahre zusammentreten sollten. Die Ausgestaltung dieses synodalen Systems blieb der innerkirchlichen Entwicklung und Diskussion vorbehalten.[58] In späterer Zeit, als der Synode mehr Rechte zugestanden wurden, wuchs dieser Einrichtung eine besondere Bedeutung zu: Sie konnte in ganz anderer Weise die kirchlichen Strömungen der Zeit aufnehmen oder auf sie reagieren als das Oberkonsistorium, welches ja staatliche Behörde war.

Religions- und Protestantenedikt von 1818 brachten der protestantischen Kirche somit eine konsistoriale Verfassung mit synodalen Zügen und eine im Rahmen des Summepiskopats des (katholischen) Königs begrenzt selbständige Verwaltung.[59] Diese begrenzte Selbständigkeit bezog sich allein auf die inneren Kirchenangelegenheiten,[60] wobei auch hier zum Teil gemäß § 19 Protestantenedikt durch das Innenministerium die Allerhöchste Königliche Entschließung einzuholen war.[61] Die Aufsicht über die Grenzen zwischen weltlicher und geistlicher Gewalt und das gesamte sog. äußere Kirchenwesen verblieben dagegen unmittel-

---

58 Vgl. dazu insbesondere BRUCHNER (K).
59 Vgl. insbesondere § 1 Protestantenedikt, in dem die Ausübung des Summepiskopats letztlich dem Ministerium übertragen war.
60 Hierzu zählten gemäß § 38 des Religionsedikts: die Glaubenslehre, Form und Feier des Gottesdienstes, geistliche Amtsführung, religiöser Volksunterricht, Kirchendisziplin, Approbation und Ordination der Kirchendiener, Einweihung der zum Gottesdienst gewidmeten Gebäude und der Kirchhöfe und die Ausübung der Gerichtsbarkeit in rein geistlichen Sachen, nämlich des Gewissens oder der Erfüllung der Religions- und Kirchenpflichten einer Kirche.
61 Z.B. bei allgemeinen Verordnungen, bei Anordnung allgemein öffentlicher Gebete, bei Dispensation wegen verbotener Verwandtschaftsgrade, beim gesamten Anstellungs- und Disziplinarrecht (alle Ernennungen, Versetzungen usw. erfolgten also durch den König), Errichtung und Veränderung von Pfarreien und die Einteilung der Pfarrsprengel u.a.m.

bar bei der staatlichen Verwaltung, dem Innenministerium und den Kreisregierungen.[62]

Die Legitimation für diese weitgehenden Kirchenhoheitsrechte entnahm der Staat der territorialistischen Verfassungsidee, wonach allein aus der Territorialgewalt dem Landesherrn auch die Kirchenhoheit und damit die Aufsicht über das Kirchenwesen zukam. Die Vorstellungen, die von kirchlicher Seite, insbesondere von Niethammer, damals über eine mögliche Verfassung der protestantischen Kirche gehegt worden waren, konnten nur mit erheblichen Abstrichen verwirklicht werden.

3.4 Aufbau, Organisation und Finanzlage der protestantischen Gesamtgemeinde

Mit dem Oberkonsistorium in München erhielten 1818 auch die Konsistorien in Ansbach und Bayreuth ihre neue Formation. Sie setzten sich zusammen aus einem protestantischen Vorstand (dem Regierungs-Direktor oder dem ältesten Regierungsrat der betreffenden Regierung) sowie zwei Geistlichen und einem weltlichen Konsistorialrat.[63] Auch die Konsistorien waren gegenüber den Kreisregierungen in ihrem Wirkungskreis jetzt selbständige Behörden.

Der Bezirk des Konsistoriums Ansbach umfaßte zu Beginn des Jahres 1819 51 Dekanate mit 574 Pfarreien und 653 Geistlichen, der Bezirk des Konsistoriums Bayreuth nur 21 Dekanate mit 201 Pfarreien und 235 Geistlichen.[64] Dieses Ungleichgewicht in der Größe der Konsistorialbezirke hing mit dem Rückfall Würzburgs an Bayern zusammen. Die dortigen Inspektionen, später in Dekanate umgewandelt, wurden zunächst dem Ansbacher Bezirk zugeschlagen. Niethammer, im Oberkonsistorium u.a. für die Konsistorial- und Dekanatseinteilung zuständig, schlug aber vor, die 16 Dekanate im Untermainkreis dem Bayreuther Konsistorialbezirk zuzuteilen.[65] Seither unterstanden dem Konsistorium Ansbach 35 Dekanate mit 448 Pfarreien und 523 Geistlichen, dem Konsistorium Bayreuth 37 Dekanate mit 327 Pfarreien und 365 Geistlichen. Das Dekanat München unterstand weiterhin direkt dem Oberkonsistorium. Mithin gab es

---

[62] Vgl. auch § 64 und 65 des Religionsedikts, wonach zu rein weltlichen, also der alleinigen Zuständigkeit des Staates unterliegenden Angelegenheiten gezählt werden: das Vertrags- und Testamentsrecht der Geistlichen, das Recht der kirchlichen Liegenschaften, die Gehälter der Geistlichen, das Strafrecht in bezug auf die Geistlichen, das bürgerliche Eherecht, das Privilegien-, Dispensations-, Immunitäts- und Exemtionsrecht, das Kirchenbaulastrecht, die Zulassung von Kirchenpfründen und die Vorschriften über die Führung der Kirchenregister. Als gemischte Angelegenheiten wurden diejenigen bezeichnet, die zwar geistlich sind, »aber die Religion nicht wesentlich betreffen und zugleich irgend eine Beziehung auf den Staat und das weltliche Wohl der Einwohner haben«. Ohne Mitwirkung des Staates durften in diesen Fällen keine einseitigen Anordnungen erfolgen. Die staatlichen Einflußrechte auch in die kirchlichen Interna waren also sehr erheblich.
[63] Zur personellen Zusammensetzung vgl. HENKE, Anfänge (B) 350.
[64] Angaben nach aaO, 351; LKAN OKM 392.
[65] Vgl. IntBl. 1820, 8.

1820 im rechtsrheinischen Bayern insgesamt 73 Dekanate, hinzu kamen noch zwei kleine Mediatkonsistorien.[66]

Die Kirchengemeinden und die Dekanatsbezirke besaßen damals noch keine eigene Rechtspersönlichkeit,[67] auch hatten sie keine eigene Finanzhoheit. Das Vermögen der Kirchenstiftungen[68] (frühere Bezeichnungen: »Heiliger«, »Gotteshaus«, »Kirchenfabrik«) stand noch bis 1806 unter eigener kirchlicher Verwaltung, die von Laien wahrgenommen wurde (»Heiligenmeister«, »Gotteshauspfleger«, »Kirchen«-, »Stiftungs«- oder »Fabrikpfleger«). 1806 wurde nach französischem Vorbild das gesamte Stiftungsvermögen, also auch das Kirchenvermögen, einer zentralen staatlichen Stiftungsverwaltung unterstellt.[69] Dabei war anders als bei der Säkularisation nicht an den Einzug des Stiftungsvermögens gedacht, sondern nur an eine einheitliche Verwaltung. 1817, nach dem Sturz Montgelas', wurde die Verstaatlichung der Kommunal- und Stiftungsverwaltung wieder aufgehoben. Die politischen Gemeinden durften ihr Vermögen wieder selbst verwalten, erhielten aber gleichzeitig die Verwaltung des örtlichen Kirchenvermögens und der weltlichen Ortsstiftungen übertragen.[70] Ein gewisser Einfluß des Ortspfarrers bestand zwar, aber erst durch das Revidierte Gemeindeedikt vom 1.7.1834[71] kam es wieder zu einer eigenen kirchlichen Verwaltung des Ortskirchenvermögens.[72] Durch die Grundlastenablösung und Zehntaufhebung von 1848 verloren die Pfarreien Einnahmen.[73]

Die nun gebildeten Kirchenverwaltungen, die sich aus dem Pfarrer, einem gemeindlichen Abgeordneten und mehreren gewählten Mitgliedern der Kirchengemeinde zusammensetzten, verwalteten nicht nur das Vermögen der Kirchen-

---

66 Damit entspricht diese Zahl in etwa der Zahl der heutigen Dekanatsbezirke (vgl. dazu VII.2.1.2).

67 Erst durch die (staatliche) Kirchengemeindeordnung vom 24.9.1912 (GVBl 911) erhielten die Kirchengemeinden den Status einer Körperschaft des öffentlichen Rechts; vgl. dazu auch Anm. 68 und 74.

68 Zu Begriff und Entwicklung von ortskirchlichen Stiftungen und Pfründestiftungen vgl. HARTMUT BÖTTCHER/HANS PETER HÜBNER, Ortskirchl. Stiftungen u. Pfründestiftungen: GRETHLEIN/BÖTTCHER/HOFMANN/HÜBNER (B) 490–495; ferner eingehend MEURER 2 (K) 3ff. Die *Kirchengemeinde* galt bis zur Wende vom 18. zum 19. Jahrhundert als räumlich abgegrenzte rein *geistliche* Gemeinschaft, der im Gegensatz zu den ortskirchlichen Stiftungen keine eigene Rechtspersönlichkeit zukam. Als Vermögenssubjekt wurde die deutsche Kirchengemeinde erstmalig durch das Allgemeine Preußische Landrecht von 1794 anerkannt. In Bayern erhielten die Kirchengemeinden die Eigenschaft von Vermögensrechtsträgern erst durch das Revidierte Gemeindeedikt von 1834 (vgl. unten und Anm. 71).

69 VO vom 29.12.1806 (RegBl. 1807, 49). Vgl. ferner Organisches Edikt vom 1.10.1807 (RegBl. 1808, 216) und Vollzugsvorschrift vom 1.10.1807 (RegBl. 1808, 283).

70 Erlaß vom 6.3.1817 (RegBl. 153) und Gemeindeedikt vom 17.5.1818 (GBl. 49). Damit einher ging die gesetzliche Verpflichtung der politischen Gemeinden, zum Defizitausgleich der Kirchenstiftungen beizutragen. Vielfach benutzten die politischen Gemeinden allerdings auch das ihnen zur Verwaltung anvertraute kirchliche Vermögen dazu, kommunale Aufgaben zu erfüllen. Das Bewußtsein, daß es sich um Vermögen handelte, welches kirchlichen Zwecken zu dienen bestimmt war, ging insoweit vielfach verloren. Dies führte im Laufe des 19. Jahrhunderts dazu, daß die konfessionelle Bindung des Vermögens mancher Stiftungen allmählich beseitigt wurde.

71 WEBER 1 (K) 555.

72 Einzelheiten bei MEURER 1 (K) 12ff.

73 Vgl. dazu auch V.7.3.

stiftung und der örtlichen Kultusstiftungen. Fortan galten die Kirchenverwaltungen vielmehr auch als Vertretungsorgan der jetzt mit Selbstverwaltungsrecht ausgestatteten Kirchen*gemeinden,* selbst wenn diese die Eigenschaft einer eigenen Rechtspersönlichkeit förmlich erst 1912 erhalten sollten.[74] Die Kirchenverwaltung blieb auch nach der 1850 erfolgten Einführung von Kirchenvorständen Vertretungsorgan von Kirchenstiftung und Kirchengemeinde, da Kirchenvorstände nur für die rein kirchlich-geistlichen Angelegenheiten zuständig waren.[75]

Das Einkommensrecht der Geistlichen war in Bayern weltlicher Natur.[76] Durch gesetzliche Bestimmungen in den Jahren 1810 und 1812 wurde festgelegt, wie hoch das aus mehreren Quellen fließende Mindesteinkommen eines Geistlichen, die sog. Kongrua, war. Für verheiratete evangelische Geistliche lag diese bei jährlich 800 Silbergulden.[77] Dazu kamen später geldliche Aufbesserungszulagen je nach Größe der Pfarreien und Dienstalter. Dekane erhielten eine Funktionszulage.[78] Da es sich bei diesen Einkünften um Mindestbezüge handelte, wurde 1812 eine Unterstützungsanstalt für protestantische Geistliche gegründet, aus der Gehaltsergänzungen, Vikariatsgehälter oder Aufbesserungen der Emeritibezüge bezahlt worden sind.[79] Das Vermögen dieser Unterstützungsanstalt speiste sich aus Interkalareinkünften[80] der Pfarreien, aus einmaligen Abgaben der Pfarrer bei ihrer ersten Anstellung (25% des Einkommens), bei Beförderungen (25% der Erhöhung) und einer regelmäßigen Abgabe in Höhe von 1% ihres Einkommens.[81] Von dieser Pfarrunterstützungsanstalt mit dem Sitz in Nürnberg wurde auch die 1811 ins Leben gerufene Pfarrwitwenkasse verwaltet, aus der Unterstützungen für Pfarrwitwen und unversorgte Pfarrerstöchter bezahlt wurden. In diese Pfarrwitwenkasse wurden auch Staatszuschüsse einbezahlt.[82] Jede Pfarrei hatte in einer *Fassion* festzuhalten, welche Einkünfte und Lasten die Pfarrpfründe hatte. In ihr waren das ständige Gehalt, die Zinsen der zur Pfarrei gestifteten Kapitalien, der Ertrag aus Grundbesitz und Rechten und herkömmliche Gaben

---

[74] Die Frage, inwieweit die Kirchengemeinde durch die Gesetzgebung von 1834 als eigenes Rechtssubjekt anerkannt worden ist, ist eine alte Streitfrage, vgl. hierzu z.B. MEURER 1 (K) 75ff einerseits und MAX V. SEYDEL, Bayer. Staatsrecht, Bd. 3, Freiburg ²1896, 579ff und SIEGFRIED GRUNDMANN, Die Kirchengemeinde u. d. Kirchl. Vermögensrecht: GRUNDMANN, Abh. (B) 177ff andererseits. Zumindest in der Praxis sind die Kirchengemeinden nicht nur als Subjekt des Kirchenvermögens, sondern auch als selbständige Korporationen behandelt worden. 1869 regelte dann die neue Gemeindeordnung vom 29.4.1869 (GBl. 865–1006), daß die Kirchenverwaltungen die Kirchengemeinden »in allen rechtlichen Beziehungen vertreten« (Art. 206 GO 1869). In rechtsförmlich klarer Weise bestimmte allerdings erst die (staatliche) Kirchengemeindeordnung von 1912 (vgl. Anm. 67), daß den Kirchengemeinden eigene Rechtsfähigkeit zukommt (Art. 1 Abs. 1 KGO 1912).
[75] Vgl. dazu V.1.4.1.
[76] Siehe §§ 64b und 65 des Religionsedikts von 1818, vgl. auch Anm. 62.
[77] Einzelheiten und Nachweise bei MEURER 2 (K) 243ff; Handwörterbuch d. Bayer. Staatskirchenrechts, hg. v. E. GIRISCH, H. HELLMUTH u. H. PACHELBEL, München u.a. ²1914, 302ff.
[78] Hierzu näher MEURER 2 (K) 250.
[79] Vgl. HENKE, Anfänge (B) 266ff.
[80] = Pfründeeinkünfte während der Zeit einer Vakanz.
[81] Vgl. dazu näher ebd; MEURER 2 (K) 646ff.
[82] Vgl. § 36 der »Ordnung der Pfarrwitwenpensionsanstalt« vom 31.10.1826 (WEBER 3 [K] 357ff); Einzelheiten bei MEURER 2 (K) 648.

und Spenden in der Gemeinde aufzunehmen. Aus der Fassion[83] ergab sich dann die Höhe der Ergänzungsbeträge zum Einkommen.

4. Die weitere Entwicklung bis zum Ende des landesherrlichen Kirchenregiments

4.1 Ausbau des synodalen und presbyterialen Elements

In Ansbach und Bayreuth tagten Generalsynoden zum ersten Mal im Jahr 1823. Sie hatten aber lediglich die Funktion einer »Beratung über innere Kirchenangelegenheiten«. Laien waren in erheblicher Unterzahl vertreten, nach staatlicher Bestimmung im Verhältnis 1:6.[84] 1830, im Zusammenhang mit der Juli-Revolution in Frankreich, wurden bereits früher vorgetragene Forderungen nach einer repräsentativen Verfassung in der Kirche und damit nach einer Stärkung des Gewichts der Synoden wiederholt, denen ein gewisser Erfolg aber erst nach der Revolution von 1848 beschieden war.[85] Nach der Ausgliederung des unierten pfälzischen Konsistorialbezirks Speyer tagte die Synode für die beiden Bezirke Ansbach und Bayreuth zum ersten Mal 1849 als Vereinigte Generalsynode, zum ersten Mal auch paritätisch aus Laien und Geistlichen zusammengesetzt. Durch Gesetz vom 4.6.1848[86] war nämlich die Möglichkeit eröffnet worden, jeweils auf Antrag beide Synoden vereinigt tagen zu lassen.[87] Ferner wurde die Beratungskompetenz erweitert. Sie beschränkte sich nicht mehr allein auf die »Beratung über innere Kirchenangelegenheiten«, sondern umfaßte jetzt allgemein die »Beratung über Angelegenheiten der Protestantischen Kirche des Königreichs Bayern«. Von staatlicher Seite wurde nunmehr die Generalsynode als verfassungsmäßig bestehende Repräsentation der protestantischen Kirche angesehen. Die Vereinigte Generalsynode von 1849 machte weitgehende Vorschläge für eine Verfassungsreform, bei der synodal-presbyteriale Elemente sehr stark im Vordergrund standen. In der Folgezeit blieb die Praxis aber weit hinter diesen Vorstellungen zurück, auch weil die Vertreter des Luthertums in der Ära des Oberkonsistorialpräsidenten Professor Gottlieb Christoph Adolf von Harleß eine eher behutsame Verfassungsfortbildung vorzogen. Immerhin kam es aufgrund der Forderung der Synode von 1849 durch Allerhöchste Verordnung vom 7.10.1850[88] zur dauernden Einführung von Kirchenvorständen.

---

[83] Zum Inhalt der Fassion vgl. aaO, 392ff.
[84] Kgl. Entschließung vom 12.6.1823 (vgl. BRUCHNER [K] 52).
[85] Der Zusammenhang der kirchlichen Fortentwicklung, insbesondere im synodalen Bereich, mit der allgemeinen politischen Entwicklung und die Rückkoppelung kirchenpolitischer Forderungen mit allgemeinen politischen Forderungen wird aaO, 63ff gut dargestellt.
[86] GBl. 149.
[87] Auf Wunsch des Oberkonsistoriums kam es nur zur Vereinigung auf jeweiligen Antrag (vgl. BRUCHNER [K] 93).
[88] WEBER 4 (K) 187; DÖLLINGER 23 (B) 425.

Bereits kurze Zeit nach dem Protestantenedikt hatte das Oberkonsistorium versucht, in Anlehnung an die Pfälzer Unionsverfassung auch im rechtsrheinischen Bayern Presbyterien als Grundlage für die General- und Diözesansynoden einzuführen.[89] Es scheiterte aber am damaligen Widerstand vor allem rationalistischer Kreise.[90] Die nach Niethammers Vorschlägen teilweise schon durchgeführten Wahlen mußten eingestellt werden. Lediglich in der Pfarrei München blieb der 1821 gewählte Kirchenvorstand erhalten.[91] Gleichwohl blieb die Frage der Einführung von Kirchenvorständen als presbyteriales Element auf der Ebene der Kirchengemeinden virulent. Die Vereinigte Generalsynode von 1849, die gegenüber dem Oberkonsistorium das Gewicht der synodalen Gremien stärken wollte, sah in der Einführung von Kirchenvorständen die Form eines gegliederten synodalen Verfassungssystems mit Kirchenvorständen als Vertretung der Kirchengemeinde, die die Gemeindevertreter in der Diözesansynode wählen sollten, und diese wiederum die Vertreter in der Generalsynode.[92] Im Hinblick auf die Vertretung der Kirchengemeinde blieb es aber bei der Zuständigkeit der Kirchenverwaltungen.[93]

1851 und 1853 wurden neue Bestimmungen über die Wahlen zu den Diözesansynoden[94] und den Generalsynoden[95] erlassen, die in den späteren Jahren mehrfach abgeändert worden sind. Danach stellte sich das presbyterial-synodale Element in der Verfassungsstruktur der protestantischen Kirche wie folgt dar:

In den einzelnen Kirchengemeinden bestanden Kirchenvorstände, die sich zusammensetzten aus den dort tätigen Geistlichen sowie aus mindestens vier, höchstens zwölf gewählten lutherischen Kirchengemeindegliedern. Der Wirkungskreis des Kirchenvorstands beschränkte sich auf rein kirchliche Angelegenheiten der Gemeinde[96] – soweit hierfür nicht der Pfarrer allein zuständig war –, die Förderung des religiösen Lebens und die Wahl zur Diözesansynode. Vorsitzender des Kirchenvorstands war der (1.) Pfarrer oder sein Stellvertreter. Die Diözesansynode bestand aus den Geistlichen des Dekanats und aus ebenso vielen weltlichen Abgeordneten (entsprechend der Zahl der von der jeweiligen Kirchengemeinde entsandten Geistlichen). Der Diözesansynode oblagen vor allem die Wahrnehmung und Besprechung der kirchlichen Zustände und Bedürfnisse

---

[89] OESCHEY, Kapitel (K) 240ff; BRUCHNER (K) 40ff.
[90] Vor allem die »Ansbacher Erklärung« vom Juni 1822 lehnte die Einführung von Presbyterien als zu calvinistisch ab und forderte den »Fortbestand der evangelischen Freiheit«. Weitere Verwahrungen aus anderen Städten folgten. Grund war vor allem die Befürchtung, daß den Kirchenvorständen eine zu weitgehende Zuständigkeit für Kirchenzuchtmaßnahmen zukommen sollte (vgl. dazu OESCHEY, Kapitel [K] 253ff; BRUCHNER [K] 45ff).
[91] TURTUR/BÜHLER (B) 165ff.
[92] Vgl. näher BRUCHNER (K) 113ff.
[93] Vgl. V.1.3.4 mit Anm. 74.
[94] Abdruck: Amtshb. 1862 (B) Bd. 1, 159ff.
[95] Abgedruckt aaO, 187ff.
[96] Für die Verwaltungssachen, z.B. Durchführung von Baumaßnahmen o.ä., war die Kirchenverwaltung zuständig. Diese war Vertreterin des ortskirchlichen Stiftungsvermögens und rechtliche Vertreterin der Kirchengemeinde (vgl. Anm. 74).

innerhalb des Dekanats, Anregung und Äußerung von Wünschen und die Wahl zur Generalsynode. Den Vorsitz führte der Dekan. Die Generalsynoden bestanden aus je einem geistlichen und weltlichen Abgeordneten eines jeden Dekanatsbezirkes. Beide wurden von der Diözesansynode gewählt. Ferner war Mitglied der Generalsynode ein Vertreter der Evangelisch-Theologischen Fakultät in Erlangen. Die Leitung der Generalsynode lag bei einem Mitglied des Oberkonsistoriums. Die Mitglieder der Konsistorien waren bei den Sitzungen der Generalsynoden anwesend. Ferner nahm jeweils ein königlicher Kommissär teil.

Den Generalsynoden wurde durch Königliche Entschließung vom 1.8.1881[97] zugestanden, daß sie künftig generell – also ohne jeweiligen Antrag – in einer ungetrennten Versammlung abgehalten werden konnten. Statt der bisherigen beratenden Funktion erhielt die Synode nun ein *Zustimmungsrecht* für alle »allgemeinen und bzw. neuen organischen kirchlichen Einrichtungen und Verordnungen, welche sich auf Lehre, Liturgie, Kirchenordnung und Kirchenverfassung beziehen«. Dieses Recht war der Speyerer Synode bereits in der Pfälzer Unionsverfassung von 1818 zugestanden worden. Für die rechtsrheinische Vereinigte Generalsynode bedurfte es wiederholter Anläufe, bis dieses Recht, welches nicht eine Beschränkung des königlichen Summepiskopats, sondern des Oberkonsistoriums war, erreicht wurde. Das Oberkonsistorium konnte in diesen Bereichen also nur noch mit ausdrücklicher Zustimmung der Vereinigten Generalsynode tätig werden.

Die Entwicklung der bayerischen Kirchenverfassung war 1887 auf Vorschlag des Oberkonsistoriums mit der Einführung eines *Synodalausschusses* (Bezeichnung: Generalsynodalausschuß) abgeschlossen. Durch Verordnung vom 25.6. 1887[98] wurde dessen Bildung genehmigt. Er war paritätisch mit je vier geistlichen und weltlichen Synodalen besetzt und war in allen wichtigen Kirchenangelegenheiten mit seinem »ratsamen Gutachten« vom Oberkonsistorium zu hören. Er war regelmäßig einmal jährlich, mindestens aber einmal zwischen zwei Generalsynoden[99] vom Oberkonsistorium einzuberufen.

4.2 Konfessionelle Ausprägung

Die »Protestantische Gesamtgemeinde«, ab 1824 die »Protestantische Kirche«, umfaßte sowohl das lutherische als auch das reformierte Bekenntnis.[100] Unter ihrem Dach waren im rechtsrheinischen Bayern die sieben reformierten und sonst

---

[97] WEBER 15 (K) 385.
[98] WEBER 18 (K) 424. Die Errichtung eines ständigen Synodalausschusses ging im wesentlichen auf Forderungen des Erlanger Kirchenrechtlers Christoph Gottlieb Adolf Frhr. von Scheurl zurück.
[99] Diese tagten nach wie vor alle vier Jahre.
[100] Bei Berücksichtigung der Pfälzer Union als eigenen Bekenntnisstand waren es genau genommen sogar drei Bekenntnisse. Zur Pfälzer Union vgl. den Sammelband Vielfalt i. d. Einheit. Theol. Studienbuch z. 175jährigen Jubiläum d. Pfälzischen Kirchenunion, hg. v. RICHARD ZIEGERT, Speyer 1993.

lutherischen Gemeinden vereinigt. Selbst für die kirchliche Seite, zumindest für ihre maßgeblichen Vertreter, spielte der konfessionelle Unterschied anfangs keine große Rolle. Die konfessionelle Ausrichtung sollte erst später erfolgen.[101] Im Zusammenhang mit den Revolutionsvorgängen 1848[102] gelang es den kirchlichen Kreisen in der Pfalz, für ihren Bereich die Unabhängigkeit zu erreichen. Auf Antrag der Speyerer Generalsynode wurde der Konsistorialbezirk Speyer vom Wirkungskreis des Oberkonsistoriums getrennt und dem 1847 neu geschaffenen Ministerium des Innern für Kirchen- und Schulangelegenheiten[103] als »Vereinigte Protestantische Kirche der Pfalz« direkt unterstellt.[104] Infolge dieser Abtrennung schied der dem reformierten Bekenntnis angehörende Oberkonsistorialrat aus dem Oberkonsistorium aus. Die reformierten Gemeinden im rechtsrheinischen Bayern verblieben im Verband und der Verwaltung der rechtsrheinischen (lutherischen) protestantischen Kirche, erlangten aber insoweit eine gewisse Selbständigkeit, als ihnen 1853 die Bildung einer eigenen reformierten Synode zugestanden wurde. Ihre endgültige Trennung von der lutherischen Kirche trat erst 1920 ein.[105]

Die ab der Mitte des 19. Jahrhunderts zunehmende Konfessionalisierung schlägt sich auch in der verfassungsrechtlichen Entwicklung nieder. Die Protestantische Kirche rechts des Rheins entwickelte sich zu einer »Evangelisch-Lutherischen Kirche«, ohne freilich diesen Namen offiziell tragen zu dürfen. Gleichzeitig verstärkte sich ab 1849 das synodal-presbyteriale Element in der Verfassung dieser Kirche. Freilich blieb in dem jetzt ausgeformten Verfassungsbild mit konsistorialen, synodalen und presbyterialen Elementen das konsistoriale Element das beherrschende. Eine Änderung brachte erst die neue Kirchenverfassung von 1920.[106]

4.3 Schulfragen und Ausbildung der Pfarrer

4.3.1 Schulwesen

Bis weit in das 18. Jahrhundert hinein entwickelte sich in Bayern wie auch in anderen deutschen Territorien das Schulwesen als Teil des Kirchenwesens.[107] Erst gegen Ende des 18. Jahrhunderts wurden erste Anläufe gegen die kirchliche Vorherrschaft im Schulwesen gemacht mit dem Ziel, auch auf diesem Gebiet die staatliche Verantwortung zu verdeutlichen.

---

[101] Vgl. dazu näher V.2.5 und VIII.
[102] Diese führten auch zum Wechsel im Präsidium des Oberkonsistoriums. Roth, ein Vertreter der strengen Orthodoxie, wurde zum 1.4.1848 durch Arnold abgelöst (vgl. dazu auch V.6.2).
[103] Zur Geschichte des Kultusministeriums vgl. überblicksartig VOLKERT (B) 182ff.
[104] Kgl. Entschl. vom 11.5.1849 (RegBl. 625); vgl. auch BONKHOFF 1 (B) 114f.
[105] Vgl. dazu VIII.4.
[106] Vgl. dazu VI.1.2 und 3.
[107] REBLE (B) 950; HGBB 1, 633f.

Unter dem Einfluß der Aufklärung bestanden schon vor 1800 staatliche Regelungen zur Gliederung des Schulwesens – mit Einführung von Realschulen als Zwischenstufe zwischen den *Trivial*schulen (Volksschulen) und den höheren Schulen (Lateinschulen, Gymnasien) – und zur Einführung einer allgemeinen Schulpflicht.[108] Freilich war letzterer aus den verschiedensten Gründen[109] zunächst wenig Erfolg beschieden, so daß durch Verordnung vom 23.12.1802[110] erneut ein allgemeiner Schulzwang »vom 6ten bis zum vollstreckten 12ten Jahre« zum Zwecke der »christlichen, moralischen und nützlich standesmäßigen Bildung der Jugend« mit detaillierten Regelungen festgelegt wurde. Daneben wurde der Besuch der *Sonn- und Feiertagsschulen* für die 12–18 jährigen verpflichtend gemacht.[111] Der Gebietszuwachs, die Aufhebung der Klöster und die zentralistischen Ideen Montgelas' bewirkten dann, die Reform des Schulwesens verstärkt in Angriff zu nehmen.[112] Treibende Kraft auf staatlicher Seite war auch hier Zentner. 1802 wurde ein Generalschuldirektorium eingerichtet, aus dem 1805 im Innenministerium das *Geheime Schul- und Studienbureau*[113] und 1808 die Sektion für die öffentlichen Erziehungs- und Unterrichtsanstalten als oberste Schulbehörde unter Zentner wurde.[114] Durch Regelungen von 1803[115] und 1808[116] wurde die Schulaufsicht auf der mittleren und örtlichen Ebene neu organisiert. Bestrebungen, die überkommene konfessionelle Trennung der Volksschulen aufzuheben und als Schulsprengel die örtliche Gemeinde[117] und nicht die Pfarrgemeinde als maßgeblich anzusehen, mußten 1813 wieder aufgegeben werden,[118] ebenso etwa die Zusammenlegung des katholischen und evangelischen Gymnasiums in Augsburg 1807–1828. Noch 1869 scheiterte der liberale Angriff auf die Konfessionsschule im Landtag. Erst ab 1873 wurden die politischen Gemeinden die Grundlage für die Schulbezirke.[119] Ziel dieser Neuorganisation war, die Schulen als »reine Staatsanstalten« und nicht mehr als »religiöse Institute« anzusehen.[120] Gleichwohl blieben die Volksschulen konfessionell und wurden den

---

[108] Überblick bei REBLE (B) 952ff; HGBB 2, 11ff.
[109] Vor allem finanzieller und organisatorischer Art. Auch fehlten noch nähere Regelungen über die Lehrerbildung.
[110] DÖLLINGER 9 (B) 987.
[111] Entschl. vom 12.9.1803 (RegBl. 757). Diese Sonn- und Feiertagsschulen bestanden an allen Volksschulen. In ihnen wurden die in den Volksschulen vermittelten Grundkenntnisse vertieft und eingeübt. Der Unterricht wurde von Volksschullehrern in denselben Fächern wie in der Volksschule gehalten. In enger Verbindung damit stand die von und in der Kirche gehaltene Katechese (HGBB 2, 282–394).
[112] Die Notwendigkeit einer Neuorganisation ergab sich zwangsläufig vor allem durch die Einführung der allgemeinen Schulpflicht.
[113] VO vom 6.9.1805 (RegBl. 993).
[114] VO vom 15.9.1808 (RegBl. 2461).
[115] VO über die Organisation der Leitung des Schulwesens vom 3.8.1803 (RegBl. 605).
[116] Organisches Edikt vom 15.9.1808 (RegBl. 2461. 2472).
[117] VO vom 3.3.1810 und 10.5.1810 (DÖLLINGER 9 [B] 1294).
[118] Edikt vom 4.9.1813 (DÖLLINGER 8 [B] 477). Weitere Nachweise bei VOLKERT (B) 204.
[119] VO vom 29.8.1873 (GBl. 1401); vgl. auch VOLKERT (B) 204, Anm. 4.
[120] REBLE (B) 994.

Regierungen zunächst meist geistliche »Kreisscholarchen« beigegeben.[121] Von der ab 1873 durch die Schulsprengelverordnung[122] gegebenen Möglichkeit, in engen Grenzen auf Antrag der jeweiligen Gemeinde – wie zuerst in Nürnberg 1871[123] – konfessionell gemischte Schulen einzurichten, wurde wenig Gebrauch gemacht. 1883[124] wurde diese Möglichkeit wieder stark eingeschränkt. Die Schulaufsicht wurde unter maßgeblicher Mitwirkung der Geistlichen seit 1808 in Lokal- und Distriktsschulinspektionen durchgeführt.[125] Diesen Schulinspektionen gehörten neben dem Ortsgeistlichen bzw. den Dekanen als Vorsitzenden die jeweiligen Bürgermeister und weitere Vertreter der Gemeinde bzw. des Distrikts an. Der Ortsgeistliche war »geborener« Schulinspektor für die Schule der betreffenden Konfession. Die Aufsichtsfunktionen wurden als Beauftragte des Staates und nicht der Kirche wahrgenommen. In Städten mit Magistrat bestanden die Lokalschulinspektionen seit 1821 aus Bürgermeister als Vorsitzendem, Bezirkspfarrern und Magistratsräten.[126]

Das Amt des Distriktschulinspektors war regelmäßig mit dem des Dekans verbunden. Die Distriktschulsprengel folgten den Sprengeln der jeweiligen Bezirksämter. Die technische Leitung des Unterrichts und die Aufsicht über die religiös-sittliche Erziehung lag ausschließlich beim Dekan als Distriktschulinspektor, die Leitung der sog. gemischten Schulangelegenheiten – Errichtung und Besetzung der Lehrerstellen, Qualifikation der Lehrkräfte, Schulstatistik, Schulfinanzierung – oblag dem jeweiligen Bezirksamt. Erst in der zweiten Hälfte des 19. Jahrhunderts kam es in einigen größeren kreisunmittelbaren Städten Bayerns zur Bestellung fachlich-weltlicher Schulaufsichtsbeamter (Stadtschulräte), so 1870 in München, 1871 in Kitzingen, Augsburg und Regensburg, 1872 in Kempten und Passau,[127] in Nürnberg erst 1892.

Mit dem Schuldienst waren meist auch die sog. weltlichen oder niederen Kirchendienste (Mesner-, Organisten-, Kantorendienste) verbunden. Für diese Dienste (kombinierte Schul- und weltliche Kirchendienste) stand der Kreisregierung im Benehmen mit dem zuständigen Konsistorium das Besetzungsrecht zu, während für die Kirchendienste, die mit Schulstellen nicht verbunden waren, nach dem Protestantenedikt das Oberkonsistorium bzw. die Konsistorien zuständig waren. Die Verbindung von Volksschuldienst, Lehrerbildung und weltlichem Kirchendienst wurde erst nach dem Ende des landesherrlichen Kirchenregimentes aufgehoben,[128] ebenso die geistliche Schulaufsicht über die Volksschulen.[129]

---

[121] HGBB 2, 37f. 82 (ab 1904 Kreisschulkommissionen).
[122] Vgl. Anm. 119.
[123] HGBB 2, 536.
[124] VO vom 26.8.1883 (GVBl 407).
[125] Instruktion vom 15.9.1808 (RegBl. 2493); Distriktsschulinspektionen (RegBl. 1808, 2477).
[126] Reg. u. Intbl. 1821, 292–295; vgl. HGBB 2, 214 (Nürnberg).
[127] REBLE (B) 967; HGBB 2, 599.
[128] Volksschullehrergesetz vom 14.8.1919 (GVBl 437).
[129] VO vom 16.12.1918 (GVBl 1275) und Schulaufsichtsgesetz vom 1.8.1922 (GVBl 385).

Auch bei der Neuorganisation des bayerischen Schulwesens hatte Niethammer einen maßgeblichen Anteil. Bereits während seiner Tätigkeit im Würzburger, dann Bamberger Konsistorium war Niethammer für das Schulwesen zuständig. 1805 wurde er zum Protestantischen Oberschulkommissär für das gesamte Franken, 1807 zum »Zentralschulrat der Protestantischen Konfession« in das Innenministerium berufen. Er war damit Mitglied der obersten Schulbehörde.[130] Sein »Normativ« von 1808 legte die einzelnen Schultypen von der Grundschule über die Realschule zur höheren Schule fest, ferner deren Lehrinhalte und die Übergangsmöglichkeiten von einem zum anderen Schultyp.[131] Allerdings konnte er sich mit diesen Vorschlägen nicht durchsetzen. Bestimmend wurden in der Folgezeit vielmehr die Reformvorstellungen des evangelischen Altphilologen Friedrich Wilhelm Thiersch, der von Niethammer 1809 nach München geholt worden war, um eine die Schulreform begleitende bessere Lehrerbildung aufzubauen.[132]

4.3.2 Ausbildung der Pfarrer

Es war lange umstritten, an welcher bayerischen Universität die protestantischen Pfarrer ausgebildet werden sollten. Zuerst gab es dafür nur die bisher fürstbischöfliche in Würzburg, deren theologische Fakultät in eine »Sektion der besonderen Wissenschaften« eingebracht wurde, mit Theologie beider Konfessionen für Lehre der »für die Bildung des religiösen Volkslehrers erforderlichen Erkenntnisse«. Nach dem Verlust Würzburgs als Ausbildungsort 1806 war es wiederum Niethammer, der sich maßgeblich dafür einsetzte, daß die Protestanten in Franken eine eigene Ausbildungsstätte für den theologischen Nachwuchs erhielten. Zunächst galt sein Bemühen dem Erhalt der ehemals Nürnberger Universität *Altdorf*, die in ihrer Theologischen Fakultät recht gut besetzt war, allerdings nur schlechte Voraussetzungen für ein ergänzendes philosophisches Studium bot.[133]

Doch sowohl Montgelas' als auch Zentners Bestreben ging dahin, die Universität Altdorf aufzulösen, was 1809 dann auch unter Zusicherung eines weiteren vollständigen protestantischen Theologiestudiums[134] geschah. Niethammer setzte daher auf Erlangen als protestantische Universität in Franken. Erlangen gehörte bis 1810 noch nicht zu Bayern. Während Montgelas mehr dem Gedanken einer zentralen Landesuniversität zuneigte, unterstützte Zentner Niethammers Streben nach einer eigenen Universität mit der Möglichkeit der protestantischen theologischen Ausbildung.[135] Ein endgültiger Erhalt der Erlanger Universität war erst

---

[130] Vgl. HENKE, Anfänge (B) 115ff.
[131] Vgl. dazu REBLE (B) 959ff; HGBB 2, 63f. 86f.
[132] Vgl. dazu und zum weiteren Wirken Thierschs: REBLE (B) 960ff m.w.N.; zur Bedeutung Niethammers für die Schulreform vgl. HGBB 2, 70–74; HENKE, Anfänge (B) 121ff. 140ff.
[133] Vgl. aaO, 127ff.
[134] DÖLLINGER 8 (B) 1425; vgl. HENKE, Anfänge (B) 133.
[135] AaO, 137.

nach Montgelas' Sturz möglich: Der Erlaß vom 4.10.1818 regelte die finanziellen Belange und sicherte damit ihre Existenz auf Dauer.[136] Damit war auch die Ausbildung der protestantischen bayerischen Theologen sichergestellt. Für Pfälzer kam 1818 ein Professor rein reformierter Herkunft hinzu.[137]

Die Ausbildung der Pfarrer erfolgte nun im rechtsrheinischen Bayern einheitlich in einem vierjährigen Studium an der Universität in *Erlangen*. Der Besuch einer außerbayerischen Universität bedurfte der königlichen Erlaubnis und mußte auf jeden Fall mit einem Kurs der systematischen und praktischen Theologie in Erlangen vollendet werden.[138] Nach Abschluß des Universitätsstudiums war die Aufnahmeprüfung vor einer Kommission, bestehend aus zwei »bewährten Geistlichen« und einem Gymnasialprofessor unter Leitung eines Konsistorialrates in *Ansbach* abzulegen. Dabei war auch eine Predigt über einen vom Konsistorium ausgegebenen Bibeltext einzureichen. Nach bestandener Prüfung waren die betreffenden Personen – mit der Bezeichnung *Predigtamtskandidat* – berechtigt, übertragene Predigten, Katechisationen, Leichenreden (jedoch ohne Einsegnung) und Betstunden zu halten sowie Religionsunterricht zu erteilen. Bis zu acht der besten Absolventen der Aufnahmeprüfung wurden vom Oberkonsistorium nach München berufen, um dort in einem Predigerseminar speziell im Predigtfach weiter vorbereitet zu werden.[139] Anfangs fünf, schließlich zwei Jahre nach der Aufnahmeprüfung[140] war die Anstellungsprüfung, ebenfalls in *Ansbach*, abzulegen. Nach bestandener Anstellungsprüfung war man *Pfarramtskandidat* und durfte ordiniert werden.[141] Durch die Ordination wurden die Würde des geistlichen Standes verliehen und das Recht, alle Befugnisse dieses Standes auszuüben, gleichzeitig der Anspruch auf Versorgung. Die mit der Ordination verbundenen Rechte konnten nur durch ordentliches Strafurteil entzogen werden.[142] Auch die spätere Fortbildung war geregelt. Innerhalb eines Zeitraums von jeweils fünf Jahren hatte jeder Predigtamts- und Pfarramtskandidat wie auch jeder Pfarrer eine wissenschaftliche Arbeit (Synodalaufgabe) und zwei Predigten vorzulegen, die Synodalaufgabe regelmäßig in Lateinisch.[143] Die staatlichen Aufbesserungen des fassionsmäßigen Einkommens zu Mindestgehalten unterlagen Beschlüssen des Landtags.

---

[136] AaO, 139. Vgl. zum ganzen auch DIETER J. WEISS, Das Problem d. Fortbestandes d. Universität beim Übergang an d. Krone Bayern: KÖSSLER (B) 19ff; vgl. außerdem WENDEHORST (B).
[137] Vgl. dazu VIII.3.
[138] Allerhöchste Entschl. v. 30.5.1833, 19.2.1834, 26.6.1835, 2.3.1838 (WEBER 2 [K] 687; DÖLLINGER 8 [B] 1428. 1430. 1440).
[139] Vgl. Entschl. v. 30.5.1833 (WEBER 2 [K] 688) und Instruktion v. 1.3.1837 (Amtshb. 1883 [B] Bd. 3, 116–121).
[140] Vgl. zuletzt OKE vom 7.11.1877 (aaO, 140).
[141] Vgl. zur Ausbildung insgesamt den kurzen Überblick bei SILBERNAGL (K) 197ff; ferner die Bestimmungen in Amtshb. 1883 (B) Bd. 3, 63ff.
[142] SILBERNAGL (K) 205.
[143] Einzelheiten aaO, 206ff.

4.4 Einzelfragen

4.4.1 Personenstandsgesetzgebung

Die Führung der Kirchenbücher (Geburts- und Taufregister, Trau-, Beerdigungsregister) diente ursprünglich ausschließlich kirchlich-pastoralen Zwecken. Ihre Bedeutung wurde jedoch auch für das bürgerliche Leben seitens des Staates mehr und mehr erkannt. Spätestens in der zweiten Hälfte des 18. Jahrhunderts wurde daher die Kirchenbuchführung durch staatliche Gesetzgebung geregelt.[144] So oblag die Beurkundung der Geburten, Taufen, Trauungen und Sterbefälle dem zuständigen Pfarrer nicht nur als eine kirchliche, sondern auch als eine dem Staat gegenüber persönlich zu erfüllende Amtspflicht, deren Einhaltung von den staatlichen Behörden zu kontrollieren war.[145] Durch diesen Auftrag wurden die Pfarrer staatliche Urkundsbeamte; die Kirchenbücher sowie die aus ihnen erteilten Auszüge waren zugleich staatliche öffentliche Urkunden.[146] Erst mit dem Inkrafttreten einzelstaatlicher Personenstandsgesetze ab 1792 und dann mit dem Inkrafttreten des Reichspersonenstandsgesetzes vom 6.2.1875, inkraftgetreten am 1.1.1876,[147] ist dieser staatliche Auftrag für die Geistlichen zur Führung der Kirchenbücher weggefallen. Die Führung der Kirchenbücher war ab diesem Zeitpunkt wieder eine ausschließlich kirchliche Angelegenheit. Gleichwohl blieb eine Pflicht bestehen, aus den Kirchenbüchern aus der Zeit zuvor Auskünfte zu erteilen und auf Antrag diese auch zu beurkunden. Für die Zeit nach 1875 kommt den Kirchenbüchern die Beweiskraft »öffentlicher Urkunden« zu.[148]

4.4.2 Kirchensteuergesetz von 1908

Während des gesamten 19. Jahrhunderts war die Regelung des kirchlichen Finanzrechts Sache des Staates. Die staatliche Gemeindeordnung vom 29.4.1869[149] gestand zwar den Kirchengemeinden das Recht zu, örtliche Kirchenumlagen zu erheben. Im wesentlichen erfolgte die Finanzierung der kirchlichen Belange jedoch durch den Staat, der durch die im Reichsdeputationshauptschluß festgehaltene Regelung, das eingezogene Kirchengut für den kirchlichen Unterhalt zu verwenden,[150] hierzu verpflichtet war. Kirchliche Finanzierungsquellen waren ferner auch nach 1848 Reichnisse sowie Erträgnisse des Stiftungsgutes.

---

[144] LISTL (K) 772; CAMPENHAUSEN, Frage (K) 183.
[145] Besonders eingehende Regelungen in PreußALR II, 11, §§ 481–505.
[146] LISTL (K) 772; CAMPENHAUSEN, Frage (K) 183.
[147] RGBl 23. Zum Zustandekommen dieses Gesetzes vgl. J. FITTING, Das Reichsgesetz über d. Beurkundung d. Personenstandes u. d. Eheschließung vom 6.2.1875, o.O. ²1877, Einleitung XVIIff.
[148] Reichspersonenstandsgesetz von 1875, § 73. Einzelheiten hierzu und zu der allgemeinen Verpflichtung zur Auskunftserteilung aus Kirchenbüchern nach kirchlichem Recht: LISTL (K) 771 und CAMPENHAUSEN, Frage (K) 179 und jeweils passim.
[149] GBl. 865–1006.
[150] Zur gleichartigen Verpflichtung aufgrund der Säkularisation im Gefolge der Reformation vgl. GRETHLEIN/BÖTTCHER/HOFMANN/HÜBNER (B) 453. 541.

Durch die industrielle Entwicklung und die Bevölkerungszunahme, vor allem in Städten, wuchsen den Kirchen zahlreiche neue Tätigkeitsfelder zu, während das kirchliche Vermögen deutlich schwand. Der Staat sah sich trotz der übernommenen Verpflichtung über die Verwendung des eingezogenen Kirchengutes nicht in der Lage – und war wohl auch nicht willens –, seine Leistungen entsprechend dem gestiegenen Finanzbedarf zu erhöhen. Statt dessen bot er den Kirchen an, von ihren Mitgliedern selbst – über die Ortskirchenumlagen hinaus – Beiträge zu erheben und hierzu seine Hilfe zur Verfügung zu stellen. Dies sind die Wurzeln der Kirchensteuergesetzgebung seit Ende des 19. Jahrhunderts und der Festschreibung dieses Angebots in der Weimarer Reichsverfassung 1919. Für die Kirchen bedeutete diese ihnen vom Staat eingeräumte Möglichkeit eine größere Unabhängigkeit, indem nun nicht mehr die direkte staatliche Finanzierung im Vordergrund stand. Letztlich entsprang die Kirchensteuer einem Kompromiß: Der sich zunehmend religiös und weltanschaulich neutral verstehende Staat sah den finanziellen Unterhalt der Kirche nicht mehr als seine unmittelbare Aufgabe an, ohne daß dadurch eine radikale Trennung von Staat und Kirche bezweckt war. Zudem wurde sichergestellt, daß die Kirchen ihren finanziellen Bedarf nun zunehmend durch Beiträge ihrer Mitglieder und nicht mehr vorwiegend durch staatliche Subventionierung decken konnten.[151] Dies ist der Hintergrund des staatlichen Kirchensteuergesetzes vom 15.8.1908.[152]

1881 wandte sich die Generalsynode mit der Bitte an die Staatsregierung, die staatlichen Zuschüsse zur Pfarrbesoldung zu erhöhen. 1882 entgegnete die Regierung dem Oberkonsistorium, die Generalsynode möge doch die Frage der Erhebung einer allgemeinen Kirchenumlage prüfen und sich gutachtlich dazu äußern.[153] Durch Initiative des Protestantischen Pfarrvereins befaßten sich die einzelnen Diözesansynoden mit dieser Frage und stellten entsprechende Anträge an die Generalsynode. Die Generalsynode beschloß daraufhin 1905, die Staatsregierung zu bitten, zumindest gleichzeitig mit der im Entwurf bereits vorliegenden Kirchengemeindeordnung ein Landeskirchensteuergesetz zu erlassen.[154] Das Kultusministerium erhielt Ende 1906 den Auftrag, einen entsprechenden Entwurf vorzulegen, der im Sommer 1908 im Landtag und der Kammer der Reichsräte beraten und mit einigen Änderungen schließlich angenommen wurde.[155] Das Kirchensteuergesetz vom 15.8.1908 enthielt die Berechtigung der protestanti-

---

[151] AaO, 541ff; BÖTTCHER, Kirchensteuer (B) 102ff. Zu den historischen Gründen der Kirchensteuer ferner: CAMPENHAUSEN, Staatskirchenrecht (B) 256ff; FRIEDRICH GIESE, Deutsches Kirchensteuerrecht, Stuttgart 1910, 10ff; WOLFGANG HUBER, Die Kirchensteuer als »wirtschaftliches Grundrecht«. Zur Entwicklung d. kirchl. Finanzsystems zwischen 1833 u. 1933: WOLFGANG LIENEMANN (Hg.), Die Finanzen d. Kirche. Forsch. u. Ber. d. Ev. Studiengemeinschaft, München 1989, 130ff; HEINER MARRÉE, Das kirchl. Besteuerungsrecht: HdbStKirchR² 1, 1101–1147 (1101ff).
[152] »Gesetz, die Kirchensteuer für die protestantischen Kirchen betreffend« (GVBl 513), inkraftgetreten am 26.3.1910 (GVBl 149).
[153] Vgl. KARG, Einführung (B) 237.
[154] AaO, 238. Die KGO wurde dann aber erst 1912 erlassen.
[155] Zu den Landtagsberatungen vgl. HANS-PETER SCHAMARI, Kirche u. Staat i. Bayer. Landtag z. Zeit d. Prinzregenten Luitpold (1886 bis 1912), München 1978, 646ff.

schen Kirche,[156] für ihre kirchlichen Bedürfnisse allgemeiner Natur, »welche durch Leistungen des Staates oder sonst bereite Mittel nicht ausreichend gedeckt sind«, Kirchensteuern zu erheben. Zu diesen kirchlichen Bedürfnissen allgemeiner Natur zählten Leistungen für Sachaufwendungen (z.B. Kirchenbauten), Leistungen für Personalaufwendungen und Unterstützung minderbemittelter Kirchengemeinden. Die landeskirchliche Kirchensteuer war somit eine subsidiäre Einnahmequelle für den Fall, daß primäre Einnahmen nicht ausreichen. Sie wurde in Form eines gleichmäßigen prozentualen Zuschlags zu den jeweils zur Erhebung kommenden direkten Staatssteuern erhoben und durfte 10% dieser Steuern nicht übersteigen. Die Veranlagung erfolgte durch die staatlichen Rent-, d.h. Finanzämter, die 3% der vereinnahmten Beträge als Verwaltungskosten behielten. Steuerpflichtig waren alle protestantischen Konfessionsangehörigen des Königreichs, die mit einer direkten Staatssteuer veranlagt waren. Über die Höhe des tatsächlichen Hebesatzes und über die Verwendung der eingehenden Beträge hatten eigene Steuersynoden zu entscheiden. Die drei Steuersynoden, die bis zum Ende des landesherrlichen Kirchenregiments tagten, legten den Hebesatz jeweils auf 5% fest.[157]

Es bedurfte einer gewissen Zeit, bis die Kirchensteuern andere Einnahmequellen,[158] vor allem die Staatsleistungen, in den Hintergrund treten ließen. Das Bruttoaufkommen der Landeskirchensteuer betrug 1911 rund 720.000 (Gold-)Mark und stieg dann ab 1912 bis 1916 auf etwas über 1,2 Millionen Mark an.[159] Das Kirchensteuergesetz von 1908 wurde 1921 durch das Religionsgesellschaftliche Steuergesetz abgelöst.[160]

---

[156] Das Kirchensteuergesetz galt nur für die protestantische Kirche rechts des Rheins und die vereinigte protestantische Kirche der Pfalz. Die römisch-katholische Kirche erhielt das Besteuerungsrecht erst mit dem Religionsgesellschaftlichen Steuergesetz vom 27.7.1921 (GVBl 459).
[157] Vgl. jeweils Verh. d. Steuersynode f. d. prot. Kirche d. Königreichs Bayern r. d. Rh. (Ansbach 1910, Bayreuth 1913, Ansbach 1917).
[158] Für die Ortskirchenumlagen war in der KGO von 1912 eine neue gesetzliche Grundlage geschaffen worden, die die Regelungen der Gemeindeordnung von 1869 ersetzte.
[159] Vgl. die Übersicht bei KARG, Kirchensteuerrecht (B) 132.
[160] Vgl. Anm. 156.

V.2 VON DER SPÄTAUFKLÄRUNG UND DER ERWECKUNGS-BEWEGUNG ZUM NEULUTHERTUM (BIS 1870)

Von Rudolf Keller

BEHR (B).– BEYSCHLAG (B).– HANSJÖRG BIENER, Der Pressekrieg d. homiletisch-liturgischen Korrespondenzblatts: ZBKG 59 (1990), 117–147.– HERMANN FISCHER, Konfessionalismus: TRE 19, 426–431.– ULRICH GÄBLER, »Auferstehungszeit«. Erweckungsprediger d. 19. Jh. Sechs Porträts, München 1991.– WALTER HAHN, Gottfried Löhe u. sein Verlag i. Nürnberg: ZBKG 57 (1988), 27–72.– DERS., Verlag u. Sortiment d. Joh. Phil. Rhaw'schen Buchhandlung i. Nürnberg unter Johann Christoph Jacob Fleischmann 1827–1853: ZBKG 48 (1979), 71–175.– WOLF-DIETER HAUSCHILD (Hg.), Das deutsche Luthertum u. d. Unionsproblematik i. 19. Jh., Gütersloh 1991 (LKGG 13).– HECKEL (B).– HEIN, Bekenntnis (B).– HEIN, Harleß (B).– HENKE, Anfänge (B).– GOTTFRIED HORNIG, Lehre u. Bekenntnis i. Protestantismus: Hb. d. Dogmen- u. Theologiegesch., hg. v. CARL ANDRESEN, Bd. 3: Die Lehrentwicklung i. Rahmen d. Ökumenizität, Göttingen 1984, 71–187.– HUBER/HUBER 1² (B).– OTTFRIED JORDAHN, Das gottesdienstliche Leben i. d. Kirchengemeinde Erlangen-Neustadt u. i. d. Diözese Erlangen unter d. Superintendenten Georg Friedrich Seiler 1788–1807: ZBKG 38 (1969), 107–134.– KANTZENBACH, Geist (B).– KANTZENBACH, Theologie (B).– FRIEDRICH-WILHELM KANTZENBACH/JOACHIM MEHLHAUSEN, Neuluthertum: TRE 24, 327–341.– MANFRED KIEßIG, Johann Wilhelm Friedrich Höfling – Leben u. Werk, Gütersloh 1991 (LKGG 14).– LEDER (B).– LEIPZIGER (B).– LÖHE, GW (B).– ROEPKE (B).– ULRICH SCHINDLER, »Zur Vorgesch. d. ›Zeitschrift f. Protestantismus u. Kirche‹. Adolf Harleß' Streben nach kirchenpolitischem Einfluß u. seine Indifferenz i. Konflikt zwischen Luthertum u. Union 1837–1838: ZBKG 61 (1992), 137–147.– SCHINDLER-JOPPIEN (B).– SCHLICHTING (B).– GERHARD SCHOENAUER, Kirche lebt vor Ort. Wilhelm Löhes Gemeindeprinzip als Widerspruch gegen kirchl. Großorganisation, Stuttgart 1990 (CThM.PT 16).– Gotthilf Heinrich Schubert (B).– MANFRED SEITZ/MICHAEL HERBST, Harnack, Theodosius: TRE 14, 458–462.– SIMON, Mission (B).– ANNE STEMPEL-DE FALLOIS, Die Anfänge v. Wilhelm Löhes missionarisch-diakonischem Wirken i. Bannkreis v. Erweckungsbewegung u. Konfessionalisierung (1826–1837): PuN 23 (1997), 39–52.– THOMASIUS (B).– CHRISTIAN WEBER, Missionstheologie bei Wilhelm Löhe. Aufbruch z. Kirche d. Zukunft, Gütersloh 1996 (LKGG 17).– WENDEHORST (B).– WINTER (B).– WITTERN (B).

1. Evangelische Theologie und kirchliche Lage im paritätisch gewordenen Bayern

Der zum Königreich erhobene Staat, der im weltlichen Bereich eine einheitliche Verwaltung zu strukturieren versuchte, legte auch Wert darauf, daß in der evangelischen Kirche des ganzen Landes eine einheitliche Ordnung geschaffen wurde.[1]

---

[1] Organisches Edikt, die Anordnung einer Sektion in Kirchengegenständen bei dem Ministerium des Innern betreffend, vom 8.9.1808: HUBER/HUBER 1² (B) 629f, Nr. 277. Vgl. dazu auch V.1.2.3.

Der Minister des Inneren, Maximilian Joseph Freiherr von Montgelas, schuf 1803 mit dem Religionsedikt[2] gegen den Widerstand der katholischen Kirche die Möglichkeiten dafür, daß im Staat aus dem Geist der Toleranz Glaubensfreiheit möglich und ein Lebensrecht für alle im Reich anerkannten Konfessionen – Katholiken, Lutheraner und Reformierte – erwirkt wurde. In der Person von Friedrich Immanuel Niethammer hatte Montgelas den dazu fähigen Organisator an der Hand. Er sollte »immer mehr in das Werk der Leitung und Formung der gesamten evangelischen Kirche in Bayern hineinwachsen und die entscheidenden Anstöße zu ihrer Gestaltung geben«.[3] Niethammer, der selbst eine gemäßigte Aufklärungstheologie vertrat, versuchte mit seiner ganzen Geisteshaltung eine Vermittlungsposition wahrzunehmen. Er organisierte die neuen Dekanate[4] und trug zur Konsolidierung von Schule und Universität bei. Niethammer war auch der Motor zur Schaffung einer einheitlichen Kirchenverfassung, die am 26.5.1818 zusammen mit dem »Religionsedikt« und dem als Anlage beigefügten »Protestantenedikt«[5] verkündet wurde.[6] Die Kirche wurde geleitet vom Oberkonsistorium in München, dem drei Konsistorien unterstellt waren: Ansbach, Bayreuth und – für den linksrheinischen Teil Bayerns, die Pfalz – Speyer. Die Kirche ist aber – so will es die Krone – eine Unterorganisation des Staates; deshalb wird sie vom Ministerium des Inneren regiert. In allen erwähnten Dokumenten staatlicher Gesetzgebung ist von der »protestantischen Gesamtgemeinde« die Rede, die sich erst ab 1824 »protestantische Kirche«[7] nennen durfte.[8] In ihr waren in dieser Zeit Lutheraner in den evangelischen Hauptgebieten mit Reformierten im linksrheinischen Landesteil und den neuen Siedlungsgebieten verbunden.[9]

Auf allen Gebieten des kirchlichen Lebens war es nötig, Bindeglieder für das Zusammenleben der Regionen zu schaffen. Niethammer sorgte als erstes durch das »Protestantische Kirchen-Jahrbuch« von 1812 dafür, daß alle Regionen sich kennenlernen und Kenntnis voneinander nehmen konnten.[10] Als wichtiges Hilfsmittel zur inneren Vereinheitlichung des kirchlichen Lebens wurde ein neues »Gesangbuch für die protestantische Gesamt-Gemeinde des Königreichs Baiern« geschaffen und eingeführt.[11] Die Redaktionskommission bestand aus den Oberkirchenräten Heinrich Karl Alexander Haenlein, Niethammer und Ludwig Friedrich Schmidt. Ende Oktober 1814 war der Druck der ersten Auflage voll-

---

[2] Vgl. HUBER/HUBER 1² (B) 62 mit Anm. 2.
[3] HENKE, Anfänge (B) 42.
[4] Vgl. V.1.2.3.
[5] Edikt über die inneren kirchlichen Angelegenheiten der Protestantischen Gesamtgemeinde vom 26.5.1818: HUBER/HUBER 1² (B) 650–653, Nr. 280.
[6] HENKE, Anfänge (B) 345.
[7] Erlaß König Max Joseph I., die Petition der General-Synoden von Ansbach und Bayreuth betreffend vom 28.10.1824: HUBER/HUBER 1² (B) 655f, Nr. 283.
[8] Zum Begriff vgl. MAURER, Prot. Kirche (B).
[9] Zur Entstehung einer eigenständigen reformierten Kirche in Bayern vgl. VIII.
[10] HENKE, Anfänge (B) 268–273.
[11] Das Gesangbuch wurde 1814 in Sulzbach gedruckt.

endet. Durch königlichen Erlaß wurde die Einführung angeordnet.[12] 775 Lieder waren in dem Gesangbuch enthalten, das für Lutheraner wie für Reformierte bestimmt war. Es enthielt viel bewährtes Liedgut und griff auf Vorarbeiten Niethammers zurück. Der Widerstand, den manche Gemeinden der neuen Ausgabe entgegensetzten, war – vor allem in einigen Gebieten – auch dadurch bedingt, daß zu kurze Zeit seit der jeweils letzten Gesangbuchrevision vergangen war.[13] Die kritischen Stimmen zu diesem Gesangbuch wurden aber besonders aus der Sicht der späteren konfessionell lutherisch geprägten Epoche sehr aufmerksam notiert und tradiert. Immerhin hatten die Redaktoren vor Martin Luther so viel Ehrfurcht, daß sie davon Abstand nahmen, seine in dem Band enthaltenen Lieder dem Geschmack ihrer Zeit anzupassen. Daß dies Gesangbuch insgesamt den mild-aufklärerischen Geist seiner Redaktoren spiegelte, versteht sich von selbst. Es verdient Beachtung, daß sich die führenden Männer des Oberkonsistoriums – Schmidt in erster Linie – selbst an diese für das innere Wachstum gemeinsamer Frömmigkeit wichtige Arbeit begeben hatten. Das zeigt – ebenso wie die geduldige Überwindung aller Widerstände – den Stellenwert an, den sie diesem Buch für die neu gebildete Landeskirche beigemessen haben. Niethammer schwebten weitere Schritte vor. Die für ganz Bayern einheitliche Festsetzung des Konfirmationsalters auf das 14. Lebensjahr wurde 1811 vorgenommen. Auch an die Einführung eines einheitlichen Katechismus dachte er. Pläne für eine gemeinsame Agende wurden seit 1810 gehegt,[14] kamen aber erst wesentlich später zur Verwirklichung.[15]

Nicht zuletzt die geplante Agendenreform ist es auch, die als Einschnitt in das gottesdienstliche Leben die verschiedenen Strömungen innerhalb der Kirche dazu motivierte, das Wesentliche ihrer bisherigen Frömmigkeit neu zu formulieren oder in der bisher gewohnten Art festzuschreiben. Es trafen auch innerhalb der alten Gebietsteile verschiedene Mentalitäten und Traditionen zusammen. Man braucht nur an die Frömmigkeit der aus österreichischen Gebieten um des Glaubens willen nach Franken gekommenen Exulanten zu erinnern, die ganzen Landstrichen das Gesicht gab.[16] In einigen Landesteilen, vor allem im Gebiet der Grafschaft Castell, war die Verpflichtung gegenüber dem Erbe des Pietismus besonders ausgeprägt.[17] Daneben steht etwa die Geisteshaltung von ganzen Bevölkerungsteilen der Städte mit evangelischer Einwohnerschaft. Hier war es die Einsicht der Pfarrer aus dem Geist eines gemäßigten aufklärerischen Denkens, daß sie der allgemeinen Entkirchlichung entgegentreten wollten. Die von ihnen erstrebte Anpassung an den Geist der Zeit geschah in der Absicht, dem Evange-

---

[12] AaO, 283f.
[13] So etwa im Würzburger Gebiet und in Kaufbeuren.
[14] AaO, 285.
[15] Vgl. dazu V.4.1.1.
[16] Vgl. GEORG RUSAM, Österreichische Exulanten i. Franken u. Schwaben, 2. Aufl., durchgesehen u. ergänzt v. Werner Wilhelm Schnabel, Neustadt/Aisch 1989 (EKGB 63).
[17] Vgl. HORST WEIGELT, Der Pietismus i. Bayern: Gesch. d. Pietismus 2 (B) 296–318.

lium – wie sie es verstanden – den nötigen Raum zu sichern oder neu zu erkämpfen.[18]

Es ist in der Kirchengeschichtsschreibung häufig üblich gewesen, die Epoche der Aufklärung ausschließlich als eine Zeit theologischer Fehlentwicklungen anzusehen, Aufklärung vor allem als platte Vernunftreligion darzustellen. Aus dieser Sicht hielt es nämlich die folgende Generation für nötig, sich von ihr abzusetzen. Man wird die theologischen Akzentuierungen deutlich beachten und dabei feststellen müssen, wo die Unterschiede zur Erweckungsbewegung liegen und ob es der Aufklärung gelungen ist, das Erbe der Reformation in ihre Zeit zu übersetzen. Aber man darf vielen Vertretern der Aufklärung nicht absprechen, daß sie ihre Reformen und Veränderungen der kirchlichen Praxis in bester Absicht angegriffen haben und dadurch meinen, die kritisch fragenden Zeitgenossen und die der neuen Wissenschaftlichkeit verschriebenen Intellektuellen weiterhin in der Kirche halten zu können. Es wäre zu einseitig, wenn man die Aufklärung als antikirchliche Haltung beschreiben würde. Sie war vielmehr eine praktische Reformbewegung, die ihre Ziele mit der Kirche und mit der Theologie erreichen wollte.[19] Mit dieser allgemeinen Beobachtung kann man auch die Vertreter der Aufklärung im protestantischen Oberkonsistorium in München zutreffend beschreiben.

Als prägende Kräfte für die evangelische Kirche in Bayern wird man neben dem Einfluß, den die kirchenleitenden Organe geltend zu machen wußten, die theologischen Strömungen in der Pfarrerschaft beachten müssen. Bis 1809 war die Universität Altdorf – die Ausbildungsstätte für die Beamten des Gebiets der Reichsstadt Nürnberg – im nunmehr bayerisch gewordenen Gebiet tätig.[20] Seit der Gründung der Erlanger Universität durch Markgraf Friedrich von Brandenburg-Bayreuth im Jahr 1743 war neben Altdorf eine zweite Hochschule in der Region am Werk, die freilich erst 1810 bayerisch wurde.[21] Die Neologie, die in Altdorf prägend war, die sich bis in liturgische Entwürfe hinein ausgewirkt hatte und die in Johann Philipp Gabler,[22] dem Verteidiger der »Biblischen Theologie«, ihren letzten[23] und bedeutendsten Vertreter hatte, lebte dort auch nach Gablers Weggang noch weiter. Er hatte sich deutlich von einem rationalistischen Ansatz abgegrenzt, aber von einem Hinweis auf den Übergang zur »lutherische(n) Restauration des 19. Jahrhunderts«[24] ist bei ihm nichts greifbar. Die Altdorfer Universität war bereits nach Gablers Weggang in Gefahr geraten. Eine Verlegung nach Nürnberg sollte Abhilfe schaffen, kam aber nicht zustande. 1809 wurde sie geschlossen. Altdorf wurde mit der Universität Erlangen verbunden und in diese

---

[18] Vgl. am Beispiel Erlangens: JORDAHN, Leben (K).
[19] Vgl. GÄBLER (K) 161–186.
[20] LEDER (B).
[21] WENDEHORST (B).
[22] OTTO MERK, Gabler, Johann Philipp: TRE 12, 1ff.
[23] Er wechselte 1804 nach Jena (vgl. LEDER [B] 310).
[24] AaO, 299.

protestantisch geprägte Landesuniversität eingegliedert. Immerhin gelang es Niethammer, die 1812/13 drohende Schließung der Theologischen Fakultät Erlangens abzuwenden.[25] Erst 1818 war die Erlanger Universität konsolidiert. Die Eingliederung der Altdorfer Bibliotheksbestände war ein Baustein dazu.[26]

Auch in Erlangen war die Theologische Fakultät am Beginn des 19. Jahrhunderts vom Geist der Spätaufklärung bestimmt. Der bruchlose Wechsel einiger Professoren von Altdorf an die dortige Universität ist nur ein Indiz dafür. Seit ihrer Gründung am 4.11.1743 war die Aufklärung ein wesentlicher geistiger Faktor für die zeitweise unter preußischer Regierung stehende Hochschule gewesen.[27] Obwohl die Mitglieder der Theologischen Fakultät seit Gründung der Hochschule gemäß den Statuten auf die lutherischen Bekenntnisschriften verpflichtet wurden, war doch einer »moderaten Aufklärungstheologie« in erster Linie durch Georg Friedrich Seiler die Tür geöffnet worden.[28] Mit seiner Synthese von Vernunft und Offenbarung und mit seinen demgemäß strukturierten liturgischen Entwürfen wirkte er prägend auf die Pfarrerschaft.[29] Er stand damit nicht isoliert.

2. Theologische Strömungen im Umkreis der fränkischen Erweckungsbewegung

Im 19. Jahrhundert haben Feierlichkeiten aus Anlaß von Reformationsjubiläen Denkprozesse angeregt. So haben die Jubiläen von Luthers Thesenanschlag 1817 und des Augsburgischen Bekenntnisses 1830 bleibende Wirkungen hinterlassen und eine Neubesinnung auf die Theologie der Reformation in Gang gesetzt. Erfahrungen aus den Freiheitskriegen gaben der allgemeinen geistigen Lage an vielen Stellen ein neues Gesicht. Was sich in den Abgrenzungen von der rationalistischen Theologie bereits andeutete und was von den Neologen als »Mysticismus« abgestempelt wurde, erfuhr wachsendes Interesse. Die Kritiker des Rationalismus machten das Schimpfwort zur Selbstbezeichnung und ließen es gern gelten, daß man sie »Mystiker« nannte. Was wir hier beobachten, trifft auch für den Beginn der Erweckungsbewegung in Bayern zu.[30] Wir verstehen als Erweckungsbewegung eine Strömung, die sich in ganz Europa angebahnt und in vielen Spielarten artikuliert hatte. Sie erreichte das evangelische Bayern[31] auf dem Wege,

---

[25] AaO, 362.
[26] WENDEHORST (B) 71–82.
[27] HEIN, Erlangen (B).
[28] JORDAHN, Seiler (B).
[29] Vgl. auch JORDAHN, Leben (K).
[30] Vgl. ERICH BEYREUTHER, Die Erweckungsbewegung, Göttingen ²1977 (KIG 4R).
[31] Im Allgäu war eine katholische Erweckung vorausgegangen, die manche Wirkungen auf die Erweckungstheologie in den evangelischen Gebieten, auch in den Kreis um Löhe hinein, gezeitigt hat (vgl. GÄBLER [K] 117ff; HORST WEIGELT, Die Allgäuer kath. Erweckungsbewegung u. Aloys Henhöfer: DERS., Von Schwenckfeld bis Löhe. Aspekte aus d. Gesch. ev. Theologie u. Frömmigkeit i.

daß einige Pfarrer im Ansbacher Gebiet und Professoren der Erlanger Universität neue Wege zu beschreiten für nötig hielten. Darin lag natürlich auch ein Stück Auseinandersetzung mit der vorangegangenen Generation, mit der man in beständigem Dialog blieb, sei es durch Rezeption oder durch Verwerfung.

2.1 Das Homiletisch-Liturgische Correspondenzblatt (HLC)

Am 7.9.1825 erschien zum ersten Mal das Homiletisch-Liturgische Correspondenzblatt, das von Christian Philipp Heinrich Brandt, Pfarrer in Roth und ab 1831 Dekan in Windsbach, begründet und bis 1838 herausgegeben wurde. Damit nahm in kritischem Zugriff auf Fehlentwicklungen der Theologie und des kirchlichen Lebens ein Presseorgan seine Tätigkeit auf, das prägende Kraft für die Evangelisch-Lutherische Kirche im rechtsrheinischen Bayern entfalten konnte. Brandt wollte durch dieses Blatt zunächst ein Bindeglied für die weitverstreute Pfarrerschaft Bayerns schaffen. »Für eine Richtung in dem aufgekommenen Streit zwischen Rationalisten und ›Mystikern‹, wie diejenigen bald hießen, die sich von der Vorherrschaft des Vernünftigen abwandten und den ›alten Glauben‹ wiederentdeckten, hatte sich das Korrespondenzblatt noch nicht offen entschieden. Aber immerhin trug es in der Kopfzeile seiner Ausgaben einen Altar mit aufgeschlagener Bibel und der Inschrift ›G.W.B.E.‹: ›Gottes Wort bleibt ewig‹.«[32] So ist es verständlich, daß zum Kreis der Träger auch ein Mann wie der Ansbacher Dekan Theodor Lehmus gehören konnte, der den Rationalismus gegen Claus Harms in Kiel verteidigt hatte.[33] Im Kreis um das HLC fanden aber auch erweckte Pfarrer einen Ort, an dem sie sich emotional beheimatet fühlen und dem Grund des christlichen Glaubens näherkommen konnten, der nach ihrer Erfahrung das Leben in allen seinen Situationen zu tragen vermochte. In den Brüdern August Bomhard, seit 1824 Pfarrer in Augsburg,[34] und Heinrich Bomhard kamen auch Pfarrer als Mitarbeiter zu Wort, die nicht eine aufklärerische Phase durchlaufen hatten, sondern bruchlos das Erbe eines durch orthodoxe Frömmigkeit und lutherisch-pietistische Erbauungsliteratur geschulten Glaubens weitertrugen. H. Bomhard schrieb als »Der Opponent« im HLC bissige Glossen, mit denen er theologische Fehlentwicklungen schonungslos entlarvte. Sein Angriff »Wider das heitere Christentum der Rationalisten« galt vielen, die sich als Leser das HLC zunutze machten, und auch den Historikern, die das Profil des Blattes analysierten, als beispielhaft.[35] H. Bomhard setzte sich hier mit dem Vorwurf auseinander, daß die ›Mystiker‹ ein finsteres, trauriges und angst-

---

Bayern. Ges. Aufsätze, hg. v. WOLFGANG LAYH, ULRICH LÖFFLER u. HANS-MARTIN WEISS, Neustadt/Aisch 1999, 182–200 [EKGB 73]).

[32] BIENER, Pressekrieg (K) 119.
[33] THOMASIUS (B) 214ff.
[34] AUGUST SPERL, D. Georg Christian August Bomhard. Ein Lebensbild aus d. Zeit d. Wiedererwachens d. ev. Kirche i. Bayern, München 1890.
[35] BEYSCHLAG (B) 207–210, Beilage 1.

volles Christentum verbreiten würden. »Wollen wir den Frieden, der höher ist als alle Vernunft, den die Welt nicht gibt, wollen wir die Freude, die Niemand von uns nehmen kann, wollen wir die Seligkeit der Seele in der Empfindung der überschwenglichen Gnade Gottes in Christo Jesu, so müssen wir an den Gekreuzigten glauben, der den Juden ein Ärgerniß und den Griechen eine Thorheit ist [...]. Darum wollen wir nicht euere traurige Heiterkeit, ihr Prediger der lustigen Vernunft, sondern predigen den, der mit seinem Blut die Kinder des Zorns zu Kindern der Gnade macht.«[36] Der Mut und die Überzeugungstreue dieser Männer, die – wie es damals oft vorkam – vorwiegend anonym schrieben,[37] brachte eine Bewegung in Gang, die mehr und mehr Aufmerksamkeit fand.[38] Daß die polemische und oft satirische Zuspitzung auch Gefahren in sich barg, wurde immer wieder angemerkt.[39]

Es fehlte auch nicht an Kritikern. So gründete der frühere Konsistorialrat in Castell, nun Gunzenhauser Dekan, Heinrich Stephani,[40] als Sprachrohr des Rationalismus die »Neue Allgemeine Kirchenzeitung«, die am 5.1.1831 erstmals erschien. Das HLC griff sofort zur Feder und unterzog diese Neugründung kritischer Rezension, machte sich zum Feind dieses Blattes und des in ihm waltenden Geistes. Sein besonderes Augenmerk galt jedoch dem Herausgeber selber, der aufgrund seiner rationalistischen Schriften und seiner Amtsführung im Jahr 1834 vom König auf Vorschlag des Oberkonsistoriums seines Amtes enthoben wurde.[41] In der Beurteilung des HLC wird neben kritischer Beleuchtung der literarischen Kampfmethode die Anerkennung seiner Bedeutung als Organ für die Erweckten und als Kristallisationskern der kirchlich-theologischen Ortsbestimmung bis 1838 überwiegen müssen.[42]

2.2 Die Universität Erlangen

Während die Theologische Fakultät in Erlangen in gewohnten Bahnen ihren Dienst versah, erhielt durch Berufungen auf Lehrstühle in anderen Fakultäten

---

[36] AaO, 209f.
[37] Ein Autorenverzeichnis mit Identifizierung der Urheberschaft für die einzelnen Beiträge legt SCHINDLER-JOPPIEN (B) 286–306 vor.
[38] BEYSCHLAG (B) 15f.
[39] BIENER, Pressekrieg (K) 128.
[40] SPERL (B).
[41] BIENER, Pressekrieg (K) 136–144; SCHINDLER-JOPPIEN (B) 204–207.
[42] Die späteren Interpreten des HLC greifen gewöhnlich auf die Darstellung von GOTTFRIED THOMASIUS (B) zurück, der aus einer Binnensicht über »Das Wiedererwachen des evangelischen Lebens in der lutherischen Kirche Bayerns« berichtet hat.
SCHINDLER-JOPPIEN (B), der zur Interpretation der Entwicklung des HLC durch Thomasius kritisch Stellung nimmt, nennt ihn deshalb einen »Trendsetter« (50). Thomasius habe seine Darstellung so angelegt, daß er selbst und die mit ihm bluts- und geistesverwandten Männer die tragenden Gestalten der Entwicklung seien. Das Buch sei »Geschichtsschreibung aus der Perspektive der Sieger«. Schindler-Joppien wird damit einem Werk, das aus eigener Betroffenheit 1867 geschrieben wurde, aber gleichwohl auch Quellenwert besitzt, nicht gerecht. Seine Urteile sind oft von systematisch-theologischen Interessen geprägt.

das kirchliche Leben unerwartete Impulse. Im Frühjahr 1819 kam Gotthilf Heinrich Schubert nach Erlangen als Professor für Naturgeschichte. Hier lehrte er bis 1827, war aber von 1809 bis 1816 bereits Rektor des Realinstituts in Nürnberg gewesen. Die Nürnberger Jahre waren für seine religiöse Entwicklung entscheidend. »Der Verkehr mit dort lebenden Pietisten brachte ihm die Gedankenwelt der Mystiker nahe. Er las die Schriften Jakob Böhmes, Johann Albrecht Bengels, Friedrich Christoph Oetingers und Johann Michael Hahns, er übersetzte Louis Claude de Saint-Martins ›Esprit des choses‹, dessen mystische Ideen in seine 1814 erschienene ›Symbolik des Traumes‹ spürbar eingeflossen sind. In Nürnberg ruhen die Wurzeln seiner Hinwendung zur Erweckungsbewegung, mit deren weit in Nord-, West- und Süddeutschland verstreuten Anhängern er bald in persönlichen oder brieflichen Kontakt kam. Aus der Nürnberger Zeit datiert der erste Band von ›Altes und Neues aus dem Gebiete der innren Seelenkunde‹ (1816). Mit ihm wollte er zur ›Wiederbelebung der christlichen Gesinnung‹ beitragen.«[43] Als er 1827 nach München zog,[44] wurde sein Nachfolger in Erlangen Karl von Raumer. Diese väterliche Gestalt hat durch die Versammlungen erweckter Studenten in seinem Haus viele junge Männer entscheidend beeinflußt und wurde dadurch für das geistig-geistliche Leben in Erlangen prägend. Raumer bot jedoch nicht nur der akademischen Jugend das Gespräch an und den Raum zum Austausch in seinem Haus. Er sah – wie viele Vertreter der Erweckung – auch im karitativen Bereich wichtige Aufgaben und entfaltete seine karitativ-soziale Arbeit – im Sprachgebrauch der Zeit »Liebestätigkeit« genannt – mit pädagogischen Einrichtungen nach dem Vorbild Johann Hinrich Wicherns und anderer. Der Kreis, der ihn darin unterstützte, bestand aus Mitgliedern der Nürnberger Partikulargesellschaft der gesamtprotestantischen »Deutschen Christentumsgesellschaft« mit Sitz in Basel und der fränkischen Erweckungsbewegung.[45] Auch seine Frau, Friederike geborene Reichardt, die den Erlanger Kindergottesdienst begründet hat, stand ihm bei seiner karitativen Tätigkeit hilfreich zur Seite.[46]

---

[43] ALICE RÖSSLER, Einleitung: Gotthilf Heinrich Schubert (B) 7.– Es ist sicher kein Zufall, daß Schubert unmittelbar vor seinem Umzug nach München 1827 die Nummer eins zu der von Brandt herausgegebenen Reihe »Kleine Schr. z. Beförderung christl. Glaubens u. Lebens« mit dem Titel: »Züge aus d. Leben d. Joh. Friedrich Oberlin, gewesenen Pfarrers in Steintal bei Straßburg« lieferte, die 1890 in 11. Auflage erschien. Das Wirken dieses lutherischen Pfarrers, der sich von der französischen Revolution und ihren Berufsverboten in seiner Arbeit nicht beirren ließ, mit einer ausgeprägten karitativen Arbeit für Kleinkinderschulen und bäuerliches Genossenschaftswesen hat viel Beachtung gefunden, hat besonders eine Reihe von Erweckten – nicht zuletzt durch die Vermittlung von Schuberts Buch – motiviert (vgl. HAHN, Verlag [K] 91. 110). Im Wirken Schuberts ist diese Schrift freilich nur eine unter vielen dieser Gattung (vgl. die liebevolle Würdigung bei THOMASIUS [B] 125f).
[44] Die weitreichenden Beziehungen, die Schubert pflegte, werden deutlich aus seiner Korrespondenz, vgl. WALTER HAHN, G.H. Schubert i. Kreise d. Erweckten, dargestellt anhand v. Briefen J.T. Naumanns: Gotthilf Heinrich Schubert (B) 137–147.
[45] Vgl. auch STEMPEL-DE FALLOIS (K).
[46] WEIGELT, Raumer (B).

Raumer gehörte der reformierten Gemeinde in Erlangen an und vollzog seinen Übertritt zur lutherischen Kirche erst 1835 unter dem Einfluß des jungen Wilhelm Löhe, mit dem er eng verbunden war.[47] Was er tat, wurde von seiner Frömmigkeit bestimmt. Er wollte die Kinder, um die er sich annahm, in den christlichen Glauben einführen: »Eine christliche Erziehung führt durch Buße zum Glauben, nur sie ist wahrhaft bildend [...] denn nur sie kennt zugleich das Elend und die Herrlichkeit des Menschen, und ergreift die einzigen Mittel, das Ebenbild Gottes im Menschen wieder herzustellen.«[48] Für ihn war es wichtig, daß Menschen ihre Sünde erkannten, zur Wiedergeburt fanden und im Glauben »reif wurden«. Schließlich muß noch der Orientalist Johann Arnold Kanne[49] erwähnt werden, der von 1819 bis zu seinem Tod 1824 in Erlangen lehrte und sich von seinem Fachgebiet aus auch auf theologische Themen – sein ursprüngliches Studienfach – einließ, da seiner Meinung nach die Theologen nicht entschieden genug von ihrer Sache redeten.

Neben den genannten Professoren wirkte in Erlangen der Pfarrer der deutschreformierten Gemeinde Christian Krafft.[50] Aus Duisburg gebürtig und von der Erweckung am Niederrhein geprägt, kam er 1817 nach Erlangen. Ab 1818 war er außerordentlicher Professor an der Theologischen Fakultät. Krafft war kein fesselnder Redner. Was seine Hörer beeindruckte, war »eine biblische Intensität, wie man sie in Erlangen bis dahin nicht erlebt hatte«, die »zugleich getragen und ergriffen [war] von einer durch und durch persönlichen ›Erfahrung‹«.[51] Dieser Ausstrahlung Krafftes sollte eine sehr weitreichende Wirkung in der bayerischen Kirche beschieden sein. Löhe schrieb über die Dogmatikvorlesung bei Krafft tief beeindruckt an seine Schwester.[52] Ähnlich hat Krafft auf viele andere Studenten gewirkt.[53]

In der Theologischen Fakultät gab Gottlieb Philipp Christian Kaiser,[54] der seit 1815 in Erlangen lehrte, Impulse, die dem gleichen Strom zuflossen. Das war die Richtung, wie sie unter den Erweckten gesucht wurde.[55] Er äußerte sich über den Einfluß der Befreiungskriege auf sein Denken. Seine Predigt zum Reformationsjubiläum 1817 betonte als das Wesen der Reformation die Rückkehr zum Evangelium und zu seiner »Lehre von der freien Begnadigung durch den Erlöser«, die »Hauptlehre unserer evangelischen Kirche«.[56] Das hörte sich anders an

---

[47] Vgl. WEIGELT, Erweckungsbewegung (B) 72f.
[48] Zitat nach WEIGELT, Raumer (B) 19.
[49] KANTZENBACH, Theologie (B) 113f; MARTIN HIRZEL, Lebensgesch. als Verkündigung. Johann Heinrich Jung-Stilling – Ami Bost – Johann Arnold Kanne, Göttingen 1998 (AGP 33); HORST WEIGELT, Johann Arnold Kanne u. d. Fränkische Erweckungsbewegung i. Spiegel seiner Korrespondenz mit Gotthilf Heinrich Schubert: ZBKG 67 (1998), 60–66.
[50] WITTERN (B) 47.
[51] BEYSCHLAG (B) 18.
[52] LÖHE, GW 1 (B) 261, Brief vom 14.11.1827 an Dorothea Schröder.
[53] KANTZENBACH, Theologie (B) 107–111.
[54] WITTERN (B) 40.
[55] KANTZENBACH, Theologie (B) 87–98.
[56] HEIN, Bekenntnis (B) 39.

als alles, was man sonst in Erlangen in jener Zeit zu hören pflegte. Hier wurde das Augenmerk auf zentrale biblische Inhalte gelegt. Der Kontrast zu den Aussagen der Neologen ist nicht zu überhören. Eine neue Weise der Beschäftigung mit der Theologie des Reformators zeichnete sich ab.

Krafft gehörte mit Schubert zusammen zu den Begründern des Hilfsvereins für die Mission (1819) und des Lokalbibelvereins (1824) in Erlangen.[57] Erster Präsident des Lokalbibelvereins war der Philosoph Friedrich Wilhelm Schelling, der aber bereits 1826 wieder nach München zog. Im Missionsverein war der reformierte Krafft zunächst mit katholischen Christen und den jüngeren Freunden aus der lutherischen Kirche zusammen, die später auf Klärung der Bekenntnisfrage drängten.[58]

Erlanger Schloß, Hauptgebäude der Universität, Lithographie von 1843.

2.3 Luthergedenken 1817

Bevor man von einer eigentlichen Lutherforschung in Erlangen sprechen kann, zeichnet sich eine Beschäftigung mit dem Reformator ab, die für die Erweckungsbewegung großen geistigen Einfluß gewinnen sollte. Der Nürnberger Jurist Friedrich von Roth, den der König 1828 zum Präsidenten des Oberkonsistoriums berief, hat 1816/17 zusammen mit Niethammer eine dreibändige Auswahl aus Luthers Schriften herausgegeben, die er mit dem Titel versah: »Die Weisheit D. Martin Luthers«. Damit wurde ein religiöses Volksbuch geschaffen, das viele

---

[57] Der Hilfsverein für die Mission wurde in Erlangen bereits am 5.8.1819 gegründet. Der reformierte Pfarrer Krafft, der lutherische Naturwissenschaftler Schubert und der katholische Stadtgerichtsrat Martin Ried gehörten zu seinem Ausschuß (vgl. SIMON, Mission [B] 8). Vgl. dazu NIELS-PETER MORITZEN, Mission i. Erlangen. Zur Vorgesch. d. Lehrstuhls f. Missionswissenschaft an d. Theol. Fakultät, Erlangen 1998 (Akademische Reden u. Kolloquien 14).

[58] Vgl. dazu V.2.4.2.

junge Theologen zu erneuter Beschäftigung mit dem Theologen der Reform im 16. Jahrhundert angeregt hat.[59] Johann Georg Hamann kann als Vermittler des neuen Lutherverständnisses angesehen werden, da die Herausgeber dem zweiten Band nicht nur einen Auszug aus Johann Mathesius' Lutherbiographie in Predigten, sondern auch Hamanns »Betrachtungen über die heilige Schrift« von 1758 voranstellten.[60] Diese Ausgabe wird in Vorbereitung auf das Reformationsjubiläum von 1817 geplant worden sein. In der Auswahl aus Luthers Gesamtwerk spiegelt sie noch den Geist der zurückliegenden Zeit, aber sie steht wie ein Vorbote für die Lutherlektüre der Erweckten. Niethammer jedenfalls besorgte alsbald zum Jubiläum einen Sonderdruck der Lutherbiographie von Mathesius, der in hoher Auflagenzahl gedruckt und verbreitet wurde.[61]

Diese Auswahlausgabe von Luthers Werken sollte auf lange Sicht Wirkungen zeigen – nicht nur bei denen, die diese Bände studierten und inhaltlich verarbeiteten. Das Interesse an einer brauchbaren und wissenschaftlich anerkannten Ausgabe der Werke Luthers wuchs dadurch. So kam es, daß unter der Initiative des Erlanger Bibliothekars und Pfarrers Johann Konrad Irmischer die seit 1826 erscheinende »Erlanger Luther-Ausgabe« ediert wurde, die durch die Mitarbeit von Ernst Ludwig Enders in Frankfurt am Main an Qualität gewinnen sollte und vielen Zeitgenossen überhaupt erst den Zugang zum Lutherstudium ermöglichte.[62] Allerdings machten die damaligen Erlanger Theologen davon noch nicht viel Gebrauch, weil sie seit ihrer Studienzeit mit anderen Luther-Ausgaben zu arbeiten gewohnt waren. Seit dem Erscheinen der wissenschaftlich anerkannten Weimarer Ausgabe der Werke Luthers (ab 1883) ist die Erlanger Ausgabe, die nie völlig zum Abschluß kam, in den Hintergrund getreten, was aber ihre Bedeutung als erste wissenschaftliche Luther-Ausgabe nicht schmälert.[63]

3. Die Entwicklung der Theologischen Fakultät in Erlangen

Mit den Neuberufungen im 19. Jahrhundert trat eine Generation in den Dienst, die sich die Impulse der Erlanger Erweckungsfrömmigkeit zu eigen gemacht hatte. Von ihr erhielt die Frage nach dem kirchlichen Bekenntnis neue Relevanz. Jetzt erwachte ein neues Interesse an den Satzungen der Fakultät aus dem Gründungsjahr der Universität 1743. Für diese Fakultät war am Beginn ihres Wirkens die Verpflichtung auf das lutherische Bekenntnis im vollen Umfang des Konkordienbuchs von 1580 durch Statut festgeschrieben worden. Das hatte im Gründungsjahr neben den inhaltlich-theologischen Aspekten vor allem eine politisch-

---

[59] WINTER (B) 20.
[60] HENKE, Anfänge (B) 297ff.
[61] AaO, 303. Allein in Nürnberg kamen 12.000 Stück von diesem Buch zum Vertrieb.
[62] Vgl. BERNHARD LOHSE, Martin Luther. Eine Einführung i. sein Leben u. sein Werk, München 1981, 226.
[63] WINTER (B) 16–19.

rechtliche Bedeutung. Die Universität sollte – auch aus reichsrechtlichen Gründen – den gleichen Bekenntnisstand haben wie die Landeskirche. Bei dieser Ausgangslage konnte es geschehen, daß die Bekenntnisbindung trotz der offiziellen Rechtssätze faktisch in bestimmten historischen Situationen keinen hohen Stellenwert hatte – und das, obwohl sämtliche Professoren und jeder Promovend sich eidlich zu diesem Bekenntnis erklären mußten.[64] Das wird nicht zuletzt sichtbar in der Aufnahme des Erlanger reformierten Pfarrers Krafft in die Theologische Fakultät im Jahr 1818.

An die Rechtstradition der Fakultätsstatuten konnten die vom Neuaufbruch der Erweckung bestimmten Professoren der Fakultät anknüpfen, als sie danach strebten, ihr theologisches Bemühen fest in gültigen Sätzen zu verankern. Sie konnten dabei im Wortlaut einer wohlangesehenen örtlichen Tradition entdecken, daß sie diesen Hintergrund nicht erst mühevoll schaffen mußten, sondern bereits zur Hand hatten.[65] Hier konnten die jungen Dozenten vor Anker gehen, als sie seit 1833 dem lutherischen Bekenntnis in Lehre und Forschung neue Bedeutung zumaßen und dessen Aktualität für die Fragen der Gegenwart attestierten.[66]

Das Jahr 1833 steht für einen charakteristischen Neuanfang in der Erlanger Fakultät.[67] Gottlieb Christoph Adolf (von) Harleß kam am 13.1. als außerordentlicher Professor für Christliche Exegese an die Fakultät, die ihn 1836 als Ordinarius für Theologische Enzyklopädie und schließlich 1844 mit Lehrauftrag für neutestamentliche Exegese berief. Wenige Monate nach ihm – am 30.5.1833 – kam der Nürnberger Pfarrer Johann Wilhelm Friedrich Höfling als Professor für Praktische Theologie nach Erlangen.

Harleß war ein Mann von hervorragender Begabung. Der gebürtige Nürnberger Kaufmannssohn hatte nach dem Studienbeginn in Erlangen an die Universität Halle gewechselt. Hier fand er durch die Begegnung mit August Tholuck einen neuen Zugang zum unmittelbaren Verständnis des biblischen Wortes.[68] Er spricht selbst von einem Wendepunkt, der von da an seiner Arbeit an biblischen Texten das Gesicht geben sollte. Er wollte mit seiner exegetischen Arbeit den Text der Bibel selbst für die heutige Gemeinde – und den Dienst, den die Amts-

---

[64] Zur Bekenntnisbindung der Erlanger Theologen vor dem konfessionellen Aufbruch vgl. HEIN, Bekenntnis (B) 31–40.

[65] AaO, 29ff.

[66] Vgl. zum Problemkreis ULRICH KÜHN, Das Bekenntnis als Grundlage d. Kirche. Nachdenkenswerte u. problematische Aspekte d. Rückbesinnung auf d. Bekenntnis i. d. luth. Theologie d. 19. Jh.: Bekenntnis u. Einheit d. Kirche. Stud. z. Konkordienbuch, hg. v. MARTIN BRECHT u. REINHARD SCHWARZ, Stuttgart 1980, 393–413; HORNIG (K) 178–188; MANFRED JACOBS, Der Neukonfessionalismus i. 19. Jh.: Konfessionalisierung v. 16.–19. Jh. Kirche u. Traditionspflege. Referate d. 5. Internationalen Kirchenarchivtags Budapest 1987, hg. v. HELMUT BAIER, Neustadt/Aisch 1989, 119–153 (VAAEK 15).

[67] BEYSCHLAG (B) 36. Für die biographischen Daten zu den Erlanger Professoren vgl. WITTERN (B) passim.

[68] [ADOLF V. HARLEß:] Bruchstücke aus d. Leben eines süddeutschen Theologen, Bielefeld u.a. 1872, 183.

träger in ihr tun – zum Sprechen bringen. Seine »Theologische Enzyklopädie und Methodologie vom Standpunkte der protestantischen Kirche« von 1837 wurde als eine »Programmschrift« der Erlanger Theologie angesehen.[69] Der Begriff der »Erfahrung« wird hier konsequent angewendet, und die Theologie auf »Bekenntnis« und »Kirche« bezogen. Seine »Christliche Ethik« (1842) sollte zu einem Standardwerk des 19. Jahrhunderts werden.

Im Jahr 1838 gründete Harleß die »Zeitschrift für Protestantismus und Kirche« (ZPK). In deren Vorwort betonte er, dies Organ stehe »im entschiedenen Gegensatz zu einer Kirche, die nichts von Protestantismus, und einem Protestantismus, der nichts von Kirche wissen will«.[70] Dabei will sich das Blatt – das war für Harleß ein Anliegen – der innerprotestantischen Polemik gegen Reformierte und gegen die Unionen enthalten.[71] Mit dieser Zeitschrift hatte sich die Erlanger Theologie durch Harleß ein publizistisches Organ geschaffen, in dem sie sich entfalten und ihre Anliegen darstellen konnte.[72]

Harleß wurde – entgegen seinem persönlichen Willen – von der Universität Erlangen im Jahr 1839 zu ihrem Landtagsabgeordneten gewählt. Damals war ein wichtiges Thema für evangelische Christen der »Kniebeugungsstreit«.[73] Diese Frage, in der Roth als Präsident der Kirchenbehörde nachgab, wurde zur Gewissensfrage der evangelischen Bevölkerung. Harleß wurde die führende Figur des protestantischen Widerstandes, was ihm den Unwillen des bayerischen Innenministers Karl August von Abel zuzog.[74] Als er von der Universität Erlangen 1844 zu deren (Pro-)Rektor gewählt worden war, gab Abel dieser Wahl nicht statt und berief Johann Georg Veit Engelhardt in dies Amt. Harleß jedoch wurde am 25.3.1845 seines Amtes an der Universität enthoben und als Konsistorialrat an das Konsistorium nach Bayreuth (straf-)versetzt. Damit war sein Wirken in der Erlanger Fakultät plötzlich beendet. Seine klare Stimme im Kniebeugungsstreit hatte seinen Namen jedoch in ganz Deutschland bekannt gemacht.[75]

Zurück zum Jahr 1833. Höfling, der als Praktischer Theologe berufen wurde, erhielt eine Professur, die es vorher so nicht gegeben hatte.[76] Seine theologische Dissertation, die er erst vorlegte, als er bereits die Professur angetreten hatte,[77] behandelte die Frage nach dem Wesen der kirchlichen Bekenntnisse, ihrer Notwendigkeit, Autorität und Gebrauch: »De symbolorum natura, necessitate, auctoritate atque usu«. Man kann auch in ihr eine Programmschrift der Erlanger

---

[69] HEIN, Bekenntnis (B) 59; HOLSTEN FAGERBERG, Bekenntnis, Kirche u. Amt i. d. deutschen konfessionellen Theologie d. 19. Jh., Uppsala 1952, 77.
[70] BEYSCHLAG (B) 47.
[71] Das Einladungsschreiben an die Autoren ist abgedruckt aaO, 211ff.
[72] BIENER, Zeitschrift (B).
[73] Vgl. dazu V.3.3.2.
[74] HECKEL (B) 337–398.
[75] AaO, 52ff.
[76] KIEßIG (K) 40.
[77] Zu seiner Person vgl. WITTERN (B) 34.

Theologie sehen.⁷⁸ Kirche und Bekenntnis stehen in einer festen Beziehung zueinander. Höfling schlägt damit die Töne an, die für die nächsten Jahre in Erlangen zum wichtigen Thema wurden. In seinem Studium war er durch die Erlanger Erweckten geprägt worden.⁷⁹ Er gehörte zu den Mitarbeitern am HLC und beteiligte sich auch an der ZPK.⁸⁰ Er war es auch, der den von rationalistischer Seite erhobenen Vorwurf des »Mystizismus« kritisch beleuchtete und entkräftete. Er kam zu dem Ergebnis: »Was die Rationalisten als Mystizismus bezeichnen, ist in Wirklichkeit das an den Bekenntnisschriften festhaltende wahre evangelische Christentum«.⁸¹ Höfling wurde neben seiner Professur auch das »Ephorat« für die Theologiestudenten an der Erlanger Universität übertragen, eine Aufsichtsfunktion, die er im Auftrag des Oberkonsistoriums wahrnahm. Die Fakultät sah diese neue Einrichtung nicht ohne Kritik. Höfling hat diese Funktion nicht durch Strenge wahrgenommen, aber er hat doch deutlich erkennen lassen, daß er damit die »ächt protestantisch-kirchliche Denkart« fördern wollte, die »eben so weit von Mystizismus, als vom Rationalismus, entfernt ist«.⁸² Höfling übte auch von 1834 bis 1836 das Amt des Universitätspredigers aus, worin dann Harleß sein Nachfolger wurde.

Neben den beiden, die 1833 neu in die Fakultät gekommen waren, lehrten zu dieser Zeit in Erlangen der schon erwähnte Kaiser als Professor für Christliche Moral und Alttestamentliche Exegese, Krafft als reformierter Theologe, Engelhardt als Kirchenhistoriker und Hermann Olshausen als Neutestamentler und Dogmatiker.

Johann Christian Konrad von Hofmann war ab 1835 als Repetent in Erlangen tätig, zugleich als Privatdozent für Geschichte, ab 1838 auch als Privatdozent und ab 1841 als außerordentlicher Professor für Theologie. Bevor er 1845 als Ordinarius in der Nachfolge für Harleß nach Erlangen zurückkam, lehrte er von 1842 bis 1845 an der mecklenburgischen Universität Rostock. Hofmann gilt als bedeutender Vertreter der Erlanger Theologie. Er ist nicht unkritisch nach Erlangen zurückgekommen, suchte einen lebensvolleren Zugang zum lutherischen Bekenntnis als er ihn bei Harleß und Höfling wahrnahm.⁸³ Er sah das Christentum gegründet in der persönlichen Heilserfahrung, die zur geschichtlichen Offenbarung in einem Korrelationsverhältnis steht.⁸⁴ In seiner Versöhnungslehre vertrat er eine Position, die zwar kritisch zu den lutherischen Dogmatikern stand, die sich aber auf Luther berufen wollte. Seine Hauptwerke waren: »Weissagung und Erfüllung im Alten und im Neuen Testamente«⁸⁵ und »Der Schrift-

---

⁷⁸ HEIN, Bekenntnis (B) 54.
⁷⁹ KIEßIG (K) 24f.
⁸⁰ Vgl. SCHINDLER-JOPPIEN (B) 295.
⁸¹ KIEßIG (K) 35.
⁸² Zitat nach aaO, 49.
⁸³ HEIN, Bekenntnis (B) 78: »Im nachhinein ist es bezeichnend, daß mit der Rückkehr dieses unorthodoxen Lutheraners die große Blütezeit der Fakultät begann.« Vgl. auch BEHR (B) 304f.
⁸⁴ Zu Hofmann vgl. BEYSCHLAG (B) 58–82.
⁸⁵ 2 Bde., Nördlingen 1841/44.

beweis«.[86] Unvollendet blieb sein Kommentarwerk zum NT: »Die Schrift neuen Testaments zusammenhängend untersucht«.[87]

Theologisch umstritten war seine Versöhnungslehre. Er bestritt das stellvertretende Strafleiden Christi, das als orthodoxe Lehre im Luthertum für wichtig gehalten wurde. Seine Rechtfertigungslehre erhielt dadurch eine »ethische Nuance«.[88] Hofmann verteidigte sich gegen die Angriffe seiner lutherischen Gegner – in der eigenen Fakultät war es vor allem Gottfried Thomasius – mit den »Schutzschriften für eine neue Weise alte Wahrheit zu lehren«.[89] Hier sicherte er seine Position auch durch ausführliche Lutherzitate ab – ein Verfahren, das damals in Erlangen noch nicht selbstverständlich war.[90]

Hofmann war sechsmal (Pro-)Rektor der Universität und für die Studenten ein äußerst beliebter Lehrer. Auch die Kollegen schätzten ihn. Nicht einmal wegen der Debatte um die Versöhnungslehre oder wegen seines von den Kollegen nicht verstandenen politischen Engagements fiel Hofmann aus der Gemeinschaft mit seinen Fakultätskollegen heraus.

Hofmann wirkte von 1863 bis 1869 im Bayerischen Landtag als Abgeordneter der liberalen Bayerischen Fortschrittspartei.[91] Er hat über dem politischen Mandat seine Professur nicht aufgegeben oder vernachlässigt. Er starb am 20.12.1877. Was er in Erlangen begann, sollte am gleichen Ort zur weiteren Entfaltung gelangen.

Im Jahr 1842 kam Thomasius als Dogmatiker in das Kollegium der Professoren. Er gilt als der »Normaldogmatiker« der Erlanger Schule. Sein Hauptwerk trägt den Titel: »Christi Person und Werk. Darstellung der evangelisch-lutherischen Dogmatik vom Mittelpunkte der Christologie aus«.[92] Darin setzt er beim lutherischen Rechtfertigungsglauben ein und ordnet ihm das Heilswerk Christi und die Christologie zu. In seinem Gebrauch von Gedanken Luthers zeigte er ein erstaunliches Maß an Einfühlungsvermögen in Intentionen und Glaubensinteresse des Reformators. Thomasius war der erste unter den Erlanger Theologen, der sich so intensiv mit Luther beschäftigte und sich dessen Gedanken für die eigene Darstellung zu eigen machte. Der erste Band seiner Dogmatik erschien fünf Jahre vor Hofmanns »Schutzschriften«.[93] Thomasius legte mit seinem zweiten Hauptwerk »Die christliche Dogmengeschichte als Entwicklungsgeschichte des kirchlichen Lehrbegriffs«[94] ein ebenfalls erfahrungstheologisch motiviertes Werk vor. Der Stoff der Dogmengeschichte, den der Autor aus umfassender Quellenkenntnis darlegt, wird als kirchlicher Erfahrungsprozeß vorge-

---

[86] 3 Bde., Nördlingen 1852–1855.
[87] 8 Teile (in 14 Bänden), Nördlingen 1862ff.
[88] BEYSCHLAG (B) 74, Anm. 133.
[89] 4 Teile, Nördlingen 1856–1859.
[90] BEYSCHLAG (B) 76f; WINTER (B) 114–121.
[91] Zu Hofmann vgl. insgesamt BEHR (B); vgl. auch V.5.1.2 und 3.
[92] 3 Teile in 4 Bänden, Erlangen 1853–1861.
[93] WINTER (B) 69–113.
[94] 2 Bde., Erlangen 1874 und 1876.

stellt.⁹⁵ Umstritten war seine Kenosislehre, in der er die traditionelle Lehre von der »Entäußerung« Christi zu mildern versuchte und die göttliche Kondeszendenz in Christus nach Phil 2, 6 als »realen göttlichen Eigenschaftsverzicht des menschwerdenden Gottessohnes verstand«.⁹⁶ Thomasius verstand sich als Dogmatiker und Universitätsprediger im Erbe und als Verwalter dessen, was mit dem HLC in Franken begonnen hatte. Diese Sicht brachte er in seinem – teils autobiographisch bestimmten – Buch »Das Wiedererwachen des evangelischen Lebens in der lutherischen Kirche Bayerns«⁹⁷ zum Ausdruck.

Der Kirchenhistoriker Heinrich Friedrich Ferdinand Schmid wurde 1846 in Erlangen habilitiert, war mit Hofmann eng befreundet, verteidigte ihn und wirkte hier bis an sein Lebensende. Seine Werke zeigen aus der Perspektive der Geschichte die historische Verankerung der Erlanger Theologie, was etwa in seiner Analyse geschichtlicher Vorgänge, die das Verständnis des Altarsakraments bestimmt haben, deutlich vor Augen tritt.⁹⁸ Am bekanntesten ist »Die Dogmatik der evangelisch-lutherischen Kirche dargestellt und aus den Quellen belegt«.⁹⁹ In Schmids Händen lag die Redaktion der ZPK von 1855 bis zum Ende ihres Erscheinens im Jahr 1876.¹⁰⁰

Der Alttestamentler Franz Julius Delitzsch wurde 1850 von Rostock nach Erlangen berufen und blieb hier, bis er 1867 einen Ruf in seine Heimat Leipzig erhielt. Er war ein gern gehörter Dozent, wurde wegen seiner gelehrten Bibelkommentare bekannt und gilt als einflußreicher Exeget.¹⁰¹ Sein Engagement für die Judenmission, das von der Liebe zum Volk Israel geprägt war und allem Antisemitismus fernstand, sollte für lange Zeit wirksam sein.¹⁰² Delitzsch war bereits in seiner Rostocker Zeit 1846 von der Erlanger Fakultät ehrenhalber promoviert worden, wofür er sich mit der Widmung seiner »Vier Bücher von der Kirche. Seitenstück zu Löhe's drei Büchern von der Kirche« bedankte.¹⁰³ Delitzsch war nicht nur durch die Missionsfrage, sondern auch von seiner theologischen Biographie her mit den Erweckten in Kontakt gekommen, von denen er

---

⁹⁵ BEYSCHLAG (B) 93–98; PETER ASCHOFF, Die Kirche i. Leben u. Werk v. Gottfried Thomasius (1802–1875), Gütersloh 1999 (LKGG 21).
⁹⁶ BEYSCHLAG (B) 94.
⁹⁷ Erlangen 1867 (= THOMASIUS [B]).
⁹⁸ »Der Kampf d. luth. Kirche um Luthers Lehre v. Abendmahl i. Reformationszeitalter. Im Zusammenhang mit d. gesamten Lehrentwicklung dieser Zeit dargestellt«, Leipzig 1868.
⁹⁹ 1. Aufl. 1843, ⁷1893, aber auch noch im 20. Jahrhundert gedruckt: 9. Aufl., neu durchgesehen u. hg. v. HORST GEORG PÖHLMANN, Gütersloh 1979, ¹⁰1983.
¹⁰⁰ Zu Schmid vgl. BEYSCHLAG (B) 106ff. Eine neuere Untersuchung über Schmid fehlt.
¹⁰¹ SIEGFRIED WAGNER, Franz Delitzsch. Leben u. Werk, München ¹1978, Gießen u.a. ²1991; ECKHARD PLÜMACHER, Delitzsch, Franz Julius: TRE 8, 431ff.
¹⁰² KARL BURMESTER, Franz Delitzsch u. d. ev.-luth. Zentralverein f. Mission unter Israel: Zeugnis f. Zion. FS z. 100-Jahrfeier d. Ev.-Luth. Zentralvereins f. Mission unter Israel e.V., hg. v. REINHARD DOBBERT, Erlangen 1971, 13–29; MARTIN WITTENBERG, Franz Delitzsch (1813–1890). Vier Aufsätze über ihn u. Auszüge aus seinen Werken, [Neuendettelsau] 1963 (Handreichung d. Evangeliumsdienstes 7).
¹⁰³ Dresden 1847.

sich später teilweise auch distanzierte.¹⁰⁴ Die im lutherischen Glauben begründeten Voraussetzungen seiner Exegese stellte er jedoch nie in Frage und nahm unmißverständlich für die lutherische Abendmahlslehre¹⁰⁵ Stellung.¹⁰⁶

Der praktische Theologe Theodosius Harnack wurde 1853 von Dorpat nach Erlangen als Nachfolger Höflings berufen. Seine Beiträge zum Kirchenverständnis greifen die durch Löhe gestellten Fragen auf,¹⁰⁷ seine liturgiegeschichtlichen Untersuchungen beeindrucken bis heute durch ihr kritisches Potential in der Auswertung eines weit gestreuten Quellenmaterials.¹⁰⁸ Seine systematische Kompetenz tritt hervor in dem Werk »Luthers Theologie«,¹⁰⁹ mit dem er das durch Hofmann aufgeworfene Problem der Versöhnungslehre aufgegriffen und – ausgehend von der theologischen Position des Reformators zu dieser Frage – aufgearbeitet hat. Daß er dabei aus den Quellen auch die Aussagen über den Zorn Gottes – entgegen den damals üblichen theologischen Ansätzen – zentral auswertete, gibt seiner Darstellung der Christologie die bei Luther vorhandene Tiefe.¹¹⁰ Harnack griff damit Gedanken auf, die eine größere Resonanz erst wieder in der »Dialektischen Theologie« des 20. Jahrhunderts gewinnen sollten.¹¹¹

Der Systematiker Franz Hermann Reinhold von Frank erhielt 1857 den Ruf nach Erlangen als Nachfolger von Thomasius. Er gilt nach Hofmann als der bedeutendste Vertreter der Erlanger Schule.¹¹² Als Zugang¹¹³ zu seinem Werk werden seine großen »Systeme« ausgewertet.¹¹⁴ Sein erstes vierbändiges Opus, »Die

---

¹⁰⁴ HEIN, Bekenntnis (B) 78f.
¹⁰⁵ Sein Büchlein »Das Sacrament d. wahren Leibes u. Blutes Jesu Christi. Beicht- u. Communion-Gebete«, Dresden 1844, ⁷1886, lag ihm lebenslang am Herzen.
¹⁰⁶ BEYSCHLAG (B) 86.
¹⁰⁷ HEINRICH WITTRAM, Die Kirche bei Theodosius Harnack. Ekklesiologie u. Praktische Theologie, Göttingen 1963 (APTh 2); CHRISTOPH LINK, Die Grundlagen d. Kirchenverfassung i. luth. Konfessionalismus d. 19. Jh. insbesondere bei Theodosius Harnack, München 1966 (JusEcc 3). Wie er auch in der ekklesiologischen Thematik Luthers Denken heranzog, zeigt WINTER (B) 179f.
¹⁰⁸ SEITZ/HERBST (K).
¹⁰⁹ Bd. 1, Erlangen 1862, Bd. 2, Erlangen 1886. Den 2. Band brachte er also erst im Ruhestand in Dorpat zum Abschluß. Er ging darin auch kritisch auf die Deutung von Luthers Versöhnungslehre durch Albrecht Ritschl ein, den sein bekannt gewordener Sohn – Adolf von Harnack – zu seinem großen Kummer verehrte.
¹¹⁰ BEYSCHLAG (B) 90f.
¹¹¹ Dieses Werk wurde nachgedruckt im engen Zusammenhang mit der Münchener Lutherausgabe im Christian Kaiser Verlag – angeregt durch Georg Merz u.a. (SEITZ/HERBST [K] 459, Z. 41–52). So hat er »mit der Verspätung einer Generation durch die Neuausgabe« von 1927 nachhaltig gewirkt. »Zahlreiche Lutherforscher aus der Holl- und Barth-Schule haben sich von seinem tiefen Einblick in das paradoxale und antinomienreiche Denken Luthers beeindrucken und anregen lassen« (WINTER [B] 169f). Werner Elert schätzte dies Werk besonders hoch ein. Daß Harnack im Ansatz dieser Lutherforschung systematisch und weniger kirchenhistorisch vorgeht und daß er Luther noch nicht nach der kritischen Edition der WA zitiert, wenn auch seine Zitate später zum größten Teil nach dieser nachgewiesen werden konnten, spricht nicht gegen ihn. WINTER [B] 135–180 legt eine ausführliche Interpretation von Harnacks Werk vor.
¹¹² BEYSCHLAG (B) 98.
¹¹³ HELMUT EDELMANN, Frank, Franz Hermann Reinhold: TRE 11, 322ff; BEYSCHLAG (B) 101–105.
¹¹⁴ Vgl. MICHAEL ROTH, Der Mensch als Gewißheitswesen. F.H.R. v. Franks theol. Anthropologie u. ihre systematische Bedeutung, Aachen 1997; SLENCZKA, Glaube (B). Vgl. auch V.5.1.2.

Theologie der Concordienformel«[115] – vor der Berufung nach Erlangen bereits begonnen –, zeigt ihn als Systematiker, der sich zugleich kundig der historischen Arbeit bedient[116] und aufgrund der historischen Analyse die Aussagen der Quellen zum Sprechen bringt. In ihm war in seiner Leipziger Zeit das Interesse für die alte Wahrheit erwacht. Er scheute vor der Konkordienformel und ihrer verwickelten Entstehung nicht zurück und nahm damit die Bekenntnistradition ins Visier. Ihm ist die oft umstrittene abschließende Bekenntnisschrift des lutherischen Konkordienbuchs fester Bestandteil der kirchlichen Lehrgrundlagen. Obwohl er sich in seiner Theologie neuen Einsichten nicht verschlossen hat, blieb er doch immer kritisch gegenüber der Theologie des einflußreichen Göttinger Theologen Albrecht Ritschl.[117]

Gerhard von Zezschwitz erhielt 1866 den Ruf nach Erlangen auf den Lehrstuhl für praktische Theologie als Nachfolger von Harnack, der von Erlangen nach Dorpat zurückgekehrt war. Zezschwitz lehrte vorher an der hessischen Universität Gießen.[118] Da er sich 1861/63 in einer Beurlaubungs- und Genesungszeit – und auch sonst öfter besuchsweise – in Neuendettelsau aufgehalten und dort gearbeitet hat,[119] brachte er das pastoraltheologische Erbe Löhes, dem er persönlich nahestand, in die Erlanger Fakultät. Sein besonderer Arbeitsschwerpunkt blieb lebenslang die Katechetik.[120]

Gustav Leopold Plitt erhielt 1867 eine außerordentliche Professur für Kirchengeschichte in Erlangen, die 1875 in die Stelle eines ordentlichen Professors umgewandelt wurde.[121] In seinem Studium war er ein begeisterter Schüler Hofmanns, dem er freundschaftlich nahe blieb. Er arbeitete als Historiker mit strengen historischen und editorischen Maßstäben[122] am Verständnis der Confessio

---

[115] Erlangen 1858–1865.
[116] »... und der Verfasser hat sich in den meisten Fällen begnügen müssen, den Leser, den er vorerst durch die Arbeitsstätte der Confessoren und der Kirche hindurchgeführt, die Stellen anzugeben, wo der weitere Ausbau zu beginnen, und die Normen zu bezeichnen, wonach derselbe sich fortzusetzen hat« (Bd. 1, VI). Er will den historischen Weg aufzeigen, den die dogmatischen Aussagen der Konkordienformel durchlaufen haben.
[117] WOLFGANG TRILLHAAS, Albrecht Ritschl: GRESCHAT (B) 180–195.
[118] AMBROSY (B); LARS EMERSLEBEN, Kirche u. Praktische Theologie. Eine Stud. über d. Bedeutung d. Kirchenbegriffes f. d. Praktische Theologie anhand d. Konzeptionen v. Carl Immanuel Nitzsch, Carl Adolf Gerhard v. Zezschwitz u. Friedrich Niebergall, Berlin 1998 (TBT 99).
[119] Hier schrieb er den ersten Band seines »System d. christl.-kirchl. Katechetik«, 1863 (vgl. WILHELM JANNASCH, Zezschwitz, Carl Adolf Gerhard von: RGG³ 6, 1907; TH. FICKER, Zezschwitz, Karl Adolf Gerhard von: RE³ 21, 670–673 [671]; vgl. auch die Briefnotiz Löhes vom 26.11.1862: »Prof. Z. hat den ersten dicken Teil seines großen Buches fertig«: LÖHE, GW 2 [B] 404).
[120] Vgl. V.5.1.2.
[121] Zu Plitt vgl. BEYSCHLAG (B) 108–111 und F. FRANK, Plitt, Gustav Leopold: RE³ 15, 486–489. Eine neuere Untersuchung über Plitt fehlt.
[122] »Melanchthons Loci communes i. ihrer Urgestalt«, Erlangen 1864, 3. Aufl., hg. v. THEODOR KOLDE, Leipzig 1900.

Augustana,[123] aber er war auch auf kirchlichen Gebieten, vor allem für die Mission unter Juden und Heiden, stark engagiert.[124]

Daß bei der Feier des 150. Universitätsjubiläums im Jahr 1893 der damalige Präsident des Oberkonsistoriums in München, Adolf von Stählin, in seiner Ansprache »voll Begeisterung und innerer Wärme« auf seine Studienzeit zurückblicken konnte,[125] ist ein weiteres Indiz für die stets enge Zusammenarbeit zwischen der Fakultät und der Kirchenleitung. Das ist aber mehr als eine Beobachtung der kirchenpolitisch geförderten und deshalb gewachsenen Verhältnisse. Die Erlanger Theologie jener Jahre war eine kirchlich orientierte Theologie, die sich durch eine hohe wissenschaftliche Qualität ausgezeichnet hat. Die Zeitschrift, die hier von 1838 bis 1876 herausgegeben wurde, ist dafür der sichtbarste Spiegel.

Daß die Zeitschrift die Theologie ihrer Herausgeber spiegelt, versteht sich. Daß sie nicht in allem die Linie des HLC fortsetzt, wenngleich sie sich pünktlich nach dem Ende des HLC 1838 und daran anknüpfend als neues wissenschaftliches Organ etabliert,[126] braucht nicht zu verwundern. Für einlinige Lösungen sind die Biographien der betroffenen Personen[127] und die bewegten kirchlichen Zusammenhänge dieser Jahre zu komplex.[128] Daß die Erlanger Fakultät ihre Linie nicht nur akademisch vertreten, sondern auch kirchenpolitisch durchgesetzt hat, was in der Person von Harleß besonders ins Auge sticht, ist ein historisch nachvollziehbarer Vorgang. Doch treten wir mit diesen Beobachtungen bereits über das Feld der Erlanger Theologie hinaus in die Entwicklung der Landeskirche.

4. Kirchliches Leben in Bayern

4.1 Geistliche Lage in den Gemeinden im Spiegel der Aufgaben

Die geistliche Lage in den Gemeinden wird durch eine Analyse des gottesdienstlichen Lebens und der darin erkennbaren Frömmigkeit deutlich.[129] Am Beispiel Erlangens konnten wir beobachten, wie das kirchliche Leben durch Gründung verschiedener Vereine besondere Gestalt annahm.[130] Durch die Lokalbibelverei-

---

[123] Sein Hauptwerk: »Einleitung i. d. Augustana« erschien in zwei Teilbänden: »Gesch. d. ev. Kirche bis z. Augsburger Reichstage«, Erlangen 1867, und »Entstehungsgesch. d. ev. Lehrbegriffs«, Erlangen 1868.
[124] Plitt stammte aus Genin bei Lübeck. Im Jahr 1866 heiratete er Cäcilie Julie Pauline Schelling, eine Enkelin des berühmten Philosophen. Er veröffentlichte daher im Auftrag der Familie dessen Briefwechsel: »Aus Schellings Leben, i. Briefen«, 3 Bde., Leipzig 1869/70.
[125] BEYSCHLAG (B) 118. Der Text dieser Ansprache ist dort als Beilage 6 (254–257) dokumentiert.
[126] SCHINDLER (K); SCHINDLER-JOPPIEN (B) 121–157.
[127] Zu Einzelheiten vgl. neben den genannten speziellen Untersuchungen BEYSCHLAG (B) und KANTZENBACH, Theologie (B).
[128] Vgl. HAUSCHILD (K); KANTZENBACH/MEHLHAUSEN (K).
[129] Vgl. dazu V.4.1.
[130] Zum Evangelischen Vereinswesen vgl. auch V.8.

ne[131] und die Traktatgesellschaft[132] waren das Zentralthema evangelischer Frömmigkeit, das Bibelstudium, und eng damit verbunden der Missionsgedanke verstärkt ins allgemeine Interesse gerückt. Für den Nürnberger Kreis der Deutschen Christentumsgesellschaft,[133] die ihren Sitz in Basel hatte, können wir ziemlich genau ermitteln, in welchem Geist hier gedacht wurde,[134] weil der Verlag der Raw'schen Buchhandlung sich dessen Anliegen besonders zu eigen gemacht hatte. Der Nürnberger Pfarrer Johann Gottfried Schöner, Johann Caspar Lavater, Johann Heinrich Jung-Stilling, August Hermann Francke, Johann Arndt, Magnus Friedrich Roos, Gottfried Menken, Christian Friedrich Buchrucker und Schubert gehören zu den Autoren, die hier gedruckt wurden.[135] Der Verleger Johann Philipp Raw ebenso wie das führende Mitglied des Nürnberger Zweigvereins der erwähnten Gesellschaft, Johann Tobias Kießling,[136] haben damit auf ihre Weise ein Stück fränkischer Frömmigkeitsgeschichte geschrieben. Nach Raws Tod führte Johann Christoph Jacob Fleischmann ab 1827 den Verlag im gleichen Geist weiter. In seine Zeit gehören die engen Verbindungen des Verlags zu Raumer, Brandt und Löhe und seinem Kreis.[137] Andere Verlage sind ebenso zu nennen, etwa C(arl) H(einrich) Beck in Nördlingen[138] oder Samuel Gottlieb Liesching in Stuttgart,[139] die für fränkische Pfarrer gedruckt haben und dem Neuluthertum Frankens nahestanden.[140] Damit gewinnen wir Einblick in ein Stück kirchlichen Lebens jener Zeit.[141] Hier zeigen sich auch Verbindungslinien zu befreundeten Kreisen außerhalb Bayerns.[142]

Wenn wir ein Bild vom kirchlichen Leben der Zeit gewinnen wollen, dann werfen ein bezeichnendes Licht auf die Lage die Erfahrungen, die Löhe am An-

---

[131] Zu den Vereinen und ihrer Bedeutung für die fränkische Erweckungsbewegung vgl. STEMPEL-DE FALLOIS (K).
[132] Zur Bedeutung der Traktatgesellschaften vgl. H. RAHLENBECK, Traktatgesellschaften: RE³ 20, 53ff; WILLIAM F. MUNDT, Sünder z. Heiland weisen. Die Ausstrahlung d. englischen Traktatgesellschaftsbewegung auf Deutschland (1811–1848): LuThK 22 (1998), 85–117.
[133] ERNST STAEHELIN, Die Christentumsgesellschaft i. d. Zeit d. Aufklärung u. d. beginnenden Erweckung, Basel 1970; DERS., Die Christentumsgesellschaft i. d. Zeit v. d. Erweckung bis z. Gegenwart, Basel 1974.
[134] FRIEDRICH-WILHELM KANTZENBACH, Ein fränkischer Kreis d. Christentumsgesellschaft u. seine missionarische Ausstrahlung. Karl Köllners Wirken i. Segnitz am Main, Sitzenkirch (Baden) u. Korntal: ZBKG 40 (1971), 185–200.
[135] Vgl. WALTER HAHN, Der »Verlag d. Raw'schen Buchhandlung« u. d. Deutsche Christentumsgesellschaft i. Nürnberg 1789–1826: ZBKG 45 (1976), 83–171.
[136] Vgl. WERNER RAUPP, Kießling, Johann Tobias: Ev. Lexikon 2 (B) 1071f.
[137] HAHN, Verlag (K).
[138] Vgl. HAHN, Löhe (K) 34ff. Auch Löhe ließ bei Beck drucken, und sein Sohn Gottfried machte seine Buchhändlerlehre bei Beck in Nördlingen.
[139] Zu ihm vgl. aaO, 37 mit Anm. 53.
[140] RUDOLF KELLER, Wilhelm Löhe u. Carl Eichhorn. Ein unbekannter Brief aus d. Jahr 1851: ZBKG 58 (1989), 199–208.
[141] Auch Löhe gehörte seit 1826/27 zu Brandts »Gesellschaft zur Vertreibung christlicher Schriften« und trat 1827 der »Norddeutschen Gesellschaft zur Verteilung christlicher Schriften« bei (LÖHE, GW 1 [B] 256), vgl. STEMPEL-DE FALLOIS (K) 42, Anm. 12.
[142] Zu den theologischen Strömungen im Umkreis der fränkischen Erweckungsbewegung vgl. V.2.2.

Von der Spätaufklärung und der Erweckungsbewegung zum Neuluthertum 51

fang seiner Wirksamkeit in Neuendettelsau und Umgebung machte, als er die Beichte wieder beleben wollte. Die Beichte war dort vor Löhe noch bekannt und geschätzt, was durch ihn neu vertieft werden konnte.[143] Es wäre eine interessante Aufgabe, aus der schönen Literatur und Büchern, die auf bayerischem Gebiet der Gattung »Erzählungen für das christliche Haus« zuzuordnen sind, oder aus Pfarrbeschreibungen zu ermitteln, wie sich die Frömmigkeit und das Gebetsleben der Familien im Alltag in diesem Spiegel darstellen. Natürlich gibt es hier je nach der Prägung der ländlichen Gegenden und nach der Situation in den größeren Städten ein beachtlich breites Spektrum in Bayern. Die hohen Auflagenzahlen für Gebets- und Andachtsbücher lassen aber ahnen, daß davon in den Häusern auch Gebrauch gemacht worden ist.[144] Löhes Vertrautheit mit der Gebets- und Erbauungsliteratur[145] ist sicher eine Ausnahme und nicht typisch für den Pfarrerstand seiner Zeit, aber er ist nicht der einzige, der sich mit solcher Lektüre beschäftigt und seine Frömmigkeit dadurch prägen läßt. Die Bedeutung der Traktatarbeit und die Rezeption von Erbauungsbüchern ist uns eigentlich nur aus der Perspektive derer überliefert, die sich dieser Arbeit verschrieben hatten. Eine genauere Analyse der Rezeptionsgeschichte unter Einbeziehung der verschiedenen Informationsstränge wäre eine wichtige Aufgabe.[146]

Man muß diese Gesichtspunkte als Gradmesser für die Beschaffenheit des kirchlichen Lebens heranziehen, wenn man verstehen will, wie sich hier neue Aufbrüche regen, die Bedeutung für die weitere Entwicklung des kirchlichen Lebens erhalten sollten.

4.2 Mission

Wie sehr der Missionsgedanke für das gesamte kirchliche Leben prägend wirkte, läßt sich am Beispiel Bayerns besonders aufschlußreich studieren. Im Sinne der Christentumsgesellschaft war 1815 in Basel ein eigenes Missionsinstitut gegründet worden. Eigene Vereine sahen auch in Franken diese Gedanken als ihre Aufgabe an, wenn sie auch – aus Furcht vor Konventikelwesen – nur schwer die Billigung des Oberkonsistoriums und der königlichen Regierung erwirken konnten.[147] Im Kreis derer, die sich für die Missionsarbeit einsetzten, sollte die Frage nach dem Bekenntnis und der Wahrung des lutherischen Charakters der Missionsarbeit eine neue Bedeutung erhalten.

Der Nürnberger Missionskreis – Verein durfte er sich immer noch nicht nennen, aber er artikulierte sich im Rahmen der Tätigkeit des Zentralbibelvereins –,

---

143 Vgl. LÖHE, GW 3/2 (B) 275–278.
144 Löhes »Samenkörner d. Gebets« von 1840 wurden 1938 in 48. Auflage gedruckt (LÖHE, GW 7/2 [B] 623).
145 Vgl. DIETRICH BLAUFUß, Wilhelm Löhe u. d. ›Alten Tröster‹. Zur Wirkung barocker Erbauungsliteratur i. 19. Jh.: ZBKG 59 (1990), 149–162.
146 Zu den Anfängen des kirchlichen Pressewesens vgl. V.4.2.7.
147 Vgl. SIMON, Mission (B).

Wilhelm Löhe.

dem Löhe seit seiner Gymnasialzeit und erneut seit seiner Zeit als Pfarrverweser in Nürnberg an St. Egidien (1834/35) eng verbunden war, kann als Kernzelle der Missionsbestrebungen in Bayern angesehen werden. Hier sollte die Frage nach Kirche und Konfession neu zur Sprache kommen. Löhe – und mit ihm Bürgermeister Johann Merkel – suchten eine Überwindung der pietistischen Prägung und votierten für eine lutherische Ausrichtung der Missionstätigkeit.[148] Demgegenüber dachte Johann Tobias Naumann, Kießlings Neffe, weiterhin ganz im hergebrachten Sinn der Baseler Gesellschaft. Merkel als der Repräsentant seines Kreises wandte sich deswegen in einem persönlichen Brief vom 12.11.1835 an den Erlanger Professor Raumer, der in dieser Zeit seinen Übertritt von der re-

---

[148] Mit diesen Überlegungen stand Löhe in Bayern nicht allein in Deutschland, sondern ähnlich – wenn auch stärker kirchenrechtlich orientiert – dachte auch Ludwig Adolf Petri in Hannover, vgl. JOACHIM COCHLOVIUS, Bekenntnis u. Einheit d. Kirche i. deutschen Protestantismus 1840–1850, Gütersloh 1980, 25–41 (LKGG 3).

formierten zur lutherischen Kirche vollzog.[149] In der allgemeinen Umbruchssituation von der Erweckungsbewegung zum Konfessionalismus stand die Frage der Missionsarbeit in Bayern auf der Tagesordnung. Am 24.1.1837 berichtet Löhe rückblickend ausführlich an Professor Eduard Huschke, den Juristen in Breslau, der für die altlutherische Bewegung in Schlesien führend geworden ist. Er hält fest, beim Jahresfest des bayerischen Zentralbibelvereins 1834 sei angeregt worden, einen Missionsverein zu gründen, für den – auf Löhes Bestreben hin, aber doch eigentlich wider sein Erwarten – das Prädikat »lutherisch« vorgeschlagen worden sei.[150] In Löhes Wirken ist während der Wirksamkeit in Nürnberg die bewußte Hinwendung von der Erweckungsfrömmigkeit zum lutherischen Bekenntnis[151] und entsprechend auch sein Einsatz für die lutherische Ausrichtung des Vereins zu beobachten.[152] Erst am 17.1.1843 wurde der »Protestantische Missionsverein in Bayern« vom König genehmigt,[153] der nach Löhes und den Nürnberger Vorgaben lutherisch hätte heißen sollen. 1835 hatte die Idee klar vor Löhe und seinen Freunden gestanden.[154] Damit war die konfessionelle Frage in Bayern nicht mehr nur Privatsache eines Freundeskreises, sondern stand durch die Bitte um die Gewährung des Rechts für einen Verein öffentlich zur Debatte. Im Januar 1838 kam es zum Anschluß an die Dresdener Mission,[155] die endgültige Abkehr von Basel erfolgte erst 1843.[156] Der 1843 vom König gestattete protestantische Zentralmissionsverein entsprach dann zwar doch nicht dem konfessionellen Ideal, aber Löhe fand einen Weg, mit diesem Verein zusammenzuarbeiten. Er entwickelte die Vorstellung, daß der Verein nur verwaltende Funktionen wahrnehmen sollte, und gab die Hoffnung auf eine satzungsgemäß lutherische Ausrichtung des Vereins nicht auf. Diese sollte sich zunächst nur auf der Ebene der Lokalmissionsvereine erfüllen. Endlich 1853 – so muß man es aus der Sicht Löhes deuten – war es soweit, daß der Verein sich evangelisch-lutherischer Missionsverein für Bayern nennen konnte.[157] Das war jedoch ein Zeitpunkt, zu dem sich nicht nur auf dem Gebiet der Missionsarbeit im kirchlichen Leben Bayerns viel verändert hatte.[158] Damit waren klare Grundlagen für die Arbeitsbeziehungen der Missionsarbeit in Bayern geschaffen worden.

Die Traktatarbeit, an der Löhe viel gelegen gewesen war, sah er im Lauf der Jahre mit etwas mehr Reserve. 1841 hielt er, der bis dahin zu deren engen Mitarbeitern gehört hatte, eine Trennung von der mehr pietistisch ausgerichteten Ar-

---

149 SIMON, Mission (B) 36.
150 LÖHE, GW 1 (B) 487f.
151 Zu diesem Ergebnis kommt aufgrund der Untersuchung der diakonischen Aktivitäten Löhes auch STEMPEL-DE FALLOIS (K) 52.
152 Dies stellt überzeugend heraus WEBER (K) 123–130.
153 SIMON, Mission (B) 68.
154 WEBER (K) 122f.
155 AaO, 132.
156 AaO, 212–217.
157 SIMON, Mission (B) 144; WEBER (K) 258.
158 Vgl. dazu V.2.5.

beit der Augsburger Traktatgesellschaft[159] ebenso für nötig wie die klare kirchlich und konfessionell lutherisch geprägte Richtung in der Missionsarbeit. Er gründete mit einer Reihe von Freunden zusammen 1841 einen eigenen Traktatverein, der sich durch seine betont lutherische Ausrichtung vom Augsburger Verein unterscheiden sollte. Von da an gab es auf dem Boden der Landeskirche verschiedene Strömungen der Traktatarbeit.

Die Entscheidung für die Zusammenarbeit mit der lutherischen Mission,[160] die ihren Sitz in Dresden (später in Leipzig) hatte,[161] war von großer Bedeutung. Die eher süddeutsch ausgerichtete Verbindung mit Basel trat zurück zugunsten einer Arbeitsgemeinschaft mit den in Dresden sich sammelnden Missionsbemühungen anderer lutherischer Kirchen in ganz Deutschland bis nach Rostock und Breslau und auch eines engeren Kontakts mit den dort beteiligten schlesischen Altlutheranern.[162] Die Begegnung mit den Erfahrungen einer von staatlicher Bevormundung freien lutherischen Kirche, die unter dem Druck der vom König eingeführten Union von Lutheranern und Reformierten in Preußen entstanden war und sich gerade ihre Strukturen erkämpfte, interessierte Löhe aber keineswegs nur unter dem Blickwinkel gemeinsamer Aufgaben für die Mission und auch weniger um der Verfassungsstruktur dieser Kirche willen, als vielmehr wegen ihres theologischen Kampfes für das lutherische Bekenntnis,[163] worauf er auch später immer wieder eingeht.[164] Die Entscheidung Löhes in der Missionsfrage implizierte auf diese Weise eine kirchenpolitisch wichtige Option. Löhe und seine Freunde hatten sich damit entschieden, eine Haltung zur preußischen Union einzunehmen, die von der eines Harleß und den mit ihm Verantwortlichen der ZPK jener Jahre abwich.[165] Man muß diese konfessionalistische Entscheidung Löhes[166] jedoch immer aus seinem seelsorgerlichen Anliegen heraus verstehen.[167]

---

[159] Vgl. LÖHE, GW 3/1 (B) 609–615 (612); vgl. auch WEBER (K) 93–97. 112–116.
[160] Vgl. CURT SCHADEWITZ, Erläuterungen: LÖHE, GW 4 (B) 619–640; WEBER (K) 102–193. 245–251.
[161] Vgl. HANS-WERNER GENSICHEN, Missionsgesch. d. neueren Zeit, Göttingen ²1969 (KIG 4T), 38f.
[162] Löhe scheute vor der Polemik Johann Gottfried Scheibels zwar zurück, aber er freute sich über die engere Verbindung mit Huschke und nannte die lutherische Zusammenarbeit über Ländergrenzen hinweg in einem Brief an Huschke vom 5.6.1837 eine »herrliche Union« (LÖHE, GW 1 [B] 497f).
[163] Seine Zurückhaltung ihnen gegenüber beendete er nach den Informationen, die er 1838 in Dresden durch den Direktor der Mission Johann Georg Wermelskirch erhielt (WEBER [K] 178. 516–520). Löhe formulierte (aaO, 520f), er habe durch das Gespräch mit Wermelskirch und Ferdinand Guericke in Dresden »rücksichtlich der lutherischen Sache solche Aufklärungen erhalten, daß man meines Erachtens sich fürchten muß, wider Gott zu streiten, wenn man die Sache der preußischen und [...] schlesischen Lutheraner wegwirft«. Von da an war er überzeugt, »daß die Opposition der Lutheraner gerade so, wie sie geschehen, nothwendig gewesen sei, daß auf keine andere Weise das Bekenntniß habe abgelegt werden können«.
[164] Vgl. »Drei Bücher v. d. Kirche« (1845), Kap. III, 3 (LÖHE, GW 5/1 [B] 165f und »Das Verhältnis d. Gesellschaft ...« (1856; LÖHE, GW 5/2 [B] 698f).
[165] Vgl. SCHINDLER-JOPPIEN (B) 148–152.
[166] HORNIG (K) 180 meint, bei Löhe die Gefahr einer Bekenntnisverabsolutierung feststellen zu müssen, die er als »gesetzliche ›Symbolatrie‹«[!] apostrophiert. Löhe selbst schrieb jedoch 1849: »Ja, ich unterscheide im Konkordienbuche, was bekennend gesagt ist, – und unterscheide noch mehr. Es

Dies alles geschah im gleichen Jahr 1838 wie die Gründung der ZPK durch Harleß und seine Erlanger Kollegen.[168]

In engem Zusammenhang mit seinen Voten zu Lehre und Praxis der Mission steht Löhes Beitrag zur Auswandererfürsorge und seine Arbeit für die Lutheraner in der Diaspora Nordamerikas. Löhe begann diesen Dienst ab 1840 ohne Anbindung an Basel oder Dresden, nachdem er Friedrich Wyneckens Schilderung der Notlage in Amerika zur Kenntnis genommen hatte.[169] Er veranlaßte Johann Friedrich Wucherer in Baldingen bei Nördlingen zur Veröffentlichung eines Aufrufs für diesen Zweck im Nördlinger Sonntagsblatt.[170] Im Mai 1842 kam Wynecken selbst nach Neuendettelsau, am 11.7.1842 reisten die beiden ersten Sendlinge, Adam Ernst und Georg Burger, mit einer Instruktion Löhes und Wucherers versehen, nach Amerika aus. Vor der Abreise machten sie Station bei Ludwig Adolf Petri in Hannover. Damit ist der Name eines für die Amerikaarbeit wichtigen Partners von Löhe genannt.[171] Löhe blieb für diese Arbeit federführend und gab ab 1843 zusammen mit Wucherer eine eigene Zeitschrift »Kirchliche Mitteilungen aus und über Nordamerika« heraus.[172] Petri und der »Dresdener Verein zur Unterstützung der lutherischen Kirche in Nordamerika« unterstützten Löhes Amerikaarbeit,[173] Löhe handelte also bei dieser Sache im Namen der lutherischen Kirchen Deutschlands.[174] Darin liegt ein wichtiger Aspekt von Löhes Amerikaarbeit, die – ähnlich wie die Missionsarbeit – zu einem Bindeglied zwischen den Landeskirchen werden sollte und somit ein Stück Einheit der lutherischen Kirche über die Landesgrenzen hinaus erleben ließ.[175]

---

fällt mir nicht ein, am Buchstaben zu kleben und mir Symbololatrie zu Schulden kommen zu lassen. Ich habe zu solchen Beschuldigungen, soviel ich mir bewußt bin, keinen Anlaß gegeben [...]« (LÖHE, GW 5/1 [B] 429). Zu Löhes Konfessionalismus vgl. auch FISCHER (K), bes. 427f.

[167] WEBER (K) 403f legt eine gute Interpretation von Löhes seelsorgerlichem Anliegen in der Bekenntnisbindung vor und hält deshalb zu Recht die Umschreibung durch den viel bemühten Begriff »Konfessionalismus« für mißverständlich.

[168] BEYSCHLAG (B) 46f; SCHINDLER (K).

[169] WEBER (K) 197.

[170] LÖHE, GW 4 (B) 16–19; zu Wucherer vgl. KANTZENBACH, Geist (B) 291–302.

[171] Zur Zusammenarbeit mit Petri in Hannover bei der Fürsorge für die deutschen Lutheraner in den USA, in der Löhe die treibende Kraft war, vgl. THOMAS JAN KÜCK, Ludwig Adolf Petri (1803–1873). Kirchenpolitiker u. Theologe, Göttingen 1997, 179–191 (SKGNS 35); SCHELLENBERG (B) 720f.

[172] WEBER (K) 222.

[173] Später wurden auch von Hermannsburg Pastoren nach Nordamerika ausgesandt (vgl. REINHART MÜLLER, Die vergessenen Söhne Hermannsburgs i. Nordamerika. Vom Dienst Hermannsburger Pastoren u. ihrer Frauen an deutschen Auswanderern i. Nordamerika 1864–1912, Hermannsburg 1998).– Möglicherweise sind die dringende Bitte der Missouri-Synode um deutsche Pastoren an Theodor Harms aus dem Jahr 1866 und einige vorangegangene Hilferufe an den 1865 verstorbenen Louis Harms eine späte Reaktion gewesen auf den Bruch, der sich zwischen Löhe und Missouri 1853 vollzog (vgl. dazu auch Anm. 175).

[174] WEBER (K) 236–240.

[175] Löhes Amerikaarbeit erlitt einen wesentlichen Einschnitt dadurch, daß es aus dogmatischen Gründen 1853 zu einem Bruch mit den führenden Vertretern der Missouri-Synode kam, der sich Löhe zunächst sehr stark verpflichtet gefühlt hatte. Das bedeutete jedoch nicht das Ende von Löhes Amerikaarbeit. Die Arbeit, die mit dem Seminar in Saginaw von Großmann begonnen worden war,

Aber mit dem Einsatz für Nordamerika standen Löhe und seine Freunde in Bayern – ein zahlenmäßig nicht sehr großer Kreis – allein.[176] »Von seiten der bayerischen Landeskirche und ihrer Leitung fand das Werk in Nordamerika keine offizielle Förderung.«[177]

Johann Flierl mit bekehrten Papuas (Neuguinea), nach 1899.

Löhe hatte mehrfach Kritik am Vereinswesen geübt. Ab 1848 sollte sich das ändern. Er wollte jetzt, daß das Ringen um das kirchliche Bekenntnis sich in freien Vereinen vollziehen solle, für die er aber statt des Vereinsnamens lieber die Bezeichnung »Gesellschaft« verwenden wollte. Zunächst schlug er einen »Lu-

---

wurde fortan in Dubuque neu aufgenommen. Die Kontakte zur Iowa-Synode, die sich später American Lutheran Church nannte und heute zur Evangelical Lutheran Church in America gehört, bestanden weiter (vgl. CURT SCHADEWITZ, Erläuterungen: LÖHE, GW 4 [B] 628–640; WEBER [K] 258. 552–559).

[176] Löhes Beginn der Ausbildung von Missionaren und die Arbeit in Nordamerika wurden 1875 nach Australien erweitert. Dies ist nicht allein eine Vorstufe für die eigene Missionsarbeit, die erst 1886 von Neuendettelsau aus durch Johann Flierl – er war bereits 1878 nach Australien gegangen – in Neuguinea begonnen wurde (GEORG PILHOFER, Die Gesch. d. Neuendettelsauer Mission i. Neuguinea, 3 Bde., Neuendettelsau 1961–1963.– Ein Reader mit Daten zur Geschichte des Missionswerks befindet sich in Vorbereitung).– Hier liegt auch die Vorstufe für die Diasporaarbeit des Lutherischen Gotteskastens.

[177] CURT SCHADEWITZ, Erläuterungen: LÖHE, GW 4 (B) 639.

Von der Spätaufklärung und der Erweckungsbewegung zum Neuluthertum 57

therischen Verein für apostolisches Leben« vor.[178] Als sich dieser Gedanke nicht realisieren ließ, gründete er am 12.9.1849 die »Gesellschaft für innere Mission im Sinne der lutherischen Kirche«, die ihren Namen 1888 erweiterte: »für innere und äußere Mission«. Angegliedert wurde 1854 der »Lutherische Verein für weibliche Diakonie«, dem im gleichen Jahr die Gründung der Diakonissenanstalt folgte.[179] Die grundsätzliche Kritik am Vereinswesen hat er trotzdem nie ganz aufgegeben.[180]

Man muß sich diese Entwicklungen vor Augen führen, wenn man den weiteren Weg der Landeskirche verstehen will. Was in Neuendettelsau und durch die Freunde Löhes auch an anderen Orten geschah, sollte Prägkraft entwickeln, die über den Ort hinaus wirksam wurde.

4.3 Sozial-karitative Aktivitäten

Die Aktivitäten auf dem sozial-karitativen Gebiet nahmen im Lauf der Jahre zu. Wichern, der 1848 auf dem Wittenberger »Kirchentag« ein leidenschaftliches Plädoyer für die tätige Nächstenliebe eingelegt und den »Centralausschuß für die Innere Mission der Deutschen Evangelischen Kirche« angeregt hatte,[181] machte 1849 eine Reise durch Bayern und warb für sein Anliegen. Er fand in dem Kreis um Löhe und seine Freunde keine günstige Aufnahme,[182] weil er mit seiner Forderung eines evangelischen Kirchenbundes auch die preußische Union anerkannte und als Oberkirchenrat in Berlin wirkte. Aber er hatte auch in Bayern viele Anhänger. Seine Anliegen fanden die Unterstützung des Oberkonsistoriums.[183]

4.3.1 Einrichtungen der Inneren Mission

Einer, der sich in Wicherns Sinn einsetzte, war der Erlanger Vikar Julius Schunck, der 1850 infolge des Wichern'schen Vortrags vom 23.6.1849 das Rettungshaus und die Brüderanstalt Puckenhof bei Erlangen gründete.[184] Professor Hofmann in Erlangen stand Wichern freundschaftlich nahe.[185] Ebenfalls 1850 wurde das Rettungshaus in Trautberg bei Castell auf Initiative der Zeilitzheimer Pastoralkonferenz gegründet.[186] Der Ansbacher Konsistorialrat Philipp Friedrich

---

[178] LÖHE, GW 5/1 (B) 213–225.
[179] AaO, GW 4 (B) 259–299; Weber (K) 331–334; SCHLICHTING (B). Vgl. dazu auch V.2.4.3.3.
[180] Zum Vereinswesen vgl. V.8; zur Kritik Löhes bes. V.8.2.3.
[181] Vgl. VOLKER KROLZIK, Wichern, Johann Hinrich: Ev. Lexikon 3 (B) 2160f; JOHANN HINRICH WICHERN, Ausgewählte Schr., Bd. 1: Schr. z. sozialen Frage, hg. v. KARL JANSSEN, Gütersloh 1956, 111–131.
[182] SCHOBER, Löhe (B).
[183] SCHWAB, Lebensfrage (B).
[184] KANTZENBACH, Schunck (B).
[185] PAUL WAPPLER, Johannes v. Hofmann. Ein Beitr. z. Gesch. d. theol. Grundprobleme, d. kirchl. u. d. politischen Bewegungen i. 19. Jh., Leipzig 1914, 117–123; KANTZENBACH, Schunck (B) 36ff.
[186] SCHERZER (B) 172.

Heinrich Ranke, der Bruder des bekannten Historikers Leopold von Ranke, setzte sich ebenfalls für die Innere Mission ein und konnte sich dafür auf die bayerische Generalsynode von 1849 berufen.[187]

4.3.2 St. Johannis-Verein

König Maximilian II. persönlich beteiligte sich an den Aktivitäten der Inneren Mission und gründete 1853 den St. Johannis-Verein mit seinen beachtlichen Aktivitäten, die natürlich nicht auf die evangelische Kirche eingeschränkt blieben, sondern sich über das ganze Land erstreckten.[188] Aus der Arbeit des protestantischen St. Johannis-Vereins in Augsburg wuchs 1855 die Gründung des Augsburger Diakonissenhauses, das seit 1850 unter dem Einfluß Theodor Fliedners aus Kaiserswerth bei Düsseldorf durch die Augsburger Pfarrer Johann August Krauß, A. Bomhard und Dr. Julius Wilhelm Goeringer vorbereitet worden ist und deshalb mit Recht als die älteste Gründung dieser Art in Bayern angesehen wird. Es ist bezeichnend, daß sich die Augsburger Pfarrer, nachdem sie von Fliedner nicht in der erhofften Weise Hilfe erhielten, an das Diakonissenhaus in Straßburg wandten und von dort die Zusage für die Ausbildung junger Schwestern und 1855 in der Straßburger Diakonisse Julie Hörner aus Lindau eine erste Oberin erhielten. Als 1868 eine Nachfolgerin für sie gefunden werden mußte, hatte der Vorstand des Hauses, Dekan Georg Hermann Trenkle, sich deswegen an Löhe gewandt.[189] Für diesen Schritt und seine ganze Vorstellung vom Amt der Diakonissen wurde er in Augsburg so scharf getadelt, daß er von seinem Vorsteheramt zurücktreten mußte. Erst nachdem 1872 fünf Stuttgarter Schwestern und als Inspektor der Augsburger Stadtvikar Friedrich Boeckh durch den Leiter des Stuttgarter Diakonissenhauses eingeführt worden waren, kam es zu einer Konsolidierung der Arbeit. Die Anfänge des Diakonissenhauses zeigen, wie in Augsburg damals – nach A. Bomhards Tod – eine vom liberalen Protestantismus in enger Berührung mit schwäbischer Tradition geprägte Frömmigkeit lebte,[190] die sich im schroffen Gegensatz zu Löhes sakramentalem Luthertum wußte und deshalb strenge Grenzen wahren wollte.[191]

---

[187] KANTZENBACH, Schunck (B) 40f. Zu Ranke vgl. WITTERN (B) 62.
[188] MASER, König (B).
[189] Löhe war von dem Gedanken, daß sich dadurch das gespannte Verhältnis lösen könnte, »freudig elektrisiert« und betonte zugleich, daß er die Eigenständigkeit des Augsburger Hauses respektieren werde und »daß wir gar nicht darauf ausgehen, alles unter eine Haube zu bringen« (LÖHE, GW 2 [B] 508f, Brief vom 4.2.1869).
[190] Die Biographien damaliger Augsburger Pfarrer, die häufig nicht in Altdorf oder Erlangen, sondern in Tübingen, aber auch in Leipzig oder Jena studiert hatten, sind nicht genügend erforscht.
[191] KATT (B) [hier die Passagen zur Gründung des Augsburger Diakonissenhauses: 75–79].

4.3.3 Diakonissenarbeit in Neuendettelsau

Die Gründung des Diakonissenhauses in Neuendettelsau 1854[192] war für Löhe kein geradliniger Entschluß. Erst als er merkte, daß er sein Ideal der Gemeindediakonie nicht durchsetzen konnte, wagte er diesen Schritt. Er erkannte Wicherns und Fliedners Leistungen an, wollte seinen Anfang aber deutlich von der »unierten Strömung« absetzen. Als er die Diakonissenarbeit begann, stand sie für ihn wie all sein sonstiges Tun unter dem Leitbild der lutherischen Bekenntnistreue, die für ihn am deutlichsten im rechten Gebrauch des heiligen Abendmahls erkennbar wird.[193] Die Arbeit dehnte sich schnell in verschiedenen Arbeitszweigen aus.[194] Nach dem Tod Löhes und seines Nachfolgers im Amt des Rektors der Diakonissen, Friedrich Meyer, konnte Hermann Bezzel als Rektor die Diakonissenarbeit von Neuendettelsau fester als bisher in der bayerischen Landeskirche verankern und geistlich heimisch machen.[195]

4.3.4 Diasporahilfe

4.3.4.1 Gustav-Adolf-Stiftung

Eine Gründung, die nur eingeschränkt in den Bereich der sozial-karitativen Einrichtungen gehört, ist die Gustav-Adolf-Stiftung, 1832 aus Anlaß der Zweihundertjahrfeier des Todes von König Gustav II. Adolf von Schweden gegründet. Sie nahm sich nicht der Not des Einzelnen in der Nähe an, sondern machte sich die Sorge für die Not evangelischer Gemeinden in der Diaspora zu eigen. Wir berühren damit Ereignisse, die zunächst in Darmstadt und Leipzig, also fernab von Bayern, stattfanden.[196] Bei der Gründung der Stiftung setzte man sich die »brüderliche Unterstützung bedrängter Glaubensgenossen«[197] zum Zweck. Die erste Gemeinde, die 1832/33 von der Gustav-Adolf-Stiftung eine Hilfe zur Errichtung eines Gottesdienstraums erhielt, war die gerade entstandene evangeli-

---

[192] Vgl. dazu LAUERER (B). Die Literatur über Löhe von 1945 bis 1990 ist zusammengestellt bei HEINER SCHMIDT, Quellenlexikon z. deutschen Literaturgesch. Bibliography of Studies on German History, Bd. 19, Duisburg 1999, 243–254.

[193] Seine programmatischen Aussagen dazu aus dem Jahr 1868, also aus dem Abstand von 14 Jahren rückblickend, finden sich in LÖHE, GW 5/2 (B) 911f. In diesem Zusammenhang steht der markante Satz: »All unser Tun, wie wenig oder viel es sei, hat keine andere Absicht gehabt und hat noch keine andere, als die schöpferischen Worte unseres allerheiligsten Konsekrators im Sakrament des Altars zu ehren. Unter allen denen, die ihm und seinen Leuten irgendwo dienen, möchten wir arme Leute von Dettelsau alle unsere gesamte Arbeit als einen geringen, aber immer blühenden Kranz des Dankes und Lobes seinem Altare weihen.«

[194] 1870 legte Löhe selbst einen Rückblick auf diese Gründung vor: »Etwas aus d. Gesch. d. Diakonissenhauses Neuendettelsau« (LÖHE, GW 4 [B] 259–341).

[195] Wie sich das aus der Sicht des Augsburger Diakonissenhauses in der Diaspora wahrnehmen ließ, beobachtete Boeckh (vgl. KATT [B] 97ff). Vgl. dazu auch V.6.5.

[196] HEINER GROTE, Konfessionalistische u. unionistische Orientierung am Beispiel d. Gustav-Adolf-Vereins u. d. Ev. Bundes: HAUSCHILD (K) 110–130.

[197] Vgl. SCHELLENBERG (B) 719.

sche Gemeinde Karlshuld im Dekanat Ingolstadt.[198] Die in ganz Deutschland rasch wachsende Organisation[199] wurde jedoch in Bayern während der Regierungszeit Ludwigs I. nicht genehmigt und fand nur zögernd Interesse.[200] Ein erster bayerischer Zweigverein wurde 1851 durch einen Aufruf des Dekans und späteren Oberkonsistorialrats D. Karl Heinrich August von Burger in München gegründet. Hier waren die Nöte der Diaspora greifbar und die lutherischen Kritiker der »unierten« Stiftung aus dem Umkreis Löhes weit entfernt.[201] Es folgten bald auch in anderen Dekanaten Zweigvereine. Die Stiftung sollte schnell größere Beliebtheit erhalten und von da an auch in Bayern vielen Diasporagemeinden beim Bau einer Kirche helfen.[202]

4.3.4.2 Lutherischer Gotteskasten

Im Sinne von Löhes Nordamerikaarbeit wuchs ab 1860 auch der »Lutherische Gotteskasten«. In enger Fühlungnahme mit der »Gesellschaft für Innere Mission im Sinne der lutherischen Kirche« in Neuendettelsau wurde in Hersbruck ein Verein gegründet, der sich den »lutherischen Glaubensgenossen inner- und außerhalb Bayerns in ihrer kirchlichen Not« zuwandte.[203] Hier unterstrich man im Gegensatz zum Gustav-Adolf-Werk, gegen das man sich zunächst kaum behaupten konnte, betont die lutherische Konfession und arbeitete über die Grenzen hinaus mit Gotteskastenvereinen in anderen lutherischen Landes- und Freikirchen zusammen.[204]

Ab 1897 sandte der Gotteskasten auch in Neuendettelsau am Missions- und Diasporaseminar ausgebildete Pastoren zu den deutschen Auswanderern in die Diaspora Brasiliens.[205]

4.3.5 Genossenschaftliche Darlehenskassen

Schließlich muß noch hingewiesen werden auf eine von fränkischen Pfarrern in Angriff genommene sozial-karitative Maßnahme für die Landbevölkerung. Pfarrer Gustav Baist in Westheim am Hahnenkamm, der 1875 aus dem Großher-

---

[198] WOLFGANG SCHEIDEL, Karlshuld i. Donaumoos – Hilfen f. eine ev. Diasporagemeinde: Am Wendepunkt. Das Gustav-Adolf-Werk v. neuen Aufgaben, hg. v. WALTER MÜLLER-RÖMHELD, Leipzig 1995, 13–20.
[199] Man sprach später allgemein vom Gustav-Adolf-Werk.
[200] Vgl. STEINLEIN (B).
[201] In Löhes Freundeskreis hielt man sich der Arbeit fern.
[202] Vgl. STEINLEIN (B).
[203] Vgl. WILHELM SCHMIDT, Gesch. d. Luth. Gotteskastens i. Bayern (1860–1930), Neuendettelsau 1930.
[204] Im 20. Jahrhundert änderte er seinen Namen und ist seither als Martin-Luther-Verein für die lutherische Diaspora tätig (vgl. ROSER [B]; SCHELLENBERG [B] 720).
[205] Die Nordamerikaarbeit Löhes fand auf diese Weise eine Fortsetzung in Lateinamerika (vgl. »Ich bin bereit«. Luth. Pfarrer i. Brasilien 1897–1997, i. Auftrag d. Martin-Luther-Vereins hg. v. HANS ROSER u. RUDOLF KELLER, Erlangen 1997).

zogtum Hessen nach Bayern gekommen war,[206] brachte aus seiner Heimat Friedrich Wilhelm Raiffeisens[207] Idee genossenschaftlicher Darlehenskassen mit nach Mittelfranken[208] und gründete nach 1880 an vielen Orten solche Genossenschaften und den Kreisverband Mittelfranken, um der Landbevölkerung ein solides Kreditwesen zu geben und sie vor zu hohen Zinsen und daraus folgender Verarmung zu schützen.[209] Seiner Idee folgten andere Landpfarrer.[210]

5. Kirche und Konfession

Die Frage nach dem kirchlichen Bekenntnis blieb in Bayern ein wichtiger Punkt auf der Tagesordnung vieler Gremien. Dem protestantischen Oberkonsistorium in München waren drei konfessionell unterschiedliche Konsistorien in Ansbach, Bayreuth und Speyer unterstellt. Das »linksrheinische Bayern« in der Pfalz war aber theologisch von einer stark calvinistischen Theologie geprägt. Die pfälzische Union von 1817, die Lutheraner und Reformierte verband, gehört zu den Anfängen der Unionsbemühungen in Deutschland.[211] Aber auch im ehemaligen Gebiet der Markgrafen von Ansbach-Bayreuth gab es durch die hugenottische Einwanderung seit Ende des 17. Jahrhunderts reformierte Gemeinden. Im Donaumoos war durch die Ansiedlung von evangelischen Pfälzern das reformierte und unierte Element ebenfalls anzutreffen.[212]

---

[206] Baist gehörte zu sieben lutherischen Pfarrern im Großherzogtum Hessen-Darmstadt, die 1875 im Kampf für das lutherische Bekenntnis von ihrem Pfarramt abgesetzt worden waren. Baist ging nach Bayern. Die in Hessen verbleibenden Kampfgenossen gründeten mit Teilen ihrer Gemeinden die Selbständige Evangelisch-Lutherische Kirche in Hessen, die in enger Verbindung mit Neuendettelsau stand. Baist verstand sich selbst ausdrücklich in der Tradition Johann Friedrich Oberlins.
[207] MICHAEL KLEIN, Raiffeisen, Friedrich Wilhelm Heinrich: TRE 28, 117ff. Raiffeisen hatte ab 1862 genossenschaftliche Darlehenskassen, 1872 die erste Zentralkasse für das Rheinland, 1876 die landwirtschaftliche Zentraldarlehenskasse für Deutschland, die spätere »Deutsche R.-Bank«, gegründet. 1877 faßte er die ländlichen Genossenschaften im »Anwaltsverband«, später »Generalverband« zusammen. In Unterfranken, wo Raiffeisen im Regierungspräsidenten Dr. Friedrich Graf von Luxburg einen Förderer seiner Idee fand, waren zwischen 1877 und 1881 bereits 38 Darlehenskassen entstanden.
[208] RUDOLF KELLER, Wie kam Pfarrer Gustav Baist nach Franken?: Concordia 71 (1986), Nr. 2, 14ff. Nr. 3, 65.
[209] WALTER HAHN, Pfarrer Gustav Baist (1824–1914). Bekenner – Genossenschaftsgründer – Volksschriftsteller: 100 Jahre Raiffeisenbank Hahnenkamm e.G. 1884–1984, hg. v. d. Raiffeisenbank Hahnenkamm, Westheim 1984, 37–45; vgl. dazu die Rezension des Verfassers: ZBKG 54 (1985), 260f.
[210] So auch Johann Jakob Kelber in Föhrenbach bei Hersbruck und Heinrich Eichhorn in Kalbensteinberg, der Bruder des späteren Rektors der Neuendettelsauer Diakonissenanstalt, der auch selbst aktiv in der »Gesellschaft für Innere Mission« mitgewirkt hat (vgl. FRIEDRICH AUERNHAMMER, Entstehung u. Entwicklung d. Darlehenskassen: 100 Jahre Raiffeisenbank Absberg-Steinberg e.G., hg. v. d. Raiffeisenbank Absberg-Steinberg e.G., Kalbensteinberg 1988, 8–22 [8]; DERS., Pfarrer Heinrich Eichhorn [1845–1900]: aaO, 29).
[211] Vgl. GUSTAV ADOLF BENRATH, Pfalz I: TRE 26, 323–334.
[212] Vgl. PFEIFFER, Bayern (B) 373; ROEPKE (B) 319–335.

Die Generalsynoden in den Konsistorialbezirken, die bis in die Mitte des Jahrhunderts vor allem für die Ausgestaltung der Verwaltungsstruktur wichtig waren, hatten sich nun auch mit den Fragen nach dem geltenden Bekenntnis zu befassen. Unter den Präsidenten des Oberkonsistoriums war es Roth, seit 1828 im Amt, der den nachhaltigsten Einfluß auf die Entwicklung nahm.

Seine Haltung zur Erweckungsbewegung wird verständlich, wenn man bedenkt, daß er einmal äußerte: So wenig jemand ein Lehrer des Staatsrechts werden könne, der dessen Grundlagen in Zweifel ziehe, so wenig könne jemand Professor der Theologie werden, der die Augsburger Konfession verleugne.[213] König Maximilian II., der am 20.3.1848 zur Regierung kam, hat ihn wenige Tage später zum 1.4. in den Ruhestand versetzt.[214] Auch sein Nachfolger Friedrich Christian Arnold war Jurist, blieb aber nur kurz in diesem Amt. Am 9.9.1852 berief Maximilian II. den Dresdener Oberhofprediger Harleß zum Präsidenten des Oberkonsistoriums nach München.[215]

Diese Berufung kam zustande, weil Harleß Maximilian II. persönlich nahe stand. Der König zog ihn schon in den Anfangsjahren seiner Regierungszeit als Ratgeber in aktuellen Fragen heran. Harleß hatte dazu geraten, der evangelischen Kirche in der Pfalz eine eigene Leitung zu geben. Die Generalsynode in Speyer von 1848 erreichte die Loslösung der pfälzischen Kirche vom Oberkonsistorium in München. Damit gingen die Kämpfe zu Ende, die seit Jahren zwischen Roth und der pfälzischen Kirche geführt worden waren.[216]

An der Erlanger Universität war seit der Berufung von Johannes Heinrich August Ebrard 1847 der Professor für reformierte Theologie Ordinarius außerhalb der Theologischen Fakultät.[217] Sein Vorgänger Krafft, der 1819 den Erlanger Hilfsverein für die Mission mitbegründet hatte, rief nach der konfessionellen Wendung des Vereins zum lutherischen Bekenntnis 1844 – mehr gedrängt als freiwillig – einen eigenen Reformierten Missionsverein ins Leben.[218]

Harleß war es aber auch, der schon von Dresden aus zur Lage im Inneren der lutherischen Kirche Bayerns Stellung genommen hatte. In einem Brief an Maximilian II. vom Dezember 1849 hatte er festgehalten, daß in der bayerischen Landeskirche das »konfessionelle Bewußtsein« stärker entfaltet war als in anderen Landeskirchen. Er erkannte in der Zusammenarbeit auf dem Gebiet der Mission den Grund für die Einbindung in die Gemeinschaft mit anderen lutherischen Kirchen. Daher hat er dem König angesichts der drohenden Separation der konfessionell Entschiedenen – unter ihnen war Löhe führend – geraten, die Haltung des Oberkonsistoriums zu überprüfen und Wege zu suchen, die den Bruch ver-

---

[213] Der Kabinettsprediger der Königin und Oberkonsistorialrat Schmidt charakterisierte ihn treffend, wenn er äußerte, Roth betrachte »das Evangelium wie ein Corpus juris [...] und die symbolischen Bücher als eine lex promulgata« (vgl. PFEIFFER, Bayern [B] 376, Z. 29–32).
[214] MATTHIAS SIMON, Roth, Karl Johann Friedrich (von): RGG³ 5, 1195f (1195).
[215] HEIN, Harleß (B).
[216] Vgl. dazu auch VIII.2 und 3.
[217] WITTERN (B) 15f.
[218] AaO, 47; SIMON, Mission (B) 104.

hindern konnten. Der geeignetste Schritt schien ihm, den »vorhandenen Einheitstrieb der Kirchen« durch die Kirchenleitung selbst zu fördern und sich dem Streben nach lutherischer Einheit nicht weiter in den Weg zu stellen.[219] Der Konflikt zwischen Löhe nebst seinen Freunden und dem Oberkonsistorium hatte sich in jenen Monaten drastisch zugespitzt. Für den Zentralmissionsverein forderte man immer noch – aber nun energisch – die förmliche Bewilligung des lutherischen Charakters, der faktisch längst gegeben war.[220] Löhe, der sich seit seiner Arbeit für Nordamerika auch verstärkt mit grundsätzlichen Fragen des Verständnisses von Kirche[221] und Amt[222] auseinandergesetzt hatte und die Ehe von Thron und Altar gelöst sehen wollte,[223] forderte die Aufhebung der Abendmahlsgemeinschaft zwischen den Reformierten und den Lutheranern in der Landeskirche.[224]

Auf der anderen Seite hatten im Jahr 1848 Bürger der Stadt Nürnberg, Kaufmann Georg Zacharias Platner[225] und Stadtbibliothekar Dr. Friedrich Wilhelm Ghillany,[226] eine Eingabe an das Oberkonsistorium gerichtet, in der sie nicht nur den Sturz des die Erweckungsbewegung begünstigenden Oberkonsistorialpräsidenten Roth forderten, sondern auch ein Recht auf eine »religiöse Fortentwicklung«.[227] Sie wollten den Glauben an den Erlösertod Jesu nicht länger als wichtigsten Glaubensinhalt hinnehmen.

In dieser Lage war die Berufung von Harleß in das Oberkonsistorium nicht nur dessen Rehabilitation in Bayern, sondern auch ein Hilferuf.[228] Historisch gesehen war sie die Abwendung der Separation konfessioneller Lutheraner in Bayern.[229] Was das heißt, kann man sich am Vergleich mit anderen Landeskirchen bewußt machen, in denen dieser Bruch nicht verhindert werden konnte.[230] Harleß war mit Löhe seit gemeinsamen Gymnasialjahren bekannt und stand ihm in vieler Hinsicht nahe.[231] Als er sein Amt in München angetreten hatte, arbeitete er sich sofort in die Aktenlage zur nahe bevorstehenden Amtsenthebung Löhes und

---

[219] HECKEL (B) 73f.
[220] LÖHE, GW 5/1 (B) 495–499. 506–513.
[221] Am bekanntesten ist sein Werk »Drei Bücher v. d. Kirche« 1845: Löhe, GW 5/1 (B) 83–179. Zum ganzen Problemkreis vgl. SCHOENAUER (K).
[222] WEBER (K) 389–397; RUDOLF KELLER, August Vilmar u. Wilhelm Löhe. Historische Distanz u. Nähe d. Zeitgenossen i. Blick auf ihr Amtsverständnis: KuD 39 (1993), 202–223.
[223] SCHLICHTING (B) 412.
[224] LÖHE, GW 5/1 (B) 520ff. 604f.
[225] MUMMENHOFF, Platner: ADB 26, 260f.
[226] WEGELE, Ghillany: ADB 9, 143f; PFEIFFER, Ghillany (B).
[227] Sie erneuerten damit einen Streit, der 1832 bereits einmal von Georg Friedrich Daumer entfacht worden war (vgl. KIEßIG [K] 32f).
[228] BEYSCHLAG (B) 51.
[229] SCHLICHTING (B) 412.
[230] Leider geht FISCHER in seinem Artikel »Konfessionalismus« auf diese Fragen nicht ein (K). WILHELM MAURER stellt für Kurhessen fest: »Nur langsam wurden die Wirren und Verluste, die durch Kulturkampf und Renitenz eingetreten waren, überwunden« (Kurhessen-Waldeck: RGG³ 4, 181–184 [183]).
[231] Vgl. auch SIMON, Kirchengesch.² (B) 622.

seiner Freunde ein – und wandte sie ab. Jetzt wurde die Konfessionsfrage im Zentralmissionsverein entschieden.[232] Nun wurde die verfassungsrechtliche Selbständigkeit der reformierten Kirche in Bayern durch Erlaß geregelt und auch die Benennung »evangelisch-lutherische« Kirche für den innerkirchlichen Gebrauch angeordnet. Auf der ersten gemeinsamen Synode der Konsistorialbezirke Ansbach und Bayreuth 1853 wurde die Neuordnung liturgischer Fragen im Sinne dieser Bekenntnisbestimmung in Angriff genommen.[233] Löhe hatte von der Generalsynode die Aufhebung des Summepiskopats des katholischen Landesherrn und eine klarere Beachtung der Konfessionszugehörigkeit sowohl bei der Verwaltung des Abendmahls als auch bei der Ordinationsverpflichtung gefordert. Er wünschte, daß die Ordinanden auf sämtliche Bekenntnisschriften des lutherischen Konkordienbuchs verpflichtet würden in dem Sinne, daß diese Bekenntnisse in Geltung stehen, weil – ausdrücklich wurde auf dies *quia* Wert gelegt! – sie der Heiligen Schrift gemäß lehren.[234] In der Abendmahlsfrage stand Harleß grundsätzlich auf Löhes Seite, wenn er auch nicht in allen Fällen über Abendmahlszulassung ebenso rigoros dachte wie der Pfarrer von Neuendettelsau.[235]

Im Streit über Kirche und Amt beugte sich Harleß keineswegs allen Forderungen Löhes, dessen »gewaltige Persönlichkeit« ihm aufgefallen war.[236] Nach Löhes Verständnis und aus seiner Untersuchung der neutestamentlichen Texte heraus[237] ist mit den Gnadenmitteln, die der Quell- und Sammelpunkt der Kirche sind, das Amt gestiftet.[238] Löhe forderte daher die Ablösung des Landesherrn als summus episcopus.[239] Höfling in Erlangen widersprach ihm, u.a. mit seiner Schrift »Grundsätze evangelisch-lutherischer Kirchenverfassung«.[240] Er bejahte den landesherrlichen Summepiskopat und kritisierte Löhes Gedanken über den Weihecharakter der Ordination.[241] Auch Harnack versuchte, in der Streitfrage zwischen Löhe und Höfling Klarheit zu gewinnen. Er stellte die Thesen von Luther selbst zu Kirche und Amt aus solchen Schriften dar, die zu Bekenntnisschriften geworden sind.[242] Harleß blieb bei diesem Streit nicht unbeteiligt. Er trat auf Höflings Seite, den er auch neben sich im Oberkonsistorium wissen wollte.[243] Er wollte zwischen Amt und Kirchenregiment im Unterschied zu Löhe

---

[232] SIMON, Mission (B) 139–145.
[233] HECKEL (B) 81.
[234] LÖHE, GW 5/1 (B) 333–368.
[235] Löhe betonte immer wieder, daß er das »Fähnlein der ungemischten Abendmahlsgemeinschaft« emporhalten wollte (LÖHE, GW 5/2 [B] 911), vgl. sein »Gutachten in Sachen der Abendmahlsgemeinschaft« (aaO, 882–908).
[236] So urteilte Harleß 1854 in einem Brief über Löhe (vgl. HECKEL [B] 77).
[237] LÖHE, GW 5/1 (B) 523–588.
[238] AaO, 537.
[239] AaO, 320–330.
[240] Vgl. KIEßIG (K) 138–159.
[241] Vgl. aaO, 178–182.
[242] Vgl. WINTER (B) 179f. Winter übersieht in seiner Interpretation, daß es gerade die Argumentation mit Luthertexten aus den Bekenntnisschriften war, womit er Löhe überzeugen wollte.
[243] HECKEL (B) 206–224.

differenzieren.²⁴⁴ Harleß war also in seiner Beziehung zum Neuendettelsauer Pfarrer keineswegs unkritisch auf dessen Seite, ja es kam sogar zu Kritik an einzelnen liturgischen Maßnahmen²⁴⁵ und 1860 zu einer vorübergehenden Amtsenthebung Löhes,²⁴⁶ woran Löhe schwer trug, so daß er schließlich in kirchenpolitischer Hinsicht resignierte. Aber den Gedanken einer Separation hat er 1860 nicht wieder erwogen, obwohl er mit freikirchlichen Lutheranern in enger Verbindung und lebendigem Austausch stand.²⁴⁷ Bei Harleß fand Löhe Verständnis im Blick auf die Kritik der Unionen in der Pfalz oder in Preußen. Auch Harleß hielt die Verpflichtung aller Geistlichen der Landeskirche auf die lutherischen Bekenntnisschriften für unabdingbar.²⁴⁸ Für manche schroffe Klassifizierung von Vorgängen in der eigenen Landeskirche hingegen hatte Harleß kein Verständnis.²⁴⁹ So waren die Gedanken Löhes eine Herausforderung für die ganze Landeskirche. Er rief zu den Grundlagen. Harleß vertrat in Erwägung solcher Vorschläge und Forderungen nicht nur einen eigenen Standpunkt, sondern er versuchte auch, durch Vermeidung von überzogenen Positionen die Einheit der Landeskirche zu erhalten und zu festigen.

Was sich in Bayern in jenen Jahren mit der Wieder-Hinwendung zum lutherischen Bekenntnis vollzog, war nicht nur das Ergebnis von Kirchenpolitik. Die so entstandene lutherische Exklusivität wurde keineswegs von allen Seiten dankbar begrüßt. Sie war aber in vielen Jahren gewachsen und verdankte sich einem bewegten gemeinsamen Weg, den man gegangen war.²⁵⁰ Dieser Weg führte aber nicht zu einer neuen Sicht der Bekenntnisfrage, sondern hier hatte man den alten, vom Reichskirchenrecht getragenen Standpunkt²⁵¹ durch die Erfahrung der Erweckungsbewegung wiedergefunden.²⁵²

---

244 Zum ganzen Problemkreis vgl. G. MÜLLER, Fakultät (B).– Zum Streit Löhes mit Vertretern der Erlanger Fakultät über Kirche und Amt vgl. auch SCHOENAUER (K) 79–104.
245 LÖHE, GW 5/2 (B) 719–757.
246 AaO, 805–839.
247 WEBER (K) 375ff.
248 HEIN, Harleß (B) 445.
249 Zum Verhältnis zwischen Harleß und Löhe vgl. HECKEL (B) 79f.
250 Bei Harleß darf man nicht aus dem Auge verlieren, daß er vor seiner Berufung nach Bayern in Dresden »auf der Spitze der Ehre und des Glücks« gestanden hat und bei besten Bedingungen arbeitete (vgl. ADOLF V. STÄHLIN, Harleß, Gottlieb Christoph Adolf von: RE³ 7, 421–432 [427]). Zu Harleß' Bedeutung für Sachsen vgl. ERNST KOCH, Die Neuprofilierung d. luth. Tradition i. Sachsen u. ihre gesellschaftlichen u. politischen Implikationen: HAUSCHILD (K) 197–212.
251 Die im 19. Jahrhundert neu gebildete Landeskirche fand in der Auseinandersetzung mit der damals herrschenden Theologie und Frömmigkeit den Bekenntnisstand, der in Brandenburg-Ansbach/Kulmbach/Bayreuth, dem größten Gebiet Bayerns mit evangelischer Bevölkerung, seit 1580 gegolten hatte.
252 Harleß hat darüber in seiner Autobiographie bezeichnend gesprochen (vgl. BEYSCHLAG [B] 25). Zur Problematik vgl. auch MANFRED JACOBS, Entstehung u. Wirkung d. Neukonfessionalismus i. Luthertum d. 19. Jh.: HAUSCHILD (K) 28–63.

6. Der innere Ausbau der Evangelisch-Lutherischen Landeskirche

Als Harleß 1852 nach München berufen wurde, trat erstmals ein Theologe an die Spitze des Oberkonsistoriums, noch dazu ein Mann, der genaue Vorstellungen von notwendigen nächsten Schritten zur Überwindung der eingetretenen Krise hatte. Mit ihm war gleichzeitig der Erlanger Professor Höfling als dritter geistlicher Oberkonsistorialrat berufen worden, der hier aber nur bis zu seinem frühen Tod am 5.4.1853 wirkte. Seine schwache Gesundheit war mehrfach in Erscheinung getreten und setzte seinem Leben ein frühes Ende. Die Freundschaft mit Harleß konnte durch die Berufung nach München für kurze Zeit neu belebt werden.[253] Höfling war der Mann, der die wichtigsten Schritte, die zunächst für den inneren Ausbau der Landeskirche nötig waren, vorbereiten konnte. Er hat die Basisarbeit geleistet für die Schaffung eines neuen Gesangbuchs und der neuen Gottesdienstordnung.[254] Harleß hat dazu bei der Generalsynode in Bayreuth die rechtlichen Voraussetzungen geschaffen und den Weg geebnet für eine Gestaltung, die der neuen Lage in der evangelisch-lutherischen Kirche gerecht werden konnte.[255] Freilich unwidersprochen gelang dies auch Harleß nicht.

Gesangbuch von 1854, Titel.

---

[253] KIEßIG (K) 64f.
[254] Zum Gesangbuch vgl. V.10.3.2; zur Gottesdienstordnung vgl. V.4.1.
[255] HECKEL (B) 81f.

Am 1.2.1854 wurde das neue Gesangbuch eingeführt, am 20.7.1854 folgte die Gottesdienstordnung. Am 28.5.1855 wurde der »Agendenkern« vorgelegt und am 9.7.1856 der Landeskatechismus, im Juli 1856 folgte eine Reihe von Erlassen zur Frage von Kirchenzucht und Privatbeichte. Der Widerstand, der sich gegen so viele neue Ordnungen und vor allem gegen die Kirchenzuchtsfrage und die Privatbeichte richtete, kam nicht nur aus Nürnberg, wo Platner seinem Denken treu blieb und von 7.000 Unterschriften gestützt wurde, sondern sogar vom König direkt, der sein Oberkonsistorium zur Ordnung rief und daran erinnerte, daß die Erlasse der königlichen Genehmigung bedurft hätten. Zur im November 1856 erwogenen Aufhebung der Erlasse durch den summus episcopus ist es aber doch nicht gekommen.[256] Schließlich konnte das Oberkonsistorium darlegen, daß die gemachten Schritte vom König sanktioniert gewesen waren. Damit war auch die in diesem Zusammenhang drohende Ruhestandsversetzung von Harleß abgewendet, wozu die persönliche Freundschaft zwischen Harleß und der evangelischen Königin Marie, einer Base Friedrich Wilhelms IV. von Preußen, sicher beigetragen haben wird. Lediglich die Fragen der Kirchenzucht und der Privatbeichte wurden in einen Raum des Schweigens verbannt und dadurch stillschweigend unter den Tisch gekehrt. Die Gegner der neuen Maßnahmen wurden zwar in die Schranken verwiesen, aber im Verhältnis zwischen dem Präsidenten des Oberkonsistoriums und seinem König blieb ein Schatten zurück: Das alte Vertrauen des Königs war erschüttert. Im Vorgang war ein Stück geistlicher Bevormundung durch die Staatsgewalt in Erscheinung getreten. Harleß sollte von da an genauer wissen, daß er Beamter in einer königlichen Behörde war.

Harleß hatte nach außen eine starke Vision von Einheit der lutherischen Kirche aufgrund des Bekenntnisses. Er suchte darum die Verbindung zwischen den voneinander rechtlich völlig unabhängigen lutherischen Landeskirchen. Darin lag sicher ein Stück lutherischer Reaktion auf den von Wichern 1848 beim Wittenberger »Kirchentag« vorgetragenen Plan eines evangelischen Kirchenbundes. Jedoch erst nach dem preußischen Sieg von 1866 gelang am 30./31.10.1867 die Einberufung der »Allgemeinen Evangelisch-Lutherischen Konferenz«, deren erste Tagung 1868 in Hannover stattfand. Harleß wirkte als ihr Präsident.[257] Das zeigt seine Wertschätzung im deutschen Luthertum über die Grenzen der Landeskirche hinaus. Die Verbindung zu den Schwesterkirchen, die für ihn in der Katholizität der lutherischen Kirche begründet war, blieb sein besonderes Anliegen.[258] Harleß hat damit Weichen gestellt, die bis in die Gegenwart in der Struktur der 1948 gegründeten »Vereinigten Evangelisch-Lutherischen Kirche Deutschlands« von Bedeutung sind. Harleß blieb noch bis zum Ende des Jahres 1878 im Dienst, aber er hatte versäumt, selbst zu einer guten Zeit den Ruhestand

---

[256] AaO, 104ff.
[257] KANTZENBACH/MEHLHAUSEN (K) 337f.
[258] Vgl. HEIN, Harleß (B) 446.

zu erbitten. Zum 1.1.1879 wurde er in den Ruhestand versetzt. Neun Monate später, am 7.9., starb er nach schwerem Leiden.

Das Oberkonsistorium in München war durch die Berufung von Harleß und Höfling direkter als bisher in eine Traditionslinie zur Erlanger Theologischen Fakultät getreten. Die Fakultät stand besonders im geistigen Austausch mit den Fakultäten in Leipzig, Rostock und Dorpat. Oberkonsistorium und Fakultät gingen also eng zusammengehörige Wege im Dienst einer kirchlich verantworteten Theologie und einer theologisch verantworteten Kirchenleitung.

Es gab immer wieder auch Stimmen, denen diese Theologie zu kirchlich war und die sich mehr Freiheit in der Kirche gewünscht hätten. Die faktisch erreichte Geschlossenheit war es jedoch, die der Landeskirche ein festes Zusammengehörigkeitsbewußtsein verlieh, auch über Meinungsverschiedenheiten in Einzelfragen hinaus.

V.3 POLITIK UND KIRCHE (BIS 1914)

Von Werner K. Blessing

D. ALBRECHT (B).– Amtshb. (B).– BECK, Leben (B).– BLESSING, Staat (B).– WERNER K. BLESSING, Gottesdienst als Säkularisierung? Zu Krieg, Nation u. Politik i. bayer. Protestantismus d. 19. Jh.: WOLFGANG SCHIEDER (Hg.), Religion u. Gesellschaft i. 19. Jh., Stuttgart 1993, 216–253.– BONKHOFF 1 u. 2 (B).– Dokumente (B).– CARL FUCHS, Allgemeine Uebersicht d. Zustandes d. prot. Kirche i. Bayern bei d. dritten Säkularfeier d. Augsburgischen Confessions-Uebergabe i. Jahre 1830, Ansbach 1830.– Gesandtschaftsber. aus München 1814–1848, bearb. v. ANTON CHROUST, Abt. III: Die Ber. d. preußischen Gesandten, 4 Bde., München 1949–51 (SBLG 39–41).– Gesch. Bayerns i. Industriezeitalter i. Texten u. Bildern, hg. v. BERNWARD DENEKE, Stuttgart 1987 (Wissenschaftliche Beibände z. Anzeiger d. Germanischen Nationalmuseums 7).– HEINZ GOLLWITZER,– Graf Carl Giech 1795–1863. Eine Stud. z. politischen Gesch. d. fränkischen Protestantismus i. Bayern: ZBLG 24 (1961), 101–162.– DERS., Ludwig I. Königtum i. Vormärz, München 1986.– DERS., Ein Staatsmann d. Vormärz. Karl v. Abel 1788–1859, Göttingen 1993 (SHKBA 50).– HAAS, Ev.-Ref. Kirche (B).– HUBER/HUBER 1 u. 2 (B).– KANTZENBACH, Geist (B).– KANTZENBACH, Pfarrer (B) 179ff.– KANTZENBACH, Theologie (B).– JOACHIM KIRCHNER (Hg.), Bibliographie d. Zeitschriften d. deutschen Sprachgebietes bis 1900, Bd. 2: 1831–1870, Stuttgart 1977, Bd. 3: 1871–1900, Stuttgart 1977.– MANFRED KITTEL, Kulturkampf u. ›Große Depression‹. Zum Aufbruch d. bayer. Nationalkonservativen i. d. antiliberalen Strömung d. 1870er Jahre: HJ 118 (1998), 131–200.– STEFAN LAUBE, Fest, Religion u. Erinnerung. Konfessionelles Gedächtnis i. Bayern v. 1804 bis 1917, München 1999 (SBLG 118).– JOSEF LEEB, Wahlrecht u. Wahlen z. Zweiten Kammer d. bayer. Ständeversammlung i. Vormärz (1818–1845), 2 Bde., Göttingen 1996 (SHKBA 55).– AUGUST EMIL LUTHARDT, Mein Werden u. Wirken i. öffentl. Leben, München 1901.– MAGEN, Kirche (B).– MÖCKL, Staat (B).– KARL MÖCKL, Die Prinzregentenzeit. Gesellschaft u. Politik während d. Ära d. Prinzregenten Luitpold i. Bayern, München u.a. 1972.– Quellenbuch z. Pfälzischen Kirchenunion u. ihrer Wirkungsgesch. bis z. Mitte d. 19. Jh., bearb. v. SONJA SCHNAUBER u. BERNHARD H. BONKHOFF, Speyer 1993 (VVPfKG 18).– ROEPKE (B).– SCHÄRL (B).– MARTIN SCHMIDT/GEORG SCHWAIGER (Hg.), Kirchen u. Liberalismus i. 19. Jh., Göttingen 1976.– MAX V. SEYDEL/JOSEF V. GRAßMANN/ROBERT PILOTY, Bayer. Staatsrecht, 2 Bde., Tübingen 1913 (Das öffentl. Recht d. Gegenwart 21 u. 22).– SIMON, Kirche i. Bayern (B).– MATTHIAS SIMON, Die Ev. Kirche (= Historischer Atlas v. Bayern, Kirchl. Organisation, Teil 1), 2 Bde., München 1960.– CHRISTA STACHE, Bürgerlicher Liberalismus u. kath. Konservativismus i. Bayern 1867–1871. Kulturkämpferische Auseinandersetzungen vor d. Hintergrund v. nationaler Einigung u. wirtschaftlichsozialem Wandel, Frankfurt/Main u.a. 1981 (EHS.G 148).– THRÄNHARDT (B).– TURTUR/BÜHLER (B).– EBERHARD WEIS, Die Begründung d. modernen bayer. Staates unter König Max. I. (1799–1825): HBG 4/1, 3–86.– LUDWIG ZIMMERMANN, Die Einheits- u. Freiheitsbewegung u. d. Revolution v. 1848 i. Franken, Würzburg 1951 (VGFG 9/9).– WOLFGANG ZORN, Bayerns Handel, Gewerbe, Verkehr (1806–1970): HBG 4/2, 782–845.– ZORN, Sozialentwicklung (B).

1. Die Begriffe

Politik im ›langen 19. Jahrhundert‹ wurde in Deutschland von zwei Faktoren bestimmt, die in der epochalen Wende der europäischen Kultur durch die Aufklärung gründen. Zum einen kam der vom Reformabsolutismus des 18. Jahrhunderts entworfene moderne Staat – rational, säkular und mit Gewaltmonopol – Anfang des 19. zum Durchbruch, allerdings, da dies in einer gedrängten Evolution, keiner Revolution geschah, mit traditionaler Legitimität: Der Fürst blieb Souverän. Krone und Bürokratie bildeten einen macht- und ordnungsstarken Obrigkeitsstaat, der jedoch ein Rechtsstaat war, bis zur Jahrhundertmitte überall zum Verfassungsstaat mit einer Repräsentation wurde und schließlich sozialstaatliche Züge gewann. Dieser Wandel folgte aus dem zweiten Faktor, einem von der aufgeklärten Öffentlichkeit ausgelösten gesellschaftlichen Streben nach politischer Emanzipation und Partizipation. Auch wenn diese 1848/49 nicht erreicht wurde, schritt doch die Politisierung so fort, daß die Konstitutionelle Monarchie, dieser deutsche Kompromiß zwischen Fürstenherrschaft, Bürokratie und Bürgertum, um 1900 vom Demokratieverlangen bedrängt wurde. Das Jahrhundert, begonnen im Zeichen des ›starken Staates‹, mündete ins Zeitalter der Gesellschaft.

Der moderne Staat mit seinem weitreichenden Normierungsanspruch und zunehmend formierte gesellschaftliche Interessen setzten den Kirchen den politischen Rahmen, wobei nicht nur im Deutschen Bund, sondern auch später im Kaiserreich die Einzelstaaten den maßgeblichen Rechtsraum bildeten. Da außerdem im Lauf des Jahrhunderts die Konkurrenz durch Ideologien rasch wuchs, enorme soziale Verschiebungen ungewohnte Herausforderungen brachten und allenthalben tradierte Autorität, d.h. auch die religiöse Bindung schwand, geriet die Kirche wie noch nie in Abhängigkeit von der ›Welt‹. Dem genügte ihr herkömmliches Bezugssystem nicht mehr. So wurde das proprium protestantischer Kirchenreligion strittig, war die richtige Reaktion umstritten.

Im folgenden geht es um drei Aspekte dieses Prozesses: Welche politischen Umstände prägten die protestantische Kirche in Bayern, wie handelten diese Kirche und die ihr verbundenen Bevölkerungskreise in politischer Hinsicht, was ergab sich daraus an politischem Einfluß auf die Gesellschaft?[1]

2. Staatsprotestantismus im paritätischen ›Montgelas-Bayern‹

2.1 Im Zeichen des Staates höchst politisch bestimmt war die kirchliche Ausgangssituation, als das neue Bayern in der napoleonischen ›Flurbereinigung‹ auf dem rheinbündischen, Frankreich folgenden Integrations- und Reformweg ent-

---

[1] Überblicke geben SIMON, Kirchengesch. (B) 535–684; HIRSCHMANN (B) 883–900; ROEPKE (B) 336–390; ein Problemaufriß bei ZORN, Staat (B).

stand.² Obwohl die lutherischen Gemeinden rechts des Rheins meist der Konkordienformel folgten,³ unterschied sich ihr Leben merklich. Wer etwa den kargen Kult aus reformierter Wurzel in schwäbischen Reichsstädten gewohnt war, sah befremdet Nürnbergs altkirchliche Relikte.⁴

Solch partikulare Zustände duldete der auf Integration und rationale Ordnung bedachte Staatsabsolutismus nicht. Die Protestanten wurden nicht nur durch das Verfassungsprinzip der Parität mit den Katholiken zu einem Staatsvolk verbunden,⁵ sondern sollten auch unter sich kirchlich vereinheitlicht werden. Alle übernommenen Kirchenwesen wurden zu einer »Protestantischen Gesammt-Gemeinde« (erst 1824 »Kirche«) vereinigt, die rechtsrheinisch ausschließlich lutherisch war, da die reformierten Pfarreien schlicht eingefügt wurden.⁶ Ihre Organisationsstruktur folgte der des Staates, die Pfarrer waren ›Quasibeamte‹, und auch die Kirche wurde – rechtsrheinisch – obrigkeitlich verfaßt, weithin ohne gemeindliche Mitbestimmung und mit Synoden, die, von einem Staatskommissär überwacht, nur konsultative Funktion hatten. Auch die »inneren Kirchen-Angelegenheiten« unterlagen staatlicher Aufsicht.⁷ So richtete der bayerische Staat auf einem Weg, den schon das preußische Kirchenregiment in den einstigen Markgraftümern eingeschlagen hatte, durch eine ihm angepaßte Kirche die bisher für territoriale Identitäten konstitutive Kirchenreligion energisch auf seine Interessen aus.⁸

2.2 Dem kam der Protestantismus entgegen. Ihm fehlte die überstaatliche Struktur der Römischen Kirche, und die Aufklärung hatte ihn durchgängiger erfaßt, so daß vielen Pfarrern, zumal der mittleren und jüngeren Generation, das staatliche Leitbild durchaus nahelag, mit ihrer Meinungsautorität nun in erster Linie Tugend, nützlichen Fortschritt und politische Loyalität zu vermitteln. Auch sie

---

² WEIS (K) 3–86; MÖCKL, Staat (B); WALTER DEMEL, Der bayer. Staatsabsolutismus 1806/08–1817, München 1983 (SBLG 76); SIMON, Kirchengesch. (B) 560ff; SIMON, Ev. Kirche (K) 11–14 und Karte 2; Pfalzatlas, hg. von WILLI ALTER, Speyer 1963ff, Karte 76, Textband 1, Speyer 1964, 245–252; HAAS, Ev.-Ref. Kirche (B) 32ff. Vgl. dazu auch V.1.
³ Nicht angenommen hatten sie die Reichsstädte Nürnberg, Weißenburg und Windsheim sowie die Grafschaft Ortenburg.
⁴ SIMON, Kirchengesch. (B) 542ff; DIETER WÖLFEL, Nürnberger Gesangbuchgesch. (1524–1791), Nürnberg 1971, 216ff (NWSLG 5); MATTHIAS SIMON, Vom Priesterrock z. Talar u. Amtsrock i. Bayern: ZBKG 34 (1965), 19–61; HAAS, Ev.-Ref. Kirche (B) 18; z.B. LKAN Kons. Bayreuth 2097 II, 4214 I, Kons. Ansbach 4471 I, 4621 I.
⁵ PFEIFFER, Umwandlung (B).
⁶ SEYDEL/GRAßMANN/PILOTY 2 (K) 525ff; AMMON (B). Zu den Reformierten vgl. HAAS, Ev.-Ref. Kirche (B) 39f.
⁷ Dokumente (B) 352ff. 375–380; HIRSCHMANN (B) 884f; SEYDEL/GRAßMANN/PILOTY 2 (K) 530ff; VOLKERT (B) 229–232; GEORG MAYR, Karte d. kirchl. Eintheilung d. Königreichs Bayern, München 1841; SIMON, Ev. Kirche (K) 185f. 206f; MAGEN, Kirche (B) 43ff. Geplante Kirchenvorstände kamen, auch weil sie bürgerlichen Kreisen zu sehr als religiös-sittliche Aufsichtsorgane erschienen, nur an wenigen Orten zustande, z.B. in München primär für den Kirchenbau (TURTUR/BÜHLER [B] 165f).
⁸ MÖCKL, Staat (B) 109–125; WOLFGANG STROEDEL, Die Grundzüge d. preußischen Religionspolitik i. Ansbach-Bayreuth: ZBKG 11 (1936), 65–97.

suchten die Welt zu verbessern, glaubten, daß dies vor allem durch eine Besserung der Menschen gelingen werde und dazu eine vernünftig-praktische Religion das breitenwirksamste Mittel sei.[9] Ein einflußreicher Repräsentant dieses pastoralen Selbstbildes, der Staat und Kirche als zwei Instanzen der selben menschenbeglückenden Funktion sah, war der um die Schule sehr verdiente Heinrich Stephani.[10]

Für ihren öffentlichen Auftrag, mit »Lehre und Wandel Gutes zu stiften«, waren die Pfarrer in der Regel durch ihre Ausbildungsgrundsätze präpariert. Seit den 1780/90er Jahren dominierte die Aufklärung, wo immer zwischen Halle und Basel die frühen bayerischen Pfarrer, je nach territorialer Herkunft, studiert hatten.[11] Herrschte zunächst in Erlangen, Altdorf, Tübingen, den von Franken und Schwaben am meisten besuchten Universitäten, eine auf Vernunft und Bibel gestützte Neologie vor, kam nach 1800 der Rationalismus nach Erlangen. Das war folgenreich, weil bayerische Theologen dort ihr Studium zumindest abschließen mußten.[12] Da den Pfarrern im Projekt des aufgeklärten Reformstaates, eine neue Gesellschaft zu erziehen, eine Schlüsselrolle zukam, gab man ihnen auch die Aufsicht über die säkulare, 1802 landesweit gleichförmig verordnete Bildungsinstanz Volksschule.[13] Die derart vom säkularen Staat in Dienst genommene Kirche, der mehr Menschenbildung als Gottesdienst oblag, büßte freilich manch traditionelle Wirkungen ein. U.a. ging die bereits seit dem 18. Jahrhundert geschwächte Kirchenzucht nun beschleunigt zurück, weil sie keine weltlichen Strafen mehr nach sich zog.[14]

Doch die Legitimations- und Vermittlungsfunktion für eine Zivilreligion des modernen Staates stieß in zweifacher Hinsicht an Grenzen. Denn einmal behielt der Herrschaftsstand des Ancien régime gerade im Adelsland Franken durch die guts- und standesherrlichen Patronatsrechte in fast einem Drittel der Pfarreien seinen patrimonialen Einfluß auf das kirchliche Leben – selbst über das Ende der feudalen Restrechte 1848 hinaus. Der Standesherren, etwa der Castell oder Öttingen, wurde wie eh und je im Kirchengebet gedacht, nun freilich nach dem König; die Fürsten Löwenstein-Wertheim sowie die Grafen Giech hatten sogar

---

[9] Exemplarisch für die mittlere Generation (1759–1839): FRIEDRICH WILHELM KANTZENBACH, Der ›fränkische Rochow‹. Johann Ferdinand Schlez als Schul- u. Sozialreformer: JFLF 34/35 (1974/75), 565–575 und für die jüngere (1780–1853): GEORG PAUL DIETELMAIR, Denkmal d. Verehrung u. Liebe, dem am 10. October 1853 entschlafenen ersten Rathe d. pegnesischen Blumenordens, Herrn Paul Augustin Michahelles, erstem Pfarrer an St. Sebald u. Kapitelsenior i. Nürnberg, i. Namen d. Ordens errichtet, Nürnberg 1854.
[10] SPERL (B); HGBB 2, passim.
[11] Zitat nach Amtshb. 1821 (B) 80. Die Verteilung der Studienorte der Pfarrer 1812 bei BLESSING, Staat (B) 287, Anm. 160.
[12] KANTZENBACH, Theologie (B) bes. 39ff; LEDER (B) 75ff; JORDAHN, Seiler (B). Zu den von der Montgelas-Bürokratie gesetzten Normen für Aus- und Weiterbildung, Amt und Lebensführung vgl. Amtshb. 1821 (B) Abschnitte 2 u. 3; BLESSING, Staat (B) 46–50.
[13] HGBB 2, 19ff.
[14] Z.B. LKAN Kons. Ansbach 4611 I.

eigene Mediatkonsistorien in Kreuzwertheim bzw. Thurnau.¹⁵ Vor allem aber lief sich die mit *einem* Gesangbuch, Katechismus usw. verordnete Vereinheitlichung oft bis weit in den Vormärz an vertrauten Formen fest, denen die Kirchgänger zäh anhingen. Manche vorbayerischen Formen widerstanden dem Integrationsdruck bis ins 20. Jahrhundert, etwa die Differenz lutherischer Religiosität zwischen ›melanchthonianischem‹ Geist in Nürnberg und dem von Schweizer Einfluß und langer Parität geprägten Stil schwäbischer Reichsstädte, aber etwa auch die unterschiedliche Abendmahlshäufigkeit im Ansbachischen und im Bayreuthischen.¹⁶ So wurde der Anspruch Montgelas-Bayerns an die protestantische Kirche zwar grundsätzlich erfüllt, aber aufgrund von Traditionsüberhängen oft nur beschränkt realisiert.

2.3 Insgesamt hat protestantische Kirchenreligion unter der Regie des Staates wohl wesentlich dazu beigetragen, daß sich eine durch den politischen Umbruch in vielem veränderte Ordnung unter den Bewohnern Neubayerns etablieren konnte. Die Prediger bestärkten den aufgeklärten, aber nichtrevolutionären Grundzug einer staatsverträglichen Bürgerkultur, als deren Kennzeichen ein Geistlicher später, im kritischen Rückblick, »das wechselnde Moderne«¹⁷ nannte. Und sie vor allem brachten den einfachen Leuten, die von der Presse noch wenig, von der Volksschule erst allmählich erfaßt wurden, eine ungewohnte, oft auch ungewollte Obrigkeit näher. Allerdings störte den kirchlichen Integrationsbeitrag schon bald das Konkordat mit Rom 1817, das die Katholiken im Land erneut zu privilegieren drohte. Dies traf zusammen mit der dritten Säkularfeier der Reformation, die einen kräftigen Impuls zu evangelischer Identität gab. Doch die Erfahrung, daß der Staat die Bekenntnis-Feier unbehindert zuließ, und die Sicherung der Parität durch das Religionsedikt der Verfassung von 1818 gaben wieder die pastorale Vermittlung Staatsbayerns frei.¹⁸ Allerdings wurde diese Ausrichtung von dem Bewußtsein relativiert, einer konfessionell grundierten Kulturnation anzugehören. Sie kam gerade im Reformationsjubiläum zum Ausdruck, indem dieses den Blick nach Norden zog und das protestantische Deutschland als Gemeinschaftsraum um Martin Luther inszenierte. Der natio-

---

¹⁵ Von insgesamt 985 Pfarreien wurden 288 (nur rechtsrheinisch) durch Patrone besetzt (FUCHS [K] 5). Vgl. Amtshb. 1862/63 (B) Bd. 2, 246ff; SIMON, Ev. Kirche (K) 394. 609; VOLKERT (B) 232.
¹⁶ Z.B. WERNER SCHERZER, Die ev.-luth. Landeskirche Unterfrankens im 19. Jh.: Unterfranken i. 19. Jh. FS, Würzburg 1965, 123–157 (144); LKAN Kons. Bayreuth 2097 II (im Konsistorialbezirk Thurnau Hannoverscher Katechismus bis 1836). Die Pfarrbeschreibung von 1833ff (LKAN) zeigt die traditionell unterschiedliche Abendmahlshäufigkeit in den Markgraftümern.
¹⁷ Pfarrbeschreibung Fürth 1838 (LKAN).
¹⁸ Am 15.2.1818 ersuchte die Erlanger Theologische Fakultät – gebunden an den Eid auf das lutherische Bekenntnis und verantwortlich für die Ausbildung der »protestantischen Religionslehrer« – den König, das Konkordat, die »Ursache von mannigfachen Besorgnissen in den Herzen der getreuen protestantischen Unterthanen«, durch staatliche Erklärungen einzuschränken, damit der »gegenwärtige Zustand der protestantischen Gesammtgemeinde des Königreichs gesichert« werde (Universitätsarchiv Erlangen I 3a, 313). Zum Konkordat vgl. HUBER/HUBER 1 (B) 169–198; MÖCKL, Staat (B) 222ff; W. MÜLLER (B) 114ff.

nale Horizont besaß in Pfarrhaus und kirchennahen Kreisen sichtlich Orientierungskraft, und er gewann sie unter Gebildeten im Vormärz immer mehr.[19]

Beschränkt wurde der Staatsprotestantismus freilich dadurch, daß die pastorale Wirkung insgesamt litt, weil die Kirchlichkeit seit dem späten 18. Jahrhundert merklich sank, nicht zuletzt durch den auf individuelle Tugend gerichteten Religiositätsstil selbst. So nahm die Reichweite der kirchlichen Anleitung bei Weltdeutung und Lebensregelung evident ab, allerdings sozial ziemlich verschieden. Relativ wenig gingen Gottesdienstbesuch und Abendmahlsfrequenz etwa in stabiler Nürnberger Handwerker- oder Hummelgauer Bauernwelt zurück. In fortschrittsfreudigen Beamtenkreisen, unter Ärzten oder Kaufleuten dagegen emanzipierte man sich weitgehend von der Kirche, wurde jedoch auf anderen Wegen – im Beruf, durch den Diskurs in Journalen und Gesellschaften – mit der Staatsräson vertraut. Am wenigsten erreichte die Obrigkeit mit ihren Werten und Normen labile Unterschichten, z.B. in der Armutsfluktuation ehemaliger Reichsritterdörfer, wo weder Kirche noch andere Instanzen hinreichend Autorität besaßen.[20]

Die protestantische Kirche und ihre Gläubigen waren im frühen Bayern politisch weitgehend Objekt des Staatsabsolutismus; nur vorübergehend löste die Sorge um die Parität eine Interessenaktivität aus. Doch sie gewannen an Eigengewicht. Seit 1819 bot der Landtag auch ihnen, d.h. der Institution Kirche selbst und kirchennahen Personen, eine reguläre Mitsprache, Protestanten gelangten zunehmend in wichtige Staatsstellen und Gesellschaftskreise des Landes – und es nahte eine Herausforderung, diese Möglichkeiten zu nutzen.

2.4 Die Pfalz mit ihren nach zwei Jahrzehnten Zugehörigkeit zu Frankreich abweichenden Strukturen ging auch kirchlich einen Sonderweg. 1818 entstand auf Initiative aus den Gemeinden eine Konsensunion von Lutheranern und Reformierten, die statt Bekenntnisschriften nur Evangelium, Gewissen und Vernunft folgte.[21] Solche Einheit und »ächt religiöse Aufklärung« entsprach dem Kirchenmodell der Regierung. Dennoch war gerade diese Kirche latent ›eigen-sinnig‹: Ihre Gemeinden besaßen durch Presbyterien reformierter Art eine wirkungs-

---

[19] WICHMANN V. MEDING, Kirchenverbesserung. Die deutschen Reformationspredigten d. Jahres 1817, Bielefeld 1986, 50–56 [Bayern]; LAUBE (K) 62ff; z.B. LKAN Pfarrbeschreibung Fürth-Poppenreuth. In den Schulen wurde verteilt FRIEDRICH ROTH, Das Leben Dr. Martin Luthers nach Johann Mathesius z. Jubelfeier d. Reformation, o.O. 1817. Zum »deutschen Vaterland« vgl. z.B. ADAM THEODOR LEHMUS, Predigt nach d. siegreichen Einzug d. verbündeten Heere i. Paris, Ansbach 1814; J.A.C. HESSEL (Hg.), Vorträge bei d. verordneten Gottesdiensten an d. Namens- u. Geburtsfesten d. Landesherrschaften, Nürnberg u.a. 1842, 34. Allgemein vgl. WOLFGANG ALTGELD, Katholizismus, Protestantismus, Judentum. Über religiös begründete Gegensätze u. nationalreligiöse Ideen i. d. Gesch. d. deutschen Nationalismus, Mainz 1992 (VKZG F 59).
[20] Gottesdienstbesuch und Abendmahlsfrequenz nach Pfarreien in der Pfarrbeschreibung 1833ff, letztere im Längsschnitt – teilweise seit dem 17. Jahrhundert – in der Pfarrbeschreibung von 1910ff (LKAN).
[21] Vgl. JOHANNES MÜLLER, Die Vorgesch. d. Pfälzischen Union, Witten 1967 (UKG 3); BONKHOFF 1 (B) bes. 4–47; Quellenbuch (K) Kap. 1–3.

volle Mitsprache, und die Union an sich wurde ein Faktor starken regionalen Eigenbewußtseins.²²

3. Unter Ludwig I.: religiöse Belebung, konfessionelle Versagung, evangelische Selbstbehauptung

3.1 Seit den 1830er Jahren veränderten sich politische Stellung und Wirkung der Kirche. Sie selbst, die Staatsführung und die Öffentlichkeit gerieten in die epochale Wende des Zeitgeistes von der Aufklärung zur Romantik, von Vernunft und Kritik zu Tradition und Autorität als Leitprinzipien, die gerade in Bayern tief ging und seine Protestanten nachhaltig betraf.²³

Zum einen verschob sich der Schwerpunkt der Kirchenreligion von einer Tugendlehre wieder zum Heilsglauben. Eine bekenntnisbewußte Erfahrungstheologie verbreitete, zusammen mit der Spiritualität von Erweckungszirkeln, einen neuen Glaubensstil. Das geschah nicht zuletzt durch Mittel moderner Öffentlichkeit, besonders der Presse, wie sie die konservativen Kräfte allenthalben nutzten. Sie gab dem Amt der Kirche und damit der Rechtgläubigkeit wieder so Gewicht, daß die Religiosität bei steigender gesellschaftlicher Geltung zunehmend einem neulutherischen Konfessionalismus folgte.²⁴ Er zeigte sich beim Augustana-Jubiläum 1830, an Tendenzen zur Abtrennung der rechtsrheinischen Reformierten, am wachsenden Einfluß Wilhelm Löhes in der Kirche. Sichtlich gewann das Bekenntnis besonders unter Gebildeten, jüngeren Beamten etwa, wieder an Wert, aber auch an Alltagsbedeutung bei einfachen Leuten. Und es kehrte in die Öffentlichkeit zurück, wo in Kontroversen freilich die katholische

---

22 CELIA APPLEGATE, A Nation of Provincials. The German Idea of Heimat, Berkeley u.a. 1990, 52ff.
23 Vgl. u.a. SIGRID V. MOISY, Von d. Aufklärung z. Romantik. Geistige Strömungen i. München, AKat. München 1984; WINFRID M. HAHN, Romantik u. kath. Restauration. Das kirchl. u. schulpolitische Wirken d. Sailerschülers u. Bischofs v. Regensburg Franz Xaver Schwäbl (1778–1841) unter d. Regierung König Ludwigs I. v. Bayern, München 1970 (MBM 24); GOLLWITZER, Staatsmann (K) 52ff. Allgemein noch immer grundlegend FRANZ SCHNABEL, Deutsche Gesch. i. 19. Jh., Bd. 4: Die religiösen Kräfte, Freiburg ³1955 u. öfter.
24 SIMON, Kirchengesch. (B) 591ff; HIRSCHMANN (B) 887ff; ROEPKE (B) 341ff; WEIGELT, Erweckungsbewegung (B); HORST WEIGELT, Gotthilf Heinrich v. Schubert u. Amalie Sieveking i. ihrem Briefwechsel: Gotthilf Heinrich Schubert (B) 115–135; HILDEBRAND DUSSLER OSB, Johann Michael Feneberg u. d. Allgäuer Erweckungsbewegung, Nürnberg 1959 (EKGB 33); SCHINDLER-JOPPIEN (B); KANTZENBACH, Theologie (B) 134ff; KANTZENBACH, Geist (B) 140–158; BEYSCHLAG (B) 14ff; GRAF (B). Zur Ausbreitung vgl. z.B. die Predigtsammlung von F. LINDE/E. WAGNER (Hg.), Predigten über d. Sonn- u. Festtagsevangelien d. Kirchenjahres, 2 Bde., Bayreuth 1847, die fast 5.000 Geistliche und Laien in Bayern subskribierten (Bd. 1, XX). Zeitschriften u.a.: Sonntags-Blatt, Nördlingen 1831–54; Erbauungs-Blatt, Ansbach 1836–47 (vgl. KIRCHNER 2 [K]).

Seite überlegen war durch die Mehrheit im Land, ihre starke Kirche – und politische Protektion.[25]

Gefördert wurde sie durch eine veränderte Regierungspolitik. König Ludwig I., der romantischen Ideen folgte und 1830 in seinem Revolutionstrauma bestärkt wurde, sah eine spirituell vertiefte und klar kirchengebundene Religion als wirksamste Stütze der herrschenden Ordnung in Staat und Gesellschaft. Das galt freilich in erster Linie für die katholische Mehrheitskonfession, der zudem das Haus Wittelsbach historisch eng verbunden war. So wurde Bayerns Profil merklich katholischer: durch die Besetzung von Schlüsselstellen, durch neue Normen in Verwaltung und Bildungswesen, durch Klosterrestauration, Wiederzulassung ›barocken‹ Brauchtums und die Begünstigung einer dezidert katholischen Öffentlichkeit.[26]

Gewiß kam die konservative politische Wende auch dem Neuluthertum in seiner Auseinandersetzung mit dem Spätrationalismus, in seiner kulturellen Wirkung und gesellschaftlichen Geltung zugute. Da es unter der protestantischen Bevölkerung den vom König befürchteten liberalen Tendenzen entgegenzuwirken versprach, wurde es von der Staatsführung im innerkirchlichen Richtungsstreit personell, institutionell und in seinen Symbolen klar gefördert. Andererseits aber mißtraute diese dem wachsenden lutherischen ›Eigen-Sinn‹, zumal seit Karl August von Abel 1837 Innenminister geworden war, der die katholische Religion als *die* Ordnungsgewähr sah, die protestantische hingegen letztlich als Zerrüttung.[27] Daher hemmte die Regierung, weil sie um den Bestand katholischer Traditionsgebiete fürchtete, den Kirchenausbau in der durch Binnenwanderung und die Versetzung von Staatsdienern wachsenden evangelischen Diaspora und ließ auch den zur finanziellen Diasporaförderung tätigen Gustav-Adolf-Verein nicht zu.[28] Mehr als es dem Geist der Verfassung entsprach, folgte sie nun in konfessionellen Konflikten häufig dem Standpunkt der Römischen Kirche: bei Mischehen und dem Bekenntnis ihrer Kinder, bei Konversionen Minderjähriger, beim Bestattungsritus der lokalen Minderheit, bei der öffentlichen Form der konfessionsspezifischen Feiertage Fronleichnam und Karfreitag, bei den Fahnenweihen in Armee, Landwehr und Vereinen. Außerdem duldete sie manch scharfe Kontroverspredigt auf katholischen Kanzeln.[29]

---

[25] FUCHS (K); z.B. LKAN Kons. Bayreuth 1199 I; HAAS, Ev.-Ref. Kirche (B) 55ff.– Überblicke zu Löhe bei KANTZENBACH, Geist (B) 158–198 und ROEPKE (B) 374–390; vgl. auch BLESSING, Staat (B) 88ff. 104ff.

[26] GOLLWITZER, Ludwig I. (K) bes. 513–536. 561–604; GOLLWITZER, Staatsmann (K) 215–244; LUDWIG HOLZFURTNER, Kath. Restauration i. Romantik u. Vormärz – Ludwig I.: HBGK 3, 131–165; WERNER K. BLESSING, Ludwig I. u. d. Religion: ZBLG 58 (1995), 103–114.

[27] Vgl. bes. GOLLWITZER, Staatsmann (K) 238–244. 444–462.

[28] SIMON, Kirchengesch. (B) 627ff; GOLLWITZER, Ludwig I. (K) 594f; GUSTAV PLITT, Erlaß u. Aufhebung d. bayer. Gustav-Adolf-Vereinsverbotes, Rothenburg 1913; STEINLEIN (B).

[29] U.a. TURTUR/BÜHLER (B) 227ff; HANS SAALFELD, Zur wirtschaftlichen Situation d. ev. bayer. Diasporagemeinden i. 19. Jh.: ZBKG 37 (1968), 64–70 und DERS., Drei Konfliktsfälle. Zur konfes-

3.2 Protestantischen Selbstbehauptungswillen erregte über die kirchennahen Kreise hinaus vor allem die ›Kniebeugungsaffäre‹. 1838 ordnete Ludwig I., um dem Militär in der Öffentlichkeit ein einheitliches Bild zu geben, für alle Soldaten wieder die 1803 abgeschaffte katholische Verehrungsgeste vor einem Priester mit dem Allerheiligsten an.[30] Besonders die gesetzten Männer der Bürgerwehr in den Städten protestierten. Diese Ordre – auch wenn sie schrittweise zurückgenommen wurde – war der Hauptanstoß zu einer prononciert konfessionellen Solidarität unter Meinungsführern vor allem im »evangelischen Frankenland«, die alte territoriale Ressentiments, etwa zwischen Nürnberg und den Markgrafentümern, überbrückte. Während sich das Oberkonsistorium sehr zurückhielt,[31] gab die Erlanger Fakultät dieser lutherischen Identität mit der »Zeitschrift für Protestantismus und Kirche« ein Sprachrohr und mit Gottlieb Christoph Adolf von Harleß eine Leitfigur. Andere wurden Franz Friedrich Carl Graf von Giech, der Regierungspräsident von Mittelfranken, und Hermann Freiherr von Rotenhan, beide mit guten Beziehungen zum preußischen Hof und von Einfluß im Adel wie im Bürgertum, zumal Nürnbergs.[32] Diese Kreise sahen Bayern unter dem ›System Abel‹ von ›Ultramontanen‹, dem sog. Görres-Kreis, beherrscht. Ein Beweis dafür schien das aufsehenerregend schroffe Verhalten des Münchner Klerus bei der Beisetzung der protestantischen Königinwitwe Karoline, das den König selbst brüskierte.[33]

Solche Versagungen steigerten das in Staatsbayern von Beginn an virulente neubayerische Selbstbehauptungsstreben. Sie führten, als sich nach der europäischen Krise 1830 eine politische Öffentlichkeit zu gruppieren begann, bewußte Protestanten beider kirchlicher Richtungen, rationalistische und neulutherische – etwa Löhe –, zu den Liberalen.[34] Denn noch waren diese nicht weltanschaulich

---

sionellen Lage d. oberbayer. Diaspora um d. Mitte d. 19. Jh.: ZBKG 37 (1968), 213–227; BLESSING, Staat (B) 109f.

[30] Dokumente (B) 423ff; GOLLWITZER, Ludwig I. (K) 595ff; Gesandtschaftsber. 3 (K) 100ff.

[31] Vgl. GOLLWITZER, Staatsmann (K) 444ff; zu Präsident Friedrich von Roth vgl. SCHÄRL (B) 299f; FRIEDRICH WILHELM KANTZENBACH, Friedrich v. Roth. Präsident d. Prot. Oberkonsistoriums u. Reichsrat d. Krone Bayerns (1780–1852). Eine Einführung i. Leben u. Werk: ZBKG 46 (1977), 11–27; TURTUR/BÜHLER (B) 314–335. Vgl. auch V.2.

[32] [Anonym,] Die Klagen d. Protestanten i. Bayern: Jb. d. Gegenwart, Tübingen 1846, 497–533. Zu Harleß vgl. HEIN, Harleß (B); LEEB 1 (K) 208–213; GOLLWITZER, Giech (K); WERNER UHDE, Hermann Frhr. v. Rotenhan. Eine politische Biographie, München 1933 (Münchner Historische Abh. 1/3); BIENER, Zeitschrift (B); HANS-JÜRGEN WIEGAND, Der Kampf d. prot. Landeskirche Bayerns gegen d. Unterdrückungsmaßnahmen d. Ministers v. Abel (1838–1846) u. dessen Bedeutung f. d. kirchen- und staatsrechtl. Doktrin Friedrich Julius Stahls: SCHMIDT/SCHWAIGER (K) 84–125; WALTER MÜLLER, Das Staatsverständnis d. Protestanten i. Bayern, hg. v. EV. BUND, Nürnberg 1987, 22f.– Die Selbstbezeichnung »evangelisch« wurde von Ludwig I., der das Programmatische sah, untersagt: Signate König Ludwigs I., hg. v. MAX SPINDLER u. ANDREAS KRAUS, Bd. 4: 1839–1841, München 1992, 30 [5.2.1839] (Materialien z. Bayer. Landesgesch. 4).

[33] GOLLWITZER, Staatsmann (K) 315–323; TURTUR/BÜHLER (B) 255–261.

[34] EVA ALEXANDRA MAYRING, Bayern nach d. Julirevolution. Unruhen, Opposition u. antirevolutionäre Regierungspolitik 1830–33, München 1990 (SBLG 90); KANTZENBACH, Pfarrer (B); MAGEN, Kirche (B) 59ff; zu Löhe vgl. MANFRED KITTEL, ›Nationalprotestantismus‹ i. Neuendet-

abgegrenzt und parteimäßig verfestigt, sondern bündelten in Franken und Schwaben eine breite, von gemäßigter Kritik bis zu entschiedenem Widerstand reichende Opposition gegen die zunehmend reaktionäre Regierung, den Münchner Zentralismus, das Vordringen der ›Römlinge‹ und damit letztlich gegen den autokratischen König.[35] Auch Vertreter der Geistlichkeit in der ständisch zusammengesetzten Abgeordnetenkammer des Landtags neigten, soweit es ihr Amt zuließ, auf diese Seite und gaben einer protestantischen Front Stimme, die sich in Parlament und Presse über Stände und soziale Interessen hinweg bildete. Einen weiteren Impuls erhielt das Konfessionsbewußtsein durch die Gedächtnisfeiern zu Luthers 300. Todestag 1846.[36] Man sah sich ermutigt durch Zeitungen in Sachsen, Hannover, Baden und vor allem in Preußen. Zudem half dessen Regierung mit diplomatischem Druck auf München, denn nach wie vor trat das Haus Hohenzollern als Schutzmacht des deutschen Protestantismus auf.[37]

3.3 So gab es im ludovizianischen Bayern Ansätze für einen politischen Protestantismus wie sonst kaum in Deutschland. Daß sie sich dennoch nicht entfalteten wie der politische Katholizismus, lag einmal an der Schwäche der staatsabhängigen Kirche, zum andern an dem schmäleren gesellschaftlichen Reservoir für eine religiös geleitete Mobilisierung. Vor allem im meinungsführenden Bürgertum folgte die Orientierung im zivilen Leben häufig auch bei denen, die nun wieder meßbar kirchlicher wurden, primär der säkularen Nationalkultur. Zudem sank der Einfluß in Parlament und Staatsverwaltung, als Harleß in ein Amt ohne Breitenwirkung strafversetzt wurde und Giech unter Protest sein Amt niederlegte. Dennoch stärkte die Minorität im Dissens mit Regierung und dominierender Öffentlichkeit, den u.a. Giech durch Streitschriften publik hielt, ihren Eigenwillen und schärfte den Blick für die politischen Bedingungen konfessioneller Existenz; von nun an wachten ihre Meinungsführer streng über die Parität.[38] Während der 1830/40er Jahre kam es in Kirche und kirchenverbundener Bevölkerung zu einer zwar konfessionell bestimmten, aber doch weiter reichenden Politisierung, die vor allem unter Gebildeten mehr als bisher Gruppeninteressen und deren öffentliche Dimension bewußt werden ließ. Der Konflikt mit dem

---

telsau 1870–1933: 700 Jahre Neuendettelsau. FS, hg. v. HANS RÖßLER, Neuendettelsau 1998, 95–110 (95).

[35] ZIMMERMANN (K) 27–233.

[36] GOLLWITZER, Ludwig I. (K) 592ff; GOLLWITZER, Giech (K); MAGEN, Kirche (B) 59ff; KANTZENBACH, Pfarrer (B). Zur Struktur des protestantischen Drittels der Klasse III (Pfarrgeistlichkeit) der 2. Kammer detailliert vgl. LEEB 1 (K) 216–287.– Zur Lutherfeier 1846 vgl. LKAN OKM 1716; LAUBE (K) 199ff.

[37] Gesandtschaftsber. 2–4, passim (K) [Gesandter Graf Dönhoff: »Die protestantische Kirche (...) in ganz Deutschland ist gewohnt, in letzter Instanz das preußische Gouvernement als ihren Beschützer anzusehen. Ganz wesentlich ist dies in Baiern der Fall, wo noch aus der Zeit, da Ansbach und Baireuth unter preußischer Hoheit standen, allen in frischem Gedächtnis ist, was Preußen für die evangelische Kirche that« (Bd. 2, 361)]; vgl. auch HEINZ GOLLWITZER, Vorüberlegungen z. einer Gesch. d. politischen Protestantismus nach d. konfessionellen Zeitalter, Opladen 1981, 19f (RhWAW.G Vorträge 253).

[38] SIMON, Kirchengesch. (B) 627–633; GOLLWITZER, Giech (K).

Staat schuf einen gewissen Abstand zu ihm, stärkte das Bewußtsein der eigenen Werte und mobilisierte eine partielle Öffentlichkeit. Sichtlich waren die Protestanten auf dem Weg zu mehr Selbstverfügungswillen.

3.4 Prinzipieller widersprach man der Richtung Ludwigs I. in der Pfalz, wo ein populärer Spätrationalismus vorherrschend blieb. Da er sich mit dem Pathos protestantischer Freiheit am steigenden Protest der Region gegen die bayerische Regierung beteiligte, diese dagegen Neulutheraner im Erlanger Sinn forcierte, brach ein innerkirchlicher Gegensatz auf, der sich mit dem politischen zwischen Konservativen und Liberalen verschränkte. Während rechts des Rheins eher Konfessionsinteressen politische Mittel suchten, ging in der strukturell moderneren, breiter säkularisierten Pfalz die religiöse Haltung in politische Interessen ein. Auch Kirchenmänner trugen hier zu einer ›prärevolutionären Sensibilität‹ bei.[39]

4. Revolution und Reaktion: Kirchliche Neuorientierung zwischen Öffentlichkeit und ›starkem Staat‹

4.1 Als 1848 bürgerliche Verfassungsbewegung und sozialer Protest bisherige Autoritäten erschütterten und eine breite Politisierung einleiteten, sah sich die lutherische Kirche wie noch nie einem pluralen Spannungsfeld ausgesetzt. Das hemmte sie, aber nützte ihr auch, und es beschleunigte innere Richtungsentscheidungen, aus denen in den 1850er Jahren eine lange Zeit geltende Gestaltung folgte.

Unerwartet geriet die auf den Staat fixierte Kirche in eine Öffentlichkeit, die sich dank der Pressefreiheit als weltanschaulich-politisches Forum gesellschaftlicher Kräfte vor allem in Neubayern rasch entfaltete und während der Reaktionszeit nur vorübergehend noch einmal beschränkt wurde.[40] Nun mußten Konsistorien, Pfarrer und kirchenengagierte Laien in einer ungewohnt offenen Konkurrenz der Werte, Interessen, Emotionen die Kirchengeltung behaupten und auch angesichts von Kundgebungen und Tumulten Amtsautorität wahren. Und der Glaubensbotschaft sollte Gehör verschafft werden, obwohl es die Menschen in die Wirtshäuser und zu den Zeitungen zog im Meinungskampf um konservative, liberale und demokratische Verfassungsbilder, um großdeutsche und kleindeutsche Einigungspläne, um die ordnungspolitischen Forderungen von Unterneh-

---

[39] BONKHOFF 1 (B) 48–109; Quellenbuch (K) 269–338; RICHARD ZIEGERT (Hg.), Vielfalt i. d. Einheit. Theol. Studienbuch z. 175jährigen Jubiläum d. Pfälzischen Kirchenunion, Speyer 1993.
[40] ZIMMERMANN (K) 237ff. 276ff. 349ff. 393ff; Die Revolution v. 1848/49 i. Franken, hg. v. GÜNTER DIPPOLD u. ULRICH WIRZ, Bayreuth 1998, passim (Schr. z. Heimatpflege i. Oberfranken 1/2); DIETMAR NICKEL, Die Revolution 1848/49 i. Augsburg u. Bayerisch-Schwaben, Augsburg 1965, 43ff. 63ff. 127ff. 151ff (Schwäbische Geschichtsquellen u. Forsch. 8); KARL-JOSEPH HUMMEL, München i. d. Revolution v. 1848/49, Göttingen 1987, passim (SHKBA 30).

mern, Handwerkern, Bauern.⁴¹ Mancherorts mußte die Kirchenreligion selbst gerechtfertigt werden, als ein Dissens, der Deutschkatholizismus, gerade auch in protestantische Städte wie Nürnberg und Schweinfurt drang, meist unter ›kleine Leute‹.⁴²

Auf die kollektive Religiosität wirkte sich der Schub aktueller Kommunikation generell verschieden aus. Da das Zeitgeschehen oft sehr affizierte, verlor die Kirche in den unteren Schichten Resonanz. Andererseits nahm die Kirchengeltung teilweise zu, wo die Unruhe bedrängend wurde, weil vertraute Umstände verschwanden und man nach religiöser Versicherung suchte. Unter bestimmten Umständen konnte die Kirchenreligion auch zum Ausdruck der sonst wenig beachteten Bedürfnisse der einfachen Leute bis zum Protest werden.⁴³

Als neue Möglichkeiten pastoraler Wirkung und Interessenwahrung häuften sich gedruckte Predigten und Broschüren, nahm die kirchliche Presse zu und drangen öffentliche Reden, die Mitarbeit an Zeitungen, die Mitwirkung bei Vereinen in die geistliche Rolle.⁴⁴ Manchmal stärkten Pfarrer ihre Autorität, wenn sie in Konflikten vermitteln, gar Gewalt verhindern konnten: bei Unruhen wie dem massenhaften Bauernprotest gegen die Grundherrschaft, der im Frühjahr 1848 Franken und Teile Schwabens erschütterte, oder bei den vielen Aufläufen gegen Behörden, Militär, jüdische Händler, welche bis Sommer 1849 durch Stadt und Land gingen. Eine reguläre politische Funktion, ein Mandat – wie es am wirksamsten der liberale Dekan Johann Friedrich Christoph Bauer im Reformlandtag 1848 und in der Nationalversammlung ausübte⁴⁵ – übernahmen sie, besonders die konservativen, allerdings weniger als katholische Priester; ihr Anteil im Landtag sank, als mit dessen ständischer Gliederung 1848 die festen Quoten fielen.⁴⁶ Parlamentarisch sollte das bayerische Luthertum schwach bleiben, weshalb es sich, wo immer ein christliches Gemeininteresse bestand, bis ins 20. Jahrhundert an den überlegenen Katholizismus anlehnte. Das nutzte beiden, so sehr

⁴¹ ZIMMERMANN (K) passim; vgl. z.B. WERNER K. BLESSING, 1848 i. Franken, Augsburg 1999 (Hefte z. bayer. Gesch. u. Kultur 21).
⁴² SYLVIA PALETSCHEK, Frauen u. Dissens. Frauen i. Deutschkatholizismus u. i. d. freien Gemeinden 1841–1852, Göttingen 1990, passim (KSGW 89); vgl. z.B. LKAN Kons. Ansbach 2196 I/II.
⁴³ Vgl. MARTIN GRESCHAT, Die Kirchen i. Revolutionsjahr 1848/49: ZBKG 62 (1993), 17–35; JOSEF MOOSER, Erweckungsbewegung u. politischer Konservativismus i. d. Revolution. Das Beispiel Westfalen i. sozialgeschichtlicher Perspektive: ZBKG 62 (1993), 98–115.
⁴⁴ ERNST SCHUBERT, Die ev. Predigt i. Revolutionsjahr 1848. Ein Beitr. z. Gesch. d. Predigt wie z. Problem d. Zeitpredigt, Gießen 1913 (SGNP 8); vgl. z.B. Neue Allgemeine ev. Kirchenzeitung, Augsburg 1848; Synodalblätter aus Bayern, Ansbach 1849 (vgl. KIRCHNER 2 [K]). Vgl. MAGEN, Kirche (B) [grundlegend] 78ff; ZIMMERMANN (K) passim. Vgl. auch V.4.2.7.
⁴⁵ Zu ihm vgl. KANTZENBACH, Pfarrer (B) 181, Anm. 38. Bauer, Dekan in Bamberg, erbkaiserlich-kleindeutsch, wurde 1849 Vizepräsident der Nationalversammlung und gehörte der Kommission an, die Friedrich Wilhelm IV. die Kaiserkrone anbot. Vgl. CHRISTIAN R. HOMRICHHAUSEN, Ev. Christen i. d. Paulskirche 1848/49. Vorgesch. u. Gesch. d. Beziehung zwischen Theologie u. politisch-parlamentarischer Aktivität, Bern u.a. 1985, bes. 94–100. 233f (BSHST 52).
⁴⁶ Nach MAGEN, Kirche (B) 59ff spielten nicht zuletzt praktische Erwägungen (lange Abwesenheit u.ä.) eine Rolle.

kirchlich der Konfessionalismus trennte und manchmal offener Streit ausbrach, u.a. nach wie vor um militärische Fahnenweihen.[47]

4.2 Die Haltung zur Revolution ging offenbar bei der Mehrheit der Pfarrer und kirchenverbundenen Honoratioren davon aus, daß allein der gottgesetzten Obrigkeit Reformen der bestehenden Ordnung zuständen. Man folgte loyal der Regierung, auch wenn das konservative Luthertum nie royalistisch war. Mit Abels Sturz 1847 war das Hauptgravamen, der prokatholische Kurs, entfallen, und nun habe Ludwig I. durch die Bewilligung der ›Märzforderungen‹ eine Autoritätskrise beendet und alle gerechten Wünsche nach mehr Bürgerfreiheit erfüllt.[48] Dankgottesdienste wurden zum Appell, in christlicher »Demuth« durch rechte Gesinnung zu helfen, »daß es besser werde in der Welt«.[49] Die Gewalt, die man nicht nur durch Zeitungsberichte aus fernen Hauptstädten berichtet bekam, sondern am brachialen Bauernprotest zum Teil selbst erlebte, schockierte; zudem sahen Pfarrer auf dem Land mit den feudalen Rechten eigenes Einkommen, den Zehnt, bedroht.[50] Wie der Ansbacher Konsistorialrat Philipp Friedrich Heinrich Ranke etwa, der scharf »gegen den Geist der Revolution und des Abfalls von Gott« predigte,[51] kam die Kirche der bedrängten Staatsmacht vielerorts zu Hilfe. Aber es gab auch nicht wenige, die politischen Fortschritt über die ›März-Zugeständnisse‹ hinaus erhofften, überwiegend Männer der älteren und mittleren, von der Spätaufklärung geprägten Generation, die vor allem durch eine Reihe von Dekanen noch Einfluß hatte. Meist folgten sie der gemäßigten Richtung der ›Konstitutionellen‹, setzten auf die Mittel-Fraktionen in der Paulskirche und sahen die Monarchie lediglich als die beim gegenwärtigen Entwicklungsstand des Volkes vernünftigste Staatsform. Gemeinsam allerdings war den einen wie den anderen die Hoffnung, daß den Deutschen wieder zur früheren »Würde des Daseins verholfen werde«.[52] Den Jüngeren hatten die Erlanger Neulutheraner das pfarrhaustypische Nationalbewußtsein geschichtstheologisch vertieft, indem sie die Dignität des christlichen Volkes in seiner je nationalen Ausprägung lehrten, dabei das deutsche seit der Reformation besonders unter Gottes Gnade sahen.[53]

Beide Haltungen gingen ineinander über, wie generell das bürgerliche Meinungsspektrum in einer zwischen Revolution und Reaktion aufgewühlten Zeit

---

[47] Amtshb. 1862/63 (B) Bd. 2, 779; LKAN OKM 1578.
[48] MAGEN, Kirche (B) 78ff; LKAN Kons. Ansbach 1087.
[49] JOHANN CHRISTOPH GOTTLIEB PORT, Predigt gehalten am Dankfeste bei d. Veranlassung d. Kgl. Proclamation am 10. März 1848 i. d. St. Jakobskirche z. Nürnberg, Nürnberg 1848.
[50] WOLFRAM SIEMANN, Die ev. Kirchen u. ihre Stellung z. Revolution v. 1848/49: ZBKG 62 (1993), 3–16 (9); KIRZL (B) 98ff. In einer Bilanz über Gegner und Befürworter der Regierung sahen die Kreisregierungen mit dem scharfen Urteil der Reaktionszeit 1852 lediglich in Mittelfranken drei Pfarrer, in Oberfranken einen Pfarrer und einen Vikar als bedenklich an (z.B. »politischer Phantast«) (HStA München, MA 99796).
[51] FRIEDRICH HEINRICH RANKE, Predigten aus d. Jahre 1848. Ein Zeugniß gegen d. Geist d. Revolution u. d. Abfalls v. Gott, Erlangen 1849. Die Sammlung sollte »vor dem Wege der Empörung als vor dem Wege des Verderbens« (IV) warnen: die Französische Revolution als Menetekel.
[52] Vgl. Anm. 49.
[53] MAGEN, Kirche (B) 80f.

wenig konsistent war, und sie ließen sich kaum theologischen Richtungen zuordnen. Liberal äußerten sich nicht nur ältere Rationalisten, sondern auch manch junge Neulutheraner – ein Vierteljahrhundert später Anhänger der Konservativen Partei –, die eine weniger staatsabhängige Kirche wollten, ja vereinzelt wie Löhe den Summepiskopat ablehnten.[54] Mit den Demokraten dagegen, den Radikalen jener Zeit, sympathisierten sehr wenige. Doch übten in diesem Sinn einige schon früher aus dem Kirchendienst Ausgeschiedene publizistischen Einfluß auf linke Bürgerkreise und deren kleinbürgerlichen Anhang, u.a. der Nürnberger Stadtbibliothekar Friedrich Wilhelm Ghillany.[55]

Die politische Verfassungsdynamik brachte in der Kirchenverfassung vormärzliche Bestrebungen zum Durchbruch, die Synoden durch mehr Rechte und einen höheren Laienanteil zu stärken. Auch dabei schieden sich die Meinungen nicht einfach nach ›Lagern‹: Manch autoritativ gesinnte Neulutheraner traten für stärkere Synoden ein, da das Kirchenregiment zu staatswillig sei, während ansonsten partizipationswillige Liberale auf das Oberkonsistorium setzten, das die Konfessionalisten dämpfen solle, nachdem der diesen zugeneigte Präsident Friedrich von Roth nach zwei Jahrzehnten 1848 von dem gemäßigt-liberalen Friedrich Christian Arnold abgelöst worden war.[56] Die Generalsynode 1849 tagte erstmals öffentlich und zeigte konstitutionelles Selbstbewußtsein. Davon blieb, als die Reaktion den politischen Rahmen gründlich veränderte, nur eine sehr beschränkte Mitsprache durch schwache Kirchenvorstände, etwas gestärkte Dekanatssynoden, aber wieder eingeengte, faktisch vom Oberkonsistorium gelenkte Generalsynoden.[57] Letztlich hat der gesellschaftliche Aufbruch 1848/49 weniger die Laien in der konsistorial verfaßten Staatskirche gestärkt als deren Leitung gegenüber der erschütterten Regierung, hat hauptsächlich die »Freiheit der Kirche« als Institution erweitert – wenn auch keineswegs so wie beim eigenständigen und von einem stärker mobilisierten Kirchenvolk unterstützten katholischen Episkopat.

4.3 Dies wurde von einem für den bayerischen Protestantismus entscheidenden Mann energisch genutzt. 1852 berief Max II. auf Rat seines protestantischen Ministers Ludwig Freiherr von der Pfordten, freilich zögernd, Harleß, den Ludwig I. kaltgestellt hatte, als ersten Theologen an die Spitze des Oberkonsistoriums. Das – wie schon 1850 die Zulassung des Gustav-Adolf-Vereins – unterstrich die Wahrung der Parität durch diesen skrupelhaft korrekten, zugleich den Ultramontanen abholden König, der zudem die Wortkultur des protestantischen Deutschlands so schätzte, daß er Repräsentanten gegen heftige Widerstände nach

---

[54] Dazu differenziert MAGEN, Kirche (B); vgl. auch KANTZENBACH, Pfarrer (B).
[55] Z.B. aaO, 190ff; PFEIFFER, Ghillany (B).
[56] MAGEN, Kirche (B) 114ff. Zu Roth vgl. Anm. 31; zu Arnold vgl. SCHÄRL (B) 557.
[57] Amtshb. 1862/63 (B) Bd. 1, 162ff. 186ff. 217ff; HUBER/HUBER 2 (K) 366–369; MAGEN, Kirche (B) 114ff. 257ff; BECK, Leben (B) 154–157.

München zog.⁵⁸ Günstig für Harleß war, daß der Mißerfolg der Revolution allenthalben konservative Kräfte bestärkt, liberale geschwächt hatte und die Politik der Reaktion mit einer Disziplinierungswelle begann. Das beschleunigte auch in der Geistlichkeit den Einstellungswandel: Rationalisten, soweit sie nicht zunehmend abtraten, resignierten zum Teil unter dem Anpassungsdruck, während sich der vom neuen ›Erlanger Stil‹ geprägte Nachwuchs in seinem Zeitbild bestärkt sah. Visitationen, wiederbelebte Kirchenzucht, das Gesangbuch von 1854, aber auch Presse und Traktate setzten das konfessionelle Luthertum im rechtsrheinischen Bayern als pastorale Norm durch. Sie sollte im wesentlichen ein Jahrhundert gelten.⁵⁹ Entsprechend wurden die Reformierten mit eigener Synode und Moderamen teilautonom.⁶⁰ Die Regierung hat diesen Kurs orthodoxen Glaubens und innerer Autorität gefördert, da eine derart ausgerichtete Institution, die in der breiten Bevölkerung konkurrenzlose Meinungsmacht besaß, für die revolutionspräventive Politik von der Pfordtens hohen Wert hatte. Solch politische Ordnungsfunktion im Zeichen von ›Thron und Altar‹ festigte die öffentliche Geltung der protestantischen Kirchenreligion im katholisch dominierten Land, was wiederum manchen lutherischen ›Eigen-Willen‹ erlaubte.⁶¹ Akut für das politische Selbstverständnis erschien im Nachmärz die Frage nach dem Charakter des Staates. Gegen Friedrich Julius Stahls Postulat des ›christlichen Staates‹ betonten die maßgeblichen Stimmen das ›christliche Volk‹: Eine religiös fundierte Ordnung sollte nicht etatistisch verbürgt, sondern im neutralen Staat gesellschaftlich geleistet werden. Diese den Pfarrern in Studium und Amt vermittelte Sicht trug dazu bei, daß das bayerische Luthertum bis zum Ende der Monarchie weniger staatsfixiert und obrigkeitsfromm erscheint als etwa die Unionskirche Preußens.⁶²

Die Konsequenz, mit der die Kirche unter Harleß lutherischer und einheitlicher wurde, stärkte die pastorale Wirkung und sicherte, wo immer traditionale Verhältnisse herrschten, eine überdurchschnittliche Geltung. Aber sie brachte auch Einbußen, da sie alternative religöse Muster abdrängte. Im Widerspruch gegen die konservativ-autoritäre Ausrichtung der Amtskirche, wie er auf Syn-

---

58 ANDREAS KRAUS, Ringen um kirchl. Freiheit. Maximilian II.: HBKG 3, 167–204; EGON JOHANNES GREIPL, König Max II. v. Bayern u. d. Religion: König Maximilian v. Bayern 1848–1864, hg. v. HAUS D. BAYER. GESCH., Rosenheim 1988, 141–149; SIMON, Kirchengesch. (B) 641ff; HIRSCHMANN (B) 894ff; HECKEL (B); MAGEN, Kirche (B) 257ff.
59 SIMON, Kirche i. Bayern (B) 49ff. Ein Zustandsbild um 1900 bei BECK, Leben (B).
60 HAAS, Ev.-Ref. Kirche (B) 40. 54ff; HUBER/HUBER 2 (B) 368f. Seit 1851 erschien eine eigene, die Reformierte (ab 1854 Neue Reformierte) Kirchenzeitung in Erlangen. Vgl. auch VIII.
61 HANS RALL, Die politische Entwicklung v. 1848 bis z. Reichsgründung 1871: HBG 4/1, 228–282 (228ff); MANFRED HANISCH, Für Fürst u. Vaterland. Legitimitätsstiftung i. Bayern zwischen Revolution 1848 u. deutscher Einheit, München 1991; MARITA KRAUSS, Herrschaftspraxis i. Bayern u. Preußen i. 19. Jh., Frankfurt/Main u.a. 1997 [betrifft hauptsächlich die Zeit Max' II.]; MAGEN, Kirche (B) 280ff.
62 AaO, 282ff; JOACHIM ROHLFES, Staat, Nation, Reich i. d. Auffassung d. ev. Kirche Deutschlands i. Zeitalter d. deutschen Einigung 1848–1871 (Masch. Diss.), Göttingen 1953, 16ff; FRIEDRICH WILHELM KANTZENBACH, Luthertum u. Politik i. 19. Jh.: LM 4 (1965), 478–488.

oden und in Adressen laut wurde, äußerte sich eine auf Mündigkeit bedachte Bürgerreligiosität häufig rationalistischer, teilweise auch erweckter Herkunft. Sie hatte gesellschaftlich Gewicht, da sie besonders in den wirtschaftlich und kulturell arrivierenden Kreisen verbreitet war. Ob sie noch zu innerkirchlicher Opposition bewog oder – häufiger – in religiösen Individualismus führte, sie verband in aller Regel mit dem politischen Liberalismus. Ihm gab, als er während der 1850er selbst nahezu schweigen mußte, gerade die Kritik an der mit der Reaktionspolitik verquickten Kirche öffentlich eine Stimme. Dieser auf Dauer mit der geltenden Kirchenreligion nicht vereinbare religiöse Stil wirkte als spiritueller Kern liberal-nationaler Zivilreligion in der expandierenden urbanen Lebenswelt wohl breiter, als man belegen kann.[63] Dagegen war für die erwähnte religiös-politische Funktion eines ›erwecklichen‹ Kirchenglaubens, wie etwa in Westfalen den Protest der ›kleinen Leute‹ auszudrücken, die loyale Amtskirche in Bayern zu stark. Hier gewann, da Löhe sich ihr einfügte, andere ins Abseits gerieten, die Erweckungsbewegung keine emanzipatorische Brisanz, so tief sie als spirituelles Ferment und als Korrektiv des bürokratischen Staatskirchentums wirkte.[64]

Das doppelte Ergebnis der Revolution, zunächst eine nicht mehr aufhebbare Politisierung, dagegen dann die Aufwertung staatstreuer Institutionen, förderte *in beidem*, durch mehr öffentliche Präsenz und eine gestärkte Kirche, die ›Eigenheit‹ des konservativ werdenden Protestantismus, freilich um den Preis bürgerlicher Abkehr.

4.4 Die von der rechtsrheinischen so verschiedene Kirche in der Pfalz konnte sich im allgemeinen Emanzipationsschub, der den Münchner Zentralismus schwächte, 1849 vom Oberkonsistorium lösen und verselbständigen. Damit verfestigte sich das für Bayern kennzeichnende staatskirchliche Nebeneinander der beiden Antworten des Protestantismus auf die moderne Kultur – der konservativen Distanz zu ihr und des aufgeklärten Kompromisses mit ihr. Da die Regierung in der Reaktionszeit die ›Positiven‹ noch einmal sehr förderte, im politischen Trendwechsel der 1860er Jahre aber die ›Liberalen‹ erneut dominant wurden, blieb der mit dem politischen Gegensatz verschränkte Konflikt beider Kirchenparteien, gelegentlich von der Staatsräson gedämpft, charakteristisch bis ins 20. Jahrhundert.[65]

---

[63] Zum bürgerlichen Widerstand gegen die 1856 eingeführte Agende, die für die gesamte Neuorientierung stand (man wehrte sich auch gegen die Wiedereinführung von Privatbeichte und Kirchenzucht), vgl. KREßEL² (B) 82ff; zu Forderungen nach Generalsynoden mit Repräsentativcharakter vgl. MAGEN, Kirche (B) 289ff; zur Zivilreligion vgl. aaO, 268ff; BECK, Leben (B) 248ff; BLESSING, Staat (B) 203f. 351f. Allgemein vgl. LUCIAN HÖLSCHER, Die Religion d. Bürgers: HZ 250 (1990), 595–630.

[64] Z.B. FRIEDRICH WILHELM KANTZENBACH, Samuel Gottfried Christoph Cloeter u. seine Gründung Gnadenburg i. Kaukasus: ZBKG 37 (1968), 228–233.

[65] BONKHOFF 1 (B) 110–142; Quellenbuch (K) 338–391; MANFRED E. WELTI, Abendmahl, Zollpolitik u. Sozialistengesetz i. d. Pfalz. Eine statistisch-quantifizierende Unters. z. Verbreitung v. liberal-aufklärerischem Gedankengut i. 19. Jh.: GeGe 3 (1977), 384–405.– Zu dem nicht zeitgenössischen, sondern erst in den Konflikten der 1920er Jahre verbreiteten Sammelbegriff ›liberale Theologie‹ vgl. HANS-JOACHIM BIRKNER, ›Liberale Theologie‹: SCHMIDT/SCHWAIGER (K) 33–42.

5. ›Bismarckzeit‹: Konservatives Luthertum, Liberalismus und Nation

5.1 Während der 1860er Jahre erfaßte den bayerischen Protestantismus der Sog der Nationalen Frage. Sie trat, nachdem die Reaktionspolitik unter dem Druck von soziokultureller Entwicklung und bürgerlicher Opposition verebbt war, ins Zentrum der seit 1859 wiederauflebenden liberalen Öffentlichkeit: Keine Orientierungsinstanz von Belang konnte sich ihr entziehen.[66] Wie allenthalben in kirchlich-protestantischer Bevölkerung fand sie breite Resonanz. Die bürgerlichen Meinungsführer – Pfarrer, in die Synoden gewählte Juristen, Honoratioren der Stadtgemeinden – wurzelten in einer protestantisch grundierten Nationalkultur, die durch die Zurückdrängung katholisch-großdeutscher Kräfte zunehmend hegemoniale Züge annahm. Sie war den Pfarrer- oder Beamtensöhnen von Jugend an, den anderen zumindest seit dem Studium vertraut durch einen Kanon von Texten, Bildern und Mythen. Aus Elementen wie Friedrich von Schillers Dramen, Johann Gottlieb Fichtes Reden und Ludwig Uhlands Gedichten, der Standhaftigkeit Luthers vor Kaiser und Reich zu Worms, dem Schlachtenruhm Friedrichs des Großen oder der vaterländischen Szenerie der Befreiungskriege fügte sich eine suggestive Vorstellungswelt. Sie gravitierte nach Preußen und nahm die Katholiken nur am Rande wahr. Bis in abgelegene Dorfpfarrhäuser war Deutschland als »Vaterland« präsent.[67]

Doch man geriet damit in ein Dilemma. Erstens lag die liberale Ideologie, die nun nationale Vereine, Zeitungen und Feste durchdrang, konservativen Lutheranern fern; zudem spitzte sie sich im Konflikt mit den Ultramontanen oft auch für evangelische Kirchenkreise provozierend antiklerikal zu. Und die politisch auf den Nationalstaat gerichtete nationale Bewegung war letztlich revolutionär. Aus diesen Gründen paßte der herrschende Nationalismus nicht mehr ohne weiteres in den neulutherischen Horizont. Das erklärt mit, warum sich zwar Einzelne in Vereinen engagierten, aber Pfarrer insgesamt nicht in dem Maß als ›Milieumanager‹ öffentlich wirkten wie die des liberalen Protestantismus oder gar katholische Priester mit ihrer – in Zustimmung oder in Ablehnung – schlüssigeren Haltung zu jenem.[68] Wenn 1863/64 nicht wenige in Schleswig-Holstein-Vereinen waren, ging es primär um Hilfe für die von Dänemark bedrängten Amtsbrüder. Zweitens irritierte Otto von Bismarcks Gewaltpolitik das Vertrauen auf Preußen. Als dieses 1866 den Deutschen Krieg auslöste, warf ihm die

---

[66] KURT V. RAUMER, Das Jahr 1859 u. d. Deutsche Einheitsbewegung i. Bayern: Quellen u. Darstellungen z. Gesch. d. Burschenschaft u. d. deutschen Einheitsbewegung, Bd. 8, Heidelberg 1925, 237–327; THEODOR SCHIEDER, Die kleindeutsche Partei i. Bayern i. d. Kämpfen um d. nationale Einheit 1863–1871, München 1936 (Münchner Historische Abh. 1/12).
[67] WERNER K. BLESSING, Konfession u. Nation. Zur politischen Identität i. Bayern vor d. Reichsgründung: Beitr. z. Kirche, Staat u. Geistesleben. FS f. Günter Christ, hg. v. JOSEF SCHRÖDER u. RAINER SALZMANN, Stuttgart 1994, 208–226; BLESSING, Gottesdienst (K). Allgemein vgl. HELMUT WALSER SMITH, German Nationalism and Religious Conflict. Culture, Ideology, Politics, 1870–1914, Princeton 1995, 19ff.
[68] BLESSING, Gottesdienst (K) 224ff.

›Zeitschrift für Protestantismus und Kirche‹ flagranten Rechtsbruch vor, und als sich ihm nach dem Sieg die liberale Öffentlichkeit der protestantischen Gebiete Bayerns zuwandte, weil es allein noch auf nationale Einheit hoffen ließ, folgten Kirchenkreise nur zögernd.[69]

Den gemeinsamen Krieg gegen Frankreich 1870/71 allerdings rechtfertigte man, feierte den Sieg – anders als die Römische Kirche – mit den gängigen Stereotypen der bürgerlichen Öffentlichkeit als nationalen Triumph über ein moralisch verfallenes Land und sah die ›von oben‹ erfolgte Reichsgründung als Erfüllung der deutschen Geschichte im Sinne Luthers.[70] Aber zugleich erschien dieser Krieg in zeitlos christlicher Deutung als Heimsuchung Gottes, die auch dem eigenen Volk Buße und Umkehr gebiete.[71] In diesem Sinne beteiligte man sich am bald einsetzenden Sedan-Kult, den der westfälische Kirchenmann Friedrich von Bodelschwingh mit initiiert hatte in der religiös-pädagogischen Absicht, den Siegesdank für die Stärkung von Glauben und Sittlichkeit wachzuhalten. Daß daraus ein bürgerlicher Reichskult mit populärer Veteranengeselligkeit wurde, dem die Kirche ein ›erhebendes‹ Begleitritual gab, war symptomatisch für die säkularisierte Ordnung christlicher Herkunft im Kaiserreich.[72] So sehr die bayerischen Pfarrer vor allem unter den einfachen Leuten für die innere Reichsbildung wirkten – zum herrschenden bürgerlich-protestantischen Zeitgeist hielt sie ihr fundamentaler Bekenntnishorizont doch in gewisser Distanz. Er stand auch allen Bestrebungen zu einer Nationalkirche mit Unierten entgegen.[73]

Gleichfalls eigentümlich gedämpft erscheint die bürgerliche Reichseuphorie im kirchlichen Einflußbereich angesichts der evidenten Verbesserung der Lage der bayerischen Protestanten durch die Reichsgründung. Die konfessionelle Minderheit kam nun zur Majorität in einem protestantisch dominierten Reich mit seiner aktuellen Erfolgsaura, wo sie zudem durch mehr Verbindungen – ökonomische, soziale und besonders kulturelle – nach Mittel- und Norddeutschland im Vorteil war. Das hob Selbstgefühl und Prestige. Eine Politik, welche die Katholiken durch das Ende des Kirchenstaates und den Kulturkampf bedrängte, gab den Protestanten das Bewußtsein kultureller Hegemonie, das Macht, Prosperität, Fortschritt suggerierte. Und sie gebot die attraktive Loyalität zum Hause Hohenzollern, die auch die bayerische Kirche bewies, indem sie in München die

---

[69] RALF ECKE, Franken 1866. Versuch eines politischen Psychogramms, Nürnberg 1972, bes. 112ff (NWSLG 9); Die ev. Geistlichkeit Preußens u. d. preußisch-österreichische Krieg: ZPK 52 (1866), 353–373.

[70] Z.B. ADOLF STÄHLIN, Predigt, gehalten z. Feier d. Friedensfestes über Psalm 118, 15–21 am 12. März 1871, Sonntag Oculi i. d. St. Gumbertuskirche z. Ansbach, Ansbach 1871; PAUL PIECHOWSKI, Die Kriegspredigt von 1870/71, Königsberg u.a. 1916. Vgl. GÜNTER BRAKELMANN, Der Krieg 1870/71 u. d. Reichsgründung i. Urteil d. Protestantismus: HUBER/SCHWERDTFEGER (B) 225–242.

[71] BLESSING, Gottesdienst (K) 241ff.

[72] AaO, 243–250.

[73] MAGEN, Kirche (B) 128–134; UWE RIESKE-BRAUN, Reaktionen d. Erlanger Luthertums auf d. politische Einigung Deutschlands 1866–71: ZBKG 59 (1990), 163–198.

Aufnahme des Kaisers ins Kirchengebet betrieb.[74] Doch es gab auch Enttäuschungen. Die während des Krieges 1870/71 sprunghaft gestiegene Kirchlichkeit, in der man ein Hoffnungszeichen christlicher Erneuerung gesehen hatte, war im Friedensalltag wieder gesunken.[75] Die 1875 eingeführte Zivilehe nahm den Kirchen eine seit je geübte gesellschaftliche Ordnungsfunktion. Und die Prosperität des Reiches entzog Resonanz, weil seine Erfolge bürgerlichen Fortschrittsglauben nährten und die beschleunigte Industrialisierung unter Arbeitern die innerweltliche Heilslehre des Sozialismus verbreitete.[76] So hegten die konservativlutherischen Kreise Bayerns bei allem Bekenntnis zu Kaiser und Reich doch Vorbehalte gegen die nationale Wirklichkeit. Damit behielt der kirchliche Raum eine überdurchschnittliche mentale Bedeutung, was bergende Gemeinschaft und feste Orientierung gab, aber von der Hauptlinie der politischen Kultur in der protestantischen Bevölkerung abführte.

5.2 Die liberal-nationale Perspektive lag dem Neuluthertum auch durch sein Gesellschaftsbild fern. Sie folgte seit den 1860ern, als der Industriekapitalismus vordrang, verstärkt ökonomischen Interessen und huldigte dem Markt, während jenes konservativ im Sinn fürsorgenden Bewahrens tradierter, d.h. ›rechter‹ Ordnung die humanen Kosten des Fortschrittsoptimismus' scharf sah. Ob alter Pauperismus, ob neue Soziale Frage – man suchte die Lage der wirtschaftlich Schwachen zu lindern. Es hatte auch einen gewissen politischen Demonstrationscharakter, wenn man sich bedrängter Handwerker oder Bauern annahm und zunehmend in den Arbeiterquartieren Augsburgs, Nürnbergs, Hofs und anderswo tätig wurde.[77] Viel Energie floß in die ›Innere Mission‹, die sich Nöten, welche für ein christliches Volk entwürdigend seien, durch gruppenspezifische Leibsorge und Seelsorge widmete.[78] Dabei wurde allerdings der tiefe, primär ökonomisch bedingte Strukturwandel kaum erkannt und daher keine eingreifende politische Korrektur der sozialen Zustände gefordert. Man sah nach wie vor die Verhältnisse in erster Linie durch die Einstellungen bestimmt, nicht zuletzt, weil diese pastoral beeinflußbarer waren.[79]

Politisch hatten die Liberalen für die ›Evangelischen‹ schon ab 1848 Bedeutung verloren, als die Sammlung gegen katholische Präponderanz nicht mehr nötig war. Mit der Verfestigung weltanschaulicher Lager seit der Jahrhundertmitte

---

[74] BLESSING, Staat (B) 179f. 341. Zur protestantischen Kulturhegemonie vgl. FRIEDRICH WILHELM GRAF/KLAUS TANNER, Das religiöse Fundament d. Kultur. Zur Gesch. d. neueren prot. Kulturdebatte: RICHARD ZIEGERT (Hg.), Protestantismus u. Kultur, Bielefeld 1991, 7–66.
[75] Z.B. LKAN Pfarrarchiv Aufseß 58 u. A 11.
[76] Der »geistige Stolz« Gebildeter und die »Zerrüttung« unter Arbeitern erscheinen in den Bänden der Pfarrbeschreibung von 1910ff (LKAN) häufig als Hauptgründe der Entkirchlichung.
[77] BECK, Leben (B) 232ff; MAGEN, Protestantismus (B); WOLF (B); OSKAR WAGNER, Der Ev. Handwerkerverein v. 1848 e.V. München 1848 bis 1984, München 1984; DENK (B) 23ff; BLESSING, Staat (B) 150f. 332f. Als Überblick zur sozialen Lage vgl. Gesch. Bayerns (K).
[78] HIRSCHMANN (B) 895f. Vgl. BECK, Mission (B); LEIPZIGER (B).
[79] »In der Verbindung des Handwerks mit dem Evangelium [...] lag zu allen Zeiten Rettung und Heil unseres Volkes« (35. Jber. d. Ev. Handwerkervereins München 1882/83: LKAN OKM 2700).

entfremdete man sich zusehends. Schließlich führte die innenpolitische Wende 1867 zum offenen Gegensatz, weil jene mit einer liberal-gouvernementalen Regierung kulturpolitische Reformen betrieben, die aus kirchlicher Sicht religionsfeindlich waren. Das betraf vor allem die im 19. Jahrhundert zwischen säkularem Staat und Kirchen allenthalben umkämpfte Volksschule.[80] Als Harleß im Landtag ein Gesetz zu Fall brachte, das den kirchlichen Einfluß durch eine Lösung der Schul- von den Pfarrsprengeln und eine Beschränkung der geistlichen Schulaufsicht zurückgedrängt hätte, polarisierten Pressekampagnen gegen und für ihn das protestantische Bayern. Das warf ein Schlaglicht auf dessen weltanschaulich-politische Teilung in das konservative Umfeld der Kirche, vor allem Bauern und Kleinbürger, und in eine fortschrittliche Gruppierung, die von kirchenfernen Bürgern über bewußte Protestanten wie Graf Giech bis zu einigen spätrationalistisch oder vermittlungstheologisch geprägten Geistlichen reichte und sich besonders durch die Ultramontanen als gemeinsamem Feind verbunden sah.[81] So hat denn auch der von Kultusminister Johann Freiherr von Lutz aus Staatsräson an Bismarcks Seite geführte Kulturkampf die Protestanten entzweit: Die Liberalen unterstützten ihn im Namen des Fortschritts, die kirchlich ›Positiven‹ lehnten ihn meist als verfehlt und als Machtmißbrauch ab.[82]

5.3 Als in den 1860er Jahren wirtschaftliche und weltanschauliche Spannungen wuchsen, die Nationale Frage erneut akut wurde und sich wieder eine freie Öffentlichkeit entwickelte, entstanden im liberalen wie im katholischen Spektrum moderne Parteien. Ihr Gegensatz, ab Mitte der 1870er ökonomisch verschärft durch die ›Große Depression‹, beherrschte Bayern. Weil der kirchlich-lutherische Sektor dabei kaum zur Geltung kam, gründete der Staatsbeamte und langjährige Synodale August Emil Luthardt – dessen Bruder Christoph Ernst die Leipziger Theologische Fakultät neulutherisch prägte – 1872 von Augsburg aus gegen »irreligiösen Liberalismus« und die »Anmaßungen des Ultramontanismus« die Konservative Partei in Bayern (die 1876 in den Deutschkonservativen aufging).[83] Mit traditionalem Ordnungsbild und überzeugt vom unmittelbaren sozialen Nutzen der Religion – »Ohne Heiligung keine Heilung!« – pochte sie, u.a. in ihrem Organ »Süddeutsche Land-Post«, auf Staatsautorität, nicht zuletzt

---

[80] LUTHARDT (K) 253ff; D. ALBRECHT (B) 283–386 (329f); STACHE (K) 40ff. Zum Sedanfest vgl. HARTMUT LEHMANN, Friedrich v. Bodelschwingh u. d. Sedanfest: HZ 202 (1966), 542–573.

[81] KLAUS EICHENLAUB, Der bayer. Schulgesetzentwurf v. 1867. Ein Beitr. z. Parlamentsgesch. Bayerns, Hildesheim 1989 (Historische Texte u. Stud. 10); BERNHARD LÖFFLER, Die bayer. Kammer d. Reichsräte 1848 bis 1918. Grundlagen, Zusammensetzung, Politik, München 1996, 453–472 (SBLG 108); KITTEL (K) 142ff. Es befremdete überwiegend in Kirchenkreisen, daß Johann Christian Konrad von Hofmann, Erlangens führender Theologe, der die Fortschrittspartei wegen ihres nationalen Impetus' 1863–69 im Landtag vertrat, dem Gesetz zustimmte (FRIEDRICH WILHELM KANTZENBACH, Johann v. Hofmann u. d. politische Liberalismus: LM 4 [1965], 587–593; FRIEDRICH MILDENBERGER, Hofmann, Johann Christian Konrad v. [1810–1877]: TRE 15, 477ff).

[82] Zur Vorgeschichte vgl. STACHE (K) 109ff; D. ALBRECHT (B) 321–328; LUTHARDT (K) 290ff.

[83] Zur Gesamtkonstellation vgl. STACHE (K); THRÄNHARDT (B) 48–78, bes. 63ff. Zu Motiven und Vorgang vgl. LUTHARDT (K) 259ff. 287; jetzt eingehend KITTEL (K).

als Schutz der christlichen Moral von der Ehe bis zur Sonntagsruhe, auf eine ständisch-korporative Wirtschaftsordnung statt des Industriekapitalismus, auf Gemeingeist statt eines »selbstherrlichen« Individualismus.[84] Nicht wenige Pfarrer warben öffentlich für diese kirchennahe Partei, mit der doch noch ein Politischer Protestantismus als milieubildender Faktor entstanden war. Da einige andere ebenso offen für die Liberalen eintraten, kam es in manchen Dekanaten zu einer ungewöhnlichen politischen Unruhe, so daß die Kirchenleitung dämpfend eingriff.[85]

Erreicht haben die Konservativen jedoch nur etwa ein Fünftel der protestantischen Wähler, hauptsächlich die Kirchentreuen; selbst auf dem Land blieben sie überwiegend hinter den konservativer werdenden (National)Liberalen zurück, die Öffentlichkeit und Honoratiorentum nahezu beherrschten. Seit den 1890er Jahren erhielten sie gebietsweise, etwa im Hofer Raum, auch in der Sozialdemokratie eine überstarke Konkurrenz. Allerdings erwies sich ihr Anhang in der Parteienverschiebung um 1900, als fast die Hälfte der liberalen Mandate an die Arbeiterbewegung ging, als ziemlich konstant. Ihre Landtagssitze gewann sie – wozu das Wahlrecht zwang – meist durch Absprachen mit dem Zentrum, an das sie sich in einem christlichen Zweckbündnis gegen die scharfe Staatsräson und die liberalen Werte der ›Ära Lutz‹ hielt, etwa um die Ausbreitung von Simultanschulen abzuwehren. Seit den 1890er Jahren, als die Politik verstärkt unter Wirtschaftsinteressen geriet, gingen sie um ihrer bäuerlichen Klientel willen mehr mit dem Bund der Landwirte. Ein paar mal verständigte man sich mit ›rechten‹ Liberalen; die Kluft zur Sozialdemokratie war unüberbrückbar.[86] Kirchlich erfolgreich, blieb das konservative Luthertum doch in der politischen Arena relativ schwach, so daß es der liberalen Öffentlichkeit fast als Anhängsel des katholischen Lagers erschien, der katholischen primär als Teil des nationalen. Die Protestanten konnten, auch wenn man ihre niedrigere Kirchlichkeit berücksichtigt, politisch weit weniger gebunden werden als die Katholiken, von denen zwei Drittel Zentrum wählten. Im Wahlverhalten wird faßbar, daß primär durch den individuelleren Glaubensstil und das Fehlen eines akuten Außendruckes die Religion meist nur bei dezidiert Kirchenverbundenen die zivile Existenz maßgeblich bestimmte. Ein protestantisches Milieu formierte sich nur in einem vergleichsweise engen Kreis.[87]

---

[84] LUTHARDT (K) 288ff. 302.
[85] LKAN OKM 2272.
[86] 1881 erstmals im Landtag, hielt die Partei 3 bis 6 Mandate (von ca. 160). Vgl. LUTHARDT (K) 339ff; KITTEL (K) 183–198; THRÄNHARDT (B) 63ff.
[87] Zur Kirchlichkeit: In der Abendmahlsfrequenz übertrafen um 1860 nur Kurhessen, Lippe und Waldeck das rechtsrheinische Bayern (vgl. ALEXANDER V. OETTINGEN, Die Moralstatistik u. d. christl. Sozialehre, 2 Bde., Erlangen 1868, Bd. 1, 142).– Die mäßige ›zivile‹ Reichweite spiegeln Klagen von Pfarrern – von deren professionstypischen Topoi leicht zu abstrahieren ist – in der Pfarrbeschreibung 1910ff (LKAN).– Vorbehaltlos stand man zum Nationalstaat dagegen in der Pfalz, wo der dicht verbreitete Protestantenverein den (im weltanschaulich-politischen Widerstreit mit der ›positi-

6. Um die Jahrhundertwende: im sozioökonomischen, politischen und geistigen Wandel

6.1 Seit den 1890er Jahren beschleunigte sich die gesellschaftliche Entwicklung in Bayern. Die bisher nur punktuelle Industrialisierung griff stärker aus, der Dienstleistungssektor wuchs rasch, die Landwirtschaft, weiterhin der größte Sektor, setzte durch wesentliche Fortschritte zunehmend Arbeitskräfte frei. So stieg der Zug zur Stadt enorm, die soziale Schichtung kam erheblich in Bewegung. Arbeitswelt, Kommunikation, Wahrnehmungsmuster und damit Leitwerte und -interessen veränderten sich teilweise gründlich. Dies gab Ideologien verstärkt Resonanz, vermehrte moderne Organisationen – Vereine, Verbände, Parteien – und trieb die Politisierung bis zu Bauern und Arbeitern voran, was 1906 auch zur Demokratisierung des Wahlrechts führte.[88] Zugleich nahm seit Lutz' Entlassung 1890 der liberal-gouvernementale Charakter der Regierung ab, je gewichtiger Massenkräfte – katholisches Lager, Arbeiterbewegung, Bauernbund – wurden. 1912 trat ein Mann aus der Mehrheitspartei Zentrum an die Spitze des Kabinetts – wie 1867 eine innenpolitische Wende, die den Strukturwandel des Landes pointiert ausdrückte.[89]

Die Folgen für die protestantische Kirche waren ambivalent. Zwar schwächte der Modernisierungsschub ihre Resonanz merklich.[90] Doch zugleich erweiterte sich ihr Spielraum als Institution, indem praktische Zwänge der von der erstarkten Gesellschaft allgemein erzwungenen Tendenz nachhalfen, gewisse Staatskompetenzen nichtstaatlichen Institutionen zu überlassen. Bisher war ihr – neben dem Sitz ihres Präsidenten in der 1. Kammer des Landtags und Mandaten in der 2. Kammer, die allerdings kaum Pfarrer, sondern eher kirchennahe Juristen wahrnahmen – Mitwirkung an öffentlichen Funktionen auf der unteren und mittleren Staatsebene möglich gewesen: Den 1852 errichteten Bezirks- und (Regierungs)Kreisräten gehörten jeweils zwei bzw. drei Pfarrer an, befaßt mit Fürsorge- und Schulwesen.[91] Nun konnte sie teilweise Selbstverwaltung ausüben. Denn da die staatliche Sustentation den wachsenden Aufgaben, vor allem der Vermehrung der Pfarreien in den anschwellenden Städten, nicht mehr genügte, konnte die Kirche seit 1909 in ganz Bayern eigene, von Steuersynoden festgesetzte Steuern erheben.[92] Dem erhöhten Leistungsbedarf, zugleich dem inneren

---

ven‹ Minderheit) dominierenden Nationalprotestantismus als kleindeutsche Zivilreligion organisierte. Vgl. BONKHOFF 2 (B).

[88] ZORN, Handel (K) 808–820; ZORN, Sozialentwicklung (B) passim; D. ALBRECHT (B) 293–331. Überblicke geben Gesch. Bayerns (K) sowie Leben u. Arbeiten i. Industriezeitalter. Eine Ausstellung z. Wirtschafts- u. Sozialgesch. Bayerns seit 1800. AKat. d. Germanischen Nationalmuseums, Stuttgart 1986.

[89] D. ALBRECHT (B) 354–363; MÖCKL, Prinzregentenzeit (K) 431–547; ZORN, Bayerns Gesch. (B) 36ff.

[90] BLESSING, Staat (B) 256f. 371f.

[91] SEYDEL/GRASSMANN/PILOTY 1 (K) 636. 658.

[92] Dokumente (B) 402. 404–417; KARG, Einführung (B); SEYDEL/GRASSMANN/PILOTY 2 (K) 534–543; BECK, Leben (B) 228f. Vgl. V.1.4.4.2.

Ausbau besonders der Stadtpfarreien trug auch die Kirchengemeindeordnung 1912 Rechnung.[93] Zwar hat der Staat weiterhin Geld gegeben, Normen gesetzt, Aufsicht geübt und die Kirche als Mittler von Loyalität, Steuermoral oder Volksgesundheit genutzt. Dennoch bedeutete die partielle Selbstverantwortung nach fast einem Jahrhundert hoher Abhängigkeit einen Schritt, der weitergehende Verfassungswünsche bis hin zur Abschaffung der Staatskirche auslöste.

Denn als in den 1870/80er Jahren sowohl ›positive‹ Kreise mehr Kirchenfreiheit als auch ›Liberale‹ vor allem aus ehemaligen Reichsstädten noch weitergehend mehr innerkirchliche Partizipation gefordert hatten, war die Verfassung nur unwesentlich geändert worden.[94] Dadurch und durch eine bemerkenswerte theologische Kontinuität war die bayerische Kirche weitgehend in dem gesellschaftlichen Spektrum und auf dem politischen Standort geblieben, welchen sie in der Mitte des 19. Jahrhunderts eingenommen hatte.

6.2 Um der Entkirchlichung zu wehren, um angesichts des steigenden sozialen Konfliktpegels die gefährdete ›rechte Ordnung‹ zu stärken und um den unteren Schichten mehr Lebenshilfe bieten zu können, verstärkten Pfarrer und Laien die seit dem Vormärz von der bürgerlichen Öffentlichkeit adaptierten Mittel. Dies wurde leichter, weil die Staatsbehörden gesellschaftlicher Interessenvertretung allgemein stärker als früher nachgaben. Mit dem Urbanisierungs- und Industrialisierungsschub, der die Klassengesellschaft auch in Bayern rasch ausdehnte und zwar überwiegend dort, wo es protestantisch war, ging generell eine Formierung durch vielerlei Assoziationen einher, die in der neuen Lebenswelt verlorene Sozialbeziehungen ersetzten. Auch der Verbandsprotestantismus wuchs mit milieuverdichtender Wirkung. So wurde seit den 1880/90er Jahren evangelische ›Sozialtherapie‹ mit konservativem gesellschaftspolitischem Anspruch durch eine Reihe neuer Vereine für Arbeiter oder großstädtische Randgruppen geleistet. Allerdings blieben sie hinter dem organisierten Sozialkatholizismus merklich zurück. Das lag gewiß an der schwächeren Kirchengeltung, aber auch an einem entschieden wirtschaftsfriedlichen Kurs in der Linie der seit der Jahrhundertmitte entstandenen Handwerkervereine, daran, daß die Kirchenleitung die Vereine oft nur halbherzig unterstützte, und weil zudem den Pfarrern, die mehr als der katholische Klerus bürgerlicher Herkunft waren, dessen Nähe zu den einfachen Leuten oft fehlte.[95] Direkter politisch agierte, zumal in einem mehrheitlich ka-

---

[93] GVBl 1912, 911.
[94] FRIEDRICH WILHELM KANTZENBACH, Um d. Selbständigkeit d. prot. Kirche i. Bayern gegenüber d. Staat. Ein Versuch z. Kirchenverfassungsreform (1869–1881): ZBLG 40 (1977), 163–189.
[95] 1907 hatte der Bund Ev. Arbeitervereine in Bayern ca. 14.000 Mitglieder, davon 26% Arbeiter (vgl. MAX REICHMANN, Die ev. u. vaterländischen Arbeitervereine u. ihre Stellung i. d. christl.-nationalen Arbeiterbewegung, Stuttgart 1909, 9 [ZCVL 34, H. 6]); vgl. DENK (B) 23–35; Übersicht über d. Stand d. zum bayer. ev.-luth. Jünglingsbunde vereinigten ev. Jünglings-Vereine u. Christl. Vereine junger Männer 1903: LKAN OKM 2229 (1903: 25 Vereine, davon 6 in Nürnberg); EVA STRAUß, Wandererfürsorge i. Bayern 1918 bis 1845 unter bes. Berücksichtigung Nürnbergs, Nürnberg 1995, 13ff (NWSLG 56) [Kaiserreich]; BECK, Leben (B) 231. Allgemein vgl. JOCHEN-CHRISTOPH KAISER, Die Formierung d. prot. Milieus. Konfessionelle Vergesellschaftung i. 19. Jh.:

tholischen Land, der »Evangelische Bund zur Wahrung der deutschprotestantischen Interessen« mit seinem Organ »Auf der Wacht«, der die Macht der Ultramontanen in Kultur und Staat bekämpfte.[96]

Eine neue Wirkungsstufe erreichte auch die Presse. Zum einen wurde sie allgemein zum Massenmedium. Und dann entstand vor allem in Stadtpfarreien ein stärkerer kirchenspezifischer Kommunikationsbedarf, da diese durch räumliche Ausdehnung und unregelmäßigen Gottesdienstbesuch auch der ›Kirchentreuen‹ an Kontakten einbüßten und durch eine Differenzierung, die Funktionsträger neben den Pfarrer stellte und mehr Laienpartizipation brachte, zu Gemeinden zu werden begannen. Seit den 1880er Jahren traten verstärkt überregionale Kirchenzeitungen und lokale Gemeindeblätter sinn- und gemeinschaftsstiftend neben die Kanzel und die teilweise noch benutzten frommen Hausbücher.[97] Ein direkter politischer Einfluß durch eine kirchliche Tageszeitung nach katholischem Vorbild gelang allerdings nicht: Der 1904 gegründete »Bayerische Volksfreund« ging wieder ein.[98]

Ihre Deutungsmuster konnten Pfarrer auch Kirchenfernen aus Bürger- und Kleinbürgertum im Rahmen der ausgreifenden nationalen Massenvereine vermitteln, denen nicht wenige beitraten. Eine neue, bereits im Reich geprägte Generation engagierte sich, so scheint es, unbefangener ›vaterländisch‹, wie ganz allgemein die orthodoxen Bedenken gegen die ›Welt‹ zurückgingen. Nicht zuletzt deshalb werden jedoch eher die Vereine selbst, dieser Kultraum des Wilhelminismus, auf die Pfarrer gewirkt und sie enger an den herrschenden Zeitgeist gebunden haben. Auch dies trug dazu bei, daß nun im kirchlichen Binnenraum Kaiser und Reich historisch wie aktuell vielfältig präsent waren, meist preußenzentriert und heroisch, daß mit Imperialismus, Kolonialismus, Marinismus die Großmachtattitüde eindrang. Ein selbstgewisser Nationalprotestantismus – »Berlin und Wittenberg« – legte sich über neulutherische Weltskepsis.[99]

Religion i. Kaiserreich. Milieus, Mentalitäten, Krisen, hg. v. OLAF BLASCHKE u. FRANK-MICHAEL KUHLEMANN, Gütersloh 1996, 257–289 (Religiöse Kulturen d. Moderne 2).

[96] AaO, 214ff; z.B. WILHELM KNEULE, KG d. Stadt Bayreuth, 2 Bde., Neustadt/Aisch 1973, Bd. 1, 50 (EKGB 50/1 u. 2).

[97] U.a. Ev. Sonntagsblatt aus Bayern 1884ff, Nürnberger Ev. Gemeindeblatt 1893ff, Ev. Gemeindeblatt f. München 1891ff, Ev. Gemeindeblatt f. Bayreuth, St. Georgen u. Umgebung 1903ff (vgl. KIRCHNER 3 [K]). Abonniert waren z.B. um 1914 in Nürnberg/St. Sebald (ca. 9.000 Gemeindemitglieder) Nürnberger Ev. Gemeindeblatt ca. 3.000, Sonntagsblatt aus Bayern ca. 700, Stuttgarter Sonntagsblatt 80, »Stöcker-Predigten« 350, Feierabend 450 Exemplare/Woche, in Langenzenn (Mittelfranken) (ca. 2.900 Gemeindemitglieder) Sonntagsblatt aus Bayern ca. 100, Stuttgarter Sonntagsblatt 24 Exemplare/Woche (LKAN Pfarrbeschreibungen Nürnberg St. Sebald und Langenzenn).

[98] SIMON, Kirche i. Bayern (B) 72.

[99] Die Mitgliedschaften müßten aus Vereinsakten systematisch erfaßt werden, ihre mentale Wirkung wäre in Protkollbüchern, Nachlässen u.ä. vereinzelt greifbar. Z.B. hatten 1914 zwei Pfarrer und ein Vikar den Vorsitz in drei der 75 Zweigvereine des Deutschen Flottenvereins in Mittelfranken (vgl. MATTHIAS HONOLD, Der deutsche Flottenverein i. Nürnberg u. Mittelfranken 1900–1914 [Phil. Magisterarbeit Universität Erlangen-Nürnberg], 1997, 117f). Vgl. auch BLESSING, Staat (B) 261f. 374.

6.3 Doch das Bild einer im blühenden Reich wohlsituierten Kirche störten Konflikte, von außen wie intern. Der eine ging von der Sozialdemokratie aus. Nachdem diese während der 1860er Jahre in bayerischen Städten Fuß gefaßt hatte, war sie vom Sozialistengesetz des Reiches 1878 bis 1890 zwar behindert, aber innerlich gestärkt worden. Sie hatte unter dem Repressionsdruck die innerweltliche Erlösungslehre des Marxismus so rezipiert, daß in ihr nun der Antiklerikalismus stark, ja der Atheismus gewichtig war, Freidenker mit ihrer Kirchenaustrittswerbung Raum fanden und die staatlich privilegierte Stellung christlicher Kirchenreligion, gleich welchen Bekenntnisses, entschieden abgelehnt wurde.[100] Diese Partei erschien dem pastoralen wie dem bürgerlich-nationalen Blick als glaubenslos und umstürzlerisch, als Bedrohung von Kirche, Staat und Gesellschaftsordnung. Hinzu kam, daß sie in Bayern durch eine eigene Landagitation auch in die Dörfer vorzudringen suchte, deren überwiegend traditionale Lebenswelt die Kirchlichkeit am stärksten stützte. Zwar trat sie gerade hier politisch vorwiegend ›reformistisch‹ gemäßigt auf, wofür in Franken vor allem Karl Grillenberger stand. Und in der sozialen Realität waren so manche ihrer Anhänger durchaus kirchlich. Dennoch wurde sie für die meisten in Kirche und Milieu zum Hauptgegner, als sie um die Jahrhundertwende sprunghaft wuchs, besonders in den protestantischen Gebieten, wo sich die Industrie konzentrierte und keine starke konservative Volkspartei wie das katholische Zentrum bestand. In den großen Städten, voran Nürnberg und Fürth sowie Augsburg, aber auch in Industriedörfern wie um Hof errang sie auf Kosten der Liberalen die Mehrheit.[101] Da Regierung und Bürgertum die Sozialdemokratie nach dem Fehlschlag polizeilicher Unterdrückung vor allem geistig und sozial bekämpfen wollten, kam kirchlicher Meinungsmacht und Fürsorge eine wichtige Rolle zu; nicht wenige Pfarrer und Laien griffen sie auf, u.a. auch mit dem neuen Mittel öffentlicher Vorträge. Den Zusammenhang von Sozialdemokratie und Sozialer Frage hat man allerdings kirchenoffiziell erst am Jahrhundertende nüchtern wahrgenommen, Jahrzehnte später als in der katholischen Kirche.[102] Anders als deren Klerus sahen sich die Pfarrer auch von sozialpolitischem Engagement eher abgehalten. Die wenigen geistlichen Abgeordneten in der 2. Landtagskammer – 1869 drei, seit 1875 einer oder zwei, 1893 bis 1899 und ab 1907 keiner – sind denn auch, da sämtlich libe-

---

[100] Das Erfurter Programm von 1891 (gültig bis 1925) forderte »6: Erklärung der Religion zur Privatsache«, weshalb die Kirchen zu privaten Vereinigungen ohne öffentliche Mittel werden sollten, sowie »7: Weltlichkeit der Schule« (WILHELM MOMMSEN, Deutsche Parteiprogramme, München 1960, 349–353 [352] [Hb. d. Politik 1]).
[101] Zur Ausbreitung der Sozialdemokratie vgl. HEINRICH HIRSCHFELDER, Die bayer. Sozialdemokratie 1864–1914, 2 Bde., Erlangen 1979, Bd. 1: 61ff. 129ff. 248ff, Bd. 2: 376ff. 413ff. 433ff. 465ff. 539ff (Erlanger Stud. 22/1 u. 2); DIETER ROSSMEISSL, Arbeiterschaft u. Sozialdemokratie i. Nürnberg 1890–1914, Nürnberg 1977 (NWSLG 22); ILSE FISCHER, Industrialisierung, sozialer Konflikt u. politische Willensbildung i. d. Stadtgemeinde. Ein Beitr. z. Sozialgesch. Augsburgs 1840–1914, Augsburg 1977, 273ff. 331ff (Abh. z. Gesch. d. Stadt Augsburg 24).– Nur wenige wie Friedrich Rittelmeyer in Nürnberg versuchten eine Annäherung, da sie dauerhaft mit der Sozialdemokratie rechneten.
[102] BECK, Leben (B) 232–237; BLESSING, Staat (B) 259ff. 373.

ral, nicht dem engeren konservativ-lutherischen Milieu zuzurechnen.[103] Mittelbar wurde dieses vom Aufstieg der Sozialdemokratie auch dadurch beeinflußt, daß angesichts des gemeinsamen Gegners die Distanz zum katholischen Lager und der politische Gegensatz zum Liberalismus abnahmen.

Letzterer lebte allerdings innerkirchlich, doch auch mit politischem Effekt, Anfang des 20. Jahrhunderts noch einmal auf, als in Nürnberg Christian Geyer und Friedrich Rittelmeyer einen ›freien‹ Protestantismus vertraten. Ihnen folgte schätzungsweise ein Zehntel der bayerischen Pfarrer, jüngere meist, die hofften, durch eine Versöhnung der modernen Kultur mit der Kirchenreligion das Bürgertum zurückzugewinnen und die Sozialdemokratie einzudämmen.[104] Viele Gemeinden waren bereits durch die neupietistische ›Gemeinschaftsbewegung‹ beunruhigt, der die herrschende Kirchenreligion spirituell nicht genügte, was zum Teil in Konflikte mit den Pfarrern führte. Angesichts der neuen Bewegung wurde das Luthertum Erlanger Prägung energisch als bayerische Norm behauptet und die ›Nürnberger Richtung‹ vom Präsidenten des Oberkonsistoriums Hermann von Bezzel in einer Art Hirtenbrief verurteilt.[105] Deren Wortführer suchten auf der Kanzel, in Vorträgen und publizistisch mit aktuellen Zeitdiagnosen – ihre Zeitschrift hieß »Christentum und Gegenwart« – eine Öffentlichkeit, die politisch liberal grundiert war; ihre Gegner waren, oft familiär, mit konservativen Beamten, Offizieren, Parlamentariern verbunden. Da sich beider Sympathisanten organisierten, dazwischen noch eine Vermittlungsgruppe, zog der innerkirchliche Konflikt weite Kreise.[106] Spät, aber scharf brach der Gegensatz der Protestantismen in eine lange fest konturierte Landeskirche und wirkte auch in das seit den 1890er Jahren sehr in Bewegung geratene politische Feld Bayerns.[107]

Anfang des 20. Jahrhunderts näherte sich der vielgestaltig gewordene bayerische Protestantismus der pluralen Gesellschaft und ihrer politischen Kultur merklich an. Daß diese Gesellschaft das nur begrenzt wahrnahm, zeigte sich, als auch die ›Liberalen‹ zwar religiöse Kultur erfolgreich zu vermitteln, der Kirchenreligion aber nicht entscheidend mehr Wirkung zu gewinnen vermochten als bisher die ›Konservativen‹. Allerdings konnten sich die Kirche und ihr Milieu

---

[103] BECK, Leben (B) 237; DIETER ALBRECHT, Die Sozialstruktur d. bayer. Abgeordnetenkammer 1869–1918: Staat u. Parteien. FS f. Rudolf Morsey, hg. v. KARL DIETRICH BRACHER u.a., Berlin 1992, 427–452 (434–437) [katholische Priester 1893: 17, 1899: 19, 1905: 18, 1907: 14, 1912: 9].
[104] WOLFGANG TRILLHAAS, Der freie Protestantismus i. 20. Jh. u. d. ›Nürnberger Richtung‹: DERS., Perspektiven u. Gestalten d. neuzeitlichen Christentums, Göttingen 1975, 159–170; WALTHER V. LOEWENICH, Christian Geyer. Zur Gesch. d. ›freien Protestantismus‹ in Bayern: JFLF 24 (1964), 283–318; SIMON, Kirchengesch. (B) 673ff. Zur Wirkung vgl. z.B. STÄHLIN (B) 58f. Zu Geyer und Rittelmeyer vgl. auch V.6.5.
[105] MANFRED SEITZ, Bezzel, Hermann (1861–1917): TRE 5, 774–777. ›Hirtenbrief‹ vom März 1910: JELLB 11 (1911), 133f.
[106] GEYER/RITTELMEYER (B); Christentum u. Gegenwart. Ev. Monatsblatt, Nürnberg 1910ff. Die programmatischen Namen der Verbände: Protestantischer Laienbund, Bund der Bekenntnisfreunde, dazwischen die Evangelisch-kirchliche Vereinigung.
[107] Zur politischen Konstellation vgl. D. ALBRECHT (B); MÖCKL, Prinzregentenzeit (K) 431–559; ZORN, Bayerns Gesch. (B) bes. 44ff; W. ALBRECHT (B) 20–73; THRÄNHARDT (B) 79–122.

darauf stützen, daß sie, obwohl selbst politisch schwach, auf dem modernen Markt der Weltanschauungen eine Vorzugsposition besaßen: Die Staatskirche partizipierte an der Autorität der Monarchie. Wie würde sich ihre Stellung verändern, wenn dieser politische Rückhalt entfallen sollte?

V.4 KIRCHLICHES LEBEN UND FRÖMMIGKEIT 1806–1918

Von Reinhold Friedrich

BECK, Leben (B).– HGBB 2.– CHRISTOPH SCHMERL, Der Kirche treu. Ev. Frömmigkeit i. Bayern. Überblicke, Texte u. Bilder: Ev. Sonntagsblatt aus Bayern 1 (1984) – 13 (1985).– GEORG SEEBERGER, Hb. d. Amtsführung f. d. prot. Geistlichen d. Kgr. Bayern d. d. Rh., München 1899.

1. Das gottesdienstliche Leben

1.1 Die Agende für die Haupt-, Festtags- und Wochengottesdienste sowie die kirchlichen Handlungen

Agende f. d. ev.-luth. Kirche i. Bayern, 1. Teil: Die öffentl. Gottesdienste, 2. Teil: Die heiligen Handlungen. Rev. u. erg. Aufl., Ansbach 1901, 1917, 1920.– KARL GUTMANN, Wie machen wir unsern Gemeinden d. Liturgie d. Hauptgottesdienstes lieb u. wert?: Ber. über d. am 19. u. 20. Juni 1889 z. Nürnberg abgehaltene allgemeine Pastoralkonferenz ev.-luth. Geistlicher Bayerns, Nürnberg 1889, 54–74.– HEROLD, Alt-Nürnberg (B).– HEROLD, Vesperale (B).– MAX HEROLD, Von unseren Nebengottesdiensten: JELLB 2 (1902), 92–103.– WILHELM HEROLD, Zur Reform d. Agende u. d. Gesangbuchs d. ev.-luth. Kirche: Siona 41 (1915), 49–62.– KALB (B).– KERNER (B).– KERNER/SEITZ/FRIEDRICH/LIEBENBERG/RÜBIG 1–3 (B).– KREßEL[2] (B).– Leiturgia 1 u. 2 (B).– Verh. d. vereinigten Generalsynode z. Ansbach (1877, 1885, 1893, 1901, 1909, 1917) u. Bayreuth (1881, 1897, 1905, 1913): Vgl. dazu LKAN OKM Nr. 2833–2909.

Als in Bayern nach Abschluß der Gebietszugewinne die kirchlichen Verhältnisse durch eine Verfassung und das Religionsedikt von 1818 für die »protestantische Gesamtgemeinde im Königreich Bayern« neu geregelt waren,[1] kam ein Jahrzehnte andauernder Prozeß um die Schaffung einer einheitlichen Gottesdienstordnung in Gang. Man stand vor dem großen Problem, mehr als 90 evangelische Kirchenwesen, die vorher voneinander unabhängig waren und zumeist eine ganz eigene gottesdienstliche Tradition hatten, zusammenzuführen. Es galt, nicht nur eine einheitliche Ordnung zu schaffen, sondern diese auch durchzusetzen und einzuführen. Diese Aufgabe fiel in den Zuständigkeitsbereich des protestantischen Oberkonsistoriums in München.[2]

1823 begann die intensive Arbeit an Gottesdienstordnung und Agende. Von 1826 bis 1879, als die Agende ihre verbindliche Form gefunden hatte, wurden fünfzehn Entwürfe erstellt, die zumeist große Entwicklungssprünge beinhalten.

---

[1] Vgl. dazu V.1.3.3.
[2] Vgl. das »Edict über d. innern kirchl. Angelegenheiten d. Prot. Gesammt-Gemeinde i. d. Kgr.«: Verfassungs-Urkunde d. Kgr. Bayern, Nürnberg [1818], 318–322.

Während sich von 1823 bis Mitte der 40er Jahre des 19. Jahrhunderts ein von der Aufklärung geprägtes Agendenwerk abzeichnete,[3] vollzog sich Ende der 40er Jahre ein radikaler Umbruch. Da die entscheidenden Positionen im Oberkonsistorium in München Männer innehatten, die der Erweckungsbewegung nahestanden oder im Neuluthertum beheimatet waren, und die Weiterbearbeitung der Gottesdienstordnung und Agende in gleicher theologischer Tradition erfolgte, war der Weg für eine konfessionell-lutherische Agende offen. So entstand nach dem Agendenentwurf von 1852[4] die für die spätere Zeit grundlegende Gottesdienstordnung von Johann Wilhelm Friedrich Höfling im Jahr 1853.[5] Christian Friedrich von Boeckh stellte den »Agendenkern« im Jahr 1856[6] zusammen. Nach einem längeren Revisionsprozeß konnte 1879 erstmals eine verbindliche Agende eingeführt werden. Hinzu kam, daß bis zur endgültigen Fertigstellung der Agende im Jahr 1879[7] drei »Privatagenden« erschienen waren, die ebenfalls auf Ordnungen des 16. und 17. Jahrhunderts fußten und einen erheblichen Einfluß auf den offiziellen Agendenprozeß hatten. Es handelte sich dabei um die sogenannte »Münchner Agende« vom Jahr 1836,[8] Löhes Agende von 1844[9] und die Agende von Boeckh aus dem Jahr 1870.[10]

Auf diesem langen Weg einer aufgeklärten Grundstimmung von 1823 bis zur konfessionell-lutherischen Agende von 1879 mußten immer wieder das Interesse des Staates an der Einführung einer einheitlichen Ordnung der Gottesdienste sowie die Beschwerden der Pfarrer und Gemeinden berücksichtigt werden, die den Reformvorschlägen – vor allem nach dem »Agendenkern« von 1856 – oft erheblichen Widerstand entgegensetzten und damit auch manche Veränderung herbeiführten.[11]

Ab 1897 wurde eine erste Revision der Agende von 1879 vorgenommen. Ein Hauptziel war, die Agende mit dem liturgischen Anhang des Gesangbuches von

---

[3] Vgl. den Entwurf Heinrich Theodor Stillers zur Agende und Gottesdienstordnung von 1823, den Agendenentwurf von Veillodter, Kapp und Witschel von 1825, Geuders Entwurf zur Gottesdienstordnung von 1826, Kaisers Gottesdienstordnung von 1828, Niethammers »Agende f. ev. Kirchen« von 1836, Fabers Entwürfe zur Gottesdienstordnung und Agende von 1840–1846: KERNER/SEITZ/FRIEDRICH/LIEBENBERG/RÜBIG 1 u. 2 (B).

[4] Vgl. den Entwurf einer Agende aus dem Jahr 1852: KERNER/SEITZ/FRIEDRICH/LIEBENBERG/RÜBIG 3 (B) 1–243.

[5] Vgl. aaO, 245–274.

[6] Vgl. aaO, 309–509.

[7] Vgl. Agende f. d. ev.-luth. Kirche i. Bayern. Mit vorangestellter Ordnung u. Form d. Hauptgottesdienstes an Sonn- u. Festtagen. Rev. u. erg. Aufl. d. Agendenkerns v. 1856, Ansbach 1879; vgl. dazu Agende f. d. ev.-luth. Kirche i. Bayern. Mit vorangestellter Ordnung u. Form d. Hauptgottesdienstes an Sonn- u. Festtagen. Rev. u. erg. Aufl. (Entwurf), Ansbach 1877.

[8] Vgl. Agende f. ev. Kirchen, München 1836.

[9] Vgl. WILHELM LÖHE (Hg.), Agende f. christl. Gemeinden d. luth. Bekenntnisses, Nördlingen 1844, ²1853, ³1883.

[10] Vgl. CHRISTIAN FRIEDRICH VON BOECKH (Hg.), Agende f. d. ev.-luth. Kirche, Nürnberg 1870.

[11] Vgl. dazu z.B. KARL BUCHRUCKER, Die neue Gottesdienstordnung. Ein Wort f. d. Volk luth. Glaubens i. Bayern, Nürnberg 1856; GOTTFRIED THOMASIUS, Ein Wort an d. Gemeinden z. Verständigung über Gottesdienstordnung u. Kirchenzucht, Erlangen 1856; vgl. auch die gesammelten Anträge und Proteste in LKAN OKM 520, 531–533.

1864[12] und mit den Texten des Katechismus in vollkommenen Einklang zu bringen. Die Generalsynode von 1909 forderte weitere Verbesserungen. 1915 gab das Oberkonsistorium Richtlinien zur Neubearbeitung einer Agende heraus: Die Entfernung überflüssiger Bestandteile, eine gründliche sprachliche Überarbeitung und die Bewahrung alles Brauchbaren, auch wenn es dem Zeitgeschmack nicht entsprach, wurden beschlossen. Die revidierte Agende von 1917 bot gegenüber dem vorher sehr einheitlichen Agendenwerk eine größere inhaltliche Offenheit, mehr Variabilität in der Ordnung und eine reiche Auswahl von Texten und Melodien. Der Textbestand war vor allem durch Teile bayerischer Privatagenden erweitert worden. Für die Veränderungen waren nicht die Grundlagen des lutherischen Gottesdienstes maßgeblich, sondern sie erfolgten ausdrücklich bedürfnisorientiert.

So ergaben sich folgende liturgische Ordnungen im ersten Teil »Die öffentlichen Gottesdienste« der Agende von 1917:[13]

I. Ordnung und Form des Hauptgottesdienstes an Sonn- und Festtagen:

1. Erste Form des Hauptgottesdienstes;[14] 2. Introiten, Versikel und Kollekten für die Festtage und besonderen kirchlichen Zeiten;[15] 3. Zweite Form des Hauptgottesdienstes;[16] 4. Das Heilige Abendmahl mit den Präfationen für die Festtage;[17] 5. Gesonderter Abendmahlsgottesdienst mit Beichte.[18]

---

[12] Vgl. dazu V.10.3.2.
[13] Auf die wichtigsten Unterschiede im Vergleich zur Fassung von 1879 bzw. dem »Agendenkern« von 1856 wird an den entsprechenden Stellen verwiesen, Übereinstimmungen bleiben unkommentiert.
[14] Diese erste Form des Hauptgottesdienstes blieb vom grundsätzlichen Ablauf her gegenüber den Fassungen von 1856 bzw. 1879 nahezu unverändert, wenn man von den gebotenen Alternativen und Varianten z.B. bei den Introiten, der Absolution oder den Schlußvota einmal absieht. Es gibt auch an dieser Stelle für den Ablauf des Gottesdienstes keine Unterscheidung zwischen A. »Wenn Communion nicht stattfindet« und B. »Wenn Communion stattfindet« im Gegensatz zu den früheren Agenden (vgl. Anm. 18).
[15] Gegenüber der Agende von 1856 bzw. 1879 waren hier nicht die Präfationen für die Festtage aufgenommen, dafür wurden an dieser Stelle bereits die Versikel und eine reichhaltige Auswahl von Anfangs- und Schlußkollekten geboten.
[16] Die im »Agendenkern« von 1856 bzw. in der Agende von 1879 vorkommende zweite außerordentliche, der Löheschen Agende nachgebildete Ordnung, die nur noch in Aufseß und Neuendettelsau praktiziert wurde, war jetzt ersatzlos gestrichen. Sie war früher in den Gemeinden eingeführt, die unter Löhes Einfluß standen. Diese zweite Form trat somit an die Stelle der früheren dritten Form des Hauptgottesdienstes.
[17] Im Gegensatz zum »Agendenkern« von 1856 bzw. der Agende von 1879 war nicht zwischen den Gottesdienstformen mit und ohne Abendmahl unterschieden, sondern wurde die Abendmahlshandlung eigens abgehandelt.
[18] Eine grundlegende Veränderung erfuhr die Agende gegenüber dem »Agendenkern« von 1856 bzw. der Agende von 1879 für den Fall, daß das Abendmahl in einem »selbständigen« Gottesdienst gefeiert wurde. Hier sollte eine Beichthandlung integriert werden. Diese Form eines eigenständigen Abendmahlsgottesdienstes mit Beichte entsprach dem Stadium der Agendenentwicklung der 30er und 40er Jahre des 19. Jahrhunderts. Die Verknüpfung der Feier von Beichte und Abendmahl, in manchen Gemeinden noch praktiziert, – obwohl durch die Höflingsche Ordnung vorgegeben – war nun wieder legitimiert.

II. Ordnung und Form der übrigen Gottesdienste:

1. Die sonn- und festtäglichen Früh- und Nachmittagsgottesdienste, sowie die Gottesdienste mit Predigt; 2. Die Christenlehre (zwei verschiedene Vorschläge); 3. Die Wochenbetstunden:[19] a. Biblische Erbauungsstunde; b. Gebetsgottesdienst mit Litanei; 4. Gottesdienste zu besonderen Anlässen (Geburts- und Namensfest des Königs und der Königin; Christabend, Weihnachtsfest, Karfreitag, Ostern,[20] Pfingsten, am Beginn und Schluß des Schuljahres).[21]

III. Kollekten zum abwechselnden Gebrauch bei den Haupt- und übrigen Gottesdiensten (für die Sonn- und Wochentagsgottesdienste; für außerordentliche festliche Gottesdienste; für die hier und da noch bestehenden Feiertage; für besondere Anlässe und Zeiten).[22]

IV. Allgemeine Gebete nach der Predigt (für die gewöhnlichen Sonntage und bei den Wochengottesdiensten mit Predigt; für die Festtage und die besonderen kirchlichen Zeiten; für sonstige festliche Gottesdienste; für die hier und da noch bestehenden Feiertage; für besondere Anlässe und Zeiten; für Wochengottesdienste).[23]

V. Fürbitten nach der Predigt (beim Beginn des Konfirmandenunterrichtes; beim Pfarrstellenwechsel; bei Aufgeboten; für Kommunikanten; für Wöchnerinnen beim Kirchgang; für Kranke; bei Sterbefällen).[24]

VI. Eingangs- und Schlußvota, Vaterunser und Segen.

Für die »Kirchlichen Handlungen« in der Agende von 1917 waren folgende liturgische Ordnungen im Bereich der ev.-luth. Kirche in Bayern verbindlich:

I. Ordination: Die Ordinationshandlung fand immer in einem Gemeindegottesdienst nach der Predigt statt.

II. Installation.

III. Taufe: Für die gewöhnliche Kindertaufe waren vier Formulare zur Auswahl vorgesehen. Formular 1 ist hiervon das ausführlichste und enthält – nach Luthers Taufbüchlein – die Absagung an den Teufel (»abrenuntiatio diaboli«). Die Formulare 1–3 gleichen sich darin, daß sie keine freie Rede des Täufers (wie Formular 4) beinhalten, dafür aber neben den Einsetzungsworten des Taufsakramentes

---

[19] Vgl. dazu »Das i. d. Betstunden zu gebrauchende Erbauungsbuch, sowie d. bessere Einrichtung dieser Betstunden überhaupt 1843–1917«: LKAN OKM Nr. 577f.

[20] Vgl. HEROLD, Passah (B).

[21] Gottesdienste zum Hl. Abend, Weihnachten, Karfreitag, Ostern, Pfingsten am Beginn und Schluß des Kirchenjahres fehlten im »Agendenkern« von 1856 bzw. in der Agende von 1879. Der Ablauf war je nach dem Anlaß unterschiedlich und kann hier nicht im einzelnen aufgeführt werden.

[22] An dieser Stelle gab es neben einer großen Zahl von Übereinstimmungen eine Reihe von Umstellungen und Ergänzungen gegenüber den früheren Agenden.

[23] Hier gab es neben einer großen Zahl von Übereinstimmungen eine Reihe von Umstellungen und Ergänzungen gegenüber den früheren Agenden.

[24] Die Fürbitten nach der Predigt fehlten im »Agendenkern« von 1856 bzw. in der Agende von 1879 vollständig.

und dem Kinderevangelium noch kurze Auslegungen zu den agendarischen Lesungen bieten. Es folgen ein Formular zur Nottaufe (ohne besondere Liturgie) mit Bestätigung derselben, wenn das Kind überlebt, ein Formular zur Aussegnung der Wöchnerin (a. wenn das Kind lebt; b. wenn das Kind gestorben ist) und ein Formular zur Erwachsenentaufe.

IV. Konfirmation: Der Konfirmation ging die Konfirmandenprüfung voran.[25] Diese fand entweder in einem Nachmittags-, einem Wochengottesdienst oder am Freitag vor der Konfirmation statt. Ein weiteres Formular zur Aufnahme eines Konvertiten schließt sich an.

V. Beichte: Es wurde zwischen der Beichtvesper, die als Vorbereitungsgottesdienst auf Beichte und Abendmahl am Tag vorher zu halten war, und dem eigentlichen Beichtgottesdienst unterschieden.

VI. Trauung: Es wurden drei Formulare mit nahezu identischem Aufbau vorgeschlagen.[26] Im Anhang folgen zwei weitere Trauvermahnungsvorschläge und »Gebete nach der Trauung bei besonderen Anlässen« (Krankheit, sorgenvolle Lage, Kriegstrauung). Am Schluß stand ein Formular zur »Kirchlichen Einsegnung bei einem Ehejubiläum«.[27]

VII. Für das Krankenabendmahl waren je ein Formular für Sterbende und für wiederkehrende häusliche Abendmahlsfeiern älterer und gebrechlicher Personen vorgesehen. Den Anhang bilden »Gebete zum Gebrauch bei Kranken und Sterbenden«.[28]

VIII. Begräbnis:[29] Zuerst die Aussegnung im Haus, dann

A. Begräbnis eines Erwachsenen (1. für den Fall, daß die gottesdienstliche Handlung nur am Grab stattfand; 2. für den Fall, daß die gottesdienstliche Handlung am Grabe begann und in der Kirche fortgesetzt und geschlossen wurde und 3. für den Fall, daß die gottesdienstliche Handlung in der Kirche begann und am Grab fortgesetzt und geschlossen wurde). Für die unterschiedlichen Arten von Todesfällen findet sich im Anhang eine größere Anzahl von Eingangssprüchen, Lesungen, Vermahnungen, Kollektengebeten, Versikeln und Hauptgebeten.

B. Das Begräbnis eines Kindes richtete sich im allgemeinen nach der Begräbnisfeier eines Erwachsenen mit den für Kinder erforderlichen Anpassungen. Auch hier ist im Anhang eine Reihe von Gebeten für das Begräbnis von Kindern aufgeführt. Eine Ordnung für »Die Überführung von Leichen«, die wesentliche

---

[25] Ein Formular zur Konfirmandenprüfung fehlte im »Agendenkern« von 1856 bzw. der Agende von 1879.

[26] Das dritte Formular, bei dem der Pfarrer eine freie Rede hält, fehlte im »Agendenkern« von 1856 bzw. der Agende von 1879.

[27] Die Trauvermahnungen, die Gebete nach der Trauung und die »Kirchliche Einsegnung bei einem Ehejubiläum« fehlten im »Agendenkern« von 1856 bzw. der Agende von 1879.

[28] Im »Agendenkern« von 1856 bzw. der Agende von 1879 fand sich nur ein Formular, das sich auch inhaltlich von den hier gebotenen Texten unterschied.

[29] Die Formulare für die Begräbnisse wurden inhaltlich gegenüber dem »Agendenkern« von 1856 bzw. der Agende von 1879 fast vollständig verändert.

Stücke der »Aussegnung« aufweist, schließt die liturgischen Texte zum Begräbnis ab.

Mit den liturgischen Formularen für die »Einführung der Kirchenvorsteher«, »Grundsteinlegung zu einer Kirche«, »Einweihung einer neuen Kirche« (ein kürzeres und ein längeres Formular; Anhang: »Die Einweihung eines neuen Betsaales«, »Die Einweihung einer neuen Orgel«, »Die Einweihung neuer Glokken«), »Einweihung eines neuen und erweiterten Gottesackers« (Anhang: »Die Einweihung eines neuen Leichenhauses«), »Einweihung eines neuen Schulhauses« und »Die militärische Fahnenweihe« endete die Reihe der kirchlichen Handlungen.[30]

1.2 Das Kirchenjahr[31]

BECK, Leben (B).– KARL-HEINRICH BIERITZ, Das Kirchenjahr. Feste, Gedenk- u. Feiertage i. Gesch. u. Gegenwart, München 1987.– ALBRECHT JOBST, Sammlung kirchl. Sitte, Dresden u.a. 1938 (SRVK 7).– ALFRED KALL, Kirchenjahr u. Brauchtum, München 1988.– HERMANN KIRCHHOFF, Christl. Brauchtum. Von Advent bis Ostern, München 1984.– HANS KOREN, Volksbrauch i. Kirchenjahr. Ein Hb., Innsbruck 1986.– PAUL PASIG, Das ev. Kirchenjahr i. Gesch., Volksglauben u. Dichtung, Leipzig 1899.

Mit der Adventszeit als Vorbereitungszeit auf das Weihnachtsfest wurde durch die Lesungen (aus den Evangelien mit dem Hinweis auf die Gestalt Johannes des Täufers), die Predigt an den Sonn- und Wochentagsgottesdiensten oder durch häusliche wie kirchliche Bibelstunden auf den Beginn eines neuen Kirchenjahres und den Charakter dieser Wochen als besondere Bußzeit aufmerksam gemacht. Es war üblich, bei zwei- oder mehrmaligem Abendmahlsempfang im Jahr, gera-

---

[30] Außer der »Grundsteinlegung zu einer Kirche«, der »Einweihung einer neuen Kirche« und der »Einweihung eines neuen und erweiterten Gottesackers« waren im »Agendenkern« von 1856 bzw. der Agende von 1879 die übrigen Formulare nicht vorgeschlagen.

[31] Bei der Beschreibung des Kirchenjahres spielt das »religiöse Brauchtum« eine große Bedeutung. Ein eigenes Kapitel dazu konnte aus Platzgründen nicht aufgenommen werden. Vgl. aber zum »religiösen Brauchtum« vor allem Kirchenjber. (1880–1918) LKAN Bay. Dekanat München Nr. 153, 154; LKAN Bay. Dekanat Ansbach Nr. 199, T. V–XIII; LKAN Bay. Dekanat Augsburg Nr. 270, 287, 288; LKAN Bay. Dekanat Bayreuth Nr. 166a/b, 167, 167a; LKAN Bay. Dekanat Nürnberg Nr. 249–257; LKAN Bay. Dekanat Regensburg Nr. 171–177; FRANZ J. BRONNER, Von deutscher Sitt u. Art. Volkssitten u. Volksbräuche i. Bayern u. d. angrenzenden Gebieten i. Kreislauf d. Jahres dargestellt, München 1908; RUDOLF REICHHARDT, Geburt, Hochzeit u. Tod i. deutschen Volksbrauch u. Volksglauben, Jena 1913; SIEGFRIED KADNER, Religion u. Sittlichkeit: JELLB 13 (1913), 51–68; Handwörterbuch d. Deutschen Aberglaubens 1–10, Berlin u.a. 1927ff (Handwörterbuch z. Deutschen Volkskunde. Abteilung 1: Aberglaube; JOBST (T); BERNHARD DENEKE, Hochzeit, München 1971; MANFRED MÜMMLER, Brauchtum. Ausdruck fränkischer Lebensweise, Scheinfeld ²1985; SCHMERL (K); KLAUS REDER, Taufbräuche i. Franken. Fränkische Bräuche z. Hochzeit. Bräuche beim Tod: Frankenland 9 (1989), 335–349; MANFRED MÜMMLER, Hochzeit i. Franken, Hof 1989; ELYANE WERNER, Fränkisches (Bayer.) Leben – Fränkischer (Bayer.) Brauch. Bilder u. Ber. aus d. 19. Jh., München 1990/1992; ROLF KIMBERGER, Lebenslauf: Alfred Kriegelstein, Lebenslauf. Brauchtum i. Mittelfranken. Beitr. V. Rolf Kimberger u. Franz Schmolke, Bad Windsheim 1991 (Mittelfränkische Heimatkunde 6).

de in diesen Wochen zum Abendmahl zu gehen, Tanz- und Theaterveranstaltungen fernzubleiben sowie keine Hochzeiten zu feiern.

Das Weihnachtsfest wurde als größtes und wichtigstes Fest im Kirchenjahr betrachtet. Eine Vielzahl von Gottesdiensten und Christvespern fand statt. Der Kirchenbesuch war überaus hoch. Am Hl. Abend oder in der Hl. Nacht zogen in Stadt und Land Kinder oder Waisen, den Stern vorantragend, unter dem Gesang von Weihnachtsliedern oder Aufsagen von Gebeten und Glückwünschen umher und sammelten Spenden. Die Sitte, einen Christbaum aufzustellen und einander Geschenke zu machen, hatte sich inzwischen aufgrund einer starken Verweltlichung des Weihnachtsfestes durchgesetzt.

Die Gottesdienste zum Jahresschluß in abendlicher Stunde erfreuten sich großer Beliebtheit. Um Mitternacht wurden die Glocken geläutet, wobei man vielerorts das Posaunenblasen oder das Singen der Jugend vom Kirchturm – wie es in alter Zeit üblich gewesen war – neu einführte.

Die kirchliche Bedeutung des Neujahrstages war sehr in den Hintergrund getreten, der Kirchenbesuch äußerst spärlich. In verschiedenen Gemeinden bestand die Sitte, im Anschluß an die Predigt bei den Abkündigungen einen Überblick über die für das Kirchenleben der Gemeinde bedeutsamen Vorkommnisse und statistischen Zahlen zu geben (die Zahl der Getauften, Getrauten, Konfirmierten, der Abendmahlsgäste und kirchlich Bestatteten).

In einem Teil der Landeskirche, besonders im schwäbischen Teil Bayerns und in Unterfranken, wurde das Epiphaniasfest gefeiert, teilweise aufgrund althergebrachter Tradition, teilweise durch Neueinführung, d.h. der Verlegung des üblichen Wochengottesdienstes auf den Epiphaniastag. Der Missionsauftrag der Christen stand im Mittelpunkt dieses Festes. Die Generalsynoden 1857 und 1881 hatten die allgemeine Einführung des Epiphaniasfestes zwar beantragt,[32] jedoch erfolgte keine verbindliche Einführung.

Seit dem Jahr 1818 wurde der erste Sonntag der Passionszeit (Invokavit) als Buß- und Bettag in der bayerischen Landeskirche gefeiert. Ein bei der Generalsynode 1893 gestellter Antrag auf Ausschreibung eines Predigttextes durch die Kirchenbehörde wurde abgelehnt.[33] Der hohe Stellenwert des Buß- und Bettages in der evangelischen Bevölkerung zeigte sich – gerade im Blick auf die Passionszeit –, besonders in den Landgemeinden, an der dunklen Kleidung, mit der man zum Gottesdienst erschien. In einzelnen Teilen der Landeskirche, so im schwäbischen Teil Bayerns, wurden besondere Buß- und Bettage gefeiert, um die Erinnerung an Unglücksjahre und unheilvolle Ereignisse lebendig zu erhalten. Am Buß- und Bettag waren Tanz, Musik und Theatervorstellungen nicht gestattet. Die Generalsynode von 1893 hatte der Einführung eines zweiten Buß- und Bettages zugestimmt, der zusammen mit Mittel- und Norddeutschland gegen Ende

---

[32] Vgl. J.G. STARK, Historische Statistik d. ev. Kirche i. Bayern d/Rh., Nördlingen 1887, 96. 131; Verh. d. vereinigten Generalsynode z. Bayreuth i. Jahr 1881, Bayreuth o.J., 74.
[33] Vgl. die Verh. d. vereinigten Generalsynode z. Ansbach i. Jahr 1893, Ansbach o.J., 178ff.

des Kirchenjahres an einem Werktag zu begehen sei.[34] Die Einführung unterblieb jedoch.

Die mehr oder weniger reich ausgestalteten liturgischen Passionsgottesdienste erfreuten sich großer Beliebtheit.[35] Den Höhepunkt der Passionszeit bildeten der Gründonnerstag und der Karfreitag, der in Gebieten mit vorwiegend evangelischer Bevölkerung unter gesetzlichem Schutz stand. An beiden Tagen ging man bevorzugt zum Abendmahl, die Sitte des Fastens war üblich.

Die Feier des Oster-, Himmelfahrts- und Pfingstfestes trat vielfach, besonders in städtischen Gemeinden, gegenüber der Passionszeit in den Hintergrund. Der Andrang zu den Gottesdiensten zur »Auferstehung Jesu«, der »Himmelfahrt Jesu« und der »Ausgießung des Hl. Geistes« war nicht mehr so stark. Am Pfingstfest schmückte man die Kirche gerne mit Blumen oder jungen Birken, denn der Introitus des Tages »Schmückt das Fest mit Maien« lud dazu ein.

Ähnlich spärlich war der Gottesdienstbesuch am Trinitatisfest. In manchen Gemeinden wurde in der Liturgie statt des apostolischen das nicänische Glaubensbekenntnis gesprochen, in einigen mittelfränkischen Gemeinden im Nachmittagsgottesdienst die drei ökumenischen Symbole verlesen. Aus der Reihe der Trinitatissonntage hob sich vor allem der 10. Sonntag nach Trinitatis hervor. In den Predigten wurde auf die Zerstörung Jerusalems und damit auch auf die Judenmission Bezug genommen.

Das Erntedankfest fiel auf den Sonntag nach Michaelis, wurde aber in Weinbaugebieten auch an einem späteren Sonntag gefeiert. Vorzugsweise in den ländlichen Gemeinden wurde an diesem Fest manche Gabe für kirchliche und allgemein wohltätige Zwecke als Dankopfer für eine gesegnete und gute Ernte gespendet. In vielen Gemeinden wurde der Altar mit Feldfrüchten und Obst geschmückt.

Das Reformationsfest wurde in der Landeskirche seit 1819 gefeiert, und zwar an dem auf den 31. Oktober folgenden Sonntag, wenn dieser Monatstag nicht selbst auf einen Sonntag fiel. Ein Werktag stand für diese Feier nicht zur Verfügung. An diesem Fest regte sich besonders das evangelische Bewußtsein in Erinnerung an Luthers Thesenanschlag vom 31.10.1517.

Das Kirchweihfest wurde meistens am Tag der Einweihung oder Eröffnung der Kirche gefeiert. Es war kein besonders guter Kirchenbesuch zu verzeichnen, weil die weltlichen Freuden dieses Festes, d.h. Vergnügen, Essen und Trinken im Vordergrund standen. Es gab viele Klagen darüber. Alle Versuche von kirchlicher wie staatlicher Seite, das Kirchweihfest für alle Gemeinden auf den gleichen Sonntag anzusetzen, scheiterten.

Die Feier des Totensonntags war in der bayerischen Landeskirche nicht eingeführt. Man begnügte sich mit dem Gedanken an das Lebensende, wie es durch

---

[34] Vgl. aaO, 87f; »Einführung eines allgemeinen Buß- u. Bettages i. d. ev. Landeskirchen Deutschlands 1877–1879, 1892–1896, 1910–1920«: LKAN OKM Nr. 396.
[35] Vgl. HEROLD, Passah (B).

die Perikopen der letzten Sonntage des Kirchenjahres angeregt wurde. Die Generalsynode des Jahres 1889 sprach den Wunsch nach einer allgemeinen Feier am Osterfest aus. Sie sollte auf dem Friedhof gehalten werden und mit ihr die Schmückung der Gräber verbunden sein.[36] Die Kirchenleitung hielt sich bedeckt, stellte es aber jeder einzelnen Gemeinde frei, in der sich das Bedürfnis nach einer solchen Feier regte, um Genehmigung nachzusuchen.

Die Tage Mariä Lichtmeß, Mariä Verkündigung, Johannis, Peter und Paul und Michaelis wurden bis zum Beginn der 70er Jahre hauptsächlich in den Gemeinden der Regierungsbezirke Unter- und Oberfranken als volle Feiertage ohne Arbeit begangen. Nachdem die Möglichkeit zur Abschaffung gegeben war, machte eine Mehrzahl der Gemeinden davon Gebrauch.

2. Pfarrdienst und Gemeindearbeit

2.1 Pfarrerstand

BECK, Leben (B).– KIRCHENSTATISTISCHES AMT D. DEK (B).

Der geistliche Stand der Landeskirche bestand fast ausschließlich aus bayerischen Theologen. Etwa ein Drittel der Pfarrer kam aus Pfarrhäusern. Mit der Übernahme einer Pfarrstelle begann die Versorgung des Pfarrers und seiner Familie durch das sogenannte Pfründeeinkommen. Einen maßgeblichen Anteil hatten dabei die »Stolgebühren«, d.h. die zu zahlenden Gebühren für Taufen, Trauungen, Beerdigungen, Konfirmation usw., die nach lokalen Verhältnissen (Stadt oder Land) sehr unterschiedlich waren. Vor allem auf dem Land gab es zusätzlich »Naturaleinkünfte«. Das Grundgehalt des Pfarrers betrug im Jahr 2.400 Goldmark. Wenn eine Stelle diesen Betrag nicht abwarf, gab es eine staatliche Förderung bis zu diesem Mindestbetrag. Auch die Alterszulagen bezahlte der Staat. Sie erfolgten mit dem zwölften Dienstjahr nach der Aufnahmeprüfung und steigerten sich von da an alle drei Jahre um 200 Goldmark bis zum einundzwanzigsten Dienstjahr. Danach erhielt man eine vierjährige Alterszulage, bis 3.600 Mark erreicht waren. Der Betrag für die Dienstwohnung lag auf dem Land zwischen 35 und 85 Mark, in der Stadt zwischen 85 und 170 Mark. Vor allem deshalb wurde den Pfarrern in den Städten eine weitere jährliche Zulage gewährt. Im Fall der Dienstuntauglichkeit oder Pensionierung wegen hohen Alters belief sich das Ruhestandsgehalt auf 2.650 Mark im Jahr. Das Pfarrwitwengehalt hatte eine Höhe von 860 Mark.

Von 1885 bis 1914 wurden 282 Pfarrersehen geschlossen, aus denen 1.003 Kinder hervorgingen. Das ergibt eine Durchschnittszahl von 3,6 Kindern pro Ehe. Beim Pfarrerstand war ein Rückgang der Kinderzahl festzustellen, der sich aber

---

[36] Vgl. die Verh. d. vereinigten Generalsynode z. Bayreuth i. Jahr 1889, Bayreuth o.J., 105–108.

gegenüber dem deutlichen Absinken in der Gesellschaft noch in Grenzen hielt. Eine große Zahl der Pfarrfrauen kam aus den Neuendettelsauer und Augsburger Ausbildungseinrichtungen. Das Leben in den Pfarrhäusern sollte durch ein frommes, schlichtes und vorbildhaftes Leben geprägt sein. Eine Teilnahme der Pfarrfamilie an öffentlichen Veranstaltungen und Festlichkeiten war nur bedingt erwünscht.

2.2 Pfarrkonferenzen

FRIEDRICH BAUM, 70 Jahre bayer. KG i. Spiegelbild d. Pastoralkonferenz, Nördlingen 1939.– BECK, Leben (B).– Ber. d. allgemeinen Pfarrkonferenz ev.-luth. Geistlicher, Nürnberg 1870–1918.– KELGB 1 (1876) – 43 (1918).

Gelegenheit zu wissenschaftlicher und praktischer Fortbildung und zu gegenseitigem Gedankenaustausch boten den Pfarrern die Prediger- oder Kapitelskonferenzen auf Dekanatsebene, die in ihrer Gestaltung und in ihrem Wert verschieden, je nach wissenschaftlichen oder mehr praktischen Interessen der Teilnehmer ausgerichtet waren. Durch Zusammenschluß mehrerer Dekanatsbezirke kam es da und dort auch zu größeren Konferenzen, z.B. der oberfränkischen Pfarrkonferenz für den ganzen Regierungsbezirk, der Dombühler und Zeilitzheimer Pfarrkonferenz für den mittel- und den unterfränkischen Regierungsbezirk. Noch weiter war der Kreis in der »Allgemeinen Pastoralkonferenz« gezogen, die sich seit 1870 einmal jährlich in Nürnberg oder Erlangen traf. Diese Tagung hatte das Verdienst, ohne daß bindende Beschlüsse gefaßt wurden, der Verständigung über Aufgaben des geistlichen Amtes zu dienen und bei schwierigen wissenschaftlichen wie praktischen Fragestellungen zur Meinungsfindung beizutragen.[37] Sie wurde von einem aus ihrer Mitte gewählten Ausschuß geleitet, dem auch das eine oder andere Mitglied der Erlanger Theologischen Fakultät angehörte.

Wie in anderen Landeskirchen schlossen sich die Geistlichen im Pfarrerverein zusammen, der 1891 mit dem Ziel gegründet wurde, einerseits die Pfarrer zur Förderung in ihrem Amt und zu gegenseitiger Unterstützung[38] zu vereinen, andererseits zur Vertretung ihrer Standesinteressen unter Berücksichtigung der hohen Bedeutung des Pfarramtes für Kirche, Staat und Gemeinde beizutragen. Die Mehrzahl der Geistlichen trat dem Pfarrerverein bei. Inhaltlich beschäftigte er sich vor allem mit vorbereitenden Arbeiten für die Generalsynoden und setzte sich für die Einführung einer Kirchengemeindeordnung und der Kirchensteuer ein. Er kümmerte sich um die Verbesserung der wirtschaftlichen Lage der Pfar-

---

[37] Vgl. dazu insbesondere die »Ber. d. Pastoralkonferenz« zu aktuellen Fragestellungen im Bereich von Predigt, Seelsorge, Religions- und Konfirmandenunterricht und Christenlehre.
[38] Vgl. Gebete als Handreichung f. d. Geistlichen i. ihrem Amt, Heft 1: Gebete f. d. Hauptgottesdienst, Gabe d. Pfarrervereins d. prot. Landeskirche i. Bayern d.[!] d. Rh. f. seine Mitglieder, Hersbruck 1908.

rer. Eine Hilfskasse gewährte Darlehen an Mitglieder. Die Bemühungen um das Bibellesen in den Familien durch Ausarbeitung eines Bibellesezettels sowie die Pressetätigkeit durch Versorgung der Lokalpresse mit Artikeln zu den kirchlichen Festen und vaterländischen Gedenktagen, die von etwa 30 Zeitungen benutzt wurden, gehörten ebenso dazu. Es bestand eine eigene Abteilung des Vereins, die kirchen- und reformationsgeschichtliche Studien förderte, die zum Teil in die »Beiträge für bayerische Kirchengeschichte« aufgenommen wurden, teilweise auch durch Eigenfinanzierung des Vereins selbständig erschienen.

Organ des Pfarrervereins war seit 1898 das durch Pfr. Dr. Matthias Wilhelm Ferdinand Weber 1876 ins Leben gerufene »Korrespondenzblatt«.[39] Darin spiegelt sich ein Stück der Geschichte der bayerischen Landeskirche wider. Theologisch brennende Zeitfragen, z.B. zu Taufe, Religionsunterricht in der Schule, Schulaufsichtsfrage, Jugendpflege und zur Kirchenverfassung, kamen ausführlich zur Sprache.

2.3 Gemeindepfarramt[40]

2.3.1 Seelsorge

Kirchenjber. (1880–1918) LKAN Bay. Dekanat München Nr. 153, 154.– LKAN Bay. Dekanat Ansbach Nr. 199, T. V–XIII.– LKAN Bay. Dekanat Augsburg Nr. 270, 287, 288.– LKAN Bay. Dekanat Bayreuth Nr. 166a/b, 167, 167a.– LKAN Bay. Dekanat Nürnberg Nr. 249–257.– LKAN Bay. Dekanat Regensburg Nr. 171–177.– FRIEDRICH WINTZER, Seelsorge, München 1988.

Seit Einrichtung der Seelsorgesprengel im Jahr 1896 gab es zumindest festgesetzte Grenzen für Recht und Pflicht zur Einzelseelsorge. Seitdem hatte, wenigstens auf dem Papier, eine Aufteilung der größeren städtischen Gemeinden im Hinblick auf die Seelsorge unter den Geistlichen stattgefunden, freilich unter Wahrung des Beichtgeheimnisses. Eine ausreichende Seelsorge an den Armen, Kranken und Notleidenden war somit gewährleistet. In den meisten älteren städtischen und größeren Gemeinden bestand Seelsorge meist als Beichtverhältnis zwischen Seelsorger und manchen Gemeindegliedern aufgrund intensiver persönlicher Vertrauensbeziehungen, die nicht an die Grenzen des Pfarrsprengels gebunden waren. Oftmals wurde aber der Pfarrer nur für die Kasualien in Anspruch genommen. In Großstädten wie Nürnberg und München gab man zur Grundorientierung für die Gemeindeglieder kirchliche Kalender, Verzeichnisse der Geistlichen, der Kirchen, der stattfindenden Gottesdienste und vorhandenen kirchlichen Vereine heraus. In größeren städtischen Gemeinden führte man auch

---

[39] Vgl. dazu z.B. »Herausgabe eines Korrespondenzblattes f. d. prot. Geistlichen i. Bayern 1875, 1885«: LKAN OKM Nr. 592.
[40] Obwohl zum Gemeindepfarramt auch die Geschäftsführung und sämtliche kirchliche Amtshandlungen gehören (vgl. SEEBERGER [K]), muß auf eine Ausführung hierzu verzichtet werden.

Evangelisationen durch. Diese Bekehrungs- und Erweckungsveranstaltungen verzeichneten aber wenig Erfolg.

In ländlichen Gemeinden boten am meisten noch die Hausbesuche Anlaß zum seelsorgerlichen Gespräch. Der Pfarrer auf dem Land kannte die einzelnen Gemeindeglieder besser und wußte, wo seelische Hilfe notwendig war. Dort, wo z.B. die Anmeldung zu Beichte und Abendmahl noch bestand, wurden an den Pfarrer auch viele Nöte herangetragen, wenngleich man aber insgesamt den seelsorgerlichen Bemühungen der Pfarrer doch mehr Zurückhaltung entgegenbrachte, aus Scheu, sein inneres Leben vor einem Fremden zu öffnen oder interne Familienverhältnisse preiszugeben. Dagegen wurde der Pfarrer oft gebeten, beim Umgang mit dem staatlichen Gesetz behilflich zu sein, in Prozeßangelegenheiten oder in Krankheitsfällen mit seinem Rat zu dienen. Bei schwereren Erkrankungen war der Besuch des Pfarrers durchaus erwünscht, und in Erwartung des Todes ließ man sich das Abendmahl reichen.

Auf dem Land gehörte im Gegensatz zur Stadt in den Zuständigkeitsbereich der Seelsorge auch noch die Kirchenzucht bei schwerwiegenden Verstößen: Es handelte sich dabei vor allem um die Zurückstellung vom Hl. Abendmahl. Es unterblieb bei der Taufe unehelicher Kinder das Glockengeläute, bei der Trauung geschiedener Paare die Abholung durch den Pfarrer oder dessen Beteiligung beim Hochzeitsmahl. In den »Kirchenstühlen der Gefallenen« saßen oft Menschen, deren Vergehen schon mehr als 20 Jahre zurücklagen.

2.3.2 Predigt

Amtshb. 1883 (B) Bd. 1–4.– BECK, Leben (B).– Kirchenjber. (1880–1918) LKAN Bay. Dekanat München Nr. 153, 154.– LKAN Bay. Dekanat Ansbach Nr. 199, T. V–XIII.– LKAN Bay. Dekanat Augsburg Nr. 270, 287, 288.– LKAN Bay. Dekanat Bayreuth Nr. 166a/b, 167, 167a.– LKAN Bay. Dekanat Nürnberg Nr. 249–257.– LKAN Bay. Dekanat Regensburg Nr. 171–177.– SEEBERGER (K).

Hinsichtlich der Predigt, die im Zentrum des lutherischen Gottesdienstes stand, gab es durch das Oberkonsistorium klare Vorgaben. War der Pfarrer allein in einer Gemeinde, wurde von ihm erwartet, daß er trotz der großen Zahl von Predigten (vor allem an den Festtagen) und der hohen zeitlichen wie geistigen Beanspruchung jeden Sonntag Gottesdienst hielt. Die Auswahl der Predigttexte war dem Oberkonsistorium vorbehalten. Die vorgeschlagenen Epistel- und Evangelienreihen galten als verbindlich. Von Zeit zu Zeit, jedoch nicht öfter als jedes dritte Jahr, war es erlaubt, über andere aus der Schrift frei gewählte Texte an Sonn- und Feiertagen zu predigen. Unter Angabe der Texte konnte man vom Oberkonsistorium eine Bewilligung dafür erwirken. Die beiden Perikopenreihen von Gottfried Thomasius durften ohne vorherige Anzeige nacheinander verwendet werden,[41] so daß sie abwechselnd mit Epistel- und Evangeliumstexten im

---

[41] Vgl. die Verh. d. vereinigten Generalsynode z. Bayreuth i. Jahr 1865, Bayreuth o.J., 132.

Laufe von vier Jahren regelmäßig wiederkehrten. Einmal im Jahr war an einem geeigneten Sonntag der Meineid eigens zum Thema der Predigt zu machen, um das Gewissen der Predigthörer für diese Straftat zu schärfen. Die Wahl des Sonntags stand dem Pfarrer frei, er mußte aber über den Vollzug Bericht erstatten.

Der Pfarrer war verpflichtet, sich gründlich auf jede Predigt vorzubereiten, sie vollständig niederzuschreiben und aus dem Gedächtnis vorzutragen, der Gebrauch des Konzeptes war untersagt. Auf den Predigtvortrag und die dazugehörige äußere Haltung wurde größter Wert gelegt. Der sogenannte Kanzelton sollte vermieden werden. Das Oberkonsistorium und die Konsistorien hatten das Aufsichtsrecht über den Predigtdienst der Pfarrer zur Einhaltung dieser Richtlinien. Dem Zweck der Beurteilung diente auch die alle fünf Jahre von jedem Pfarrer vorzulegende ausgearbeitete Predigt. Den biblischen Text bestimmte das Oberkonsistorium. Die Geistlichen mußten sich bis zum 50sten Lebensjahr hinsichtlich der Predigt überprüfen lassen.[42] Trotzdem wurden des öfteren Klagen über Predigtstil und -inhalte aus den verschiedensten Dekanaten laut.[43]

Kritisch sind auch die Predigten in der Zeit des Ersten Weltkrieges zu beurteilen. Die Kriegspredigten (Motto »Gott mit uns«) unterstützten, wenn auch ungewollt, die Politik des Staates. Das Thema Krieg prägte gerade auch durch die Predigten die Frömmigkeit. Der nationale Gedanke spielte für die Kirche eine große Rolle; Durchhalteparolen und der Aufruf zur Opferbereitschaft waren an der Tagesordnung.[44]

2.3.3 Schule und Religionsunterricht[45]

WALTER CASPARI, Der RU i. d. ev. Volksschule Bayerns u. d. gegenwärtige Bewegung: Ber. über d. am 10. Juni 1896 z. Nürnberg abgehaltene XXVI. allgemeine Pastoralkonferenz ev.-luth. Geistlicher Bayerns, Nürnberg 1896, 7-24.- MASER, Ev.-Luth. Kirche (B).- LUDWIG MEYER, Zur Reform d. ev. RU i. d. Volksschulen Bayerns, München 1903.- FRIEDRICH NÄGELSBACH, Der RU d. Geistlichen i. d. Volksschule: Ber. über d. am 10. u. 11.6.1891 z. Nürnberg abgehaltene XXI. allgemeine Pastoralkonferenz ev.-luth. Geistlicher Bayerns, Nürnberg 1891, 13-26.- HERMANN STEINLEIN, Zur Schulfrage i. Bayern: JELLB 3 (1903), 138-144.- HEINRICH WEBER, Was muß d. Kirche vom RU an d. Mittel-

---

[42] Bis zum 50. Lebensjahr hatte der Pfarrer ebenso alle fünf Jahre eine Synodalarbeit abzuliefern. Der Kreisdekan gab jeweils jährlich um Ostern eine wissenschaftliche und praktische Frage zur Beantwortung auf. Die Aufgaben wurden aus dem Umkreis der wissenschaftlichen und praktischen Theologie entnommen und sollten Aktualität besitzen. Die Beurteilung und Notengebung erfolgte durch den Kapitelsenior, den Dekan und das Konsistorium, die endgültige Feststellung der Note durch das Oberkonsistorium.
[43] Vgl. SCHMERL, 1984 (K) 123.
[44] Vgl. aaO, 283f.
[45] Es kann in dieser Darstellung nur auf die Volksschule und höheren Schulen eingegangen werden. Zu den übrigen Schultypen mit Religionsunterricht vgl. z.B. CHRISTIAN AUGUST HOPF, Bayern: Encyclopädie d. gesammten Erziehungs- u. Unterrichtswesens, hg. v. K.A. SCHMIDT, Gotha 1876, 405-452; SEEBERGER (K) 532-542; IRMGARD BOCK, Schulwesen v. 1871-1918: HGBB 2, 395-462.

schulen fordern?: Ber. über d. am 1.6.1910 z. Nürnberg abgehaltene 40. allgemeine Pastoralkonferenz ev.-luth. Geistlicher Bayerns, Nürnberg 1910, 38–54.

Der Religionsunterricht an Volksschulen war Angelegenheit der Kirchenleitung. Aufgrund der Verordnung vom 26.8.1883 waren die bayerischen Volksschulen bis auf »außerordentliche, durch zwingende Verhältnisse bedingte Fälle« Konfessionsschulen; nur in Fürth und Weiden gab es ein simultanes Schulwesen aufgrund der Schulsprengelordnung von 1873.[46]

Die noch nicht konfirmierte Jugend hatte nach einer allgemeinen Verordnung in der Volksschule in der Regel täglich eine Stunde Religionsunterricht zu erhalten. Der Schullehrer hatte davon wöchentlich vier, der Pfarrer zwei Stunden zu erteilen. Diese Verordnung modifizierte sich durch lokale Verhältnisse, jedenfalls in bezug auf die Stunden des Lehrers. Waren in einer Gemeinde mehrere Geistliche, so hielten alle aufgrund ihrer Amtspflicht Unterricht. Der Religionsunterricht des Pfarrers sollte im vierten Schuljahr beginnen.[47] Während der Lehrer die biblische Geschichte, die Einprägung des Katechismustextes, der Kirchenlieder und Sprüche einübte, erläuterte der Pfarrer den Katechismus. Geregelt war dies durch die für sämtliche konfessionell-protestantischen Volksschulen geltenden und die verschiedenen Schulformen berücksichtigenden Lehrpläne von 1905.[48] Auf das Lesen der Bibel verwendete man in der Volksschule eine Stunde in der Woche. Dem Schüler sollte eine gute Kenntnis der christlichen Religion vermittelt werden und er sollte in dem Entschluß bestärkt werden, sein ganzes Leben auf Gott hin auszurichten. Der Pfarrer war mit den beiden Stunden an den kleinen Katechismus Luthers gebunden.[49] Jedoch nahm die Generalsynode des Jahres 1897 den bis dahin zu möglichem Gebrauch gestatteten Katechismus von Karl Buchrucker als Landeskatechismus an.[50]

Der Religionsunterricht an höheren Schulen wurde, wenn möglich, für jede Klasse gesondert erteilt. Wöchentlich sollten zwei Stunden dafür verwendet werden. Der Unterricht – der immer mit einer Morgenandacht begann – war in vier Hauptstufen unterteilt: a. In den beiden unteren Klassen der lateinischen Schule und den ihr gleichgestellten Schulen wurden die Schüler mit dem Hauptinhalt der biblischen Geschichte und den darin enthaltenen Glaubenswahrheiten vertiefend vertraut gemacht. Lieder und Sprüche sowie Hauptstücke des Katechismus wurden auswendig gelernt. Es sollte eine Übersicht über die wichtigsten Lehren des evangelischen Glaubens vermittelt werden. b. Für die beiden oberen Klassen dieser Schulen war die Hauptaufgabe, den Katechismus intensiv kennenzulernen.

[46] Vgl. REBLE (B) 967.
[47] Der Dienst war nur Pfarrern zu übertragen, die aufgrund der Prüfungen befähigt waren und sich verpflichteten, bei ihrer Ausübung die Lehre Christi aufgrund der Hl. Schrift nach dem Bekenntnis der Kirche treu und gewissenhaft vorzutragen und die Kinder in diesem Glauben und einem christlichen Lebenswandel zu unterweisen.
[48] Vgl. Lehrpläne f. d. prot. RU i. Volksschulen, München 1905.
[49] Vgl. KARL BUCHRUCKER, Der kleine Katechismus Luthers mit erklärenden Fragen u. Antworten u. erläuternden Sprüchen d. Hl. Schrift samt d. Augsburger Konfession, Nürnberg u.a. 1908.
[50] Vgl. die Verh. Bayreuth 1897 (B) 123ff.

c. In den beiden unteren Klassen des Gymnasiums begann die Erläuterung des historischen Inhalts der Bibel erneut und nochmals vertiefend. Die wichtigsten Glaubenswahrheiten des Alten Testamentes, die Evangelien und die Apostelgeschichte, insbesondere die Reden Jesu und seiner Jünger standen im Zentrum. d. In den beiden oberen Stufen wurden die apostolischen Briefe gelesen und erklärt und die Jugendlichen in die Formen kirchlichen Lebens eingewiesen. Die bereits konfirmierten Kinder hatten am Predigtgottesdienst an Sonn-, Fest- und Feiertagen in der Kirche teilzunehmen. Die Feier des Hl. Abendmahls war einmal im Jahr vorzunehmen. Die Religionslehrer konnten neben dem Unterricht die häusliche Andacht der Jugend, das Lesen der Bibel und anderer erbaulicher Bücher fördern. Das Recht der Aufsicht lag in letzter Instanz beim Oberkonsistorium.

2.3.4 Konfirmandenunterricht, Sonntags- und Christenlehre

FRIEDRICH BOECKH, Ziel u. Wesen d. Konfirmation: Ber. über d. am 10.6.1903 z. Nürnberg abgehaltene XXXIII. allgemeine Pastoralkonferenz ev.-luth. Geistlicher Bayerns, Nürnberg 1903, 9–37.– KARL BUCHRUCKER, Der Confirmanden-Unterricht nach seiner Bedeutung u. Behandlung: Ber. über d. am 19. und 20.6.1872 i. Erlangen abgehaltene III. allgemeine Pastoral-Conferenz ev.-luth. Geistlicher Bayerns, Ansbach 1872, 24–36.– KURT FRÖR (Hg.), Confirmatio. Forsch. z. Gesch. u. Praxis d. Konfirmation, München 1959.– HEINRICH GÜRSCHING, Unsere Konfirmation u. kirchl. Mündigkeit: JELLB 3 (1903), 60–73.– DERS., Soll an unserer Konfirmation etwas geändert werden?: Ber. über d. am 28.5.1913 z. Nürnberg abgehaltene 43. allgemeine Pastoralkonferenz ev.-luth. Geistlicher Bayerns, Nürnberg 1913, 36–45.– GEORG HEINZ, Ländliche Konfirmationssitten i. Franken: Heimat u. Volkstum. Amtl. NBl. d. Wörterbuchkommission d. Bayer. Akademie d. Wissenschaften i. München, München 1932, 70–73.– WILHELM OTTO ERNST HELLER, Die Christenlehre: JELLB 6 (1906), 51–60.– ERNST FRIEDRICH KARL HENKEL, Was kann ein Geistlicher thun, um d. durch d. Confirmanden-Unterricht begründete seelsorgerliche Verhältnis z. seinen Confirmanden auch f. später f. sich z. erhalten?: Ber. über d. am 13. u. 14.6.1877 i. Erlangen abgehaltene VIII. allgemeine Pastoral-Conferenz ev.-luth. Geistlicher Bayerns, Erlangen 1877, 31–36.– LANDESVEREIN F. IM (Hg.), Großstadtkinder aufs Land – ein christl. Liebeswerk. Erfahrungen u. Beobachtungen ges. v. Friedrich Boeckh, Nürnberg 1917.– DERS., Die Heimat- u. Bewahrungsstätten f. d. konfirmierte männl. u. weibl. Jugend i. d. größeren Orten d. prot. Landeskirche r. d. Rhs., Nürnberg 1892.– DERS., Statistik über kirchl. Jugendpflege i. d. prot. Landeskirche d. Kgr. Bayern r. d. Rhs., Nürnberg 1913.– DERS., Unterweisungskurs f. kirchl. Jugendpflege. Leitsätze. Alexandersbad 11.–13.5.1914.– DERS., Zur kirchl. Jugendpflege. Denkschrift d. Landesvereins f. innere Mission i. d. ev.-luth. Kirche Bayerns, Nürnberg 1913.– FRIEDRICH NÄGELSBACH, Der Massenunterricht i. Konfirmandenstunde u. Christenlehre: JELLB 6 (1906), 43–50.– JULIUS ORTH (Hg.), Ratgeber f. kirchl. Jugendpflege, Nürnberg 1917.– ALBERT REHM, Jugendbewegung u. Krieg: JELLB 15 (1915), 9–19.– HEINRICH REICH, Die Fürsorge d. christl. Gemeinde auf d. Lande f. d. religiös-sittliche Wohl ihrer konfirmierten Jugend, Nürnberg 1901.– FRIEDRICH RITTELMEYER, Einführung unserer Jugend i. d. gottesdienstliche Leben: Ber. über d. am 16. u. 17.6.1880 i. Erlangen abgehaltene X. allgemeine Pastoral-Conferenz ev.-luth. Geistlicher Bayerns, Erlangen 1880, 36–47.– H. SCHOTT, Gedanken eines Laien z. derzeitigen Praxis d. Präparanden- u. Konfirmandenunterrichts i. Bayern: JELLB 5 (1905), 127–132.– JOHANNES VOLKERT, Ueber d. fruchtbare Behandlung d. Sonntags-Christenlehren: Ber. über d. am 15. u. 16.6.1881 i. Erlangen abgehaltene XI. allgemeine Pastoral-Conferenz ev.-luth. Geistlicher Bayerns, Erlangen 1881, 10–25.

Der Konfirmation hatte ein zweijähriger Präparanden- und Konfirmandenunterricht vorauszugehen. In jedem Jahr sollten mindestens 60 Stunden dafür verwendet werden. Auf dem Land und in kleineren städtischen Gemeinden war der gemeinsame Unterricht von Konfirmanden und Präparanden die Regel. Dem Geistlichen war untersagt, Kinder zum Präparandenunterricht zuzulassen, die nicht mit dem folgenden 30. April das 12. Lebensjahr absolvierten. Ungetaufte konnten in den Unterricht nicht aufgenommen werden. Beim Eintritt in das zweite Konfirmandenjahr stellte der Ortspfarrer (in den Städten der erste Pfarrer) die Tauglichkeit der Konfirmanden fest. Als Konfirmationstage standen die Sonntage Palmarum, Quasimodogeniti und Trinitatis zur Auswahl.

Für den Konfirmandenunterricht besaß der Pfarrer keinen verbindlichen Lehrplan. Doch waren in den Verhandlungen der Generalsynode von 1897 Empfehlungen dafür ausgesprochen worden.[51] Der Konfirmandenunterricht, der den Religionsunterricht abschloß, sollte den Katechismus Martin Luthers als Grundlage verwenden. Als Richtlinien für den Lebensweg, den Glauben und ein frommes Leben dienten die 10 Gebote, die am Ende des Konfirmationsunterrichtes als Beichtspiegel zur Erkenntnis von Sünde und Schuld verwendet wurden (erstes Hauptstück). Das Bekenntnis zum dreieinigen Gott als treuen Lebensbegleiter (zweites Hauptstück) sollte ebenso wie das Gebet – in Gestalt des Vaterunsers (drittes Hauptstück) – als tägliche Kraftquelle in das Bewußtsein der Konfirmanden dringen. Auf die drei letzten Hauptstücke (das Sakrament der Hl. Taufe; das Sakrament des Altars oder das Hl. Abendmahl; das Amt der Schlüssel und der Beichte) richtete sich das Hauptaugenmerk. Mit dem Kirchenjahr, dem evangelischen Hauptgottesdienst, den Kirchenämtern, dem Verhältnis zwischen Beichtvätern und Beichtkindern, der Arbeit der Äußeren und Inneren Mission und den kirchlichen Vereinen waren die Konfirmanden in Verbindung mit der Lehre des Katechismus bekanntzumachen. Das bei der Konfirmation gesprochene Gelübde verpflichtete die Konfirmanden zur Treue gegenüber der evangelisch-lutherischen Kirche und zur lebendigen Teilnahme an deren Leben.

An die siebenklassige Volksschule schloß sich die Sonntagsschule an, zu deren Besuch die männliche wie weibliche Jugend nach der Entlassung aus der Volksschule noch drei Jahre lang, vom dreizehnten bis sechzehnten Lebensjahr, verpflichtet war. Sie hatte diesen Namen, weil der zweistündige Unterricht an einem Sonntag erteilt wurde (früher Nachmittag). Auf dem Land fand der Unterricht jeden Sonntag statt, in der Stadt trat an seine Stelle die Fortbildungsschule. Hier wurde der mehrstündige, vielfach nach Gewerben gegliederte Unterricht an einem Wochentag erteilt.

---

[51] Vgl. aaO, 172–181.

Außer den wöchentlichen Religionsstunden sollte an jedem Sonn- und Festtag die Christenlehre als religiöse Ergänzung der Sonntagsschule stattfinden, die mindestens bis zum Ablauf der Sonntagsschulpflicht zu besuchen war. Die Christenlehre beabsichtigte eine Erweiterung der Religionskenntnisse, deren sicheres Behalten und ihre praktische Anwendung. Die Teilnahme der konfirmierten Jugend war Pflicht. Die Christenlehre, die in manchen Gegenden »Fragpredigt« genannt wurde, fand meist am Sonntagnachmittag als Gemeindegottesdienst statt. In ländlichen kirchlichen und frommen Kreisen gab es noch einen Kern von Besuchern, ansonsten klagte man besonders in den Städten über das Fernbleiben der Erwachsenen. Hier betrachtete man den Gottesdienst als Unterrichtsstunde für die Jugend. Selten gelang es, die Jugend mehr als ein oder zwei Jahre über die gesetzliche Zeit hinaus zu gewinnen. Die Aufnahme in eine höhere Schule, an der ordnungsgemäßer Unterricht stattfand, begründete die Befreiung von der Sonntags- und Christenlehrpflicht.

2.4 Sonderpfarrämter[52]

2.4.1 Militärseelsorge

IRMIN BARTH, Militärseelsorge i. d. BRD, Heidelberg 1987.– SCHÜBEL (B).– STEUBER (B).

Die militärkirchliche Ordnung in Bayern war bis zum Beginn des Ersten Weltkrieges wenig ausgebaut: Eine »Königliche Verordnung über die Militärgeistlichkeit« vom August 1860 war ebenso wie eine Entschließung des Oberkonsistoriums von 1864 zur Dienstleistung und amtlichen Stellung der evangelischen Militärgeistlichen in Kraft.[53] Sie galt noch während des Ersten Weltkrieges. Ab 1862 waren in Bayern zunächst zwei Militärgeistliche angestellt, deren Zahl sich bis 1914 auf acht erhöhte: Militärgeistliche gab es in Bayreuth, Erlangen, München, Nürnberg und Würzburg, Hilfsgeistliche für die Militärseelsorge in Amberg, Bamberg und Fürth. Die Pfarrer waren hinsichtlich ihrer geistlichen Dienstpflicht und Disziplin dem Oberkonsistorium in München unterstellt.[54] Die Stellen wurden von den Konsistorien zur Bewerbung ausgeschrieben und gingen über das Oberkonsistorium an das Staatsministerium des Innern. Angestellt wurden die Militärgeistlichen durch den Beschluß des jeweiligen Königs. Die Übertragung erfolgte durch das Oberkonsistorium. Bis 1918 gab es in Bayern keine eigenen Militärgemeinden und es wurden keine Garnisonkirchen gebaut. Die Soldaten und ihre Angehörigen gehörten zur jeweiligen Zivilgemeinde.

---

52 In diesem Zusammenhang ist darauf hinzuweisen, daß es auch Seelsorge für kleinere Sondergruppen, wie z.B. für »Auswanderer«, die im Zuge und Auftrag der Äußeren Mission z.B. nach Nordamerika gegangen sind (vgl. z.B. »Fürsorge f. d. Auswanderer nach Nordamerika 1888–1894«: LKAN OKM Nr. 271), gegeben hat. Aus Platzgründen kann darauf aber nicht näher eingegangen werden.
53 Vgl. Militärseelsorge 1862, 1918: LKAN OKM Nr. 198.
54 Vgl. SEEBERGER (K) 610–613.

Dort nahmen sie an den Gottesdiensten teil. Für die Seelsorge und die kirchlichen Amtshandlungen waren die Orts- oder Bezirkspfarrer zuständig. Zu Beginn des Ersten Weltkrieges zogen 11 evangelische Geistliche mit in den Krieg. Da diese Zahl für die Betreuung der Divisionen und vor allem der Kriegslazarette nicht ausreichte, mußte eine neue Regelung getroffen werden. Das Kriegsministerium beschloß im August 1914, daß beurlaubte oder zur Ersatzreserve gehörende Geistliche zur Ausübung der Seelsorge in den Kriegslazaretten auf die Stelle von Krankenwärtern einzuberufen waren.[55] Dementsprechend wuchs die Gesamtzahl der während des Ersten Weltkrieges im Militärdienst tätigen bayerischen evangelischen Pfarrer auf 241 an.[56]

2.4.2 Seelsorge geistig Behinderter[57]

Die Instruktion f. d. prot. Hausgeistlichen an d. Kreis-Irrenanstalt z. Werneck: SEEBERGER (K) 624ff.– »Seelsorge an Kreisirrenanstalten 1879–1915« (Bayreuth, Erlangen, Himmelkron, München, Regensburg): LKAN OKM Nr. 188–194.– »Stelle eines prot. Hausgeistlichen an d. Kreisirrenanstalt Werneck 1857–1919«: LKAN OKM Nr. 195f.

Erste Aufzeichnungen der Seelsorge an einer »Kreisirrenanstalt« finden sich für Werneck (Unterfranken) und Erlangen in der Mitte des 19. Jahrhunderts. Nacheinander entstanden weitere in Bayreuth, Deggendorf, München, Kaufbeuren und Regensburg. Die Gottesdienste und die Seelsorge in den Anstalten wurden von den beiden ortsansässigen Gemeindepfarrern, dem evangelischen und dem katholischen, übernommen. Sie wurden von der Kreisregierung nach vorliegender Bewerbung dazu in Übereinstimmung mit dem Oberkonsistorium ernannt. Die sonntäglichen Gottesdienste sollten auf eine 1/2 Stunde beschränkt sein, das Abendmahl wurde vierteljährlich mit den Patienten gefeiert, die nach Absprache mit dem Direktor und den Ärzten der Anstalt daran teilnehmen konnten. Bei Ausübung ihres Dienstes waren die Pfarrer verpflichtet, die ärztlichen Richtlinien für den einzelnen Patienten zu beachten. Die Heilung der Patienten erforderte eine enge Zusammenarbeit zwischen Ärzten, Pflegern und Geistlichen. Darüber hinaus sollten die Pfarrer auch zur Seelsorge für Ärzte und Pfleger zur Verfügung stehen.

2.4.3 Gefängnisseelsorge

SEEBERGER (K) 613–624.– »Seelsorge i. Gerichtsgefängnissen 1914«: LKAN OKM Nr. 1709.– »Strafgefangenenseelsorge 1844–1914, 1917«: LKAN OKM Nr. 1707, 1708.

---

[55] Vgl. dazu ABlB 1914, 102; ABlB 1914, 193f. Für die Soldaten und die Militärpfarrer wurde das »Gesang- u. Gebetbuch f. ev.-luth. Soldaten«, München [8]1911 angekauft und verbreitet (vgl. ABlB 1914, 190).
[56] Vgl. zur Seelsorge für Soldaten nach dem Ende des Krieges: »Heimatfürsorge f. Soldaten (Ber. aus d. Dekanaten) 1918–1920«: LKAN OKM Nr. 207; vgl. zur Seelsorge für Gefangene: ABlB 1916, 33f.
[57] Gegen Ende des 19. Jahrhunderts forderte man auch Seelsorger für Krankenhäuser. Da die Informationen in bezug auf Bayern darüber äußerst gering sind (vgl. dazu z.B. »Ev. Krankenhausseelsorge 1839–1918«: LKAN OKM Nr. 183), wird auf eine Darstellung verzichtet.

Informationen zur Gefängnisseelsorge in Bayern liegen bereits vor 1850 vor. In den Gefängnissen waren selbständige Hausgeistliche beider Konfessionen mit Beamteneigenschaft tätig. Jeder Gefangene sollte in den ersten zwei Tagen nach seiner Aufnahme vom Gefängnisseelsorger auf seine Religiosität und, falls der Gefangene das 36. Lebensjahr noch nicht erreicht hatte, auf seine Schulbildung geprüft werden. Man forderte eine menschenwürdige Behandlung; Mißhandlungen wurden verboten. Die sonntäglichen Gottesdienste, die biblischen Erbauungsstunden und der Religionsunterricht der Pfarrer fanden stets unter Anwesenheit des Aufsichtspersonals statt. Seelsorge und kirchliche Amtshandlungen konnten auf Wunsch der Gefangenen in Anspruch genommen werden.

In der Landeskirche gab es sowohl seitens des Oberkonsistoriums als auch der Pfarrer immer wieder Überlegungen und Vorschläge für eine gezielte seelsorgerliche Begleitung entlassener Gefangener, die eine Verbindung mit der Ortsgemeinde wünschten. Die Gemeindepfarrer sollten sich von dem Gefängnisseelsorger genauestens über die jeweiligen Personen informieren lassen.[58] Insgesamt ließ sich aber keine tragfähige Organisation für Strafgefangene schaffen oder eine Bereitschaft in den Gemeinden dafür finden.

2.5 Kindergarten

JUTTA ALTHAUS/HARALD HAHN/BEATE REUL-FRIEDRICH/CLAUDIA SCHÖN/INGRID VOLK, Kindergarten. Zur Entwicklung d. Vorschulerziehung, Frankfurt/Main 1987.– BAYER. STAATSMINISTERIUM F. UNTERRICHT U. KULTUS (B).– DAMMANN/PRÜSER (B).– ERNING/NEUMANN/REYER (B).– BURKHARD MÜLLER, Öffentl. Kleinkindererziehung i. Deutschen Kaiserreich. Analysen z. Politik d. Initiierung, Organisierung, Nationalisierung u. Verstaatlichung vorschulischer Anstalten i. Deutschland, Weinheim 1989.– FRIEDRICH V. STRAUß, Fortgesetzte Sammlung d. i. Gebiete d. inneren Staats-Verwaltung d. Kgr. Bayern bestehenden Verordnungen v. 1835 bis 1852, aus amtl. Quellen. 4. Bd. d. NF. Als Fortsetzung d. Döllinger'schen Sammlung 24. Bd., München 1853.

Den Anlaß zur Kleinkindererziehung in Deutschland bzw. Bayern gab erstmals das von Samuel Wilderspin herausgegebene Handbuch »On the Importance of Educating the Infant Poor«.[59] Die damals wachsende Verarmung breiter Bevölkerungsschichten sowie die Folgen der Frühindustrialisierung zwangen mehr und mehr Frauen und Mütter, einer Erwerbstätigkeit nachzugehen. Deren unbeaufsichtigte Kinder drohten körperlich und sittlich zu verwahrlosen.[60] Seit Mitte

---

[58] Vgl. z.B. GOTTFRIED NIKOLAUS REUSCH, Die Fürsorge d. Geistlichen f. entlassene Sträflinge: Ber. über d. am 23. Juni 1886 i. Erlangen abgehaltene XVI. allgemeine Pastoral-Conferenz ev.-luth. Geistlicher Bayerns, Erlangen 1886, 37–48.

[59] SAMUEL WILDERSPIN, Über d. frühzeitige Erziehung d. Kinder u. d. englischen Klein-Kinder-Schulen, oder Bemerkungen über d. Wichtigkeit, d. kleinen Kinder d. Armen v. anderthalb b. sieben Jahren z. erziehen, übers. v. J. Wertheimer, Wien ²1828.

[60] Vgl. JÜRGEN REYER, Wenn Mütter arbeiten gingen ... Eine sozialhistorische Stud. z. Entstehung d. öffentl. Kleinkindererziehung i. 19. Jh. i. Deutschland, Köln 1983 (Pahl-Rugenstein Hochschulschr. Gesellschafts- u. Naturwissenschaften 106).

der 20er Jahre des 19. Jahrhunderts waren Kleinkinderschulen oder -bewahranstalten, wie sie meist genannt wurden, zu einem häufig diskutierten Thema in der gebildeten, bürgerlichen Welt geworden. Vereinzelt gab es vorher schon Warte- und Strickschulen, in denen nicht schulpflichtige Kinder betreut wurden.

Am 4.8.1833 billigte König Ludwig I. von Bayern die Einrichtung einer Kleinkinderschule in München und begründete damit die neu entstehenden Anstalten zur Kleinkinderbetreuung in Bayern. Bereits im gleichen Jahr wurden durch die Kammer des Innern die »Allgemeinen Bestimmungen die Errichtung und Beaufsichtigung der Kleinkinderbewahranstalten betreffend« erlassen.[61] Es war praktisch das erste bayerische Kindergartengesetz, dessen inhaltliche Bestimmungen sich als staatliche Anerkennung dieser neuen Einrichtungen in Form einer Armenerziehung charakterisieren lassen. Nach diesen »Allgemeinen Bestimmungen« wurden die Kleinkinderbewahranstalten als »Privatinstitute« geführt, sie bedurften der »obrigkeitlichen Bewilligung«, und ihr Zweck war es, noch nicht schulreifen Kindern »Aufenthalt und Pflege« durch gewissenhafte und verständnisvolle Eltern zu gewährleisten.[62]

Deshalb durfte auch nur von »Kleinkinderbewahranstalten« und nicht von »Kleinkinderschulen« – wie sonst üblich – gesprochen werden. Den Kindern sollte kein Unterricht zuteil werden, sondern nur Erziehung zur Frömmigkeit, zur Reinlichkeit und zu jugendlichem Frohsinn.[63] Da insbesondere Kinder von armen Eltern aufgenommen wurden, vermied man in den Bewahranstalten jede Form von Verwöhnung und Verweichlichung.[64] Für die »Wartfrauen« und Leiterinnen der Anstalten wurde keine besondere Ausbildung vorausgesetzt.[65]

Die nicht geforderte pädagogische Ausbildung des Betreuungspersonals führte in der Praxis entgegen der Zielsetzung dazu, daß bereits schulische Formen des Unterrichts angestrebt wurden, wie es die »Wartfrauen« selbst kannten und den Eltern der Kinder nur recht und billig war. 1846 rief man in einem eigenen Erlaß die »Allgemeinen Bestimmungen« in diesem Punkt deshalb erneut in Erinnerung. Darin wurde den Ortsschulbehörden auch die Pflicht erteilt, die ortsansässigen Ärzte zur hygienischen Überwachung der Anstalten hinzuzuziehen.[66]

1847 kamen weitere Ergänzungen dazu: Zur Vermeidung von religiöser Gleichgültigkeit sollten die Kinder mit den in ihrer eigenen Konfession gängigen religiösen Gebräuchen und Gebeten vertraut gemacht werden, eine Trennung der Kinder nach Konfessionen wurde aber nicht erwogen.[67] Im Jahr 1852 forderte man von den Provinzialregierungen, die Einrichtung von Bewahranstalten auf

---

[61] Vgl. STRAUß (T) 588–592.
[62] AaO, 589.
[63] AaO, 589f.
[64] AaO, 589.
[65] Vgl. aaO, 591.
[66] Vgl. aaO, 593.
[67] Vgl. aaO, 593f.

dem Land zu fördern.⁶⁸ Diese gesetzlichen Regelungen blieben bis 1910 in Kraft und wurden dann durch die »Allgemeinen Bestimmungen über Einrichtung und Betrieb von Kinderbewahranstalten« ersetzt.⁶⁹ Diese neuen Bestimmungen wichen aber von den alten nur insofern ab, als eine zeitgemäße Anpassung lediglich in den Fragen der Gesundheitserziehung und der räumlichen Ausstattung, die den übrigen Erziehungs- und Unterrichtsanstalten entsprechen sollten, erfolgte.

In Bayern sind die ersten acht Kleinkinderbewahranstalten in Nürnberg, Ansbach, Burgfarnbach, Augsburg, Bayreuth, München, Schweinfurt, Würzburg und Fürth bereits im Jahr 1833/34 nachweisbar. 1851/52 gab es insgesamt 91 Anstalten, im Jahr 1884/85 waren es 368 und 1911/12 sogar 795. In den Kleinkinderbewahranstalten wurden 1911/12 ca. 71.000 Kinder betreut, d.h. 14% aller 3 bis 6-jährigen Kinder.

Das erste Kindergärtnerinnenseminar in Bayern wurde 1870 als eine private Anstalt eingerichtet. Die hier in einem zunächst einjährigen, seit 1911 zweijährigen Kurs ausgebildeten Kindergärtnerinnen konnten vom Münchner Kindergartenverein eine Anstellung erhalten. Seit 1907 waren die Kindergärtnerinnen den Kanzleibeamtinnen und seit 1920 den Fachlehrerinnen der Volksschule gleichgestellt.

2.6 Kindergottesdienst

OSKAR ADEL/HEINRICH SCHMIDT (Hg.), Liederbüchlein f. ev. Kindergottesdienste. Nach Benehmen mit d. Ausschuß d. Landesverbandes ev. Kindergottesdienste, Nürnberg 1916.– BERG (B).– MERKEL (B).– KARL PRIESER, Der Kindergottesdienst i. Bayern, Bamberg 1913.– PAUL ZAULECK (Hg.), Theorie u. Praxis d. Kindergottesdienstes i. Vorträgen. Gehalten auf d. 1. Theol. Instruktionskurs f. Kindergottesdienste i. Bremen 1913, Gütersloh 1914.– DERS., Weide meine Lämmer! Ein Werbe- u. Instruktionsbüchlein f. Helfer u. Helferinnen i. Kindergottesdienst, Bremen ⁴1905.

Die Anfänge des Kindergottesdienstes in Bayern gehen in das Jahr 1850 zurück und führen nach Erlangen. Es waren Professor Karl von Raumer und Stadtvikar Dr. Julius Schunck, die den ersten Kindergottesdienst ins Leben gerufen haben. Schon Höfling hatte 1837 in seiner »Composition der christlichen Gemeindegottesdienste«⁷⁰ auf die Notwendigkeit von Gottesdiensten für Kinder hingewiesen. Schunck sammelte 1850 in der Sakristei der Neustädter Kirche in Erlangen Kinder zum Gottesdienst. Mit dem Gesang einiger Liedverse wurde begonnen, es folgte ein kurzes Gebet, dann wurde ein kurzer biblischer Abschnitt verlesen und mit einigen Fragen ausgelegt. Mit freiem Gebet, Gesang und Segen schloß die Feierstunde ab. Den Gedanken der Gruppenkatechese gab es noch nicht. Schunck gab

---

⁶⁸ Vgl. aaO, 594f.
⁶⁹ Ministerialblatt f. Kirchen- u. Schulangelegenheiten i. Kgr. Bayern 46 (1910), 727–737.
⁷⁰ Vgl. JOHANN WILHELM FRIEDRICH HÖFLING, Von d. Composition d. christl. Gemeinde-Gottesdienste oder v. d. zusammengesetzten Akten d. Communion. Eine liturgische Abh., Erlangen 1837.

seine Kinderansprachen aufgrund zahlreicher Nachfragen 1856 heraus.[71] Nach seinem Tod geriet der Kindergottesdienst in Erlangen bzw. Bayern in Vergessenheit.

In Deutschland ist der Kindergottesdienst – außerhalb Bayerns Sonntagsschule genannt – erst seit den Werbe- und Aufklärungsreisen der Kaufleute Albert Woodruff und Wilhelm Broeckelmann in weiteren Kreisen eingeführt und bekannt geworden.[72] Seit 1872 widmete sich Wilhelm Broeckelmann besonders Bayern. Die Schwierigkeiten waren anfangs groß, weil in Bayern unter dem Begriff Sonntagsschule der Fortbildungsschulunterricht der aus der Volksschule entlassenen Jugendlichen verstanden wurde. Für den Kindergottesdienst engagierten sich in Bayern besonders die Lehrer, er wurde aber auch von Laien abgehalten, was vielen Pfarrern zunächst anstößig erschien, die erst allmählich die Leitung übernahmen. Langsam breiteten sich die Kindergottesdienste in Bayern aus. Die ersten noch im Jahr 1873 in München, Lindau, Erlangen, Fürth, Nürnberg, Schwabach, dann 1874 in Augsburg und 1875 in Schweinfurt. Erst Anfang des 20. Jahrhunderts setzte eine lebhaftere Bewegung ein. Im Jahr 1908 gab es 88 Kindergottesdienste in Bayern mit 18.917 besuchenden Kindern. Die Verbreitung ließ aber dennoch zu wünschen übrig. In den kleineren Städten oder ländlichen Gemeinden, in denen sich Industrie angesiedelt hat, fehlten die Kindergottesdienste ganz.

Der Kindergottesdienst galt als sinnvolle Ergänzung des Religionsunterrichtes in der Schule. Die Kinder wurden mit der Bibel vertrauter. Der erbauliche Wert stand im Vordergrund, ein lehrhafter Zwang wurde vermieden. Das Wichtigste des Helfer-Laiendienstes war deren Beschäftigung im kirchlichen Dienst und eine lebendige Beziehung und Vertiefung in der Hl. Schrift.[73]

Dem Wunsch nach Gründung einer Vereinsform wurde auf dem Jahresfest des »Landesvereins für Innere Mission« im Jahre 1912 in Augsburg entsprochen und der »Landesverein für bayerische Kindergottesdienste« 1913 mit Sitz in Nürnberg gegründet.[74] Seine Aufgaben bestanden im wesentlichen in der Beratung seiner Mitglieder, in der Förderung von Neugründungen und Kontakten der einzelnen Einrichtungen untereinander sowie der Aus- und Fortbildung der ehrenamtlichen Mitarbeiter.

2.7 Die Anfänge des Pressewesens in Bayern (Sonntags- und Gemeindeblätter; ev. Preßverband Bayern)

ACHTELSTETTER/ULRICH/MEIER-REUTTI/PÖHLMANN (B).– Ev. Gemeindeblatt f. d. Dekanatsbezirk München 1892–1918.– Ev. Sonntagsblatt 1883–1918.– MEHNERT, Presse

---

[71] Vgl. JULIUS SCHUNCK, Kinderpredigten, d. Kindern vorzulesen, Nördlingen 1856.
[72] Vgl. ADOLF NIEDEN, Wilhelm Bröckelmann. Wegbereiter d. deutschen Sonntagsschulbewegung vor hundert Jahren, Karlsruhe 1966.
[73] Vgl. »Abhaltung v. Kindergottesdiensten 1873–1919«: LKAN OKM Nr. 390.
[74] Vgl. Satzung d. Landesverbands d. ev. Kindergottesdienste i. Bayern. Beschlossen Nürnberg, den 26.11.1913: LKAN OKM Nr. 4297.

(B).– MEHNERT, Programme (B).– MEIER-REUTTI, Chancen (B).– MEIER-REUTTI, Politik (B).– Nürnberger Ev. Gemeindeblatt 1893–1918.

Das erste evangelische Sonntagsblatt in Bayern und im evangelischen Deutschland überhaupt erschien im Jahr 1816 durch Pfarrer Ludwig Pflaum. Nach einer Existenz von nur 15 Jahren gründete Pfarrer Christian Wilhelm Adolph Redenbacher ein neues Sonntagsblatt. Die Schriftleitung übernahmen nacheinander die Pfarrer Redenbacher von 1831 bis 1833, Dr. Philipp Friedrich Heinrich Ranke von 1833 bis 1835 und Johann Friedrich Wucherer von 1835 bis 1844. Wucherer begann jede Nummer mit einer biblischen Betrachtung und gab jeweils eine monatliche Beilage »Des Sonntagschreibers Sammelkasten« heraus. Diese Beilage enthielt ein »Fach für Welthändel«, d.h. einen politischen Wochenbericht, einen Teil mit kirchlichen Nachrichten und ein Bücherfach für Buchbesprechungen. Damit war die äußere Form für spätere Sonntagsblätter vorgegeben.

Anstelle dieses Sonntagsblattes, das ab 1845 nicht mehr erschien, trat das ebenfalls von Wucherer herausgegebene »Freimund'sche kirchlich-politische Wochenblatt« mit anderem äußeren Rahmen und inhaltlicher Konzeption. In Anknüpfung an das bis 1844 erschienene Sonntagsblatt versuchte ab 1860 eine Reihe von neuen kirchlichen Blättern an seine Stelle zu treten: 1860 von Pfarrer Wilhelm Theodor Friedrich Ulmer in Feucht der »Evangelische Kirchenbote für das evangelisch-lutherische Bayern«, 1864 von Konsistorialrat Lorenz Kraußold ein »Bayreuther Sonntagsblatt«, 1865 in Erlangen ein »Kirchliches Volksblatt«, 1866 ebenfalls in Erlangen das »Concordia, christliche Gemeindeblatt«, 1876 von Pfarrer Heinrich Christian Schöner die »Ludwigstädter Volksblätter«. Keines der genannten Blätter konnte sich aber durchsetzen.

Dagegen fanden auswärtige Blätter eine weitaus größere Verbreitung, wie z.B. der württembergische »Christenbote«, der Hamburger »Nachbar« und vor allem das »Stuttgarter Sonntagsblatt«. Sein Absatz betrug allein in Bayern im Jahr 1883 12,5% der Gesamtauflage, d.h. 15.000 von 120.000 Exemplaren.[75] Mit der Breitenwirkung auswärtiger Blätter wollte sich in der bayerischen Landeskirche vor allem Pfarrer Adolf Caselmann nicht abfinden und forderte ein bayerisches christliches Volksblatt. Trotz heftiger Widerstände gelang es ihm, im Jahr 1884 das »Evangelische Sonntagsblatt aus Bayern« ins Leben zu rufen.[76] Da es in Rothenburg o. T. gedruckt wurde, bürgerte sich dafür die Bezeichnung »Rothenburger Sonntagsblatt« ein.

Neben dieses überregionale Sonntagsblatt trat im Laufe der Zeit eine Fülle regionaler Gemeindeblätter, wenn auch mit provinziellem Charakter. So erschienen im Jahr 1892 das »Evangelische Gemeindeblatt für den Dekanatsbezirk München« und ein »Würzburger Gemeindeblatt«, 1893 folgte ein »Nürnberger Evangelisches Gemeindeblatt«. Nacheinander erschienen evangelische Gemeindeblätter in Bayreuth (1900), Bamberg (1913), Ansbach, Augsburg und Coburg

---

[75] Vgl. KELGB 8 (1883), 41. 88.
[76] Vgl. aaO, 25ff. 41f. 49. 67. 124ff. 407.

(1914), Kempten (1915), Amberg (1917), Hof und Schwabach (1919), Altdorf (1920), Erlangen (1924) und Aschaffenburg (1925).

Das Rothenburger Sonntagsblatt wie auch die übrigen lokalen Gemeindeblätter wurden überwiegend aufgrund der Initiative ordinierter bayerischer Theologen gegründet, betreut und geführt, obwohl ihnen meist eine qualifizierte Ausbildung für kirchliche Pressearbeit fehlte. Für die inhaltlich theologische Ausrichtung der meisten Blätter darf die süddeutsche Erweckungsbewegung und die konfessionell-lutherische Theologie der »Erlanger Fakultät« als prägend angesehen werden. Das Rothenburger Sonntagsblatt verstand sich von Anfang an als »christliches Volksblatt für Stadt und Land«, d.h. es wandte sich an die gesamte Landeskirche, an einfache wie gebildete Leser. Die evangelischen Gemeindeblätter der genannten Städte hatten die im Raum der Großstadt lebenden, unterschiedlichen sozialen Schichten zugehörigen Menschen im Blick. Obwohl das Sonntagsblatt wie die Gemeindeblätter das »gesamte Volk« ansprechen wollten, erreichten beide tatsächlich nur die »christliche Kerngemeinde«.[77] Die Sonntags- und Gemeindeblätter hielten sich auch während der Zeit des Ersten Weltkrieges: Sie unterstützten dabei die Kriegspolitik und legitimierten das Handeln des Staates als dem Evangelium gemäß.

Zur Förderung des Schrifttums wurde 1904 die Zentrale für evangelische Sonntagsblätter ins Leben gerufen, deren Arbeit der 1917 gegründete, gleichnamige Verband fortsetzte. Eine bedeutende Entwicklung setzte durch die Gründung des »Evangelisch-sozialen Preßverbandes für die Kirchenprovinz Sachsen« im Jahr 1890 ein. Er gab den Anstoß für eine bis zum Ersten Weltkrieg anhaltende Gründungsperiode landeskirchlicher und kirchenprovinzialer Preßverbände. So entstand 1911 der »Evangelische Preßverband für die protestantische Landeskirche in Bayern«, der in den Landesverein für Innere Mission einbezogen war.[78] Man nahm die Impulse aus der Inneren Mission auf, die auf den Aufbau einer eigenen Kirchenpresse sowie auf eine bessere Verbindung mit der weltlichen Presse drang. Das einst von Wichern geprägte Motto »Mission durch das gedruckte Wort« wurde nun so verstanden, die weltliche Tagespresse mit kirchlichen Nachrichten zu versorgen und so eine gezielte religiöse Beeinflußung der Leserschaft zu erreichen. Die »Bayerische Pressekorrespondenz« wurde an 83 Zeitungen der bayerischen Tagespresse versandt.[79]

---

[77] Vgl. dazu »Ev. Sonntagsblatt aus Bayern 1907–1919«: LKAN OKM Nr. 591.
[78] Vgl. GEISENDÖRFER (B) 12.
[79] Vgl. »Berichterstattung i. d. Presse über kirchl. Angelegenheiten 1856–1919«: LKAN OKM Nr. 593, 594; GEISENDÖRFER (B) 14; AXEL SCHWANEBECK, Ev. Kirche u. Massenmedien. Eine historische Analyse d. Intentionen u. Realisationen ev. Publizistik, München 1990, 162–165.

V.5 DIE ERLANGER THEOLOGIE 1870–1918

Von Friedrich Wilhelm Graf

AMBROSY (B).– PHILIPP BACHMANN, Stellung u. Eigenart d. sog. Erlanger Theologie: Festgabe f. Theodor Zahn, Leipzig 1928, 1–17.– BEYSCHLAG (B).– KARLMANN BEYSCHLAG, Die Erlanger Theologie: KÖSSLER (B) 205–269.– MARTIN BREIDERT, Die kenotische Christologie d. 19. Jh., Gütersloh 1977.– Datenhb. z. Deutschen Bildungsgesch., Bd. 1/2: HARMTUT TITZE, Wachstum u. Differenzierung d. deutschen Universitäten 1830–1995, Göttingen 1995.– WERNER ELERT, Erlangen u. d. Luth. Kirche: Luth. Kirche i. Bewegung. FS f. Friedrich Ulmer z. 60. Geburtstag, hg. v. GOTTFRIED WERNER, Erlangen 1937, 184–193.– FRIEDRICH WILHELM GRAF, Profile d. neuzeitlichen Protestantismus, Bd. 2/1: Kaiserreich, Gütersloh 1992, Bd. 2/2: Kaiserreich, Gütersloh 1993.– DERS., Prot. Theologie i. d. Gesellschaft d. Kaiserreichs: GRAF 2/1 (K) 12–117.– HEIN, Bekenntnis (B).– HEIN, Erlangen (B).– ROBERT JELKE, Die Eigenart d. Erlanger Theologie: NKZ 41 (1930), 19–63.– KANTZENBACH, Theologie (B).– BERNHARD KLAUS, Die Anfänge d. Praktischen Theologie i. Erlangen: ZBKG 32 (1963), 296–314.– WOLFHART PANNENBERG, Problemgesch. d. neuesten ev. Theologie i. Deutschland. Von Schleiermacher bis z. Barth u. Tillich, Göttingen 1997.– Religionswissenschaft 1 (B).– SLENCZKA, Glaube (B).– SLENCZKA, Selbstkonstitution (B).– WINTER (B).– WITTERN (B).– THEODOR ZAHN, Mein Werdegang u. meine Lebensarbeit: Religionswissenschaft 1 (B) 1–28 [= 221–248].

1. Die Erlanger Fakultät in den siebziger und achtziger Jahren des 19. Jahrhunderts

Die Frage nach der inneren Einheit der »Erlanger Theologie« oder »Erlanger Schule« ist bis heute ohne konsensfähige Antworten geblieben. Die neuere Forschung über prominente Systematiker der Erlanger Fakultät hat jedoch erkennen lassen, daß der Begriff der »Schule« unangemessen ist. Mit großer Wahrscheinlichkeit wurde der Begriff schon in den vierziger Jahren in polemischer Absicht geprägt, um die theologischen Grundübereinstimmungen zwischen den Mitarbeitern der 1838 von Gottlieb Christoph Adolf von Harleß gegründeten »Zeitschrift für Protestantismus und Kirche« zu markieren. Keiner der prominenten Erlanger Theologen des 19. Jahrhunderts machte sich den Begriff jedoch als Selbstbezeichnung zu eigen; Gottfried Thomasius wies ihn 1867 zurück.[1]

Nur in einem weiteren Sinne kann für das Kaiserreich von einem relativ einheitlichen Profil der in Erlangen gelehrten Theologien ausgegangen werden: Vertreter des theologischen Liberalismus, der Spekulativen Theologie, der Vermittlungstheologie oder der Schule Albrecht Ritschls wurden nicht nach Erlan-

---

[1] HELMUT EDELMANN, Subjektivität u. Erfahrung. Der Ansatz d. theol. Systembildung v. F.H.R. v. Frank i. Zusammenhang d. ›Erlanger Kreises‹ (Masch. Diss.), München 1980, 32f; FALK WAGNER, Luth. Erfahrungstheologie. Franz Hermann Reinhold Frank: GRAF 2/2 (K) 205–230 (205f).

gen berufen. Die Interessen der bayerischen Landeskirche und die konsequente Berufungspolitik der bayerischen Kultusbürokratie trugen in Übereinstimmung mit der Personalpolitik der Fakultät dazu bei, der Erlanger Fakultät während des gesamten Zeitraumes eine *relativ einheitliche theologische Prägung* zu sichern. Hier dominierte ein *von Erweckungstraditionen und mildem Konfessionalismus geprägtes theologisch konservatives Kulturluthertum*. Alle Erlanger Theologen verstanden die Heilige Schrift und die Bekenntnisse des 16. Jahrhunderts als normativen Ausdruck der christlichen Wahrheit. Aber sie gingen nicht von einem objektiv gegenständlichen Gegebensein dieser Wahrheit aus, sondern suchten die Evidenz der in Schrift und Bekenntnis repräsentierten Lehrgehalte durch Rekurs auf die Selbsterfahrung des frommen Individuums oder der kollektiven religiösen Erfahrung der Gemeinde zu erweisen.[2]

Diese moderne Form des Wahrheitsbeweises ließ sich aber mit sehr verschiedenen dogmatischen Gehalten füllen. Auch in den ekklesiologischen Bestimmungen der Kirche und ihres Ortes in der bürgerlichen Gesellschaft, in den ethischen Positionen, in der kirchenpolitischen Praxis und im gelehrtenpolitischen Engagement vertraten die Erlanger Theologen im Kaiserreich keine einheitliche Position.

1910 veröffentlichte Theodor (Ritter von) Kolde eine Festschrift zur Jahrhundertfeier der Friderico-Alexandrina. Selbstbewußt betonte er, die führende Rolle seiner Fakultät liege »nicht nur an den scharf ausgeprägten Persönlichkeiten der Kollegen, sondern auch daran, daß diese mehrheitlich angesehene Forscher seien«.[3] Liberale Kulturprotestanten beurteilten den wissenschaftlichen Rang der Erlanger Theologischen Fakultät um die Jahrhundertwende allerdings skeptisch.[4]

Auf einer Rangliste der Studierendenzahlen von 26 deutschen Universitäten stand Erlangen während der Jahre 1830/31 bis 1941 an 16. Stelle. Allein die Theologie, die hinter dem Spitzenreiter Berlin unter 18 Fakultäten an der fünften Stelle stand, verbesserte die Bilanz.[5] Dies verschaffte den evangelischen Theologen in den Gremien der Erlanger Universität eine starke Stellung.

Die Zahl der Theologiestudenten – Frauen studierten hier erst seit 1919 Theologie – schwankte in den Jahren 1870 bis 1918 zwischen 128 (1870/71) und 445 (1886). Vom SS 1870 bis zum SS 1874, im SS 1875 und vom SS 1875 bis zum SS 1888 war die Theologische Fakultät die größte Fakultät der Universität. Eine noch größere und länger andauernde Prägung der Universität durch die evangelische Theologie ließ sich nur für Tübingen nachweisen.[6] Insgesamt gilt: Erlangen war wegen seiner Theologie attraktiv. Zwar kam ein großer Teil der Studieren-

---

[2] Vgl. SLENCZKA, Glaube (B) 317.
[3] THEODOR KOLDE, Die Universität Erlangen unter d. Hause Wittelsbach 1810–1910. FS z. Jahrhundertfeier d. Verbindung d. Friderico-Alexandrina mit d. Krone Bayerns i. Auftrage d. Akademischen Senats verfaßt, Erlangen u.a. 1910, Neudruck Erlangen 1993, 437.
[4] Vgl. ADOLF KÖBERLE, Professor D. Justus Köberle (1871–1908). Ein Lebensbild i. Briefen: ZBKG 55 (1986), 159–197 (163: Brief vom 15.1.1890).
[5] Datenhb. (K) 32f.
[6] SS 1870–SS 1875, SS 1877–WS 1878/79, WS 1879/80–WS 1895/96, SS 1913, SS 1914–SS 1915.

den aus Bayern und hier insbesondere Franken; es gab im Kaiserreich in der bayerischen Landeskirche nur wenige Pfarrer, die nicht in Erlangen studiert hatten. Aber wegen des hohen Ansehens der Erlanger Tradition in den lutherischen Kirchen und konfessionell-lutherischen Milieus kamen auch relativ viele Ausländer und Studierende aus anderen deutschen Ländern nach Erlangen. Im SS 1883 waren 10,16% der Theologiestudierenden Ausländer. Der Anteil von Studierenden aus den anderen deutschen Ländern lag in den frühen 1870er Jahren zwischen 27 und 39%.[7]

1.1 Die personelle Entwicklung von 1870 bis 1890

Die *Alttestamentliche Theologie* war die personell beständigste Teildisziplin der Fakultät. Zum 1.4.1868 folgte der ehemalige Erlanger Privatdozent und Bonner Ordinarius Philipp August Köhler auf seinen Freund Franz Julius Delitzsch, der nach Leipzig gegangen war. Nach Köhlers Tod im Februar 1897 trat zum September des Jahres der Wiener Ordinarius Wilhelm Lotz dessen Nachfolge an. Lotz war Schüler Köhlers, er hatte sich 1883 von Leipzig nach Erlangen umhabilitiert.

Johann Christian Konrad (von) Hofmann.

---

[7] Datenhb. (K) 152–159; GEORG MAYR, Statistik d. Unterrichts i. Kgr. Bayern f. d. Jahre 1869/70, 1870/71 u. 1871/72, Teil 1: Das höhere u. mittlere Unterrichtswesen, München 1873, 3–12 (XXVII. Heft d. Beitr. d. Statistik d. Kgr. Bayern).

Weniger personelle Konstanz herrschte im *Neuen Testament*. Seit 1845 hatte Johann Christian Konrad von Hofmann einen Lehrstuhl für »Theologische Enzyklopädie und Einleitende Wissenschaften, Christliche Sittenlehre und Neutestamentliche Exegese« inne. Im Oktober 1874 wurde der Lehrauftrag auf »Einleitende Wissenschaften und Neutestamentliche Exegese« begrenzt. Nach Hofmanns Tod Ende 1877 berief die Fakultät dessen Wunschkandidaten[8] Theodor von Zahn aus Kiel. Er lehrte »Neutestamentliche Exegese und Einleitende Wissenschaften«. 1888 ging er nach Leipzig. Für ihn berief das Kultusministerium den 31-jährigen Hallenser Stiftsinspektor und Privatdozenten Johannes Eduard Gloël. Bereits im Juni 1891 starb er unerwartet. Sein Nachfolger wurde wiederum Zahn, der in Leipzig nicht heimisch geworden war.[9] Nach Zahns Emeritierung im Herbst 1909 folgte ihm sein Fakultätskollege Paul Ewald nach. Ewalds Lehrauftrag war bereits im April 1909 von »Dogmatik und neutestamentliche Exegese« in »Einleitende Wissenschaft und Neutestamentliche Exegese« umgewandelt worden. So konnte ein Berufungsverfahren erübrigt werden.[10] Doch schon im SS 1910 mußte Ewald auf sein Amt verzichten. Sein Nachfolger wurde zum 1.11.1911 Gustav Wohlenberg, Hauptpastor an der Hamburger Friedenskirche. Dieser hatte sich im April 1888 in Kiel für Neues Testament habilitiert, konnte außer einigen Monaten als Repetent in Erlangen im Jahr 1887 aber nur ein Semester Lehrtätigkeit in Kiel als Privatdozent im SS 1888 vorweisen. Wohlenberg hatte vor allem auf dem Gebiet der Apologetik gearbeitet. Er war seit 1893 Mitarbeiter der »Neuen kirchlichen Zeitschrift«, seit 1896 auch Mitherausgeber. Für Zahns »Kommentar zum Neuen Testament« hatte er vor seiner Berufung drei Bände beigesteuert.[11]

Seit 1846 lehrte Heinrich Friedrich Ferdinand Schmid in Erlangen *Kirchengeschichte*, seit 1853 als Ordinarius für »Kirchengeschichte und Systematische Theologie«, 1856 wurde sein Lehrauftrag in »Sämtliche Teile der Historischen Theologie« geändert. Neben Schmid wirkte Gustav Leopold Plitt: als Privatdozent seit 1862, als außerordentlicher Professor seit 1867 und als Ordinarius für »Kirchengeschichte und Theologische Enzyklopädie« seit 1875. Plitts Nachfolger wurde zum 1.4.1881 der Marburger Extraordinarius Kolde, der »Kirchengeschichte und Theologische Enzyklopädie« lehrte. Seit 1882 lehrte er »Sämtliche Fächer der Historischen Theologie«. Auf Schmid folgte im August 1882 Albert Hauck, seit 1878 außerordentlicher Professor für »Kirchengeschichte und Christliche Theologie«. Tatsächlich lehrte Hauck jedoch Neues Testament und Theologiegeschichte. Erst 1882 als Ordinarius für »Kirchengeschichte und

---

[8] FRIEDRICH HAUCK, Aus Briefen Theodor Zahns 1879–1930 (Erlangen–Leipzig–Erlangen): ZBKG 22 (1953), 249–266 (249); ZAHN (K) 18 [= 238].
[9] ZAHN (K) 23 [= 243].
[10] PHILIPP BACHMANN, Ewald, Hermann August Paul: RE³ 23, 443ff.
[11] GUSTAV WOHLENBERG, Der erste u. d. zweite Thessalonicherbrief, Leipzig 1903, ²1909 (KNT 12); DERS., Die Pastoralbriefe, Leipzig 1906, ³1923 (KNT 13); DERS., Das Evangelium d. Markus, Leipzig 1910 (KNT 2).

Theologische Enzyklopädie« konnte er sich dem Gesamtgebiet der Kirchengeschichte und der christlichen Kunst zuwenden. Als Hauck zum Sommer 1889 nach Leipzig wechselte, berief die Fakultät den Dorpater Systematischen Theologen Reinhold Seeberg, der als Kandidat in Erlangen im Jahr 1883 Franz Hermann Reinhold von Frank und Zahn kennengelernt hatte. Er durfte nur über »Theologische Enzyklopädie, Neutestamentliche Zeitgeschichte und Patristik« lesen. Als Kolde 1914 emeritiert wurde, wurde mit Hermann Jordan ein Mitglied der eigenen Fakultät berufen. Zum 1.5.1914 übertrug man dem bisherigen außerordentlichen Professor für »Kirchengeschichte und Patristik« den Lehrstuhl für »Kirchengeschichte, Patristik, Christliche Kunstarchäologie und Missionsgeschichte«. Nur wenige Monate später kam der Leipziger Gymnasiallehrer Hans Preuß als außerordentlicher Professor für »Kirchengeschichte, Symbolik und Altchristliche Kunst« nach Erlangen.

Zahlreiche Lehrstuhlwechsel und Dauerdebatten über die Grenzen der Disziplin kennzeichneten die *Systematische Theologie*. Von 1842 bis zu seinem Tod im Januar 1875 hatte Thomasius einen Lehrstuhl für »Dogmatik« inne. Sein Nachfolger Frank war seit 1858 Ordinarius für »Kirchengeschichte und Systematische Theologie«, seit Oktober 1875 für »Systematische Theologie einschließlich Ethik«. Nach Franks Tod 1894 gelang es Seeberg, aus der Kirchengeschichte zu seinem Wunschfach »Systematische Theologie« überzugehen. Trotz erheblichen fakultätsinternen Widerstands öffnete Seeberg die Systematische Theologie neuen empirischen Fragestellungen. Die Traditionen der »positiven« Theologie sollten in einer »modern-positiven Theologie« aufgehoben werden. Da Seeberg im Herbst 1898 in Berlin einen Lehrstuhl übernahm, wurde seine Stelle mit dem Loccumer Studiendirektor Ludwig Ihmels neu besetzt, der Erlangen jedoch nach vier Jahren in Richtung Leipzig verließ und 1922 Landesbischof von Sachsen wurde. Mit Philipp Bachmann, der seit Oktober 1902 »Systematische Theologie« bzw. seit 1909 »Systematische Theologie und Neutestamentliche Exegese« lehrte, kehrte wieder personelle Konstanz ein. 1909 berief man den Leipziger außerordentlichen Professor für Apologetik August Wilhelm Hunzinger, um »Dogmatik, Apologetik und Theologische Enzyklopädie« zu lesen. Hunzinger wurde 1912 Hauptpastor an St. Michaelis in Hamburg; ihm folgte der Rostocker Ordinarius Richard Grützmacher. Sein Lehrauftrag wurde noch auf Dogmengeschichte erweitert.

Anders gestaltete sich die Situation in der *Praktischen Theologie*. Von 1866 bis zu seinem Tod am 20.7.1886 lehrte Gerhard von Zezschwitz »Praktische Theologie, Didaktik und Pädagogik«. Zu seiner Unterstützung berief die Fakultät zum November 1885 den Ansbacher Pfarrer August Caspari. Schon einen Monat nach Zezschwitz' Tod wurde Caspari dessen Nachfolger. Er hatte sein Amt bis 1919 inne.[12]

---

12 Zum Lehrstuhl für *Reformierte Theologie extra facultatem* vgl. VIII.3.

1.2 Herausragende Fachvertreter und ihre prägenden theologischen Werke bis 1890

Von 1875 bis 1893 publizierte Köhler sein »Lehrbuch der biblischen Geschichte des Alten Testaments«.[13] Seine vorsichtige Öffnung für die historische Kritik ließ ihn skeptisch gegenüber Gruppen in der bayerischen Pfarrerschaft werden, die an der altprotestantischen Inspirationslehre und deren Repristinationen durch Erlanger Theologen der Jahrhundertmitte festhielten. 1894 publizierte Köhler einen Aufsatz »Zur Kritik des Alten Testaments«,[14] in dem er die historisch-kritische Forschung zu einer Gewissensfrage erhob. Nie dürfe etwas »Gegenstand des religiösen Glaubens sein«, das der »Wahrheit und der Wirklichkeit widerspricht« (865). Kritikern, die sich auf die Autorität Jesu beriefen, gestand Köhler zwar zu, daß das Alte Testament auf das kommende Heil in Jesu hinweise und Wort Gottes sei (867). Formal seien die literarischen Methoden der Propheten bzw. der Verfasser alttestamentlicher Geschichtswerke und diejenigen antiker Redner und Autoren profangeschichtlicher Darstellungen gleich (871). »Nicht nur die Darstellungen der späteren israelitischen Geschichte [...], auch der Pentateuch und [...] die [...] Darstellung der Urgeschichte« seien wie andere antike Schriften entstanden. »Trotzdem [...] werden sie von Jesus und den Aposteln [...] als das Wort Gottes an seine Gemeinde und mithin als gottgesetzte betrachtet und behandelt« (881). Den Verfassern der neutestamentlichen Schriften habe der Heilige Geist zwar »die vollkommenste Heilserkenntnis vermittelt«, in der Erkenntnis natürlicher Dinge seien sie dennoch »irrtumsfähige [...] Menschen geblieben« (883f). Für die Traditionsbildung in Erlangen repräsentativ ist Köhlers Programm wegen der Widersprüche, in die er bei seinem Versuch geriet, historische Forschung und theologische Deutung zu verbinden.

Von 1862 bis zu seinem Tode im Jahre 1877 arbeitete Hofmann an einer Gesamtauslegung des Neuen Testaments.[15] Seit 1880 läßt sich bei Erlanger Neutestamentlern eine moderate Öffnung für Probleme der historischen Kritik beobachten. Dafür kennzeichnend sind vor allem Zahns Studien zum Kanon des Neuen Testaments. Seine Arbeiten sind durch einen entschiedenen Gegensatz zum historiographischen Programm Adolf von Harnacks bestimmt. Für seine zehnbändigen »Forschungen zur Geschichte des neutestamentlichen Kanons« steuerte Zahn selbst sieben Teile bei. Die als erster Teil erschienene Abhandlung über »Tatian's Diatessaron« (Erlangen 1881) galt als bahnbrechend. Zahn lieferte bis heute anerkannte Ergebnisse zur Textgestalt und zum Umfang dieser syrischen Sammlung neutestamentlicher Schriften. Seine zweibändige »Geschichte des neutestamentlichen Kanons« (Erlangen 1888/89) wurde von liberalprotestantischen Theologen demgegenüber kritisch beurteilt. Er hatte nämlich zu be-

---

[13] AUGUST KÖHLER, Lehrbuch d. biblischen Gesch. d. Alten Testaments, Bd. 1–3, Erlangen 1875–1893.
[14] DERS., Zur Kritik d. Alten Testaments: NKZ 5 (1894), 865–887.
[15] Vgl. BEYSCHLAG, Theologie (K).

weisen versucht, daß die neutestamentlichen Schriften schon seit der Wende vom 1. zum 2. Jahrhundert in Gemeindegottesdiensten benutzt wurden und durch die normative Kraft des Faktischen kanonischen Wert erlangt hatten.

Der Aufschwung kirchenhistorischer Forschung ist mit Hauck, einem Schüler Leopold von Rankes, und seiner »Kirchengeschichte Deutschlands«[16] verbunden. In fünf mehrfach aufgelegten Bänden entfaltete er »ein kirchengeschichtliches Panorama mit [...] theologiehistorischen und prosopographischen Studien«[17] von den Römern im Rheinland bis zum Konzil von Basel (1437). Kirchengeschichte bestimmte er als »Erforschung und Darstellung des Entwicklungsganges der Gemeinde Jesu Christi auf Erden und als Ineinander von Wirksamkeit des hl. Geistes und menschlicher Freiheit«.[18]

Hauck konnte einen großen wissenschaftspolitischen Einfluß erlangen. Wissenschaftsorganisatorisch brillierte er als Herausgeber der »Real-Encyclopädie für protestantische Theologie und Kirche«. Bereits bei der zweiten Auflage wirkte er mit; die 24-bändige dritte Auflage in den Jahren 1896–1913 betreute er allein. Die Konzeption ging dahin, die Exklusivität einer bestimmten theologischen Richtung zu vermeiden und jeden Beitrag willkommen zu heißen, der »als Ergebnis wohlerwogener wissenschaftlicher Überzeugung sich darstellt. Denn die echte Wissenschaft zerstört nicht, sondern sie erbaut«.[19]

Wenige Jahre vor Hauck hatte Schmid, langjähriger Redakteur der »Zeitschrift für Protestantismus und Kirche«, sein altes, vielgelesenes »Lehrbuch der Kirchengeschichte« (1856) zu einem zweibändigen »Handbuch der Kirchengeschichte«[20] erweitert. Er polemisierte gegen alle »negativen« Richtungen in der Theologie: gegen den Rationalismus, die liberale Theologie seit Friedrich Daniel Ernst Schleiermacher, die Theologen des Protestantenvereins und die Ritschlianer.[21] Gegenüber dem ultramontanen Katholizismus hielt er sich mit Werturteilen zurück. In Schmids voluminöser »Geschichte der katholischen Kirche Deutschlands von der Mitte des 18. Jahrhunderts bis in die Gegenwart«[22] fehlte jede konfessionelle Polemik.

Der Reformationshistoriker Kolde brachte ein neues historisches Forschungsprogramm nach Erlangen. Kolde, der neben Harnack wohl einflußreichste protestantische Kirchenhistoriker der Jahrhundertwende, wußte sich methodisch dem Historismus verbunden. Er betonte, daß »eine wirkliche Erkenntnis der kirchengeschichtlichen Entwicklung nur in engster Verbindung mit der Erforschung der allgemeingeschichtlichen Entwicklung und [...] des gesamten Geisteslebens zu erreichen« sei. Auch müsse die Kirchengeschichte nach innovativen

---

[16] ALBERT HAUCK, KG Deutschlands, Bd. 1–5/2, Leipzig 1887–1920 (Berlin ⁹1958). Für die Drucklegung des fünften Bandes sorgte nach Haucks Tod Heinrich Boehmer.
[17] KURT NOWAK, Hauck, Albert: TRE 14, 472ff (474).
[18] ALBERT HAUCK, KG: RE² 7, 734–740 (734f).
[19] DERS., Vorwort: RE³ 1, III.
[20] Bd. 1, Erlangen 1880, Bd. 2, Erlangen 1881.
[21] HEINRICH SCHMID, Hb. d. KG, Bd. 2, Erlangen 1881, 301–305. 329f.
[22] München 1874.

Methoden der Quellenerschließung suchen.[23] Als ein neues Arbeitsgebiet pflegte Kolde die bayerische Kirchengeschichte. Neben kleineren Studien über Persönlichkeiten der Reformationszeit und einer umfangreichen Edition bis dahin unbekannter Archivalien zu Martin Luthers Leben[24] publizierte Kolde vor allem eine zweibändige Lutherbiographie.[25] Zunehmend profilierte er sich als ein kritischer Diagnostiker der katholischen Lutherforschung. Seit 1885 kamen Themen der außerdeutschen Kirchengeschichte und der Konfessionskunde in seinen Blick.[26] Sein historiographisches Programm kann als eine deutliche Distanznahme zur prononcierten Theologisierung des Geschichtsbegriffs gesehen werden, wie sie für die »heilsgeschichtlich« orientierte Erlanger Tradition repräsentativ war.

In zwei Bänden erschien in den Jahren 1874 und 1876 in Erlangen Thomasius' letztes großes Werk »Die christliche Dogmengeschichte als Entwicklungs-Geschichte des kirchlichen Lehrbegriffs«. In Anlehnung an organologische Konzeptionen einer Geschichte des philosophischen Geistes wollte er auf der Basis der Glaubenserfahrung des Individuums und damit im Medium der historischen Entwicklung eine »Zeichnung des großen organischen Ganges der Dogmentwicklung und der durchschlagenden Motive« entwerfen. Das Bekenntnis der Kirche verstand er als die »unter providentieller Leitung erfolgte Ausgestaltung des kirchlichen Gemeinglaubens«.[27]

Frank legte sein erfahrungstheologisches System in drei Schritten dar. In der Prinzipienlehre »System der christlichen Gewißheit« (2 Bände, Erlangen 1870/73) versteht er Gewißheit als die Erfahrung einer übernatürlich erfahrenen Umwandlung der persönlichen Bewußtseinslage, die zur Unterscheidung zwischen natürlichem und wiedergeborenem Ich zwingt. Dogmatisch entfaltete Frank seine Lehre im heilsgeschichtlich konstruierten »System der christlichen Wahrheit« (2 Bände, Erlangen 1878/80). In dem wegen seiner streng individualethischen Grundorientierung kritisierten, aber viel gelesenen »System der christlichen Sittlichkeit« (2 Bände, Erlangen 1884/87) faßte Frank seinen Entwurf in den Satz zusammen: »Der Wahrheit versichert sein, die Wahrheit erkennen, die Wahrheit thun – das sind die drei Stücke, worauf die Systematische Theologie sich bezieht« (I, 99). Seine Individualethik spiegelt weithin nur die Inadäquanz überkommener individualethischer Konzepte gegenüber den harten Realitäten der schnell sich modernisierenden Gesellschaft des Kaiserreichs. Mit Ständen, Zünften und kleinen organischen Gemeinschaften sowie dem Appell an die Gesinnung der Christen wollte Frank eine Gesellschaft wieder integrieren, die be-

---

[23] Eintrag Koldes im Erlanger Universitätsalbum 1903, zit. nach HERMANN JORDAN, Koldes Auffassung v. d. Gesch. u. v. d. KG: NKZ 25 (1914), 647–662 (649).
[24] Annalecta Lutherana. Briefe u. Actenstücke z. Gesch. Luthers, Gotha 1883.
[25] Martin Luther. Eine Biographie, Bd. 1, Gotha 1884, Bd. 2, Gotha 1893.
[26] Die Heilsarmee nach eigener Anschauung u. nach ihren Schr., Erlangen 1885, ²1899; Der Methodismus u. seine Bekämpfung, Erlangen 1886.
[27] Bd. 1, Vorwort, VIf.

reits durch vielfältige Differenzierungsschübe und elementare politische Ordnungskonflikte zwischen Liberalen, Konservativen und Sozialdemokraten geprägt war.

Zezschwitz publizierte wenige Jahre nach Abschluß seines »System[s] der christlich-kirchlichen Katechetik«[28] ein umfassendes »System der Praktischen Theologie. Paragraphen für academische Vorlesungen«.[29] War die Katechetik eine spezifische Lebensfunktion der Kirche, so die Praktische Theologie die integrative Theorie von der fortschreitenden Selbstverwirklichung der Kirche in der Welt. Stärker als andere Praktische Theologen bezog Zezschwitz die Mission in seine Disziplin ein, während er die Liturgik als Kunstlehre aus der Praktischen Theologie herausnahm. Lehrbücher zur Christenlehre und zur Pädagogik folgten.[30] Ein weiterer Schwerpunkt seiner theologischen Arbeit war der entschiedene Kampf gegen alle Formen einer innerprotestantischen Union.[31]

1.3 Akademische Theologie und Politik

Hofmann widmete sich politisch vor allem der Kultur- und Sozialpolitik. Mit seiner engagierten Parteinahme für den politischen Liberalismus stieß er bei der großen Mehrheit der deutschen lutherischen Theologen auf vehemente Ablehnung. Seine Politik gründete Hofmann vor allem auf die Prinzipien Recht und Sittlichkeit, weshalb er alttestamentliche Relikte in der Rechtsprechung wie die Todesstrafe für obsolet erachtete. Den Staat verlangte er als Rechtsstaat zu gestalten, der im Unterschied zur Kirche als einer Glaubens- und Gesinnungsgemeinschaft allein die äußere Loyalität seiner Bürger beanspruchen dürfe. Für seine These, daß »Staat und Kirche selbständige Gemeinschaftsformen mit je eigenen Aufgabenbereichen«[32] darstellen, berief er sich auch auf die lutherische Zweireicheüberlieferung. Konservative Konzepte des »christlichen Staates« lehnte er ebenso ab wie die These, daß es eine spezifische Nähe des Christentums zu einer bestimmten Staatsform gebe. In der »Zeitschrift für Protestantismus und Kirche« vertrat er eine freiheitliche, von protestantischem Ethos geprägte Politik, die sich durch die konsequente Ablehnung eines klerikalistisch starken Einflusses der verfaßten Kirche auf den Staat und die prinzipielle Anerkennung aller »Bestrebungen und Maßnahmen« auszeichnete, »welche geeignet sind, ohne Schädigung des Hauses und des Staats, der Familie und des Volksthums das gleiche Anrecht aller auf das, was dem irdischen Leben einen in ihm selbst beschlos-

---

[28] ZEZSCHWITZ 1–2/2 (B).
[29] Bd. 1: Principienlehre, Leipzig 1876, Bd. 2: Die Lehre v. d. Mission, v. d. kirchl. Erziehung u. v. Communioncultus, Leipzig 1876, Bd. 3: Seelsorge u. Kirchenverfassung, Leipzig 1878.
[30] Die Christenlehre i. Zusammenhang. Ein Hilfsbuch f. Religionslehrer u. f. reifere Confirmanden, 3 Teile, Leipzig 1880–1882, ²1883–1885; Lehrbuch d. Pädagogik, Leipzig 1882.
[31] Die kirchl. Normen berechtigter Abendmahlsgemeinschaft. Zur Widerlegung d. Ritschel'schen Schr. über Abendmahlgemeinschaft, Leipzig 1870.
[32] BEHR (B) 175.

senen Werth gibt, so weit dies von den Menschen abhängt, zur Geltung zu bringen«.[33]

Auch Kolde engagierte sich als nationalliberaler Gelehrtenpolitiker. Er veröffentlichte eine Vielzahl von antikatholischen Kampfschriften und trat bei zahlreichen Veranstaltungen des Evangelischen Bundes und anderer antiultramontaner Organisationen als Redner auf. Seine Bindung an die Nationalliberale Partei drang dagegen nur selten an die Öffentlichkeit.

Seeberg begann in seiner Erlanger Zeit damit, über die politischen Implikationen konservativ-kulturlutherischer Theologie nachzudenken. Sein besonderes Interesse galt Fragen der Sozialpolitik, wobei er entscheidende Informationen der Lektüre der »Zeit« Friedrich Naumanns verdankte.[34] Auch engagierte er sich als sog. »Agent« für den »Central-Ausschuß für Innere Mission«. Seeberg motivierte Studierende auch dazu, einen sozialpolitischen Verein zu gründen.[35]

Rektoratsreden und andere öffentliche Programmreden Erlanger Theologieprofessoren der Jahrhundertwende sind für den gelehrtenpolitischen Anspruch repräsentativ, auf der Grundlage eines ethisch konkretisierten Theologiebegriffs protestantische Kulturwerte für die in ihrer Sicht desintegrierte, krisenhafte deutsche Gesellschaft zu formulieren. Der seit Ernst Troeltsch und Max Weber immer wieder erhobene Vorwurf, die lutherischen Theologen hätten sich auf eine apolitische Glaubensinnerlichkeit zurückgezogen, erweist sich gerade im Falle der Erlanger Theologen als falsch.

2. Die Erlanger Fakultät in den Modernisierungskrisen der wilhelminischen Gesellschaft (ca. 1890–1918)

2.1 Herausragende Fachvertreter und ihre prägenden theologischen Werke

Weder Lotz im Alten noch Ewald oder Wohlenberg im Neuen Testament vermochten es, die exegetischen Fächer an das Niveau von Köhler oder Zahn heranzuführen. Aus dem umfangreichen Werk Zahns in seiner zweiten Erlanger Periode kann hier nur seine »Einleitung in das Neue Testament«[36] genannt werden. Zahn gliederte seine kritische Literaturgeschichte des Neuen Testaments nach dem von ihm erhobenen Alter der neutestamentlichen Texte. Die Authenzität der Verfassernamen der Evangelien hielt Zahn für historisch unbestritten, das älteste Evangelium sei das des Matthäus in aramäischer Sprache gewesen (ca. 62

---

[33] Die Kirche i. Staate (März 1875): JOHANN CHRISTIAN KONRAD V. HOFMANN, Vermischte Aufsätze. Eine Auswahl aus d. Zeitschrift f. Protestantismus u. Kirche, zusammengestellt v. Heinrich Schmid, Erlangen 1878, 180–186; Die weltgeschichtliche Bedeutung d. modernen Socialismus (Dezember 1876): aaO, 215–220 (220).
[34] AMANDA SEEBERG, Lebensbild (BA Koblenz, NL Reinhold Seeberg).
[35] Ebd.
[36] 2 Bde., Leipzig 1897/1899, ²1900, ³1906/7.

nach Chr.), das dem Markus bekannt gewesen sei, dieses wiederum Lukas. Auf diese drei Quellen habe der Bearbeiter des griechischen Matthäus zurückgreifen können. Während positive Exegeten Zahns Einleitung begeistert begrüßten, kritisierten Vertreter der liberalprotestantischen Forschung das Werk als eine »Kampfschrift zu modernster Verteidigung alter Traditionen« (Adolf Jülicher).[37]

Ewald bearbeitete für das Zahnsche Kommentarwerk den Epheser-, Kolosser- und Philemonbrief[38] sowie den Philipperbrief,[39] Wohlenberg legte die Petrusbriefe und den Judasbrief aus.[40] In beiden Werken folgte der erklärte Gegner aller religionsgeschichtlichen Fragestellungen[41] weitgehend den Vorgaben Zahns. Die positiven Exegeten vertraten eine entschieden antihistorische Position, so daß sie die interdisziplinäre Öffnung für religionsgeschichtliche Fragestellungen nur als Preisgabe der wahren, kirchenbezogenen Aufgabe der Theologie deuten und ablehnen konnten.

Um der Festigung einer spezifisch Erlanger Tradition lutherischer Theologie willen publizierten zahlreiche jüngere Erlanger Theologen historisch-biographische oder problemgeschichtliche Studien über die lokalen theologischen Meisterdenker des 19. Jahrhunderts. So publizierte Seeberg zwei Würdigungen der Frankschen Theologie[42] und begann mit der Arbeit an einer kulturgeschichtlich orientierten Theologie- und Frömmigkeitsgeschichte des 19. Jahrhunderts, in denen die Erlanger eine prominente Stellung einnahmen. Sein zweibändiges »Lehrbuch der Dogmengeschichte«[43] war als Gegenentwurf zu Harnacks Dogmengeschichte gedacht. Für andere bedeutende Studien zur Dogmengeschichte hatte er in Erlangen zusammen mit seinem engen Freund Friedrich Wiegand die Grundlagen gelegt. Wiegand hatte sich in dieser Zeit in philologische Studien zur mittelalterlichen Dogmengeschichte vertieft und im Protestantismus wenig beachtetes Quellenmaterial aufgearbeitet.[44]

Der Frank-Schüler Ihmels war unter den Erlanger Theologen einer »epigonalen Epoche«[45] eine Ausnahme. Mit seinem 1901 in erster, 1914 in dritter Auflage

---

[37] Vgl. UWE SWARAT, Alte Kirche u. Neues Testament. Theodor Zahn als Patristiker, Wuppertal u.a. 1991, 400–411 (409).

[38] Leipzig 1905 (KNT 10).

[39] Leipzig 1908 (KNT 11).

[40] Der erste u. zweite Petrusbrief u. d. Judasbrief, Leipzig 1915, ³1923 (KNT 15).

[41] Die religionsgeschichtliche Methode u. ihre Anwendung auf d. neutestamentliche Wissenschaft: NKZ 16 (1905), 605–632.

[42] REINHOLD SEEBERG, Franz Hermann Reinhold v. Frank: AELKZ 15 (1894), 337–341. 361–365. 385–390; DERS., Die Theologie Frank's i. ihren Grundzügen: FRANZ HERMANN REINHOLD V. FRANK, Gesch. u. Kritik d. neueren Theologie, insbesondere d. systematischen, seit Schleiermacher, aus d. Nachlaß d. Verfassers hg. v. PAUL SCHAARSCHMIDT, Erlangen u.a. ³1898, 351–369.

[43] Lehrbuch d. Dogmengesch., erste Hälfte: Dogmengesch. d. Alten Kirche, Erlangen u.a. 1895, zweite Hälfte: Die Dogmengesch. d. Mittelalters u. d. Neuzeit, Erlangen u.a. 1898.

[44] Das Homiliarium Karls d. Großen auf seine ursprüngliche Gestalt hin untersucht, Leipzig 1897; Bischof Odilbert v. Mailand über d. Taufe. Ein Beitr. z. Gesch. d. Taufliturgie i. Zeitalter Karls d. Großen, Leipzig 1899; Die Stellung d. apostolischen Symbols i. kirchl. Leben d. Mittelalters, 1. (einziger) Teil: Symbol u. Katechumenat, Leipzig 1899.

[45] BEYSCHLAG, Theologie (K) 254.

erschienenen Buch »Die christliche Wahrheitsgewißheit, ihr letzter Grund und ihre Entstehung«[46] unterzog er die Franksche Lehre einer differenzierten Kritik. Die Beziehung von Erfahrung und Offenbarung sollte im Sinne einer Vorordnung der Offenbarung vor die Glaubenssubjektivität neu bestimmt werden. Damit wollte er den Begriff der Gewißheit gegen alle moderne skeptische Infragestellung alter Glaubenswahrheiten auf eine neue feste Grundlage stellen.[47] Anders als Frank betonte Ihmels den Vorrang des Wortes vor der Wiedergeburtserfahrung und kehrte damit zu der ursprünglich in Erlangen vertretenen Konzeption christlicher Erfahrung zurück.[48] Mit seiner Suche nach einem präreflexiven und aller Erfahrung vorausliegenden »objektiven« Grund der Heilsgewißheit fand Ihmels in der lutherischen Pfarrerschaft weit über Bayern hinaus vielfältige Resonanz, er blieb in der akademischen Theologie aber isoliert.

Ein anderer Schwerpunkt der theologischen Arbeit in Erlangen waren um die Jahrhundertwende diverse apologetische Versuche, den Ort der Theologie im Kosmos der Wissenschaften neu zu bestimmen. Die schnelle Expansion der modernen Naturwissenschaften, die umfassende Historisierung aller Kulturwissenschaften und die Dauerdebatten um das Verhältnis von »Idealismus und Positivismus« hatten in Verbindung mit dem Streit um die Wertgebundenheit der Wissenschaft dazu geführt, daß seit den 1870er Jahren über die Legitimität konfessionell gebundener theologischer Fakultäten gestritten wurde. An den Auseinandersetzungen um die kulturelle Bedeutung der Theologie und ihre Wissenschaftlichkeit beteiligten sich die Erlanger Theologen vorrangig durch innovative Überlegungen zu Aufgabe, Wesen und Stellenwert der Dogmatik innerhalb der Wissenschaften.[49]

Eine Sonderrolle nahm der theologisch an Seeberg anknüpfende Erfahrungstheologe Hunzinger ein. Er widmete sich wie sein Nachfolger Grützmacher intensiv der Apologetik und der Auseinandersetzung mit Troeltsch,[50] der 1884/85 und 1888 in Erlangen studiert hatte, seit den späten neunziger Jahren aber als führender Repräsentant der »religionsgeschichtlichen Schule« in der systematischen Theologie galt. Im Unterschied zu anderen Positiven kannte Hunzinger keine Berührungsängste gegenüber den kulturprotestantischen Theologen und

---

[46] Erlangen 1901, ³1914; vgl. auch Über d. Pflege d. kirchl. Christentums i. Gegensatz z. subjektiven Gefühlschristentum: ZKWL 8 (1887), 153–168; Die Selbständigkeit d. Dogmatik gegenüber d. Religionsphilosophie: Festgabe d. Universität Erlangen f. Prinzregent Luitpold v. Bayern, Erlangen u.a. 1901, 187–220; Blicke i. d. dogmatische Arbeit d. Gegenwart: NKZ 16 (1905), 64–93. 273–311. 495–522; Bedeutung u. Schranke d. Frankschen Theologie: NKZ 38 (1927), 184–201.
[47] Die christl. Wahrheitsgewißheit, 3. Aufl.
[48] LUDWIG IHMELS: Religionswissenschaft 1 (B) 1–34 [= 79–112], 13 [= 91].
[49] Vgl. z.B. LUDWIG IHMELS, Die Aufgabe d. Dogmatik i. Licht ihrer Gesch.: NKZ 13 (1902), 81–101.
[50] AUGUST WILHELM HUNZINGER, Naturwissenschaft, Philosophie, Christentum, Schwerin 1904; DERS., Der Glaube Luthers u. d. religionsgeschichtliche Christentum d. Gegenwart, Leipzig 1907; DERS., Zur apologetischen Aufgabe d. Gegenwart, Leipzig 1907; DERS., Probleme u. Aufgaben d. gegenwärtigen systematischen Theologie, Leipzig 1909; DERS., Religion als persönliches Leben u. Erleben, Dresden 1909; DERS., Die religionsgeschichtliche Methode, Berlin 1909.

war 1915 bereit, im Medium der Theologie den Burgfrieden zu schließen; er publizierte nun auch in Martin Rades »Christlicher Welt«.[51] Hunzinger plädierte zwar für eine kirchliche Bindung der Theologie, betonte aber auch das Manko liberaler wie positiver Theologen, sich zu sehr um akademische Fragen und viel zu wenig um die real existierende Religion zu kümmern.

Der Praktische Theologe Wilhelm Caspari spielte in den Diskussionen seines Faches so gut wie keine Rolle. Er vertrat die These, daß die Kirche handelndes Subjekt und zugleich Objekt der Praktischen Theologie sei. Die empirische Kirche und ihre Mittel kirchlichen Gemeinschaftslebens untersuchte er primär im Medium der historischen Forschung. Seine Arbeiten zur Geschichte der Konfirmation und zur Geschichte des evangelischen Gemeindelebens dienten vorrangig apologetischen Interessen. Durch Geschichtsschreibung sollte die Autorität des Neuen Testaments und der Bekenntnisse der Reformation erwiesen werden.[52]

2.2 Akademische Theologie und Politik: Zum politischen Engagement Erlanger Professoren, insbesondere im Ersten Weltkrieg

Die wenigen Arbeiten, die sich speziell mit der Rolle von Universitätstheologen im ersten Weltkrieg beschäftigen, geben Anlaß, überkommene Bilder von einer relativ einheitlichen »Kriegstheologie« zu dekonstruieren und die Besonderheiten der von Theologen jeweils formulierten Stellungnahmen zum Krieg in den Blick zu nehmen. Dies gilt gerade für die Erlanger Theologen. Trotz der gemeinsamen Bindung an die lutherische Tradition reichte das Spektrum der Einstellungen zum Krieg von einer pietistisch-erwecklich motivierten Kritik des modernen Nationalismus bis hin zur aggressiven Theologisierung des Nationalstaates.

Am 4.11.1914 hielt Grützmacher seine Antrittsrede als Prorektor über »Wesen und Grenzen des christlichen Irrationalismus«. Er mahnte, trotz des unübersehbaren Leidens der Individuen im »Krieg auch eine förderliche und rationale Erscheinung« zu sehen, und rechtfertigte den Krieg als ein zwar grausames, aber höchst effektives Instrument kultureller Evolution.[53]

Dieser kriegsaffirmativen Kulturethik setzte Wohlenberg seine Warnung vor einem unchristlichen Patriotismus auch innerhalb »christgläubiger Kreise« entgegen. Der moderne Nationalismus sei »mit wesentlichen Gedanken des Christentums« unvereinbar, denn das irdische Vaterland sei ein hohes, aber nicht das höchste Gut.[54] Für die AELKZ schrieb Wohlenberg »Winke und Warnungen für

---

51 Der Krieg u. die Kirche: ChW 29 (1915), 794–799. 839–843. 855–858. 914–919.
52 Die ev. Konfirmation, vornehmlich i. d. luth. Kirche, Erlangen 1890; Die geschichtliche Grundlage d. gegenwärtigen Ev. Gemeindelebens, aus d. Quellen i. Abriß dargelegt, Erlangen u.a. 1894, ²1908.
53 NKZ 25 (1914), 902–916 (902).
54 GUSTAV WOHLENBERG, Das Neue Testament u. d. Krieg: NKZ 25 (1914), 939–959 (956f).

Predigten in der Kriegszeit«[55]: »Verbannt sei von der Kanzel eine absprechende, selbstherrliche [...] Tonart [...] Wer gibt uns denn das Recht, [...] urbi et orbi zu verkündigen: Wir werden, wir müssen siegen, Gott verläßt keinen Deutschen?« (859). Todesverherrlichung sei dem christlichen Prediger verwehrt, und den Tod für das Vaterland dem Opfertod Jesu zu parallelisieren, sei theologisch illegitim.

15 Erlanger Professoren, darunter mit Jordan und Ernst Friedrich Karl Müller zwei Theologen, unterzeichneten im Juni 1915 eine Eingabe an die Reichsregierung zur Propagierung offensiver Kriegsziele vor allem gegenüber Belgien und Frankreich.[56] Bachmann, Jordan, Lotz und Müller beteiligten sich im Oktober 1917 an einer Aktion von mehr als 900 Hochschullehrern gegen die Reichstagsmehrheit, die zu innenpolitischen Reformen und zu einem Frieden ohne Annexionen bereit war.[57] Jordan hatte zudem den Aufruf »An das Deutsche Volk« des radikal-annexionistischen »Unabhängigen Ausschusses für einen Deutschen Frieden« vom August 1916 unterzeichnet.[58]

Das Reformationsjubiläum 1917 bot eine hervorragende Chance, theologische Forschung mit Blick auf protestantische Konfessionspolitik und nationale Selbstvergewisserung zu popularisieren. Grützmacher, Jordan und Preuß publizierten zum Jubiläum eine Vielzahl von kleinen Schriften zu Leben und Lehre Luthers. Grützmacher gab die elfbändige Reihe »Reformationsschriften« der »Allgemeinen Evangelisch-lutherischen Konferenz« heraus und steuerte selbst den Band »Luthers ewiges Evangelium in seiner religionsgeschichtlichen Eigenart« bei.

Jordan legitimierte mit »Luthers Staatsauffassung. Ein Beitrag zu der Frage des Verhältnisses von Religion und Politik«[59] eine prinzipielle Eigengesetzlichkeit des Politischen gegenüber aller äußerlichen religiösen Normierung. Die »Haltung, das Evangelium nur als innerliche Macht zu verstehen«, sei angesichts »der große[n] Kraft, mit der Luther [...] die Eigengesetzlichkeit staatlichen Lebens [...] anerkannte«, der Beweis für ein lutherkonformes Verhalten in der Gegenwart (IV). Wer für Deutschland demokratische Reformen fordere, habe die »innere Verbindung mit den Gedanken Luthers« verloren. Das Luthertum habe stets »die Begründung des staatlichen Gleichheitsgedankens durch den von ihm vertretenen religiösen Gedanken der Gleichheit vor Gott und die Behauptung der gleichmäßigen Güte der Menschen von Natur« abgelehnt (195). Jordans Politisierung lutherischer Traditionsbestände ist erneut ein Beispiel für die Unhaltbarkeit der These vom unpolitischen deutschen Luthertum. Auch in seiner viel gele-

---

[55] AELKZ 47 (1915), 858–861.
[56] Der Text liegt u.a. vor in: NL Eduard Meyer, Akademie der Wissenschaften Berlin, Nr. 348. Die anderen Erlanger Unterzeichner waren Gustav Beckmann, Max Busch, Richard Falckenberg, Otto Fischer, Wilhelm Geiger, Gustav Hauser, Paul Hensel, Hans Lenk, Clamor Neuburg, Paul Oertmann, Adolf Schulten, Emil Sehling und Hermann Varnhagen von Ense.
[57] Tägliche Rundschau Nr. 510 v. 6.10.1917, 3; Schultheß' Europäischer Geschichtskalender NF 33 (1917), 842f.
[58] Unabhängiger Ausschuß für einen Deutschen Frieden, Mitteilungen Nr. 9 v. 23.8.1916.
[59] München 1917, Neudruck Darmstadt 1968.

senen Kampfschrift »Die Demokratie und Deutschlands Zukunft«[60] nahm er Begriffe und Reflexionsfiguren der Zweireicheüberlieferung dafür in Anspruch, demokratische Partizipationsrechte abzuwehren. Die hohe Aggressivität, in der er die politische Linke als innere »Reichsfeinde« zu bekämpfen verlangte, und sein auch mit modernen rassistischen Stereotypen begründeter Antisemitismus können aber nur mit Einschränkungen als repräsentativ für die Erlanger Theologie im späten Kaiserreich gelten. Trotz der seit 1914 unübersehbaren Radikalisierung der politischen Grundhaltung Erlanger Theologen blieben lutherische Wertorientierungen für die Mehrheit der Fakultätsmitglieder habituell bestimmend.

Dies zeigt insbesondere Preuß, dessen zahlreiche populäre Traktate das Urteil über Erlangen – und Rostock – als »Hochburgen« der Lutherverehrung rechtfertigen.[61] Seine Schrift »Unser Luther« erschien in 125 Auflagen. Luther wurde gegen die äußeren Feinde und für eine deutsche Idee der sozialgebundenen, kommunitären Freiheit in Anspruch genommen. Luther sei mehr als ein Heiliger, der »größte deutsche Mann, der stärkste, tiefste, reichste Geist der christlichen Kirche« gewesen.[62] In »Luthers Frömmigkeit. Gedanken über ihr Wesen und ihre geschichtliche Stellung« (Leipzig 1917) reklamierte Preuß Luther als einen »der größten Konservativen aller Zeiten« für seine politisch-theologische Position (80). Um den deutschen Charakter der Reformation zu betonen, postulierte Preuß die Existenz von »Christentümern«, die »immer national bestimmt« waren (87).

Sowohl in dogmatischer als auch in ethischer und politischer Hinsicht stellt sich die Erlanger Theologie im Kaiserreich als ein differenziertes Phänomen dar. Im Rahmen eines relativen Grundkonsenses lassen sich sowohl zwischen den verschiedenen Disziplinen als auch in den einzelnen Fächern erhebliche Differenzen im theologischen Profil beobachten. Die lokalspezifischen Konzepte einer lutherischen Erfahrungstheologie wurden primär von den Systematikern formuliert, wohingegen in der Kirchengeschichte seit Hauck und Kolde eine große Offenheit gegenüber den Diskussionen und Methodenstandards der liberaleren Richtungen zu beobachten ist. In Erlangen betriebene Exegese allerdings hatte seit 1900 weithin den Anschluß an aktuelle Debatten verloren und trug so dazu bei, daß die Prägekraft Erlanger Theologie weithin auf konservative Gruppen der Pfarrerschaft beschränkt blieb.

---

[60] Berlin 1918 (= Im neuen Deutschland 3).
[61] GOTTFRIED MARON, Luther 1917. Beobachtungen z. Literatur d. 400. Reformationsjubiläums: ZKG 93 (1982), 177–221 (201).
[62] Leipzig 1917, 109.

V.6 KIRCHLICH-THEOLOGISCHE ENTWICKLUNGEN 1870–1918 KONSISTORIAL- UND SYNODALGESCHICHTE

Von Manfred Seitz

AMBROSY (B).– BECK, Leben (B).– BEYSCHLAG (B).– HERMANN BEZZEL, Fünfzig Jahre General-Synode i. diesseitigen Bayern 1823–1873: JELLB 17 (1917/1918), 10–31.– DERS., Der Knecht Gottes, Nürnberg 1921.– DERS., Unsere Feinde. Vortrag, gehalten am 2. Mai 1915 i. d. St.-Johannis-Kirche z. Ansbach, Ansbach [1915].– DERS., Der Weltkrieg: JELLB 15 (1915), 1–8.– Gesch. d. ev. Kirche i. Kgr. Bayern (B).– GEYER (B).– GEYER/RITTELMEYER (B).– KLAUS GLATZ, Die Entstehung d. Ev.-Luth. Landeskirche i. Bayern. Ein Kapitel bayer. KG, Erlangen 1983.– HEMMERLE (B).– HUBER/HUBER 1[1] u. 2 (B).– JELLB 1 (1901) – 17 (1917/1918).– KELGB 1 (1876) – 16 (1891).– LAUERER (B).– Lebensläufe aus Franken, hg. v. ANTON CHROUST, Bd. 2, Würzburg 1922 (VGFG 7/2).– LÖHE, GW (B).– GEORG MERZ, Bezzel, Hermann (1861–1917): RGG[3] 1, 1117f.– DERS., Das Bayer. Luthertum, München 1955.– DERS., Die bayer.-fränkische Erweckungsbewegung u. d. Einfluß Wilhelm Löhes: MERZ, Bayer. Luthertum (K) 19–28.– DERS., Die Eigenart d. bayer. Landeskirche: ELKZ 3 (1949), 86–89. 105–108 (Sonderdruck: 1–23).– DERS., Friedrich v. Roth: MERZ, Um Glauben (K) 161–182.– DERS., Hermann Bezzel u. d. bayer. Luthertum: MERZ, Bayer. Luthertum (K) 43–46.– DERS., Kirche, Staat u. Schule i. Lebenswerk d. luth. Bischofs Adolf Harleß: MERZ, Um Glauben (K) 183–199.– DERS., Löhe, Wilhelm: RGG[3] 4, 427f.– DERS., Theologie u. Gemeinde i. 19. Jh. Nachschrift einer Vorlesung v. Georg Merz, bearb. u. hg. v. WALTER PÜRCKHAUER, Baldham [1984].– DERS., Um Glauben u. Leben nach Luthers Lehre. Ausgewählte Aufsätze, eingeleitet u. hg. v. FRIEDRICH WILHELM KANTZENBACH, München 1961 (TB 15).– DERS., Wilhelm Löhe u. d. IM: MERZ, Um Glauben (K) 226–231.– G. MÜLLER, Fakultät (B).– GERHARD MÜLLER, Wilhelm Löhe: GRESCHAT (B) 71–86.– DERS., Wilhelm Löhes missionarisch-diakonisches Denken u. Wirken: BIMB 25 (1972), 10–17.– DERS., Wilhelm Löhes Theologie zwischen Erweckungsbewegung u. Konfessionalismus: NZSTh 15 (1973), 1–37.– RITTELMEYER (B).– ROEPKE (B) 366–390.– JOHANNES RUPPRECHT, Bezzel, Hermann: EKL[1] 1, 424f.– DERS., Hermann Bezzel als Theologe, München 1925.– SCHLICHTING (B).– SEITZ (B).– SIMON, Kirchengesch.[2] (B).– VISCHER, Kirche (B).– VOLKERT (B).– ZEZSCHWITZ 1 (B).

1. Die Wirkungen Wilhelm Löhes in Bayern

Die größte Wirkung auf das kirchliche Leben im evangelischen Bayern des 19. Jahrhunderts ging von einem einzelnen aus. Löhe wurde 1808 in Fürth geboren, besuchte in Nürnberg das Gymnasium, studierte Theologie in Erlangen und Berlin, tat Vikariats- und Aushilfsdienste an mehreren Orten und wirkte schließlich von 1837 bis zu seinem Tod 1872 in dem kleinen mittelfränkischen Dorf Neuendettelsau. Von seinen Kenntnissen in bezug auf Geschichte und Wesen der Frömmigkeit, der Diakonie und besonders der Liturgie zeugt die Gesamtausgabe seiner Werke.¹ Sie zeigt zugleich, daß die bedeutenden Lehrer der Kirche nicht nur auf den Lehrstühlen der Universitäten, sondern auch in Dorfpfarreien sitzen können.

Kirche und Pfarrhaus Neuendettelsau z.Zt. Löhes, gestochen von Lorenz Ritter.

Wahrscheinlich muß man sich zunächst von den zwischen hoher Anerkennung und scharfer Kritik schwankenden Urteilen über ihn freimachen, um zu erfassen, wie nachhaltig Löhe die Landeskirche und das Luthertum insgesamt beeinflußt und geprägt hat.² Bereits 1848 verlangten er und seine Freunde in einer von ihm entworfenen »Petition« (Eingabe) an die Generalsynode 1849, »daß die Hochwürdige Generalsynode auf die Vorteile des königlichen Summepiskopats verzichte und an Sr. Majestät, unsern König, die Bitte stelle, Seinerseits auf das Episkopat Verzicht zu leisten«;³ ein Vorgriff auf das, was 70 Jahre später dann eintrat: das Ende des landesherrlichen Kirchenregiments 1918. Unterdessen ge-

---

[1] Vgl. die Angaben im Literaturverzeichnis dieses Kapitels.
[2] Vgl. MERZ, Eigenart (K) 14: »Löhe ist einer der größten Männer der jüngsten Kirchengeschichte«; MERZ, Erweckungsbewegung (K) 23; ROEPKE (B) 390: »Sein Desinteresse an den [...] Problemen des 19. Jahrhunderts und seine Hilflosigkeit gegenüber der Entkirchlichung der Arbeiter sind kritisch zu sehen. Und doch vertrat Wilhelm Löhe auch geradezu revolutionäre Ideen, die noch nach 100 Jahren als Impulse für zeitgemäßes Christentum ihre Berechtigung haben und unter Beweis stellen«; WOLFGANG TRILLHAAS, zit. nach GLATZ (K) 60: »Er war kein Lehrer der Kirche, zumal die Lehre bei ihm keine neue Formulierung oder Bereicherung erfahren hat«. Vgl. auch V.2.
[3] LÖHE, GW 5/1 (B) 338.

wann Löhe durch sein pastorales, vom Geist der fränkischen Erweckung beeinflußtes Wirken über den ihm gesetzten Rahmen hinaus Zulauf und Ansehen. Besonders der Anbetungscharakter der von ihm gefeierten Gottesdienste und seine Predigten, die in ihrer Wirkung überragend gewesen sein müssen, zogen immer weitere Kreise und zogen Menschen von weit her an. Einer unter ihnen, Gerhard von Zezschwitz, bezeugte »den Dank für die edle Lebensgabe, ein Jahr lang nicht nur im persönlichen Genuß der Segnungen eines so reichen gottesdienstlichen Lebens und seelsorgerlicher Pflege [...] gestanden, sondern zugleich [...] täglich Gelegenheit gehabt zu haben, Zeuge einer Hirtenleitung und kirchlicher Gemeindeerziehung von seltenster Treue und Weisheit zu sein«.[4]

Dadurch festigte Löhe bis weit in das 20. Jahrhundert hinein die lutherisch bestimmte Wesensart der bayerischen Landeskirche, die durch das Zusammengehen von Erweckungsbewegung und Erlanger Theologie[5] zustandegekommen war. Zugleich geriet er aber auch in Konflikt mit der Landeskirche, weil er in einem streng kirchenzuchtlichen Sinn auf ein »sakramentales Luthertum« hinarbeitete und sich »als Ideal eine ‚apostolisch-episkopale Brüderkirche' dachte, wie sie die Romantik in der Urchristenheit zu finden glaubte«.[6] Das Kirchenregiment hingegen billigte den Liberalismus; sein »freigiebige[s] Gewährenlassen der Meinungen erzeugte« (nach Löhes eigenen Worten) »eine Duldung von allerlei Lebensrichtungen, einen Synkretismus des Lebens«[7] und erschien ihm immer noch unionistisch beeinflußt. In den Jahren 1850/51 erwog er zwar wiederholt die Separation, unterließ aber den Gang in die Freikirche. Doch sorgte er sich bis zuletzt um den Weg seiner Kirche, die sich nicht »von der Kultur her, sondern von der unmittelbaren Stiftung des Herrn und von dem den Aposteln anvertrauten Amt« zu verstehen habe.[8]

Löhes Werk weitete sich immer mehr aus. Schon 1842 wurden die ersten »Sendboten« zu den deutschen Lutheranern nach Nordamerika abgeordnet. 1844 folgte die aus Löhes liturgiegeschichtlichen Forschungen und aus dem Neuendettelsauer gottesdienstlichen Leben erwachsene »Agende für christliche Gemeinden des lutherischen Bekenntnisses«, Pfarrer Friedrich Wynecken zu St. Louis gewidmet und »in herzlicher Liebe zu meinen Brüdern in Nordamerika [...] ausgearbeitet«.[9] Im Jahr 1854 gab er der Landeskirche ihr erstes Diakonissenhaus, an das sich Pflegeeinrichtungen und Schulen fügten. In späteren Jahren entstanden neben dem seit 1852 vorliegenden pastoraltheologischen Werk »Der evangelische Geistliche«[10] Gebetbücher und Schriften zur Liturgie, Hymnologie, Paramentik, Seelsorge und zum geistlichen Leben. Dann neigte sich sein Tag.

---

[4] ZEZSCHWITZ 1 (B) XV; AMBROSY (B) 113.
[5] Vgl. dazu V.2 und V.5.
[6] MÜLLER, Wilhelm Löhes Theologie (K) 13.
[7] LÖHE, GW 5/1 (B) 321.
[8] MERZ, Eigenart (K) 16.
[9] LÖHE, GW 7/1 (B) 9ff.
[10] LÖHE, GW 3/2 (B) 7–317.

Ein fränkisches Bauerndorf war durch seinen Pfarrer Löhe zu einem Mittelpunkt der Liturgie, der Mission und der Diakonie geworden und zu einem Zeichen, daß diese drei – schon in der frühen Kirche zusammengehaltenen – Handlungsfelder der Kirche untrennbar zusammengehören. Löhe hatte das Prinzip seines zweiten Nachfolgers Hermann Bezzel vorweggenommen: »Er hat es sich angelegen sein lassen, mit geringen Mitteln, auf kleinstem Raume das Größte zu erreichen«.[11] So mußten auch seine Kritiker schließlich anerkennen: »Es war etwas Mönchisches um ihn her; aber er hat vielleicht gerade darum seine Epoche überragt und überdauert, daß er, eine unbürgerliche Erscheinung, im Namen Jesu das (damals) Abseitige gewagt hat«.[12]

2. Das Oberkonsistorium und seine Präsidenten

Das »Protestantenedikt«, ein der bayerischen Verfassung von 1818 beigegebener Anhang, regelte die Verfassung der »Protestantischen Gesamtgemeinde« (»Kirche« durfte sie sich erst ab 1824 nennen).[13] Sie sah ein dem Ministerium des Innern unterstelltes Oberkonsistorium vor, das 1819 errichtet wurde. An seiner Spitze stand ein Präsident, dem vier geistliche Konsistorialräte und ein weltlicher beigegeben waren. Nicht ausdrücklich festgelegt war, ob der Präsident des Oberkonsistoriums ein Jurist oder ein Theologe sein sollte. Erster Präsident war der Jurist Johann Carl August Freiherr von Seckendorff, Präsident des Appellationsgerichtes in Bamberg (1819–1828). Ihm folgte der langjährige bayerische Finanzsachverständige Friedrich von Roth, ein Gelehrter von Rang, der nach einem Urteil Leopold von Rankes »für sich allein bereits eine Akademie«[14] darstellte.[15] Roths unmittelbarer Nachfolger Friedrich Christian Arnold (1848–1852) war gemäßigt liberal, »ein hervorragender Jurist, aber kein Kirchenführer«.[16] Fast alle der nun kommenden Präsidenten, deren Amtsjahre in unsere Berichtszeit fallen, sind maßgebende Gestalten für die Landeskirche gewesen.

Mit Gottlieb Christoph Adolf von Harleß (1852–1878) leitete erstmals ein Theologe die Landeskirche, deren Einheit durch Löhes Forderung nach einer staatsunabhängigen evangelischen Kirche gefährdet war. Indem er ihm entgegentrat und zugleich sein Drängen auf klare Formulierung ihrer Bekenntnismäs-

---

[11] BEZZEL, Knecht (K) 14.
[12] WOLFGANG TRILLHAAS, zit. nach GLATZ (K) 61.
[13] Vgl. V.1.3.3.
[14] SIMON, Kirchengesch.² (B) 581.
[15] Roth ließ 1816–1817 eine dreibändige Lutherausgabe erscheinen, die »in besonderer Weise das lutherische Gepräge der bayerischen Landeskirche mitzubestimmen berufen war« (MERZ, Roth [K] 161). Von 1821–1825 gab er in 7 Bänden die erste Ausgabe der Schriften von Johann Georg Hamann heraus; die einzig brauchbare, bis 1949–1957 die von Josef Nadler erschien. Auch sie hat, ohne daß es bisher erforscht worden wäre, verborgen und doch greifbar, zur Festigung des bayerischen Luthertums beigetragen.– Zu den Präsidenten des Oberkonsistoriums vgl. auch V.1.3.3, Anm. 54.
[16] SIMON, Kirchengesch.² (B) 614.

sigkeit verstand, zwang Harleß »den bayerischen Protestantismus zur lutherischen Einheit«,[17] gab der Landeskirche ihr konfessionelles Gepräge und brachte die dahin zielende Bewegung zum Abschluß. Ihm folgte erneut ein Präsident geistlichen Standes, der Oberkonsistorialrat Johann Matthias Meyer (1879–1882). Nur kurze Zeit konnte er »fern von allem Gepränge und jeglicher [...] Geltendmachung seiner Person und Stellung«[18] sein Amt führen. Dann wurde »die wuchtige Gestalt [...] von ernster Krankheit gepackt. So konnte Meyer seiner Kirche nur durch die Geduld dienen, mit der er sein schweres Los trug«.[19] Von ihm übernahm als dritter Theologe Adolf von Stählin das hohe Amt (1883–1897). Unter ihm, von dem man sagte, daß »das Leben der Landeskirche [...] gewissermaßen sein Leben war«,[20] erhielt sie in München erstmals ein eigenes Dienstgebäude (Elisenstraße 2). Durch seine feinsinnige, gewinnende Art, mit der er sich auch um die jüngsten Kandidaten kümmerte, und durch seine enge Fühlung mit der Theologie erlebte die Landeskirche eine Zeit ruhiger Arbeit und nachhaltiger Entwicklung. Nach seinem Tod berief Prinzregent Luitpold wieder einen Juristen, den Ministerialrat Alexander Schneider (1897–1909), dem aber, wie sich bald zeigte, trotz seiner großen administrativen Fähigkeiten, die persönlichen Verbindungen mit Pfarrern und Gemeinden fehlten. Gegen Ende seiner Amtszeit – er starb 1909 – geriet die Landeskirche durch die Auseinandersetzungen mit dem liberalen Flügel ihrer Pfarrerschaft abermals in eine heftige Zerreißprobe. Sie führte zur Berufung des Rektors der Neuendettelsauer Diakonissenanstalt Bezzel (1909–1917), der als einer der bedeutendsten Theologen, die Bayern hervorbrachte, ein Mann des »alten Glaubens« war.[21] Ihm folgte als letzter Präsident des Oberkonsistoriums Friedrich Veit (1917–1933), der mit der neuen Verfassung (1921)[22] dann als Kirchenpräsident die Landeskirche leitete.

3. Die Generalsynoden auf dem Weg ins 20. Jahrhundert

Dem Oberkonsistorium waren nach Maßgabe des »Protestantenedikts« die Konsistorien Ansbach, Bayreuth (und Speyer) untergeordnet beigegeben. Jeweils am Ort der Konsistorien sollten alle 4 Jahre die beiden Generalsynoden zusammenkommen. Bis 1848 tagten die Generalsynoden getrennt, ab 1849 (mit Ausnahme von 1857) als vereinigte Generalsynode mit 130 Abgeordneten wechselweise an den Sitzen der Konsistorien in Ansbach und Bayreuth. Sie haben »zur Förderung des kirchlichen Lebens innerhalb der ihnen gezogenen Schranken nicht unwesentlich beigetragen«; z.B. durften sie nur beraten, nichts beschließen und

---

[17] BEYSCHLAG (B) 56.
[18] KELGB 7 (1882), 302.
[19] SIMON, Kirchengesch.² (B) 639.
[20] BECK, Leben (B) 35.
[21] Zu Bezzel vgl. V.6.5.
[22] Vgl. dazu VI.1.3.

Vereinigte Generalsynode im großen Saal des Ansbacher Schlosses 1849.

bekamen statt eines gewählten Präsidenten einen konsistorialen Dirigenten vorgesetzt.[23]

Ein Thema zog sich durch die gesamte 2. Hälfte des 19. Jahrhunderts: »Das Verlangen nach größerer Selbständigkeit der Landeskirche und nach einer einflußreicheren Stellung der Generalsynoden«.[24] Auf einen diesbezüglichen Beschluß der Generalsynode von 1873 kam die von 1877 zurück und richtete an das Oberkonsistorium die dringende Bitte, »dahin zu wirken, daß [...] die unserer Landeskirche durch die Verfassungsurkunde gewährleistete Selbständigkeit in ihren inneren Angelegenheiten verwirklicht werde«.[25] Das Oberkonsistorium reagierte unbefriedigend, »von seiten der Landesvertretung [werde] ein schädigender Einfluß auf die [...] inneren Angelegenheiten der Landeskirche nicht ge-

---

[23] »Es würde sich lohnen, zu untersuchen, wie sich die jeweiligen Zeitverhältnisse, die religiösen und politischen Stimmungen, die kirchlichen Strömungen in [den] Generalsynoden widerspiegeln« (BECK, Leben [B] 162). Das ist bis heute – 90 Jahre später – nicht geschehen. Wir haben deshalb eine erhebliche Forschungslücke anzuzeigen. Durch sie bedingt können wir hier nur auf einige Schwerpunkte und Linien hinweisen.
[24] AaO, 30.
[25] AaO, 31.

übt«, verhandelte aber trotzdem mit einem gewissen Erfolg, so daß auf seinen Antrag hin 1881 genehmigt wurde, »daß alle [...] Verordnungen, welche sich auf Lehre, Liturgie, Kirchenordnung und Kirchenverfassung beziehen, ohne Vernehmung und Zustimmung der Generalsynode nicht getroffen werden sollen«.[26] Diese einstweilige Befriedung währte nicht lange; denn selbst der in diesen Dingen zurückhaltende Präsident Stählin mußte bekennen: »Wir empfinden das vielfach Drückende, Beengende, Unangemessene unserer Verfassung; wir möchten manche Fesseln abwerfen«. Und so hätten alle Präsidenten geklagt.[27] Erst 1918 endete das landesherrliche Kirchenregiment.

Durch einen Personalstand, der 1871 in 12. Ausgabe erschien, lassen sich die Personenbewegungen in Kirche und Synode nachvollziehen. 1885 wurde an die Generalsynode ein Antrag gerichtet, »Maßregeln« zu ergreifen, damit die Kandidaten »von der Universität her nicht mehr mit absoluter Unkenntnis [...] ins praktische Leben hineinzufallen das Unglück haben, sich nicht zu helfen wissen und Böcke schießen, durch welche die Autorität des Amtes [...] auch in der Gemeinde [...] bedeutend geschädigt wird«.[28]

4. Theologische Entwicklungen und kirchliche Konflikte

Um die Mitte des 19. Jahrhunderts war »der Bekenntnisstand der Landeskirche als einer evangelisch-lutherischen festgestellt«,[29] mitentstanden, gefördert und getragen durch die großen Gestalten der ersten Phase der Erlanger Theologie, deren letzter Vertreter Franz Hermann Reinhold von Frank 1894 starb.[30] Die Jahre bis dahin beschieden dem bayerischen Luthertum eine verhältnismäßig ruhige und stetige Entwicklung, die jedoch nicht unangefochten verlief. 1870 entstand zur amtsbrüderlichen Festigung die »Pastoralkonferenz«; aber schon 1871 forderte ein Kitzinger Pfarrer zur Gründung eines »Protestantenvereins« auf, mit dem Ziel, den »Bekenntniszwang« aufzuheben und eine deutsche Nationalkirche zu schaffen. 1876 erschien zum ersten Mal das »Correspondenz-Blatt für die evang.-luth. Geistlichen in Bayern. Hg. [Matthias Wilhelm] Ferdinand Weber. Rothenburg 1876«; es sollte ein Gesprächs-Forum »für die verschiedenen Richtungen innerhalb unserer Landeskirche [sein] [...] unser Amt, seine Stellung und Aufgabe in der Gegenwart [behandeln] [...] um uns nicht um jedes Unterschiedes willen von einander zu trennen [...]«.[31] Jahrgang für Jahrgang enthielt es

[26] AaO, 31f.
[27] AaO, 32.
[28] KELGB 10 (1885), 201.
[29] BECK, Leben (B) 67.
[30] BEYSCHLAG (B) 120 unterscheidet die mit Frank endende »Erlanger Schule« im engeren Sinn und ihre Fortsetzung »mit verändertem theologischen Akzent«, der die »Historische Theologie« stärker hervortreten ließ.
[31] KELGB 1 (1876), 2. 5.

theologisch eindrucksvolle Beiträge, z.T. auch heftige und manchmal merkwürdige Kontroversen um das, was die Pfarrer damals bewegte.[32]

Im Zuge des »Kulturkampfs«, der Auseinandersetzung zwischen dem preußischen Staat und der katholischen Kirche (1871–1887), wurde die obligatorische Zivilehe (1875) eingeführt. Der zufolge ist der die Ehe rechtsbegründende Akt allein der vor dem Standesbeamten erklärte Ehewille. Die Kirche des evangelischen Bayerns reagierte darauf mit einer Fülle von Erklärungen: »Auch in Zukunft muß die Kirche darauf bestehen, daß ihre Angehörigen die kirchliche Trauung suchen [...] Jeder evangelische Christ hat die Pflicht, wenn er in die Ehe tritt, diesen Schritt nicht ohne die Mitwirkung seiner Kirche zu tun«.[33] Auch die übrigen Amtshandlungen, besonders die Konfirmation und das Gelöbnis, die Ordination mit der Frage nach Ort und Zeit derselben, das Abendmahl und seine würdige Gestaltung sowie die Beerdigung, die nicht »laudationes defunctorum«, sondern »Mitteilung des Evangeliums an die Lebenden« sein soll, wurden intensiv bedacht und besprochen. Historisch interessant sind die Streitigkeiten um das Duell, die 1883 ausgetragen und noch 1913 wieder aufgegriffen wurden; unversöhnlich stehen sich die verbalen Duellanten gegenüber; die einen halten es für ein »anerkanntes Mittel zur Wiederherstellung der verletzten Ehre«, die anderen für eine »beseitigenswerte Sitte« mit der beachtlichen Begründung: »Im Duell Getötete sind als Selbstmörder mit geminderter Zurechnungsfähigkeit zu betrachten, da sie durch eine befangene Anschauung in den Tod geführt wurden«.[34] Pastoral bedenkenswert sind Äußerungen gegen Privateintragungen in Altar-Agenden: »Zeugnisse des unruhigen und eigenbeliebigen Geistes des einzelnen Liturgen«[35] und über die »geringe Brauchbarkeit der Kirchenvorstände bei inneren Fragen«, über die zu sprechen nicht gehörig sei. »Die wenigen Ausnahmen sind entweder prahlerische Schwätzer, die [...] von ihrem Christentum ein Gerede machen, oder wahrhaft Erweckte, denen der Herr die Zunge gelöst und bei denen er durch sein Wort den stummen Geist ausgetrieben hat«.[36]

Es gab vor und nach 1900 theologische Konflikte, die auch in Bayern Wellen schlugen: a) den von dem 1850 in Erlangen geborenen Assyriologen Friedrich Delitzsch ausgelösten sog. »Bibel-Babel-Streit« (1902–1905), in dem die Selbständigkeit und der Wert des Alten Testamentes problematisiert wurden; b) die Amtsenthebung der Pfarrer Carl Jatho in Köln und Gottfried Traub in Dortmund, die durch eine im Subjektiven sich auflösende Theologie mit dem Glaubensbekenntnis in Konflikt gekommen waren; c) die ultramontanistische Strömung, aus deren enger Verbindung zum Universal-Episkopat des Papstes die erheblichen Aufruhr verursachenden antievangelischen Reden des Würzburger Je-

---

[32] Es sollte ebenso wenig wie die Akten der Generalsynode einer wissenschaftlichen Würdigung entzogen bleiben, weil auch hier Geschichtliches für Gegenwärtiges durchscheinend werden kann.
[33] Generalsynode 1877 (KELGB 2 [1877], 12. 330).
[34] JELLB 15 (1915), 169ff; KELGB 8 (1883), 44.
[35] KELGB 5 (1880), 162.
[36] KELGB 12 (1887), 54f.

suiten Adolf Freiherr von Berlichingen (1903/4) hervorgingen. Dennoch urteilte Hermann Steinlein in seinem Bericht zur Lage der Landeskirche 1905/6: »Dogmatische Kämpfe sind ihr bisher erspart geblieben. Es fragt sich, ob's auch in Zukunft so bleibt«.[37] Es blieb nicht, sondern änderte sich sofort durch das Erscheinen des Predigtbandes »Gott und die Seele« (1906) der bedeutenden Nürnberger Prediger Christian Geyer und Friedrich Rittelmeyer. So mußte man sich damit abfinden, »daß trotz mancher bayerischer Reservatrechte unsere Landeskirche doch kein Privilegium hat, wodurch sie generell und mechanisch jedes Eindringen der modernen liberalen Theologie und die damit verbundenen Schwierigkeiten und Kämpfe von sich fernhalten könnte«.[38] Der neue Präsident des Oberkonsistoriums zog sie auf sich.

5. Hermann von Bezzel (1861–1917)

Ein sprachlich etwas barockes Gedicht des späteren Erlanger Theologieprofessors Friedrich Ulmer »Zu Hermann von Bezzels Tod«[39] charakterisiert ihn ziemlich gut: »Mit Wirkens Glut beladen,/ voll schwerer Kraft,/ mit wuchtendem Gewissen./ [...] ganz wesensselbst in tausend Hindernissen«. So muß er gewesen sein, der so mächtig in die Kirchengeschichte eingriff, »wie es seit Harleß und Löhe kein bayerischer Theologe mehr getan hatte«.[40] So schilderten ihn auch die Zeitzeugen. Bezzel wurde in Wald bei Gunzenhausen am 18.5.1861, am selben Tag wie sein Nachfolger im Präsidentenamt Veit, geboren. Er besuchte das Gymnasium in Ansbach, studierte Theologie und Klassische Philologie in Erlangen und war von 1883–1891 Gymnasiallehrer und Erzieher in Regensburg. Frühzeitig innerlich an Löhe gebunden, wurde er als dessen zweiter Nachfolger nach Neuendettelsau berufen und prägte das heutige Diakoniewerk durch Neugründungen, Predigt, Unterricht und Seelsorge auf nachhaltige Weise. Als »Knecht Gottes« – wie er seinen berühmten Einsegnungsunterricht für die Diakonissen 1906 überschrieb (eines der schwierigsten und tiefsten theologischen Werke des beginnenden 20. Jahrhunderts) – übernahm er 1909 das Amt des Präsidenten des Oberkonsistoriums, in dem er sich durch ein unbeschreibliches Arbeitspensum und durch Kriegsreisen an die Front verzehrte. Nach letzten Predigten, die eine apokalyptische Sorge durchscheinen ließen, starb er, »der immer ein Mensch des Heimwehs gewesen war«, im Jahr 1917. Er »war eine der bedeutendsten Führergestalten des Luthertums seiner Zeit«,[41] wenn auch nicht oh-

---

[37] HERMANN STEINLEIN, Zur kirchenpolitischen Lage i. Bayern 1905/6: JELLB 7 (1907), 101–116 (116).
[38] DERS., Zur kirchl. Lage i. Bayern 1910/11: JELLB 12 (1912), 78–132 (90).
[39] JELLB 17 (1917/1918), 123.
[40] MERZ, Hermann Bezzel (K) 44.
[41] RUPPRECHT, Bezzel (K) 425.

ne eine gewisse Selbstisolierung vom sich wandelnden Wahrheitsbewußtsein der ihn umgebenden Welt.[42]

Seit Adolf von Harnacks Vorlesungen über das »Wesen des Christentums« (1900) erschienen waren, regte sich der theologische Liberalismus, in dessen Mitte der Freiheitsgedanke mit einer antidogmatischen Spitze steht, auch in Bayern stärker als bisher. Seine Gedanken, das Recht psychologischer Interpretation biblischer Texte, in Jesus das nachahmenswerte Urbild religiös-sittlicher Vollendung zu sehen und »aus den biblischen Wundergeschichten etwas heraus[zu]nehmen für unsere Menschen und unsere Zeit«,[43] brachten die beiden Nürnberger Prediger Geyer und Rittelmeyer auf die Kanzel und fesselten auch durch ihre Abneigung gegen die altüberlieferte lutherische Liturgie eine ganze Stadt von den Gebildeten bis zur Arbeiterschaft. Bezzel widerstand dem dramatischen Drängen, sie abzusetzen und unternahm den für einen damaligen Präsidenten ungewöhnlichen Schritt, auf sie persönlich zuzugehen, zuerst brieflich und dann reiste er nach Nürnberg. Es folgte die berühmte Aussprache, die ohne Ergebnis verlief. Geyer und Rittelmeyer vertraten das Recht der christlichen Gemeinde auf immer neue selbständige Erfassung des Evangeliums aus den geistigen Erlebnissen und und seelischen Bedürfnissen der Gegenwart heraus. Bezzel bestand auf der Tatsächlichkeit des in der Bibel Bezeugten und erkannte sofort sämtliche Folgen, die sich aus einem symbolischen Verständnis heilsgeschichtlicher Tatsachen, wie es die beiden Pfarrer anstrebten, ergeben würden. Noch ungewöhnlicher war es, daß Bezzel 1910 die offizielle Antwort der Kirche in einem Hirtenbrief ergehen ließ, in dem er zwischen Evangelium und moderner Theologie aufs schärfste unterschied. Wörtlich hieß es darin: »Jetzt ist die Treue gegen den Glauben, [...] die Ehrerbietung gegen die Heilige Schrift, [...] die Willigkeit, Bedenken und Zweifel in würdigem Trotze niederzuringen, nimmer das uns Geistliche einigende Band [...] Theologische Richtungen in Ehren, aber hier sind religiöse Differenzen vorhanden, bei denen nicht die eine Meinung, welche vor dem erhöhten Jesus die Knie beugen und ihn als Herrn anbeten heißt, wie die andere, die beides verweigert, in gleichem Recht sein kann«.[44] Ungeheures Aufsehen war die Folge; denn so autoritär hatte noch kein Präsident gehandelt: »Die erste Enunziation, [...] die ein bayerischer Oberkonsistorialpräsident direkt und persönlich, also nicht als amtlichen Erlaß der obersten kollegialen Kirchenbehörde hinausgehen ließ«.[45] Bezzel aber zeigte, daß sein Handeln kein bürokratischer Akt war, sondern ein seelsorgerischer und bischöflicher. Die

---

[42] Zutreffend beschrieb GLATZ (K) 29 diesen Zug seines Wesens: »Bezzel lebte ganz selbstverständlich im lutherischen Bekenntnis [...] Und er lebte zugleich die Selbstisolierung der Kirche von dem Wahrheitsbewußtsein der Moderne [...] die äußere Ordnung des Politischen (hat die Kirche) völlig dem Staat zu überlassen [...] Die Beschränkung auf das Bekenntnis hatte also einen kirchenpolitischen Sinn und zugleich die Konsequenz, daß die lutherische Kirche Bayerns auf die Monarchie fixiert blieb und kein Verhältnis zu neuen Entwicklungen in Politik und Wirtschaft fand«.
[43] GEYER/RITTELMEYER (B) 437.
[44] JELLB 11 (1911), 133f.
[45] AaO, 134.

Nürnberger reagierten scharf und fragten: »Sollte es etwa Gottes Wille sein, uns durch allerlei Kämpfe hindurch zu einem neuen Verständnis der alten Wahrheiten zu führen, das wir jetzt noch nicht überschauen, könnte dann nicht dieser Trotz sich leicht gegen Gott selbst richten?« Und der Herr Präsident müsse sie schon mit Gewalt ihres Amtes entheben – freiwillig würden sie nicht gehen – »und dafür die Verantwortung vor Gott und der Christenheit übernehmen«.[46] Später – in ihren Lebenserinnerungen – sprachen sie nicht ohne Hochachtung über Bezzel, der sich auch ihnen und ihrer Gefolgschaft gegenüber um ausdrückliche Sachlichkeit bemühte.[47]

Der Beginn des Ersten Weltkrieges ließ das Gespräch darüber zurücktreten, und der Gegensatz der theologischen Richtungen ruhte. Ein neuer, jedoch verhaltenerer Gegensatz brach auf: Pfarrer, die die Sache Deutschlands gegen ihre Feinde, und Pfarrer, die in größerem Horizont die Sache der Völker vertraten. Als der Erzbischof von Canterbury, Randall Davidson, 1916 in einem Gebetsaufruf an seine Kirche die Bitte richtete: »Mögen wir keinen Wunsch haben, unsere Feinde vernichtet zu sehen, nur um ihrer Demütigung willen [...]«, reagierte man in Bayern mit dem Zwischenruf »Pharisäismus«. Anders die Liberalen, als deren Sprecher Rittelmeyer fragte: »Ist unsere Gesinnung und unser Kriegsverhalten dem des Erzbischofs von Canterbury [...] ethisch ebenbürtig oder sind sie es nicht?«[48] Bezzel, dem in diesen Dingen die letzte Klarheit nicht gegeben war, starb nach zwei, seine Kräfte aufbrauchenden Frontreisen am 8.6.1917. Mit dem Ende des Krieges erlosch auch das landesherrliche Summepiskopat. Es wurde durch die bayerische Verfassung 1919 aufgehoben »und die Freiheit der Kirchen vom Staat als zwingendes Recht festgelegt«.[49] Damit war die schon von Löhe und den Seinen bekämpfte staatliche Bevormundung der Kirche beendet. Was in ihrer Entwicklung als Frucht reifte, die Bindung an die Heilige Schrift und an das lutherische Bekenntnis, konnte nun in einer jetzt zu erarbeitenden Verfassung der »Evangelisch-Lutherischen Kirche in Bayern rechts des Rheins« rechtlich geordnet werden.[50]

---

[46] ROEPKE (B) 372.
[47] GEYER (B) 223–229; RITTELMEYER (B) 301.
[48] JELLB 16 (1916/17), 111f.
[49] VOLKERT (B) 233.
[50] Vgl. dazu VI.1.

V.7 DIE KIRCHE VOR DER HERAUSFORDERUNG DER INDUSTRIALISIERUNG

Von Wolfgang Zorn

BECK, Leben (B).– GERHARD BESIER, Kirche, Politik u. Gesellschaft i. 19. Jh., München 1998 (EDG 48).– BLESSING, Staat (B).– DENK (B).– FRIED (B).– MARTIN GRESCHAT, Protestanten i. d. Zeit. Kirche u. Gesellschaft i. Deutschland v. Kaiserreich bis z. Gegenwart. Aufsätze, hg. v. JOCHEN-CHRISTOPH KAISER, Stuttgart 1994.– HIRSCHMANN (B).– Im Anfang war d. Wort. Nürnberg u. d. Protestantismus, MUSEEN D. STADT NÜRNBERG (Hg.), bearb. v. URSULA KUBACH-REUTTER u.a., AKat. Nürnberg 1996.– KANTZENBACH, Geist (B).– Kirche i. Staat (B).– KRAFFT (B).– NOWAK, Gesch. (B).– Nürnberg. Gesch. einer europäischen Stadt. Unter Mitwirkung zahlreicher Fachgelehrter hg. v. GERHARD PFEIFFER, München 1971.– LUISE SCHORN-SCHÜTTE/WALTER SPARN (Hg.), Ev. Pfarrer. Zur sozialen u. politischen Rolle einer bürgerlichen Gruppe i. d. deutschen Gesellschaft d. 18. bis 20. Jh., Stuttgart u.a. 1997 (KoGe 12) [ohne Beitrag Landeskirche Bayern].– ZORN, Sozialentwicklung (B).

1. Industrialisierung als Veränderungsprozeß

Vom 18. bis 20. Jahrhundert vollzog sich in Europa eine wirtschaftliche Epochenwende, die sogar mit der um Jahrtausende früheren durch das Aufkommen des seßhaften, planvollen Ackerbaues verglichen wurde: Die »Industrialisierung« drängte den bisher weit überwiegenden Beitrag der unmittelbaren Nutzung der Natur für die Existenz der Menschen zurück. Sie steigerte stattdessen den Ertrag durch fortgesetzte künstliche Nutzungssteigerung mittels Einsatz menschlicher Erfindungen in Naturwissenschaft und Technik. Äußere Kennzeichen der »modernen Welt« im 19. Jahrhundert wurden die dampf- und später motorgetriebene Produktions- und Verkehrsmaschine und die große Fabrik mit ihrer arbeitsteiligen Lohnarbeiter-Konzentration in schnell wachsenden Industriestädten. Dazu trat die allgemeine Alltagsveränderung durch Elektrizität und Chemie. Die »industrielle Revolution« ermöglichte auch in Bayern[1] eine gleichzeitige zahlenmäßige »Bevölkerungsrevolution«, den Unterhalt einer beschleunigt zunehmenden Menschenzahl, welche Landwirtschaft und Handwerk nicht mehr ernähren konnten, durch neue vollgewerbliche Arbeitsplätze. Die Auswanderung – meist nach Amerika – zog auch in ihrer Spitzenzeit 1851–54 höchstens 1% der rechtsrheinischen Bevölkerung ab.[2] Der »Pauperismus«, die nicht mehr mit gemeindlicher Armenpflege und christlicher Caritas allein zu entschärfende Massenarmut,

---

[1] FRIED (B); ZORN, Sozialentwicklung (B).
[2] STATISTISCHES LANDESAMT, Bayerns Entwicklung nach d. Ergebnissen d. amtl. Statistik seit 1840, München 1915 [9a: Überseeische Auswanderung aus Bayern 1840–1913, 17].

wurde nicht durch die Industrialisierung geschaffen, ja die durchschnittlichen materiellen Lebensverhältnisse wurden durch sie eher erleichtert und verbessert. Hatte der alte Agrarstaat mit seiner abgaben- und dienstpflichtigen Landleihe der »Grundherrn« an Bauern Krisen durch Mißernten und Massenseuchen gekannt, so bedrohten den Industriestaat Konjunkturkrisen des Güter- und Kapitalmarktes. Die Beschleunigung im Wandel wirtschaftlicher und gesellschaftlicher Ordnungen und Prozesse wurde als Übergang von einer »statischen« zu einer »dynamischen« menschlichen Umwelt erlebt und teils begrüßt, teils erlitten, ja als antireligiös empfunden.

Die Leitworte der gesellschaftlichen Bewegungskräfte, die im Geiste der Aufklärung Veränderung als Fortschritt sahen, waren »Freiheit, Gleichheit, Brüderlichkeit«, eigentlich säkularisierte christliche Grundforderungen. Die Erschütterungen des Jahrhundertbeginns nötigten die deutschen monarchischen Staatsführungen auch zu wirtschaftlich-sozialer Reformpolitik. Im bayerischen »Reformabsolutismus« stand zunächst der Kompromiß mit der Freiheitsforderung in allen drei klassischen Wirtschaftssektoren – Landwirtschaft, produzierendem Gewerbe und Dienstleistungen – im Mittelpunkt: Auch hier ging es um »Bauernbefreiung« über die Abschaffung der nicht mehr wirklich beschwerlichen Leibeigenschaft hinaus, um Gewerbefreiheit – besonders von Zunftzwang – und um Freihandel unter Abbau von staatlichem Eingreifen. In Bayern hatte vorerst das Agrarproblem einen natürlichen Vorrang, das allerdings nicht nur Vollerwerbsbauern betraf: Noch 1837 wies die staatliche Statistik fast die Hälfte der Wirtschaftsbevölkerung der reinen Land- und Forstwirtschaft zu, über 1/5 der mit ländlichem Gewerbe gemischten und 1/6 der nicht mit Eigenbesitz ansässigen Dienstboten- und Taglöhnerschaft; erst weniger als 1/8 gehörte zum reinen Gewerbe. Die Sitze-Zuteilung der ersten gewählten Abgeordnetenkammern 1818–48 suchte noch die soziale Gliederung ungleichgewichtig zu spiegeln, indem sie die Hälfte den Grundeigentümern ohne Patrimonialgerichtsbarkeit, d.h. besitzlichen Bauern zusprach, ein Viertel dem Bürgertum der Städte und Märkte, je 1/8 den meist adligen Grund- und Gerichtsherrn und den bepfründeten Pfarrern und Universitätsprofessoren. Die unmittelbare Abhängigkeit der Bauern von den Grundherren endete 1848 durch das Gesetz über die Grundlastenablösung, das bäuerliche Landabtretung vermied. Die allmähliche Lockerung der Zunftbindungen kam vor allem den industriellen Unternehmen zugute. In Augsburg gründeten Bankiers bereits 1837 eine mechanische Baumwollspinnerei und -weberei mit über 750 Arbeitern und wurde 1861 die einst weltberühmte Weberzunft aufgelöst. In München, Nürnberg und Augsburg wuchsen große Maschinenfabriken heran, und seit 1853 ging auch die oberfränkische Baumwollindustrie zu Fabrik-Aktiengesellschaften über. 1854 galten ministeriell als Industriegebiete r.d.Rh. erst Nürnberg-Fürth, Hof-bayerisches Vogtland, Augsburg – Kaufbeuren – Kempten, also weitgehend altevangelische Standorte. Die bayerische Einführung der vollen Gewerbefreiheit 1868 öffnete vollends das Tor zur »Gründerzeit«, die aber ab 1873 in eine schwere »Gründerkrise« mündete.

Die Lebensfähigkeit des selbständigen Kleingewerbes mußte in einer Handwerksschutz-Gesetzgebung des Reiches von 1897 abgesichert werden. Innerdeutsche Handels- und Verkehrssteigerung brachten schon der Deutsche Zollverein von 1833 und der Eisenbahnbau seit 1835.

1907 lebten noch gut 40% der bayerischen Gesamtbevölkerung von Land- und Forstwirtschaft, wobei deren Entmischung von Landgewerbe eine teilweise »Reagrarisierung« des flachen Landes herbeigeführt hatte. Da eigener Gutsackerbau des Großgrundbesitzes in Bayern eine geringe Rolle spielte, begrenzte dies auch die Landarbeiterfrage. Der Wachstumsfortgang in den inselhaften Hochindustrialisierungs-Regionen hatte eine Sogwirkung auf »Landflucht« und immer stärkere und weitere Binnenwanderung der Fabrikarbeiterschaft. Die Großstädte wuchsen in der zweiten Jahrhunderthälfte auch durch Eingemeindungen von Nachbardörfern, in die Industriearbeiter eingesiedelt waren. München, das 1854 erst 100.000 Einwohner überschritten hatte, zählte 1876 schon doppelt so viele, 1914 rund 630.000 (davon 86.000 Evangelische), 1/10 der Staatsbevölkerung, Nürnberg hatte damals 361.000. Der Anteil der Evangelischen sank 1840–1910 in Nürnberg von 93 auf 65,5%. Die Weltkriegsrüstung bedeutete nochmals, namentlich in München, einen starken Industrialisierungsantrieb.

Die Industrialisierung erfaßte die Bevölkerung Bayerns auch konfessionell ungleich. Waren von ihr 1907 (mit Pfalz) 27,4% evangelisch, so waren es nur noch 22,4% Evangelische in Land- und Forstwirtschaft, aber 34,8% in Handwerk und Industrie, 29% in Handel und Verkehr, 30,6% in öffentlichem Dienst und freien Berufen.[3]

Der evangelische Anteil am Unternehmertum lag in allen drei großen Städten erheblich darüber. Bei den leitenden Staatsbeamten bis herab zu Ministerialräten und Regierungspräsidenten war er im Jahrhundertschnitt 1806–1918 schließlich mit etwa 26% (einschließlich Pfalz) fast parallel zum Bevölkerungsanteil, jedoch bei Ministern und Regierungspräsidenten mit 17% geringer, bei Generälen mit 38% weit höher. Im ganzen Offizierskorps seit 1866 lag der evangelische Anteil bei durchschnittlich 40%. 1848, 1870 und 1900 waren Schubanfänge für Höherbeteiligung Evangelischer offenbar auch für geringere Ränge des öffentlichen Dienstes.[4]

---

[3] GEORG SCHMETZER, Die bayer. Bevölkerung nach Beruf u. Religionsbekenntnis: JELLB 11 (1911), 77–84.
[4] DIRK SCHUMANN, Bayerns Unternehmer i. Gesellschaft u. Staat 1834–1914. Fallstud. z. Herkunft u. Familie, politischer Partizipation u. staatlichen Auszeichnungen, Göttingen 1992, 86ff. 165ff (KSGW 98); SCHÄRL (B) 40f. 51. 71. 81. 307. 347ff; HERMANN RUMSCHÖTTEL, Das bayer. Offizierskorps 1866–1914, Berlin u.a. 1973, 237f (Beitr. z. einer historischen Strukturanalyse Bayerns i. Industriezeitalter 9).

2. Fabriken und Arbeiterschaft

Einzelne Großbetriebe hatten nun mehr Beschäftigte als kleinere Städte Einwohner: die Maschinenfabrik Augsburg-Nürnberg 1913 mit allein über 12.000, die 1903 mit dem Berliner Siemenskonzern verschmolzene Nürnberger Elektrizitäts-AG Schuckert & Co. mit zuvor über 9.000. Der Anteil aller Gewerbearbeiter an den Erwerbspersonen betrug 1907/1908 in Nürnberg über 73%; in Augsburg waren über 48% Fabrikarbeiter, davon (Textil!) 38% Frauen. Der bayerische Staat schränkte nur Kinderarbeit in den Fabriken seit 1840, das Reich Frauenarbeit seit 1878 ein. Auch keine konservative Staatsregierung konnte mehr umhin, moderne Industrie und Technik zu fördern.

Der konservative Versuch, die »unterständische« Fabrikarbeiterschaft als »vierten Stand« in eine modernisierte Berufsständegesellschaft einzuordnen, mußte mangels Massenchance zur Bildung von Privateigentum scheitern. Weder soziale Initiativen König Max' II. (St. Johannis-Verein 1853)[5] noch die meist christlichen Vereine und Stiftungen für Armenpflege konnten das Problem des anwachsenden »Proletariats« hinreichend entschärfen, nicht einmal auf dem flachen Land.[6] Der liberale Ansatz, nach dem Motto »Freie Bahn dem Tüchtigen« mit etwaigen materiellen Vorschüssen und Genossenschaften den individuellen Weg ins Kleinbürgertum anzubieten, konnte keine Breitenwirkung gewinnen. Die Masse der Arbeiterschaft blieb auf das zentralisierte Produktionssystem im Eigentum der Kapitaleigner angewiesen und suchte darin Rückhalt durch Gruppenvereinigung: Als Arbeitnehmervertretungen entstanden – teils aus Gesellen – Berufsgewerkschaften, zuerst die der Buchdrucker Mittel- und Oberfrankens in Nürnberg 1850, vermehrt solche seit 1860. Den Arbeitern der Großbetriebe und Angestellten folgten seit 1908 die Frauen als Mitglieder. Trotz betrieblicher Sozialmaßnahmen wandten sich auch Bayerns Fabrikarbeiterschaft und ihre Einzelgewerkschaften besonders seit der großen »Gründerkrise« von 1873 überwiegend dem demokratischen Sozialismus zu.

Die politische Vereinswahl fand oft eine Stütze im besonderen Wohnmilieu. Am Stadtrand der Großstädte bildeten sich ausgesprochene Arbeiterviertel. Namentlich in Nürnberg und Augsburg ließen einzelne große Fabrikbetriebe für einen Teil ihrer Beschäftigten eigene fabriknahe und mietbillige »Arbeiterquartiere« erbauen. An deren Spitze unterhielt die spätere MAN-Maschinenfabrik in Nürnberg 1874 schon 44 Häuser, die Augsburger Stadtbachspinnerei 1892 dann 32 Wohngebäude und ein Schulhaus. Für die Masse der Arbeiterfamilien blieben Arbeitsplatzverlust und Verelendung durch Krankheit, Unfall oder Alter eine stetige Lebensbedrohung. Zwar wuchsen im Jahrhundertverlauf und mit Bezug auf die Lebenskosten die »Reallöhne« der Großgruppe Fabrikarbeiterschaft im Durchschnitt deutlich an, doch half das denjenigen nicht, die arbeitslos oder

---

[5] MASER, König (B).
[6] WOLF (B) [Beispiel Pfarrei Betzenheim/Mfr.].

nicht mehr voll leistungsfähig waren. Vor allem ihretwegen erreichte die industrielle »soziale Frage« etwa 1880 ihren zeitlichen Höhepunkt. Schließlich sah sich die Staatsgewalt des Reiches gefordert, jedenfalls für die Arbeitsunfähigen ein allgemeines soziales Netz zu schaffen.

Reichskanzler Otto von Bismarcks positive Antwort auf die Arbeiterfrage wurde das damals geniale Werk einer Arbeiter-Sozialversicherung auch für Landarbeiter, mit Zwangssolidargemeinschaft auch der Generationen, Arbeitgeberbeiträgen und Staatszuschüssen. Es vereinigte das patriarchalische Prinzip der Abhängigenfürsorge mit dem liberalen der Selbstvorsorge (Eigenbeiträge!) und ließ sich auch als »Staatssozialismus« bezeichnen. Die kaiserliche Eröffnungsbotschaft von 1881 nannte ausdrücklich christliche Regentenpflicht und »Anspruch« der »Hilfsbedürftigen« auf Beistand. Angesichts der wachsenden Zahl eines lohnabhängigen »neuen Mittelstands« kam 1911 eine Angestelltenversicherung hinzu. Jedoch gelang es nicht, das weitere Anschwellen der Sozialistenbewegung auch in (staats-)»freien Gewerkschaften«, Konsumgenossenschaften und Subkultur aufzuhalten. Der anderen, aber auch streikbereiten »Richtung« der an sich interkonfessionellen, freilich in Bayern fast ausschließlich katholischen Christlichen Gewerkschaften seit 1897 gehörte 1912 nur 1/6 der organisierten Arbeiter und Arbeiterinnen Bayerns an.[7]

3. Kirche und Arbeiterfrage bis 1870

Die evangelische Kirche konnte auch in Bayern die Industrialisierung nicht aufhalten und der neuen »sozialen Frage« jedenfalls in den Industriestädten nicht ausweichen. Ihre auf den Landesherrn vereidigten Geistlichen waren nicht nur volle, rein humanistisch schulgebildete und in den Dörfern meist einzige Akademiker, sondern auch nach der sozialen Herkunft größtenteils Söhne des Bildungsbürgertums, vor allem der vorwiegend dörflichen Pfarrhäuser. Für die rechtsrheinische bayerische Pfarrerschaft wurde im Halbjahrhundert 1858–1908 diese Sozialstatistik ermittelt: Die Pfarrprüfungskandidaten stammten im Durchschnitt zu 35,5% aus Pfarrerfamilien, zu 16,8% aus Volksschullehrerfamilien, also dem sog. niederen Kirchendienst. 1867–86 waren es sogar 42,9 und 20,9%. Bauern als Pfarrerväter erschienen zwischen 1858 und 1908 nur 120, Arbeiter nur 25.[8]

Von der Studienzeit her wuchs die landeskirchliche Integration seit 1817 und 1836 durch die Erlanger Burschenschaft Bubenruthia und die christliche Verbindung Uttenruthia. Die Ehefrauen waren weitgehend Pfarrerstöchter. Die materielle Lebensgrundlage der meisten Pfarrhäuser war schmal. Das gesetzliche Min-

---

[7] DENK (B) 285. 302.
[8] BECK, Leben (B) 47f; für das ganzes Jahrhundert zur Pfalz vgl. HELMUT KIMMEL/ALFRED H. KUBY, Zur Herkunft d. pfälzischen Pfarrerschaft 1818–1918: BPfKG 35 (1968), 264–272.

desteinkommen setzte sich im »gemischten Pfründesystem« aus Pfarrpfründen- und Kirchenstiftung, Grundstücksnutzung, Naturalabgaben, Gebühren, Umverteilungs- und Staatszuschüssen zusammen. Noch über 1806 hinaus gab es persönliche »Pfarrökonomie« auf Kirchengut, über 1918 hinaus Abhängigkeit von Patronatsherren. Durch die Ablösungsgesetzgebung von 1848 fiel der Kirchenzehnt der Bauern in Gestalt des Blutzehnts von Haustieren ersatzlos weg und blieb nur der dann in Geld umgerechnete Getreidezehnt. Nur langsam entstanden durch wachsende Staatszuschüsse angemessene Gehälter für Pfarrstellen-Klassen und ein beamtenrechtliches Besoldungssystem. Das einheitliche Mindestgrundgehalt stieg schließlich 1908 auf jährlich 2.400, in unmittelbaren Städten 2.700 Goldmark.[9]

An sozialem Einsatz der Pfarrhäuser fehlte es in vielen Einzelfällen in Land und Stadt nicht,[10] und die frühe deutsche Arbeiterbewegung war trotz kirchlicher Verurteilungen auch des ganzen Fabrikwesens nicht von Haus aus antireligiös.[11] Professor Gottlieb Christoph Adolf von Harleß schrieb 1847 aus Leipzig zu den Ideen des Frühsozialismus: »Nicht als sollte die Berechtigung verkannt werden, die sie in der Fäulnis der sozialen Wirklichkeit haben, nicht als sollte die Beschäftigung mit der sozialen Frage irgendwie verdächtigt werden: sie ist der edelsten Kräfte und der ernstesten Bemühung der Nationen wert.« Waren ihm die sozialistischen Ideen »schlechte Diesseitigkeit«, so der mehr praktische Weg der »Einsichtigeren« zum Völkerglück die »Steigerung der Industrie« im weiteren Sinne, mit dem Grundgedanken der menschlichen Herrschaft über die Naturkräfte. Dabei sah er schon Umweltgefahren moderner Technik: »In gezwungenem unfreiwilligem Dienst ächzen die elementaren Kräfte, und der Gestalt des Industrialismus ist die hastige geschäftige Angst ins Gesicht gezeichnet; wo aber nur irgendwie Raum ist, da brechen die widerrechtlich und hinterlistig gebundenen Elemente mit verdoppeltem Grimm hervor und wüten wider ihre Tyrannen«.[12]

Der Kleinkaufmannssohn Wilhelm Löhe, aus der Industriestadt Fürth und zeitweilig Pfarrverweser in Nürnberg, schwieg zur Fabrik-Proletarierfrage wie

---

[9] FRIEDRICH FABRI, Die materiellen Notstände d. prot. Kirche Bayerns u. deren mögliche Abhilfe. Eine Denkschrift, Nürnberg 1848; Verh. d. Kammer d. Abgeordneten 1848, Bd. 3, 284ff. 305. 546 u.ö.; Verh. d. Kammer d. Abgeordneten 1905–07, Bd. 5, 407–412 (Dr. Theodor Schmidt); BECK, Leben (B) 59–64. 167; ITALO BACIGALUPO, Pfarrherrliches Landleben. Der Pfarrhof als Bauerngut: ZBKG 56 (1987), 177–235; KARLHEINRICH DUMRATH, Die Patronatsrechte d. bayer. Standes- u. Gutsherrn an ev. Pfarreien. Die vergeblichen Bemühungen d. Oberkonsistoriums um Beachtung kirchl. Grundsätze: Archive u. Geschichtsforsch. Stud. z. fränkischen u. bayer. Gesch., Fridolin Solleder z. 80. Geburtstag dargebracht, hg. v. HORST HELDMANN, Neustadt/Aisch 1966, 287–300 [bis 1918]; vgl. dazu auch V.1.3.4.

[10] FRIEDRICH WILHELM KANTZENBACH, Prot. Pfarrer i. Politik u. Gesellschaft d. bayer. Vormärzzeit: ZBLG 39 (1976), 171–200; KANTZENBACH, Geist (B) 234–254 [bis 1849]; MAGEN, Protestantismus (B).

[11] FRIEDRICH MAHLING, Kirchl. Stimmen z. Arbeiterbewegung v. 1839–1862: NKZ 33 (1922), 115–167 (128).

[12] ADOLF HARLESS, Zeitglossen. Diesseits u. Jenseits u. ihr Konflikt i. Theorie u. Praxis. Socialismus u. Industrialismus: ZPK NF 14 (1847), 109–124 (115ff).

auch zur ersten deutschen Eisenbahn. Schon 1835 hatte er geschrieben, »Polytechnik« und Industrie seien ihm »ein Greuel«, er »habe einen Grimm wider die Götzen meines Volks«. Im März 1848 klagte er, durch die Revolution würden »dem armen Volke die ewigen Interessen vollends in den Hintergrund gerückt«.[13] Erst nach dieser sagte der gemäßigt-liberale Dekan Ludwig Würth vom schwäbischen Leipheim im Reformlandtag: »Was das Proletariat betrifft, diejenige Klasse von Menschen, die von einem Tage zum anderen leben, so ist dasselbe für uns wirklich nicht so gefährlich und auch nicht so verderblich, wie man uns glauben machen möchte. Sind sie es doch teilweise, so dürfen wir nicht vergessen, daß Armut und Mangel an Bildung die Schuld trägt und müssen daher in unserem Urteile billig und gerecht sein; wir dürfen nicht vergessen, daß auch der hohe Stand nicht lauter Sittlichkeitszeugnisse in der Tasche trägt«.[14]

Sozial skeptischer suchte Löhe dann 1853 den »bessern Teil unsers Volkes«, ja »den besten Teil des Volkes [...] noch immer auf dem platten Lande, auf den Dörfern oder in den Landstädten«,[15] mit stiller Andersbewertung der Groß- und Industriestädter ohne offene Begründung. Das konnte vor allem das Nürnberger Bürgertum kränken, das doch 1848 den zweiten Pfarrer von St. Lorenz, Johann Wolfgang Hilpert, zum ehrenamtlichen 2. Bürgermeister gewählt hatte.[16]

Nach der »bürgerlichen Revolution« war die evangelische Geistlichkeit mit eigener Zustimmung nicht mehr ständische Parlaments-»Klasse« und wurde auch nicht »Klasse« der modernen Marktgesellschaft, um so deutlicher aber beamtenartiges Bildungsbürgertum. Die »soziale Frage« schien wieder durch staatliche und kirchliche Einzelleistungen beherrschbar.[17] Als der Landtag 1866 doch eine moderne, d.h. liberale Sozialgesetzgebung auf die Tagesordnung setzte, war der Theologieprofessor Johann Christian Konrad von Hofmann Abgeordneter der liberalen Fortschrittspartei für den Wahlkreis Erlangen-Fürth. Er billigte die neue Gewerbefreiheit und das gelockerte Heimat- und Verehelichungsrecht und sprach 1868/69 zum Gesetz über Armen- und Krankenpflege. Leute, die danach keine Krankenhausbeiträge zahlen sollten, waren ihm »nicht selbstverständlich arm, sondern Dienstboten, Gewerbegehilfen, Lehrjungen, Fabrikarbeiter, die nicht als solche zu den Armen zählen«. Jedoch erkannte er: »Die Armut ist [...] eine Assoziation geworden, sie ist eine einheitliche Macht geworden, welche dem Staat und seiner Zukunft feindlich entgegentritt, und wenn es dem Staate nicht gelingt, der Armut in der Weise beizukommen, daß denen, die sich helfen lassen wollen, auch wirklich geholfen wird und also die Armut so weit irgend möglich gehoben wird, so wird das Schlimmste, was einem Staate begegnen kann, nicht

---

[13] FRIEDRICH WILHELM KANTZENBACH, Löhes Werke u. ihre Begründung i. d. Gesellschaft ihrer Zeit: ZBKG 46 (1977), 160–172 (172: »provinziell und kleinbürgerlich«); HOFER, Aus Löhes Jugendzeit: ZBKG 1 (1926), 208–256 (239f); HEMMERLE (B) 40.
[14] Verh. d. Kammer d. Abgeordneten 1848, Bd. 2, 168.
[15] WILHELM LÖHE, Bedenken über d. weibl. Diakonie innerhalb d. prot. Kirche Bayerns, insonderheit über z. errichtende Diakonissenanstalten: LÖHE, GW 4 (B) 272–276 (273f).
[16] Vgl. CHRISTOPH V. IMHOFF (Hg.), Berühmte Nürnberger aus 9 Jh., Nürnberg ²1989, 265f.
[17] KIRZL (B) 327–338 [zu Pfarreinkommen]; MAGEN, Kirche (B) 137–156.

ausbleiben«.[18] 1876 veröffentlichte er noch einen kritischen Aufsatz »Die weltgeschichtliche Bedeutung des modernen Sozialismus«.[19]

4. Kirche und Arbeiterfrage im Kaiserreich

Die Ausbreitung der Arbeiterbewegung verschärfte die »Arbeiterfrage«[20] auch in den Kirchengemeinden. Von einzelnen Fabrikgründungen in kleineren Landorten und von täglichem Nah-Arbeitspendeln in Industrieplätze ganz abgesehen, war die Integration von Arbeitern in die bürgerliche Lebenswelt von vornherein schwieriger als die von Handwerksgesellen. Das »ordentliche« Bürgertum der Altstadtpfarreien, namentlich die durch die Industrie vom Abstieg bedrohte untere »Mittelschicht«, wehrte sich gegen die Einebnung von »Fabriklern«, die auch als Glaubensbrüder mit dem wachsenden Zuwanderungsumkreis öfter deutschsprachige »Fremde« waren. Heiratsverbindungen wurden ungern hingenommen. So blieben Arbeiter im Nachbarn- und Familienkreis auch der religiös liberalen Stadtgemeinden häufig nicht recht angenommen. Auch die neuen Vorstadt-Arbeiterviertel der Großstädte wurden selten aktiv umworben. Die Arbeitsgemeinschaft des Fabrikalltags führte Arbeiter leichter zum freiwilligen Verein der Sozialgleichen und immer mehr als »Genossen« zu den Sozialisten und ihrer geselligen Subkultur.

Die Anziehungskraft der kirchlich geleiteten Evangelischen (Handwerker- und) Arbeitervereine war deutlich geringer.[21] Für die Bauern wurden ab 1880 Landpfarrer Begründer örtlicher Raiffeisen-Kreditgenossenschaften.[22] Der zunehmenden Selbstorganisation der gesellschaftlichen Gruppen schloß sich nun auch die Geistlichkeit an. Der Bayerische Pfarrerverein von 1891 war der erste freiwillige und »freie« Zusammenschluß der »Standesgenossen«.[23] Das fortgesetzte Scheitern der 1861 einsetzenden Lehrervereinsbewegung gegen die geistliche Volksschulaufsicht lag immer weniger an diesen: Sie wurde nach 1900 auch

---

[18] Verh. d. Kammer d. Abgeordneten 1866/69, Bd. 3, 61f. 224; HORST HESSE, Die sog. Sozialgesetzgebung Bayerns Ende d. sechziger Jahre d. 19. Jh. Ein Beitr. z. Strukturanalyse d. bürgerlichen Gesellschaft, München 1971 (MBM 33); KARL GERHARD STECK, Der Erlanger Hofmann als politischer Theologe: Richte unsere Füße auf d. Weg d. Friedens. Helmut Gollwitzer z. 70. Geburtstag, hg. v. ANDREAS BAUDIS, DIETER CLAUSERT, VOLKHARD SCHLISKI, BERNHARD WEGENER, München 1979, 419–431 (bes. 429f); BEHR (B).
[19] ZPK NF 72 (1876), 269–275.
[20] GÜNTER BRAKELMANN (Hg.), Kirche, Soziale Frage u. Sozialismus, Bd. 1: Kirchenleitungen u. Synoden über soziale Frage u. Sozialismus 1871–1914, Gütersloh 1977 (Protestantismus u. Sozialismus 3), betrifft fast nur Preußen.
[21] DENK (B) 27ff.
[22] Vgl. dazu V.2.4.3.5.
[23] 100 Jahre Pfarrer- u. Pfarrerinnenverein (B).

von der Mehrheit der evangelischen Pfarrer als überholt und belastend betrachtet.[24]

Nach Aktivierung der Arbeiterpolitik des Reiches räumte Oberkonsistorialpräsident Adolf von Stählin 1893 vor der Generalsynode ein: »Unsere sozialen Bindungen erinnern uns an die Schwerste aller Fragen [!], die soziale. Unsere Zukunft hängt von deren Lösung ab [...]. Der Gott der Zukunft ist der Sozialismus, ruft man an öffentlicher Stätte aus [...]. Wer wollte leugnen, daß in dieser ganzen Bewegung nach ihrem Ausgang und ihrer Veranlassung nicht auch viel Wahrheit und Berechtigung liegt?« Er deutete kirchliche »Versäumnisse« an, vermied aber jeden neuartigen gedanklichen Vorstoß.[25] Die beiden letzten evangelischen Pfarrer in Vorkriegslandtagen vertraten bis 1907 politisch und sozial die bürgerlich-liberale, betont nationale Mitte.[26]

Die Sozialdemokratische Partei Deutschlands, schon seit 1864 in Augsburg und 1868 in Nürnberg tätig, stand nicht nur mit ihren politischen Forderungen im Gegensatz zu damaligen Grundvorstellungen von Staat und Landeskirche. Sie erstrebte Verwirklichung eines »proletarischen« Sozialismus auf dem Wege der vollen parlamentarischen Demokratie, d.h. der bisher dem König vorbehaltenen Berufung der Staatsregierung nach dem Mehrheitsergebnis gleicher Wahlen: So sollte die fortschreitende »industrielle Revolution« der Wirtschaft und die verbreitete Unzufriedenheit der Arbeiterschaft die Partei zur Macht bringen. Weltanschaulich vertrat sie den – heute ja üblich gewordenen – Grundsatz, Religion müsse staatsfreie Privatangelegenheit des einzelnen Staatsbürgers sein. Für die Staats- und Gemeindehaushalte leitete das deutsche Parteiprogramm von 1891 daraus ab: »Abschaffung aller Aufwendungen aus öffentlichen Mitteln zu kirchlichen und religiösen Zwecken. Die kirchlichen und religiösen Gemeinschaften sind als private Vereinigungen zu betrachten, welche ihre Angelegenheiten selbständig ordnen.« Die Programmforderung nach Weltlichkeit der Schule verlangte keine Abschaffung von christlichem Religionsunterricht überhaupt.

1893 kam die SPD in die bayerische Abgeordnetenkammer. Ihr (katholischer) Fraktionsvorsitzender Georg von Vollmar auf Veltheim wirkte aber mit Rücksicht auf erhoffte Gewinnung auch von Kleinlandwirten als Wähler für Vorsicht bei Abgrenzung des Verhältnisses von Kirche und Staat und gegen aktive antireligiöse Propaganda der Landespartei. Auch im Landtag bestritt er von Anfang an grundsätzliche Religionsfeindschaft der Sozialdemokratie: »Ihre tiefsten Wurzeln sind auf ökonomischem Gebiet«. Damit widersprach er der damaligen kirchlichen Beurteilung, die meist einseitig auf philosophisch-naturwissen-

---

[24] CHRISTIAN WEINLEIN, Der bayer. Volksschullehrer-Verein. Die Gesch. seiner ersten 50 Jahre 1861–1911, Nürnberg 1911, bes. 274f; Verh. d. Kammer d. Abgeordneten 1899–1904, Bd. 14, 546 (Kirchenrat Friedrich Wilhelm Wirth-Selb, Liberale Vereinigung).
[25] Oberkonsistorialrat D. Adolf v. Stählin. Ein Lebensbild, mit einem Anhang v. Predigten u. Reden, hg. v. OTTO STÄHLIN, München 1898, 244ff.
[26] So besonders kämpferisch Pfarrer Dr. Schmidt-Nördlingen: Verh. d. Kammer d. Abgeordneten 1905–07, Bd. 2 (1906) 377–380.

schaftlichen, auch marxistischen Materialismus blickte.²⁷ Die Nürnberger »Parteilehre« in Oberfranken folgte um 1910 der Linie »Es kann einer Sozialist sein mit oder ohne Gott«.²⁸ Eine pauschale Bezeichnung der bayerischen Sozialdemokratie als »atheistisch«, besonders wegen der sog. Freidenker in ihr, läßt sich nicht mehr aufrecht halten.

Nachdem es in Nürnberg zu Streikunruhen mit einem Todesopfer und Militäreinsatz gekommen war, richteten die bayerischen evangelischen Arbeitervereine 1908 dort neben dem Arbeitersekretariat der Freien Gewerkschaften ein eigenes Evangelisches Arbeitersekretariat ein – für »sozialethische«, nicht sozialpolitische Beratung.²⁹ Präsident Hermann von Bezzel setzte weiter auf die Vereine und die innere Mission. Seine Vorbehalte gegen die industrielle Gesellschaft im ganzen zeigten sich mittelbar etwa in seinen rein religiösen Vorträgen von 1911 vor den Arbeitervereinen von Würzburg und München.³⁰ Erst seitdem empfahl die Landeskirche für Gewerkschaftsbeitritte die Christlichen Gewerkschaften.³¹ Nur auf die Arbeitervereine Bezug nehmend, stimmte Bezzel 1913 in der Kammer der Reichsräte für Staatszuschüsse an die Arbeitslosenversicherung der Städte, beklagte aber zur Landflucht, »daß viele, die in der Stadt das Glück gesucht und nicht gefunden haben, nach dem Gesetz der Repulsion wieder auf das Land zurückströmen und allerlei Aufklärung mitbringen, die besser ein für allemal von unserm Bauernstand fernbleibe.«³²

Unter bayerischen Anhängern der »Religion als Privatsache« blieb es vorerst bei schlechtem Gottesdienstbesuch, jedoch noch Festhalten an kirchlicher Heirat, Taufe und (in Bayern noch bis 1912 allein erlaubter) Erdbestattung. Seltene Kirchenaustritte führten meist in freikirchliche, noch kaum in »freidenkerische« Gruppen.

---

²⁷ Vgl. REINHARD JANSEN, Georg v. Vollmar. Eine politische Biographie, Düsseldorf 1958, 43. 90ff (BGPP 13); Vollmar zum Kultusetat, Generaldiskussion zur Trennung von Staat und Kirche: Verh. d. Kammer d. Abgeordneten 1893/94, Bd. 3, 11ff; KARL HEINRICH POHL, Die Münchener Arbeiterbewegung. Sozialdemokratische Partei, Freie Gewerkschaften, Staat u. Gesellschaft i. München 1890–1914, München u.a. 1992 (Schriftenreihe d. Georg v. Vollmar-Akademie 4); vgl. auch V.3.6.3.
²⁸ Hier liegt auch innerfränkisch eine Forschungslücke vor. Als Beispiel ALBRECHT BALD, Porzellanarbeiterschaft u. punktuelle Industrialisierung i. Nordostoberfranken. Der Aufstieg d. Arbeiterbewegung u. d. Ausbreitung d. Nationalsozialismus i. Bezirksamt Rehau u. i. d. kreisfreien Stadt Selb 1895–1936, Bayreuth 1991, [B. 3: Arbeiterschaft u. Religiosität 1895–1914] 47–51 (Bayreuther Arbeiten z. Landesgesch. u. Heimatkunde 7).
²⁹ KARL BÖHMER, Die Arbeitersekretariate i. Bayern mit bes. Berücksichtigung d. Nürnberger Verhältnisse, Nürnberg 1915; BECK, Leben (B) 236.
³⁰ RUPPRECHT (B); HERMANN BEZZEL, Festpredigt über 3. Joh. 15 aus Anlaß d. Eröffnungsfeier d. neuen Vereinshauses »Luisengarten« d. ev. Arbeitervereins Würzburg, Würzburg 1911; DERS., Predigt am Jubiläum d. ev. Arbeitervereins Nürnberg, Nürnberg 1911.
³¹ DENK (B) 34f.
³² Verh. d. Kammer d. Reichsräte d. bayer. Landtags 1913/14, Bd. 2, 30.4.1914, 260.

5. Familien-, Frauen- und Jugendfrage

Die »industrielle Revolution« brachte einen langfristigen Strukturwandel, der keine Bevölkerungsschicht und keine Gemeinschaftsform aussparte. Dies galt auch für die kleinste Zelle der Gesellschaft, die Familie. War das übliche vorindustrielle »ganze Haus« auf dem Land und in der Stadt eine Wirtschafts- und Lebensgemeinschaft an einem gemeinsamen Ort, so war die Fabrikarbeiterschaft durch den auswärtigen Arbeitsplatz oft auch von Ehefrauen und Kindern in anderer Lage. Die erst 1895 gesetzlich untersagte, aber noch 1900 nicht verschwundene industrielle Sonntagsarbeit und die durch Gas und elektrische Beleuchtung ermöglichte Nachtschichtarbeit von Mitgliedern erschwerten diesen Familien die Gemeinsamkeit noch mehr. Sie waren jedoch ebenso patriarchalisch vom »Familienvater« regiert, auch wenn Frau und Kinder Fabriklohn hinzubrachten. Als ansehenswahrendes Merkmal nicht nur »gehobener« Bürgerhäuser galt nun, daß Ehefrauen und Töchter nicht sichtbar mit berufstätig waren und letztere nur auf standesgemäße Verheiratung hin erzogen wurden. In der 1848er Revolution begann auch in Bayern eine zunächst bürgerliche Bewegung, die für das weibliche Geschlecht Gleichberechtigung bezüglich eigener privater Lebenschancen einforderte. Seit dem Lehrerinnenbildungs-Erlaß von 1866 öffnete sich den Frauen der »Zölibatsberuf« der weltlichen Volksschullehrerin, wofür der Memminger Pfarrer Dr. Otto Prinzing 1870 das erste evangelische Lehrerinnenseminar gründete. Die Kirchenleitung pflegte traditionell das Leitbild der häuslich-mütterlichen Pfarrfrau, die sich zugleich als Gemeindemutter aufopferte, allgemein das Hausfrau-Mutter-Ideal.[33] Löhes Innere Mission bot ursprünglich ledigen Bauerntöchtern als außerhäuslich dienende Lebensform den Diakonissenberuf an. Die Nachfrage beleuchtete aber alsbald den Aufgabenbedarf im Bürgertum: 1864–68 waren unter den Vätern von 175 Schwesternschülerinnen des Neuendettelsauer Diakonissenhauses 37 Pfarrer, 38 Handwerker, 17 Kaufleute und Unternehmer, 12 weltliche Akademiker, nur 24 Bauern.[34]

Die heranwachsende Jugend war in das patriarchalische Familiensystem eingebunden, bis um die Jahrhundertwende vom teils auch »kirchenflüchtigen« Bildungsbürgertum aus die deutsche Jugendbewegung neue freiere Lebensformen forderte und wagte. Die Wandervogel-Bewegung wollte eine großstadtfeindliche Lebensreform-Generation über soziale Abgrenzungen hinweg anführen. Die Forderung nach Selbsterziehung der Jugend auch gegenüber der Schule der Zeit war selten kirchenfeindlich. Sie meldete aber im Unterschied zum Christlichen

---

[33] Vgl. KRAFFT (B), bes. ELISABETH PLÖSSL, »Ich gehe Tag f. Tag an meine Arbeit«. Frauen i. Landwirtschaft, Industrie u. häuslichen Diensten um d. Jahrhundertwende 1890–1914: aaO, 9–85; URSULA BAUMANN, Protestantismus u. Frauenemanzipation i. Deutschland 1850–1920, Frankfurt/Main u.a. 1992 (Gesch. u. Geschlechter 2); HERMANN V. BEZZEL, Etliche Mahnworte z. Frauenfrage. Gegeben i. d. Kreisversammlung d. süddeutschen Ortsgruppen d. Deutsch-Ev. Frauenbundes, München o.J.; DERS., Frauengestalten aus d. Landeskirche, Nürnberg 1912.
[34] KANTZENBACH, Geist (B) 195f.

Verein Junger Männer (1903: Bayerischer Jünglingsbund) nochmals einen unpolitischen Gruppenanspruch auf Freiheit und Gleichheit an, der alte Ordnungssysteme und scheinbar selbstverständliche Selbstunterordnungen in Frage stellte.[35]

Der gesellschaftliche Wandel von der Agrar- und Stadtbürgergesellschaft zur »industriellen Welt« nahm nicht nur in der räumlichen Breite, sondern auch an Tiefe beschleunigt zu. Die häufig harte Kritik an der bloßen Abwehr einer Einengung der Volkskirche bis 1914 hält trotz Würdigung der großen Leistungen der Inneren Mission bis heute an. Walther von Loewenich schrieb 1948/64, der deutsche neulutherische Konfessionalismus sei nicht modern und nicht reformatorisch genug angesichts der Zeitnöte gewesen. Man habe selber zu wenig unter den neuen Fragen gelitten und sich mit einem »ängstlich-reaktionären Zug« gegen den Luftzug des modernen Lebens und Denkens abgeschlossen; noch Bezzel habe jeden Kompromiß mit den modernen Strömungen leidenschaftlich abgelehnt.[36]

6. Erster Weltkrieg und sozialer Wandel

Die Entwicklung des Krieges zum Wirtschaftskrieg unter feindlicher Blockade machte die Arbeitskraft von Arbeitern und Bauern zur entscheidenden Größe für die Kriegsführung. Die volle Ausschöpfung der allgemeinen Wehrpflicht steigerte dabei auch die Rolle berufstätiger Frauen erheblich. Das Gesetz über den vaterländischen Hilfsdienst von 1916 klammerte sie für die rüstungsindustrielle Dienstpflicht aus; dem Arbeitsschutz der Arbeiter dienten erste Mitbestimmungsrechte durch betriebliche Ausschüsse. Zentralwirtschaftliche Bedarfsgüter-Zuteilung an die Verbraucher und Militarisierung des Arbeitsprozesses veranlaßten den Begriff des obrigkeitlichen »Kriegssozialismus«. Die Notwendigkeit der Mitwirkung von SPD und freien Gewerkschaften auf eine Arbeitsgemeinschaft von Arbeitgebern und Arbeitnehmern hin wuchs mit Verschärfung der Kriegslage. Die Staatsregierungen versäumten jedoch notwendige Reformen zur Schaffung eines Gleichgewichts zwischen verlangten Kriegsopfern und unmittelbarer Wählerteilhabe durch volle parlamentarische Demokratie. Wachsende Spannungen innerhalb der Sozialdemokratie führten 1917 auch in Bayern zur Parteispaltung in gemäßigte Mehrheits-SPD (MSPD) und radikalere Unabhängige SPD (USPD). Sie bewog auch erstere zur Anmahnung von Sozialreform einschließlich Trennung von Kirche und Staat. Der (konfessionslose) USPD-Abgeordnete im Landtag Kurt Eisner rief angesichts der Kriegsmüdigkeit und der Bedrohung Bayerns durch den Zusammenbruch der österreichischen Alpen-

---

[35] OTTO STÄHLIN, Die deutsche Jugendbewegung. Ihre Gesch., ihr Wesen, ihre Formen, Leipzig 1922.
[36] WALTHER V. LOEWENICH, Die Geschichte d. Kirche 2, (1948=) Witten-Ruhr 1964, 135f; DERS., Konfessionen i. Zeitalter d. Liberalismus: Nürnberg (K) 418–424 (423).

front am 7.11.1918 die »soziale Republik« Bayern aus. Träger der Revolution waren nach äußerem russischen Vorbild Arbeiter-, Soldaten- und Bauernräte, jedoch war der neue »Volksstaat« noch keine entsprechende wirkliche Räterepublik: Im Januar 1919 fanden wieder ordnungsgemäße Wahlen zu einem verfassunggebenden Landtag statt. Der Umsturz fand kaum ernstlichen Widerstand. Bereits am 13. November entband der König von dem ihm geleisteten Treueid.[37]

---

[37] Vgl. Bayern i. Umbruch (B); JÜRGEN KOCKA, Klassengesellschaft i. Krieg. Deutsche Sozialgesch. 1914–1918, Stuttgart 1973 (KSGW 8); SIBYLLE KRAFFT, »An d. Heimatfront«. Frauenleben i. Ersten Weltkrieg 1914–1918: KRAFFT (B) 119–170.

V.8 EVANGELISCHES VEREINSWESEN UND ANFÄNGE DER INNEREN MISSION

Von Hannelore Braun

1884–1984 IM i. München (B).– BECK, Mission (B) [grundlegend].– BEYREUTHER (B).– ERICH BEYREUTHER, Der christl. Verein – lebendige Notgemeinde i. Zeitalter d. Staats-Kirchentums: IM 50 (1960), 234–241.– BLESSING, Staat (B).– DENK (B).– DRESSEL (B).– FS d. Vereins f. IM (B).– FLIERL (B).– MARTIN GERHARDT, Johann Hinrich Wichern, 3 Bde., Hamburg 1927–1931.– DERS., Ein Jh. IM. Die Gesch. d. Central-Ausschusses f. d. IM d. Deutschen Ev. Kirche, 2 Bde., Gütersloh 1948.– HANS CHRISTOPH V. HASE/PETER MEINHOLD (Hg.), Reform v. Kirche u. Gesellschaft 1848–1973. Johann Hinrich Wicherns Forderungen i. Revolutionsjahr 1848 als Fragen a. d. Gegenwart. Stud. z. 125. Gründungstag d. Central-Ausschusses f. d. IM d. Deutschen Ev. Kirche, Stuttgart 1973.– KRENN (B).– LEIPZIGER (B) [Lit.].– MAGEN, Kirche (B).– THOMAS NIPPERDEY, Gesellschaft, Kultur, Theorie. Ges. Aufsätze z. neueren Gesch., Göttingen 1976 (KSGW 18).– NOWAK, Gesch. (B) 127f. 136f.– E. OSTERTAG (Hg.), Helfen u. Heilen. Bilder aus d. ev. Liebestätigkeit vornehmlich d. bayer. Landeskirche, Erlangen u.a. 1890.– SCHWAB, Jugendarbeit (B) [grundlegend; Lit.].– HERTHA SIEMERING (Hg.), Die deutschen Jugendpflegeverbände. Ihre Ziele, Gesch. u. Organisation, Berlin 1918.– SIMON, Kirchengesch.[2] (B).– Statistik über kirchl. Jugendpflege i. d. prot. Landeskirche d. Kgr. Bayern r. d. Rh., zusammengestellt v. Landesverein f. IM i. Bayern, Nürnberg 1913.– THOMASIUS (B).– WILHELM ULMER, Die prot. Landeskirche d. Kgr. Bayern d. d. Rh. Statistisch-theol. Versuch, Ansbach 1879.– WEHR (B).

1. Die Anfänge des Vereinswesens

1.1 Der Verein als neuer Typus sozialer Organisation von Bürgern gleicher Gesinnung und Interessen auf freiwilliger Basis[1] hielt seit Beginn des 19. Jahrhunderts auch in der bayerischen Gesellschaft seinen Einzug.[2] Der monarchische Staat begegnete dem Bedürfnis seiner Untertanen nach freier Assoziation allerdings mit sehr restriktiven Maßnahmen. Jeder Zusammenschluß war den Behörden anzuzeigen und konnte verboten werden.[3] Diesen Bedingungen unterlag auch das protestantische Vereinswesen,[4] aus dessen bescheidenen Anfängen sich

---

[1] THOMAS NIPPERDEY, Der Verein als soziale Struktur i. Deutschland i. späten 18. u. frühen 19. Jh.: NIPPERDEY (K) 174–205; LOTHAR GALL, Von d. ständischen z. bürgerlichen Gesellschaft, München 1993, 67–71 (EDG 25).

[2] INGO TORNOW, Das Münchner Vereinswesen i. d. ersten Hälfte d. 19. Jh. mit einem Ausblick auf d. zweite Jahrhunderthälfte, München 1977 (MBM 75); WOLFGANG MEYER, Das Vereinswesen d. Stadt Nürnberg i. 19. Jh., Nürnberg 1970 (NWSLG 3).

[3] SCHWAB, Jugendarbeit (B) 87–96. 353–358.

[4] Noch immer grundlegend: WERNER CONZE, Der Verein als Lebensform d. 19. Jh.: IM 50 (1960), 226–234; BEYREUTHER, Verein (K); BODO HEYNE, Fragen d. inneren Gefüges d. Vereine i. d. IM heute: IM 50 (1960), 253–262; vgl. auch JOCHEN-CHRISTOPH KAISER, Konfessionelle Verbände

nach der Jahrhundertmitte die Innere Mission entwickelte. Trotz des grundsätzlichen Wohlwollens von König Ludwig I. gegenüber den Anhängern der Erweckungsbewegung war die Furcht vor vermeintlich politischen Aktivitäten überaus groß.

Es kam hinzu, daß die staatsabhängige, aufklärerisch geprägte und um ihre konfessionelle wie administrative Geschlossenheit ringende junge Kirchenleitung oft im Sinne der Staatsbehörde entschied.[5] Missionarisch-diakonische Lebensäußerungen pietistischer bzw. erweckter Kleingruppen im Verständnis einer »lebendige[n] Notgemeinde im Zeitalter des Staats-Kirchentums«[6] wurden als kirchenkritische Sonderbestrebungen vielfach abgelehnt.

1.2 Vor allem örtliche Missionsvereinigungen, die sich wegen des gemeinsamen Anliegens landesweit zusammenzuschließen oder Kontakte zu Gleichgesinnten außerhalb Bayerns zu pflegen suchten, waren unerwünscht. Die Gründung des *Zentralbibelvereins* (1823) zog sich unter solchen Bedingungen fast 20 Jahre hin;[7] eine ähnlich mühsame Entstehungsphase durchlief der *Zentralmissionsverein*.[8] Für die 1842 verbotene *Gustav-Adolf-Stiftung* aus Sachsen konnte ein bayerischer Hauptverein erst von 1851 an seine Diasporaarbeit aufnehmen.[9] Als konkurrierendes Unternehmen streng konfessionell gesinnter Lutheraner enstand daneben 1861 der *evangelisch-lutherische Gotteskasten* (seit 1932 Martin-Luther-Verein).[10] Argwöhnisch wurden auch Vorläufer der späteren Handwerker- und Arbeitervereine beobachtet. Erbauungs- und Bildungsveranstaltungen, die der Erlanger Professor für Naturgeschichte Karl von Raumer[11] Handwerkergesellen für ihre Freizeit anbot, verweigerte das Innenministerium 1836 die Genehmigung; in Nürnberg wurde dagegen angesichts des realen Bedarfs ein Jahr später ein vergleichbarer sog. Sonntagssaal zugelassen.

1.3 Lokal konnten erweckte Bürger und einige Pfarrer seit den 20er Jahren auf privater Ebene kleine Glaubensversammlungen, Gesellschaften, Missionskränzchen und Vereine ins Leben rufen. Derartige Initiativen entstanden zunächst in protestantischen Kerngebieten Frankens (Nürnberg–Erlangen), wo sich schon

---

i. 19. Jh. Versuch einer Typologie: Kirche i. Staat (B) 187–209. Zum Forschungsstand vgl. JOCHEN-CHRISTOPH KAISER, Kirchl. Vereine u. Verbände: EKL[3] 2, 1267ff; hilfreich jetzt die Literaturauswahl: VOLKER HERRMANN/JOCHEN-CHRISTOPH KAISER/THEODOR STROHM (Hg.), Bibliographie z. Gesch. d. deutschen ev. Diakonie i. 19. u. 20. Jh., Stuttgart u.a. 1997; weiterführende Periodika zur bayerischen Inneren Mission aaO, 16. – Für eine Gesamtbewertung der evangelischen Vereinsbewegung in Bayern im 19. und 20. Jahrhundert in all ihren Zusammenhängen bedarf es weiterer Studien.

[5] MÖCKL, Staat (B) 123f.
[6] Vgl. BEYREUTHER, Verein (K).
[7] Entstehung u. Gesch. d. Bayer. Zentralbibelvereins, zusammengestellt v. GÜNTER BAUER, Nürnberg 1996.
[8] SIMON, Mission (B).
[9] SCHELLENBERG (B) [Lit.]; STEINLEIN (B).
[10] ROSER (B).
[11] WEIGELT, Raumer (B); WEIGELT, Erweckungsbewegung (B); SCHWAB, Jugendarbeit (B) 119–131.

die Deutsche Christentumsgesellschaft[12] um Glaubenserneuerung bemüht hatte. Professoren der Erlanger Universität betrieben selbst praktische Missionsarbeit. Von Raumer schuf 1824 in Nürnberg als vereinsgebundenes sog. Rettungshaus die *Erziehungsanstalt für arme und verwahrloste Knaben*. Die Gründung einer ähnlichen Einrichtung für Mädchen unternahm im selben Jahr der von den Professorenfrauen Philippine Puchta und Maria Ackermann in Erlangen initiierte Frauen- und Jungfrauenverein (1822).[13] Ein weiteres (paritätisches) Rettungshaus enstand 1841 in Kooperation des Jean-Paul Vereins mit dem städtischen Armenpflegschaftsrat[14] in Bayreuth.[15] Der nur an den Bedürfnissen von Kindern orientierten Erziehung (Unterweisung in kindergottesdienstähnlichen Zusammenkünften und Vorbereitung zu einer ihrem Sozialstatus angemessenen Arbeit) in Rettungshäusern lagen neue pädagogische Konzepte zugrunde.[16] Als missionarisch-diakonische Pioniere sind auch Pfarrer Johann Friedrich Wucherer[17] in Baldingen, Dekan Christian Philipp Heinrich Brandt[18] in Windsbach und Pfarrer Karl Buchrucker,[19] Wichernanhänger und Organisator der Inneren Mission, in Nördlingen hervorgetreten. Der Kampf galt primär der Entsittlichung und Entkirchlichung der Gesellschaft; daneben wurde im frühindustriellen Pauperismus die Not zu lindern gesucht. Die Not des einzelnen galt als Folge individuellen sittlichen Versagens; Ziel der Bemühungen war die Bekehrung und Unterstützung der Menschen, nicht die Änderung der politischen und wirtschaftlichen Strukturen.

---

[12] HORST WEIGELT, Johann August Urlsperger u. d. Anfänge d. Christentumsgesellschaft. Die Basler Christentumsgesellschaft: PuN 7 (1981), 52–68; DERS., Der Pietismus i. Übergang v. 18. z. 19. Jh.: Gesch. d. Pietismus 2 (B) 701–754.

[13] Professor Christian Krafft fungierte als Vereinssekretär und galt deshalb fälschlich lange als Gründer, weil Frauen sich gemäß des vorherrschenden Rollenverständnisses nur im Hintergrund karitativ betätigen konnten (vgl. SCHWAB, Jugendarbeit [B] 103; GEORG PICKEL, Christian Krafft, Professor d. ref. Theologie u. Pfarrer i. Erlangen, Nürnberg 1925).– Zu Krafft vgl. VIII.3, Anm. 11.

[14] Vgl. Anm. 28.

[15] KLAUS GUTH, Konfessionsgesch. i. Franken 1555–1955. Politik, Religion, Kultur, Bamberg 1990, 178.

[16] SCHWAB, Jugendarbeit (B) 32–66.

[17] FRIEDRICH-WILHELM KANTZENBACH, Der Löhefreund Johann Friedrich Wucherer u. d. Praxis d. Kirche: KANTZENBACH, Geist (B) 291–302.

[18] KARL BUCHRUCKER, Kirchenrat Brandt, d. Gründer d. Pfarrwaisenhauses z. Windsbach: OSTERTAG (K) 68–83; FS z. 125jähr. Jubiläum d. Pfarrwaisenhauses Windsbach am 20.9.1962, Windsbach 1962; HEINZ SEIFERT, Christian Philipp Heinrich Brandt: Stifter u. Gründer d. Pfarrwaisenhauses Windsbach. Sonderdruck. Archiv d. Mutterhauses Neuendettelsau S II 1 (b).

[19] HUGO MASER, Karl Buchrucker (1827–1899). Der Gründer d. Landesvereins f. IM: LEIPZIGER (B) 131–164.

2. Kirche und Vereinsbewegung unter dem Einfluß Wicherns

2.1 Mit Erlaß des Vereinsgesetzes vom 26.2.1850[20] folgte der Bundesstaat Bayern dem nachrevolutionären Trend in Deutschland; auch die evangelische Vereinsbewegung erhielt dadurch größere Handlungsfreiheit – sofern sie sich politisch abstinent verhielt. Bis zur Jahrhundertmitte hatte sich in der mittlerweile konfessionell gefestigten lutherischen Landeskirche zudem die Einstellung zum Missionsauftrag gewandelt; der Appell Johann Hinrich Wicherns auf dem Wittenberger Kirchentag von 1848[21] gab den Anstoß, diesen geänderten Standpunkt publik zu machen. Wicherns Konzept, mit Hilfe freiwilliger Vereine im Raum der Kirche Volksmission und Liebestätigkeit als Innere Mission zu organisieren und so die Kirche zu erneuern, stieß weithin auf offene Ohren.

Noch bevor Wichern dank der Unterstützung durch die unterfränkische Zeilitzheimer Pastoralkonferenz von 1848[22] im Sommer 1849 in Würzburg, Erlangen, Nürnberg, Augsburg und München selbst seine Arbeit vorstellte,[23] hatte die Generalsynode im Februar erklärt, die Mission als »Sache der Kirche« anzusehen.[24] Das Oberkonsistorium folgte bereits am 29.11.1849 als erste deutsche Landeskirchenbehörde mit einer Verlautbarung in diesem Sinn und unterstrich dabei ausdrücklich die Verbindung zwischen Kirche und Innerer Mission.[25]

Doch im Gegensatz zu dem blühenden Vereinswesen auf römisch-katholischer Seite, das systematisch im Raum der Kirche angesiedelt wurde, blieb die evangelische Vereinsbewegung auch juristisch weiterhin Privatangelegenheit der Laien und Pfarrer. Die Distanz zur Obrigkeit barg Chancen und Gefahren für die weitere Entwicklung.[26] Abgesehen von gelegentlichen kirchlichen Zuwendungen (z.B. Kollekten) der finanziell unselbständigen Kirche und gewissen staatlichen Pflegesatzerstattungen waren alle Initiativen noch jahrzehntelang auf Beiträge, Spenden, Stiftungen und ehrenamtliche Arbeit angewiesen. Viele Unternehmungen überlebten nur dank der Finanzierung durch den paritätischen, von König Max II. 1853 gegründeten *St. Johannis-Verein*.[27] In der Zusammenarbeit mit Behörden auf dem Feld der ordnungspolitisch orientierten staatlichen Armenfürsorge erfuhr die Pfarrerschaft wenig Hilfe von ihrer Kirchenleitung.[28]

2.2 Wicherns Impulse steigerten allmählich auch in der Diaspora die Bereitschaft zu Vereinsgründungen, insbesondere zur Unterstützung wohltätiger Unterneh-

---

[20] Neue Gesetz-u.-Verordnungen-Sammlung f. d. Kgr. Bayern mit Einschluß d. Reichsgesetzgebung, Bd. 4, Nördlingen 1884, 81–86.
[21] GERHARDT, Wichern (K); HELMUT TALAZKO, Johann Hinrich Wichern: GRESCHAT (B) 44–63; BEYREUTHER (B) 88–125.
[22] SCHERZER (B).
[23] GERHARDT, Wichern 2 (K) 179–185; SIMON, Kirchengesch.² (B) 633.
[24] MAGEN, Kirche (B) 192ff; SCHWAB, Jugendarbeit (B) 151–155.
[25] SCHWAB, Lebensfrage (B) [Textabdruck: 52ff].
[26] Vgl. WEICHLEIN (B) 22ff.
[27] MASER, König (B).
[28] WOLF (B).

mungen.²⁹ Es entstanden u.a. Krankenhilfsvereine, die Rettungshausbewegung belebte sich, entlassene Strafgefangene wurden betreut. Pfarrer begannen lange vor der Gründung der eigenen Standesorganisation³⁰ im Jahre 1891 für bedürftige Amtsbrüder und deren Angehörige zu sorgen. Als herausragender Pionier der Inneren Mission neben Buchrucker organisierte der Erlanger Vikar Julius Schunck³¹ u.a. einen viel beachteten und andernorts nachgeahmten Armenpflegeverein (1848), der statt Bettelei geregelte Arbeit der Unterstützten zum Ziel hatte. Seit 1884 wurde unter paritätischer Führung der Ausbau der Arbeiterkolonien Simonshof (1888) und Herzogsägmühle (1894) vorangetrieben.³²

2.3 Der auf dem lutherischen Bekenntnis beharrende Pfarrer Wilhelm Löhe³³ lehnte mit seinen Anhängern eine Innere Mission freiwilliger Vereine ohne ausdrückliche bekenntnismäßige Bindung ab.³⁴ Als sich sein Versuch, eine von Ortsgemeinden verantwortete und getragene Mission und Krankenpflege *in* der Kirche aufzubauen, nicht realisieren ließ, rief er 1854 die erste bayerische *Diakonissenanstalt* in *Neuendettelsau* ins Leben.³⁵ Oberin Therese Stählin³⁶ hatte erheblichen Anteil am Aufbau des bald im In- und Ausland beachteten lutherischen Ausbildungs-, Erziehungs- und Pflegezentrums.³⁷ Löhe ließ sich von der Notwendigkeit eines Mutterhauses als zentraler Dienst- und Lebensheimat auch für die auf Außenstationen tätigen ehelosen Diakonissen überzeugen. Die Neuendettelsauer Einrichtungen blieben als eigenständiger Verbund neben der Inneren Mission organisiert; die »Doppelfunktion der Diakonie«³⁸ in Bayern hat hier ihre Wurzeln.

Unter ganz anderen Bedingungen entstand 1855 die *Diakonissenanstalt* in *Augsburg*. Das liberale Stadtbürgertum der Diasporagemeinde verlangte dort

---

29 Frühe Gesamtüberblicke: Oberkonsistorialrat Seybold: OSTERTAG (K) 15–38; ULMER (K) 28–52.
30 Verein ev. Pfarrer im Königreich Bayern r. d. Rh. (vgl. dazu 100 Jahre Pfarrer- u. Pfarrerinnenverein [B] bes. 14).
31 KANTZENBACH, Schunck (B).
32 Auf evangelischer Seite maßgeblich Oberkonsistorialrat Adolf Hermann Kahl (vgl. KARL PRIESER, Arbeit statt Almosen. Eine Gesch. d. Arbeiterkolonien i. Bayern 1884–1924, Bayreuth 1924; ERWIN DÜRR [Hg.], Lernziel Solidarität. 100 Jahre Herzogsägmühle. Beitr. z. Gegenwart, Vergangenheit u. Zukunft aus Veranstaltungen i. Jubiläumsjahr 1994, Peiting 1995).
33 Zu Löhe vgl. V.6.1; SCHOBER, Löhe (B).
34 ANSGAR HEUER, Funktion d. Kirche?: HASE/MEINHOLD (K) 165–169.
35 ANNE STEMPEL-DE FALLOIS, Diakonie b. Wilhelm Löhe v. d. Anfängen b. z. Mutterhausgründung (1826–1854) [Diss. theol.], Erlangen 1998; vgl. auch V.2.4.3.3.
36 Vgl. ERIKA RUCKDÄSCHEL, Therese Stählin (1839–1928). Oberin i. Neuendettelsau: LEIPZIGER (B) 107–128.
37 BECK, Mission (B) 22–31; LAUERER (B); Korrespondenzblatt d. Gesellschaft f. d. IM nach d. Sinne d. Luth. Kirche, Nördlingen Jg. 1 (1850) – 17 (1866); Korrespondenzblatt d. Diakonissen v. Neuendettelsau 1 (1885)ff, fortgeführt als Korrespondenzblatt d. diakonischen Gemeinschaften v. Neuendettelsau 112 (1978)ff.– Einzelbeispiele z. Entwicklung u.a.: Klinik Hallerwiese Nürnberg: 50 Jahre Filiale d. Ev.-Luth. Diakoniewerkes Neuendettelsau, Nürnberg 1983; GÜNTER SCHLICHTING, Neuendettelsauer Diakonissen i. Regensburg: ZBKG 32 (1963) [= Festgabe f. Matthias Simon], 348–364.
38 FLIERL (B) 15.

DIACONISSENHAUS ZU NEUENDETTELSAU.
Matth. XX 25_28.

Diakonissenhaus Neuendettelsau um 1865, Kolorierte Lithographie von Friedrich Wilhelm Emil Bollmann.

Oberin Therese Stählin.

evangelische Krankenpflegerinnen, die tüchtig, aber nicht kirchlich-konfessionell nach Neuendettelsauer Vorbild sein sollten. Erst dem lange nebenamtlich tätigen Inspektor Friedrich Boeckh[39] gelang es, der Anstalt eine christliche Lebensordnung zu geben und das Unternehmen zusammen mit der Oberin Pauline Fischer[40] zu großer Blüte zu führen.[41]

Ein dritter Schwerpunkt weiblicher Diakoniearbeit erwuchs aus der bayerischen Gemeinschaftsbewegung. Auf der *Hensoltshöhe* bei *Gunzenhausen* entstand 1909 dank der Initiative des Augsburger Fabrikdirektors Ernest Mehl[42] das bald prosperierende *Gemeinschafts-Diakonissenmutterhaus*, das insbesondere als Evangelisationszentrum bekannt wurde.[43]

Weitaus weniger Erfolg war der Ausbildung männlicher Berufsarbeiter beschieden. Nach dem Scheitern der ersten *Diakonenanstalt* in Puckenhof bei Erlangen von 1850 unternahm der Landesverein für Innere Mission[44] 1889 einen zweiten Gründungsversuch; doch auch diese Einrichtung, die 1905 nach *Rummelsberg* umzog, gedieh erst von 1919 an.[45]

2.4 Vielfältige Versuche, konfirmierte männliche wie weibliche unverheiratete Personen, die bis zum 40. Lebensjahr als Jugendliche galten, in religiös motivierten Kreisen zusammenzufassen, markieren den Beginn der späteren kirchlichen Jugendarbeit (Jugendfürsorge und Jugendpflege).

Das Beispiel des ersten, 1848 in München entstandenen Handwerkervereins[46] machte Schule; bis zur Jahrhundertwende lassen sich landesweit fast 80 vielfach städtische Zusammenschlüsse von Handwerkern und Arbeitern belegen.[47] Mit den 80er Jahren setzte eine gesonderte Betreuung von Lehrlingen ein. Die mehrheitlich nicht streng konfessionellen Jungmännervereine Bayerns unterschieden sich von Gruppierungen in anderen deutschen Regionen. Zum einen entstammten ihre Mitglieder überwiegend unterschiedlichen Berufsgruppen aus der bürgerlichen Arbeitnehmer- und Arbeitgeberwelt, zum anderen spielte im Vereinsleben Geselligkeit eine größere Rolle als in stärker auf religiöse Erbauung ausgerichteten außerbayerischen Vereinigungen. Arbeiter, die landesweit insgesamt

---

[39] KATT (B).
[40] Unsere Oberin Pauline Fischer (1873–1904), Augsburg 1928.
[41] Diakonissenanstalt Augsburg (B).
[42] CHRISTOPH MEHL, Christl. Unternehmertum u. Diakonie. Der Direktor d. Augsburger Kammgarnspinnerei u. Gründer d. Diakonissen-Mutterhauses Hensoltshöhe Ernest Mehl (1836–1912), Wintersemester 1992/93, Diplomarbeit am Diakoniewissenschaftl. Institut Heidelberg (Beitr. z. Diakoniewissenschaft NF 4); DERS., Die Arbeiterwohlfahrtseinrichtungen d. Augsburger Kammgarnspinnerei: THEODOR STROHM/JÖRG THIERFELDER (Hg.), Diakonie i. Deutschen Kaiserreich (1871–1918), Heidelberg 1995, 161–183 (VDWI 7).
[43] Nun danket alle Gott. FS d. Gemeinschafts-Diakonissen-Mutterhauses »Hensoltshöhe« i. Gunzenhausen, Rothenburg/Tauber 1984.
[44] Vgl. dazu V.8.3.2.
[45] WEHR (B).
[46] OSKAR WAGNER, Der Ev. Handwerker-Verein v. 1848 e.V. München 1848–1973. Ein Beitr. z. Gesch. d. ev. Gemeinde u. d. Ev. Sozialarbeit i. München. München 1973 (Kirche u. Handwerk 2).
[47] Alphabetisierte Liste bei SCHWAB, Jugendarbeit (B) 168f, Anm. 212.

Vereinshaus des CVJM in Nürnberg, Architekt Hans Müller, eingeweiht 1909.

nicht mehr als ein Viertel der Gesamtmitgliedschaft stellten, konnten Fragestellungen ihrer Lebenswelt kaum in die Vereinsprogramme einbringen. 1869 wurde der wenig bedeutsame bayerische *Bund der evangelischen Arbeiter- und Jünglingsvereine* gegründet. 1886 folgte der *Bund der evangelischen Arbeitervereine in Bayern*; er verweigerte den Anschluß an den deutschen Gesamtverband der Evangelischen Arbeitervereine.[48] Auch als sich 1899 eine Minderheit evangelischer Kräfte der Berliner »Freien Kirchlich-sozialen Konferenz« anschloß, gewann die christlich-soziale Bewegung in Bayern wenig Einfluß. Die Vereinsbasis sprach sich gegen die Beschäftigung mit politischen und sozialen Problemen aus und verwarf die Annäherung an Christliche Gewerkschaften und Arbeiterorganisationen. Ihre konservativ-beschauliche Haltung ersparte den Vereinen zwar staatliche Verfolgungen, doch kirchliche Kreise fanden auch keinen nennenswerten Zugang zur Industriearbeiterschaft.[49] Mit stark missionarischer Zielsetzung bildeten sich in den 90er Jahren rund 30, vor allem in den eigenen Gemeinden tätige, Jünglingsvereine. Die partielle Kooperation mit dem *Christlichen Verein Junger Männer* verlief nicht immer spannungsfrei. Dieses international und ökumenisch orientierte Laienmissionswerk, das zuerst 1886 in München Fuß faßte, u.a. mit aktiver Unterstützung kirchlicher Repräsentanten evangeli-

---

[48] KLAUS MARTIN HOFMANN, Die Ev. Arbeitervereinsbewegung 1882–1914, Bielefeld 1988, 47–60, bes. 54 (SPSGNC 3); vgl. auch V.7.3 und 4.
[49] Vgl. dazu insgesamt DENK (B) 23–35. 374f.

sierte und bis zum Ersten Weltkrieg seinerseits knapp 30 Vereine in der Landeskirche aufbaute, brachte seine Mitglieder in den 1903 gegründeten *Bayerischen (evangelisch-lutherischen) Jünglingsbund* ein.[50] Daneben begann seit 1911 gesondert die Organisation der evangelischen Arbeiterjugend.[51] Vor allem an Gymnasien bildeten sich, verstärkt in den 20er Jahren, zahlreiche Schüler-Bibelkreise.

Schülerbibelkreise 1915.

Titelblatt der Verbandsfestschrift der evangelischen Arbeitervereine, von Franz Schmidt, Schwabach 1910.

In der Stille nahm, teilweise unter dem Einfluß der Gemeinschaftsbewegung, auch die Sammlung evangelischer Mädchen und Frauen in Kränzchen, Horten, Jungfrauenvereinen u.ä. beachtlich zu; der große Gründungsschub erfolgte gegen Ende des Jahrhunderts schwerpunktmäßig in den großstädtischen Industriezentren.[52] Die Teilnehmerinnen wurden auf ihren geschlossenen Treffen von Bürgers- und Pfarrfrauen oder Diakonissen in einem Klima geistlicher Erbauung vor den Bedrohungen der Moderne gewarnt, auf traditionelle Frauenrollen vorbe-

---

50 CVJM-LANDESVERBAND (Hg.), Das Feuer brennt. 75 Jahre CVJM-Landesverband Bayern. Eine Dokumentation, Nürnberg 1978; ERICH BEYREUTHER, Aus d. hundertjährigen Gesch. d. CVJM München: 100 Jahre CVJM München 1886–1986, München 1986, 9–36; Statistik (K) 51–71; SCHWAB, Jugendarbeit (B) 238–249.
51 Zur weiteren Entwicklung vgl. KRENN (B) 495–503.
52 Vgl. SCHWAB, Jugendarbeit (B) 220–231.

reitet und zu meist innergemeindlicher praktischer Wohltätigkeit angehalten. In ländlichen Zusammenkünften kamen abweichende Lebensbedingungen berufstätiger Personen aus dem Proletariat kaum in den Blick; Anlaufstellen für Arbeiterinnen blieben vor der Jahrhundertwende auch in Städten die Ausnahme. Die Vereine konzentrierten sich dort auf die Bedürfnisse alleinstehender Mädchen (Wohnheime, Ausbildungsplätze, Arbeitsstellen) der sog. besseren Stände. Einen maßgeblichen Anteil an dieser Mädchenarbeit leisteten seit 1886 die Stadtvereine des 1877 in der Schweiz gegründeten *Vereins der Internationalen Freundinnen junger Mädchen*.[53] Teil ihrer Betreuung war u.a. der Abholdienst, den seit 1897 die Bahnhofsmission übernahm.[54] Sog. gefallene Mädchen fanden in Magdalenen-Anstalten (Augsburg, München, Neuendettelsau) Aufnahme.[55] Den Anstoß zur Konzentration der weiblichen Jugend gaben nicht Vereinsmitglieder, sondern einige Geistliche, die den Gründungsprozeß des Verbandes der evangelischen Jungfrauenvereine in Deutschland im Jahre 1906 von Anfang an gefördert hatten.[56] Erst 1911 entstand auch der *Verband der evangelischen Jungfrauenvereine in Bayern*; bis 1913 waren ihm 73 von 243 Gruppen angeschlossen.[57] Ein zeitgemäßes Programm weiblicher Jugendarbeit setzte sich trotz Anregungen aus dem Norden bis zum Ersten Weltkrieg nur ansatzweise durch. Mit der Ortsgruppe Nürnberg begann 1900 die Entwicklung des Deutsch-Evangelischen Frauenbunds (1899) in Bayern, der es bis 1919 auf 19 lokale Vereine und rund ein Dutzend Jugendgruppen für höhere Töchter und teilweise Arbeiterinnen brachte.[58]

3. Der Organisationsprozeß der Inneren Mission

Die Bereitschaft lokaler Vereinigungen zum überregionalen Zusammenschluß zwecks Koordinierung vergleichbarer Arbeitsfelder blieb in Bayern bis weit ins 20. Jahrhundert hinein auffallend gering.

3.1 Im Jahre 1866 gelang Buchrucker die Gründung der *Conferenz für Innere Mission*, die als ein beschluß- und handlungsunfähiger loser Zusammenschluß

---

[53] ADELHEID SEMM, Gesch., Organisation u. Arbeitsziele d. Vereins d. Freundinnen junger Mädchen: SIEMERING (K) 75–84.
[54] THEODORA REINECK, Die Deutsche Bahnhofsmission: SIEMERING (K) 84–93; BRUNO W. NIKLES, Soziale Hilfe am Bahnhof. Zur Gesch. d. Bahnhofsmission Deutschland (1894–1960), Freiburg 1994.
[55] BECK, Mission (B) 141–144.
[56] [WILHELM] THIELE, Ev. Verband z. Pflege d. weibl. Jugend Deutschlands: SIEMERING (K) 60–75; DRESSEL (B) 91; SCHWAB, Jugendarbeit (B) 228–231.
[57] Statistik (K) 5. 72–100.
[58] DORIS KAUFMANN, Frauen zwischen Aufbruch u. Reaktion. Prot. Frauenbewegung i. d. ersten Hälfte d. 20. Jh., München u.a. 1988; SCHWAB, Jugendarbeit (B) 231f.

interessierten Anhängern immerhin Gelegenheit zu jährlichen Zusammenkünften an wechselnden Orten gab.[59]

Bevor sich an diesem Zustand nach zwanzig Jahren etwas zu ändern begann, hatte in den Großstädten eine Sonderentwicklung eingesetzt. Wie andernorts reichte auch in Bayern die kirchliche Binnenstruktur bei weitem nicht aus, um dem rasanten Zuzug in die (Vor)Städte zu begegnen. Die als Institution noch immer zurückhaltende Kirchenleitung begrüßte deshalb aus eigenem Interesse das Engagement hauptamtlicher Pfarrer für die dort tätige Innere Mission.[60] In den 70er Jahren zwang die aktuelle Notlage zunächst zur Einrichtung sog. Herbergen zur Heimat (Übernachtungsräumen). In einem weiteren Schritt entstand in München 1884,[61] in Nürnberg 1885[62] und in Augsburg 1887 (bzw. 1895)[63] je ein *Verein für Innere Mission*. Diese Dachorganisationen für die verschiedenen älteren Einrichtungen[64] schufen notwendige neue Altenheime, Erholungszentren, Vereinshäuser usw. und koordinierten deren Dienste. Versammlungsräume der Inneren Mission wurden Kristallisationspunkte für junge Gemeinden. Die leitenden Vereinsgeistlichen waren die ersten einflußreichen Gesprächspartner der Behörden. Der Staat band gegen Ende des Jahrhunderts die freie Wohlfahrtspflege zusehends in seine Fürsorgepolitik ein und forderte im Gegenzug deren Modernisierung und Professionalisierung. Deshalb traten neben den unverzichtbaren ehrenamtlichen Kräften, u.a. in den Damen(hilfs)komitees, allmählich auch mehr weibliche und männliche Berufsarbeiter in den diakonisch-missionarischen Dienst. Insgesamt prägten die mehr oder minder autarken Stadtvereine rasch das Bild der Inneren Mission in der Öffentlichkeit.

3.2 Der im September 1886 gegründete *Landesverein für Innere Mission in der Evangelisch-Lutherischen Kirche in Bayern r. d. Rhs.* mit Sitz in Nürnberg[65] hatte einen schweren Stand. Da der einzige hauptamtliche Vereinsgeistliche lange mit dem Aufbau der Landesdiakonenanstalt[66] ausgelastet war, diente der Landesverein allenfalls als Informations- und Vermittlungsstelle für ängstlich auf ihre Eigenständigkeit bedachte Unternehmungen, die sich der Inneren Mission zwar zugehörig fühlten, den Beitritt jedoch nur zögernd und nicht geschlossen vollzogen. Bleibende Verdienste erwarb sich der Landesverein durch den 1886 vollzogenen Anschluß der bayerischen Inneren Mission an den Berliner Central-

---

59 FLIERL (B) 27f.
60 Vgl. Schreiben d. Oberkonsistoriums v. 31.5.1888: SCHWAB, Jugendarbeit (B) 216.
61 FS d. Vereins f. IM (B); 1884–1984 IM i. München (B); HUGO MASER, Die prot. Gemeinde: FRIEDRICH PRINZ/MARITA KRAUS (Hg.), München – Musenstadt mit Hinterhöfen. Die Prinzregentenzeit 1886–1912, München 1988, 202–212.
62 STADTMISSION NÜRNBERG E.V. (B).
63 MAX BRÜGEL, IM i. Augsburg: BIMB 27 (1912), 65–68; STAB (B).
64 Vgl. hierzu etwa: 1884–1984 IM i. München (B) 23.
65 [ERHARD] WEIGEL, FS z. 50 Jahr-Feier d. Landesvereins f. IM i. d. Ev.-Luth. Landeskirche Bayerns r. d. Rh. 1886–1936, Nürnberg [1936].
66 Vgl. V.8.2.3.

ausschuß für Innere Mission[67] sowie eine erste statistische Gesamterhebung über Dienste und Einrichtungen der Träger diakonischer Arbeit in Bayern (1889/99):[68]

In 149 Kindergärten und Horten standen 10.000 Plätze zur Verfügung; 43 Erziehungsheime (»Rettungshäuser«) und Waisenhäuser konnten über 1.200 Kinder und Jugendliche aufnehmen; 28 Haushaltungsschulen, Höhere Schulen und Schülerheime (»Alumnate«) boten Platz für fast 1.700 Schüler und Schülerinnen; in 8 Bildungsanstalten, Herbergen und Heimen konnten (getrennt) ca. 170 Mägde und Arbeiterinnen Aufnahme finden; in 89 Kranken- und Altenpflegestationen von Gemeinden und 39 anderen Trägervereinen wurden insgesamt 6.500 Kranke und 31.000 Arme versorgt; weitere 16 Altenheime und Krankenhäuser sowie 8 Heime für Behinderte boten jeweils knapp 600 Plätze an; es gab 14 Herbergen zur Heimat und 2 Arbeiterkolonien für 5.000 Kolonisten; neben den 3 Stadtmissionen (München, Nürnberg, Regensburg) existierten 2 Bahnhofsmissionen (München und Nürnberg); an den insgesamt 211 erfaßten Vereinen (u.a. für Jünglinge: 21; Jungfrauen: 59; Lehrlinge: 10; Handwerker: 30) mit insgesamt rd. 13.750 Zugehörigen entfiel der weitaus größte Teil (rd. 10.000 Mitglieder) auf die 66 Arbeitervereine. Die Diakonissenanstalten Neuendettelsau und Augsburg setzten um die Jahrhundertwende zusammen rund 600 Schwestern auf verschiedenen Arbeitsfeldern ein.

Die beachtliche Anzahl der Unternehmungen täuschte nicht über den unbefriedigenden Zustand der Inneren Mission insgesamt hinweg. Das Anliegen einer Rechristianisierung der Gesellschaft war zugunsten der praktischen diakonischen Arbeit in den Hintergrund getreten und die Evangelisation mehr und mehr der Gemeinschaftsbewegung überlassen worden. Städtische Vereinsgeistliche bedauerten selbstkritisch ein allzu geschäftiges Treiben in den eigenen Reihen; an den Vereinen auf dem Land wurden Konzeptionslosigkeit, Ermüdungserscheinungen und fehlende Verbindungen zu den Ortsgemeinden kritisiert.[69]

3.3 Konsistorialpräsident Hermann von Bezzel[70] setzte sich namens der Kirche nachdrücklich für einen Wandel ein. Er forderte eine Verkirchlichung der Inneren Mission, die dem geistlichen Amt dienen sollte.[71] Auf Seiten des Landesvereins unterstützten ihn der seit 1911 amtierende Vorsitzende Friedrich Boeckh[72]

---

[67] Aus Süddeutschland war 1849 nur die Zeilitzheimer Pastoralkonferenz beigetreten.
[68] Zusammenfassung der Angaben: FLIERL (B) 34f.
[69] Vgl. FRIEDRICH BOECKH, Grundsätzliche Betrachtungen f. d. künftige Gestaltung d. ev. Vereinslebens: BIMB 32 (1917), 25–30.
[70] Vgl. V.6.5; RUPPRECHT (B).
[71] Vgl. etwa HERMANN BEZZEL, Die IM u. d. Landeskirche: BIMB 27 (1912), 4ff. 9–12. 17–20. 25–32; DERS., Pflicht u. Recht d. IM, München 1915.
[72] FRIEDRICH BOECKH, Kirchl. Jugendpflege. Synodal-Vortrag, Rothenburg/Tauber 1911.– Boeckh als Nachfolger des im Liberalismusstreit freiwillig zurückgetretenen Christian Geyer war u.a. 1904–1914 Vorsitzender des Bayer. Verbandes der ev. Arbeitervereine, außerdem Gründer u. Leiter d. Landesgruppe des Kirchlich-Sozialen Bundes (vgl. HEINRICH RUFF, Porträt des Monats: BIMB 9 [1956], H. 4, 13ff).

Evangelisches Vereinswesen und Anfänge der Inneren Mission 175

sowie der nachmalige Landesbischof Hans Meiser als tatkräftiger Vereinsgeistlicher zwischen 1911 und 1914.[73] Der Landesverein gewann deutlich an Profil; er organisierte apologetische bzw. volksmissionarische Veranstaltungen[74] und gab entscheidende Anstöße zur Gründung des *Evangelischen Preßverbandes*, des *Verbandes der Kindergottesdienste in Bayern* und des *Bayerischen Herbergsverbandes*. Vordringlich widmete er sich der Neuordnung und Koordinierung der konfessionellen Jugendarbeit; hier mußte die Kirche auf die heterogene Jugendbewegung[75] und auf die Vorgaben der staatlichen Jugendpolitik reagieren. Am Ende eines längeren innerkirchlichen Klärungsprozesses beschloß die Generalsynode 1913[76] die Übernahme der Jugendpflege in die Gemeindearbeit und die Bereitstellung finanzieller Mittel für hauptamtliche Kräfte beim Landesverein.[77] Meiser schuf bereits 1912 als Antwort auf das staatliche Zwangserziehungsgesetz von 1902[78] den *Verband Evangelischer Erziehungsanstalten*.[79] 1914 übernahm er den Vorsitz im *Landesausschuß für evangelisch-kirchliche Jugendpflege*, der 11 bestehende bayerische Jugendverbände mit 400 Gruppierungen bzw. rund 16.000 männlichen und weiblichen evangelischen Jugendlichen zusammenband.[80] Wiewohl der Aufbau der *Evangelischen Jugendhilfe* auf Dekanats- bzw. Gemeindeebene durch den Ausbruch des Ersten Weltkriegs unterbrochen wurde,[81] war die Kooperation zwischen Kirche und Innerer Mission doch eingeleitet.

[73] Meiser übernahm das seit 1904 unbesetzte Amt vermutlich auf Zureden Bezzels.– HANNELORE BRAUN, Hans Meiser: Profile (B) 529–539.
[74] Vgl. KONRAD WIRTH, Was hat d. Landesverein f. IM noch zu tun: BIMB 25 (1910), 139–144.
[75] THOMAS NIPPERDEY, Jugend u. Politik um 1900: NIPPERDEY (K) 347–359.
[76] Vorarbeiten des Landesvereins für die Beschlußfassung: Zur kirchl. Jugendpflege. Denkschrift d. Landesvereins f. IM i. d. ev.-luth. Kirche Bayerns, Nürnberg 1913, sowie Statistik (K).
[77] SCHWAB, Jugendarbeit (B) 274–288.
[78] Gesetz vom 10.5.1902, die Zwangserziehung betreffend (Neue Gesetz- u. Verordnungen-Sammlung mit Einschluß d. Reichsgesetzgebung, Bd. 31, München 1904, 743–746).
[79] SIEGFRIED DORFMÜLLER, Jahresber. d. bayer.-ev. Erziehungsverbandes 1912–1932. 20 Jahre Verbandsarbeit: BIMB 48 (1933), 26–29.
[80] Statistik (K) 5f. 51–105. 116f; Satzung: SCHWAB, Jugendarbeit (B) 399.
[81] Vgl. jedoch zu Meisers Aktivitäten als Münchner Gemeindepfarrer: FRIEDRICH BACHMANN, Die Ev. Jugendhilfe: FS d. Vereins f. IM (B) 44–47.

V.9 KIRCHE UND KUNST

Von Peter Poscharsky

Bayer. Kunstdenkmale (enthalten, soweit erschienen, alle Kirchen).– JÜRGEN DOLLING u.a. (Hg.), 100 Jahre St. Johannis Forchheim, Forchheim 1996.– K.E.O. FRITSCH (Hg.), Der Kirchenbau d. Protestantismus v. d. Reformation bis z. Gegenwart, Berlin 1893.– JESSE (B).– KERNER/SEITZ/FRIEDRICH/LIEBENBERG/RÜBIG 1 u. 2 (B).– KuK 1 (1909) – 9 (1918).– LANGMAACK (B).– St. Lukas i. München »Der Dom d. Münchner Protestanten«. Zum hundertjährigen Kirchweihjubiläum, München 1996 (Arbeitshefte d. Bayer. Landesamtes f. Denkmalpflege 88).– EVA-MARIA SENG, Der ev. Kirchenbau i. 19. Jh., Tübingen 1995.

Der evangelische Kirchenbau des 19. Jahrhunderts in Bayern wurde bisher noch nicht zusammenfassend dargestellt. Deshalb ist hier nur ein vorläufiger Überblick möglich.

Von besonderer Bedeutung war die Errichtung der ersten lutherischen Kirche in München, der Matthäuskirche, von 1827 bis 1833 durch Johann Nepomuk Pertsch (vgl. Abb. 1 und 2). Der klassizistische Bau wurde als beidseitig halbrund geschlossene Querkirche errichtet; der Turm stand hinter dem Altar in der Mitte einer Längsseite. Doppelte Emporen umfaßten den Raum, die beidseitig bis an den Altar reichten. Die Kanzel wollte der Architekt über dem Altar anordnen, mußte sie aber auf Drängen der Gemeinde und der Kirchenleitung seitlich stellen.[1] Durch die relativ seltene Form der Querkirche[2] hebt sich die erste lutherische Kirche Münchens deutlich von allen vorhandenen katholischen Kirchen der Stadt ab. Dennoch ist die Gestalt dieser Kirche in Bayern ohne Nachfolge geblieben. Klassizistische Kirchen sind nur sehr wenige gebaut worden.[3] Da die meisten der lutherischen Kirchen im 19. Jahrhundert von staatlichen Baubeamten entworfen wurden, waren für sie die diesbezüglichen amtlichen Vorlagen maßgebend.[4]

Bei den nicht allzu häufigen Renovierungen wurden barocker Zierrat, aber auch Emporenmalereien[5] beseitigt und zeitgenössische Stilelemente nur in sehr bescheidenem Maße angewandt. »Nur einfach, weiß, mit blauen goldnen oder silbernen Leisten« soll die Kirche im Inneren verziert sein,[6] die Kirche soll sein

---

[1] Vgl. JESSE (B) 105.
[2] Vgl. ILSE-KÄTHE DÖTT, Prot. Querkirchen i. Deutschland u. d. Schweiz (Masch. Diss.), Münster/W. 1955.
[3] Z.B. Aufhausen 1822, Augsburg, Friedhofskirche 1825 (Architekt August Voit), Fürth, Auferstehungskirche 1825/26, Langerringen 1834/35, Oberdachstetten 1837/44.
[4] In der Zeit des Klassizismus waren dies die »Anweisungen z. Architectur d. christl. Cultus« von LEO V. KLENZE, München 1822/24, Faksimile-Neudruck mit Einführung v. Adrian v. Buttlar, Nördlingen 1990 (Lit.), die für katholische wie lutherische Kirchen galten, vgl. SENG (K) 162, Anm. 14.
[5] Z.B. Muggendorf 1805.
[6] Aufriß einer Agende aus dem Jahr 1823 (vgl. KERNER/SEITZ/FRIEDRICH/LIEBENBERG/RÜBIG 1 [B] 35). Diese Formulierungen spiegeln die damals üblichen klassizistischen Auffassungen wi-

»ein freundliches helles Gebäude, deßen hohes Gewölbe die Andacht erweckt und die Gesänge der Gemeinde, sowie die Rede des Predigers in verstärkter Kraft fortleitet«.[7] »Überhaeuffte Verzierungen oder solche, die den Aberglauben begünstigen, sind zu vermeiden, damit das Geistige, als das wahre Element der Evangelischen Gottesverehrung, nicht verdunkelt werde.«[8] Die Kirche solle keine Bilder außer einem auf dem Altar haben, da mehr Bilder die Andacht stören.[9]

Während in vielen Kirchengemeinden weder die Liturgie noch der Kirchenraum gepflegt wurden,[10] setzten die Bestrebungen der Architekten nach Verwendung historischer Baustile ebenso früh ein wie die Bemühungen der Kirchenleitung um eine einheitliche Gottesdienstform und damit auch um den Ort des Gottesdienstes. So wurde die Michaeliskirche in Hof nach dem Stadtbrand von 1823 in den Jahren 1826/29 schon neugotisch wiederaufgebaut. Friedrich von Gärtner hat die Kirche in Kissingen 1837 im »rheinisch-romanischen Stil« errichtet,[11] und der Architekt der Kirche in Ludwigshafen, Oberbaurat v. Voit, hatte vom König die Maßgabe, die Kirche »in einem Baustile zu entwerfen, welcher die Elemente mittelalterlich deutscher Bauweise, jedoch modifiziert nach den Verhältnissen und Anforderungen der gegenwärtigen Zeit erkennen lasse«.[12] Er erbaute die Kirche 1859–73 und verwendete in dem neugotischen Bau das moderne Material Gußeisen für die Stützen der Emporen und der Decke sowie für das Maßwerk der Fenster.

Während die Entwürfe für Gottesdienstordnungen zwischen 1828 und 1844 nichts zum Kirchenbau sagen, handelt der Entwurf von 1846 in einem eigenen Abschnitt »Von den zu gottesdienstlichen Handlungen bestimmten Gebäuden und deren Einrichtung«.[13] Neue Kirchen sollten »in keinem anderen als dem ächt kirchlichen Style erbaut, diesem gemäß in Chor und Schiff getheilt« werden, der Altar solle bis unten von einem schwarzen, violetten oder purpurroten Tuch verhängt sein, ein Altargemälde sei »nicht geradezu nothwendig aber wünschenswert«. Während für Leo v. Klenze[14] der Kanzelaltar noch selbstverständlich ist, heißt es hier: »Orgel, Altar und Kanzel über einander aufzustellen, gleich als hätten diese Gegenstände ein Ganzes zu bilden, soll vermieden werden«; Em-

---

der. So weist z.B. die 1834/35 von Eduard Rüber erbaute klassizistische Kirche in Langerringen als Schmuck nur einen Mäanderfries und Girlanden auf.

[7] Entwurf Gottesdienstordnung 1826, § 88 (aaO, 280).

[8] AaO, 281.

[9] Aufriß einer Agende aus dem Jahr 1823 (aaO, 36).

[10] Vgl. PAUL GRAFF, Gesch. d. Auflösung d. alten gottesdienstlichen Formen i. d. ev. Kirche i. Deutschland, Bd. 1, Göttingen, 1921, ²1937, Bd. 2, Göttingen 1939. In den Agendenentwürfen wird stets besonders auf die Reinhaltung der Kirchen verwiesen und beklagt, daß die Kirchen oft schmutzigen Ställen ähnlicher seien als Gotteshäusern (vgl. KERNER/SEITZ/FRIEDRICH/LIEBENBERG/RÜBIG 1 [B] 35).

[11] Vgl. FRITSCH (K) 188 mit Abb. 316 u. 317. Der schlichte Langhausbau wurde 1889 durch Bruno Specht um ein Querhaus und einen Vierungsturm erweitert.

[12] AaO, 283 mit Abb. 456–458.

[13] Vgl. KERNER/SEITZ/FRIEDRICH/LIEBENBERG/RÜBIG 2 (B) 689–694; zur Entwicklung der Gottesdienstordnung vgl. auch V.4.1.1.

[14] Vgl. Anm. 4.

poren sollten nur wenn notwendig errichtet werden. Somit wird deutlich, daß der Kirchenbau keineswegs nur eine Stilfrage war, sondern theologische Fragestellungen wichtig wurden.

Seit der Mitte des Jahrhunderts beschäftigen sich die lutherischen Kirchenleitungen auf den sogenannten Kirchentagen intensiv auch mit dem Kirchenbau, besonders in der 1860 eingerichteten Spezialkonferenz für christliche Kunst.[15] Die Thesen von Dresden 1856 und von Barmen 1860 führen 1861 zum »Eisenacher Regulativ«,[16] das zwar nur von einigen Landeskirchen als (meist noch abgewandelte) Vorschrift übernommen wurde, aber dennoch einen weithin bereits im lutherischen Kirchenbau verwirklichten Konsens widerspiegelt und zugleich prägend wirkte.[17]

Läßt sich hinsichtlich der Frage der Verwendung historischer Stile eine Entwicklung konstatieren, die von einer strikten Übernahme bis hin zur Freiheit in der Anwendung führt, so ist die theologische Grundeinstellung gleichbleibend: Ostung, erhöhter Chorraum mit freistehendem Altar, Kanzel am Chorbogen, möglichst Vermeidung von Emporen. Als »dem evangelischen Gottesdienst angemessenste Grundform« wird »ein längliches Viereck« genannt, gleichzeitig aber eine »Ausladung im Osten« mit Querarmen erwähnt, die »dem Gebäude die bedeutsame Anlage der Kreuzgestalt« geben. Es wird zwar nicht ausgesprochen, daß damit eine Zentrierung trotz des Längsbaus empfohlen wird, aber die direkt darauf folgende Erwähnung von Zentralbauten[18] macht dies deutlich. Das Bestreben der Architekten, die Kombination von Längs- und Zentralbau zu verwirklichen, läßt sich an zwei bayerischen Kirchen besonders deutlich ablesen.

Für die Lukaskirche in München,[19] die dritte evangelische Kirche der Stadt,[20] lagen zahlreiche Entwürfe vor, ehe Albert Schmidt 1889 die Planung übertragen wurde. Sein erster Entwurf von 1890, eine fünfschiffige Hallenkirche mit dreischiffigem Querhaus und Umgangschor,[21] wurde wegen der schlechten Sicht aufgrund der vielen Pfeiler und der zu hohen Kosten verworfen. Sein zweiter, 1893–96 für 1 Million Goldmark ausgeführter Plan mit 1.700 Sitzplätzen wurde als »eine Kombination des Grundrisses der Dresdener Frauenkirche[22] und des kreuzförmigen Grundrisses mit Chor und Kapellenkranz« bezeichnet und als »eine konsequente Synthese eines Längs- und Zentralraumes«[23] bewertet, »wobei

---

[15] Vgl. dazu SENG (K) 253.
[16] Alle Thesen dokumentiert bei LANGMAACK (B) 267–293 (mit vergleichender Synopse: 290).
[17] Die bayerischen Pfarrer erhielten den Text 1895 im 5. Jahresbericht des Vereins für christliche Kunst für 1892/94.
[18] Das Achteck sei »akustisch zulässig«, die Rotunde als »nicht akustisch zu verwerfen«.
[19] Vgl. St. Lukas (K).
[20] Die zweite war die 1873–77 von Rudolf Wilhelm Gottgetreu aus Backstein mit 800 Plätzen erbaute neogotische Markuskirche, die 1944 schwer zerstört, 1946–48 von Max Unglehrt verändert wiederaufgebaut und 1957 von Gustav Gsaenger neugestaltet wurde.
[21] Vgl. FRITSCH (K) Abb. 671–673.
[22] Die Leitbildfunktion der Dresdner Frauenkirche, 1726–38 von Georg Bähr erbaut, wird vor allem in der Kirchbaudiskussion um die Jahrhundertwende besonders deutlich.
[23] SENG (K) 375.

am Außenbau besonders der Zentralbaugedanke hervortritt, dagegen im Inneren [...] das Langhaus [...] hervorgehoben wird. [...] Somit entsprach die gesamte Anlage dem Regulativ bzw. den Eisenacher Ratschlägen«[24] (vgl. Abb. 3 und 4).

Für die Gedächtniskirche der Protestation in Speyer wurde 1884 ein Wettbewerb ausgeschrieben, in dem ein monumentaler, aber für den evangelischen Gottesdienst zweckmäßiger Bau gefordert wurde, in einem historischen (aber nicht dem romanischen) Stil, über einem kreuzförmigen Grundriß, mit von überall sichtbarer Kanzel und organisch eingebauten Emporen. Das Programm und der 1891–1904 von Julius Flügge und Carl Nordmann ausgeführte Bau entsprechen weitgehend der Johanneskirche in Stuttgart, 1866–77 von Christian Friedrich von Leins erbaut, die zu Recht als »die Idealkirche der Eisenacher Bewegung«,[25] als »eine Anwendungsanleitung des Eisenacher Regulativs«[26] bewertet wurde. Bayern tritt in den Diskussionen der Zeit zwar nicht hervor, aber diese Bauten zeigen, wie sehr man hier den Vorschlägen des Regulativs folgte. 1884 wurde in Nürnberg anläßlich des Missionsfestes der Verein für christliche Kunst in der Evangelisch-Lutherischen Kirche in Bayern gegründet, der den Gemeinden in dieser Epoche regen Kirchenbaues praktische Hilfen gab durch kostenlose Gutachten von Fachleuten und die Pfarrer ab 1909 durch die Zeitschrift »Kirche und Kunst« informierte. Darüber hinaus hatte er 1887 eine Schrift von Pfarrer Johannes Volkert »Ueber kirchlichen Schmuck« als Vereinsgabe publiziert, die in erweiterter Form 1898 nochmals unter dem Titel »Das Kirchengebäude, seine Restaurierung und sein gottesdienstlicher Schmuck« erschien.

Neubauten waren zwar nicht in sehr großer Zahl, aber aus verschiedenen Gründen notwendig. Einmal ist München das Beispiel dafür, daß in einer bis zum Beginn des 19. Jahrhunderts rein katholischen Stadt evangelische Gemeinden entstanden.[27] In anderen bisher geschlossen katholischen Gebieten war die Lage ähnlich.[28] In den überwiegend evangelischen Städten zwang das Anwachsen der Städte zur Errichtung neuer Kirchen. Ihnen gingen in der Regel provisorische Gottesdienststätten voraus, Schulsäle oder sogenannte Betsäle.[29] So wurden

---

[24] AaO, 376. Seng sieht in der Lukaskirche »den Endpunkt einer Entwicklung, die bei gleichzeitiger Verwendung einer mittelalterlichen Formensprache durch die Verschleifung von Langhaus und Zentralraum der evangelischen Predigtkirche näher zu kommen suchte« (327). Zu den Eisenacher Ratschlägen von 1896 vgl. LANGMAACK (B) 277ff.
[25] SENG (K) 535.
[26] AaO, 558.
[27] Außer der Matthäus-, Markus- und Lukaskirche die Erlöserkirche in Schwabing 1899/1903 (Theodor Fischer), die Christuskirche in Neuhausen 1900 (Jakob Heilmann und Max Littmann) und die Himmelfahrtskirche in Pasing 1903/04 (Karl Hocheder).
[28] Z.B. Forchheim/Oberfranken. 1825 zog der erste evangelische Bürger zu, durch die Garnison und eine Weberei stieg die Zahl der Evangelischen, die ab 1847 Gottesdienst im Raum einer Privatwohnung hielten und ab 1852 in der ehemaligen Gereonskapelle, die 120 Plätze bot. 1883 wurde eine Pfarrei, 1894/96 die Johanniskirche errichtet (vgl. DOLLING [K]).
[29] So z.B. in Augsburg-Pfersee 1888 (Erweiterungen 1903 und 1910). In München-Neuhausen wurde von 1892 bis zur Einweihung der Christuskirche 1900 ein Betsaal im Krankenhaus des Roten Kreuzes benutzt (JESSE [B] 185f). Einmalig ist in München die Errichtung einer Notkirche 1889 am Preysingplatz aus Eisenfachwerk, Rabitzplatten und offenem Dachstuhl aus Eisenkonstruktion bis

in Nürnberg etwa die Peterskirche,[30] die Dreieinigkeitskirche[31] und die Markuskirche[32] erbaut oder in Fürth die Paulskirche.[33] Auf dem Lande wurden erheblich mehr Kirchen in dieser Epoche neu errichtet oder umgebaut als bisher in der Literatur beachtet wurde. Als Beispiele seien genannt Thuisbrunn,[34] Wüstenstein,[35] Colmberg bei Ansbach[36] oder Hetzelsdorf (vgl. Abb. 6).[37] In der Regel baute man in neugotischen Formen. Es war eine Ausnahme, daß man sich in Pegnitz[38] wegen des Anschlusses an die vorhergehende barocke Kirche neobarocker Formen bediente oder daß man in Schwabmünchen 1901 die Formen der Neorenaissance verwendete. Gelegentlich sind auch technische Neuerungen Anlaß zur Entstehung neuer Gemeinden gewesen. So hatte etwa die Anlage des Rangierbahnhofes in Nürnberg die Ansiedlung zahlreicher Arbeiterfamilien zur Folge, für die 1907 ein Betsaal errichtet wurde und in seiner Nachfolge 1912/13 die Paulskirche.[39]

Parallel zu den letzten neugotischen Kirchenbauten setzte der Jugendstil ein, in dem aber, bedingt durch die Unterbrechung des Kirchenbaus durch den ersten Weltkrieg, nur wenige Kirchen erbaut wurden. Die bedeutendste ist die Erlöserkirche in München-Schwabing 1899/1903 (Theodor Fischer),[40] deren Architektur noch der Neoromanik verbunden ist, während der Innenraum im Jugendstil gestaltet wurde (vgl. Abb. 13).

Die Kirchenausstattung entsprach in der Regel jeweils dem Stil der Architektur.[41] Dies gilt auch für die zahlreichen neugeschaffenen Vasa sacra (vgl. Abb. 5). Außer dem einen Altarbild waren – im Unterschied zu den reich ausgestatteten katholischen Kirchen dieser Zeit – nur in größeren Kirchen noch Bilder zu finden, die lange Zeit unter nazarenischem Einfluß standen.[42] Farbige Glasfenster mit Bildprogrammen konnten sich fast ausschließlich die großen Kirchen lei-

---

zur Errichtung der Johanneskirche in München-Haidhausen 1914 durch Albert Schmidt (neoromanischer Zentralbau mit 1.400 Plätzen: aaO, 184f).
[30] In der Petersvorstadt 1898/1901 Joseph Schmitz.
[31] Im Stadtteil Gostenhof 1900/01 (v. Mecenseffy).
[32] Im Stadtteil Gibitzenhof 1914 (Kälberer). Die Kirche wurde 1936 erweitert, 1944 zerstört, ein Neubau wurde 1952/54 errichtet.
[33] 1900 (Karl Lammers).
[34] 1855/56 (Bauinspektor Henzel).
[35] 1867.
[36] Ende 19. Jahrhundert.
[37] 1901.
[38] Bartholomäuskirche 1899/1900 (Bauamtsassessor Schäffen).
[39] Architekt Hans Lever. Hierzu wird es in anderen Städten Parallelen geben.
[40] Weitere Bauten: Bad Steben 1909/10 (Richard Neithardt); Nürnberg, Paulskirche 1912/13 (Lever?).
[41] Ein Beispiel dafür ist die Kirche in Wieseth, ein eklektizistischer Bau von 1913/14 (Architekt Christian Ruck), vgl. KLAUS RASCHZOK/HERMANN RUMMEL, Die Kirche Wieseth, Wieseth 1997. Ausnahme z.B. Immenstadt, Erlöserkirche, deren Ausstattung ursprünglich im byzantinischen Stil gehalten war.
[42] So etwa die Gemälde von Ludwig Thiersch, Schüler von Julius Schnorr von Carolsfeld, z.B. in Kempten, St. Mang (Auferweckung von Jairi Töchterlein und Ölberg 1868), Immenstadt, Erlöserkirche (Engelsturz 1882).

sten.⁴³ Infolge der Feiern zum Jubiläum des Reformationsgedächtnisses und der Lutherverehrung wurden in zahlreichen Kirchen Lutherbilder angebracht, oft als Pendant dazu Philipp Melanchthon.⁴⁴ Nach dem Krieg 1870/71 wurden in den meisten Kirchen Gedenktafeln für die Gefallenen angebracht.

Für das Erscheinungsbild der Kirche war die Übernahme des schwarzen Talares, den der preußische König Friedrich Wilhelm III. 1811 bzw. 1817 eingeführt hatte, eine einschneidende Maßnahme. Der Verzicht auf die überkommene liturgische Gewandung führte auch zum Fortfall der liturgischen Farben. In der lutherischen Kirche herrschte das Schwarz, auch in der Umhüllung des Altares. Wilhelm Löhe holte die liturgischen Farben auf den Paramenten wieder in die Kirchen. Sein Diktat »Vom Schmuck der Heiligen Orte« im Jahr 1857 ist die Grundlage für den von ihm gegründeten Paramentenverein in Neuendettelsau, dem zahlreiche andere, vorwiegend in Diakonissenhäusern, folgten.⁴⁵

In dieser Epoche beginnt die Denkmalpflege, der es nicht um notwendige Reparaturen, sondern um die Wiederherstellung ursprünglicher Raumeindrücke geht, was in dieser Zeit praktisch mit einer Gotisierung gleichzusetzen ist. Sie setzt in den zwanziger Jahren bei den überkommenen mittelalterlichen Kirchen ein;⁴⁶ kleinere und später entstandene Kirchen wurden in größerer Zahl erst ab Beginn des 20. Jahrhunderts restauriert.⁴⁷

Die Entfaltung der Gemeindearbeit in der Form von Vereinen brachte die Notwendigkeit eigener Räume oder Bauten mit sich.⁴⁸ Die in anderen Gebieten Deutschlands neue Form der Kombination von Kirchengebäude mit darunterliegendem Gemeindesaal⁴⁹ wurde in Bayern offensichtlich ebensowenig realisiert

---

⁴³ Z.B. München, Lukaskirche (10 Apostel, Geburt und Himmelfahrt Christi, David mit der Harfe); 1943 zerstört, vgl. HELMUT BRAUN, Die Glasfenster i. d. Lukaskirche i. München: St. Lukas (K) 43–54. In München hatten nur noch die Markuskirche drei Fenster im Chor (mit Geburt Christi, den drei Königen, Himmelfahrt Christi, Pfingsten und der Reise des Paulus nach Rom, 1877) und die Kirche in Feldafing (Christus als Lehrer und als Spender der Sakramente, 1892), vgl. aaO, 46. Weitere Glasfenster etwa in Mindelheim 1898 (Otto Auernhammer).
⁴⁴ Vgl. REINER SÖRRIES, Das Bild d. Reformators: Luther i. Erlangen. Bilder–Namen–Wirkungen, Erlangen 1983, 59–83 (Schr. d. Universitätsbibliothek Erlangen-Nürnberg 15).
⁴⁵ Vgl. WILHELM LÖHE, Vom Schmuck d. heiligen Orte, Neuendettelsau 1857/58: LÖHE, GW 7/2 (B) 557–578. 739–744 sowie Neuausgabe mit Kommentar von Arnold Rickert, Kassel 1949 und PETER POSCHARSKY, Paramentik: TRE 25 (1995), 747–750.
⁴⁶ Denkmalpflegerische Maßnahmen z.B. in Nürnberg, Jakobskirche 1824/25 und St. Lorenz 1839. Hier ist besonders Heideloff zu nennen, der auch insgesamt acht neugotische Kirchen erbaute, in Bayern Ingolstadt 1846 und Feucht 1846, vgl. URS BOECK, Karl Alexander Heideloff: MVGN 48 (1958), 314–390.
⁴⁷ Vgl. die zahlreichen Berichte in den ersten Jahrgängen von KuK (1909ff).
⁴⁸ Die räumliche Unterbringung dieser Vereine ist noch nicht erforscht. Der 1886 gegründete Evangelische Arbeiterverein in Forchheim/Oberfranken erbaute 1908 ein Vereinshaus, mußte es aber bereits 1910 aus wirtschaftlichen Gründen wieder aufgeben, vgl. DOLLING (K) 35–36. Der CVJM hat in München und Nürnberg eigene Häuser gehabt, in Nürnberg mit Gaststätte und Hospiz.
⁴⁹ Ein veröffentlichter Plan für die Reformationsgedächtniskirche Nürnberg (Architekt Schmitz) (KuK 4 [1913], 61–64) sah unter der Kirche einen Gemeindesaal vor mit sechs kleineren seitlichen Räumen, die durch Schiebewände als Emporen dem Saal zugeschaltet werden konnten. Wegen des 1. Weltkrieges wurde der Plan nicht realisiert und beim späteren Bau (vgl. dazu VI.7) nicht wieder aufgegriffen.

wie der sogenannte Gruppenbau mit einem eigenen Gemeindehaus neben Kirche und Pfarrhaus.[50]

Die übrigen kirchlichen Gebäude wie Waisen- und Findelhäuser, Kinderbewahranstalten, Heime für in die Städte zugezogene ledige Dienstboten, aber auch die Schulen, haben bisher noch kein Interesse und keine Bearbeitung gefunden.[51]

Alle Friedhöfe waren bis 1869 kirchlich. Auf Grund der Entdeckung der Hygiene verbot man die bis dahin übliche Aufhängung von Totenkränzen in den Kirchen, verlegte die Friedhöfe vor die Orte und befürwortete Leichenhäuser auf dem Friedhof, um die Aufbahrung im Hause zu umgehen.[52] Neu sind eigene Friedhofskirchen wie 1825 in Augsburg oder 1875 in Nördlingen[53] oder auch Friedhofskapellen wie 1840 in Kempten.

Ab 1869 besteht in Bayern als erstem deutschen Land für die politischen Gemeinden eine Rechtspflicht, eigene Friedhöfe anzulegen. Seitdem gibt es hier neben den kirchlichen die kommunalen Friedhöfe.

Ein weites und bisher fast unbearbeitetes Feld sind die Gegenstände und Zeichen persönlicher Frömmigkeit im Haus. An erster Stelle muß hier die meist mit Bildern versehene Bibel genannt werden.[54] Der Konfirmationsschein, um dessen sachgemäße Gestalt sich der Verein für christliche Kunst intensiv und mit Erfolg bemüht hat,[55] wurde in der Regel gerahmt aufgehängt. Auch die Taufbriefe und der Patendank sind hier zu nennen wie die Fleißbildchen im Religionsunterricht und Kindergottesdienst sowie der religiöse Wandschmuck in der Wohnung.[56] Die zahlreichen Farbreproduktionen reichen von den auch am Ende des 20. Jahrhunderts noch weit verbreiteten romantisierenden sogenannten Schlafzimmerbildern, z.B. mit dem ährenausraufenden Jesus am Sabbath, bis zu sozialkritischen Bildern wie solchen von Fritz von Uhde, auf denen Jesus im Milieu

---

[50] Vgl. SCHÖNHAGEN (B).

[51] In München wurden teilweise in die provisorischen Betsäle, die man vor der Realisierung eines Kirchenbaues errichtete, auch Räume für eine Diakoniestation, Unterrichts- und Versammlungsräume sowie Kinderbewahranstalten, Kinderkrippen und Horte sowie Zufluchtsstätten für gefährdete Mädchen eingerichtet (JESSE [B] 184).

[52] Vgl. Aufriß einer Agende aus dem Jahr 1823 bzw. Entwurf einer Gottesdienstordnung 1826, § 92: KERNER/SEITZ/FRIEDRICH/LIEBENBERG/RÜBIG 1 (B) 36 bzw. 289. Eine neue Sicht des Friedhofs zeigt die 1825 in Augsburg von AUGUST VOIT verfaßte Schrift „Über d. Anlegung u. Umwandlung d. Gottesäcker i. heitere Ruhegärten d. Abgeschiedenen" (unveränderter Nachdruck Augsburg 1997).

[53] Vgl. REINER SÖRRIES, Einfluß nazarenischer Gesinnung auf d. Kirchenkunst d. Protestanten i. Bayerisch-Schwaben: JVABG 24 (1990), 253f.

[54] Vor allem müssen die 240 Holzschnitte zur Bibel von Schnorr von Carolsfeld erwähnt werden, der 1827 bis 1846 Professor in München war (vgl. ADOLF SCHAHL, Gesch. d. Bilderbibel v. Julius Schnorr v. Carolsfeld [Diss.], Leipzig 1936).

[55] Vgl. die in KuK 3 (1912), Nr. 10 abgebildeten Entwürfe des 2. Vorsitzenden, Friedrich Wilhelm Wanderer.

[56] Vgl. ULRIKE LANGE, Glauben daheim. Zeugnisse ev. Frömmigkeit. Zur Erinnerung. Zimmerdenkmale i. Lebenslauf, Kassel 1994.

armer Leute erscheint.[57] Seine Bilder waren weit verbreitet, weil sie sehr bekannte Worte Jesu (wie etwa »Lasset die Kindlein zu mir kommen«, 1884) oder das wohl verbreitetste Tischgebet (»Komm, Herr Jesus, sei unser Gast, und segne, was du uns bescheret hast«, 1885, vgl. Abb. 7) ins Bild umsetzten.[58]

---

[57] Dies wurde von den konservativen Kreisen heftig abgelehnt, wie z.B. die Diskussionen in der bayerischen Abgeordnetenkammer 1889/90 (Verh. d. Kammer d. Abgeordneten, Bd. 5, 591ff) und 1891/92 (aaO, Bd. 8, 621ff) zeigen.

[58] Zu Uhde vgl. BETTINA BRAND, Fritz v. Uhde. Das religiöse Werk zwischen künstlerischer Intention u. Öffentlichkeit [Phil. Diss.], Mainz 1982; DOROTHEE HANSEN (Hg.), Fritz v. Uhde. Vom Realismus z. Imperialismus. Ausstellung i. d. Kunsthalle Bremen v. 29. November 1998 bis 28. Februar 1999 u. i. Museum d. Bildenden Künste Leipzig v. 24. März bis 30. Mai 1999, Ostfildern-Ruit 1998.

V.10 MUSIK

Von Walter Opp, Friedhelm Brusniak, Hermann Fischer, Bernhard Klaus und Theodor Wohnhaas*

CBlevKGD 1 (1887) – 16 (1902) [mit Berichten aus dem Kirchengesangverein für Bayern].– EDUARD EMIL KOCH, Gesch. d. Kirchenlieds u. Kirchengesangs d. christl., insbes. d. deutschen ev. Kirche, Bd. 6: Stuttgart 1869, Bd. 7: Stuttgart 1872.– KREßEL (B).– SALOMON KÜMMERLE, Encyklopädie d. ev. Kirchenmusik, 4 Bde., Gütersloh 1888–1895.– ADOLF PONGRATZ, Musikgesch. d. Stadt Erlangen i. 18. u. 19. Jh. (Phil. Diss.), Erlangen 1957.– ERNST SCHMIDT (Bearb.), Zur Gesch. d. Gottesdienstes u. d. Kirchenmusik i. Rothenburg o. d. Tbr., Rothenburg/Tauber 1905.– Siona. Monatsschr. f. Liturgie u. Kirchenmusik z. Hebung d. gottesdienstlichen Lebens. In Verbindung mit Dr. L. Schoeberlein u. unter zahlreicher Mitwirkung v. Gelehrten u. Geistlichen, Cantoren u. Lehrern hg. v. M. HEROLD u. Dr. E. KRÜGER, Gütersloh 1 (1876) – 45 (1920).– Zum 50jährigen Jubiläum d. Landesverbandes ev. Kirchenchöre i. Bayern r. d. Rh. 1885–1935, München [1935].

Niedergang der evangelischen Kirchenmusik

Nach Johann Sebastian Bachs Tod läßt sich die Auflösung oder Umfunktionierung der tragenden Organisationen in der Kirchenmusik beobachten. Dies betraf die Einrichtungen der Alumnen und Schülerchöre und die Stadtpfeifereien.[1] Eine Verarmung des gottesdienstlichen Lebens ist zu konstatieren: Der Gesang der Gemeinde war durch das pathetische, langsame Zeitmaß erlahmt, zumal die alten Kirchenlieder bis zur Unkenntlichkeit entstellt waren.[2] Auch die Kunst des Orgelspiels hatte sich verflüchtigt.[3] Die evangelische Kirchenmusik hatte sich von der allgemeinen Musikentwicklung abgekoppelt und war ins Abseits geraten. Dem allgemeinen Niedergang der Kirchenmusik entsprach die Zuordnung ihrer Ausübenden zu »niederen Kirchenbedienten«.[4]

1. Das erste gesamtbayerische Gesangbuch von 1814

Der territoriale Partikularismus hatte zahlreiche regionale Gesangbücher hervorgebracht. Über 30 offizielle Gesangbücher waren in Gebrauch in den ehemals

---

* Abschnitt 3.3 ist verfaßt von Bernhard Klaus, Abschnitt 7 von Friedhelm Brusniak, Abschnitt 8 von Hermann Fischer und Theodor Wohnhaas; alle übrigen Abschnitte sind verfaßt von Walter Opp.
[1] Vgl. SCHMIDT (K).
[2] Vgl. V.10.3.
[3] HANS KLOTZ, Die kirchl. Orgelkunst: Leiturgia 4 (B) 760–803 (788).
[4] PreußALR 1794 II, 11, §§ 559. 566; vgl. JOHANNES PIERSIG, Beitr. z. einer Rechtssoziologie d. Kirchenmusik, Regensburg 1972, 89f (Stud. z. Musikgesch. d. 19. Jh. 34).

freien Reichsstädten, in den Ritterschaftsgebieten und einigen Pfarreien.⁵ Für die neu erstandene protestantische Landeskirche im Königreich Bayern fehlte aber ein einheitliches Gesangbuch. Zunächst ließ das Oberkonsistorium in München erheben, welche der im Gebrauch befindlichen Gesang- und Choralbücher geeignet waren, »um gute Muster abzugeben«.⁶ U.a. wurde dies dem Bayreuther Gesangbuch von Magister Johann Theodor Künneth 1779/1782⁷ mit seinem aufklärerischen Profil zugestanden. Hätte sich doch dieses darum bemüht, »falsche Vorstellungen von den wichtigsten Glaubenslehren und Lebenspflichten, oder mystische, niedrige, unverständliche Gedanken und Ausdrücke« wegzulassen (Vorwort). 1810 genehmigte das Ministerium entsprechend dem Auftrag des General-Konsistoriums die Einführung eines neuen Gesangbuchs. 1811 erteilte König Maximilian Joseph ein Privileg für die Pfarrwitwen-Kasse. Das erste »Gesangbuch für die protestantische Gesammt-Gemeinde des Königreichs Baiern« wurde 1814 in Sulzbach bei Johann Esaias Seidel gedruckt und ab 1815 offiziell eingeführt. Es enthielt 775 Lieder und einen kurzen Gebetsanhang. Die Texte vieler alter Lieder waren stark im Sinne der Aufklärung umgedichtet. Allerdings waren auch 20 Lieder Martin Luthers mit ausdrücklicher Namensnennung unverändert übernommen worden. Die Einführung stieß in den Gemeinden auf Widerstand; teilweise mußten sogar Gendarmen in Anspruch genommen werden.⁸

Dieses »Sulzbacher Gesangbuch« enthielt keine Noten, sondern nur Melodiezuweisungen. Für viele Lieder waren jedoch keine vorhanden. Entsprechend einer obrigkeitlichen Verordnung wurde 1815 Musikdirektor Justin Heinrich Knecht aus Biberach mit der Erstellung eines Choralbuchs beauftragt. Dieses Choralbuch⁹ enthielt 192 Choralmelodien, dazu Varianten, der Anhang weitere 27. Davon waren 75 Eigenschöpfungen (darunter 25 neue). Der Text jeweils der ersten Choralzeile war eingefügt, desgleichen eine Generalbaßbezifferung.

---

⁵ Z.B. Bayreuth (Burggrafenthum Nürnberg) 1779, Ansbach 1781, Nördlingen 1783, Augsburg 1794, Thurnau 1786, Castell 1797, Egloffstein'sche Pfarreien 1800, Marktbreit 1801, Schleusingen 1806 mit Anhang Gochsheim; hinzu kamen mehr private Editionen wie z.B. Erlangen (Seiler) 1807. Vgl. KREßEL (B) 96ff; KOCH 6 (K) 189ff; A Oberkonsistorium Mü 546, Rep. Nr. 53; DIETER WÖLFEL, Das Ende d. vorbayer. Gesangbücher u. d. erste bayer. Gesangbuch v. 1814: ZBKG 39 (1970), 259–268.

⁶ LKAN 544, Rep. Nr. 53; 26.11.1804/18.12.1804.

⁷ Neue Sammlung auserlesener ev. Lieder oder vollständiges Gesangbuch z. öffentl. u. bes. Gebrauch d. christl Gemeinden i. d. Burggrafenthum Nürnberg oberhalb Gebirgs, hg. v. Magister FRIEDRICH ADAM ELLRODT, Hochfürstlich Brandenburgischer Oberhofprediger, Consistorialrat u. Superintendent, 1779, ab 1782 (3. Aufl.) hg. v. Magister JOHANN THEODOR KÜNNETH, Kgl. Preußischer Consistorialrat, Superintendent, Bayreuth.

⁸ Vgl. KREßEL (B) 97f.

⁹ Choralbuch z. d. Gesangbuche f. d. prot. Gesammt-Gemeinde d. Kgr. Baiern, enthaltend 192 theils alte, theils neue vierstimmige Melodien, nebst einem Anhange, Sulzbach 1820 [ohne Verfassernamen]. Zu Knecht vgl. KOCH 6 (K) 468ff. Seine Sätze befriedigten nicht lange. Seine Melodien mit ihrer »zärtlichen Empfindelei, matten Süßigkeit und eitlem Prangen haben fast nirgends Bürgerrecht im kirchlichen Gemeindegesang erlangt« (KOCH 7 [K] 457f); vgl. auch Anm. 18.

2. Die Restauration

Voraussetzung für als notwendig angesehene Reformen war die Kenntnis der ursprünglichen Gesamtgestalt des Gottesdienstes: seine Liturgie, seine Gesänge, das Kirchenlied und die Kirchenmusik. Deshalb begannen umfangreiche historische Forschungen, deren Ergebnisse in grundlegenden Editionen vorgelegt wurden.

Die größte öffentliche Resonanz fand dabei der Bereich Kirchenmusik. Die Bach-Forschung führte zur Bach-Renaissance. Den Anstoß hierzu gab Johann Nikolaus Forkels Bach-Monographie von 1802.[10] Später kam es zu einer Wiederentdeckung von Georg Friedrich Händel und Heinrich Schütz (Gesamtausgabe von Philipp Spitta 1885–1895).

Einen weiteren Schwerpunkt der Restauration bildete die Suche nach dem »reinen Kirchenstil«. Das führte zu einer Konzentration auf die A-cappella-Musik des 16. und 17. Jahrhunderts. Carl von Winterfeld (Berlin) idealisierte in seinem Hauptwerk »Der evangelische Kirchengesang und sein Verhältnis zur Kunst des Tonsatzes« (1843–1847) Johannes Eccard als richtungweisendes Vorbild für die evangelische Musik im Gottesdienst und schuf dadurch ein Pendant zum Palestrina-Kult des Cäcilianismus auf katholischer Seite.[11] Bachs Werke ordnete er der Verfallszeit zu. Das alte deutsche Kirchenlied wurde in zahlreichen Editionen erschlossen.[12]

Beibehalten hat die Restauration die aus der Aufklärung stammende Forderung nach dem »reinen« und »wahren Kirchenstil«. Kennzeichen dafür seien Chorgesang im polyphon aufgelockerten homophonen A-cappella Stil, kirchentonale Satz-Anlage, ruhig ernstes Tempo, das friedvolle Weihe ausstrahlt, und monumentale Haltung, die durch Verzicht auf leidenschaftlichen und theatralischen Ausdruck erreicht wird. Das führte zu einer folgenschweren Abspaltung der Kirchenmusik von der allgemeinen Musikentwicklung. Auf die führenden Komponisten des 19. Jahrhunderts wie Franz Schubert, Johannes Brahms und Anton Bruckner wirkte diese Doktrinierung nicht anziehend.

Auch in Franken wurden Akzente gesetzt. Ludwig Schoeberlein veröffentlichte seinen dreibändigen »Schatz des liturgischen Chor- und Gemeindegesangs nebst den Altarweisen in der deutschen evangelischen Kirche, aus den Quellen

---

[10] JOHANN NIKOLAUS FORKEL, Über Johann Sebastian Bach's Leben, Kunst u. Kunstwerk, f. patriotische Verehrer echter musikalischer Kunst, Leipzig 1802. Weitere Anstöße gaben Felix Mendelssohn-Bartholdys Aufführung der Matthäuspassion (1827) und die Bach-Edition bei Breitkopf (ab 1850).
[11] Vgl. dazu ANTON FRIEDRICH JUSTUS THIBAUT, Ueber Reinheit d. Tonkunst, Heidelberg 1824 (Titelblatt 1825), ²1826; WINFRIED KIRSCH, Cäcilianismus: MGG² 2, 318–326.
[12] Vgl. PHILIPP WACKERNAGEL, Das Deutsche Kirchenlied v. Martin Luther bis auf Nicolaus Herman u. Ambrosius Blaurer, Stuttgart 1841; DERS., Das deutsche Kirchenlied v. d. ältesten Zeit bis z. Anfang d. 17. Jh., mit Berücksichtigung d. deutschen kirchl. Liederdichtung i. weiteren Sinne u. d. lateinischen v. Hilarius bis Georg Fabricius u. Wolfgang Ammonius, 5 Bde., Leipzig 1864–1877; DERS., Bibliographie z. Gesch. d. deutschen Kirchenliedes i. 16. Jh., Frankfurt/Main 1855; vgl. auch KÜMMERLE 1–4 (K).

vornehmlich des 16. und 17. Jahrhunderts geschöpft«,[13] das Standardwerk der evangelischen Kirchenmusik im 19. Jahrhundert. Die musikalische Redaktion besorgte Friedrich Samuel Riegel.[14] Dieser verglich Predigt und Kirchenlied: Erstere soll sich auf die Bibel gründen, letztere auf den gregorianischen Choral. Aus dieser Einseitigkeit heraus ordneten auch Schoeberlein und vor allem Riegel Bachs Musik bereits einem »an die moderne weltliche Musik erinnernden Klang« zu.[15] Den krönenden Abschluß dieser Forschungen stellt Johannes Zahns »Die Melodien der deutschen evangelischen Kirchenlieder« dar (6 Bde., 1888–1893, Nachdruck 1963).[16]

3. Praktische Auswirkungen

3.1 Choralrestauration

Die Aufklärung hatte den Rhythmus der Melodien eingeebnet zu gleichmäßigen Werten, auch in den Punktierungen;[17] Zweiertakte herrschten im Metrum vor, auch wenn es ehemals Dreier waren. Das Choraltempo war verlangsamt bis zu vier Pulsschlägen pro Choralnote: »Der Choral ist der einfachste und langsamste Gesang, der nur gedacht werden kann«.[18] Dadurch wurden alle Melodiebögen aufgelöst. Zwischen den Choralzeilen konnte die Orgel Zwischenspiele bringen. Eine Choralrestauration war dringend geboten und wurde zum beherrschenden kirchenmusikalischen Thema in Bayern. Ganz entschieden brachte die Kirchenleitung, in der das konfessionelle Luthertum dominierte, das Anliegen voran. Gottlieb Christoph Adolf von Harleß sprach von der »Gesangbuchs-Not, ja Gesangbuchs-Schande« in Bayern.[19]

Als nötig wurde erachtet: 1. »Zurückführung der entstellten Melodien auf das Maß ihrer ursprünglichen Schönheit«, d.h. in Rhythmus, Metrum und Tönen samt den dazugehörigen Texten. 2. Zurückdrängung der minderwertigen Lieder

---

[13] Göttingen 1865–1872; Neuausgabe »für Kirchenchöre« durch Friedrich Spitta 1869. Daran knüpft ab 1936 das »Hb. d. deutschen ev. Kirchenmusik« an (vgl. das Vorwort zu Bd. 1, Teil 1: Der Altargesang. Die einstimmigen Weisen, nach d. Quellen hg. v. KONRAD AMELN, Göttingen 1941).

[14] Werkverzeichnis bei KÜMMERLE 3 (K) 71f.

[15] Vgl. »Über kirchl. Chorgesang. Aus einem Brief v. Dr. L. Schoberlein«: CBlevKGD 9 (1895), 25ff; FRIEDRICH SPITTA, Schoeberleins Ansicht v. kirchl. Chorgesang: aaO, 49–53.

[16] Vgl. dazu V.10.4.1.

[17] Vgl. den Vorschlag von ALBERT WANDERSLEB, »das schöne Volkslied ›Ich hatt einen Kameraden‹ ganz in gleich langen Silben singen [zu] wollen« (Die Vorgesch. d. rhythmischen Kirchengesanges u. d. Vorbereitung z. seiner Einführung: ZEvKM 7 [1929], 203–213 [209]).

[18] JUSTIN HEINRICH KNECHT, »Anleitung«: Vollständige Sammlung theils ganz neu componierter, theils verbesserter, vierstimmiger Choralmelodien f. d. neue Wirtembergische Landgesangbuch, hg. v. JOHANN FRIEDRICH CHRISTMANN u. JUSTIN HEINRICH KNECHT, Stuttgart 1799; vgl. dazu GEORG FEDER, Verfall u. Restauration: FRIEDRICH BLUME, Gesch. d. ev. Kirchenmusik, Kassel u.a. ²1965, 217–269 (232f).

[19] Zit. nach KREßEL (B) 102; vgl. auch Akten der Generalsynode 1849 und 1853.

der Aufklärung. 3. Wiederherstellung des normalen Singtempos und damit Wegfall der Choralzeilen-Zwischenspiele. 4. Rhythmisch präzise Orgelbegleitung in einer dem Raum angepaßten und die Gemeinde nicht übertönenden Lautstärke mit durchsichtiger Registrierung. Der Begleitsatz sollte original zur Melodie gehören oder zumindest ihrem Wesen entsprechen, auch bei kirchentonaler Prägung. 5. Ein neues Gesangbuch sollte vorbereitet werden; die Unzufriedenheit mit dem Gesangbuch von 1816 unterstützte diese Bestrebung.

In mehr als zwei Generationen haben sich nun vor allem in Franken zahlreiche Theologen und Laien für diese Ziele eingesetzt. Besonders erwähnt seien: Karl von Raumer,[20] Gottlieb von Tucher,[21] Fridrich (sic!) Layriz,[22] Zahn,[23] Friedrich Mergner,[24] Johann Georg Herzog,[25] Max Herold.[26] Auch in kirchenmusikalischen Zeitschriften[27] sowie von Seminarlehrern (Philipp Wolfrum u.a.) und Lehrerkantoren wurden die Bestrebungen weitergetragen. An der Erlanger Theologischen Fakultät geschah dies durch Herzog.[28]

Trotz Vorarbeiten und werbender Informationen gab es gegen die Neuerungen viele Proteste aus den fränkischen Gemeinden. Einige »echt protestantische Herzen«[29] wehrten sich gegen das Ungewohnte (ähnlich wie im »Agendensturm«[30]), andere hielten die Einführung der »neuen Singweise« für unmöglich.[31] Sie waren, wenn überhaupt, dann nur für Doppelfassungen zu gewinnen. Außerhalb Bayerns wurden nur vereinzelt rhythmische Fassungen übernommen. Erst mit dem EKG 1950 kam diese Diskussion zum Abschluß.

---

[20] Vgl. WEIGELT, Raumer (B).
[21] GOTTLIEB FRHR. V. TUCHER, Schatz d. ev. Kirchengesangs, d. Melodie u. Harmonie nach aus d. Quellen d. 16. u. 17. Jh. geschöpft u. z. heutigen Gebrauche eingerichtet, zugleich als Versuch eines Normal- oder Allgemein-Choralbuchs bezüglich d. ältern Periode d. Kirchengesangs, Stuttgart 1840/1848 [Lieder- und Melodienteil]; DERS., Kern d. deutschen Kirchen-Gesangs, Nördlingen 1843/1848, ²1849; DERS., Kirchengesänge, Psalmen u. geistliche Lieder Dr. Martin Luthers u. anderer frommen Christen, Leipzig 1848; vgl. auch KÜMMERLE 3 (K) 678ff.
[22] FRIDRICH LAYRIZ, 117 geistliche Melodien, meist aus d. 16. u. 17. Jh. i. ihren ursprünglichen Rhythmen, zweistimmig gesetzt, Erlangen 1839. Layriz wendet sich gegen das Gesangbuch von 1816 und veröffentlicht als Entwurf für ein neues »Kern d. deutschen Kirchenlieds v. Luther bis auf Gellert«, Nördlingen 1844 (450 Lieder und Vorwort zu den Auswahlkriterien), »Kern d. deutschen Kirchengesangs«, Nördlingen 1843–1853, in 3 Abteilungen.
[23] Vgl. V.10.4.1.
[24] FRIEDRICH MERGNER, Paul Gerhardts geistliche Lieder i. neuen Weisen, Erlangen 1876; vgl. THOMAS RÖDER, »Ich singe dir mit Herz u. Mund«. Friedrich Mergner (1818–1891) z. 100. Todestag: GuK 1991, 32–39.
[25] Vgl. V.10.3.3.2.
[26] Vgl. V.10.5.
[27] Vgl. dazu das Literaturverzeichnis dieses Kapitels.
[28] Vgl. dazu V.10.3.3.2.
[29] KREßEL (B) 107ff.
[30] Vgl. V.4.1.1.
[31] K. BAUM, Ein Gang durch d. Gesch. d. Landesverbandes: Zum 50jährigen Jubiläum d. Landesverbandes (K) 10–21 (12).

3.2 Der Weg zum zweiten bayerischen Gesangbuch von 1854

Auf Antrag der Generalsynoden 1836 und 1844 begann 1845 eine Kommission mit der Ausarbeitung des Entwurfs eines Anhangs bzw. eines neuen Gesangbuchs.[32] Es lag 1848 gedruckt vor, wurde aber 1849 auf der Generalsynode in Ansbach verworfen. Nachdem der »Eisenacher Entwurf«[33] von 1853 bereits bekannt geworden war, wurde im selben Jahr ein »Neuer Entwurf« vorgelegt und als Grundlage angenommen. Harleß forderte aber noch weitere Verbesserungen: »unnötige Verauslassungen und [...] mißglückte Veränderungen zu beseitigen, 40 sentimentale oder hinsichtlich der Lehre mißverständliche, in rhetorische Trockenheit und Kälte oder weichliche, sentimentale Manier verfallende Lieder [...] mit guten anderen, im Mund des christlichen Volkes wiederklingenden Liedern zu vertauschen«. Auch sollten 130 Lieder des zuvor erschienenen »Eisenacher Entwurfes« eingearbeitet werden. In der Hauptausgabe sollte die Melodie samt Verfassername beigedruckt werden.[34]

1854 erschien dieses zweite bayerische »Gesangbuch für die evangelischlutherische Kirche in Bayern« mit 568 Liedern und beigedruckten 183 Melodien.[35] Es hatte – mit einer Überarbeitung (1927) – Bestand bis zur Einführung des »Evangelischen Kirchengesangbuchs« (EKG) 1957. Eine Neuorientierung auch der Kirchenmusik hatte sich damit durchgesetzt. Das Gesangbuch enthielt zu 80% im wesentlichen unveränderte Lieder, die vor 1765 entstanden waren. Aus der neueren Zeit waren Christian Fürchtegott Gellert (20), Balthasar Münter (8), Christoph Christian Sturm (4), Friedrich Gottlieb Klopstock und Johann Andreas Cramer (je 3) vertreten. Aus dem vorherigen von 1816 wurden lediglich 146 übernommen. Der »Eisenacher« Stamm wurde mit Ausnahme von 5 Liedern integriert.

3.3 Das Institut für Kirchenmusik in Erlangen

KLAUS, Grundkonzeption (B).– FRANZ KRAUTWURST, Herzog, Johann Georg: MGG 6, 299–302.– OPP (B).– PONGRATZ (K).

---

[32] »Entwurf eines Gesangbuches« mit 540 Liedern ohne Melodien, davon nur 103 aus dem alten Gesangbuch. Dieser enthält einen Bericht über sein Zustandekommen.

[33] Der Deutsche Evangelische Kirchentag in Elberfeld beschloß 1851 die »Aufstellung eines Canons altreformatorischer, allen Evangelischen gemeinsamer Lieder nach einem gleichen Texte, an welchen als Kern sich die jeder Landeskirche eigentümliche Lieder anschließen könnten«. Ein Grundstock mit 150 Liedern aus der Zeit vor 1750 wurde erstellt und dieser »Entwurf eines Kirchen-Gesangbuchs f. d. ev. Deutschland« 1853 etwas geändert von der deutschen evangelischen Kirchen-Conferenz in Eisenach angenommen (Vorsitz: Harleß). Allen Kirchenregierungen wurde seine Übernahme empfohlen. Dieses »Deutsche Ev. Kirchen-Gesangbuch. In 150 Kernliedern« (»Eisenacher Entwurf«) wurde allerdings stark angefeindet und nur von Bayern und einigen kleinen Landeskirchen übernommen. Seine Konzeption wirkte weiter im »Deutschen Ev. Gesangbuch f. d. Schutzgebiete u. d. Ausland« (DEG, 1915) und im »Ev. Kirchengesangbuch« (EKG, 1950).

[34] KOCH 7 (K) 117ff; KREẞEL (B) 103ff.

[35] Vgl. dazu JOHANN PETRUS KINDLER, Hülfsbuch z. Gesangbuche f. d. ev.-luth. Kirche i. Bayern, Nördlingen 1855.

Musik wurde als ein in den Rahmen des allgemeinen Bildungsauftrags eingeordnetes Fach der Erlanger Universität seit ihrer Gründung 1743 gepflegt. Treibende Kraft war Markgräfin Wilhelmine von Bayreuth, eine Schwester Friedrichs des Großen, die der Musik aufgeschlossen war wie ihr Bruder. Der Musiklehrer an der neu gegründeten Universität gehörte nicht zum Kollegium der Professoren, sondern zu den Exerzitienmeistern wie der Reitlehrer, der Tanzlehrer und der Fechtmeister. Man brauchte seine Dienste bei offiziellen Feiern, die, wie z.B. die Amtseinführung des Prorektors, in der Universitätskirche stattfanden.[36] Er stand weder zur Theologischen noch zu einer der anderen Fakultäten in Beziehung. Diese Musiklehrerstelle bestand bis 1810.

3.3.1 Bei der Gründung des Instituts für Kirchenmusik 1854 wurden diese Stelle und ihre Ausstattung zur Finanzierung beansprucht. Das Institut blieb, der einstigen Stelle entsprechend, eine »Einrichtung« der Universität, nicht anders als die anderen »Einrichtungen« wie die Bibliothek, der Reitstall und der Fechtboden. Das Ziel der neuen Einrichtung aber war jetzt ein anderes als das der Erteilung von Musikunterricht an Studierende aller Fakultäten.

Im neu entstandenen Königreich Bayern waren die konfessionell verschieden geprägten protestantischen Kirchen der fränkischen und schwäbischen Gebiete zu einer in sich geschlossenen bayerischen Landeskirche vereinigt worden.[37] Für die Aufgabe, die Einheit in Lehre und kirchlichem Leben zu erreichen und zu stabilisieren, kam der Theologischen Fakultät in Erlangen zentrale Bedeutung zu. Die Einführung einer einheitlichen Liturgie und eines Gesangbuchs hatte die dafür erforderliche Ausbildung der Pfarrer zur Voraussetzung. Um sie zu gewährleisten, war das Institut für Kirchenmusik gegründet worden.

Aufgabe des Universitätsmusiklehrers war es, der liturgischen Bildung der Pfarrer und ihrer Ausbildung im liturgischen Singen zu dienen. Die Vermittlung von Kenntnissen aus der Geschichte der Kirchenmusik, der Harmonielehre und der Orgelkunde galt zusätzlich als »wünschenswert«. In Verbindung mit dieser Tätigkeit war dem Musiklehrer aufgegeben, das Amt des Organisten bei den akademischen Gottesdiensten und die Leitung des »Gesangsvereins für Kirchenmusik« zu übernehmen.[38]

Die verwaltungsrechtlich einmalige Ausnahmesituation bestand darin, daß der Musiklehrer in seinem Dienstverhältnis zur Universität als Staatsbeamter und in seinem Kantorendienst als Kirchenbeamter ein doppeltes Unterstellungsverhältnis zu akzeptieren hatte. Das Dienstverhältnis zur Universität wurde 1888 dahin präzisiert, daß der Musiklehrer – weil seine Lehrveranstaltungen im Vorlesungsverzeichnis im Anschluß an die Ankündigungen der Theologischen Fakultät aufzuführen seien – sich als »zunächst der Theologischen Fakultät unterstellt an-

---

[36] ANJA BEYER, Die Verfassungsentwicklung d. Universität Erlangen 1743–1810, Köln u.a. 1992, 69. 82. 90. 127; WENDEHORST (B) 24.
[37] Zur Entstehung der Landeskirche vgl. V.1.
[38] Zur Dienstinstruktion von 1854 vgl. KLAUS, Grundkonzeption (B) 122f.

zusehen« habe.³⁹ Dies Unterstellungsverhältnis bedeutete keine Integration des Musiklehrers in die Theologische Fakultät.⁴⁰ Für den Kantorendienst wurde sein Unterstellungsverhältnis unter den Universitätsprediger festgeschrieben. Bei dem Institut ging es nur um das »Bedürfnis der Kirche«, nicht aber um einen den Studierenden aller Fakultäten geltenden Bildungsauftrag der Universität. Auch von der später wieder so wichtig genommenen Aufgabe, akademische Feiern musikalisch auszugestalten, war keine Rede.

3.3.2 Den mit der Gründung gesetzten Aufgaben widmete sich als erster Herzog, der das Institut von 1854 bis 1888 leitete und prägte.⁴¹ Der Liturgik diente er mit zahlreichen Veröffentlichungen. Als besonders hilfreich erwies sich sein »Musikalischer Anhang zur Agende der lutherischen Kirche in Bayern« 1856, der mehrfach aufgelegt wurde. Große Aufmerksamkeit galt der Orgelmusik, die er selber virtuos pflegte. Seine »Orgelschule« galt noch bis nach dem 1. Weltkrieg als das verbreitetste Lehrbuch des Orgelspiels.⁴² Den »Gesangverein für Kirchenmusik« setzte er in den Universitätsgottesdiensten und auch in öffentlichen Konzerten ein.

Die grundlegende Prägung des Instituts durch Herzog bewährte sich bei seinem Nachfolger Elias Oechsler, der von 1888 bis kurz vor seinem Tode 1917 hier wirkte und mit verschiedenen Veröffentlichungen im Dienst an der Liturgik und der Kirchenmusik Einfluß erlangte. Die von der Kirche gesetzten Ziele konnten im gottesdienstlichen Leben optimal erreicht werden, was das Zusammenwachsen der Landeskirche wesentlich förderte.

3.3.3 Vom Institut wurden Kirchenkonzerte als öffentliche Veranstaltungen in Erlangen durchgeführt. Herzog lag das Werk Händels besonders am Herzen. Von 1861 an veranstaltete er regelmäßig »Historische Konzerte«, in denen er Werke aus der Zeit vor Bach und weiter bis zu den Meistern des 19. Jahrhunderts zu Gehör brachte.⁴³ Oechsler konnte das Oratorienprogramm noch wesentlich erweitern.⁴⁴ Es gab in Erlangen in diesem Zeitraum keine andere Gelegenheit, sich einem solchen Kunstgenuß hingeben zu können, als durch die Veranstaltungen des Instituts für Kirchenmusik.

---

[39] Dienstinstruktion vom 15.10.1888: aaO, 122.
[40] Gegenteilige irrtümliche Annahmen bedürfen der Korrektur: vgl. OPP (B) 274, Anm. 17 und 285, Anm. 58.
[41] Über Herzog vgl. KRAUTWURST (T).
[42] AaO, 301.
[43] Einzelheiten und Abdrucke von Programmen bei PONGRATZ (K).
[44] AaO, 48ff.

4. Ertrag der Choralrestauration

4.1 Der Typus der Orgelbegleitsätze von Johannes Zahn

Die Ergebnisse der Choralrestauration faßte Zahn[45] in seinen Choralsätzen zusammen. Auf ihn geht der bis in unsere Jahrhundertmitte richtungweisende Stil der (Orgel-)Begleitsätze zurück. Diese sind dem Kantionalsatz des Frühbarocks angenähert und stehen stilistisch zwischen Hans Leo (von) Haßler und Melchior Vulpius. Ihre Kennzeichen sind: Viertelnoten als Choralnoten (im Gegensatz zu den Halben bei Wilhelm Ortloph), Violinschlüssel im oberen System, sangbare Führung der Mittelstimmen bei sparsamer Verwendung von Vorhalten und Zwischennoten, aber mit gelegentlicher rhythmischer Selbständigkeit, insbesondere in den Schlußkadenzen. Die Führung der Baßstimme ist kräftig und elegant zugleich. Das ergab einen sauberen, geschmeidigen, wirkungsvollen Satz. Er war der religiösen Bedeutung der Kirchenlieder angemessen, musikalisch anregend und geeignet auch für Chöre. Seine Orgelsätze galten bezüglich Stil und Qualität als richtungweisend bis zum Erscheinen des EKG 1957.

4.2 Das vierstimmige »Melodienbuch« von 1854

Mit der praktischen Einführung des »rhythmischen Chorals in ursprünglicher Form« hatte man in Bayern bereits begonnen; mancherorts (z.B. in Hersbruck) hatte sich der »rhythmische Gesang« schon eingebürgert. Das »Münchner Choralbuch« 1844 von Ortloph[46] hatte allerdings nur Übergangscharakter. Das Oberkonsistorium beauftragte Zahn mit der Ausarbeitung des endgültigen Choralbuches.[47] Dieser erstellte, unterstützt von Tucher und Layriz, ein Heft mit 12 »revidierten Chorälen« 1846, das zur Erprobung freigegeben wurde. Das »Revidierte vierstimmige Kirchen-Melodienbuch« (Erlangen 1852) wurde dann 1854 als »Vierstimmiges Melodienbuch zum Gesangbuch der evangelisch-lutherischen Kirche in Bayern« in Erlangen gedruckt. Es umfaßte 182 Melodien, »samt Anhang einiger [9] vorzüglicher Melodien«.[48] Für das Zeitmaß empfahl Zahn etwa eine Sekunde pro Choralnote, ein nach heutigem Empfinden immer noch sehr

---

[45] Vgl. das »Verzeichnis d. z. Veröff. gekommenen Werke v. Johannes Zahn i. chronologischer Reihenfolge«: CBlevKGD 9 (1895), 34f. Vgl. auch den Nachruf für Zahn: aaO, 27–34; sein Nachlaß ging an die Königliche Bibliothek in München.
[46] Ev. Choralbuch. Eine Auswahl d. vorzüglichsten Kirchenmelodien älterer u. neuerer Zeit i. d. ursprünglichen Tönen u. Rhythmen, f. d. kirchl. u. Privat-Gebrauch zunächst aber als Beitr. zu d. i. Kgr. Bayern bevorstehenden Choralbuchs- u. Gesangbuchs-Reform, i. Verbindung mit J. Zahn, G. Herzog, Fr. Güll bearb. u. hg. v. W. ORTLOPH, Stadtkantor an d. prot. Kirche i. München, München 1844.
[47] Vgl. V.10.4.1.
[48] ³⁵1925, hg. v. ADOLF ZAHN.

gemessenes Tempo.⁴⁹ Dieses Werk behielt mit kleinen Überarbeitungen Gültigkeit bis in die Mitte unseres Jahrhunderts.

4.3 Der »Musikalische Anhang« der Agende

Schon auf der ersten Generalsynode 1823 wurde über eine neue gemeinsame Agende verhandelt. Nach Vorentwürfen erschien in verschiedenen Auflagen die »Münchner Agende« (Friedrich Immanuel Niethammer) ohne Melodien (1836, 1844, 1852). Diese enthielt erst der »Agenden-Kern« Nürnberg 1856. Im »Musikalischen Anhang zu dem Agenden-Kern und der ihm vorangestellten Gottesdienstordnung für die evangelisch-lutherische Kirche in Bayern« (Nürnberg 1856), erstellt von Herzog,⁵⁰ finden sich die dazugehörigen Orgelbegleitsätze mit Melodiennachweis.⁵¹

5. Gründung von Kirchengesangvereinen und eines Landesverbandes

50 Jahre Ev. Kirchengesangverein (B).– Zum 50jährigen Jubiläum d. Landesverbandes (K).

Wo keine Schulchöre bestanden oder aufgelöst worden waren, gab es keinen gottesdienstlichen Chorgesang, es sei denn, daß ein weltlicher Gesangverein einsprang. Zu solchen (Männer-)Chören schlossen sich die sangesfreudigen Bürger zusammen.

Von der Schweiz ging über Hans Georg Nägeli, der mittels Chorsätzen die Gemeinde zu einer »lebendige[n] Orgel« machen wollte,⁵² eine Laienchorbewegung aus mit dem Ziel, in den Volksschulen wieder ein Volkschorwesen zu etablieren. Man wollte den vierstimmigen Gemeindegesang auch auf Deutschland übertragen, insbesondere auf Württemberg. Nägelis Ideen konnten sich aber nicht durchsetzen. Auch die Versuche, Schulchöre als Kirchenchöre weiter zu erhalten, hatten kaum Erfolg. Bezahlte Kirchenchöre zu installieren, blieb eine seltene Ausnahme (Berliner Domchor 1843).

Zahlreiche Gesangvereine, Oratorienvereine und Männerchöre wurden gegründet, aber sie waren getragen von Bildungstendenzen eines aufgeklärten Idealismus, von romantischer Hinwendung zur alten Musik oder von nationalen Ideen. Die Restauration forderte dagegen eine liturgische Einordnung im Sinne

---

49 AaO, III (Vorwort).
50 Zu Herzog vgl. Anm. 77 und V.10.3.3.2.
51 Vgl. dazu auch V.4.1.1.
52 Nägeli strebte für die deutsche Schweiz die Einführung des vierstimmigen Gemeindegesangs an; mit seinem Vergleich zitiert er Pfarrer Tobler aus Stäfa (nach KOCH 7 [K] 420). Gemeint ist offenbar Johann Kaspar Tobler, der in der reformierten Kirchengemeinde am Zürich-See von 1813 bis 1836 amtierte (vgl. HANS FREY, Stäfner Chronik, Bd. 2, Stäfa 1969, 284).

von gottesdienstlichem Handeln des Chores als Vertreter der Gemeinde oder des Liturgen.

Dennoch entstanden aus den Kreisen dieser Laienchorbewegung in Verbindung mit den Erweckungs- und Erneuerungsbewegungen im letzten Drittel des 19. Jahrhunderts zahlreiche Evangelische Kirchengesangvereine. Leiter waren meist die auf Seminaren ausgebildeten Lehrerkantoren.[53] Die Chöre schlossen sich im Lutherjahr 1883 zusammen und trafen sich zu großen Chorfesten. 1885 fand in Nürnberg der Vierte Deutsche Evangelische Kirchengesang-Vereinstag statt, wo von Herold[54] der Kirchengesangverein für Bayern[55] ins Leben gerufen wurde. Dieser veranstaltete als dessen Vorsitzender dann regelmäßig »Bayerische Kirchengesangvereins-Tage«.[56] Für das musikalische Konzept und die Leitung war der Hauptvereins-Musikdirektor (Wilhelm Bayerlein, Nürnberg) zuständig. Der Verein, dem 1896 bereits 1.310 Mitglieder in 29 Kirchenchören angehörten, war als Landes- und Provinzialverein dem Evangelischen Kirchengesangverein für Deutschland angeschlossen. Nach kriegsbedingten Einschränkungen wurde auf der Generalversammlung 1921 in Erlangen ein Neuanfang gemacht.

6. Die Posaunenchorbewegung

SCHLEE (B).– VERBAND EV. POSAUNENCHÖRE I. BAYERN (B).– WOLFGANG SCHNABEL, Die ev. Posaunenchorarbeit. Herkunft u. Auftrag, Göttingen 1993 (Veröff. z. Liturgik, Hymnologie u. theol. Kirchenmusikforsch. 26).

Parallel zur Gründung von Gesangvereinen entstanden die kirchlichen Blechbläserchöre, deren »Wiege« im Ravensberger Land stand. Über Bethel verbreiteten sie sich nach ganz Deutschland.[57] Johannes Kuhlo, der in Erlangen 1877/1878

---

53 Vgl. V.10.7.
54 1897 Ehrendoktor der Universität Erlangen, Verfechter des »rhythmischen« Chorals und der lutherischen Agende. Herold gab 1876 mit Schoeberlein und Eduard Krüger (seit 1881 allein) die Zeitschrift »Siona« heraus; 1885 Gründer und Vorsitzender des Bayerischen Kirchengesangvereins. Editionen: HEROLD, Vesperale[1] (B) [1883]; HEROLD, Alt-Nürnberg (B) [1890]; HEROLD, Kultusbilder aus 4 Jh. Eine Jubiläumsausgabe, Erlangen 1896.
55 Beitrag eine Mark pro Chor, 10 Pf pro Mitglied; Statuten: LKAN BKB Fach 113 Nr. 3.
56 1891 Rothenburg (mit einem vom Ev. Arbeiterverein aufgeführten Lutherfestspiel), 1892 Nördlingen, 1894 Ansbach, 1897 Erlangen (Aufführung des oratorischen 100. Psalm von Oechsler, der 1893 zur 150. Gründungsfeier der Universität komponiert worden war), 1913 Regensburg (Aufführung von Felix Draesekes »Christus«, 2. Teil).
57 Wichtig dafür war die Vereinheitlichung des Instrumentariums auf die Flügelhornfamilie in B-Stimmung (ab 1870). Die Notation in Klavierschreibweise ermöglichte ein Spielen aus den verwendeten Chornoten, die üblicherweise in Partitur auf zwei Systemen zusammengezogen sind. Gleichzeitig bewirkte dies eine Abgrenzung zu den weltlichen Bläsergruppen und den Militärkapellen. Eine eigene Literatur mußte neu erstellt werden. JOHANNES KUHLOS Posaunenbuch »Jubilate«, Bd. 1 u. 2, erschien 1884/1885 und wurde bis zum 2. Weltkrieg und auch heute nachgedruckt. Die Bände sind stilistisch von dem A-cappella-Ideal der Restauration geprägt. Bd. 1 enthält vokal empfundene Choralsätze und geistliche Lieder (alte Meister, Johann Christian Heinrich Rinck, Zahn und Kuhlo), Bd. 2 Übertragungen von Chormusik, aber auch »Kirchliche Märsche« usw. (Händel, Ludwig van

Theologie studierte, besaß Verbindungen zu Zahn, Wilhelm Löhe und dem Erlanger Kirchengesang. Er erhielt – wie Herzog und Herold – die Ehrendoktorwürde der Theologischen Fakultät Erlangen.

In den Posaunenchören spielte die geistliche Zurüstung eine wichtige Rolle, entsprechend den Kuhlo-Statuten. Deren Kernpunkte waren: Entschiedenes Christsein, Gehorsam gegenüber dem Chorleiter, Verzicht auf Branntwein, Versprechen, über längere Zeit am Ort bzw. im Chor zu bleiben. Nicht überall in den Gemeinden waren Posaunenchöre willkommen.[58]

Der erste Posaunenchor in Bayern entstand 1866 in Neuendettelsau. 30 Jahre später folgten zögernd die nächsten, vor allem im Nürnberger Raum (Nürnberg-Gostenhof 1892, Posaunenchor des CVJM 1899, späterer »Sterntorchor«). Auf der Bundesversammlung des Bayerischen Jungmännerbundes 1912 in Würzburg wurde innerhalb dieses Bereiches ein Bayerischer Poaunenchorverband gegründet. Auf verbreiterter Basis, offen für alle Gruppierungen, entstand 1921 der »Verband evangelischer Posaunenchöre in Bayern«.[59]

Posaunenchor von Kulmbach und Umgebung 1914.

Beethoven) sowie Natur-, Gemeinschafts- u. Vaterlandslieder. Die Pastoren Eduard Kuhlo und dessen Sohn D. Johannes Kuhlo suchten ständig Literatur-Anregungen.
[58] Ihr Aufgabenbereich erstreckte sich auf den Verein, auf Mission und auf die Gemeinde mit ihren Festen und Familienfeiern.
[59] Vgl. VI.8.4.2.

7. Der Lehrer-Kantor und -Organist

DÖLLINGER 9/3 (B).– GEORG DÖLLINGER, Übersicht d. d. Schulwesen i. Baiern betr. gesetzlichen Anordnungen, Nördlingen 1844.– HGBB 2.– Volksschullehrer u. außerschulische Musikkultur. Tagungsber. Feuchtwangen 1997. Hg. v. FRIEDHELM BRUSNIAK u. DIETMAR KLENKE, Augsburg 1998 (Feuchtwanger Beitr. z. Musikforsch. 2).

Die Lehrerbildung in Bayern im 19. und frühen 20. Jahrhundert ist geprägt durch die Normative vom 11.6.1809, 31.1.1836, 15.5.1857 und 29.9.1866.[60] In einer zweijährigen Ausbildung an Schullehrerseminaren[61] (ab 1823 nach einer vorher absolvierten dreijährigen Aspirantenzeit) wurden die künftigen Volksschullehrer auf ihre Doppelfunktion als Elementarschullehrer und als Kirchenmusiker (Kantor und Organist) vorbereitet.[62] Bereits 1809 zählten Grundkenntnisse des Singens sowie des Klavier- oder Orgelspiels zu den Voraussetzungen zur Aufnahme in ein Seminar. Der Unterricht im Singen diente zur »Verbesserung sowohl des Kirchengesanges, als des Volksgesanges überhaupt« (Normativ 1809, § 19,1), das Orgelspielen »zugleich der Singkunst zur Unterstützung und höheren Vervollkommnung« und als Grundlage für »jede andere musikalische Uebung«, nicht zuletzt aber auch zur Aufbesserung der Einkünfte (§ 23,1). Unter dem Eindruck der erstarkenden Nationalbewegung sollte der Unterricht in der Musik den Schullehrer auch in den Stand versetzen, »den dem teutschen Volkscharacter eigenen Volksgesang und musikalischen Sinn fortzupflanzen und zu veredeln« (Normativ 1836, § 37, VII), wozu selbst das Violinspiel »als nothwendiger Behelf« zum Gesangsunterricht gesehen wurde (§ 37, VII, d). Alle anderen Instrumente konnten ebenfalls im Hinblick auf die Mitwirkung bei »öffentlichen Musik-Productionen« erlernt werden (§ 37, VII, e). Die Seminaristen erhielten eine breite, solide Ausbildung, die sie an den Kunstgesang heranführte sowie mit Klavier- und Orgelspiel über den »richtigen und fertigen Vortrag der Choralmelodien« hinaus mit Präludien, Versetten und Fugen und mit dem Generalbaß vertraut machte (§ 37, VII, a–c). Die Jahresberichte und Pro-

---

[60] Das Normativ von 1866 markiert durch die Annäherung an das Niveau einer höheren Schulbildung und durch zusätzliche Allgemeinbildung einen grundlegenden Einschnitt und bildete die Rechtsgrundlage bis 1958.
[61] 1803 wurde mit der »Präparandenschule für künftige Lehrer« in München das erste vom bayerischen Staat gegründete Schullehrerseminar eröffnet. 1809 wurde beschlossen, zusätzlich zu den Lehrerseminaren in München, Amberg, Bamberg und Innsbruck noch zwei weitere in Augsburg und Nürnberg zu gründen. Zum Schutz der jugendlichen Präparanden vor den Gefahren der Großstädte wurden später die Seminare auf das Land verlegt, z.B. von München nach Freising (1812), von Nürnberg nach Altdorf (1824); anstelle von Augsburg wurde 1824 Dillingen gegründet. Ab 1823 wurde in Bayern die Mehrzahl der Lehrerseminare konfessionell getrennt geführt. Bis zur Einrichtung des Schwabacher Seminars 1843 war das Altdorfer das einzige protestantische im rechtsrheinischen Bayern; Bayreuth wurde erst 1895 gegründet.– 1866 gab es 35 bayerische Präparandenschulen, wobei die bisherige Vorbereitung auf das Lehrerseminar durch dreiklassige Präparandenschulen ersetzt wurde; vgl. JOHANN GÜNTHER MUHRI, Zur Gesch. d. kgl. Schullehrerseminars i. Altdorf (1824–1924): Altnürnberger Landschaft 34 (1985), 113–136.
[62] KARL WOLFRUM, Die kirchenmusikalische Bedeutung d. bayer. Lehrerbildungsanstalten: ZEvKM 7 (1929), 175–183.

gramme der Lehrerbildungsanstalten geben nicht nur detaillierte Hinweise auf die verwendeten Lehr- und Lernmittel, sondern gewähren auch Aufschluß über die Umsetzung der Regulative über diese Institutionen bis in die Kirchen und Schulen hinein, wobei die Lehrervereine eine wichtige Fortbildungsfunktion übernahmen.[63]

Auf ausdrücklichen Wunsch Ludwigs I. sollte »zur Belebung des allgemeinen Sinnes für Musik durch angemessene Einwirkung auf die Landwehr-Musikcorps, auf den Gesang- und Musikunterricht in den Schulen« »der Sinn für Musik, namentlich aber für Kirchen- und anständigen ächt nationalen Volksgesang möglichst erhalten und gefördert« werden (Erlaß vom 3.4.1836). Zur Übernahme der Kapellmeisterstellen bei der Landwehrmusik wurden neben den städtischen Musikmeistern und Türmern auch »tüchtige Schullehrer« angeregt, die Dirigiererfahrungen als Leiter von Kirchen- und Schulchören bzw. Kirchengesangvereinen und weltlichen Chorvereinigungen, vor allem Männergesangvereinen, mitbrachten (3.4.1836, I.).[64] Über ihren Einsatz in der Kirche und Schule sowie im Musik- und Gesangvereinswesen hinaus sollten sich die Lehrer auch noch um die musikalische Jugendarbeit kümmern, begabten Kindern unentgeltlich Gesangs- und Instrumentalunterricht erteilen sowie »die talentvolleren Feiertagsschüler an Sonn- und Feiertagen zu Gesang- und Musikübungen vereinigen«, um die Beförderungschancen zu erhöhen (3.4.1836, II–V). Damit erhielt die musikalische Volksbildung insgesamt eine Schubkraft, die über die Revolutions- und Reaktionszeit und die Reichsgründungsphase weit in das Kaiserreich hineintrug, bevor der wilhelminische Nationalismus auch Kirche und Schule für sich vereinnahmte.[65] Durch seine herausgehobene Stellung als Dirigent von Orchester- und Chorvereinigungen sowie als Musiker, Herausgeber von Liedersammlungen und Lehrwerken wurde der Lehrer-Kantor und -Organist sozial aufgewertet, was sich seit dem Vormärz in Ansprüchen einer Mitgestaltung an der Politik und am Bildungswesen äußerte.[66] Vor allem auf dem Lande war der seminaristisch gebildete Kirchen- und Schulmusiker ein nicht wegzudenkender Bildungs- und Kulturfaktor. Die Lehrerschaft übte als eine der Hauptträgerschichten der Musikkultur eine Vorbildfunktion aus, die Aspekte der musikalischen Repertoireauswahl und Geschmacksbildung, der Aufführungspraxis, Interpretationsweise und Gesangsästhetik mit einschloß und nicht hoch genug eingeschätzt werden kann. Den Ruf als eine der führenden Musiklandschaften

---

[63] Lehrervereins-Protokolle Nürnberg 1821–1830, hg. v. MAX LIEDTKE, Bad Heilbrunn/Obb. 1989; vgl. dazu die Rezension von FRIEDHELM BRUSNIAK: Musik i. Bayern 45 (1992), 104–107.

[64] OSKAR STOLLBERG, Vom Chorverein z. Gemeinde-Kantorei. Wie ev. Chorwesen i. Bayern sich entwickelte: 100 Jahre Landesverband Ev. Kirchenchöre (B) 12–18.

[65] FRIEDHELM BRUSNIAK, Das große Buch d. Fränkischen Sängerbundes, München 1991; DERS., Anfänge d. Laienchorwesens i. Bayer.-Schwaben (Habil.-Schr.), Augsburg 1997; DERS., Cyrill Kistlers ›Volksschullehrer-Tonkünstler-Lexikon‹ v. 1887: Volksschullehrer (T) 147–176.

[66] ECKHARD NOLTE, Außerschulische musikalische Tätigkeiten d. Volksschullehrers i. 19. Jh., ihre Voraussetzungen u. deren Abbau: Volksschullehrer (T) 31–54.

Deutschlands hat Bayern nicht zuletzt dem herausragenden Engagement der Lehrer-Kantoren und -Organisten zu verdanken.

8. Orgelbau und Orgeln
Der Orgelbau in der Spannung zwischen Tradition und Stilwandel im 19. Jahrhundert

BRENNINGER, Orgeln i. Altbayern (B).– BRENNINGER, Orgeln i. Schwaben (B).– FISCHER/WOHNHAAS, Notizen (B).– FISCHER/WOHNHAAS, Orgeln (B).– FISCHER/WOHNHAAS, Sieben Jh. (B).

Nach dem Religionsedikt und den Gebietszuwächsen in Bayern bis 1815[67] entstanden zahlreiche neue evangelische Gemeinden und richteten sich Betsäle ein. In einigen Städten erhielten sie säkularisierte Klosterkirchen und aus dem Säkularisationsgut auch Orgeln. In München entstand 1833 im Stil des Klassizismus die Matthäuskirche[68] mit einer Orgel von Joseph Frosch, die einen fünffachsigen Flachprospekt hatte und über dem Altar stand. Sie war zwar wesentlich kleiner als die gleichzeitig entstandene Walcker-Orgel in der Frankfurter Paulskirche, aber tendierte klanglich in die gleiche Richtung: Stärkere Grundtönigkeit, Zunahme der Farbigkeit und Solofähigkeit, differenzierte Klangabstufungen im Vergleich zur Barockorgel, im Ansatz also eine frühromantische Orgel.

Am längsten hielten sich barockes Klangideal und barocke Gehäuseformen in den altprotestantischen Gebieten zwischen Nördlingen und Hof. Die Heidenreich-Orgeln ([Gottfried] Silbermann-Tradition) in Ostoberfranken zeugen davon ebenso wie die Hofmann-Orgeln im Raum Coburg und Südthüringen. In Mittelfranken sind es die (Johann Wolfgang) Eichmüller-Prospekte, die alte Formen weiterverwenden. Die fränkischen Dekorstile sind eher als Biedermeier anzusprechen und unterscheiden sich stark vom südlichen Klassizismus.

Als Bindeglied zwischen Nord und Süd erwies sich die katholische Orgelbauerfamilie Johann Michael und August Ferdinand Bittner in Nürnberg zwischen 1825 und 1875. In fast allen größeren evangelischen Kirchen Mittelfrankens standen ihre Orgeln, deren Nachteil es war, daß die herkömmliche Schleifladen-Technik dem romantischen Registerreichtum nicht so gewachsen war wie die seit 1842 von Eberhard Friedrich Walcker eingeführten Kegelladen. Daher wurden die meisten wenig später durch Neu- oder Umbauten ersetzt. Südlich der Donau waren die Orgelbauer Franz Zimmermann (München) und Jakob Müller (Rosenheim) mehrfach für evangelische Kirchen tätig.

Die Einführung der Kegellade in Bayern und die Entstehung einer typisch bayerischen romantischen Orgel ist der hochorganisierten Werkstätte in Oettin-

---

[67] Vgl. dazu V.1.1, 2 und 3.
[68] Zum Bau der Matthäuskirche vgl. V.9.

gen/Ries von Georg Friedrich Steinmeyer zu verdanken, der zwischen 1848 und 1899 insgesamt 646 Orgeln baute, davon 308 für evangelische Kirchen in Bayern, alles technische und klangliche Meisterwerke in Zusammenarbeit mit dem Sachverständigen Herzog und anderen.

1848 trennte sich sein langjähriger Mitarbeiter Johannes Strebel von Steinmeyer, machte sich in Nürnberg selbständig und übernahm den evangelischen Kundenkreis der früheren Bittner-Werkstatt in Mittel- und Oberfranken. In den 1890er Jahren führten alle Werkstätten die neu konstruierte pneumatische Traktur in Verbindung mit der Kegellade und dann der Taschenlade ein. Steinmeyer war hier führend, Strebel hatte etwas weniger Glück mit seinem Ladentyp. 1921 vereinigten die Söhne Strebels den Betrieb mit Steinmeyer (Steinmeyer & Strebel).

Neben Steinmeyer und Strebel waren auch die kleineren Werkstätten von Julius und Richard Sieber in Holzkirchen/Ries und Wilhelm Holländer in Feuchtwangen fast nur für evangelische Kirchen tätig. Es gab die Vorherrschaft Steinmeyers, aber auch die gegenseitige Toleranz der Werkstätten. Kunstgeschichtlich ist diese Ära gekennzeichnet durch die Neostil-Prospekte (neuromanisch, neugotisch, Neurenaissance, neubarock) bis hin zum Jugendstil. Klanglich steigerten sich die Orchesterorgeln zu spätromantischen Extremen mit ausgefeilten Charakter- und Hochdruckstimmen und Spielhilfen. Das löste in den Jahren 1906 bis 1909 eine Gegenbewegung aus, die Elsässische Orgelreform, angeführt von Albert Schweitzer und Émile Rupp in Straßburg, die sich für eine mehr klassisch-französische Stilrichtung, wie sie Aristide Cavaillé-Coll praktizierte, einsetzten.

Die Jahrzehnte zwischen Reichsgründung und dem Ersten Weltkrieg brachten den Orgelbauern wegen der vielen Kirchenbauten zahlreiche Aufträge, aber auch wegen der Industrialisierung mehr Konkurrenz. Der Krieg unterbrach diese Entwicklung keineswegs abrupt. Aber 1917 wurden die Prospektpfeifen der Orgeln und die Glocken (bis auf eine) beschlagnahmt und ausgebaut, um die erschöpften Metallressourcen der Kriegsführung aufzufüllen.

9. Musikalische Einlagen im Gottesdienst – Kirchenmusik im Konzert

Das kirchenmusikalische Leben war zu Beginn des 19. Jahrhunderts vielerorts zum Erliegen gekommen. Als Beispiel sei Rothenburg angeführt,[69] wo 1805 das Alumnat aufgelöst und dessen Stiftung entgegen den Bestimmungen des Reichsdeputationshauptschlusses (1803) zweckentfremdet worden war. Der Versuch, aus Schülern Singchöre zu bilden, führte zu einem totalen chorischen Leistungsabfall. 1814 sprach ein Regierungsdeskript die Schüler vom Leichen- und Kirchengesang frei. Die Führung des Gemeindegesangs hatte die Orgel übernommen. Dieser verschlechterte sich ständig, da die Choräle nicht mehr wie früher

---

[69] SCHMIDT (K).

zum Lehrstoff der Schulen gehörten. Die sangeswilligen Männer und Frauen fanden sich in zahlreichen neu entstandenen Gesangvereinen zusammen. Überwiegend waren es Männerchöre, die vaterländische und religiöse Lieder sangen. Manche traten auch in Gottesdiensten auf.[70] Ein »Ohrenschmauß«[71] war es innerhalb der allein von der Predigt beherrschten Gottesdienste. Fokussiert auf die Hebung der andächtigen Gefühle, fehlte ein liturgischer Bezug zum Gottesdienst. Versuche mit Chören von besoldeten Knaben und freiwilligen Lehrern waren nicht dauerhaft. Wo evangelische Lehrerseminare oder Präparandenschulen waren, sangen deren Chöre auch in der Kirche.[72]

Das Ziel leistungsfähiger Vereine war die konzertante Aufführung klassischer und romantischer Chormusik, a-cappella, mit Klavierbegleitung oder in oratorischer Besetzung (Felix Mendelssohn-Bartholdy, Brahms, Schubert) in Sälen oder Kirchen. Auch die wiederentdeckte alte Musik erfreute sich in »Historischen Konzerten« (so bei Herzog in Erlangen) eines wachsenden Interesses.

Für die integrierte Mitwirkung von Chorgesang im Gottesdienst fehlten sowohl den Gesangvereinen als auch den im Entstehen begriffenen Kirchenchören geeignete Liederbücher. In zahlreichen Neuausgaben versuchte insbesondere Herzog, mit wertvoller alter und in eben diesem Stil neu erstellter neuer geistlicher Chormusik zu helfen und das Niveau der Chöre zu heben. Die dafür neu entstandene Literatur war allerdings meist epigonenhaft.

Nur Max Reger,[73] ein aus der Oberpfalz stammender Katholik, schenkte der evangelischen Kirchenmusik Werke, die in neuer Weise das Vermächtnis Bachs weiterführten. Der reformatorische Choral regte ihn zu großen und persönlichen Orgelwerken an, die teils eminente Virtuosität erfordern. Viele von den kleineren (vor allem der Choralbearbeitungen) und die Choralkantaten mit Gemeindebeteiligung sind für die evangelische liturgische Praxis konzipiert.

Profilierte Musikerpersönlichkeiten, die fast ausnahmslos aus dem Lehrerstand kamen,[74] verschafften der Kirchenmusik erneut Ansehen. Sie waren als Musikdirektoren (meist in Verbindung mit Schule und Kirche) von der Obrigkeit angestellt, mancherorten amtierten sie nebenberuflich. Zu nennen sind hier als Kirchenmusikzentren insbesondere Augsburg (Hans Michael Schletterer),[75] Erlan-

---

[70] Vgl. auch V.10.5.
[71] SCHMIDT (K) 206.
[72] Vgl. auch V.10.7.
[73] Reger wurde ebenso wie Herzogenberg von F. Spitta für sein gottesdienstliches Reformwerk gewonnen.
[74] Vgl. auch V.10.7.
[75] Vgl. FRIEDHELM BRUSNIAK/PETRA LUDWIG, Schletterer, Hans Michael: Augsburger Stadtlexikon, hg. v. GÜNTHER GRÜNSTEUDEL, Augsburg ²1998, 787; KÜMMERLE 3 (K) 209 (dort auch Verzeichnis der Kompositionen und wissenschaftlichen Werke).

gen[76] (Schoeberlein, Herzog,[77] Oechsler,[78] Ernst Schmidt), München[79] (Otto Erdmann Scherzer, Ortloph, Riegel, Herzog), Nördlingen (Friedrich Wilhelm Trautner),[80] Schwabach,[81] Regensburg,[82] Rothenburg.[83]

Durch die Restauration wurden also der darniederliegenden Kirchenmusik gangbare Wege gewiesen. Das große wiederentdeckte Erbe wurde in vorbildlichen Editionen verfügbar gemacht. Dies unterstützte das Entstehen der Posaunenchorbewegung, der Choralrestauration und die Gründung der Kirchengesangvereine. Gegen erhebliche Widerstände schuf man aus dem Geist eines wiedererwachten Luthertums eine Basis für die Erneuerung des Gottesdienstes und seiner Kirchenmusik. Diese Musica sacra entfaltete ihre Kräfte allerdings in einem von der allgemeinen Musikentwicklung abgekoppelten, historisch orientierten kirchlichen Stilbereich.

---

[76] Vgl. PONGRATZ (K).
[77] Herzog war Komponist vor allem von Orgelwerken für den Gottesdienst (vgl. FRIEDHELM BRUSNIAK, Hinführen zu Bach: HANS-JOACHIM SCHULZE/CHRISTOPH WOLFF [Hg.], J.S. Bach u. d. süddeutsche Raum, Regensburg 1991, 85–89) und Herausgeber praktischer Ausgaben für Organisten und Chöre, deren Anschaffung vom Oberkonsistorium empfohlen wurde. Vgl. ERNST SCHMIDT, Zum 100. Geburtstag Dr. Johann Georg Herzogs: KMBl 3 (1922), 162–169 [mit Werkverzeichnis]; FRANZ KRAUTWURST, Johann Georg Herzog. Zur Wiederkehr seines Todestages: GuK H. 3 (1959), 79–85; OSKAR STOLLBERG, Johann Georg Herzog. Kirchenmusiker, Liturgiker u. Erlanger Universitätslehrer, i. seinen Briefen an Max Herold 1865–1908, München 1978; vgl. auch V.10.3.3.
[78] Vgl. CARL BÖHM, Elias Oechsler, Sein Leben u. Wirken: KMBl 1 (1920), 33ff. 41f. 50ff. 62f. 69ff. 111f.
[79] Vgl. HÖGNER, Entwicklung (B); zu Riegel vgl. Anm. 14; vgl. auch GRILL (B).
[80] Vgl. FRIEDRICH WILHELM TRAUTNER, Zur Gesch. d. ev. Liturgie u. Kirchenmusik i. Nördlingen. Eine Stud., Nördlingen 1913 (dort auch sein Werkverzeichnis).
[81] Vgl. OSKAR STOLLBERG, Hundert Jahre hauptamtliches Kantorat u. Kantorei Schwabach: GuK H. 5 (1967), 169–176; STOLLBERG, Schwabach (B).
[82] Vgl. SCHÖNFELD (B); WOLLENWEBER (B); A. KÖNIG, Zum Gedächtnis Karl Geigers: KMBl 3 (1922), 129f; REIMUND W. STERL, Das Gymnasium poeticum, die Praezeptoren u. d. Alumnen: Musik i. Bayern H. 55 (1998), 5–34.
[83] Zu Rothenburg vgl. SCHMIDT (K).

V.11 ERSTER WELTKRIEG UND REVOLUTION 1918/19

Von Werner K. Blessing

D. ALBRECHT (B).– AB1B.– KARL-LUDWIG AY, Die Entstehung einer Revolution. Die Volksstimmung i. Bayern während d. Ersten Weltkrieges, Berlin 1968 (Beitr. z. einer historischen Strukturanalyse Bayerns i. Industriezeitalter 1).– WERNER K. BLESSING, Kirchenwirkung zwischen pastoralem Auftrag u. nationalem Einsatz. Die bayer. Pfarrer i. Ersten Weltkrieg: JGNKG 93 (1995), 117–136 (= Stud. z. deutschen Landeskirchengesch. 2).– CHRISTIAN FUCHS, Die theol., kirchl., gesellschaftliche u. politische Position d. bayer. Luthertums v. d. letzten Jahren d. Monarchie bis z. Anfang d. Weimarer Republik (Microfiche Diss.), Neuendettelsau 1993.– FRIEDRICH WILHELM KANTZENBACH, ›Kriegstheologie‹ i. Bayern? Über Recht u. Grenzen einer These u. Terminologie: ZBKG 45 (1976), 179–204.– MASER, Ev.-luth. Kirche (B).– MARTIN SCHIAN, Die deutsche ev. Kirche i. Weltkriege, Bd. 1: Die Arbeit d. ev. Kirche i. Felde, Berlin 1921, Bd. 2: Die Arbeit d. ev. Kirche i. d. Heimat, Berlin 1925.– ZORN, Bayerns Gesch. (B).

1. Kirchlicher Kriegsdienst zwischen nationalreligiösem Aufbruch und Kriegsermüdung

Als der Erste Weltkrieg ausbrach,[1] war die Kirche zwar vorbereitet durch eigene Erfahrung – Krieg, d.h. Gewalt, Leid und Tod, forderte seit je kirchlichen Beistand – und durch staatliche Gebote für die geistliche Kriegsbegleitung. Aber dieser Krieg sollte sie vor ungeahnte Herausforderungen stellen und letztlich ihre Verfassung umstürzen.

Den Kirchen fiel herkömmlich zu, im Krieg um Gottes Hilfe zu bitten, die außergewöhnliche Zeit zu deuten und ihre Bewältigung zu stützen.[2] So traten mit Kriegsbeginn auf Regierungsanordnung neben das reguläre Pastoralangebot eigene Bittgottesdienste sowie Buß- und Betstunden; sie mußten, da allerorts überfüllt, sogleich vermehrt werden.[3] Andrang und ergriffene Teilnahme bewiesen, daß das erregende Geschehen – ob bang erwartet, ob begeistert begrüßt – viele wieder zu den aus der Kindheit vertrauten religiösen Mitteln trieb und der

---

[1] D. ALBRECHT (B) 364–386; ZORN, Bayerns Gesch. (B) 79–107; W. ALBRECHT (B); AY (K).

[2] Vgl. WILHELM JANSSEN, Krieg: Geschichtliche Grundbegriffe. Historisches Lexikon z. politisch-sozialen Sprache i. Deutschland, hg. v. OTTO BRUNNER, WERNER CONZE, REINHART KOSELLECK, Bd. 3, Stuttgart 1982, 567–615; HEINZ-HORST SCHREY, Krieg (Historisch, Ethisch): TRE 20, 28–55; KARL HOLL, Die Bedeutung d. großen Krieges f. d. religiöse u. kirchl. Leben innerhalb d. deutschen Protestantismus, Tübingen 1917; HUBER/SCHWERDTFEGER (B); WERNER K. BLESSING, Kirchen u. Krieg. Zur religiösen Deutung u. Bewältigung außergewöhnlicher Zeit v. d. konfessionellen z. nationalen Epoche: FRANK-LOTHAR KROLL (Hg.), Neue Wege d. Ideengesch. FS f. Kurt Kluxen, Paderborn u.a. 1997, 151–172.

[3] AB1B 1914, 79. 95; z.B. RITTELMEYER (B) 338ff; GEYER (B) 232ff; GEORG BICKEL, Skizzen aus d. Leben einer Dorfgemeinde während d. Kriegszeit: BIMB 30 (1915), 95–100. Allgemein vgl. auch SCHIAN 2 (K) 84–202.

Kirche unverhoffte Anziehungskraft gab. Deren Kriegsbild spiegelte ihre Stellung zwischen eigener Tradition und der herrschenden Nationalkultur. Neben das traditionelle christliche Bild des Krieges als Übel, das zu Buße, Besserung und Gottvertrauen mahne, trat das bürgerlich-bellizistische des heroischen Kampfes eines sittlich und kulturell überlegenen Volkes mit allen nationalen Stereotypen der Zeit. Überwog in den Anweisungen des Oberkonsistoriums ersteres,[4] drang doch das zweite massiv in Predigten und noch mehr in die Kirchenpresse, nahm also in der direkten Beeinflussung zu.[5] Eine seit der Jahrhundertwende auch im bayerischen Luthertum um sich greifende nationalprotestantische Gesinnung verband deutsche Werte und Konfessionssymbolik so, daß Martin Luthers »Ein feste Burg« zur Kriegsparole und er selbst zum »Führer in Kampf und Not«, die Reformationsfeier 1917 zur nationalen Kundgebung wurde.[6] Wie nationales Machtdenken auch im Kirchenmilieu um sich griff, zeigte 1917 der Eintritt nicht weniger Pfarrer, manchmal ganzer Kapitel, in die neu gegründete ›überparteiliche‹ Vaterlandspartei, die noch immer auf Siegfrieden setzte. 1914 galt der Krieg noch allen, da Deutschland böswillig aufgezwungen, als eine gerechte, ja heilige Verteidigung. Da nun wie überall in Europa nationale Loyalität vor christlicher Solidarität ging, brachen die meisten Kontakte zu den Bruderkirchen in den Feindstaaten ab. Man beschwor die ›Burgfrieden‹-Gemeinschaft, die eine religiös-sittliche Erneuerung des Volkes als inneren Gewinn des Krieges auszudrücken schien,[7] und auch den innerkirchlichen Riß zwischen konservativ-lutherischer Mehrheit und ›Nürnberger Richtung‹ überdeckte die gemeinsame Kriegszustimmung.[8]

Neben die religiöse Bewältigung des Krieges, eindringlich besonders in den stark besuchten Gefallenengottesdiensten, und seine aktuelle Deutung – auch Dorfpfarrer hielten Vorträge über »Unser Volk fiel unter die Mörder«[9] – trat

---

[4] Z.B. »Gebet«: ABlB 1914, 80f.

[5] FUCHS (K) 138ff; BLESSING (K) 117–136. Allgemein vgl. WILHELM PRESSEL, Die Kriegspredigt 1914–1918 i. d. ev. Kirche Deutschlands, Göttingen 1967; WOLFGANG HUBER, Kirche u. Öffentlichkeit, Stuttgart 1973, 133ff. Zum ›Aufbruch‹ allgemein vgl. THOMAS ROHKRÄMER, August 1914 – Kriegsmentalität u. ihre Voraussetzungen: WOLFGANG MICHALKA (Hg.), Der Erste Weltkrieg. Wirkung, Wahrnehmung, Analyse, München u.a. 1994, 759–777.

[6] KANTZENBACH, Kriegstheologie (K) bes. 187ff; als Beispiel vgl. CHRISTIAN BÜRCKSTÜMMER, Ein feste Burg ist unser Gott. Kriegspredigten, München 1915; ABlB 1918, 53–60; HERMANN BECK, Die Feier d. Reformationsjubiläums 1917 i. d. prot. Landeskirche Bayerns r. d. Rh., Nürnberg 1918; Zitat aus: Zur Erinnerung an d. Feier d. 400jährigen Reformationsjubliäums i. Erlangen, Erlangen 1917. Allgemein vgl. HARTMUT LEHMANN, Martin Luther als deutscher Nationalheld: Luther 55 (1984), 53–65.

[7] FUCHS (K) 169ff; KLAUS-DIETER SCHWARZ, Weltkrieg u. Revolution i. Nürnberg. Ein Beitr. z. Gesch. d. deutschen Arbeiterbewegung, Stuttgart 1971, 194 (KiHiSt 13) [in Nürnberg z.B. waren unter den 17 Honoratioren, die im Oktober 1917 den bayerischen Gründungsaufruf unterschrieben, zwei Pfarrer; einer übernahm den Vorsitz der Ortsgruppe]. Dem KELGB 39 (1914) war der Krieg »von heiligstem christlichen Interesse« (265), Gott der »alte Alliierte« (266).

[8] Z.B. FRIEDRICH RITTELMEYER, Christ u. Krieg. Predigten aus d. Kriegszeit, München 1916.

[9] LKAN Personen XC Georg Bickel, Nr. 1e. Die regelmäßigen ›Kriegsvolksabende‹ in Nürnberg zogen mehrmals Tausende an; veröffentlicht wurde u.a. FRIEDRICH RITTELMEYER/CHRISTIAN

vielfältige karitative Hilfe. Pfarrer und Pfarrfrauen, Diakonissen, Mitglieder der Kirchenvorstände, der Vereine und andere aus den Kerngemeinden schickten Lebensmittel, Schrifttum und andere »Liebesgaben« an die Front, betreuten Angehörige von Gefallenen, halfen Verarmten, drangen auf Nachbarschaftshilfe u.ä.[10] Hinzu kam, daß die Pfarrer vor allem auf dem Land von Amts wegen für öffentliche Hilfs- und Ordnungsmaßnahmen eingesetzt wurden wie den Ortsvorsitz im Vaterländischen Hilfsausschuß, dem die Verteilung der zwangsbewirtschafteten Waren oblag, die Leitung der Kriegsinvalidenfürsorge, die Mitwirkung beim Einsatz von Erntearbeitern, bei der Landerholung von Stadtkindern u.ä.[11] All das belastete die Pfarrer, die häufig schon kirchlich für Amtsbrüder im Feld einsprangen, und meist auch andere Gemeindeglieder sehr. Daß sie dies leisteten, dazu die Entbehrungen, welche ein langer Erschöpfungskrieg der Zivilbevölkerung aufzwang, in der Regel korrekt, oft vorbildlich ertrugen, schuf Respekt. Doch es stärkte nicht zwangsläufig auch die pastorale Autorität, ja konnte ihr schaden, indem die Männer der Kirche leicht in örtliche Verteilungskonflikte gerieten und von einer materiell zunehmend bedrängten Bevölkerung als Helfer eines Staates wahrgenommen wurden, dem man Mangel und Not zuschrieb.

Staatlich beansprucht wurden die Pfarrer vor allem als Meinungsführer mit ihrem unter Bauern, Kleinbürgern und gewissen Bürgerkreisen noch immer hohen Einfluß. Besonders ab 1916, als die Kriegszustimmung auf eine angestrengte Kriegsduldung sank und schließlich in Kriegsmüdigkeit zerfiel, ja in den unteren Schichten Kriegsverweigerung aufkam,[12] wurden die Pfarrer von den Zivil- und Militärbehörden über die Kirchenleitung verstärkt für eine Durchhaltepolitik eingesetzt. Sie hatten eindringlich für Kriegsanleihen und für die vielen Sammlungen zur Ausschöpfung aller Ressourcen zu werben, die Befolgung der Kriegswirtschaftsnormen – vor allem der bäuerlichen Abgabepflichten – einzumahnen sowie das offizielle Kriegsbild zu verbreiten und Zuversicht zu nähren.[13] Besonders geeignet zur moralischen Aufrüstung für den »Titanenkampf« schienen Feldgeistliche, die 1917 vielerorts vor großem Publikum »Aufklärungsvorträge« hielten.[14] Sie verkörperten den speziellen Dienst der Kirche für die Truppen, seit diese 1914 – nachdem sie auf den Kasernenhöfen Abendmahl und Segen empfangen und das Militärgesangbuch erhalten hatten – von Militärpfarrern ins

---

GEYER, Aus d. großen Gegenwart. Zwei Kriegsvorträge (Was verlangt von uns d. Krieg ? Was bringt uns d. Krieg ?), Ulm 1914.

[10] BLESSING (K) 124f; allgemein vgl. SCHIAN 2 (K) 247–264. 307–331.
[11] Z.B. ABlB 1914, 102. 109f. 225; ABlB 1918, 33ff; LKAN Kons. Bayreuth F 155, 8 Bd. 1.
[12] AY (K).
[13] Z.B. ABlB 1918, 71f. 251f (Aufforderung an die Pfarrer, »in der Aufklärungsarbeit nicht müde zu werden, alle Nörgler und Zweifler [...] zu belehren«: 251); CHRISTIAN GEYER, Unser Gold gehört d. Vaterland! Ansprache gehalten i. großen Rathhaussaale i. Nürnberg, Nürnberg 1917; BLESSING (K) 123f.
[14] LKAN 2585 (Berichte der Dekane an das Oberkonsistorium). An die meist gut besuchten Vorträge – oft mit Lichtbildern – schloß sich teilweise eine »vaterländische Feier«.

Feld begleitet worden waren. Deren Seelsorge, dem militärischen Geschehen untergeordnet und besonders um die Schlachten konzentriert, verband mit dem religiösen Beistand psychische Hilfe, Verwundetenbetreuung und Gefallenenbestattung. Sie führte auch in vorderste Linien; manche wurden verwundet, einige fielen.[15] Ob diese Seelsorge kriegsspezifisch in ›heroischem‹ Stil erfolgen oder möglichst mit gewohnten Formen Heimat vermitteln solle, blieb umstritten, da keines von beiden durch ein besonderes Echo auffiel.

2. Von der Kriegsenttäuschung zum politischen Umbruch

Im Feld wie in der Heimat wurde deutlich, daß die 1914 erhoffte religiöse Erneuerung im Kriegsalltag nicht gelang. Unter den Soldaten, die – wie nicht zuletzt Berichte der Feldgeistlichen belegen – das Grauen an der Front eher abstumpfte als erschütterte und die zudem nun oft statt der dörflichen Sozialkontrolle dem Einfluß indifferenter Offiziere unterlagen, griff religiöse Gleichgültigkeit um sich. Dem konnte auch der Eindruck der Pastoralreisen Präsident Hermann von Bezzels an die Front 1916 und seines Nachfolgers Friedrich Veit 1918 nicht nachhaltig entgegenwirken.[16] Aber auch im Land selbst zeigten die Gemeinden dieselbe Tendenz, wenn sie auch hier aufgrund kirchenstützender Elemente einer gewohnten Umwelt langsamer verlief. Die 1914 sprunghaft gestiegene Kirchlichkeit ließ bald wieder nach, ja sank vor allem bei Männern seit 1917 merklich unter das Friedensniveau, und die Abweichungen von einer kirchengemäßen Moral häuften sich eklatant, zumal unter der Jugend.[17] Mehreres kam dabei zusammen: Äußere Überlastung großer Bevölkerungsteile, der Verfall etablierter Werte vor allem in den unteren Schichten und nicht zuletzt die offenkundige Nähe der Kirche zu einem politischen System, dessen Geltung in den beiden letzten Kriegsjahren rasch verfiel. Eine Kirche, die ausschließlich Staatskirche war, traf das noch mehr als die universale Römische Kirche. Hinter der üblichen Amtshaltung, die keine öffentlichen Zweifel duldete, scheint zwar gelegentlich auf, daß wohl nicht wenigen Kirchenmännern – anders als denen, die sich zur ›Vaterlandspartei‹ bekannten – die Siegeszuversicht schwand, ja der Sinn des Krieges fragwürdig wurde. In den Predigten Bezzels etwa, der sich in der Pflicht aufrieb, trat der »heilige« Krieg zurück hinter Sünde, Buße, Gnade im Lichte einer Kreuzestheologie. Und bei den stets enger dem Zeitgeschehen zu-

---

[15] ARNOLD VOGT, Militärseelsorge i. d. kgl. bayer. Streitkräften bis 1918: Militärseelsorge 27 (1986), 126–164; OSKAR DAUMILLER u.a., Feldseelsorge: Für Volk u. Vaterland, Nr. 14, Beilage zum KELGB 63 (1938), Nr. 10, 93ff; ABlB 1914, 201; LKAN OKM 2340, 2341; Bayer. HStA, Kriegsarchiv MKr 13848–13851; Feldgesangbuch f. d. ev. Mannschaften d. Heeres, München 1914. Allgemein vgl. SCHIAN 1 (K) 144ff. 317ff.
[16] HERMANN V. BEZZEL, Erinnerungen aus Berufsreisen an d. Front März u. August 1916, Leipzig 1917; LKAN OKM 2586, 2587.
[17] BLESSING (K) 131ff.

H. (von) Bezzel mit Soldaten vor der Kirche von Rœulx (heute Roux) bei Charleroi (Belgien) 1916, zu seiner Rechten Divisionsgeistlicher Heinrich Jakob Adolf Kern.

gewandten ›Nürnbergern‹ zerrann die nationale Emphase von 1914 völlig: »Wie vereinigt sich der Krieg mit dem Christentum?«[18]

Da jedoch der Bevölkerung solche Ernüchterung hinter den kriegsstützenden Aktivitäten zu wenig sichtbar wurde, kam der Kriegseinsatz letztlich um seine Wirkung. Gewiß trugen die Pfarrer, die meist nicht nur ihrem Amt genügten,

[18] KANTZENBACH, Kriegstheologie (K) 181ff; HERMANN BEZZEL, Sendlinger Predigten. Eine Auswahl Predigten aus d. Jahren 1914 bis 1916, 2 Bde., München 1919; SEITZ[2] (B); RITTELMEYER (B) 338 [Zitat]; CHRISTIAN GEYER, Die Stimme d. Christus i. Kriege. Predigten aus d. dritten Kriegsjahr, München 1917.

sondern mit persönlichem Engagement pastoral, sozial, administrativ wirkten, zur humanitären Kriegsbewältigung wesentlich bei und stärkten die Kriegsduldung der bürgerlichen und bäuerlichen Bevölkerung. Doch daß die Kirche im Modernisierungsschub des Krieges insgesamt an Resonanz verlor, deckte auf, wie ihre tradierte Autorität nachließ, die bisher stützende Staatsmacht eher belastete und gesellschaftliche Lagen und Interessen immer bestimmender wurden. Emanzipierte Bürgerkultur, der Sozialismus der Arbeiterbewegung und ein pragmatischer Indifferentismus in Lebenswelten, die keine kirchenreligiöse Deutungstradition besaßen, entzogen ihr beschleunigt Wirkung. Ein fränkischer Pfarrer bilanzierte 1919: »Das Volk hat von der Kirche etwas anderes erwartet als gerade Kriegsanleihewerbung [...] die Kirche hätte statt den Krieg mehr den Frieden predigen sollen«. Dieser Krieg habe »in jeder Beziehung zerstörend gewirkt« – nicht nur die »politischen Hoffnungen alle vernichtet«, sondern auch dem »kirchlichen Leben ungemeinen Schaden« zugefügt und die Sitten verdorben.[19] Das war freilich 1914, als die Kirche einer Rolle entsprach, die ihr Staatsgebot, Herkommen und ›vaterländische‹ Gesinnung zuschrieben, kaum vorauszusehen gewesen.

Niederlage und Revolution wurden zum tiefen Einschnitt.[20] Politisch akzeptierte das national und monarchisch eingestellte protestantische Milieu beide nicht. Nachdem die Kirche – die weder an den Versuchen, die Monarchie in letzter Minute zu reformieren, beteiligt wurde noch die Radikalisierung unter Soldaten, Arbeitern, ja vorübergehend selbst Bauern aufhalten konnte – ohnmächtig in den Umbruch geraten war, sah man sich vor allem durch laizistische Maßnahmen der Regierung (Kurt) Eisner, zumal die Trennung von der Schule, provoziert und im Antisozialismus bestärkt. Durch den Protest gegen diesen »gewalttätigen Eingriff« gewann die Kirche jedoch überall da an Autorität zurück, wo der Bevölkerung eine christliche Grundorientierung noch selbstverständlich war und die konfessionslose Schule zum Trauma wurde.[21] In den Arbeiter- und Soldatenräten, die als Träger der Revolution während der ersten Mo-

---

[19] Kriegschronik Betzenstein: LKAN PfA Betzenstein 62. Zur Volksstimmung vgl. AY (K) 156ff.
[20] Präsident Veit im ABlB 1918, 325f, als er die Verpflichtung des Oberkonsistoriums bekanntgab, »dem Volksstaat Bayern unter Wahrung unserer Gesinnung und Überzeugung freiwillig [...] im Interesse der Gesamtheit unsere Arbeitskraft zur Verfügung zu stellen«: »Eine Welt um uns her ist versunken und hat vieles mit sich genommen, was uns lieb und teuer war« (325). Vgl. auch MASER, Ev.-Luth. Kirche (B) 9ff; FUCHS (K) 206ff. Allgemein vgl. MARTIN GRESCHAT, Der deutsche Protestantismus i. Revolutionsjahr 1918/19, Witten 1974 (PoKi 2); NOWAK, Ev. Kirche (B) 17–71; HEINZ HÜRTEN, Die Kirchen i. d. Novemberrevolution, Regensburg 1984. Zur Revolution in Bayern vgl. D. ALBRECHT (B) 383–386; ALBERT SCHWARZ, Der Sturz d. Monarchie. Revolution u. Rätezeit. Die Errichtung d. Freistaates (1918–1920): HBG 4/1, 387–453; detailliert ZORN, Bayerns Gesch. (B) 108–142. 145–209; Bayern i. Umbruch (B); AY (K) 189–209; FRANZ J. BAUER (Bearb.), Die Regierung Eisner 1918/19. Ministerratsprotokolle u. Dokumente, Düsseldorf 1987, IX–LXIV (Quellen z. Gesch. d. Parlamentarismus u. d. politischen Parteien 1, Reihe 10).
[21] Der Protest des Oberkonsistoriums wurde von den Kanzeln verlesen (Beilage zum ABlB v. 1.2.1919). HENNIG (B) 109–146; WERNER K. BLESSING, Kirchenglocken f. Eisner? Zum Weltanschauungskampf i. d. Revolution v. 1918/19 i. Bayern: JFLF 52 (1992), 403–420 (FS Alfred Wendehorst).

nate bis in kleine Städte Macht und Ordnungsfunktion hatten, waren Kirchennahe selten; mehr fand man sie bei den häufig von der dörflichen Oberschicht mit konservativer Absicht gebildeten Bauernräten. Der politische Umbruch, in dem manche Pfarrer selbst in ungewohnte Bedrängnis kamen – u.a. wurde der spätere Landesbischof Hans Meiser vorübergehend festgesetzt –, trug sehr dazu bei, daß Pfarrer und Gemeindehonoratioren von den Wahlen (Landtag und Nationalversammlung) Anfang 1919 an vorwiegend der rechtskonservativen Sammlung der Deutschnationalen (bis 1924 Mittelpartei) folgten, nicht selten selbst aktiv. Dies erklärt deren Mehrheit bei Bauern und Bürgern wesentlich mit. Zu dem teilweise erhofften politischen Protestantismus, d.h. zu einer von religiösen Werten geleiteten Kraft, entwickelte sich diese Partei freilich nicht.[22]

In kirchlicher Hinsicht wurde eine Umorientierung zwangsläufig. Die Staatskirche endete zwar de jure erst im Februar 1920, weil die Regierung des Sozialdemokraten Johannes Hoffmann die bisher vom König geübte Kirchenhoheit weiter beanspruchte.[23] Faktisch aber fiel bereits mit dem Thronverlust Ludwigs III. im November 1918 der seit der Reformation durch den fürstlichen Summepiscopat gewohnte Fixpunkt. Dieses Vakuum und der schwierige Schritt zur Eigenverantwortung ließen viele ältere Pfarrer und Kirchenverbundene eine Rückversicherung in verklärter Vergangenheit suchen; manch jüngere, vom Fronterleben Geprägte, strebten auch innerkirchlich bereits völkisch-autoritäre Züge an.[24] Andererseits konnten, da es erstmals eine weitgehende Selbstverfügung gab – die Freiheit von Staatsinteressen, die konservative Lutheraner zum Teil längst gewünscht hatten –, Spiritualität und Gemeindeleben gegenüber der bürokratischen Tradition deutlich aufgewertet werden. Auch das, nicht nur eine theologische Wende, sollte der Kirche in den 20er Jahren eine Vitalität geben, die ihr u.a. aus manch kirchenfernen Bürgerhäusern die junge Generation wieder gewann. Dabei war die vor 1914 unter Gebildeten erfolgreiche ›freie Richtung‹ kein Movens mehr; allenthalben hatte der Krieg liberalen Kulturoptimismus weitgehend gebrochen.

Insgesamt ist der Erste Weltkrieg für den bayerischen Protestantismus ebenso zum Katalysator fortschreitender Entkirchlichung wie einer Verkirchlichung im Milieu geworden.

---

22 THRÄNHARDT (B) 125ff. 152ff; ZORN, Bevölkerung (B) 320ff; KITTEL (B) bes. 867ff.
23 Verordnung vom 28.1.1920: Dokumente (B) 449f; MASER, Ev.-Luth. Kirche (B).
24 Vgl. jetzt MENSING, Pfarrer (B) 72ff.

VI. DIE EVANGELISCHE KIRCHE IN BAYERN VON DER WEIMARER REPUBLIK BIS ZUM ENDE DES ZWEITEN WELTKRIEGES

VI.1 NEUORDNUNG DER EVANGELISCH-LUTHERISCHEN LANDESKIRCHE UND IHRES VERHÄLTNISSES ZUM STAAT

Von Hans-Peter Hübner

WINFRIED BECKER, Neue Freiheit v. Staat – Bewährung i. Nationalsozialismus 1918–1945: HBKG 3, 337–392.– GRETHLEIN/BÖTTCHER/HOFMANN/HÜBNER (B).– ERNST RUDOLF HUBER, Dokumente z. deutschen Verfassungsgesch., Bd. 3, Stuttgart u.a. 1966.– HUBER/HUBER 4 (B).– HANS-PETER HÜBNER, Der Weg i. d. Unabhängigkeit. Zum 75. Jahrestag d. Inkrafttretens d. ersten »Verfassung d. ev.-luth. Kirche r. d. Rh.«: NELKB 51 (1996), 295–298.– GÜNTHER-MICHAEL KNOPP, Das Ende d. landesherrlichen Kirchenregiments i. Bayern u. d. Verfassung d. ev.-luth. Kirche i. Bayern r. d. Rh. v. 10.9.1920 (Masch. Diss.), München 1976.– DERS., Die Entstehung d. Verfassung d. ev.-luth. Kirche i. Bayern v. 1920: NELKB 26 (1971), 2–5.– GEORG KÜKENTHAL, Der Weg d. selbständigen Coburger Landeskirche i. d. bayer. Landeskirche: Jb. d. Coburger Landesstiftung 1971, Coburg 1971, 227–244.– LINK, Staat (B) 450–473.– MANZESCHKE (B).– MASER, Ev. Kirche (B).– MASER, Ev.-Luth. Kirche (B).– OESCHEY, Verfassung (B).– KARL RIEKER, Zur Neugestaltung d. prot. Kirchenverfassung i. Deutschland, Leipzig u.a. 1919.– WILHELM SCHMIDT, Zur »Ordnung d. geistlichen Amtes« d. Ev.-Luth. Kirche i. Bayern v. 27.4.1939: ZEvKR 4 (1955), 361–382.– Verh. d. a.o. Generalsynode Ansbach 1919.– VLKBR München Dezember 1924.

1. Kirche im Übergang – Das Fortwirken des landesherrlichen Kirchenregiments bis 1920

1.1 Übernahme des landesherrlichen Kirchenregiments durch die Regierung Eisner

Die besondere Beziehung des bayerischen Königs zu den protestantischen Kirchen rechts und links des Rheins, das gegenüber der römisch-katholischen Kirche nicht bestehende landesherrliche Kirchenregiment, endete nicht bereits mit der Proklamation des provisorischen »Rates der Arbeiter, Soldaten und Bauern« unter Kurt Eisner vom 8.11.1918, daß »Bayern fortan Freistaat«, also eine Republik sei,[1] auch nicht mit der sog. *Anifer Erklärung Ludwigs III.* vom 13.11.1918, wodurch er alle Beamten, Offiziere und Soldaten von ihrem ihm geleisteten Treueeid entband.[2] Seit der zweiten Hälfte des 19. Jahrhunderts war zwar in der

---

[1] Abgedruckt bei HUBER, Dokumente (K) 16 (Nr. 23).
[2] Abgedruckt aaO, 18 (Nr. 26).

kirchenrechtlichen Literatur die Lehre herrschend geworden, daß das landesherrliche Kirchenregiment kein Bestandteil (»Inhärens«) der Staatsgewalt, sondern ein dem Landesherrn zusätzlich übertragenes innerkirchliches Amt (»Annexum«) sei.[3] Demzufolge wäre das landesherrliche Kirchenregiment, welches in § 1 des Protestantenediktes[4] mit dem Begriff »oberstes Episkopat« umschrieben war, automatisch mit dem Ausscheiden des Landesherrn erloschen.

Die neue sozialdemokratische Regierung betrachtete jedoch im Gegensatz dazu das landesherrliche Kirchenregiment als der Staatsgewalt zugehörig.[5] So beanspruchte der Kultusminister und spätere Ministerpräsident Johannes Hoffmann[6] aufgrund der Verordnung des Bayerischen Gesamtministeriums vom 15.11.1918[7] die Rechte des Summus Episcopus, nämlich die Entscheidungsbefugnis über die in § 38 des Religionsediktes (Beilage II der Verfassungsurkunde des Königreiches Bayern vom 26.5.1818) aufgezählten inneren Angelegenheiten (»ius in sacra«) der protestantischen Kirchen rechts und links des Rheins.[8]

Auf den Einfluß Hoffmanns war andererseits die Feststellung im Programm der Regierung des »Volksstaates Bayern« vom selben Tag zurückzuführen: »Die Regierung wird die volle Freiheit der Religionsgesellschaften und die Ausübung ihres Kultes gewährleisten.«[9] Obwohl dieser Programmsatz das Stichwort »Trennung von Staat und Kirche« vermied, war man sich im Protestantischen Oberkonsistorium vor dem Hintergrund entsprechender früherer Kundgebungen, insbesondere Hoffmanns, darin einig, daß »volle Freiheit« nur Trennung bedeuten und das Summepiskopat des Kultusministers nur ein Provisorium sein konnte. Deshalb nahm das Oberkonsistorium mit seinem Präsidenten D. Friedrich Veit[10] bewußt davon Abstand, von sich aus die Loslösung der Kirche vom Staat zu betreiben. Wenn auch die Richtigkeit der Rechtsauffassung der neuen

---

[3] Vgl. KARL RIEKER, Die Krisis d. landesherrlichen Kirchenregiments i. Preußen 1848–1850 u. ihre kirchenrechtl. Bedeutung: Deutsche Zeitschrift f. Kirchenrecht, Bd. 10 (1901), 1–60 (48ff).

[4] Zum Protestantenedikt vgl. V.1.3.3.

[5] Diesen Standpunkt vertrat auch RUDOLF OESCHEY, Grundlinien f. d. kirchl. Neubau: AELKZ 52 (1919), 1082–1086. 1108–1112. 1132–1138 (1084). Gleichwohl verneinte er den Übergang des landesherrlichen Kirchenregiments auf die aus der Revolution hervorgegangenen neuen Träger der Staatsgewalt mit der Begründung, daß einem »religionslosen« Staat die innere Berechtigung zur Leitung der evangelischen Kirche fehle (1085).

[6] Zu seiner Biographie vgl. HENNIG (B).

[7] GVBl 1918, 1213.

[8] Wie alle Beamten wurden deshalb auch die Mitglieder des Oberkonsistoriums zur Abgabe einer Loyalitätserklärung gegenüber der neuen Regierung aufgefordert. Diese erfolgte am 12.11.1918; ihr Wortlaut ist im kirchlichen Amtsblatt vom 13.11.1918, 325f abgedruckt.

[9] Auszugsweise abgedruckt bei PETER KRITZER, Bayern ist fortan ein Freistaat. Stationen bayer. Verfassungsgesch. v. 1803 bis 1940, Rosenheim 1992, 111ff.

[10] D. Friedrich Veit (geb. 18.5.1861 in Augsburg, gest. am 18.12.1948 in Bayrischzell), seit 1915 Oberkonsistorialrat und seit 1917 in der Nachfolge Hermann Bezzels Oberkonsistorialpräsident, ist, worauf FRIEDRICH-WILHELM KANTZENBACH, Friedrich Veit: LebBaySchwaben 12 (1980), 244–257 hinweist, bisher von der Kirchenrechtsforschung angesichts seiner Verdienste um die Gestaltung des Weges der Evangelisch-Lutherischen Kirche in Bayern aus dem landesherrlichen Kirchenregiment in die Unabhängigkeit und seiner Zurückhaltung gegenüber dem Nationalsozialismus zu Unrecht vernachlässigt worden.

Regierung zum Fortbestand des landesherrlichen Kirchenregiments angezweifelt wurde, nahm man aus »Zweckmäßigkeitsgründen« davon Abstand, dagegen förmlichen Einspruch zu erheben. Maßgeblich für diese Haltung war die Überlegung, daß eine überstürzte Trennung vom Staat – insbesondere für die kirchlichen Finanzen, den schulischen Religionsunterricht und die Einheit der Landeskirche – erhebliche Risiken in sich barg; außerdem hatte der Kultusminister dem Oberkonsistorium gegenüber versichert, daß er sich bei der Verbescheidung von Anträgen etwa zur Besetzung von Pfarrstellen bis zu einer endgültigen Neuordnung des Verhältnisses nicht in die inneren Angelegenheiten der Kirche einmischen werde, sondern daß es »die Gewißheit einfacher Genehmigung oder Ablehnung nach Antrag haben dürfe«.[11] Die Devise des Oberkonsistoriums lautete deshalb, die Initiative für die erwartete Trennung dem Staat zu überlassen und die Zeit bis dahin für eine sorgfältige Planung der innerkirchlichen Neuorganisation und für die Abstimmung der weiteren Vorgehensweise mit den kirchlichen Gremien und Gruppierungen zu nutzen.

1.2 Weimarer Reichsverfassung und Bamberger Verfassung

Daß es zur Aufhebung der institutionellen Verbindung von Staat und Kirche kommen würde, war seit der Verkündung des (vorläufigen) »Staatsgrundgesetzes der Republik Bayern« vom 14.1.1919,[12] welches den »Glaubensgesellschaften« in Ziff. 14 »Unabhängigkeit vom Staate« zuerkannte, offensichtlich und bestätigte sich in dem vom Landtag verabschiedeten »Vorläufigen Staatsgrundgesetz des Freistaates Bayern« vom 17.3.1919,[13] dessen § 15 den Glaubensgesellschaften zugestand, »ihre Angelegenheiten selbständig nach Maßgabe der Staatsgesetze« zu ordnen und zu verwalten. Praktische Konsequenzen ergaben sich für die Kirchen aus diesen Programmsätzen jedoch nicht.

Zu einer grundlegenden Veränderung kam es erst mit Inkrafttreten der *Weimarer Reichsverfassung* vom 11.8.1919.[14] Der darin in der Kirchenfrage enthaltene »Kulturkompromiß«,[15] der unter der Geltung des Grundgesetzes als »vollgültiges Verfassungsrecht«[16] fortwirkt, führte nicht zu einer strikten Trennung von Staat und Kirchen, sondern berücksichtigte ihr öffentliches Wirken und ihre

---

[11] D. Veit, Protokoll über die Besprechung am 19.11.1918, S. 5, zitiert nach KNOPP, Ende (K) 15 und MANZESCHKE (B) 121. Anders als etwa in Preußen, wo die Regierung gerade unter dem dortigen Kultusminister Adolph Hoffmann (12.11.1918–3.1.1919) dezidiert kirchenfeindlich und kulturkämpferisch agierte, blieben der bayerischen Landeskirche Versuche staatlicher Einflußnahme auf die innerkirchliche Neugestaltung erspart. Vgl. ADELHEID BULLINGER, Das Ende d. landesherrlichen Kirchenregiments u. d. Neugestaltung d. ev. Kirche: ZEvKR 19 (1974), 73–105 (75ff); LINK, Staat (B) 453ff; BECKER (K) 340.
[12] GVBl 1.
[13] GVBl 109.
[14] RGBl 1383.
[15] Grundlegend dazu HUBER, Verfassungsgesch. 5 (B) 1200f.
[16] BVerfGE 19, 206 (219). Zur Übernahme der Weimarer Kirchenartikel in das Grundgesetz vgl. CAMPENHAUSEN, Staatskirchenrecht (B).

hieraus folgende gesellschaftliche Relevanz. Der Satz »Es besteht keine Staatskirche« (Art. 137 Abs. 1 WRV) sollte Religion und Kirche gerade nicht zur »Privatsache« machen.[17] Die »lex regia« der Weimarer Kirchenartikel[18] bildet die Selbstbestimmungsgarantie des Art. 137 Abs. 3: »Jede Religionsgesellschaft ordnet und verwaltet ihre Angelegenheiten selbständig innerhalb der Schranken des für alle geltenden Gesetzes.« Bemerkenswert dabei ist, daß sich die kirchliche Autonomie nicht (mehr nur) auf die »inneren«, »geistlichen« Angelegenheiten beschränkt.

Die vom landesherrlichen Kirchenregiment zu unterscheidende staatliche Kirchenhoheit (»ius circa sacra«), welche staatliche Einwirkungs- und Kontrollrechte sowie Genehmigungsvorbehalte im Bereich des kirchlichen Organisations- und Ämterwesens sowie bei der Vermögensverwaltung zum Gegenstand hatte, wurde jedoch durch die neue Reichsverfassung nach der in der Weimarer Zeit herrschenden Ansicht zumindest für die als Körperschaften des öffentlichen Rechts anerkannten Religionsgesellschaften nicht beseitigt; nach der sog. »Korrelatentheorie« stellten diese Befugnisse das »Korrelat« zu der mit dem Körperschaftsstatus verbundenen Privilegierung dar.[19]

Die *Verfassungsurkunde des Freistaates Bayern vom 14. August 1919*, die sog. *»Bamberger Verfassung«*[20] bestätigte diese Grundsätze und füllte sie entsprechend der Ermächtigung in Art. 137 Abs. 8 WRV aus (§§ 18, 19).

Unter Hinweis auf die grundlegend veränderte Rechtslage wandte sich das Oberkonsistorium mit Schreiben vom 13.10.1919 mit der Feststellung an das Kultusministerium, daß danach das landesherrliche Kirchenregiment nicht mehr bestehe und die Kirche »sich ihre künftige Verfassung selbst aufzubauen« habe.[21] Nachdem dieses mit Bescheid vom 30.10.1919 zunächst mitgeteilt hatte, daß über die Frage, welche Konsequenzen sich aus Art. 137 Abs. 1 und 3 WRV für die Landesgesetzgebung ergeben, »keine völlige Klarheit« bestünde, und diese deshalb erst dem Landtag vorzulegen sei,[22] wurde schließlich aufgrund eingehender Beratungen im Verfassungsausschuß des Landtages das landesherrliche Kirchenregiment mit Schreiben vom 2.2.1920 für beendet erklärt;[23] durch Verordnung

---

[17] Vgl. LINK, Staat (B) 455ff.
[18] Vgl. JOHANNES HECKEL, Melanchthon u. d. heutige Staatskirchenrecht (1950): DERS., Das blinde, undeutliche Wort »Kirche«. Ges. Aufsätze, hg. v. SIEGFRIED GRUNDMANN, Köln u.a. 1964, 307–327 (310).
[19] Vgl. GERHARD ANSCHÜTZ, Die Verfassung d. Deutschen Reiches v. 11. August 1919, Berlin [12]1930, Erl. 5 zu Art. 137 (S. 550ff). Unter dem Grundgesetz ist die besondere Kirchenhoheit des Staates freilich weggefallen; vgl. HERMANN WEBER, Die Religionsgemeinschaften als Körperschaften d. öffentl. Rechts, Berlin 1966, 140ff.
[20] GVBl 551.
[21] Abgedruckt im ABlB vom 31.10.1919, 248.
[22] Abgedruckt aaO, 249. Kultusminister J. Hoffmann betrachtete die Bestimmungen der Weimarer Reichsverfassung nämlich als bloße Programmsätze, die erst nach einer Umsetzung durch die Landesgesetzgebung Rechtsverbindlichkeit in Bayern erlangen konnten.
[23] Abgedruckt im ABlB vom 5.2.1920, 64.

der Staatsregierung vom 28.1.1919 wurden das Oberkonsistorium und die Konsistorien in Ansbach und Bayreuth als staatliche Behörden aufgelöst.[24]

2. Vorbereitung der neuen Kirchenverfassung

Die Bemühungen von Oberkonsistorium und Generalsynodalausschuß für die Neuorganisation der Landeskirche waren am 19.11.1918 mit einer ersten gemeinsamen Lagebesprechung aufgenommen worden. Beiden Gremien war von Anfang an daran gelegen, den Bauplan für die erforderlichen Arbeiten am Haus der Kirche nicht allein von oben her, sondern auf möglichst breiter Grundlage zu entwerfen. So wurde aufgrund einer Anhörung von Vertretern kirchlicher Vereine, Gruppen und Organisationen, Arbeitervertretern und privaten Vertrauensmännern am 19.12.1918 die Frage nach dem Umfang der Arbeiten übereinstimmend im Sinne einer umfassenden Neugestaltung der Kirchenverfassung entschieden und als erste Maßnahme die Neubildung der Synode als Vertretungsorgan der Gesamtkirche beschlossen. Ein aus allen kirchlichen Kreisen zusammengesetzter Vertrauensmännerausschuß erarbeitete im Februar 1919 Richtlinien für die Wahl der Mitglieder der verfassunggebenden außerordentlichen Generalsynode. Diese Richtlinien, die u.a. die mittelbare Wahl der Mitglieder der Generalsynode durch die Kirchenvorstände (bisher durch die Diözesan- = Dekanatssynoden) in der Zusammensetzung von zwei Drittel Laien zu einem Drittel Geistlichen (bisher paritätisch) und die Einführung des aktiven und passiven Wahlrechts zum Kirchenvorstand und zur Diözesansynode sowie des aktiven Wahlrechts zur Generalsynode für Frauen (das passive Wahlrecht für die Landessynode erhielten die Frauen demgegenüber erst 1958) vorsahen,[25] bildeten die Grundlage für eine entsprechende, bei der außerordentlichen Tagung der Generalsynode vom 23. bis 31.7.1919 in Ansbach verabschiedete Gesetzesvorlage des Oberkonsistoriums. Bemerkenswert ist, daß die Tagung der Generalsynode (in ihrer bisherigen Zusammensetzung) noch getreu den Bestimmungen des Protestantenedikts, d.h. aufgrund staatlicher Genehmigung und unter der Leitung des damit vom Kultusministerium beauftragten Präsidenten des Oberkonsistoriums, zugleich als Vertreter der Staatsregierung, stattfand. Außerdem beschloß die Generalsynode eine *Notverfassung*, die die Befugnisse des Landesherrn als Summus Episcopus auf das Oberkonsistorium übertrug und die Beteiligungsrechte des Generalsynodalausschusses sowie die Gesetzgebungskompetenz der Generalsynode definierte. Diese beiden Kirchengesetze wurden allerdings erst nach der oben erwähnten Entschließung des Kultusministeriums vom

[24] GVBl 29, abgedruckt im AB|B vom 5.2.1920, 62f.
[25] Vgl. dazu die Amtliche Begründung z. provisorischen Wahlordnung f. d. z. Neugestaltung d. Kirchenverfassung einzuberufende a.o. Generalsynode: Verh. Ansbach 1919 (K) 30–39 (36ff), sowie VLKB Ansbach Frühjahr 1957, 49f und VLKB Regensburg Frühjahr 1958, 55ff.

2.2.1920 im kirchlichen Amtsblatt vom 5.2.1920[26] vom Oberkonsistorium verkündet.

In der Zwischenzeit waren unter der Federführung von Oberkonsistorialrat Karl Gebhard[27] die Arbeiten an der neuen Kirchenverfassung fortgeschritten. Die Ergebnisse einer Beratergruppe, die aus den Erlanger Kirchenrechtsprofessoren Karl Rieker[28] und Emil Sehling sowie den Theologieprofessoren Philipp Bachmann, Christian Bürckstümmer und Hermann Strathmann bestand, wurden im Dezember 1919 in »Leitsätzen« zusammengefaßt, die im Amtsblatt veröffentlicht wurden, um jedem Kirchenglied Gelegenheit zur Stellungnahme zu geben.[29] Einem Arbeitsausschuß oblag die Sichtung der zahlreich eingelaufenen Anregungen, während ein Ende Mai 1920 tagender Redaktionsausschuß den Rohentwurf der kirchlichen Verfassung erstellte. Die von Oberkonsistorium und Generalsynodalausschuß einmütig angenommene endgültige Fassung des Entwurfs wurde drei Wochen vor der für den 18.7.1920 anberaumten Wahl der verfassunggebenden Synode im kirchlichen Amtsblatt bekanntgegeben.[30]

3. Beratung und Inhalt der Kirchenverfassung

3.1 Gang der Verhandlungen

Die verfassunggebende Generalsynode, der 49 geistliche und 98 weltliche Abgeordnete angehörten,[31] trat in der Zeit vom 17.8. bis 12.9.1920 zusammen.

Die Verhandlungen der Generalsynode, die erstmals ihren Präsidenten, nämlich den Landtagsabgeordneten der Bayerischen Volkspartei Wilhelm Freiherr von Pechmann,[32] selbst gewählt hatte, waren von dem Willen zur gegenseitigen

---

[26] Verh. Ansbach 1919 (K) 164. 178ff; ABlB 1920, 59ff.
[27] Karl Gebhard (27.8.1864 bis 29.3.1941) war nach richterlichem Dienst 1907 weltlicher Konsistorialrat zunächst in Bayreuth und 1909 in Ansbach geworden, bevor er 1915 in das Oberkonsistorium nach München berufen wurde. Gebhard gilt als Vater der Kirchenverfassung vom 16.9.1920; wegen seiner Verdienste um die Verfassung wurde ihm am Tage ihrer Verabschiedung (10.9.1920) der theologische Ehrendoktor der Erlanger Fakultät verliehen. Zum 1.1.1933 trat er als Vizepräsident der Evang.-Luth. Kirche in Bayern (seit 1921) in den Ruhestand.
[28] Die Überlegungen Riekers zur Neugestaltung der Kirchenverfassung sind zusammen mit den von einem Kreis von Mitgliedern der Kirchengemeinde Erlangen-Neustadt (vgl. MANZESCHKE [B] 205 Anm. 55) erarbeiteten »Erlanger Leitsätzen« in seiner Schrift »Zur Neugestaltung d. prot. Kirchenverfassung i. Deutschland« (K) zusammengestellt.
[29] ABlB 1919, 316.
[30] ABlB 1920, 313.
[31] Zu ihrer Zusammensetzung unter soziologischem Gesichtspunkt vgl. VI.4.2; ZORN, Bevölkerung (B) 327; MANZESCHKE (B) 232.
[32] Zu Leben und Bedeutung v. Pechmanns vgl. KANTZENBACH, Widerstand (B); MASER, Ev. Kirche (B) 137, Anm. 12; MANZESCHKE (B) 232f; SOMMER, Widerstand gegen offenkundiges Unrecht: Aufstand (B) 11–19.
Die Nachfolger v. Pechmanns im Amt des Synodalpräsidenten bis 1939 waren Bachmann (1923–1931) und Oberregierungsrat Robert Bracker (Fürth), wobei die Landessynode im August 1934 letztmalig vor 1945 zusammentrat; vgl. dazu den Beitrag von MARTIN BOGDAHN, »In guten wie in

Generalsynode Ansbach 1920.

Verständigung zwischen den unterschiedlichen Gruppierungen der Altlutheraner, den sogenannten »Positiven« unter Rektor Hans Lauerer (Neuendettelsau), des liberalen Protestantischen Laienbundes mit Hauptprediger Dr. Christian Geyer (St. Sebald Nürnberg) an der Spitze und des Bayerischen Gemeinschaftsbundes gekennzeichnet. Zu den befürchteten heftigen Auseinandersetzungen, wie man sie aus der Zeit vor dem Weltkrieg kannte, kam es nicht, weil die Liberalen die im Vorspruch zur Kirchenverfassung erklärte Bindung der Kirche »in Lehre und Leben an das evangelisch-lutherische Bekenntnis« nicht mehr in Frage stellten und die Positiven nicht mehr auf einer Verschärfung der Bekenntnisformel mit Zielrichtung gegen die Liberalen bestanden. Die Synodalen waren sich darin einig, daß das Bekenntnis unverrückbares und damit der kirchlichen Gesetzgebung entzogenes (Art. 28) Fundament des Verfassungsbaues sei, und lehnten eine weitere Debatte über die Bekenntnisfrage einstimmig ab. Ansonsten konzentrierten sich die Beratungen auf die Selbstverwaltung der Kirchengemeinden und die Ausgestaltung der Kirchenleitung. Die Kirchenverfassung ist am 10.9.1920 einstimmig verabschiedet worden. Am selben Tag wählte die Synode den bisherigen Oberkonsistorialpräsidenten D. Veit zum Kirchenpräsiden-

bösen Tagen – Die Landessynode u. ihre Präsidenten«: VLKB Erlangen November 1989, 159ff; vgl. auch VI.2.5.

ten,³³ der die neue Kirchenverfassung am 16.9. ausfertigte und im kirchlichen Amtsblatt vom 29.9.1920 verkündete.³⁴ Am 1.1.1921 ist die neue Kirchenverfassung in Kraft getreten. Seit diesem Tage trägt die bayerische Landeskirche den ihr offiziell lange verwehrten Namen »Evangelisch-Lutherische Kirche«.

Wilhelm Freiherr von Pechmann.   Friedrich Veit als Kirchenpräsident 1925.

3.2 Inhalt der Kirchenverfassung

Die »Verfassung der evangelisch-lutherischen Kirche in Bayern r. d. Rhs.«³⁵ hat in vielem an die im 19. Jahrhundert gewachsenen Strukturen angeknüpft, jedoch auf allen Ebenen im Aufbau der Landeskirche neue Akzente gesetzt:
– Für die Kirchengemeinden wurde nun auch innerkirchlich klargestellt, daß ihnen eigene Rechtspersönlichkeit (Körperschaften des öffentlichen Rechts) zukommt und sie auch im Gegenüber zur Landeskirche über das Recht zur Selbstverwaltung sowohl auf innerkirchlichem als auch auf vermögensrechtlichem Gebiet verfügen (Art. 6).³⁶

---

[33] Seine Amtseinführung erfolgte am 6.1.1921 in der Münchner Lukaskirche, wobei Bachmann die Einsegnungshandlung vornahm (KELGB 46 [1921], 17).
[34] ABlB 413ff; abgedruckt auch bei MASER, Ev.-Luth. Kirche (B) 150ff.
[35] Vgl. auch die Übersicht bei GRETHLEIN/BÖTTCHER/HOFMANN/HÜBNER (B) 35ff.
[36] Im übrigen galt nachwievor die (staatliche) Kirchengemeindeordnung vom 24.9.1912 (GVBl 911).

– Der Dekanatsbezirk, bisher reiner Verwaltungsbezirk ohne Rechtspersönlichkeit, erhielt als Verband der in ihm zusammengeschlossenen Kirchengemeinden (Kirchenbezirk, Bezirkskirchenverband), dessen Organe die Bezirkssynoden und der Bezirkssynodalausschuß waren, die Qualität einer Selbstverwaltungskörperschaft und wurde in dieser Eigenschaft zur »mittleren Ebene« im körperschaftlichen Aufbau der Landeskirche.[37]

– Neu war die Einteilung des Gebietes der Landeskirche in zunächst drei Kirchenkreise, die – auch heute noch – im Grunde reine Visitationsbezirke ohne eigene Rechtspersönlichkeit und Organe sind, in denen die Kreisdekane, wie in Art. 54 formuliert war, »oberhirtliche Tätigkeit« ausüben. Das Amt des Kreisdekans hatte die Generalsuperintendenten der Altpreußischen Union zum Vorbild und sollte dazu beitragen, daß sich in Zukunft die Beziehungen der Kirchenleitung zu den Gemeinden und Pfarrern »inniger« und »persönlich gefärbter« als bisher gestalteten.[38] Zu den Kirchenkreisen Ansbach, Bayreuth und München kam mit Wirkung vom 1.1.1935 der Kirchenkreis Nürnberg hinzu.[39]

– Die Leitung der Landeskirche oblag vier einander gleichgestellten Organen:[40] Die 90 Mitglieder zählende Landessynode (84 gewählte, davon 28 geistliche und 56 weltliche Mitglieder, ein Vertreter der Erlanger Theologischen Fakultät sowie fünf vom Landeskirchenrat im Einvernehmen mit dem Landessynodalausschuß berufene Mitglieder)[41] und der Landessynodalausschuß (4 geistliche und 5 weltliche Mitglieder)[42] gingen aus der Generalsynode bzw. dem Generalsynodalausschuß hervor, freilich mit jetzt viel weitergehenden Kompetenzen. Die wichtigste der neuen Zuständigkeiten der mindestens alle drei Jahre zu einer ordentlichen Tagung einzuberufenden Landessynode war das Gesetzgebungsrecht, welches vorher beim Staat gelegen hatte. Der Präsident der Landessynode war im Unterschied zu heute nicht zugleich geborener Vorsitzender des Landessynodalausschusses.[43] Der Landeskirchenrat als oberste Behörde für die Verwaltung der Landeskirche trat an die Stelle des Oberkonsistoriums. Ihm gehörten neben

---

[37] Dem Bezirkskirchenausschuß räumte man vor der Übertragung der Dekansfunktion ein Anhörungsrecht ein (Art. 13 Abs. 2), das 1970 in ein Zustimmungsrecht umgewandelt wurde. Seit dem 1.1.1996 erfolgt die Besetzung von Dekanstellen im Wechsel zwischen einem aus Kirchenvorstand und Dekanatsausschuß gebildeten Wahlgremium und dem Landeskirchenrat.
[38] Verh. Ansbach 1920 (B) 248ff; vgl. dazu VII.2.1.3.2.
[39] Kirchengesetz über die Errichtung eines 4. Kirchenkreises vom 20.11.1934 (ABlB 197).
[40] Verh. Ansbach 1920 (B) 185f.
[41] Mit Kirchengesetz vom 1.8.1933 (ABlB 120) wurde die Landessynode auf 50 Mitglieder verkleinert: 13 gewählte geistliche und 26 gewählte weltliche Mitglieder, ein Vertreter der Erlanger Theologischen Fakultät und 10 vom Landesbischof berufene Mitglieder.
[42] Die Zusammensetzung des Landessynodalausschusses wurde später geändert durch die Kirchengesetze vom 8.5.1933 (ABlB 54), 2.10.1933 (ABlB 145) und vom 29.10.1935 (ABlB 43). Grundlegend zum Landessynodalausschuß THEODOR BRACKER, Der Landessynodalausschuß i. d. Verfassungsgesch. d. ev.-luth. Landeskirche i. Bayern r. d. Rh., Erlangen 1934.
[43] Die Zugehörigkeit des Präsidenten der Landessynode zum Landessynodalausschuß kraft Amtes wurde jedoch durch das »Gesetz über den Landessynodalausschuß« vom 2.10.1933 (ABlB 145) bestimmt, welches durch Kirchengesetz vom 22.7.1946 (ABlB 90) wieder aufgehoben wurde.

dem Kirchenpräsidenten, dem weltlichen Vizepräsidenten[44] und den Kreisdekanen zunächst jeweils 3 weitere geistliche und weltliche Oberkirchenräte an. Als Sitz des Landeskirchenrates wurde zunächst vorläufig, 1927 dann endgültig München bestimmt.[45] Ende 1920 wies der Personalstand des Landeskirchenrates (einschließlich Stiftungsverwaltung) 48 Mitarbeiter aus.

Während der Verfassungsentwurf nur die genannten drei Leitungsorgane vorsah, entsprach es dem dringenden Wunsch einer großen Mehrheit in der verfassunggebenden Synode, die Leitung der Landeskirche nicht allein gremienmäßig und kollegial, sondern mehr persönlich »bischöflich« auszugestalten.[46] Obwohl der Titel eines »Landesbischofs« damals abgelehnt wurde,[47] konnte der Kirchenrechtslehrer Paul Schoen das Amt des bayerischen Kirchenpräsidenten in seiner Doppelfunktion als vorsitzendes Mitglied des Landeskirchenrates und gegenüber diesem eigenständiges kirchenleitendes Organ 1925 mit Recht als das »kraftvollste und inhaltsreichste evangelische Bischofsamt« bezeichnen.[48]

In seiner »oberhirtlichen Tätigkeit« wurde der Kirchenpräsident durch das dienstälteste geistliche Mitglied des Landeskirchenrates vertreten.

Der Verfassungsentwurf war in zwei ganz wesentlichen Bereichen über den dann beschlossenen Verfassungstext hinausgegangen. Zum einen war vorgeschlagen worden, daß in besonderen Fällen »geistliche Amtshandlungen« auch durch andere, also nicht ordinierte, »von der Kirche anerkannte« Gemeindeglieder vollzogen werden dürften (Entwurf Art. 8 Abs. 2).[49] Ferner sollte die Kirchengemeinde bei der Besetzung einer Pfarrstelle in zwei von drei Besetzungsfällen ein Auswahlrecht aus einem Dreiervorschlag des Landeskirchenrates erhalten (Entwurf Art. 10 Abs. 1 bis 2).[50]

---

[44] Bis 1932 Gebhard, von 1933 bis 1935 Karl Böhner, von 1935 bis 1945 Dr. Hans Meinzolt.
[45] ABlB 1920, 459 mit Verh. Ansbach 1920 (B) 266ff. 309 sowie ABlB 1927, 121 mit VLKBR Ansbach 123ff. 323ff. Das Dienstgebäude des Landeskirchenrates befand sich zunächst in der Elisenstr. 2; am 14.12.1929 erfolgte der Umzug in den kircheneigenen Neubau in der Arcisstraße (seit 1957 Meiserstraße) 13 (ABlB 1929, 89); zur Baugeschichte vgl. VLKBR Ansbach 1930, 47ff. Vgl. auch THEODOR KARG, Erinnerungen eines Finanzreferenten i. Landeskirchenamt: ZBKG 40 (1971), 246–259.
[46] Verh. Ansbach 1920 (B) 241ff. Vgl. auch die Dokumentation bei WALTER TEBBE, Das Bischofsamt i. d. Luth. Landeskirchen Deutschlands, Marburg 1967, 36ff und GRETHLEIN/BÖTTCHER/HOFMANN/HÜBNER (B) 372ff.
[47] Verh. Ansbach 1920 (B) 245ff. Die Titelfrage wurde jedoch bei den Tagungen der Landessynode 1924 (VLKBR Ansbach Juli 1924, 114ff) und 1927 (VLKBR Ansbach 233ff) erneut thematisiert. Zu den Veränderungen 1933 vgl. VI.6.2.2.
[48] PAUL SCHOEN, Der deutsche ev. Bischof nach den neuen Kirchenverfassungen: Verwaltungsarchiv 30 (1925), 403–431 (406).
[49] Verh. Ansbach 1920 (B) 187ff. 196.
[50] AaO, 190ff.

— 413 —

Amtsblatt

für die
protestant. Landeskirche in Bayern rechts des Rheins.
Amtlich herausgegeben von dem Protestantischen Oberkonsistorium in München.

| München | Nr. 28 | 29. September 1920 |

Inhaltsübersicht: Kirchenverfassung.

Nr. 6068.

Bekanntmachung.
Betreff: Kirchenverfassung.

Gemäß Ziffer 6 der Verordnung vom 5. Februar 1920 verkünden wir hiemit die **Verfassung der evangelisch-lutherischen Landeskirche in Bayern r. d. Rhs.** nach den Beschlüssen der außerordentlichen Generalsynode dieses Jahres.

Mit dem 1. Januar des kommenden Jahres soll sie an die Stelle der Verfassung treten, die vor einem Jahrhundert der erste König von Bayern der damals eben mit dem jungen Königreiche entstandenen protestantischen Landeskirche gegeben hat. Aus vielen einzelnen Kirchengebieten ist unsere Kirche unter dem Schutze dieser Verfassung zur Einheit zusammengewachsen und hat eine gesegnete Geschichte durchlebt, von deren Früchten wir zehren. Mit dem Königreiche ist diese Ordnung dahingefallen und aus ernster Arbeit aller dazu Berufenen, der Kirchenleitung und der Generalsynode, sind neue Formen erstanden, die den Strom des kirchlichen Lebens in sich aufnehmen sollen.

Grund und Art unserer Kirche bleiben unverändert, und beides soll hinfort auch in ihrem Namen sich ausprägen; und wenn auch in den Ordnungen ihres Lebens sich manches Neue findet, so wird doch, wills Gott, durch das Neue die heimatlich vertraute Weise nicht beseitigt oder unterdrückt werden. Wir hoffen vielmehr, daß auch in den neuen Formen der am Worte Gottes sich nährende Glaube und die auf ihm sich aufbauende kirchliche Sitte Heimstätte und Schutz finden. Zu unseren Gemeinden aber haben wir die Zuversicht, daß sie in freudiger Einordnung ins Ganze in die Ordnungen und Gesetze, die aus ihrer eigenen Mitte hervorgegangen sind, sich schicken und, indem sie in der Freiheit eines vom Geiste Gottes geheiligten Willens menschlicher Ordnung untertan sind, sich zugleich als lebendige Glieder an dem geistlichen Leibe erweisen, dessen Haupt Christus ist.

Der Herr der Kirche aber, der sie in alle Wahrheit leitet und in aller Fährlichkeit behütet, segne gnädig, was im Aufblick zu ihm begonnen wurde, und erhalte ihr unter allem Wechsel der Zeiten sein Wort und Sakrament als die ewigen Grundpfeiler, die er selber gelegt hat! Ihm sei auch unsere Landeskirche aufs Neue befohlen!

München, den 16. September 1920.

Protestantisches Oberkonsistorium.
D. Veit.

Bekanntmachung der neuen Kirchenverfassung, Präambel.

4. Verträge mit der Coburger Landeskirche und mit der Evangelisch-Reformierten Kirche

Weitere wesentliche Beratungsgegenstände der verfassunggebenden Generalsynode betrafen die Eingliederung der »Evangelischen Landeskirche Koburg« in die bayerische Landeskirche und die Rechtsbeziehungen zur Evangelisch-Reformierten Kirche in Bayern:

Nachdem sich der Coburger Teil des ursprünglichen Herzogtums Sachsen-Coburg-Gotha mit seinen ca. 74.000 meist evangelischen Einwohnern per Volksentscheid vom 30.11.1919 mit 88% der Wähler[51] dem Freistaat Bayern angeschlossen hatte, stellte sich für die dortige Landeskirche die Frage nach ihrem künftigen Weg. Von vornherein stand dabei außer Zweifel, daß es nicht sinnvoll sein konnte, als kleine selbständige Kirche innerhalb Bayerns fortzubestehen. Dagegen hielt der Coburger Oberkirchenrat einen Anschluß dieser Kirche an die Thüringer Kirche für denkbar. Praktische Gründe waren jedoch dafür ausschlaggebend, stattdessen Verhandlungen mit der bayerischen Landeskirche aufzunehmen.[52]

Das Zusammengehen der beiden Kirchen wurde beiderseits als nicht unproblematisch angesehen. Eine wesentliche Rolle spielte die unterschiedliche theologische Prägung. Während die Coburger Kirche ihre theologische Ausrichtung primär von der Universität Jena erhalten hatte, die sich im 19. Jahrhundert zur Hochburg des theologischen Liberalismus entwickelt hatte, war die bayerische Kirche mehrheitlich konservativ bestimmt. Wegen der in Coburg herrschenden uneingeschränkten Lehrfreiheit der Geistlichen, der vollen Freiheit in der Verwendung von Agenden und in der Auswahl der Predigttexte, vor allem aber wegen des nicht zwingend vorgeschriebenen Gebrauchs des Apostolischen Glaubensbekenntnisses bei der Taufe bestanden aus bayerischer Sicht ganz erhebliche Vorbehalte.[53] So wurde bei den Beratungen der Generalsynode aus dem zuständigen Ausschuß vorgetragen, daß »hinsichtlich der kirchlichen Verhältnisse im Koburger Land [...] uns ein Bild entgegen tritt, das vielen von uns nicht gefallen wird.«[54]

Die bayerische Generalsynode verabschiedete gleichwohl das ihr vorgelegte »Kirchengesetz betreffend das Abkommen mit der evangelischen Landeskirche Koburg.«[55]

---

[51] ZORN, Bayerns Gesch. (B) 216f.
[52] KÜKENTHAL (K) 231. Vgl. dazu insgesamt auch RAINER AXMANN, 75 Jahre Kirchenbeitritt d. Coburgischen Landeskirche z. Bayer. Landeskirche. 75 Jahre Dekanat Coburg: ZBKG 66 (1997), 27–41.
[53] WALTHER RUPPRECHT, Der kirchl. Anschluß d. Coburger Landes an d. bayer. Landeskirche: Jb. d. Coburger Landesstiftung 1972, Coburg 1972, 119–140 (137); KLAUS ZIMMERMANN, Geist d. Freiheit – Coburger Christen gehören seit 75 Jahren z. bayer. Landeskirche: NELKB 51 (1996), 105ff.
[54] Verh. Ansbach 1920 (B) 288.
[55] ABlB 1920, 480.

Ziel dieses Abkommens aus bayerischer Sicht war es, eine völlige Verschmelzung der beiden Kirchen zu erreichen. Die Coburger Seite beanspruchte demgegenüber eine angemessene Übergangsfrist mit Bestimmungen zum Schutz der theologischen Überzeugungen der im Amt befindlichen Geistlichen und zum Erhalt des kirchlichen Brauchtums. Die Übergangszeit, innerhalb derer sich die innere Angleichung vollziehen sollte, wurde auf 50 Jahre begrenzt. Danach sollten in jeder Hinsicht die Ordnungen der bayerischen Landeskirche gelten.

Nachdem auch die Coburger Landessynode auf ihrer letzten Tagung vom 11.1. dem Vertrag mit der bayerischen Landeskirche zugestimmt hatte, konnte der Anschluß der Coburger Kirche mit Wirkung vom 1.4.1921 vollzogen werden.[56]

Das Zusammenwachsen der beiden Kirchen ist nicht ganz ohne Schwierigkeiten vonstatten gegangen.[57] Letztlich ist aber festzustellen, daß die Eingliederung der Coburger Kirche durchweg gelang, und zwar früher als ursprünglich angenommen. Jedenfalls ist bereits im Herbst 1947 aus dem Dekanatsbezirk Coburg der Antrag an die Landessynode gestellt worden, »die Laufzeit des Abkommens bereits nach 26 Jahren als beendet zu erklären.«[58]

Nach dem Anschluß Coburgs zählte die Evangelisch-Lutherische Kirche in Bayern gemäß der Konfessionsstatistik für das Jahr 1921 1.540.000 Mitglieder (24,2% der Gesamtbevölkerung im rechtsrheinischen Bayern) gegenüber 4.620.000 Mitgliedern in den römisch-katholischen Diözesen. Das Gebiet der Landeskirche war in 67 Dekanate und 940 Pfarreien mit 1.006 Pfarrstellen und 119 Stellen für Hilfsgeistliche und Vikare gegliedert.[59]

Die damals neun reformierten Kirchengemeinden im rechtsrheinischen Bayern mit ihren etwa 3.000 Mitgliedern, die seit 1853 zu einer reformierten Synode vereinigt waren und seitdem ihre innerkirchlichen Angelegenheiten selbständig verwalteten, wohingegen sie in den äußeren kirchlichen Angelegenheiten ebenfalls dem landesherrlichen Summepiskopat unterworfen waren, hatten sich schon im Juni 1919 aus eigenem Entschluß als selbständige Kirche im Verhältnis sowohl zum Staat als auch zur evangelisch-lutherischen Kirche erklärt. Als diese am 17.9.1919 dem Oberkonsistorium ihre zum 20.1.1920 in Kraft gesetzte Kirchenordnung übermittelte, äußerte die reformierte Kirche aber zugleich den Wunsch, aus ideellen und praktischen Gründen, insbesondere in Angelegenheiten der Kirchensteuer und der Pfarrbesoldung, die Verbindung zur evangelisch-lutherischen Kirche aufrechtzuhalten und in Verhandlungen mit dem Staat von dieser mitvertreten zu werden.

Die Generalsynode stimmte diesem Wunsch mit Kirchengesetz vom 6.9.1920 zu; im einzelnen sind die Rechtsbeziehungen in dem noch heute geltenden »Kirchengesetz betreffend das Abkommen zwischen der Evangelisch-Lutherischen

---

[56] ABlB 1921, 39.
[57] Ausführlich dazu KÜKENTHAL (K) 240ff.
[58] MASER, Ev.-Luth. Kirche (B) 23.
[59] AaO, 41.

Kirche in Bayern und der reformierten Kirche in Bayern« vom 14.8.1922 geregelt.[60]

5. Vertrag mit dem Freistaat Bayern

5.1 Entstehungsgeschichte

Ausdruck der erlangten Unabhängigkeit und »Schlußstein in dem Gebäude, das für das Verhältnis des Staates zur Kirche infolge der neuen Reichs- und Landesverfassung aufzubauen war«,[61] war für die Landeskirche der Abschluß eines Vertrages mit dem Freistaat Bayern zur Regelung der beiderseitigen Rechtsbeziehungen. Während alle deutschen evangelischen Landeskirchen insoweit Neuland betraten, konnte die katholische Kirche auf eine lange, bis zum Wormser Konkordat von 1122 zurückreichende Geschichte der vertragsmäßigen Beziehungen mit der weltlichen Gewalt verweisen.[62]

So erklärt sich, daß der bayerische Staat vor Verhandlungen mit der evangelischen Landeskirche zunächst, nämlich am 30.10.1919, Kontakt mit dem Nuntius Eugenio Pacelli, dem späteren Papst Pius XII., aufnahm, um die Beziehungen zueinander auf eine neue Grundlage zu stellen. Obwohl seitens der Landeskirche schon vorher mehrfach »gleiches Recht, gleiche Bedeutung und gleiches Ansehen«[63] eingefordert worden waren, wurde Kirchenpräsident D. Veit erst mehrere Jahre nach Übergang der Regierung an die Bayerische Volkspartei (BVP) am 4.2.1924 vom Bayerischen Staatsministerium für Unterricht und Kultus über die wesentlichen Bestimmungen des in Aussicht genommenen Konkordats offiziell informiert und der evangelischen Landeskirche Gelegenheit gegeben, ihre Vorstellungen zur näheren Ausgestaltung des Verhältnisses von Staat und Kirche darzulegen; zu diesem Zeitpunkt aber war das am 29.3.1924 unterzeichnete Konkordat bereits abgeschlossen formuliert. Zu Recht ist deshalb festgestellt worden, daß die Entstehungsgeschichte der mit der Evangelisch-Lutherischen Kirche und mit der Vereinigten protestantisch-evangelisch-christlichen Kirche der Pfalz abgeschlossenen bayerischen Kirchenverträge nur auf der Grundlage der bereits feststehenden Konkordatsbestimmungen verständlich ist.[64]

Die Erwartungen und Wünsche der Evangelisch-Lutherischen Kirche an einen Vertrag mit dem Freistaat legte der Landeskirchenrat nach einem Gespräch mit

---

[60] ABlB 1920, 460 und ABlB 1921, 205.
[61] Vgl. Begründung zum »Entwurf eines Mantelgesetzes samt d. Vertrag zwischen d. Bayer. Staate u. d. Ev.-Luth. Kirche i. Bayern r. d. Rh.«: VLKBR München Dezember 1924, 9.
[62] Zur damals umstrittenen Frage des Fortbestands des Bayerischen Konkordats vom 5.6.1817 vgl. JOSEF LISTL, Die konkordatäre Entwicklung v. 1817 bis 1988: HBKG 3, 427–463 (448).
[63] So z. B. Kirchenpräsident D. Veit bei der Tagung der Landessynode 1922: VLKBR Ansbach 1922, 163f. 282.
[64] MASER, Ev. Kirche (B) 25.

dem Kultusminister Dr. Matt (BVP), der bezeichnenderweise einem Staatsgesetz den Vorzug vor einer vertraglichen Regelung geben wollte, in seinen »Punktationen« vom 20.3.1924 dar. Gegenüber den Konkordatsbestimmungen eigene Akzente wurden bezüglich des Status der Erlanger Theologischen Fakultät und in der Schulfrage für erforderlich gehalten: Es sollte der Anschein vermieden werden, daß der Landeskirche daran gelegen sei, die Freiheit der Wissenschaft antasten und die bereits durch Verordnung der Regierung Eisner vom 16.12.1918[65] aufgehobene geistliche Schulaufsicht[66] wiedereinführen zu wollen. Existentielle Bedeutung kam einer den Vereinbarungen mit der katholischen Kirche entsprechenden Regelung der finanziellen Angelegenheiten zu.[67] Als problematisch wurden die im Konkordat vorgesehenen Verpflichtungen angesehen, vor der Ernennung eines Bischofs mit der Staatsregierung wegen etwaiger politischer Erinnerungen (»politische Klausel«) in Verbindung zu treten und dieser die Personalien der für die Berufung zum Pfarrer in Aussicht genommenen Personen mitzuteilen (Art. 14 § 1 und § 3).

Die mit dem Finanzministerium abgestimmte offizielle Stellungnahme des Kultusministeriums zu den Punktationen des Landeskirchenrates wurde dem Kirchenpräsidenten am 27.8.1924 zugeleitet. Zur Genugtuung der Kirchenleitung wurde mitgeteilt, daß der Freistaat Bayern bereit sei, die Rechtsbeziehungen zur Evangelisch-Lutherischen Kirche in Form eines »Verwaltungsvertrages« zu regeln. Inhaltlich war mit Ausnahme der Finanzartikel im wesentlichen eine pauschale Verweisung auf die entsprechende Geltung der Konkordatsartikel vorgesehen. Während die staatliche Seite bezüglich der Wahl des Kirchenpräsidenten und der Ernennung der Pfarrer sowie in der Schulfrage auf Parität drang, stellte sie für die vermögensrechtlichen Beziehungen fest, daß trotz »möglichster Gleichstellung der christlichen Religionsgesellschaften [...] die tiefgreifenden Unterschiede tatsächlicher und rechtlicher Natur nicht unbeachtet« bleiben können.[68] So wurden den Leistungen an die katholische Kirche entsprechende Erhöhungen der Personalkostenzuschüsse für den Landeskirchenrat abgelehnt und im Unterschied zum Konkordat (Art. 10 § 1 Buchst. h und i) Zuschüsse zur

---

[65] Abgedruckt bei HUBER/HUBER 4 (B) 86.

[66] Die Evangelische und Katholische Kirche haben schon lange vor Erlaß dieser Verordnung erkennen lassen, daß sie auf den Fortbestand der geistlichen Schulaufsicht nicht um jeden Preis bestehen wollten (vgl. MASER, Ev. Kirche [B] 46 und BECKER [K] 339). Ihre ohne vorherige Fühlungnahme mit den Kirchen erfolgte Abschaffung löste aber heftige Proteste aus (vgl. Erklärung des Oberkonsistoriums vom 30.12.1918, ABlB 349 und Erklärung der bayerischen Bischofskonferenz vom 18.12.1918, abgedruckt bei HUBER/HUBER 4 [B] 87).

[67] Obwohl der Staat den Kirchen seit 1910 zu seiner finanziellen Entlastung in Gestalt der Landeskirchensteuer eigene Einnahmequellen erschlossen hatte, blieben die Staatszuschüsse noch lange Zeit von maßgeblicher Bedeutung für die kirchlichen Haushalte. Noch 1927 erbrachte die Landeskirchensteuer wenig mehr als die Hälfte des Betrages, den die Staatszuschüsse ausmachten (vgl. MASER, Ev. Kirche [B] 75–78 und MASER, Ev.-Luth. Kirche [B] 43f).

[68] Zitat nach MASER, Ev. Kirche (B) 89.

Altersversorgung der Pfarrer und für die Predigerseminare[69] als freiwillige und von den jeweiligen Willigungen des Staatshaushaltes abhängige Leistungen deklariert.

Nach Beratungen im Landeskirchenrat und im Landessynodalausschuß übermittelte der Landeskirchenrat am 1.10. die Stellungnahme der Evangelisch-Lutherischen Kirche zu den staatlichen Vorschlägen zusammen mit einer insgesamt ausformulierten Vertragsfassung, da der Vertrag nicht als bloßes Anhängsel des Konkordates erscheinen sollte. In einer gemeinsamen Besprechung von Kirchenpräsident D. Veit und Vizepräsident D. Gebhard mit Ministerpräsident Dr. Heinrich Held, Kultusminister Dr. Matt, Finanzminister Dr. Wilhelm Krausneck sowie drei Mitgliedern des Landtags am 5.11. konnten die zu einzelnen Schulartikeln und bezüglich der Erlanger Theologischen Fakultät bestehenden Differenzen im Sinne der Kirche ausgeräumt werden.[70] In finanzieller Hinsicht kam der Staat der Landeskirche nur bei den Personalkostenzuschüssen für den Kirchenpräsidenten und einen Kirchenbeamten des höheren Dienstes entgegen. Nachdem Landeskirchenrat und Landessynodalausschuß sowie der Ministerrat dem Vertragsentwurf mit diesen Feststellungen zugestimmt hatten, wurde der Vertrag am 15.11.1924 vorbehaltlich der Zustimmung von Landessynode und Landtag von Kirchenpräsident D. Veit und Kultusminister Dr. Matt unterzeichnet und zusammen mit einem auch das Konkordat und den Pfälzer Kirchenvertrag betreffenden Entwurf für ein gemeinsames Mantelgesetz dem Landtag zugeleitet. Ungeachtet der vorangegangenen leidenschaftlichen Diskussion der Vertragstexte in der Öffentlichkeit[71] stimmten die Landessynode auf ihrer außerordentlichen Tagung vom 16. bis 19.12.1924 in München dem vorgelegten Kirchengesetz zum Abschluß des Vertrages mit dem Bayerischen Staat mit 71 zu 19 Stimmen und der Landtag am 15.1.1925 dem Mantelgesetz mit 73 zu 52 Stimmen zu. Dieser überhaupt erste zwischen einem deutschen Staat und einer Landeskirche abgeschlossene Vertrag, der zum Vorbild für die in den folgenden Jahren in anderen deutschen Ländern abgeschlossenen Kirchenverträge wurde, trat am Tag seiner Verkündung im Kirchlichen Amtsblatt am 27.1.1925 in Kraft.[72]

---

[69] Zum durch eine Stiftung König Ludwigs I. 1834 begründeten Münchner Predigerseminar, das bis 1940 bestand (vgl. dazu OSKAR DAUMILLER, Das Predigerseminar i. München. FS anläßlich seines hundertjährigen Bestehens, München 1934), war 1922 das auf dem Gelände der früheren »Erziehungsanstalt Veilhof« stehende Nürnberger Predigerseminar, dessen erster Rektor bis 1928 der spätere Oberkirchenrat und Landesbischof Hans Meiser (von 1928 bis 1934 der spätere Kreisdekan Julius Schieder, von 1934 bis 1943 der spätere Regensburger Dekan Gerhard Schmidt) wurde, dazugekommen (vgl. dazu FRANZ PESCHKE, Das Ev.-Luth. Predigerseminar: Wöhrd – Die Zerstörung i. Jahre 1943, hg. v. VORSTADTVEREIN NÜRNBERG-WÖHRD v. 1877 Rennweg u. Schoppershof e.V., Nürnberg 1995, 63ff, jetzt auch in: FS »75 Jahre Predigerseminar Nürnberg«, hg. v. Ev.-Luth. Predigerseminar Nürnberg, Nürnberg 1997, 4ff).

[70] Vgl. dazu MASER, Ev. Kirche (B) 75. 83f. 92ff. 98f.

[71] Vgl. dazu im einzelnen aaO, 129–158.

[72] Vgl. GVBl 1925, 61ff und ABlB 1925, 5. 31. Der bayerische Kirchenvertrag ist ferner abgedruckt bei JOSEPH LISTL, Die Konkordate u. Kirchenverträge i. d. BRD, Bd. 1, Berlin 1987, 509ff, HUBER/

5.2 Wesentlicher Inhalt

Der noch heute geltende, erst in den Jahren 1968, 1974 und 1978 geänderte Kirchenvertrag wiederholt zunächst einmal die verfassungsrechtlichen Garantien der Religionsfreiheit, der kirchlichen Eigenständigkeit und der ungestörten kirchlichen Kultausübung (Art. 1), des Bestands der Erlanger Theologischen Fakultät (Art. 2 in Entsprechung zu Art. 149 Abs. 3 WRV), des Religionsunterrichts als ordentliches Lehrfach an öffentlichen Schulen (Art. 4 und 10), der Staatsleistungen (Art. 15), der Anstaltsseelsorge (Art. 17), des Schutzes kirchlichen Eigentums (Art. 19) und der Kirchensteuererhebung (Art. 20) und entzieht sie damit der einseitigen Verfassungsänderung.

Breiten Raum nehmen die Bestimmungen über das *Schulwesen* und den *Religionsunterricht* ein. Die Volksschulen waren – bis zur Einführung der christlichen Gemeinschaftsschule im Jahre 1968[73] – weiterhin grundsätzlich Bekenntnisschulen; sofern dies schulorganisatorisch möglich war, mußten auf Antrag der Erziehungsberechtigten evangelische Volksschulen errichtet werden (Art. 9 KV).[74] Der Unterricht und die Erziehung der Kinder an den evangelischen Volksschulen durfte nur solchen Lehrkräften übertragen werden, die geeignet und bereit waren, in verläßlicher Weise in der evangelischen Religionslehre zu unterrichten und im Geiste des evangelischen Glaubens zu erziehen (Art. 5 KV). Art. 7 KV ermöglicht es kirchlichen Einrichtungen, wie der von Hermann Bezzel 1896 gegründeten Lehrerinnenbildungsanstalt der Diakonissenanstalt Neuendettelsau, Lehrkräfte für den staatlichen Volksschuldienst auszubilden. Den Schülern aller öffentlichen Schulen ist ausreichende Gelegenheit zur Erfüllung ihrer religiösen Verpflichtungen, insbesondere auch zum Besuch des Konfirmandenunterrichts zu geben (Art. 11 KV).

Wegen der durch das staatliche Verfassungsrecht der Kirche zugeschriebenen Verantwortung für Inhalt und Didaktik des Religionsunterrichts werden dieser die Beaufsichtigung und Leitung des Religionsunterrichts gewährleistet (Art. 12 KV). Für die Erteilung evangelischen Religionsunterrichts an Volksschulen bedürfen staatliche Lehrkräfte neben einer entsprechenden Ausbildung, an der die Kirche zu beteiligen ist, der Bevollmächtigung (vocatio) durch den Landeskirchenrat (Art. 6 KV). Religionslehrkräfte an höheren Lehranstalten können staatlicherseits erst ernannt werden, wenn gegen die in Aussicht genommenen Kandidaten keine Erinnerung erhoben worden ist; bemerkenswert für einen evangelischen Kirchenvertrag ist das kirchliche Beanstandungsrecht in bezug auf Lehre und sittliches Verhalten dieser Religionslehrkräfte (Art. 3).

HUBER 4 (B) 677ff sowie bei MASER, Ev. Kirche (B) 263ff (Synopse mit dem Konkordat) und 296ff (Synopse mit den Änderungsverträgen von 1968, 1974 und 1978).

[73] Ausführlich dazu aaO, 180–228.

[74] Zur Situation der Konfessionsschule in der Weimarer Republik vgl. MASER, Ev.-Luth. Kirche (B) 96f.

Da es sich bei den damals bestehenden evangelischen *Privatschulen*[75] im wesentlichen um Gründungen der Inneren Mission handelte, bezog sich die in Art. 13 KV enthaltene Gewährleistung, Privatschulen zu gründen und zu führen, ursprünglich nur auf die kirchlich anerkannten Diakonie- und Diakonissenanstalten.

Der Bayerische Staat verpflichtet sich zur Übernahme der Kosten für die Anstaltsseelsorge (Art. 17 KV), zu Zuschüssen für den Personal- und Sachkostenaufwand einschließlich der Versorgungsaufwendungen für die Beamten des Landeskirchenrates (Art. 21, 22 und 24 KV) sowie zur weiteren Überlassung und zum Unterhalt der früheren Konsistorialbehörden (Art. 23 KV). Freiwillige Staatszuschüsse werden für die Besoldung und die Ruhestands- und Hinterbliebenenversorgung der Geistlichen sowie zur Deckung der Kosten der Landessynode, des Landessynodalausschusses und der Predigerseminare »nach den jeweiligen Willigungen des Staatshaushaltes« in Aussicht gestellt (Art. 25 KV).[76]

Als vertragliche Verpflichtungen für die Kirche werden in Art. 26 bis 28 KV die Voraussetzungen für die Verwendung von Geistlichen, Religionslehrern und Kirchenbeamten geregelt. Zu der in Art. 29 KV eingegangenen Verpflichtung der Landeskirche, vor der Wahl des Kirchenpräsidenten (Landesbischofs) mit der Bayerischen Staatsregierung in Verbindung zu treten, »um sich zu versichern, daß gegen die für die Wahl in Betracht genommenen Kandidaten Erinnerungen politischer Natur nicht obwalten«, ist festzustellen, daß die Landessynode selbst bei Vorliegen solcher Bedenken nicht an der Wahl gehindert wird, dadurch also dem Staat kein – wegen des Rechts der Kirche, ihre Ämter ohne Mitwirkung des Staates zu verleihen, unzulässiges (Art. 137 Abs. 3 Satz 2 WRV) – Vetorecht eingeräumt wird.[77] Auf die ursprünglich in Art. 30 KV enthaltene Verpflichtung der Kirche, vor Ernennung der Pfarrer der Staatsregierung die Personalien der in Aussicht genommenen Geistlichen mitzuteilen, ist staatlicherseits mit Entschließung des Bayerischen Staatsministeriums für Unterricht und Kultus vom 16.6.1941 verzichtet worden.[78] Im Sinne einer Freundschaftsklausel verpflichten sich die Vertragspartner in Art. 31 KV, bei auftretenden Schwierigkeiten in der Auslegung der Vertragsbestimmungen zu ihrer Beseitigung in gegenseitiges Benehmen zu treten.

---

[75] Zum damaligen Bestand evangelischer Privatschulen vgl. aaO, 100f.

[76] Daneben blieben die Staatszuschüsse von großer Bedeutung, die auf der Grundlage des »Seelsorge-Ergänzungs-Gesetzes« (SEEG) vom 9.8.1921 (ABlB 127), zuletzt in der Fassung vom 7.4.1925 (ABlB 37), und in Fortführung der Kongrualzuschüsse aus der Zeit des landesherrlichen Kirchenregiments zur Ergänzung des Pfründen- oder Stelleneinkommens der Geistlichen gewährt wurden. 1927 betrug der Anteil dieser Zuschüsse an der Pfarrbesoldung 74,6% (MASER, Ev.-Luth. Kirche [B] 43).

[77] Zu diesem Ergebnis waren bereits die vom Landeskirchenrat für die Tagung der Landessynode 1924 von den Kirchenrechtslehrern Sehling (Erlangen) und Dr. Rudolf Oeschey (Leipzig) sowie von dem damaligen Präsidenten des Oberlandesgerichts München Dr. Meyer eingeholten Rechtsgutachten (vgl. VLKBR München Dezember 1924, 30f. 35. 38f) gekommen.

[78] Die ersatzlose Streichung dieser Bestimmung erfolgte schließlich mit dem 2. Änderungsvertrag zum Kirchenvertrag vom 10.7.1978 (GVBl 398).

6. Ausbau der landeskirchlichen Organisation und weitere Rechtsentwicklung

In den beiden Jahrzehnten nach Inkrafttreten der Kirchenverfassung und des Vertrages mit dem Bayerischen Staat vollzog sich der *Ausbau der landeskirchlichen Organisation*; die Schaffung neuer landeskirchlicher Einrichtungen war dabei teilweise durch die Verhältnisse unter dem Nationalsozialismus veranlaßt:

Mit Wirkung vom 1.4.1930 hat die »*Evangelisch-Lutherische Landeskirchenstelle Ansbach*«, deren Errichtung bei der Tagung der Landessynode im Jahre 1927 im Zusammenhang mit dem »Kirchengesetz betreffend die Bezeichnung des Dienstsitzes des Landeskirchenrates und Schaffung einer kirchlichen Unterbehörde in Ansbach«[79] beschlossen worden war, ihre Tätigkeit aufgenommen. Als dem Landeskirchenrat nachgeordnete Unterbehörde sollte sie den Landeskirchenrat, auf den zum 1.1.1921 alle Zuständigkeiten nicht nur des vormaligen Oberkonsistoriums, sondern auch der beiden Kreiskonsistoren in Ansbach und Bayreuth übergegangen waren,[80] von allen nicht grundsätzlichen, eine Kollegialberatung nicht erfordernden Fragen entlasten. So wurde der Landeskirchenstelle vor allem der Vollzug der Kirchengemeindeordnung nach der vermögensrechtlichen Seite mit Ausnahme der Aufsicht über die Gesamtkirchengemeinden und deren Kirchengemeinden und -stiftungen übertragen. Der Landeskirchenrat behielt sich jedoch die Zuständigkeit vor für die Behandlung von Neubauten von Kirchen und Pfarrhäusern, Fragen der Denkmalspflege, Bausachen und Gesuchen um die Aufnahme von Anleihen, die den Wert von 5.000,– Mark überstiegen.[81]

Zur Erfassung des »gesamten Schrift- und Bildtums der Evangelisch-Lutherischen Kirche in Bayern aus Vergangenheit und Gegenwart« wurde 1928 die *Sammelstelle für landeskirchliches Schrifttum* gebildet,[82] die zunächst im Predigerseminar Nürnberg, nach der Errichtung des *Landeskirchlichen Archivs Nürnberg* im Jahre 1930[83] in dieses eingegliedert wurde.

Vor dem Hintergrund des »Kampfes um die Jugend« im Dritten Reich[84] wurde mit Wirkung vom 1.5.1934 zur Förderung der Jugendarbeit im Bereich der Landeskirche das *Amt des Jugendpfarrers* eingerichtet.[85]

Zur Entlastung der Pfarrer von Verwaltungsarbeit wurde 1935 in der Rechtsform einer Körperschaft des öffentlichen Rechts der *Pfründestiftungsverband*

---

[79] ABlB 1927, 121. Bis 1930 war in Ansbach das Finanzreferat des Landeskirchenrates untergebracht. Ausführlich dazu WILHELM V. AMMON, Die Ev.-Luth. Landeskirchenstelle i. Ansbach. Ihre Entstehung u. Entwicklung: NELKB 17 (1962), 194–198.
[80] Zuständigkeitsverordnung vom 15.1.1921 (ABlB 13).
[81] Vgl. Verordnung zum Vollzuge des Kirchengesetzes vom 9.6.1927 über die Errichtung einer Evangelisch-Lutherischen Landeskirchenstelle Ansbach vom 15.3.1930 einschließlich der hierzu ergangenen Vollzugsvorschriften (ABlB 1930, 19. 20).
[82] ABlB 1928, 39.
[83] ABlB 1930, 89.
[84] Umfassend dazu RIEDEL (B).
[85] Vgl. Kirchengesetz vom 26.4.1934 (ABlB 77). Zum ersten Landesjugendpfarrer wurde der spätere Oberkirchenrat Heinrich Riedel bestellt. – Zum *Amt für Volksmission* vgl. VI.6.3.3.

gegründet.[86] Ihm obliegt die zentrale Verwaltung und gesetzliche Vertretung der Pfründestiftungen.[87]

Schließlich war die Landeskirche 1942 gezwungen, kircheneigene *Kirchensteuerämter* zu errichten,[88] nachdem die nationalsozialistische bayerische Landesregierung durch Änderung des staatlichen Kirchensteuergesetzes vom 1.12.1941[89] die Einhebung der Kirchensteuer durch die Finanzämter bzw. durch Lohnsteuerabzug beseitigt hatte.[90]

Obwohl an der kirchlichen Kodifizierung des Rechts der Kirchengemeinden, die bereits durch die Kirchenverfassung (Art. 6) angekündigt worden war, an sich ein dringendes Bedürfnis bestand, da die staatliche Kirchengemeindeordnung vom 24.9.1912[91] nicht mehr den verfassungsrechtlichen Grundsätzen über das Verhältnis von Staat und Kirche entsprach, gelangte der vom Landeskirchenamt 1930 vorgelegte *Entwurf einer kirchlichen Gemeindeordnung*[92] nicht zur Verabschiedung. Am Entwurf der kirchlichen Gemeindeordnung wurde schon im Vorfeld der Synodaltagung Kritik laut. Gegen den Entwurf, der sich im wesentlichen damit begnügte, das geltende Recht zusammenfassend darzustellen, ist zu Recht vor allem eingewandt worden, daß er die geistliche Dimension der Aufgaben einer Kirchengemeinde nicht zum Ausdruck brachte und »allzu staatsfromm« nicht dem Anspruch des Staates aus Art. 25 der Bayerischen Verfassungsurkunde entgegentrat, weiterhin über kirchliche Stiftungen aufsichtsrechtliche Befugnisse wahrzunehmen.[93] Nach intensiven Beratungen im zuständigen Ausschuß der Landessynode und aufgrund einer entsprechenden Bitte der Landessynode zog deshalb der Landeskirchenrat seine Vorlage zurück.[94]

In der Kirchenverfassung war ferner vorgesehen, daß »die Rechte und Pflichten der Pfarrer durch ein besonderes Kirchengesetz (Pfarrergesetz) geregelt« werden (Art. 8). Ein erster Anstoß zur Schaffung eines Pfarrergesetzes, der jedoch von der Kirchenleitung nicht aufgenommen wurde, kam 1922 von dem

---

[86] Vgl. KGes. vom 18.1.1935 (ABlB 10).
[87] Vgl. dazu FRIEDRICH WITZMANN, Gliederung u. Verwaltung d. örtlichen Vermögens d. Ev.-Luth. Kirche i. Bayern: ZEvKR 21 (1976), 197–204.
[88] KGes. vom 12.1.1942 (ABlB 1).
[89] GVBl 169 und ABlB 1941, 95.
[90] Die Kirchensteuerämter blieben auch nach 1945 erhalten, als die staatlichen Finanzbehörden den Kirchenlohnsteuereinzug wieder übernahmen; ihnen obliegt die Erhebung der Kircheneinkommen- und der Kirchengrundsteuer. Vgl. dazu KARG, Kirchensteuerrecht (B) 11 sowie die vom Landeskirchenamt herausgegebenen Festschriften zum 40-jährigen und zum 50-jährigen Jubiläum der Kirchensteuerämter, in denen eine Reihe von aufschlußreichen Dokumenten über die Anfänge der kircheneigenen Steuerverwaltung zusammengestellt ist.
[91] GVBl 911.
[92] Vgl. VLKBR Ansbach 1930, 97ff.
[93] Die staatliche Stiftungsaufsicht über kirchliche Stiftungen fiel erst mit Inkrafttreten des Bayerischen Stiftungsgesetzes vom 26.11.1954 (GVBl 301); zur Problematik des § 25 der Bayerischen Verfassungsurkunde vom 14.8.1919 vgl. HELMUT STOLBA, Die Rechtsstellung d. kirchl. Stiftungen, Erlangen 1957, 27ff.
[94] Vgl. hierzu insgesamt MASER, Ev.-Luth. Kirche (B) 32ff; zur Kirchengemeindeordnung vom 2.3.1964 (ABlB 19) vgl. VII.2.1.2.

Synodalen Pfarrer Dr. jur. Karl Heckel (Fürth-Poppenreuth). Schließlich ließen aber die in der Auseinandersetzung mit den »Deutschen Christen« gewonnenen Erfahrungen die Überzeugung wachsen, daß »eine klare, von zentral kirchlichen Gesichtspunkten entworfene Rechtsordnung« für die Pfarrerschaft unbedingt notwendig war.[95] Den unmittelbaren Anlaß zu dem Entschluß des Landeskirchenrates, das für Pfarrer in der bayerischen Landeskirche geltende Recht zusammenzufassen, gab allerdings die Aufhebung des staatlichen Gesetzes über die Ergänzung des Einkommens der Seelsorgegeistlichen im Jahr 1936.[96] In dem durch die *Barmer* und die *Dahlemer Bekenntnissynode* von 1934[97] geprägten Bewußtsein, daß Bekenntnis und Ordnung zusammengehören, bediente sich der von Oberkirchenrat D. Thomas Breit erarbeitete Entwurf des Landeskirchenrates der Methodik der alten kirchlichen Ordnungen, indem er die Ableitung der einzelnen rechtlichen Bestimmungen aus Schrift und Bekenntnis in den Gesetzestext selbst aufnahm. Um jedoch Bibelwort, Bekenntnisaussage und theologische Deduktion nicht als Fixierung des Gesetzgebers, wozu dieser keine Vollmacht hat, erscheinen zu lassen, wurde der Entwurf aufgrund entsprechender Bedenken des Landessynodalausschusses geteilt: Das »gesetzlich Faßbare«, nämlich die Voraussetzungen für die Übertragung des geistlichen Amtes, das Verfahren bei Ordination und Installation, die Verpflichtungen und der Entzug des geistlichen Amtes, wurde zum »Kirchengesetz über das geistliche Amt«, dem in einer eigenen Erklärung die biblischen und bekenntnismäßigen Grundsätze für diese rechtlichen Bestimmungen vorangestellt wurden; die Bestimmungen über Begründung, Veränderung und Beendigung des Dienstverhältnisses und die hieraus sich ergebenden Dienstpflichten wurden im »Kirchengesetz über das Dienstverhältnis der Pfarrer (Pfarrergesetz)« zusammengestellt. Die Erklärung über »das geistliche Amt« (Teil A) und diese beiden Kirchengesetze (Teile B und C) sind dann zusammen mit dem »Kirchengesetz über die Rechtsverhältnisse der Predigtamts- und Pfarramtskandidaten (Kandidatengesetz)« (Teil D) als vierteilige »*Ordnung des geistlichen Amtes*« von Landesbischof D. Meiser mit Zustimmung des Landessynodalausschusses erlassen und unter dem 27.4.1939 verkündet worden.[98]

Das Amt des Kirchenmusikers erhielt 1940 eine kirchengesetzliche Grundlage.[99] Die Anerkennung des Diakonenamtes auch in rechtlicher Hinsicht wurde

---

[95] SCHMIDT (K) 371.
[96] Vgl. Art. 2 des »Gesetzes über die Senkung des Einkommens der Staatsleistungen für kirchliche Zwecke« vom 20.6.1936 (GVBl 105 und ABlB 1936, 97), demzufolge an die Stelle der pfründen- oder stellenbezogenen Einkommensergänzung der Geistlichen Staatsleistungen an die Kirche in Form von Kopfbeträgen für die Gesamtzahl der Kirchenmitglieder traten, sowie Anm. 76. Vgl. ferner HANS MEINZOLT, Kirchengesetz über d. Dienstverhältnis d. Pfarrer (Pfarrergesetz) v. 27.4.1939, München 1939, 2.
[97] Vgl. dazu VI.6.2.6 und 7.
[98] ABlB 73. Vgl. SCHMIDT (K) 372ff und GRETHLEIN/JOTZO (B) 66ff.
[99] KGes. vom 9.8.1940 (ABlB 83).

mit dem *Diakonengesetz* vom 25.2.1942[100] vollzogen, welches eine weitgehende Einbindung der Rummelsberger Brüderschaft in das Rechtsgefüge der Landeskirche bewirkte.[101]

---

[100] ABlB 25.
[101] Vgl. WEHR (B).

VI.2 KIRCHLICHES LEBEN UND FRÖMMIGKEIT

Von Reinhold Friedrich

MASER, Ev.-Luth. Kirche (B).

1. Das gottesdienstliche Leben

1.1 Die Agende von 1920 und 1932

Agende f. d. ev.-luth. Kirche i. Bayern. Neu bearb. u. erg. Aufl., 2 Bde., Ansbach 1920.– Agende f. d. Ev.-Luth. Kirche i. Bayern. Neu bearb. u. erg. Aufl., 2 Bde., Ansbach 1932.– Die a.o. Generalsynode i. Ansbach 1919: Vgl. LKAN OKM Nr. 2910–2913.– KALB (B).– KERNER (B).– KREßEL[2] (B).– Leiturgia 1. u. 2 (B).– VLKBR Ansbach 1930.

Die überarbeitete Agende von 1920 wies gegenüber der Textfassung von 1917[1] nur unerhebliche Veränderungen auf. Dagegen erfolgten für den Neudruck von 1932 (eine weitere Neuauflage erschien bis 1945 nicht) im ersten Teil (Die öffentlichen Gottesdienste) erhebliche Umstellungen und Verbesserungen:[2] Die Ordnung des Abendmahls rückte wieder an die Stelle nach der ersten Form des Gottesdienstes, so daß deren Zusammengehörigkeit deutlich erkennbar wurde (I. Ordnung und Form des Hauptgottesdienstes an Sonn- und Festtagen; II. Das heilige Abendmahl: Präfationen für die Festtage. Gesonderter Abendmahlsgottesdienst mit Beichte. Zweite Form des Hauptgottesdienstes). Durch die Abgleichung mit dem neuen Gesangbuch von 1928[3] gab es bei der ersten Form des Hauptgottesdienstes zusätzlich einige musikalische Anreicherungen. Die zweite Form des Hauptgottesdienstes trat durch die veränderte Anordnung nicht mehr so stark in Erscheinung. Auch die nachfolgenden liturgischen Ordnungen wurden gegenüber der Fassung von 1917 in ihrer Reihenfolge vollkommen verändert:[4]

III. Ordnung und Form der übrigen Gottesdienste:

1.a. Die sonn- und festtäglichen Früh- und Nachmittagsgottesdienste sowie die Wochengottesdienste mit Predigt; 1.b. Die Christenlehre. 2. Die Wochenbetstunden: Biblische Erbauungsstunde; Gebetsgottesdienst.

---

[1] Agende f. d. ev.-luth. Kirche i. Bayern. 1. Teil: Die öffentl. Gottesdienste. 2. Teil: Die heiligen Handlungen. Rev. u. erg. Aufl., Ansbach 1917.
[2] Im zweiten Teil (Die Kirchlichen Handlungen) gibt es nur Umstellungen und Ergänzungen, auf die nicht näher eingegangen werden muß.
[3] Gesangbuch f. d. Ev.-Luth. Kirche i. Bayern, Ansbach o.J. [1928].
[4] Vgl. dazu die Reihenfolge in der Agende von 1917 (V.4.1.1).

IV. Besondere Stücke zum abwechselnden Gebrauche bei den Haupt- und übrigen Gottesdiensten:

1. Zum Anfang: Anfangskollekten für die Sonntags- und Wochengottesdienste; b. Anfangsgebete für die gewöhnlichen Sonntage; 2. Allgemeine Kirchengebete nach der Predigt: a. für die gewöhnlichen Sonntage und bei den Wochengottesdiensten mit Predigt; b. bei Wochengottesdiensten ohne Predigt; c. für besondere Anlässe und Zeiten; d. Einschaltungen in das Allgemeine Kirchengebet und Fürbitten; 3. Schlußversikel und Schlußkollekten: a. für die Sonntags- und Wochengottesdienste; b. Schlußversikel und Kollekten für besondere Anlässe und Zeiten; c. Schlußversikel für Sonntags- und Wochengottesdienste; 4. Besondere Stücke für die Fest- und Feiertage (Introiten, Anfangskollekten, Eingangssprüche, Anfangsgebete, allgemeine Kirchengebete, Versikel und Schlußkollekten): a. für die Festtage und besonderen kirchlichen Zeiten; b. sonstige festliche Gottesdienste; c. für hier und da noch bestehende Feiertage.

V. Gottesdienste zu besonderen Anlässen (an Festtagen: Heiliger Christabend; Heiliger Christtag; Heiliger Karfreitag; Heiliges Osterfest; Heiliges Pfingstfest; Kirchliche Feier beim Beginn und Schluß des Schuljahres).[5]

VI. Eingangs- und Schlußvota.

Während der Weimarer Zeit läßt sich die Kirchengemeinde vor allem als Gottesdienstgemeinde charakterisieren. Die Ordnungen des gottesdienstlichen Lebens wurden überwiegend auf dem Land gepflegt. Neben den üblichen Sonn- und Festtagsgottesdiensten feierte man die Nebengottesdienste, d.h. Betstunden, die Gottesdienste zu den besonderen Anlässen und die lokalgeschichtlichen Gedenkgottesdienste. Im Frühjahr und Herbst gab es, oft noch nach ehemaligen Geburtsständen geordnet, die Beichte und Feier des Hl. Abendmahles. An diesen Traditionen hielt man fest.

Der Agendenkern von 1856 bzw. die Agende von 1879[6] (mit den genannten Revisionen) konnte in manchen Städten Bayerns erst in den zwanziger Jahren des 20. Jahrhunderts eingeführt werden (in Augsburg zwischen 1922 und 1929, in Schweinfurt 1929). Seit 1856 empfand man besonders im liberalen Bürgertum die Durchsetzung der in der Agende zutagegetretenen konfessionellen Engführung als Einschränkung der »protestantischen Gewissensfreiheit«. In Bayern machten sich für die Wertschätzung der konfessionell-lutherischen Gottesdienstform besonders der Nürnberger Pfarrer Wilhelm Stählin und der Augsburger Pfarrer August Rehbach verdient. Auf Stählins Betreiben entstand auf Reichsebene 1923 der »Berneuchener Kreis«, der sich für eine Erneuerung evangelischer Lebensgestaltung sowie für die Einübung und Durchführung liturgi-

---

[5] Die hier für die liturgischen Feiern während des Kirchenjahres aufgeführten Gottesdienste verliefen fast ausschließlich nach einer festen vorgegebenen Ordnung. Die bestimmenden Elemente waren Schriftlesung, Gebet, Gesang. Die Psalmodie kann damit verbunden sein. Die Anordnung war den Werken von Max Herold entnommen: HEROLD, Passah (B); HEROLD, Vesperale (B).

[6] Vgl. dazu V.4.1.1.

scher Gottesdienste einsetzte.⁷ Im Jahr 1932 entstand unter dem Nürnberger Pfarrer Otto Dietz ein liturgischer Arbeitskreis, der an der Gestaltung eines rein reformatorischen Gottesdienstes arbeitete.⁸

In der Zeit des Zweiten Weltkrieges durften auf Werktage fallende Feiertage nur noch an Sonntagen gefeiert werden. Unter dem Vorwand von »Kriegsmaßnahmen« 1941/42 mußten die meisten Glocken abgeliefert werden, später wurde das Läuten gänzlich untersagt.⁹

2. Pfarrdienst und Gemeindearbeit

2.1 Pfarrerstand[10]

KIRCHENSTATISTISCHES AMT D. DEK (B).

Im Jahr 1934 gab es (Stichtag der Erhebung: 1.5.1934) 1.442 Pfarrer (darunter 65 hauptamtliche Religionslehrer, ein Militärgeistlicher, 26 Geistliche im Dienst der Inneren und Äußeren Mission, 261 Emeriten), 1.198 Pfarrfrauen, 329 Pfarrwitwen, 3.411 Pfarrerskinder. Von den Pfarrern waren 1.354 bayerischer Herkunft; 70 stammten aus dem übrigen Deutschland und 18 aus dem Ausland. Die bayerischen Pfarrer kamen wie auch ihre Frauen zu einem Großteil aus Pfarrhäusern. Im Jahr 1934 gab es in der bayerischen Landeskirche keine geschiedene Ehe, kein verheirateter oder lediger Pfarrer war unter 25 Jahren. In erster Ehe lebten 1.124 Pfarrer, in zweiter 74; dritte Ehen wurden nicht geschlossen.

2.2 Gemeindepfarramt

2.2.1 Seelsorge und Predigt

MASER, Ev.-Luth. Kirche (B).– FRIEDRICH VEIT, Zum Neuen Jahre: NKZ 40 (1929), 5–18.

In der Zeit nach 1918 sah sich die Seelsorge durch die wachsende Anonymität in den Städten vor ein großes Problem gestellt. Man war bestrebt, die Gemeinschaft in den Kirchengemeinden neu zu beleben. Die Kirchenverfassung von 1920[11] bestimmte, daß die Zugehörigkeit zur Kirchengemeinde auf dem Wohnsitz im Gemeindebezirk beruht, aber Ausnahmen zulässig sind. Bis dahin konnte man

---

⁷ Vgl. STÄHLIN (B) 313ff. 341ff.
⁸ Vgl. KELGB 56 (1931), 221; 57 (1932), 303. 479; OTTO DIETZ, Die liturgische Bewegung d. Gegenwart i. Lichte d. Theologie Luthers, Göttingen 1932.
⁹ Vgl. HIRSCHMANN (B) 909.
10 Auf die Pfarrkonferenzen wird in diesem Abschnitt nicht eigens eingegangen, da sich gegenüber dem Zeitraum zwischen 1870–1918 keine neuen Gesichtspunkte ergaben, d.h. die Pfarrkonferenzen wurden in der beschriebenen Weise fortgeführt.
11 Vgl. dazu VI.1.2 und 3.

sich – trotz der Sprengelordnung der Generalsynode von 1897[12] – den Geistlichen aussuchen, und es kam an manchen Orten zu Personalgemeinden. Die stets steigende Mobilität der Bevölkerung führte aber zu abnehmendem persönlichen Kontakt mit dem Pfarrer und der Kirchengemeinde. Deshalb regelte von nun an der Wohnsitz die Zugehörigkeit. Die Pfarrer machten viele Hausbesuche, dadurch konnten Kontakte geknüpft werden. In den Städten führte man Gemeindekarteien ein, um alle Gemeindeglieder zu erfassen. Der ehrenamtliche Dienst der Pfarrfrauen, die besonders für Frauen als Ansprechpartnerinnen dienten, wurde weiter ausgebaut. Ihre Aufgaben reichten von der Seelsorge (persönliche Gesprächsberatung) bis zur Gruppenleitung. Ihr Dienst war für den Gemeindeaufbau in Stadt und Land von hoher Bedeutung. Durch Art. 8.2. der Kirchenverfassung von 1920 sollte der Pfarrer durch hauptamtliche diakonisch vorgebildete Gemeindehelfer unterstützt werden: Ihnen kam die Aufgabe zu, Gemeindeglieder zu besuchen, Arme und Hilfsbedürftige zu betreuen und die Jugendarbeit zu fördern. Zusätzlich konnten ehrenamtliche Gemeindehelfer/innen gewonnen werden, die in abgegrenzten Gemeindebezirken die Aufgabe übernahmen, Informationen über die Kirchengemeinde und evangelisches Schrifttum zu verteilen.

In den 20er Jahren gab es in Stadt und Land vermehrt Bibelstunden. Dadurch sollte ein besseres Verständnis der Bibel, die Gemeinde als Gemeinschaft zu erleben und sich gegen antireligiöse und freidenkerische Angriffe wehren zu können, gefördert werden. Auf dem Land fanden die Bibelstundenabende im Wirtshaus oder in Privatwohnungen statt. Zur religiösen Erneuerung der Gemeinde wurden regelmäßig Gemeindeabende angeboten. War in der bayerischen Landeskirche seit der Mitte des 19. Jahrhunderts der Pfarrer für die religiöse Versorgung des Volkes in Unterricht, Predigt und Seelsorge zuständig, so übernahmen zu Beginn des 20. Jahrhunderts einige freie evangelische Vereine viele Dienste und Aufgaben des kirchlichen Lebens, die von den Pfarrern nicht mehr bewältigt werden konnten.

Dies war um so nötiger, als zwischen 1933 und 1945 die Hälfte aller Geistlichen eingezogen war. Für die in der Heimat gebliebenen Pfarrer kam durch die große Zahl von Evakuierten, Rückwanderern, Umgesiedelten und die Seelsorgearbeit in den Lazarett- und Gefangenenlagern eine außergewöhnliche Arbeitsbelastung dazu. Die Kirchenleitung bemühte sich um die geistliche Versorgung der Gemeinden, indem seit 1941 für fehlende Pfarrer aus dem Kreis der Gemeindeglieder Lektoren für die Abhaltung von Gottesdiensten bestimmt werden konnten. Außerdem wurden im Jahr 1943 zusätzlich eigene »Richtlinien für die kirchliche Versorgung der Gemeinden während der Kriegszeit« erlassen.[13]

Durch die Auseinandersetzung mit Martin Luther und Karl Barth stellte sich für viele Pfarrer die Frage der rechten Erfüllung des Predigtauftrages in neuer

---

12 Verh. Bayreuth 1897 (B) 90–93. 103–110.
13 Vgl. HIRSCHMANN (B) 909.

Deutlichkeit. In weiten Kreisen der Pfarrerschaft war die Themapredigt üblich, andere praktizierten eine mehr am Text entlang gehende Auslegung als Predigtform (Homilie). Die 1924 vorgenommene Vermehrung der Perikopenreihen versuchte eine größere Textbezogenheit der Predigt zu fördern und die Gemeinden mit einer größeren Vielfalt biblischer Texte bekannt zu machen. Während bis 1897 im Hauptgottesdienst in der Regel nur über die altkirchlichen Perikopen gepredigt wurde, standen jetzt je fünf Evangelien- und Epistelreihen zur Auswahl.[14]

2.2.2 Religionsunterricht, Sonntagsschule und Christenlehre

FRIEDRICH BOECKH, Kirche u. Schule: JELLB 21 (1927), 61–67.– CHRISTIAN BÜRCKSTÜMMER, Das Recht d. kirchl. RU: NKZ 30 (1919), 591–618.– ADOLF BURKERT, Ev. Religion, München 1931.– OTTO EBERHARD, Arbeitsschulmäßiger RU, Stuttgart 1924.– HGBB 3.– MASER, Ev.-Luth. Kirche (B).– HANS MEISER, Schule, Staat u. Kirche: NKZ 42 (1931), 307–314.– ELISABETH MEYER, Zur Reform d. RU: JELLB 18 (1919/20), 130–137.– AUGUST REUKAUF, Methodik d. ev. RU, Leipzig ³1927.– JULIUS SCHIEDER, Katechismus-Unterricht, München 1934.– SIEGFRIED WOLF, Ev. Unterweisung u. Innere Schulreform, München 1959.

Konkordat und Kirchenvertrag von 1924 (vgl. dazu VI.1) garantierten die Bekenntnisschulen. Der größte Teil der evangelischen Volksschüler besuchte zwischen 1918 und 1933 eine der ca. 2.000 evangelischen Bekenntnisschulen, in denen nach dem Wortlaut des Kirchenvertrags »im Geist evangelischen Glaubens« erzogen wurde.[15] Eine Simultanschule besuchten nur 2,7% der Volksschüler.[16] Für die religiöse Prägung in der Schule blieb der Religionsunterricht, an dem fast alle evangelischen Volksschullehrer beteiligt waren (im Jahr 1922 erteilten lediglich 18 evangelische Volksschullehrer in Bayern keinen Religionsunterricht), entscheidend.[17] Der Religionsunterricht an höheren Schulen wurde ausschließlich von ordinierten Pfarrern erteilt. Im Jahr 1927 standen 56 Pfarrer als hauptamtliche Religionslehrer im Staatsdienst, über 100 Gemeindepfarrer unterrichteten nebenamtlich. Um genügend Lehrkräfte zur Verfügung zu haben, wurde nach dem Ersten Weltkrieg durch den »Landesverein für Innere Mission« auf Wunsch des Oberkonsistoriums am 1. Oktober 1919 in Nürnberg ein Seminar für Religionslehrer und Religionslehrerinnen eingerichtet, das bis 1928 bestand. Außerdem bildete das »Lehrerinnenbildungsinstitut der Diakonissenanstalt Neuendettelsau« Volksschullehrerinnen im Staatsdienst aus.[18]

---

[14] Vgl. AB1B 1924, 49; SIMON, Kirche i. Bayern (B) 85.
[15] Vgl. VLKBR Ansbach 1927, 58f.
[16] Vgl. REBLE (B) 979.
[17] Vgl. z.B. FRIEDRICH VEIT, Zum Neuen Jahre: NKZ 34 (1923), 1–14 (11f); JAKOB BEYHL, Deutschland u. d. Konkordat mit Rom, Würzburg 1925, 191; Rudolf W. Keck, Das Verhältnis v. Kirche u. Schule: HGBB 3, 160–172.
[18] Vgl. HERMANN DIETZFELBINGER, Die Diakonissenanstalt Neuendettelsau. Ein Gang durch ihre Gesch. u. ihre Häuser, Neuendettelsau 1954, 57f; vgl. dazu auch VI.1.5.2.

Im Jahr 1924 wurden neue Lehrpläne erlassen.[19] Als Lehrbuch für den Bibelunterricht diente zunächst weiterhin Karl Buchruckers »Biblische Geschichte«, deren erste Auflage im Jahr 1863 gedruckt worden war. Im Jahr 1932 wurde Buchruckers Buch durch die »Biblische Geschichte« von Otto Dietz ersetzt. Auch der in über 100 Auflagen erschienene Katechismus von Buchrucker wurde 1928 durch einen neuen Katechismus mit Spruchbuch ersetzt. Im Jahr 1933 erschien als Religionsbuch für die unteren Klassen der Volksschule das von Ernst Veit gestaltete »Gottbüchlein«. In den oberen Klassen der höheren Schule wurden neben dem »Gang durch die Kirchengeschichte« von Theodor Bock, für die »Augsburger Konfession« und den »Unterricht in der christlichen Religion« die Lehrbücher von Philipp Bachmann und für die »Glaubenslehre« die Studien von Eduard Engelhardt verwendet, wobei diese Bücher durch die Aufbereitung des Stoffes wenig auf die Fragen der Zeit und der damaligen Jugend eingingen.

Mitte der 20er Jahre kam die Diskussion über eine Neugestaltung des Religionsunterrichtes nach den neuen Erkenntnissen der allgemeinen Pädagogik in Gang. Die Formalstufen nach »Herbart-Ziller-Rein«, worin alle Unterrichtseinheiten dem Schema Vorbereitung, Darbietung, Verknüpfung, Zusammenfassung und Anwendung folgten, prägten vor allem den Religionsunterricht der Volksschullehrer. Bei dieser Methode lenkte ausschließlich der Lehrer das Unterrichtsgespräch, die Kreativität der Schüler war nicht gefragt. Die Vertreter der Arbeitsschule, deren wichtigste Persönlichkeit Otto Eberhard war,[20] versuchten dem entgegenzuarbeiten, da ein vom Lehrer vermitteltes Wissen ohne Bezug zum Leben nach ihrer Ansicht nicht sinnvoll sein konnte. In Bayern bemühten sich vor allem Adolf Burkert und Theodor Heckel im Sinne Eberhards um neue Wege. Nach Burkert sollte der Schüler mit dem Stoff zu persönlichem Nachvollzug kommen, damit sich das Gelernte im täglichen Handeln widerspiegeln konnte;[21] Heckel versuchte den Religionsunterricht vom methodischen Formalismus zu befreien.[22]

Sonntagsschule und Christenlehre fanden weiter für die aus der Volksschule entlassenen Schüler statt, auf dem Land aufgrund der überschaubaren Anzahl mit gutem Erfolg, in der Stadt aufgrund der unüberschaubaren Anzahl und den damit verbundenen disziplinären Problemen mit erheblichen Schwierigkeiten. Nach 1913 entstanden neben den »Volksfortbildungsschulen« die »Berufsfortbildungsschulen«. Die Städte Bayreuth, Hof und Schweinfurt bekamen als erste in Bayern Pfarrer als hauptamtliche Religionslehrer.[23]

Für die Zeit bis 1945 läßt sich sagen, daß verstärkt die Kindergottesdienste, die gut besucht waren, die Rolle des vorbereitenden Konfirmandenunterrichtes und

---

[19] Vgl. ABlB 1923, 38–46 (Volksschulen); ABlB 1924, 33–37 (höhere Schulen).
[20] Vgl. OTTO EBERHARD, Arbeitsschule, RU u. Gemeinschaftserziehung, Berlin 1920.
[21] Vgl. ADOLF BURKERT, Ev. u. kath. RU i. Lichte d. Arbeitsschulgedankens, Berlin 1926.
[22] Vgl. THEODOR HECKEL, Zur Methodik d. ev. Unterrichts, München 1928.
[23] Vgl. VLKBR Ansbach 1927, 58f.

begleitenden Religionsunterrichtes, die durch den nationalsozialistischen Staat zurückgedrängt wurden, übernahmen.[24]

2.3 Sonderpfarrämter[25]

2.3.1 Militärseelsorge

REICHSWEHRMINISTERIUM, Heeresdienstvorschrift 370. Ev. Militärkirchl. Dienstordnung f. d. Reichsheer u. d. Reichsmarine (E.M.D.) v. 28.2.1929 m. Ausführungsbestimmungen, Berlin 1929.– SCHÜBEL (B).– STEUBER (B).

Bayern übernahm in der Reichswehrzeit die für ganz Deutschland angeordneten Verfügungen über die Durchführung der Soldatenseelsorge. Die evangelische Militärseelsorge in der Weimarer Republik wurde durch die »Evangelische militärkirchliche Dienstordnung für das Reichsheer und die Reichsmarine« vom 28.2.1929 geregelt. Der Reichswehrminister gab die Dienstordnung als »Heeres-Dienstvorschrift 370« und als »Marine-Dienstvorschrift 370« heraus, veröffentlichte sie im Reichsgesetzblatt und erklärte sie auch für die katholische Militärseelsorge des gleichen Jahres verbindlich.

Kennzeichnend für die evangelische Militärseelsorge in der Weimarer Republik war die Einordnung in die Hierarchie der Streitkräfte. So wurde der Feldpropst vom Reichspräsidenten auf Antrag des Reichsministers ernannt. Der Staat sollte sich im Zusammenhang mit der Ernennung des Feldpropstes der Zustimmung des Deutschen Evangelischen Kirchentages versichern. Die Militärpfarrer unterstanden als Reichsbeamte dem Feldpropst. Ihre Rechte und Pflichten als kirchliche Amtsträger wurden durch die kirchlichen Vorschriften bestimmt. Die Militärpfarrer regelten den äußeren Gang der Militärseelsorge nach den Anordnungen des Feldpropstes und den Weisungen ihres jeweiligen militärischen Befehlshabers, dem sie zugeordnet waren. Sie waren nach der »Heeresdienstvorschrift 370« verpflichtet, an Sonn- und Feiertagen Militärgottesdienste zu halten. Der regelmäßige Besuch der Kranken in den Lazaretten und der Gefangenen in den militärischen Strafanstalten sowie die gewissenhafte Führung der Militärkirchenbücher gehörten in ihren Aufgabenbereich.

Im Zweiten Weltkrieg erschienen am 18.6.1941 als »Heeres-Dienstvorschrift [HDv] 373« die »Bestimmungen für besondere Dienstverhältnisse der Kriegspfarrer beim Feldheer«. Anlage 1 der HDv 373 brachte eine »Dienstanweisung für die dienstaufsichtführenden Pfarrer beim Feldheer«. Anlage 2 der HDv 373 enthielt die »Richtlinien für die Durchführung der Feldseelsorge«, die bis zum

---

[24] Vgl. dazu VI.2.2.5.
[25] In diesem Abschnitt wird nur auf neue Sonderpfarrstellen oder auf Neuerungen der bereits beschriebenen Sonderpfarrämter (vgl. V.4.2.4) aufmerksam gemacht.

Kriegsende Geltung hatte. Für die Soldaten wurde ein Feldgesangbuch und für den Dienst der Kriegspfarrer eine Feldagende herausgegeben.[26]

2.3.2 Studentenseelsorge

KARL KUPISCH, Studenten entdecken d. Bibel. Die Gesch. d. Deutschen Christl. Studenten-Vereinigung (DCSV), Hamburg 1964.– LICHTENFELD (B).– GEORG MERZ, Kirchl. Verkündigung u. moderne Bildung: Kirchl. Verkündigung 1931, 1–20.– H.-C. ROHRBACH, Studentengemeinde, I. Evangelische: RGG³ 6, 422f.– DERS., Studentenpfarrer: RGG³ 6, 425f.– J.-F. STAATS, Studentenverbände: RGG³ 6, 428ff.

Am 1.9.1926 wurde Georg Merz[27] aufgrund eines Beschlusses der Landessynode in das neu geschaffene Amt des evangelischen Studentenseelsorgers an der Münchener Universität berufen.[28] Bereits seit Anfang der zwanziger Jahre hatte Merz studentische Kreise und Arbeitsgemeinschaften um sich gesammelt. Es ging ihm als Gemeindepfarrer um eine glaubwürdige Begegnung zwischen kirchlicher Verkündigung und moderner Bildung. Die Fürsorge für die evangelischen Studierenden als eine Angelegenheit der Gemeinde sollte deutlich werden.

Für die Studierenden hielt Merz regelmäßig Gottesdienste ab, richtete tägliche Seelsorgesprechstunden ein und förderte den Ausbau von Wohnheimen und karitativen Einrichtungen für mittellose Studenten.[29] Zusätzlich begann er wöchentlich offene Vortrags- und Diskussionsabende sowie studentische Arbeitsgemeinschaften anzubieten, an denen nach seinen Angaben insgesamt ca. 100 Studierende aus allen Fakultäten und Hochschulen teilnahmen. Merz war der Überzeugung, »daß gerade ein Akademiker zu wissen begehrt, was seine Kirche lehrt und was sie aufgrund ihrer Lehre für eine Antwort gibt auf die reichbewegten Fragen der Gegenwart«.[30] In den vier Jahren seiner Tätigkeit als Studentenpfarrer übte Merz sein Amt in der charakteristischen Verbindung von praktischer Gemeindetätigkeit, Katechetik, Studentenseelsorge und theologischer Lehre aus. Als Vertrauensmann der Bruderschaften junger Theologen im Kirchenkampf und als späterer Gründungsrektor der Neuendettelsauer Augustana-Hochschule wollte er sich explizit auch als Studentenpfarrer verstanden wissen, um damit die Bedeutung dieses Amtes zu unterstreichen. In seinem ersten Aufsatzband »Kirchliche Verkündigung und moderne Bildung« sah Merz »die besondere Art« festgehalten, »in der sich bei uns in München die Barth'sche Theologie mit dem Studium Luthers und mit der Arbeit an der Gemeinde verbunden hat«.[31]

---

[26] Vgl. SCHÜBEL (B) 90–100.
[27] Vgl. LICHTENFELD (B).
[28] Vgl. den Beschluß des Landeskirchenrates vom 4.6.1926 (LKAN PA Merz); VLKBR Ansbach 1927, 175.
[29] Vgl. GEORG MERZ, Zukunftsaufgaben d. Markusgemeinde: Ev. Gemeindeblätter München 36 (1927), 521ff.
[30] Vgl. LICHTENFELD (B) 150.
[31] Vgl. aaO, 152.

Im Kirchenkampf bildeten sich aus dieser Arbeit nach dem Verbot der DCSV (1938) und deren Zusammenschluß mit Studentengruppen der Bekennenden Kirche reguläre Studentengemeinden, die sich schließlich 1946 in Treysa als »Evangelische Studentengemeinde in Deutschland« zusammenschlossen.[32]

2.4 Kindergarten

BAYER. STAATSMINISTERIUM F. UNTERRICHT U. KULTUS (B).– DAMMANN/PRÜSER (B).– ERNING/NEUMANN/REYER (B).

Das Reichsjugendwohlfahrtsgesetz (RJWG) von 1922 machte es den Jugendämtern zur Pflicht, für die »Wohlfahrt der Kleinkinder« (§ 4,4 RJWG) unter Einbezug der freien Wohlfahrtsverbände Sorge zu tragen. Die Einordnung des Kindergartens in den Bereich der Jugendwohlfahrt bedeutete eine Absage an den Gedanken der Vorschulpflicht. Die Kindergärten blieben ein Angebot der Jugendpflege und Familienhilfe, ein allgemeiner Bildungsauftrag wurde nicht formuliert. Die staatliche Aufsicht über die Einrichtungen wurde mittels der »Pflegekinderparagraphen« 19–31 RJWG geregelt. Die vorgesehene Befreiung der Kindergärten von der Pflicht, zur Betreuung der Kinder jedesmal das Jugendamt zu befragen (§ 29 RJWG), hatte zur Folge, daß von staatlicher Seite Richtlinien zu organisatorischen Bedingungen wie Gruppengröße, Personal- und Raumausstattung erlassen wurden. Mit der Zeit führten diese Richtlinien zu einer Vereinheitlichung der Kleinkinderbetreuung. Die gesetzliche Festschreibung der öffentlichen Kleinkindererziehung blieb in nivellierter Form im Jugendwohlfahrtsgesetz auch in der Zeit des Zweiten Weltkrieges bestehen.

2.5 Kindergottesdienst

BERG (B).– MERKEL (B).

Nach 1918 wurde der Kindergottesdienst vor allem in den Städten intensiviert. 1930 gab es bereits 216 Gemeinden mit regelmäßigem Kindergottesdienst. 1.161 Helfer betreuten mehr als 35.000 Kinder. Wichtige Anregungen vermittelte der durch den Landesverband der Inneren Mission 1913 gegründete »Landesverband für Kindergottesdienste«, den der Augsburger Vereinsgeistliche der Inneren Mission Johannes Schmidt unter Mitwirkung von Kirchenrat Georg Merkel aus Nürnberg leitete. Vom Württemberger Verband übernahm er 1931 dessen Vorbereitungszeitschrift »Kinderkirche«.[33]

Obgleich der Kindergottesdienst im Zweiten Weltkrieg mehr und mehr zum Ersatz für nicht stattfindenden Religionsunterricht wurde, legte man wenig Wert auf seine gottesdienstliche Gestaltung. Kirchengemeinden wie Kindergottes-

---

[32] Vgl. aaO, 148.
[33] Vgl. KELGB 50 (1925), 383ff; 55 (1930), 259. 381ff.

dienstverbände bemühten sich, die Kindergottesdienstarbeit, die vor 1933 eine Blütezeit erlebt hatte, ab 1945 so rasch wie möglich neu zu organisieren und zu strukturieren.

3. Die kirchliche Lebensordnung von 1922

AblB 1922, 224ff.– FRIEDRICH VEIT, Zum Neuen Jahre: NKZ 34 (1923), 1–14 (8f).– Verh. Ansbach 1920 (B).– VLKBR Ansbach 1922, 51–73.– LUDWIG VOLK, Akten Kardinal Michael v. Faulhabers 1917–1945, Bd. 1, Mainz 1975.

Der Synodaltagung des Jahres 1922 kam die schwierige Aufgabe zu, eine kirchliche Lebensordnung zu erarbeiten, da die Landessynode 1920 den Beschluß gefaßt hatte, ein Gesetz zur Kirchenzucht zu verabschieden.[34] Anlaß dafür war der 1918 eingeführte »Codex Juris Canonici« der römisch-katholischen Kirche, der eine Änderung in der katholischen Mischehenpraxis vorsah und damit die erst 1906 erlassene Verordnung »Provida« aufhob. In jenem Erlaß war erklärt worden, daß »eine in Deutschland geschlossene Mischehe zweier in Deutschland geborener Brautleute« nach katholischem Recht auch dann eine gültige Ehe war, wenn sie »vor einem altkatholischen Geistlichen oder bloß standesamtlich eingegangen wurde«.[35] In den neuen Bestimmungen von 1918 sah man Mischehen nun als »Konkubinate« an.[36] Außerdem forderten die katholischen Bischöfe nach dem Erlaß des »Reichsgesetzes zur religiösen Kindererziehung« im Jahr 1921, eine »feierliche, vor dem Kruzifix abgenommene eidliche Verpflichtung von den Brautleuten«, ihre Kinder katholisch taufen zu lassen und katholisch zu erziehen, um die katholische Kindererziehung bei gemischten Ehen sicherzustellen.[37]

Eine kirchliche Lebensordnung sollte nun gewährleisten, daß auch die evangelische Kirche die Fragen der Kirchenzucht ernst nimmt. Nach dem Wegfall der Staatskirche war in den Gemeinden eine größere Verbindlichkeit in den Fragen des kirchlichen Lebens gefragt. Die Synode mußte daher zunächst prüfen, inwieweit man an althergebrachte Formen der Kirchenzucht anknüpfen konnte.[38] Im Gegensatz zu den Landgemeinden, wo die Kirchenzucht seit der Orthodoxie noch gepflegt wurde, konnte sie in den Stadtgemeinden schon längst nicht mehr in die Tat umgesetzt werden. Die Landessynode stand vor der schwierigen Aufgabe, eine für das ganze Gebiet der evangelischen Landeskirche Bayerns gültige Ordnung zu schaffen.

---

[34] Vgl. Verh. Ansbach 1920 (B) 142ff. 147ff. 283ff.
[35] Vgl. VOLK (T) 21.
[36] Vgl. Verh. Ansbach 1920 (B) 307f.
[37] Vgl. VOLK (T) 206 (Beschluß). 218 (Eidesformel); KELGB 47 (1922), 120.
[38] Vgl. HELMUT BRUCKNER, Die synodalen u. presbyterialen Verfassungsformen i. d. Prot. Kirche d. rechtsrheinischen Bayern i. 19. Jh., Berlin 1977, 40ff. 130ff.

In getrennten Vorlagen des Landeskirchenrates und des Landessynodalausschusses wurden in einem ersten Teil die Hauptstücke christlichen Lebens behandelt: Der wahrhaftige lutherische Christ zeichnet sich dadurch aus, daß er sein Leben in Ehe, Familie, Kirchengemeinde und Staat durch Gottes Wort gestaltet und führt. Er beteiligt sich infolgedessen auch an den Fragen des kirchlichen Lebens. In einem zweiten Teil wurden die Maßnahmen kirchlicher Zucht aufgezählt: Maßnahmen bei Mißachtung oder Verschmähung von Taufe, Religionsunterricht, Konfirmation, Trauung und Beerdigung. In schwerwiegenden Fällen wurde der Verlust des Patenamtes und des kirchlichen Wahlrechtes erwogen, der Ausschluß vom Abendmahl wie die Versagung des kirchlichen Dienstes bei der Beerdigung. Diese Maßnahmen dienten eher einer Überprüfungsgrundlage, bedeuteten aber keineswegs den Ausschluß aus der Kirche. An zwei Punkten setzte die Landessynode noch klarere Konturen als die Vorlagen: Die kirchliche Trauung eines Geschiedenen sollte in jedem Fall untersagt werden, auch wenn dessen frühere Ehe aufgrund erwiesener Geisteskrankheit des Partners geschieden worden war. Ein Gemeindeglied, das die Erziehung seiner Kinder beiderlei Geschlechts in einem anderen Bekenntnis zuläßt, verliert sein Wahl- und Patenrecht.[39] Die Mischehenproblematik beschäftigte in dieser Zeit beide Kirchen intensiv. Zu einer letzten Klarheit fand die Synode nicht, da es eine Gratwanderung in der Frage von Volks- oder strenger Bekenntniskirche war.

4. Das evangelische Pressewesen

ACHTELSTETTER/ULRICH/MEIER-REUTTI/PÖHLMANN (B).– HERBERT BREIT/WOLFGANG HÖHNE (Hg.), Die provozierte Kirche. Überlegungen z. Thema Kirche u. Publizistik, München 1968.– KARL-WERNER BÜHLER, Presse u. Protestantismus i. d. Weimarer Republik. Kräfte u. Krisen ev. Publizistik, Witten 1970 (EPF 1).– GEISENDÖRFER (B).– MEHNERT, Presse (B).– MEHNERT, Programme (B).– MEIER-REUTTI, Chancen (B).– MEIER-REUTTI, Politik (B).– ERNST-ALBERT ORTMANN, Motive ev. Publizistik. Programme d. Gründerzeit als Frage an d. Theologie, Witten 1969.– Das ev. Sonntagsblatt 1918–1933.– GERHARD E. STOLL, Die ev. Zeitschriftenpresse i. Jahre 1933, Witten 1963.

Die Motive evangelischer Publizistik in Bayern sind bereits seit dem Erscheinen der Sonntags- und Gemeindeblätter (Ende des 19. Jahrhunderts) vor allem im apologetischen und polemischen Bereich anzusiedeln.[40] In beiden Fällen sollte der konfessionell-lutherische Standpunkt vertreten werden. Die Apologetik richtete sich gegen die Angriffe auf die christlichen Grundwerte in Darwinismus, Historismus und Sozialismus. Die Polemik war nach eigener Ansicht gegen den

---

[39] Vgl. zum Inhalt der Lebensordnung ABlB 1922, 224ff.
[40] In Anknüpfung an die von Ortmann erarbeiteten fünf Motive evangelischer Publizistik: dem polemischen, apologetischen, sozialen, missionarischen und unionistischen Motiv (vgl. ORTMANN [T] 18).

Katholizismus und gegen eine im eigenen evangelischen Lager »zersetzende Theologie« erforderlich. Inhaltlich wandte sich die evangelische Pressearbeit an die Gemeinden, die mit Gottes Wort und Luthers Lehre gegen den christlichen Werteverfall zugerüstet werden sollten. Außerdem wußten sich die Sonntags- und Gemeindeblätter verpflichtet, an deutscher Treue und an dem äußeren wie inneren Aufbau des Kaiserreiches mitzuarbeiten, ja sogar die Vaterlandsliebe noch vor die Verpflichtung dem Worte Gottes gegenüber in den Vordergrund zu stellen. Dies trug die Konsequenz in sich, daß es zu Konflikten mit Andersdenkenden kommen mußte, die Schrift und Bekenntnis anders beurteilten und sich aus politischen Gründen mit dem Kaiserreich in seiner damaligen Verfassung nicht identifizieren konnten.

Auch nach einer Werteneubestimmung infolge des Ersten Weltkrieges änderte sich an dieser Grundhaltung der bayerischen Kirchenpresse nichts. Der Weimarer Republik stand man mit Distanz gegenüber. Man trauerte häufig der Monarchie nach, der Idee eines »christlichen Staates«.

Barth und die von ihm angeführte dialektische Theologie riefen 1931/32 zu einer Neuorientierung des Auftrags kirchlicher Presse als »Verkündigung« auf. Das Wort Gottes sollte seiner Ansicht nach allein Gegenstand kirchlicher Verkündigung sein und im Mittelpunkt evangelischer Pressearbeit stehen.[41] Diese Neubesinnung vollzog die bayerische evangelische Kirchenpresse nicht mit. Weiterhin galt ihr Hauptaugenmerk der Pflege vaterländischer Gesinnung und des evangelisch-lutherischen Erbes.

Auch im aufkommenden Nationalsozialismus sahen sich Sonntags- und Gemeindeblätter zunächst berufen, am Aufbau des neuen Staates mitzuarbeiten und glitten unfreiwillig in den Sog handfester politischer Interessen. Der Nationalsozialismus verfolgte die vollkommene Umgestaltung des gesamten Pressewesens. Die Pressefreiheit wurde mehr und mehr eingeschränkt. 1941 wurde die gesamte evangelische Kirchenpresse auf Verordnung der Reichspressekammer wegen kriegswirtschaftlicher Gründe eingestellt. Auch die 1924 in Bewegung gekommene »Evangelische Rundfunkarbeit in Bayern« (Träger war zu Beginn der Landesverein für Innere Mission), die 1928 eine »Evangelische Arbeitsgemeinschaft für Rundfunk in Bayern« gründete, ließ sich nach 1936 von der Propaganda des Staates vereinnahmen.[42]

---

[41] Vgl. KARL BARTH, Kirchl. Dogmatik, Bd. 1/1, Zürich 1964, 52f.
[42] Vgl. ROLF SCHIEDER, Religion i. Radio. Prot. Rundfunkarbeit i. d. Weimarer Republik u. i. Dritten Reich, Stuttgart u.a. 1995, insbesondere 63–67. 164ff.

5. Die bayerische Landessynode 1920–1934

VLKBR Ansbach 1922.– VLKBR Ansbach 8.–17.7.1924.– VLKBR München 16.–19.12. 1924.– VLKBR Ansbach 23.8.–9.9.1927.– VLKBR Ansbach 14.8.–2.9.1930.– VLKBR Bayreuth 3.–5.5.1933.– VLKBR München 12.–14.9.1933.– VLKBR München 23.8.1934.

Mit dem Ende des Summepiskopats konnten die inneren Angelegenheiten der evangelischen Kirche in eigener Verantwortung geregelt werden.[43] Durch eine verfassunggebende Generalsynode wurde im August/September 1920 eine neue Kirchenverfassung beraten und verabschiedet. Sie trat am 1.1.1921 in Kraft.

Zum ersten Präsidenten der Landessynode wurde Wilhelm Freiherr von Pechmann, Direktor der Bayerischen Handelsbank, gewählt (Amtsperiode 1920–1922).[44] Als zweiter Präsident fungierte der Erlanger Universitätsprofessor Bachmann (1923–1931).[45] Nach dessen Tod am 18.3.1931 trat der stellvertretende Präsident Oberregierungsrat Robert Bracker aus Fürth an seine Stelle (1931–1934).[46]

Aus der Fülle der Aufgaben und Entscheidungen, welche die Landessynode zu bewältigen bzw. zu fällen hatte, seien die wichtigsten genannt:

1. Im Jahr 1922 mußte sich die Landessynode vor allem mit der Frage der »Kirchlichen Lebensordnung« beschäftigen.[47]

2. Als durch das Konkordat von 1924 die Beziehung des bayerischen Staates zur katholischen Kirche neu geregelt wurde, kamen im gleichen Jahr in Anknüpfung an Artikel 137 der Weimarer Reichsverfassung auch Verträge des bayerischen Staates mit der evangelisch-lutherischen Kirche in Bayern rechts des Rheins zustande. Der Staat übernahm dabei die Verpflichtung, freiwillige Zuschüsse für Einkommensergänzung und Ruhestandsversorgung der Pfarrer zu leisten. Die Erhaltung der Theologischen Fakultät Erlangen wurde zugesichert. Die Landessynode nahm den Staatsvertrag nur unter schweren Bedenken an, da die Vereinbarungen über die Finanzleistungen des Staates die evangelische mit der katholischen Kirche nicht gleichstellten.[48]

3. Im Jahr 1927 forderte die Landessynode die Vorlage einer in der Kirchenverfassung vorgesehenen Kirchengemeindeordnung, deren Entwurf 1930 vom

---

[43] Vgl. dazu VI.1.
[44] Aus Protest gegen die Kirchenpolitik der »Deutschen Evangelischen Kirche« trat er 1934 aus der Evangelischen Kirche aus. Er knüpfte freundschaftliche Kontakte zu Barth und Kardinal Michael von Faulhaber. 1946 trat er zur römisch-katholischen Kirche über.
Eine Würdigung der Persönlichkeit Pechmanns erfolgte auf der 100. Tagung der Landessynode in Memmingen 1998 (vgl. Aufstand [B]; vgl. auch KANTZENBACH, Widerstand [B]; NOWAK, Ev. Kirche (B); WOLFGANG SOMMER, Wilhelm v. Pechmann: Profile [B] 541–558).
[45] Vgl. VLKBR Ansbach 1930, 872 (Nachruf des Vizepräsidenten Robert Bracker: Dem Gedächtnis des verewigten Synodalpräsidenten D. Philipp Bachmann); vgl. auch Zum Gedächtnis an D. Philipp Bachmann. Ansprachen an Sarg u. Grab, Erlangen 1931; HANS KREßEL, D. Philipp Bachmann. Der Prediger u. d. Liturg, Leipzig 1931.
[46] Über ihn sind bisher keine Arbeiten erschienen.
[47] Vgl. dazu VI.2.3.
[48] Vgl. VLKBR München Dezember 1924, 8–50; vgl. auch VI.1.5.

Landeskirchenrat vorgelegt wurde.⁴⁹ Dieser sollte die Selbstverwaltung auf innerkirchlichem und vermögensrechtlichem Gebiet stärken und von staatlichen und kirchlichen Vorschriften befreien. Die Landessynode lehnte die Vorlage jedoch ab, da sie als der staatlichen Kirchengemeindeordnung von 1912 zu angepaßt erachtet wurde (»staatlicher als der Staat«). Der Entwurf entsprach weder der von der Reichsverfassung der Kirche gewährten Freiheit noch der in der Kirchenverfassung den Kirchengemeinden zuerkannten Selbständigkeit. Die Landessynode bat den Landeskirchenrat, die Vorlage zurückzuziehen, und der Kirchenpräsident Friedrich Veit wurde beauftragt, der Staatsregierung den Wunsch zu übermitteln, die das kirchliche Leben hemmende Kirchengemeindeordnung von 1912 bald durch ein dem jetzigen Verhältnis von Staat und Kirche Rechnung tragendes Stiftungsgesetz auszutauschen.⁵⁰

4. Vom 3. bis 5.5.1933 fand in Bayreuth eine außerordentliche Tagung der Landessynode statt, welche die Nachfolge des zurückgetretenen Kirchenpräsidenten F. Veit regeln sollte. Die drei hierbei verabschiedeten Gesetze (»Über die Bestellung eines Landesbischofs«, »Über die Ermächtigung des Landesbischofs zum Erlaß von Kirchengesetzen«, »Über den Landessynodalausschuß«⁵¹) verfolgten vor allem die Absicht, die kirchenpolitische Handlungsfähigkeit der Kirche gegenüber dem Staat so abzusichern, daß eine flexible Reaktion der Kirchenleitung auf staatliche Erlasse und Handlungen möglich wäre, ohne jedes Mal die zeitraubende Einberufung der Landessynode zum Erlaß von Kirchengesetzen abwarten zu müssen. In der Sitzung der Synode am 4.5.1933 wurde Hans Meiser auf Vorschlag des Vertrauensausschusses einstimmig mit den Stimmen aller 89 anwesenden Synodalen zum Kirchenpräsidenten gewählt und gleichzeitig zum Landesbischof bestimmt.⁵² Darüberhinaus wurde das »Gesetz über die Ermächtigung des Landesbischofs zum Erlaß von Kirchengesetzen«, das sich an das staatliche Ermächtigungsgesetz vom 23.3.1933⁵³ anglich, von der Synode angenommen.⁵⁴ Die erweiterte Kompetenz des Landesbischofs führte letztlich zur Ausschaltung der Synode.⁵⁵ Zur Unterstützung wurde dem Landesbischof ein erweiterter Landessynodalausschuß zur Seite gestellt.⁵⁶

Das »Ermächtigungsgesetz« und das »Gesetz zur Bestellung des Landesbischofs« wurden auf der außerordentlichen Tagung der Landessynode vom 12. bis 14.9.1933 auf unbestimmte Zeit verlängert.⁵⁷ Diese Synode trat noch einmal

---

⁴⁹ Vgl. VLKBR Ansbach 1930, 97–198.
⁵⁰ Vgl. aaO, 723.
⁵¹ Abdruck der Gesetze: ABlB 1933, 53f.
⁵² Vgl. VLKBR Bayreuth Mai 1933, 22–27; ABlB 1933, 55.
⁵³ »Gesetz zur Behebung der Not von Volk und Reich« (RGBl I 1933, 141).
⁵⁴ Vgl. VLKBR Bayreuth Mai 1933, 27ff.
⁵⁵ Vgl. aaO, 28. 1920 hatte sich die Synode noch gegen einen protestantischen Landesbischof ausgesprochen, da man befürchtete, daß er den ständigen Vergleich mit den katholischen Bischöfen herausfordern würde.
⁵⁶ Vgl. aaO, 29ff.
⁵⁷ Vgl. VLKBR München September 1933, 50.

am 23.8.1934 zusammen, um eine Eingliederung der bayerischen Landeskirche in die Reichskirche einstimmig abzulehnen.[58] Danach trat die Synode bis 1946 nicht mehr zusammen, da die Gefahr, durch nationalsozialistische Kräfte unterwandert zu werden, zu groß erschien. In dieser Zeitspanne von zwölf Jahren, also über zwei Synodalperioden hinweg, war der Landesbischof das einzige gesetzgebende Organ der Landeskirche.[59]

---

[58] Vgl. VLKBR München 1934, 13–61.
[59] Vgl. MANZESCHKE (B) 284–297.

VI.3 THEOLOGISCHE STRÖMUNGEN

Von Friedrich Wilhelm Graf

PAUL ALTHAUS, Grundriß d. Ethik, Erlangen 1931.– BEYSCHLAG (B).– GRAF (B).– FRIEDRICH WILHELM GRAF, Gesch. durch Übergesch. überwinden. Antihistoristisches Denken i. d. prot. Theologie d. 1920er Jahre: WOLFGANG KÜTTLER/JÖRN RÜSEN/ERNST SCHULIN (Hg.), Geschichtsdiskurs. In 5 Bänden, Bd. 4: Krisenbewußtsein, Katastrophenerfahrungen u. Innovationen 1880–1945, Frankfurt/Main 1997, 217–244.– HAAS, Lehrstuhl[2] (B).– HASS (B).– HEIN, Erlangen (B).– FRIEDRICH WILHELM KANTZENBACH, Von Ludwig Ihmels bis z. Paul Althaus. Einheit u. Wandlungen luth. Theologie i. ersten Drittel d. 20. Jh.: NZSTh 11 (1969), 94–111.– THOMAS KAUFMANN, Werner Elert als Kirchenhistoriker: ZThK 93 (1996), 193–242.– KURT MEIER, Die Theol. Fakultäten i. Dritten Reich, Berlin u.a. 1996.– DERS., Anpassung u. Resistenz d. Universitätstheologie. Ein Beitr. z. institutionsgeschichtlichen Debatte: SIEGELE-WENSCHKEWITZ/NICOLAISEN (K) 81–88.– CORNELIUS HENDRIK MEISIEK, Ev. Theologiestudium i. Dritten Reich, Frankfurt/Main u.a. 1993 (EHS.T 481).– KURT NOWAK, Prot. Universitätstheologie u. »nationale Revolution«. Ein Beitr. z. Wissenschaftsgesch. d. »Dritten Reiches«: SIEGELE-WENSCHKEWITZ/NICOLAISEN (K) 89–112.– OTTO PROCKSCH: Religionswissenschaft 2 (B) 1–33 [= 161–193].– TRUTZ RENDTORFF, Das Wissenschaftsverständnis d. prot. Universitätstheologie i. Dritten Reich: SIEGELE-WENSCHKEWITZ/NICOLAISEN (K) 19–44.– LEONORE SIEGELE-WENSCHKEWITZ/CARSTEN NICOLAISEN (Hg.), Theol. Fakultäten i. Nationalsozialismus, Göttingen 1993 (AKiZ B. 18).– SLENCZKA, Glaube (B).– SLENCZKA, Selbstkonstitution (B).– WENDEHORST (B).– WITTERN (B).– EIKE WOLGAST, Nationalsozialistische Hochschulpolitik u. d. theol. Fakultäten: SIEGELE-WENSCHKEWITZ/NICOLAISEN (K) 45–80.

1. Der Strukturwandel der theologischen Öffentlichkeit

Seit dem Ende des Ersten Weltkrieges läßt sich im bayerischen Protestantismus ein signifikanter Wandel der theologischen Diskussionslage beobachten. Vier strukturell neue Entwicklungen verdienen besondere Aufmerksamkeit. *Erstens:* Die auf die lutherischen Bekenntnisschriften verpflichtete Erlanger Theologische Fakultät behielt ihre dominierende Rolle in der Ausbildung bayerischer Theologen und beeinflußte weiterhin die Theologiekultur der Landeskirche. Werner Elert und Paul Althaus als die prägenden Erlanger Systematiker gaben der lutherischen Überlieferung eine neue, gegenwartsbezogene Gestalt. Intensive Lutherrezeption diente ihnen dazu, einer als krisenhaft erlittenen modernen Gesellschaft sowie einer tiefgreifend verunsicherten Kirche wieder klare Orientierungen zu vermitteln. Gegen apolitisch-quietistische Auslegungen der Zwei-Reiche-Überlieferung erhoben sie einen konservativ-revolutionären, prophetischen Öffentlichkeitsanspruch der Volkskirche. Damit fanden sie über Bayern hinaus große Resonanz. Die 20er und frühen 30er Jahre stellten eine zweite Blütezeit der Erlanger Fakultät dar.

Zweitens: Vertreter der um 1890 geborenen jüngeren Theologengeneration formulierten eine Fundamentalkritik der Vorkriegstheologien, die sie als kulturselig, bourgeois und substanzlos verwarfen. Liberalprotestantische Historiker wie Adolf von Harnack und Ernst Troeltsch hätten durch ihre rein geschichtlichen Betrachtungsweisen nur Skeptizismus bzw. Relativismus erzeugt und alle normativen Verbindlichkeiten aufgelöst. In der kirchlichen Öffentlichkeit fanden die antiliberalen Theologen eine vergleichsweise große Resonanz. Theologische Diskurse gewannen in der Weimarer Republik und in den ersten drei Jahren der NS-Herrschaft innerkirchlich wie gesamtgesellschaftlich eine sehr viel höhere Bedeutung als im Kaiserreich. Die mit dem Ende des landesherrlichen Kirchenregiments neu aufbrechenden Probleme der Verfassung der evangelischen Kirche, die mit der Trennung von Staat und Kirche verbundenen Konflikte, die Dauerdebatten um die Legitimität einer parlamentarisch-demokratischen Institutionenordnung sowie die Auseinandersetzung um die nationalsozialistische Bewegung, die »deutsche Revolution« von 1933 und die repressive Kirchenpolitik des NS-Staates ließen die Theologie wieder als Zentralmedium der Selbstdefinition und institutionellen Steuerung der Kirche erscheinen.

Drittens: Antiliberale Theologen der 20er Jahre kultivierten einen neuen theologischen Denkstil. Vorsichtiges Urteil und gelehrtes Bilanzieren des Forschungsstandes traten hinter dezisionistisches Pathos und die starke Expression individueller Wahrheitsgewißheit zurück. Die theologische Sprache wurde dramatischer, unmittelbarer, subjektivistischer. Diese Tendenz zur Entakademisierung machte die Theologie ideologieanfälliger und offen für neue Legierungen von religiösen Vorstellungen und politischen Gehalten. Allerdings ist die vielfach geäußerte These, daß sich bestimmte Theologien nur mit spezifischen politischen Haltungen verbinden konnten – etwa konservative Theologie mit konservativer politischer Parteinahme –, für die 20er und 30er Jahre falsch. In der bayerischen Pfarrerschaft wurden die antiliberalen Theologien seit 1918/19 jeweils unterschiedlich politisiert. Es waren keineswegs nur konservativ-revolutionäre Junglutheraner um Elert und Althaus, die sich aufgrund bestimmter schöpfungstheologischer Denkfiguren eine Zeitlang für den Nationalsozialismus öffneten. Trotz alternativer theologischer Optionen setzten auch Anhänger der Theologie Karl Barths große Hoffnungen auf Adolf Hitler und beschworen eine Einheit von Protestantismus und Volkstum.

Viertens: Es ist unzureichend erforscht, welche Theologien bayerische Pfarrer und prominente »Laien« zwischen 1918/19 und 1945 favorisierten. Die Kirchenpresse und die Zeitschrift des Pfarrervereins lassen die in der älteren Literatur vertretene These von einer relativ homogenen lutherischen Prägung als zu undifferenziert erscheinen. Für die Zwischenkriegszeit ist von sehr viel stärkeren theologischen und politischen Polarisierungen auszugehen als im späten Kaiserreich. Eine wichtige Rolle spielten die unterschiedlichen Erfahrungskontexte der

Generationen. Pfarrer der »Wilhelminer«-Generation blieben häufig durch lutherische Ordnungstheologien und pietistischen Biblizismus, etwa in Gestalt der Theologie Adolf Schlatters, bestimmt. Die antiliberalen Krisentheologen, die zwischen 1880 und 1890 geboren wurden, waren bei Antritt ihres Lehramtes 30 bis 40 Jahre alt. Für sie waren die Auseinandersetzung mit dem Weltkrieg, der Zusammenbruch der alten »bürgerlichen Welt« und häufig auch die Traumata der Niederlage Deutschlands und des Versailler Vertrags identitätskonstitutiv.

2. Die Erlanger Fakultät 1918–1945

Das Ende des Ersten Weltkriegs bedeutete für die Erlanger Theologische Fakultät keinen Bruch. Die Studentenzahl war gegenüber der Vorkriegszeit relativ stabil geblieben. Im letzten Friedenssemester 1914 waren in Erlangen 236 Theologen immatrikuliert (= 18,3% der Gesamtstudentenzahl), 1919 studierten 202 Männer und eine Frau in Erlangen Theologie (= 13,77% aller Erlanger Studierenden). Auch in Erlangen war das Theologiestudium charakteristischen starken Schwankungen unterworfen. 1924/25 sank die Zahl auf 118 Theologen, 1933 waren es dagegen 663. Im Wintersemester 1933/34 war der Theologenanteil an der Universität mit 31,01% (= 498 Studierende) am höchsten.

2.1 Die Besetzung der einzelnen Disziplinen

Personell herrschte 1918 bis 1945 große Kontinuität. Keiner der Lehrstuhlinhaber folgte einem Ruf an eine andere Universität. Das theologische Klima blieb vergleichsweise stabil, die neu Berufenen hatten fast ausnahmslos hier studiert oder enge Beziehungen zu wichtigen Persönlichkeiten der Fakultät unterhalten.

Den Lehrstuhl für Alttestamentliche Exegese hatte bis zu seiner Emeritierung im Oktober 1924 Wilhelm Lotz inne. Ihm folgte im April 1925 der Greifswalder Ordinarius Otto Procksch, der im September 1939 emeritiert wurde. Sein Nachfolger Friedrich Baumgärtel wurde zum 1.4.1941 aus Göttingen berufen, konnte die Lehrtätigkeit wegen Kriegsdienstes aber erst im WS 1944/45 aufnehmen. Im AT habilitierten sich die Privatdozenten Walther Eichrodt (August 1918 bis März 1922), Leonhard Rost (WS 1926/27 bis 31.3.1929) und Oskar Grether (Januar 1935 bis September 1939). Rost und Grether hatten in Erlangen studiert und als Repetenten den Lic. theol. erworben.

Das Neue Testament vertrat von April 1918 bis September 1948 Hermann Strathmann, der aus Rostock gekommen war. Neben ihm sollte seit 1922 der Schwabacher Lehrer Friedrich Hauck, ein Sohn Albert Haucks, die durch Strathmanns Reichstagsmandat beeinträchtigte Lehre aufrechterhalten. F. Hauck wurde im Februar 1927 ohne Habilitationsschrift für NT habilitiert. Darüber hinaus hielt auch der über achtzigjährige Theodor von Zahn noch Lehrveranstaltungen.

Im Juni 1922 starb 43jährig der Kirchenhistoriker Hermann Jordan. Ihm folgte am 1.8.1922 Hans Preuß, der seit 1919 als Persönlicher Ordinarius »Kirchengeschichte, Symbolik und Altchristliche Kunst« gelehrt hatte. Auf diese Stelle wurde zum WS 1923/24 Elert, Seminardirektor in Breslau und ehemaliger Erlanger Promovend, berufen. Die Fakultät hatte Georg Grützmacher, Bruder des Systematikers Richard Grützmacher, favorisiert. Auf Wunsch der Fakultät erhielt Elert als außerordentlicher Professor für »Kirchengeschichte, Dogmengeschichte und Symbolik« Titel und Rechte eines Ordinarius. Als er zum 1.4.1932 zum Ordinarius für »Systematische und Historische Theologie« ernannt wurde, berief man den Berliner Ökumeniker und Herausgeber des »Kirchlichen Jahrbuchs« Hermann Sasse zum SS 1933 zum außerordentlichen Professor für »Kirchengeschichte, Dogmengeschichte, Symbolik«. Mit Martin Gerhardt und Walther von Loewenich habilitierten sich im Juli 1922 und Juli 1931 zwei Theologen für Kirchengeschichte. Über die Stationen außerplanmäßiger Professor (1939), Persönlicher Ordinarius (1946) und Ordinarius (1950) lehrte der in Erlangen promovierte Althaus-Schüler Loewenich hier bis 1971.

Systematische Theologie vertraten 1918 die theologisch unbedeutenden Ordinarien Philipp Bachmann und R. Grützmacher. Nach einer erbitterten Debatte, ob der Rostocker Ordinarius Althaus oder Elert R. Grützmacher nachfolgen solle, wurde Althaus zum 1.8.1925 aufgrund eines Minderheitsvotums zum Ordinarius für »Dogmatik, Apologetik und Dogmengeschichte« berufen. Als im März 1931 Bachmann starb, wechselte Elert zur Systematischen Theologie. Althaus' Lehrauftrag wurde in »Systematische Theologie und Neutestamentliche Exegese« umgewandelt. Seit August 1918 lehrte als Privatdozent, seit Februar 1928 als nichtbeamteter außerordentlicher Professor Wilhelm Vollrath »Grenzgebiete der Systematischen Theologie«. Im Juni 1942 wurde er der Universität Gießen zugewiesen. Mit Helmut Thielicke wurde im Juli 1935 nach 16 Jahren erstmals wieder ein Systematischer Theologe – gegen den Widerstand Elerts – habilitiert. Doch wurde der Inspektor des Theologischen Studienhauses schon im Herbst 1935 zur Lehrstuhlvertretung nach Heidelberg versetzt.

Im Mai 1919 übernahm der Erlanger Stadtpfarrer Christian Bürckstümmer den Lehrstuhl für »Praktische Theologie, Pädagogik und Didaktik«. Bürckstümmer starb am 12.4.1924 fünfzigjährig. Ihm folgte im Oktober 1924 der Dinkelsbühler Dekan Friedrich Ulmer, der ursprünglich aus liberalprotestantischen Zirkeln kam und mit den Ideen Johannes Müllers sympathisierte. Der von ihm seit 1928 geleitete »Martin-Luther-Bund«, der Dachverband der lutherischen Diasporaarbeit, wurde noch 1936 von der nationalsozialistischen »Hauptstelle für die Betreuungsarbeit des Auslandsdeutschtums« finanziell unterstützt. Ende Juli 1937 wurde Ulmer, der sich zuvor »an Loyalität gegen das Regime nicht hatte übertreffen lassen«,[1] wegen seiner 1936 publizierten Kritik an der Christentumskritik des Reichsorganisationsleiters der NSDAP Robert Ley in den Ruhestand

---

[1] TRILLHAAS (B) 154.

versetzt. Da zwei Versuche scheiterten, einen Nachfolger für Ulmer zu berufen, vertrat der im Februar 1932 habilitierte Wolfgang Trillhaas seit dem WS 1937/38 bis 1945 die Praktische Theologie. Am 4.9.1939 wurde Trillhaas zum Dozenten ernannt. Nach dem Kriegsende beanspruchte Elert, die geplante Berufung des Deutschen Christen Vollrath auf den Lehrstuhl verhindert zu haben.[2]

Die Professur für Reformierte Theologie extra facultatem hatte über 40 Jahre, von 1892 bis März 1934, Ernst Friedrich Karl Müller inne.[3] Ebenso wie Althaus, der primär über die paulinischen Briefe las, und Bachmann hielt er vielbeachtete neutestamentliche Vorlesungen. E.F.K. Müller folgte sein Schüler Paul Sprenger, bis dahin Lehrer am Seminar der Rheinischen Missionsgesellschaft in Wuppertal-Barmen, nach. Zunächst vertrat er den Lehrstuhl, im Februar 1936 wurde er rückwirkend zum 1.11.1935 zum außerordentlichen Professor sowie am 1.4.1938 zum Ordinarius ernannt. Er starb wenige Wochen vor Kriegsende.

2.2 Prägende theologische Werke

Bis 1918 publizierten Erlanger Theologen zumeist in der »Realenzyklopädie«, der »Neuen kirchlichen Zeitschrift« und in Zahns Kommentarwerk. Nach 1918 wurde Zahns Kommentar durch das »Neue Testament Deutsch« abgelöst. Die »Neue kirchliche Zeitschrift« – seit 1933 »Luthertum« – und ihr »Theologisches Literaturblatt« verloren an Relevanz. Neue Periodica wie die von Althaus mit herausgegebene »Zeitschrift für Systematische Theologie« (seit 1923) oder die »Theologischen Blätter« (seit 1922) wurden für Erlanger Theologen ebenso interessant wie die ursprünglich von Ritschlianern geprägte »Theologische Literaturzeitung«. Während an der ersten Auflage der RGG, dem Lexikon der Religionsgeschichtlichen Schule, kein Erlanger beteiligt war, arbeiteten Junglutheraner wie Elert und Althaus an der zweiten Auflage mit.

Lotz hat nach 1914 nur noch wenig publiziert. So erschienen wichtige Publikationen zum AT erst seit der Berufung Prockschs. Der Schüler Franz Hermann Reinhold von Franks, Johann Christian Konrad von Hofmanns und Zahns grenzte die alttestamentliche Theologie als »Geschichtstheologie« von der Religionsgeschichte ab, der der »Glaubensanteil des Forschers« fehle.[4] Jede Arbeit am AT müsse auf das NT bezogen sein. Jesus Christus sei die »Schlußgestalt« des AT, er trage aber die »gesamte Glaubenswelt« des AT in sich; »seine irdische Gestalt wird erst auf diesem Hintergrunde klar« (27f). In seinem großen Jesaja-Kommentar[5] verzichtete Proksch in einer soliden, vorsichtig urteilenden Auslegung auf kritische Methodenreflexion.[6] Dem Kommentar lag ein politisch-militärischer Subtext zugrunde: Procksch ließ Parallelen zwischen der Lage Ju-

---

[2] MEISIEK (K) 287.
[3] Vgl. dazu auch VIII.3.
[4] PROCKSCH (K) 21f.
[5] OTTO PROCKSCH, Jesaia I, Leipzig 1930 (KAT 9).
[6] Im Gegensatz zu PAUL VOLZ, Jesaja II, Leipzig 1932, bes. VIIf (KAT 9).

das unter den Assyrern und Deutschlands nach 1918 anklingen. Seine postum erschienene »Theologie des Alten Testaments« (Gütersloh 1950) zeigte Procksch als Vertreter einer »vorformgeschichtlichen und konservativen Alttestamentlergeneration«, die auf Studenten nicht mehr zu wirken vermochte.[7] Nach der »Geschichtswelt« des AT, d.h. der historischen Entwicklung des Jahwe-Glaubens, stellte er die »Gedankenwelt«, d.h. die Relationen Gott-Welt, Gott-Volk und Gott-Mensch, dar. Faktisch gelang es nicht, in beiden Teilen eine einheitliche Sicht durchzuhalten und dem christologischen Programm gerecht zu werden.[8]

Neben Literaturberichten für die »Theologie der Gegenwart« publizierte Strathmann zwischen 1918 und 1933 primär tagespolitische Artikel in konservativen Blättern. Wie Althaus öffnete er sich seit den frühen dreißiger Jahren der »Eugenik«. Seit 1933 veröffentlichte er in dem von Althaus und Johannes Behm begründeten Kommentarwerk »Das Neue Testament Deutsch« größere Texte zum Neuen Testament.[9] Von Juli 1935 bis 1942 gab er die »Theologischen Blätter« für den aus Bonn in die Schweiz vertriebenen Karl Ludwig Schmidt heraus.[10]

F. Hauck pflegte Erlanger Tradition, indem er 1922 und 1925 Zahns Auslegungen des Galater- und Römerbriefs für die dritte Auflage des »Kommentars zum Neuen Testament« überarbeitete. Auch verfaßte er einen Kommentar zum Jakobusbrief.[11] Im »Theologischen Handkommentar zum NT« bearbeitete er das Markus- und das Lukasevangelium (Leipzig 1931, 1934). Seit 1933 arbeitete er an Gerhard Kittels »Theologischem Wörterbuch zum NT« mit.

Die Publikationen der Erlanger Kirchenhistoriker spiegeln eine entschieden antirepublikanische Politisierung. Jordan, als Herausgeber der »Beiträge zur bayerischen Kirchengeschichte« ein einflußreicher Repräsentant der neuen Territorialkirchengeschichtsschreibung, publizierte seit 1918 vorwiegend politische Texte. In seiner Antrittsvorlesung »Luther und der gotische Mensch« (Leipzig 1919) borgte Preuß bei Hans Worringer ästhetische Kategorien, um Luther als idealen Heros deutscher Christlichkeit zu feiern. In zahlreichen populärwissenschaftlichen Studien zum Verhältnis von Protestantismus und bildender Kunst bzw. Musik sowie in vier von 1931 bis 1942 publizierten Bänden Luther-Studien verband er die künstlerische Stilisierung des Reformators mit Leitbegriffen des neuen Rassediskurses. Im 1934 erschienenen Band »Martin Luther. Der Deutsche« sollte Luther gegen Katholiken und Deutschgläubige durch Analyse seiner

---

[7] ERNST WÜRTHWEIN, Zur Theologie d. Alten Testaments: ThR 36 (1971), 185–208 (203).
[8] Vgl. BRIGITTE SCHROVEN, Theologie d. Alten Testaments zwischen Anpassung u. Widerspruch. Christologische Auslegung zwischen d. Weltkriegen, Neukirchen-Vluyn 1995, 95–98 (Neukirchener theol. Diss. u. Habil. 1).
[9] HERMANN STRATHMANN, Die Entstehung u. d. Wortlaut (Text) d. Neuen Testaments: JULIUS SCHNIEWIND, Das Evangelium nach Markus, Göttingen 1933, 1–34, ²1935 (NTD 1); HERMANN STRATHMANN, Der Brief an d. Hebräer, Göttingen 1934, 57–128, ²1935 (NTD 9).
[10] Vgl. ANDREAS MÜHLING, Karl Ludwig Schmidt. »und Wissenschaft ist Leben«, Berlin u.a. 1997, 182–198 (AKG 66).
[11] Der Brief d. Jakobus, Leipzig 1926 (KNT 16).

»Rassemerkmale« als »vollkommene[r] Gestalter der Form deutschen Christentums« erwiesen werden.¹²

Der Jordan- und Preuß-Schüler Bürckstümmer publizierte 1920 eine soziologische Studie »Zur Geschichte der Kriegsfrömmigkeit«,¹³ in der er wie Theodor Kolde die Frömmigkeitspraxis im Krieg untersuchte. In Arbeiten über Inhalt und rechtliche Institutionalisierung des Religionsunterrichts und der Seelsorge an Kindern¹⁴ thematisierte er den Ort der evangelischen Kirche in der neuen Republik. Sein Nachfolger Ulmer suchte das Luthertum auf einen streng antiunionistischen Kurs festzulegen und engagierte sich für das lutherische Deutschtum im Ausland.¹⁵ E.F.K. Müller, langjähriger Präses des Reformierten Bundes in Bayern, stärkte durch Schriften wie »Warum sind wir Reformierte in Deutschland nötig« (1925) und eine Neuausgabe der »Institutio« Johannes Calvins (Neukirchen 1928) die Identität der reformierten Protestanten. Seine »Neutestamentliche Theologie. Grundriß für Vorlesungen« (Erlangen 1925) stieß bei Studenten auf große Resonanz.

2.3 Die konservativ-revolutionären Ordungstheologien der Junglutheraner Werner Elert und Paul Althaus

Althaus und Elert wurden auch von theologischen Gegnern wie Barth als bedeutende Repräsentanten einer prinzipiellen Neuorientierung lutherischer Theologie anerkannt. Althaus übte über Jahrzehnte hinweg einen großen Einfluß auf die Studierenden aus. Trotz habitueller Differenzen und gravierender Unterschiede in Denkstil und historischer Methode suchten beide Systematiker, den lutherischen Charakter der Fakultät zu wahren. Die parlamentarische Demokratie von Weimar lehnten sie als einen schwachen, gottlosen Staat ab und die Gegenwartskultur sahen sie von einer tiefen Krise geprägt, für die sie den bürgerlich-liberalen Individualismus und die abstrakte Herrschaft kapitalistischer Zweckrationalität verantwortlich machten. Für ihre konservativen Utopien neuer bindender Ordnung waren antiindividualistische Gemeinschaftssemantiken und Begriffe wie Macht, Gesetz, Ordnung, Autorität, Gebot, Strafe und Gericht prägend.

---

12 HANS PREUß, Martin Luther, Bd. 3: Der Deutsche, Gütersloh 1934, 131.
13 BBKG 26 (1920), 1–12.
14 Das »Erlebnis« i. RU, Langensalza 1923 (Abh. z. Pflege ev. Erziehungs- u. Unterrichtslehre 2); Das ev. Schulideal u. seine Bedeutung f. d. deutsche Volk u. d. ev. Kirche, Langensalza 1923 (Abh. z. Pflege ev. Erziehungs- u. Unterrichtslehre 7); Die seelsorgliche Behandlung d. Kindes, hg. v. HANS KRESSEL, Langensalza 1926 (Abh. z. Pflege ev. Erziehungs- u. Unterrichtslehre 9); Die zehn Gebote. Katechetische Entwürfe zum ersten Hauptstück d. Kleinen Katechismus Dr. Martin Luthers, hg. v. HANS KRESSEL, Langensalza 1928 (Abh. z. Pflege ev. Erziehungs- u. Unterrichtslehre 22).
15 Erziehungspredigten, hg. v. FRIEDRICH ULMER, [Berlin-Steglitz] 1926; Bekenntniskirche u. Gustav Adolf-Verein u. Martin Luther-Bund. Vom Standpunkt innerhalb d. luth. Kirche aus gesehen, Erlangen 1934; Predigtbuch d. Luth. Kirche. Ein Jahrgang Predigten über d. alten Episteln, hg. v. FRIEDRICH ULMER, Erlangen 1935; Endlich kam ein Mann aus Charbin. Ber. d. nach d. Mandschurei entflohenen Rußlanddeutschen, Erlangen 1935.

Früher und konsequenter als die Dialektischen Theologen und die Religiösen Sozialisten bemühte sich Althaus um eine gegenwartsbezogene politische Ethik. Traumatisierende Erfahrungen als Lazarettpfarrer, die Sorge um das »Deutschtum im Osten« und eine hohe Sensibilität für Krisenphänomene der Weimarer Gesellschaft verbanden sich mit der intensiven Rezeption diverser Kulturkritiker wie Paul de Lagarde, Oswald Spengler oder Georg Simmel sowie der Bereitschaft, theologische Ethik im interdisziplinären Dialog mit Philosophen, Juristen, Politikwissenschaftlern und Kulturwissenschaftlern anderer Disziplinen zu entwickeln. Klassiker der politischen Linken nahm Althaus ebenso zur Kenntnis wie avantgardistische Vordenker der völkischen Rechten. Im »Grundriß der Ethik« (Erlangen 1931) zitierte er z.B. Hitler, Alfred Rosenberg und Wilhelm Stapel. In den Kommunikationsnetzen jungkonservativer Republikgegner nahm er eine prominente Stellung ein. In der »Gesellschaft ›Deutscher Staat‹«, einer Vereinigung von Juristen, Staatswissenschaftlern, Historikern und Theologen, beteiligte er sich an Plänen zur »Vollendung einer systematischen Staatslehre deutscher Art«.[16] Mehrfach trat er bei Veranstaltungen der Hamburger Fichte-Gesellschaft Stapels auf.

Harte theologische Begriffsarbeit und differenzierte Erforschung der Theologie Luthers verknüpfte Althaus, von 1926 bis 1964 Präsident der Luther-Gesellschaft, mit entschiedener Gegenwartsdiagnostik. Wie die dialektischen Krisentheologen und Paul Tillich bestimmte er die Gegenwart als eine Zwischenzeit, deren unabgeschlossener Übergangscharakter zu neuer Form und Gestaltwerdung dränge. Der Sieg der instrumentellen Vernunft über den christlichen Glauben habe einen umfassenden Werteverfall provoziert. Technik und Kapitalismus hätten Entfremdung, Sinnleere und Kälte erzeugt, und die permanenten Interessenkämpfe egozentrischer Individuen zerstörten alle gewachsenen Gemeinschaftsbindungen. Nachdrücklich kritisierte Althaus in seiner »Ethik« den religionslosen, schwachen Parteienstaat von Weimar. Der Staat müsse seine Würde als Gleichnis des Reichs Gottes bewahren, indem er »Macht, Autorität, Stärke« repräsentiere. Die Weimarer Republik hingegen entbehre jeder sittlichen Bindung. Fasziniert von den autoritären und faschistischen Regimes in anderen europäischen Staaten trat Althaus in den späten 20er und frühen 30er Jahren dafür ein, daß »die Verfassungsform ein vom Mehrheitswillen freies, allein Gott verantwortliches, der Autorität fähiges Führertum« ermögliche.[17] Angesichts der Gefahr der Eskalation von Parteien- und Interessenkämpfen zum »Kriege innerhalb des Volkes« plädierte er für ein Recht auf eine Revolution, die »mit dem Ernst eines ›Amtes‹ den bedrohten Staat wider seine Verderber [...] schützen«

---

[16] Grundlinien deutscher Staatsauffassung. Festgabe z. zehnjährigen Bestehen d. Gesellschaft »Deutscher Staat«, Langensalza 1929, 9.
[17] ALTHAUS, Ethik (K) 104.

sollte.[18] In der Auslegung von Römer 13 klagte er ein sittliches Recht des Christen auf Widerstand gegen eine demokratische Obrigkeit ein.[19]

Einer schöpfungsmäßig begründeten Vaterlandsliebe entsprachen metapolitisch-überindividuelle Schöpfungsordnungen wie Ehe, Recht, Staat und Volkstum. Die Volkstums-Semantik ermöglichte es Althaus, neue biologistische Denkformen zu rezipieren. Ein Volk habe seine »biologische Gesundheit und Güte« zu pflegen und die »biologische Verwahrlosung« zu bekämpfen.[20] So sollte eine der »schwersten Volkstumsfragen«, die »jüdische Frage«, durch ein Konzept der Stärkung jüdischer Volksidentität beantwortet werden. Weder »aufklärerischer Liberalismus« noch moderner Rassenantisemitismus seien die Lösung. Das Judentum sei »Hauptträger des rationalistisch-kritizistischen, individualistischen Geistes der Aufklärung und damit Vormacht im Kampfe gegen die irrationale geschichtliche Bindung und ideale Überlieferung unseres Volkes«, also zur »Gefahr« für die deutsche Identität geworden. Althaus plädierte für einen vermeintlichen Mittelweg zwischen Emanzipation bzw. Assimilation und Diskriminierung: für ein intensiviertes Bewußtsein der Juden für ihr Volkstum und die Anerkennung der völkischen »Schranke«, »deren Achtung erst eine würdige Gemeinschaft herstellt«.[21]

Nach wichtigen Studien zur Eschatologie und Ekklesiologie sowie grundlegenden Aufsätzen zur Rechtfertigungslehre entwickelte Althaus in seinem »Grundriß der Dogmatik« (1929) die Lehre von der Uroffenbarung, einer der Wortoffenbarung vorangehenden, im NT bezeugten ursprünglichen Selbsterschließung Gottes im Gesamtzusammenhang der Welt und der krisenhaften Selbsterfahrung des Menschen.[22] In einer faszinierenden Verbindung von Motiven erweckter Frömmigkeit und modernen Erlebniskonzepten wollte er einen unbedingten, in existentieller Tiefe sich erschließenden Anspruch Gottes explizieren. Gegen die dialektisch-theologische Enttheologisierung des Geschichtsbegriffs sollte Geschichte theologisch deutbar werden. Die Hoffnung auf eine neue christliche Integration des Gemeinwesens ermöglichte es Althaus, die »deutsche Wende« im Januar 1933 als Manifestation göttlichen Geschichtshandelns zu deuten. Die Geschichtstheologie der Deutschen Christen lehnte er jedoch ab. Die enge Verknüpfung von Heilsgeschichte und Geschichte des deutschen Volkstums führte aber dazu, daß er mit Elert den »Ansbacher Ratschlag« gegen die Barmer Theologische Erklärung zusammen mittrug.[23] Die sehr sensible Reformulierung der überkommenen Sündenlehre trug dazu bei, daß Althaus relativ schnell von solchen unmittelbaren Identifikationen der »Schöpfungsordnungen« mit empirischen politischen Gegebenheiten Abstand nahm. Dies zeigen auch die

---

[18] AaO, 106.
[19] PAUL ALTHAUS, Der Brief an die Römer, Göttingen 1932, 106–109, ²1933 (NTD 2).
[20] ALTHAUS, Ethik (K) 94.
[21] AaO, 95f.
[22] PAUL ALTHAUS, Grundriß d. Dogmatik, Teil 1, Erlangen 1929, § 3–5.
[23] Vgl. dazu auch VI.6.2.6.

Dogmatikvorlesungen, die seine erst nach dem Krieg erschienene Dogmatik »Die christliche Wahrheit« (1947/48) vorbereiteten.

Geprägt vom Weltkrieg und Spenglers Kulturpessimismus kritisierte Elert, ein Preuße aus Prinzip und allem Militärischen tief verbunden,[24] seit 1921 die moderne »Kultur ohne Christentum« sowie liberalprotestantische Synthesen von Kultur und Religion. Faszinierende kulturhistorische Analysen der »Geschichte der Beziehungen zwischen dem evangelischen Christentum in Deutschland und dem allgemeinen Denken seit Schleiermacher und Hegel« stellte er unter den Titel »Der Kampf um das Christentum«.[25] Mit dem Konzept der »Diastase« verband er neue exegetische Einsichten in den eschatologischen Charakter des Reich-Gottes-Glaubens mit kulturdiagnostischen Analysen der modern-gesellschaftlichen Auflösung einer durch kritische Dauerreflexion bewirkten substantiellen Einheit des Lebens. Das »allgemeine Denken« sei seit 1870 einer »Diffusion [...] der Lebensanschauung verfallen, daß dem Christentum [...] keine vollkommene, d.h. ihren Sinn erfüllende Synthese mehr möglich war« (488). Angesichts herrschender »Decadence« müsse sich das Christentum aus »den Verschlingungen mit einer untergehenden Kultur« lösen, »damit es nicht mit [...] hinabgerissen werde« (489). Auch bei Elert war avantgardistischer Antimodernismus verknüpft mit einer Kritik des jüdischen Geistes, der als Inbegriff falscher Aufklärung und nihilistischer Reflexionskultur galt.

Um den konstitutiven Zusammenhang von Dogmatik und Ethik zu betonen, aktualisierte Elert Grundbegriffe Erlanger Erfahrungstheologie. In »Die Lehre des Luthertums im Abriß« (München 1924) wurde dieser Zusammenhang primär schöpfungstheologisch hergestellt, so daß die Relation des Christen zu den Schöpfungsordnungen ins Zentrum der Ethik rückte. Lutherische Tradition deutete er nicht konfessionalistisch eng, sondern als krisenhafte menschliche Existenz vor der Dialektik von Gesetz und Evangelium. Seit Studien über »Die voluntaristische Mystik Jakob Böhmes« (1913) vertrat er ein voluntaristisches, an Tathandlung und starkem Willen orientiertes Bild Gottes und des Menschen. Im Willensgott sah er eine absolute Macht bzw. schlechthinnige Gewalt, die den Menschen in Gestalt des irrationalen Schicksals gegenübertrete. In Verbindung mit einem dynamistischen Wirklichkeitsverständnis und der Faszination durch den starken Willen beinhaltete dieses Schicksalskonzept die Tendenz, gegenläufig zur immer wieder betonten Sündhaftigkeit des Menschen dem freien Handeln als solchem eine theologische Dignität zuzuerkennen, die insbesondere 1933 auch als Sanktionierung des »machtvollen Geschehens« konkretisiert werden konnte. Gerade die modernen, von Johann Gottlieb Fichte geprägten Begriffe in Elerts Dogmatik wirkten politisch problematisch. Mit seiner zweibändigen »Morphologie des Luthertums« (München 1931/32) legte Elert einen kultur-

---

[24] BERNDT HAMM, Werner Elert als Kriegstheologe. Zugleich ein Beitr. z. Diskussion »Luthertum u. Nationalsozialismus«: KZG 11 (1998), 206–254.
[25] München 1921.

morphologischen Gegenentwurf zu den Protestantismusdeutungen Troeltschs und Max Webers vor. Indem er die neuzeitlichen lutherischen Kirchentümer »in der ganzen Breite ihrer Wirkung, auch auf ›nichtkirchlichen Gebieten‹ zu verfolgen« begann,[26] wollte er eine dem reformatorischen Urerlebnis entsprechende Weltanschauung des Luthertums stärken. Der Gestalt (morphe) des Luthertums erkannte er eine kulturprägende Dynamis zu, die die Grenzen der lutherischen Konfession überschreite.

In der 1941 in Berlin veröffentlichten Dogmatik »Der christliche Glaube« nahm Elert intensiv auf altkirchliche und mittelalterliche Texte Bezug. Nur durch Quellenstudium lasse sich das wissenschaftliche Niveau der Theologie wahren. Die Disposition der Dogmatik zeigt deren erfahrungstheologische Ausrichtung. Die Dialektik von Gesetz und Evangelium als »Grund des christlichen Kerygmas bestimmt den Gang der Darstellung. Das Gesetz des verborgenen Gottes ist über den Menschen verhängt, es macht ihn schuldig, so daß er nur Grauen empfinden kann und an Gott verzweifelt. Gerade in dieser elementaren Verzweiflung gibt sich Gott zu erkennen« (162).

2.4 Erlanger Gelehrtenpolitik

Trotz der verbreiteten Kritik an der Haltung der Erlanger Theologen im sog. Kirchenkampf liegen keine differenzierten Detailstudien über ihr politisches Engagement in der Weimarer Republik vor. Zwar führen Universitätshistoriker das national-antidemokratische Klima an der Universität auf den »Erlanger Protestantismus« zurück und betonen den großen Einfluß der Theologen bei der Öffnung für den Nationalsozialismus seit dem Januar 1933.[27] Genau besehen hatten die Ordinarien der Theologischen Fakultät in der lokalen Gelehrtenpolitik aber keine Führungsrolle inne.

Keiner der in Erlangen lehrenden Theologen unterstützte die Weimarer Republik. Manche Ältere kultivierten eine nostalgische Sehnsucht nach dem Kaiserreich. Die Ordinarien der mittleren Generation beschworen einen neuen autoritären Staat auf christlicher Wertbasis oder öffneten sich schon relativ früh völkischen Gruppen bzw. der NSDAP. Viele Studierende waren Mitglied in antirepublikanischen Kampforganisationen. Seit Ende der 20er Jahre begeisterte sich die große Mehrheit der Erlanger Theologiestudenten für den Nationalsozialismus. Nachdem in den Freikorps der Jahre 1919 und 1920 Erlanger Studenten sehr stark vertreten waren,[28] gehörten im Wintersemester 1930/31 36,6% der

---

[26] Bd. 1, V.
[27] GOTTHARD JASPER, Die Universität i. d. Weimarer Republik u. i. Dritten Reich: KÖSSLER (B) 793–838 (802f. 815).
[28] MANFRED FRANZE, Die Erlanger Studentenschaft 1918–1945, Würzburg 1972, 22–31 (VGFG 9/30).

Erlanger Theologiestudenten dem Nationalsozialistischen Deutschen Studentenbund an.²⁹

Strathmann und E.F.K. Müller waren parteipolitisch aktiv. Noch im November 1918 publizierte E.F.K. Müller einen Aufruf zur Gründung einer antikatholisch-antisozialistischen »Evangelischen Volkspartei«. Damit hatte er nur wenig Erfolg.³⁰ Von 1919 bis 1926 war er Mitglied des Erlanger Stadtrats. Bei der Reichstagswahl im März 1933 kandidierte E.F.K. Müller für den Christlichen Volksdienst.³¹ Strathmann engagierte sich für die Konservativen. Bei den Landtagswahlen im Januar 1919 errang er das Mandat für die DNVP. Von Juni 1920 bis September 1930 vertrat Strathmann die DNVP für den Wahlkreis Franken im Reichstag. Nachdem er aus Protest gegen den Kurs Alfred Hugenbergs mehrfach mit dem Parteiaustritt gedroht hatte, ging er im Herbst 1930 zum Christlich-Sozialen Volksdienst über, wo er bald eine führende Rolle spielte. Von Januar 1931 bis Juli 1932 und von November 1932 bis März 1933 hatte er für den Christlich-Sozialen Volksdienst erneut ein Reichstagsmandat inne. Seit den frühen 30er Jahren gehörte er der »Nationalpolitischen Arbeitsgemeinschaft« von Kuno Graf Westarp an. Sie wollte durch eine Verfassungsreform eine autoritäre Regierung »unter Überwindung des preußisch-deutschen Dualismus« etablieren und Heinrich Brüning durch einen Rechtsblock unter Einschluß der NSDAP stärken.³²

Vor der »Arbeitsgemeinschaft für Volksmission« stritt Strathmann 1931 mit dem späteren bayerischen NS-Kultusminister Hans Schemm über den »Nationalsozialismus und die evangelische Kirche«. Für den Christlichen Volksdienst analysierte er 1932 kritisch die »Nationalsozialistische Weltanschauung«.³³ Die Attraktivität der NS-Bewegung deutete er als Folge des Versailler Vertrages und dessen Ziel der »Verelendung des ganzen Volkes«. »Dieser erwachende Freiheitswille ist es, der in der nationalsozialistischen Bewegung aufbrandet! Endlich!« (5). Der Nationalsozialismus erneuere alte Werte wie Zucht und Ordnung und repräsentiere »die Auflehnung des Persönlichen gegen die kalten Mächte des Geldes und der Wirtschaft«, den »Überdruß am Parteienstaat« und »an einer Verfassung, die [...] eine große, freie Verantwortlichkeit einzelner überragender Männer« verhindere (5). Obgleich er Hitlers selektive Deutung des Alten Testaments mit theologischen Gründen verwarf, gestand er der NS-Rassenlehre zu, sie enthalte »ernste Wahrheiten«. Werde »der Rassegedanke zum Rassekultus ge-

---

²⁹ ANSELM FAUST, Der Nationalsozialistische Deutsche Studentenbund. Studenten u. Nationalsozialismus i. d. Weimarer Republik, Bd. 2, Düsseldorf 1973, 146.
³⁰ MEHNERT, Ev. Kirche (B) 131–135.
³¹ Erlanger Tagblatt Nr. 50 v. 28.2.1933, 3.
³² HERBERT GOTTWALD, Nationalpolitische Arbeitsgemeinschaft: Lexikon z. Parteiengesch. Die bürgerlichen u. kleinbürgerlichen Parteien u. Verbände i. Deutschland (1789–1945), hg. v. DIETER FRICKE, Bd. 3: Gesamtverband deutscher Angestelltengewerkschaften, Reichs- u. freikonservative Partei, Leipzig 1985, 439f.
³³ HERMANN STRATHMANN, Nationalsozialistische Weltanschauung?, Nürnberg [1931] (Christentum u. Volkstum 1).

steigert«, müsse im Namen des »positiven Christentums« protestiert werden. Das 5. Gebot verbiete die Ermordung behinderter oder kränklicher Kinder (22). Trotz seines Verständnisses für den »Abwehrkampf gegen die zersetzenden Wirkungen und sonstigen schweren Schäden«, mit denen ein »wurzellos gewordenes Judentum« das deutsche Volk bedrohe (24), lehnte Strathmann antisemitische Ausschreitungen ab. Unbeschadet vieler Übereinstimmungen mit den politischen Zielen der Nationalsozialisten enthalte deren »Rasseglaube[n]« mit »seinen ethischen und religiösen Auswirkungen« Hindernisse für eine prinzipielle Akzeptanz durch Christen. Als Strathmann im März 1933 den Monopolanspruch von NSDAP und DNVP auf nationales Denken bestritt, wurde der »Christliche Volksdienst« in Württemberg verboten.[34] Im Sommer 1933 forderten der fränkische Gauleiter Julius Streicher und die Erlanger Studenten-SA Strathmanns Versetzung in den Ruhestand wegen politischer Unzuverlässigkeit. Unter »Hinweis auf seinen seit Dezember 1918 geführten ›Kampf gegen den Marxismus und seine Helfer‹« konnte Strathmann seine Entlassung verhindern. Weder der Rektor der Universität noch sein Dekan Althaus unterstützten ihn. Zu seinen Gunsten intervenierte nur Procksch, der mit dem Studentenführer Rupprecht von Gilardi bei Kultusminister Schemm vorsprach.[35] Strathmanns Position an der Universität blieb unsicher, mehrfach wurde er bei akademischen Veranstaltungen brüskiert und auch denunziert. Die außenpolitischen Erfolge der NS-Regierung ließen ihn später zu einem begeisterten Apologeten Hitlers werden. In den »Theologischen Blättern« pries Strathmann im Mai 1940, wenige Tage nach der Kapitulation der Niederlande und Belgiens, den nationalsozialistischen Eroberungskrieg als Erfüllung der »größten politischen Hoffnungen der Deutschen«, der Revision des Versailler Vertrages. Es vollziehe sich ein Geschehen »von schier mystischer Größe«. Ausländischen Kritikern der NS-Kirchenpolitik erklärte er, daß die evangelische Kirche ihre Lage mitverschuldet habe. Keineswegs herrsche in Deutschland der »Antichrist«, weil »noch immer das Evangelium bei uns ungehindert verkündet werden darf«.[36]

Sowohl Strathmann wie Zahn setzten sich nach 1918 mit der Frage der Gültigkeit und der Berechtigung des Eides auseinander. Zahn erklärte in seiner republikkritischen Abhandlung »Staatsumwälzung und Treueid in biblischer Beleuchtung« (Leipzig 1919) gegen Römer 13 das Gewissen zur Entscheidungsinstanz in der Frage, welche Obrigkeit anzuerkennen ist und welche nicht. Auch sei es legitim, im neuen Staat »in Treue fest« zum alten Herrscherhaus zu stehen.

Friedrich Wilhelm Kantzenbach faßte 1980 die politische Tätigkeit Jordans in dem Satz zusammen: »Kaum ein anderer Theologe, selbst wohl Reinhold Seeberg nicht, hat so konsequent [...] einen konservativ-monarchischen nationalstaatlichen Kurs befördert und in der Öffentlichkeit [...] dafür publizistisch ge-

---

[34] OPITZ (B) 294.
[35] WENDEHORST (B) 206; WALTHER V. LOEWENICH, Die Erlanger Theol. Fakultät 1922–1972: JFLF 34/35 (1975), 635–658 (646); KÜHNEL (B) 300.
[36] HERMANN STRATHMANN, Welch eine Wendung durch Gottes Führung!: ThBl 19 (1940), 171f.

worben.«³⁷ Nach 1918 setzte Jordan seine im Krieg begonnene Übung fort, das politische Geschehen in kleineren Essays zu kommentieren. 1921 faßte er eine Auswahl seiner Texte aus der Zeit von September 1916 bis September 1921 in dem Sammelband »Von deutscher Not und Deutscher Zukunft« (Leipzig, Erlangen) zusammen. Hier vertrat er die »Dolchstoßlegende« und wies die Schuld an der deutschen Niederlage sowie an der Nachkriegspolitik der Entente der politischen Naivität bzw. Unfähigkeit der Demokraten, Pazifisten und Sozialisten in Deutschland bereits vor Kriegsbeginn 1914 zu.³⁸ Ordnung könne nur die Rückkehr zu einer »Obrigkeit« schaffen, »der man Untertan ist«.³⁹ Die »Judenfrage« wollte Jordan durch Rassenhygiene bzw. die größtmögliche Beschränkung »neuer Rassenmischung und damit Rassenveränderung«⁴⁰ lösen. Eine Auswanderung der Juden sei unmöglich, daher sei die jüdische Zuwanderung nach Deutschland sofort zu stoppen.⁴¹ Mit der zehnbändigen Schriftenreihe »Im neuen Deutschland. Grundfragen deutscher Politik in Einzelschriften« (1918– 1920) bot Jordan Gesinnungsfreunden wie Theodor Kaftan, Gottfried Traub und Friedrich Brunstäd ein Forum zur radikalen Demokratiekritik.

Procksch bekannte sich 1925 zu nationaler Großmachtpolitik und politischem Heroentum. Demokratie und Internationalismus erteilte er eine schroffe Absage: »Ohne Kampf um die Größe und Freiheit der Nation wächst kein Volk aus seinen unternationalen Regionen empor; nur bei Entfaltung des nationalen Gedankens werden auch die sittlichen Leistungen eines Volkes sittlich. Der Internationalismus ist auch vor Gott unsittlich; denn Gott hat die Nation und nicht den einzelnen zum Träger der geschichtlichen Schöpfung bestimmt, in der das Geistesleben erst frei wird. Die deutsche Nation aber ist ohne Helden undenkbar [...] Unsere Zukunft liegt darin, daß unsere Jugend wieder zur Heldenverehrung erzogen wird«.⁴²

Nur vergleichsweise selten traten Erlanger Professoren in den zwanziger Jahren mit politischen Erklärungen an die Öffentlichkeit. Angesichts der ökumenischen Kontroversen um die deutsche Kriegsschuld und den Versailler Vertrag veröffentlichten Althaus und Emanuel Hirsch im Sommer 1931 eine Erklärung »Evangelische Kirche und Völkerverständigung«, in der sie jede Zusammenarbeit mit ausländischen Kirchen von der Aufhebung des Vertrages abhängig machten. Der Kritik, er sei durch den »nationalistischen Bazillus« infiziert, begegnete Althaus damit, daß ihn »einesteils realpolitische Bedenken, anderenteils und hauptsächlich die naturalistische Rassenideologie« vom Eintritt in die NSDAP abhielten. Allerdings müsse man der enormen Resonanz der National-

---

³⁷ KANTZENBACH, Geist (B) 393f.
³⁸ HERMANN JORDAN, Von deutscher Not, 34 [Die Schuld am Krieg, Februar 1921]. 47 [Brest-Litowsk u. Versailles, April 1921]; vgl. auch DERS., Wie kam es? Die letzten sechs Jahre deutscher Politik i. ihren inneren Zusammenhängen, Berlin 1920, 5 (Im neuen Deutschland 10).
³⁹ AaO, 62. 64 [Obrigkeit, Dezember 1921].
⁴⁰ AaO, 84 [Gedanken z. Judenfrage, August 1921].
⁴¹ AaO, 95.
⁴² PROCKSCH (K) 8f.

sozialisten unter den Theologiestudenten gerecht werden. Im Februar 1932 trat Althaus im Rahmen eines Aufrufs von Industriellen, Militärs, Politikern und Hochschullehrern für die Wiederwahl Paul von Hindenburgs ein.

Preuß unterhielt seit 1923 enge Kontakte zu völkischen Gruppen und zur NSDAP. Als Rektor der Jahre 1922/23 veranstaltete er eine Feier zu Ehren des von Franzosen erschossenen Freicorpskämpfers und NSDAP-Mitglieds Albert Leo Schlageter. Am 2.9.1923 überbrachte er beim »Deutschen Tag«, einer Großkundgebung »Vaterländischer Verbände«, in Nürnberg einen Gruß der Erlanger Universität.[43] Neben ihm sprachen auch Hitler und Erich Ludendorff. Preuß gehörte zu den wenigen protestantischen Universitätstheologen, die bei den Reichstagswahlen 1932 und 1933 öffentlich für Hitler warben. Vor den Märzwahlen 1933 unterstützte Preuß die Aktion »Die deutsche Geisteswelt für Liste 1«[44] zugunsten der NSDAP. Obwohl Preuß kein Parteimitglied war, ernannte ihn der bayerische Kultusminister Schemm am 8.5.1933 zum »Vertrauensmann zwischen Universität, Studentenschaft und Ministerium«. Als Mitglied des »Hauptausschusses wider den undeutschen Geist« unterstützte Preuß am 12.5. 1933 die Verbrennung von Büchern. In einer akademischen Rede »Christus im deutschen Bilde« rechtfertigte er anschließend die Verfolgung »entarteter« Künstler: »Das Wort des Führers [...] trifft für einen nicht geringen Teil der Kunsterzeugnisse des Expressionismus völlig zu, daß nämlich ihre Verfertiger als Kranke oder als Betrüger ins Irrenhaus oder ins Gefängnis gehörten«. Ein »christlich empfindender Kritiker« müsse empört »feststellen, daß manchem Schmierer das erhabene Thema des Leidens Christi gerade gut genug erschien, um seinen Irrsinn daran zu inkarnieren«.[45] Seine Lehrveranstaltungen inszenierte er nun als Hitler-Kult. Luther-Deutung wurde zur Führer-Apologie. Beide hätten sich als »deutsche Führer« »zur Errettung ihres Volkes berufen« gewußt.[46]

Auch andere Professoren kommentierten in Lehrveranstaltungen 1933 das Zeitgeschehen. Die These, daß das »Lehrangebot nur eine punktuelle Politisierung«, aber keine »systematische NS-Indoktrination« aufweise,[47] trifft für Erlangen nur bedingt zu. Procksch, der sich in seinen Vorlesungen bis 1933 immer wieder zur Monarchie bekannt hatte, bot trotz der »deutschen Revolution« weiterhin eine »Einführung in die hebräische Grammatik« an. Wegen der demonstrativen Distanz zu den neuen Machthabern wurde er wiederholt angepöbelt. Sein Nachfolger Baumgärtel verzichtete auf den anstößigen Seminartitel.[48] Vollrath nutzte seine Vorlesungen zu entschiedener NS-Agitation. Im WS 1933/34 las er über »Die Botschaft der Kirche in völkischer, vaterländischer und

---

[43] Vgl. HANS PREUß, Miniaturen aus meinem Leben, Gütersloh 1938, 103f; Schulthess' Europäischer Geschichtskalender NF 39 (1923), München 1928, 162.
[44] Völkischer Beobachter (Süddeutsche Ausgabe) v. 3.3.1933.
[45] HANS PREUß, Christus i. deutschen Bilde. Rede am 191. Stiftungstage, am 3. November 1934, Erlangen 1935, 19 (Erlanger Universitäts-Reden 17).
[46] DERS., Luther u. Hitler: AELKZ 66 (1933), 970–973. 994–999 (970).
[47] MEISIEK (K) 141.
[48] WENDEHORST (B) 189.

gesellschaftlicher Hinsicht«, im SS 1935 und SS 1936 über »Christentum und Rassenfrage«, später für Hörer aller Fakultäten über »Künder deutscher Weltanschauung (u.a. Ernst Moritz Arndt, Paul de Lagarde, Houston Stewart Chamberlain) und Wortführer des Glaubens«. Nach dem Attentatsversuch auf Hitler vom 8.11.1939 erklärte er in einem Glückwunsch an den Führer: »So bleibt das ›Heil Hitler‹, der Gruß aller Deutschen, ein Dank an den Himmel. Er wird zur Bitte um den Schutz des Allmächtigen, verbunden mit dem Gelöbnis und Vorsatz: Ja wohlan, du wirst nicht säumen, laß uns nur nicht lässig sein!«[49] Auch Preuß paßte sich im Lehrbetrieb schnell den NS-Erwartungen an. Im Sommer 1933 und 1935 las er über »Führergestalten in der Kirchengeschichte.«

Vollrath stellte nach 1933 seine Kenntnisse des britischen Geisteslebens in den Dienst der NS-Propaganda. In Büchern wie »Thomas Carlyle und Houston Stewart Chamberlain. 2 Freunde Deutschlands« (o.O. 1935), »Houston Stewart Chamberlain und seine Theologie« (Erlangen 1937) und »Im Kampf mit Trugbildern britischer Anmaßung und Herrschsucht« (Gießen 1941) wollte er den wahren, prodeutschen britischen Geist von englischem Cant absetzen.

Sprenger war der einzige Erlanger Ordinarius für Evangelische Theologie, der der NSDAP angehörte. Nur die Tatsache, daß sein Lehrstuhl *extra facultatem* war, vermochte die »Gefährlichkeit dieses Fanatikers« zu begrenzen.[50]

2.5 Die Erlanger Theologische Fakultät im Krieg

Seit Beginn des Krieges waren die Theologiestudierenden massiven Repressionen ausgesetzt. Der Lehrkörper scheint davon nur wenig betroffen worden zu sein.

Obwohl Erlangen im WS 1942/43 mit 31 Studierenden die zweitgrößte deutsche Fakultät nach Tübingen (51 Studenten) war und im Herbst 1944 neben Erlangen nur noch die Fakultäten in Berlin, Greifswald, Leipzig und Tübingen arbeiten konnten,[51] war die Erlanger Fakultät ebenso wie die übrigen Theologischen Fakultäten in ihrem Bestand ernsthaft bedroht. Im SS 1939 studierten 216 (= 26,8%) der Erlanger Studenten) evangelische Theologie; im ersten Kriegssemester gab es 87 (= 5,98%), im 1. Trimester 1941 51 (= 7,17%), im Sommer 1942 23 und im Winter 1942/43 noch 31 Studierende. Neben den Einberufungen zur Wehrmacht erschwerten die massive antichristliche Agitation und vielfältige Diskriminierungsmaßnahmen gegenüber Theologiestudenten das Studium. Die Zahl der Studienanfänger ging dramatisch zurück. Der Sicherheitsdienst der SS meldete am 14.11.1940, daß das Theologiestudium »fast im Aussterben begriffen« ist.[52]

---

[49] AaO, 206.
[50] TRILLHAAS (B) 171; vgl. auch VIII.3.
[51] MEIER, Fakultäten (K) 454; BAIER, Kirche in Not (B) 210.
[52] HEINZ BOBERACH (Hg.), Meldungen aus d. Reich. Die geheimen Lageberichte d. Sicherheitsdienstes d. SS 1938–1945, Bd. 5: 4.7.1940–14.11.1940, Herrsching 1984, 1765, Bd. 6: 18.11.1940–17.4.1941, Herrsching 1984, 2139.

Junge Theologen wurden von der Vergabe von Stipendien ausgeschlossen, Gebührenerlasse galten nicht für Theologen, und Zugangsbeschränkungen behinderten den Studienbeginn. Zu akademischen Feiern wurden Theologen vielfach nicht mehr eingeladen oder sie wurden dort beleidigt. Bei einer Feier zum 15-jährigen Jubiläum des Nationalsozialistischen Deutschen Studentenbundes wurden beim Totengedenken die 22 im Krieg schon gefallenen Theologiestudenten nicht genannt. Dekan Elert legte gegen diese Diskriminierung Protest ein und erhob auch förmliche Beschwerde gegen die Entscheidung, Theologiestudenten seit 1941 das Recht auf Gebührenerlaß zu verweigern.[53] 1940 erlaubte Elert einem sog. »Mischling ersten Grades«, bei ihm ohne Immatrikulation zu hören. Darüber hinaus verschaffte Elert ihm ein Stipendium, obgleich dessen Vergabe an die Immatrikulation gebunden war.[54]

Das Ende des Krieges und die Besatzungszeit bedeuteten für die Theologische Fakultät in personeller wie theologischer Hinsicht keine Zäsur. Von den Theologen, die im Mai 1945 noch in Erlangen lehrten, konnten sechs (Baumgärtel, Elert, Grether, Loewenich, Sasse und Trillhaas) unbehelligt weiterlesen. Strathmann wurde im November 1945 entlassen, dann aber emeritiert. Auch Althaus und F. Hauck wurden von der Militärregierung im Februar 1947 entlassen, waren aber schon 1948 wieder im Amt. Nur Preuß wurde noch nach seiner Emeritierung entlassen. Ein Blick auf die von 1946 bis 1950 hinzugekommenen Fakultätsmitglieder Walter Künneth, Gerhard Schmidt, Ethelbert Stauffer und Eduard Steinwand zeigt, daß für die Erlanger Fakultät eine lutherische Grundorientierung bestimmend blieb.

3. Popularisierung der Theologie außerhalb der Fakultät

3.1 Das theologische Verlagswesen

Theologie wird nicht nur in akademischen Milieus produziert. Auch Pfarrer, Gelehrte anderer Disziplinen, Lehrer, gebildete Bürger und sonstige »Laien« kommunizieren theologische Vorstellungen. Verlage vermarkten Theologie, und in der Presse werden theologische Programme popularisiert. Für den bayerischen Protestantismus ergibt sich für die Zeit zwischen 1918 und 1945 ein buntes, widersprüchliches Bild. Alle theologischen Richtungen teilten aber das Interesse, protestantische Identität in klar profilierter Differenz zum politisch-kulturell dominierenden Katholizismus darzustellen. Die tiefe habituelle Distanz gegenüber den Katholiken verband sich häufig mit einer theologischen Fundamentalkritik aller Aufklärungstraditionen und entschiedener Parteinahme so-

---

[53] MEISIEK (K) 373. 369. Zur Palette der Diskriminierungsmaßnahmen gegen Theologen vgl. aaO, passim.
[54] AaO, 297.

wohl gegen den politischen Liberalismus als auch gegen die Parteien der Arbeiterbewegung. Die Münchner Räterepublik hatte viele Pfarrer der bayerischen Landeskirche traumatisiert. Von den 973 Pfarrern und 123 Hilfsgeistlichen, die es im rechtsrheinischen Bayern 1919 gab, kämpften 144 in Freikorps gegen die »rote Diktatur«.

Kirchennahe evangelische Verlage hatten zumeist in Nürnberg und Nördlingen residiert. Nach 1918 entwickelte auch die Münchner Christian Kaiser Buchhandlung ein Verlagsprogramm, in dem protestantische Theologie eine prominente Rolle spielte.[55] Der Verleger Albert Lempp vermarktete zunächst die im Raum Nürnberg einflußreichen liberalprotestantischen Prediger Friedrich Rittelmeyer und Christian Geyer. Unter dem Eindruck der Anthroposophie Rudolf Steiners gründete Rittelmeyer 1922 aber eine »Christengemeinschaft«, die bei einigen Familien des Nürnberger und Münchner Bildungsbürgertums große Resonanz fand. Als Lempp 1918 den Münchner Pfarrer Georg Merz zu seinem theologischen Berater machte, änderte sich schnell das theologische Profil des Chr. Kaiser Verlags. Merz, ein diakonisch engagierter Lutheraner, verband in eigenwilliger Synthese autoritäre politische Ordungskonzepte mit einer sozialromantischen Verklärung proletarischer Seinsnähe und unterhielt in den frühen 20er Jahren enge Kontakte zu religiös-sozialistischen Zirkeln. Entschieden bekämpfte er den Antisemitismus der protestantisch-völkischen Gruppen. Seine Suche nach »Religiöse[n] Ansätze[n] im modernen Sozialismus« (München 1919) ließ ihn Kontakte zu Barth knüpfen, dessen »Römerbrief« Lempp auf Merz' Rat hin übernahm. Das expressionistische Kultbuch einer neuen Theologengeneration bildete den Auftakt der theologiepolitisch folgenreichen engen Kooperation zwischen Lempp, Barth und anderen dialektischen Krisentheologen. Seit 1922 gab der auf theologische Unabhängigkeit bedachte Merz die Zeitschrift »Zwischen den Zeiten«, das wichtigste Organ der neuen Richtung, heraus, das bis zum teils theologisch, teils politisch motivierten Bruch Barths mit Friedrich Gogarten, Emil Brunner und Rudolf Bultmann im Jahr 1933 Bestand hatte. Bei Chr. Kaiser erschien neben den akademischen Werken Barths auch die für den innerprotestantischen Kirchenkampf grundlegende Kampfschrift »Theologische Existenz heute«, die den Titel für eine bis 1984 bestehende Schriftenreihe lieferte. Der Chr. Kaiser Verlag dürfte erheblich zur Verbreitung Barthscher Ideen in der bayerischen Pfarrerschaft und im Bildungsbürgertum beigetragen haben. Barths reformierte Herkunft und sein Polemisieren gegen die lutherische Tradition markierten allerdings eine Grenze der Rezipierbarkeit seiner Theologie. Konfessorisch entschiedene Barthianer gab es in der bayerischen Pfarrerschaft der 20er Jahre deutlich seltener als in anderen Landeskirchen. Die von der neuen Theologie begeisterten Jüngern schlugen sich in den internen Differenzierungsprozessen der Dialektischen Theologie zumeist auf die Seite des Lutheraners Gogarten.

---

[55] Vgl. hierzu JOACHIM MEHLHAUSEN, 150 Jahre Chr. Kaiser Verlag: EvTh 55 (1995), 393–400.

Auch Merz[56] rückte in den späten 20er und frühen 30er Jahren zunehmend neulutherische Modebegriffe wie Autorität, Bindung, Zucht, Schicksal und Gesetz in den Vordergrund und beteiligte sich an der Suche nach einem starken deutschen Staat. Im Kirchenkampf trug er entscheidend dazu bei, daß der Chr. Kaiser Verlag konsequent der »Bekennenden Kirche« nahestehende Theologen unterstützte.

Erheblichen theologischen Einfluß gewann auch der seit 1920 an der Münchner Matthäus-Kirche wirkende Pfarrer Friedrich Langenfaß. 1924 gründete er die Zeitschrift »Zeitwende«. Langenfaß, seit 1930 Münchner Dekan, hatte seit 1921 antisemitische Vorträge gehalten, später aber die schnelle Politisierung der theologischen Debatten beklagt.[57] Neben einzelnen liberalprotestantischen Autoren arbeiteten an der »Zeitwende« primär Theologen und Juristen aus dem konservativ-lutherischen Spektrum mit, die zum Teil für den Nationalsozialismus warben. Zu den Mitarbeitern gehörten neben Erlanger Theologen wie insbesondere Althaus u.a. Alfred Baeumler, Ernst Bertram, Brunstäd, Hirsch, Heinz-Dietrich Wendland, Heinrich Bornkamm, Gogarten, Seeberg, Künneth, Gerhard Ritter, Renatus Hupfeld und Stapel.

3.2 Kulturprotestantische Milieus

Vor 1914 war das theologische Klima in der bayerischen Pfarrerschaft primär durch die innerprotestantischen Kulturkämpfe zwischen »Liberalen« und »Positiven« geprägt worden. Liberalprotestantische Gruppen hatten vor allem in Nürnberg gewirkt. In den 20er Jahren ging ihr innerkirchlicher Einfluß merklich zurück. Die »Freunde der Christlichen Welt« hatten in Bayern 1920 nur 41 Mitglieder, darunter 27 Pfarrer. Sechs Jahre später war die Zahl der organisierten Kulturprotestanten auf 37 Mitglieder, darunter 21 Pfarrer, gesunken. 7 Mitglieder wohnten in Nürnberg, nur eines in München. Dennoch darf etwa der Einfluß Geyers, seit 1902 Hauptprediger an St. Sebald in Nürnberg, nicht zu gering veranschlagt werden. Trotz der Trennung von Rittelmeyer und des Widerstandes, den ihm seit 1909 der Präsident des Oberkonsistoriums Hermann von Bezzel wegen seiner durch die religionsgeschichtliche Schule geprägten Ansichten leistete, stieß er auch außerhalb seiner Gemeinde auf große Resonanz. Seine Zeitschriften »Christentum und Gegenwart« (1910–1923) und »Christentum und Wirklichkeit« (1923–1934) waren reichsweit verbreitet. Geyers umfangreiche Predigtsammlungen »Gott und Seele« – 1922 erschien das 9. bis 11. Tausend bei Chr. Kaiser in München – und »Der Mensch suchende Gott« (Rudolstadt 1926) fanden großen Anklang.

Die 1925 in Coburg abgehaltene Jahreshauptversammlung des »Bundes für Gegenwartschristentum« fand in Bayern nur geringe Resonanz. Dies gilt auch

---

56 LICHTENFELD (B).
57 Vgl. zum Münchner Protestantismus der Zeit: MENSING, Hitler (B).

für die neumystische Erlebenstheologie des einstigen, von Rittelmeyer beeinflußten Judenmissionars J. Müller, der seit 1916 im oberbayerischen Schloß Elmau eine »Freistätte persönlichen Lebens« führte. Zum Kreise seiner bildungsbürgerlichen Anhänger gehörten nur drei bayerische Pfarrer. In seinem Antiintellektualismus vertrat er das Programm einer religiösen Rettung der Seele, in dem in militaristischer Sprache die Vernichtung des alten, rationalen Ich und die Geburt eines neuen, naturnah gesunden Tatmenschen inszeniert wurde. J. Müller und viele seiner Anhänger verkündeten seit den späten 20er Jahren völkische Ideen und feierten 1933 die sog. Machtergreifung als nationale Auferstehung.

Der in München-Solln lebende Theologe Traub gewann mit den von 1919 bis 1929 erscheinenden »Eisernen Blättern« einen erheblichen Einfluß in der antirepublikanisch völkischen Protestantenszene in München. Unter den Münchner Pfarrern vertrat vor allem Eduard Putz eine völkische Theologie im Sinne des Nationalsozialismus.

3.3 Lutherisch-pietistische Kreise

Die von Wilhelm Löhe[58] gegründete Diakonissenanstalt in Neuendettelsau wirkte vor allem im Schulwesen und in der Betreuung geistig Behinderter. Mitte der 20er Jahre zählte man weit über 1.000 Schwestern, dazu 50 Brüder in der Brüderanstalt, die u.a. in zehn Zweigniederlassungen und in 280 über ganz Bayern verteilten Außenstationen wirkten. Die Neuendettelsauer Missionsgesellschaft betreute neben ausgewanderten deutschen Lutheranern in Nordamerika und Australien auch die Eingeborenen auf Neuguinea.

Die vielfältigen Querverbindungen zwischen protestantischen Milieus und neuen völkischen Gruppen zeigten sich auch in Augsburg. Hier wirkten seit 1925 die beiden Predigtamtskandidaten Siegfried Leffler und Julius Leutheuser, die als die entscheidenden Gründungsgestalten der »Glaubensbewegung Deutsche Christen« gelten. Sie verließen 1927 den Dienst der Landeskirche, trugen aber durch eine intensive Agitation dazu bei, daß viele Pfarrer lutherische Identität zunehmend im Weltanschauungskampf gegen die politische Linke (einschließlich der dominant republiktreuen Sozialdemokratie) die Einheit von Glaube und »Volkstum« beschworen und einen aggressiven Antisemitismus konkretisierten. Seit dem Winter 1923/24 gab es in der bayerischen Pfarrerschaft zahlreiche Anhänger von Volksnomos-Theologien, in denen alte theologische Konzepte, etwa Begriffe wie Schöpfung, Gesetz und Ordnung, mit neuen, als wissenschaftlich modern geltenden eugenischen und rassehygienischen Konzepten verbunden waren. Pfarrer der Gemeinschaftsbewegung, die in der älteren Pfarrergeneration stark vertreten war, warben politisch zumeist für die Deutschnationale Volkspartei. Ihr entschiedener, theologisch stark von Martin Kähler und Schlatter geprägter Biblizismus stellte zunächst eine wirksame Barriere ge-

---

58 Zu Löhe vgl. V.2 und V.6.1.

gen die synkretistische Verschmelzung christlicher Traditionsbestände mit völkischen Theologoumena dar. Seit 1931/2 konnten sich auch diverse Pfarrer der Gemeinschaftsbewegung für den Nationalsozialismus begeistern, weil sie ihn als Garanten eines dem »positiven Christentum« verpflichteten politischen Neuaufbaus verstanden. Nach der Machtergreifung führten die nationalsozialistische Kirchenpolitik und der schnelle Vertrauensverlust der Deutschen Christen bald dazu, daß auch viele politische NS-Sympathisanten unter den Pfarrern die widersprüchliche, halbherzige Resistenz-Politik des neuen Landeskirchenrats unter Hans Meiser mittrugen. Die wenigen protestantischen Laien wie Wilhelm Freiherr von Pechmann, die zu entschiedenem Protest gegen die Unterdrückung politisch Andersdenkender und die Verfolgung deutscher Bürger jüdischen Glaubens aufriefen, fanden bei den Pfarrern kaum Unterstützung.[59]

---

[59] Zur nationalsozialistischen Herrschaft vgl. auch VI.6.

VI.4 KIRCHE, POLITIK, WIRTSCHAFT UND GESELLSCHAFT

Von Wolfgang Zorn

Bayern i. d. NS-Zeit, Bd. 1: Soziale Lage u. politisches Verhalten d. Bevölkerung i. Spiegel vertraulicher Ber., hg. v. MARTIN BROSZAT, ELKE FRÖHLICH, FALK WIESEMANN, München u.a. 1977, Bd. 2: Herrschaft u. Gesellschaft i. Konflikt, Teil A, hg. v. MARTIN BROSZAT u. ELKE FRÖHLICH, München u.a. 1979, Bd. 3: Herrschaft u. Gesellschaft i. Konflikt, Teil B, hg. v. MARTIN BROSZAT, ELKE FRÖHLICH, ANTON GROSSMANN, München u.a. 1981, Bd. 4: Herrschaft u. Gesellschaft i. Konflikt, Teil C, hg. v. MARTIN BROSZAT, ELKE FRÖHLICH, ANTON GROSSMANN, München u.a. 1981, Bd. 5: Die Parteien KPD, SPD, BVP i. Verfolgung u. Widerstand, hg. v. MARTIN BROSZAT u. HARTMUT MEHRINGER, München u.a. 1983, Bd. 6: Die Herausforderung d. Einzelnen. Geschichten über Widerstand u. Verfolgung, hg. v. MARTIN BROSZAT u. ELKE FRÖHLICH, München u.a. 1983.– BESIER (B).– FRIED (B).– HIRSCHMANN (B).– HUBER, Verfassungsgesch. 6 u. 7 (B) [bis 1933].– JESSE (B).– MASER, Ev.-Luth. Kirche (B).– HANS MOMMSEN, Der Nationalsozialismus u. d. deutsche Gesellschaft. Ausgewählte Aufsätze (1962–1990), hg. v. LUTZ NIETHAMMER/BERND WEISBROD, Reinbek 1991.– NOWAK, Ev. Kirche² (B).– SCHIEDER (B).– HANS-ULRICH WEHLER, Deutsche Gesellschaftsgesch., Bd. 4: 1914–1990 (in Vorbereitung).– ZORN, Bayerns Gesch. (B).– ZORN, Sozialentwicklung (B).

1. Veränderungen bis 1933

Die sozialistische »Revolution« vom November 1918 schuf den »Freistaat« Bayern, das Land (bis 1945 mit Pfalz) als demokratische Republik im Rahmen des Deutschen Reiches. Die neugebildeten Arbeiter-, Soldaten- und Bauernräte waren überwiegend von den Mehrheits-Sozialdemokraten und dem Bayerischen Bauernbund beherrscht und in vielen Kleinstädten und Märkten, zwangsweise gebildet, als »Volksräte« mit auch bürgerlicher Beteiligung oft eher antisozialistisch gesinnt; es fehlte sogar nicht an konservativen Rätegedanken von Berufsstände- statt Parteienstaat. Die erste Landtagswahl vom Januar 1919 brachte den sozialistischen Parteien zusammen keine Mehrheit. Der Ermordung des ersten republikanischen Ministerpräsidenten Kurt Eisner am 21.2.1919 folgte die Bildung einer neuen Landesregierung aus MSPD, USPD und Bauernbund unter dem formell evangelischen Pfälzer Johannes Hoffmann (MSPD). Der Landtag behielt im innerstaatlichen Machtkampf mit den Räten sichtlich die Oberhand, was jedoch am 7.4.1919 schließlich zur Ausrufung einer »roten« und bald kommunistisch geleiteten bayerischen Räterepublik führte. Diese erfaßte München, Augsburg, Würzburg, Fürth – nicht Nürnberg –, Orte in Oberbayern, Schwaben und der Oberpfalz. Die verfassunggebende Landesversammlung und die Staatsregierung wichen nach Bamberg aus. Bis Anfang Mai wurden die Räterepublik und ihre »rote Armee« durch »weiße« Freikorpstruppen auch in München niedergeworfen. Vorübergehend hatte sie dort auch den 3. Pfarrer von St. Matthäus, Hans Meiser, als Geisel festsetzen lassen. Vom Rätesystem blieben nur Betriebsräte in den industriellen Einzelfirmen bestehen.[1] Der 1920 von Norddeutschland aus unternommene Versuch, durch einen Militärputsch eine reformierte kaiserzeitliche Ordnung wiederherzustellen, scheiterte ebenso wie 1923 der Hitlerputsch von München aus. Es begannen die äußerlich ruhigen Jahre unter der »Weimarer« und der »Bamberger« Verfassung.

Sie waren freilich weiterhin von den Folgen der Kriegsniederlage belastet. Die Revision des Versailler Friedensvertrags war quer durch die Parteien Hauptziel des schwarz-weiß-roten Nationalismus auch in Bayern.

Der Industrialisierungsprozeß, der durch die Rüstungspolitik des Krieges auch in Bayern weiter ausgebreitet worden war, setzte sich fort. 1925 waren einschließlich Landwirtschaft und häuslicher Dienste über 40% der bayerischen Erwerbspersonen Arbeiter, nur noch knapp 21% Selbständige. Das Bauerntum verlor, die großen Städte wuchsen weiter, München bis 1938 auf über 800.000 Einwohner. Nun waren die nach wie vor in politische Richtungen geteilten Gewerkschaftsbünde voll als Lohntarifpartner anerkannt, und es wurde im Zuge des Sozialstaats-Ausbaus 1927 eine allgemeine Arbeitslosenversicherung eingeführt.

Die Währungsreform von 1923 vermied einen offenen Staatsbankrott, beraubte aber die Besitzer von nicht in Sachwerte übertragenem Vermögen weitgehend ihrer privaten Alterssicherung. Zu diesen Verlierern zählten auch kirchliche Einrichtungen und Stiftungen. Die Fabrikarbeiter setzten Kollektivarbeitsrecht und Lohnverbesserungen durch, doch wurde die Arbeit durch die Einführung der »Rationalisierungs«-Fließbandarbeit noch belastender. Die Weltwirtschaftskrise seit 1929 trieb die Bauernhöfe in wachsende neue Verschuldung. Die Industriekrise führte zu Massenentlassungen: Die Beschäftigtenzahl der MAN sank von 1927/28 bis 1931/32 von 15.300 auf 7.400. Auch die Staatszuschüsse an die Landeskirche wurden gekürzt. Die verbreitete Verzweiflungsstimmung wandte sich auch gegen das parlamentarisch-demokratische »Weimarer System« an sich und trieb den radikalen Parteien, vor allem der 1919 gegründeten »Nationalsozialistischen deutschen Arbeiterpartei«, immer mehr Anhänger zu.[2]

---

[1] Vgl. dazu ZORN, Bayerns Gesch. (B) 177ff; MARTIN MÜLLER-AENIS, Sozialdemokratie u. Rätebewegung i. d. Provinz. Schwaben u. Mittelfranken i. d. bayer. Revolution 1918–1919, München 1986 [Arbeiter- und Volksräte in schwäbischen und mittelfränkischen Kleinstädten und Märkten].
[2] JÜRGEN W. FALTER, Hitlers Wähler, München 1991 [Reichstag nach Kreisen]; DERS., Der Aufstieg d. NSDAP i. Franken bei d. Reichstagswahlen 1924–1933: German Studies Review 9 (1986), 319–359; RAINER HAMBRECHT, Der Aufstieg d. NSDAP i. Mittel- u. Oberfranken 1925–1933, Nürnberg 1976 (NWSLG 17).

2. Landeskirche und politische Optionen des »Kirchenvolks« in der Weimarer Republik

Das soziale Bild der rechtsrheinischen Kirche veränderte sich im Freistaat nur wenig. Von den Schülern höherer Lehranstalten in Bayern waren 1925 37,5% evangelisch. 1934 stammten noch 20,5% der Pfarrer aus Pfarrfamilien, aber zusammen über ein Drittel aus Akademikerfamilien.[3] In der verstärkten verfassunggebenden Generalsynode von 1920 waren von 150 Mitgliedern 100 »Laien«, überwiegend beamtete Akademiker, auch 3 Gutsbesitzer, 10 Handwerker und Arbeiter, 19 Bauern. In der Synodalperiode 1923–29 fehlten die Arbeiter ganz. 1930 waren es zwei, für Nürnberg und Kronach.[4]

Den nun als Kleingruppe auch in Bayern auftretenden Religiösen Sozialisten bot sich keine Dauerchance. Die 1919 auf Nürnberger Pastoralkonferenzen begonnenen Gesprächsbrücken zum demokratischen Sozialismus wurden nicht weitergebaut. Nur ein einziger bayerischer Pfarrer, Matthias Simon, trat nach 1925 der SPD bei.[5] Die Christlichen Gewerkschaften gewannen in Bayern auch jetzt kaum über 5% evangelische Mitglieder. Seit 1925 vom Niederrhein her gegründete christlich-evangelische Gewerkschaften blieben eine fränkische Splittergruppe.[6]

Jedoch waren Geistliche noch Abgeordnete in Landtag und Reichstag. Der Erlanger Theologieprofessor Hermann Strathmann vertrat 1919/20 im Landtag die »Bayerische Mittelpartei« (Deutsch-Christliche Volkspartei), eine Listegemeinschaft (bis 1928) von evangelischen Konservativen und Nationalliberalen, die sich dann meist der norddeutsch geleiteten Deutschnationalen Volkspartei anschloß. Der Bamberger Verfassung stimmte er unter Verzicht auf berufsständische Grundsatzwünsche zu.[7] Für die kirchlich-evangelischen Wähler in Bayern überdauerte das konfessionelle Motiv.[8] Die bisher betont katholische Zentrumspartei versuchte 1919 als »Christliche Volkspartei« interkonfessionell Wähler zu gewinnen, hatte aber damit nur geringen Erfolg und nannte sich künftig »Bayerische Volkspartei«. Seit 1920 bildete dann das Regierungsbündnis von BVP und Deutschnationalen die feste Grundlage einer konservativen Demokratie. 1920–1930 waren Strathmann und der fränkische Ökonomierat und Synodale Georg Bachmann Reichstagsabgeordnete der Deutschnationalen. Deren Landesvorsit-

---

[3] MASER, Ev.-Luth. Kirche (B) 43; FRIEDRICH BAUM, Das ev.-luth. Pfarrhaus i. Bayern r. d. Rh., Berlin 1937 (Ev. Pfarrerfamilienstatistik 9, Hefte z. Ev. Kirchenstatistik 11).
[4] Verh. Ansbach 1920 (B) 4–8; MASER, Ev-Luth. Kirche (B) 17; VLKBR Ansbach Juli 1924, 2–5; VLKBR Ansbach 1930, 5–8.
[5] KONRAD LAUTER, Kirchl. Rundschau f. Bayern r. d. Rh. 1918/20: JELLB 18 (1919/20), 139–179 (166ff); GEORG MERZ, Religiöse Ansätze i. modernen Sozialismus, München 1920 (Christentum u. soziale Frage 1); vgl. LICHTENFELD (B) 120–125; MATTHIAS SIMON, »Gegenseitige Hilfe«. Predigten sozialistischer Geistlicher Deutschlands, Bd. 3, Karlsruhe 1928; THOMAS KLUCK, Matthias Simon – Profilierung u. Rückzug eines Religiösen Sozialisten (1926–1935): ZBKG 66 (1997), 42–57.
[6] KRENN (B) 559f. 573.
[7] HASS (B); Verh. d. Bayer. Landtags 1919/20, Bd. 1, 366ff; LOEWENICH (B) 160–163.
[8] ZORN, Bevölkerung (B).

zender Dr. Hans Hilpert vertrat im Landtag auch die Anliegen des Bayerischen Landbundes der evangelisch-konservativen Bauernschaft.[9] Die Liberalen als traditionelle Parteirichtung evangelischer Wähler verloren immer mehr an Gewicht, fränkisch-regional auch teils zugunsten der SPD. Nur kurz war das Landtagsgastspiel eines Coburger Landpfarrers Helmuth Johnsen[10] bei dem hitlernahen »Völkischen Block« 1924. Kirchenpräsident Friedrich Veit verurteilte nach dem Hitlerputsch öffentlich eine rein rassenbiologische Definition von Volkstum und radikalem Antisemitismus.[11] National und sozial idealistische Pfarrer wurden trotzdem früh Mitglieder von NSDAP[12] und »Stahlhelm. Bund der Frontsoldaten«.

Im Schatten der Wirtschaftskrise verschärfte sich der parteipolitische Kampf. Als die Deutschnationale Partei 1929 zu ihrem nationalistischen Bündnis mit den Nationalsozialisten einschwenkte, bildeten widerstrebende Anhänger gemäßigtkonservative Nachfolgeparteien. Am wichtigsten für Bayern wurde das Deutsche Landvolk (Christlich-Nationale Bauern- und Landvolk-Partei), das auf Anhieb in Mittelfranken 13%, in Oberfranken 10,8% der Stimmen bei der Reichstagswahl 1930 erhielt, in allen Bezirksämtern Mittelfrankens mehr als die NSDAP.[13] Die Partei brachte Bachmann und den bayerischen Landbund-Vorsitzenden Dietz Freiherrn von Thüngen in den Reichstag. Für die Städte spielte die neue Partei »Evangelische Bewegung. Christlich-sozialer Volksdienst« (CSVD) eine ähnliche Rolle. Er erhielt im Reich nur 2,5%, aber in Ansbach 9,7% der Stimmen, in Neuendettelsau 27,3%, in Gunzenhausen (Hensoltshöhe!) 18,8%.[14] Kirchenpräsident Veit stand ihm – bei strengem Beharren auf unpolitischer Zurückhaltung der Kirchenleitung – nahe. Strathmann kam 1931 für den CSVD im Wahlkreis Franken in den Reichstag, aber schon bei der Landtagswahl 1932 sanken beide Parteien in Bayern zugunsten von Deutschnationalen und Nationalsozialisten weit ab und es blieb für den Volksdienst bei Strathmanns Reichstagsmandat und Stadtratssitzen.

Die NSDAP wollte eigentlich überhaupt keine Partei unter Parteien, sondern eine politische Bewegung für Einigung und Macht einer »Volksgemeinschaft« aller in einem völkischen Sinne »Deutschen« sein. Was die Kirchen anlangte,

---

[9] KITTEL (B).
[10] Zu Johnsen vgl. DIETRICH KUESSNER, Landesbischof Dr. Helmuth Johnsen. 1891–1947. Nationaler Lutheraner u. Bischof d. Mitte i. Braunschweig, Büddenstedt 1982, 2–22 (AGBELL 1).
[11] FRIEDRICH VEIT, Zum neuen Jahre: NKZ 35 (1924), 1–19 (9–15).
[12] FRIEDRICH WILHELM KANTZENBACH, Der Einzelne u. d. Ganze. Zwei Stud. z. Kirchenkampf, Teil 1: Pfarrerschaft u. Kirchenleitung i. Bayern i. Auseinandersetzung mit d. Nationalsozialismus (1930–1934): ZBKG 47 (1978), 107–202 (123ff); MENSING, Pfarrer (B).
[13] WOLFRAM PYTA, Dorfgemeinschaft u. Parteipolitik 1918–1933. Die Verschränkung v. Milieu u. Parteien i. d. prot. Landgebieten Deutschlands i. d. Weimarer Republik, Düsseldorf 1996 (BGPP 106) [bes. Preußen, S. 291 zu Franken irrig]; KARL HELLER, Der Bund d. Landwirte bzw. Landbund u. seine Politik mit bes. Berücksichtigung d. fränkischen Verhältnisse, Würzburg 1936; vgl. auch Anm. 9.
[14] WALTER BRAUN, Ev. Parteien i. historischer Darstellung u. sozialwissenschaftlicher Beleuchtung, Mannheim 1939, 111–167; OPITZ (B).

forderte das Parteiprogramm von 1920 »die Freiheit aller religiösen Bekenntnisse im Staat, soweit sie nicht dessen Bestand gefährden oder gegen das Sittlichkeits- und Moralgefühl der germanischen Rasse (!) verstoßen. Die Partei als solche vertritt den Standpunkt eines positiven Christentums, ohne sich konfessionell an ein bestimmtes Bekenntnis zu binden«. Für damalige kirchlich-evangelische Denkweise konnte die Hoffnung verlockend sein, durch diese nationalistische »Arbeiterpartei« die Fabrikarbeiterschaft auch für Kirchlichkeit zurückzugewinnen. Im Münchener Landtag nutzten die mehrheitlich evangelischen Nationalsozialisten (1932: 23 von 43), mehrfach Lehrer, jede Gelegenheit, ihre Partei als Helferin des Protestantismus hinzustellen. Eine Schlüsselrolle als »religiös gläubiger Nationalsozialist« auch im Land- und Reichstag spielte der Gauleiter von Oberfranken, der Lehrer Hans Schemm.[15]

Auch im Freistaat Bayern wirkten sich die politischen und sozialen Durchbrüche der Frauenbewegung aus, doch wurden sie in der Landeskirche nur zögernd umgesetzt. Eher öffnete sie sich der jetzt voll aufblühenden christlichen Jugendbewegung und ihren Bünden.[16] Eine Besonderheit in der Männergesellschaft der »Weimarer Zeit« waren die militärisch organisierten und uniformierten, wenn auch noch unbewaffneten »Wehrverbände« der größten Parteien. Die stärksten wurden die braunen »Sturmabteilungen« (SA) der Hitlerpartei und das »Reichsbanner Schwarzrotgold« von SPD und freien Gewerkschaften. Auch einzelne Pfarrer wurden SA-Leute. Schemm gründete sogar 1931 aus dem NS-Lehrerbund heraus den einzigen parteipolitischen Pfarrerverein, den NS Evangelischen Pfarrerbund, der glücklicherweise klein blieb.[17] 1932 erneuerte Veit die Absage an die Beteiligung der Geistlichen am politischen Kampf, und der Landeskirchenrat erließ unter Androhung von Disziplinarstrafen ein Verbot parteipolitischer Betätigung von Pfarrern.[18] In der letzten Reichstagswahl vor Adolf Hitlers »Machtergreifung« erhielt die NSDAP in Bayern 30,5%, aber in Mittel- und Oberfranken über 40% der Wählerstimmen, in Nürnberg 41,7%. 6,6% Landesstimmen der Kommunistischen Partei konnten das kaum begründen. Die kirchlichen Kreise hatten gerade in Bayern kein echtes Verhältnis zu Volkssouveränität, Parlamentarismus und schwarz-rot-goldener Republik gewonnen.[19] Immerhin gab es auch hier noch nach der Berliner »Machtergreifung« evangelische Ausnahmen. So waren noch im April 1933 im Dekanat Bayreuth einzelne SPD-Mitglieder Kirchenvorsteher, deren von der NSDAP verlangte Amtsenthe-

---

[15] ROBERT PROBST, Die NSDAP i. Bayer. Landtag 1924–1933, Frankfurt/Main u.a. 1998, 75 (Münchner Stud. z. neueren u. neuesten Gesch. 19); KÜHNEL (B); RUDOLF ENDRES, Hans Schemm, Neustadt/Aisch 1993, 265–284 (LebFranken NF 15); HANS SCHEMM, »Unsere Religion heißt Christus, unsere Politik heißt Deutschland!«, Sulzbach/Opf. o.J.

[16] HANS MOMMSEN, Generationskonflikt u. Jugendrevolte i. d. Weimarer Republik: »Mit uns zieht d. neue Zeit« (B) 50–67.

[17] MENSING, Pfarrer (B) 119ff.

[18] FRIEDRICH VEIT, Zum neuen Jahre: NKZ 43 (1932), 1–15 (5–8); vgl. MENSING, Pfarrer (B) 125f.

[19] INACKER (B).

bung der Landeskirchenrat damals noch ablehnte.[20] Im Juni 1933 mußten sich aber in Hitlers Regierungskoalition selbst nach allen anderen Parteien außer der NSDAP auch die Deutschnationale Volkspartei auflösen und der Stahlhelm gleichschalten lassen.

3. Staat, Wirtschaft und Gesellschaft im »Dritten Reich«

Die sog. »nationale Revolution« von 1933, die sich im Land Bayern erst im März putschartig vollzog, leitete den Umbau des Deutschen Reiches in einen nur noch scheindemokratischen Einheitsstaat mit Führungsrolle der allein noch zugelassenen Staatspartei NSDAP ein. Die Weimarer Reichsverfassung wurde nie aufgehoben, jedoch der Länder-Föderalismus aus ihr bis auf machtlose Reichsstatthalter und Länderregierungen getilgt und der Rechtsstaat ausgehöhlt. Am 1. Mai wurden die Gewerkschaften beseitigt und bald durch eine gemeinsame Parteiorganisation der Arbeitgeber und Arbeitnehmer, die »Deutsche Arbeitsfront« für »Bildung einer wirklichen Volks- und Leistungsgemeinschaft der Deutschen«, ersetzt. Die versprochene berufsständische Wirtschaftsorganisation blieb in der Hauptsache auf den Gesamtbereich des »Reichsnährstandes« beschränkt. Im Dezember 1933 erging ein Reichsgesetz über die Einheit von Partei und Staat. 1934 zerschlug Hitler die Nebenmacht der SA. Nach dem Tode des Reichspräsidenten Paul von Hindenburg rief er sich zum alleinigen Staatsoberhaupt als »Führer und Reichskanzler« aus und ließ sich durch eine Volksabstimmung bestätigen, um eine demokratische Grundlage seines »autoritären Führerstaates« vorzuzeigen.

Im März 1935 folgte die Wiedereinführung der allgemeinen Wehrpflicht, 1936/39 die Einführung der nationalsozialistischen uniformierten Pflichtstaatsjugend. Die »Gleichschaltung« des deutschen Gemeinschaftslebens vollzog sich ohne öffentlichen Widerstand. Mit beschämender Gleichgültigkeit wurde der revolutionäre Einbruch in das staatsbürgerliche Gleichheits-Grundrecht der Reichsverfassung durch die Nürnberger Gesetze von 1935 hingenommen, die den Juden das Reichsbürger- und Gemeindebürgerrecht entzogen und neue Ehen mit Nichtjuden verboten. Die sogenannte Arisierung der Wirtschaft war mehr oder minder Massenraub von Privateigentum.

In Bayern, wo trotz Konkordatsabschluß der politische Katholizismus als heimliche Gegenmacht erschien, suchte die Regierung Hitler von Anfang an die evangelische Minderheit als Stütze zu gewinnen. So wurde 1933 der evangelische Pfälzer Dr. Ludwig Siebert Ministerpräsident im Schatten der NSDAP-Gauleiter. Wie zuvor nur 1919/20 erhielt ein Evangelischer das Amt des Kultus-

---

[20] BJÖRN MENSING, »Ich kann kein Braunhemd mehr sehen!« Friedrich Veit u. d. Nationalsozialismus. Zum 50. Todestag d. ersten u. letzten bayer. Kirchenpräsidenten: ZBKG 67 (1998), 157–161 (159).

ministers, der nunmehrige Gauleiter der »Bayerischen Ostmark« Schemm. Er blieb offen kirchenfreundlich, starb aber schon 1935. Der Nationalsozialistische Lehrerbund hatte seinen regionalen Hauptrückhalt in Mittel- und Oberfranken und Hauptsitz in Bayreuth.[21]

Obwohl der Nationalsozialismus auch mit einer »Blut- und Boden«-Ideologie das Bauerntum pries und wirtschaftlich durch ein Reichserbhofgesetz absicherte, konnte er die Abwanderung zu Stadt und Industrie nicht aufhalten. So stieg bis 1939 der Anteil des produzierenden Gewerbes an der Bevölkerung Bayerns auf 34,7% und waren fast 44% Arbeiterfamilien. Der Erfolg einer raschen Überwindung der Massenarbeitslosigkeit blieb zunehmend durch planmäßige Aufrüstung erhalten. »Autarkie«-Politik und Devisenbewirtschaftung schotteten das seit 1938 »Großdeutsche Reich« weitgehend gegen die Bewegungen des Weltmarktes ab. In der Binnenwirtschaft war die Planwirtschaft der Vierjahrespläne ein sozialistisches Element, jedoch blieb ein staatsüberwachtes privates Unternehmertum von »Wirtschaftsführern« erhalten. Die Mittelstandsthese vom allgemeinen Übergewicht des »Kleinbürgertums« an Mitgliedern und Wählern der NSDAP hielt genauerer Forschung nicht stand. Nach 1933 stieg der Mitgliedsanteil des öffentlichen Dienstes.[22] Die Fabrikarbeiterschaft empfand das System weniger als kapitalistische Ausbeutung als später häufig behauptet. Die alte Arbeiter-Subkultur erlosch und war später nicht wiederzubeleben. 1939 gehörten über 98% der Bevölkerung Bayerns christlichen Kirchen an; noch weniger als im Gesamtreich bezeichneten sich fortan als nur »gottgläubig« und als »glaubenslos«.[23]

Schon vor Kriegsausbruch verstärkte sich die Militarisierung von Wirtschaft und Gesellschaft. Der zunächst siegreiche Krieg rückte den Soldaten, den Offizier vollends an die Spitze der sozialen Wertschätzung. Allerdings trat neben das Heer jetzt eine Art von nationalsozialistischer Gardearmee in Gestalt der »Schutzstaffeln« der Partei, der SS, des nach seiner Friedensuniform benannten »schwarzen Korps« und des »zweiten Heeres«, der Waffen-SS. Der SS-Führung unterstand auch die deutsche Polizei, und gegen Kriegsende geriet die ganze Wehrmacht unter ihre politische Kontrolle.

Dem soldatischen Männerideal – mit Konzentrationslagerhaft für Homosexuelle – setzte der Nationalsozialismus ein konservatives Frauenbild zur Seite.[24] Unter Zurückdrängung der Frauen aus dem höherstufigen Berufsleben wurde ihnen vor allem die Aufgabe der »Volksmütter« zugewiesen. Der politische Einfluß der NS-Frauenschaft war gering. Im Krieg dienten Frauen militärisch nur als uniformierte, aber unbewaffnete Wehrmachtshelferinnen, in der Heimat-

---

[21] ELKE FRÖHLICH, Ber. v. Gau- u. Kreisämtern d. NS-Lehrerbundes: Bayern i. d. NS-Zeit 1 (K) 527–551.
[22] PETER MANSTEIN, Die Mitglieder u. Wähler d. NSDAP 1919–1933. Unters. z. ihrer schichtmäßigen Zusammensetzung, Frankfurt/Main ³1990 (EHS.G 344) [bis 1935].
[23] Statist. Jb. f. Bayern 23 (1947), 17; 24 (1952), 24f.
[24] TIMOTHY W. MASON, Zur Lage d. Frauen i. Deutschland 1930–1940: Gesellschaft 6 (1976), 118–193; MARITA A. PANZER, »Volksmütter«. Frauen i. Dritten Reich 1933–1945: KRAFFT (B) 234–319.

Luftabwehr zusammen mit Schülern und Lehrlingen. Die Hitlerjugend politisierte und militarisierte Generationsziele der Jugendbewegung. Die Ausdünnung der männlichen Arbeitskraft führte in Stadt und Land nicht nur zum Einsatz von Kriegsgefangenen, sondern seit 1940 zunehmend auch von im besetzten Ausland angeworbenen und zwangsverpflichteten »Fremdarbeitern«. Polen und vor allem sowjetrussische »Ostarbeiter« unterlagen strengsten sozialen Ausgrenzungen. Noch unter ihnen überlebte ein Sklavenheer von Konzentrationslager-Häftlingen nur mit hohen Verlusten.

Der Luftkrieg nötigte nicht nur zur Verlagerung von Rüstungsindustrie, sondern auch zur Bevölkerungs-Teilaussiedlung aus den großen Städten in andere Reichsteile und weit in die dörfliche Welt hinein. Bayern r. d. Rh. hatte seit 1943 Bombenkriegs-Evakuierte aus dem Ruhrgebiet und Hamburg aufzunehmen. Auch mit eigenen Städtern kamen so in 20 seiner Altlandkreise die damals ersten evangelischen Einwohner.[25] Zu diesen deutschen Evakuierten kamen im Winter 1944/45 auf der Flucht vor der einbrechenden Sowjetarmee, teils in großen Trecks, ganze geschlossene Flüchtlingsbevölkerungen aus Ostdeutschland. Der zweite Weltkrieg in Deutschland endete nicht allein wegen des SS-Terrors nicht wie der erste mit einer einheimischen Revolution.

Kirche St. Sebald in Nürnberg nach der Zerstörung am 20. April 1945.

---

[25] Vgl. KATJA KLEE, Im »Luftschutzkeller d. Reiches«. Evakuierte i. Bayern 1939–1953. Politik, soziale Lage, Erfahrungen, München 1999.

4. Die Kirche in der nationalsozialistischen Gesellschaft

Auch die bayerische Kirche machte sich nach der Wende von 1933 große Hoffnungen auf »volksgemeinschaftliche Erweckung« und auf politisch unterstützte Missionserfolge im Land. Pfarrer segneten SA-Fahnen, und SA-Trupps zogen uniformiert zu Gottesdiensten und Hochzeiten in Gotteshäuser ein. Kirchenaustritte wurden rückgängig gemacht, die evangelische Kirchlichkeit blieb im deutschen Vergleich hoch.[26] Mit Einführung des autoritären Führungsprinzips paßte sich die Landeskirche dem neuen Staatssystem an; die Landessynode tagte 1934 zum letztenmal. Die Pfarrer waren 1937 wohl zu rund 15% NSDAP-Mitglieder, diese jedoch keineswegs personengleich mit »Deutschen Christen«. Im Personalstand der Landeskirche wurden seit 1937 auch Kriegsauszeichnungen und NSDAP-Ehrenauszeichnungen angegeben. Kirchenaustritt wurde von den NSDAP- und sogar einfachen SS-Mitgliedern nie grundsätzlich gefordert und auch von solchen nur sehr teilweise zugunsten von »Gottgläubigkeit« vollzogen.[27]

Es lag in der Konsequenz der Hitlerschen »inneren Reichs-Einigung«, daß er auch das religiöse Leben zentralistisch und nationalsozialistisch gleichschalten wollte. Verloren gingen Konfessionsschule (1937–40) und nicht rein religiöse Jugendarbeit.[28] Weiterhin wollte aber keine Seite eine Trennung von Staat und Kirche. Die bayerischen Staatszuschüsse wurden in immer engerer Eingrenzung auf Pflichtleistungen aus dem Kirchenvertrag grundsätzlich weitergewährt, kirchliches Eigentum nur ausnahmsweise angegriffen. Freiwillig zu besuchender schulischer Religionsunterricht durch Geistliche blieb gekürzt gestattet, auch religiöser Fahneneid beibehalten.

Landesbischof Meiser ließ zum Erntedankfest 1939 in den Kirchen das Dankgebet des deutschen Geistlichen Vertrauensrats auch für die »reiche Ernte« auf den polnischen Schlachtfeldern verlesen und 1941 die Bitte gerade um den Sieg im Osten gegen den Bolschewismus ins Kirchengebet aufnehmen, gab jedoch die Ergebenheitserklärung des Vertrauensrats nicht an die Gemeinden weiter.[29] An der Verschwörung von 1944 zur Tötung Hitlers war kein amtierendes Mitglied der Landeskirche beteiligt. Im Krieg wurde etwa die Hälfte der Geistlichen als uniformierte Feldgeistliche, Offiziere und Soldaten eingezogen, jedoch durch Freistellungen die Fortsetzung von Gottesdienst und Religionsunterricht in der Heimat ermöglicht. Im Gesamtbild war die bayerische Kirche voll in die deutsche Kriegsgesellschaft eingebunden, ja eine erwünschte Hilfe für »Wehrkraft«

---

[26] MENSING, Hitler (B); ERNST EBERHARD, Kirchenvolk u. Kirchlichkeit. Eine Unters. über ev. Kirchenzugehörigkeit u. Kirchlichkeit mit bes. Berücksichtigung d. Ev.-Luth. Landeskirche Bayerns i. d. Nachkriegszeit, Erlangen 1938.

[27] MENSING, Pfarrer (B) 180ff. Irreführend zur Partei die Angabe von JESSE (B) 283. Zur SS vgl. HEINZ HÖHNE, Der Orden unter d. Totenkopf. Die Gesch. d. SS, Augsburg 1995, 147f.

[28] Vgl. dazu auch VI.6.3.3.

[29] Text 1939 bei JESSE (B) 284; zu 1941 vgl. MENSING, Pfarrer (B) 188f.

und Durchhaltewillen.³⁰ Politisch verfolgt wurden eher ihre religiösen Hauptgegner, da die Gottlosenbewegung als ein Hauptkennzeichen des Bolschewismus galt. Als evangelische ostdeutsche Kriegsende-Flüchtlinge kamen besonders Schlesier nach Bayern, dazu aus dem Baltikum lutherische Letten und Esten.³¹

Die Beurteilung des gesellschaftlich angewandten Nationalsozialismus steht vor einem Zwiespalt von Modernität und Antimodernität.³² Als modern stellten sich die Überwindung des »klassischen« bürgerlichen Liberalismus und proletarischen Sozialismus, Jugendkult sowie gesteigerte Beziehung zur Technik dar. Dem widersprachen Konservierung der Agrarwelt, bürokratischer und militaristischer Zug und Wiederbelebung berufsständischer Ordnungen, Abbruch der Frauenemanzipation und geradezu Umkehrung der Judengleichstellung mit rassenbiologischem Hintergrund. Der Moralismus eines »sauberen Reiches« konnte spießbürgerliche Züge annehmen,³³ verhinderte aber nicht Massenmord an schuldlos Ausgegrenzten.

Das bayerische Luthertum der Zeit bejahte die sozialkonservativen Elemente im nationalsozialistischen System und suchte den politisch und moralisch revolutionären Inhalt zu verdrängen oder umzudeuten. Die Diktatur schien den kirchentreuen Schichten der »Volksgenossen« bei allen auferlegten Opfern an Blut und Gut doch Schutz vor einer »roten Revolution« zu bieten. Nach wie vor galten auch Geistlichen Industrialisierung und Großstadtwesen als wesentliche religiöse Unglücksfälle. Der Überblick der Landeskirchenleitung über die Visitationsberichte der Dekanate von 1937/38 beklagte die Schwierigkeiten, »wenn Dörfer mit bäuerlicher Bevölkerung in das Strahlungsfeld größerer Städte kommen«, ja die »zersetzende Atmosphäre der Stadt« vor allem rings um Nürnberg.³⁴ Man mußte es hinnehmen, daß der vormalige obrigkeitliche Kirchenschutz nun durch die Partei und durch kirchenfeindliche Strömungen in ihr auch auf dem Lande durchlöchert und daß die Autorität des Pfarrers durch Bildung, Stand und gesellschaftliche Stellung auch dort erschüttert war. Gegen Kriegsende ging der »furchtgläubige« Christenblick besonders über Bayerns Ostgrenzen, denen sich die Sowjetarmee näherte, ohne sie dank deutscher Ostabwehr und amerikanischer Schnelligkeit irgendwo zu überschreiten. Ein tiefer Einbruch in die traditionell vertraute soziale Umwelt der Kirche wie in der benachbarten Sowjetischen Besatzungszone blieb dem evangelischen Bayern erspart.

---

³⁰ BAIER, Kirche in Not (B) 44–48; HEINRICH MISSALLA, Für Volk u. Vaterland. Die kirchl. Kriegshilfe i. Zweiten Weltkrieg, Königstein 1978.
³¹ BAIER, Kirche in Not (B) 126f; vgl. dazu auch VII.1.2. Balten: WOLFGANG ZORN, Die Augsburger ev. Kirche 1945–1947: JFLF 34/35 (1975), 66 (FS Gerhard Pfeiffer).
³² Nationalsozialismus u. Modernisierung, hg. v. MICHAEL PRINZ u. RAINER ZITELMANN, Darmstadt ²1994; als Regionalvergleich JILL STEPHENSON, Widerstand gegen soziale Modernisierung am Beispiel Württembergs 1939–1945: aaO, 93ff.
³³ HANS PETER BLEUEL, Das saubere Reich. Theorie u. Praxis d. sittlichen Lebens i. Dritten Reich, Bern u.a. 1972.
³⁴ MARTIN BROSZAT, Zur Lage ev. Kirchengemeinden: Bayern i. d. NS-Zeit 1 (K) 369–425 (415).

VI.5 VEREINE UND JUGENDARBEIT

VI.5.1 INNERE MISSION UND EVANGELISCHES VEREINSWESEN

Von Hannelore Braun

BAIER, Kirche in Not (B).– BAIER/HENN (B).– BEYREUTHER (B).– Diakonie i. Bayern. Eine Information über Aufgaben, Einrichtungen u. Träger d. bayer. Diakonie, Nürnberg ⁴1994.– FLIERL (B).– JOCHEN-CHRISTOPH KAISER, Sozialer Protestantismus i. 20. Jh. Beitr. z. Gesch. d. IM, München 1989.– DERS., Die IM i. d. Weimarer Republik: MANFRED SCHICK/HORST SEIBERT/YORICK SPIEGEL (Hg.), Diakonie u. Sozialstaat. Kirchl. Hilfehandeln u. staatliche Sozial- u. Familienpolitik, Gütersloh 1986, 76–90.– KRENN (B).– LEIPZIGER (B) [Lit.].– MASER, Ev. Kirche (B).– MASER, Ev.-Luth. Kirche (B) [Lit.].– MENSING, Pfarrer (B).– HELMUT TALAZKO, Zur Organisationsgesch. d. IM i. Bayern (unveröff. Manuskript), o.O. 1986 (ADWB, Reg.).– HERWART VORLÄNDER, Die NSV. Darstellung u. Dokumentation einer nationalsozialistischen Organisation, Boppard a. Rh. 1988 (Schr. d. Bundesarchivs 35).– WEICHLEIN (B).

1. Entwicklungen in der Weimarer Republik

1.1 Die Ablehnung des revolutionären Geschehens hinderte die bayerische Kirchenleitung nicht, von 1918 an mit den neuen Amtsträgern den Standort der selbständig werdenden Landeskirche im Staatsgefüge zügig auszuhandeln. Dem *Ortsverband der evangelischen Vereine in Nürnberg* fiel vor der ersten Landtagswahl 1919 die Aufgabe zu, den politischen Parteien die evangelischen Mindestforderungen vorzutragen.[1] Die Innere Mission, im allgemeinen Verständnis lange Trägerin der kirchlichen Diakonie,[2] wurde den eigenen Angelegenheiten der Kirche zugerechnet und war kein gesonderter Verhandlungsgegenstand.

1.2 Auf Reichsebene vertrat der Centralausschuß für Innere Mission in Berlin die Interessen der landeskirchlichen Inneren Missionen. Anfangs durchaus berechtigte Befürchtungen, der Weimarer Staat werde die traditionelle Arbeit der freien bzw. kirchlichen Wohlfahrtseinrichtungen insgesamt einschränken oder in eigene Regie übernehmen, erwiesen sich bald als unbegründet. Die Deutsche Reichsregierung war im Gegenteil zur Durchführung ihres neuen Wohlfahrtskonzeptes, das ein Recht aller Bürger auf Staatsfürsorge in Notfällen garantierte,[3] auf den Einsatz der etablierten Verbände angewiesen; seit Mitte der 20er Jahre finanzierte der Staat deren Arbeit wie nie zuvor. In einem reichsweiten Umstrukturie-

---

[1] MASER, Ev. Kirche (B) 46; MASER, Ev.-Luth. Kirche (B) 11f.– Ein *evangelischer Volksbund in Bayern* als Dachverband aller Vereine kam nicht zustande (vgl. aaO, 96).
[2] Die Innere Mission war laut Beschluß der Generalsynode vom Februar 1894 Sache der Kirche.
[3] Vgl. RGBl I 1922, 633ff und RGBl I 1924, 100ff.

rungs- und Konzentrationsprozeß, an dem die Spitze der Inneren Mission entscheidend mitwirkte, schufen die Wohlfahrtsverbände als Verhandlungsorgan mit staatlichen Behörden die *Deutsche Liga der freien Wohlfahrtspflege* (seit 1925) sowie, zur Verwaltung der staatlichen Gelder, die *Hilfskasse gemeinnütziger Wohlfahrtseinrichtungen G.m.b.H.*[4]

1.3 Unter dem Druck von außen sah sich auch die bayerische Innere Mission gezwungen, ihre Verbandsstruktur auf Landesebene zu verbessern. 1924 wurden dem Landesverein für Innere Mission deshalb sieben Fachausschüsse (für: Diakonie, öffentliche Mission, Jugendarbeit, Jugenderziehung und Kinderpflege, Frauen- und Gemeindearbeit, Anstalten und Einrichtungen der wirtschaftlichen Fürsorge, Ortsvereine für Innere Mission) angegliedert. Als Gesamtvertretung und Ansprechorgan für den Staat konstituierte sich der *Landesausschuß für Innere Mission in Bayern*, in den die diakonischen Anstalten 5, die übrigen Fachverbände 6 und der Landesverein selbst 6 Vertreter entsandten;[5] die Leitung lag in Händen des Landesvereinsvorsitzenden.[6] Der Handlungsspielraum des neuen Spitzengremiums blieb gering. Es konnte laut Geschäftsordnung zwar über Angelegenheiten von allgemeiner Bedeutung beraten und beschließen, hatte sich jedoch jeder *Einmischung* in Leitung und Geschäftsführung der einzelnen Rechtsträger zu enthalten.[7]

1.4 Obwohl die Übernahme praktischer kirchlicher Aufgaben (Bereitstellung von Lazaretten und Pflegerinnen, Kriegsgefangenenbetreuung, Kinderlandverschickung etc.) durch Kräfte der Inneren Mission während des 1. Weltkrieges zu Annäherungen geführt hatte, sahen weder die Landeskirche noch die Einrichtungen Anlaß zur Änderung ihres Rechtsverhältnisses. Die Innere Mission, deren Arbeitsgebiete u.a. auch Religionsunterricht und Jugendarbeit umfaßte, erschien in der Kirchenverfassung von 1920 nicht als eigene Institution.[8] Sie wurde allerdings in die Visitationstätigkeit der Dekane einbezogen und erhielt ab 1927 einen mit kirchlichem Aufsichtsrecht verbundenen Titel im landeskirchlichen Haushalt.[9]

Die teils auf Einzelgemeinden beschränkten, teils innerhalb von Stadtgebieten zusammengeschlossenen oder auch in Landesverbände eingebundenen Vereine widmeten sich in gewohnter Form und auf vielfältigste Weise ihren missiona-

---

[4] BEYREUTHER (B) 191f; KAISER, IM (K) 81ff.
[5] FLIERL (B) 41f; MASER, Ev.-Luth. Kirche (B) 106.
[6] Bis Juni 1933 Erhard Weigel, anschließend Hans Greifenstein bis Dezember 1934, vorübergehend kommissarisch Julius Weichlein, ab 1935 Karl Nicol.
[7] Text der Geschäftsordnung: WEICHLEIN (B) 33f; vgl. auch FLIERL (B) 42f; [FRIEDRICH] BACHMANN, Die IM i. rechtsrheinischen Bayern: BIMB 42 (1927), 61–66.
[8] FLIERL (B) 37f; MASER, Ev.-Luth. Kirche (B) 96. Bei den Verhandlungen über den Kirchenvertrag von 1924 forderte die Kirche allerdings ausdrücklich, daß die »Bildung und Niederlassung kirchlich anerkannter Vereine und Anstalten [...] keiner staatlichen Beschränkung« unterliege (MASER, Ev. Kirche [B] 78).
[9] MASER, Ev.-Luth. Kirche (B) 44.

risch-diakonischen oder berufsständischen Gründungszielen: Armen- und Krankenpflege, Diasporahilfe, biblische und liturgische Arbeit, Betreuung von Kindern, Jugendlichen, Handwerkern, Arbeitern oder Frauen. Verbandszentralen versuchten, die Gestaltung des Gemeindelebens anzuregen. Das vielfach durchaus freundschaftliche organisatorische Nebeneinander von Ortsgemeinden und Vereinen wurde weithin für richtig gehalten. Arbeitervereine, die nach wie vor wenig Neigung zur programmatischen Neuorientierung zeigten, wandelten sich beispielsweise nur zum kleineren Teil in Gemeindevereine um. Die klassische Arbeitsteilung zwischen Parochien und Vereinen veränderte sich erst, als die Gemeinden in ihrem neuen Status als Selbstverwaltungsorgane vermehrt begannen, Aufgaben der Inneren Mission (Bibelstunden, Gemeindediakonie) zu übernehmen. Ungeachtet der unterschiedlichen Rechtsformen wurden die Vereinsaktivitäten mehr und mehr als Teil der (volks-)kirchlichen Arbeit empfunden. Nur Gruppen aus der evangelischen Jugendbewegung mit dem Anspruch auf mehr Selbständigkeit und bestimmte kirchenkritische Kreise in der Gemeinschaftsbewegung distanzierten sich ausdrücklich davon.[10]

1.5 Kriegsfolgen und Inflation konfrontierten seit 1918 die Innere Mission mit materieller und seelischer Not ungewöhnlichen Ausmasses; besondere Anforderungen wurden an die Stadtmissionen gestellt. In Nürnberg fühlten sich 1925 engagierte Christen gerufen, mit der *Christlichen Arbeitsgemeinschaft* unter Führung von Pfarrer Georg Schönweiß eine Anlaufstelle für Hilfesuchende zu gründen. Die stationären Einrichtungen hatten Mühe, sich finanziell am Leben zu erhalten, da auch verläßliche private Spender ihrer finanziellen Mittel beraubt waren. Die Bestandssicherung gelang bis Mitte des Jahrzehnts nur durch den ganz persönlichen Einsatz der Mitarbeiter (Bettelreisen), vor allem aber dank umfassender Geld- und Sachspenden vorwiegend lutherischer Kreise in Europa und Übersee (regelmäßige Speisungen von Kindern und Jugendlichen, Finanzmittel für Schulen und Anstalten, Papier für volksmissionarisches Schrifttum).[11] Viele Evangelische nahmen unter diesen Umständen erstmals die Ökumene wahr. Die *Erste kontinentale Konferenz für Innere Mission und Diakonie* auf dem 40. Kongreß für Innere Mission in Anwesenheit u.a. des schwedischen Erzbischofs Nathan Söderblom in München 1922 wurde als ein großes Ereignis empfunden.[12]

Seit Mitte der 20er Jahre spielte sich die Zusammenarbeit mit den staatlichen und kommunalen Fürsorgebehörden ein. Die *Diakonissenanstalten Neuendettelsau* (von 1918 bis 1953 geleitet von Rektor Hans Lauerer)[13] und *Augsburg* (Vorsteher: 1912 bis 1925 Christian Caselmann, 1925 bis 1957 Heinrich Kern)[14] konnten ihre Arbeitsfelder (Kinderbetreuung, Erziehung und Berufsausbildung,

---

[10] AaO, 95f.
[11] AaO, 106.
[12] BEYREUTHER (B) 193; FS d. Vereins f. IM (B) 29f.
[13] LAUERER (B); HORST D. STANISLAUS, Hans Lauerer (1884–1953). Rektor zwischen zwei Weltkriegen: LEIPZIGER (B) 353–403.
[14] Diakonissenanstalt Augsburg (B).

Krankenpflege) ausweiten und festigen.[15] Die *Rummelsberger Diakonenanstalt* (seit 1919 unter Rektor Karl Nicol)[16] konzentrierte sich auf eine verbesserte fachliche und theologische Ausbildung der Brüder, die mehr und mehr auch als Gemeindediakone gefragt waren.[17] Als sich die *Vereinigten Gemeinschaftsverbände Ansbach, Nürnberg, Hof* und das seit 1919 von Rektor Ernst Keupp geführte *Haus Hensoltshöhe* trennten, entstand 1926 auf *Schloß Jägersburg* bei Forchheim ein weiteres *Diakonissenmutterhaus der Gemeinschaftsbewegung*; es fand nach wechselvollen Wanderjahren 1949 in *Puschendorf* bei Ansbach eine Bleibe.[18]

Der Landesverein für Innere Mission engagierte sich seinerseits auf dem Gebiet der Kinderfürsorge, Religionslehrerausbildung, Stellenvermittlung, Auswandererfürsorge und (in Zusammenarbeit mit dem CVJM) eines freiwilligen evangelischen Arbeitsdienstes.

Die Weltwirtschaftskrise unterbrach von 1929 an nicht nur derartige Konsolidierungs- und Innovationsprozesse, sondern gefährdete auch etablierte kleine Unternehmen wie etwa 151 Kindergärten und Horte in den von Arbeitslosigkeit stark betroffenen Industrieortschaften Oberfrankens.[19] Kirchenpräsident Friedrich Veit unterstützte mit einem Aufruf die Bemühungen des Landesvereins, der sich 1931 an der konzertierten Aktion von Reichsregierung und Wohlfahrtsverbänden für ein (kirchliches) Winterhilfswerk beteiligte.[20]

1.6 Einen Neuanfang gab es auf dem Gebiet der Volksmission. Der Landesverein hatte hier bereits im Krieg von einer neuen Nürnberger Schriftensammelstelle aus mit der Verteilung religiösen Schrifttums der kirchlichen Seelsorge an Soldaten zugearbeitet. Diese kriegsbedingte Aktion war Ausdruck für das Engagement, mit dem auch führende Vereinsgeistliche in Bayern schon vor dem Wegfall staatskirchlicher Einschränkungen eine volksmissionarisch-apologetische Bewegung einleiteten, wie sie der Centralausschuß für Innere Mission in Berlin seit 1916 reichsweit vorantrieb. Die Landeskirche unterstützte das Vorhaben, die Verständigung mit der evangelisationserfahrenen Gemeinschaftsbewegung wurde gesucht, und in der Pfarrerschaft zeigte sich großes Interesse an der Mitarbeit. In einer 1925 vom Landesverein initiierten *Arbeitsgemeinschaft für Volksmission* wurden in den folgenden Jahren theoretische Grundlagen diskutiert, wobei die Auseinandersetzung mit der nationalsozialistischen Bewegung im Kontext von Volkstum und Kirche eine nicht unerhebliche Rolle spielte.[21] Die praktische Arbeit finanzierte die Neuendettelsauer Missionsanstalt, indem sie 1926 zunächst

---

[15] MASER, Ev.-Luth. Kirche (B) 107f.
[16] GERHARD WEHR, Karl Nicol (1886–1954). Im Dienst d. männl. Diakonie: LEIPZIGER (B) 227–255.
[17] WEHR (B) 105f.
[18] [HEINRICH HEINEL], 25 Jahre Jägersburger Diakonissen-Mutterhaus, [Gunzenhausen 1951].
[19] Jber. d. Landesverbandes f. Ev. Kinderpflege f. d. Jahre 1929, 1930 u. 1931: BIMB 48 (1933), 4f.
[20] MASER, Ev.-Luth. Kirche (B) 107; vgl. auch VORLÄNDER (K) 44.
[21] Vgl. MENSING, Pfarrer (B) 129–134.

Friedrich Eppelein und 1928 Helmut Kern als hauptamtliche Inspektoren für Heimat- und Volksmission anstellte.[22] Kern schuf binnen weniger Jahre zum Zweck der Missionierung ein landeskirchliches Kommunikationsnetz; nach Übernahme in den kirchlichen Dienst als bischöflicher Sonderbeauftragter (September 1933) stellte er dessen Tragfähigkeit in einer durchgeplanten Widerstandskampagne evangelischer Gemeinden gegen die reichskirchlichen Übergriffe auf Bayern im Herbst 1934[23] unter Beweis.

2. Die Innere Mission während des »Dritten Reiches«[24]

2.1 Die begeisterte Zustimmung zur Regierungsübernahme Adolf Hitlers in der bayerischen Landeskirche ist auch für den Raum der Inneren Mission vielfach belegt. Nationalsozialistische Parteigenossen,[25] aber auch viele in ihrem Selbstverständnis unpolitische, national und völkisch gesinnte Funktionsträger, Mitarbeiter und Vereinsmitglieder begrüßten einen Kurs, der in der Verbindung von Volksgemeinschaft und christlichem Staat die eigene diakonische Arbeit neu zu legitimieren schien.[26] Deutsche Christen mit ihrem volksmissionarischen Programm wurden aus diesem Verständnis heraus durchaus akzeptiert; nur wenige Abweichler, die sich den Bedingungen von Landesbischof Hans Meiser nicht unterwarfen,[27] mußten den Dienst quittieren.

2.2 Doch ungeachtet aller Zustimmung und Anpassungsbereitschaft sollte die Innere Mission nach dem Willen der Verbandsspitze als Institution unangetastet bleiben. Die vielerlei Gleichschaltungsaktionen gesellschaftlicher Gruppen im Frühjahr 1933 ließen es geraten erscheinen, Übertritte und Übergriffe im diakonischen Bereich zugunsten der sich formierenden Nationalsozialistischen Volkswohlfahrt (mit ihrem Winterhilfswerk)[28] und der Deutschen Arbeitsfront zu erschweren, sowie Zentralismusbestrebungen des deutschchristlichen Lagers zuvorzukommen.[29] Noch während der Verhandlungen in Berlin über den Neubau

---

[22] ERNST ÖFFNER, Helmut Kern (1892–1941). Der Volksmissionar: LEIPZIGER (B) 315–350; HENN, Volksmission (B).

[23] Vgl. VI.6.2.7.

[24] Die bayerische Entwicklung ist wenig untersucht; zur Forschungssituation insgesamt vgl. THEODOR STROHM, Diakonie i. »Dritten Reich«. Versuch einer Bilanz: THEODOR STROHM/JÖRG THIERFELDER (Hg.), Diakonie i. »Dritten Reich«. Neuere Ergebnisse zeitgeschichtlicher Forsch., Heidelberg 1990, 15–33 (VDWI 3).

[25] MENSING, Pfarrer (B) 122, Anm. 296. 151. 181.

[26] Vgl. etwa WEHR (B) 153–160.

[27] Vgl. VI.6.2.4.

[28] Vgl. VORLÄNDER (K).

[29] Tatächlich war Landesbischof Meiser so Ende Juni 1933 in die Lage versetzt, beim designierten Reichsbischof Ludwig Müller die Rückgabe der Verfügungsgewalt über den bayerischen Landesverein der Inneren Mission zu erzwingen, die sich neue kommissarisch tätige Direktoren im Berliner Centralausschuß für Innere Mission widerrechtlich angeeignet hatten; vgl. LKAN DW 10; Verantwortung 1 (B) 60, Anm. 21.

einer deutschen evangelischen Reichskirche votierte der *Landesausschuß für Innere Mission in Bayern* am 18.5.1933 für eine so nie zuvor gesuchte Annäherung an die eigene Landeskirche. Er nahm einstimmig eine von Lauerer formulierte Erklärung an, wonach sich die »gesamte Innere Mission Bayerns [...] in die nationale Front« und »hinter die Regierung Adolf Hitlers, des Führers, den Gott unserm deutschen Volk gegeben hat«, stellte und den »Anschluß« an die nationale Front dadurch vollzog, »daß sie sich dem Herrn Landesbischof als dem berufenen Führer der evang.-luth. Landeskirche unterstellt[e]«.[30] Solch überschwenglich formulierte Bereitschaft zur Kooperation verhinderte kurzfristig die Einsetzung eines Kommissars.[31] Grundsätzlich aber unterstellte der Landesausschuß damit die nach wie vor eigenverantwortlichen Einzelunternehmungen fast handstreichartig dem wirksameren Rechtsschutz der Landeskirche. Mit der am 28.6.1934 erlassenen *Ordnung für Innere Mission* schob die Kirche ihrerseits eine verbindliche Rechtskonstruktion nach.[32] Meiser ernannte den in der Kirchenleitung für die Angelegenheiten der Inneren Mission verantwortlichen Oberkirchenrat *zum Landesführer* der Inneren Mission (zunächst Oskar Daumiller, ab Dezember 1934 Hans Greifenstein).[33] Der neue Amtsträger berief anstelle des bisherigen Landesausschusses einen zeitgemässeren *Führerrat*[34] und trat weitreichende Befugnisse (Aufsichtsrechte, Mitverwaltung etc.) an den Vorsitzenden des Landesvereins für Innere Mission und dessen Nürnberger Geschäftsstelle ab.[35] Damit war die Eingliederung der Inneren Mission in die Landeskirche zwar nicht verfassungsmäßig im formalen Sinn erfolgt, aber praktisch dennoch vollzogen.[36] Der Versuch des amtierenden Landesvereinsdirektors Kurt Halbach, im Zusammenhang mit der gewaltsamen Eingliederung der Landeskirche in die Reichskirche[37] auch die bayerische Innere Mission Berlin zu unterstellen, mißglückte. Der Führerrat erzwang im Oktober 1934 seinen Rücktritt; der Landesverein stellte sich anschließend mit seinen Mitarbeitern geschlossen hinter den Landesbischof.[38]

---

[30] Text: Landesausschuß, Sitzungsniederschrift, 18.5.1933: LKAN DW 2674; stilistisch redigierte Fassung: Ber. d. Landesvereins f. IM 1933/34 (Nicol): BIMB 50 (1935), 62–67 (64); WEICHLEIN (B) 34f.
[31] BAIER, DC (B) 578.
[32] Text: ABlB Nr. 21 v. 29.6.1934, 101.
[33] Greifenstein war zugleich auch Landessynodalvorsitzender.
[34] Neben Greifenstein gehörten ihm an: Lauerer–Neuendettelsau (gleichzeitig Mitglied des Landessynodalausschusses), Nicol–Rummelsberg, Pfarrer Heinrich Riedel (Landesjugendpfarrer seit 1934), anfangs auch Keupp–Hensoltshöhe, Vereinspfarrer Hans Baumgärtner, Landesvereinsdirektor Kurt Halbach (bis Oktober 1934): BAIER/HENN (B) 69.
[35] Greifenstein bis Dezember 1934, Nicol ab 1935.
[36] WEICHLEIN (B) 49.
[37] Vgl. dazu VI.6.2.7.
[38] Verwaltungsausschuß, Niederschrift, 25.10.1934: LKAN DW 17; Erklärung Landesverein, 27.10.1934: ebd, DW 46; vgl. auch [JULIUS] WEICHLEIN, Zur gegenwärtigen Lage d. IM: BIMB 49 (1934), 93f.

2.3 Schutz wurde nach kirchlicher Intention nur jenen Einrichtungen gewährt, die ihre Unterstellung unter den Landesführer schriftlich erklärten und in geänderten Satzungen niederlegten. Abgesehen von der eindeutig deutschchristlich-nationalsozialistisch orientierten Hensoltshöhe[39] hatten die großen Anstalten Neuendettelsau, Augsburg und Rummelsberg damit kein Problem. Der gesamte Unterstellungsprozeß von Vereinen und Einrichtungen zog sich jedoch, teils wegen komplizierter Rechtsstrukturen (u.a. fehlender Satzungen), teils aber auch wegen überkommener kirchenpolitischer und aktueller politischer Vorbehalte, über Jahre hin. Ab etwa 1938 konnte der Landesführer (auch auf Reichsebene) mit knapp 600 Unternehmen eine Mehrheit der bayerischen Inneren Mission vertreten.[40]

Im Landesbereich kooperierten Landesverein und Landesführer von der ersten Stunde an, um den Kontakt zu den vielen kleinen Einrichtungen herzustellen, ihnen Mut zum Durchhalten zuzusprechen und (namens der Kirche) Rat und Unterstützung in juristischen und finanziellen Fragen zu gewähren.[41] Bis Kriegsende wurden insgesamt nach einer internen Aufstellung 130 Unternehmen der Inneren Mission (57 Kindergärten, 4 Bahnhofsmissionen sowie verschiedene Heime, Anstalten, Ausbildungsstätten und Kurse) von Staats- und Parteistellen beschlagnahmt, verboten oder in andere Trägerschaften (besonders der Nationalsozialistischen Volkswohlfahrt) überführt.[42] Ab 1941 war es dem Landesführer gelungen, in einigen Fällen das Vermögen vereinsgebundener Kindergärten den Ortsgemeinden überschreiben zu lassen, wodurch die nun kirchlichen Einrichtungen weiterbestehen konnten.[43]

2.4 Die Aktivitäten der konfessionellen Vereine nahmen in Folge interner politischer Auseinandersetzungen, lokaler Parteischikanen oder gesetzlicher Einschränkungen des Handlungsspielraums (Zusammenkünfte nur zu gottesdienstlichen Zwecken) insgesamt wohl spätestens während des 2. Weltkrieges ab. Um der Übernahme durch die Deutsche Arbeitsfront zu entgehen, hatte etwa die Leitung den *Landesverband Evangelischer Arbeitervereine* bereits im Juli 1933 in *Verband Evangelischer Gemeindevereine Bayerns* umbenannt; er beherbergte allerdings neben herkömmlich kirchlich orientierten auch eindeutig nationalsozialistisch optierende Mitglieder; bis zum Frühjahr 1939 schmolz der Bestand auf 49 Gruppen.[44] Die rund 30 lokalen Zusammenschlüsse des seit 1922 bestehenden und 1936 verbotenen Landesvereins Evangelischer Arbeiterinnenvereine

---

[39] Vgl. dazu VI.6.3.2.
[40] Zur Unterstellungsbewegung vgl. etwa Führerratssitzung, Niederschrift, 20.5.1935: LKAN DW 2674; »Verzeichnis d. dem Landesführer unterstellten Anstalten u. Einrichtungen«, 37 nach Orten geordnete Seiten (ohne Blatt 1), undatiert (vermutlich 1938/39): LKAN LKR Z V 840b (Verzeichnis); WEICHLEIN (B) 39–44.
[41] Vgl. etwa: BIMB 51 (1936), 9f.
[42] Vgl. das Verzeichnis: »Die IM i. Bayern r. d. Rh. Zusammengestellt i. Juni 1945«: LKAN LKR V 840a (2242); BAIER, Kirche in Not (B) 211–216.
[43] Vgl. aaO, 216.
[44] KRENN (B) 491–494.

lebten in sog. Frauenabenden in ihren Gemeinden fort.[45] Auch der erst im April 1933 entstandene, *nicht* vereinsgebundene *Bayerische Mütterdienst*[46] (außerhalb der Inneren Mission) war bald gezwungen, Kurse in gemeindlichen Gruppen durchzuführen. Es gelang seiner Initiatorin und Geschäftsführerin Antonie Nopitsch jedoch, ihr Konzept gezielter Erholungs- und Bildungsmöglichkeiten für Familienmütter gegen alle Übernahmeforderungen nationalsozialistischer oder deutschchristlicher Organisationen zu verteidigen.[47]

Antonie Nopitsch, Begründerin des Bayer. Mütterdienstes 1933.

---

[45] Vgl. LKAN LKR V 840 a (2242); KRENN (B) 516f.
[46] Zum Bayerischen Mütterdienst vgl. auch VII.7.3.2.
[47] Vgl. DIESTEL (B).

Anfängliche Illusionen von einer nationalsozialistisch-kirchlichen Partnerschaft in der Wohlfahrtspflege wichen, als die fortschreitende finanzielle Aushungerung,[48] Betätigungsverbote in verschiedenen Bereichen (z.B. Arbeitsvermittlung, Bahnhofsmission) und die sog. Entkonfessionalisierung die Möglichkeiten konfessioneller Arbeit beschnitten. Nachdem Staat und Partei ihre Förderung nur den Starken und Tüchtigen angedeihen ließen, konzentrierten sich die kirchengebundenen Einrichtungen, in zunehmendem Maße auch die Gemeinden, auf eine unauffällig zu betreibende Fürsorge an Schwachen, Gefährdeten und Behinderten.[49] Unter erheblichem staatlichen Druck vernachlässigten die Verantwortlichen der Neuendettelsauer Anstalten jedoch den christlichen Auftrag und waren durch die Auslieferung von über 1.200 der ihnen anvertrauten Pfleglinge wie andere Anstalten der Inneren Mission in die sog. Euthanasiemaßnahmen involviert.[50]

2.5 Im Juni 1945 übergab der Landesverein für Innere Mission der Kirche als Grundlage künftiger Verhandlungen mit der amerikanischen Militärregierung eine Aufstellung, die unter Einbeziehung von 69 Kirchenbezirksstellen bzw. Obmännern und 246 Gemeindepflegestationen insgesamt 740 unterschiedliche Einrichtungen auswies.[51] Trotz fehlender genauerer Untersuchungen ist demnach davon auszugehen, daß der Kernbestand der Inneren Mission unter dem Dach der Kirche erhalten blieb.

---

[48] Zur fortschreitenden Einschränkung althergebrachter Natural- und Geldsammlungen und Kollekten (Volksmissionstag und Opferwoche der Inneren Mission) bzw. der Kürzung anteiliger Erträge des von der Kirche aktiv unterstützten *Winterhilfswerks* vgl. GRÜNZINGER/NICOLAISEN (B) 226f. 244; BAIER, Kirche in Not (B) 24f. 212; HELMUT WITETSCHEK (Bearb.), Die kirchl. Lage i. Bayern nach d. Regierungspräsidentenberichten 1933–1943, II. Regierungsbezirk Ober- u. Mittelfranken, Mainz 1967, 87. 97. 201. 316 (VKZG Q 8).
[49] Mit Beispielen: STADTMISSION NÜRNBERG E.V. (B) 21–30.
[50] Vgl. dazu VI.6.3.5.
[51] Vgl. Anm. 42; insgesamt wurden außerdem 87 Einrichtungen als fliegergeschädigt bezeichnet. – Auf einer unter zeitlichem Druck 1942/43 entstandenen Liste waren ohne Berücksichtigung gemeindlicher Unternehmungen 362 Rechtsträger erfaßt worden: LKAN DW 175.

VI.5.2 EVANGELISCHE JUGENDARBEIT

Von Ulrich Schwab

BAIER, DC (B).– DRESSEL (B).– RIEDEL (B).– SCHWAB, Jugendarbeit (B).

1. Evangelische Jugendarbeit in der Weimarer Republik

Nach dem Zusammenbruch des Deutschen Reiches 1918 wurde die junge Generation von vielen als Hoffnungsträger für eine Neuordnung der Gesellschaft angesehen. Es waren vor allem Erwachsene, die der Jugend diese Rolle zudachten und so den »Mythos Jugend«[1] schufen. Wilhelm Stählin, seit 1916 Pfarrer in Nürnberg-St. Lorenz und auf evangelischer Seite einer der führenden Protagonisten der Jugendbewegung in Bayern, verwies 1918 in einer vielbeachteten kleinen Schrift auf den »leidenschaftlichen Drang der Jugend, ihr eigenes Leben zu leben«.[2] Der neue Lebensstil der Jugend sollte eine neue Zeit heraufbeschwören. Auch die Evangelische Jugendarbeit hatte sich in den zwanziger Jahren an diesem Anspruch neu zu orientieren. In Bayern finden sich in dieser Zeit folgende Jugendverbände, die teilweise neu, teilweise schon vor 1914 entstanden waren: Bayerischer Jungmännerbund (Christlicher Verein Junger Männer) mit Christlichen Pfadfindern und Posaunenchören; Bund Christdeutscher Jugend; Bund Deutscher Jugendvereine; Christlicher Jugendbund (Landeskirchliche Gemeinschaft); Jugendabteilung des Landesverbands der evangelischen Arbeiterinnen Bayerns; Jugendbund der evangelischen Arbeitervereine; Jugendbund für Entschiedenes Christentum (EC); Mädchenbibelkreise (M.B.K.); Schülerbibelkreise (SBK); Verband der evangelischen weiblichen Jugend Bayerns. Eigentlich nicht mehr zur kirchlichen Jugendarbeit gehörten die 1936 aufgelösten christlichen Studentenbünde wie besonders die zu gut ¾ aus Theologen bestehende »Uttenruthia«-Erlangen im Schwarzburgbund.[3] Sie sind deshalb nicht einbezogen.

Waren 1917 noch 9.500 Jugendliche in den Vereinen organisiert, so stieg diese Zahl bis 1932 auf ca. 24.000 Jungen und Mädchen. Die Vereinsstrukturen wurden überall ausgebaut, eine Verbandszeitschrift galt als selbstverständlich. Die Stellen für Hauptberufliche in den Verbänden konnten auf 77,5 im Jahre 1932 gesteigert werden. Die bayerischen evangelischen Jugendverbände waren seit 1919 im *Ausschuß der deutschen Jugendverbände* und seit 1924 im *Landesausschuß der bayerischen Jugendverbände* vertreten. Auch dem 1919 entstandenen *Landesverband der Evangelischen Vereine in Bayern* gehörten sie an. Die Ver-

---

[1] »Mit uns zieht d. neue Zeit« (B).
[2] WILHELM STÄHLIN, Der neue Lebensstil. Ideale deutscher Jugend, Hamburg 1918, ⁴1925, 6.
[3] Vgl. dazu JOHANNES KÜBEL, 100 Jahre Uttenruthia 1836–1936, Erlangen 1951; MENSING, Pfarrer (B) 45ff.

bindungen zur Landeskirche wurden über den Landesverein für Innere Mission koordiniert. Hier waren bis 1933 für die Jugendarbeit folgende Pfarrer tätig: Heinrich Kalb (1914–17), Ludwig Turtur (1918–19), Georg Kern (1919–22), Julius Kelber (1924–27) und Dr. Ludwig Beer (1928–32). Im *Landesausschuß für evangelische Jugendarbeit (Jugendpflege)* hatten sie jeweils den Vorsitz. Zu ihren Aufgaben gehörte, neben der Pflege der Beziehung zu Verbänden und staatlichen Einrichtungen, die regelmäßige Erstellung eines Berichts zur Jugendarbeit vor der Landessynode, sowie die Verteilung der jährlichen Jugendkollekte auf die einzelnen Verbände. Zudem wirkten sie seit 1922 im Rahmen des Reichsjugendwohlfahrtsgesetzes bei den sozialen Aufgaben der Jugendwohlfahrt mit.

Der *Verband der evang. weiblichen Jugend* hatte 1915 mit Annemarie Pissel die erste hauptberufliche Kraft eingestellt. Ihr folgten Rosa Beck, Marie Daimler, Gertrude Hartlieb und Julie Bullemer nach. Den Verbandsvorsitz hatten stets Pfarrer inne: 1911–20 Heinrich Scholler, 1920–23 Karl Wirth und 1923–34 Ludwig Haffner. Unter Haffners Führung wurden seit 1925 Mädchenfreizeiten auf Burg Prackenfels durchgeführt. Auch die Singbewegung, die sich in besonderer Weise für Volkslied und Laienspiel einsetzte, wurde von Haffner im Verband nachhaltig gefördert. Mit den *Weggenossen-Kreisen*, die Guida Diehl begründet und Pfr. Otto Dietz weitergeführt hatte, hoffte man stärker auch die »gebildete weibliche Jugend« ansprechen zu können. Die jungen Mädchen unter den evangelischen Arbeiterinnen wollte dagegen Elisabeth Nägelsbach mit ihren *Jugendgruppen des Landesverbands der Evangelischen Arbeiterinnen* erreichen. Hier wie dort war aber der Wirkungskreis nicht sehr groß. Gleichwohl war das Zugehörigkeitsgefühl unter den hier sich zusammenfindenden Mädchen hoch.

Der *Bayerische Jünglingsbund*, ab 1923 Bayer. Jungmännerbund, war die Landesorganisation des CVJM in Bayern. Er konnte in den zwanziger Jahren die stärksten Zuwachsraten für sich verbuchen. Eine intensive Evangelisationsarbeit wurde eingeleitet, um den bisher städtisch orientierten CVJM auch auf dem Land zu verbreiten. Über 120 sog. »Winterlager« führten Pfarrer August Kornacher und Georg Kragler bis 1932 durch. Der Ankauf von Burg Wernfels 1925 schaffte ein zentrales Freizeitenheim für die Vereine. Bundesvorsitzende des CVJM waren die Pfarrer Hermann Galsterer (1917–1922), Kornacher (1922–1928), Heinrich Grießbach (1928–1929), der 1929–1934 als Bundespfarrer im Jungmännerbund tätig war, und der Bankbeamte Ludwig Krauß (1930–1960). Grießbach veranstaltete zusammen mit dem Generalmajor a.D. Georg Frhr. Loeffelholz von Colberg erstmals Bibelfreizeiten in der Reichswehr und der Landespolizei, die bis 1935 durchgeführt werden konnten. Loeffelholz von Colberg, der bereits 1906–1914 Vorsitzender des CVJM Nürnberg gewesen war, übernahm nach seinem Abschied bei der Reichswehr 1926–1933 den Vorsitz im CVJM München. Im Reichsverband der evangelischen Jungmännerbünde Deutschlands hatte er die Leitung der Arbeitsgruppe »Dienst an der Reichswehr« übertragen bekommen.

Von besonderer Bedeutung waren für den CVJM die jährlich stattfindenden Bundestage, die groß inszeniert wurden, um den Zusammenhalt der einzelnen Vereine zu stärken, aber auch, um den Verband nach außen zu repräsentieren. Seit 1921 kam die Eichenkreuzsportarbeit hinzu, während sich die Christlichen Pfadfinder 1927 verselbständigten. Zur Arbeit des CVJM gehörte die Unterstützung der Mission, Arbeitslosen-Hilfe in den Städten, ein Christlicher Soldatenbund sowie die sich um Sittlichkeitsfragen bemühende Weißkreuzbewegung. In Nürnberg und Schwabach fungierte der CVJM darüber hinaus auch noch als Bauunternehmer, um der massiven Wohnungsnot nach dem Ersten Weltkrieg durch einen finanziell günstigen Siedlungsbau begegnen zu können. Der dem CVJM nahestehende *Jugendbund für Entschiedenes Christentum (EC)* unter der Führung von Pfarrer Ernst Keupp sowie der sich 1928 vom EC abspaltende *Christliche Jugendbund* konnten in Bayern dagegen nur regionale Bedeutung erlangen.

Der *Jugendbund der Evangelischen Arbeitervereine* hatte sich seit seiner Gründung 1911 als Gemeindejugend verstanden. Diese besondere Nähe zur Kirche blieb auch in den zwanziger Jahren sein Markenzeichen. Nach dem frühen Tod des ersten Bundesführers Frhr. Friedrich von Harsdorf 1914 übernahmen dieses Amt die Pfarrer Friedrich Langenfaß (1914–1915), Julius Orth (1915–1919), Gottfried Fuchs (1920–1923) und Johannes Baumgärtner (1923–1934). Vor allem unter der Führung von Baumgärtner entwickelte sich der Jugendbund zu einer beachtlichen Größe, wenngleich er hinter den Mitgliedszahlen des Jungmännerbunds zurückblieb. Auch blieb der Einfluß auf die Arbeiterjugend gering. Ähnlich wie im Jungmännerbund wurden die Jugendlichen eher aus der Handwerkerschaft und dem Kleinbürgertum gewonnen. Im Jugendbund gab es seit 1923 Mädchengruppen. Seit 1926 besaß auch dieser Verband in Kasberg b. Gräfenberg ein eigenes Freizeitenheim. Baumgärtner war maßgeblich an der Gründung des *Reichsverbands der evangelischen Arbeiterjugend* beteiligt.

Der *Bund deutscher Jugendvereine (BdJ)* sowie die *Christdeutsche Jugend* zeichneten sich durch eine besondere Nähe zur Bündischen Jugend aus. In Bayern wurde der Bund deutscher Jugendvereine, der nicht nur auf evangelische Jugendliche begrenzt war, vor allem durch den Nürnberger Pfarrer Stählin[4] repräsentiert. Stählin war 1918–1919 Vorsitzender des Gaus Bayern im Wandervogel e.V., 1922–1932 einer der beiden Bundesleiter des BdJ und ab 1926 Professor für Praktische Theologie in Münster. Mit seinem Versuch, die Jugendbewegung insgesamt als religiös zu interpretieren, hatte er allerdings im BdJ nur teilweise Erfolg. Die *Christdeutsche Jugend*, entstanden 1921 durch eine Spaltung im Neulandbund Diehls, wurde in Bayern angeführt von Langenfaß, der vom Jugendbund der Evangelischen Arbeitervereine zur Christdeutschen Jugend kam. Langenfaß brachte durch die Betonung des »jungen Luther« in besonderer Weise

---

[4] STÄHLIN (B); ERICH NESTLER, Der Beitr. Wilhelm Stählins z. Jugendbewegung (Diss.), Lauf 1986.

reformatorisches Gedankengut in die Christdeutsche Jugend ein. Darüber hinaus war hier die Nähe zu Kirche und Gemeinde ein wichtiger Bestandteil der Jugendarbeit. In Bayern war beiden Verbänden nur eine marginale Existenz in Nürnberg und München beschieden.[5] Pfingsten 1933 schlossen sich die beiden Verbände auf Bundesebene zum *Bund christdeutscher Jugend* zusammen, mußten aber 1934 auf Druck der NSDAP die Arbeit an den Jugendlichen aufgeben.

Die Frage nach der Nähe zur *Bündischen Jugend* bewegte in den zwanziger Jahren alle Verbände.[6] Überall wurden Tracht und Wimpel eingeführt. Der gemeinsame Aufmarsch in der Öffentlichkeit galt als wichtiges Repräsentationsmittel. Kennzeichnend waren für die Bündische Jugend die Idee einer charismatischen Führerpersönlichkeit, der man aus Überzeugung Gefolgschaft leisten wollte, sowie der Anspruch von Selbstbestimmung und Eigenständigkeit der Jugendlichen gegenüber der Erwachsenenwelt. Den evangelischen Jugendverbänden wurde von dieser Position aus vorgeworfen, statt Jugendbewegung nur Jugendpflege zu sein und den Aspekt der Selbstbestimmung zu wenig zu berücksichtigen. Dies führte dazu, daß die jugendlichen Mitglieder der Verbände erstmals auch an Leitungsaufgaben beteiligt wurden. Mit Ausnahme der Schülerbibelkreise, die sich schon vor dem Ersten Weltkrieg auf die Jugendbewegung beriefen, war dies bis dahin unüblich gewesen. Die Stellung der Kirche zur Jugendbewegung wurde in Bayern intensiv und kontrovers auf den *Hohenecker Konferenzen für Kirche und Jugendbewegung* diskutiert, die ab 1922 jährlich auf Anregung des für Jugendfragen sehr offenen Oberkirchenrats Friedrich Boeckh stattfanden und an denen auch Jugendliche selbst teilnehmen konnten. Die dort z.B. vorgestellte Anregung von Stählin, die Konfirmation als Eintritt in eine die Parochialgrenzen überschreitende Jugendgemeinde zu verstehen, traf bei der Kirchenleitung aber auf keine Gegenliebe.

2. Evangelische Jugend und der Nationalsozialismus

Auch die Evangelischen Jugendverbände waren der neuen völkischen Bewegung zu Beginn der zwanziger Jahre durchaus zugewandt. Sie galten als deutschnational, und die Ablehnung der neuen demokratischen Republik war in vielen Jugendverbänden geradezu eine Selbstverständlichkeit.[7] Viele führende Persönlichkeiten evangelischer Jugendarbeit standen zumindest in der Anfangsphase bis 1934 der NSDAP nahe. Es ist deshalb nicht verwunderlich, daß nach der Gründung der *Hitlerjugend* (1926) und des *Bundes Deutscher Mädel* (1930) in den

---

[5] Vgl. zu diesen Jugendkreisen die Jugend-Erinnerungen Walther von Loewenichs (LOEWENICH [B] 25f) sowie TRILLHAAS (B) 53ff.

[6] UDO SMIDT (Hg.), Dokumente ev. Jugendbünde, Stuttgart 1975; WERNER KINDT (Hg.), Grundschr. d. deutschen Jugendbewegung, Düsseldorf 1963.

[7] Vgl. HARRY PROSS, Jugend Eros Politik, Bern u.a. 1964.

evangelischen Verbänden die Frage diskutiert wurde, wie mit dem nun auftauchenden Problem einer von Jugendlichen gewünschten Doppelmitgliedschaft in Hitlerjugend und evangelischem Jugendverband umzugehen sei. Den Machtwechsel 1933 begrüßten einhellig alle evangelischen Jugendverbände. Schnell wurde jedoch deutlich, daß nun HJ und BDM als für alle verbindliche Staatsjugend gelten sollten.[8] Die Jugendorganisationen aus dem linken Lager wurden sofort verboten. Aber auch die konfessionellen Jugendorganisationen sollten sich in die Staatsjugend einreihen. Um gegenüber dem Alleinvertretungsanspruch von HJ und BDM mit gemeinsamer Stimme auftreten zu können, wurde im März 1933 der bisherige Ausschuß für evangelische Jugendarbeit umgewandelt in einen *Landesverband der evangelischen Jugend in Bayern r. d. Rhs.*[9] Von diesem Landesverband wurde im April 1933 Grießbach zum Vorsitzenden der gesamten bayerischen Jugend gewählt. Landesbischof Hans Meiser setzte Grießbach und Studienrat Pfarrer Ernst Fikenscher[10] als Sonderbeauftragte des Landesbischofs für Jugendarbeit ein. Gedacht war zunächst an eine enge Zusammenarbeit mit HJ und BDM. Hierfür arbeiteten Grießbach und Fikenscher mit anderen zusammen im Sommer 1933 *Musterpläne für die Arbeit der Evangelischen Kirche an der Hitlerjugend*[11] aus, die zwar in manchen Vereinen als inhaltliche Grundlage der Jugendarbeit Anwendung fanden, jedoch von der Staatsjugend nie akzeptiert wurden. Im Gegenteil verschärften sich nun die Auseinandersetzungen mit der HJ. Mit Hilfe einer volksmissionarischen Jugendwoche wollte die Kirche die verschiedenen Richtungen der Evangelischen Jugend im November 1933 als geeinte »Jugendfront« präsentieren. Als im Dezember 1933 von Reichsbischof Ludwig Müller und dem Jugendführer des Deutschen Reiches, Baldur von Schirach, der Vertrag über die Eingliederung der in Verbänden organisierten evangelischen Jugend in die HJ[12] unterzeichnet wurde, beschloß man in Bayern, die Jugendarbeit insgesamt als (nicht organisierte) Gemeindejugend neu zu strukturieren, um so die bisherigen Jugendgruppen wenigstens teilweise erhalten zu können. Die Verbände lösten sich im Frühjahr 1934 entweder auf[13] oder mußten auf die weitere Arbeit an den unter 18jährigen verzichten. Die Gemeindejugend wurde nun von der Kirchenleitung zur Dienstobliegenheit des Pfarramtsvorstands erklärt. Ihr sollten ohne besondere Mitgliedschaft alle evangelischen Jugendlichen einer Gemeinde angehören. Neu geschaffen wurde das Amt eines Landesjugendpfarrers, der der Gemeindejugend als Führer vorstehen sollte. Heinrich Riedel bekleidete dieses Amt 1934–1943 und Hans-Martin Helbich im Anschluß daran 1943–1956. Dem Landesjugendpfarrer stand eine Lan-

[8] MANFRED PRIEPKE, Die ev. Jugend i. Dritten Reich 1933–1936, Hannover u.a. 1960.
[9] Die Satzung des Landesverbands ist abgedruckt in SCHWAB, Jugendarbeit (B) 416.
[10] Grießbach und Fikenscher gehörten beide zu den Unterzeichnern des Ansbacher Ratschlags, vgl. BAIER, DC (B) 97f.
[11] Vgl. RIEDEL (B) 54. Auszugsweise abgedruckt in SCHWAB, Jugendarbeit (B) 418.
[12] Vgl. JOHANNES JÜRGENSEN, Die bittere Lektion. Ev. Jugend 1933, Stuttgart 1984.
[13] So z.B. der Jugendbund, dessen Führer Baumgärtner zur HJ und als Landesleiter zu den Deutschen Christen wechselte, vgl. BAIER, DC (B) 83 und öfter.

desjugendkammer beratend zur Seite. Für jeden Kirchenkreis wurden ein Kreisjugendpfarrer und für jedes Dekanat ein Bezirksjugendpfarrer nebenamtlich benannt. Im Amt für Jugendarbeit waren als Hauptamtliche Dora Burkhardt, Irmgard Scherer, Karl Huber und Schwester Thusnelde Schmid tätig. 1938 kam Karl Schmid und 1939 Ilse Hartmann hinzu. Durch diese Umstrukturierung gelang es, die evangelische Jugendarbeit auf Gemeindeebene fortzuführen. Ab 1936 konnte die Schülerarbeit an den Gymnasien unter der Leitung der Pfarrer Karl Geuder und Otto Dietz neu aufgebaut werden. Gleichwohl blieben weitere Auseinandersetzungen mit der HJ und der Gestapo nicht aus. Seit 1935 war es der Evangelischen Jugend verboten, die Jugendherbergen mit zu benutzen, eine religiöse Veranstaltung – und nur als solche war Jugendarbeit noch möglich – mußte ausschließlich in Kirchenräumen stattfinden. 1936 wurde die Hitlerjugend offiziell zur Staatsjugend erklärt, der durch Verordnung vom 25.3.1939 alle Jugendlichen von 10–18 Jahren anzugehören hatten. Im Sommer 1939 wurden alle kirchlichen Freizeiten verboten und ein Jahr später wurde dieses Verbot auf die gesamte Dauer des Krieges ausgedehnt. Trotzdem war es immer noch möglich, Freizeiten – teilweise auf abenteuerliche Weise – durchzuführen. Am 7.2.1940 verabschiedete der Landeskirchenrat noch einmal *Grundsätze für die seelsorgerliche Jugendarbeit der Kirche*,[14] in denen die Jugendarbeit als wesentliche Teilaufgabe eines lebendigen Gemeindeaufbaus bezeichnet wurde. Als Ziel dieser Arbeit galt die Ausrichtung auf das biblische Wort, eine jugendgemäße Lebensgemeinschaft, eine bewußt evangelische Führung im Sinne einer Verkündigung, die Entscheidung fordert, sowie eine enge Verbindung mit der Gesamtarbeit der Kirchengemeinde.

Die Jugendarbeit kam auch in den folgenden Jahren bis Kriegsende nie ganz zum Erliegen, wenngleich sie ab 1943 zumindest in den Städten nur noch unter schwierigsten Umständen weitergeführt werden konnte. Hier waren die meisten Kinder evakuiert, die Jugendlichen durch Reichsarbeitsdienst, Heimatflak oder Mitarbeit in Kinderlandverschickungs-Lagern überlastet. Außerdem führte die Angst vor den Luftangriffen dazu, daß viele Eltern ihre Kinder möglichst wenig aus dem Haus gehen lassen wollten. Nur wenige Wochen nach Kriegsende sollte die Jugendarbeit aber wieder überall Fuß fassen.

---

[14] Entschließung des Landeskirchenrats Nr. 842/II vom 7.2.1940, LKAN, Dekanat Augsburg, Nr. 380. Vgl. RIEDEL (B) 155.

VI.6 NATIONALSOZIALISTISCHE HERRSCHAFT

von Carsten Nicolaisen

BAIER, DC (B).– BAIER, Kirche in Not (B).– BAIER/HENN (B).– 50 Jahre Ev. Presseverband i. Bayern. Publizistik als Aufgabe d. Kirche, hg. v. EV. PRESSEVERBAND F. BAYERN, München 1983.– JOACHIM GAUGER, Chronik d. Kirchenwirren, 1: Vom Aufkommen d. »Deutschen Christen« 1932 bis z. Bekenntnis-Reichssynode i. Mai 1934, 2: Von d. Barmer Bekenntnis-Reichssynode i. Mai 1934 bis z. Einsetzung d. Vorläufigen Leitung d. DEK i. November 1934, 3: Von d. Einsetzung d. Vorläufigen Leitung d. DEK i. November 1934 bis z. Errichtung eines Reichsministeriums f. d. kirchl. Angelegenheiten i. Juli 1935, Anstatt Handschrift gedr. (Elberfeld) 1934–1936 (Gotthard-Briefe 138.–169. Brief, hg. v. JOSEPH GAUGER).– ANGELIKA GERLACH-PRAETORIUS, Die Kirche vor d. Eidesfrage. Die Diskussion um d. Pfarrereid i. »Dritten Reich«, Göttingen 1967 (AGK 18).– GRÜNZINGER/NICOLAISEN (B).– HABERER (B).– HENN, Führungswechsel (B).– GERHARD HETZER, Kulturkampf i. Augsburg 1933–1945, Augsburg 1982.– Kirche i. Kampf. Dokumente d. Widerstands u. d. Aufbaus i. d. ev. Kirche Deutschlands v. 1933 bis 1945, hg. v. HEINRICH HERMELINK, Tübingen u.a. 1950.– PAUL KREMMEL, Pfarrer u. Gemeinden i. ev. Kirchenkampf i. Bayern bis 1939. Mit bes. Berücksichtigung d. Ereignisse d. Bezirksamts Weißenburg i. Bayern, Lichtenfels 1987 (SNKG 1).– KURT MEIER, Der Ev. Kirchenkampf. Gesamtdarstellung i. drei Bänden, Bd. 1: Der Kampf um d. »Reichskirche«, Bd. 2: Gescheiterte Neuordnungsversuche i. Zeichen staatlicher »Rechtshilfe«, Bd. 3: Im Zeichen d. zweiten Weltkriegs, Halle/Saale u.a. 1976–1984.– MEISER, Kirche (B).– MENSING, Pfarrer (B).– CHRISTINE-RUTH MÜLLER/HANS-LUDWIG SIEMEN, Warum sie sterben mußten. Leidensweg u. Vernichtung v. Behinderten aus d. Neuendettelsauer Pflegeanstalten i. »Dritten Reich«, Neustadt/Aisch 1991 (EKGB 66).– CARSTEN NICOLAISEN (Bearb.), Dokumente z. Kirchenpolitik d. Dritten Reiches, Bd. 1: Das Jahr 1933, München 1971, Bd. 2: 1934/35, München 1975.– ROEPKE (B).– HEINRICH SCHMID, Apokalyptisches Wetterleuchten. Ein Beitr. d. Ev. Kirche z. Kampf i. »Dritten Reich«, München 1947.– KLAUS SCHOLDER, Die Kirchen u. d. Dritte Reich, Bd. 1: Vorgesch. u. Zeit d. Illusionen 1918–1934, Frankfurt/Main u.a. 1977, Bd. 2: Das Jahr d. Ernüchterung 1934, Berlin 1985.– SIMON, Kirche i. Bayern (B).– CHRISTIAN STOLL, Dokumente z. Kirchenstreit. Teil 1–6, München 1934–1936.– Verantwortung 1 u. 2 (B).– ... wo ist dein Bruder Abel (B).

1. Grundlinien der nationalsozialistischen Kirchenpolitik

Als der Führer der Nationalsozialistischen Deutschen Arbeiterpartei (NSDAP), Adolf Hitler, am 30.1.1933 vom Reichspräsidenten zum Reichskanzler berufen wurde, begannen die Nationalsozialisten sofort damit, Staat und Gesellschaft in ihrem Sinne revolutionär umzugestalten. Schon vor dem Erlaß des Ermächtigungsgesetzes am 23.3.1933 wurden durch Notverordnungen die von der Weimarer Verfassung garantierten demokratischen Grund- und individuellen Freiheitsrechte weitgehend außer Kraft gesetzt; im Zuge der von den Nationalsozialisten propagierten »Gleichschaltung« lösten »Reichskommissare« in den Ländern die demokratisch gewählten Regierungen auf und ersetzten sie durch nationalsozialistische. Der rasche Aufbau einer politischen Polizei (Gestapo) und Terrormaßnahmen von SA und SS machten unübersehbar deutlich, daß der demokratische Rechtsstaat durch eine autoritäre Willkürherrschaft abgelöst wurde.

Auch gegenüber der evangelischen Kirche verfolgten die Nationalsozialisten zunächst die Politik der »Gleichschaltung«, d.h. der möglichst reibungslosen Einpassung in ihr Herrschaftssystem. Ziel der staatlichen Kirchenpolitik gegenüber der evangelischen Kirche in den Anfangsjahren der NS-Herrschaft war es, der nationalsozialistischen Kirchenpartei der Deutschen Christen (DC) möglichst überall in der Kirche zur Usurpierung des Kirchenregiments zu verhelfen und damit die Kirche gleichsam zu »nazifizieren«. Als diese Absicht spätestens 1935 an innerkirchlichen Widerständen, nicht zuletzt an der Bildung der Bekennenden Kirche (BK), gescheitert war, sollten die in der Kirche aufgebrochenen Spannungen durch verstärkte Staatsaufsicht und administrative Maßnahmen unter Kontrolle gebracht werden. Auch dieses Konzept, repräsentiert durch den von Hitler eigens eingesetzten Reichskirchenminister Hanns Kerrl, ließ sich nicht durchsetzen. Ab 1937 wurde die nationalsozialistische Kirchenpolitik durch diejenigen Kräfte in der NS-Hierarchie bestimmt, die sich von Anfang an die »Entkonfessionalisierung« und damit die weitgehende Ausschaltung der Kirche aus dem öffentlichen Leben zum Ziel gesetzt hatten. Die nationalsozialistische Kirchenpolitik verlief in allen ihren Phasen allerdings nicht konsequent und einlinig. Zwar war auch für die Kirchenpolitik in dem zentralistisch orientierten, auf das Führerprinzip aufgebauten NS-Herrschaftssystem letztlich immer die Entscheidung Hitlers ausschlaggebend; gleichzeitig kamen innerhalb dieses Herrschaftssystems aber von Anfang an auch konkurrierende persönliche Interessen, unterschiedliche Auffassungen der Vertreter von Staat und Partei, mehr oder weniger revolutionäre Konzeptionen und nicht zuletzt regionale Besonderheiten zum Tragen.

In Bayern war die Zahl der miteinander konkurrierenden Instanzen, die Einfluß auf die Kirchenpolitik nahmen, besonders groß. Der bayerische Reichsstatthalter Franz Ritter von Epp und Ministerpräsident Ludwig Siebert waren auf gutes Einvernehmen mit den christlichen Kirchen bedacht. Revolutionäre Veränderungen in der evangelischen Kirche und die Zurückdrängung christlichen Gedankengutes aus dem öffentlichen Leben verfolgten dagegen die Reichsleitung der NSDAP (Braunes Haus) unter Rudolf Heß, dem 1934 auch Hitlers Beauftragter für Kirchenfragen, der ehemalige Oberste SA-Führer Hauptmann Franz Pfeffer von Salomon zugeordnet war,[1] und fast alle nationalsozialistischen Gauleiter auf dem damaligen bayerischen Territorium. Der radikalste von ihnen war der machtbewußte Gauleiter von Oberbayern, Adolf Wagner, der, zugleich In-

---

[1] NICOLAISEN, Dokumente 2 (K) 80f.

nenminister, mit der Bayerischen Politischen Polizei in den entscheidenden Monaten des Jahres 1934 über ein wirksames Instrument zur Bekämpfung der Kirche verfügte.

2. Die Landeskirche zwischen Anpassung und Selbstbehauptung 1933/1934

2.1 Kirche und Nationalsozialismus bis 1933

Nach der Gründung der NSDAP 1919 in München fand der Nationalsozialismus auf bayerischem Territorium zuerst in Coburg und in Franken weitere Verbreitung. Schon früh engagierten sich auch evangelische Theologiestudenten und einzelne Pfarrer für die neue politische Bewegung. Besonders trat Eduard Putz hervor, der 1927 als 20jähriger in die NSDAP eingetreten war und als Propagandaredner für sie agitierte. Auf ihn ist es mit zurückzuführen, daß die Nationalsozialisten in Erlangen als der ersten Studentenvertretung in Deutschland im November 1929 die Mehrheit erlangten.[2] Nach den erheblichen Stimmengewinnen der Nationalsozialisten bei den Reichstagswahlen 1930 verdichtete sich in der Pfarrerschaft die Diskussion über das Verhältnis von Kirche und Nationalsozialismus. Putz warb in der Kirche für die neue politische Bewegung, der gegenüber die Kirche eine besondere missionarische Aufgabe habe: Sie sollte dem Nationalsozialismus klarmachen, daß alle seine Ordnungen ohne Gott in der Luft hingen.[3] Auch der Erlanger Professor Paul Althaus sah im Nationalsozialismus positive Anknüpfungspunkte für die Kirche, nämlich den nationalen Freiheitswillen sowie die Gedanken des Volksorganismus, des Rassenwertes, der Rassenreinheit und des Sozialismus.[4] Wie intensiv die Beschäftigung der Pfarrer mit dem Nationalsozialismus schon vor 1933 war, zeigen einerseits die Gründung eines eigenen NS-Pfarrerbundes (NSEP) neben dem Pfarrerverein bereits 1931,[5] andererseits verschiedene Mahnungen der Kirchenleitung an die Pfarrer, sich parteipolitischer Betätigung zu enthalten. Im Oktober 1932 drohte der Landeskirchenrat Disziplinarstrafen für diejenigen Pfarrer an, die nicht bereit waren, die Linie parteipolitischer Neutralität einzuhalten.[6] Auch der Erlanger Systematiker Werner Elert, obwohl grundsätzlich dem Nationalsozialismus gegenüber aufgeschlossen, hielt die Mitarbeit eines Pfarrers in einer politischen Partei mit dem geistlichen Amt für unvereinbar.[7] Dennoch traten bis Jahresende 1932 57 Pfarrer

---

[2] MENSING, Pfarrer (B) 50.
[3] Vgl. KELGB 58 (1933), 199.
[4] BAIER, DC (B) 37.
[5] Der NSEP war zunächst eine lose Arbeitsgemeinschaft nationalsozialistischer Geistlicher innerhalb des NS-Lehrerbundes (MENSING, Pfarrer [B] 119).
[6] ABlB 1932, 102.
[7] BAIER, DC (B) 36.

– etwa 3,4% der Pfarrerschaft – der NSDAP bei.[8] Der Rückhalt des Nationalsozialismus in den Gemeinden war weit größer; im evangelischen Franken gab es einzelne Gemeinden, die 1932 100% nationalsozialistisch wählten.[9]

Der Regierungsantritt Hitlers am 30.1.1933 wurde von der Mehrheit der Pfarrer und Gemeinden freudig begrüßt. Hitlers freundlich-wohlwollende Worte über Christentum und Kirche in seinen ersten öffentlichen Äußerungen als Reichskanzler und das Versprechen in seiner Regierungserklärung vom 23.3. 1933, die Rechte der Kirchen nicht anzutasten,[10] nährten bei vielen die Hoffnung, der neue Staat würde wieder ein Staatswesen auf christlicher Grundlage werden. Derartige Hoffnungen richteten sich auch auf den neuen, evangelischen Kultusminister, den oberfränkischen Gauleiter Hans Schemm.[11] Obwohl die Nationalsozialisten die ihnen gewährte unumschränkte Macht zu einem grausamen Rachefeldzug gegen Kommunisten und Sozialdemokraten nutzten und mit dem Boykott jüdischer Geschäfte am 1.4.1933 dokumentierten, daß sie gewillt waren, wie ihre politischen Gegner auch die jüdischen Mitbürger aus der Volksgemeinschaft auszugrenzen, sprach der Landeskirchenrat am 13.4. in einer Kundgebung im Namen der Kirche seinen Dank und seine Freude dafür aus, daß der neue Staat Zucht und Ordnung wieder aufrichte und »sein Werk durch Schaffung einer echten Volksgemeinschaft krönen will und daß vor allem die, für welche das Herz der Kirche von jeher besonders warm geschlagen hat, die Notleidenden und Unterdrückten, die Geringen und Darbenden, der Sorge des ganzen Volkes befohlen sein sollen.«[12] Hier zeigte sich ein gerade für die Anfangszeit der nationalsozialistischen Herrschaft typisches selektives politisches Wahrnehmungsvermögen gerade auch der Verantwortlichen in der Kirche. Dennoch mischte sich in die weit verbreitete nationale Euphorie in der Kirche auch die Besorgnis, daß die Nationalsozialisten bei ihren revolutionären Maßnahmen zur Umgestaltung der gesamten Gesellschaft vor Übergriffen auf die Kirche nicht zurückschrecken würden. Gegenüber dem nationalsozialistischen Totalitätsanspruch machte der Landeskirchenrat in derselben Kundgebung darum auch geltend, daß die Kirche einer anderen Ordnung als der Staat entstamme; ihre Botschaft werde »von keiner politischen Wandlung berührt und kein politischer Wechsel der Lage kann die Kirche hindern, unbeirrt und in eigener Verantwortung ihren Auftrag zu erfüllen«.[13]

---

[8] MENSING, Pfarrer (B) 122.
[9] AaO, 102.
[10] NICOLAISEN, Dokumente 1 (K) 24.
[11] Vgl. BAIER, DC (B) 38 und VI.4, bes. Anm. 15.
[12] HENN, Führungswechsel (B) 345.
[13] AaO, 346.

2.2 Wechsel in der Kirchenleitung

Trotz der Betonung der Eigenständigkeit der Kirche setzte die bayerische Kirchenleitung schon zu einem frühen Zeitpunkt ein Zeichen für ihre Anpassungsbereitschaft an die neuen politischen Verhältnisse. Opfer dieser Anpassungsbereitschaft wurde der damals 72jährige, auf Lebenszeit gewählte Kirchenpräsident Friedrich Veit. Sowohl im Landessynodalausschuß als auch im Landeskirchenrat setzte sich die Ansicht durch, daß Veit als Repräsentant eines überholten Systems den neuen politischen Herausforderungen nicht mehr gewachsen sei und durch einen Jüngeren ersetzt werden müsse. Ultimativ unter Druck gesetzt durch Pfarrer Friedrich Klein, den Führer des NSEP, und durch jüngere Pfarrer im Pfarrerverein forderte die Kirchenleitung Veit zum Rücktritt auf. Diese Entscheidung war nicht ganz unbeeinflußt von Ereignissen in Berlin, wo die – in Bayern noch nicht vertretenen – Deutschen Christen, unterstützt von prominenten Nationalsozialisten, Anfang April 1933 auf einer »Reichstagung« unverblümt das Recht auf Revolution proklamiert hatten für den Fall, daß die Kirchenbehörden sich nicht vorbehaltlos auf die politischen Veränderungen einstellten.[14] In Bayern honorierten die Nationalsozialisten den am 11.4. vollzogenen Rücktritt Veits damit, daß sie die Ernennung des von ihnen wegen seiner kritischen Stellung zur NSDAP nicht geschätzten Hofer Dekans Thomas Breit zum Oberkirchenrat widerspruchslos hinnahmen.[15]

Vertreter Veits wurde Oberkirchenrat Hans Meiser, der die bayerische Kirche nun auch sofort bei den Verhandlungen gesamtkirchlicher Gremien in Berlin repräsentierte und von dort alarmierende Nachrichten über revolutionäre Umwälzungen auf der Ebene des Deutschen Evangelischen Kirchenbundes mitbrachte. Die Lage schien auf schnelle und klare Entscheidungen zu drängen, so daß die für Mitte Mai geplante außerordentliche Landessynode schon Anfang Mai zusammentrat. Bereits vorher war auf einer Versammlung des Landeskirchenrats mit allen kirchenpolitischen Gruppen in Ansbach einmütig die Forderung nach einem Landesbischof erhoben worden, der mit besonderen Vollmachten ausgestattet werden müsse, um die Landeskirche ebenso eindeutig wie flexibel führen zu können. Die Landessynode wählte am 4.5. Meiser, dem der Pfarrerverein schon vorher seine Gefolgschaft versichert hatte, zum neuen Kirchenpräsidenten. Sie wandelte gleichzeitig per Gesetz das bisherige Amt des Kirchenpräsidenten in das Amt des Landesbischofs um. Darüber hinaus verabschiedete sie nach dem Vorbild der bereits für das Reich und für das Land Bayern erlassenen staatlichen Ermächtigungsgesetze ein kirchliches Ermächtigungsgesetz, das den neuen Landesbischof mit den von der Pfarrerschaft gewünschten umfassenden Vollmachten ausstattete. Er konnte damit praktisch unumschränkt Kirchengesetze erlassen, denn der Landessynodalausschuß brauchte nur noch angehört zu

---

[14] GAUGER 1 (K) 69.
[15] MENSING, Pfarrer (B) 159f.

werden. Der Landesbischof erhielt ferner das Recht, Verträge mit dem Reich, den Ländern und anderen Kirchen abzuschließen. Um den neuen Landesbischof nicht an einen Personenkreis zu binden, der in einer ganz anderen kirchlichen Lage gewählt worden war, trat der alte Landessynodalausschuß auf der Synode zurück.[16] Gegen die tiefgreifenden Entscheidungen der Synode äußerte sich kaum Widerspruch. Einzig der prominente Laie Wilhelm Freiherr von Pechmann, von 1924 bis 1930 Präsident des Deutschen Evangelischen Kirchentages, warnte die Kirche davor, sich durch tiefgreifende Verfassungsänderungen der »Nötigung von außen [...], teils unmittelbar, teils durch politisch eifrige Pfarrer«, zu beugen und damit ihrer Sendung untreu zu werden.[17] Derartige Rückfragen verhallten so gut wie ungehört; die Synode war davon überzeugt, daß die Kirche nur durch die Herausstellung einer Führerpersönlichkeit mit umfassenden Vollmachten den veränderten politischen Verhältnissen und den auf sie zukommenden Herausforderungen gewachsen sei.

2.3 Der kirchenpolitische Kurs Landesbischof Meisers

Mit Meiser wurde der jüngste aus dem Kollegium der Oberkirchenräte zum Landesbischof gewählt. Dank seines Werdegangs kannte er die Landeskirche in ihren weitverzweigten Aufgabenbereichen bestens;[18] als Persönlichkeit genoß er das Vertrauen der Pfarrerschaft. Politisch national und konservativ eingestellt, stand Meiser dem Nationalsozialismus aufgeschlossen gegenüber, nicht zuletzt deshalb, weil er in ihm eine religiöse Kraft sah, von der er sich Unterstützung bei der Wiedergewinnung des entkirchlichten Volkes für die Kirche erhoffte. Die politischen Stellen nahmen keinen Anstoß an der Wahl Meisers zum Landesbischof. Seine Amtseinführung fand am 11.6.1933 in der Lorenzkirche in Nürnberg statt und gestaltete sich zu einer Demonstration des guten Einvernehmens zwischen Staat und Kirche.[19]

In seiner Amtszeit als Landesbischof gewann Meiser stark an Profil. Von seinem taktischen Geschick zeugt, daß er unmittelbar nach seiner Einführung Putz, Träger des Goldenen Parteiabzeichens, als Hilfsreferenten in den Landeskirchenrat berief, der jederzeit Zugang zu den Parteistellen in München hatte. Gleichzeitig berief Meiser den streng konfessionell-lutherisch ausgerichteten jungen Neuendettelsauer Pfarrer Christian Stoll in den Landeskirchenrat.[20] Stoll wurde in der Folgezeit einer der wichtigsten theologischen Berater des Landesbischofs. Über die bayerische Landeskirche hinaus erhielt Meiser entscheidenden Einfluß auch in lutherischen, gesamtkirchlichen und ökumenischen Gremien; er

---

[16] Vgl. VLKBR a.o. Tagung i. Bayreuth 3.–5.5.1933. o.O. [1933].
[17] KANTZENBACH, Widerstand (B) 40.
[18] Vgl. dazu u.a. HABERER (B).
[19] ROEPKE (B) 395.
[20] ABlB 1933, 105; BAIER/HENN (B) 21.

Einführung von Landesbischof Hans Meiser, Nürnberg, 11. Juni 1933, Zug vor der Lorenzkirche, hier 2. Reihe, von links: Synodalpräsident Robert Bracker, Meiser und Synodalvizepräsident Friedrich Klingler.

wurde dabei immer mit seiner Landeskirche identifiziert.[21] Seiner Führungskraft war es zu verdanken, daß die Landeskirche in den bald beginnenden Auseinandersetzungen mit den Deutschen Christen und den für die nationalsozialistische Kirchenpolitik verantwortlichen Instanzen in Staat, Partei und Reichskirche »intakt« blieb. Konfessionell-lutherisch orientiert, galt Meisers Interesse der institutionellen Sicherung und Erhaltung der Landeskirche als einer auf das verfaßte Recht und das lutherische Bekenntnis gegründeten Volkskirche. Als im April/Mai 1933 die Verfassung des deutschen Gesamtprotestantismus zur Disposition stand und zu befürchten war, daß unionisierende Tendenzen sich durchsetzen könnten, ergriff Meiser die Initiative, um das lutherische Lager zu stärken und der kommenden Reichskirche ein lutherisches Gepräge zu geben. Der von ihm bereits 10 Tage nach seiner Wahl betriebene Zusammenschluß lutherischer Kirchen zu einem »lutherischen Zweig innerhalb der werdenden Deutschen Evangelischen Kirche« am 14.5.1933 in Würzburg blieb jedoch Episode, da sich die Konzeption einer nach Bekenntnissen gegliederten Gesamtkirche bei der Verfassungsbildung der Reichskirche nicht durchsetzen konnte.

[21] Vgl. HENN, Führungswechsel (B) 385.

Mehr aus politischen Opportunitätsgründen als aus innerer Überzeugung verhielt sich Meiser anfangs dem Kirchenregiment des Reichsbischofs Ludwig Müller gegenüber loyal, wurde aber zu einem seiner entschiedensten Widersacher, als der Reichsbischof in Überspannung des nationalsozialistischen Führerprinzips vor Verfassungsverstößen nicht zurückschreckte. Die Notwendigkeit einer Kampfgemeinschaft der unterschiedlichen Konfessionskirchen gegen die Rechts- und Bekenntnisverletzungen des Reichskirchenregiments und der Deutschen Christen trat für Meiser jetzt an die Stelle der Weiterverfolgung spezifisch lutherischer Ziele; die Entwicklung der kirchlichen Opposition gegen die deutschchristlichen Kirchenregierungen zur Bekennenden Kirche erhielt durch Meisers Mitwirkung entscheidende Anstöße und Förderung. Als sich allerdings die in der Bekennenden Kirche ungelöst gebliebene Frage des Verhältnisses der Konfessionen zueinander zunehmend als Belastung erwies, engagierte Meiser sich in den neu entstehenden lutherischen Zusammenschlüssen wie dem Lutherischen Rat (1934) und dem Lutherischen Pakt der drei Landeskirchen von Bayern, Hannover und Württemberg (1935). Nach der Spaltung der Bekennenden Kirche im Frühjahr 1936 wurde Meiser Gründungsmitglied und (1938) Vorsitzender des Rates der Evangelisch-Lutherischen Kirche Deutschlands (Lutherrat). Damit legte er den Grundstein für die spätere Vereinigte Evangelisch-Lutherische Kirche Deutschlands.[22]

Meisers kirchenpolitischer Kurs war nicht frei von Schwankungen und Fehlentscheidungen. Auch als er sich längst über den wahren Charakter des nationalsozialistischen Herrschaftssystems und seiner politischen Führer klar war, machte er aus diplomatischen Rücksichten oder wegen des vermeintlich guten Einvernehmens zwischen Staat und Kirche immer wieder Konzessionen, die mit seiner Verpflichtung auf Recht und Bekenntnis der Kirche eigentlich nicht zu vereinbaren waren. Nicht zu unrecht machten ihm seine Kritiker zum Vorwurf, daß ihm die Sorge um die »Intaktheit« und konfessionelle Identität der Kirche wichtiger gewesen sei als das ethisch verantwortliche Handeln.[23]

2.4 Aufstieg und Fall der bayerischen Deutschen Christen

Bei den Bemühungen um die Neuordnung des deutschen evangelischen Kirchenwesens griff Hitler wiederholt in die kirchlichen Angelegenheiten ein, um den Deutschen Christen im Zuge der erwünschten »Gleichschaltung« der Kirche in die kirchlichen Schlüsselpositionen zu verhelfen. Im April 1933 ernannte er den Königsberger Wehrkreispfarrer Ludwig Müller, Mitglied der Reichsleitung

---

[22] Vgl. VII.9.2.
[23] Das Problematische seines Verhaltens wurde Meiser nach 1945 durchaus bewußt. Auf der ersten Landessynode nach dem Krieg im Juli 1946 bekannte er: »Nicht wir haben die Kirche gerettet. An uns hätte sie sterben können. Wir haben oft genug versagt. [...] Wo uns der Mut entfiel, wo sich die Kirche auf den Weg der Kompromisse begab, da verloren wir eine Stellung um die andere« (MEISER, Kirche [B] 177. 181; HABERER [B] 56).

der DC, zu seinem Bevollmächtigten für Fragen der evangelischen Kirche. Er oktroyierte der Kirche damit einen Staatskommissar, der die Verfassungsberatungen im Sinne nationalsozialistischer Vorstellungen beeinflussen sollte. Ein weiteres Oktroy war die äußerst kurzfristige Anordnung allgemeiner Kirchenwahlen nach Abschluß der Verfassungsarbeiten. Da die NSDAP ihre Mitglieder zwang, an den Kirchenwahlen teilzunehmen und die Deutschen Christen zu wählen, und da auch Hitler selbst am Vorabend der Wahl von Bayreuth aus eine Rundfunkansprache zugunsten der Deutschen Christen hielt, konnten diese die Kirchenwahlen im Juli 1933 mit großer Mehrheit gewinnen. Sie übernahmen daraufhin in fast allen Landeskirchen – ausgenommen in Bayern, Württemberg und bedingt auch in Hannover – die Kirchenleitung. Als Müller von der Nationalsynode am 27.9.1933 einstimmig – also auch mit der Stimme des bayerischen Landesbischofs – zum Reichsbischof der neuen Deutschen Evangelischen Kirche (DEK) gewählt wurde, schien es so, als ob die von den Nationalsozialisten gewünschte und forcierte »Gleichschaltung« der Kirche vollzogen worden sei.

In Bayern verlief die Entwicklung anders als in den meisten Landeskirchen. Erste Versuche der Berliner Reichsleitung der Glaubensbewegung Deutsche Christen, eine deutschchristliche Organisation in Bayern aufzubauen, schlugen fehl. Erfolgreicher verlief die Agitation der Deutschen Christen kurz vor den Kirchenwahlen. Im Stil der NS-Propagandaaktionen wurde in Nürnberg eine Massenversammlung organisiert, anschließend eine DC-Gauorganisation ins Leben gerufen. Der Berliner Reichsleiter der DC setzte Pfarrer Klein als Landesleiter für Bayern ein. Klein wurde bei seiner organisatorischen Aufbauarbeit u.a. vom Direktor der Hensoltshöhe, Pfarrer Ernst Keupp, unterstützt, der sich und das Mutterhaus ganz in den Dienst der Nationalsozialisten und Deutschen Christen stellte.[24] In der Folgezeit schlossen sich 100 bis 200 Pfarrer den Deutschen Christen an.[25]

Die Deutschen Christen waren bei den Kirchenwahlen noch nicht so weit organisiert, daß sie eigene Wahlvorschläge aufstellen konnten. In fast der Hälfte der Gemeinden einigte man sich auf Einheitslisten; diese mußten in Franken auf Druck der Gauleitung zu zwei Dritteln mit Nationalsozialisten besetzt werden. In Einzelfällen erzwangen die Ortsgruppenleiter sogar rein nationalsozialistische Wahlvorschläge.[26] Auf diese Weise rückten zahlreiche Nationalsozialisten in die Kirchenvorstände ein. Nach den Kirchenwahlen gründeten die Deutschen Christen, besonders dank der Aktivität des DC-Gauleiters für Mittel- und Unterfranken, Pfarrer Wolf Meyer-Erlach, weitere Ortsgruppen und übten im Verein mit den politischen Stellen trotz des Protestes der Kirchenleitung Druck auf die nachfolgenden Wahlen zur Landessynode aus. Auch bei diesen Wahlen konnten

---

[24] Vgl. VI.6.3.2.
[25] BAIER, DC (B) 52.
[26] AaO, 54.

die Nationalsozialisten erheblich an Boden gewinnen und stellten gut die Hälfte der Synodalen.[27]

Auf der außerordentlichen Landessynode im September 1933, die per Kirchengesetz von 90 auf 50 Abgeordnete reduziert worden war, fand der Landesbischof positive Worte für die Verbindung von religiösem und nationalem Erneuerungswillen bei den Deutschen Christen und billigte ihnen vier der neun Sitze im Landessynodalausschuß zu. Im übrigen setzte er sich mit Forderungen durch, die er der bayerischen DC-Führung bereits vorher unterbreitet hatte: In der DC-Bewegung dürfe nichts geschehen, was dem Bekenntnis der Kirche zuwider sei, sie müsse sich ferner als volksmissionarische Bewegung verstehen, von kirchenpolitischen Machtansprüchen absehen und habe sich der Führung des Landesbischofs zu unterstellen.[28]

Damit war es Meiser gelungen, die Machtansprüche der Deutschen Christen zu unterbinden und eine Spaltung der Landeskirche zu verhindern. Trotz der Ausbreitung der DC-Bewegung und ihres Machtzuwachses nach den Kirchenwahlen behielt die Landeskirche ihr Kirchenregiment und bewahrte ihre verfassungsmäßige »Intaktheit«. Darüber hinaus hatte Meiser einen Keil zwischen die bayerischen Deutschen Christen und die Berliner Reichsleitung getrieben: Dank ihrer Unterstellung unter den Landesbischof wichen die bayerischen Deutschen Christen von dem Führerprinzip der Reichsleitung ab und gingen fortan einen Sonderweg. Sie stellten eigene Richtlinien auf, die vom Landesbischof erst nach Ausräumung seiner Bedenken genehmigt wurden.[29]

Die Radikalisierung der Deutschen Christen im November 1933 im Sportpalast in Berlin führte zum Auseinanderbrechen der Glaubensbewegung DC. Der bayerische Pfarrerverein rief angesichts der in Berlin geäußerten Bekenntnisverletzungen zum Gehorsam gegen den Landesbischof auf, woraufhin sich 1.236 Geistliche hinter Meiser stellten und nur 11 sich verweigerten.[30] Der Pfarrerverein sah jetzt nicht mehr die Notwendigkeit, innerhalb der Landeskirche kirchenpolitische Gruppen zu bilden; er hielt es vielmehr für geboten, den Landesbischof in seinem kritischen Kurs gegenüber den Entwicklungen in der Reichskirche zu unterstützen. Daraufhin erklärten die bayerischen Deutschen Christen unter ihrem stellvertretenden Landesleiter, Pfarrer Hans Greifenstein, im Dezember 1933 ihren Austritt aus der Berliner Glaubensbewegung und beschlossen ihre Selbstauflösung. Ab Sommer 1934 organisierten sie sich – beginnend mit Orts- und Kreisgruppen – wieder neu.[31]

---

[27] Vgl. KREMMEL (K) 155.
[28] Vgl. VLKBR a.o. Tagung i. München 12.–14.9.1933, o.O. [München 1933].
[29] BAIER, DC (B) 69; Text der Richtlinien: aaO, 364–367.
[30] AaO, 74.
[31] Vgl. dazu BAIER, DC (B) 109.

2.5 Der Anteil der Landeskirche an der Formierung der Bekennenden Kirche

Bereits im Herbst 1933 war deutlich geworden, daß die Reichskirchenregierung und die deutschchristlichen Kirchenleitungen in den Landeskirchen die Kirche nicht nur organisatorisch in das NS-Herrschaftssystem eingliedern wollten, sondern auch die NS-Ideologie übernahmen. Gegen diese Bestrebungen bildete sich eine innerkirchliche Opposition, die in dem von dem Berliner Pfarrer Martin Niemöller im September 1933 gegründeten, die landeskirchlichen Grenzen übergreifenden Pfarrernotbund ihre erste organisatorische Gestalt gewann. In Bayern war der Pfarrernotbund allerdings nicht vertreten, da der Pfarrerverein kirchenpolitische Gruppenbildungen vermeiden wollte.[32] Auf die Seite der innerkirchlichen Opposition stellte sich neben anderen nicht-deutschchristlichen Kirchenführern auch der bayerische Landesbischof, der das Vertrauen in die Deutschen Christen und in die Glaubwürdigkeit des Reichsbischofs verloren hatte. Dennoch ließ er sich nach einer Aussprache der Kirchenführer bei Hitler am 24.1.1934 ein letztes Mal von Müller überrumpeln, unterstellte sich zusammen mit den anderen Kirchenführern erneut dem Reichsbischof und desavouierte damit den Pfarrernotbund. Als Müller unmittelbar nach der Vertrauenserklärung der Kirchenführer eigenmächtig damit begann, die Landeskirchen per Gesetz in die Reichskirche einzugliedern, wurde Meiser sich seines Fehlverhaltens bewußt. Ende Januar 1934 bot er dem Landessynodalausschuß unter Tränen seinen Rücktritt an. Auf einer Versammlung des Pfarrervereins wenige Tage später verteidigte er sich jedoch und konnte die Pfarrerschaft überzeugen. Lediglich der Penzberger Vikar Karl Steinbauer erhob scharfe Anklagen gegen das kirchenpolitische Taktieren des Bischofs; er blieb fortan in der bayerischen Pfarrerschaft einer der unerbittlichsten Kritiker Meisers.[33]

In dem Prozeß des Wiederzusammenwachsens der kirchlichen Opposition und ihrer Formierung zur Bekennenden Kirche kam der »intakt« gebliebenen bayerischen Landeskirche eine bedeutsame Rolle zu. Angesichts der willkürlichen, existenzbedrohenden Disziplinierungen der Notbundpfarrer durch die deutschchristlichen Kirchenleitungen appellierte Meiser zusammen mit dem württembergischen Landesbischof Theophil Wurm beim Reichsinnenminister an die Mitverantwortung der staatlichen Führung für die Entwicklungen in der Kirche. Es gelang den beiden Bischöfen sogar, im März 1934 einen Empfang bei Hitler zu erwirken. Hitler hatte wenig Verständnis für die Sorgen der Bischöfe und wies sie darauf hin, daß er den Reichsbischof von sich aus nicht absetzen könne, den sie doch selbst gewählt hätten. Obwohl Meiser mit seiner Äußerung, die Bischöfe müßten dann eben als »unseres Führers allergetreueste Opposition« den Kampf gegen den Reichsbischof eröffnen, bei Hitler einen Wutanfall auslöste und sich als Vaterlandsfeind und Volksverräter beschimpfen lassen mußte,[34]

---

[32] Vgl. VI.6.2.4.
[33] STEINBAUER 1–4 (B).
[34] SCHMID (K) 62.

ging er diesmal seinen Weg unbeirrt weiter. Auf seine Initiative hin kam es zunächst zur Bildung einer Kampfgemeinschaft zwischen den süddeutschen Bischöfen und den oppositionellen Aufbruchsgruppen in der »gleichgeschalteten« westfälischen Kirche. Diese Kampf- und Bekenntnisgemeinschaft wurde zügig ausgebaut, so daß bald alle Landes- und Provinzialkirchen in ihr vertreten waren. Als der Reichsbischof rechtswidrig in die württembergische Landeskirche eingriff, vertrat die in der Bekenntnisgemeinschaft zusammengeschlossene kirchliche Opposition in einer von Meiser am 22.4.1934 im Ulmer Münster verlesenen Kundgebung öffentlich ihren Anspruch, die rechtmäßige evangelische Kirche in Deutschland zu sein. Mit der 1. Bekenntnissynode in Barmen konstituierte sich die Bekenntnisgemeinschaft dann Ende Mai 1934 zur Bekennenden Kirche.

2.6 Barmer Theologische Erklärung und Ansbacher Ratschlag

Die auf der Barmer Bekenntnissynode am 31.5.1934 verabschiedete »Theologische Erklärung zur gegenwärtigen Lage der Deutschen Evangelischen Kirche« ist die erste gemeinsame Glaubensaussage lutherischer, reformierter und unierter Christen überhaupt. Sie hat in der konfessionell-lutherisch geprägten bayerischen Landeskirche nicht die gleiche Anerkennung erhalten wie in anderen Landeskirchen; ihre Bedeutung für die Gemeinschaft der Christen trotz unterschiedlicher Konfessionszugehörigkeit wurde jedoch auch in der bayerischen Kirche immer respektiert.

Die zurückhaltende Rezeption der Barmer Erklärung durch die bayerische Kirche kündigte sich bereits während der kurzen Entstehungs- und Redaktionsgeschichte der Erklärung im Mai 1934 an. Der im wesentlichen von Karl Barth stammende erste Entwurf fand zwar die Zustimmung des mit zum Vorbereitungsausschuß gehörenden Breit, stieß aber schon im Vorfeld der Synode bei den Erlanger Theologieprofessoren Althaus und Hermann Sasse auf heftigen Widerspruch. Althaus machte schwere inhaltliche Bedenken geltend und kündigte eine öffentliche Gegenerklärung an; Sasse sprach der Synode wegen ihrer unklaren konfessionellen Zusammensetzung das Recht ab, eine gemeinsame Theologische Erklärung zu verabschieden. Die bayerische Delegation auf der Bekenntnissynode, zu der neben Breit, Meiser, Putz und Sasse der Augsburger Landgerichtsdirektor Theodor Dörfler, Oberkirchenrat Hans Meinzolt und der Direktor des Nürnberger Predigerseminars, Julius Schieder, gehörten, mußte versuchen, den von Althaus und Sasse geäußerten Bedenken Rechnung zu tragen, um nicht eine Opposition gegen die Bekenntnisgemeinschaft aufkommen zu lassen. Von daher ist es zu erklären, daß die Theologische Erklärung in Barmen erst nach schwierigen Verhandlungen und nach dem Auseinandertreten der Synode in Bekenntniskonvente überhaupt beschlossen werden konnte. Obwohl die Synode Sasses Bedenken weitgehend berücksichtigte und die Theologische Erklärung nur mit dem Vorbehalt annahm, daß der Text »den Bekenntniskonventen zur Erarbeitung verantwortlicher Auslegung von ihren Bekenntnissen aus« übergeben wurde, konnte Sasse, wenngleich er den Wortlaut der Theologischen Erklärung auf der Synode bis zur Endphase mitpredigiert hatte, die gemeinsame Schlußabstimmung nicht mitvollziehen. Er sah in ihr eine theologisch nicht zu verantwortende »Unionisierung« und darum eine »Vergewaltigung der evangelisch-lutherischen Kirche« und reiste deswegen vorzeitig und unter feierlichem Protest aus Barmen ab.[35]

Trotz der sorgfältigen theologischen Arbeit auf der Barmer Synode konnten Meiser und die bayerischen Synodalen nicht verhindern, daß sich die befürchtete »dritte Front« auftat und zu Wort meldete. Am 11.6.1934 wurde der »Ansbacher Ratschlag« veröffentlicht. Hinter ihm stand der »Ansbacher Kreis« von Pfarrern, die mit dem Anschluß der bayerischen Landeskirche an die Bekennende Kirche nicht einverstanden waren; aber sein besonderes Gewicht erhielt der Ratschlag erst dadurch, daß auch Althaus und Elert ihn mitunterzeichneten. Das Hauptanliegen der beiden Professoren war dabei, sich von der Theologie Barths zu distanzieren. Darum grenzte sich der Ratschlag vom christologischen Ansatz der Barmer Erklärung – ohne diese direkt zu nennen – durch die ausdrückliche Unterscheidung von Gesetz und Evangelium ab. Lag der Akzent der Barmer Erklärung auf der Betonung der Freiheit der Kirche vom Staat, so sprach sich der Ratschlag für die bedingungslose Annahme der nationalsozialistischen Ideologie und Staatsordnung aus. Er wollte die Verkündigung der Kirche auf die »natürlichen Ordnungen [...] wie Familie, Volk, Rasse (d.h. Blutzusammenhang)« verpflichten, sah in der nationalsozialistischen Staatsordnung ein »gut Regiment« und wußte sich »daher vor Gott verantwortlich, zu dem Werk des Führers in unserem Beruf und Stand mitzuhelfen«.[36]

Althaus und Elert hatten mit dem Ansbacher Ratschlag nicht die Absicht, für die Deutschen Christen zu optieren; sie wollten aber »in der theologischen und kirchlichen Aussprache endlich die genuin lutherische Stimme zu Gehör« bringen. Sie konnten jedoch nicht verhindern, daß die Initiative des Ansbacher Kreises von den Deutschen Christen freudig begrüßt wurde und in Bayern zu einer Entfremdung zwischen dem NSEP und dem Landesbischof führte. Als sich der Ansbacher Kreis wenig später den reichskirchlich-deutschchristlichen Aktionen zur gewaltsamen »Eingliederung« der bayerischen Landeskirche in die Reichskirche zur Verfügung stellte,[37] zogen Althaus und Elert sich zurück.[38]

---

[35] CARSTEN NICOLAISEN, Der Weg nach Barmen. Die Entstehungsgesch. d. Theol. Erklärung v. 1934, Neukirchen-Vluyn 1985, 36–59; SCHOLDER, Kirchen 2 (K) 179–189; KREMMEL (K) 297ff.

[36] Text u.a. bei BAIER, DC (B) 383–386; vgl. auch aaO, 97ff; SCHOLDER, Kirchen 2 (K) 208ff; KREMMEL (K) 297–303.

[37] Vgl. VI.6.2.7.

[38] KREMMEL (K) 683f, Anm. 684.

2.7 Abwehr der Gleichschaltung 1934[39]

Trotz der starken Oppositionsbewegung, die in der Bekennenden Kirche Gestalt gewonnen hatte, hielt die deutschchristliche Reichskirchenregierung, repräsentiert durch Reichsbischof Müller und seinen »Rechtswalter« August Jäger, zäh daran fest, den föderativ gegliederten Protestantismus in eine staatshörige Einheitskirche zu verwandeln. Zwar sollten die Landeskirchen als solche erhalten bleiben, die Leitung und die Rechtssetzung jedoch auf die Reichskirche übergehen. Bis zum Sommer 1934 gliederten sich die meisten Landeskirchen unter Führung der Deutschen Christen mehr oder weniger freiwillig in die Reichskirche ein, lediglich Bayern, Württemberg und die kleine reformierte Landeskirche der Provinz Hannover (= Evangelisch-reformierte Kirche Nordwestdeutschlands) lehnten die Unterstellung unter die Reichskirche ab.

Die Reichskirchenregierung machte kein Hehl daraus, daß sie die »Eingliederung« der renitenten Kirchen notfalls erzwingen würde. Sie wurde in Bayern unterstützt durch die wieder erstarkten Deutschen Christen unter ihrem selbst ernannten Landesleiter Meyer-Erlach, seit November 1933 Professor für Praktische Theologie in Jena, von einem Teil der nationalsozialistischen Pfarrer im NSEP, vom »Ansbacher Kreis« und besonders von einflußreichen politischen Stellen: den Gauleitern Schemm, Julius Streicher und Wagner, dem stellvertretenden mittelfränkischen Gauleiter Karl Holz und dem »Braunen Haus« in München mit Hauptmann von Pfeffer. Auch Hitler selbst gab wiederholt zu erkennen, daß er mit der Politik Müllers und Jägers einverstanden war. Ende Juli 1934 forderte der Synodale und NS-Bürgermeister von Gunzenhausen, Dr. Heinrich Münch, im Namen der Arbeitsgemeinschaft der NS-Synodalen die freiwillige Eingliederung der Landeskirche oder den Rücktritt Meisers; wenige Tage später schloß sich der Führerrat des NSEP unter Pfarrer Friedrich Möbus zusammen mit vier weltlichen Synodalen dieser Forderung an.[40]

Dennoch lehnte die Kirchenleitung die Eingliederung als gesetz- und bekenntniswidrig ab. Als die mehrheitlich deutschchristliche Nationalsynode, aus der viele der nicht angepaßten Mitglieder zuvor durch Willkürgesetzgebung ausscheiden mußten, am 9.8.1934 gegen den Protest der Synodalen aus den noch nicht eingegliederten Kirchen den Führungsanspruch der Reichskirche sanktionierte,[41] stellte sich die Landeskirche auf einen ernsthaften Zusammenstoß mit der Reichskirche ein. Falls die Kirchenleitung handlungsunfähig gemacht werden sollte, sollte ein Bruderrat an ihre Stelle treten und über Bezirksbruderräte die Autorität des rechtmäßigen Kirchenregiments wahren.[42] Am 13.8. trafen sich in

---

[39] Dieser Höhepunkt des bayerischen »Kirchenkampfes« ist umfassend dokumentiert und dargestellt, z.B. GAUGER 2 (K) 321–365; SCHMID (K) 87–115; Kirche i. Kampf (K) 116–195; BAIER, DC (B) 97–172; SCHOLDER, Kirchen 2 (K) 269–351; KREMMEL (K) 303–405.
[40] AaO, 314f.
[41] GAUGER 2 (K) 273–282.
[42] KREMMEL (K) 315.

Augsburg Vertreter der bayerischen und württembergischen Landeskirche, lehnten die Beschlüsse der Nationalsynode als rechtswidrig ab und beschlossen, in engster Gemeinschaft gegen das Reichskirchenregiment und für das biblisch-reformatorische Erbe zu kämpfen.[43] Einen Tag später richteten Meiser und der Landeskirchenrat ein Protestschreiben an den Reichsinnenminister, in dem sie »der Scheinsynode von Berlin die echte Synode von Barmen« gegenüberstellten und darauf hinwiesen, daß sie »der derzeitigen Reichskirchenregierung in keinem Stück Gefolgschaft« leisten würden;[44] zusammen mit Wurm protestierte Meiser am gleichen Tage in einer Eingabe an Hitler gegen die Rechtsverletzungen und Gewaltanwendungen der Reichskirchenregierung.[45] In der gesamten Landeskirche wurde intensive Aufklärungsarbeit betrieben, vor allem auch unter den NSEP-Pfarrern, die immerhin mehr als die Hälfte der geistlichen Synodalen ausmachten.[46] Die für den 23.8. einberufene Landessynode kam nach zähem Ringen zu einem einmütigen Beschluß. Sie sprach Meiser ihr volles Vertrauen aus und lehnte die Eingliederung ab.[47] In einer Kundgebung, die von den Kanzeln verlesen werden sollte, wurden die Pfarrer und Gemeinden aufgefordert, sich hinter die Beschlüsse der Synode zu stellen.[48] Trotzdem verfügte die Reichskirchenregierung am 3.9.1934 die Unterstellung der bayerischen und der württembergischen Landeskirche unter die Gesetzgebungsgewalt der Reichskirche und die Bindung der Landesbischöfe an die Weisungen des Reichsbischofs. Meiser akzeptierte diese Verfügung nicht und erklärte, daß für die Landeskirche nach wie vor die Anordnungen des Landesbischofs und des Landeskirchenrats verbindlich seien.[49] Daraufhin setzten die Deutschen Christen im Verein mit der mittelfränkischen Gauleitung zum Generalangriff auf Meiser an. Während in Nürnberg der Reichsparteitag stattfand, forderte Holz im Namen des »Süddeutschen Bundes evangelischer Christen« in einem diffamierenden Artikel auf der ersten Seite der »Fränkischen Tageszeitung« den Rücktritt Meisers. Gleichzeitig erschienen in Nürnberg überall Plakate, die ebenfalls die Aufschrift trugen: »Fort mit Landesbischof Meiser.« Aber die für diese Aktion Verantwortlichen erreichten das Gegenteil. Im ganzen Land wurden hunderte von Bekenntnisgottesdiensten als Treuekundgebungen für Meiser gehalten, und der Landesbischof fuhr von Stadt zu Stadt, um zu predigen und seine Haltung zu erläutern. Der Widerstand verstärkte sich, als Rechtswalter Jäger in Stuttgart Landesbischof Wurm unter Arrest stellte und einen neuen deutschchristlichen Bischof einsetzte, und als der Reichsbischof am 18.9. in Hannover eine »romfreie deutsche Kirche« forderte.[50] Meiser und der Landeskirchenrat antworteten darauf am 29.9. mit ei-

---

[43] GAUGER 2 (K) 323; BAIER/HENN (B) 75.
[44] GAUGER 2 (K) 282; Kirche i. Kampf (K) 128.
[45] AaO, 128f.
[46] KREMMEL (K) 321.
[47] VLKBR a.o. Tagung i. München am 23.8.1934, 59; ABlB 1934, 124; GAUGER 2 (K) 291.
[48] ABlB 1934, 123.
[49] AaO, 127.
[50] GAUGER 2 (K) 310.

nem »Bekenntniswort an Pfarrer und Gemeinden« unter der Überschrift »Lutherische Kirche deutscher Nation oder romfreie deutsche Nationalkirche?«[51] und erhoben am 2.10. in einem Offenen Brief an den Reichsbischof Klage gegen seine theologisch wie rechtlich bedenkliche Amtsführung.[52]

Obwohl Jäger die Landeskirche am 5.10. anwies, »die Verwaltung im eigenen Namen in dem bisherigen Umfang weiterzuführen«[53] und maßgebende Stellen des Reichsinnenministeriums und des »Braunen Hauses« noch am 10.10. die bindende Zusicherung gaben, daß in Bayern keinerlei Gewaltmaßnahmen ergriffen würden,[54] kam es einen Tag später in München zu dem nicht ganz unerwarteten Eklat. Jäger, der sich vorher des Einverständnisses des »Braunen Hauses« und der Politischen Polizei versichert hatte, erschien im Landeskirchenrat, trat dort als Vorgesetzter der Beamten auf, verkündete die Absetzung Meisers – der gerade ortsabwesend war –, beurlaubte einige Oberkirchenräte und gab die Aufteilung der Landeskirche in zwei Kirchengebiete unter den kommissarischen DC-Bischöfen Hans Gollwitzer für Altbayern und Hans Sommerer für Franken bekannt. Die Nachricht von dieser Aktion des Reichskirchenregiments verbreitete sich wie ein Lauffeuer in der Landeskirche und über ihre Grenzen hinaus. Tausende von Gemeindegliedern versammelten sich mit dem eilends nach München zurückgekehrten Landesbischof zu einem Bittgottesdienst in der Matthäuskirche; danach trat Meiser, der die Absetzungsurkunde nicht unterschrieb, den ihm von der Politischen Polizei verordneten Hausarrest an. Die Protestaktionen zogen noch weitere Kreise. Für den arretierten Bischof wurden Sondergottesdienste gehalten, Bauernabordnungen aus den Gemeinden protestierten bei den politischen Stellen in München und Berlin, fast die gesamte bayerische Pfarrerschaft forderte die Wiedereinsetzung Meisers.[55] Wegen der reichskirchlichen Gewaltmaßnahmen in Württemberg und Bayern trat am 20.10. die Reichsbekenntnissynode zum zweiten Mal in Berlin-Dahlem zusammen, um den kirchlichen Notstand auszurufen. Sie übertrug dem bereits auf der Barmer Synode berufenen Reichsbruderrat die Leitung der DEK und erklärte, daß in allen Landeskirchen mit deutschchristlichem Kirchenregiment ebenfalls die bekenntniskirchlichen Bruderräte die Kirchenleitung übernehmen sollten. Von besonderer Bedeutung für die nachfolgende Entwicklung war die Tatsache, daß im Auswärtigen Amt in Berlin besorgte Berichte von verschiedenen Botschaften einliefen, die aufgrund der Unterdrückung der Bekennenden Kirche in Deutschland eine Beeinträchtigung des Verhältnisses zwischen dem Ausland und der Reichsregierung befürchteten.[56]

---

[51] ABlB 1934, 165–169.
[52] Beilage zum ABlB 1934 Nr. 33 (7 Seiten); vgl. auch GAUGER 2 (K) 335.
[53] STOLL 5 (K) 18f.
[54] GAUGER 2 (K) 335.
[55] Nach ROEPKE (B) 411 versicherten 1.250 von 1.400 bayerischen Pfarrern dem Landesbischof ihre Treue, wohingegen etwa 80 NSEP-Pfarrer Meiser im Oktober 1934 den Gehorsam verweigerten (KREMMEL [K] 321).
[56] Vgl. SCHOLDER, Kirchen 2 (K) 333ff.

Reichsstatthalter v. Epp und Ministerpräsident Siebert, die sich bei dem Vorgehen Jägers in Bayern übergangen fühlten, leiteten diplomatische Recherchen ein, um die Hintergründe für die Aktion zu erfahren und die Arretierung des Landesbischofs aufzuheben.[57] Ihre Vorstöße führten zu einem überraschenden Ergebnis: In ihrem Hausarrest erhielten Wurm und Meiser Telegramme, durch die sie zusammen mit dem hannoverschen Landesbischof August Marahrens für den 30.10. zu einem Empfang bei Hitler nach Berlin eingeladen wurden.

Damit waren alle für die Gewaltaktion Verantwortlichen desavouiert. Das Kirchenregiment der reichskirchlichen Kommissare in Bayern, die ihre Stellung mit Hilfe der Deutschen Christen auszubauen und durch schnell erlassene Kirchengesetze rechtlich abzusichern suchten, brach nach knapp drei Wochen zusammen. Der Reichsbischof ließ seinen »Rechtswalter« fallen und gab dessen Rücktritt bekannt. Vor aller Öffentlichkeit war zudem deutlich geworden, daß Müller nicht mehr das Vertrauen Hitlers besaß und daß die von ihm mitverantwortete Absetzung der süddeutschen Landesbischöfe nichtig war.

Auf der anderen Seite konnten allerdings auch Meiser und Wurm keinen eigentlichen »Sieg« für sich verbuchen. Der Empfang bei Hitler verlief im ganzen enttäuschend, denn Hitler ließ seine Verärgerung über die kirchlichen Auseinandersetzungen spüren und drohte damit, der Kirche die althergebrachten finanziellen Zuschüsse zu streichen. Immerhin konnten die Bischöfe die Einladung nach Berlin so auffassen, daß sie wieder in ihr Amt eingesetzt waren. Nach ihrer Rückkehr nahmen sie folglich sofort ihre Amtsgeschäfte wieder auf und erklärten alle von den »Kommissaren« getroffenen Maßnahmen für ungültig.

Aber auch Hitler mußte erkennen, daß sein kirchenpolitisches Konzept, mit Hilfe der Deutschen Christen eine einheitliche und staatskonforme evangelische Reichskirche zu schaffen, gescheitert war. Der Widerstand der bekenntnistreuen Gemeinden und ihrer Bischöfe war ein deutliches Zeichen dafür, daß die Kirchen sich nicht in gleicher Weise »gleichschalten« ließen wie andere Einrichtungen des politischen und gesellschaftlichen Lebens.

3. Der Weg der »intakten« Landeskirche bis 1945

3.1 Die Spaltung der Bekennenden Kirche und die Haltung der Landeskirche

Als mit dem Empfang der Bischöfe Marahrens, Meiser und Wurm bei Hitler deutlich geworden war, daß die deutschchristlichen Reichskirchenpläne gescheitert waren, hoffte die Bekennende Kirche darauf, die staatliche Anerkennung zu erlangen. Der Reichsbruderrat und die Bischöfe der drei »intakt« gebliebenen Landeskirchen von Bayern, Hannover und Württemberg setzten am 22.11. für die DEK eine (erste) Vorläufige Kirchenleitung (VKL I) ein, die gemäß den Bot-

---

[57] NICOLAISEN, Dokumente 2 (K) 180–194.

schaften der Bekenntnissynoden von Barmen und Dahlem auf der Grundlage von Bekenntnis und Verfassung die DEK neu ordnen und aufbauen sollte. Die VKL I war allerdings von vornherein durch stark divergierende Tendenzen innerhalb der Bekennenden Kirche belastet. Erschwerend für ihre Arbeit wirkte sich ferner aus, daß sie die erhoffte staatliche Anerkennung nicht erhielt. Hitler schlug in seiner Kirchenpolitik vielmehr einen anderen Weg ein: Am 16.7.1935 übertrug er die Behandlung der kirchlichen Angelegenheiten auf den bisherigen Minister ohne Geschäftsbereich Kerrl, einen altgedienten Nationalsozialisten, und stattete den neuen Reichskirchenminister mit umfassenden Vollmachten aus. Um die kirchliche »Ordnung« wiederherzustellen, wollte Kerrl die miteinander konkurrierenden Leitungsgremien der Deutschen Christen und der Bekennenden Kirche beseitigen. Er setzte in der Reichskirche und in zahlreichen »zerstörten« Landes- und Provinzialkirchen Kirchenausschüsse ein, die – als Übergangsregelung und treuhänderisch – die Kirchenleitung übernehmen sollten, bis der Staat der neu geordneten Kirche die Regelung ihrer Angelegenheiten wieder selbst überlassen zu können meinte. In den »aus Männern der Kirche«[58] bestehenden Ausschüssen waren weder die radikalen Deutschen Christen noch die Bruderräte vertreten; sie stießen deswegen gerade bei diesen Gruppierungen auf schärfste Ablehnung.

Kerrls Ausschußpolitik führte zur Spaltung der Bekennenden Kirche. Weder in der VKL I noch im Reichsbruderrat konnte eine Einigung darüber herbeigeführt werden, ob es theologisch vertretbar war, die staatlich eingesetzten Kirchenausschüsse zu tolerieren oder gar mit ihnen zusammenzuarbeiten. Im Februar 1936 trat die VKL I zurück, und danach trennte sich die Bekennende Kirche in einen »bischöflichen« und einen »bruderrätlichen« Flügel: Die »intakten« Landeskirchen und die Bruderräte aus den »zerstörten« lutherischen Landeskirchen unterstellten sich dem Rat der Evangelisch-Lutherischen Kirche Deutschlands (Lutherrat), die übrigen Bruderräte der 2. Vorläufigen Kirchenleitung (VKL II). Beide Flügel fanden bis zum Ende des Zweiten Weltkriegs organisatorisch nicht wieder zusammen. Bayern war in den gesamtkirchlichen Leitungsgremien repräsentativ vertreten: Breit gehörte der fünfköpfigen VKL I an, Oberkirchenrat Friedrich Hanemann dem achtköpfigen Reichskirchenausschuß. Im bischöflichen Flügel der Bekennenden Kirche spielte Bayern eine herausragende Rolle: Bis 1938 war Breit Vorsitzender des Lutherrats, danach wurde er von Meiser abgelöst.

Kirchenpolitisch vertrat der bischöfliche Flügel der Bekennenden Kirche einen eher vermittelnden Kurs, der darauf ausgerichtet war, den Erhalt der verfassungsmäßigen »Intaktheit« der Landeskirchen und ihrer volkskirchlichen Strukturen nicht leichtfertig zu gefährden. Dies führte zu einer Strategie der Konfliktvermeidung mit den verantwortlichen Stellen in Staat und Partei und hatte

---

[58] Vgl. die 1. Verordnung z. Durchführung d. Gesetzes z. Sicherung d. DEK v. 5.10.1935 (RGBl I 1935, 1221; Wiederabdruck u.a. GRÜNZINGER/NICOLAISEN [B] 102).

bedenkliche Kompromisse zur Folge. Neben anderen BK-Kirchenführern war auch der bayerische Landesbischof immer wieder bereit, Erwartungen des Staates entgegenzukommen. Ende Oktober 1938 distanzierte er sich auf Geheiß des Reichskirchenministers von der sog. »Gebetsliturgie«, die die VKL II angesichts der drohenden Kriegsgefahr herausgegeben hatte;[59] im Frühjahr 1939 lehnte er zwar die den Kirchenführern vom Reichskirchenminister vorgelegte Fassung der »Grundsätze für eine den Erfordernissen der Gegenwart entsprechende neue Ordnung der DEK« ab, in denen die völkisch-politische Lehre des Nationalsozialismus für die christlichen Deutschen verbindlich gemacht werden sollte; er war jedoch bereit, einen modifizierten Text zu unterschreiben, in dem die evangelischen Christen u.a. dazu angewiesen wurden, »sich in das völkisch-politische Aufbauwerk des Führers mit voller Hingabe einzufügen«, und der darüber hinaus »eine ernste und verantwortungsbewußte Rassenpolitik zur Reinerhaltung unseres Volkes« forderte.[60] Andererseits setzte sich der bischöfliche Flügel der Bekennenden Kirche durchaus entschieden zur Wehr, wenn politische Stellen gegen den Inhalt der kirchlichen Verkündigung polemisierten oder versuchten, die Rechte der Kirchen zu schmälern und ihre Wirksamkeit in der Öffentlichkeit einzuschränken.

Nachdem Meiser und der Landeskirchenrat am Allerheiligentag 1934 das Kirchenregiment in Bayern wieder in ihre Hand genommen hatten, waren sie darum bemüht, die »Intaktheit« der Landeskirche wiederherzustellen und zu erhalten. Die deutschchristlichen bzw. reichskirchlich eingestellten Pfarrer, die ihr Treueversprechen gegenüber dem Landesbischof gebrochen hatten – nach einer Liste Meisers waren es 57 der rund 1.400 bayerischen Pfarrer[61] –, wurden im ganzen nachsichtig behandelt, da Meiser auf ihre Einsicht und Umkehr hoffte und die Spaltung seiner Landeskirche vermeiden wollte. Lediglich die kommissarischen Bischöfe Gollwitzer und Sommerer wurden entlassen, ferner die Pfarrer Ludwig Beer und Johannes Baumgärtner, die die reichskirchliche Politik besonders radikal unterstützt hatten.[62]

Obwohl die Deutschen Christen mit ihrer Machtpolitik gescheitert waren, sammelten sie sich erneut und konstituierten sich am 25.11.1934 in Nürnberg als Reichsbewegung DC mit Baumgärtner als Landesleiter. Sie blieben zwar eine Minderheit,[63] mußten aber ernst genommen werden, da der Reichskirchenausschuß die Kirchenleitung dazu drängte, mit den Deutschen Christen zu verhandeln und ihnen bestimmte Rechte einzuräumen. Die Kirchenleitung wollte unter allen Umständen vermeiden, daß Bayern vom Kirchenminister wie eine »zerstörte« Kirche behandelt würde und es zur Einsetzung eines Kirchenausschusses käme. Nicht zuletzt darum war sie zu Kompromissen bereit. Zwar konnte sie die

---

[59] MEIER 3 (K) 470.
[60] KJ 60–71 (1933–1944), ²1976, 291f.
[61] ROEPKE (B) 414.
[62] BAIER, DC (B) 177–182.
[63] Vgl. VI.6.3.2.

DC-Bewegung aus Bekenntnisgründen nicht als einen gleichberechtigten Partner anerkennen und lehnte auch ihre machtpolitischen Ansprüche ab, überließ den Deutschen Christen jedoch gelegentlich Kirchen für eigene Gottesdienste.

Der Vermittlungskurs der Kirchenleitung führte allerdings nicht durchgängig zu einem einvernehmlichen Verhältnis mit Staat und Partei. Im Juni 1937 kündigte der Staatsminister und Gauleiter Wagner an, die Staatsleistungen an die Kirchen zu reduzieren, da der NS-Staat nicht die Aufgabe habe, eine Organisation zu finanzieren, die nichts anderes als den Kampf gegen den Staat betreibe. Diese Situation wurde von der Kirchenleitung als so bedrohlich angesehen, daß Pfarrer Wilhelm Bogner vom Landesbischof für den Fall seiner Verhaftung oder Verhinderung mit der Bischofsstellvertretung beauftragt wurde.[64] Nachdem die Kirchenleitung 1938 die Einsetzung einer staatlichen Finanzabteilung verhindern konnte, die die Landeskirche unter stärkere Kontrolle des Kirchenministeriums bringen sollte, wurde das Kirchenregiment unter Meiser von staatlicher Seite bis 1945 nicht mehr angefochten.[65]

3.2 Kirchenpolitische Gruppierungen

Die überwältigende Mehrheit der bayerischen Pfarrer und Gemeinden stand loyal zur Kirchenleitung und unterstützte den Kurs der »bischöflichen« Bekennenden Kirche. Um den Abwehrkampf der Gemeinden gegen die Ideologie der Deutschen Christen zu stärken, beschloß der Landeskirchenrat am 12.12.1934 auf Anregung Meisers die Bildung von Bekenntnisgemeinschaften,[66] die schon bald das 10–20fache der DC-Ortsgruppen betrugen und z.T. ganze Kirchengemeinden umfaßten.[67] Ihre Mitglieder verpflichteten sich durch ihre Unterschrift auf der sog. »Roten Karte« ausdrücklich auf das Bekenntnis und die Ordnung der Landeskirche.[68]

Demgegenüber spielten die Deutschen Christen eine untergeordnete Rolle. Sie propagierten nach wie vor den Sturz der Kirchenleitung unter Meiser,[69] stellten aber trotz ihres Rückhalts in der mittelfränkischen Gauleitung und teilweise auch im Reichskirchenministerium zu keinem Zeitpunkt eine ernsthafte Gefahr für die volkskirchlich-bekenntniskirchliche Geschlossenheit der Landeskirche dar. Immerhin gelang es ihnen, Ende 1934/Anfang 1935 einige neue Ortsgruppen zu gründen. Allerdings blieb die Mitgliederzahl, außer in Nürnberg und Weißenburg, gering. Nach eigenen Angaben zählten sie 1935 23.000 Mitglieder in

---

[64] MEIER 3 (K) 462.
[65] AaO, 464f.
[66] BAIER/HENN (B) 105.
[67] KREMMEL (K) 449.
[68] Vgl. die Abbildung bei ROEPKE (B) 413.
[69] MEIER 2 (K) 335.

220 Gemeindegruppen und 60 geschlossenen Gemeinden.[70] Deutlicher wird ihr schwacher Rückhalt in den Gemeinden an der kirchlichen Statistik für Bayern 1937: 12.207 kirchlichen Trauungen standen nur 7 DC-Trauungen gegenüber; bei den Taufen belief sich das Verhältnis auf 21.661 zu 71 (davon 53 DC-Taufen allein in Ansbach).[71] Interne Positions- und Machtkämpfe führten schließlich zur vollkommenen Zersplitterung der DC-Bewegung.

Ein stabiler Stützpunkt der Deutschen Christen blieb bis 1945 lediglich die Hensoltshöhe, die sich der verfaßten Kirche gegenüber unabhängig fühlte. Rektor Keupp und Oberin Anna Kolitz wußten sich dem Nationalsozialismus tief verbunden; die Diakonissen wurden zur Mitgliedschaft in der NSDAP und ihren Unterorganisationen aufgerufen. Die Hensoltshöhe unterstützte auch nach dem Scheitern der Eingliederungspolitik 1934 weiterhin den Reichsbischof und stellte sich gegen Meiser, der sich bis zum Kriegsende mit diesem Gegner herumschlagen mußte.[72]

Aber nicht alle pietistischen Gruppierungen, die der Gemeinschaftsbewegung zuzurechnen waren, fielen der nationalsozialistischen und deutschchristlichen Ideologie anheim. Die altpietistischen Versammlungen im Raum Ansbach – Hof – Bayreuth wußten sich der Landeskirche eng verbunden und stellten sich hinter den Landesbischof.[73]

Zu den kirchenpolitischen Gruppierungen der Landeskirche muß auch die im Mai 1934 gegründete Pfarrerbruderschaft gerechnet werden. Zu ihren Hauptanliegen gehörte es, die Abwehrfront gegen die Irrlehre der Deutschen Christen durch einen brüderlichen Zusammenschluß der Pfarrer sowie durch Sammlung und Schulung bekenntnistreuer Gemeinden zu stärken.[74] Bereits ein gutes Jahr später gehörten über 500 Pfarrer der Bruderschaft an. Zu ihren wichtigsten Vertretern zählten Kurt Frör, Helmut Kern, Putz, Julius Sammetreuther, Hans Schmidt, Schieder und Hermann Schlier. Mit ihrem klaren anti-deutschchristlichen und anti-reichskirchlichen Kurs bildete die Bruderschaft in der Phase der Eingliederungspolitik eine unentbehrliche Stütze für die Kirchenleitung. Im Herbst 1934 übernahm sie das Gesetz des Handelns für die behinderte Kirchenleitung Meisers[75] und hielt die Verbindung zur Pfarrerschaft aufrecht. Da sie sich in besonderer Weise den großen Bekenntnissynoden und der Einheit der Bekennenden Kirche verpflichtet wußte, übte sie später gelegentlich auch scharfe Kri-

---

[70] BAIER, DC (B) 46. Nach einer statistischen Erhebung vom Juni 1935 standen bei einer Gesamtseelenzahl von 1.640.118 Evangelischen 14.306 Deutschen Christen 398.171 Mitglieder der Bekenntnisgemeinschaft gegenüber (aaO, 466ff).
[71] AaO, 232.
[72] 1945 erzwang der Landesbischof mit Hilfe der amerikanischen Besatzungsmacht den Rücktritt Keupps und seiner Oberin sowie die Unterstellung der Hensoltshöhe unter die Landeskirche (vgl. ROEPKE [B] 416ff; BAIER, DC [B] 352).
[73] ROEPKE (B) 416.
[74] Vgl. die Grundsätze vom Mai 1934 (KELGB 59 [1934], 211. 236).
[75] Vgl. VI.6.2.7.

tik an der Anpassungs- und Kompromißbereitschaft des Landesbischofs, ohne jedoch ihre grundsätzliche Loyalität aufzugeben.[76]

3.3 Nationalsozialistische Entkonfessionalisierungspolitik: Der Kampf gegen Bekenntnisschulen, Religionsunterricht und kirchliche Presse

Die von Staat und Partei seit 1935 zunehmend forcierte Politik der »Entkonfessionalisierung des gesamten öffentlichen Lebens«[77] führte dazu, daß die Arbeitsfelder der Kirche sich mehr und mehr auf den engeren Bereich von Verkündigung und Seelsorge beschränken mußten. Eines der Hauptangriffsziele der Nationalsozialisten waren die Bekenntnisschulen, die sowohl im evangelischen Franken als auch im katholischen Bayern sowie in den konfessionell gemischten Gebieten die Regel waren. Sie sollten durch (christliche) Gemeinschafts- oder Simultanschulen ersetzt werden. Dank der intensiven Propaganda von Staat und Partei für die Gemeinschaftsschule gingen die Schülerzahlen der Bekenntnisschulen schon bis 1935 stetig zurück. Zu diesem Zeitpunkt verstärkte sich die nationalsozialistische Agitation gegen die Konfessionsschulen, und in Nürnberg und anderen Städten kam es zu einem regelrechten »Schulkampf«. In zahllosen Protestschreiben machte die Kirchenleitung auf die in Hitlers Regierungserklärung von 1933 garantierten Rechte der Kirchen auf konfessionelle Schulen aufmerksam, sie prangerte auch die Manipulation des Elternwillens durch die Partei an und legte Rechtsverwahrung ein, konnte aber nicht verhindern, daß alle Bekenntnisschulen in Gemeinschaftsschulen umgewandelt wurden.[78]

In gleicher Weise agitierte die Partei gegen den Religionsunterricht. Im November 1938 forderte der Nationalsozialistische Lehrerbund (NSLB) die Lehrer auf, den Religionsunterricht freiwillig niederzulegen, und konnte sich mit dieser Forderung weitgehend durchsetzen.[79] Die systematische Zurückdrängung der Geistlichen aus dem schulischen Religionsunterricht führte zum allmählichen Erliegen der evangelischen Unterweisung. 1941 wurde der Religionsunterricht in den Oberschulen gesetzmäßig auf die unteren Klassen und auf eine Wochenstunde beschränkt, in den Berufsschulen entfiel er ganz.[80]

Der Druck der nationalsozialistischen Entkonfessionalisierungspolitik richtete sich nicht zuletzt auch auf das blühende kirchliche Pressewesen. Obwohl die evangelischen Sonntags- und Gemeindeblätter durchaus aufgeschlossen waren für die Ideologie des Nationalsozialismus und bis in die Kriegszeit hinein seine

---

[76] Vgl. ROEPKE (B) 418; MEIER 3 (K) 468–471.
[77] Vgl. die Rede des Reichsinnenministers am 7.7.1935 in Münster (NICOLAISEN, Dokumente 2 [K] 332).
[78] SCHMID (K) 314–329; ROEPKE (B) 424f.
[79] BAIER/HENN (B) 221. In Augsburg weigerte sich die Lehrerschaft allerdings fast geschlossen, der Aufforderung des NSLB nachzukommen (ebd.).
[80] ROEPKE (B) 423.

politischen Ziele mittrugen,[81] mußten sie sich der nationalsozialistischen Kontrolle unterwerfen. Das Schriftleitergesetz vom 4.10.1933 und das Reichskulturkammergesetz vom 1.11.1933[82] banden die publizistische Tätigkeit auch der konfessionellen Presse an bestimmte politische Voraussetzungen und führten in der Folgezeit zur Entlassung einiger evangelischer Redakteure. Am 14.2.1936 mußten sich auch die meisten kirchlichen Blätter dem Propagandaministerium unterstellen;[83] im gleichen Jahre wurde die evangelische Presse zu einer Inhaltsplanung verpflichtet.[84] Im Zweiten Weltkrieg hatte die Kirchenpresse in jeder Veröffentlichung einen Artikel der Kriegspropaganda zu widmen; gleichzeitig ging ihre Abdrosselung durch fortgesetzten Papierentzug weiter voran. Bereits bei Kriegsbeginn mußten 40 kirchliche Blätter ihr Erscheinen einstellen; die übrigen 27 Gemeindeblätter mit einer Auflage von rund 100.000 Exemplaren konnten noch bis 1941 erscheinen. Danach waren nur noch fünf Fachblätter und die kirchlichen Amtsblätter erlaubt.[85]

Der Evangelische Presseverband in Bayern, der sich 1932 vom Landesverein für Innere Mission losgelöst und als eigener Verein verselbständigt hatte, verlegte 1935 seinen Sitz von Nürnberg nach München. Schon am 13./14.4.1934 hatte der Landeskirchenrat den Presseverband mit der Errichtung einer Landeskirchlichen Pressestelle beauftragt,[86] die bis zum Verbot 1936 »Grüne Briefe« zur Abwehr der Deutschen Christen und »Rundbriefe der Bekenntnisgemeinschaft der Landeskirche« herausgab, eine Zeitungsschau weiterführte und das Kirchenvorsteherblatt verlegte. Bis 1938 konnten in begrenzter Auflage noch »Sonntagsbetrachtungen« herausgebracht werden. Mit der Einstellung der Gemeindeblätter war auch die Arbeit der Pressestelle praktisch beendet.

Im Gegenzug gegen die nationalsozialistische Entkonfessionalisierungspolitik baute die Landeskirche ihre volksmissionarische Tätigkeit systematisch aus. Bereits im Herbst 1933 wurde Pfarrer Kern zum Sonderbeauftragten für Volksmission ernannt. Im Juli 1935 entstand unter der Leitung Kerns in Nürnberg ein eigenes »Volksmissionarisches Amt«; seit 1941 »Amt für Gemeindedienst«. Kern entwickelte außerordentliche Aktivitäten. Durch Vorträge, Evangelisationen, Freizeiten, Schulungen der Pfarrer und Kirchenvorsteher und nicht zuletzt durch einen über Bayern hinausreichenden Schriftendienst leistete dieses Amt Aufklärungsdienste über die völkisch-antikirchliche Weltanschauung des Nationalsozialismus und stärkte die Gemeinden in ihrer Treue zur Kirche.[87]

---

[81] Vgl. dazu MEIER-REUTTI, Politik (B).
[82] Beide Gesetze: RGBl I 1933, 713–717. 797–800.
[83] GRÜNZINGER/NICOLAISEN (B) 171f.
[84] 50 Jahre Ev. Presseverband (K) 85.
[85] Ebd.
[86] BAIER/HENN (B) 62.
[87] HENN, Volksmission (B).

3.4 Vereidigung der Pfarrer auf Hitler

Die Frage, ob sich die Pfarrer analog zu den Beamten auf Hitler vereidigen lassen sollten, wurde erstmals 1934 und dann erneut 1938 akut. Beide Male gingen die Anstöße von den Deutschen Christen aus. Am 9.8.1934, unmittelbar nachdem Hitler nach dem Tode Hindenburgs alleiniges Staatsoberhaupt geworden war, verabschiedete die deutschchristlich majorisierte Nationalsynode in ihrem Bestreben, die Bindung der Kirche an den nationalsozialistischen Staat durch einen Treueid der Geistlichen und Kirchenbeamten auf Hitler zu demonstrieren, gegen die Stimmen der Opposition – darunter die bayerischen Synodalen Breit, Dörfler und Hans Lauerer – ein entsprechendes Gesetz. Das Gesetz wurde in der gesamten Bekennenden Kirche schon aus dem Grunde abgelehnt, weil die Nationalsynode unrechtmäßig zustandegekommen war. Daneben wurden aber auch grundsätzliche Bedenken gegen den Eid im Raum der Kirche und gegen den Inhalt des Eides geltend gemacht. In einer Bekanntmachung an die Geistlichen der bayerischen Landeskirche begründeten Landesbischof und Landeskirchenrat ihre Ablehnung des Eides in fünf Punkten: 1. Es sei nicht Sache der Kirche, ihren Gliedern einen Eid aufzuerlegen. 2. Das Ordinationsgelübde schließe die Treue- und Gehorsamsverpflichtung der rechtmäßigen Obrigkeit gegenüber ein. 3. Der Eid verkopple in unlutherischer Weise staatliche und kirchliche Momente. 4. Er bedeute eine Unterwerfung unter die Gewaltherrschaft der Reichskirchenregierung. 5. Das Verhältnis des Ordinationsgelübdes zu dem geforderten Diensteid bleibe unklar.[88] Aufgrund der von der Bekennenden Kirche geäußerten Bedenken sah sich die Reichskirchenregierung 1934 gezwungen, ihre Eidesforderung stillschweigend fallenzulassen.[89]

Knapp vier Jahre später wurde die Frage jedoch wieder akut. Als Hitler nach der Annexion Österreichs auf einem neuen Höhepunkt seiner Macht stand, gaben einige deutschchristliche Kirchenleitungen den Impuls zu einer allgemeinen Pfarrervereidigung. Die Bekennende Kirche sah sich dadurch in eine schwierige Situation gebracht. Würde sie den Eid verweigern, könnte sie der nationalen Unzuverlässigkeit bezichtigt werden. Zum andern deutete manches darauf hin, daß – anders als 1934 – der Staat die Eidesleistung der Pfarrer erwartete. Darum rangen sich auch die nicht-deutschchristlichen Kirchen dazu durch, von ihren Pfarrern den Eid auf Hitler zu fordern. In Bayern kamen die Deutschen Christen der Kirchenleitung zuvor und ließen sich ohne jeden Vorbehalt von Thüringer Deutschen Christen vereidigen.[90] Das von der bayerischen Kirchenleitung am 18.5. 1938 erlassene Gesetz[91] brachte viele Pfarrer in Unsicherheit und Bedrängnis,

---

[88] ABlB 1934, 119ff; vgl. auch GERLACH-PRAETORIUS (K) 64f.
[89] AaO, 67.
[90] BAIER, DC (B) 332f.
[91] ABlB 1938, 95f.

obwohl es die Eidesleistung an das Ordinationsgelübde band.[92] Die Pfarrerbruderschaft bat den Landesbischof schließlich, das Gesetz wieder zu sistieren. Meiser betonte in einem Rundschreiben vom 20.6.1938 jedoch, es dürfe »als erwiesen angesehen werden, daß eine bestimmte Erwartung des Staates in dieser Hinsicht vorhanden ist«, und warnte davor, daß »der Staat aus der Unterlassung seine bestimmten Folgen ziehen« würde.[93] Daraufhin legten fast alle bayerischen Pfarrer unter Bindung an ihr Ordinationsgelübde den Eid ab. Wenige Wochen später wurde ein Rundschreiben vom 13.7.1938 an alle Gauleiter bekannt, in dem Martin Bormann, der sich als »Stabsleiter des Stellvertreters des Führers« kirchenpolitisch immer weiter in den Vordergrund schob, in lapidarer Weise das Desinteresse an der Vereidigung der Pfarrer zum Ausdruck brachte.[94] Damit sahen sich die Pfarrer und Kirchenleitungen der Bekennenden Kirche in ihren Gewissensnöten, aber auch die Deutschen Christen in ihrem Byzantinismus durch Staat und Partei bloßgestellt.

3.5 »Judenfrage« und »Euthanasie«

Die aggressive Ausgrenzungs- und Vernichtungspolitik der Nationalsozialisten gegen die Juden traf in der Bevölkerung auf eine mehr oder weniger latente antijüdische Einstellung. Wie allgemein in Deutschland, so war auch in der bayerischen Landeskirche eine judenfeindliche Grundhaltung in ihrer typischen Mischung von rassischem Antisemitismus, christlich-theologischem Antijudaismus und sozio-kultureller Judenfeindschaft weit verbreitet. Sie manifestierte sich literarisch im Kleinschrifttum und in vielen Artikeln der kirchlichen Presse. Die ersten antijüdischen Maßnahmen des NS-Regimes wurden widerspruchslos hingenommen, obwohl auch hier Pechmann die Kirchenleitung und besonders Meiser immer wieder aufforderte, gegen die beginnende Judenverfolgung Stellung zu nehmen. Die Kirchenleitung hielt sich öffentlich zurück, beschloß aber im August 1933 immerhin einen Protest beim zuständigen Ministerium.

Wesentlich mehr Unruhe als die staatliche Judenpolitik löste in der Kirche die Übernahme des staatlichen »Arierparagraphen« durch die deutschchristlichen Kirchenleitungen aus, die auch für den Gesamtbereich der DEK verbindlich gemacht werden sollte. Das Ansinnen der Deutschen Christen, Pfarrer und Kirchenbeamte wegen ihrer Abstammung aus dem Kirchendienst zu entlassen, war für viele mit dem Bekenntnis der Kirche nicht in Einklang zu bringen und wurde für den Pfarrernotbund zum »status confessionis«. Im September 1933 drängten 25 Pfarrer aus Nürnberg und Umgebung Meiser zum Protest; obwohl sie »Verständnis für die rassenbiologische Reinigung unseres Volkskörpers« hatten, wa-

---

[92] Zur ablehnenden Haltung Steinbauers vgl. HORST WEIGELT, Karl Steinbauer u. d. Eidesfrage i. Jahre 1938. Aspekte z. Kirchenkampf i. Bayern: Gott mehr gehorchen. Kolloquium z. 80. Geburtstag v. Karl Steinbauer, hg. v. FRIEDRICH MILDENBERGER u. MANFRED SEITZ, München 1986, 12–30.
[93] GERLACH-PRAETORIUS (K) 159.
[94] Abdruck aaO, 141f.

ren sie darüber besorgt, daß die Kirche mit der Übernahme des »Arierparagraphen« »einer evangeliumsfremden Rassenreligion die Tür« öffnen würde.[95] Meiser stellte sich grundsätzlich hinter die Nürnberger Pfarrer, verbot jedoch eine öffentliche Diskussion über das brisante Thema. Zur gleichen Zeit verurteilte die Marburger Theologische Fakultät in einem Gutachten die Sondergesetzgebung für Andersrassige als bekenntniswidrig,[96] wohingegen Althaus und Elert im sog. »Erlanger Gutachten« vom 25.9.1933 die nationalsozialistische Rassentheorie weitgehend übernahmen, dem biologisch-rassistisch verstandenen Begriff des »Volkes« theologische Qualität verliehen und von der Kirche verlangten, »daß sie heute ihren Grundsatz von der völkischen Verbundenheit der Amtsträger neu geltend macht und ihn auch auf die Christen jüdischer Abstammung anwendet. [...] Die Kirche muß daher die Zurückhaltung ihrer Judenchristen von den Ämtern fordern.«[97] Die Haltung des Landesbischofs in dieser Frage blieb schwankend; einerseits sah er in der nationalsozialistischen Rassenpolitik einen »berechtigten Kern«, andererseits hatte er aber auch Verständnis für diejenigen, für die mit der Übernahme des »Arierparagraphen« der »status confessionis« gegeben war. Darum bedauerte er in einem Brief an den Erlanger Dekan Hermann Strathmann vom 4.10.1933, daß das Gutachten nicht deutlicher »die Irrtümer abgewiesen hätte, die in der Linie einer Überspitzung des Arierparagraphen liegen.«[98]

Zwar protestierte die Kirchenleitung in der Folgezeit immer wieder gegen die Verunglimpfungen judenfreundlicher Pfarrer oder jüdischer Elemente der christlichen Lehre durch die NS-Presse, wie sie besonders in dem antisemitischen »Stürmer« an der Tagesordnung waren; sie blieb jedoch mit öffentlicher Kritik der nationalsozialistischen Judenpolitik äußerst zurückhaltend. Meiser warnte die preußische Bekenntnissynode, die sich im September 1935 nach Erlaß der »Nürnberger Gesetze« mit der Judenfrage befassen wollte, vor einem »selbstverschuldeten Martyrium«,[99] und im November 1938 beschloß der Landeskirchenrat angesichts der Ausschreitungen gegen die Juden in der sog. »Reichspogromnacht« ausdrücklich, von einem Schritt bei staatlichen Stellen abzusehen,[100] obwohl in jener Nacht auch einzelne bayerische Pfarrer als »Judenfreunde« beschimpft und mißhandelt wurden.[101] Immerhin nahmen einzelne bayerische Geistliche, wie etwa der Nürnberger Pfarrer Wilhelm Geyer, in ihren Bußtagspredigten gegen diese neue Eskalation der nationalsozialistischen Juden-

---

[95] KREMMEL (K) 178.
[96] Vgl. KURT DIETRICH SCHMIDT, Die Bekenntnisse u. grundsätzlichen Äußerungen z. Kirchenfrage d. Jahres 1933, Göttingen 1934, 178–182.
[97] AaO, 185. Vgl. auch ... wo ist dein Bruder Abel (B) 14f.
[98] LKAN Nachlaß Meiser Nr. 115; vgl. auch KREMMEL (K) 179; GERHARD SCHRÖTTEL, Christen u. Juden. Die Haltung d. Ev.-Luth. Landeskirche i. Bayern seit 1933: Gesch. u. Kultur d. Juden i. Bayern. Aufsätze, hg. v. MANFRED TREMEL u.a., München 1988, 481 (VBGK 17/88).
[99] Verantwortung 2 (B) 25.
[100] Vgl. LKAN Protokoll d. a.o. Sitzung d. Landeskirchenrats am 19.11.1938.
[101] BAIER/HENN (B) 220.

verfolgung Stellung, und in der Nürnberger Lorenzkirche traten sämtliche Pfarrer in einer eindrucksvollen Protestdemonstration vor den Altar, um die 10 Gebote laut vorzusprechen.[102]

Als 1941 die Deportationen der Juden in die Vernichtungslager begannen, waren es immer wieder Laien, die die Kirchenleitung zu Protestschritten in der Form schriftlicher Eingaben oder öffentlicher Stellungnahmen veranlassen wollten. Neben Pechmann ist der Dichter und Laienprediger Rudolf Alexander Schröder zu nennen, vor allem aber der Kreis um Albert Lempp, der 1943 dem Landesbischof den von dem württembergischen Theologen Hermann Diem verfaßten sog. »Münchner Laienbrief« überbrachte. Dieser Text sollte die Grundlage für einen öffentlichen Protest der Kirchenleitung gegen die staatliche Judenverfolgung abgeben. Obwohl Meiser diese Denkschrift, die sehr deutlich von der Mitverantwortung der Christen für das Schicksal der Juden sprach und die Kirche davor warnte, »vor dem gegen Israel gerichteten Angriff sich selbst in Sicherheit zu bringen«,[103] weitgehend billigte, lehnte er den Schritt in die Öffentlichkeit ab, um die Kirche nicht in Gefahr zu bringen; außerdem fürchtete er eine noch radikalere Verfolgung der Juden.[104] Noch 1944 empfahl Meiser den Pfarrern als »Berufshilfe« einen stark antijudaistischen Vortrag des Neutestamentlers Gerhard Kittel. Gegen diese Identifizierung mit der Theologie Kittels, die mithaftbar sei für die nationalsozialistische Judenpolitik, erhob Sasse dem Landesbischof gegenüber deutlichen Widerspruch und warnte vor einem weiteren Schuldigwerden der Kirche.[105]

Wenn auch das öffentliche Eintreten der Kirche für die Juden ausblieb, so wurde doch vielfach Hilfe für die Bedrängten geleistet. Besondere Erwähnung verdienen die beiden Hilfsstellen des »Büro Pfarrer Grüber«, die im Januar 1939 in München und Nürnberg eingerichtet, durch kirchliche Gelder finanziert und von den Pfarrern Hans Werner Jordan und Johannes Zwanzger geleitet wurden, nachdem bis dahin vor allem Pfarrer Friedrich Hofmann von der Inneren Mission in München die »nichtarischen« Christen betreut hatte.[106] Jordan und Zwanzger, die selbst unter die nationalsozialistische Rassegesetzgebung fielen, konnten zahlreichen »nichtarischen« Christen materiell und seelsorgerlich helfen und ihnen die Auswanderung aus Deutschland ermöglichen.

Ähnlich zurückhaltend wie in der »Judenfrage« verhielt sich die Kirche gegenüber den sog. »Euthanasie«-Maßnahmen. Diese gingen auf einen Geheimbefehl Hitlers zurück und wurden ab Februar 1940 durchgeführt. In Anstalten der Inneren Mission untergebrachte Pfleglinge, die nach nationalsozialistischer Auffassung »lebensunwert« waren, mußten gemeldet werden. Viele von ihnen wurden

---

[102] HELMUT BAIER, Kirchenkampf i. Nürnberg 1933–1945, Nürnberg 1973, 32.
[103] ... wo ist dein Bruder Abel (B) 19.
[104] Vgl. ebd; WOLFGANG GERLACH, Als d. Zeugen schwiegen. Bekennende Kirche u. d. Juden, Berlin ²1987, 366–371 (SKI 10).
[105] Vgl. BAIER, Kirche in Not (B) 235f.
[106] SCHMID (K) 388.

in staatliche Anstalten verlegt, und kurze Zeit später erhielten die Angehörigen die Todesnachricht. Die Ermordung der Kranken, obwohl im geheimen durchgeführt, sprach sich schnell herum und führte in der Bevölkerung zu großer Beunruhigung. Landesbischof Meiser muß frühzeitig von den Krankenmorden erfahren haben; bereits am 23.2.1940[107] wurde er bei Reichsstatthalter von Epp vorstellig. Epp konnte jedoch lediglich erklären, erstmals durch Meiser von derartigen Dingen zu erfahren, und sicherte eine sofortige Untersuchung zu. Diese Untersuchung erbrachte, daß die Aktionen auf Hitler selbst zurückgingen, und damit waren dem Reichsstatthalter die Hände gebunden. Auch die Kirchenleitungen schwiegen; allein der württembergische Landesbischof Wurm erhob bei verschiedenen staatlichen Stellen schriftlich Protest.[108] Am 2.12.1940 wurden die bayerischen Pfarrer von ihrer Kirchenleitung aufgefordert, bei der »Urnenbeisetzung von in Anstalten Gestorbenen« größte Zurückhaltung zu üben.[109] In der Tat war alles, was als Protest verstanden werden konnte, äußerst brisant: Ein Pfarrer, der bei einer Beisetzung auf das 5. Gebot hinwies, wurde zur Anzeige gebracht.[110] Dennoch befremdet es, wenn der Landesbischof am 30.12.1940 betonte: »Es darf mit gutem Gewissen gesagt werden, daß geschehen ist, was geschehen konnte, um die Stimme der Kirche in dieser Sache nachdrücklich zu Gehör zu bringen. Leider blieb allen unseren Bemühungen der sichtbare Erfolg bisher versagt.«[111] Letzten Endes war es aber gerade der *öffentliche* Protest, den Graf Galen, der Bischof von Münster, im Sommer 1941 in mehreren Predigten gegen die »Euthanasie« erhob, der dazu beitrug, daß die Aktion von Hitler offiziell gestoppt – allerdings inoffiziell als »wilde Euthanasie« fortgesetzt – wurde.[112]

In Bayern war vor allem die Diakonissenanstalt Neuendettelsau mit ihren Pflegeanstalten betroffen. Von den hier untergebrachten 1.758 Pfleglingen wurden im Zuge der »Euthanasie«-Maßnahmen 1.238 Menschen in staatliche Heil- und Pflegeanstalten verlegt; Hunderte von ihnen wurden dort systematisch vergast oder starben den bewußt herbeigeführten Hungertod.[113] Sowohl dem Rektor der Anstalten, Pfarrer Lauerer, als auch dem leitenden Anstaltsarzt Dr. Rudolf Boeckh war bekannt, welches Schicksal die ihnen anvertrauten Pfleglinge mit ihrer Verlegung erwartete. Dennoch taten sie sich schwer damit, sich den staatlich verordneten Maßnahmen zu widersetzen, ja sie kamen ihnen sogar ent-

---

[107] AaO, 399f. Dieses frühe Datum wird von MÜLLER/SIEMEN (K) 111, Anm. 139 in Frage gestellt, ist aber durch Meisers Amtstagebuch (LKAN) gesichert. Vgl. auch BAIER/HENN (B) 242 und BAIER, Kirche in Not (B) 224.
[108] Vgl. Landesbischof D. Wurm u. d. nationalsozialistische Staat 1940–1945. Eine Dokumentation, i. Verbindung mit Richard Fischer zusammengestellt v. GERHARD SCHÄFER, Stuttgart 1968, 118–124.
[109] BAIER, Kirche in Not (B) 122.
[110] AaO, 223, Anm. 55.
[111] Zit. nach MÜLLER/SIEMEN (K) 110 (Schreiben an Stoll).
[112] KURT NOWAK, »Euthanasie« u. Sterilisierung i. »Dritten Reich«. Die Konfrontation d. ev. u. kath. Kirche mit d. »Gesetz z. Verhütung erbkranken Nachwuchses« u. d. »Euthanasie«-Aktion, Göttingen 1978, 84 (AGK Erg.-R. 12).
[113] MÜLLER/SIEMEN (K) 3 u.ö.

gegen, um nicht durch etwaigen Protest ihre Verfügungsgewalt über die Anstalten aufs Spiel zu setzen. Hinzu kam, daß Lauerer und insbesondere Boeckh selbst – wie viele Leitungen vergleichbarer Anstalten der Inneren Mission in Deutschland – eine gewisse Affinität zur nationalsozialistischen »Euthanasie«-Politik und der hinter ihr stehenden Ideologie besaßen und darum bereit waren, das Gebot des unbedingten Schutzes menschlichen Lebens dieser Ideologie unterzuordnen.[114]

Hinter den Verlegungs- und Mordaktionen stand auch der Wunsch der NSDAP, die freigewordenen Gebäude für eigene Zwecke zu nutzen. Die drohende Beschlagnahmung der Neuendettelsauer Diakonissenanstalt konnte der Landesbischof 1941 jedoch durch geschickte Verhandlungen im Reichsinnenministerium und im Auswärtigen Amt verhindern. Es ist allerdings zu vermuten, daß bei diesen Gesprächen das Schicksal der verlegten Pfleglinge nicht zur Sprache kam.[115]

Verlegung von Behinderten im Rahmen der Euthanasie-»Aktion T 4« aus der Pflegeanstalt »Schloß« Bruckberg der Diakonissenanstalt Neuendettelsau in staatliche Heil- und Pflegeanstalten, Frühjahr 1941.

[114] AaO, 167.
[115] AaO, 110ff.

3.6 Maßregelungen von Geistlichen und kirchlichen Mitarbeitern

In den Augen von Staat und Partei zählte die Bekennende Kirche trotz ihrer Loyalitätsbekundungen zu den politischen Gegnern und wurde entsprechend bekämpft. Ihr Einfluß in der Öffentlichkeit wurde im Zuge der Entkonfessionalisierungspolitik durch Gesetze, Erlasse, regionale und lokale Verbote zunehmend beschränkt. Die Repressionspolitik staatlicher und parteiamtlicher Stellen richtete sich aber auch gegen einzelne Geistliche und kirchliche Mitarbeiter. Für die gegen kirchliche Mitarbeiter verhängten Maßregelungen liegen keine exakten Zahlen vor; nach einer schon bald nach dem Ende des Zweiten Weltkriegs veröffentlichten Übersicht über Maßnahmen gegen bayerische Geistliche kam es neben den zahlreichen Verboten kirchlicher Versammlungen, Bibelstunden und Gemeindeabenden, neben Angriffen durch die Presse und öffentlichen oder privaten Bedrohungen und Beschimpfungen zwischen 1933 und 1945 u.a. zu 572 Vorladungen und Verhören durch staatliche oder Parteidienststellen, zu 303 Verwarnungen, 144 Hausdurchsuchungen, 163 Beschlagnahmungen, 38 Redeverboten, 9 Aufenthaltsbeschränkungen, 62 Verhaftungen, 245 staatsanwaltschaftlichen und gerichtlichen Verfahren (von denen 179 eingestellt wurden), 27 Strafbefehlen, 66 Geldstrafen, 14 Gefängnisstrafen, 98 Entziehungen des Religionsunterrichts.[116] Der einzige bayerische Pfarrer, der wegen seines oppositionellen Verhaltens in KZ-Haft kam, war Karl Steinbauer. Nachdem er schon früher mehrmals verhaftet worden war, wurde er im Januar 1939 nach einer angeblichen Hetzpredigt gegen führende Männer des Staates und der Partei in Schutzhaft genommen und vom 27.3. bis 22.12.1939 in das Konzentrationslager Sachsenhausen überführt.[117] In den »Fürbittenlisten« der Bekennenden Kirche wurden die Namen von 20 Pfarrern und Laien aus Bayern vermerkt.[118]

3.7 Zur Stellung der Theologinnen

Als sich mit Kriegsbeginn das Problem der geistlichen Versorgung der Gemeinden stellte, deren Pfarrer zum Kriegsdienst eingezogen waren, hätte es nahegelegen, die Theologinnen mit der Pfarramtsvertretung einschließlich der Wortverkündigung und Sakramentsverwaltung zu betrauen.[119] Diese Möglichkeit kam im Gesamtbereich der DEK aber nur ansatzweise in den Blick. In Bayern riet die Kirchenleitung den Frauen lange Zeit vom Theologiestudium ab; ihre Reaktion

---

[116] FRIEDRICH KLINGLER, Dokumente z. Abwehrkampf d. deutschen ev. Pfarrerschaft gegen Verfolgung u. Bedrückung, Nürnberg 1946, 95; Wiederabdruck: BAIER/HENN (B) 273.
[117] CHRISTOPH SIMON, Penzberg: Die Stunde d. Versuchung. Gemeinden i. Kirchenkampf 1933–1945. Selbstzeugnisse, hg. v. GÜNTHER HARDER u. WILHELM NIEMÖLLER, München 1963, 439.
[118] GERTRAUD GRÜNZINGER/FELIX WALTER (Bearb.), Fürbitte. Die Listen d. BK 1935–1944, Göttingen 1996, X.
[119] Zum Folgenden vgl. bes. GERDI NÜTZEL, Die Entwicklung d. Theologinnenarbeit i. d. intakten Kirchen am Beispiel d. Ev.-luth. Kirche i. Bayern: »Darum wagt es, Schwestern ...«. Zur Gesch. ev. Theologinnen i. Deutschland, Neukirchen 1994, 361–385 (HThST 7).

Kirche von Penzberg, Zeichnung von Pfarrverweser Karl Steinbauer aus der Haft in Weilheim 1937.

auf den ersten Organisationsversuch bayerischer Theologinnen im Herbst 1935 war der Beschluß, keine weiteren Theologiestudentinnen zu den kirchlichen Prüfungen zuzulassen; die bereits studierenden Theologinnen sollten mit ihrer Meldung zur Prüfung eine schriftliche Erklärung abgeben, daß sie mit der Prüfung keinen Anspruch auf Anstellung erwürben. Dieser Beschluß wurde im März 1939 zwar aufgehoben, die Rechtsstellung der Theologinnen, die in der Regel als Religionslehrerinnen, Jugendpflegerinnen, Pfarramtsgehilfinnen oder Katechetinnen arbeiteten, jedoch nicht grundsätzlich verändert. Erst am 27.10. 1944 kam es zum Erlaß eines Kirchengesetzes über das Dienstverhältnis der Vikarinnen, nach dem erstmalig auch Frauen zur Mitarbeit im geistlichen Amt berufsmäßig im Dienst der Landeskirche angestellt werden konnten.[120] Im Unterschied zu den etwas weiterreichenden Regelungen in den lutherischen Landeskirchen von Hannover und Württemberg blieben in Bayern allerdings die zentralen Bereiche des geistlichen Amtes für die Theologinnen nach wie vor verschlossen: die Wortverkündigung im Gemeindegottesdienst, die Verwaltung der

---

[120] ABlB 1944, 55–60; vgl. VII.7.1.3.

Sakramente und Amtshandlungen. Die Theologinnen, die nach ihrer festen Anstellung den Titel »Pfarrvikarin« führten, erhielten zudem auch nur einen Teil der Besoldung ihrer männlichen Kollegen. Dennoch war mit dem »Vikarinnengesetz« ein gewisser Durchbruch erzielt und eine wichtige Voraussetzung für die künftige theologische und rechtliche Klärung der Theologinnenarbeit geschaffen worden.

3.8 Die Landeskirche im Zweiten Weltkrieg

Obwohl sich die bayerische Landeskirche im Zweiten Weltkrieg weitgehend systemkonform verhielt und die anfänglichen deutschen Siege in vielen offiziellen Aufrufen und Predigten geschichtstheologisch legitimiert wurden, hatte sie weiterhin unter zahllosen kleinlichen Schikanen von Staats- und Parteistellen zu leiden. Die kirchliche Arbeit wurde nicht nur durch kriegsbedingte Maßnahmen wie etwa Heizungs- und Benzinkontingentierungen sowie die Beschlagnahme der Kirchenglocken erschwert; es verstärkten sich auch die antichristliche Propaganda und gegen die Kirche gerichtete administrative Maßnahmen wie Einschränkungen des Glockengeläuts, Versammlungsverbote u.ä. Privilegien der Kirche wurden nach und nach abgebaut, um ihre finanzielle Lage zu beschneiden. Bereits kurz nach Kriegsbeginn mußten die Pfarrergehälter gekürzt werden, da die Staatszuschüsse ausblieben. 1941 lief das bis dahin geltende Kirchensteuergesetz aus, nach dem der Staat die Kirchensteuern eingezogen hatte. Die Kirche mußte fortan eigene Kirchensteuerämter aufbauen.[121] Folgenschwer waren auch Änderungen des Stiftungsrechts, die kirchlichen Stiftungen die bis dahin gewährte Steuerfreiheit versagten.[122] Erst gegen Ende des Krieges wurde die Politik der NS-Machthaber wieder etwas kirchenfreundlicher; es entfielen die Beschränkungen des Gottesdienstbesuchs nach Fliegerangriffen, und auch Rundfunkgottesdienste wurden wieder gestattet.[123]

Die geistliche Versorgung der Gemeinden war dadurch erschwert, daß von den ca. 1.400 bayerischen Pfarrern im Laufe des Krieges knapp die Hälfte eingezogen wurde. In den letzten Kriegsjahren waren über 600 Lektoren ehrenamtlich tätig.[124] Von den eingezogenen Geistlichen fielen 156 (= 11,14% der Gesamtzahl der Geistlichen); von diesen 156 Gefallenen waren 73 Pfarrer, 35 Hilfsgeistliche und 48 Vikare. Rechnet man Katecheten und Theologiestudenten zu den Verlusten dazu, so erhöht sich die Zahl auf 275 gefallene Theologen und 290 gefallene Pfarrerssöhne. Damit hatte die bayerische Landeskirche nach der württembergischen die höchsten Verluste im Bereich der DEK zu beklagen. Im April 1946

---

[121] BAIER, Kirche in Not (B) 21ff; vgl. VI.1.6.
[122] AaO, 26.
[123] BAIER, DC (B) 351.
[124] MEIER 3 (K) 474.

befanden sich noch 128 Pfarrer in Kriegsgefangenschaft; 1956 wurden noch 48 Pfarrer als vermißt gemeldet.[125]

Durch Luftangriffe wurden zahlreiche Kirchen, gottesdienstliche Räume und andere kirchliche Gebäude zerstört, besonders in den Großstädten Augsburg, Nürnberg und München.[126] Nach der schweren Beschädigung des Dienstgebäudes des Landeskirchenrats in München am 2./3.10.1943 wurde die Kirchenverwaltung in das Dienstgebäude der Landeskirchenstelle Ansbach ausgelagert, das aber am 22./23.2.1945 ebenfalls zerstört wurde.

3.9 »Kirchenkampf« in Bayern als Widerstand?

Nach dem militärischen und politischen Zusammenbruch des »Dritten Reiches« stellte sich für die Besatzungsmächte neben der katholischen auch die Bekennende Kirche als die einzige gesellschaftliche Großinstitution dar, die die vom Nationalsozialismus geforderte Gleichschaltung aller Bereiche des öffentlichen Lebens erfolgreich verweigert hatte. Sie verstand sich selbst und galt auch in den Augen der Besatzungsmächte als eine gegen die nationalsozialistische Gewaltherrschaft gerichtete Bewegung. In mehreren bayerischen Spruchkammerentscheidungen im Zusammenhang mit den Entnazifizierungen wurde die Bekennende Kirche ausdrücklich als eine Widerstandsbewegung anerkannt. Am 10.12. 1946 gab der Landeskirchenrat ein gedrucktes Flugblatt heraus, in dem diese Spruchkammerentscheidungen mit den Worten kommentiert wurden: »Dadurch ist einwandfrei erwiesen: Wer der Bekennenden Kirche als Mitglied angehörte und sich aktiv für sie einsetzte, war damit in einer Kampf- und Widerstandsbewegung tätig, stand im Gegensatz zum Nationalsozialismus und mußte gewärtigen, dadurch Nachteile zu erleiden.«[127]

Diese hohe Selbsteinschätzung der Landeskirche ist aus dem starken Legitimationsbedürfnis gegenüber der Besatzungsmacht zu erklären, hält aber der historischen Würdigung kaum stand. Sie übersieht die große Aufgeschlossenheit der Kirche gegenüber vielen der politischen Ideen und Ziele des Nationalsozialismus, das langanhaltende Vertrauen auf Hitler und den oftmals weitreichenden Anpassungskurs der Kirchenleitung. Ihr Widerstand zielte vor allem auf die Erhaltung der kirchlichen Identität gegenüber der Irrlehre der Deutschen Christen und gegenüber den Gleichschaltungsversuchen der nationalsozialistischen Führung. Er war keine Fundamentalopposition und nicht gegen die Existenz des Regimes gerichtet; vielmehr wollte er politisch grundsätzlich loyal bleiben. Damit blieb er gebrochen, uneindeutig und ambivalent. Zwar hat sich die bayerische Landeskirche dem Totalitätsanspruch des Nationalsozialismus gegenüber als resistent erwiesen und seiner Ideologie in ihrer Verkündigung eine andere Wahr-

---

[125] BAIER, Kirche in Not (B) 48.
[126] Vgl. die Übersichten über die Kriegsbeschädigungen: aaO, 346–382.
[127] LKAN LKR Akte Nr. 386.

heit entgegengesetzt. Zumindest ansatzweise ist sie in ihrer Verkündigung auch zum Anwalt menschlicher Würde und Freiheit geworden. Als eine »Widerstandsbewegung wider Willen«[128] hat sie sich als Institution selbst behauptet und ist in ihrer Verkündigung frei geblieben. Damit hat sie den nationalsozialistischen Herrschaftsanspruch durchaus wirksam begrenzt. Gleichzeitig hat sie jedoch aufgrund ihrer partiellen Übereinstimmung mit dem Nationalsozialismus und ihren Anpassungstendenzen zur Machtsicherung und Stabilisierung der nationalsozialistischen Herrschaft beigetragen.

---

[128] ERNST WOLF, Kirchenkampf: RGG³ 4, 1444.

VI.7 KIRCHE UND KUNST

Von Peter Poscharsky

Bayer. Kunstdenkmale (enthalten, soweit erschienen, alle Kirchen).– KuK 9 (1918) – 27 (1942).

Der lutherische Kirchenbau in Bayern hat in der Zeit zwischen den beiden Weltkriegen ein eigenes Gepräge. Die wichtigste Quelle für ihn ist die bayerische Zeitschrift »Kirche und Kunst«,[1] die nicht nur informierte, sondern auch ein Forum zur Diskussion und Meinungsbildung darstellte. Es läßt sich klar erkennen: Kirchenbauten waren notwendig für wachsende Randgemeinden der Großstädte und für die zahlreichen Diasporagemeinden. Dem Bedarf stand die schlechte finanzielle Situation entgegen. So mußten sich die kleinen Gemeinden mit bescheidenen Bauten zufrieden geben, und nur wenige Stadtkirchen wurden in einer repräsentativen Weise errichtet. Von diesen kann gesagt werden, daß sie sämtlich den Grundgedanken folgen, die German Bestelmeyer in seinem Vortrag »Baukünstlerische Aufgaben der evangelischen Kirche in der Gegenwart« 1913 in Dresden formulierte und die, obwohl publiziert,[2] außerhalb Bayerns und in der 1919 einsetzenden Theoriedebatte[3] nicht beachtet wurden.

Die grundlegenden Ideen waren für Bestelmeyer Schönheit und Zweckmäßigkeit. Als zweckmäßig sah er die Anordnung von Altar, Kanzel und Orgel in einer Achse und die Gruppierung der Gemeinde in einem Kreissektor an, lehnte dies aber ab, da dies der »kirchlichen Raumstimmung« zuwiderlaufe. Alles müsse den Stimmungsgehalt erhöhen, da die Stimmung »eine Art Vorbereitung für die Empfänglichkeit der hohen Werte des Gottesdienstes« sei. Deshalb hielt er am Chorraum fest, obwohl er zugab, daß eine theologische Begründung für seine Anlage wie in der katholischen Kirche nicht gegeben sei. Er sah in ihm den Ort für die Konfirmationsfeier, die Trauung und die Abendmahlsgäste. Er ging davon aus, daß das Abendmahl nur im Anschluß an den Predigtgottesdienst von einer kleinen Zahl von Gemeindegliedern gefeiert wird.[4] Er bezeichnete es als Glück, daß sich eine Stellung des Altares mitten in der Gemeinde ebensowenig durchgesetzt habe wie die sitzende Kommunion um einen großen Tisch. Den Kanzelaltar lehnte er ab, weil für ihn das Altarbild als letzte Konsequenz des

---

[1] Herausgegeben vom Verein für christliche Kunst in der Evangelisch-Lutherischen Kirche in Bayern e.V., die viermal jährlich als Beilage zum »Korrespondenzblatt« allen bayerischen Pfarrern zuging.

[2] KuK 5 (1914), Nr. 20, 21 und 22.

[3] Vgl. OTTO BARTNING, Vom neuen Kirchenbau, Berlin 1919; Tagungen 1924 in Berlin, Halle/Saale und Marburg/Lahn, 1925 in Breslau, 1927 in Berlin und 1928 in Magdeburg, vgl. LANGMAACK (B) 138ff.

[4] Ebenso Bartning, für den dies eine der Grundlagen für sein bahnbrechendes Modell der »Sternkirche« war (vgl. HANS K.F. MAYER, Der Baumeister Otto Bartning u. d. Wiederentdeckung d. Raumes, Heidelberg 1951).

künstlerischen Raumstrebens unverzichtbar ist. Für den Außenbau war für ihn die Rücksichtnahme auf eine »gewisse Bodenständigkeit der Architekturformen in Beziehung zur Umgebung der Kirche oder zur Landschaft« maßgebend. Nur von daher fiel für ihn die Entscheidung zwischen Zentralbau oder »Langhauskirche«. Am besten sei der Bau im Stil der Zeit, »aber leider besitzt [...] unsere Zeit keinen Stil« und deshalb entschied er sich für den »Anschluß an die Tradition« und sprach sich gegen »Utilitätsbestrebungen« aus, weil diese keine »Stimmungen von so hohem kirchlichen Gehalt« auslösen wie alte Kirchen. Deshalb sah er auch für das von ihm befürwortete »gruppierte Bauen« (Kirche, Gemeindesaal, Konfirmandenräume, Pfarrhaus)[5] alte Klosteranlagen als Vorbild und lehnte das mehretagige Bauen (z.B. Gemeindesaal unter dem Kirchenraum) ab.

Die hier aufgestellten Prinzipien waren weithin Allgemeingut und wurden in den meisten der in dieser Epoche errichteten lutherischen Kirchen, nicht nur in Bayern, angewandt: Der Altar steht in einem ausgesonderten Chorraum, die Kanzel seitlich, man schließt sich an traditionelle Formen an, nimmt Rücksicht auf die städtebauliche Situation und auf eine »gewisse Bodenständigkeit der Architekturformen«.

Für das letztgenannte Stichwort ist wichtig, daß es bereits 1913 formuliert wurde. Ihm folgte die Architektur bis 1945 weithin, auch die nationalsozialistische. Diese ist aber nur ein spezieller Teil dieser allgemeinen Auffassung. Es ist deshalb falsch, die in dieser Epoche so gebauten Kirchen als »Naziarchitektur« zu bezeichnen und dadurch den Eindruck hervorzurufen, sie folgten dieser politischen Ideologie. Allerdings war man teilweise, vor allem in der Frühzeit des Dritten Reiches, auch von den Begriffen und Vorstellungen der Nationalsozialisten nicht frei. So hieß es anläßlich der Besprechung einer Ausstellung des »Kampfbundes für deutsche Kultur« im Frühjahr 1933: »Wir sehnen uns zurück nach den unvergänglichen Werten, die uns aus Blut und Boden erwachsen und die den Reichtum unserer Heimat ausmachen.«[6]

Der erste Kirchenbau von Bestelmeyer[7] war die Friedenskirche in Nürnberg 1926/28. Für 24.000 Gemeindeglieder stand bis dahin nur ein Kirchenraum mit 500 Plätzen zur Verfügung. Die neue Kirche hat 1.200 Plätze.[8] Ihr Chor, das Dach und die Turmspitze werden als gotisch, die in Backstein ausgeführten Mauerflächen und rundbogigen Fenster als romanisch bezeichnet und so beurteilt, daß dies »bei weniger großer Sicherheit Eklektizismus« sei, bei Bestelmeyer

---

[5] Vgl. SCHÖNHAGEN (B).
[6] KuK 19 (1934), Nr. 3. Der nicht gezeichnete Aufsatz mit dem Titel »Wie können wir Bausünden beheben?« richtet sich gegen neugotische Bauten. Er zeigt, daß man solche Bauten bereits damals ablehnte und in zeitgemäßer bzw. neobarocker oberbayerischer Tradition umgestaltete.
[7] Geboren 1874 in Nürnberg, Professor an den Technischen Hochschulen in Dresden, Berlin und München, durch zahlreiche bedeutende Aufgaben wie z.B. die Erweiterungen der Universität München (1906/10), des Germanischen Nationalmuseums Nürnberg (1916/26) und des deutschen Museums München (1927/36) weithin bekannt, 1933 Ehrendoktor der Theologischen Fakultät Erlangen (vgl. HEINZ THIERSCH, German Bestelmeyer, München 1961).
[8] KuK 16 (1931), Nr. 2.

aber »Freisein von allem Stil«. Gerügt wird nur die Portalanlage, weil hier byzantinische Elemente an dieser »ganz deutschen« Kirche aufträten. Das abschließende Urteil beweist, daß es Bestelmeyer gelungen ist, seine Theorien umzusetzen: »Der Raum ist groß von erquickender Weite und doch so heiter-intim, wie man es sonst nur alten Kirchen zuzutrauen gewohnt ist. Die Intimität wird noch gesteigert durch den ›gotischen‹ Chor.«

Die 1928–1930 erbaute Gustav-Adolf-Gedächtniskirche[9] (vgl. Abb. 8 und 9) im Nürnberger Süden hatte ein anderes Bauprogramm, da sie als »Oratorienkirche« auch Platz für ein großes Orchester und einen starken Chor (400 Mitwirkende) aufweisen sollte und 3.000 Sitzplätze, weil sie für ein bisher kirchenloses Gebiet mit 36.000 Evangelischen dienen sollte. Bestelmeyer konzipierte ein Gegenstück zu den beiden großen Innenstadtkirchen Nürnbergs und hob sie deshalb von ihrer Umgebung ab, paßte sie aber der städtebaulichen Situation an und verzichtete deshalb auf die Ostung. Die repräsentative Fassade richtete er zu einer großen Straße und legte den Chorraum auf die ihr abgewandte Seite, flankierte den Chor durch zwei große Türme und fügte auf dieser Seite um Innenhöfe die notwendigen Nebenräume und Wohnungen, eine Lösung, die als »klösterlich« bezeichnet wurde.[10] Der große Saalraum wird von zwei Emporen gerahmt, die mit den nach innen gelegten großen Strebepfeilern verbunden sind. Die Gemeinde ist auf einen gewaltigen und hoch ansteigenden Chorraum ausgerichtet, der auch die Orgel aufnahm. Am Chorbogen hängt ein großes Triumphkreuz.[11]

Die 1934 eingeweihte Erlöserkirche in Bamberg ist in fränkischen Muschelkalkquadern auf einem Betonunterbau deshalb als regelmäßiges Zehneck erbaut, weil Bestelmeyer sich von den berühmten historischen Kirchen Bambergs absetzen wollte. Im Inneren sind die 750 Plätze für die Gemeinde radial auf den Altar ausgerichtet, der in einer der umlaufenden, für ihn aber wesentlich vergrößerten Nische seinen Ort hat.[12] Dieselbe Diskrepanz zwischen Grundriß und äußerer Baugestalt einerseits und Ausrichtung des Innenraumes andererseits zeigt auch die zeitgleiche Reformations-Gedächtnis-Kirche in Nürnberg.[13] Schon seit 1907 wurde ein Kirchenbau geplant, erste Entwürfe von 1911 wurden nicht realisiert. Einen 1934 für alle evangelischen und arischen Architekten in Bayern ausgeschriebenen Wettbewerb mit 108 Einsendungen gewann Gottfried Dauner. Der zwölfeckige Grundriß sollte an die zwölf Apostel erinnern, die drei in gleichmäßigem Abstand an der Peripherie errichteten Türme an die Trinität. Daß der Kirchenbau mit seinen Formen und seinem exzentrisch eingerichteten Innenraum

---

[9] Das Patrozinium einer »Gedächtniskirche« scheint nur in dieser Zeit und nur in Bayern vorzukommen.
[10] Vgl. ADOLF HECKEL, Neue Nürnberger Kirchen: KuK 16 (1931), 11–18.
[11] Zur baulichen Veränderung 1988/90 vgl. VII.11.
[12] Ebensolche exzentrischen Zentralbauten von Bestelmeyer sind die oktogonalen Kirchen in Ellingen 1925/26 und Prien 1927.
[13] Vgl. Die Reformations-Gedächtnis-Kirche i. Nürnberg-Maxfeld, Nürnberg 1995.

den Kirchen von Bestelmeyer so ähnelt, ist kein Zufall, war dieser doch der Lehrer Dauners, die entscheidende Persönlichkeit im Preisgericht und hat auch die Entwürfe für den monumentalen Tischaltar und die Kanzel geliefert.

Seine Prinzipien leiteten Bestelmeyer auch bei Renovierungen. So hat er zur Hundertjahrfeier der Matthäuskirche in München den Altarbau verändert, weil der ihm so wesentliche Chorraum dort fehlte,[14] und genau so ist er bei der Neugestaltung der etwa 1916 erbauten Johanneskirche in München auf Schaffung eines Chorraumes anstelle der bisherigen bloßen Wandausbuchtung bedacht gewesen.[15]

Dem Architekten der 1927 eingeweihten Philippuskirche der Diakonenanstalt Rummelsberg, Christian Ruck, wurde bescheinigt, daß er »sich in das Wesen der Anstaltsgemeinde eingefühlt« hat. Der Anschluß an die Form der dreischiffigen Basilika wurde positiv gewürdigt.[16] Diese Kirche zeigt, wie etwa auch die Auferstehungskirche in Nürnberg-Zerzabelshof (1934)[17] oder die wie eine romanische Basilika 1935 von Ruck erbaute Kirche in Bruckberg,[18] daß der von Bestelmeyer für richtig gehaltene und praktizierte Anschluß an historische Stile zeitüblich war.[19]

Kirchenneubauten wurden vor allem durch das Anwachsen der Gemeinden notwendig. Oft wurde eine Notkirche durch einen Kirchenbau ersetzt.[20] Die Errichtung neuer Stadtteile machte ebenfalls Kirchenbauten erforderlich, so etwa in Nürnberg-Leyh,[21] wo man die Kirche in einer Eckposition als Teil eines Wohnblocks plante. Die Integration konnte aber auch bei freistehender Bauweise durch der Umgebung angepaßte Maße und Verzicht auf einen Turm erreicht werden.[22] Hier und bei den vielen, aus Gründen des Geldmangels kleinen und bescheidenen Kirchen auf dem Lande und in kleinen Orten[23] dieser Zeit folgte man dem bisherigen Trend des Anschlusses an historische Vorbilder nicht mehr, sondern verwendete zeitübliche einfache Formen. Normal ist der Längsbau über

---

[14] Vgl. KuK 19 (1934), Nr. 2. Bestelmeyer hat 1928 auch die St. Laurentiuskirche in Neuendettelsau erweitert.
[15] Vgl. KuK 21 (1936), Nr. 2.
[16] K. NICOL, Die Philippuskirche i. Rummelsberg : KuK 14 (1929), 9–13.
[17] Die Kirche wurde im 2. Weltkrieg zerstört und durch einen Neubau ersetzt.
[18] Vgl. KuK 14 (1929), Nr. 2.
[19] Das ist kein bayerisches Spezifikum, sondern gilt allgemein. Hier sei nur verwiesen auf die (katholischen) Kirchen von Dominikus Böhm (vgl. AUGUST HOFF u.a., Dominikus Böhm, München 1962) oder Albert Boßlet (z.B. Münsterschwarzach, Benediktinerabteikirche 1938).
[20] So etwa in München-Großhadern, wo die Reformations-Gedächtnis-Kirche 1934 anstelle einer 1929 errichteten Notkirche erbaut wurde, die als Gemeindesaal weiter benutzt wurde. In München-Bogenhausen ersetzte 1937 die Dreieinigkeitskirche eine 1930 aus einer umgebauten Arbeiterbaracke geschaffene Notkirche.
[21] Vgl. KuK 14 (1929), Nr. 2. Diese – hier von der Stadt geforderte – Inkorporation war vor allem in Berlin am Ende des 19. Jahrhunderts oft verwirklicht worden.
[22] So die nach einem Wettbewerb 1931 in der 1911–14 und 1919–25 entstandenen Gartenstadt in Nürnberg errichtete Emmauskirche (Architekten Brendel und Kälberer).
[23] Z.B. Plattling, Herzogenaurach, Laufen, Lohr, Deisenhofen, Schrobenhausen, Vöhingen, Bad Kohlgrub, Oldesloe.

rechteckigem Grundriß,[24] z.B. in Oberweihersbuch, wo 1928 für eine Bauern- und Arbeitersiedlung mit 1.000 Gemeindegliedern ein Kirchenraum mit 350 Plätzen für nur 24.000,– RM errichtet wurde.[25]

In unausgesprochener Übereinstimmung mit Bestelmeyer wurden in Bayern aber weithin moderne Materialien und Formen vermieden, wie sie etwa bei den innovativen Kirchen von Otto Bartning angewandt wurden.[26]

Als Zentralraum mit dem Altar in der Mitte wurde nur die von dem renommierten Architekten Theodor Fischer[27] 1926 geplante Waldkirche in Planegg bei München gebaut (vgl. Abb. 10 und 11).[28] In diesem oktogonalen Raum steht der Altar in der Mitte, allseitig umringt von dem nach außen hin ansteigenden Gestühl, in das die Kanzel unter der Orgel eingefügt ist. Die leitende Idee des Architekten war, Gemeinschaft sichtbar zu machen.[29] Er wollte die Absonderung des Pfarrers von der Gemeinde vermeiden. Der Bauherr, der Gemeindepfarrer Ludwig Bullemer, lehnte die Flucht in Harmonie und Mystik ab.[30] Konrad Kreßel wendet sich daraufhin[31] grundsätzlich gegen den Zentralbau, den er als mystisch (das sei orthodox) oder ahistorisch (das sei reformiert) bezeichnete: »Der Rundbau versinnbildlicht den Zustand der in ihm bestätigten Gemeinschaft als einer endgültigen und schließt das Sichausstrecken nach einem erst zu erreichenden, die Bewegung nach einem künftigen aus.« Fr. Zindel forderte im Blick auf Planegg: »[...] man lasse sich durch aus reformierten Gedankengängen stammende Theorien nicht beeinflussen und gebe unseren lutherischen Gotteshäusern ihren Chor.«[32] Die Forderung nach einem sakralen Charakter wird auch in dem Bericht über den III. Kirchenbaukongreß Magdeburg 1928 erhoben.[33]

Von den bildenden Künsten fand die Bildhauerei in den größeren Kirchen an den traditionellen Orten Aufgaben, so bei der Gestaltung der Fassaden und

---

[24] Ausnahme: Kottern bei Kempten 1927: oval, weil man sich mit dem kleinen Bau sowohl von den großen katholischen barocken wie von den Allgäuer Dorfkirchen absetzen wollte, vgl. KuK 13 (1928), Nr. 1.

[25] Vgl. KuK 17 (1932), Nr. 2.

[26] Sternkirche 1921 aus Beton in expressionistischen Formen (die hier verwendeten direkt vom Boden aufsteigenden Spitzbögen, die auch sonst bei Kirchenbauten gelegentlich verwendet wurden, kommen in Bayern nur in der kleinen Kirche in Oberweihersbuch vor); Stahlkirche 1928 auf der Pressa-Ausstellung Köln aus Stahl und Glas in kubischer Umsetzung traditioneller Formen (vgl. auch Anm. 4).

[27] Geboren 1862, gestorben 1938, Professor an den Technischen Hochschulen in Stuttgart und München, erbaute u.a. die Erlöserkirche in Schwabing (vgl. dazu V.9).

[28] Vgl. KuK 46 (1968), Nr. 2

[29] KuK 12 (1927), Nr. 1. Fischer gibt an, von EMIL SULZE (Die ev. Gemeinde, Gotha 1891; vgl. CHRISTIAN MÖLLER, Gemeinde 1: TRE 12, 324) gelernt zu haben.

[30] Vgl. Anm. 29.

[31] KuK 13 (1928), Nr. 1 in seinem Artikel »Der eschatologische Gedanke i. ev. Kirchenbau«.

[32] KuK 13 (1928), Nr. 3.

[33] F. KÜHNER, Ein Wort z. dritten ev. Kirchenbau-Kongreß i. Magdeburg i. Mai 1928: KuK 13 (1928), 13, fordert, daß sich alle klar werden müßten, »*Kirchen* und nicht bloß Gemeinderäume zu bauen«.

Portale,³⁴ durch große, raumbeherrschende Kruzifixe oder Kreuzigungsgruppen³⁵ und natürlich besonders bei der Gestaltung der Altäre, die öfters eine Tischform zeigen, in ihren Proportionen den Kirchenräumen entsprechen und deshalb oft, wie auch die Kanzeln, monumentale Maße aufweisen. Die meist als Pendant zur Kanzel aufgestellten und in der Regel sehr großen Taufsteine waren wie die übrige Ausstattung auf eine stilistische Übereinstimmung mit der Architektur bestrebt. Ikonographisch schloß man sich meist an traditionelle Programme an.³⁶

In der Paramentik und bei den Vasa sacra öffnete man sich den zeitgenössischen Bestrebungen, die von Rudolf Koch³⁷ ausgingen. Neu war die Anwendung von Symbolen, die allgemeine Wiedergewinnung der liturgischen Farben³⁸ und beim Gerät auf die Urform reduzierte Gestaltung im Sinne des Bauhauses.

Wandmalerei begegnet in verputzten Kirchen relativ häufig. Ihr Ort ist die glatte Chorrückwand oder die Stirnwand der Apsis, die ausschließlich biblische Themen³⁹ zeigen, vorwiegend den auferstehenden Christus,⁴⁰ aber auch Kreuzigung⁴¹ oder Himmelfahrt,⁴² seltener biblische Geschichten⁴³ oder Gleichnisse.⁴⁴

---

³⁴ Z.B. Nürnberg, Reformationsgedächtniskirche, Hauptportal [vgl. Abb. 13] (Markus Heinlein, mit dem Bestelmeyer oft zusammenarbeitete, vgl. z.B. das Kruzifix in Nürnberg, Friedenskirche) mit dem thronenden Christus im Tympanon, dem Auszug der evangelischen Salzburger im Türsturz (mit Zugrichtung nach links, der Seite, nach der am romanischen Portal die Geretteten ins Paradies ziehen), Luther und der Nürnberger Reformator Lazarus Spengler in Beziehung zum Namen der Kirche im Gewände (wie die Apostel der Romanik); auch die in jener Zeit neu aufkommenden Symbole finden hier Verwendung, so auf Säulen und Türstürzen der Kirchen von Bestelmeyer; selten ist die Gestaltung des Portals selbst wie in Nürnberg, Emmauskirche 1932 (kupfergetriebene Verkleidung mit den sieben Ich-bin-Worten Jesu).
³⁵ Z.B. Nürnberg, Gustav-Adolf-Gedächtniskirche; München, Johanneskirche (Hermann Hahn); Naila und Weißenburg, St. Andreas 1935 (Karl Hemmeter), vgl. KuK 21 (1936), Nr. 2.
³⁶ An den Kanzeln finden sich meist die Evangelistensymbole, an den Taufsteinen auf die Taufe bezogene Szenen wie Taufe Jesu (München-Westend, Wilhelm von Rauschenberg) oder Fußwaschung (München-Bogenhausen, Ruth Speidel).
³⁷ Der 1876 in Nürnberg geborene, 1934 verstorbene Koch (vgl. HERBERT REDLICH, Rudolf Koch. Ein Werkmann Gottes: KuK 21 [1936], 19–25) war ursprünglich Schriftgestalter. Der Verein für christliche Kunst führte 1930 in St. Anna in Augsburg eine Paramentenausstellung mit Vortrag von Koch durch. Für die Vasa sacra wurde sein Schüler Walter Schönwandt maßgebend, vgl. KuK 19 (1934), Nr. 4.
³⁸ Neben Koch ist für Bayern besonders Hermann Kaspar, München, zu nennen (u.a. Paramente und Altarvorhang Matthäuskirche München, vgl. KuK 19 [1934], Nr. 2) und die figürlich arbeitende Luise Kellner (Paramente für St. Lorenz Nürnberg, vgl. aaO, Nr. 4; vgl. auch Abb. 21). Gelegentlich wurden auch Wandteppiche verwendet (z.B. Nürnberg, Gustav-Adolf-Gedächtnis-Kirche, Taufe Jesu von Wolfgang Schott).
³⁹ Seltene Ausnahme: Christophorus und Inschrift 2 Kor 12, 9 als Pendant zu Thomas mit Inschrift Joh 20, 9 an der Apsisstirnwand in Großreuth (Georg Kramer).
⁴⁰ So Nürnberg-Zerzabelshof, Auferstehungskirche (Johannes Geyer) oder München-Bogenhausen (Heinrich Brüne 1939).
⁴¹ Z.B. Neustadt a.S. (August Fr. Kellner 1934).
⁴² Z.B. Streitberg (Hemmeter).
⁴³ Z.B. die Bergpredigt (Nürnberg, Lutherkirche, Schott).
⁴⁴ Z.B. das große Abendmahl (Lk 14, 16–24 in Gebersdorf, Apsisstirnwand, Karl Hemmerlein).

Gelegentlich wurden auch noch Emporen bemalt.[45] Die Malerei ist in der Regel[46] ganz dem Stil ihrer Zeit verhaftet. Sehr selten sind in dieser Epoche Glasmalereien.[47]

Die bereits im Ersten Weltkrieg begonnene Errichtung von Denkmälern[48] oder Gedenktafeln in Stein oder Holz[49] für die Gefallenen, seltener auch eigener Gedenkräume,[50] setzt sich noch lange Jahre fort. Weitgehend wird im Unterschied zu den Gedenkstätten nach dem Krieg 1870/71 auf Kampfszenen und Kriegsembleme verzichtet.[51]

Das biblische Bild ist im Privatbereich besonders in den Bilderbibeln vorhanden, von denen die Ausgabe von Rudolf Schäfer in der Zeit als besonders gelungen betrachtet wurde,[52] aber auch in den im Kindergottesdienst verteilten Bildern aus der biblischen Geschichte[53] und in den Schulbüchern,[54] unter denen das vom Landeskirchenrat herausgegebene »Gottbüchlein«[55] mit seinen Bildern mindestens eine Generation geprägt hat. Der Gestaltung der von den Besitzern hochgeachteten Konfirmationsscheine wurde besondere Aufmerksamkeit gewidmet.[56] Ein 1926/27 veranstalteter Wettbewerb für Bilder im Gesangbuch wurde leider nicht realisiert.[57]

---

[45] Z.B. Planegg (Ernst Penzoldt und Bernhard Jäger); Affalterthal (Fritz Griebel); Solln (an der Orgelempore Zwölfjähriger Jesus, Taufe Jesu, Bergpredigt, Auferweckung des Jünglings zu Nain, Jesus und Nikodemus, Jesus und die Ehebrecherin; Jäger, vgl. KuK 13 [1928], Nr. 4).

[46] Ausnahme: Die expressiven Evangelistendarstellungen über der Kanzel an der Empore in Planegg von Penzoldt, die deshalb später beseitigt wurden.

[47] So von Kaspar in München, Markuskirche (Neuverglasung des neugotischen Chores im Rahmen der Umgestaltung durch Bestelmeyer oder in München-Ramersdorf (Fenster hinter der Orgelempore), beide vgl. KuK 23 (1938), Nr. 4; gelegentlich wurde auch der Gefallenen mittels Glasfenstern gedacht, z.B. Volkershausen vgl. KuK 13 (1928), Nr. 4.

[48] Z.B. Nürnberg-Mögeldorf, vgl. KuK 11 (1920), Nr. 40/41.

[49] Z.B. Hüssingen, vgl. KuK 19 (1920), Nr. 42.

[50] Z.B. Eingangshalle in Fürth, St. Paul mit Gemälden Grablegung Jesu und Auferstehung von August Fr. Kellner.

[51] Vgl. F. THIERMANN, Die biblischen Bildmotive f. kirchl. Kriegerdenkmäler: KuK 11 (1920), 187f.

[52] HANS PREUß würdigt die 356 Bilder als »Eindeutschung«, wie es Luther mit dem Wort gelungen sei, vgl. Zur Würdigung d. Schäferbibel: KuK 14 (1929), 30ff. Andere, nicht bei einer Bibelgesellschaft erschienene Bilderbibeln, wie etwa die von Daniel Greiner (vgl. KuK 16 [1931], Nr. 1) haben sich auch wegen ihrer anderen Bildauffassung nicht durchgesetzt.

[53] Genannt seien die Bilder von Hans Lietzmann (Preußische Bibelgesellschaft) und von Mate Mink-Born (München), vgl. KuK 18 (1933), Nr. 4.

[54] Etwa OTTO DIETZ, Die biblische Gesch. mit d. Worten d. hl. Schrift erzählt, München 1932 (für die evangelischen Schulen Bayerns, mit Bildern von Annemarie Nägelsbach), vgl. KuK 17 (1932), Nr. 4.

[55] ERNST VEIT, Gottbüchlein, erster Unterricht i. christl. Glauben. Bilder v. Bruno Goldschmidt. Hg. v. Landeskirchenamt der Ev.-Luth. Kirche r. d. Rh., München 1933; vgl. den kritischen Aufsatz von BAUER, Die Bilder i. neuen Gottbüchlein: KuK 18 (1933), 31f.

[56] Der Verein für christliche Kunst in der Evangelisch-Lutherischen Kirche in Bayern e.V. wirkte dem schlechten Angebot von Verlagen durch eigene Ausgaben entgegen (vgl. z.B. KuK 21 [1936], Nr. 2).

[57] Im Auftrag des Landeskirchenrates veranstaltet vom Verein für christliche Kunst in der Ev.-Luth. Kirche in Bayern e.V. Gefordert wurden ein Passionsbild und zwei Initialen. Angestrebt war

Ein Spezifikum dieser Zeit ist die intensive Beschäftigung mit Kunstwerken vergangener Epochen als Zeugnissen der Frömmigkeitsgeschichte,[58] von denen man sich Orientierung erhoffte.[59]

Im Blick auf den Friedhof werden die Bestrebungen der Reformbewegung[60] nach Schlichtheit und Naturnähe seit Mitte der zwanziger Jahre vermehrt aufgenommen und in neu angelegten Friedhöfen realisiert.

»Volkskunst im besten Sinne«. Unter den 92 Einsendungen von 66 Künstlern wurde kein 1. Preis vergeben.

[58] Der Erlanger Theologieprofessor Preuß wirkte hier in vielfältiger Weise, z.B. in zahlreichen Artikeln in KuK.

[59] Vgl. die Rezension einer kleinen Publikation von Preuß in KuK 9 (1918), Nr. 36.

[60] Vgl. STEPHAN HIRZEL (Hg.), Grab u. Friedhof d. Gegenwart, München 1927, und die Besprechung dieses Buches durch K. Kühner in der Friedhofsfragen gewidmeten Ausgabe von KuK 15 (1930), 9f.

VI.8 MUSIK

*Von Walter Opp, Hermann Fischer, Bernhard Klaus und Theodor Wohnhaas**

FRIEDRICH HÖGNER, Der Stand d. Kirchenmusikers. Arbeitskreis f. ev. Kirchenmusik i. Bayern e.V., Bayreuth 1976.– KMBl 1 (1920) – 3 (1922).– DIETRICH SCHUBERTH (Hg.), Kirchenmusik i. Nationalsozialismus. Zehn Vorträge, Kassel 1995 (Sonderdruck aus: Der Kirchenmusiker 40 [1989] – 42 [1991] und 44 [1993]).– ZEvKM [Vereinigung der Monatsschriften »Kirchenmusikalische Blätter« und »Siona«, 1876–1920]. Monatsschr. f. alle kirchenmusikalischen u. liturgischen Aufgaben d. ev. Kirche, ohne Einschränkung d. Landesgrenzen. Zugleich Organ d. bayer. ev. Kirchengesangvereins Bayerns, d. ev. Kirchengesangvereins d. Pfalz u. Thüringens u. d. Bücherei f. ev. Kirchenmusik i. Nürnberg, hg. v. CARL BÖHM u. WILHELM HEROLD [ab 1928 von W. Herold allein], 1 (1923) – 10 (1932) [aufgegangen seit Dezember 1932 in »Musik und Kirche«].

1. Neuorganisation des Organisten- und Chorleiterdienstes nach der Trennung von Kirche und Staat

GRÜNWALD (B).– HÖGNER, Stand (K).– FRIEDRICH HÖGNER, Die Kirchenmusikschule d. Ev.-Luth. Kirche i. Bayern. Ihr Werden, ihr Standort, ihre Aufgabe, Bayreuth o.J.

Die Weimarer Republik brachte mit dem Ende des Staatskirchentums auch die Auflösung der Verbindung von Kirchenmusik und Schule. Die auf Staatskosten gründlich ausgebildeten Lehrerkantoren[1] versuchte die Kirchenleitung im Amt zu halten, wozu attraktive Besoldungsordnungen und Anstellungsbedingungen konzipiert werden mußten.[2] Ferner war es dringend notwendig, Ersatz für die Ausscheidenden zu finden, weshalb es der Einrichtung von Aus- und Fortbildungsmöglichkeiten bedurfte.

Das Erlanger Institut für Kirchenmusik bot Ferienkurse für Kantoren und Organisten an,[3] was jedoch nicht ausreichend war. Deshalb gründete Seminarmusiklehrer Dr. Heinrich Schmidt 1921 eine »Private Organistenschule in Bayreuth«, auf deren Weiterführung durch Dr. Heinrich Weber (1923, seit 1935 in Erlangen[4]) letztlich die Errichtung der Bayerischen Kirchenmusikschule (1948) zurückgeht.

---

* Abschnitt 7 ist verfaßt von Bernhard Klaus, Abschnitt 8 von Hermann Fischer und Theodor Wohnhaas; alle übrigen Abschnitte sind verfaßt von Walter Opp.
[1] Vgl. dazu V.10.7.
[2] »Musterentwurf über vorläufige Verträge für die Übernahme des Chordienstes« (darunter ist Orgeldienst und Chorleitung zu verstehen): ABlB 1919, 293ff.
[3] ABlB 1919, 75f.
[4] Träger der »Kirchlichen Organistenkurse in Erlangen« war zunächst die Kirchengemeinde Erlangen-Neustadt. Die Lehrgänge waren stark frequentiert. Ab 1939 konnten sie in dem Wingolfshause Friedrichstr. 26 stattfinden. Die Landeskirche übernahm die Trägerschaft; neuer Name: »Landeskirchliche Organistenkurse in Erlangen« (genehmigt durch Regierungsentschließung vom 29.2.1940,

Gemäß der von der Landessynode 1924 beschlossenen Besoldung[5] war für die Hauptamtlichen das Gehalt eines staatlichen Sekretärs oder Obersekretärs, für besondere Stellen das eines seminaristisch ausgebildeten Volksschullehrers festgesetzt.[6] Die 23 Hauptamtlichen hatten sich lose im »Verein der hauptamtlichen Kirchenmusiker Bayerns« zusammengeschlossen;[7] die Nebenamtlichen waren nicht organisiert. Von einem Berufsstand der Kirchenmusiker konnte damals noch nicht gesprochen werden. Nach 1935 haben »dem Willen der Staatsführung folgend [...] die meisten nebenamtlich tätigen Lehrer den Orgeldienst niedergelegt«.[8] Erst 1938 beauftragte Landesbischof Hans Meiser Landeskirchenmusikdirektor (LKMD) Friedrich Högner mit dem Aufbau einer Pflicht-Organisation für Nebenberufliche und Hauptberufliche.[9]

2. Neuaufbruch: Von der Singbewegung zur »Kirchenmusikalischen Erneuerung«

HELMUT BORNEFELD, Hugo Distler: Musica H. 3/4 (1947), 142–147.– FRANZ GANSLANDT, Jugendmusikbewegung u. kirchenmusikalische Erneuerung. Impulse, Einflüsse, Wirkungen, dargestellt i. Verbindung mit Leben u. Werk Walter Blankenburgs, München 1997.– RICHARD GÖLZ, Gottesdienstliche Rundschau: Gottesdienst u. kirchl. Kunst 37 (1932), 268–291.

Die Wandervogelbewegung mit ihrem »Zupfgeigenhansl« als Liederbuch[10] war ein Protest der jungen Generation gegen das Wilhelminische Lebensgefühl. Auch nach dem Ersten Weltkrieg blieb man ihren Idealen treu und versuchte den Aufbau einer »Jugendkultur mit künstlerisch-musischen und lebensreformerischen Ansätzen«.[11] Ihr Anliegen war: »Mit Leib und Seele zu singen [...] und darin beglückend Gemeinschaft geben und empfangen«.[12] Diese Singbewegung erfaßte vorwiegend Laien. Man traf sich in Singkreisen, auf Singwochen und in der »offenen Singstunde«. Im Mittelpunkt standen Volkslieder und Choräle, begleitet

---

eröffnet am 3.11.1940: ABlB 1940, Nr. 7622, 71ff, Nr. 7623, 74). Die Absolventen wurden dringend benötigt.
   [5] ABlB 1924, 25. 62f. 64 (Chordienstverträge, Chordienstbesoldung); vgl. auch VLKBR München Dezember 1924, 56ff.
   [6] HÖGNER, Stand (K) 8.
   [7] GRILL (B) 149ff gibt als Gründungsjahr 1909 an. 1913 erschien bei C(arl) H(einrich) Beck in Nördlingen die Denkschrift seines damaligen Vorsitzenden (1909–18), FRIEDRICH WILHELM TRAUTNER, »Ev. Kirchenmusik u. d. ev. Kirchenmusiker Bayerns i. Hauptamte«; vgl. VI.8.4.3 und VI.8.6. Zu seiner Auflösung vgl. HÖGNER, Stand (K) 10.
   [8] Schreiben Meisers vom 28.6.1939: LKAN LKR 716a Bd. 2.
   [9] Vgl. dazu VI.8.4.3.
   [10] Herausgeber des »Zupf« mit seinen zum Wandern und Marschieren geeigneten alten deutschen Volksliedern (1909) war Hans Breuer.
   [11] GANSLANDT (T) 14.
   [12] GÖLZ (T) 284.

mit der Gitarre, aber auch weltliche und geistliche Chormusik des 16. und 17. Jahrhunderts.

»Aus der Jugendbewegung ist die Singbewegung gewachsen« (Richard Gölz), und deren Zweige »Finkensteiner Bund« (Walther Hensel[13]) und »Musikantengilde« (Fritz Jöde[14]) gaben wichtige Impulse für die »kirchenmusikalische Erneuerung« in den 30er Jahren. Oskar Söhngen, ihr großer Förderer, prägte die Formulierung von der »Wiedergeburt der Kirchenmusik«, die aus heutiger Sicht umstritten ist.[15] Verschiedene Faktoren haben diese vorbereitet und ermöglicht. Die bereits erwähnte Singbewegung war ihrer Herkunft nach nicht konfessionell orientiert, zählte aber viele junge evangelische Theologen zu ihren Anhängern. Auch in Bayern bildeten sich Gruppen. Die neue Lebendigkeit des Singens bildete einen Gegensatz zu den konservativen Kirchenchorvereinen der älteren Generation. Deren Literatur waren meist Sätze, die »im Stil Bach'scher Choralsätze«[16] angefertigt waren. Den Boden für die Erneuerung bereiteten auch die Kontakte zu liturgischen Bewegungen und zur Orgelbewegung, die u.a. von Wilhelm Stählin hergestellt wurden. Musikalischer Bezugspunkt war für den Chorgesang die Musik bis zum Barock und für das Orgelspiel der helle Klang der Barock-Orgel. Von der Spätromantik (Richard Wagner, Richard Strauss) und dem Expressionismus (Igor Strawinsky, Arnold Schönberg) distanzierte man sich entschieden. Diese Neuorientierung fand ihren kompositorischen Niederschlag vor allem in den Chor- und Orgelwerken Hugo Distlers.[17] Distler, gebürtiger Nürnberger,[18] eine zentrale Gestalt für die schöpferische Erneuerung der Kirchenmusik, bezog sie entschlossen auf den Gottesdienst. Nur dort gab es im Dritten Reich noch einen Freiraum, während die anderen Bereiche, insbesondere der konzertante, der Kontrolle des Staates unterworfen waren. Charakteristisch für diese neue gottesdienstliche Musik ist ihre engstmögliche Verbindung mit der deutschen Sprache, deren Sprach-Rhythmus und Melodie Distler erfühlte und ablauschte. In erregendster Deklamation und textbezogener Kontrapunktik gestaltete er sie kompositorisch. Seine Musik war neu im Klang, im Rhythmus und im bisweilen exaltierten Ausdruck. Trotzdem bewahrte sie die

---

[13] Hensel, eigentlich Julius Janiczek, war Volksliedforscher, Musikpädagoge und Mitbegründer des deutsch-böhmischen Wandervogels. Er hielt 1923 in Finkenstein die erste Singwoche. Karl Vötterle, einer der Teilnehmer, gründete daraufhin in Augsburg seinen Musikverlag (später »Bärenreiter Verlag zu Kassel«). Dort erschien die neue »singbewegte« Literatur.

[14] Gründer der »Musikantengilde« (1922) und Initiator des Jugendmusikschulwesens.

[15] Söhngen, Dr. phil, Lic. theol., Theologe, Musikforscher, Oberkirchenrat in Berlin. Er verfaßte viele Schriften zur Theologie der (neuen) Kirchenmusik, z.B. Die Wiedergeburt d. Kirchenmusik. Wandlungen u. Entscheidungen, Kassel 1953. Zur gegenwärtigen Diskussion vgl. SCHUBERTH (K).

[16] BORNEFELD (T) 143.

[17] AaO, 143 (»So war und blieb alles, bis Hugo Distler kam«).

[18] 1931–1937 Kirchenmusiker in Lübeck, 1937 Professor in Stuttgart, 1940 in Berlin, ab 1941 auch Leiter des Domchores. Wichtigste Werke: Der Jahrkreis, 1933 (52 meist dreistimmige kleine Motetten); Geistliche Chormusik, 1934–1941 (9 große Motetten); Die Weihnachtsgesch., 1933; Mörike Chorliederbuch 1939; Orgelpartiten. Kulturpreisträger der Stadt Nürnberg 1952 (posthum). Vgl. ALEXANDER L. SUDER (Hg.), Hugo Distler, Tutzing 1990 (Komponisten i. Bayern 20) [Lit.].

Tonalität und bezeugte einen kreativen Rückbezug insbesondere auf das 17. Jahrhundert (Heinrich Schütz). Sie forderte leistungsfähige Chöre heraus und wurde auch von den Hörern als die zeitgenössische geistliche Musik erlebt. Erst nach dem Ende des »Dritten Reiches« konnte man die damals als »entartet« diffamierte und mit Aufführungsverbot belegte, ganz anders strukturierte neue Musik hören, die gleichzeitig vor allem im Ausland entstanden war (Schönberg, Strawinsky, Olivier Messiaen). Sie sprengt aber weitgehend auch heute noch den gottesdienstlichen Rahmen (aufwendige Besetzung, Großformen, technische Schwierigkeiten). Sie hat ihren Platz in den Kirchen-Konzerten gefunden im Gegenüber zu den Werken des Barocks und der Romantik. Im A-cappella-Bereich steht die Musik der 30er Jahre heute gemeinsam mit der traditionellen Musik im Gegenüber zu den neuen Strömungen wie Jazz, Folklore und Pop.[19] Drei Kennzeichen schälten sich als unabdingbar für das Wesen evangelischer Kirchenmusik heraus: Verkündigungscharakter, Sinnlichkeit und Geistigkeit,[20] die beiden letzteren in klassischer Ausgewogenheit. Auf den Chorwochen (u.a. Waitzackerhof, Rummelsberg, Ortenburg) und auf den Chorfesten (soweit noch möglich) setzten sich engagierte Chorleiter für sie ein (Wilhelm Hopfmüller,[21] Ralf von Saalfeld,[22] Högner[23]).

3. Kirchenmusik in der NS-Zeit

SCHUBERTH (K).

Ab 1933 begann mit atemberaubendem Tempo die Gleichschaltung und Umpolung der Bünde und musikalischen Aktivitäten durch Überführung in die Hitler-Jugend oder andere Organisationen und damit verbunden die Eingliederung in die Reichsmusikkammer. Die Alternative dazu war die Auflösung. In Kürze wurden die dafür notwendigen Gesetze und Durchführungsverordnungen[24] erlassen. So durfte man nur mit dem Mitgliederausweis der Reichsmusikkammer (RMK) musikalische Tätigkeiten ausführen (im Orchester, auf der Orgelbank, als Chorleiter, als Musiklehrer). Für den Beitritt zur Reichsmusikkammer war

---

[19] Vgl. dazu VII.12.2.
[20] Vgl. auch FRIEDRICH HÖGNER, Fünfzig Jahre ev. Kirchenmusik: Zeitschrift f. Musik 111 (1950), 13–16.
[21] Pfarrer und Studienrat (ab 1932 Studienprofessor) in München, durch seine Referate und Singwochen wohl der einflußreichste Vertreter der Singbewegung in Bayern (vgl. GÖLZ [T] 276).
[22] R. v. Saalfeld, Kirchenmusikdirektor in Regensburg, Komponist und Leiter von Singwochen, gab auch Werke von Hans Leo von Haßler heraus.
[23] Zu Högner vgl. Anm. 27.
[24] »Anordnung zur Befriedung der wirtschaftlichen Verhältnisse im deutschen Musikleben« (Durchführungsverordnung zum Reichskulturkammergesetz vom 1.11.1933) vom 5.2.1935, abgedruckt im ABlB 1935, 52f; vgl. auch die kirchlichen Verordnungen: ebd; ABlB 1938, Nr. 206, 12; Nr. 4289, 77f.

ein Ariernachweis erforderlich.²⁵ Die Kirchen mußten für die Gesamtheit ihrer haupt- und nebenberuflichen Kantoren und Organisten einheitlich handeln. Dies taten Söhngen und Christhard Mahrenholz für den »Reichsverband für evangelische Kirchenmusik«, der rasch gegründet werden mußte als Gegengewicht gegen die Aktivitäten des »Reichsbischofs« Ludwig Müller und der »Glaubensbewegung Deutsche Christen«. Die langwierigen Verhandlungen führten ab 1935 zu Vereinbarungen, u.a. daß nur hauptamtliche Kirchenmusiker die Mitgliedschaft in der Fachschaft Evangelische Kirchenmusik bei der Reichsmusikkammer erwerben mußten, daß die Förderung und Vertiefung der kirchenmusikalischen Arbeit dem Verband evangelischer Kirchenmusiker Deutschlands vorbehalten blieb und daß Anordnungen und Verfügungen der Reichsmusikkammer nicht in die dienstliche Tätigkeit der Kirchenmusiker eingreifen durften.²⁶ Die entscheidenden Auswirkungen für die kirchenmusikalische Praxis waren:

1. Ein Freiraum für von der Partei nicht kontrollierte Entfaltung von Kirchenmusik war im Gottesdienst erhalten geblieben. Posaunenchöre durften auf öffentlichen Plätzen spielen, Kirchenmusik konnte gedruckt erscheinen. Kirchen-Konzerte allerdings mußten angemeldet und samt Programm genehmigt werden. Die Ausführenden mußten Mitglieder der Reichsmusikkammer sein. 2. Hauptberufliche Anstellung erforderte nicht nur das Examen einer Staatlichen Hochschule nach den staatlichen Prüfungsbedingungen, sondern auch das von der Kirchenleitung ausgestellte »Zeugnis der Anstellungsfähigkeit«. 3. Die Kirchenleitung mußte hauptamtliche Kirchenmusiker aus dem Verband ausschließen, die nicht von der Reichsmusikkammer aufgenommen wurden. Dies betraf jüdische Kollegen; aus Bayern sind keine Amtsenthebungen bekannt.

Diese Gegebenheiten förderten andererseits die Rückkehr der Kirchenmusik aus dem Konzertsaal in den Gottesdienst, eine Entwicklung, die bis zum Kriegsende andauerte.

1937 wurde Högner²⁷ zum ersten Landeskirchenmusikdirektor der Evangelisch-Lutherischen Kirche in Bayern berufen und der Aufbau eines Landes-

---

[25] Abdruck der Verordnungen in der Dokumentation »Aus d. Zeit d. Gründung d. Kirchenmusikerverbandes«: Der Kirchenmusiker 37 (1986), 167–175.

[26] Weitere Ergebnisse waren: 1. Maßnahmen der RMK gegen beigetretene Personen waren nur im Einvernehmen mit der zuständigen kirchlichen Behörde zulässig 2. Nebenberufliche und ehrenamtliche Kirchenmusiker waren als Mitglieder des »Reichsverbandes für evangelische Kirchenmusik« kooperativ der RMK angeschlossen. 3. Hinsichtlich außerkirchlicher Tätigkeiten (Unterrichten, Leitung weltlicher Chöre, Konzertieren) unterstanden alle Kirchenmusiker der Anordnungsbefugnis des Präsidenten der RMK. 4. Für Kirchen- und Posaunenchöre galt Entsprechendes. Sie waren über ihre Landesverbände dem Reichsverband angeschlossen und damit kooperatives Mitglied der RMK (vgl. ABlB 1933, Nr. 9697, 184; ABlB 1934, Nr. 131, 2, Nr. 1623, 29, Nr. 1802, 44; ABlB 1935, Nr. 3987, 52f; ABlB 1936, Nr. 38, 2, Nr. 10901, 162).

[27] Kirchenmusiker an der Matthäuskirche in München, Professor an der Hochschule für Musik. Högner war ein geschätzter Organist (Uraufführungen von Werken Johann Nepomuk Davids) und Lehrer sowie Verfasser zahlreicher Veröffentlichungen und Beiträge (vgl. auch HERMANN NICOL, Professor Friedrich Högner 80 Jahre alt: GuK 1977, 109f; FRIEDRICH HOFMANN, Friedrich Högner 1897–1981. Der erste Landeskirchenmusikdirektor unserer Landeskirche: GuK 1981, 73ff).

verbandes für die Kirchenmusiker übertragen.[28] Stellenpläne und Besoldung der mehr als 1.000 haupt- und nebenberuflichen Organisten und Chorleiter bedurften einer Neuordnung,[29] Möglichkeiten zur Aus- und Fortbildung mußten gefunden werden. Es fehlten geschulte nebenberufliche Organisten und Chorleiter. Die neuen Prüfungsordnungen mit der Einteilung in A, B und C sollten wirksam werden.

Die einengenden politischen Bedingungen für Kirchenkonzerte setzten andererseits kirchenmusikalische Aktivitäten in Gottesdiensten und »Musikalischen Andachten« frei.[30] Das »Fest der deutschen Kirchenmusik« (Berlin 1937) wurde zur Demonstration einer wiedererstandenen Kirchenmusik. Aus Bayern wirkten Högner und Georg Kempff mit.[31] Distlers Werke nahmen einen gewichtigen Raum ein, aber auch der in Ried (Obb.) lebende Heinrich Kaminski[32] war vertreten.

4. Die kirchenmusikalischen Verbände und Zeitschriften

4.1 Vom Kirchengesangverein zum Gemeindechor

50 Jahre Ev. Kirchengesangverein (B).– OSKAR STOLLBERG, 75 Jahre Landesverband d. ev. Kirchenchöre i. Bayern 1885–1960: GuK H. 5 (1960), 144–160.

Nach 1918 waren dem »Bayerischen Landesverein der Kirchenchöre« noch 60 Chöre angeschlossen. Zunächst konnten nur kleinere, eher regional ausgerichtete Chortreffen abgehalten werden (Erlangen, Ansbach, Nürnberg, München, Bayreuth, Roth). Die Übergabe der Vereinsführung von Max Herold an Konsistorialrat Karl Baum (Ansbach) bedeutete eine große Zäsur für den Verband.

Hopfmüller[33] und Otto Dietz[34] trugen die Anliegen der Singbewegung an die Chöre und den Verband heran. Auf dem »30. deutschen evangelischen Kirchengesangsvereinstag in Nürnberg« 1927 referierte Stählin[35] über »Die Bedeutung der Singbewegung für den evangelischen Kirchengesang«. Seine Forderungen (u.a. bessere kirchenmusikalische Ausbildung der Pfarrer, Arbeitsgemeinschaften zwischen Pfarrern und Kirchenmusikern, Verwurzelung der Kirchenchöre in der Gemeinde und Gemeindesingstunden) fanden zwar Zustimmung, aber noch kei-

---

[28] Vgl. VI.8.1. und VI.8.4.3.
[29] »Das Amt des Kirchenmusikers«: ABlB 1941, 7f.
[30] Vgl. auch VI.8.6.
[31] Vgl. das umfangreiche Programmbuch (26. 29. 220).
[32] Kaminski war Altkatholik (vgl. CHRISTIANE BERNSDORFF-ENGELBRECHT, Gesch. d. ev. Kirchenmusik, Bd. 2, Wilhelmshaven 1980, 284).
[33] Zu Hopfmüller vgl. Anm. 21.
[34] Pfarrer, Dekan und Kirchenrat.
[35] 1917–26 Pfarrer in Nürnberg St. Lorenz, 1926 Professor in Münster, 1946 Bischof der Ev.-Luth. Kirche in Oldenburg, Mitbegründer des »Berneuchener Kreises«, seit 1931 »Ev. Michaelsbruderschaft«.

ne Umsetzung.[36] Manche Kirchengesangvereine waren der neuen, nicht auf kirchlichem Boden gewachsenen Bewegung gegenüber skeptisch und empfanden sie als Konkurrenz.

1928 fand die erste Singwoche statt ohne Beteiligung der offiziellen Stellen. Aus der Singbewegung kamen die entscheidenden Anregungen zur Überwindung des Vereinsdenkens in den Chören. Innerhalb dieses Prozesses ging Ende 1932 die von Wilhelm Herold geleitete »Zeitschrift für evangelische Kirchenmusik« in der seit 1929 erscheinenden Zeitschrift »Musik und Kirche« auf.

Die inneren Wandlungen wurden organisatorisch konsequent vollzogen durch die ab 1933[37] erzwungene Neuordnung des Verbandes unter der Bezeichnung »Landesverband der evangelischen Kirchenchöre in Bayern«. 1937 erschienen die neuen Richtlinien für die gottesdienstliche Chormusik.[38] Demnach ist Kirchenchorsingen Singen vor Gott, Verkündigung und Antwort der Gemeinde auf diese. Der Kirchenchor samt seinem Leiter ist Träger eines gottesdienstlichen Amtes. Oberkirchenrat D. K. Baum wirkte als Landesobmann, und »singbewegte« Theologen beteiligten sich (Johannes G. Mehl, Ludwig Weck). Gemeindesingwochen und Chorleiterschulung wurden angeboten, die Chöre in Bezirken zusammengefaßt. 1942 übernahm Pfarrer Friedrich Veit die Verbandsführung.[39] Gesungen wurde vor allem aus dem »Gölz«,[40] aus den »Evangeliensprüchen« (1623) von Melchior Franck, aber ebenso Musik von Distler, Werner Gneist, Christian Lahusen und Gerhard Schwarz. Die Kirchenchöre waren für viele Zufluchtsort in der totalitären Zeit.[41]

4.2 Gründung und Arbeit eines Verbandes für alle bayerischen Posaunenchöre

BIRGIT KRAMER, Die Gesch. d. Bayer. Posaunenchorverbandes v. d. Anfängen bis z. Zweiten Weltkrieg unter bes. Berücksichtigung d. Landesposaunentage v. 1913 bis 1938 (Masch. Mag.), Würzburg 1998.– SCHLEE (B).– VERBAND EV. POSAUNENCHÖRE I. BAYERN (B).

In Nürnberg, wo die meisten und aktivsten Posaunenchöre bestanden, wurde 1921 ein übergreifender Landesverband gegründet. Offen war er für die 45 existierenden Chöre aus den Gemeinden, dem CVJM und den landeskirchlichen Gemeinschaften. Zum 1. Vorsitzenden wurde Pankraz Wittmann (Vereinssekretär im CVJM Nürnberg-Gostenhof) gewählt, zum Bundesdirigenten Schulrat

---

[36] Vgl. STOLLBERG, 75 Jahre (T) 160, Anm. 29a (Anmerkung verfaßt von Schriftleiter Johannes G. Mehl).
[37] Vgl. VI.8.3.
[38] »Richtlinien für die gottesdienstliche Chormusik«: ABlB 1937, 131f.
[39] Die Ausschreibung der Singwoche auf Gut Waitzacker (ABlB 1942, 62) dokumentiert Zeitgeschichte: »Lebensmittelkarten bzw. die entsprechende Menge Lebensmittel in natura und Bettwäsche sind mitzubringen«.
[40] RICHARD GÖLZ (Hg.), Chorgesangbuch. Geistliche Gesänge zu ein bis fünf Stimmen, Kassel 1934/1935, das zentrale Chorbuch bis in die Nachkriegszeit.
[41] VEIT (B).

Wilhelm Hammerbacher. Die nun einsetzende Arbeit wurde ehrenamtlich geleistet. Dem dringenden Bedarf an Noten wurde abgeholfen durch das »Bayerische Posaunenbuch« (1922) mit 100 Chorälen aus dem Zahn'schen »Melodienbuch«,[42] 1929 erweitert auf 160. Bearbeiter war der zweite Vorsitzende, Pfarrer Johannes Hammerbacher. Zur Leistungssteigerung der Chöre wurden alljährlich auf Burg Wernfels Bläserwochen durchgeführt, dazu Chorleiterlehrgänge. In 8-tägigen Chorschulungswochen wurden Einzelchöre (ab 1934 durch den Rummelsberger Diakon Georg Grosch) fachlich betreut. 1934 wurde der seit 1931 amtierende Bundesdirigent Martin Schlee[43] zum Landesobmann gewählt. Der Verband war auf 265 Chöre angewachsen. In diesem Jahr mußten auch die organisatorischen Umstellungen, die die cooperative Mitgliedschaft des Verbandes in der Reichsmusikkammer mit sich brachten, bewältigt werden. Schlee konnte die Aufhebung des Verbots für das allsonntägliche Turmblasen von St. Lorenz (Nürnberg) erreichen. Auch bei den Nürnberger Bekenntnisgottesdiensten für Bischof Meiser 1934 wirkten die Bläser mit.

In zweijährigem Turnus fanden Landesposaunentage statt (1922 Kitzingen mit 270 Bläsern, der letzte 1936 in Nürnberg mit 1.800). 1939 gab es 273 Chöre; 1945 waren es immer noch 270. Von 1927 bis 1939 erschienen die »Mitteilungen des Verbandes« für jeden Bläser. Besonders zu erwähnen ist die Posaunenarbeit innerhalb der Diakonenanstalt Rummelsberg. Ihre Solobläsergruppe (geleitet von Grosch) unternahm Posaunenmissionsreisen durch das ganze Land. Die Bläserbewegung rekrutierte sich aus allen gesellschaftlichen Schichten.

*4.3 Ein gemeinsamer Verband für haupt- und nebenamtliche Kirchenmusiker
     Die Schaffung des Kirchenmusikalischen Amtes*

Aus eigener Initiative gab der Lehrer und Lorenzer Organist Carl Böhm 1920–22 die Halbmonatsschrift »Kirchenmusikalische Blätter«[44] heraus. Sie war das Sprachrohr für alle Kirchengesangvereine in Bayern und der Pfalz, vor allem aber für den »Verein evangelischer Kirchenmusiker im Hauptamt in Bayern«.[45] 1924 wurde die neue Besoldungsordnung veröffentlicht, die die Stundenvergütung an die der staatlichen höheren Unterrichtsanstalten anglich,[46] womit die als

---

[42] Vgl. dazu V.10.4.2.
[43] Leiter des Posaunenchores des CVJM Nürnberg-Sterntor (vgl. V.10.6), 1934–1960 Landesobmann. Er setzte sich erfolgreich für die Wahl des der Bekennenden Kirche angehörenden Pfarrers Friedrich Bachmann zum Reichsobmann ein. 1935 stellvertretender Reichsobmann, 1948 Titel Kirchenmusikdirektor.
[44] Sie erschienen zunächst in Nürnberg, später in München (vgl. Literaturverzeichnis dieses Kapitels).
[45] Der Verein hat sich wohl gegen Ende der 20er Jahre aufgelöst (vgl. HÖGNER, Stand [K] 10); 1929 wird er noch erwähnt: ZEvKM 7 (1929), 247.
[46] »Chordienstbesoldung«: ABlB 1924, 25; »Chordienstverträge«: ABlB 1924, 62f.

Diskriminierung empfundene Einordnung zu den »niederen Kirchenbedienten« beendet war.[47]

Am 22.4.1933 wurde ein *Reichsverband evangelischer Kirchenmusiker* gegründet, dem aus dem Bereich der Bekennenden Kirche am 6.9.1933 ein *Reichsverband für evangelische Kirchenmusik* gegenübergestellt wurde. Diesem schlossen sich an: der *Verband evangelischer Kirchenchöre Deutschlands*, der *Verband evangelischer Posaunenchöre Deutschlands* und der *Verband evangelischer Kirchenmusiker Deutschlands*, in dem zum ersten mal die haupt- und nebenberuflichen Kirchenmusiker zusammengeschlossen waren. Ein *Landesverband Bayern* sollte ihm zugeordnet werden. Alles waren Pflichtorganisationen, außerhalb deren keinerlei musikalische Tätigkeit möglich war.[48] Die Berufskirchenmusiker mußten der Fachschaft Evangelische Kirchenmusik in der Reichsmusikkammer beitreten; für nebenberuflich tätige Personen genügte die Mitgliedschaft im Landesverband.[49]

1938 wurde der neue Landeskirchenmusikdirektor Högner beauftragt, für die mehr als 1.000 Kirchenmusiker den bayerischen Landesverband zu gründen, wobei ihn Heinz Schnauffer und Hermann Ritter unterstützten.[50] Der Verband widmete sich vor allem der Fortbildung, die in den Verträgen[51] für alle Kirchenmusiker verpflichtend vorgeschrieben war. Neu war die Übertragung der Fachaufsicht an den Landeskirchenmusikdirektor sowie die richtungweisende Vorstellung vom kirchenmusikalischen Amt.[52]

5. Revidiertes Gesangbuch (5.1), Melodienbuch (5.2) und Musikalischer Anhang zur Agende (5.3)

ERNST SCHMIDT, Führer durch d. [neue] Gesangbuch d. ev.-luth. Kirche i. Bayern r. d. Rh. (Ausgabe A). Hilfsbuch z. Einführung i. d. liturgische u. hymnologische Studium f. Geistliche, Kirchenmusiker, Theologie- u. Kirchenmusikstudierende, sowie f. Schüler höherer Lehranstalten, Erlangen 1936.

5.1 Seit 1854 war das zweite Gesangbuch der Evangelisch-Lutherischen Kirche in Bayern in Gebrauch. 1927 brachten die zur Revision eingesetzten Kommissionen[53] unter Leitung von Oberkirchenrat D. Friedrich Boeckh die Neugestal-

---

[47] Vgl. dazu die Einleitung zu V.10 und VI.8, Anm. 5.
[48] Vgl. Anm. 24.
[49] Vgl. VI.8.3.
[50] HÖGNER, Stand (K) 11.
[51] AB1B 1941, 83–86, samt »Ordnung der Einführung eines Kirchenmusikers«.
[52] »Kirchengesetz über das Amt des Kirchenmusikers«: AB1B 1940, 83f.
[53] Der Gesangbuchkommission gehörten an: Prof. D. Paul Althaus-Erlangen, Kirchenrat Dekan D. Friedrich Baum-Erlangen, Bezirksschulrat W. Hammerbacher-Buchschwabach, Dekan W. Herold-Schwabach, Pfarrer Gotthold Mergner-Katzwang, Pfarrer Ernst Ortloph-Nürnberg, Prof. D. Friedrich Ulmer-Erlangen, Kirchenrat Dekan D. Erhard Weigel, Nürnberg.– Über die Wahl und Fassung der Melodien haben beraten W. Hammerbacher, W. Herold, G. Mergner, Universitätsmusik-

tung zum Abschluß. Auf Beschluß der Landessynode vom 6.9.1927 gelangte die Ausgabe am Palmsonntag 1928 zur Einführung. Der Anhang mit 35 Kindergottesdienstliedern und 45 Geistlichen Volksliedern erschien am 1. Mai (Ausgabe B). Das Gesangbuch enthielt: Ordnung der Gottesdienste (Hauptgottesdienst, Abendmahlsfeier, Vespern an Festtagen, Gebetsgottesdienst samt Litanei, Schulgottesdienst) und die 587 Kirchenlieder, zusätzlich Gebete sowie Verzeichnisse der Lesungen, der Liederdichter, der Melodien und der Kirchenlieder. Von den 342 Liedern des 1915 erschienenen »Deutschen Evangelischen Gesangbuches für die Schutzgebiete und das Ausland« (DEG, »Auslandsgesangbuch«) wurden 316 übernommen, nicht aber seine Zweiteilung in Stammteil und Anhang mit geistlichen Volksliedern. Ausgeschieden aus den 568 Liedern des alten Gesangbuchs von 1854 wurden 98 (27 Dichter). Neu aufgenommen wurden 117 (40 Dichter) aus dem 19. Jahrhundert.[54] Bei den Melodiefassungen wurde soweit als möglich die Urform gewählt. Es hat sich dann auch in den nachfolgenden Zeiten bewährt; allerdings wurde schon bald auch der Wunsch nach einem für alle Landeskirchen einheitlichen Gesangbuch laut. Bereits 1935 begannen im »Verband evangelischer Kirchenchöre Deutschlands« Vorarbeiten.[55]

5.2 Als Orgelbegleitbuch wurde 1928 auf das »Vierstimmige Melodienbuch« aus dem Jahre 1854 zurückgegriffen. Im »Wesentlichen unverändert« ist die Konzeption von Johannes Zahn geblieben, die zwei Zielrichtungen im Orgelsatz vereinigt: Eignung zur »Leitung des Gemeindegesangs« und als »vierstimmiger Vokalsatz« für den Chor.[56] Geistliche Volks- und Kindergottesdienstlieder durften in den Gemeindegottesdiensten nicht gesungen werden, nur im Kindergottesdienst und in »außerkirchlichen Gemeinde- und Vereinsfeiern«.[57] In der unveränderten 41. Auflage von 1939 finden sich lediglich Angleichungen an das Cantionale.

5.3 Durch das zweibändige Cantionale[58], neu erarbeitet von Kempff mit Unterstützung von Günter Lamprecht, wurden 1941 neue liturgische und kirchenmusikalische Akzente gesetzt. Band I enthielt den Hauptgottesdienst, Band II Taufe, Abendmahl, Nebengottesdienste, Metten und Vespern. Neu war die Ausrichtung auf den liturgischen Gesang (daher auch die Namensänderung) und das Angebot von Chorgesängen und Orgelmusik vor allem aus dem »Handbuch der deutschen evangelischen Kirchenmusik«.[59] Sogar das Kirchenorchester wurde

---

direktor Prof. D. Ernst Schmidt-Erlangen, Pfarrer em. Adolf Zahn-Altdorf (zit. nach SCHMIDT [T] XVII).
[54] Detaillierte Angaben bei SCHMIDT [T] 151ff.
[55] Vgl. dazu VII.12.1; Einzelheiten bei CHRISTHARD MAHRENHOLZ, Das Ev. Kirchengesangbuch. Ein Ber. über seine Vorgesch., sein Werden u. d. Grundsätze seiner Gestaltung, Kassel u.a. 1950.
[56] Zitiert aus dem Vorwort von Pfarrer A. Zahn in der 36. Auflage von 1928.
[57] Zitiert aus dem Vorwort von W. Herold zur 38. Auflage von 1931.
[58] Vgl. dazu VI.8.7.3.
[59] Nach d. Quellen hg. v. KONRAD AMELN, CHRISTHARD MAHRENHOLZ u. WILHELM THOMAS, Göttingen 1935ff.

berücksichtigt. Nicht nur wegen der Kriegszeiten, sondern auch wegen dieser Überfrachtung konnten für die Praxis die Anregungen nur bruchstückweise erschlossen werden.

6. Kirchenmusikalische Zentren

Lebendige Kirchenmusik. Sonderausgabe d. Zeitschrift »Bayerland«, München 1964.– MGG² Bd. 1, 1024–1027, Bd. 6, 594–598, Bd. 7, 504–508, Bd. 8, 128f.

Kirchen mit bedeutenden Orgeln,[60] wichtige Institutionen[61] und Traditionen, besonders aber qualifizierte tatkräftige Musiker gewannen überregionale Bedeutung. Wo diese Voraussetzungen bestanden und die äußeren Arbeitsbedingungen dies gestatteten, konnten musikalische Zentren entstehen. 23 hauptberufliche Kirchenmusiker gab es 1937 in Bayern in folgenden Städten: Ansbach, Bayreuth, Coburg, Hof, Kempten, Kitzingen, Kulmbach, Neustadt/Aisch, Nördlingen, Nürnberg (Gostenhof, St. Peter, Wöhrd), München (6 Kirchen), Regensburg, Rothenburg, Schwabach, Weißenburg, Windsheim.[62] Die bedeutenden Nürnberger Kirchen St. Lorenz und St. Sebald wurden nebenamtlich, aber doch kompetent versehen.[63] Auch von nicht kirchlich gebundenen Chören gingen bisweilen weitreichende kirchenmusikalische Impulse aus, zum Beispiel in München vom »Chorverein für evangelische Kirchenmusik« (seit 1922), der »Vereinigung für alte Musik« und dem Münchner »Bach-Verein« (seit 1918).

Gegen Ende der 20er Jahre läßt sich ein Wandel in der praktizierten Literatur feststellen. Die Gesänge und Orgelstücke des 19. Jahrhunderts traten im Gottesdienst zurück. Der Einfluß der neuen Bewegungen wurde spürbar. Weiteren Boden gewann die Musik der Bach- und Schützrenaissance, aber auch die zeitgenössische deutsche Kirchenmusik (Arnold Ludwig Mendelssohn, Kurt Thomas, Distler u.a.).

Das Musizieren im Gottesdienst und in gottesdienstlichen musikalischen Feierstunden hatte wieder Gewicht bekommen. Dies war begründet in der Konzeption der Gottesdiensterneuerung. Begünstigt wurde es durch den Freiraum, der hier der Kirche von der Reichsmusikkammer zugestanden worden war. Besonders die letzten Kriegsjahre haben die Erfahrung geschenkt: Die erneuerte

---

[60] FRIEDRICH HÖGNER, Alte u. neue Orgeln i. ev. Bayern: Lebendige Kirchenmusik (T) 13–18; vgl. auch VI.8.8.
[61] Institut für Kirchenmusik, Erlangen (vgl. dazu VI.8.7).
[62] HÖGNER, Stand (K) 7. Etwas abweichend davon die Angaben im Personalstand d. Ev.-Luth. Kirche i. Bayern r. d. Rh. 1934 und 1937.
[63] Zu Nürnberg vgl. HERMANN HARRASSOWITZ, Gesch. d. Kirchenmusik an St. Lorenz i. Nürnberg, Nürnberg ²1987 (Sonderdruck aus: MVGN 60 [1973], 1–152).
Zu den kirchenmusikalischen Zentren vgl. auch für München: HÖGNER, Entwicklung (B); GRILL (B); zu Nördlingen: HANS-JOACHIM TRAUTNER, Friedrich Wilhelm Trautner. Musikdirektor z. Nördlingen i. Historischen Verein f. Nördlingen u. d. Ries: 28. Jahrbuch 1996, 197–216; zu Regensburg: WOLLENWEBER (B); SCHÖNFELD (B); zu Schwabach: STOLLBERG, Schwabach (B).

Kirchenmusik wurde zu einer lebendigen Quelle von Kraft und »Trost in schwerer Zeit«.[64]

7. Das Institut für Kirchenmusik in Erlangen

KLAUS, Grundkonzeption (B).– OPP (B).

7.1 Im Oktober 1917 wurde der Rothenburger Kantor Ernst Schmidt als »Universitäts-Musikdirektor« berufen. Die Dienstbezeichnung war neu; sie war Oechsler[65] verliehen worden auf Antrag der Theologischen Fakultät. Als »Professor« wollte sie ihn nicht in die Fakultät integriert wissen; aber unter die »Exerzitienmeister« (Reitlehrer, Tanzlehrer, Fechtmeister) wollte sie ihn auch nicht eingereiht sehen. Einer gewissen Aufwertung entsprach es, wenn E. Schmidt auf die Stelle des Universitäts-Musikdirektors mit dem Titel eines »Königlichen Professors« im Rang eines Gymnasialprofessors berufen wurde, doch wurde er gerade dadurch nicht in die Theologische Fakultät integriert.

Nachdem 1928 ein neues Gesangbuch eingeführt worden war, erarbeitete er einen »Führer durch das [neue] Gesangbuch« mit dem Untertitel »Hilfsbuch zur Einführung in das liturgische und hymnologische Studium für Geistliche, Kirchenmusiker, Theologie- und Kirchenmusikstudierende«. Das umfangreiche Werk erschien in Erlangen 1936. Es bewährte sich als unentbehrlicher Ratgeber bis zur Agendenreform von 1964.[66] Auch E. Schmidt entfaltete eine rege Konzerttätigkeit. Die Werke der größten unter den Meistern des 18. und 19. Jahrhunderts wurden in Erlangen in öffentlichen Konzerten aufgeführt. Seinen Dienst versah er noch als Ruheständler bis 1933.

7.2 Zur Definition der Stelle des Universitäts-Musikdirektors war es in der neuen Zeit zu Auseinandersetzungen gekommen: Die schwierige Finanzlage am Ende des 1. Weltkrieges hatte das Ministerium zu einer vor E. Schmidts Berufung erfolgten Anfrage an die Fakultät und den Senat veranlaßt, ob die Stelle zu erhalten sei oder ob man sich mit der nebenamtlichen Tätigkeit eines Lehrer-Kantors begnügen könne. Ein Sturm der Entrüstung erwirkte die Erhaltung der Stelle, ohne daß sie mit der Berufung von E. Schmidt aufgewertet worden wäre.

Nachdem die Philosophische Fakultät 1922 die Errichtung eines außerordentlichen Lehrstuhls für Musikwissenschaft erreicht hatte, wurde 1925 im Landtag ein Antrag auf Umwandlung der Stelle des Universitäts-Musikdirektors in eine planmäßige außerordentliche Professur abgelehnt. Die Philosophische Fakultät verwahrte sich gegen den Versuch einer Gleichstellung des Musikwissenschaftlers mit dem Universitäts-Musikdirektor, weil diesem die akademische Vorbil-

---

64 SCHÖNFELD (B).
65 Zu Oechsler vgl. V.10.3.3.2.
66 Zu dieser Agendenreform vgl. VII.6.1.1.

dung fehle. Als es um E. Schmidts Nachfolge ging, zeitigten neue Aufwertungsversuche eine entschlossene Ablehnung durch das Ministerium, das 1932 feststellte, es handele sich nicht um einen wissenschaftlichen Lehrstuhl, sondern um eine Beamtenstelle »zur Vermittlung gewisser Fertigkeiten«.[67] Dies blieb die gültige Definition bis zur Hochschulgesetzgebung von 1979.[68]

Bis zum Abgang von E. Schmidt war das Ziel erreicht, das dem Institut bei seiner Gründung 1854 gesetzt worden war. Die Landeskirche war längst zu einheitlicher Größe gediehen; ihr gottesdienstliches Leben stand mit den liturgischen Schätzen in Agende und Gesangbuch in voller Blüte. Unbeschadet ihrer immerwährenden Aufgaben in der Ausbildung künftiger Pfarrer war die Institutsarbeit nun offen für neue Profilierungen.

7.3 Freie Entfaltung eigener Konzeptionen war dem Theologen und Kirchenmusiker Georg Kempff beschieden, der in Erlangen von 1933 bis 1959 wirksam wurde.[69] In seiner Lehrtätigkeit blieb er auf den seit Herzog[70] gewiesenen Wegen und legte als Ergebnis ein zweibändiges »Cantionale für die Evangelisch-Lutherische Kirche in Bayern« vor. Es wurde 1941 als »5. Auflage des Musikalischen Anhangs zur Agende« vom Landeskirchenrat mit einem Vorwort von Landesbischof Meiser herausgegeben. Mit seinen künstlerischen Aktionen gab Kempff dem Institut ein eigenes Profil. Schon 1933 begann er mit jährlich durchgeführten Orgelwochen. Mit dem akademischen Chor studierte er große Oratorien ein, die er mit namhaften Solisten aufführte. Ihm gelangen Höhepunkte des kulturellen Lebens der Universität und der Stadt Erlangen.

8. Orgelbau und -denkmalpflege

BRENNINGER, Orgeln i. Altbayern (B).– BRENNINGER, Orgeln i. Schwaben (B).– FISCHER/WOHNHAAS, Notizen (B).– FISCHER/WOHNHAAS, Orgeln (B).– FISCHER/WOHNHAAS, Sieben Jh. (B).

8.1 Orgelbauten in Rückbesinnung auf barocke Ideale: Die Zwischenkriegszeit 1918–1948

Die ersten Nachkriegsjahre standen im Zeichen einer desolaten Wirtschaftslage, steigender Lohn- und Materialkosten sowie der galoppierenden Inflation. Beschäftigungssichernd wirkte sich der Einbau von Prospektpfeifen und die Installation von Elektrogebläsen aus. Der Firma Steinmeyer aber gelang der Aufbau eines Kundenkreises im In- und Ausland, der ihr eine führende Stellung im

---

[67] Erlaß Nr. V 25575 vom 11.7.1932: KLAUS, Grundkonzeption (B) 127.
[68] Zur Hochschulgesetzgebung von 1979 vgl. VII.12.9.
[69] WALTHER V. LOEWENICH, Georg Kempff: Das neue Erlangen 33 (1974), 2418ff.
[70] Zu Herzog vgl. V.10.3.3.2.

deutschen Orgelbau garantierte. Erster Höhepunkt war der Bau der Passauer Domorgel 1925–28, der größten Kirchenorgel des Kontinents, noch unter dem Einfluss der Elsässischen Reform,[71] gewissermaßen als Endpunkt der romantischen Epoche, ausgestattet mit allen technischen, klanglichen und raumakustischen Raffinessen.

Die deutsche Orgelbewegung der 20er Jahre (Stichjahr 1925), getragen vorwiegend von Orgelwissenschaftlern, von den Orgelbauern wegen ihres »normativen Anspruchs« distanziert aufgenommen, wandte sich gegen die romantische Orgel, lehnte sie als »entartet« ab und erkor mit dem Ruf »Zurück zur Barockorgel« die »Werkorgel« mit Schleifladen mit mechanischer Traktur zum neuen Ideal. So entstand in den Jahren bis zum Zweiten Weltkrieg ein ganz neuer Orgeltyp, die stark ideologiebefrachtete Neobarockorgel.

Mit der inzwischen ausgereiften elektropneumatischen Traktur war es möglich geworden, größte Orgeln zu bauen, »Registerbasare« zusammenzustellen, auf denen man möglichst viele Orgelmusikstile (als Kompromißorgel) oder alle (als Universalorgel) spielen konnte. Es entstanden in den 30er Jahren die großen Orgeln in Nürnberg, München, Erlangen und Ansbach, die meisten aus dem Hause Steinmeyer und in Zusammenarbeit mit dem Sachverständigen Mehl. Auch Walcker war an diesem Bauboom beteiligt und baute u.a. in Nürnberg die Riesenorgel für die Kongreßhalle der Reichsparteitage mit 220 Registern. Nürnberg wurde zur »deutschen Orgelstadt«.[72]

Viele evangelische Kirchen Bayerns verdanken ihre Orgeln den kleineren Werkstätten Wilhelm Holländer (Feuchtwangen), Heinrich Keller (Selb), Albert Moser, Guido und Leopold Nenninger (München) sowie Julius und Richard Sieber (Holzkirchen/Ries).

Die mit der Orgelbewegung eingeleitete Ideologisierung des Orgelwesens in Richtung »Kultorgel« für die Kirche und »Konzertorgel« setzte sich im »Dritten Reich« fort, das sich auch diesen Bereich für seine Zwecke (Feierorgel) zunutze machte. Schwierigkeiten traten auf, als es 1938 durch die Metallbewirtschaftung für Rüstungszwecke zu Materialverknappungen im Orgelbau kam. Ende 1942 wurde die Herstellung von Orgeln verboten. Es ist gleichwohl bedauerlich wie schicksalhaft, daß von den Monumentalorgeln der 30er Jahre so wenige den Bombenkrieg überstanden haben.

8.2 *Entwicklung der Orgeldenkmalpflege in Bayern*

Schon im 19. Jahrhundert wurden erhaltenswerte Orgelprospekte aus früherer Zeit bei Neubauten übernommen, teilweise auch alte Register nach entsprechender Umarbeitung wiederverwendet. Erst um die Jahrhundertwende setzte sich die staatliche Denkmalbehörde für die Erhaltung alter Orgelgehäuse ein und traf

---

[71] Zu dieser Reform vgl. V.10.8.
[72] Vgl. JOHANNES G. MEHL, Nürnberg – »die deutsche Orgelstadt«: GuK H. 3 (1953), 79–115.

1917 die Entscheidung zwischen erhaltenswerten und entbehrlichen Prospektpfeifen. Bedeutsam war die erste gelungene Restaurierung der (Karl Joseph) Riepp-Orgel in Ottobeuren 1914 durch Steinmeyer.

Von der Orgelbewegung inspiriert begann Mehl 1930 mit der Erfassung des Orgelbestands der Landeskirche in Bayern und der Pfalz. 1934 bis 1938 wurden unter seiner Leitung bedeutende Orgeln (Amorbach, Lahm/Itz, Kirchheimbolanden und Hof, St. Michael) restauriert, allerdings nach damaliger Praxis, indem man die ursprüngliche oder angenommene Originaldisposition dem Namen nach wiederherstellte, sich aber nicht scheute, zusätzlich neobarocke Register einzufügen und die Klaviaturumfänge zu erweitern. Man schonte zwar noch die alten Windladen, mußte sie aber verändern, was meist zum Verlust der originalen oder gewachsenen Spieltraktur führte. Leider hat Mehl von seinen Forschungsergebnissen nur wenig veröffentlicht, das meiste blieb Archivgut und kann daher für spätere Restaurierungen noch eine wichtige Quelle sein.

Als Landeskirchenmusikdirektor Högner ab 1937 die Orgelpflege übernahm, setzte er diese Restaurierungspraxis noch großzügiger fort, da sein Interesse als Organist mehr dem klanglich-neobarocken Ergebnis galt als der Erhaltung von historischer Substanz. Daneben verdient der Ansbacher Organist Hermann Meyer als Orgelforscher hervorgehoben zu werden; denn unser Wissen über die schwäbische Orgelbaugeschichte und die Barockorgeln dieser Landschaft verdanken wir weitgehend ihm.[73]

---

[73] Vgl. HERMANN MEYER, Orgeln u. Orgelbauer i. Oberschwaben: ZHVS 54 (1941), 213–360.

VII. KONTINUITÄT UND NEUBEGINN SEIT 1945

VII.1 NACHKRIEGSPROBLEME

VII.1.1 VERGANGENHEITSBEWÄLTIGUNG

Von Björn Mensing

CONSTANTIN GOSCHLER, Wiedergutmachung. Westdeutschland u. d. Verfolgten d. Nationalsozialismus (1945–1954), München 1992 (QDZG 34).– MARTIN GRESCHAT (Hg.), Die Schuld d. Kirche. Dokumente u. Reflexionen z. Stuttgarter Schulderklärung v. 18./19. Oktober 1945, München 1982 (SKZG 4).– HENN, Führungswechsel (B).– SIEGFRIED HERMLE, Ev. Kirche u. Judentum – Stationen nach 1945, Göttingen 1990 (AKiZ B. 16).– ERNST KLEE, Persilscheine u. falsche Pässe. Wie d. Kirchen d. Nazis halfen, Frankfurt/Main 1991.– Landessynode Ansbach 1946 (B).– MEISER, Kirche (B).– MENSING, Pfarrer (B).– BJÖRN MENSING, Zwischen Aufarbeitung u. Verdrängung. Der Umgang d. Ev.-Luth. Kirche i. Bayern mit d. nationalsozialistischen Vergangenheit i. d. Nachkriegsjahren: Auf d. Weg (B) 105–119.– NICOLAISEN/SCHULZE 1 (B).– CLEMENS VOLLNHALS, Entnazifizierung u. Selbstreinigung i. Urteil d. ev. Kirche. Dokumente u. Reflexionen 1945–1949, München 1989 (SKZG 8).– DERS., Ev. Kirche u. Entnazifizierung 1945–1949. Die Last d. nationalsozialistischen Vergangenheit, München 1989 (Stud. z. Zeitgesch. 36).

1. Schuldfrage

Wenn unter den Nachkriegsproblemen zunächst die Schuldfrage und die sogenannte Selbstreinigung erörtert werden, spiegelt dies nicht die zeitgenössische kircheninterne Priorität der beiden Themen wider. In der frühen Nachkriegszeit standen vielmehr in Bayern wie im gesamten deutschen Protestantismus der materielle und organisatorische Wiederaufbau und die Versorgung und Integration der Kriegsheimkehrer sowie der Vertriebenen und Flüchtlinge aus dem Osten im Vordergrund.[1]

Breiten Raum nahm die rückblickende Deutung des kirchlichen Verhaltens im »Dritten Reich« allerdings auf der ersten Tagung der im März 1946 gewählten Landessynode vom 9. bis 13.7.1946 in Ansbach ein. Hier waren erstmals nach Kriegsende alle vier kirchenleitenden Organe der Landeskirche vertreten. In der Aussprache traten die Grundpositionen zur Schuldfrage zutage. Landesbischof Hans Meiser bekannte in seiner Eröffnungspredigt: »Nicht wir haben die Kirche gerettet. An uns hätte sie sterben können. Wir haben oft genug versagt [...] Wo

---

[1] JOACHIM MEHLHAUSEN, Nationalsozialismus u. Kirchen: TRE 24, 43–78 (69ff). Vgl. auch VII.1.2.

uns der Mut entfiel, wo sich die Kirche Gottes auf den Weg der Kompromisse begab, da verloren wir eine Stellung um die andere.«[2] Auch seinen Bischofsbericht begann Meiser mit einem »Rückblick auf den Kirchenkampf«, in dem er die Linie der Landeskirche im Kirchenkampf generell rechtfertigte, aber im Blick auf die Spannungen innerhalb der Bekennenden Kirche einräumte: »Wir alle müssen im Rückschauen auf den gemeinsamen Kampf bekennen, daß wir manche Entscheidung heute anders treffen würden, wenn wir sie nochmals zu treffen hätten, und daß wir einander mancherlei zu vergeben haben.«[3] Mit keinem Wort ging Meiser explizit auf das Schweigen der Kirchenleitung zu den NS-Gewaltverbrechen ein. Er verwies vielmehr auf die Kritik der Kirche in diesem Bereich trotz der drohenden Bestrafungen.[4] Bei der Frage nach den Ursachen der Katastrophe blendete Meiser die historische Analyse der politischen Voraussetzungen für die Errichtung des NS-Führerstaates aus und wandte sich direkt der geschichtstheologischen Deutung zu: »Die Entgottung der Welt ist doch die letzte Ursache der Weltkatastrophe, in die wir hineingestoßen sind.«[5]

In der geschlossenen Sitzung der Synode am 11.7.1946 kam es zu einer scharfen Auseinandersetzung über den Umgang mit der belasteten Vergangenheit, die unterschwellig von den Bruchlinien und theologischen Abgrenzungen, die innerhalb der Bekennenden Kirche im »Dritten Reich« entstanden waren, bestimmt war: »Allgemein wurde davor gewarnt, dem Segen der Buße für die Versäumnisse und Fehlentscheidungen des Kirchenkampfes auszuweichen.«[6] Besonders eindringlich taten das zwei Pfarrer aus den Reihen der Pfarrerbruderschaft, die sich im Kirchenkampf mutig engagiert hatten. Wilhelm Grießbach forderte: »Keine Gloriole um den Kirchenkampf! [...] Menschlich, taktisch, kirchenpolitisch, in der Frage des Reichsbischofs, der Kirchenausschüsse, des Schulkampfes usw., oft haben wir gefehlt und versagt.«[7] Noch einen Schritt weiter ging Waldemar Schmidt, der vor einer Vertrauenskundgebung der Landessynode gegenüber dem Landeskirchenrat für die Kirchenpolitik im »Dritten Reich« warnte: »Er erinnerte daran, wie der Kirchenvorstand 1933 unter Polizeizwang gewählt wurde. Das [landeskirchliche] Ermächtigungsgesetz bezeichnete er als Führerprinzip.«[8] Meisers Reaktion auf diese Angriffe zeigt den Hintergrund seiner Zurückhaltung bei konkreten, öffentlichen Schuldbekenntnissen: »Meiser dankte für die ungewöhnlich offene und unverblümte Kritik. Er möchte

---

[2] MEISER, Kirche (B) 177. 181. In der Forschung fehlt bisher eine einschlägige Analyse der Synodaltagung.
[3] Landessynode Ansbach 1946 (B) 9; der Bischofsbericht ist auch abgedruckt bei MEISER, Kirche (B) 183–203.
[4] Landessynode Ansbach 1946 (B) 10.
[5] AaO, 23. Vgl. zur Vermittlung dieser Deutung in den landeskirchlichen Publikationen MENSING, Pfarrer (B) 215ff.
[6] HENN, Führungswechsel (B) 433.
[7] Landessynode Ansbach 1946 (B) 33; nach HENN, Führungswechsel (B) 433 nannte Grießbach in der Aufzählung auch die Gebetsliturgie für den Frieden von 1938.
[8] Ebd; der gedruckte Bericht zitiert diese Äußerung Schmidts nicht.

der Letzte sein, der Dinge zu beschönigen versuche, an denen man lebenslang als an schweren, bitteren Wunden trage. Aber es sei die Frage, ob es Pflicht sei, diese Wunden nach außen hin immer wieder aufzubinden. Die Echtheit der Buße erweise sich nicht in Schuldbekenntnissen, sondern in einem neuen Leben. Das allerdings müsse er ablehnen, sich von Leuten ständig zur Buße rufen zu lassen, die außerhalb der Verantwortung standen.«[9]

Meiser ging auch auf Kritik an seiner Distanz zum politischen Widerstand ein: »Manche machen es uns zum Vorwurf, daß wir uns nicht an den Versuchen zum Tyrannenmord beteiligt haben. Ich frage, was war frömmer, dem Geiste Christi gemäßer: Das Verhalten der Hugenotten oder das der Salzburger Emigranten?«[10]

Die Synode stellte sich mehrheitlich hinter Meisers Form der Vergangenheitsaufarbeitung und richtete gemeinsam mit dem Landeskirchenrat ein Wort an die Gemeinden: »Es hat niemand unter uns *alles* getan, was ihm zu tun geboten war. Nicht unsere Treue, sondern Gottes Treue hat die Kirche erhalten.«[11] An die Stelle der »Solidarität der Schuld«[12] mit dem deutschen Volk trat die Abwehr der Kollektivschuldvorwürfe: »Wohl haben viele von den Greueln und Verbrechen nichts gewußt, die unter dem deutschen Namen verübt wurden. Der Geist, aus dem sie stammten, ist unserem Volk in seiner Gesamtheit fremd.«[13]

Insgesamt gesehen führte der Anstoß zu einer selbstkritischen Reflexion, den die Stuttgarter Schulderklärung gegeben hatte, auch in Bayern nicht zu einer breiten offenen Auseinandersetzung mit den eigenen NS-Verstrickungen. Verantwortlich dafür war neben der Konzentration auf die eingangs erwähnten aktuellen Aufgaben der Kirche und der apologetischen Fortsetzung der Kontroversen mit dem bruderrätlichen Flügel der Bekennenden Kirche um Martin Niemöller die subjektive Wahrnehmung der eigenen Rolle im »Dritten Reich«. Die Begeisterung für den Nationalsozialismus lag bei vielen bekenntnistreuen Protestanten über zehn Jahre zurück. In den letzten Jahren hatte man aber zunehmend unter Diskriminierungen und mitunter auch Verfolgungen durch das NS-Regime gelitten. Die rückblickende Deutung der eigenen Treue zur »intakten« Landeskirche im »Dritten Reich« als oppositionelle Haltung dem Nationalsozialismus gegenüber lag nahe und wurde schließlich zunächst auch von den Siegermächten geteilt. Das sogenannte Darmstädter Wort des Bruderrates der EKD »zum politischen Weg unseres Volkes« vom August 1947, in dem die nationalprotestantischen Traditionen als Ursachen der schuldhaften Verstrickungen im

---

[9] Ebd.
[10] Landessynode Ansbach 1946 (B) 54.
[11] AaO, 57 (Hervorhebung im Original); die Kundgebung ist auch abgedruckt bei GRESCHAT (K) 244–247. Vgl. die »Erklärung unerschütterlichen Vertrauens und des Dankes« an Meiser, die Friedrich Klingler, Vorsitzender des Pfarrervereins, spontan für die Pfarrerschaft und die Landessynode abgab (HENN, Führungswechsel [B] 434), und das Schlußwort vom Präsidenten der Landessynode, Dr. Wilhelm Eichhorn (Landessynode Ansbach 1946 [B] 62f).
[12] Stuttgarter Schulderklärung des Rates der EKD, dem auch Meiser angehörte, vom 18./19.10. 1945 (GRESCHAT [K] 102).
[13] Landessynode Ansbach 1946 (B) 58.

»Dritten Reich« benannt worden sind, wurde in Bayern wie im gesamten deutschen Nachkriegsprotestantismus nur von einer Minderheit mitgetragen. Die Mehrheit sah mit Meiser die tiefere Ursache der nationalsozialistischen Katastrophe im großen Abfall der Menschheit von Gott.[14]

2. Personelle Konsequenzen aus der Verstrickung der Kirche in den Nationalsozialismus

Die bayerische Kirchenleitung sah sich nach dem Kriegsende nur veranlaßt, gegen die wenigen bis zuletzt unbeirrbaren Deutschen Christen innerhalb der Pfarrerschaft vorzugehen. Zwölf DC-Pfarrer wurden 1945 und 1946 vorzeitig in den Ruhestand versetzt, ausdrücklich nicht wegen ihrer politischen Belastung, sondern wegen ihrer kirchenpolitischen und theologischen Verfehlungen.[15] Wegen dieser Position zur Selbstreinigung geriet die Kirchenleitung in Konflikt mit der amerikanischen Besatzungsmacht, die im Rahmen ihrer Entnazifizierungspraxis auch die Entlassung von politisch belasteten Pfarrern forderte. Wichtig für die Reaktionen der Kirchenleitung auf diese Forderungen war ein Auftragsgutachten des Erlanger Theologen Walter Künneth vom Oktober 1945. Die Kirchenleitung sei moralisch verpflichtet, die von Entnazifizierungsmaßnahmen bedrohten Pfarrer zu schützen, weil sie diese vor einem nationalsozialistischen Engagement »nicht rechtzeitig warnte, sondern sogar in manchen Fällen noch in ihrer politischen Mitgliedschaft bestärkte.«[16] Weniger wirksam wurde die Forderung Künneths, es müsse als Voraussetzung für diesen Schutz »an jene Fehllösungen der Kirche erinnert werden«, zu denen das »unkirchliche, aus taktischen Zweckmäßigkeitserwägungen erwachsene Handeln jener Zeit« gegenüber den »PG-Pfarrern« gehöre.

Bis zum Frühjahr 1946 hatte der Landeskirchenrat von den 170 Pfarrern, die nach den allgemein gültigen Richtlinien in die Entlassungskategorie »mandatory removal« fielen, trotz des zum Teil massiven Drängens der Amerikaner keinen entlassen.[17] Da aber eine Bestimmung vorschrieb, daß die Militärregierung belastete Pfarrer nicht selbst entlassen dürfe, geriet die Entnazifizierung der Pfarrerschaft in eine Sackgasse. Die Kirchenleitung argumentierte in diesen Konflikten mit der Selbständigkeit der Kirche, die nur im Rahmen des kirchlichen Disziplinarrechtes ihren Geistlichen das Amt entziehen könne.

---

[14] MENSING, Pfarrer (B) 217f.
[15] Vgl. Meisers Bericht vor der Landessynode 1946 (Landessynode Ansbach 1946 [B] 24). Zahl der Ruhestandsversetzungen nach VOLLNHALS, Kirche (K) 142. Zur späteren Wiederaufnahme von DC-Pfarrern in Bayern vgl. MENSING, Pfarrer (B) 224f.
[16] VOLLNHALS, Entnazifizierung (K) 68; ebd auch das folgende Zitat. Vgl. auch aaO, 66ff; VOLLNHALS, Kirche (K) 141ff.
[17] AaO, 148.

Seit März 1946 erfolgte die Entnazifizierung nach dem »Gesetz zur Befreiung von Nationalsozialismus und Militarismus«[18] (Befreiungsgesetz). In diesem Gesetz waren keine Sonderbestimmungen für die Kirche enthalten. Wie alle vom Gesetz Betroffenen, die aufgrund der formellen Schuldvermutung in die Gruppen I (Hauptschuldige) oder II (Belastete) fielen, hätten auch die entsprechenden Pfarrer bis zum Abschluß des Spruchkammerverfahrens nur in »gewöhnlicher Arbeit« beschäftigt werden dürfen. Mit stiller Duldung des für die Entnazifizierung zuständigen Bayerischen Staatsministeriums für Sonderaufgaben (bis 1.7. 1946 KPD, dann CSU) wurde diese Bestimmung vom Landeskirchenrat ignoriert. Die verstimmte Militärregierung befahl dem Ministerpräsidenten, die Verfahren gegen Geistliche beschleunigt abzuschließen und auf die strenge Einhaltung aller Bestimmungen durch die Kirche zu achten. Der Landeskirchenrat wies schließlich 28 Pfarrer an, sich der »Dienstgeschäfte zu enthalten«.[19]

Zum besseren Schutz ihrer von den Entnazifizierungsmaßnahmen bedrohten Pfarrer ließ sich die Landeskirche im Oktober 1945 durch ein Urteil des Kassationshofes im Sonderministerium bestätigen, daß die Bekennende Kirche eine Widerstandsorganisation gewesen sei. Die betroffenen Pfarrer versorgte der Landeskirchenrat mit Entlastungsmaterial und Gutachten für die Spruchkammerverhandlungen.[20] Insgesamt wurden die Fälle von 431 betroffenen Pfarrern (24,9% der gesamten Pfarrerschaft) von den Spruchkammern bearbeitet, wobei die Kirchenleitung durch politische Einflußnahme und ausgesprochen gute Kontakte zum Sonderministerium massiv in die Verfahren eingriff. So kam es, daß Anfang 1947 die meisten Urteile der Gruppe II aufgehoben wurden, ab Mitte 1948 die der Gruppe III (Minderbelastete). Im Januar 1949 befanden sich von den Pfarrern im unmittelbaren Dienst der Landeskirche noch einer in Gruppe II und drei weitere Ruhestandspfarrer sowie ein aktiver Pfarrer in Gruppe III. Alle übrigen Geistlichen waren in Gruppe IV (Mitläufer) oder V (Entlastete) eingestuft oder amnestiert und konnten als »erfolgreich entnazifiziert«[21] gelten.

Bei der Entnazifizierung der Theologischen Fakultät Erlangen waren die Schutzmöglichkeiten der Kirchenleitung – wie auch bei den Theologen, die als Lehrer, Gefängnis- oder Militärseelsorger im Staatsdienst standen – erheblich geringer.[22] Aufgrund von schriftlichen Äußerungen im »Dritten Reich« wurden im Februar 1947 die Professoren Paul Althaus, Hermann Strathmann, Hans

---

[18] ERICH SCHULLZE (Hg.), Gesetz z. Befreiung v. Nationalsozialismus u. Militarismus mit d. Ausführungsvorschriften u. Formularen. Im amtlichen Auftrag hg. u. mit Anmerkungen u. Sachverzeichnis versehen, München ²1947.
[19] VOLLNHALS, Kirche (K) 159.
[20] Vgl. ein vom Landeskirchenrat verbreitetes Flugblatt über den Widerstand der Bekennenden Kirche bei CARSTEN NICOLAISEN, Bischof Hans Meiser (1881–1956). Ein konservativer Lutheraner i. d. Herausforderungen d. Nationalsozialismus: HABERER (B) 16–60 (56f).
[21] VOLLNHALS, Kirche (K) 170.
[22] AaO, 170ff; vgl. zu den »härteren« Entnazifizierungsmaßnahmen gegen Pfarrer, die nicht im unmittelbaren aktiven Dienst der Landeskirche standen, MENSING, Pfarrer (B) 222ff.

Preuß und Friedrich Hauck nach recht willkürlichen Auswahlkriterien entlassen. Außer Preuß konnten alle 1948 ihre Lehrtätigkeit wieder aufnehmen.

Die Selbstreinigung und Entnazifizierung der anderen kirchlichen Berufsgruppen in Bayern stellt ein Forschungsdefizit dar. Im allgemeinen gilt wie bei den Pfarrern, daß Mitarbeiterinnen und Mitarbeiter im unmittelbaren landeskirchlichen Dienst von der Kirchenleitung eher vor Entnazifizierungsmaßnahmen geschützt werden konnten als solche, die außerhalb der verfaßten Kirche in den vielen, primär diakonischen Arbeitsfeldern der Inneren Mission tätig waren. Innerkirchlich hatte der Schutz der Pfarrer die höchste Priorität.[23]

3. Kirchliche Reaktionen auf die Entnazifizierung und die Strafverfolgung von NS-Verbrechen

Nach der Verkündung des Befreiungsgesetzes brachten Landeskirchenrat, Landessynode und insbesondere Landesbischof Meiser ihre starken Bedenken gegen die Art und Weise der Entnazifizierung zum Ausdruck.[24] Eine zentrale Rolle in der Argumentation gegen sämtliche Säuberungsmaßnahmen spielte der Verweis auf den Verstoß gegen die abendländische Rechtstradition »nulla poena sine lege« durch die nachträgliche Bestrafung von Handlungen, die zum Zeitpunkt ihrer Ausführung nicht strafbar waren. Zudem wurde immer wieder beanstandet, daß auf bloße Schuldvermutungen hin bereits vor Abschluß eines individuellen Verfahrens gegen den »Angeklagten« Sanktionen verhängt und daß Gesinnungen bestraft würden, die allein nach göttlichem Recht als Unrecht zu gelten haben. Die evangelische Kirche übernahm mit ihrer Kritik an der Entnazifizierungspraxis eine Vorreiterrolle in der deutschen Nachkriegsgesellschaft.

Nahezu jeder bayerische Pfarrer wurde mit Bitten um Entlastungszeugnisse konfrontiert. Schon die Amerikaner hatten in der ersten Phase der Entnazifizierung kirchliches Engagement als entlastenden Faktor anerkannt. Auch das Befreiungsgesetz nannte in Art. 39 »nachweisbare regelmäßige öffentliche Teilnahme an den Veranstaltungen einer anerkannten Religionsgemeinschaft, sofern klar erwiesen ist, daß diese Teilnahme eine Ablehnung des Nationalsozialismus bedeutete«, als Umstand, der von der Spruchkammer zugunsten des Betroffenen berücksichtigt werden sollte. Quantifizierende Aussagen über die Reaktionen

---

[23] MICHAEL HÄUSLER, »Dienst an Kirche u. Volk«. Die Deutsche Diakonenschaft zwischen beruflicher Emanzipation u. kirchl. Formierung (1913–1947), Stuttgart u.a. 1995, 430 (KoGe 6). Zur formalen Belastung der bayerischen Diakone lassen sich aus den Angaben für die Mitgliedschaft in NSDAP und NS-Organisationen (Stand 1939) aaO, 333ff Schlüsse ziehen (Neuendettelsau 29,0% PG, Rummelsberg 18,0% PG); vgl. für Rummelsberg auch WEHR (B) 200f. 362. Vom Diakonissen-Mutterhaus Hensoltshöhe/Gunzenhausen waren im »Dritten Reich« »über 100« von 638 Schwestern in die NSDAP eingetreten (Bayer. Hauptstaatsarchiv München, Ministerium f. Sonderaufgaben 1415 [Verfahren gegen Geistliche. 1946–1947]).
[24] Landessynode Ansbach 1946 (B) 24 (Bericht Meisers). 59 (Kundgebung von Landessynode und LKR). Vgl. VOLLNHALS, Entnazifizierung (K) 110ff. 169ff. 229; VOLLNHALS, Kirche (K) 52ff.

der Pfarrer auf diese Bitten sind aufgrund der Quellenlage nicht möglich. Allerdings beanstandete der Landeskirchenrat im September 1945, daß mancherorts die Entlastungsschreiben von den Pfarrern »in sehr weitherziger Weise«[25] aus Gutmütigkeit und Arglosigkeit ausgestellt würden.

Die zweite Säule der politischen Säuberung stellte die strafrechtliche Ahndung von NS- und Kriegsverbrechen dar. Gegen den Nürnberger Prozeß meldete Landesbischof Meiser auf einer Sitzung des Rates der EKD im Dezember 1945 Vorbehalte an. Ankläger und Richter seien in diesem Verfahren dieselben Personen. Besonderen Anstoß nahm Meiser daran, daß in Nürnberg die UdSSR auf der Richter- und nicht auf der Anklagebank saß.[26] In den folgenden Jahren gehörte der bayerische Landesbischof auf der evangelischen Seite zu den aktivsten Fürsprechern für einige der Angeklagten.[27] Meiser attestierte diesen Personen im wesentlichen kirchliche Bindung und christliche Überzeugung; im »Dritten Reich« seien sie nur auf ihren Posten geblieben, um Schlimmeres zu verhüten.

Wie grundsätzlich allen Gefangenen so galt auch den im Kontext von Entnazifizierung und Strafverfolgung internierten und inhaftierten Protestanten der seelsorgerliche und diakonische Auftrag der Kirche. Zu den hermetisch abgeriegelten Internierungslagern hatten lediglich Pfarrer Zutritt.[28] Im Landsberger Gefängnis, in dem bis 1951 255 verurteilte Kriegsverbrecher hingerichtet wurden, war ein hauptamtlicher Anstaltspfarrer tätig.[29] Landeskirchenrat und Evangelisches Hilfswerk unterstützten 1949 gemeinsam mit katholischen Stellen ein Rechtsanwaltsbüro in Nürnberg, das kostenlos für Landsberger Gefangene tätig war.

4. Kirchliches Engagement für die NS-Opfer

Im Vergleich zu dem vielfältigen kirchlichen Einsatz für Internierte, NS- und Kriegsverbrecher sowie von der Entnazifizierung betroffene Menschen, also für die ehemaligen Anhänger und Gefolgsleute des NS-Regimes, fällt das geringe Engagement für die Gegner und Opfer des »Dritten Reiches« auf. Im Dezember 1945 teilte der bayerische Staatskommissar für rassisch Verfolgte, Hermann Aumer, Landesbischof Meiser mit, daß sich unter den von ihm betreuten Menschen eine große Anzahl Protestanten befänden, und bat die Kirche unter Verweis auf die gute Betreuung der jüdischen Verfolgten durch jüdische Organisationen, sich

---

[25] Rundschreiben an die Pfarrer vom 21.9.1945 (aaO, 278).
[26] NICOLAISEN/SCHULZE 1 (B) 212.
[27] CLEMENS VOLLNHALS, Die Hypothek d. Nationalprotestantismus. Entnazifizierung u. Strafverfolgung v. NS-Verbrechen nach 1945: GeGe 18 (1992), 51–69 (59ff: für Konstantin v. Neurath, Lutz Graf Schwerin v. Krosigk, Ernst v. Weizsäcker, Wilhelm List und Wilhelm v. Ammon); FRANK M. BUSCHER, The U.S. War Crimes Trail Program in Germany. 1946–1955, New York u.a. 1989, 97ff (Contributions in Military Studies 86); RENNER (B) 132ff; KLEE (K) 59f. passim.
[28] CHRISTA SCHICK, Die Internierungslager: Von Stalingrad (B) 301–325 (307).
[29] KLEE (K) 73ff; vgl. auch aaO, 98f. 78ff.

derer anzunehmen.³⁰ Meiser sagte die erbetene kirchliche Unterstützung zu, die nach seiner Überzeugung durch die jeweiligen Gemeindepfarrer ohnehin schon geleistet werde. Eine entsprechende Anweisung an die Gemeindepfarrer erließ der Landeskirchenrat in dieser Sache aber weder vor noch nach Aumers Schreiben.

Im Mai 1946 brachte der Landeskirchenrat den Geistlichen die Resolutionen des Vorläufigen Ausschusses des Ökumenischen Rates der Kirchen vom Februar 1946 zur Kenntnis. Kommentarlos wurden dabei auch die Resolutionen »über Antisemitismus und die Judenfrage« und »über Christen jüdischer Herkunft« abgedruckt.³¹ Die darin enthaltenen eindringlichen Appelle zum christlichen Engagement auch für die jüdischen NS-Opfer blieben in Bayern weitgehend folgenlos. Spezielle Hilfsstellen für die (evangelischen) Rasseverfolgten richtete die bayerische Landeskirche im Gegensatz zu anderen Landeskirchen nach 1945 nicht ein. Allerdings betreuten die beiden Einrichtungen, bei denen vor 1945 Hilfsstellen für »evangelische Nichtarier« angesiedelt waren, auch in der Nachkriegszeit Rasseverfolgte. Die Innere Mission in München wurde dabei seit 1947 hauptamtlich durch Schwester Erna Unger unterstützt, die von der »Arbeitsgemeinschaft für Lutherische Judenmission« in Bayern, dem späteren »Evangeliumsdienst unter Israel«, entsandt wurde. Die Aktivitäten von Erna Unger verschoben sich immer mehr von der Fürsorgearbeit zur Judenmission. Diese nicht unproblematische Verquickung von Fürsorge und Judenmission war innerhalb Deutschlands einmalig.³² In Nürnberg betreute das Hilfswerk der Landeskirche die rasseverfolgten Christen. Seit 1948 war Nora Schüller innerhalb der Nürnberger Stadtmission hauptamtlich mit dieser Aufgabe betraut. 1949 hatten von den 300 betroffenen Familien in Nordbayern noch 75 eine materielle Unterstützung nötig, die in Zusammenarbeit mit den Pfarrämtern vor Ort geleistet wurde.³³

Neben die materielle Fürsorge und die Seelsorge primär für die evangelischen Rasseverfolgten traten allmählich und zunächst nur von einer kleinen Minderheit in der Landeskirche forciert die Bemühungen um Dialog und Versöhnung mit den jüdischen NS-Opfern. Die perspektivische Verengung allein auf die rasseverfolgten NS-Opfer wich erst deutlich später einer differenzierteren Betrachtung des Verfolgungsspektrums: »In den achtziger Jahren schließlich wurde insbesondere die evangelische Kirche geradezu zu einer Plattform zur Artikulation der Forderungen der sogenannten ›vergessenen Opfer‹.«³⁴

---

³⁰ Ausstellung d. Landeskirchl. Archivs. ... wo ist dein Bruder Abel (B) 200. Vgl. HERMLE (K) 158ff; GOSCHLER (K) 76ff. 206ff.
³¹ ABlB 33 (1946), 55. Vgl. NICOLAISEN/SCHULZE 1 (B) 403f. 418f; HERMLE (K) 296ff.
³² AaO, 159ff; zur Judenmission in Bayern nach 1945 vgl. VII.5.6.
³³ HERMLE (K) 162. 1946 hatte sich Pfarrer Waldemar Link, der im Kreis Uffenheim die (staatliche) »Beratungsstelle für die Opfer des Nationalsozialismus« leitete, noch vergeblich beim Evangelischen Hilfswerk um Hilfslieferungen aus dem Fonds der ökumenischen Nothilfe bemüht (VOLLNHALS, Kirche [K] 141).
³⁴ GOSCHLER (K) 210f.

VII.1.2 VOM FLÜCHTLING ZUM NEUBÜRGER
DIE INTEGRATION DER FLÜCHTLINGE UND VERTRIEBENEN

Von Helmut Baier

FRANZ J. BAUER, Flüchtlinge u. Flüchtlingspolitik i. Bayern 1945–1990, Stuttgart 1982 (Forsch. u. Quellen z. Zeitgesch. 3).– HELMUTH BUNZEL, Acht Jahre Verbindungsmann zwischen d. Heimatvertriebenen u. d. einheimischen Kirchenleitung: JSKG NF 35 (1956), 145–168.– IAN CONNOR, The Churches and the Refugee Problem in Bavaria 1945–49: Journal of Contemporary History 20 (1985), 399–423.– RAINER FRANK, Die Heimatvertriebenen i. Landkreis Weißenburg-Gunzenhausen. Ihre Aufnahme u. Eingliederung u. ihre Aufbauleistungen, Weißenburg 1991.– MARION FRANTZIOCH, Die Vertriebenen. Hemmnisse, Antriebskräfte u. Wege ihrer Integration i. d. BRD. Mit einer kommentierten Bibliographie, Berlin 1987 (Schr. z. Kultursoziologie 9).– HERBERT GIRGENSOHN, Flüchtlinge u. Kirche, Stuttgart 1948 (Ev. Schriftendienst 4).– OTTO HALLABRIN, Die Aufbauleistung u. d. Integration d. Vertriebenen i. Augsburg i. d. Jahren 1945–1955, Augsburg 1988.– WOLFRAM HANOW, Weiß ich d. Weg auch nicht ... Erinnerungen eines Pfarrers aus d. Jahren 1933–1975 i. Schlesien, Bayern u. anderswo, Pegnitz 1975.– WOLFGANG JAENICKE, Vier Jahre Betreuung d. Vertriebenen i. Bayern 1945–1949, München 1950.– WILHELM KOLLER, Die ev. »Flüchtlingsdiaspora« i. Ostbayern nach 1945, Neustadt/Aisch 1971.– MARTIN KORNRUMPF, In Bayern angekommen. Die Eingliederung d. Vertriebenen. Zahlen–Daten–Namen, München u.a. 1979 (Dokumente unserer Zeit 3).– HERBERT KRIMM, Beistand. Die Tätigkeit d. Hilfswerks d. Ev. Kirchen i. Deutschland f. Vertriebene u. Flüchtlinge nach 1945, Stuttgart 1974.– JUTTA NEUPERT, Vom Heimatvertriebenen z. Neubürger. Flüchtlingspolitik u. Selbsthilfe auf d. Weg z. Integration: Neuanfang i. Bayern 1945–1949. Politik u. Gesellschaft i. d. Nachkriegszeit, hg. v. WOLFGANG BENZ, München 1988, 103–120.– HARTMUT RUDOLPH, Ev. Kirche u. Vertriebene 1945 bis 1972, Bd. 1: Kirchen ohne Land, Göttingen 1984 (AKiZ B. 11).– FRIEDRICH SPIEGEL-SCHMIDT, Religiöse Wandlungen u. Probleme i. ev. Bereich: Die Vertriebenen i. Westdeutschland. Ihre Eingliederung u. ihr Einfluß auf Gesellschaft, Wirtschaft, Politik u. Geistesleben, Bd. 3, hg. v. EUGEN LEMBERG u. FRIEDRICH EDDING, Kiel 1959, 23–91.– WALTER STELZLE, Die Ev. Kirche u. d. Vertriebenen: Integration u. Neubeginn. Dokumentation, Bd. 1, hg. v. FRIEDRICH PRINZ, München 1984, 187–193.

1. Flüchtlinge und Vertriebene

»Ungerufene Gäste« einzugliedern, war auch nach 1945 weder Bedürfnis noch selbstgewähltes Ziel, sondern eine von den Siegern dem Land auferlegte harte Pflicht. Flüchtlinge sind Menschen, die, durch Krieg oder politische Maßnahmen veranlaßt, ihre Heimat verließen. Vertriebene wurden zwangsweise aus ihren Wohn- und Heimatgebieten exiliert. Der anfangs verwendete Begriff »Flüchtling« wurde mit der ab 1947/48 gebräuchlichen Bezeichnung »Vertriebener« synonym gebraucht. In der US-Zone war die Angabe »Vertriebener« zunächst verboten.[1] Die terminologische Festlegung erfolgte durch das Bundesvertriebenengesetz 1953.

9 Millionen nichtdeutsche »Displaced Persons« wurden im 2. Weltkrieg nach Deutschland verschleppt, eine Million Deutscher kam mit der Aktion »Heim ins Reich«, und ab 1945 strömten etwa 12,5 Millionen Deutsche als Flüchtlinge und Vertriebene nach Restdeutschland; in der Sowjetischen Besatzungszone blieben 1,5 Millionen, von dort flohen bis 1961 weitere 3 Millionen in den Westen.[2] In das Deutschland der schon zehn Millionen Evakuierten und Luftkriegsflüchtlinge[3] flutete seit Februar 1945 der unaufhörliche Elendszug der Flüchtlingstrecks aus dem Osten des Reiches.[4]

Schon auf den alliierten Konferenzen in Teheran (1943) und Jalta (Februar 1945) beschlossen, setzte im Sommer 1945 die Vertreibung aus den Ostgebieten ein, gestützt auf Art. XIII des Potsdamer Abkommens vom 2.8.1945. Die Massenausweisungen, mit Höhepunkt 1946, dauerten bis 1947.

2. Bayern als Aufnahmeland

Zum Zeitpunkt des Potsdamer Abkommens hatten rund vier Millionen Deutsche aus dem Osten Zuflucht in Bayern, Niedersachsen, Schleswig-Holstein und Mecklenburg, den jahrelangen Hauptaufnahmeländern, gesucht. In Wohnräumen und auf Arbeitsplätzen mußten sie untergebracht werden.

Jede fünfte Person in Bayern war ortsfremd, noch bevor die nach dem alliierten Verteilungsplan festgelegten Personengruppen ins Land geschleust wurden.[5] Ihre Zahl stieg von 15.000 im Februar auf 440.000 im Juli und 513.000 im Dezember 1945; hinzu kamen 220.000 Auslandsdeutsche. Dieser ungeregelte Zustrom verteilte sich im wesentlichen auf die Bezirke Niederbayern-Oberpfalz und Oberfranken-Mittelfranken.[6] 1946 erreichte der Flüchtlingsstrom nach Bayern seinen Höhepunkt. Allein aus der ČSR kamen in 764 organisierten Eisenbahntransporten 786.000 Personen, weitere 176.000 als Einzelgänger.[7]

---

[1] HALLABRIN (K) 11; KORNRUMPF (K) 50ff. 122f: Definition der sonstigen Bezeichnungen.

[2] JOSEF WALTER KÖNIG, Die Heimatvertriebenen i. Landkreis Donau-Ries. Eine Dokumentation, Donauwörth 1989, 88f.

[3] KORNRUMPF (K) 123; JAENICKE (K) 6; BAIER, Kirche in Not (B) 117ff: Rückwanderer- und Umsiedlerbetreuung – Hilfe für Evakuierte, Flüchtlinge und Fliegergeschädigte. Zu den Flüchtlingen zählten sog. Umsiedler aus Wolhynien, Bessarabien, der Dobrudscha, der Bukowina, dem Baltikum und Rußlanddeutsche.

[4] Zu den Ursachen der Vertreibung vgl. FRANTZIOCH (K) 48ff.

[5] NEUPERT (K) 7.

[6] BAUER (K) 22ff; FRANK (K) 76: Im Kreis Weißenburg-Gunzenhausen zählte man im November 1945 7.608 Einheimische und 8.215 Ortsfremde.

[7] BAUER (K) 25f; KORNRUMPF (K) 32f. Zur statistischen Aufgliederung der Flüchtlinge und Vertriebenen in Bayern nach Herkunftsländern, nach Aufnahmeregierungsbezirken, nach dem Geschlecht und Altersaufbau (von Schlesiern und Sudetendeutschen) vgl. GERHARD REICHLING, Die

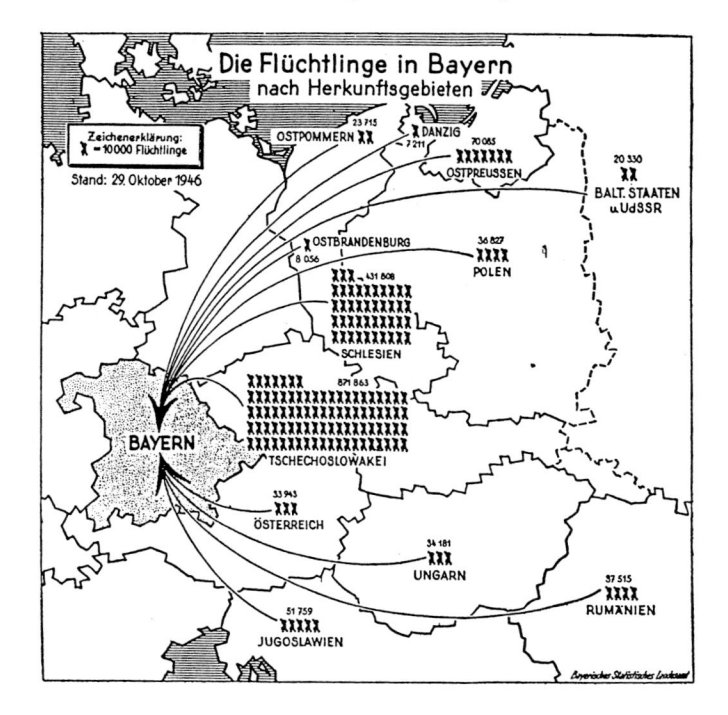

Vertriebene und Flüchtlinge in Bayern bis Herbst 1946.

Als erstes Land erhielt Bayern eine Sonderverwaltung zur »Behebung der Flüchtlingsnot«: Am 2.11.1945 wurde das Staatskommissariat für das Flüchtlingswesen beim Innenministerium geschaffen,[8] dem im November 1946 die Wohnraumbewirtschaftung übertragen wurde.[9] Flüchtlinge und Vertriebene waren nach einer Anweisung der Militärregierung vom 31.10.1945 grundsätzlich wie einheimische Bürger zu behandeln,[10] volle staatsbürgerliche Gleichstellung wurde ihnen aber erst mit dem zoneneinheitlichen Flüchtlingsgesetz vom 19.2. 1947 zuteil.[11]

Erfolgte ihre Unterbringung in Nissenhütten, Baracken und Bunkern, so waren im Oktober 1946 immerhin schon 71,3% von ihnen in den Arbeitsprozeß eingegliedert. Vornehmlich durch Sudetendeutsche wurden ganze Industriezweige in Bayern wieder angesiedelt.

Flüchtlinge i. Bayern (u. i. d. amerikanischen Zone) nach Herkunftsgebieten: Das Bayernland u. seine gestaltenden Kräfte. Ein Kartenwerk, hg. v. BAYER. STATISTISCHEN LANDESAMT, München 1950.
 [8] NEUPERT (K) 105.
 [9] AaO, 107.
 [10] AaO, 111.
 [11] AaO, 112.

3. Kirchliche Verhältnisse – seelsorgerliche Betreuung

Jede mitvertriebene Ostkirche entließ ihre Glieder mit einem besonderen Erbe.[12] Flüchtlinge wie Aufnahmekirche hatten gemeinsam die kirchliche und soziale Notlage zu bewältigen. Der Ordnung wegen wurde die kirchliche Notlage schematisch nach dem Kirchenrecht der Friedenszeit geregelt: Wohnsitzwechsel bedeutete automatisch Eingliederung in die neue Landeskirche, aber ebenso Aufnahme in eine neue Lebensgemeinschaft.[13] Auch die bayerische Landeskirche duldete auf ihrem Gebiet keine Zusammenschlüsse aufgrund einseitiger territorialer Gemeinsamkeiten.[14]

Alle Dekanate waren vom Landeskirchenrat am 7.7.1945 auf die Flüchtlingsfürsorge hingewiesen worden, weil es staatlicherseits kein zukunftsorientiertes Handeln, sondern nur Sofortmaßnahmen geben konnte.[15] Sie setzten an den östlichen und südöstlichen Grenzübergängen in den Grenzdurchgangslagern ein; nächste Station war für die meisten das Regierungsdurchgangslager, eine oft letzte das Landrats- oder Kreislager. Zu bittersten Klagen gaben die Lebensumstände Anlaß; Hygiene und Versorgung mangelten.[16] 1946 existierten in Bayern 1.381 Lager, in denen Gemeinden entstanden, welchen der Staat Räume und Material zusicherte.[17] Erst von 1949 bis 1958 wurden die Lager aufgelöst.[18]

Evangelische Vertriebene fanden sich in Bayern vielfach in rein katholischen und zudem früheren Notstandsgebieten wieder. In Niederbayern traf auf acht einheimische Katholiken ein katholischer Flüchtling, auf einen Evangelischen kamen jetzt aber 60 evangelische Flüchtlinge. Erst die Gottesdienste machten anfangs die wirkliche Zahl der Vertriebenen in der jeweiligen Gegend deutlich. Fremd war ihnen meist die bayerische Gottesdienstordnung mit dem als katholisch empfundenen gregorianischen Wechselgesang von Pfarrer und Gemeinde.[19] So wurden in Niederbayern aus ehedem zehn Pfarreien mit 24 Predigtstationen in kürzester Zeit 380, betreut von 70 Geistlichen. Zählte die evang. Gemeinde Pfarrkirchen 1939 600 Glieder in 120 Kommunen, so 1950 über 20.000, nachdem es 1945/46 schon 50.000 gewesen waren.[20] Aus den Bunkern einer Munitionsanstalt entstand die oberbayerische Flüchtlingsstadt Traunreut mit 3.500 Lutheranern unter 10.000 Einwohnern.[21] In Mittelfranken wurde das Vertriebenenproblem innerkirchlich nur in den Kreisen Uffenheim und Dinkelsbühl erlebt: Mit

---

[12] SPIEGEL-SCHMIDT (K) 24f. 39ff; HANOW (K) 66ff. 100f.
[13] GIRGENSOHN (K) 12f; KRIMM (K) 82.
[14] KRIMM (K) 62.
[15] STELZLE (K) 703, Anm. 56.
[16] BAUER (K) 185ff; NEUPERT (K) 113ff: Mitarbeiter des Evang. Hilfswerkes berichteten nach Informationsfahrten von menschenunwürdigen Zuständen, so in Nürnberg und Kelheim.
[17] STELZLE (K) 188f; HANOW (K) 79; JAENICKE (K) 28ff.
[18] BAUER (K) 184; KORNRUMPF (K) 33ff.
[19] KOLLER (K) 12ff.
[20] BUNZEL (K) 162; KOLLER (K) 4ff.
[21] KRIMM (K) 85. 121.

Behelfskirche und Pfarrhaus in Immenreuth am Fichtelgebirge, aus amerikanischen Militärbaracken, geweiht 1948.

der Umsiedlung von Siebenbürger Sachsen aus Niederbayern stießen dort anfangs zwei sehr traditionsgebundene lutherische Kirchengruppen aufeinander.[22]

Als Folge des Flüchtlingszustroms wurden in Bayern vier neue Dekanate und ein neuer Kirchenbezirk, 232 neue Pfarrstellen und Vikariate, 1.400 neue Predigt- und 1.700 neue Unterrichtsstationen geschaffen; etwa 300 Ostpfarrer und 700 katechetische Hilfskräfte wurden eingestellt.[23] Von 1945 bis 1955 entstanden 113 neue Gemeinden – die weitaus größte Zahl in einer Landeskirche.[24] In Südbayern erwuchs ein völlig neues Kirchenwesen. Von den freikirchlichen Zusammenschlüssen (Memmingen, Viechtach) hatte nur Memmingen Bestand.[25]

---

[22] SPIEGEL-SCHMIDT (K) 51.
[23] BUNZEL (K) 162. Beispielhaft JULIUS WEICHLEIN, Das Werden d. Ev. Kirchengemeinde Waldkraiburg: Martin-Luther-Kirche Waldkraiburg, Kraiburg 1975, 14–17; WALTER LINDNER, Waldkraiburg. Vom Bunker z. Siedlung. Die vierjährige Gesch. einer Industriesiedlung v. Heimatvertriebenen i. Oberbayern, München 1950, 30f: Zu den Lagernöten gehörte auch die simultan genutzte Barackenkirche, die wegen notorischer Überfüllung beseitigt werden mußte.
[24] STELZLE (K) 188; SPIEGEL-SCHMIDT (K) 55: Tabelle Kirchlicher Wiederaufbau.
[25] SPIEGEL-SCHMIDT (K) 56; RUDOLPH (K) 492f. Bis Kriegsende gab es in Bayern nur die seit 1870 bestehende freie lutherische Gemeinde Memmingen. 1946 konstituierte sich dort die »Ev.-luth. Flüchtlings-Missionskirche« (ab 1951 »Ev.-luth. Bekenntniskirche in der Diaspora«), entstanden

Die großen Reisen von Landesbischof Meiser und Kreisdekan Oskar Daumiller 1947/48 durch die Flüchtlingsdiaspora machten den Vertriebenen deutlich, daß die Landeskirche Heimatkirche sein wollte.[26] Bayern verwirklichte als erste Landeskirche das volksmissionarische Prinzip in der Vertriebenenarbeit,[27] unterstützt von der studentischen Diasporamission des Gustav-Adolf-Werkes und ausgedehnten Hausbibelkreisen. Millionen Frauen leisteten wie der Mütterdienst in Stein spontane Hilfsdienste.[28]

Die katholische Kirche stellte 650 gottesdienstliche Stätten für eine Mitbenützung zur Verfügung, die evangelische umgekehrt 346.[29] Geistliche beider Konfessionen fanden oft leichter zueinander als ihre Gemeindeglieder, wie das friedvolle Miteinander der ersten Jahre auf Vertriebenenveranstaltungen zeigte.[30]

4. Institutionelle Seelsorge – Integration der Ostpfarrer

Von großer Bedeutung war eine gemeinsame Flucht oder Vertreibung von Pfarrern und Gläubigen wie das Vorfinden von gleichen Aufnahmebedingungen. So konnte in der Diaspora ohne Auftrag geistliche Betreuung ausgeübt werden, oft unterstützt von katholischen Priestern.[31] In eine höchst unübersichtliche Lage – Ostpfarrer hatten sich für die erwartete Rückkehr bereitzuhalten – kam der harte, schwierige Neubeginn, Jahre angefüllt mit übermäßiger Arbeit. Improvisation hieß das Gebot der Stunde: Jeder Pfarrer ein Bischof.[32]

Zu den ersten Anforderungen an die Kirchenleitung gehörte der geregelte Einsatz der Ostpfarrer nach ihrer Meldung. Für die mit Flüchtlingen überschwemmte ostbayerische Diaspora hätte die Landeskirche die benötigten Geistlichen gar nicht stellen können. So wuchs die Zahl der Pfarrer allein im Bereich des späteren Kirchenkreises Regensburg von 70 im Vorkrieg auf 150 1948 und endlich 186 im Jahre 1967 an.[33]

1924 in Lodz als Ev.-luth. Freikirche Polens (St. Pauligemeinde) nach Lostrennung der deutschen Lutheraner von der polnischen evangelischen Kirche A.B. (vgl. HAAS, Christl. Kirchen [B] 178. 181–185). In ihr fanden sich auch Glieder der schlesischen Altlutheraner, zunächst unter einem neu errichteten Pfarramt, wieder (vgl. HELLMUT FIEBIGER, Freie Ev.-Luth. Kirchengemeinde Memmingen, Memmingerberg 1970, 13f).

[26] KOLLER (K) 19.
[27] RUDOLPH (K) 221f. 245–267; SPIEGEL-SCHMIDT (K) 73: Die Münchner Gemeindejugend hatte den als »missionarische Gemeinde« tätigen Dienst »Brüder in Not« ins Leben gerufen.
[28] Vgl. hierzu TONI NOPITSCH, Der Garten auf d. Dach. Erinnerungen, aufgezeichnet v. Hilde Schneider, Nürnberg 1970, 109f. 116. 190.
[29] SPIEGEL-SCHMIDT (K) 50.
[30] KORNRUMPF (K) 170f.
[31] Vgl. SPIEGEL-SCHMIDT (K) 49; Beispiel Bad Höhenstadt. Das Gegenbeispiel bei CONNOR (K) 405 zu Mainburg.
[32] KOLLER (K) 12ff.
[33] AaO, 10. 28.

Von 1929 bis 1955 stieg in der bayerischen Landeskirche die Zahl der festen Stellen von 1.056 auf 1.259. Dazu rechneten 228 fest übernommene und 25 mit einem Beschäftigungsauftrag versehene Ostpfarrer.[34] Durch Abwanderung und Emeritierung verminderte sich ihre Zahl ab 1949; 1955 gab es in Bayern keine unbeschäftigten Ostpfarrer mehr.[35]

Vornehmlich in neue Stellen der Flüchtlingsdiaspora wurden Ostpfarrer eingewiesen. In der Regel begann die bayerische Laufbahn als sog. Amtsaushilfe,[36] wobei die einheimischen Gemeinden sich oft recht ablehnend verhielten. Über manchem Schlesier schwebte der konfessionell unberechtigte Makel, der Union zu entstammen und das lutherische Bekenntnis zu gefährden.[37] In Schlesien gab es neben der »Evang. Kirche der Altpreußischen Union (ApU)« von 1817, die den Bekenntnisstand der Gemeinden bekanntlich nicht antastete, auch die 1840 separierte »Ev.-Luth. Kirche in Preußen« (Altlutheraner in Breslau). Aus beiden Kirchen kamen Lutheraner mit ihren Geistlichen in Bayern an. Neben dem hier latenten Mißtrauen gegen die Union erschwerte auch die Tatsache, daß das Breslauer Konsistorium nach seiner Vertreibung Ende 1946 in Görlitz (SBZ bzw. DDR) weiterwirkte, die Eingliederung.

Der Amtsübernahme ging in allen lutherischen Landeskirchen das mit Mißverständnissen behaftete, in Einzelfällen verbitternde obligate Konfessions-»Colloquium« voraus.[38] Später genügten wie bei Kandidaten schriftliche Predigt und Katechese, der zuständige Dekan hörte beide ab. Weil Unterlagen der Heimatkirche, auch die Personalakten, fehlten, war solches Vorgehen aus der Sicht der Landeskirche legitim.[39] Der erste heimatvertriebene Pfarrer als bayerischer Dekan war Wolfram Hanow, der ab 1.6.1953 den Dienst in Cham mit dem ausgedehnten Diasporagebiet des Bayerischen Waldes antrat.[40]

Schon die gehaltsmäßige Eingliederung war ein schwieriges Problem. Als »Pfarrer zweiter Klasse« fühlten sich die, deren Entgelt geringer als das der einheimischen Pfarrer ausfiel. Herausragend war in dieser Lage die Initiative des bayerischen Pfarrervereins unter Fritz Klingler; er konnte mit einer »Amtsbrü-

---

[34] SPIEGEL-SCHMIDT (K) 53. Sie entstammten der Evang.-Luth. Kirche Altpreußens (Altlutheraner), den ApU-Kirchenprovinzen Brandenburg, Ostpreußen, Pommern, Schlesien, der Evang. Kirche in Danzig, der Deutschen Evangelischen Kirche in Böhmen, Mähren und Schlesien, dem deutschen Probstbezirk der estnischen evang.-luth. Kirche, der Deutschen Evang. Kirche A.B. in Jugoslawien, dem deutschen evang.-luth. Kirchenwesen Lettlands, der Deutschen Evang. Kirche A. und H. Bek. in Kleinpolen (Galizien), der Unierten Evang. Kirche in Polen (Posen), dem Warschauer Evang. Augsb. Konsistorialbezirk, der Evang. Landeskirche A.B. in Rumänien, den deutschen evang. Kirchengemeinden A.B. in der Slowakei und der Evang. Kirche A.B. in Ungarn (LKAN LKR IV, 421c: amtliche Bezeichnung Stand 1937).
[35] SPIEGEL-SCHMIDT (K) 52; RUDOLPH (K) 323f nennt für 1950 (Stand: 31.10): Von 1.571 bayerischen waren 320 Ostpfarrer, also 20,4%, 70 sollen noch unbeschäftigt gewesen sein. 1956 waren von 1.474 bayerischen 234 Ostpfarrer, noch 15,9%, 23 weitere hatten nur einen Beschäftigungsauftrag.
[36] HANOW (K) 72ff.
[37] AaO, 80f mit anschaulichen Beispielen.
[38] RUDOLPH (K) 333; HANOW (K) 78.
[39] RUDOLPH (K) 334 zitiert OKR Heinrich Riedels Bericht über angebliche Pfarrer als Betrüger.
[40] HANOW (K) 84ff mit Abdruck des Schreibens von Landesbischof Meiser zu diesem Anlaß.

derlichen Hilfskasse« unbürokratisch helfen. Zwischen dem 1.12.1945 und dem 31.3.1947 wurden 207 Ostpfarrer, 510 Angehörige, 67 Ostkirchenbeamte und -angestellte, 40 Familienangehörige und 79 Geistliche aus Ungarn samt Angehörigen mit einer Gesamtsumme von 647.794 RM deutschlandweit unterstützt. 200 RM galten als normaler, monatlicher Richtsatz für eine Familie.[41]

Ebenso mußte die Pfarrfrauenversorgung geregelt werden. Bayern und Württemberg zahlten schon 1945 allen Pfarrfrauen, deren Männer im schlesischen Kirchendienst standen, 150–200 RM monatliche Unterhaltsbeihilfe, zuzüglich 10 RM für jedes Kind.[42] Im Dezember 1945 hatte die EKD einen Beschluß gefaßt, der die spätere zentrale Ostpfarrerversorgung durch eine Ausgleichskasse der EKD vorsah.[43]

5. Der Beauftragte für die kirchliche Vertriebenenarbeit

Am 1.3.1948 setzte Landesbischof Meiser den schlesischen Superintendenten Helmuth Bunzel als bayerischen Kirchenrat in das neugeschaffene Amt des »Beauftragten für die kirchliche Vertriebenenarbeit in Bayern« ein. 1949 folgte die Berufung in die Landessynode. Erstmals hatte eine Landeskirche einen hauptamtlichen Vertriebenenseelsorger auf Leitungsebene eingesetzt; in Bayern stammten über die Hälfte der 700.000 evangelischen Vertriebenen aus Schlesien.[44]

Bunzel sollte durch persönliche Fühlungnahme und ständige Diasporabesuche die Eingliederung der Neubürger in die Landeskirche forcieren.[45] Die Vertriebenen sollten nicht nur die Liebe zur alten Heimat pflegen.[46]

Nach den am 14.11.1949 verkündeten, in anderen Landeskirchen beachteten »Richtlinien für den kirchlichen Dienst an den Heimatvertriebenen« sollte die Integration keine »Gleichschaltung«, sondern ein »innerer geistlicher Vorgang« sein. Regelmäßiger Gottesdienst durch Pfarrer oder Lektor, das Gemeindeleben, Jugendunterweisung, Einführung in das bayerische Gesangbuch nach Text und Melodie, Mitwirkung im Kirchenvorstand und engeren Mitarbeiterkreis des Pfarrers, Sammlung in der kirchlichen Gruppenarbeit gehörten dazu wie die Stelle eines Ostpfarrers als Vertrauensmann für Vertriebenenarbeit in jedem Dekanat. Liturgie und Gottesdienstformen der alten Heimat blieben auf jährlich höchstens vier Vertriebenen-Sonderveranstaltungen beschränkt.[47] OKR Heinrich Riedel resümierte 1951, echte Mitarbeit und helfende Liebe seien zur Be-

---

[41] RUDOLPH (K) 354f zur Geschichte der Hilfskasse.
[42] AaO, 353, Anm. 89.
[43] AaO, 364f.
[44] KORNRUMPF (K) 163f; BUNZEL (K) 145ff.
[45] KORNRUMPF (K) 164.
[46] RUDOLPH (K) 251ff; BUNZEL (K) 157ff.
[47] ABlB 1949, Nr. 24.

wältigung des Problems notwendig;[48] 1952 stellte er fest: »Die Vertriebenen sind eine ernste Schicksalsfrage an die Volkskirche.«[49]

6. Hilfswerk

Als Aspekt kirchlicher Hilfstätigkeit gehörten Seelsorge und »Leibsorge« in der bayerischen Landeskirche von Anfang an zusammen.[50] Bereits am 27.6.1945 traf sich Meiser in Ansbach mit Rektor Karl Nicol und den beiden Pfarrern Julius Weichlein und Heinrich Diez. Sie sahen vor, ein »Evangelisches Hilfswerk der Inneren Mission« zu gründen, weil Improvisationen auf lokaler Ebene nicht ausreichen. Dies geschah am 17.7.1945 in Nürnberg.[51] Die beispiellose Not der Flüchtlinge in der besonderen allgemeinen Notlage hatte Meiser das Motto formulieren lassen: »Zu der Flüchtlingsfürsorge trete die Armenfürsorge«.[52] Die Anbindung kirchlicher Hilfe an die Organisation der Inneren Mission garantierte ein umfangreiches, spannungsfreies Wirken über deren Bezirksstellen in Kirchengemeinden und Flüchtlingslager hinein. Jährlich wurden zudem kirchliche Notstandsgebiete festgelegt.

Zum umfassenden Liebeswerk rief Meiser am 13.8.1945 auf: »Die Gemeinde von heute wird entweder eine Gemeinde der barmherzigen Liebe sein oder sie wird nicht mehr sein.«[53] Bis zur Währungsreform wurden 20,6 Millionen RM gespendet, von 1948–1955 erneut 5,9 Millionen DM, zuzüglich Naturalspenden und Kleidung.[54] In enger Zusammenarbeit mit den Hilfswerken beider Kirchen standen staatliche Stellen.[55]

Das bayerische Hilfswerkunternehmen wurde zum Vorbild für andere Landeskirchen, denen der bayerische Plan im August 1945 zugänglich gemacht worden war. Wesentliche Entwurfselemente, mit einem festen Verteilerschlüssel der Gaben, sind in den Gründungsaufruf der EKD eingegangen. In Treysa wurde am 31.8.1945 das »Hilfswerk der Evang. Kirche in Deutschland« für alle vier Zonen errichtet; OKR Riedel vertrat die Landeskirche ab 1947.[56]

---

[48] KORNRUMPF (K) 164f.
[49] BUNZEL (K) 160f.
[50] STELZLE (K) 189: Die Zahl der hauptamtlichen Mitarbeiter der IM in München wuchs von 1945 bis August 1947 von 70 auf 400 Mitarbeiter; die Bahnhofsmission München versorgte vom März bis November 1946 154.000 Menschen.
[51] KORNRUMPF (K) 158; KOLLER (K) 20: In Regensburg gab es schon vor Meisers Aufruf ein örtliches Hilfswerk.
[52] LKAN Bestand Diak. Werk Nr. 22, 2675: Protokoll der Führerratssitzung der IM in Nürnberg am 9.7.1945.
[53] KORNRUMPF (K) 159.
[54] AaO, 159.
[55] STELZLE (K) 189f. 702, Anm. 54: Vereinbarung vom 26.10.1945 über den Auftrag der kirchlichen Verbände bei der Flüchtlingsbetreuung.
[56] RUDOLPH (K) 54ff.

Der Ende 1945 von Sudetendeutschen und Siebenbürger Sachsen Meiser unterbreitete Plan eines überkonfessionellen Christlichen Flüchtlingswerkes kam zu spät;[57] Caritas und Hilfswerk arbeiteten jedoch vor Ort und regional erfolgreich zusammen. Die Not konnte zwar nicht beseitigt, aber doch gelindert werden.[58]

Zur spontanen Hilfe der Gemeinden flossen bald reichlich Gaben ausländischer Glaubensgenossen, ab Frühjahr 1946 waggonweise Lebensmittel und Kleidung aus den USA (80% der Gesamtspenden), der Schweiz und anderen Ländern.[59] Weil dortige Kirchenmänner als einzige in der US-Zone internationale Kontakte wieder aufnehmen durften, konnten die ökumenischen Delegationen in ihren Ländern als Stimme Deutschlands von Not und Elend berichten.[60] Die ab Juli 1948 beginnende Marshallplan-Hilfe stellte zudem beträchtliche Mittel zum Wiederaufbau zur Verfügung. Der starke Spendenrückgang nach der Währungsreform wuchs erst 1952 wieder zugunsten der Flüchtlinge aus der DDR an.

7. Hilfskomitees – kirchlicher Suchdienst

Die 1945 spontan entstandenen Hilfskomitees der Flüchtlinge beschränkten sich auf karitative Hilfen; alle kirchenregimentlichen Funktionen blieben ausgeschlossen.ˆ 15 Hilfskomitees bildeten nach 1947 den »Konvent für Vertriebenenarbeit in der Evang.-Luth. Kirche in Bayern« als gemeinsames kirchliches Werk.ˆ Wirksame Unterstützung der Arbeit Bunzels leisteten sie mit ihren fünf Aufgabenkreisen: Gemeinden und Flüchtlinge seßhaft zu machen, Kontakte zu den Aufnahmekirchen zu fördern, Selbsthilfe, Hilfe für Auswanderer und Einrichten eines Suchdienstes.ˆ

Getragen von den Hilfskomitees, gefördert von der Landeskirche mit Räumen und Finanzen, wurde am 1.7.1951 die »Landesgeschäftsstelle für kirchliche Vertriebenenarbeit« gegründet.[64] Ihre vier Referate befaßten sich mit Volksmission, Diakonie, Kultur und Öffentlichkeitsarbeit.[65] Der kirchliche Suchdienst ging 1968 auf das Diakonische Werk in Bayern über.[66] Ab 1951 wirkten die Hilfskomitees jahrelang für Hilfesuchende wegen des auf allen Ebenen propagierten, 1952 gesetzlichen Lastenausgleichs.[67]

---

[57] AaO, 83: Abdruck des Aktenvermerks vom 19.12.1945.
[58] HALLABRIN (K) 99ff.
[59] KORNRUMPF (K) 162f; JAENICKE (K) 25 mit weiteren Zahlenangaben.
[60] CONNOR (K) 403.
[61] RUDOLPH (K) 202.
[62] KORNRUMPF (K) 165.
[63] BUNZEL (K) 153ff.
[64] KORNRUMPF (K) 165f; STELZLE (K) 166.
[65] BUNZEL (K) 156f; RUDOLPH (K) 255f.
[66] KORNRUMPF (K) 166.
[67] RUDOLPH (K) 459f.

8. Kirchlicher Wohnungsbau – Umsiedlung

Weil vom Wohnraumbestand des Jahres 1939 in Bayern 1945 14,8% total zerstört waren, war die quantitative Wohnraumversorgung ein Hauptanliegen; der Schwerpunkt lag bei Ausbau und Instandsetzung der Flüchtlingslager.[68]

Bei intensivierter Grundeinstellung der verfaßten Kirchen zur Sozialpolitik existierte schon 1947 beim Hilfswerk in Nürnberg eine Beratungsstelle.[69] Mit dem Lehmhausbau hatte man bereits begonnen; Rummelsberg bildete sog. Siedlungsdiakone aus.[70] Nach der Währungsreform schufen Selbsthilfe-Siedlergruppen der Vertriebenen im nieder- und oberbayerischen Raum Wohnungen für 2.336 Flüchtlinge.[71] Unter führender kirchlicher Beteiligung entstand das Aufbauwerk junger Vertriebener; die evang. Jugend in Bayern schuf mit ihren Heimen das Aufbauwerk junger Christen.[72]

Am 28.7.1949 wurde das Evangelische Siedlungswerk in Bayern unter maßgeblicher Teilnahme der Landeskirche gegründet.[73] Qualitativ gute Neubauten wurden erstellt, obwohl in Bayern Ende 1949 noch 800.000 Wohnungen fehlten[74] und 28,3% der Flüchtlinge Anfang 1950 noch ohne Arbeit waren.[75] Ihre fortschreitende Wohnraumintegration erfolgte zwischen 1950 und 1956.[76]

Bald kam es zu einer Wanderungsbewegung der Flüchtlinge vom flachen Land in die Stadt.[77] 1950 setzte die staatliche Bundesländer-Umsiedlung ein,[78] daneben wurden bis 1955 1.500 Personen durch die Kirche umgesiedelt.[79] Patenschaftssiedlungen wurden angeregt,[80] vertriebene Bauern konnten im Rahmen der Kirche angesiedelt werden.[81] Innerhalb kurzer Zeit war es zu einer Veränderung der Kulturlandschaft und der Siedlungsstrukturen gekommen.[82]

---

[68] BAUER (K) 23f.
[69] KORNRUMPF (K) 167.
[70] RUDOLPH (K) 102f.
[71] BUNZEL (K) 165.
[72] SPIEGEL-SCHMIDT (K) 70; RUDOLPH (K) 146f; JAENICKE (K) 25.
[73] Wohnen i. Wandel. Aspekte d. Wohnungswesens u. d. kirchl. Wohnungsbautätigkeit, hg. v. EV. SIEDLUNGSWERK I. BAYERN, Nürnberg 1979.
[74] Beispiele hierzu bei FRANK (K) 122ff; JAENICKE (K) 26f. 28f.
[75] CONNOR (K) 400.
[76] FRANTZIOCH (K) 203ff.
[77] SPIEGEL-SCHMIDT (K) 52; BAUER (K) 28. 167.
[78] RUDOLPH (K) 463ff; KORNRUMPF (K) 213ff.
[79] BUNZEL (K) 165; KRIMM (K) 121.
[80] STELZLE (K) 192.
[81] BUNZEL (K) 83; KRIMM (K) 83: Noch 1955 wurde die Evang. Aktionsgemeinschaft zur Eingliederung vertriebener Landwirte gegründet.
[82] KLAUS FEHN, Die bayer. Siedlungsgesch. nach 1945. Quellen u. Methoden – Hauptergebnisse – Bibliographie: ZBLG 28 (1965), 663ff.

9. Wandel in den Konfessionsstrukturen

Weil das Konfessionsverhältnis bei Einheimischen und Flüchtlingen nahezu gleich war, gab es landesweit keine nennenswerte prozentuale Verschiebung.[83] Doch auf regionaler Ebene führte die konfessionelle Durchmischung besonders auf dem Lande innerhalb von nur zwei Jahren zu immensen Schwierigkeiten.

Regierungsbezirk	1939		1946		1970	
Oberbayern	183.860	9,7 %	332.167	14,1 %	574.405	17,7 %
Niederbayern	13.041	1,7 %	132.644	12,2 %	70.619	7,0 %
Oberpfalz	56.496	8,4 %	129.110	14,5 %	117.687	12,3 %
Oberfranken	464.796	58,4 %	587.674	54,6 %	580.051	52,0 %
Mittelfranken	713.960	67,3 %	747.504	61,8 %	858.533	57,8 %
Unterfranken	150.593	18,3 %	204.318	20,8 %	239.739	20,3 %
Schwaben	119.421	13,5 %	192.246	16,1 %	250.745	16,9 %
Bayern insg.*)	1702.167	24,7 %	2325.663	26,5 %	2691.779	25,7 %

*) Gebietsstand 1970.

Die evangelische Bevölkerung in Bayern zwischen 1939 und 1970.

Die konfessionelle Gemengelage war in den bisherigen Minoritätsgebieten Niederbayern und der Oberfalz mit evangelischen, Mittel- und Oberfranken mit katholischen Vertriebenen besonders stark.[84] Von 1939 bis 1946 reduzierten sich die konfessionell ungemischten Gemeinden Bayerns von 1.424 auf neun, bis 1959 auf null.[85] 700.000 der in Bayern bis 1950 aufgenommenen 1.937.320 Flüchtlinge waren – bei Hauptanteil katholischer Sudetendeutscher – evangelisch. Die Landeskirche vergrößerte sich 1939–1950 von 1.676.645 auf 2.408.700 Mitglieder.[86]

Undenkbar war von Anfang an eine Flüchtlingszuweisung nach konfessionellen Kriterien, obwohl von den Kirchen vehement gefordert, wenn etwa 1946 an manchen Tagen über 6.000 Ausgewiesene schnell verteilt werden mußten.[87]

10. SBZ und DDR-Flüchtlinge

Als »illegale Grenzgänger«, »Sowjetzonenflüchtlinge« und im DDR-Sprachgebrauch als »Republikflüchtlinge« bis zum abrupten Ende der Fluchtbewegung 1961 bezeichnet, wurden sie bis 1951 in Lagern und Übergangswohnheimen un-

---

[83] KORNRUMPF (K) 168.
[84] KOLLER (K) 9.
[85] CONNOR (K) 405; FRANK (K) 221f.
[86] KRIMM (K) 120.
[87] KORNRUMPF (K) 191; BAUER (K) 181f.

tergebracht.[88] 1971 gab es in Bayern noch 6 Flüchtlingslager und 17 Übergangswohnheime.[89] Dieser dritten Welle von Flüchtlingen, mehr als innerdeutsche Angelegenheit betrachtet, nahm sich die Regierung mit ihrer geordneten Verwaltung ebenso an wie die Kirchen.

11. Ergebnis

Durch die Vertriebenen wurde in Deutschland wie in Bayern eine neue religionsgeschichtliche Epoche eingeleitet, waren die räumlichen Ergebnisse des Augsburger Religionsfriedens 1555 fortan überholt; überall entstand Diaspora. Das neue Verhältnis unter den Konfessionen bedingte mehr Toleranz, die Zahl der Mischehen wuchs.[90]

Tief auf das religiöse Leben von Flüchtlingen und Aufnahmegemeinden wirkte die Vertreibung: Der Vertriebene war »Störfaktor« und Konstitutionselement zugleich in der Landeskirche. Bildete ein wesentlicher Bestandteil kirchlicher Vertriebenenhilfe Integrationshilfe, so vollbrachte die Landeskirche auf dem Gebiet der institutionalisierten Seelsorge eine echte Integrationsleistung innerhalb von zehn Jahren. Blieb die Entscheidung zwischen Separation und Integration nach dem Schreckzustand der ersten Phase und dem sich anschließenden passiven Widerstand in Erwartung einer Rückkehr zunächst fließend, so gelang am Ende doch die dauerhafte Integration in der Kirche wie im Staat, ein sichtbares Zeichen blieb die »Charta der deutschen Heimatvertriebenen« vom 5.8. 1950.[91]

---

[88] KORNRUMPF (K) 236ff.
[89] KRIMM (K) 123f.
[90] SPIEGEL-SCHMIDT (K) 154.
[91] Für die bayerische Landeskirche gibt es bis jetzt keine hinreichenden Feldforschungen aufgrund der Aktenlage, wie eine Gesamtdarstellung dieses beispielhaften Vorganges noch fehlt. Heranzuziehen wären vor allem die einschlägigen Bestände Landeskirchenrat, Kreisdekane, Dekanate, Diakonisches Werk, Lagergemeinden, Pfarrbeschreibungen und Nachlässe.

VII.2 RECHTSFRAGEN

VII.2.1 NEUE VERFASSUNGS- UND VERWALTUNGSSTRUKTUREN

Von Hans-Peter Hübner

AMMON/RUSAM² (B).– GRETHLEIN/BÖTTCHER/HOFMANN/HÜBNER (B).– SIEGRFIED GRUNDMANN, Sacerdotium – Ministerium – Ecclesia particularis: Für Kirche u. Recht, FS f. Johannes Heckel z. 70. Geburtstag, Köln u.a. 1959, 144–163 (Wiederabdruck: GRUNDMANN, Abh. [B] 156–176).– WERNER HOFMANN, Die neue Verfassung d. Ev.-Luth. Kirche i. Bayern: ZEvKR 18 (1973), 1–22.– HANS-PETER HÜBNER, Pfarrer i. d. Sozialversicherung, Tübingen 1992 (JusEcc 43).– Landessynode Ansbach 1946 (B).– WILHELM MÜLLER, Das Amt d. Kirchenvorstehers nach d. neuen KGO: NELKB 19 (1964), 285–288.– DERS., Zur neuen KGO: NELKB 19 (1964), 105–108.– REINHARD RICHARDI, Arbeitsrecht i. d. Kirche, München ²1992.

1. Verfassungsrechtlicher Neubeginn

Anders als 1918 machte der staatliche Neubeginn nach 1945 weder eine grundlegende Neuordnung des Verhältnisses von Staat und Kirche noch eine umfassende Revision der Kirchenverfassung der Evangelisch-Lutherischen Kirche in Bayern erforderlich. Vielmehr wurden die staatskirchenrechtlichen Rahmenbedingungen, wie sie durch die Weimarer Reichsverfassung, die Bamberger Verfassung und den Staatskirchenvertrag vom 15.11.1924 geschaffen worden waren,[1] durch die Bayerische Verfassung vom 2.12.1946 und durch das Grundgesetz der Bundesrepublik Deutschland vom 23.5.1949 bestätigt.[2]

---

[1] Vgl. VI.1.1.2 und VI.1.5.
[2] Am 25.3.1946, also noch vor der Verabschiedung der Bayerischen Verfassung, hatte die Bayerische Staatsregierung unter Wilhelm Hoegner nach Fühlungnahme mit den beiden großen christlichen Kirchen ein »Gesetz über die Rechtslage der Religionsgemeinschaften in Bayern« verkündet, welches u.a. die volle Religionsfreiheit, die Aufhebung der besonderen Staatsaufsicht über die Kirchen, die Erhöhung der Staatsleistungen auf den Stand von 1933 und den Religionsunterricht als ordentliches Lehrfach vorsah, jedoch nicht die Genehmigung der amerikanischen Militärregierung erhielt und deshalb zurückgenommen werden mußte (vgl. dazu MASER, Ev. Kirche [B] 166f).
Die Bestimmungen über die Rechtsstellung der Kirchen in der neuen Bayerischen Verfassung (GVBl 1946, 333–346) sind erkennbar nach dem Vorbild der Weimarer Reichsverfassung formuliert. In Art. 182 BV wird ausdrücklich festgestellt, daß die mit den christlichen Kirchen geschlossenen Verträge, also auch der Vertrag mit der Evangelisch-Lutherischen Kirche in Bayern vom 15.11.1924, in Kraft bleiben. Weil bei den Verfassungsberatungen der Entwurf für eine Neukonzeption keine Mehrheit fand, verweist das Grundgesetz bezüglich der Rechtsstellung der Kirchen in Art. 140 GG auf die Kirchenartikel der Weimarer Reichsverfassung (Art. 136–139, 141), die nach der Rechtsprechung des Bundesverfassungsgerichts durch die Inkorporation vollgültiges Verfassungsrecht geblieben sind und nicht etwa gegenüber den anderen Normen des Grundgesetzes minderen Rang besitzen (BVerfGE 19, 206. 218f). Zur Entstehung der staatskirchenrechtlichen Bestimmungen vgl. LINK, Staat (B) 997. 1000ff.

Da die auf der Grundlage der Kirchenverfassung von 1920 entstandenen Organisationsstrukturen ihre Bewährungsprobe während des »Dritten Reiches« bestanden hatten, war dringlicher Reformbedarf nicht gegeben. Allerdings ist teilweise die ursprüngliche Verfassungslage wiederhergestellt worden. Vor allem wurde die Landessynode, die letztmalig am 23.8.1934 zu einer außerordentlichen Tagung in München zusammengetreten und deren Amtszeit 1939 abgelaufen war,[3] neugebildet und wieder in ihre verfassungsmäßigen Rechte eingesetzt. Die Wahlen zur Landessynode erfolgten am 24.3.1946 durch die 1933 gebildeten Kirchenvorstände.[4] Die neue Landessynode, der nach dem verfassungsändernden Kirchengesetz vom 1.8.1933 50 Mitglieder angehörten,[5] trat vom 9. bis zum 13.7.1946 in Ansbach zu ihrer konstituierenden Tagung zusammen. Bei dieser Tagung gab Landesbischof D. Hans Meiser die ihm mit Kirchengesetz vom 8.5.1933 übertragene Vollmacht zum Erlaß von Kirchengesetzen[6] in die Hände der Landessynode zurück, die dieses sowie das Kirchengesetz vom 2.10.1933 über die von Art. 38 Abs. 2 KVerf. abweichende Zusammensetzung des Landessynodalausschusses[7] in aller Form aufhob. Außerdem verlängerte die Landessynode die Geltungsdauer des »Kirchengesetzes über die Bestellung eines Landesbischofs« vom 8.5.1933 »bis auf weiteres«[8] und verabschiedete ein neues Kirchenvorstandswahlgesetz.[9] Nach den im Herbst 1946 durchgeführten Kirchenvorstandswahlen wurden die neuen Kirchenvorstände am 1. Advent (2.12.) 1946 in ihr Amt eingeführt.

Das Verfassungsgefüge der Evangelisch-Lutherischen Kirche in Bayern ist freilich ganz erheblich durch den Beitritt zur Vereinigten Evangelisch-Lutherischen Kirche Deutschlands im Jahr 1947[10] und zur Evangelischen Kirche in Deutschland im Jahr 1948[11] verändert worden. Die Gesetzgebung der VELKD hat nach Art. 6 der VELKD-Verfassung generell Vorrang vor der Gesetzgebung

---

[3] Die in Aussicht genommene Neuwahl war mit Rücksicht auf die Zeitverhältnisse unterblieben; der Landessynodalausschuß konnte aufgrund von Art. 38 KVerf. weiter im Amt bleiben.

[4] Von der an sich angezeigten vorherigen Neuwahl der Kirchenvorstände wurde abgesehen, weil die Auffassung bestand, daß die vorhandene Kirchenvorstandswahlordnung vom 8.12.1922 (ABlB 241) nicht »die Kirchlichkeit der Wahl und der neuen Kirchenvorstände gewährleistete« und die Wahlen »wie 1933 nur unter anderen Vorzeichen – in einem politisierten Sinn stattgefunden hätten« (Gerhard Hildmann in: Landessynode Ansbach 1946 [B] 4).

[5] Vgl. VI.1.3.2, Anm. 41.

[6] Vgl. dazu VI.6.2.2. In seinem Rechenschaftsbericht vor der Landessynode wies Landesbischof Meiser darauf hin, daß er von dem »Ermächtigungsgesetz« stets in der Weise Gebrauch gemacht habe, daß er den Landessynodalausschuß nicht nur, wie es das Gesetz verlangte, angehört, sondern sich auch seiner Zustimmung versichert hat (vgl. Landessynode Ansbach 1946 [B] 6. 12).

[7] Vgl. VI.1.3.2, Anm. 42.

[8] Kirchengesetze vom 22.7.1946 (ABlB 90); durch das Kirchengesetz über die Änderung der Kirchenverfassung vom 30.9.1948 (ABlB 104) wurden schließlich auch ausdrücklich in der Kirchenverfassung und in den sonstigen Kirchengesetzen, Verordnungen und Bekanntmachungen die Bezeichnungen »Präsident« und »Kirchenpräsident« durch die Bezeichnung »Landesbischof« ersetzt und die dadurch gegenstandslos gewordenen Kirchengesetze vom 8.5.1933 und vom 22.7.1946 aufgehoben.

[9] Kirchengesetz vom 22.7.1946 (ABlB 86ff).

[10] Kirchengesetz vom 4.11.1947 (ABlB 97); vgl. VII.9.2.

[11] Kirchengesetz vom 30.9.1948 (ABlB 98); vgl. VII.9.3.

der Gliedkirchen; demgegenüber geht das Recht der EKD dem gliedkirchlichen Recht nur dann vor, wenn entweder die Rechtsmaterie im Bereich der EKD bereits einheitlich geregelt war oder wenn die Gliedkirchen ihre Zustimmung zu dem EKD-Gesetz geben (Art. 10 der EKD-Grundordnung).

2. Fortentwicklung der kirchlichen Verfassungs- und Verwaltungsstrukturen bis 1971

Die bereits von Landesbischof Meiser »zu gegebener Zeit« bei der Synodaltagung des Jahres 1946 anvisierte generelle Überprüfung der Kirchenverfassung wurde 1961 angestoßen, als sein Nachfolger Landesbischof D. Hermann Dietzfelbinger aus Anlaß der 40-jährigen Geltung der Kirchenverfassung von 1920 und vor dem Hintergrund der damals im Gang befindlichen Arbeiten an der Kirchengemeindeordnung und der neuen Ordnung des kirchlichen Lebens vor der Landessynode erklärte, daß »der Zeitpunkt einer neuen Arbeit an der Kirchenverfassung allmählich heranrückt«.[12] Diese wurde schließlich gleich zu Beginn der Synodalperiode 1966/1972 aufgenommen[13] und zunächst einem aus Synodalen, Mitgliedern des Landeskirchenrates und weiteren berufenen Sachverständigen bestehenden Verfassungsausschuß übertragen. Der von diesem erarbeitete Vorentwurf[14] wurde im Frühjahr 1970 zur öffentlichen Diskussion gestellt[15] und nach Einarbeitung der eingegangenen Stellungnahmen und nach erneuter Veröffentlichung[16] bei der Herbsttagung der Landessynode 1970 eingebracht.[17] Nach der bei der Frühjahrstagung 1971 erfolgten ersten Lesung und Weiterbehandlung durch einen synodalen Zwischenausschuß wurde die neue Kirchenverfassung in zweiter Lesung bei der Herbsttagung 1971 von der Landessynode endgültig verabschiedet.[18] Sie ist unter dem 20.11.1971 vom Landesbischof ausgefertigt worden und zum 1.1.1972 in Kraft getreten.[19]

[12] Vgl. VLKB Ansbach 1961, 11f.
[13] Die Verfassungsarbeit wurde auf einer »Arbeitstagung der Landessynode« am 21. und 22.10.1966 mit drei noch heute lesenswerten Grundsatzfragen eingeleitet: WILHELM MAURER, Zum theol. Ansatz einer neuen Ordnung d. Ev.-Luth. Kirche i. Bayern: Grundlagen einer neuen Kirchenverfassung d. Ev.-Luth. Kirche i. Bayern, Sonderdruck d. Landessynode, München 1966, 7ff; SIEGFRIED GRUNDMANN, Die Gestaltung einer neuen Kirchenverfassung f. d. Ev.-Luth. Kirche i. Bayern: aaO, 29ff (Wiederabdruck: GRUNDMANN, Abh. [B] 127ff); GUSTAV-ADOLF VISCHER, Fragen z. Verfassungsreform: AaO, 51ff.
[14] Kirchenverfassung. Vorentwurf Ev.-Luth. Kirche i. Bayern, i. Auftrag d. Landeskirchenrates hg. v. OKR HEINRICH RIEDEL, München 1970, mit Erläuterungen v. OKR i.R. G.A. Vischer.
[15] Auf der Grundlage dieses Vorentwurfs fand im Rahmen der Frühjahrstagung der Landessynode 1970 eine Anhörung statt, bei der einzelne Kirchenmitglieder und Vereinigungen Stellung nehmen konnten; vgl. VLKB Coburg März 1970, 127–158.
[16] ABlB 1970, 119.
[17] Vgl. VLKB Bayreuth Oktober 1970, 146ff.
[18] Ausführlich zur Entstehungsgeschichte der Kirchenverfassung von 1971 AMMON/RUSAM² (B) 17ff und GRETHLEIN/BÖTTCHER/HOFMANN/HÜBNER (B) 41ff.
[19] ABlB 1971, 287.

In der Zwischenzeit waren nicht nur einige verfassungsändernde und verfassungsergänzende Kirchengesetze zur Neuregelung von Einzelfragen ergangen,[20] sondern auch umfangreiche Gesetzgebungsvorhaben verwirklicht worden, welche die Kirchenverfassung von 1920 in zentralen Bereichen fortentwickelten und die neue Kirchenverfassung teilweise schon vorwegnahmen.

Dies gilt in besonderer Weise für die gerade zu Beginn einer neuen Amtsperiode der Kirchenvorstände nach zehnjähriger Vorarbeit[21] am 1.12.1964 in Kraft getretene Kirchengemeindeordnung.[22] Mit diesem Kirchengesetz wurde nicht nur dem jahrzehntelang bestehenden Desiderat abgeholfen, das bisher in einer Anzahl von – teilweise veralteten – Einzelgesetzen und zudem nur unvollständig geregelte Recht der Kirchengemeinden in einem Kirchengesetz zusammenzufassen, sondern diesem auch, den Erkenntnissen der Kirchenrechtslehre seit der Barmer Bekenntnissynode (1934) über den »Eigenweg des evangelischen Kirchenrechts«[23] folgend, eine rechtstheologische Grundlegung gegeben; angesichts des Umstands, daß im Gegensatz zur reformierten Kirchengemeinde das Leitbild einer Kirchengemeinde evangelisch-lutherischen Gepräges fehlte, war dies ein schwieriges Unterfangen.[24] Die Kirchengemeindeordnung von 1964 beschränkt sich also nicht auf die Beschreibung der Aufgaben und der Leitungsstrukturen einer Kirchengemeinde, des Geschäftsgangs im Kirchenvorstand, der Grundsät-

---

[20] Durch das verfassungsändernde Kirchengesetz vom 16.5.1947 (ABlB 41) wurde die Zusammensetzung der Landessynode (80 Mitglieder) und des Ernennungsausschusses (Art. 53 KVerf.) geändert; außerdem wurde das Amt des (juristischen) Vizepräsidenten beseitigt und an seiner Stelle der Vorstand der geistlichen Abteilung des Landeskirchenrates zum Vertreter des Landesbischofs auch in seiner nicht »oberhirtlichen Tätigkeit« (Art. 48 KVerf.) bestimmt.
Nach dem mit verfassungsändernder Mehrheit angenommenen Kirchengesetz vom 30.9.1948 über die Änderung des Pfarrergesetzes (ABlB 105) wurden der Landesbischof und die geistlichen Mitglieder des Landeskirchenrates, die bisher den Status von Kirchenbeamten hatten, Pfarrer im Sinne des Pfarrergesetzes.
Durch das verfassungsändernde Kirchengesetz vom 23.9.1950 (ABlB 113) wurde der Präsident der Landessynode wieder kraft Gesetzes Mitglied (vgl. auch VI.1.3.2, Anm. 43) und zugleich Vorsitzender des Landessynodalausschusses.
Das verfassungsändernde Kirchengesetz vom 9.3.1965 (ABlB 45) regelte die Zusammensetzung der Landessynode neu: 27 gewählte geistliche und 54 gewählte weltliche Mitglieder, 7 berufene Mitglieder, ein Vertreter der Erlanger Theologischen Fakultät und ein Vertreter der 1947 gegründeten Augustana-Hochschule Neuendettelsau.
Durch das verfassungsändernde Kirchengesetz vom 13.3.1968 (ABlB 46) kam ein Vertreter der 1968 errichteten Evangelisch-Theologischen Fakultät der Universität München hinzu.
[21] Nach dem 1930 nicht zur Verabschiedung gelangten Entwurf (vgl. dazu VI.1.6) sind die Arbeiten an der Kirchengemeindeordnung erst 1954 wiederaufgenommen worden. Mit dem vom Landeskirchenrat 1956 gebilligten Referentenentwurf befaßte sich bis 1960 ein aus Referenten des Landeskirchenrates, Synodalen und sonstigen Fachkundigen bestehender Ausschuß, bevor ihn die Landessynode an einen ständigen Ausschuß zur Weiterbehandlung übergab. Der im Herbst 1963 vorgelegte neue Entwurf ist bei der Tagung der Landessynode am 20. und 21.2.1964 verabschiedet worden.
[22] Kirchengesetz vom 2.3.1964 (ABlB 19).
[23] So der Titel einer Abhandlung von HANS LIERMANN: LM 2 (1963), 213–220.
[24] Vgl. W. MÜLLER, Kirchengemeindeordnung (K) 105. Wertvolle Impulse gaben aber z.B. GRUNDMANN, Sacerdotium (K) und RUDOLF WEEBER, Welche allgemeinen Fragen u. speziellen Probleme stellen sich b. d. Ausarbeitung einer Kirchengemeindeordnung?: ZEvKR 7 (1959/60), 389–416.

ze der ortskirchlichen Vermögensverwaltung und des Haushaltswesens und der aufsichtsrechtlichen Befugnisse übergeordneter Stellen, sondern trifft grundlegende Aussagen inbesondere über das Wesen einer Kirchengemeinde und über das Verhältnis von Amt und Gemeinde.[25] Ein Hauptziel der Kirchengemeindeordnung war es, die Gemeinden zu aktivieren. Dieser Zielsetzung entsprechend wurde die Möglichkeit geschaffen, Gemeindeversammlungen[26] einzuberufen, und das Amt des Vertrauensmannes des Kirchenvorstandes eingeführt;[27] außerdem wurden die geistlichen Aufgaben des Kirchenvorstandes erweitert.[28] Durch die Festlegung, daß neue Kirchenstiftungen nicht mehr errichtet werden und die vorhandenen Kirchenstiftungen grundsätzlich aufzuheben sind,[29] wurde die Kirchengemeinde zum maßgeblichen Träger des ortskirchlichen Vermögens. Die Kirchengemeinden wurden auch dadurch gestärkt, daß der Katalog der genehmigungspflichtigen Maßnahmen erheblich reduziert wurde und ihnen ein Rechtsweg gegen Maßnahmen der Aufsichtsbehörden eröffnet wurde.[30]

Auch das Kirchengesetz über die Gliedschaft in der Evangelisch-Lutherischen Kirche in Bayern (Gliedschaftsgesetz) vom 10.11.1965,[31] welches im Zusammen-

---

[25] So wird in §§ 1 und 2 KGO die doppelte Bedeutung der Kirchengemeinde zum Ausdruck gebracht: Die Kirchengemeinde ist nicht nur im Rechtssinne als »eine örtlich begrenzte Gemeinschaft von Gliedern der Evangelisch-Lutherischen Kirche in Bayern« zu verstehen; in der rechtlich faßbaren Institution (ecclesia particularis) verwirklicht sich vielmehr auch die Gemeinde Jesu Christi (ecclesia spiritualis) im örtlichen Bereich. In § 3 KGO wird die dienende Funktion (auch) des Rechts der Kirchengemeinde unterstrichen: Das Selbstverwaltungsrecht der Kirchengemeinden nach Art. 6 Abs. 2 KVerf. 1920 steht unter dem Vorbehalt »der gehorsamen Erfüllung« des Auftrags, den die Gemeinde Jesu Christi von ihrem Herrn erhalten hat. Das Amt der öffentlichen Wortverkündigung und Sakramentsverwaltung erscheint der Gemeinde weder übergeordnet im Sinne der Institutionstheorie (Wilhem Löhe, August Christian Friedrich Vilmar) noch untergeordnet im Sinne der Übertragungstheorie (vgl. z.B. Johann Wilhelm Friedrich Höfling), sondern zugeordnet: Wenn in § 2 Abs. 2 Satz 1 KGO festgestellt wird, daß die Kirchengemeinde »im Zusammenwirken aller ihrer Glieder unter Leitung der Pfarrer und des Kirchenvorstandes für den Aufbau und die Gestaltung des Gemeindelebens zu sorgen« hat, folgt daraus, daß dem Pfarrer auch selbständige Leitungsaufgaben, z.B. in bezug auf Gottesdienst und Gewährung von Amtshandlungen, zukommen.

[26] Die Gemeindeversammlung nach § 11 KGO ist zwar kein beschließendes Organ der Kirchengemeinde; ihre Wünsche und Anregungen müssen jedoch vom Kirchenvorstand vordringlich behandelt werden (vgl. dazu GRETHLEIN/BÖTTCHER/HOFMANN/HÜBNER [B] 471ff).

[27] Das Amt des Vertrauensmannes bzw. der Vertrauensfrau ist gleichsam zum Ausgleich dafür geschaffen worden, daß die Kirchengemeindeordnung daran festhielt, daß der Vorsitz im Kirchenvorstand nicht, wie aus den Reihen der Synode gefordert worden war, durch Wahl bestimmt wird, sondern weiterhin kraft Gesetzes beim Pfarramtsvorstand liegt; nach dem Kirchengemeinde-Erprobungsgesetz vom 4.12.1993 (ABlB 342) ist es jedoch seit dem 1.1.1995 möglich, daß der Kirchenvorstand ein anderes seiner Mitglieder zum Vorsitzenden bestimmt. Die Befugnisse des Vertrauensmannes bzw. der Vertrauensfrau sind in §§ 37–39 KGO geregelt; vgl. dazu W. MÜLLER, Amt (K) 287f, und GRETHLEIN/BÖTTCHER/HOFMANN/HÜBNER (B) 434f. 436ff.

[28] Vgl. z.B. § 21 Nr. 4, 9, 11 KGO sowie W. MÜLLER, Amt (K) 286f und DERS., Kirchengemeindeordnung (K) 107.

[29] Vgl. § 64 KGO.

[30] Vgl. W. MÜLLER, Kirchengemeindeordnung (K) 107f. Die Zuständigkeiten des Schiedsausschusses nach §§ 113ff KGO sind auf das mit Kirchengesetz vom 9.12.1992 (ABlB 372) errichtete Verwaltungsgericht der Evangelisch-Lutherischen Kirche in Bayern übergegangen; vgl. dazu GRETHLEIN/BÖTTCHER/HOFMANN/HÜBNER (B) 401ff.

[31] ABlB 179.

hang mit der zum 1.7.1966 in Kraft getretenen neuen »Ordnung des kirchlichen Lebens«[32] entstanden ist, schloß eine seit langem als nachteilig empfundene Lücke der Kirchenverfassung von 1920, da sich diese (Art. 7 Abs. 2 und 3) und die Kirchengemeindeordnung (§§ 5 und 6) damit begnügt hatten, den Grundsatz und die Ausnahmen von der Zugehörigkeit zur Wohnsitzkirchengemeinde (Parochialprinzip) festzuschreiben.

Das verfassungsändernde Kirchengesetz vom 13.3.1968[33] regelte das Verfahren der Pfarrstellenbesetzung grundlegend neu. Bis dahin beschränkte sich die Mitwirkung der Kirchengemeinden bei der Besetzung einer Pfarrstelle auf die Anhörung des Kirchenvorstands im Rahmen der Stellenbesetzungsbesprechung des Kreisdekans; in einer Reihe von Städten, insbesondere in ehedem freien Reichsstädten (ca. 150 Pfarrstellen) bestanden allerdings Präsentationsrechte in dem Sinne, daß der Kirchenvorstand bei jeder Stellenbesetzung aus einem Dreiervorschlag des Landeskirchenrates auswählen konnte. Die uneinheitlichen Verhältnisse und die in der Mehrzahl der Besetzungsfälle als unzureichend eingeschätzten Mitwirkungsmöglichkeiten der Kirchengemeinden[34] haben bereits bei der Beratung des Entwurfs der Kirchengemeindeordnung bei der Herbsttagung der Landessynode 1963 zu der einmütigen Überzeugung geführt, daß die Mitwirkung der Kirchengemeinden bei der Besetzung von Pfarrstellen Verfassungsqualität habe. Der Landeskirchenrat ist damals gebeten worden, »vordringlich die Arbeiten zu einer Neuregelung des Pfarrstellenbesetzungsrechts aufzunehmen und nach Anhörung der Bezirkssynoden usw. baldmöglichst eine entsprechende Vorlage zu schaffen«.[35] Aufgrund des Ergebnisses der Befragung der Dekanatsbezirke ist schließlich das alternierende Pfarrstellenbesetzungsverfahren eingeführt worden, wonach jeweils in dem einen Besetzungsfall der Kirchenvorstand aus einem Dreier-Vorschlag des Landeskirchenrates auszuwählen hat und in dem anderen Besetzungsfall der Landeskirchenrat die Stelle besetzt.[36]

Diese Bestimmungen sind im wesentlichen unverändert in die Kirchenverfassung von 1971 übernommen worden.

Ein zweiter »Fertigteil«, der in die Kirchenverfassung von 1971 eingebaut wurde, war die 1969 vollzogene Änderung des 3. Abschnittes der Kirchenverfassung von 1920 über »Dekanat und Kirchenbezirk«.[37] Die Vorwegnahme der Neuregelung dieses Bereiches hatte ihren Grund darin, daß die Reform des Kir-

---

[32] ABlB 127.
[33] Kirchengesetz zur Änderung der Artikel 10 und 65 der Kirchenverfassung vom 13.3.1968 (ABlB 46).
[34] Auch in der kirchenrechtlichen Literatur ist darauf hingewiesen worden, daß eine bloße Anhörung der Gemeinden mit der Grundstruktur der Kirche, zumal einer reformatorischen, nicht in Einklang zu bringen ist; vgl. GRUNDMANN, Sacerdotium (K) 155f (= GRUNDMANN, Abh. [B] 167f).
[35] Vgl. VLKB Ansbach Oktober 1963, 99.
[36] Vgl. Begründung zum Kirchengesetz zur Änderung der Art. 10 und 65 der Kirchenverfassung: VLKB Ansbach März 1968, 135ff sowie AMMON/RUSAM[2] (B) 19.
[37] Kirchengesetz zur Änderung der Kirchenverfassung und Dekanatsbezirksordnung vom 31.10. 1969 (ABlB 208 und 209).

chenbezirks als »vordringlichster und entscheidenster Ansatz der Kirchenreform« angesehen wurde.³⁸ Für diese Einschätzung war die Erkenntnis maßgeblich, daß zahlreiche kirchliche Dienste, wie z.B. der Dienst an bestimmten Zielgruppen, Sozial- und Öffentlichkeitsarbeit, nicht von der Ortskirchengemeinde, sondern nur im größeren Bereich des Kirchen-(Dekanats-)bezirks wahrgenommen werden können. Es galt deshalb – im Sinne der von der Generalsynode der VELKD 1967 verabschiedeten »36 Thesen zur Kirchenreform«³⁹ –, den Kirchen- und Dekanatsbezirk »nicht mehr nur als Addierung von Kirchengemeinden oder als Verwaltungsgliederung der Landeskirche« zu definieren. Es sollten ihm vielmehr »als dem Schnittpunkt regionaler und funktionaler Dienste im Gesamtgefüge der Kirchen eigenständige Bedeutung und Aufgabenstellung« zugewiesen werden, um ihn dadurch »zu einer geistlichen und organisatorischen Aktionseinheit« umzugestalten. Dieser Zielsetzung entsprechend erhielten die Organe des Dekanatsbezirks – Dekanatssynode, Dekanatsausschuß und Dekan – klarere Konturen, wobei die bisherige Unterscheidung zwischen Kirchenbezirk und Dekanatsbezirk aufgegeben wurde; insbesondere wurden die Kompetenzen des Dekanatsausschusses als der »Drehscheibe der kirchlichen Arbeit im Dekanatsbezirk« gegenüber dem bisherigen Bezirkssynodalausschuß erweitert. Um eine arbeitsfähige Größe zu erhalten, wurde die Zahl seiner Mitglieder erhöht,⁴⁰ während die Zahl der gewählten Mitglieder der Dekanatssynode, der bisher sämtliche Mitglieder der Kirchenvorstände angehört hatten, auf zunächst 120 und später⁴¹ auf 100 begrenzt wurde. Anstelle der Anhörung setzte die Übertragung der Dekansfunktion nun das Einvernehmen des Dekanatsausschusses voraus.⁴²

Von verfassungsrechtlicher Relevanz, wenn auch ohne das Erfordernis einer Verfassungsänderung, war die Bildung des (5.) Kirchenkreises Regensburg im Jahr 1951⁴³ und des (6.) Kirchenkreises Augsburg im Jahr 1971.⁴⁴

Auf dem Weg der »theologisch gebildeten Frau« von der Vikarin zur Pfarrerin⁴⁵ war die Ergänzung des Art. 8 der Kirchenverfassung von 1920 über das geistliche Amt durch das Kirchengesetz vom 14.11.1970⁴⁶ ein wesentlicher Markstein. Dieses eröffnete die Möglichkeit, »Mitarbeitern« aufgrund einer besonde-

---

³⁸ Vgl. Gesetzesbegründung: VLKB Bayreuth März 1969, 157 unter Hinweis auf HUGO SCHNELL, Gemeinde f. alle, Berlin 1968.
³⁹ Vgl. Verh. Luth. Generalsynode 1967, 379–392 (389f).
⁴⁰ Vgl. Art. 19 Abs. 3 KVerf. 1920 (5 bis 7 Mitglieder einschließlich Dekan) mit Art. 18 Abs. 1 KVerf. i.d.F. des Änderungsgesetzes vom 31.10.1969 (Dekan, zwei weitere gewählte Präsidiumsmitglieder, Senior, 5 bis 9 gewählte Mitglieder) und Art. 30 KVerf. 1971 (neben Präsidium und Senior 5 bis 11 gewählte Mitglieder).
⁴¹ Vgl. § 3 Abs. 2 Satz 2 Dekanatsbezirksordnung in der Neufassung vom 9.6.1976 (ABlB 153).
⁴² Vgl. VI.1.3.2, Anm. 37.
⁴³ Kirchengesetz über die Bildung eines fünften Kirchenkreises und die Neueinteilung der übrigen Kirchenkreise vom 25.9.1951 (ABlB 104).
⁴⁴ Kirchengesetz über die Bildung eines Kirchenkreises Augsburg und die Einteilung der übrigen Kirchenkreise vom 19.3.1971 (ABlB 79).
⁴⁵ Vgl. dazu im einzelnen VII.7.1.3.
⁴⁶ ABlB 240.

ren Berufung und Lehrverpflichtung den Auftrag zu Predigtdienst und Sakramentsverwaltung für einen bestimmten Dienstbereich zu übertragen, und bildete die Grundlage für das am gleichen Tag ausgefertigte und verkündete »Theologinnengesetz«. Pfarrvikarinnen waren nun zur Sakramentsverwaltung unter der Voraussetzung berechtigt, daß die Notwendigkeit für ihren Dienstbereich zur Sakramentsverwaltung festgestellt und begründet war, ein entsprechender Beschluß von Kirchenvorstand bzw. Dekanatsausschuß vorlag und der zuständige Pfarrer seine Zustimmung erteilt hatte. Mit dieser Verfassungsänderung und dem daraufhin verabschiedeten »Beauftragungsgesetz« vom 19.3.1971[47] wurde zugleich ein Impuls der Verfassungsberatungen von 1920[48] aufgenommen, in besonderen Fällen auch nicht wissenschaftlich-theologisch ausgebildete Gemeindeglieder mit der öffentlichen Wortverkündigung und Sakramentsverwaltung zu beauftragen.

Schließlich wurden noch auf der Frühjahrstagung der Landessynode 1971 im Hinblick auf die im Herbst dieses Jahres anstehende Neuwahl der Landessynode unter gleichzeitiger Verabschiedung eines neuen Landessynodalwahlgesetzes die Bestimmungen der alten Kirchenverfassung über die Zusammensetzung und die Wahl der Landessynode in der Weise geändert, wie sie im wesentlichen auch Aufnahme in die neue Kirchenverfassung (Art. 43 bis 45) gefunden haben.[49] Die Zahl der Mitglieder der Landessynode wurde dabei von (zuletzt) 91 auf 102 erhöht.[50] Der derzeitige Stand der Dekanate ist aus der beigefügten Karte ablesbar.

---

[47] ABlB 73. Das Beauftragungsgesetz wurde ersetzt durch das »Prädikantengesetz« vom 2.12.1985 (ABlB 385).
[48] Vgl. dazu VI.1.3.
[49] Kirchengesetz zur Änderung der Art. 21, 22 und 23 der Kirchenverfassung (1920) und Kirchengesetz über Wahl, Berufung und Ausscheiden der Mitglieder der Landessynode der Evang.-Luth. Kirche in Bayern (Landessynodalwahlgesetz) vom 19.3.1971 (ABlB 74).
[50] Durch Änderung der Kirchenverfassung (1971) vom 4.12.1993 (ABlB 341) und 2.12.1999 (ABlB 2000, 3) sind drei weitere Synodale aus den Wahlkreisen München und Weilheim sowie drei Jugenddelegierte dazugekommen.

DEKANATSBEZIRKE

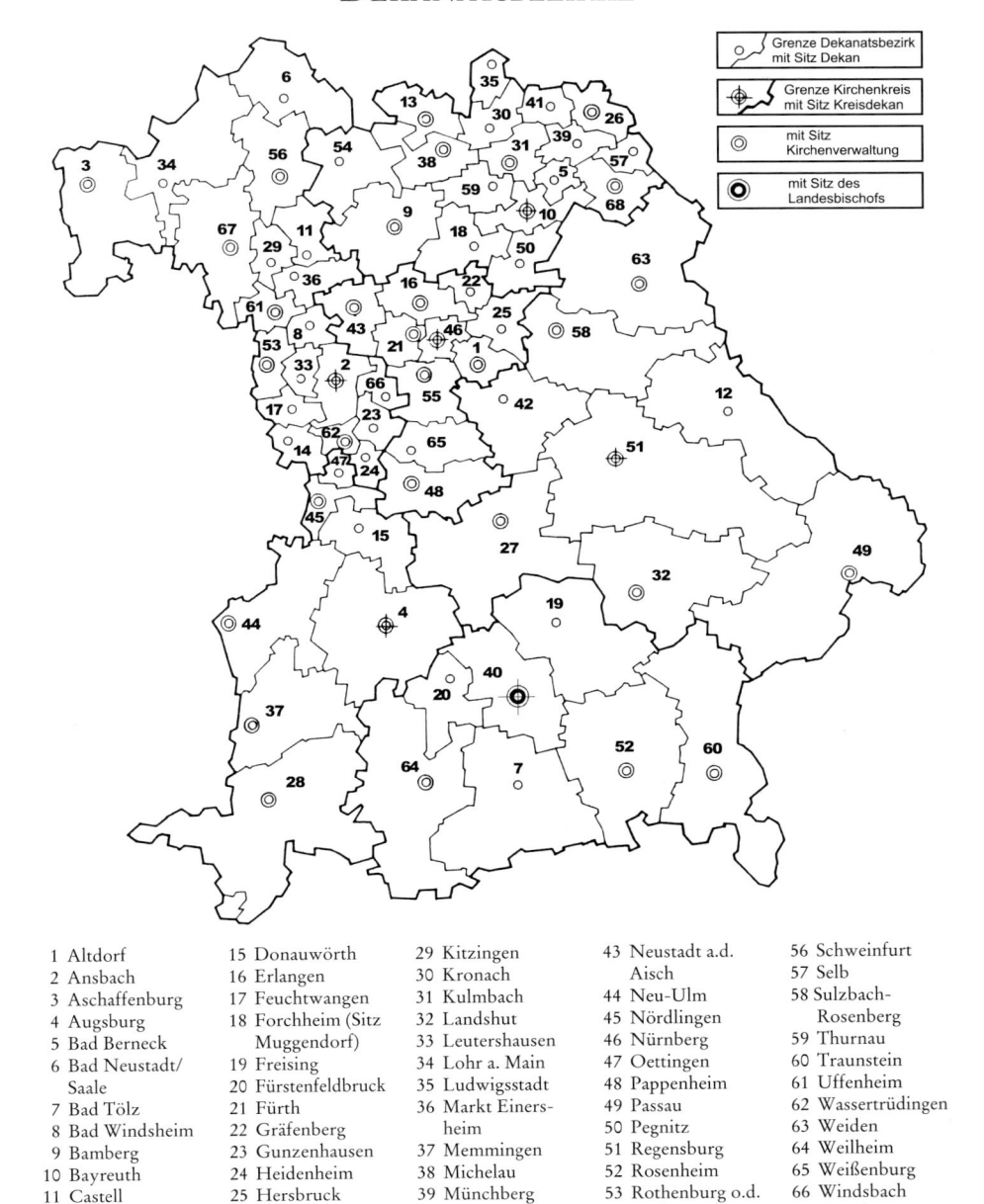

Legende:
- Grenze Dekanatsbezirk mit Sitz Dekan
- Grenze Kirchenkreis mit Sitz Kreisdekan
- mit Sitz Kirchenverwaltung
- mit Sitz des Landesbischofs

Nr.	Ort	Nr.	Ort	Nr.	Ort	Nr.	Ort	Nr.	Ort
1	Altdorf	15	Donauwörth	29	Kitzingen	43	Neustadt a.d. Aisch	56	Schweinfurt
2	Ansbach	16	Erlangen	30	Kronach	44	Neu-Ulm	57	Selb
3	Aschaffenburg	17	Feuchtwangen	31	Kulmbach	45	Nördlingen	58	Sulzbach-Rosenberg
4	Augsburg	18	Forchheim (Sitz Muggendorf)	32	Landshut	46	Nürnberg	59	Thurnau
5	Bad Berneck	19	Freising	33	Leutershausen	47	Oettingen	60	Traunstein
6	Bad Neustadt/Saale	20	Fürstenfeldbruck	34	Lohr a. Main	48	Pappenheim	61	Uffenheim
7	Bad Tölz	21	Fürth	35	Ludwigsstadt	49	Passau	62	Wassertrüdingen
8	Bad Windsheim	22	Gräfenberg	36	Markt Einersheim	50	Pegnitz	63	Weiden
9	Bamberg	23	Gunzenhausen	37	Memmingen	51	Regensburg	64	Weilheim
10	Bayreuth	24	Heidenheim	38	Michelau	52	Rosenheim	65	Weißenburg
11	Castell	25	Hersbruck	39	Münchberg	53	Rothenburg o.d. Tauber	66	Windsbach
12	Cham	26	Hof	40	München	54	Rügheim	67	Würzburg
13	Coburg	27	Ingolstadt	41	Naila	55	Schwabach	68	Wunsiedel
14	Dinkelsbühl	28	Kempten	42	Neumarkt				

Kirchenkreise: Ansbach, Augsburg, Bayreuth, München, Nürnberg, Regensburg

Kirchenkreise und Dekanatsbezirke, Stand 1. Oktober 1999.

3. Die Kirchenverfassung vom 20. November 1971 – Änderungen bis 1999

3.1 Neuansätze und Gliederung der Kirchenverfassung von 1971:

Abgesehen von den bereits vorab vollzogenen und in die Kirchenverfassung von 1971 übernommenen Neuregelungen im Kirchengliedschaftsrecht (2. Abschnitt), Recht der Kirchengemeinden einschließlich der Pfarrstellenbesetzung (4. Abschnitt) und im Recht der Dekanatsbezirke (5. Abschnitt) setzte die neue Kirchenverfassung gegenüber dem bisherigen Verfassungsstand folgende neue Akzente:

– Die Kirchenverfassung von 1971 geht hinsichtlich ihrer theologischen Grundlegung erkennbar über die Verfassung von 1920 hinaus, die in vielem den Charakter eines reinen Organisationsstatuts trug. Der »Grundartikel« und die »allgemeinen Bestimmungen« des 1. Abschnitts, insbesondere über die Aufgaben der Evangelisch-Lutherischen Kirche in Bayern und ihrer Gliederungen (Art. 1, 2), über die Zuordnung von Gemeinde und Amt (Art. 4) und über das Verständnis von Leitung in der Kirche auf allen ihren Ebenen als »zugleich geistlicher und rechtlicher Dienst« (Art. 5), »sollen verdeutlichen, daß diese Kirchenverfassung sich zwar ganz und gar rechtlich artikulieren muß, daß sie aber darüber hinaus Gegenstände beschreibt, die sich letztlich einer völligen juristisch-positivistischen Beschreibung entziehen«.[51]

– In einer gewissen Spannung zu dem in Art. 4 verwendeten traditionellen Amtsbegriff wird das »Amt der Kirche« in dem so überschriebenen 3. Abschnitt nicht mehr allein mit dem Amt der Wortverkündigung und Sakramentsverwaltung, dem Pfarramt, identifiziert. Vielmehr stellt Art. 11 (n.F.: Art. 12) KVerf. fest: »Das der Kirche von Jesus Christus anvertraute Amt gliedert sich in verschiedene Dienste.« Damit wird anerkannt, daß alle in der Kirche haupt-, neben- oder ehrenamtlich Tätigen an den Aufgaben des Amtes teilhaben und damit eine christliche Dienstgemeinschaft bilden, in welcher selbstverständlich dem Predigtamt, zu dem durch die Ordination berufen wird, zentrale Bedeutung zukommt.

– Neuland wurde mit dem den »besonderen Arbeitsbereichen und Arbeitsformen« gewidmeten 6. Abschnitt betreten. Damit wurde der Erkenntnis Rechnung getragen, daß die Gemeinde Jesu Christi sich nicht ausschließlich in der Kirchengemeinde, sondern auch in (rechtlich selbständigen und rechtlich unselbständigen) »überparochialen« Ämtern, Werken und Diensten verwirklicht, welche deshalb »unter dem Schutz und der Fürsorge der Evangelisch-Lutherischen Kirche in Bayern« stehen (Art. 38 Abs. 2; n.F.: Art. 39 Abs. 1).

– Während in der Kirchenverfassung von 1920 die kirchenleitenden Organe Landessynode, Landessynodalausschuß, Landesbischof (Kirchenpräsident) und

---

[51] Vgl. Begründung zum Entwurf einer Verfassung der Ev.-Luth. Kirche i. Bayern: VLKB Bayreuth Oktober 1970, 155ff (157).

Landeskirchenrat in unterschiedlichen Abschnitten nacheinander und ohne Klärung ihres Verhältnisses zueinander vorgestellt wurden, werden sie in der Kirchenverfassung von 1971 gemeinsam im 7. Abschnitt behandelt.[52] Die entscheidende Grundaussage ist in Art. 40 (n.F.: Art. 41) getroffen, wonach die genannten vier Organe die Evangelisch-Lutherische Kirche in Bayern in »arbeitsteiliger Gemeinschaft« und »gegenseitiger Verantwortung« leiten. Es besteht also kein oberstes Leitungsorgan. Vielmehr sind die vier Organe gleichberechtigt, wobei jedes Organ seinen eigenen Funktionsbereich hat, welcher in Koordination mit den jeweils anderen kirchenleitenden Organen wahrzunehmen ist.[53]

– Die Bezeichnung »Landesbischof« war zwar bereits 1933 eingeführt und 1948 ausdrücklich in die Kirchenverfassung von 1920 aufgenommen worden; die mehr auf ein »Kirchenoberhaupt« ausgerichtete, also nach dem Vorbild eines Staatspräsidenten formulierte Beschreibung seines Amtes (Art. 46 KVerf. 1920) war jedoch geblieben. Demgegenüber sind die spezifischen Funktionen eines Landesbischofs nach evangelischem Verständnis in der neuen Kirchenverfassung entsprechend den zwischenzeitlich dazugewonnenen Erfahrungen und Erkenntnissen[54] herausgestellt worden.[55] Dietzfelbinger hat mit Recht darauf hingewiesen, daß die zentrale Aussage über das Amt des Landesbischofs in Art. 59 Abs. 1 KVerf. (n.F.: Art. 60 Abs. 1) getroffen ist.[56] Dort wird in Absage an ein hierarchisches Verständnis und in Betonung seiner pastoralen Aufgaben formuliert: »Der Landesbischof ist ein Pfarrer, der in das kirchenleitende Amt für den Bereich der Evangelisch-Lutherischen Kirche in Bayern berufen ist.«

– Im Anschluß an die im wesentlichen der Verfassung von 1920 entsprechenden Bestimmungen über »die kirchliche Rechtssetzung« (8. Abschnitt)[57] wurden

---

[52] In bezug auf den Landeskirchenrat hat sich insofern eine Änderung ergeben, als die neue Kirchenverfassung zwischen dem kirchenleitenden Organ Landeskirchenrat und der diesem zur Führung seiner Geschäfte zugeordneten Verwaltungsbehörde, dem Landeskirchenamt (Art. 68 KVerf.), unterscheidet.

[53] Grundlegend dazu GERHARD GRETHLEIN, Arbeitsteilige Kirchenleitung i. einer luth. Kirche: FS f. Werner Hofmann, München 1981, 67–100; DERS., Wer trägt Verantwortung i. d. Kirche: NELKB 44 (1989), 403–406.

[54] Vgl. dazu besonders WILHELM MAURER, Das synodale Bischofsamt seit 1918, Berlin 1955, 5ff (SThKAB, FuH 10) (Wiederabdruck: Die Kirche u. ihr Recht. Ges. Aufsätze z. ev. Kirchenrecht, hg. v. GERHARD MÜLLER u. GOTTFRIED SEEBAß, Tübingen 1976, 388ff [JusEcc 23]); GERHARD TRÖGER, Das Bischofsamt i. d. Ev.-Luth. Kirche, München 1966 (JusEcc 2). Aus der neueren Literatur vgl. GERHARD MÜLLER, Das Bischofsamt – historische u. theol. Aspekte: ZEvKR 40 (1995), 257–279.

[55] Art. 59 bis 61 KVerf. (1971) werden ergänzt durch das Kirchengesetz über die Rechtsstellung des Landesbischofs in der Evangelisch-Lutherischen Kirche in Bayern vom 19.12.1973 (ABlB 8), hinsichtlich der Angleichung der gesetzlichen Ruhestandsgrenze an die Regelung des allgemeinen Pfarrerrechts mit Wirkung vom 1.1.2000 geändert durch Kirchengesetz vom 3.12.1997 (ABlB 434).

[56] Vgl. DIETZFELBINGER, Veränderung (B) 182f.

[57] Rechtspflegeeinrichtungen der Evangelisch-Lutherischen Kirche in Bayern im Sinne von Art. 78 KVerf. sind vor allem die Disziplinarkammer nach § 6 des Kirchengesetzes der ELKB zur Ergänzung des Disziplinargesetzes der VELKD vom 26.5.1995 (ABlB 157) und das Verwaltungsgericht der ELKB, welches mit Wirkung vom 1.7.1993 an die Stelle des Schiedsausschusses nach der Kirchengemeindeordnung und der Schlichtungsstelle für Pfarrer, Kirchenbeamte und Diakone getreten ist (vgl. Kirchliches Verwaltungsgerichtsgesetz vom 9.12.1992 [ABlB 372, ber. ABlB 1993, 270]). In Verfas-

eigene Abschnitte über den »kirchlichen Rechtsschutz« und über »die Vermögens- und Finanzverwaltung« (9. und 10. Abschnitt)[58] gebildet.

3.2 Änderungen bis 1999:

Die Kirchenverfassung ist seit ihrem Inkrafttreten viermal geändert worden. Insbesondere ist 1995 ein neuer Art. 10a (nunmehr Art. 11) eingefügt worden, in welchem festgestellt wird, daß Frauen und Männer durch die Taufe gleichwertige Glieder der Kirche Jesu Christi und deshalb auch gleichberechtigte Mitglieder der Evangelisch-Lutherischen Kirche in Bayern sind; mit diesem Kirchengesetz[59] wurde ferner durch eine Änderung von Art. 25 und 31 KVerf. (n.F.: Art. 26 und 32) die verfassungsrechtliche Grundlage für ein alternierendes Verfahren auch bei der Besetzung von Pfarrstellen mit Dekansfunktion[60] geschaffen.[61]

Weitere grundsätzliche Änderungen erfolgten ohne Änderung des Verfassungstextes mit verfassungsändernder Zwei-Drittel-Mehrheit im Wege der Verfassungsdurchbrechung:[62] Solche sachlichen Änderungen der Kirchenverfassung beinhalteten insbesondere das »Kirchengesetz über die Berufung der Theologin zum Dienst des Pfarrers« (1975), wodurch die Frauenordination eingeführt wurde,[63] die 1976 geschaffenen Sonderbestimmungen für die Dekanatsbezirke München und Nürnberg,[64] das Arbeitsrechtsregelungsgesetz (1977),[65] das Kirchengesetz zur Erprobung neuer Regelungen im Bereich des Dienstrechts (1980),[66] das

---

sungsstreitigkeiten entscheidet das Verfassungs- und Verwaltungsgericht der VELKD (vgl. Art. 14 KGes. zur Einführung der Kirchenverfassung vom 20.11.1971 [ABlB 298, geändert durch KGes. vom 25.4.1986, ABlB 119]). Ausführlich dazu GRETHLEIN/BÖTTCHER/HOFMANN/HÜBNER (B) 400–410.

[58] Zur Überwachung der Haushalts-, Kassen-, Rechnungs- und Wirtschaftsprüfung sowie der Vermögensverwaltung der ELKB wurde mit Wirkung vom 1.1.1975 in Entsprechung etwa zum Bayer. Obersten Rechnungshof das Rechnungsprüfungsamt errichtet, das »bei der Durchführung seiner Aufgaben unabhängig und nur den kirchlichen Gesetzen unterworfen« ist und die 1952 bei der weltlichen Abteilung des Landeskirchenrates gebildete Rechnungsprüfungsstelle ersetzt hat (vgl. Rechnungsprüfungsamtsgesetz vom 17.12.1974, ABlB 1975, 4).

[59] Kirchengesetz zur Änderung der Kirchenverfassung vom 6.4.1995 (ABlB 98).

[60] Vgl. §§ 21–32 Pfarrstellenbesetzungsordnung vom 6.4.1995 (ABlB 98); diese Regelungen sind zum Zwecke der Erprobung bis zum 31.12.2000 befristet.

[61] 1988 wurde ausdrücklich klargestellt, daß auch Frauen die in Art. 21 Abs. 3 und Art. 22 Abs. 1 Satz 3 KVerf. angesprochene Funktion (Vertrauensfrau/Vertrauensmann) wahrnehmen können (Kirchengesetz vom 1.12.1988, ABlB 325).
Die zweite Änderung erfolgte 1993 und betraf die Zusammensetzung der Landessynode (vgl. Anm. 50).

[62] Dieses Verfahren ist möglich, da die Kirchenverfassung von 1971 – wie ihre Vorgängerin von 1920 entsprechend der unter der Weimarer Reichsverfassung (Art. 76) gegebenen Rechtslage – im Unterschied zum heute geltenden staatlichen Verfassungsrecht (Art. 79 Abs. 1 Satz 1 GG) keine Bestimmung enthält, daß Änderungen nur unter ausdrücklicher Veränderung oder Ergänzung des Wortlauts vorgenommen werden dürfen.

[63] Kirchengesetz vom 4.12.1975 (ABlB 326, ber. ABlB 1976, 1). Vgl. dazu ausführlich VII.7.1.3.

[64] Vgl. §§ 46–56 der Neufassung der Dekanatsbezirksordnung vom 9.6.1976 (ABlB 153).

[65] Kirchengesetz vom 30.3.1977 (ABlB 95).

[66] Kirchengesetz vom 28.4.1980 (ABlB 98).

Kirchengemeinde-Erprobungsgesetz (1993)[67] und das Dekanatsbezirks-Erprobungsgesetz (1996).[68]

Das letztgenannte Kirchengesetz sowie die Verfassungsänderungen von 1995 sind von einem von 1994 bis 1998 tätigen, aus Mitgliedern der Landessynode, des Landeskirchenrates/Landeskirchenamtes und weiteren Sachverständigen zusammengesetzten (»Gemischten«) Ausschuß »Kirchenverfassung« vorbereitet worden.[69] Die weiteren Ergebnisse der Beratungen dieses Ausschusses[70] sind inzwischen in die bei der Synodaltagung im November 1999 verabschiedete, bisher umfangreichste Novelle der Kirchenverfassung eingemündet.[71]

4. Das in verschiedene Dienste gegliederte Amt der Kirche – Zur Entwicklung des kirchlichen Dienst- und Arbeitsrechts

Im Zuge der Rechtsvereinheitlichung innerhalb der Gliedkirchen der Vereinigten Evangelisch-Lutherischen Kirche Deutschlands ist die Gesetzgebungskompetenz der bayerischen Kirche für das Pfarrer- und Kirchenbeamtendienstrecht weitgehend auf diesen kirchlichen Zusammenschluß übergegangen. Das bayerische Pfarrergesetz von 1939[72] ist deshalb 1963 durch das Pfarrergesetz der VELKD ersetzt worden;[73] an die Stelle des bayerischen Kirchenbeamtengesetzes von 1948[74] ist 1982 das Kirchenbeamtengesetz der VELKD getreten.[75] Die Evangelisch-Lutherische Kirche in Bayern hat aber von der im Recht der VELKD vorgesehenen Möglichkeit Gebrauch gemacht, für ihren Bereich Ausführungs-

---

[67] Kirchengesetz vom 4.12.1993 (ABlB 342).
[68] Kirchengesetz vom 2.4.1996 (ABlB 127).
[69] Eine bei der Frühjahrstagung der Landessynode 1993 gebildete Arbeitsgruppe »Verfassung« hatte vorab insgesamt geprüft, in welchen Bereichen Änderungsbedarf gegeben ist, darüber hinaus auch die Verabschiedung des Kirchengemeinde-Erprobungsgesetzes und des Kirchengesetzes zur Änderung der Kirchenverfassung und des Landessynodalwahlgesetzes vom 4.12.1993 (Anm. 67 und 50) angeregt; vgl. den Tätigkeitsbericht des Synodalen Fritz Anders: VLKB Fürth November 1993, 91.
[70] Vgl. die Berichte aus dem Gemischten Ausschuß »Kirchenverfassung«: VLKB Regensburg November 1995, 155; Bayreuth März 1996, 95; Schweinfurt November 1997, 210ff; Nürnberg November 1998, 118.
[71] Zu den Einzelheiten dieser Novelle vgl. VII.2.2.1.4 und das Kirchengesetz zur Änderung der Verfassung der Ev.-Luth. Kirche in Bayern vom 2.12.1999 (ABlB 2000, 3ff).
[72] Kirchengesetz vom 27.4.1939 (ABlB 78, geändert durch KGes. vom 30.9.1948 [ABlB 105]); vgl. Anm. 20 und VI.1.6.
[73] Die letzte Neufassung stammt vom 17.10.1995 (ABlVELKD Bd. VI, 274ff = ABlB 1997, 64). Zur Entstehung des Pfarrergesetzes der VELKD vgl. ERICH RUPPEL, Grundsatzfragen einer Regelung d. Pfarrerdienstrechts d. VELKD: ZEvKR 9 (1962/63), 113–142; GRETHLEIN/JOTZO (B) 68ff; eine Übersicht über die verschiedenen Novellierungen gibt KLAUS BLASCHKE, Kommentar z. Pfarrergesetz d. VELKD, Kiel 1994, 15–32, mit dem Ergänzungsband von 1996, 5–13.
[74] Kirchenbeamtengesetz vom 30.9.1948 (ABlB 107, zuletzt geändert durch KGes. vom 3.12.1980, ABlB 290).
[75] Kirchenbeamtengesetz VELKD vom 26.6.1980 (ABlVELKD Bd. V, 197), jetzt in der Fassung vom 17.10.1995 (ABlVELKD Bd. VI, 292).

und Ergänzungsbestimmungen zu erlassen. Von besonderer Bedeutung ist in diesem Zusammenhang das seither mehrfach novellierte »Kirchengesetz zur Erprobung neuer Regelungen im Bereich des kirchlichen Dienst- und Haushaltsrechts (Erprobungsgesetz)« von 1980 (nunmehr »Dienstrechtsneugestaltungsgesetz«),[76] das vor dem Hintergrund eines sich abzeichnenden Überhangs an geeigneten Bewerbern für den Pfarrdienst entstanden ist und neue, über das überkommene Beamtenrecht hinausgehende, dienstrechtliche Gestaltungsmöglichkeiten wie z.B. Beurlaubungen im privaten Interesse, Teilbeschäftigung im öffentlich-rechtlichen Dienstverhältnis, Sonderregelungen für Theologen-Ehepaare[77] und neuerdings die Inanspruchnahme eines Sabbatjahres,[78] Stellenteilung im Sinne eines Senior-Junior-Modells[79] sowie gesetzlichen Vorruhestand und Altersteilzeit eröffnet hat; diese Regelungen gelten grundsätzlich entsprechend für Kirchenbeamte, Kirchenbeamtinnen und für Diakone der Rummelsberger Anstalten, die 1977[80] vom Angestelltendienstverhältnis in das öffentlich-rechtliche Dienstverhältnis überführt worden sind.

Im Unterschied zum Statusrecht liegt die Ausgestaltung des Besoldungs- und Versorgungsrechts der bayerischen Pfarrer und Pfarrerinnen, Kirchenbeamten und Kirchenbeamtinnen (einschließlich der Rummelsberger Diakone) nachwievor in der alleinigen Zuständigkeit der Evangelisch-Lutherischen Kirche in Bayern. Erhebliche Veränderungen sind seit 1945 im Pfarrbesoldungsrecht[81] zu verzeichnen, das 1955[82] erstmalig umfassend in einem Kirchengesetz geregelt wurde: Dieses erste Pfarrbesoldungsgesetz bereinigte die stark differenzierte und unübersichtlich gewordene Rechtsmaterie und glich die Pfarrbesoldung in ihrer

---

[76] Kirchengesetz vom 28.4.1980 (ABlB 98), zuletzt geändert durch KGes. vom 11.5.1999 (ABlB 143).

[77] Vgl. dazu GERHARD GRETHLEIN, Teildienstverhältnisse f. Pfarrer: ZEvKR 30 (1985), 129–156; DERS., Eine Chance f. Innovation. Das Erprobungsgesetz d. Landeskirche: NELKB 35 (1980), 265ff (265); GERHARD TRÖGER, Neue Gestaltungsformen i. Dienstrecht d. Pfarrer. Versuch einer kritischen Würdigung: FS f. Martin Heckel z. siebzigsten Geburtstag, hg. v. KARL-HERMANN KÄSTNER/KNUT WOLFGANG NÖRR/KLAUS SCHLAICH, Tübingen 1999, 307–338.

[78] Die Regelung über das Sabbatjahr ermöglicht es Pfarrern und Pfarrerinnen, sich ein Jahr vom Dienst freistellen zu lassen. Sie erhalten in dieser Zeit 75% ihrer Dienstbezüge unter der Voraussetzung, daß sie in den vorangegangenen drei Jahren zu um 25% verminderten Dienstbezügen in vollem Umfang Dienst geleistet haben. Im Freistellungsjahr wird die Pfarrstelle von einem Pfarrer oder einer Pfarrerin auf Probe vertreten.

[79] Nach diesem Modell kann ein Pfarrer oder eine Pfarrerin in den letzten Jahren vor Eintritt in den Ruhestand den Dienst um 25% oder 50% eines vollen Dienstverhältnisses reduzieren. Auf diese Weise wird ein gleitender Eintritt in den Ruhestand sowie die Anstellung eines Pfarrers oder einer Pfarrerin auf Probe im Teildienst erreicht.

[80] Vgl. Kirchengesetz über das Amt der Diakone der Diakonenanstalt Rummelsberg (Diakonengesetz) vom 30.3.1977 (ABlB 90), jetzt in der Neufassung vom 10.1.1995 (ABlB 25, zuletzt geändert durch KGes. vom 3.12.1997, ABlB 426). Demgegenüber sind die Diakoninnen der Diakoninnengemeinschaft Rummelsberg (das Amt der Diakonin wurde 1982 eingeführt) auf eigenen Wunsch im privatrechtlichen Dienstverhältnis verblieben; vgl. dazu KGes. vom 7.12.1995 (ABlB 326) und VLKB Regensburg November 1995, 215f.

[81] Allgemein dazu GERHARD GRETHLEIN, Arbeiter i. Weinberg Gottes – Rückblick auf d. lange Gesch. d. Pfarrbesoldung: NELKB 51 (1996), 8ff.

[82] Kirchengesetz über die Dienstbezüge der Geistlichen vom 31.3.1955 (ABlB 38).

Struktur stärker an die Beamtenbesoldung an. Insbesondere wurden die durch Ergänzungszulagen[83] ergänzten Pfründeneinkommen durch volle Grundgehälter ersetzt. Obwohl Stolgebühren, Beichtgelder und Zulagen mancherlei Art entfielen, führte diese Besoldungsreform zu einer deutlichen Verbesserung, die eine Steigerung des Mehraufwands für die Pfarrbesoldung im landeskirchlichen Haushalt von 22,8% bedingte.[84] Das Pfarrbesoldungsgesetz von 1963,[85] in das auch das bisher im Versorgungsgesetz von 1932[86] geregelte Recht der Alters- und Hinterbliebenenversorgung integriert wurde, brachte die (nahezu) völlige besoldungsmäßige Gleichstellung der Pfarrer mit den Beamten des höheren Dienstes im Eingangsamt. Spätestens mit der Reform der Pfarrbesoldung von 1955/1963 hat das Pfründenrecht seine Bedeutung verloren; der Umstand, daß das Pfarrbesoldungsrecht bis dahin im wesentlichen noch auf dem Pfründenrecht beruhte, war freilich bereits seit der Gründung des Pfründestiftungsverbandes (1935)[87] nicht mehr ohne weiteres erkennbar, da die Stelleninhaber seitdem ihre Pfründenerträge über diesen an die Landeskirche ablieferten und dafür ihre Barbezüge aus der Allgemeinen Kirchenkasse erhielten. 1977 wurde das bisherige System der stellenbezogenen Pfarrbesoldung durch das System der Einheitsbesoldung, allerdings mit Stellenbewertung in besonderen Fällen abgelöst.[88]

---

[83] Die Ergänzung des Pfründen- und Stelleneinkommens erfolgte zunächst aus staatlichen Mitteln auf der Grundlage des (staatlichen) »Gesetzes über die Ergänzung des Einkommens der Seelsorgegeistlichen« vom 9.8.1921 (ABlB 127), zuletzt in der Fassung vom 7.4.1925 (ABlB 37). Nach dessen Aufhebung mit Wirkung vom 1.4.1936 (ABlB 97) galten dessen Grundsätze aufgrund des Kirchengesetzes vom 27.6.1936 (ABlB 98) als kirchliches Recht bis 1955 weiter. An die Stelle der staatlichen Einkommensergänzung ist also 1936 die kirchliche Einkommensergänzung getreten. Solange der Staat die Einkommensergänzung leistete, trug er daran die Hauptlast: in den 20er Jahren jährlich bis zu 4,7 Mio. RM gegenüber dem kirchlichen Anteil in Höhe von 0,5 Mio. RM; vgl. dazu GERHARD KÖBERLIN, Das Pfarrbesoldungsrecht d. Ev.-Luth. Kirche i. Bayern – Referat vor d. Pfarrbesoldungsausschuß am 2.7.1954, 15f (unveröff. Manuskript). Die um die Ergänzungszulagen erhöhten Pfründeneinkommen der Pfarrer betrugen 80,8% der Grundgehaltssätze höherer Beamter (Regierungsräte).
[84] Vgl. Begründung Pfarrbesoldungsgesetz 1955: VLKB Bayreuth März 1955, 110–116, und Begründung Pfarrbesoldungsgesetz 1963: VLKB Würzburg März 1963, 112f.
[85] Kirchengesetz über die Besoldung und Versorgung der Geistlichen (Pfarrbesoldungsgesetz) vom 15.3.1963 (ABlB 49).
[86] Kirchliches Notgesetz betr. die Versetzung der Pfarrer der Evang.-Luth. Kirche in Bayern r. d. Rhs. in den Ruhestand und die Fürsorge für die Hinterbliebenen der Pfarrer (Versorgungsgesetz) vom 19.12.1932 (ABlB 129, geändert durch Kirchengesetze vom 27.4.1939 [ABlB 78], 31.3.1955 [ABlB 38] und vom 4.5.1959 [ABlB 48]).
[87] Vgl. dazu VI.1.6.
[88] Pfarrbesoldungsgesetz vom 30.3.1977 (ABlB 72), jetzt in der Fassung der Bekanntmachung vom 24.1.1985 (ABlB 29). Danach erfolgt die Besoldung der Pfarrer und Pfarrerinnen zunächst nach Besoldungsgruppe A 13 und nach einer bestimmten Dienstzeit (bis 30.6.1997 ab der 10. Dienstaltersstufe, seit 1.7.1997 aufgrund der Änderung des Pfarrbesoldungsgesetzes vom 3.12.1997, ABlB 426, nach einer Dienstzeit von 14 Jahren ab Übernahme in den Probedienst) im Wege einer – beurteilungsunabhängigen – Durchstufung nach Besoldungsgruppe A 14; für besonders hervorgehobene Pfarrstellen ist die Zwischenbesoldungsgruppe A 14a geschaffen worden. Zur Reform von 1977 vgl. die Gesetzesbegründung: VLKB Würzburg März 1977, 186ff; zur Problematik der stellenbezogenen Pfarrbesoldung vgl. HEINZ GREMPEL, Aktuelle Fragen d. Pfarrbesoldung: NELKB 28 (1973), 21–24.

Zur finanziellen Absicherung der gegenüber Pfarrern, Pfarrerinnen, Kirchenbeamten, Kirchenbeamtinnen und Rummelsberger Diakonen bestehenden Versorgungsverpflichtungen ist 1972 in der bayerischen Landeskirche ein neuartiges Versorgungsmodell entwickelt und eingeführt worden, welches die gesetzliche Rentenversicherung in das nach öffentlich-rechtlichen Grundsätzen geregelte kirchliche Versorgungsrecht einbezieht.[89] Rentenleistungen der Bundesversicherungsanstalt für Angestellte, für welche der kirchliche Dienstherr die vollen Beiträge, also einschließlich des Arbeitnehmer-Anteils, erbracht hat, werden danach auf die sich nach dem kirchlichen Versorgungsrecht ergebenden Versorgungsbezüge angerechnet. In diesem Zusammenhang steht auch die Errichtung des »Evangelischen Versorgungsfonds Bayern« im Jahr 1976,[90] welcher Rechtsnachfolger der bis dahin für Geistliche und Kirchenbeamte bestehenden Versorgungskassen[91] ist und ein nicht rechtsfähiges Sondervermögen der Evangelisch-Lutherischen Kirche in Bayern bildet.

Die Rechtssetzung im Dienst- und Arbeitsrecht der Angestellten und Arbeiter im Bereich der Evangelisch-Lutherischen Kirche in Bayern Beschäftigten geschieht auf der Grundlage des 1976 von der Landessynode mit verfassungsändernder Mehrheit verabschiedeten Arbeitsrechtsregelungsgesetzes[92] im Verfahren des »Dritten Weges«.[93] Der »Dritte Weg« der Kirchen im Arbeitsrecht ist Konsequenz aus dem in Art. 11 (n.F.: Art. 12) der Kirchenverfassung von 1971 verankerten Prinzip der christlichen Dienstgemeinschaft unter und in dem der Kirche gegebenen »Auftrag, Gottes Heil in Jesus Christus in der Welt zu bezeugen«.[94] Ihm liegt die Überzeugung zugrunde, daß zum einen die Erfüllung des kirchlichen Auftrags zur Durchsetzung persönlicher Interessen und zum Nachteil der Hilfe-, Pflege- und Ratsuchenden von den in der Kirche Beschäftigten nicht verweigert werden darf und zum anderen eine Institution, die die Versöhnung mit Gott und den Menschen predigt, nicht zugleich eine Ordnung in ihrem Bereich zulassen kann, die auf Druck und Gegendruck bis zum Arbeitskampf

---

[89] Kirchengesetz über die Neuregelung der Versorgung der Pfarrer, Kirchenbeamten und Diakone (Versorgungsneuregelungsgesetz v. 1.12.1972, ABlB 273, jetzt in der Fassung vom 13.6.1975, ABlB 166, zuletzt geändert durch KGes. vom 3.12.1984, ABlB 351). Dieses Versorgungssystem wurde 1973 bzw. 1975 in den evangelischen Kirchen von Hessen-Nassau und Baden und 1980/1992 in sämtlichen östlichen Gliedkirchen der EKD übernommen. Umfassend dazu HÜBNER (K); weiterführend CHRISTOPH LINK, Versorgungsneuregelung u. Steuergerechtigkeit i. kirchl. Dienstrecht: ZEvKR 40 (1995), 435–465.

[90] Verordnung über die Errichtung eines Versorgungsfonds vom 2.3.1976 (ABlB 41, zuletzt geändert durch Verordnung vom 28.10.1997, ABlB 381). Vgl. dazu HÜBNER (K) 75ff.

[91] Kirchliches Notgesetz betr. Satzung der Versorgungskasse für Geistliche vom 22.11.1932 (ABlB 135); Satzung der Versorgungskasse für Beamte und Angestellte der ELKB vom 23.12.1954 (ABlB 141).

[92] Kirchengesetz vom 30.3.1977 (ABlB 95).

[93] Zum »Dritten Weg« allgemein vgl. v.a. GERHARD GRETHLEIN, Entstehungsgesch. d. Dritten Weges: ZEvKR 37 (1992), 1–27; ARMIN PAHLKE, Kirche u. Koalitionsrecht, Tübingen 1983 (JusEcc 29); RICHARDI (K) 149–199.

[94] Vgl. Grundartikel der Kirchenverfassung von 1971.

aufbaut.[95] Anstelle des im außerkirchlichen Bereich geltenden Tarifvertragssystems (»Zweiter Weg«), dessen Funktionsfähigkeit die rechtliche Möglichkeit des Streiks voraussetzt, ist deshalb in der bayerischen Kirche – wie in den meisten Gliedkirchen der EKD – eine Arbeitsrechtliche Kommission eingesetzt worden, die gleichsam an einem »Runden Tisch« in paritätischer Besetzung Vertreter der kirchlichen Mitarbeiter und der kirchlichen Körperschaften und Werke sowohl aus der »verfaßten« Kirche als auch aus der Diakonie vereint und der es – anstelle von Landessynode, Landessynodalausschuß und Landeskirchenrat – obliegt, Regelungen über den Abschluß und den Inhalt von Arbeitsverträgen zu erarbeiten.[96]

Durch Kirchengesetz von 1957[97] ist für die privat-rechtlich Beschäftigten in der Kirche eine zusätzliche Alters- und Hinterbliebenenversorgung eingeführt worden, welche die Leistungen der gesetzlichen Rentenversicherung ergänzt; seit dem 1.1.1968 sind diese Mitarbeiter bei der Kirchlichen Zusatzversorgungskasse Darmstadt versichert.[98]

Da die Kirchen mit Rücksicht auf ihr verfassungsrechtlich gewährleistetes Selbstbestimmungsrecht vom Geltungsbereich des staatlichen Betriebsverfassungsgesetzes und des Personalvertretungsrechts für den öffentlichen Dienst freigestellt sind, kirchlicherseits aber – ebenfalls in Konsequenz des Prinzips der christlichen Dienstgemeinschaft – das Recht der Mitarbeiter auf Mitwirkung bei der Gestaltung der innerdienstlichen Verhältnisse anerkannt ist, wurde bereits 1951 eine vorläufige Regelung über die Wahl von Vertrauensleuten bei den Dienststellen der bayerischen Kirche erlassen, welche bis zur Verabschiedung des Mitarbeitervertretungsgesetzes von 1972[99] die Rechtsgrundlage für Mitarbeitervertretungen in kirchlichen Dienststellen bildete. Um der vielfach beklagten[100] unterschiedlichen Entwicklung des Mitarbeitervertretungsrechts in den einzelnen Gliedkirchen der EKD zu begegnen, hat die Evangelische Kirche in Deutschland 1992 das »Kirchengesetz über Mitarbeitervertretungen in Deutsch-

---

[95] Vgl. GRETHLEIN/BÖTTCHER/HOFMANN/HÜBNER (B) 310.
[96] Von maßgeblicher Bedeutung sind vor allem für Angestellte die Kirchliche Dienstvertragsordnung vom 3.11.1975 (AB1B 353) und die Arbeitsrechtsregelung über die Rechtsverhältnisse der Arbeiter und Arbeiterinnen im Kirchendienst vom 17.3.1992 (AB1B 133), beide mit zahlreichen Änderungen.
[97] Kirchengesetz über die zusätzliche Altersversorgung der nichtbeamteten kirchlichen Mitarbeiter vom 8.5.1957 (AB1B 37).
[98] § 1 Abs. 1 Zweites Kirchengesetz über die zusätzliche Altersversorgung der nichtbeamteten kirchlichen Mitarbeiter vom 13.11.1967 (AB1B 208).
[99] Die Grundlage für das bayerische Mitarbeitervertretungsgesetz vom 27.3.1972 (AB1B 64) bildeten die Empfehlungen des Rates der EKD mit einem »Muster für ein Kirchengesetz über Mitarbeitervertretungen in kirchlichen Dienststellen und Einrichtungen vom 26.5.1972« (AB1EKD 285).
[100] Vgl. RICHARDI (K) 282ff.

land« (MVG.EKD) erlassen,[101] das von der bayerischen Kirche mit Wirkung vom 1.1.1994 übernommen worden ist.[102]

---

[101] Kirchengesetz vom 6.11.1992 (ABlEKD 445, geändert durch KGes. vom 6.11.1996, ABlEKD 521) und vom 5.11.1998 (ABlEKD 478). Zur Entstehungsgeschichte des MVG.EKD vgl. DETLEF FEY/OLAF REHREN (Hg.), MVG.EKD Praxiskommentar (Stand der 8. Ergänzungslieferung v. September 1999), Stuttgart 1994/1999, Erläuterungen K 4–10.3.

[102] Kirchengesetz zur Übernahme und Ergänzung des Kirchengesetzes über Mitarbeitervertretungen vom 4.12.1993 (ABlB 346); die Übernahme der Änderungen des MVG.EKD vom 6.11.1996 erfolgte mit KGes. vom 5.5.1997 (ABlB 202).

VII.2.2 RECHTS- UND BILDUNGSWESEN

Von Hartmut Böttcher

ALFRED ALBRECHT, Patronatswesen: HdbStKirchR² 2, 47–68.– HARTMUT BÖTTCHER, Patronat: EStL³ 2, 2453–2457.– GRETHLEIN/BÖTTCHER/HOFMANN/HÜBNER (B).– KARG, Kirchensteuerrecht (B).– LINK, RU (B).– BERNHARD LOSCH, Erwachsenenbildung u. Akademien: HdbStKirchR² 2, 639–661.– MASER, Ev. Kirche (B).– Theologie auf d. Campus. 50 Jahre Augustana-Hochschule, hg. v. JÖRG DITTMER i. Auftrag d. Gesellschaft d. Freunde d. Augustana-Hochschule, Neuendettelsau 1997.

1. Rechtswesen

1.1 Ablösung der Privatpatronate[1]

Durch die Neuregelung der Pfarrstellenbesetzung[2] waren die Besetzungsrechte noch bestehender Patronate[3] berührt. Durch Art. 1 Nr. 4 dieses Gesetzes wurden lastenfreie Privatpatronate[4] aufgehoben. Patronate, die mit Lasten[5] verbunden waren, sollten aufgehoben werden, sobald Einigung über die Ablösung der Lasten erzielt oder das Patronat von diesen freigestellt wurde. Bis dahin verblieb es beim bisherigen Besetzungsverfahren.[6] Diese Bestimmung wurde in Art. 15 des Einführungsgesetzes zur Kirchenverfassung[7] übernommen. Für die wenigen heute noch bestehenden Privatpatronate gilt für das Mitwirkungsrecht der Patrone bei der Pfarrstellenbesetzung jetzt § 16 der Pfarrstellenbesetzungsordnung.[8]

1.2 Vertragliche Regelungen mit dem Staat

Nach dem Zusammenbruch des Dritten Reiches war es vordringliches Bestreben der bayerischen Landesregierung, das Verhältnis von Staat und Kirche zu bereinigen und neu zu ordnen.[9] In Art. 182 der Bayerischen Verfassung vom 2.12.1946[10]

---

[1] Zum Rechtswesen nach 1945 allgemein vgl. VII.2.1.
[2] KGes. zur Änderung der Art. 10 und 65 der Kirchenverfassung vom 13.3.1968 (ABlB 46f); vgl. VII.2.1.2.
[3] Zum Begriff des Patronats vgl. BÖTTCHER, Patronat (K); ALBRECHT (K).
[4] BÖTTCHER, Patronat (K) 2453f; ALBRECHT (K) 56.
[5] Z.B. Baulasten oder Reichnisse.
[6] Präsentationsrecht durch die Patrone.
[7] KGes. zur Einführung der Verfassung der Ev.-Luth. Kirche in Bayern vom 20.11.1971 (ABlB 298–301 [301]).
[8] KGes. über das Verfahren bei der Besetzung von Pfarrstellen und Stellen mit allgemeinkirchlichen Aufgaben vom 6.4.1995 (ABlB 98–107 [103]), geändert durch KGes. vom 4.12.1996 (ABlB 346).
[9] Vgl. dazu MASER, Ev. Kirche (B) 165ff.
[10] GVBl 333–346 (345).

wurde die Fortgeltung des Kirchenvertrags von 1924 bestätigt. Detailfragen in bestimmten Bereichen wurden später durch Vereinbarungen oder offiziellen Schriftwechsel geregelt, z.B. die Verwendung von Pfarrern als Religionslehrer an staatlichen Schulen,[11] ab 1958 die mehrfach geänderte und neu gefaßte Vereinbarung über die Pauschalvergütung für die Erteilung des Religionsunterrichts[12] oder die Vereinbarung über Staatsleistungen vom 16./29.7.1958.[13] Die Fragen der Erfüllung der staatlichen Baupflicht an Pfarrgebäuden wurden durch Vereinbarung vom 4./28.12.1962 geregelt[14] und inhaltlich in den Baupflichtrichtlinien festgeschrieben.[15] Die in Art. 17 des Kirchenvertrags geregelte Anstaltsseelsorge wurde durch Verwaltungsvereinbarungen über die Seelsorge an Universitätskliniken[16] und in den bayerischen Justizvollzugsanstalten[17] konkretisiert.

1.3 Rechtsstellung der Kirchenmitglieder[18]

1.3.1 Mitgliedschaftsrecht

Das Gliedschaftsgesetz vom 10.11.1965[19] entfaltete die Kriterien der Kirchenmitgliedschaft. Gemäß gemeinevangelischem Kirchenrecht gründet sich danach die Kirchenmitgliedschaft auf die drei Kriterien Taufe, Bekenntnis und Wohnsitz. Die Taufe begründet die *geistliche Gliedschaft* in der einen Kirche Jesu Christi; die *rechtliche Mitgliedschaft* in der Ev.-Luth. Kirche in Bayern wird durch die weiteren Kriterien evangelisch-lutherisches Bekenntnis und Wohnsitz oder gewöhnlicher Aufenthalt innerhalb des Gebietes der Evangelisch-Lutherischen Kirche in Bayern vermittelt. Diese Kirchenmitgliedschaft besteht auf drei Ebenen: Der Wohnsitz in einer Kirchengemeinde der Evangelisch-Lutherischen Kirche in Bayern und das evangelisch-lutherische Bekenntnis begründen die Mitgliedschaft zur betreffenden Kirchengemeinde und zur Landeskirche. Gleichzeitig wird dadurch die Zugehörigkeit zur Evangelischen Kirche in Deutschland

---

[11] ABlB 1950, 1f; vgl. auch MASER, Ev. Kirche (B) 174.
[12] AaO, 175; vgl. die derzeitige Regelung vom 9.10.1979/28.3.1980: Rechtssammlung 31.10.1999 [B] Nr. 116.
[13] ABlB 119f, geändert durch die Vereinbarung vom 7.3./27.4.1964 (ABlB 99f).
[14] ABlB 1963, 9f.
[15] Neu gefaßt durch Vereinbarung vom 24.1.1994 (ABlB 61–66). Vgl. auch die ergänzende Vereinbarung vom 3.12.1984 (ABlB 364f) und die Bekanntmachung vom 7.2.1990 (ABlB 79f).
[16] Aus dem Jahr 1963 (vgl. MASER, Ev. Kirche [B] 179. 257, Anm. 81).
[17] Vom 12.2.1982 (ABlB 67f); vgl. dazu eingehend SUSANNE EICK-WILDGANS, Anstaltsseelsorge. Möglichkeiten u. Grenzen d. Zusammenwirkens v. Staat u. Kirche i. Strafvollzug, Berlin 1993, 261–278 (SKRA 22).
[18] Derzeit hat die Ev.-Luth. Kirche in Bayern 2.737.541 Mitglieder in 1.529 Kirchengemeinden (Stand September 1998). Der Mitgliederbestand entwickelte sich seit 1816 mit 752.000 (vgl. V.1.1, Anm. 11) bis zum Jahr 1910 auf 1.435.684 und stieg bis 1939 auf 1.749.817. Durch den Zuzug Heimatvertriebener wuchs die Zahl 1946 auf 2.335.919 und stieg bis 1968 weiter auf 2.690.669 (Zahlenangaben bis 1968 nach KARG, Kirchensteuerrecht [B] 135. Derzeitige Mitgliederzahl: Zahlen z. Ev.-Luth. Kirche i. Bayern, hg. v. Referat Presse- u. Öffentlichkeitsarbeit, Landeskirchenamt München, September 1998).
[19] KGes. über die Gliedschaft in der Ev.-Luth. Kirche in Bayern (ABlB 1965, 179f).

vermittelt.[20] Im Gliedschaftsgesetz wurden außerdem Regelungen getroffen über die Begründung der Mitgliedschaft bei Zuzug, Aufnahme von Ungetauften oder von in einem anderen Bekenntnis Getauften, ferner über die Wiederaufnahme Ausgetretener und über den Kirchenaustritt.[21]

In einer von allen Gliedkirchen der EKD angenommenen Vereinbarung über die Kirchenmitgliedschaft wurde neben den grundlegenden Bestimmungen über Begründung und Begriff der Kirchenmitgliedschaft festgelegt, daß sich bei einem Wohnsitzwechsel innerhalb der EKD die Kirchenmitgliedschaft in der Gliedkirche des neuen Wohnsitzes fortsetzt,[22] daß aber zuziehende Evangelische das Recht haben, innerhalb eines Jahres zu erklären, daß sie einer anderen im Gebiet der neuen Gliedkirche bestehenden evangelischen Kirche oder Religionsgemeinschaft angehören wollen.[23] Dieser Mitgliedschaftsvereinbarung hat die bayerische Landessynode mit Kirchengesetz vom 31.10.1969 zugestimmt.[24] Sie wurde vom Rat der EKD mit Wirkung vom 1.2.1970 in Kraft gesetzt.[25] Ihre wesentlichen Bestimmungen wurden im EKD-Kirchenmitgliedschaftsgesetz vom 10.11.1976[26] übernommen. Als gesamtkirchliches Recht geht dieses Recht, soweit es die gleiche Materie regelt, dem bayerischen Gliedschaftsgesetz als gliedkirchlicher Regelung vor.[27]

Sowohl das bayerische Gliedschaftsgesetz als auch das EKD-Kirchenmitgliedschaftsgesetz enthalten Regelungen über die aus der Kirchenmitgliedschaft folgenden Rechte und Pflichten der einzelnen Kirchenmitglieder.[28] Diese werden ergänzt durch die von allen Kirchen der VELKD angenommene »Ordnung des kirchlichen Lebens«.[29] Diese »Ordnung« ist als Richtlinie gedacht, erhält aber durch das Kirchengesetz zur Anwendung der Ordnung des kirchlichen Lebens[30]

---

[20] § 2 Abs. 2 des EKD-Kirchenmitgliedschaftsgesetzes vom 10.11.1976 (ABlEKD 389ff [389]).

[21] Vgl. dazu näher GRETHLEIN/BÖTTCHER/HOFMANN/HÜBNER (B) 175–188; vgl. ferner Bekanntmachung zum Vollzug des KGes. über die Gliedschaft in der Ev.-Luth. Kirche in Bayern vom 21.3.1966 (ABlB 37f).

[22] Also nicht in der Gliedkirche des alten Wohnsitzes endet und in der Gliedkirche des neuen Wohnsitzes neu begründet wird.

[23] Einzelheiten bei GRETHLEIN/BÖTTCHER/HOFMANN/HÜBNER (B) 185ff. Diese Fortsetzung der Mitgliedschaft in einer anderen Gliedkirche der EKD (mit dem auch im Gliedschaftsgesetz der bayerischen Landeskirche enthaltenen votum negativum) wurde erstmals in der EKD-Mitgliedschaftsvereinbarung eingehender geregelt, geht letztlich aber auf eine schon vorher geübte Praxis zurück (vgl. GÜNTHER WENDT, Bemerkungen z. gliedkirchl. Vereinbarung über d. Mitgliedschaftsrecht i. d. EKD: ZEvKR 16 [1971], 23–35).

[24] ABlB 207.

[25] ABlEKD 1970, 2.

[26] ABlEKD 389ff.

[27] Zum Verhältnis im einzelnen vgl. GRETHLEIN/BÖTTCHER/HOFMANN/HÜBNER (B) 186. Allgemein zur Kirchenmitgliedschaft vgl. Das Problem d. Kirchengliedschaft heute, hg. v. PETER MEINHOLD, Darmstadt 1979 (WdF 524); AXEL FRHR. V. CAMPENHAUSEN, Die staatskirchenrechtl. Bedeutung d. kirchl. Mitgliedschaftsrechts: HdbStKirchR² 1, 755–775; vgl. auch die Literaturübersicht bei GRETHLEIN/BÖTTCHER/HOFMANN/HÜBNER (B) 195.

[28] Vgl. dazu aaO, 189–194.

[29] In Kraft getreten am 1.7.1966 (ABlB 127–150).

[30] Vom 18.5.1966 (ABlB 150ff), inzwischen mehrfach geändert und ergänzt. Derzeit sind Überlegungen im Gange, die OKL durch die auf der Ebene der VELKD ausgearbeiteten »Leitlinien kirchli-

nachgewiesen verbindlichen Charakter.[31] In der Kirchenverfassung selbst sind die Rechte und Pflichten der einzelnen Kirchenmitglieder nur rudimentär beschrieben. Die Beratungen im Gemischten Ausschuß »Kirchenverfassung«[32] haben daher ergeben, bei einer Novellierung der Kirchenverfassung einen Katalog von Rechten und Pflichten der Kirchenmitglieder auch in die Kirchenverfassung aufzunehmen und diese im Kirchengliedschaftsgesetz näher zu entfalten.[33]

1.3.2 Recht der kirchlichen Abgaben

Durch staatliche Verordnung wurde 1946 der 1941 abgeschaffte Kirchenlohnsteuerabzug wieder eingeführt.[34] Eine grundlegende Neuregelung brachte das Kirchensteuergesetz von 1954,[35] das die Möglichkeit, Kirchengrundsteuer zu erheben, wieder vorsah und den Wegfall früherer staatlicher Regelungen brachte, die mit dem Status der Kirchen (Selbstbestimmungsrecht, Art. 140 GG i.V. mit Art. 137, Abs. 3 WRV) kaum zu vereinbaren waren.[36] Danach gab der Staat einen Rahmen für den Kirchensteuerhebesatz (max. 10% von der Maßstabsteuer) vor, den die Kirchen durch eigene Regelungen, allerdings einheitlich für alle in Bayern steuererhebenden Religionsgemeinschaften, ausfüllen konnten. Seit 1955 beträgt der Hebesatz für die Kirchenlohn- und Kircheneinkommensteuer 8% der Maßstabsteuer und derjenige der Kirchengrundsteuer 10% des Grundsteuermeßbetrags.[37]

Aufgrund der Rechtsprechung des Bundesverfassungsgerichts zu den Rechtsgrundlagen der Kirchensteuerpflicht in verschiedenen Bundesländern und der Kirchensteuererhebung bei ‚glaubensverschiedenen Ehen im Jahr 1965[38] wurde das Bayerische Kirchensteuergesetz im November 1966 novelliert und den Vor-

---

chen Handelns« zu ersetzen. Der Prozeß der Stellungnahme zum Entwurf der »Leitlinien« innerhalb der Gliedkirchen der VELKD ist noch nicht abgeschlossen.

[31] Vgl. dazu GRETHLEIN/BÖTTCHER/HOFMANN/HÜBNER (B) 191–194; Literaturübersicht zur OKL: aaO, 195.

[32] Vgl. VII.2.1.3.2, Anm. 70.

[33] Vgl. HARTMUT BÖTTCHER, Ber. über d. Ergebnisse d. Beratungen d. gemischten Ausschusses Kirchenverfassung: VLKB Nürnberg November 1998, 118–124. Vgl. jetzt Art. 10 KVerf. i.d.F. des Kirchengesetzes zur Änderung der Verfassung der Ev.-Luth. Kirche in Bayern vom 2.12.1999 (ABlB 2000, 3) und die Bekanntmachung der Neufassung der Verfassung der Ev.-Luth. Kirche in Bayern vom 6.12.1999 (ABlB 2000, 11–22 [12]).

[34] VO vom 21.12.1945 (ABlB 1946, 36f).

[35] Kirchensteuergesetz vom 26.11.1954 (GVBl 305–308), in Kraft getreten am 1.1.1955.

[36] KARG, Kirchensteuerrecht (B) 12.

[37] KGes. über den Umfang und die Höhe der Kirchensteuern vom 31.3.1955 (ABlB 43f). Einzelheiten bei GRETHLEIN/BÖTTCHER/HOFMANN/HÜBNER (B) 555–564. Bis 1954 wurde der Hebesatz vom Staat bestimmt. Diese Sätze betrugen, bezogen auf die Einkommen(Lohn-)steuer 1934: 10%, 1935 bis 1943: 8%, 1944: 5%, 1945: 3,75%, 1946 bis 1948: 4%, ab 1949: 8%. Daneben bestanden von 1934 bis 1941 unterschiedliche Hebesätze bezogen auf die Vermögensteuer, Gewerbesteuer, Grund- und Haussteuer, Körperschaftsteuer zwischen 3 und 10% (vgl. dazu die Übersicht bei KARG, Kirchensteuerrecht [B] 23).

[38] BVerfGE 19, 206–289.

gaben der verfassungsgerichtlichen Rechtsprechung angepaßt.[39] Aufgrund eines Urteils des Bundesfinanzhofs aus dem Jahr 1992[40] wurde das Kirchensteuergesetz 1994 nochmals novelliert[41] und auch bei konfessionsverschiedenen Ehen der Grundsatz der Individualbesteuerung eingeführt.[42]

Das Kirchensteueraufkommen ist die bei weitem größte Einnahmequelle des landeskirchlichen Haushalts. 1947 betrug es 17,6 Millionen Reichsmark. Nach der 1948 durchgeführten Währungsreform stieg es 1949 von 15,6 Millionen DM bis 1967 kontinuierlich auf 156 Millionen DM.[43] Aufgrund der wirtschaftlichen Entwicklung in den 70er und 80er Jahren stieg das Kirchensteueraufkommen mit gewissen Schwankungen aufgrund der verschiedenen Einkommensteuerreformen auf rd. 950 Millionen DM (Ansatz 1999).[44] Die Kirchensteuern machen knapp 80% der Einnahmen des landeskirchlichen Haushalts aus, davon überwiegt das Aufkommen aus der Kirchenlohnsteuer mit rd. 85% des gesamten Kirchensteueraufkommens ganz eindeutig, das Aufkommen aus der Kircheneinkommensteuer ist – wie auch bei der staatlichen Einkommensteuer – rückläufig. Das Aufkommen aus der Kirchengrundsteuer ist vernachlässigbar und beträgt nicht einmal 0,1% des gesamten Kirchensteueraufkommens. Für den Einzug der Kirchenlohnsteuer durch die staatlichen Finanzämter erhält der Staat einen Verwaltungskostenbeitrag in Höhe von 2% des Kirchenlohnsteueraufkommens.[45]

---

[39] Änderungsgesetz zum Kirchensteuergesetz vom 17.11.1966 (GVBl 411f; ABlB 223f); Neufassung bekanntgemacht in GVBl 1967, 317–320; AB1B 1967, 99.
[40] NVwZ 11 (1992), 303 = ZEvKR 37 (1992), 202.
[41] Gesetz zur Änderung des Kirchensteuergesetzes v. 8.7.1994 (GVBl 554), in Kraft getreten am 1.1.1995.
[42] Wegfall des Halbteilungsgrundsatzes und der Gesamtschuldnerschaft bei konfessionsverschiedenen Ehen und damit steuerrechtliche Gleichbehandlung von konfessions- und glaubensverschiedenen Ehen. Zu Halbteilungsgrundsatz und Gesamtschuldnerschaft vgl. GRETHLEIN/BÖTTCHER/ HOFMANN/HÜBNER (B) 548–551.
[43] Angaben nach KARG, Kirchensteuerrecht (B) 132f.
[44] Die gestiegenen Aufwendungen nach der Wende 1989/1990 für Hilfsmaßnahmen in den östlichen Gliedkirchen der EKD und der nach wie vor sehr hohe Personalkostenanteil an den Ausgaben des landeskirchlichen Haushalts erforderten für dessen Ausgleich erhebliche Kreditaufnahmen und Entnahmen aus den Rücklagen. Insgesamt wurden seit 1990 bis 1997 von der bayerischen Landeskirche rd. 377 Millionen DM für Hilfsmaßnahmen aufgewendet und rd. 500 Millionen DM an Krediten aufgenommen bzw. durch Rücklagenentnahmen finanziert. Erstmals 1998 konnte durch rigorose Sparmaßnahmen wieder ein ausgeglichener Haushalt vorgelegt werden.
[45] In anderen Bundesländern, in denen auch die Kircheneinkommensteuer über die Finanzämter erhoben wird, beträgt er bis zu 4% des gesamten Kirchensteueraufkommens (vgl. GRETHLEIN/ BÖTTCHER/HOFMANN/HÜBNER [B] 556; BÖTTCHER, Kirchensteuer [B]). An der Einrichtung der Kirchensteuerämter in Bayern wurde bewußt festgehalten, um für die einzelnen kirchensteuerzahlenden Mitglieder eine direkte kirchliche Ansprechstelle zu behalten und gleichzeitig deutlich zu machen, daß es sich um eine *kirchliche* Abgabe handelt (vgl. ebd; GRETHLEIN/BÖTTCHER/HOFMANN/ HÜBNER [B] 556). Die Zahl der Kirchensteuerämter von anfangs 19 (1942) wurde durch die Zusammenlegung von kleineren Ämtern nach und nach auf 9 reduziert.

1.4 Neueste Entwicklung

Die Beratungen des Gemischten Ausschusses Kirchenverfassung[46] führten zu einer Novelle der Kirchenverfassung und einer Änderung mehrerer Kirchengesetze, die von der Landessynode auf ihrer Herbsttagung 1999 in Weiden beraten und beschlossen worden sind. Neu in die Kirchenverfassung aufgenommen wurde u.a. ein Katalog der Rechte und Pflichten der Kirchenmitglieder, die Möglichkeit des Laienvorsitzes im Kirchenvorstand, die Einführung einer Amtszeitbegrenzung für den Landesbischof und die Mitglieder des Landeskirchenrates.[47] Die bisherigen Kreisdekane, jetzt »Oberkirchenräte im Kirchenkreis«, führen in ihrem Kirchenkreis künftig die ihrer Funktion entsprechende Amtsbezeichnung Regionalbischof. Ferner gehören der Landessynode künftig drei Jugenddelegierte mit beratender Stimme an.[48] Die übrigen beschlossenen gesetzlichen Änderungen betreffen die Kirchengemeindeordnung und das Kirchenvorstandswahlgesetz,[49] während die abschließende Beratung der Neufassung des Kirchenmitgliedschaftsgesetzes aus Zeitgründen auf die nächste Synodaltagung im Frühjahr 2000 verschoben werden mußte.

2. Bildungswesen

2.1 Von der Konfessionsschule zur christlichen Gemeinschaftsschule

Durch verfassungsrechtliche[50] und gesetzliche[51] Regelung wurden die Bekenntnisschulen als Regelschulen wieder eingeführt und Gemeinschaftsschulen als Antragschulen eingerichtet. Die konfessionelle Trennung galt auch bei der Lehrerbildung.[52] Anfang der sechziger Jahre änderte sich dies und mündete in eine Aus-

---

[46] Zu diesem Ausschuß vgl. Anm. 33 und VII.2.1.3.2, Anm. 70. Zur abschließenden Darstellung der Ergebnisse vgl. den Bericht von HARTMUT BÖTTCHER: VLKB Nürnberg November 1998, 118–124.

[47] Zur Problematik einer Amtszeitbegrenzung von kirchlichen Leitungsämtern vgl. umfassend MARTIN HECKEL, Kirchenreformfragen i. Verfassungssystem. Zur Befristung v. Leitungsämtern i. einer luth. Landeskirche: ZEvKR 40 (1995), 280–319.

[48] Vgl. KGes. zur Änderung der Verfassung der Ev.-Luth. Kirche in Bayern vom 2.12.1999 (ABlB 2000, 3ff) und Bekanntmachung der Neufassung der KVerf. vom 6.12.1999 (ABlB 2000, 11–22).

[49] KGO: Verhältnis zwischen Pfarramtsführung und Vorsitz im Kirchenvorstand, wenn beides nicht zusammenfällt, Möglichkeit von beschließenden Ausschüssen, erleichterter Wechsel von einer Kirchengemeinde zur anderen, Öffentlichkeit von Kirchenvorstandssitzungen, Stärkung der Stellung der Gemeindemitglieder u.a.m. Vgl. KGes. zur Änderung der KGO vom 2.12.1999 (ABlB 2000, 5ff). Vgl. ferner KGes. zur Änderung des Kirchenvorstandswahlgesetzes vom 2.12.1999 (ABlB 2000, 8 [v.a. § 6 Abs. 1: Herabsetzung des Wahlalters auf 14 Jahre]).

[50] Art. 135 a.F. BV (GVBl 1946, 342).

[51] Schulorganisationsgesetz vom 8.8.1950 (GVBl 159f).

[52] Im Konkordat und im Kirchenvertrag von 1924 war eine konfessionelle Lehrerbildung garantiert. Im Dritten Reich waren die alten Lehrerbildungsanstalten in »Hochschulen für Lehrerbildung« umgewandelt worden. Auf Befehl der Militärregierung wurden 1948 »Pädagogische Institute« errichtet. Erst 1958 kam es zum Lehrerbildungsgesetz (vom 14.6.1958: GVBl 133f), nach dem die

einandersetzung um die Volksschulreform.[53] Die Landschulreform mit der Zusammenfassung kleinerer Schulen in Mittelpunktschulen, die reicher gegliedert waren, brachte Probleme mit dem Schutz konfessioneller Minderheiten mit sich, die in erheblicher Weise das Konkordat und den Kirchenvertrag berührten. Zudem bestanden Bestrebungen, die Konfessionsschule durch die Gemeinschaftsschule als Regelschule abzulösen. Das Volksschulgesetz vom 17.11.1966[54] sah weiterhin die Bekenntnisschule als Regelschule vor und enthielt eingehende Bestimmungen über den Minderheitenschutz. Die Diskussion über die Ablösung der Bekenntnisschulen durch christliche Gemeinschaftsschulen ließ sich jedoch nicht mehr aufhalten. Die von den Landtagsfraktionen der FDP, CSU und SPD initiierten Volksbegehren führten schließlich zu einem Parteienkompromiß, der in Art. 135 der Bayerischen Verfassung (n.F.) die öffentlichen Volksschulen als gemeinsame Schulen vorsah, in denen die Schüler nach den Grundsätzen der christlichen Bekenntnisse unterrichtet und erzogen werden sollten (christliche Gemeinschaftsschulen). Dieser Vorschlag wurde durch Volksentscheid vom 7.7.1968 mit großer Mehrheit angenommen.[55] Maßgeblichen Anteil an dem Kompromiß hatte die Bereitschaft beider Kirchen, das Konkordat und den Kirchenvertrag in entsprechender Weise anzupassen.[56] Der erste Änderungsvertrag zum Kirchenvertrag wurde am 7.10.1968 unterzeichnet.[57] Weitere Änderungsverträge wurden durch die Neuordnung der Lehrerbildung, das heißt die Eingliederung der Pädagogischen Hochschulen in die Universitäten, notwendig, die eine Regelung über Evangelische Theologische Lehrstühle an den Universitäten, an denen keine Evangelisch-Theologischen Fakultäten eingerichtet waren, erforderlich machte.[58]

Volksschullehrer auf »Pädagogischen Hochschulen« mit konfessionellem Charakter ausgebildet wurden. Die Pädagogischen Hochschulen in Augsburg, Bamberg, Regensburg und Würzburg hatten katholischen, diejenigen in Bayreuth und Nürnberg evangelischen Bekenntnischarakter. München-Pasing war für beide Konfessionen eingerichtet. Zur Entwicklung vgl. HUBERT BUCHINGER, Volksschule u. Lehrerbildung i. Spannungsfeld politischer Entscheidungen 1945–1970, München 1975; MASER, Ev. Kirche (B) 187ff.
[53] Vgl. dazu ausführlich aaO, 191ff.
[54] GVBl 402–411.
[55] Einzelheiten bei MASER, Ev. Kirche (B) 218.
[56] Ebd. Der Verfasser, Hugo Maser, war seinerzeit theologischer Schulreferent im Landeskirchenrat und maßgeblich an den entsprechenden Verhandlungen mit dem Staat beteiligt. Vgl. ferner WERNER HOFMANN, Das neue Schulrecht d. Bayer. Verfassung u. d. Kirchenverträge: BayVBl NF 15 (1969), 261–265. Auch Werner Hofmann, der damals für Schulrechtsfragen zuständige juristische Abteilungsleiter im Landeskirchenrat, hatte maßgeblichen Anteil an diesen Verhandlungen; vgl. VII.6.3.2.1.
[57] ABlB 186ff; GVBl 401f.
[58] 2. Änderungsvertrag vom 12.9.1974 (GVBl 1974, 797–800; ABlB 1975, 1ff); 3. Änderungsvertrag vom 10.7.1978 (GVBl 938ff; ABlB 1979, 1ff); 4. Änderungsvertrag vom 20.11.1984 (ABlB 358f; GVBl 1985, 291f). Vgl. dazu auch VII.2.2.2.4.2; MASER, Ev. Kirche (B) 229ff.

2.2 Neubewertung des Religionsunterrichts

Auch der Religionsunterricht an öffentlichen Schulen erfuhr nach 1945 eine andere Wertung. Art. 7 Abs. 3 GG sieht die Einrichtung des Religionsunterrichts als ordentliches Lehrfach an öffentlichen Schulen mit Ausnahme der bekenntnisfreien Schulen vor, der in Übereinstimmung mit den Grundsätzen der Religionsgemeinschaften erteilt wird.[59] Dabei stand auf kirchlicher Seite das Verständnis des Religionsunterrichts vom Verkündigungsauftrag her im Vordergrund. Religionsunterricht wurde als »Kirche in der Schule« bzw. als *evangelische Unterweisung* verstanden. In der Folgezeit wurden neue religionspädagogische Konzeptionen und Theorien für den Religionsunterricht entwickelt, die besonders bei einem bloßen *religionskundlichen* Ansatz nicht in Übereinstimmung mit der grundgesetzlichen Garantie des Religionsunterrichts standen.[60] In der EKD-Denkschrift »Identität und Verständigung – Standort und Perspektiven des Religionsunterrichts in der Pluralität« von 1994[61] wird der Religionsunterricht primär vom schulischen Bildungsauftrag und von den Lebensfragen der Jugendlichen her begründet, die Konfessionalität als Basis des Religionsunterrichts festgestellt, aber gleichzeitig das Modell eines »konfessionell-kooperativen Religionsunterrichts« entworfen.[62]

2.3 Ausbau der evangelischen Erwachsenenbildung[63]

Die Erwachsenenbildung in der Form der Erziehung zum kirchlichen Glauben ist unmittelbarer Teil des kirchlichen Verkündigungsauftrags und daher traditionell mit der kirchlichen Arbeit verbunden.[64] Nach dem 2. Weltkrieg erfuhr diese Bildungsarbeit mit der Gründung von *Evangelischen Akademien* eine wichtige Belebung nach außen und auch im innerkirchlichen Bereich. Die Akademien

---

[59] Einzelheiten bei LINK, RU (B); GRETHLEIN/BÖTTCHER/HOFMANN/HÜBNER (B) 133–150 (jeweils m.w.N.).
[60] Kurze Übersicht m.w.N. bei LINK, RU (B) 449ff.
[61] Eine Denkschrift d. EKD, i. Auftrag d. Rates d. EKD hg. v. KIRCHENAMT D. EKD, Gütersloh ³1995.
[62] AaO, 65ff. Zur Befürwortung einer »begrenzten Kooperation« auf der Basis einer stärkeren konfessionellen Identität des Religionsunterrichts auf katholischer Seite vgl. Stellungnahme der Deutschen Bischofskonferenz vom 27.9.1996 »Die bildende Kraft d. RU. Zur Konfessionalität d. kath. RU«, hg. v. Sekretariat d. Deutschen Bischofskonferenz, Bonn o.J. (Die deutschen Bischöfe 56); zur Lage des Religionsunterrichts an der Jahrtausendwende vgl. RAINER LACHMANN, Gegenwärtige Entwicklungen u. Perspektiven d. RU: ADAM/LACHMANN (B) 87–103.
[63] Vgl. (in Auswahl) LOSCH (K); LUDWIG MARKERT, Taschenbuch d. Erwachsenenbildung. Aspekte erwachsenenbildnerischer Praxis u. Theorie, Bamberg 1980; DERS., In kritischer Solidarität. Ev. Erwachsenenbildung heute: NELKB 51 (1996), 321ff; CHRISTOPH MEIER, Kirchl. Erwachsenenbildung. Ein Beitr. z. ihrer Begründung, Stuttgart u.a. 1979; Einrichtungen d. ev. Erwachsenenbildung. Akademien, Heimvolkshochschulen, regionale Bildungszentren mit u. ohne Internat, hg. v. GERHARD BROMM, Hannover 1978 (EKD-Reihe 3).
[64] LOSCH (K) 641; vgl. auch HANS SCHWAGER, »Der linke Flügel d. Altars«. Perspektiven ev. Erwachsenenbildung: NELKB 50 (1995), 181f.

verstanden sich als Kontaktstellen zu kirchenfremden Gebildeten, denen traditionelle Formen kirchlicher Arbeit fremd waren. Für die Kirche war die Zeit nach 1945 mit der Suche nach einem neuen geistigen Fundament eine Herausforderung, »ihre missionarische Verantwortung für das öffentliche Leben neu zu erkennen und Wege zu suchen, die säkularisierten Lebensgebiete wieder neu mit dem Evangelium zu durchdringen«.[65] Die Anfänge der Evangelischen Akademie Tutzing als Einrichtung der Evangelisch-Lutherischen Kirche in Bayern reichen in das Jahr 1947 zurück mit Freizeiten und Tagungen für Kriegsheimkehrer.[66] Die förmliche Gründung erfolgte 1950.[67]

Evangelische Akademie Tutzing.

Für die Beratung von kirchlichen Mitarbeitenden, insbesondere für die Fort- und Weiterbildung in Fragen des Gemeindeaufbaus wurde 1974 die Gemeindeakademie in Rummelsberg eingerichtet. Diese arbeitet eng mit dem Nürnberger Amt für Gemeindedienst zusammen.[68]

Den besonderen Problemen des Strukturwandels im ländlichen Bereich widmete sich die Arbeit der Evangelischen Heimvolkshochschulen auf dem Hesselberg (gegründet 1949), in Pappenheim (gegründet 1953) und in Bad Alexandersbad (gegründet 1958). Seit 1965 wird die Arbeit der Vielzahl der verschiedenen Träger der evangelischen Erwachsenenbildung in der Evangelisch-Lutherischen

---

[65] Begründung zum Akademie-Gesetz: VLKB Bayreuth September 1950, 108.
[66] CLAUS-JÜRGEN ROEPKE/MEINRAD V. OW, Die Gründung d. Ev. Akademie Tutzing: CLAUS-JÜRGEN ROEPKE, Schloß u. Akademie Tutzing, München 1986, 62–70; AXEL SCHWANEBECK (Red.), Zeitenwende – Horizonte öffnen, Tutzing 1997.
[67] KGes. über die Errichtung einer Evangelischen Akademie vom 23.9.1950 (ABlB 114f).
[68] KGes. über das Amt für Gemeindedienst und die Gemeindeakademie in der Ev.-Luth. Kirche in Bayern vom 26.3.1974 (ABlB 128). Das Amt für Gemeindedienst wurde bereits 1935 als Volksmissionarisches Amt gegründet (KGes. über die Errichtung eines Volksmissionarischen Amtes vom 24.6.1935: ABlB 84). Zur Gemeindeakademie vgl. HERBERT LINDNER, Gemeinde u. Gemeindeakademie: ThPr 22 (1987), 215–218.

Kirche in Bayern koordiniert durch die Arbeitsgemeinschaft für Evangelische Erwachsenenbildung (AEEB) mit Sitz in Tutzing.[69]

2.4 Hochschulwesen

2.4.1 Pastoralkolleg – Augustana-Hochschule – Evangelische Fachhochschule

Nach Kriegsende beschloß der Landeskirchenrat, für die aus dem Krieg heimkehrenden Pfarrer theologische Kurse einzurichten. Mit der Durchführung wurde der Würzburger Dekan Georg Merz[70] beauftragt. Das Pastoralkolleg wurde mit Wirkung vom 1.4.1946 in Neuendettelsau errichtet.[71] Eng damit einher ging der Ausbau einer eigenen kirchlich-theologischen Ausbildungsstätte. Für die Aus- und Fortbildung der Pfarrer war für Merz der Gedanke der communio maßgebend, die Einbettung in das Leben der christlichen Gemeinde, in unmittelbarem Zusammenhang mit ihrem gottesdienstlichen, diakonischen und missionarischen Leben (universitas ecclesiae) mit einer Lern- und Lebensgemeinschaft (vita communis) von Dozierenden und Studierenden.[72] Unmittelbarer Anlaß für die Errichtung der Augustana-Hochschule war die Rückkehr von ehemaligen Kriegsgefangenen aus dem theologischen Lager-Seminar in Rimini, die ihr in Italien begonnenes Studium nicht an der Erlanger Fakultät wegen des dort bestehenden numerus clausus fortsetzen konnten und deswegen nach Neuendettelsau geschickt wurden.[73] Zunächst als Studienfakultät des Pastoralkollegs gedacht, wurde die Augustana-Hochschule im Frühjahr 1947 als theologische Hochschule als Einrichtung der Evangelisch-Lutherischen Kirche in Bayern in Neuendettelsau errichtet.[74] Das Recht der Kirchen, ihre Geistlichen in eigenen kirchlichen Hochschulen aus- und fortzubilden, war in Art. 150 der Bayerischen Verfassung festgehalten worden.[75]

---

[69] Vgl. 20 Jahre AEEB. FS z. 20-jährigen Bestehen d. Arbeitsgemeinschaft f. ev. Erwachsenenbildung i. Bayern e.V., Red. HANS-JOACHIM PETSCH, Tutzing 1985.

[70] Zu Merz vgl. bes. LICHTENFELD (B).

[71] KGes. über die Errichtung eines ev.-luth. Pastoralkollegs in Neuendettelsau vom 12.2.1946 (ABlB 22); zur Geschichte vgl. WOLFGANG DIETZFELBINGER, »Tiefe Spuren«. Georg Merz u. d. Pastoralkolleg: KorrBl 107 (1992), 84f; Theologie (K) 17ff; zur Arbeit des Pastoralkollegs: DIETER VOLL (Hg.), Damit auch Pfarrer zu sich kommen. Das Pastoralkolleg Neuendettelsau u. d. »Fortbildung i. d. besten Amtsjahren«. Gesch. u. Gegenwart, Neuendettelsau 1982.

[72] Theologie (K) 20ff; LICHTENFELD (B) 681ff.

[73] Theologie (K) 28.

[74] KGes. über die Errichtung einer Theologischen Hochschule in Neuendettelsau-Heilsbronn der Ev.-Luth. Kirche in Bayern vom 16.5.1947 (ABlB 42); jetzt in der Fassung vom 3.12.1984 (ABlB 342f), zuletzt geändert durch KGes. vom 6.4.1995 (ABlB 110).

[75] GVBl 1946, 343. Mit Schreiben vom 5.8.1948 stimmte das Bayerische Kultusministerium zu, daß Art. 26 des Kirchenvertrags über die Ausbildung der Geistlichen durch Art. 150 BV dahingehend modifiziert werde, daß das Studium an der Augustana dem Studium an einer staatlichen deutschen Hochschule gleichzuachten sei (ABlB 79). Durch den 3. Änderungsvertrag 1978 wurde dies auch kirchenvertraglich festgehalten.

Augustana – Hochschule Neuendettelsau 1999.

Die Neustrukturierung der Volksschullehrerausbildung und der neu eröffnete Bildungsweg über Fachabitur und Fachhochschule führten 1972 zur Umstrukturierung der Augustana in eine Gesamthochschule mit einem eigenen »Fachhochschulstudiengang für Religionspädagogik und Kirchliche Bildungsarbeit«,[76] der von 1972 bis 1981 in zwei Abteilungen (München-Pasing und Neuendettelsau) bestand und ab 1981 allein in München-Pasing konzentriert war. Durch die Errichtung der Evangelischen Fachhochschule Nürnberg in den Jahren 1994/95[77] wurde dieser Fachhochschulstudiengang als eigener Fachbereich in die Fachhochschule überführt. Diese Fachhochschule ging in ihrem Fachbereich Sozialwesen zurück auf die 1927 gegründete evangelisch-soziale Frauenfachschule in Nürnberg, die nach deren Schließung im Jahre 1939 als »Katechetisches und soziales Seminar« 1947 in Neuendettelsau wieder eröffnet und 1967 nach Nürnberg überführt wurde und 1971 in der evangelischen Stiftungsfachhochschule aufging. Sowohl die Stiftungsfachhochschule als auch der Fachhochschulstudiengang für Religionspädagogik und Kirchliche Bildungsarbeit wurden in die Evangelische Fachhochschule überführt, die einen weiteren 1996/97 errichteten

---

[76] KGes. vom 27.3.1972 (ABlB 73f [74]).
[77] Beschluß der Landessynode vom 1.12.1994 (ABlB 397) und KGes. über die Fachhochschule der Ev.-Luth. Kirche in Bayern vom 6.4.1995 (ABlB 108ff), geändert durch KGes. vom 5.5.1997 (ABlB 184).

Fachbereich Pflegemanagement umfaßt, zunächst in Neuendettelsau und mit Wirkung vom 1.5.1997 mit dem einheitlichen Standort in Nürnberg.[78]

2.4.2 Theologische Fakultäten und theologische Lehrstühle

1967 wurde an der Münchner Universität eine Evangelische Theologische Fakultät eingerichtet. Durch Vertrag vom 20.6.1967[79] wurde vereinbart, daß die für die Erlangen-Nürnberger Theologische Fakultät geltenden Bestimmungen des Kirchenvertrags auch für die Münchner Theologische Fakultät entsprechende Anwendung finden sollten. Im 2. Änderungsvertrag von 1974 ist diese Vereinbarung eingearbeitet worden. Die Neuordnung der Lehrerbildung und die Eingliederung der pädagogischen Hochschulen in die Universitäten[80] führte dazu, daß auch an den Universitäten ohne theologische Fakultäten Lehrstühle in evangelischer Theologie für die Ausbildung evangelischer Religionslehrer eingerichtet wurden. So wurden an den Universitäten Augsburg und Bayreuth je drei Lehrstühle in evangelischer Theologie eingerichtet.[81] An den Universitäten Bamberg, Regensburg und Würzburg werden mindestens je zwei Lehrstühle für evangelische Theologie unterhalten.[82] An der Universität Passau wurde ein Lehrstuhl für evangelische Theologie eingerichtet.[83] Erforderlichenfalls kann dieses Lehrangebot durch Lehraufträge ergänzt werden.

---

[78] Der einheitliche Standort Nürnberg war durch die Förderungsrichtlinien des Wissenschaftsrates vorgegeben. Zur Wahl der Standorte vgl. Begründung des KGes. über die Fachhochschule der Ev.-Luth. Kirche in Bayern (VLKB Bad Reichenhall März 1995, 203f) und des Änderungsgesetzes vom 5.5.1997 (VLKB Ansbach April 1997, 172). Zur Evangelischen Fachhochschule Nürnberg allgemein vgl. EFN-aktuell, Sonderausgabe z. Einweihung d. Ev. Fachhochschule i. Nürnberg am 29. Oktober 1998, hg. v. d. Ev. Fachhochschule Nürnberg, Nürnberg 1998.
[79] ABlB 208 und KGes. über den Vertrag zwischen dem Freistaat Bayern und der Ev.-Luth. Kirche in Bayern über die Ev.-Theol. Fakultät der Universität München vom 13.11.1967 (ABlB 207).
[80] Vgl. dazu VII.2.2.2.1.
[81] Art. 3 des Kirchenvertrags. Durch den 2. Änderungsvertrag von 1974 war an diesen Universitäten zunächst je ein theologischer Lehrstuhl vorgesehen, durch den 3. Änderungsvertrag von 1978 (ABlB 1979, 1ff [2]) wurde die Zahl auf je drei erhöht, wobei dies zunächst für die Dauer von 5 Jahren gelten sollte. Durch den 4. Änderungsvertrag vom 20.11.1984, in Kraft getreten am 7.4.1986 (GVBl 1986, 53; ABlB 1986, 100), wurde die Zeit der Erprobungsphase für beendet erklärt und die Zahl von je drei Lehrstühlen in Augsburg und Bayreuth auf Dauer festgeschrieben.
[82] Art. 4, Abs. 1 des Kirchenvertrags, eingefügt durch den 3. Änderungsvertrag vom 10.7.1978 (ABlB 1979, 1ff [2]). Der 2. Änderungsvertrag von 1974 sah mindestens einen Lehrstuhl vor.
[83] Art. 4, Abs. 2 des Kirchenvertrags. Der 3. Änderungsvertrag von 1978 sah auch für Passau noch einen zweiten Lehrstuhl in evangelischer Theologie vor. Im 4. Änderungsvertrag von 1984 wurde dies im Hinblick auf die Erhaltung von je drei Lehrstühlen in Augsburg und Bayreuth auf einen Lehrstuhl reduziert.

VII.3 KIRCHE, POLITIK, GESELLSCHAFT UND WIRTSCHAFT

Von Wolfgang Zorn

Bayer. Jb. bis Jg. 2000.– BLENDINGER (B).– BESIER (B).– FRIED (B).– KJ bis 1999.– CHRISTOPH KLEßMANN, Kontinuitäten u. Veränderungen i. prot. Milieu: SCHILDT (K) 403–417.– MAXIMILIAN LANZINNER, Zwischen Sternenbanner u. Bundesadler. Bayern i. Wiederaufbau 1945–1958, Regensburg 1996.– TRUTZ RENDTORFF, Protestantismus zwischen Kirche u. Christentum: Sozialgesch. d. BRD (K) 410–440.– RENNER (B).– SCHIEDER (B).– AXEL SCHILDT (Hg.), Modernisierung i. Wiederaufbau. Die westliche Gesellschaft d. 50er Jahre, Bonn 1993 (RPGG 33).– Sozialgesch. d. BRD. Beitr. z. Kontinuitätsproblem, hg. v. WERNER CONZE u. M. RAINER LEPSIUS, Stuttgart 1983 (Industrielle Welt 34).– Statistisches Jb. f. Bayern bis 1999.– CLEMENS VOLLNHALS, Die Ev. Kirche zwischen Traditionswahrung u. Neuorientierung: Von Stalingrad (B) 113–167.– ZORN, Bayerns Gesch. (B) [bis 1967].– ZORN, Sozialentwicklung (B).

1. Neue Demokratie und beschleunigte Modernisierung

Nach der zweiten deutschen Weltkriegsniederlage lösten die Siegermächte das Deutsche Reich auf und bildeten in ihren Besatzungszonen zunächst nur Länder, zuerst das rechtsrheinische Bayern. In den drei Westzonen, die sich 1949 zur Bundesrepublik Deutschland vereinigten, blieb das System einer liberalen parlamentarischen Demokratie von Dauer. Im Parteiensystem gelang weder die Wiederbelebung einer nationalistisch-rechtslastigen noch – in den Westländern – die einer linkssozialistischen Großgruppe. Neu war die Bildung »christlich« benannter, tatsächlich interkonfessioneller Parteien der Mitte, in Bayern der überwiegend katholischen »Christlich-sozialen« Union (CSU). SPD (offiziell 1959) und neue »Einheits«-Gewerkschaften gaben den Charakter von sozialistischen Klassenvertretungen schrittweise als nur linksdemokratische Gegenkräfte auf. Die (katholische) Neubildung besonderer christlicher Gewerkschaften seit 1955 war wenig erfolgreich. 1978/80 entstand eine neue »Umweltpartei« der »Grünen«. Der Wiederangliederung des 40 Jahre lang bestehenden, bald kommunistisch geführten »ostdeutschen« Gegenstaates DDR 1989/90 folgte 1999 die Verlegung der Bundeshauptstadt von Bonn nach Berlin.

Nationalistische Versuchungen wurden einerseits durch die seit 1951 voranschreitende, zunächst wirtschaftliche (West-)Europa-Einigung, andererseits durch die Interessenverlagerung der Bevölkerung auf wirtschaftlich-soziale Entwicklungen und Erfolge überhaupt gedämpft. Die Währungs-Umstellung zur D-Mark von 1948 machte den Weg für eine sozialliberale Wirtschafts- und Sozialpolitik frei, für die »soziale Marktwirtschaft« mit gesetzlich abgesichertem freiem Wettbewerb, aber gleichzeitiger Erhaltung der zweistufigen »Ordnungsmacht« Staat und Weiterbildung des »sozialen Netzes«.

Die Entwicklung der Wirtschaftszweige verlief zwiespältig. Der in den 1950iger Jahren einsetzende Beschäftigungsrückgang in der Landwirtschaft setzte sich im folgenden Jahrzehnt verstärkt fort und beschleunigte sich im Zeichen der europäischen Agrarpolitik laufend. Lebten 1950 noch etwa 21% der bayerischen Bevölkerung hauptsächlich von der Bodenbewirtschaftung, so waren es 1970 noch 13%, 1982 nur noch 6%, 1999 nur noch knapp 3% = 4,2% der Erwerbstätigen. Trotz auch da eingesetzter Mechanisierung und des besonderen bayerischen Versuchs, kleinbäuerliche Zu- und Nebenerwerbsbetriebe zu erhalten, sank die Zahl der Bauern- und Forsthöfe 1960–1997 von rund 439.400 auf 174.400 mit durchschnittlich verdoppelter Nutzfläche. Das große »Höfesterben« verband sich mit der Abwanderung von immer mehr Menschen zu städtischen Arbeitsplätzen; das alltägliche Berufspendeln, meist mit Kraftfahrzeugen, und die Zusammenlegung von Dörfern zu politischen Großgemeinden durch die Gebietsreform von 1972 veränderten auch in Bayern die ländliche Gesellschaft erheblich. Obwohl noch 1998 fast jeder dritte landwirtschaftliche Betrieb der Bundesrepublik in Bayern lag und die Haupterwerbsbetriebe nun wieder überwogen, wurde der Freistaat in zeitweise stürmischer Entwicklung zu einem führenden deutschen Industrieland mit Zügen einer weitgehenden »Amerikanisierung«.

Ab etwa 1950 ist für Westdeutschland das »Massenkonsumzeitalter« mit sozial verbreitetem Absatz langlebiger Verbrauchsgüter angesetzt worden. Trotz industrieller Arbeitstechnisierung durch Automation führte Vollbeschäftigung zu Arbeitskräfte-Anwerbung im Ausland, seit 1962 auch in der Türkei. Ausbreitung der Elektronik, Produktionsroboter und Energieversorgung durch Atomkraft trieben in den 1970er Jahren das »Wirtschaftswunder« weiter an. Bayerische Wachstumsindustrien waren Elektroindustrie und Maschinenbau, Auto- und Luftfahrtindustrie samt Rüstungsfertigung. Der Siemenskonzern, seit 1949 mit Hauptsitz in München, hatte in der Spitze 1989 in Bayern 122.300 Beschäftigte an über 25 Standorten, davon fast 47.000 in München. Jedoch ging bereits um 1970 der Anteil der Arbeiter an den bayerischen Beschäftigten, bis 1998 auf 34%, zurück, während derjenige der Angestellten steil, 1998 auf 45%, anstieg. Nun arbeiteten 35,6% der Erwerbstätigen Bayerns im produzierenden Gewerbe, aber 52,5% in den Zweigen der Dienstleistung. Die klassische Industriegesellschaft »schaffte sich selbst ab«. Löhne, Renten und Vermögensbildung kletterten während dieses Strukturwandels mit nur vorübergehenden Stockungen scheinbar sicher zu »Wohlstand für alle« ohne krasse Armut, freilich ohne Verfassungs-Grundrecht auf Arbeit. Der Wandel des Berufssystems zwang schon 1960–1967 bald 32% der bayerischen Beschäftigten zu einem Berufswechsel. Die seit 1993 auftretende Beschäftigungskrise des Wirtschaftsstandorts Deutschland inmitten einer »globalisierten« Weltwirtschaft beschleunigte den Übergang aus der Industrie- in die Dienstleistungsgesellschaft. Er zeichnete sich am frühesten in München ab, das auf 1,2 Millionen Einwohner anwuchs. Nürnberg erreichte um 1970 vorübergehend 500.000. Die wirtschaftlichen Ballungsräume um die Großstädte ergaben noch weit höhere Zahlen.

Schon durch die Schrumpfung des Bauerntums war und blieb die moderne Gesellschaft eine von Kapitalinvestition abhängige Arbeitnehmergesellschaft. Die Gewerkschaften erhielten aber Tarifautonomie; Betriebsrätewesen und wirtschaftsdemokratische »Mitbestimmung« wurden ausgedehnt. Ein Hauptschauplatz der äußeren Sozialangleichung wurde die durch schrittweise Verkürzung der Arbeitszeit erheblich vermehrte Freizeit mit zunehmendem Massenkonsum von Ferntourismus. Wachsende Gleichheit zeigte auch der Zugang zu höherer Schulausbildung. Von der bayerischen Studentenschaft waren 1970 infolge der akademischen Anhebung der Lehrerbildung schon 27,5% Frauen, 1998/99 dann fast 48,5%.

Die Bewegung zur »Befreiung« und Gleichheit der Frau öffnete ihr nun alle Berufslaufbahnen, außer – bisher – jener der Soldatin an der Waffe. Ehe- und Scheidungsrecht wurden 1977 gerechter zugunsten der Frauen verändert, Familienplanung durch Geburtenverhütung – bis auf freien Schwangerschaftsabbruch – staatlicher- und weitgehend evangelisch-kirchlicherseits geduldet. Berufliche und Versorgungs-Unabhängigkeit der Frauen führte leichter zur Eheauflösung; von den Ehen, die 1998 in Bayern erloschen, wurden nach amtlicher Statistik 35,3% nicht durch den Tod, sondern durch Scheidung beendet. Nun waren über ein Drittel der Privathaushalte solche von Einzelpersonen, in München über die Hälfte. Erweitert wurden auch die eigenen Rechte Jugendlicher, die immer häufiger die Elternfamilie zu »Wahlverwandtschaften« hin verließen. Die demographische Revolution des allgemein steigenden Lebensalters führte dazu, daß der Bevölkerungsanteil der »Senioren« über 60 Jahre auch in Bayern erheblich anstieg. Neuartige Minderheitenprobleme erwuchsen in den Städten durch die Seßhaftwerdung ausländischer, teils muslimischer Familien. In Bayern stieg der Ausländeranteil bis 1998 auf 9,2% der Einwohner, in München auf 24%, in Nürnberg auf 16,5%. Die Türken stellten fast ein Viertel der Ausländer und entwickelten eine eigene weltliche und religiöse Lebenskultur. Von den bayerischen Einwohnern sind gut 4% Muslime, von den Grund- und Hauptschülern waren 1998/99 6% muslimisch. Die 12 in Bayern wiederbelebten israelitischen Kultusgemeinden erreichten nur durch Aufnahme russischer Aussiedler schließlich noch rund 10.000 Mitglieder.

2. Kirche im Wandel der Gesellschaft

Nach der letzten Weststatistik mit Konfessions-Statistik von 1987 gehörten in Bayern 91% der Bevölkerung den christlichen Kirchen an, womit der Rückgang der Kirchenzugehörigkeit unter den alten Bundesländern am geringsten war. Laut Auszählung des Landesamts für Statistik waren damals von den Erwerbstätigen Bayerns 9,5% der Evangelischen Beamte, 41,4% Angestellte, 37% Arbeiter und 12,2% Selbständige und mithelfende Familienangehörige. Gegenüber dem bayerischen Gesamtdurchschnitt waren das 0,8% mehr evangelische Beamte, 3,6% mehr Angestellte und 3,9% weniger Arbeiter.[1] Das Konfessionsgefälle im durchschnittlichen Ausbildungsniveau flachte sich langsam ab. Stellten die Evangelischen 1958 noch 40% der Schüler der höheren Lehranstalten Bayerns, so 1963 noch 35% der Gymnasiasten, obwohl nur 7 Gymnasien in Obhut evangelischer Gemeinschaften standen, 1997 noch 26,9%.[2] In der Folge beschleunigte sich der Ausgleich auch der Wirtschaftskraft. 1958 brachten die gut 26% evangelischen Steuerzahler in Bayern 37,5% der Lohn- und Einkommensteuer auf. 1987/88 waren rund 28% der Kirchensteuern nur noch ein kleines Merkmal wirtschaftlichen Vorsprungs.[3] Die Landeskirche hatte schwere bauliche Kriegsverluste und durch die Währungsreform erneute Vermögensschäden zu bewältigen, erhielt dann aber wieder staatliche Haushaltsergänzung. Ihre jährlichen Kirchenaustritte stiegen erst 1995 auf die Spitze von fast 18.800, jedoch bei geringem Arbeiteranteil und regional unterschiedlich.[4]

Die Pfarrerschaft veränderte sich in ihrer sozialen Zusammensetzung 1952–1967 durch deutlichen Rückgang der Pfarrhaus-Herkunft, doch blieb der Gesamtanteil der Akademiker-Väter damals bei 40%.[5] Die soziale Zusammensetzung der Landessynoden und Kirchenvorstände spiegelte nach wie vor nur bedingt diejenige des »Kirchenvolks«. Erst seit 1959 konnten Frauen Mitglieder werden. Seit 1996 waren von 102 Synodalen 34 Geistliche, 41 meist beamtete weltliche Akademiker, 7 Landwirte, 5 Handwerker. Von den 33 Frauen nannten sich 10 »nur« Hausfrau.[6] Mit der »Arbeiterfrage« tat man sich auch nach 1945 schwer. Erst 1953 kam es zur Gründung einer »Evangelischen Aktionsgemeinschaft für Arbeiterfragen« (Afa, seit 1998 im Bundesverband Ev. Arbeitnehmerorganisationen) und im Jahr darauf zur Einsetzung eines »Sozialpfarrers« der Landeskirche. Diese schuf dann ein Amt für Industrie- und Sozialarbeit, seit 1999: »Kirche in der Arbeitswelt«. Das Erlöschen des einstigen »Arbeiter-

---

[1] Strukturdaten d. ev. Bevölkerung i. Bayern nach Kirchenkreisen u. Dekanaten 1987: Statistische Ber. d. Bayer. Landesamtes f. Statistik A/87-8 [87-9=röm.-kath.].
[2] JOHANN ADALBERT BAUER, Bayern – gymnasiale Landschaft: DERS. (Red.), Die Gymnasien i. Bayern 1963–1965, München 1966, 42.
[3] WALTER SCHRICKER, ... und nun noch einige Zahlen: Zwischen Alpen u. Zonengrenze. Die Ev.-Luth. Kirche i. Bayern. Sonderausgabe d. Zeitschrift »Bayerland«, München o.J. [1959], 51ff; Statistisches Jb. d. BRD 1989, Bonn 1989, 83 [Quelle: EKD].
[4] KARL FRITZ DAIBER, Religiöse Orientierungen u. Kirchenmitgliedschaft i. d. BRD: Religion, Kirchen u. Gesellschaft. Gegenwartskunde (Sonderheft 5) 37 (1988), hg. v. FRANZ-XAVER KAUFMANN u. BERNHARD SCHÄFERS, Opladen 1988, 61–73; Statistisches Jb. f. Bayern 1996, 110; ROBERT GEIPEL, Evangelische i. Bayern – ein Indikator f. sozialräumliche Prozesse: ZBKG 65 (1996), 105–141.
[5] KARL WILHELM DAHM, Beruf: Pfarrer. Empirische Aspekte, München 1971, 87 [Tabelle Deutschland/BRD 1887/90–1967]. Auch für ein späteres Beispiel-Stichjahr liegen Bayern-Angaben nicht vor. Vgl. Haus i. d. Zeit. Das ev. Pfarrhaus heute, hg. v. RICHARD RIESS, München 1979; JOHANNES HANSELMANN, Die Bedeutung d. ev. Pfarrhauses heute. Beobachtungen u. Ausblicke eines Bischofs: aaO, 266–281.
[6] HANS SOMMER u.a. (Red.), Magazin Synode 1989 (Beilage zum Sonntagsblatt), 13; HERBERT LINDNER über soziale Zusammensetzung der bayerischen Kirchenvorstände 1982 und 1988: Arbeitsbuch f. Kirchenvorstände, Themenheft 3, Nürnberg 1996, Tab. 14.

klasse«-Bewußtseins ließ einstige Sperren verschwinden. Noch 1974 wurde freilich in der Synode geklagt, die Pfarrgemeinden »drehten sich um sich selbst« und der »Arbeiter« finde dort keine Heimat.⁷

Die vormaligen weltanschaulich-politischen Parteiungen kehrten aber auch seitens der Sozialdemokratie nicht wieder. Mochte bei anfangs örtlicher Mitgründerschaft von Pfarrern auch die evangelische Kirche Mißtrauischen als »Transmissionsriemen« für die CSU erscheinen, so holten schon die (einzigen) sozialdemokratisch geführten Landesregierungen Wilhelm Hoegner, 1945/46 und 1954-57, den Vizepräsidenten des Landeskirchenrats, dann Präsidenten der Landessynode Oberkirchenrat Dr. Hans Meinzolt als (parteilosen) Staatssekretär ins Kultusministerium. Von den CSU-Mitgliedern waren 1947 8,4% evangelisch, 1998 rund 30.000, d.h. knapp 17%. Das Godesberger Grundsatzprogramm der SPD von 1959 ging nicht mehr von Gleichgültigkeit gegenüber der privaten Religion, sondern von Anerkennung gemeinsamer ethischer Grundwerte aus und bejahte den Schutz kirchlicher Rechte. Im Kampf um die bayerische Bekenntnis-Volksschule beantragte daher das SPD-Volksbegehren selbst die öffentlichen Schulen als christliche Gemeinschaftsschulen und bedingte Freigabe öffentlicher Bekenntnisschulen auf Elternantrag. Auch andere Parteien in Bayern gründeten christliche Arbeitskreise. In der Landtagswahl 1986 wählten Gemeinden mit überwiegend evangelischer Bevölkerung zur Hälfte mehrheitlich CSU, zu 36% SPD; in der Landtagswahl 1998 stimmten evangelische Wähler zu etwa 46% für die CSU. Von ihren 123 Abgeordneten waren nun 19 erklärt evangelisch.⁸ Langsam schwand wie das konfessionelle Wahlmotiv auch gefühlsmäßig das traditionelle lutherische Grundproblem mit der politischen Demokratie.⁹

An der einzigen deutschen zweiten, berufsständischen Kammer, dem erst 1998/99 abgeschafften bayerischen Senat, war die Landeskirche durch zwei Vertreter beteiligt, dazu einen des Diakonischen Werks. Das Pfarrergesetz von 1950 untersagte öffentliches Hervortreten für eine bestimmte Partei. Professor Hermann Strathmann kam 1946-50 für die CSU noch einmal in den Landtag. In den Bundestag zogen für die CSU 1953-72 die Pfarrersfrau Ingeborg Geisendörfer und 1969-76 der beurlaubte Landesjugendpfarrer Hans Roser ein.¹⁰ Umgekehrt war der langjährige CSU-Bundestagsabgeordnete, zeitweilige Vorsitzende der Bonner CSU-Landesgruppe und viermalige Bundesminister Dr. Werner Dollin-

---

⁷ RENNER (B) 355-371; VLKB Bayreuth November 1974, 160-165; BLENDINGER (B) 255-269.
⁸ RENNER (B) 16-67; INSTITUT F. ANGEWANDTE SOZIALFORSCHUNG (INFAS), Report f. d. Presse. Kurzanalyse d. bayer. Landtagswahl 1986, Nr. 10, Bad Godesberg 13.10.1986; LUTZ TAUBERT u.a., Das Scharnier zwischen Partei u. Kirche. Christl. Arbeitskreise i. d. CSU, d. SPD, bei Bündnis 90/Die Grünen, d. FDP u. i. d. ÖDP: Sonntagsblatt Nr. 30 v. 26.7.1998, 16f; ROLF J. PICKER, Der ev. Arbeitskreis d. CSU. Bezirksverband Oberbayern u. seine Kreisverbände, München 1994; LUTZ TAUBERT, Wende auch f. d. Kirchen? Christl. Positionen i. d. neuen Parteienkonstellation: Sonntagsblatt Nr. 40 v. 4.10.1998, 5; VLKB Nürnberg November 1998, 116. Zu Godesberg vgl. SUSANNE MILLER/HEINRICH POTTHOFF, Kleine Gesch. d. SPD. Darstellung u. Dokumentation 1848-1983, Bonn ⁵1983, 386f; »Religion u. Kirche«: aaO, 394ff (⁷1991); MASER, Ev. Kirche (B) 211.
⁹ INACKER (B); FREDERIC SPOTTS, Kirchen u. Politik i. Deutschland, Stuttgart 1976.
¹⁰ HANS ROSER, Politische Gebete. Ein ev. Beitrag, München 1977.

ger gewähltes Mitglied der Landessynode, ebenso die FDP-Staatssekretärin und Ministerin Dr. Hildegard Hamm-Brücher. Berufene Mitglieder wurden 1978 der SPD-Bundesminister Dr. Dieter Haack (seit 1990 Präsident) und der CSU-Staatsminister Dr. Karl Hillermeier, 1974 auch der DGB-Landesvorsitzende. Abgeordnete als Synodale waren 1998/99 örtlich gewählt Willi Müller MdL (CSU) und berufen Staatsminister Dr. Günther Beckstein MdL (CSU), Herbert Müller MdL (SPD) und Christine Scheel MdB (Grüne).[11]

So fest äußerlich die Stellung der Kirche in der bundesdeutschen Gesellschaft durch die dauerhafte Partnerschaft und teilweise Interessengemeinschaft mit dem Staat war, so war die Volkskirche doch andererseits wie dieser selbst von langfristigen Veränderungen der Gesellschaft betroffen. Daß es infolge der örtlichen Neuzuzüge seit dem Kriege 1959 kein einziges bayerisches Dorf mit rein evangelischer Bevölkerung mehr gab, war ein konfessioneller Austauschprozeß. Die soziale Modernisierung löste aber auch zunehmend die traditionellen beruflichen Milieugemeinschaften von Bauerntum und altstädtischem Bürgertum[12] samt der gegenseitigen sozialen Nachbarschaftskontrolle auf. Erhalten blieb trotz gelegentlichen Ärgers über zu »linke«[13] oder zu »rechte« Pfarrer deren Standesansehen. Die gesellschaftliche Rangeinstufung in der deutschen Bevölkerung setzte sie (Bundesrepublik interkonfessionell) immer noch an zweite Stelle, zwar weit hinter den Ärzten, aber noch vor Rechtsanwälten, Hochschulprofessoren und Diplomaten.[14]

In der allgemeinen Familienstruktur griff die längst bei Versorgungsempfängern verbreitete Form der längerfristigen nichtehelichen Lebensgemeinschaft auf die junge Generation über. Zögernd, aber schließlich doch unterstützte die Landeskirche seit den 70er Jahren den »frauenbefreienden« Gestaltwandel der Ehe mit.[15] Die Kirche setzte sich aber dabei umsichtig auch für Geborgenheit und Schutz des Kindes ein. Das Mindestalter für die Kirchenvorstandswahlen wurde 1987 auf 16 und 1999 auf 14 Jahre gesenkt.

Die Öffentlichkeit der Bundesrepublik erwartete früh auch von der evangelischen Kirche nicht nur Stärkung ihrer Wertordnung, sondern auch parteineutrale Äußerungen zu aktuellen Problemen von Politik, Gesellschaft und Wirt-

---

[11] VLKB mit Teilnehmerlisten, zuletzt Weiden 1999. RENATE HÖPFINGER, Interview mit Bundesminister a.D. Dr. Werner Dollinger: Gesch. einer Volkspartei. 50 Jahre CSU 1945–1995, HANNS-SEIDEL-STIFTUNG (Hg.), verantwortlich MANFRED BAUMGÄRTEL, Grünwald 1995, 525–540 (Politische Stud., Sonderausgabe).

[12] HANS PONGRATZ, Bäuerliche Tradition i. sozialen Wandel: KZSS 43 (1991), 235–246; HANNES SIEGRIST, Ende d. Bürgerlichkeit? Die Kategorien »Bürgertum« u. »Bürgerlichkeit« i. d. westdeutschen Gesellschaft u. Geschichtswissenschaft d. Nachkriegsperiode: GeGe 20 (1994), 549–583.

[13] BLENDINGER (B); zur EKD vgl. auch Das neue Rotbuch Kirche, hv. JENS MOTSCHMANN u. FRIEDRICH WILHELM KÜNNETH, Stuttgart 1978 [mit Geleitwort von Walter Künneth].

[14] Das Ansehen d. Spitzenberufe. Umfrage d. Instituts f. Demoskopie Allensbach 1993: Maximilianeum. Aus dem Bayer. Landtag 6 (1994), 55 (so Rangfolge schon 1975 und wieder 1999).

[15] RENNER (B) 346–354; MERITH NIEHUSS, Familie, Frau u. Gesellschaft. Studien zur Strukturgesch. d. Familie i. Westdeutschland 1945–1969 (Habil. Ludwig-Maximilians-Universität), München 1993 (Druck in Vorbereitung).

schaft. Die Landeskirche als solche hielt sich auch in dieser Hinsicht ziemlich zurück, trug aber durch ihre Vertreter die großen EKD-Denkschriften mit.[16] Die »soziale Marktwirtschaft« wurde als echt christlich-soziales System betrachtet,[17] die westdeutsche Wiederbewaffnung gegen die sie ablehnende Friedensbewegung unterstützt,[18] auch die friedliche Nutzung der Atomkraft akzeptiert.

Die politisch-soziale Trendwende in der Bundesrepublik seit den späten 60er Jahren zu tiefergreifender Demokratisierung und allgemeiner Weltöffnung führte seit 1972 auch zur Bildung von Richtungsgruppen in der Landessynode.[19] Offiziell wurde in ihr nur ein dauernder Ausschuß für Gemeinde- und Gesellschaftsdiakonie, 1990 »Gesellschaft und Diakonie« gebildet, aber der Einfluß der Gruppierungen zeigte sich auch in der Einführung entsprechender Schwerpunktthemen für die Synodaltagungen. Im Wechsel mit rein innerkirchlichen Themen waren es fortan häufig politische und soziologische, zuletzt besonders die Arbeitslosigkeit[20] und das Kirchenasyl für staatlich abgelehnte Asylanten.[21]

Die Tendenz zu mehr »Kirche von unten« bedeutete aber nicht nur teilweise Nachahmung der äußeren Staatsform, sondern auch einen weiteren Schritt weg von der einstigen Verbindung von »Thron und Altar«. Der Staat hat in Deutschland mehr und mehr darauf verzichtet, den sogenannten Zeitgeist mit seinen Mitteln wie Schulzwang und Strafjustiz einzudämmen, unter den Bundesländern am wenigsten in Bayern. Gerade hierzulande und vor allem seit der Ära Franz Josef Strauß geriet er aber in den Widerspruch, den Freistaat ehrgeizig in ein führendes Hochtechnologieland mit lebhaftem Industrieexport verwandeln und gleichzeitig – mit geistiger Hilfe der Kirchen – traditionelle, auch allgemeinkonservative Mentalitäten erhalten zu wollen. Die »nachindustrielle«, hochmobile Dienstleistungs- und Informationsgesellschaft galt zwar von der Industrialisierung her gesehen als wirtschaftlich »nachmodern«, war aber natürlich als strukturelle Ordnungsform nochmals moderner. Über die wirtschaftliche Mitregierung der Brüsseler Europäischen Kommission hinaus wirkten international schließlich Firmenzusammenschlüsse der privaten Großwirtschaft, auch bayeri-

---

[16] Die Denkschriften d. EKD, hg. v. KIRCHENAMT D. EKD, Bd. 1/3: Frieden, Menschenrechte, Weltverantwortung, Gütersloh 1993, Bd. 2: Soziale Ordnung, Gütersloh 1978, Bd. 3/1: Ehe, Familie, Sexualität, Frauen u. Männer, Gütersloh 1993, Bd. 3/2: Jugend (in Vorbereitung; zuletzt in Bd. 3, Gütersloh ³1981).

[17] WERNER DOLLINGER, Kirche u. soziale Marktwirtschaft: Wegzeichen. Oberkirchenrat Hugo Maser z. 65. Geburtstag, München 1977, 49–54.

[18] JOHANNA VOGEL, Kirche u. Wiederbewaffnung. Die Haltung d. EKD i. d. Auseinandersetzung um d. Wiederbewaffnung d. Bundesrepublik 1949–1956, Göttingen 1978 (AKiZ B. 4); RENNER (B) 148–170.

[19] Vgl. dazu VLKB und VII.8, bes. Anm. 27; vgl. auch FRIEDRICH KRAFT, Interview »mit d. Sprechern d. beiden Arbeitskreise i. d. Landessynode« Hans Sommer und Joachim Track: HANS SOMMER u.a. (Red.), Magazin Synode 1989 (Beilage zum Sonntagsblatt), 14f.

[20] Vgl. VLKB.

[21] VLKB Freising November 1996, 117–131. 202 (vgl. bes. die Voten des Synodalen Minister Beckstein 119ff. 128–131); VLKB Ansbach April 1997, 20–27; HANS-PETER HÜBNER, Christl. Beistand f. verfolgte Menschen. Anmerkungen z. Kirchenasyl aus d. Sicht eines Kirchenjuristen: Una Sancta 53 (1998), 213–220. Vgl. dazu auch VII.6.3.1.2.

scher Großunternehmen, mit auf den Arbeitsmarkt ein. In die allgemeine wirtschaftsbetonte Lebensauffassung mischte sich Unsicherheit über die weitere bedingte Schutzmöglichkeit durch den National- und »Regionalstaat«, aber auch über die Grenzen der Anpassung von »Kirche im Kapitalismus« (Hartmut Joisten); 1999 trat eine Gruppe jetzt konservativer bayerischer Theologen aus eher äußerem Anlaß mit öffentlicher Kritik dazu hervor: Als die drei größten Stadtdekanate unter Einsparungszwängen auf das Erfahrungsangebot einer amerikanischen Betriebsberatungsfirma eingingen, protestierte eine Nürnberger Denkschrift gegen geargwöhnte »Ökonomisierung der Kirche«.[22] Die »pluralistische« und auch durch weltweite Informationsüberflutung »globalisierte« Gesellschaft begann sich zunächst in den Großstädten auch zur »multikulturellen Gesellschaft« zu erweitern. Als Folge dieser Randauflösungen vertrauter Grundmuster schien sich die Gefahr des Verlustes eindeutig verbindlicher Wertordnungen als Stütze persönlicher Identitätssicherheit abzuzeichnen. Erwartungen an die Kirche betrafen gleichzeitig Seelenheil und »Sozialheil«, auch Dienst als öffentliche »Moralagentur« (Friedrich Wilhelm Graf).[23] Evangelische Kirche an der zweiten Jahrtausendwende bedeutet Herausforderung, aber auch Sendung zur Antwort.

---

[22] Evangelium hören. Wider d. Ökonomisierung d. Kirche u. d. Praxisferne d. Kirchenorganisation. Ein theol. Ruf z. Erneuerung, hg. v. INITIATIVKREIS »KIRCHE I. D. WETTBEWERBSGESELLSCHAFT«, Redaktionskreis: HOLGER FORSSMAN/EBERHARD HADEM/MARTIN HOFFMANN/HANS G. ULRICH/BERND WANNENWETSCH, Nürnberg 1999; vgl. HARTMUT JOISTEN, Argwohn gegen d. Manager d. Glaubens: Sonntagsblatt Nr. 29 v. 18.7.1999, 1f.
[23] FRIEDRICH WILHELM GRAF, Freie Kirche i. freien Staat. Über d. Religionsbedarf d. liberalen Demokratie: ALFRED E. HIEROLD/ERNST JOSEF NAGEL (Hg.), Kirchl. Auftrag u. politische Friedensgestaltung. FS f. Ernst Niermann, Stuttgart 1995, 25–34 (33).

VII.4 KIRCHLICHE PUBLIZISTIK

Von Paul Rieger

Aktualität d. Erinnerung. Robert Geisendörfer in memoriam, hg. v. PAUL RIEGER, München 1980.–WALTHER BACH, Medienzentrale. Medien f. Gemeindearbeit u. Unterricht: Publizistik (K) 44–47.– MEHNERT, Presse (B).– Die provozierte Kirche. Überlegungen z. Thema Kirche u. Publizistik, hg. v. HERBERT BREIT u. WOLFGANG HÖHNE, München 1968.– Publizistik als Aufgabe d. Kirche. 50 Jahre Ev. Presseverband f. Bayern, hg. v. EV. PRESSEVERBAND F. BAYERN/PAUL RIEGER, München 1983.– Publizistischer Gesamtplan f. d. Ev.-Luth. Kirche i. Bayern, [München 1987].– PAUL RIEGER, Schöne neue Medienwelt? Ethische Verantwortung ist gefragt: NELKB 49 (1994), 388ff.– HELMUT WINTER, Aus d. Gesch. d. Presseverbandes: Publizistik (K) 81–95.

1. Aufbruch in die Mediengesellschaft

1945 war die gesamte evangelische Medienarbeit in Bayern zertrümmert: die Sonntagsblätter, Zeitschriften, Buchverlage und Radiodienste.[1] Gerhard Hildmann, 1945 Geschäftsführer des Evangelischen Presseverbandes für Bayern, hatte vorher versucht, die kirchliche Publizistik gegen den wachsenden Druck der nationalsozialistischen Reichskulturkammer zu schützen, geriet wiederholt in Konflikt mit der Gestapo und wurde im Oktober 1934 verhaftet. Es gelang der Kirchenleitung, ihn herauszuholen. Aus dem Untergrund arbeitete er weiter.

Die Jahrzehnte nach 1945 waren auch in Bayern von einer gewaltigen Aufbauarbeit erfüllt. Aufbau und Entwicklung betrafen in besonderer Weise die wachsende Macht der Medien. Die Liste der technischen Erfindungen, der Gründungen und Neuorganisationen ist überwältigend. 1948 wurden die Transistoren und die Langspielplatte erfunden; im gleichen Jahr wurde der Norddeutsche Rundfunk als Anstalt öffentlichen Rechts gegründet; 1949 strahlte der erste deutsche UKW-Sender Programme aus; 1950 glückten die ersten Fernsehversuche in Hamburg; 1954 begann offiziell das Gemeinschaftsprogramm »Deutsches Fernsehen«; 1956 erfolgte die Gründung der Arbeitsgemeinschaft der öffentlich-rechtlichen Rundfunkanstalten der Bundesrepublik Deutschland (ARD) und die Gründung des Deutschen Presserates; 1956 war auch das Jahr der Gründung des ZDF; es folgten 1962 Computerschriftsatz, 1969 erster Nachrichtensatellit »Early Bird« und 1967 Farbfernsehen. Dann in schneller Folge: Videotext, Bildschirmtext (BTX), Kabelfernsehen, Satellitenfernsehen, digitale Übertragung, T-Online und Internet. Die Diskussion ist an einem Punkt angelangt, an dem den Medien und ihren »Machern« konstitutive Notwendigkeit für den Zusammen-

---

[1] Lediglich das Kirchenvorsteherblatt »Treu im Dienste des Herrn«, das Hermann Dietzfelbinger redigiert hatte, blieb aus unerfindlichen Gründen unangetastet.

halt von modernen Nationen mit Millionen-Bevölkerungen zugeschrieben werden.

1945 galt in allen Besatzungszonen ein vollständiges Verbot aller Druckschriften, Nachrichtendienste und des Rundfunks. Auch für die kirchlichen Schriften und Blätter gab es keine Ausnahme. Kirchlicher Informationsaustausch war auf mündliche Kommunikation und persönlichen Briefverkehr angewiesen. Die Wiederbelebung der evangelischen Medienarbeit in Bayern ist durch die politischen Maßnahmen der Alliierten Militärregierung in der amerikanischen Besatzungszone ermöglicht und bestimmt worden.

2. Die Printmedien

2.1 Die Sonntagsblätter

Erst 1947 erließ die Militärregierung neue Pressevorschriften. Die Nachrichtenkontrollvorschrift Nr. 3 vom 3.10.1947 erlaubte, Lizenzen für publizistische und journalistische Arbeit zu erteilen, allerdings nur an Einzelpersonen oder Körperschaften, die von den Entnazifizierungskammern als unbelastet eingestuft worden waren. Als erster erhielt Friedrich Langenfaß, Dekan von München, von den Amerikanern eine Lizenz (Nr. 7)[2] für kirchliche Veröffentlichungen in Bayern. In der amerikanischen Zone galt die Regel, für jede Kirche nur ein Blatt zu erlauben. Über die Person Langenfaß war der Landeskirchenrat selbst in Pflicht genommen worden. Bischöfe und Oberkirchenräte trugen die neue Verantwortung mit Ernst und gutem Willen. Das fremde Sachgebiet Pressewesen wurde in Bayern der Abteilung »Bildung und Medien« zugeschlagen. Die Sachkenntnisse der Kirchenleitung wuchsen schnell. Die zuständigen Oberkirchenräte und auch die Landesbischöfe[3] wurden zu sachkundigen Vertretern und zu Anwälten der Medien in Kirche und Öffentlichkeit.

Die Kirchenleitung nannte das neu lizensierte Produkt »Sonntagsblatt für die Ev.-Luth. Kirche in Bayern – Im Auftrag des Ev.-Luth. Landeskirchenrates herausgegeben vom Ev. Presseverband in Bayern«. Sie teilte ihre Verantwortung mit den bereits vorhandenen kirchlichen Fachleuten, insbesondere mit den Leitern des Ev. Presseverbandes und den Pressefachleuten der Ämter. Spannungen konnten nicht ausbleiben. Das Selbstverständnis einer freien Kirchenpresse und die mediale Mitverantwortung von Landesbischof, Oberkirchenräten, Synodalpräsidenten und Landessynode, die in eine Institution eingebunden waren, standen sich gegenüber. An die Kirchenleitung wendeten sich die meisten Wünsche und Beschwerden frommer und aufgebrachter Christen, die sich über einen Ar-

---

[2] GEISENDÖRFER (B) 18.
[3] Vgl. HERMANN DIETZFELBINGER, Erfahrungen eines Bischofs mit d. Presse: Publizistik (K) 63–66 (63).

tikel ärgerten oder mehr »Geistliches« in den Blättern verlangten. Die Kirchenleitung erhielt herbe Kritik und sollte Rechenschaft über eine kirchliche Pressearbeit ablegen, die ihr nicht unterstellt war. Das bayerische Verbundsystem erwies sich dennoch als sehr widerstandsfähig, flexibel und erstaunlich lösungsfähig.

Die Ausrichtung des neuen Sonntagsblattes wurzelte in der Tradition der bayerischen Kirchenblätter. Das Blatt wurde bei seiner Wiedergründung von Landesbischof Hans Meiser mit den Worten empfohlen: »[...] es will wie ehedem ein treuer Freund und Hausgenosse sein, ein Wegbegleiter durchs Kirchenjahr und ein verläßlicher Berater in allerlei Glaubens- und Lebensfragen [...] fern vom politischen Lärm will es die Stimme der Ewigkeit laut werden lassen.«[4] Nach 1968 drang freilich in alle Kirchenblätter heftiger »politischer Lärm«, der zu Polarisierungen führte.[5]

Kopftitel des Sonntagsblattes Rothenburg seit 1885 bis zur Gegenwart.

Das Traditionsblatt der bayerischen Kirche war das »Sonntagsblatt« aus Rothenburg gewesen. Es war im Oktober 1884 dort gegründet und verlegt worden. Es trug zudem den Untertitel »Evangelisches Sonntagsblatt aus Bayern«.[6] Seine rasche Wiederbelebung wäre nahe gelegen. Die Kirchenleitung entschied anders. Es gab Auseinandersetzungen und Verstimmungen.[7] Dem neuen Münchner Sonntagsblatt fiel durch die einzige Lizenz in Bayern ein Monopol zu. Dies gewährte dem landeskirchlichen Sonntagsblatt die Alleinherrschaft und einen gro-

---

[4] MEIER-REUTTI, Chancen (B) 32.
[5] Vgl. RICHARD KOLB, Als Theologe i. d. publizistischen Arena: Publizistik (K) 67–71 (70).
[6] UDO HAHN, Kirche u. Publizistik. Kommunikation d. Evangeliums, Rothenburg/Tauber [1986].
[7] MEIER-REUTTI, Chancen (B) 13.

ßen medialen Vorsprung. Pfarrer Robert Geisendörfer, Nachfolger Hildmanns und Geschäftsführer des Ev. Presseverbandes (1947–1967), wußte ihn geschickt auszubauen. Er hob sein kirchliches Blatt auf den Standard professioneller Qualität, indem er voll ausgebildete Journalisten anstellte.

Kopftitel des Sonntagsblattes München zwischen 1945 und 1999.

Walter Schricker, der spätere Leiter des Kirchenfunks im Bayerischen Rundfunk, war der erste Reporter des Sonntagsblatts, der dem Blatt durch seine Reiseberichte hohes Ansehen und viele Leser erwarb. Seine Ausflüge galten den evangelischen Gemeinden und Schwesterkirchen im Ausland, von Brasilien bis hin nach Neuguinea. Sie öffneten den Blick auf das weltweite Christentum und die Ökumene. Sehr viel häufiger bereiste er die bayerischen Gemeinden. Allerdings empörten sich »ganze Dekanatskonferenzen [...] über diesen Einbruch in den gehegten Pferch der frommen Herde, deren Abbild sich plötzlich nicht mehr in lieblichen Dorfweihern spiegelte«.[8]

---

[8] WALTER SCHRICKER, Journalismus u. keine frommen Sprüche: Publizistik (K) 78f (78).

Die gleiche Professionalisierung erfuhr der bayerische ev. Pressedienst (epd). Bislang waren nicht selten kirchliche Pressestellen mit Theologen besetzt worden, die ›man unterbringen mußte‹. Das führte manchmal Naturtalente in die Positionen, aber oft geschah auch das Gegenteil. Teile der Pfarrerschaft hielten zudem von Presse wenig. Man mahnte, der »Versuchung zu widerstehen, unter fremder Flagge sich aufzublähen, statt lieber klein zu bleiben, so entsagungsvoll dieser Weg auch sein mag«.[9]

Nach der Aufhebung des Lizenzzwanges der Besatzungsmacht 1949 schossen kirchliche Blätter allerorten aus dem Boden.[10] Das Rothenburger Blatt erschien wieder in alt-neuem Gewande.[11] Die großen Dekanate München, Nürnberg, Augsburg, Würzburg, Coburg und andere druckten erneut ihre eigenen Gemeindeblätter. In Umfang und Professionalität hinkten sie zwar hinter den beiden »Großen« her, gewannen aber, wenn ein begabter Pfarrer die Sache in die Hand nahm, beachtliche Qualität. Der Vorteil dieser Blätter lag in ihrer regionalen Lesernähe. Doch begannen ab 1968 die Abonnentenzahlen der Kirchenblätter deutlich schwächer zu werden. Die Auflage sank von über 139.000 Exemplaren auf ca. 50.000.[12]

Der herkömmliche Bezieher eines Sonntagsblatts hatte bislang sein Blatt abonniert, ungestört von Fernsehen und Kiosk, im Gefühl und der Gesinnung, es gehöre zur evangelischen Christenpflicht, das Blatt der eigenen Kirche zu halten. Dies betraf übrigens die gesamte deutsche Gesinnungspresse, auch die Blätter der politischen Parteien, Gewerkschaften und Vereine, sofern sie bezahlt werden mußte. Auf Abonnementbasis ließ sich dergleichen nicht länger finanzieren, es sei denn, Mitgliederbeiträge stützten ein solches Blatt. Die bayerische Landeskirche bezuschußte ihrerseits ihre Sonntagsblätter.

Anstelle des Gesinnungsmotivs trat die nachbarliche Neugier. Der Bundesbürger denkt heute weltweit und eng-nachbarlich-familiär zugleich, besonders in den Vorstädten der Metropolen. Er kennt bestenfalls seinen Pfarrer und dann gerade noch seinen Bischof oder nur noch den Papst. Alles was dazwischen liegt, fällt weitgehend weg, wie Dekan-Dekanat, Kreisdekan-Kirchenkreis, Oberkirchenrat-Landeskirche. Die Blätter müssen heute dieses Selbstverständnis berücksichtigen. Geisendörfer hatte das frühzeitig erkannt. Er druckte sein Sonntagsblatt als Kopfblatt für sieben kirchliche Regionen, teilweise mit dem herkömmlichen regionalen Namen. Das Kopfblatt enthielt neben dem gemeinsamen Stoff vier oder sechs regionale Seiten. Aus finanziellen Gründen mußte dies 1968 auf-

---

[9] MEHNERT, Presse (B) 254.
[10] Vgl. Hb. d. Gemeinschaftswerks d. Ev. Publizistik, hg. v. GEMEINSCHAFTSWERK D. EV. PUBLIZISTIK, Frankfurt 1983, 15.
[11] Seit 1949, dem Jahr des Wiedererscheinens des Sonntagsblattes aus Rothenburg, waren und sind die Chefredakteure Wilhelm Sebastian Schmerl, Wilhelm Schmerl, Christoph Schmerl, Burkhard Stark und Günther Saalfrank.
[12] Kurz vor der Währungsreform hatte das Sonntagsblatt diese Auflage erreicht; kurz nach der Währungsreform war es auf 103.000 Exemplare zurückgegangen (WINTER [K] 88). Die Zahl 50.000 bezieht sich auf das Jahr 1998.

gegeben werden. Mit Qualität und sanftem Druck trieb der Medienhirte Geisendörfer die wiedererstandenen Münchner, Nürnberger und Coburger Gemeindeblätter nach und nach in den Pferch des »Münchner« Großblatts und zwang sie zur Aufgabe.[13]

2.2 Der Gemeindebrief

Mit der Zunahme der Regionalisierung erstarkte eine neue Form des Gemeindeblattes, der »Gemeindebrief«. Wesentliche Impulse dieser Erfindung gingen von Bayern aus. Die Ideen verbreiteten sich über die evangelischen Kirchen in der ganzen Bundesrepublik. Das Nürnberger Amt für Gemeindedienst hatte eine eigene Abteilung Werbung und Öffentlichkeit. Sie umschloß zunächst die Herstellung und Ausstattung von kirchlichen Schaukästen an Gemeindehäusern und Kirchen.[14] Bald erkannte man, daß der Schaukasten allein bei der rasanten Medienentwicklung nicht mehr ausreiche. Die Pflicht der Kirchengemeinde, ihre Mitglieder zu informieren, bedurfte neuer Formen. So entstand die Idee des »Gemeindebriefs«. Die Idee fiel auf fruchtbaren Boden. Jede Gemeinde sollte sich eine »Nestzeitung« schaffen, um die Beziehungen untereinander »warm« zu halten. Schon 1965 gab es in Bayern über vierhundert Gemeindebriefe mit mindestens vier Seiten, 1998 über zwölfhundert. Rechnet man die ein- und zweiseitigen dazu, druckt fast jedes Pfarramt regelmäßig einen Gemeindebrief. Die Kirchenleitung erkannte rasch die gewaltige Kommunikationsleistung dieser Blätter und gab grünes Licht für den Ausbau. Gestaltungsfragen, Grafiken, Layout und Gliederungen lieferte das Amt für Gemeindedienst. Die meisten Gemeindebriefe können sich heute sehen lassen. Die Ideen wurden 1985 vom Gemeinschaftswerk Ev. Publizistik (GEP) übernommen.[15] Die Gesamtauflage der Gemeindebriefe in Deutschland betrug 1994 14 Millionen.[16] Fachleute behaupten, daß sie die am meisten gelesene periodische Publikation in Deutschland überhaupt sei.[17]

---

[13] Die Chefredakteure der letzten Jahre waren Helmut Winter, Friedrich Kraft, Johanna Haberer und nun Hartmut Joisten.
[14] Das Amt hielt Ausbildungskurse und versandte schon 1965 an die ca. 2.000 Pfarrämter Bayerns Hilfsmaterial »Schaufenster der Gemeinde«. Dort hingen hinter Glas in genormten Kästen die »Goldenen Worte«, Filmkritiken des »Ev. Filmbeobachters«, Nachrichten und Kirchenzettel.
[15] KURT SCHATZ, Kirchl. Kommunikation vor Ort. Dokumentation d. Publizistischen Konferenz d. Landesausschusses f. Publizistik i. Bayern, München 1990, 37ff.
[16] Vgl. Mandat u. Markt. Perspektiven ev. Publizistik. Publizistisches Gesamtkonzept 1997, hg. v. KIRCHENAMT D. EKD, Frankfurt/Main u.a. 1997.
[17] Die Kirche erreicht in einer Großstadt wie München 80% der Mitglieder über den Gemeindebrief, der auch gelesen wird (vgl. »Großstadt-Kirche erreicht Mitglieder hauptsächlich über Medien«: epd-Bayern Nr. 32 v. 20.3.1997, 5).

2.3 Zeitschriften und Schrifttum

Die zahlreichen kirchlichen Dienststellen, Arbeitszentralen, Diakonie, Mission, Kommunitäten, kirchliche Arbeitsgemeinschaften, Verbände und Vereine, Spezialbeauftragte und Tagungsstätten, nicht zuletzt das Amt für Gemeindedienst legten sich für die Adressaten ihrer Arbeit eigene Zeitschriften und Periodika zu. Eine Untersuchung für die bayerische Landeskirche zählte 1987 182 Publikationen mit eigenen Redaktionen. Sie hatten eine Gesamtauflage von 4,37 Millionen Exemplaren pro Jahr und wurden mit einem Kostenaufwand von 1,54 Millionen Mark betrieben. Zwei Drittel haben eine Auflage von ca. 3.000 Exemplaren.[18]

Der Ev. Presseverband versuchte, durch die Herausgabe verschiedener Zeitschriften die Informationsbedürfnisse einzelner Gruppen der Kirche und ihrer verschiedenen Mitarbeiter zu befriedigen. Einige spielten eine Zeit lang eine Rolle, gingen aber wieder unter. Der »Evangelische Filmbeobachter«[19] war über Jahrzehnte hinweg das große Nachschlagewerk für Filme und ihre Beurteilungen, nicht nur für die Kirchen, sondern auch für die allgemeine Presse und die Fachwelt. Er verschwand, als das Fernsehen den Kinofilm überflügelte und den Niedergang der Kinos einleitete.[20] Der Presseverband gab einen »Evangelischen Literaturbeobachter« heraus, der wenige Jahre später an den ev. Büchereiverband als Hauszeitschrift ging und dort verlegt wird. Nur kurzes Leben war der Zeitschrift »Der Plattenteller« (Redaktion: Günter Hegele) beschieden. Ein Krankenmagazin »Muse und Genesung« ging in private Hände über.

Für die Pfarrerschaft verlegt der Ev. Presseverband »Nachrichten der Ev.-Luth. Kirche in Bayern« (gegründet 1946, Auflage ca. 4.000). Ihre Auflage blieb stabil, da das Blatt zugleich eine halboffiziöse Veröffentlichung der Kirchenleitung für die Pfarrerschaft darstellt. Daneben steht das eigenverlegte »Korrespondenzblatt« (gegründet 1885, Auflage entsprechend der Mitgliederzahl), die Mitgliederzeitung des Pfarrer- und Pfarrerinnenvereins in Bayern, mit Artikeln meist von Mitgliedern und einem lebhaften Diskussionsforum der Pfarrerschaft, das die Stimmungslage der bayerischen Pfarrerschaft widerspiegelt. Den Problemen der dörflichen Gemeinschaft widmete sich das »Neue Dorf« (Auflage 1987 6.000). Aus finanziellen Gründen und wegen sinkender Auflage wurde es auf eine Sonderbeilage des Sonntagsblatts reduziert. Für kirchliche Mitarbeiter

---

[18] MATTHIAS STEINER, Periodisch erscheinende Druckschriften i. d. Ev.-Luth. Kirche i. Bayern, [München 1987] (Beilage zum Publizistischen Gesamtplan 1987 [K]).

[19] »Bei den Vorbesprechungen für die Produktion eines Filmes mit kirchlicher Thematik, den der bekannte Regisseur Dr. Harald Braun 1949 mit dem Titel ›Die Nachtwache‹ fertigstellte, entschied sich Robert Geisendörfer mit dem ›Evangelischen Presseverband für Bayern‹ für den Versuch, in einer neuartigen Publikation alle neu erscheinenden Filme aus evangelischer Sicht zu besprechen und zu werten. Der ›Evangelische Filmbeobachter‹ mit dem Impressum des bayerischen Presseverbandes […] hat sich […] bis auf den heutigen Tag seine Anerkennung bewahrt« (WERNER HESS, Die Pionierzeit ev. Filmkritik: Publizistik [K] 56–59 [58]).

[20] Er wurde vom GEP mit dem neuem Namen weitergeführt »Kirche und Film«, dann als Monatszeitschrift »epd Film«. Sie ist heute die erfolgreichste Fachpublikation der anspruchsvollen Filmkritik in Deutschland.

verlegt der Presseverband die Zeitschrift »Unser Auftrag« (Auflage ca. 5.000). Die Frauenzeitschrift »efi« (Auflage 600) wird von der landeskirchlichen Dienststelle für Frauenfragen seit 1997 herausgegeben.

Einmal im Jahr zur Urlaubszeit druckte der Ev. Presseverband als Gemeinschaftsunternehmen der Urlauberseelsorge von sieben Landeskirchen eine farbige Illustrierte mit dem Titel »Unterwegs«. Heute sind daraus zwei kostengünstigere kleinere Grußheftchen der Landeskirche hervorgegangen: »Gute Zeit« (Auflage 40.000) für Kurgäste und »Grüß Gott« (Auflage 100.000) für Urlauber in Bayern. Unter dem Titel »Kirche im Rundfunk« (Auflage ca. 3.500) erscheint 14-tägig der Predigttext aus der evangelischen Morgenfeier des Bayerischen Rundfunks. Bei gefragten Predigten kann sich die Auflage auf das Doppelte steigern.

Immer wieder gab es Anläufe der Landeskirche und des Ev. Presseverbandes, eine gut gemachte Illustrierte oder ein Magazin für alle Kirchenmitglieder zu schaffen. In einem ersten Versuch entstand 1982 ein »Sonntagsblatt extra«, das in einer Auflage von einer Million an die evangelischen Haushalte verteilt wurde. Die Bindung an das Format »Sonntagsblatt«, die wegen günstigerer Herstellungs- und Versandkosten gewählt wurde, erwies sich als sehr eng. So folgten weitere Versuche. Der Gedanke, eine solche Illustrierte mehrere Male im Jahr kostenlos an die Haushalte zu verteilen, wurde in Bayern, im Gegensatz zu anderen Landeskirchen, verworfen.

So blieb es bei einmaligen Sondermagazinen. Im Lutherjahr 1983 entstand ein vierfarbiges »Luthermagazin«. 1995 entwarf die Beauftragte für Publizistik in der Kirchenleitung, Pfarrerin Susanne Schullerus-Keßler, zusammen mit dem EPV eine neue Form einer jährlichen Kirchenillustrierten mit dem Titel »Aufgeschlossen«. Seit Erscheinen wurden vier Themen behandelt: »Kirche und Kirchensteuer«, »Die 10 Gebote«, »Jesus Christus« und »Heiliger Geist«. Die Auflage beträgt 1,2 Millionen. Neu ist die Vertriebsart. Das Heft liegt großen Tageszeitungen und kirchlichen Blättern bei. Das Produkt hatte Qualität und erfuhr große Anerkennung.

2.4 Nachrichtendienste, Presse- und Öffentlichkeitsarbeit

Bereits 1946 konnte der Ev. Presseverband für Bayern mit dem Aufbau einer Nachrichtenagentur (epd-Bayern) beginnen. »Sie arbeitet nach den Arbeitsprinzipien einer Nachrichtenagentur, übermittelt aktuelle Nachrichten, Hintergrundberichte, kommentierende Beiträge und Dokumentationen aus allen Bereichen des Lebens, Handelns und Denkens der Kirche, der Ökumene, aber auch aus der Gesellschaft an die Redaktionen der Tagespresse, Kirchenpresse sowie dem Funk«.[21] Ihr Name »Evangelischer Pressedienst für Bayern« (epd) gab zu Beginn Anlaß zu Meinungsverschiedenheiten. Der frühere evangelische Presse-

---

[21] MEHNERT, Presse (B) 272.

dienst im alten Deutschland beanspruchte nach seiner Wiederherstellung den Namen »epd« für sich allein. In einem Vertrag wurde festgelegt, daß der Name »epd« nur dem Ev. Presseverband für Deutschland zusteht, die anderen sich aber als »epd-Landesdienste« bezeichnen dürfen.

Der epd-Bayern entwickelte sich rasch zu einem anerkannten und häufig genutzten Nachrichtendienst. Jährlich wurden zwischen 1.500 und 2.500 Meldungen an zahlreiche Bezieher verbreitet. Er hat eine beachtliche Abdruck- und Verwendungsquote. In Stil und Inhalt berücksichtigt er die Bedürfnisse von Lesern und Medien und verschweigt auch nicht Konflikte im kirchlichen Bereich.[22] Das trug ihm in den Redaktionen den Ruf einer zuverlässigen Nachrichtenquelle ein. Später ergänzte er seine Arbeit mit Wochenübersichten (»epd-Woche«), Dokumentationen und einem »epd-Bilderdienst«. Er hatte 1987 bereits 125 Bildmotive mit 187 Nachdrucken. epd-Bild wird seit 1997 auch über den DPA-Funkkanal angeboten und hat damit ein überraschend positives Ergebnis erzielt. 1980 erschien die erste Nummer des epd-Nachrichtendienstes »Kirche und neue Medien«,[23] später in Zusammenarbeit mit dem von Kirchenleitung und Synode gegründeten gemischten »Landesausschuß für Publizistik«. Er war in der Bundesrepublik der erste Nachrichtendienst überhaupt, der in breiter Thematik die Entwicklung der neuen Medien beobachtete.

Die Stärke des epd-Landesdienstes Bayern sind seine gut funktionierenden sieben Bezirksredaktionen. Sie geben ihre Nachrichten entweder an die Landesredaktion in München weiter, die seit 1983 ein Chefredakteur leitet,[24] oder aber direkt an die Redaktionen der regionalen Zeitungen.

Der epd-Bayern hält seine Arbeit auf technischem Höchststand. Schon 1949 hatte der EPV einen Fernschreiber angeschafft. Aktualität verlangte stetige Investitionen für neue technische Entwicklungen, Telex, Redaktron und moderne Computersysteme.

Mit Beginn der neunziger Jahre gingen die Dekanate München und Nürnberg dazu über, eigene Pressestellen einzurichten, wie sie die großen Ämter Missionswerk, Diakonie, Ev. Akademie Tutzing u.a. bereits eingerichtet hatten. Die kleineren Dekanate bedienen sich weiterhin der regionalen Außenstellen des epd-Bayern.

2.5 Verlage und Bücher

Keine Landschaft in Bayern hat seit Kriegsende so grundlegende Umwälzungen und Veränderungen erfahren wie das kirchliche Verlagswesen. In den Anfangsjahren zählte beim Büchermachen Idealismus und Ideenreichtum, Mut zum Risiko und Improvisieren. Bei anspruchsvoller Belletristik und Jugendliteratur

---

[22] Vgl. »Bellen, wenn etwas in der Kirche nicht stimmt!«: epd-Bayern Nr. 5/593 v. 20.6.1986.
[23] Verantwortlicher Redakteur: Gerd Geier.
[24] Die bisherigen Chefredakteure waren und sind Winter und Achim Schmid.

zeigte sich unmittelbar nach dem Kriegsende beim Leserpublikum Zurückhaltung, wenn das Werk aus einem christlichen Verlag kam. Es ergab sich die bedauerliche Tatsache, daß gerade religiöse Literatur, auch solche, die die Kriegserlebnisse und die Zeit des »Dritten Reichs« verarbeitete, fast ausschließlich in rein literarischen Verlagen erschien. Nur langsam wich die Furcht der Leser, sie könnten durch christliche Verlage »missioniert« werden.[25]

Der Büchermarkt zwang die Verlage, dem kaufmännischen Überleben mehr Platz einzuräumen. Für die einstigen Verleger aus Leidenschaft blieben wenig Überlebenschancen. Viele Verlage verschwanden von der Bildfläche. Geblieben sind in Bayern die evangelischen Verlage der beiden großen Sonntagsblätter Ev. Presseverband mit dem Claudiusverlag, Verlag J.P. Peter in Rothenburg und einige kleinere Verlage.[26] Der Claudiusverlag hatte eine schwierige Zeit hinter sich. Die Landessynode forderte wegen steigender Zuschußpflichten 1972 die Einstellung der Arbeit. Der Verlag wurde 1980 vom damaligen Presseverbandsdirektor neu organisiert.[27] Er spezialisierte sich auf wenige Sparten und ist heute wieder ein beachteter Buchproduzent. Das gleiche gilt für die evangelischen Buchhandlungen. Von der Vielzahl der fünfziger Jahre blieben nur noch sieben Namen, die meisten davon sind in Franken ansässig.[28] Religiöse Buchtitel, die sich mit Zeitströmungen auseinandersetzen, haben gelegentlich hohe Auflagen. Es sind seit 1980 Themen wie Esoterik und Sekten. Der Ev. Presseverband kam mit seinem »Das Enneagramm« nahe an eine Auflage von 300.000 heran. Ein besonderes Glanzstück wurde das neue evangelische Gesangbuch für Bayern 1995, das innerhalb von drei Jahren eine Auflage von 810.000 Exemplaren erreichte.[29] Insgesamt bleibt der christliche Büchermarkt schwierig.[30]

3. Der publizistische Gesamtplan für die Evangelische Kirche in Bayern

In der täglichen Arbeit von Sonntagsblatt, epd und den übrigen kirchlichen Mediendiensten Bayerns stießen nicht selten unterschiedliche Meinungen über Ausrichtung und Praxis kirchlicher Medien aufeinander. Auf der einen Seite stand die Kirchenleitung, die erwartete, daß ihre Vorgaben und Äußerungen von epd und den anderen Medien sach- und fachgerecht über die Presse und den Funk

---

[25] LEONORE FREIIN V. TUCHER, Das christl. Buch i. d. Jahren d. Wiederaufbaues: Publizistik (K) 60ff.
[26] Der Publizistische Gesamtplan 1987 [K] zählte noch acht Verlage und 20 Ev. Buchhandlungen auf.
[27] Zu den Verlagsschwerpunkten vgl. EBERHARD BECK, Verlagsarbeit. Ein Buch wirkt über d. Tag hinaus: Publizistik (K) 34ff (34); zum Wechsel des Direktors vgl. WINTER (K) 95.
[28] Anhang Pfarramtskalender 1998 (B) 128f.
[29] Vgl. »Ein wahrer Schatz, aber zu dick«: Sonntagsblatt München Nr. 36 v. 6.9.1998, 20f.
[30] Vgl. HANS WULF, Ein unumgänglicher Strukturwandel. Gedanken über d. Zukunft d. Buches i. d. Kirche: LM 25 (1986), 406f; JOHN BOWDEN, Feinkostladen statt Supermarkt. Anmerkungen z. Situation d. religiösen Buchhandels: LM 25 (1986), 411–414 (411).

weit verbreitet würden. Auf der anderen Seite stand der fachkundige Redakteur, der nach den Gesetzmäßigkeiten der Medienwelt entscheiden mußte, was bei Redaktionen und dem Leser ankommen kann und was nicht. Die Lösung, an der beide Seiten ehrlich interessiert waren, konnte nur durch eine Neuordnung gefunden werden.[31]

Der damalige Referent der Abteilung Bildung und Medien im Landeskirchenrat, Oberkirchenrat Karl Heun, berief 1986 eine Arbeitsgruppe, die für die Kirche in Bayern einen Publizistischen Gesamtplan mit Lösungen erarbeiten sollte.[32] Das Team erstellte einen Gesamtüberblick medialer Arbeiten in der bayerischen Kirche und empfahl, Nachrichtenarbeit und Public Relation (PR)-Arbeit zu trennen und die PR-Arbeit zu verselbständigen. 1994 errichtete der Landeskirchenrat eine eigene Pressestelle, die autorisiert war, kirchliche Stellungnahmen und Auskünfte im Namen des Landeskirchenrates abzugeben. Der neue Pressesprecher war beim Landeskirchenrat angestellt und eng mit ihm verbunden, um eine kontinuierliche Presse- und PR-Arbeit zu ermöglichen. Eine direkte und vertrauensvolle Zusammenarbeit mit dem EPV, speziell dem epd, war selbstverständlich. Die Stelle wurde unmittelbar beim Landesbischof angesiedelt.[33] Die positiven Erfahrungen veranlaßten die anderen kirchenleitenden Organe Bayerns, die Synode und den Synodalausschuß, sich dem anzuschließen. 1998 umfaßte die neue Dienststelle drei Hauptamtliche mit Bürokräften. Sie bedienen regelmäßig ca. 100 Redaktionen in Bayern und Deutschland.

4. Die Funkmedien

4.1 Radio und Rundfunk in öffentlich-rechtlicher Körperschaft

Die Amerikaner übernahmen sofort nach ihrem Einmarsch die Leitung des Münchner Senders. Radio München entstand. Die Hörer, geistig ausgehungert, verschlangen alles, was ihnen in ihre zerbombten Behausungen geliefert wurde. Amerikanische Offiziere und »unbelastete« Deutsche arbeiteten trotz des Fraternisierungsverbots gut zusammen. »Selbst wenn man sich über die Zensur der Kontrolloffiziere gelegentlich ärgerte, bedeuteten solche Eingriffe nur einen bescheidenen Wermutstropfen im großen Kelch der freien Meinungsäußerung«.[34]

---

[31] Vgl. JOHANNES HANSELMANN, Kommunikative Kirche. Ber. v. Landesbischof D. Dr. Johannes Hanselmann bei d. Tagung d. Landessynode d. Ev.-Luth. Kirche i. Bayern i. Bayreuth am 25.11.1980, München 1980, 20.

[32] Der Arbeitskreis für den Publizistischen Gesamtplan hatte als Mitglieder: Walter Allgaier, Martin Bogdahn, Geier, Heinz Haag, Haberer, OKR Karl Heun (Vorsitzender), Kraft, Gerhard Meier-Reutti, Paul Rieger, Stark und Winter.

[33] Der Landeskirchenrat berief 1994 Pfarrer Dieter Breit in dieses Amt.

[34] Rundfunk i. Deutschland, hg. v. HANS BAUSCH, Bd. 3/1: DERS., Rundfunkpolitik nach 1945 (1945–1962), München 1980, 149.

Bereits 1946 arbeiteten im Münchner Funkhaus 30 Amerikaner mit 40 Deutschen zusammen. Darunter war auf evangelischer Seite Hildmann.

Unter Aufsicht der Militärregierung verabschiedete 1948 der damalige Landtag das Gründungsgesetz des Bayerischen Rundfunks (BR). Den anerkannten Religionsgemeinschaften wurden angemessene Sendezeiten eingeräumt. Mit der Gründung des BR eröffneten sich für die evangelische Kirche gesetzlich gesicherte Möglichkeiten, ihre Arbeit im Hörfunk und später im Fernsehen einzubringen. In Bayern sollten im Rundfunk, damals noch reiner Hörfunk, religiöse Morgenfeiern eingerichtet werden. Sie knüpften an die Morgenfeiern vor dem 2. Weltkrieg an.[35] Gottesdienstübertragungen hieß die Alternative. Im BR wählte man die Morgenfeier,[36] später das Fernsehen ausschließlich Gottesdienstübertragungen. Die zuständige Redaktion war und ist im BR der »Kirchenfunk«. Der Intendant hat die Aufsichtspflicht und letztgültige Verantwortung. In den Inhalt der Verkündigungssendungen mischt er sich nicht ein, es sei denn, das Rundfunkgesetz würde gröblich verletzt. Seit Bestehen des BR gab es keine Zerwürfnisse zwischen Kirche und Intendanten. Die evangelische Kirche begleitete die Arbeit ihrer Prediger sorgfältig, um Qualität und Angemessenheit der Sendungen zu sichern. Das um so mehr, als die Morgenfeiern zu den meistgehörten Wortsendungen des BR zählen. Die bayerische Landeskirche benannte und benennt Beauftragte für die Arbeit im BR.[37]

Die übrigen kirchlichen und religiösen Sendungen lagen und liegen in der unmittelbaren Verantwortung der Redakteure und Redakteurinnen des Kirchenfunks. Die Sendungen »Evangelische Perspektiven« sind Sendungen des BR. Die Intendanten waren stets bemüht, religiöse Themen nicht im Ghetto einer Spezialabteilung eingesperrt zu lassen, sondern im gesamten Programm zu berücksichtigen.

Nach der Gründung des »Ersten Deutschen Fernsehens« im Rahmen der ARD schuf der BR für sich eine eigene Redaktion »Kirche und Welt«, die kirchliche Sendungen und Gottesdienstübertragungen zu verantworten hatte.

Zu einer einzigartigen Fernsehinstitution wuchs der bayerische Pfarrer Adolf Sommerauer heran. Ende 1948 berief ihn die Kirche an die Evangelische Akademie Tutzing. Dort ergaben sich für ihn viele Beziehungen zu Funk und Fernsehen. Bald wurde er vom BR zu freier Mitarbeit gebeten. Durch seine Hörspiele und Frage-Antwortsendungen wurde er einem breiten Publikum bekannt. Er redete ohne frommes Pathos. Das junge »Deutsche Fernsehen«, gerade knapp zwei Jahre alt, trat an ihn heran, eine seelsorgerliche Sendung zu schaffen. Der Ver-

---

[35] Vgl. JULIUS KELBER, Die ersten Morgenfeiern i. Rundfunk: Publizistik (K) 49ff.
[36] WALTER SCHRICKER, Kirchl. Sendungen i. Hörfunk: Die provozierte Kirche (K) 185–199.
[37] Die Reihe der Beauftragten begann mit Geisendörfer sowie Martin Lagois und lief weiter mit Richard Kolb, Friedrich Walz, Bogdahn und Helmut Breit.

such wurde gewagt.[38] Die Sendung »Pfarrer Sommerauer antwortet« gelang und lief 17 Jahre lang äußerst erfolgreich.

Die Rundfunkgesetze der öffentlich-rechtlichen Anstalten sahen für die Sender Aufsichtsgremien vor.[39] Diese Aufgabe erfüllte im BR der Rundfunkrat und ein Verwaltungsrat. Der evangelischen und der katholischen Kirche stand jeweils ein Platz zu, den sie nach ihrer Wahl besetzen konnten.[40] Die konfessionellen Frauenverbände wählten jeweils eine Vertreterin.[41]

Die Rundfunkräte wie später die Medienräte haben darüber zu wachen, daß die Sender ihre gesetzlichen Verpflichtungen einhalten. Die Sendungen unterliegen strengen Normen. Werden sie verletzt, kann sich jedermann beschweren. Dann muß sich der Rundfunkrat oder Medienrat einschalten. Die kirchlichen Rundfunkräte »sind an Aufträge nicht gebunden«.[42] Dennoch erwartet man von den Vertretern der verschiedenen gesellschaftlichen Gruppen, daß sie ihr Herkunftsgebiet besonders beachten und gegebenenfalls Intendant und Sender beraten. Die Einflußmöglichkeiten der Rundfunkräte sind klar begrenzt.

Beim Medienrat haben Beschwerde-Aktionen wie die der bayerischen Landfrauen über Gewalt und Sex in den Programmen der Privaten Fernsehanstalten deutliche Korrekturen erzwungen. Die Vertreterin der Evangelischen Frauenverbände im Medienrat Anke Geiger, Vorsitzende des Deutschen Evangelischen Frauenbundes in Bayern, hat sich besonders erfolgreich engagiert.[43] Der Deutsche Ev. Frauenbund forcierte die Medienpädagogik als Aufgabe der Anstalten und organisierte konzertierte Aktionen verantwortlicher Programmgestaltung.[44]

4.2 Die neuen Frequenzen[45]

Die technologische Entwicklung der Medien erweiterte die nutzbaren Frequenzen für Hörfunk, Fernsehen und insbesondere für neue Kommunikationsdienste (BTX, Telezeitung, Videotexte und andere Serviceleistungen) beträchtlich. Die

---

[38] ADOLF SOMMERAUER, Antworten: Die provozierte Kirche (K) 211–216 (212); DERS., Gedenktafel: Aktualität (K) 15f (16).

[39] Den Rundfunkrats-Gremien wurde stets vorgeworfen, sie seien politisch nicht neutral, sondern der jeweiligen Regierungspartei hörig. In der Regel spiegelt sich die Meinung der Mehrheit der Bevölkerung eines Bundeslandes in ihrem Sender wider, auch wenn es manchem selbsternannten Meinungshirten nicht gefällt.

[40] In der evangelischen Kirche in Bayern führte Hildmann 22 Jahre lang dieses Amt. Sein Nachfolger Rieger hatte 27 Jahre lang diese Funktion inne. Der jetzige Vertreter ist Bogdahn. Ähnliches gilt für den Medienrat, der der Landesanstalt für neue Medien als Aufsichtsgremium beigegeben wurde. Als ev. Kirchenvertreter wurde Hans Schwager benannt.

[41] Die Namen der gewählten Rundfunkrätinnen lauten: Marieluise Schattenmann, Irma Heinrich verh. Wenke, Christa Krüger und Elke Beck-Flachsenberg.

[42] Gesetz zur Errichtung eines Bayerischen Rundfunks (Art. 6, 1): GÜNTER HERRMANN, Rundfunkgesetze, Köln 1977, 2.

[43] Vgl. dazu auch VII.4.5.5 (Evangelischer Rundfunkdienst).

[44] Vgl. »Medien. Eigenverantwortung nicht delegieren«: KuNM Nr. 9 (1998), 5.

[45] Vgl. PAUL RIEGER, Neue Wege d. Verkündigung. Plädoyer f. d. Neuen Medien: das Baugerüst H. 3/4 (1984), 220f; RIEGER, Medienwelt (K).

Satellitenübertragung vervielfachte die Frequenzen nochmals. Eine neue Ordnung mußte geschaffen werden. Die Diskussion führte 1973 in Bayern zu einem Volksentscheid, der in der Verfassung (Art. 111a) festschrieb, daß in Bayern Rundfunk nur in öffentlich-rechtlicher Trägerschaft betrieben werden durfte. Das wurde respektiert, verkomplizierte aber die Lösungssuche. Die Staatskanzleien der Länder einigten sich mit dem Bund 1978 dann auf sieben Kabelpilotprojekte, eines davon in Bayern.[46] Die Diskussion in der ev. Landeskirche um die Neuen Medien eröffnete Gerhard Bogner mit einem Artikel.[47] Die bayerische Landessynode nahm die Diskussion auf und stimmte einer Mitverantwortung ihrer Kirche zu.[48] Der Landeskirchenrat berief 1982 einen »Beauftragten für Neue Medien«.[49]

4.3 Bildschirmtext und Videotext

Der EPV hatte bereits im Rahmen seiner Eigenverantwortung die Entwicklungen von BTX und Teleservice verfolgt. Bald kam man zu dem Schluß, daß BTX wegen seiner begrenzten Technik und langsamen Datenübertragung (75 Bit in der Sekunde, heute 68.000 Bit) und geringer Teilnehmerzahlen für die Kirche nur ein bedingt taugliches Medium sei. Mittlerweile ist BTX in T-Online auf- und eingegangen.

In dem von ARD und ZDF eingerichteten Videotext liefen die Dinge gut.[50] Dem Wunsch der Kirchen gaben die Anstalten statt und nahmen kirchliche Themen in den Dienst auf.[51] Kleine ev. Redaktionen in den Presseverbänden in München und Düsseldorf belieferten ebenso wie die katholische Seite den Dienst regelmäßig mit »Gedanken zum Tage«, Namenstagdeutung, Gedenkanlässen und Nachrichten. Der Dienst wurde nach der Pionierphase an das GEP übergeben, das ihn betreut. Er läuft mit Erfolg bis heute.

4.4 Der Streit um die neuen Medien

Sehr viel spannungsgeladener entwickelte sich die Beteiligung der bayerischen Kirche an den privaten neuen Hörfunk- und Fernsehkanälen. Die Stellungnahmen der EKD und ihrer Dienststellen zu den Neuen Medien klangen 1977 zögerlich bis ablehnend. Der Publizistische Gesamtplan der EKD 1979 enthielt in

---

[46] Kabelpilotprojekt München. Ber. d. Projektkommission, bearb. v. EBERHARD WITTE, München 1987.
[47] GERHARD BOGNER, Aufgepaßt, die Neuen Kommen! Zum Fortschritt d. elektronischen Medien: NELKB 34 (1979), 381–385.
[48] Vgl. Synodenstimmen zu den neuen Medien (»NM-Meditation«: KuNM Nr. 15 v. 6.2.1986, 8).
[49] In der Person des Direktors des EPV, Rieger.
[50] Seit 21.12.1985 sind die Kirchen im Videotext vertreten (vgl. »Kirche im Videotext«: KuNM Nr. 15 v. 6.2.1986, 4).
[51] Vgl. »Geistliches Wort auch i. bayer. Videotext«: epd-Bayern Nr. 3 v. 9.1.1987, 3.

seinem Anhang einige wenige Überlegungen zu Breitbandkommunikation, Mindestforderungen an das lokale Kabelfernsehen und Empfehlungen kirchlicher Programmbeteiligungen. Sie sollten die regionalen Lücken, die die Öffentlich-Rechtlichen nicht füllen konnten, sozusagen als »Lückenbüßer« füllen.[52] Die Kammer der EKD für publizistische Arbeit ließ in einer Stellungnahme 1982 die Frage einer Beteiligung der Kirche am privaten Rundfunk weiterhin offen.[53] In einzelnen Landeskirchen, speziell Bayern, mehrten sich jedoch die Stimmen, die es für notwendig hielten, auch private Organisationsmodelle als Chance für die kirchliche Verkündigung und Kommunikation zu prüfen. Es bestand die Sorge, die evangelischen Kirchen könnten die Entwicklung verschlafen. Auch in der Bayerischen Landeskirche liefen zahlreiche Dispute.[54]

Infolge der Studentenunruhen von 1968 und der damit verbundenen Marxismusrezeption kam es zu verschärften Polarisationen und Kämpfen um die Meinungsführerschaft in der bundesrepublikanischen Gesellschaft und Kirche. Die These »Wahrheit ist parteilich«[55] führte an manchen Stellen zu politisch ideologischen Verhärtungen. Das linke Lager lehnte neue private Sender ab, nicht zuletzt weil es um seinen Meinungsvorsprung fürchtete, der ihm mittlerweile in der ARD zugewachsen war. Das rechte Lager sah in den neuen Medien eine Chance, die ihrer Feststellung nach wachsende Benachteiligung in den öffentlich-rechtlichen Funkhäusern mehrerer Länder auszugleichen. Die Fronten der Parteien hatten sich verkehrt. Die sogenannte progressive linke Seite bestand plötzlich auf Bewahrung, die sogenannte konservative rechte Seite argumentierte fortschrittlich. Heute spielen jene Argumente keine Rolle mehr. Alle großen Parteien sind auf die neuen Medien eingeschwenkt und eifern im Wettbewerb um den besten Medienstandort.

Im Kirchenverständnis war, mitbestimmt durch die Arbeit der Evangelischen Akademien, Studentengemeinden und Kirchentage, der Akzent verstärkt auf die gesellschaftliche Funktion der Kirche gelegt worden, auf den Ruf zum Diesseits und Dasein, »dem Leben vor dem Tode« und auf den Beitrag zu einer besseren Gesellschaft. Die Kirchenmeinungen spiegelten die politischen Polarisationen und Verhärtungen wider. Gottfried Mehnert meinte: »Indem die medienpolitischen Stellungnahmen der EKD den Primat der Gesellschaftspolitik postulieren, lassen sie den eigentlichen Auftrag in der Öffentlichkeit, der mit dem Mandat

---

[52] Publizistischer Gesamtplan d. EKD, vorgelegt v. d. Kammer d. EKD f. publizistische Arbeit u. i. Auftrag d. Rates d. EKD hg. v. d. KIRCHENKANZLEI, Gütersloh 1979.
[53] BARBARA MARNACH, Kirche u. Neue Medien. Dokumentation u. Analyse d. Entwicklung seit 1976 mit bes. Berücksichtigung d. privaten Hörfunks, München 1989, 5ff (Medien-Skripten 4).
[54] Vgl. »Ein Streitgespräch über Chancen u. Gefahren d. Neuen Medien. Kirche muß öffentlich sein«: Sonntagsblatt-Extra 84, hg. v. PAUL RIEGER, München 1984, 12.
[55] Die Welt v. 4.10.1994 zitiert dazu Ernst Bloch: »Das Denken muß parteilich sein und ist es immer gewesen. Heute leugnen das nur noch diejenigen ab, die ihre Farbe verstecken müssen oder sich über sie nicht klar sind« (7). Vgl. dazu WIELAND ZADEMACH, Christen müssen Sozialisten sein. Assoziationen z. Helmut Gollwitzer: NELKB 54 (1999), 9; vgl. auch die Leserbriefe »Unnatürliche Theologie« und »Schiefe Argumente«: KorrBl 114 (1999), 28f.

des Evangeliums gegeben ist, weitgehend in den Hintergrund treten«.[56] Erwin Wilkens warnte vor politischem »missionarischem Eifer auf umstrittenen Meinungsfeldern der Demokratie«.[57] Horst Marquardt hatte den Verkündigungsauftrag in den neuen Medien angemahnt, war aber mit dem Vorwurf abgewehrt worden, er habe ein »ausschließlich auf den Verkündigungsbegriff geprägtes Verständnis der kirchlichen Arbeit in und mit den modernen Massenmedien«.[58] Auch das GEP ließ unter Norbert Schneider in der Haus- und Medienpolitik deutliche Neigungen nach links erkennen. Die konservative Seite, vor allem die Evangelische Allianz, sah sich und ihr Anliegen nicht mehr berücksichtigt. Schon vorher war es zum Bruch gekommen. Die evangelikale Publizistik gründete 1970 ihren eigenen Nachrichtendienst »idea«. In der bayerischen kirchlichen Publizistik konnte der Bruch vermieden werden.[59] Der Rat der EKD hatte die Landeskirchen gebeten, sich bei Beteiligung an Neuen Medien durch das GEP beraten zu lassen.[60]

4.5 Das Kabelprojekt München und die Privatsender für Hörfunk und Fernsehen

Der EPV in München verzichtete auf diese Beratung. 1980 konstituierte sich auf seinen Vorschlag hin eine »Arbeitsgruppe elektronische Texte«.[61] 1982 schuf der EPV eine eigene Abteilung »Neue Medien«, um sich auf das Kabelprojekt München vorzubereiten.[62] Zuvor galt es, sich aus erster Hand dort kundig zu machen, wo die Entwicklungen der Neuen Medien am weitesten fortgeschritten waren. Das geschah bei den europäischen Nachbarn, in den USA und Kanada.[63] Als Folgerungen ergaben sich: 1. Die Entwicklung der Neuen Medien ist ein internationaler Prozeß. 2. Mit den Neuen Medien entsteht eine neue Kommunikationsplattform, die religiös genutzt werden wird,[64] wenn nicht von der Kirche, dann von anderen. 3. Eine Beteiligung der Kirche muß Profistandard haben, will sie ernst genommen werden. Da das Medienerprobungsgesetz, das im Bayerischen Landtag diskutiert wurde, erkennen ließ, daß mit einem Pilotprojekt in

---

[56] MEHNERT, Presse (B) 282.
[57] ERWIN WILKENS, Humaner Rundfunk. Votum bei d. medienpolitischen Fachtagung d. SPD: KJ 1981/82, 221.
[58] HORST MARQUARDT, Der besondere Akzent evangelikaler Publizistik: KJ 1981/82, 200f (201).
[59] Vgl. Interview Achim Barth (Münchner Merkur) mit Rieger »Denn Politik darf die Religion natürlich nicht verdrängen«: Münchner Merkur Nr. 7 v. 10./11.1.1987.
[60] Stellungnahme d. Rates d. EKD z. künftigen Entwicklung eines Breitbandkommunikationssystems (Kabelfernsehen) unter Berücksichtigung einer kirchl. Beteiligung: KJ 1981/82, 208ff (209).
[61] Geier übernahm die Geschäftsführung und wurde zugleich der Redakteur des neu gegründeten Nachrichtendienstes des epd »Kirche und Neue Medien«, der erste seiner Art in der Bundesrepublik und bis heute (Auflage zwischen 600 und 1.000) viel beachtet und zitiert.
[62] Der leitende Redakteur war Werner Küstenmacher.
[63] Vgl. den Reisebericht über Kanada von PAUL RIEGER, Rentner, die neuen Fernsehstars: Sonntagsblatt München Nr. 1 v. 2.1.1983, 16f.
[64] Vgl. NORBERT SCHNEIDER, Die elektronische Kirche: KJ 1981/82, 204–207 (204).

Kirchliche Publizistik 431

München zu rechnen war, gründete der EPV das »Evangelische Fernsehen«,[65] das sich als Zulieferer beteiligen sollte. Die ersten Sendungen fanden viel Aufmerksamkeit. Die Mitarbeit im BR erwies sich als gute Vorbereitungsschule für den freien Markt später.

Nach der Erprobungsphase wurde das Projekt in die Münchner Gesellschaft für Kabelkommunikation GmbH (MGK) überführt. Die öffentlich-rechtliche Trägerschaft lag bei der gesetzlichen Landesanstalt für Neue Medien. Die frühe Mitarbeit am Pilotprojekt sicherte der bayerischen Kirche dort ihren Platz. Das Ev. Fernsehen verzichtete auf eine eigene Anbietergesellschaft und eigene Frequenz.[66] Es schuf den Status eines Programmzulieferers, ein Begriff, der später in der Novellierung des Bayerischen Mediengesetzes berücksichtigt wurde.

Das Bayerische Mediengesetz hatte die Gründung örtlicher und einer überörtlichen Kabelgesellschaft vorgesehen und bestimmt, daß neben anderen Mitgliedern und Teilhabern auch »die örtlichen gemeinnützigen Organisationen mit kultureller Zielsetzung« mit einer »angemessenen Beteiligung« zu berücksichtigen seien (Art. 22, 3). Sinngemäß galt das auch für die überörtliche Kabelgesellschaft, die als Münchner Gesellschaft für Kabelkommunikation (MGK) gegründet worden war. Um die Einlage in der GmbH leisten zu können, ergriff der EPV die Initiative[67] und gründete eine »Arbeitsgemeinschaft gemeinnütziger Einrichtungen mit kultureller Zielsetzung«, an der sich neben der katholischen Seite mehrere Bildungseinrichtungen beteiligten. Der EPV empfahl den Dekanaten und kirchlichen Werken die Teilnahme an ihren örtlichen Kabelgesellschaften, beriet und unterstützte allerorts die kirchlichen Vertreter. 1997 beschloß das Kabinett eine Änderung des Mediengesetzes, die eine »Entbindung von hoheitlichen Aufgaben« der dieser mittlerweile in »Kabelbetriebsgesellschaften« umbenannten Kabelgesellschaft vornahm. Ihre Verantwortungen übertrug das Gesetz der Landesanstalt für Neue Medien. Die Sicherung der kulturellen Sendungen in den Neuen Medien ist Gegenstand der Beratungen in der Arbeitsgemeinschaft gemeinnütziger Einrichtungen mit dem Gesetzgeber.

Das »Evangelische Fernsehen« sendete zunächst auf dem Bayernkabel des BR-Pilotprojektes,[68] später aufgrund des Mediengesetzes in den lokalen Fenstern der Privaten. Als hilfreich für beide erwies sich die Zusammenarbeit mit dem Evangeliumsrundfunk in Wetzlar,[69] auch wenn es sich nach einigen Jahren zeigte, daß Programmformate, Adressaten und Sendezeiten für beide eigenständige Verantwortungen verlangten. 1998 gelang es dem EPV, mit SAT 1 Bayernfenster einen Vertrag[70] zu schließen, der eine mittelfristige Planung sicherte.

---

65 Verantwortlich: Küstenmacher.
66 Vgl. »Vorerst keine eigene kirchl. Anbietergesellschaft«: epd-Bayern Nr. 24 v. 25.2.1986, 4.
67 Vgl. »Einfluß d. kirchl. u. kulturellen Gruppen sichern«: epd-Bayern Nr. 97 v. 18.7.1985, 5.
68 Vgl. »Ev. Kirche ab Herbst i. Kabelpilotprojekt«: epd-Bayern Nr. 115 v. 4.9.1984, 3.
69 Vgl. dazu »Ev. Fernsehen bleibt auf Sendung«: epd-Bayern Nr. 144 v. 24.10.1985, 2.
70 Einsehbar nur in den (nicht öffentlichen) Geschäftsakten des EPV.

Die Hörfunkabteilung im EPV begann 1984[71] als »Evangelische Welle« und wurde später umbenannt in »Ev. Funkagentur« (efa). Sie versorgte die zahlreichen privaten Lokalradios und den bayernweiten Sender Antenne Bayern mit kirchlichen Beiträgen. Deren professionelle Qualität öffnete rasch die Türen der Sender. Sie gewannen mehrere Auszeichnungen und Preise der Landeszentrale für Neue Medien.[72]

Während die lokalen Hörfunksender bald Fuß fassten und seit 1996 schwarze Zahlen schreiben, gestaltete sich die Entwicklung des lokalen Fernsehens wechselvoll. 1997 zählte die Bayerische Landeszentrale für Neue Medien 18 Sendegebiete für lokales Fernsehen. Das Ev. Fernsehen beteiligte sich zu Beginn bei einigen Probeversuchen, wie z.B. in Freising. Angesichts der Kosten, der kleinen Zuschauerzahlen und der Konkurrenz der lokalen Fenster in SAT 1 und RTL wurden die Versuche zurückgefahren. In den Ballungsräumen der Großstädte konnten sich lokale kirchliche Initiativen jedoch durchsetzen und etablieren.[73] Wie zu Beginn aller kirchlichen Pressearbeit leben sie vom Pioniergeist ihrer Macher. Die zuständigen Dekanate unterstützen im Rahmen ihrer Möglichkeiten die Versuche. Eine dauerhafte, institutionelle Form muß noch gefunden werden.[74]

4.6 T-Online und Internet

Die Weiterentwicklung der neuen Medien brachte T-Online und Internet. Der EPV Bayern stieg 1995 als erster kirchlicher Anbieter im Internet international ein. Bis 1998 verzeichneten seine Seiten ›*www.epv.de*‹ mehrere Millionen Zugriffe.[75] Das Angebot wird neu gestaltet und steht ab 1999 unter der Adresse ›*www.bayernevangelisch.de*‹ zur Verfügung. Erstmalig beteiligte sich die bayerische Landeskirche an der CeBIT HOME Messe 1998 in Hannover mit einem Stand und stellt sich dort selbst und ihre Arbeit vor.[76] Zu einer festen Größe ist mittlerweile die »Evangelische Kirche Online« (Seelsorge, Online-Bibelkreis u.a.) geworden.[77]

---

71 Leitende Redakteurin: Haberer.
72 1992 für »Jesus vor d. UNO« (Wolfgang Schneider und Hubert Mauch), 1996 für »Tod u. Sterben« (Andreas Jalsovec und Mauch).
73 München (Haberer), Nürnberg (Paul Schremser) und Augsburg (Armin und Carmen Salzmann).
74 Vgl. HEINZ HEIM, Entwicklungsstand d. regionalen Fernsehens i. Bayern, München 1997; Veröffentlichung d. »7. Publizistischen Konferenz d. Landesausschusses f. Publizistik d. Ev.-Luth. Kirche i. Bayern (LfP) 1997; zu den Anfängen vgl. »Die EPV Information« 1984.
75 Verantwortliche Redakteurin: Eva Maria Lettenmeier.
76 Vgl. »Von d. Internet-Seelsorge z. Onlinesafari«: KuNM Nr. 9 (1998), 3.
77 Die Landeskirche bestellte für diesen Dienst die Pfarrerin Melanie Graffam-Minkus, inzwischen folgte Pfarrer Christoph Flad nach. Mit etwa 10 Anfragen pro Tag ist ein guter Schnitt erreicht.

5. Einrichtungen der kirchlichen Medienarbeit

5.1 Der Evangelische Presseverband für Bayern

Die führende mediale Organisation in der Bayerischen Landeskirche war und ist der Ev. Presseverband. Er entwickelte sich zu einer großen Einrichtung, die 1998 mehr als hundert Beschäftigte aufweist.[78] Er ist als gemeinnütziger Verein organisiert. Seine Organe sind die Mitgliederversammlung, der Verwaltungsrat und die Geschäftsleitung. Von der Kirchenleitung ist er unabhängig. Seine Satzung bestimmte ihn jedoch als einen »ausschließlich und unmittelbar kirchlichen Zwecken dienenden Verein. Ihm obliegt die Förderung der kirchlichen Medienarbeit durch Wort, Schrift und Bild. [...] Er ist an das ev.-luth. Bekenntnis gebunden«.[79]

Die Abstimmung der Arbeit des EPV mit der Landeskirchenleitung erforderte eine vertragliche Regelung. Eine frühe, sehr knappe Version eines Vertrages wurde 1982 ergänzt: Der theologische und der juristische Referent der Landeskirche erhielten das Recht, an den Sitzungen der Organe des Vereins regelmässig teilzunehmen. Die Leitung der Landeskirche und der Synode verpflichteten sich im Gegenzug, »sich grundsätzlich bei der Wahrung publizistischer Interessen gegenüber der Tagespresse, Film, Hörfunk und Fernsehen des Presseverbandes zu bedienen und zur Unterstützung der Tätigkeiten des EPV Zahlungen zu leisten, daß dem EPV aus der Erfüllung seiner Aufgaben kein Verlust erwächst.«[80] Im Mai 1998 erfolgte eine weitere Novellierung des Vertrags. Die führende Rolle des EPV für die kirchliche Medienarbeit wurde mit dem Status des »zentralen Medienhauses« der Kirche bestätigt und in der bayerischen Kirchenverfassung in Artikel 1 festgeschrieben. Die Zuständigkeit für Neue Medien, bislang eine persönliche Beauftragung, verbindet sich institutionell mit dem EPV und seinem Direktor. Die finanzielle Vereinbarung wurde neu formuliert: Die Landeskirche werde auch zukünftig als Basis für die Finanzierung der Arbeit des EPV einen Zuschuß im Rahmen ihres Haushalts gewähren.[81]

5.2 Die Evangelische Medienzentrale für Bayern

Die Ev. Medienzentrale mit Sitz in Nürnberg ist das Dienstleistungszentrum der Landeskirche für die Bereitstellung und den Verleih von optisch-akustischen Medien für Bildung und Unterricht. Ihr angeschlossen arbeiten über 30 Deka-

---

[78] Geschäftsführer war 1945 Dietzfelbinger, danach Hildmann (1946), Geisendörfer (1947–67), Kolb (1967–80), Rieger (1980–94) und danach Joisten.
[79] § 1 der Satzung (einsehbar in den [nicht öffentlichen] Geschäftsakten des EPV).
[80] Unterschrieben wurde dieser Vertrag am 16.8.1982 von Landesbischof Johannes Hanselmann und Presseverbandsdirektor Rieger.
[81] Unterschrieben wurde dieser Vertrag am 26.5.1998 von Landesbischof Hermann von Loewenich und Presseverbandsdirektor Joisten.

natsbildstellen, die ein Teil der Ausleiharbeit an Pfarrer, Religionslehrer, Jugendzentren und andere Einrichtungen besorgen. Mit über 3.000 Filmen, Diaserien und Kassetten trägt sie erheblich zu einer audiovisuellen Bereicherung der Bildungsarbeit bei.[82]

Die Medienzentrale war als nicht eingetragener Verein organisiert. Sie ging aus dem Zusammenschluß der »Kirchlichen Werkstelle«[83] und der »Bildkammer« der Inneren Mission in Nürnberg hervor. In der Satzung war als geborener Vorsitzender der Direktor des EPV festgeschrieben. Dies stammte noch aus einer Zeit, als der Pressepfarrer des EPV, Martin Lagois,[84] in und mit der Zentrale eine neuartige kirchliche Foto-, Dia- und Filmarbeit aufbaute. Die erste kirchliche Wochenschau aus seiner Kamera »Blick vom Kirchturm« gilt als Vorläufer des Ev. Fernsehens. Heute hat sich der Verein in gegenseitigem Einvernehmen vom EPV getrennt; er wurde in das Medienreferat des Katechetischen Amtes integriert.[85] Seine jährlichen ökumenischen Medienmessen dienen mit ihren Ausstellungen zur Information über Entwicklungen und neues Material.

5.3 Bayerischer Verband evangelischer Büchereien

Das kirchliche Buch- und Verleihwesen wurde 1965 im »Bayerischen Verband evangelischer Büchereien« zusammengefasst und als Arbeitsbereich dem Amt für Gemeindedienst zugeschlagen. Er vermittelte seit 1946 staatliche Gelder für die Unterstützung öffentlicher ev. Büchereien in Pfarrämtern und Einrichtungen. Er gibt vierteljährlich einen »Ev. Buchberater« heraus, das einzige ev. Rezensionsorgan für Bücher.

5.4 Landesausschuß für Publizistik

Die Entwicklung der Mediengesellschaft brachte immer rascher neue Fragen und Herausforderungen für die Kirche. Synode und Kirchenleitung trugen dem Rechnung und gründeten ein offizielles Beratungsgremium. Mit Beschluß der Landessynode vom Herbst 1988 und der Verabschiedung einer »Ordnung« durch den Landeskirchenrat am 6./7.2.1989 wurde ein »Gemischter Ausschuß«, der »Landesausschuß für Publizistik in der Ev.-Luth. Kirche« (LfP), gegründet, der »Beschlüsse der Organe der Kirchenleitung auf den Gebieten der Medienpolitik und Medienpädagogik vorbereiten, die publizistische Arbeit der Kirche koordinieren, Nachwuchsförderung betreiben und Kontakte zu Fachleuten pflegen sollte«.[86] Damit wurde eine Empfehlung des Publizistischen Gesamtplans der

---

[82] Vgl. BACH (K).
[83] 1965 durch Hugo Maser gegründet.
[84] Vgl. auch MARTIN LAGOIS, Als Pressepfarrer i. Fränkischen: Publizistik (K) 72–77.
[85] BACH (K).
[86] Vgl. Ordnung des Landesausschusses für Publizistik § 1.

bayerischen Kirche von 1987 in die Tat umgesetzt, die damals schon einen »Publizistischen Rat« gefordert hatte. Die Ausschußvorsitzenden[87] erstatteten der Synode regelmässig Bericht.[88] Der Ausschuß gab zahlreiche Empfehlungen für die Medienarbeit der Kirche. Eine besonders wichtige Aufgabe fiel dem Ausschuß mit der jährlichen »Publizistischen Konferenz« zu, die 1982 vom EPV ins Leben gerufen worden war. Der LfP übernahm die Verantwortung für diese Konferenz und hielt jährlichen Tagungen ab, die dokumentiert sind.[89]

5.5 Evangelischer Rundfunkdienst e.V.

Der Ev. Rundfunkdienst ist ein eingetragener Verein, den die bayerische Landesgruppe des Deutschen Evangelischen Frauenbundes 1980 gründete, um ihren bereits über viele Jahre laufenden Medienbeobachtungen eine feste Form zu geben. »Die schnelle Entwicklung der Massenmedien verlangte und verlangt eine Strukturierung der Arbeit«.[90] Die Beobachtung der Medien vor dem 2. Weltkrieg, insbesondere den »Schmutz und Schund« von damals in Billigdrucken, dann die Beobachtungen nach dem 2. Weltkrieg von Filmen und Filmplakaten, von Werbung und von Rundfunksendungen, empfanden die Frauen als eine Herausforderung und notwendige Aufgabe für die Gesellschaft; besonders solche Frauen, die Kinder erzogen, unterrichteten oder sozial tätig waren. In ihren evangelischen Frauengruppen, in den Orts- und den Anschlußverbänden wählten sie Hörfunk- und Fernsehsendungen aus, beurteilten diese und gaben ihre Berichte an die evangelischen Vertreterinnen in den Aufsichtsgremien weiter. Die Vorsitzende des Bayerischen Landesverbandes Geiger, 1980 als Mitbegründerin zur Vorsitzenden gewählt, dehnte die Aktivitäten aus, drängte und verlangte den »kritischen Dialog« mit den »Machern« selbst. Jährliche Tagungen luden Intendanten und Direktoren zum kritischen Meinungsaustausch mit den Beobachterinnen ein. Selten, daß eine Einladung ausgeschlagen wurde. Denn die Qualität der Diskussionen und die Vermittlung von Erfahrungen machte den Rundfunkdienst zu einem nicht mehr zu übersehenden und hochangesehenen Faktor in der Medienlandschaft Bayerns und darüber hinaus des Bundes. Er verschaffte sich in den Sendern Gehör und Respekt.

---

[87] Als erster Vorsitzender des LfP wurde der Synodale Bogner gewählt, 1994 wurde als Vorsitzender Rieger gewählt.
[88] Vgl. VLKB 1988–1992, 1995, 1996.
[89] Kirche in der Informationsgesellschaft 1989; Kirchliche Kommunikation vor Ort 1990; Den Europäern auf's Maul schauen 1991; Von der Freiheit und der Verantwortung christlicher Publizistik 1992; Werben für die Kirche 1994 (in Zusammenarbeit mit der kirchlichen Medienzentrale und ihrer Medienmesse); Kinderfalle Fernsehen 1996 (im Rahmen der Münchner Medientage in Zusammenarbeit mit dem Katholischen Michaelsbund); Regionale Medienentwicklung – aktuelle Herausforderung für die Kirche 1997.
[90] Bericht der Geschäftsstelle München 1998.

6. Aus- und Fortbildung

Verschiedene Ämter der ev. Kirche in Bayern bemühten sich um fachliche Fortbildung im Bereich der Medien. Die Rundfunkbeauftragten schulten seit langem ihre Rundfunkprediger, das Amt für Gemeindedienst Fachleute für Mediendienste und Schreiber für die Gemeindebriefe, das religionspädagogische Zentrum in Heilsbronn Lehrer in Medienpädagogik, der EPV gab Kurse für Pfarrer, Diakone und kirchliche MitarbeiterInnen für den Umgang mit Interviewern vor Mikrophon und Kamera. Der Publizistische Gesamtplan von 1987 stellte jedoch fest: »Der Mangel an publizistisch ausgebildeten Theologen wie an theologisch versierten Publizisten ist groß [...] Das Bewußtsein für dieses Problem hat in den Kirchen zugenommen. Im Hochschulbereich ist es bisher weitgehend unterentwickelt. An den Predigerseminaren findet die christliche Publizistik keine Berücksichtigung«.[91] Bei der Heranbildung bleibt die ev. Kirche außen vor.[92]

Inzwischen haben sich die Dinge rasch weiterentwickelt. Die Kirchenleitung verlangt in den theologischen Examen Medienkenntnisse. Der EPV erhöhte die Zahl seiner Voluntärsstellen von zwei auf fünf. Auch die theologischen Fakultäten öffneten sich den Medienfragen. Im Sommersemester 1991 wurde eine Professur für christliche Publizistik an der Universität Erlangen-Nürnberg geschaffen[93] und ein Curriculum Publizistik entwickelt.[94] Das Vorlesungsangebot und der Zuspruch der Studierenden rechtfertigt diese erstmalige Einrichtung an einer deutschen Theologischen Fakultät.[95] Das Institut für praktische Theologie der Evangelisch-Theologischen Fakultät der Universität München nahm die Problematik in seinen Themenkatalog auf. Der neu berufene Lehrstuhlinhaber für praktische Theologie, Michael Schibilsky, widmete seine Antrittsvorlesung am 30.1.1997 dem Thema »Kirche in der Mediengesellschaft«.[96]

7. Theologie der Medien

Die Literatur zur »Theologie der Medien« ist umfänglich, weit zerstreut und kaum zu übersehen. In der modernen Kirchengeschichte hat das praktische Handeln der Kirche, das Betreten neuer Handlungsfelder wie das der Mediengesellschaft die Theologie herausgefordert, sich dem reflektierend, begründend,

---

[91] Publizistischer Gesamtplan 1987 [K] 50.
[92] Vgl. ANGELIKA SCHMIDT-BIESALSKI, Publizistik i. d. theol. Ausbildung. Eine Bestandsaufnahme (Wiesbaden, 7.8.1989): epd-Dokumentation Nr. 17 v. 17.4.1990, 48–51.
[93] Erlangen hatte bereits Vorarbeit geleistet: Bernhard Klaus, der praktische Theologe, hatte schon 1966 eine Abteilung für »Christliche Publizistik« gegründet.
[94] Erster Lehrstuhlinhaber wurde Meier-Reutti (vgl. dazu GERHARD MEIER-REUTTI, Curriculum Publizistik. Eine theol. Zusatzausbildung wird vorgestellt: NELKB 49 [1994], 391f).
[95] Vgl. »Vielfältiges Vorlesungsangebot i. Erlangen«: KuNM Nr. 9 (1998), 9.
[96] Abdruck: epd-Dokumentation Nr. 21a v. 20.5.1997, 1–13.

korrigierend und postulierend zu stellen. Sie muß prüfen, ob das neue Tun der kirchlichen Tradition und ihrem Bekenntnis gemäß ist, gestaltet und entwickelt das Neue mit. Im Zentrum der theologischen Reflexion steht der Begriff »Öffentlichkeit«, dem sich die Kirche stets zu stellen hatte und stellt. Die mehr funktional argumentierende Theologie formuliert das »Ob-wann-wie-wieviel des medialen Handelns der Kirche« aus der ihr jeweils geltenden historisch-sozialen Gestalt und ihrem Auftrag in der Gesellschaft heraus, »geht aber dennoch nicht in der Gesellschaft auf«.[97] Die traditionsbezogene Argumentation geht von der Kirche als dem Ort geschehener und erhoffter Offenbarung aus, die ihr in der dunklen »Kammer« der Nichtöffentlichkeit zugesprochen wird und ihrem Auftrag gemäß dennoch vor den Menschen öffentlich zu machen ist, um die Botschaft des Evangeliums zu verkündigen.[98] Je nachdem, wie angesetzt und gewichtet wird, erscheint die Gesellschaft als Missionsfeld, Kooperationsfeld oder beides. Zugleich bestimmt diese Einschätzung, welchen Rang die damit verbundenen Themen haben: Die Gewissensbindung des Journalisten und die Pressefreiheit;[99] die Machtausübung der Medien und ihre Handhabung;[100] ihre Kommerzialisierung; ihre Politisierung; die Medieninhalte und ihre gesellschaftliche Verträglichkeit (Information, Unterhaltung, Bildung);[101] christliches Menschenbild und Medienethos; Medienpädagogik; Selbstdarstellung der Kirche in der Öffentlichkeit; Mitgestaltung der Gesellschaft sowohl inmitten als auch in Distanz zur Gesellschaft, und letztendlich, wie weit das alles zum Heile des Menschen dient. Die Theologie harrt noch einer umfassenden Arbeit, die alle diese Ansätze ordnet und wertet.

---

[97] WOLF-DIETER MARSCH, Institution i. Übergang. Ev. Kirche zwischen Tradition u. Reform, Göttingen 1970, 11.
[98] PAUL RIEGER, Kirche u. Öffentlichkeit. Möglichkeiten d. Kirche i. d. öffentl. Kommunikation: Publizistik (K) 9–22.
[99] KLAUS BRESSER, Was nun? Über Fernsehen, Moral u. Journalisten, Hamburg u.a. 1992 (Luchterhand Essay 10); INGEBORG GEISENDÖRFER (Hg.), Robert Geisendörfer. Für d. Freiheit d. Publizistik, Stuttgart 1978; GERHARD BOGNER, Umgang mit Medien. Auskunft f. jedermann ohne Respekt v. Spezialisten, München 1983; PAUL RIEGER, Liebe z. Wahrheit. Ethische Konsequenzen aus d. »veruntreuten Wirklichkeit«: epd-Kirche u. Rundfunk Nr. 83 v. 23.10.1991, 8ff; RIEGER, Medienwelt (K).
[100] PAUL RIEGER, Die »vierte Gewalt«. Macht d. Medien – kritisch hinterfragt: NELKB 46 (1991), 88–91.
[101] Vgl. das Redaktionsinterview mit Hegele und Rieger »Die Dummen macht's dümmer, die Gescheiten macht's gescheiter«: Ev. Aspekte H. 2 (1996), 7.

VII.5 DIAKONIE UND MISSION

Von Barbara Städtler-Mach

DIAKONISCHES WERK BAYERN E.V. (Hg.), Psychosoziales Zentrum f. Flüchtlinge. Jber. 1996, Nürnberg 1997.– DIAKONISCHES WERK D. EKD U. ARBEITSGEMEINSCHAFTEN D. EV. STADTMISSIONEN (Hg.), Stadtmission. Suchet d. Stadt Bestes u. betet f. Sie, Stuttgart 1981.– AUGUST KIMME, Im Dienst luth. Mission u. Kirche: LEIPZIGER MISSION (Hg.), Rückblicke auf zwei Menschenalter, Erlangen 1986, 1–47.– LEIPZIGER (B).– OTTOBRUNNER DIAKONIE- U. SCHWESTERNSCHAFT (Hg.), Ottobrunner Chronik. Der Weg d. Mutterhauses f. kirchl. Diakonie München z. Ottobrunner Diakonieschwesternschaft u. z. Ev. Schwesternring Bayern. Eine Vergewisserung, Ottobrunn 1988.– PRÄGER (B).– STAB (B).– TRIEBEL (B).– HERMANN VORLÄNDER, Perspektiven f. d. Zukunft: TRIEBEL (B) 20–24.– WEHR (B).

1. Standortbestimmung diakonischer Arbeit

Diakonie verdankt sich dem Auftrag Jesu: Seine Jüngerinnen und Jünger sollen denen beistehen, die schwach, krank, alt oder in eine unerwartete Notlage geraten sind. In der Erfüllung dieses Auftrages mußte die Diakonie in Bayern nach 1945 auf die spezifischen Herausforderungen dieser Jahre reagieren. Insofern spiegelt ein Überblick über die Entwicklung der Diakonie auch die geschichtlichen Veränderungen in Kirche und Gesellschaft innerhalb dieser fünf Jahrzehnte wider. Vorwegnehmend läßt sich zusammenfassen: Aus der Zerstörtheit vieler Einrichtungen am Ende des Krieges ist die Diakonie ein tragfähiger Partner des modernen Sozialstaates geworden. An den Mitarbeiterinnen und Mitarbeitern der Diakonie läßt sich ein Wandel von der Motivation der christlichen Nächstenliebe hin zum selbstbewußten professionellen Mitarbeiter beobachten. Und schließlich: Sowohl die gesellschaftliche als auch die kirchliche Entwicklung haben dazu geführt, daß die Diakonie der Gegenwart, die einen bedeutsamen Teil der Arbeit für Kranke und Alte, Kinder und Notleidende bestreitet, sich gleichzeitig um ihre kirchliche Prägung und Erkennbarkeit sehr bemühen muß.

Die Diakonie in Bayern war bis 1945 im Landesverein der Inneren Mission (gegründet am 14.9.1886[1]) organisiert. Dazu trat nach dem Ende des Krieges das Evangelische Hilfswerk, dessen Aufgabe in der Behebung der unmittelbaren Nachkriegsnot bestand. Für den Bereich der Evangelischen Kirche in Bayern wurde das Evangelische Hilfswerk bereits am 17.7.1945 in Nürnberg gegründet, wo es auch seinen Sitz im Haus des Landesvereins hatte (Pirckheimerstraße). Am 15.7.1948 wurde der Landesverein der Inneren Mission vereinsrechtlich zum »Landesverband der Inneren Mission« umgestaltet. Nunmehr fungierte er aus-

---

[1] Vgl. dazu V.8.3.2.

schließlich als Dachorganisation und Zusammenschluß aller Rechtsträger von diakonischen Einrichtungen in Bayern.

Beide Werke – Landesverband der Inneren Mission und Evangelisches Hilfswerk – wurden 1957 zusammengeschlossen unter der Bezeichnung »Diakonisches Werk Bayern« mit der Landesgeschäftsstelle in Nürnberg und einer Außenstelle in München. Diese organisatorische Neuordnung sollte auch als geistliches Geschehen betrachtet werden und der Erneuerung des Diakonats in den Gemeinden dienen. Seit 1971 haben die 40 Bezirksstellen in Bayern weitgehend die Bezeichnung »Diakonisches Werk« übernommen.

Mit der vereinsrechtlichen Umwandlung zum Landesverband 1948 wurde das Amt des Präsidenten (bisher: 1. Vorsitzender des Landesvereins) geschaffen. Der erste Präsident war Karl Nicol, in seiner Folge Hans Luther, Hermann Bürckstümmer, Johannes Meister, Karl Heinz Neukamm, Heinz Miederer und Heimo Liebl.

Die Diakonie in Bayern umfaßt heute zahlreiche Einrichtungen der Lebens- und Dienstgemeinschaften sowie der unterschiedlichsten Träger (Vereine, Stiftungen, Kirchengemeinden). Die Hauptgeschäftsstelle befindet sich in Nürnberg, während die regionale Arbeit in 40 Bezirksstellen geschieht. Das Diakonische Werk Bayern hat heute 1.237 Mitglieder und zählt in seinem Bereich rund 41.000 haupt- und nebenamtliche Mitarbeiter und Mitarbeiterinnen (Stand: September 1996).[2]

2. Neue Herausforderungen in Bayern nach 1945

2.1 Folgen des Krieges und charakteristische Zustände der Nachkriegszeit

Am Ende des Krieges waren die bayerischen Gemeinden von dem Verlust von Wohnungen – insbesondere in den Städten – und mangelhafter Versorgung an täglichen Lebensmitteln einerseits und von dem großen Zustrom von Flüchtlingen und Vertriebenen andererseits gekennzeichnet. Auch die Heime und Häuser der Inneren Mission – bis dahin Trägerin einer Vielzahl von diakonischen Einrichtungen – waren ganz oder teilweise zerstört, zum Teil auch durch die amerikanische Besatzungsmacht beschlagnahmt. Als Beispiel seien hier München und Nürnberg genannt: In München waren 1945 30% der Bevölkerung obdachlos, arm und hilfsbedürftig geworden,[3] in Nürnberg waren 8.000 Flüchtlinge eingetroffen, die teilweise im Stadtpark unter freiem Himmel lagen.[4]

---

[2] LANDESKIRCHENAMT (Presse- u. Öffentlichkeitsarbeit), Zahlen z. Ev.-Luth. Kirche i. Bayern, Faltblatt 1996.
[3] 1884–1984 IM i. München (B) 37.
[4] DIESTEL (B) 279.

Die Bestrebungen diakonischer und vieler weiterer kirchlicher Mitarbeitender gingen sofort nach Kriegsende dahin, die unmittelbare Not in Angriff zu nehmen. Die Hilfe war an den Grundbedürfnissen – Essen, Bekleidung, Wohnraum – ausgerichtet. Für die städtische Bevölkerung wurden Lebensmittelsammlungen in ländlichen Gebieten durchgeführt und Volksküchen mit Essensausgaben eingerichtet. Insbesondere für Flüchtlinge und Vertriebene wurde auch Kleidung und Schuhwerk gesammelt. Bestehende Einrichtungen der Diakonie, Frauengruppen des Bayerischen Mütterdienstes und viele Gemeindeglieder begannen mit dem Wiederaufbau.

Sowohl in den unmittelbaren Nachkriegsmonaten als auch in den folgenden Jahren entwickelte sich die kirchliche Hilfstätigkeit schnell und unbürokratisch. Vielerorts konnte dabei auf bestehende und funktionierende Strukturen der Gemeinden und Einrichtungen zurückgegriffen werden.

Die schnelle Reaktion der Bayerischen Kirchenleitung mit der Gründung des Evangelischen Hilfswerks durch Landesbischof Hans Meiser im August 1945 ist hier wesentlich zu nennen.[5]

2.2 Aspekte zur Entwicklung in den Großstädten

Die diakonischen Hilfen in den Städten konzentrierten sich nach 1945 auf die materielle Versorgung. So schuf die Bahnhofsmission in München beispielsweise 1946 Baracken für 100 Übernachtungsmöglichkeiten.

Mit den 50er Jahren beginnend und dann stetig ansteigend kamen Aufgaben hinzu, in deren Mittelpunkt die Hilfe in persönlichen, vielfach krisenhaften Lebensumständen trat. Durch die benötigten Wohnmöglichkeiten entstanden neue Stadtteile, und ein Prozeß der Urbanisierung setzte ein. Die größten Städte entwickelten sich zu den Ballungszentren München und Nürnberg–Fürth–Erlangen. Deren Kennzeichen waren Mobilität der Einwohner, Anonymität unter den Menschen und Pluralität und Liberalität hinsichtlich der Einstellungen und Lebensstile.

Traditionellerweise waren es die Stadtmissionen (München, Nürnberg, Augsburg, Zonengrenzstadt Hof), die sich diesen typisch städtischen Herausforderungen stellten. Zu den neuen Hilfeleistungen zählten die Schaffung von Wohnmöglichkeiten für junge Arbeiterinnen und Arbeiter, Kinderbetreuung sowie Strafentlassenen- und Gefährdetenhilfe. Die Arbeit der Bahnhofsmissionen weitete sich aus.

Speziell für Kinder in den Städten wurde die Erholungsfürsorge ausgebaut. Bestanden in den Nachkriegsjahren die Probleme der Kinder dabei eher in Unterernährung und leiblicher Not, gewannen neben der Erholung die psychologische und pädagogische Hilfe an Bedeutung.

---

[5] Vgl. VII.1.2.6; zur Gründung des Evangelischen Siedlungswerkes vgl. VII.1.2.8.

3. Spezielle Arbeitsfelder

3.1 Veränderungen in traditionellen Arbeitsfeldern der Diakonie

In der *Erziehungs- und Bildungsarbeit* entwickelten sich neue Formen, die der gewandelten Gestalt der Familie entsprachen. Durch die zunehmende Berufstätigkeit beider Eltern in vielen Familien bekamen ganztägig geöffnete Kindergärten, Kinderhorte sowie Kindertagesstätten neues Gewicht. In verschiedenen Städten (Augsburg, Erlangen, Nürnberg, Rosenheim) wurden Kinderkrippen eingerichtet.

1972 wurde für den Freistaat Bayern ein Kindergarten-Gesetz verabschiedet.[6] Mit ihm wurden die Ziele der Kindergartenarbeit, die pädagogische Qualifikation der Erzieherinnen sowie der Umfang der einzelnen Gruppen u.v.m. geregelt. Für die Kindergärten in kirchlicher Trägerschaft war damit auch ein Freiraum für die inhaltliche Gestaltung gesetzlich festgeschrieben.

Für die Kindergartenarbeit gab es wechselnde pädagogische Zielsetzungen: Während lange Zeit (bis in die 60er Jahre) Betreuung und Bewahrung im Vordergrund standen, setzte sich anschließend der Anspruch durch, die Kinder durch Lehre und Bildung zu fördern, was sich in der starken Betonung der Schulvorbereitung niederschlug. Die Kindergartenpädagogik der 80er Jahre betonte dem gegenüber die sozial-ethische Erziehung, wodurch auch die religiösen Inhalte stärker akzentuiert wurden.[7]

Die Vermittlung von Adoptiv- und Pflegekindern wurde zentral von der Hauptgeschäftsstelle in Nürnberg wahrgenommen, wobei die einzelnen Bezirksstellen sowie die sozialen Beratungsdienste zuarbeitend tätig waren. Die traditionelle Waisenpflege trat völlig in den Hintergrund. Neu aufgebaut wurden dagegen die »Treffpunkte für alleinerziehende Mütter und Väter« in zahlreichen Städten.

Große Bedeutung für den gesamten Bildungsbereich kam zunehmend den Heilpädagogischen Tagesstätten, den Schulvorbereitenden Einrichtungen sowie den Förderschulen für behinderte Kinder (bis 1994 »Sonderschulen«) zu.[8]

In der Trägerschaft der bayerischen Diakonie wurden solche Einrichtungen wie auch Berufsbildende Schulen für Behinderte übernommen und neu entwickelt. Dabei entsprach die Berücksichtigung der Behinderung eines Kindes sowie seine individuelle Förderung dem Erziehungs- und Bildungsauftrag der Diakonie in besonderer Weise.

Im *Gesundheitswesen und den pflegerischen Diensten* kam es im Bereich der Diakonie zu einer wesentlichen Veränderung durch den Rückgang der Diakonis-

---

[6] Bayerisches Kindergartengesetz vom 25.7.1971 (BayRS 2231–1 – K)
[7] FRIEDERIKE BERGMANN, Priorität liegt i. d. sozial-ethischen Erziehung: Korrespondenzblatt d. diakonischen Gemeinschaften v. Neuendettelsau 131 (1997), 111–115 (114f).
[8] HERWIG BAIER, Von d. Hilfsschule z. sonderpädagogischen Förderzentrum: Bayer. Schule 47 (1994), 362–365 (362f).

sen. Die vielfach bestehenden Gemeindekrankenpflegestationen wurden – je nach Trägerschaft – zu Diakonie- und Sozialstationen. So wurde beispielsweise 1974 unter der Geschäftsführung der Stadtmission Nürnberg die Sozialstation Nürnberg-Innenstadt als Modelleinrichtung eröffnet.

Die in Bayern bestehenden 18 evangelischen (Fach-)Krankenhäuser und Kliniken konnten vollständig beibehalten werden. Die Entwicklung im Gesundheitswesen bedeutete für alle ständige Umstrukturierung sowie zahlreiche Neubau- und Sanierungsprojekte.

Die *Altenhilfe* der Diakonie behielt die stationäre Versorgung in Alten- und Pflegeheimen bei, wobei zunehmend auf eine Steigerung der Wohn- und Lebensqualität Wert gelegt wurde. In diesem Zusammenhang sind besonders die Einrichtungen des Collegium Augustinum zu nennen. Nach den drei Leitsätzen ihres Begründers Pfarrer Georg Rückert – Freiheit, Geborgenheit, Geselligkeit – wurde 1963 das erste »Wohnstift« in München eingeweiht.[9]

Um die Erhaltung der geistigen Beweglichkeit und der sozialen Kommunikation zu fördern, wurden in diakonischer Trägerschaft in vielen Städten Altenclubs und -tagesstätten gegründet. Eine der neuesten Formen des altengerechten Wohnens wurde mit der Form des »Betreuten Wohnens« in vielen Orten geschaffen.

3.2 Entwicklung der Beratungs- und weiterer Dienststellen

Am Aufbau des umfangreichen Beratungswesens in Bayern war die Diakonie seit 1945 maßgeblich beteiligt. Die Notwendigkeit einerseits und die Bereitschaft andererseits, persönliche Probleme mit qualifizierten Beratern anzugehen, nahm seit den 60er Jahren zu. Gründe hierfür sind vornehmlich in der komplexeren Lebenswelt mit veränderten Rollen, Lebensstilen und Erwartungen an Partnerschaft und Familie zu sehen.

Die Beratungsarbeit setzte 1963 in den Städten München, Nürnberg und Hof mit der Ehe- und Familienberatung ein, gefolgt von den Städten Augsburg, Regensburg und Würzburg.[10] Die Entstehung dieser Beratungsstellen verdankte sich überwiegend der Initiative von Einzelpersonen. Sie wurden aufgrund der Beschlüsse örtlicher Gremien von Anfang an finanziell durch kirchliche Mittel gefördert. 1978 wurden erstmals staatliche Richtlinien zur Förderung von Ehe- und Familienberatungsstellen festgelegt. Die fachspezifischen Fragen wurden über den Evangelischen Fachverband für Lebensberatung erörtert; die Organisation, Errichtung von Stellen u.s.w. wurden vom Diakonischen Werk übernommen. Die Beratungsarbeit war von Anfang an psychologisch orientiert, wo-

---

[9] HORST PARADOWSKI, Das Konzept Wohnstift Augustinum: COLLEGIUM AUGUSTINUM (Hg.), Beitr. z. Chronik d. Collegium Augustinum 1989, München 1989, 189–195 (189f).
[10] HELMUT HALBERSTADT, Psychologische Beratungsarbeit i. d. ev. Kirche. Gesch. u. Perspektiven, Stuttgart 1983, 35ff.

durch sie herausgefordert war, ein evangelisches Proprium aufzuweisen und zwar gegenüber den säkularen Beratungsstellen einerseits und der theologisch verantworteten Seelsorge andererseits.

Ein spezielles Angebot kirchlicher Beratung wurde die Telefonseelsorge. Die erste Dienststelle in Bayern nahm am 2.5.1961 in Nürnberg ihre Arbeit auf. In machen Städten, z.B. in Augsburg, existiert die Telefonseelsorge in ökumenischer Trägerschaft.

Neben den psychologisch-pädagogisch orientierten Beratungsstellen entstanden die psychosozialen Beratungsstellen für Suchtkranke, Strafentlassene, Nichtseßhafte und Gefährdete sowie in jüngster Zeit die Schuldner-Beratung.

3.3 Diakonische Herausforderungen durch Gastarbeiter christlicher Konfessionen

Als nach 1960 der Zustrom südeuropäischer Ausländer, die von der deutschen Wirtschaft als »Gastarbeiter« angeworben wurden, einsetzte, teilten sich die Freien Wohlfahrtsverbände bundesweit deren Betreuung. Leitend war dabei die Religions- bzw. Konfessionszugehörigkeit der überwiegenden Mehrheit der jeweiligen Herkunftsländer.

Die Diakonie war für die Griechen orthodoxen Glaubens zuständig. In den Städten wurden Beratungsstellen für Griechen eingerichtet; in München, Nürnberg und Augsburg darüber hinaus spezielle Beratungsstellen für griechische Jugendliche. 1970 waren in diesen Stellen in Bayern elf hauptamtliche griechische Sozialarbeiter eingestellt, um ihre Landsleute in allen Bereichen der Lebens-, Rechts- und Familienhilfe zu unterstützen.[11] Durch die politische Entwicklung innerhalb Europas veränderte sich die Situation Griechenlands, und insbesondere nach dem Beitritt zur Europäischen Gemeinschaft war die Stellung der Griechen in der Bundesrepublik rechtlich gesichert, was für die Diakonie einen Rückgang ihrer Engagements für diese Personengruppe brachte.

3.4 Asylfragen

Zu einer besonderen Herausforderung für die bundesdeutsche Gesellschaft und auch für die Kirchen wurde die seit den 70er Jahren ständig anwachsende Gruppe von Flüchtlingen und Asylbewerbern. Rechtliche Grundlagen waren dafür sowohl Art. 16a GG als auch die Unterzeichnung der Genfer Flüchtlingskonvention durch die Bundesregierung.

Das Diakonische Werk der EKD begründete sein Engagement für Flüchtlinge und Asylbewerber hauptsächlich mit der Verpflichtung zur Hilfe für Menschen, deren Leben durch Menschenrechtsverletzungen, Naturkatastrophen, (Bürger-)Kriege und Folter gefährdet sei. Flüchtlingsarbeit wurde von seiten der Diakonie

---

[11] FLIERL (B) 175.

mit einem »ganzheitlichen Ansatz« betrieben.¹² Dazu zählten Beratung und Begleitung, Hilfen zur Wahrnehmung des Rechtsschutzes für Flüchtlinge sowie Öffentlichkeitsarbeit, Beratung und Begleitung von Initiativen der Kirchengemeinden, z.B. bei Gewährung von Kirchenasyl.

Von 1980 bis 1996 existierte in Nürnberg im Rahmen des Diakonischen Werkes das Psychosoziale Zentrum für Flüchtlinge als ein mit Bundesmitteln gefördertes Modell-Projekt. Ursprünglich zur Betreuung von Indochina-Flüchtlingen angelegt, entwickelte es sich zu einer der zentralen diakonischen Dienststellen im Bereich der Flüchtlingshilfe auch über den bayerischen Raum hinaus. Zu Hunderten von Gesprächen mit Ratsuchenden aus mehr als zwölf Ländern traten zahlreiche Beratungen von Fachkollegen aus Vereinen, Kirchengemeinden, Dienststellen und Initiativgruppen. Zu den Leistungen des Psychosozialen Zentrums zählten insbesondere die Beratung osteuropäischer Flüchtlinge, die sozialpädagogische Arbeit mit Flüchtlingsfrauen, Maßnahmen zur beruflichen Orientierung von Flüchtlingen sowie die Beratung von unbegleiteten Minderjährigen.

4. Professionalisierung der diakonischen Arbeit

4.1 Entwicklung der diakonischen Berufe

Bis weit nach 1945 bestimmten die beiden klassischen Berufe des Diakons und der Diakonisse die diakonische Arbeit in Bayern. Insbesondere die Führungsaufgaben auf mittlerer Ebene in Einrichtungen und in der ambulanten Pflege konnten den Mitgliedern der Dienstgemeinschaften übertragen werden. Durch den Rückgang des Nachwuchses bei den Diakonissen wurde dies immer schwieriger, andererseits vermehrten sich die Mitarbeitenden ohne Bindung an eine Dienstgemeinschaft. So veränderten sich das Bild und die Einschätzung der diakonischen und sozialen Berufe: Entscheidend war nicht mehr die Mitgliedschaft in einer Dienstgemeinschaft, sondern die Zugehörigkeit zu einer Berufsgruppe. Diese Professionalisierung der diakonischen und sozialen Berufe wurde von einer intensiven Diskussion über die Aus-, später auch über Fort- und Weiterbildung begleitet. Beispielhaft für diese Entwicklung war die 1972 erfolgte Umwandlung der Höheren Fachschulen in Fachhochschulen für Sozialpädagogik. Insgesamt wurden – besonders im heilpädagogischen Bereich – verschiedene neue Berufsbilder und Ausbildungswege geschaffen.

Ein Sonderweg wurde mit der Einrichtung des Diakonischen Jahres begangen. 1954 rief der damalige Rektor der Neuendettelsauer Diakonissenanstalt Hermann Dietzfelbinger junge Menschen auf, »ein Jahr ihres Lebens für die Diako-

---

12 DIAKONISCHES WERK D. EKD (Hg.), Aufnahme u. Schutz v. bedrohten Menschen – den Flüchtlingen eine Chance. Rahmenkonzeption d. Diakonischen Werkes d. EKD z. Flüchtlingsarbeit, Stuttgart 1996, 19.

nie« zu wagen.¹³ Gedacht war dabei auch an eine Hilfe angesichts des damaligen Personalmangels, aber auch an die Vermittlung wichtiger Erfahrungen im Umgang mit Kranken, Alten und Behinderten. Diese bayerische Idee fand große Resonanz und führte in den Jahren 1954–59 auch in anderen Landes- und Freikirchen zur Gründung dieser Initiative. Die Teilnehmenden waren zum ganz entschieden größeren Teil Mädchen, doch beteiligten sich auch junge Männer an diesem Einsatz. Die Einsatzorte in Bayern waren hauptsächlich die Einrichtungen der Dienstgemeinschaften in Neuendettelsau, Augsburg, Ottobrunn, Selbitz und Rummelsberg. Für die Mitarbeit in den Einrichtungen erhielten die Diakonischen Helferinnen und Helfer freie Unterkunft und Verpflegung, Fortbildung und Taschengeld. Die Idee des Diakonischen Jahres wurde mit dem »Freiwilligen Sozialen Jahr« auch auf Einrichtungen in nicht-kirchlicher Trägerschaft übertragen und durch das Gesetz zur Förderung eines Freiwilligen Sozialen Jahres vom 17.8.1964 staatlich geregelt.¹⁴

Für die Arbeit diakonischer Einrichtungen wurden auch die Zivildienstleistenden (bis 1.7.1973 »Ersatzdienstleistenden«) wichtig. Art. 12a GG sah diese Möglichkeit durch eine Kann-Bestimmung vor; mit dem am 1.1.1984 in Kraft getretenen Kriegsdienstverweigerungsgesetz¹⁵ wurde sie zur gesetzlichen Verpflichtung umgeformt. Die Zahl der Antragsteller auf Kriegsdienstverweigerung stieg unaufhörlich an. Bundesweit war dabei der Einsatz von Zivildienstleistenden in den Spitzenverbänden der Freien Wohlfahrtspflege am höchsten.¹⁶ Auch in den Einrichtungen der bayerischen Diakonie waren Zivildienstleistende in der Pflegehilfe, in Betreuungs- und Kraftfahrdiensten tätig.

Seit 1992 existiert für die Mitarbeitenden aller Bereiche in der Diakonie das Diakonie-Kolleg innerhalb der Hauptgeschäftsstelle in Nürnberg. Das Fortbildungsangebot umfaßt ein breites Spektrum von fachübergreifenden Veranstaltungen zu sehr fachspezifischen Problemen. Die Themen waren ebenso juristischer und ökonomischer wie auch diakonie-theologischer Provenienz.¹⁷

4.2 Dienstgemeinschaften¹⁸

Die diakonischen Aktivitäten der Dienstgemeinschaften in Bayern stellten auch nach 1945 einen wesentlichen Bestandteil der Diakonie dar. Durch die rückläufi-

---

¹³ IM U. HILFSWERK D. EKD (Hg.), Das Diakonische Jahr, Stuttgart 1964, 14.
¹⁴ BGBl I, 640.
¹⁵ Gesetz zur Neuordnung des Rechts der Kriegsdienstverweigerung und des Zivildienstes vom 28.2.1983 (BGBl I, 203) in Verbindung mit der Bekanntmachung zum Kriegsdienstverweigerungsgesetz vom 29.9.1983 (BGBl I, 1221).
¹⁶ BUNDESAMT F. D. ZIVILDIENST (Hg.), Daten u. Fakten z. Entwicklung v. Kriegsdienstverweigerung u. Zivildienst, Köln 1994, 6.
¹⁷ Zuletzt DIETER SEIFERT, Entwicklungen i. d. Fortbildung: HEIMO LIEBL (Hg.), Jb. 96/97 Diakonisches Werk Bayern, Nürnberg 1997, 44–47 (45).
¹⁸ Die Dienstgemeinschaften werden hier vorrangig unter dem Aspekt ihres Beitrags zur Diakonie betrachtet. Zum geistlichen Aspekt vgl. VII.6.4.

gen Eintrittszahlen, insbesondere bei den Diakonissen-Mutterhäusern, waren zwar die Mitglieder der Dienstgemeinschaften quantitativ nicht mehr dominant, doch blieben sie vielfach in Leitungspositionen. Die Dienstgemeinschaften und ihre Folgeorganisationen behielten die Trägerschaft zahlreicher diakonischer Einrichtungen. Ihre Bedeutung liegt – insgesamt gesehen – auch bei der Ausbildung zu diakonischen Berufen durch das starke Engagement im Bereich von (Kinder-)Kranken- und Altenpflegeschulen.

Die Evangelisch-Lutherische Diakonissenanstalt Neuendettelsau wurde 1973 in *Evangelisch-Lutherisches Diakoniewerk Neuendettelsau* umbenannt und entsprechend umorganisiert. Eine weitere strukturelle Veränderung war die Neuordnung der Verbandsschwesternschaft, die seit 1987 »Diakonische Schwesternschaft« hieß und 1995 mit den Neuendettelsauer Diakonen zur »Diakonischen Schwestern- und Brüderschaft« zusammenging. Die Diakonie Neuendettelsau war mit steigenden Mitarbeiterzahlen[19] und in wachsenden Einrichtungen in den Bereichen Behinderten-, Kranken-, Altenhilfe und in zahlreichen vielfältigen Schul- und Ausbildungsrichtungen engagiert.

Bei den *Rummelsberger Anstalten der Inneren Mission e.V.* gab es 1947 eine deutliche Vergrößerung durch die Aufnahme der ostpreußischen Brüderschaft Carlshöhe. Der Schwerpunkt der diakonischen Arbeit der Rummelsberger Anstalten lag in der Krankenpflege in eigenen Häusern und im Städtischen Klinikum Nürnberg sowie in der sozialpädagogischen Leitung und Gestaltung von Jugendhilfe-Einrichtungen.

Für den Bereich der Krankenpflege sind weiter vor allem das *Diakoniewerk Martha-Maria* der methodistischen Kirche in Nürnberg, das *Diakonissen-Krankenhaus Augsburg* und die *Fachkliniken des Gemeinschafts-Diakonissen-Mutterhauses Gunzenhausen* zu nennen. Das *Diakonissenmutterhaus Puschendorf* war ebenfalls vorwiegend in der (Gemeinde-)Krankenpflege diakonisch tätig. Außerdem war das Breslauer *Diakonissenmutterhaus Lehmgruben* nach seiner Umsiedlung in Marktheidingsfeld diakonisch tätig.

Nach 1945 entstanden in Bayern verschiedene neue Dienstgemeinschaften, die diakonische Aufgaben übernahmen.

Unmittelbar nach Kriegsende fanden sich in München 12 Frauen zusammen, die – teilweise selbst geflüchtet und vertrieben – den Menschen in der Nachkriegszeit helfen wollten. Aus diesen Anfängen erwuchs das *Mutterhaus für kirchliche Diakonie Ottobrunn*, zu dessen diakonischen Arbeitsfeldern das Evangelische Krankenhaus Ottobrunn sowie das Altenheim Insula in Berchtesgaden gehörten.

Ebenfalls in der oberbayerischen Diaspora, in Stockdorf bei München, fand der *Missionsdienst für Christus* nach dem Krieg eine neue Bleibe. Ursprünglich

---

[19] Ev.-Luth. Diakoniewerk Neuendettelsau, Jber. 1996/97, Neuendettelsau 1997, 17. 20. 22. 26f.

aus Berlin kommend, wurden die Schwestern nach 1945 in der Flüchtlingsarbeit, später in Kindergärten und in der (Gemeinde-)Krankenpflege tätig.

Aus dem Bund Christlicher Pfadfinderinnen heraus fand sich eine Schwesternschaft zusammen, die sich den Namen *Communität Casteller Ring* gab und ihr Domizil auf dem Schwanberg in Unterfranken bekam. Neben der Pflege geistlichen Lebens mit besonderer Liebe zu den liturgischen Formen zählten zu deren Aufgabengebieten die Jugendarbeit und in den Großstädten Augsburg und Nürnberg auch die Seelsorge.

1949 begann die Tätigkeit einer Gemeinschaft von sieben Schwestern und vier Brüdern in Oberfranken, der *Christusbruderschaft Selbitz*. Sie übernahmen neben der Arbeit in ihrem Einkehrhaus Kranken- und Altenpflege sowie die Kindergartenarbeit.

1978 wurde der Evangelische Schwesternring als Zusammenschluß von überwiegend Krankenschwestern in der Gemeindekrankenpflege mit Sitz in Ottobrunn gegründet. Gleichzeitig mit seinem Umzug nach München wurde der Verein 1996 zum *»Offenen Ring. Evangelischer Verband für Mitarbeiterinnen und Mitarbeiter in ambulanten Sozialpflegerischen Diensten e.V.«* und hat damit auch seinem geänderten Selbstverständnis Rechnung getragen.[20]

4.3 Bedeutung der Ehrenamtlichkeit

Die diakonische Arbeit in nahezu allen Tätigkeitsfeldern wurde erheblich bereichert durch die Mitwirkung zahlreicher Ehrenamtlicher. Wurden sie früher häufig noch als Helferinnen und Helfer bezeichnet, etablierten sie sich seit den 80er Jahren – parallel zum Prozeß der Professionalisierung – zu einer durchaus eigenständigen Dienstgruppe. Ehrenamtliche Mitarbeitende wurden zugerüstet und ausgebildet und während der Arbeit von Hauptamtlichen begleitet und fortgebildet. Beispielhaft war hier das Angebot der Stadtmission Nürnberg »Helfen will gelernt sein«.[21]

In den jeweiligen Einsatzbereichen bildeten die Ehrenamtlichen mit ihrem Engagement, ihrer unterschiedlichen Lebens-, Glaubens- und häufig auch Berufserfahrung eine Bereicherung der fachspezifisch ausgerichteten Hauptamtlichen. Gleichzeitig wurde von den Trägervertretern stets betont, daß der Einsatz von Ehrenamtlichen weder aus Finanzmangel geschehe noch die Anstellung Hauptamtlicher verhindere. Konkrete Beispiele für den Einsatz von Ehrenamtlichen waren Bahnhofsmission, Telefonseelsorge, Besuchsdienste in stationären Einrichtungen, Begleitung bei Erholungsmaßnahmen u.v.m.

Die Diakonie war in ihrer Gremienarbeit ebenfalls auf Ehrenamtliche angewiesen. Vorstände und Ausschüsse, Kuratorien und Aufsichtsräte leisteten ihre Ar-

---

[20] OFFENER RING, Ev. Verband f. Mitarbeiterinnen u. Mitarbeiter i. ambulanten u. sozialpflegerischen Diensten, Nachrichten H. Nr. 2, München 1997, 16.
[21] STADTMISSION NÜRNBERG E.V. (B) 117f.

beit mit hohem Einsatz und Sachverstand. Auch die Diakoniebeauftragten (früher: Obleute des Evangelischen Hilfswerks) sind hier zu nennen. Sie stärkten die Verbindung zwischen gemeindlicher und überparochialer Diakonie durch Kontakte und Informationen.[22]

4.4 Leitbild-Debatte

Mit einem – historisch gesehen – neuen Problem wurde die Diakonie im Ganzen und wurden die einzelnen Träger im Speziellen seit Mitte der 80er Jahre konfrontiert: mit der Notwendigkeit, ein Profil – im Laufe der Jahre meist »Leitbild« genannt – zu entwerfen und möglichst die Mitarbeitenden zu dessen Akzeptanz zu motivieren.

Die Ursachen für diese Notwendigkeit lagen zum einen im zunehmenden Angebot der freien Wohlfahrtspflege. Die Frage entstand, worin für Bewohner und Patienten, Ratsuchende und Angehörige die evangelische Grundlage und Ausrichtung einer diakonischen Einrichtung erkennbar sei. Zum anderen sollte dieser christliche Auftrag auch bereits beschäftigten sowie zu gewinnenden Mitarbeitenden deutlich gemacht werden können. Insbesondere der Rückgang der eindeutig diakonisch motivierten und äußerlich auch erkennbaren Mitarbeiterinnen (Diakonissen, Schwestern in Tracht) und Mitarbeiter (Diakone mit der Anrede »Bruder«) verschärfte den Druck auf diakonische Einrichtungen, ihr »Proprium« unter Beweis zu stellen.[23]

Zur Klärung und Behebung dieses Problems griffen die Trägervertreter auf Management-Konzepte zurück, die in der Wirtschaft schon längere Zeit diskutiert und angewendet wurden. Entscheidend wurde dabei der Begriff der Corporate Identity.[24] In Arbeitskreisen der jeweiligen Berufsgruppe oder Einrichtung wurden Richtlinien, Leitsätze und das Leitbild des jeweiligen Bereichs entworfen und in überschaubaren Kreisen mit Mitarbeitenden diskutiert, möglicherweise verändert und schließlich verabschiedet. Ziel der Leitbild-Debatten war eine Festlegung auf eine gemeinsam von Trägern und Mitarbeitenden gewollte, angestrebte und realisierbare Profilierung evangelischer Diakonie.

---

[22] Diakonie-Bekanntmachung v. 22.3.1966 (ABlB 39).
[23] BARBARA STÄDTLER-MACH, Das Ev. Krankenhaus. Entwicklungen – Erwartungen – Entwürfe, Ammersbek/Hamburg 1993, 97ff.
[24] HERIBERT W. GÄRTNER, Zwischen Management u. Nächstenliebe. Zur Identität d. kirchl. Krankenhauses, Mainz 1994, 121ff.

5. Die Entwicklung der Mission in der Evangelisch-Lutherischen Kirche in Bayern

5.1 Vom Verein des 19. Jahrhunderts zum kirchlichen Werk

Die traditionelle Missionsarbeit war nach 1945 unterbrochen, weil Deutsche von der internationalen Mitarbeit ausgeschlossen waren. Trotz der Notstände im eigenen Land wuchs die Bereitschaft vieler Christen und Gemeinden, weltweite Verantwortung zu übernehmen.[25]

Die Mission, die von Bayern ausging, wurde nach wie vor im wesentlichen von einzelnen Missionsfreunden, Vereinen und Gemeindegruppen getragen. Gleichzeitig wurde von theologischer Seite aus daran gearbeitet, daß die Mission die »Missio Dei« und damit Sache der gesamten Kirche sei.[26]

Bis zum Beginn der 70er Jahre wurde die Mission von Bayern aus sowohl durch die Neuendettelsauer Missionsgesellschaft als auch durch die Zentralstelle der Leipziger Mission in Erlangen betrieben. Diese beiden lutherischen Missionsgesellschaften unterhielten lange Jahre positive und geordnete Beziehungen.[27]

Die Leipziger Mission besaß in Erlangen seit 1908 ein Haus. Durch die Teilung Deutschlands konnte die Zentrale der Leipziger Mission in Leipzig nur sehr beschränkt arbeiten, ab 1960 gab es keine Ausreise für Missionare aus der DDR mehr. In Westdeutschland wurden daher zwei Zentralen eingerichtet (Holle bei Hildesheim und Erlangen). Die Ausreise der Mitarbeitenden erfolgte auch über die Mission in Neuendettelsau.

Das Thema, das die theologische Diskussion seit den 60er Jahren dominierte, war die Integration von Kirche und Mission. Ein wesentliches Ergebnis dieses Integrationsprozesses stellte das »Kirchengesetz über Weltmission und ökumenische Arbeit« vom November 1971 dar. Mit diesem Gesetz beschloß die Synode, die Mission in die Verantwortung der Landeskirche zu stellen.[28] Aus der Sicht der Mission erbrachte das Gesetz insofern einen Vorteil, als es die finanzielle Situation der Missions-Mitarbeitenden regelte. Die Gehälter der Missionare, die bis dahin eher ein Taschengeld darstellten, wurden denen der anderen landeskirchlich Beschäftigten angeglichen. Eher als Nachteil wurde die Festlegung auf kirchliche Strukturen und die damit verbundene Bürokratisierung gewertet. Tatsächlich bedeutete das Missionsgesetz von 1971 den Verlust der Un-

---

[25] Unterstützend hierbei war die Gründung des Lutherischen Weltbundes 1947 und die des Ökumenischen Rates der Kirchen 1949 (vgl. dazu VII.9.4 und 5).
[26] Als bayerischer Vertreter ist hier vor allem der Neuendettelsauer Missionswissenschaftler Georg Vicedom zu nennen.
[27] NIELS-PETER MORITZEN, Werkzeuge i. Gottes Welt. Leipziger Mission 1836. 1936. 1986, Erlangen 1986, 191.
[28] ABlB 1971, 307ff.

abhängigkeit für die Mission, wenngleich ihr »Freiheit und Beweglichkeit« (§ 7) zugestanden wurde.[29]

1985 wurde das Missions- und Diaspora-Seminar in Neuendettelsau, das bis dahin die Missionare ausbildete und auf ihren Übersee-Einsatz vorbereitete, geschlossen.[30] Die theologische Reflexion der Missionsarbeit ist seit 1978 die Aufgabe des Missionskollegs in Neuendettelsau (seit 1980 Abteilung des Missionswerkes). In Seminaren – insbesondere auch für Theologiestudierende – und Studienarbeiten sowie bei der Betreuung von ausländischen Stipendiaten wird dort den Fragen zeitgemäßer Mission und speziellen Themen der Partnerländer nachgegangen. Seit 1987 wurden regelmäßig Studienwochenenden speziell für Frauen, seit 1994 der Sommerstudienkurs durchgeführt.

5.2 Verankerung der Mission in den Kirchengemeinden

Der Kontakt zwischen der Mission und den einzelnen Kirchengemeinden war in der Regel durch Einzelne oder engagierte Gruppen entstanden. Diejenigen, die für »die Mission« geworben und gesammelt hatten, bekamen den Titel »Laien-Missionsobleute«. Traditionellerweise wurde der Epiphanias-Tag in vielen Gemeinden zum Missionsfest, bei dem nach dem gemeinsam gefeierten Gottesdienst Informationen über die Mission gegeben und gleichzeitig – häufig durch Verkauf und Bazare – Geld für die Mission gesammelt wurden. Das Missionsgesetz von 1971 regelte auch die Verankerung der Mission in den Kirchengemeinden, Dekanatsbezirken und Kirchenkreisen durch Missionsbeauftragte und Missionspfarrer und -pfarrerinnen.

Seit den 70er Jahren wurde die landeskirchlich ausgeweitete Arbeit der Mission durch die Schaffung von Regionalstellen organisatorisch aufgeteilt: 1975 Nordost (Bayreuth), 1980 Süd (München), 1986 Nordwest (Würzburg), 1991 Mitte-Nord (Altdorf). Durch die Missionsbeauftragten einerseits und die Regionalstellen andererseits konnten die Gemeinden in Bayern informiert und besucht werden und somit konkret den Kontakt zum Missionswerk und zur Mission pflegen. Fast alle Dekanate und Kirchengemeinden übernahmen eine Paten-, später: Partnerschaft zu einer Gemeinde in Übersee.

1988 wurde in Neuendettelsau eine Medienstelle eingerichtet. Zahlreiche Medien, Plakate und Arbeitsbücher stellten die Tätigkeit der Mission dar. Der Kontakt zu Gemeinden wurde außerdem durch die Herausgabe und den Versand verschiedener Informationsblätter unterstützt.

---

[29] Ob die angestrebte Integration tatsächlich erreicht wurde, wird bis heute kontrovers diskutiert. Vgl. dazu HORST BECKER, Von d. Missionsanstalt z. Missionswerk: TRIEBEL (B) 13–19 (18f).
[30] 25 Jahre Missionswerk im Überblick: TRIEBEL (B) 174.

6. Arbeitsfelder der Mission

Die traditionellen Gebiete der Neuendettelsauer Mission waren Papua-Neuguinea und Tansania.[31] Seit 1972 hat sich die Missionstätigkeit erweitert. So wurden über Papua-Neuguinea Kontakte innerhalb Südostasiens hergestellt. Durch die Mission der inzwischen selbständigen Lutherischen Kirche von Tansania wurden Zaire, Kenia und Mosambik als Arbeitsfelder aufgenommen. Diese aus den bereits gewachsenen Verbindungen hervorgegangene Ausweitung wurde 1995 im Kirchengesetz über Mission und Ökumene berücksichtigt.[32] Ebenfalls mit der Evangelisch-Lutherischen Kirche in Bayern ist die Evangelische Kirche lutherischen Bekenntnisses in Brasilien verbunden.

Die Missionsarbeit änderte sich auch ihrem Wesen nach. Aus den missionierten Gemeinden wuchsen selbstbewußte selbständige Kirchen. Die Missionsarbeit wurde zunehmend unter dem Aspekt der ökumenischen Zusammenarbeit verstanden, nicht zuletzt durch die zahlreichen Projekte mit anderen Missionen und Kirchen sowie die umfangreiche Kooperation in vielfältigen ökumenischen Gremien. Um sie zu fördern, wurden Besuche sowie der Austausch von Pfarrern vereinbart und praktiziert.

Einführung von Pfarrer Zephania Mgeyekwa aus Tansania am 29.4.1979 in St. Moriz, Coburg.

---

[31] Vgl. zum Ganzen HERWIG WAGNER/GERNOT FUGMANN/HERMANN JANSSEN (Hg.), Papua-Neuguinea. Gesellschaft u. Kirche. Ein ökum. Hb., Erlangen 1979; JOEL NGEIYANA/JOHANNES TRIEBEL (Hg.), Ev.-Luth. Kirche i. Tanzania nach hundert Jahren. Ein Hb., Erlangen 1988.
[32] ABlB 1995, 319ff.

Erwähnt sei hier noch die Entwicklung der Judenmission, wenngleich diese »Mission« nur theoretisch betrieben wurde und für den Bereich der Evangelisch-Lutherischen Kirche in Bayern eher zu den ökumenischen Kontakten zu zählen wäre. Aus dem »Evangeliumsdienst unter Israel« wurde 1992 in Nürnberg ein neuer Verein gegründet mit dem programmatischen Namen »Begegnung von Christen und Juden. Verein zur Förderung des christlich-jüdischen Gesprächs in der Evangelisch-Lutherischen Kirche in Bayern«.[33] Damit folgte man konzeptionell dem nach 1945 im Anschluß an den Evangelisch-Lutherischen Zentralverein zur Mission unter den Juden neu gegründeten Evangelisch-Lutherischen Zentralverein für Zeugnis und Dienst unter Juden und Christen.

---

[33] VEREIN Z. FÖRDERUNG D. CHRISTL.-JÜDISCHEN GESPRÄCHES I. D. EV.-LUTH. KIRCHE I. BAYERN E.V., Freundesbriefe 95–96, Heilsbronn 1995f.

VII.6 KIRCHLICHES LEBEN

Von Manfred Seitz

ADAM/LACHMANN (B).– GOTTFRIED ADAM/RAINER LACHMANN (Hg.), Gemeindepädagogisches Kompendium, Göttingen 1987.– Agende f. ev.-luth. Kirchen u. Gemeinden, Bd. 1: Der Hauptgottesdienst mit Predigt u. hl. Abendmahl u. d. sonstigen Predigt- u. Abendmahlsgottesdienste, Berlin 1955, Bd. 2: Die Gebetsgottesdienste, Berlin 1960, Bd. 3: Die Amtshandlungen, Teil 1: Die Taufe, Hannover 1988, Teil 2: Die Trauung, Hannover 1988, Teil 3: Die Beichte, Hannover 1983, Teil 4: Die Konfirmation (Entwurf), Hannover 1995, Teil 5: Die Bestattung, Hannover 1996, Bd. IV: Ordinations-, Einsegnungs-, Einführungs- u. Einweihungshandlungen (Kl. Ausgabe), Neuendettelsau 1951, neu bearb. Aufl. Hannover 1987.– HELMUT ANGERMEYER, Didaktik u. Methodik d. Ev. Unterweisung, bes. an Volks- u. Realschulen, München 1965 (HKU 13).– BLENDINGER (B).– AXEL FRHR. V. CAMPENHAUSEN, Kirchenrecht u. Kirchenpolitik. Stellungnahmen i. kirchl. Zeitgeschehen, hg. v. CHRISTOPH LINK u. MANFRED SEITZ, Göttingen 1996.– MICHAEL DECKER (Hg.), Mit Kindern Gottesdienst feiern. Arbeitshilfe z. Liturgie i. Kindergottesdienst, Nürnberg 1988.– HERMANN DIETZFELBINGER, Der bleibende Auftrag. Briefe eines Bischofs an seine Pfarrer, Berlin u.a. 1970.– Erneuerte Agende. Vorentwurf, gemeinsam hg. v. d. VELKD, LUTH. KIRCHENAMT, u. d. EKU, KIRCHENKANZLEI, Hannover u.a. 1990.– EG.– EKG.– EV.-LUTH. LANDESKIRCHENRAT (Hg.), Hb. f. Kirchenvorsteher, Ausgabe Bayern, München ²1982.– CHRISTIAN EYSELEIN, Segnet Gott, was Menschen schaffen? Kirchl. Einweihungshandlungen i. Bereich d. öffentl. Lebens, Stuttgart 1993 (CThM 20).– KURT FRÖR, Erziehung u. Kerygma. Ein Beitr. z. Gespräch zwischen Erziehungswissenschaft u. Theologie, München 1952 (HKU 7).– DERS., Grundriß d. Religionspädagogik. Im Umfeld d. modernen Erziehungswissenschaft, Konstanz 1975.– JOHANNES HALKENHÄUSER (Hg.), Abenteuer mit Gott. 40 Jahre Communität Casteller Ring, Rödelsee 1989 (Schwanberger Reihe 15).– DERS., Kirche u. Kommunität. Ein Beitr. z. Gesch. u. z. Auftrag d. kommunitären Bewegung i. d. Kirchen d. Reformation, Paderborn ²1985 (KKTS 42).– HANSELMANN (B).– JOHANNES HANSELMANN, Abendmahl i. Gottesdienst u. Gemeindeaufbau. Referat v. Landesbischof D. Dr. Johannes Hanselmann bei d. Tagung d. Landessynode d. Ev.-Luth. Kirche i. Bayern i. Bayreuth am 21.11.1977, München [1977].– HEIWIK (B).– JÜRGEN HENKYS, Katechumenat u. Gesellschaft: Ber. v. d. Theologie. Resultate, Probleme, Konzepte, hg. v. GERHARD KULICKE, KARL MATTHIAE u. PETER-PAUL SÄNGER, Berlin 1971, 282–301.– ERNST HOFHANSL, Kindergottesdienst: Hb. d. Liturgik. Liturgiewissenschaft i. Theologie u. Praxis d. Kirche, hg. v. HANS-CHRISTOPH SCHMIDT-LAUBER u. KARL-HEINRICH BIERITZ, Leipzig u.a. 1995, 771–785.– WALTER HÜMMER, Erwachte Gemeinde. Das Wirken d. Geistes i. einer Erweckung u. i. lebendiger Gemeinde, Stuttgart 1965 (CwH 74).– KALB (B).– KANTZENBACH, Widerstand (B).– KERNER/NÜBOLD (B).– GEORG KUGLER/CHRISTIAN BLENDINGER/JOHANNES VIEBIG/FRIEDRICH WALZ, Kommentargottesdienste, Gütersloh 1972.– LICHTENFELD (B).– LINK, RU (B).– MASER, Ev. Kirche (B).– LUTZ MOHAUPT (Hg.), Modelle gelebten Glaubens. Gespräche d. Luth. Bischofskonferenz über Kommunitäten u. charismatische Bewegungen, Hamburg 1976 (Zur Sache. Kirchl. Aspekte heute 10).– LISELOTTE NOLD, Am Leben lernen. Ein Hb. f. Frauenarbeit, Nürnberg 1959.–

KLAUS OBERMAYER, Staat u. Religion. Bekenntnisneutralität zwischen Traditionalismus u. Nihilismus. Vortrag, gehalten v. d. Berliner Juristischen Gesellschaft am 16.2.1977, Berlin u.a. 1977 (Schriftenreihe d. Juristischen Gesellschaft z. Berlin 53).– PRÄGER (B).– HANS-DIETHER REIMER, Wenn d. Geist i. d. Kirche wirken will. Eine Vierteljh. charismatische Bewegung, Stuttgart 1987.– INGRID REIMER (Hg.), Alternativ leben i. verbindlicher Gemeinschaft. Ev. Kommunitäten, Lebensgemeinschaften, Junge Bewegungen, Stuttgart 1979.– DIES., Evangelistisch-missionarische Werke u. Einrichtungen i. deutschsprachigen Raum. Einzeldarstellungen, Übersichten, Adressen, Stuttgart 1991.– DIES., Verbindliches Leben i. Bruderschaften, Kommunitäten, Lebensgemeinschaften, Stuttgart 1986.– ROEPKE (B) 428–449.– JULIUS SCHIEDER, Katechismusunterricht, München 1934.– DERS., Unsere Predigt. Grundsätzliches, Kritisches, Praktisches, München 1957.– GERHARD SCHMIDT, Handwerkliches z. Kirchl. Unterricht, München ^{4}1946.– DERS., Katechetische Anleitung, München ^{3}1947.– HANS-CHRISTOPH SCHMIDT-LAUBER, Die Zukunft d. Gottesdienstes. Von d. Notwendigkeit lebendiger Liturgie, Stuttgart 1990 (Calwer Taschenbibliothek 19).– FRIEDER SCHULZ, Versammelte Gemeinde. Struktur u. Elemente d. Gottesdienstes u. d. Agende (Strukturpapier), Hamburg 1974.– EDUARD SCHWEIZER, Das Leben d. Herrn i. d. Gemeinde u. ihren Diensten, Zürich 1946 (AThANT 8).– STEINBAUER 1–4 (B).– Taufe, Eucharistie u. Amt. Konvergenzerklärungen d. Kommission f. Glauben u. Kirchenverfassung d. ÖRK, Frankfurt u.a. 1982 (Lima-Texte).– DIETER VOLL, Ein Biotop i. Franken. Ber. nach 20 Jahren am Pastoralkolleg Neuendettelsau 1968–1988 (unveröff. Manuskript), Neuendettelsau 1989.– MARIA WEIGLE, Bibelarbeit. Methodische Anleitung z. Besprechung v. Bibeltexten mit Frauen, H. 1: Methodik d. Bibelarbeit mit Frauen, Potsdam [1938], H. 2: Jesus u. d. Frauen, Potsdam [1938].– Zur Lehre v. Hl. Abendmahl. Ber. über d. Abendmahlsgespräch d. EKD 1947–1957 u. Erläuterungen seines Ergebnisses, i. Gemeinschaft mit HELMUT GOLLWITZER, WALTER KRECK u. HEINRICH MEYER erstattet v. GOTTFRIED NIEMEIER, München ^{2}1959.

1. Die Gemeinde und ihre Gottesdienste

In den Gottesdiensten verwirklicht sich nach der »Verfassung der Evangelisch-Lutherischen Kirche in Bayern« vom 20.11.1971 (Art. 19) und nach der »Kirchengemeindeordnung« vom 2.3.1964 (§ 1) »die Gemeinde Jesu Christi im örtlichen Bereich«. Der Kirchenvorstand, in dem »Pfarrer und Kirchenvorsteher bei der Leitung der Kirchengemeinde zusammenwirken« (Art. 20, 1 KVerf.) hat auf der Grundlage der von der Landessynode getroffenen Entscheidungen »über die Einführung und Änderung von Agende [und] Gesangbuch« (Art. 42, 2:4 KVerf.), »über die Gestaltung der Gottesdienste und liturgischen Handlungen sowie über die Einführung neuer Gottesdienste zu beschließen und Gottesdienstzeiten festzusetzen« (§ 21 KGO).

1.1 Gottesdienstordnung und Gesangbuch

Nach dem Ende des 2. Weltkriegs kam es zu einer spürbaren Belebung des Gottesdienstbesuchs und der Gemeinden. Menschen, die aus der Kirche ausgetreten waren oder sich nicht getraut hatten, sich öffentlich zu ihr zu bekennen, kehrten zurück. Hinzu kamen die Flüchtlinge und Heimatvertriebenen, so daß 1950 »jeder dritte evangelische Christ in Bayern ein Heimatvertriebener oder Zugereister« war.[1] Eine schmerzliche Lücke stellten die zahlreichen Kriegsgefangenen dar, an die in regelmäßigen Fürbittgottesdiensten für kriegsgefangene Männer und Frauen bis etwa 1952 gedacht wurde.[2]

In diesen Jahren wurden die Gottesdienste nach der Ordnung der »Agende für die Evangelisch-Lutherische Kirche in Bayern« (1932) gehalten und in ihnen aus dem »Gesangbuch für die Evangelisch-Lutherische Kirche in Bayern« (1928) gesungen. Das Heilige Abendmahl wurde in der Regel mit vorausgehender Allgemeiner Beichte im Anschluß an den Hauptgottesdienst gefeiert. Es bahnte sich aber Neues an: die Erarbeitung einer neuen, für den Gesamtbereich der VELKD geltenden Agende. Sie griff hinter die Aufklärung zurück, gab der Fülle an Formen aus der Alten Kirche und der Reformation eine gegenwartsgemäße Gestalt und sah die Ordnung des Gottesdienstes mit Heiligem Abendmahl (Sakramentsgottesdienst) als Normalform vor. Vier Bände umfassend (Bd. II: Gebetsgottesdienste, Bd. III: Amtshandlungen, Bd. IV: Ordinations-, Einsegnungs-, Einführungs- und Einweihungshandlungen), wurde Bd. I der »Agende für evangelisch-lutherische Kirchen und Gemeinden«, der den »Hauptgottesdienst mit Predigt und Heiligem Abendmahl und die sonstigen Predigt- und Abendmahlsgottesdienste« enthält, von der Landessynode am 27.4.1956 zum Gebrauch freigegeben. 1958 kam ein im Stammteil seiner Lieder für den Bereich der EKD geltendes »Evangelisches Kirchengesangbuch« hinzu – mit einem von 26 auf 53 Seiten erweiterten Gebetsteil, Katechismus und Confessio Augustana.

Der Gesellschaftswandel führte in der Mitte der 60er Jahre zu heftiger Kritik am »restaurativen Charakter« der Agende und zu einem Jahrzehnt der »Neuen Gottesdienste« (von 1965 bis etwa 1975), das man mit dem »Strukturpapier«[3] als abgeschlossen betrachten kann. Es rief auch in Bayern veränderte Formen des Gottesdienstes (Familiengottesdienste, Kommentargottesdienste, Politisches Nachtgebet, Thematische Gottesdienste) und die vorübergehend mit großer Anziehungskraft veranstalteten Jugendgottesdienste in den Nürnberger Messehallen hervor. Der extrem schnelle Alterungsprozeß vorhandener Liturgien (auch der neuen) in den darauffolgenden Jahren erforderte einen erneuten Anlauf. Ab 1980 wurde eine »Erneuerte Agende« erarbeitet, die 1990 als »Vorentwurf« in Bayern zum Gebrauch freigegeben wurde. Sie enthält zwei Grundformen (Gottesdienst

---

[1] ROEPKE (B) 429f; vgl. dazu auch VII.1.2.
[2] Vgl. dazu z.B. die Kundgebung der Landessynode Ansbach 9.–13.7.1946: KJ 1945–1948, 47–51 (49).
[3] Vgl. SCHULZ (K).

mit Predigt und Abendmahl; Predigtgottesdienst [mit Abendmahl]), zahlreiche Varianten zur Ausformung der einzelnen gottesdienstlichen Stücke und zielt auf die Verantwortung und Beteiligung der ganzen Gemeinde. Ihre Materialfülle, die Tradition und Innovation vereint, erfordert eine Bearbeitung durch den einzelnen Liturgen/die einzelne Liturgin, und es wird abzuwarten sein, ob sie den eingetretenen liturgischen Subjektivismus einschränkt oder ausweitet. 1995 kam ein neues »Evangelisches Gesangbuch« hinzu, das in seiner bayerischen Ausgabe ein hilfreiches Haus-, Schul- und Kirchenbuch geworden ist.

Der Kindergottesdienst[4] erreichte zwischen 1948 und 1955 etwa 50–70.000 Kinder im Alter von 5–15 Jahren. Ungefähr ab 1970 ging der Besuch zurück.[5] In der Mehrzahl wird er bis heute von Helfern gehalten, die mit den Kindern die Ordnung dafür im EG (Nr. 681) finden. Der gottesdienstlich-liturgische Aspekt wurde in den beiden letzten Jahrzehnten durch religionspädagogische und diakonische Impulse bereichert (Spielformen, Meditation, Fürsorge, Seelsorge).[6]

1.2 Die Sakramente und die Segenshandlungen der Kirche

Die *Taufe* ist hinsichtlich ihrer Häufigkeit abhängig von der Kirchlichkeit der Eltern und der Zahl der Lebendgeborenen. Bis Mitte der 60er Jahre wurden in Bayern jährlich ungefähr 35–40.000 Kinder getauft; dann ging die Zahl durch die Verminderung der Geburten zurück.[7] Aufs Ganze gesehen hielten die evangelischen Eltern in Bayern an der Taufe ihrer Kinder fest und bejahten sie als Zugang zur Kirche, wenn auch auffassungsmäßig weniger in bezug auf ihren sakramentalen Gehalt, mehr als religiöse Vorsorge der älteren Generation für die Kinder. Liturgisch zeichnete sich eine Entwicklung vom einzelnen Taufgottesdienst zur Taufe im Gottesdienst der versammelten Gemeinde ab.

Die in den 50er Jahren bis auf über 1 Million steigende Zahl von *Abendmahls*gästen hielt sich an der Spitze der Landeskirchen in Deutschland.[8] Der in der Regel vierwöchentlich angesetzte Sakramentsgottesdienst führte zu einer weiteren Zunahme der Abendmahlsteilnehmer. Theologisch förderten diese Tendenz die viel diskutierten und z.T. in die Gemeinden hineinreichenden Dokumente der »Arnoldshainer Abendmahlsthesen« (1958), der »Leuenberger Konkordie« (1973) und der »Lima-Texte« (1982). Einen bemerkenswerten »Schub« in dieser Sache stellten die »Lorenzer Ratschläge« vom Deutschen Evangelischen Kirchentag in Nürnberg (1979) dar. Sie wollten als »Anstiftung zur Hoffnung« verstanden werden, die sich in dem Maß realisiert, in dem »wir das Herrenmahl wieder-entdecken, die Mitte der versammelten Gemeinde und das Urbild des

---

[4] Zur Vorgeschichte des Kindergottesdienstes vgl. V.4.2.6 und VI.2.2.5.
[5] 1970: 56.134; 1975: 34.815; 1980: 27.372; 1985: 26.477.
[6] SCHMIDT-LAUBER (K) 390.
[7] 1970: 30.961; 1975: 21.353; 1980: 23.421; 1985: 23.895.
[8] 1970: 1.090.387; 1975: 1.184.387; 1980: 1.477.784; 1985: 1.572.827.

Miteinanderteilens«.[9] Das letztere ist das Mahl des Herrn, der es gibt, zwar nicht, und nach der Einsetzungsgemäßheit des daraufhin in Häusern und Gemeinden veranstalteten »Feierabendmahls« wurde auch nicht gefragt, so daß über der »neu erwachten Freude am Heiligen Abendmahl« daran erinnert werden mußte, »daß die Mahlfeier verantwortet und geleitet wird von einem dazu nach kirchlicher Ordnung Berufenen oder Beauftragten«.[10] Was die seit Anfang der 70er Jahre gewünschte Teilnahme von Kindern am Heiligen Abendmahl betrifft, so sollten sie getauft sein, das schulfähige Alter erreicht, eine entsprechende Hinführung erhalten haben und der Wunsch der Eltern mit dem Willen der Kinder übereinstimmen.[11]

Die Allgemeine *Beichte*, die strenggenommen als »Offene Schuld« aufzufassen ist, da keine konkreten Sünden benannt werden, war bisher mit dem Abendmahl verbunden. Im nach Agende I gehaltenen Sakramentsgottesdienst löste sich diese Verbindung, für die es keinen theologisch zwingenden Grund gibt, und die Allgemeine Beichte ging wie die Einzelbeichte den Gemeinden weithin verloren. Sie ist wohl nur noch in gesonderten Abendmahlsgottesdiensten mit Beichte anzutreffen (Konfirmation, Gründonnerstag etc.). Deshalb forderten die Landesbischöfe Hermann Dietzfelbinger und Johannes Hanselmann wiederholt auf, die Einzelbeichte ins Bewußtsein zurückzurufen und die Allgemeine Beichte nicht völlig preiszugeben.[12]

In die *Konfirmation*, den Konfirmandenunterricht und den Konfirmationsgottesdienst haben die Pfarrerinnen und Pfarrer seit Kriegsende in wachsendem Maße viel investiert. Die Empfehlungen von 1978 nennen als Aufgaben, die Kinder in das Verständnis von Taufe, Beichte und Abendmahl einzuführen, sie mit den Lebensformen der Kirche vertraut zu machen und sie in den in dieser Zeit aufbrechenden Fragen ihres Heranwachsens zu begleiten.[13] Die Tatsache, daß sich die Mehrzahl der Konfirmanden schon unmittelbar nach der Konfirmation nicht mehr an ihr Bekenntnis gebunden weiß, konnte auch durch die Ermäßigung des Konfirmationsversprechens nicht behoben werden.[14] Die in der Berichtszeit sich herausbildenden Konfirmationsjubiläen (nach 25, 50 oder mehr Jahren) sind eine gute volkskirchliche Möglichkeit, die Jubilare auf Glauben und Bekenntnis anzusprechen; sie bergen aber auch die Gefährdung eines kirchlich

---

[9] GEORG KUGLER, Anstiftung z. Weitermachen. Lorenzer Ratschläge: Deutscher Ev. Kirchentag Nürnberg 1979. Dokumente, hg. i. Auftrag d. Deutschen Ev. Kirchentags v. HARALD UHL, Stuttgart u.a. 1979, 362–372 (372).

[10] Wort der Landessynode Bayreuth 20.–25.11.1977 zum »Abendmahl in Gottesdienst und Gemeindeaufbau«: ABlB 302ff (303).

[11] Ebd.

[12] Vgl. HANSELMANN (K) 16–20; vgl. auch die Erklärung Dietzfelbingers vom 23.10.1967 vor der Landessynode: KJ 1968, 8; vgl. außerdem ABlB 1958, 164.

[13] Empfehlung des Landeskirchenrats vom 22.12.1978: ABlB 18f (18).

[14] Agende II (1918/20); Agende f. d. ev.-luth. Kirche i. Bayern (Handagende), 2. Teil: Die heiligen Handlungen, München 1957, 136; Agende III 1962/63 (Studienausgabe) 90; Agende III 1995 (Entwurf) 178.

moderierten Klassentreffens in sich, als ob alle ihrem Bekenntnis treu geblieben wären.

Das bestehende Konzept einer flächendeckenden Betreuungs-Kirche verlieh der *Trauung* lange Zeit und der *Beerdigung* bis heute eine bemerkenswerte Stabilität. Während die Zahl der kirchlichen Trauungen vor allem in den Großstädten bis auf 40–50% zurückging durch Austritte und »Schwund des christlichen Eheverständnisses«,[15] blieben die kirchlichen Beerdigungen zahlenmäßig fast unverändert hoch.[16] Auf beide Handlungen kamen aber in den letzten Jahrzehnten schwer lösbare Probleme zu: a) die Zunahme von Trauungen Geschiedener, mit denen der LKR nur noch dann befaßt wird, wenn es auf Gemeinde- oder Dekanatsebene zu keiner Einigung kommt; b) die Trauung konfessionsverschiedener Paare (sog. »Oekumenische Trauung«); c) Gottesdienste anläßlich der Eheschließung zwischen einem evangelischen Christen und einem Nichtchristen und d) die häufiger gewordene Bestattung aus der Kirche Ausgetretener, obwohl sie grundsätzlich nicht, sondern nur in seelsorgerlichen Ausnahmefällen möglich ist.

Bei den *Ordinations-*, Einsegnungs- und Einführungshandlungen wird seit Jahren um eine rechte Ordnung der Ordination gerungen, da Nichtordinierten keine Sakramentsverwaltung zusteht und doch geschieht, und ob Prädikanten, die pro loco et tempore die Sakramente verwalten, zu ordinieren wären. Bei den *Einweihungshandlungen* sind die Einweihung von Gebäuden und Geräten für den gottesdienstlichen Gebrauch und die Segnung von geschöpflichen Dingen zu unterscheiden. Bei ethisch problematischen Großprojekten (z.B. Industrieanlagen oder Verkehrswegen) »müssen die Beteiligten darauf achten, daß sie in der Öffentlichkeit durch die Segenshandlung nicht dazu benutzt werden, dem Fragwürdigen den Anstrich des Unproblematischen zu verleihen.«[17]

2. Die Berufungen unter den Christen

Die Taufvokatio beruft in das allgemeine Priestertum aller Glaubenden (sacerdotium), verstanden als Leben vor Gott und als Recht und Pflicht, das Evangelium von Jesus Christus im persönlich zugänglichen Bereich (privatim) weiterzusagen und zu vertreten. Sie kann sich unter den Führungen Gottes zur Sendung in ehrenamtliche oder hauptamtliche Mitarbeit in der Kirche verdichten. Die Amtsvokatio führt in einem persönlichen Prozeß in das ordinierte Amt (ministerium), verstanden als öffentliche und lebensdauernde Verantwortung für die Anwesenheit des Evangeliums in der Welt. Die aus sacerdotium und ministerium

---

[15] Kriterien des Landeskirchenrats für die Beurteilung von Anträgen auf Trauung Geschiedener: ABlB 1977, 142.
[16] Trauungen: 1970: 13.997; 1975: 10.650; 1980: 10.418; 1985: 9.864; Beerdigungen: 1970: 33.951; 1975: 35.199; 1980: 33.831; 1985: 33.190.
[17] Vgl. dazu KERNER/NÜBOLD (B) 9.

in die Landessynode Gewählten (und Berufenen) verkörpern in ihr »Einheit und Mannigfaltigkeit der Gemeinden, Werke und Dienste« (Art. 43, 1 KVerf.). Die »Ordnung des kirchlichen Lebens« vom 18.5.1966 nimmt die verschiedenen Berufungen unter den Christen auf. Sie will »dazu helfen, daß die Gemeinde Jesu Christi heute ihr vielgestaltiges Leben aus den Quellen von Wort und Sakrament entfalten kann.«[18]

2.1 Das geistliche Amt in der Kirche

Im April 1946 zählte man 144 bayerische Pfarrer, die im 2. Weltkrieg gefallen waren, und 33 vermißte. Die so entstandene Lücke wurde durch die mit den Flüchtlingen und Vertriebenen gekommenen Pfarrer aus den östlichen Landeskirchen und Ländern wieder ausgefüllt. Es ist auch gebührend, an den Dienst amerikanischer Militärgeistlicher in diesen Jahren zu gedenken.[19]

Für den Zusammenhalt der bayerischen Pfarrer wurden nach Kriegsende die Bayerische Pfarrerbruderschaft, die für das Erbe von »Barmen« eintrat,[20] und die um erweckliche Christusbotschaft sich scharende Pfarrergebetsbruderschaft in neuer Weise bedeutsam. Doch wird man auch urteilen müssen, daß es bis heute nicht gelang, dem Postulat der »Brüderlichkeit« eine überzeugende und für viele gültige Form zu geben.

Das wäre umso nötiger gewesen, als aufgrund des unter dem 4.12.1975 »erlassenen Kirchengesetzes [...] auch Frauen ordiniert und in das Dienstverhältnis als Pfarrer berufen werden« können.[21] Nachdem durch ein gleichzeitig erlassenes Gesetz seminaristisch oder diakonisch ausgebildete Männer und Frauen als Pfarrverwalter zum geistlichen Amt zugelassen werden konnten,[22] kam mit Wirkung vom 2.12.1985 auch die Möglichkeit hinzu, »befähigte Gemeindeglieder in den Dienst der öffentlichen Wortverkündigung und Sakramentsverwaltung in Teilhabe und Mitwirkung am geistlichen Amt zu berufen«.[23] So standen – mit einer (zu) großen Zahl von Sonderpfarrstellen – um 1995 ca. 2.500 Pfarrer und Pfarrerinnen im geistlichen Amt. Aus den Reihen der bayerischen Pfarrer gingen

---

[18] HERMANN DIETZFELBINGER, Begleitwort: Mit d. Kirche leben. Ordnung d. kirchl. Lebens i. d. Ev.-Luth. Kirche i. Bayern, München [7]1984, 7.
[19] NELGB 1 (1946), 15f.
[20] BLENDINGER (B), bes. 81–87.
[21] AMMON/RUSAM[1] (B) 26.
[22] KGes. über die Rechtsverhältnisse der Pfarrverwalter (Pfarrverwaltergesetz) vom 4.12.1975: ABlB 329ff.
[23] Präambel KGes. über die Berufung zum Prädikanten (Prädikantengesetz): Rechtssammlung 30.6.1998 (B) Nr. 545.– Die Laienpredigt ist wie der Dienst des Lektors (vgl. Anm. 25) schon in der Alten Kirche geläufig. Sie hat sich durch die ganze Kirchengeschichte erhalten. Im evangelischen Bayern der Nachkriegszeit trat sie durch den Dichter Rudolf Alexander Schröder auch ins öffentliche Bewußtsein. Durch das Prädikantengesetz können bewährte und für diesen Dienst zugerüstete Gemeindeglieder zum Predigtdienst und zur Sakramentsverwaltung berufen werden. Ihre gottesdienstliche Einsetzung ist eine Ordination, die »sich auf einen räumlich oder nach Personen umschriebenen Dienstbereich« bezieht (§ 1, Abs. 2). Sie lediglich »Berufung« zu nennen, verwirrt die Begriffe.

462 Manfred Seitz

auch die Bischöfe der letzten 50 Jahre hervor: Hans Meiser (1933–1955), Hermann Dietzfelbinger (1955–1975), Johannes Hanselmann (1975–1994), Hermann von Loewenich (1994–1999) und Johannes Friedrich (ab 1999).

Landesbischof H. von Loewenich gratuliert Dekan Johannes Friedrich zur Wahl zum Landesbischof, München, 24. April 1999.

Für die Ausbildung der bayerischen Pfarrerinnen und Pfarrer stehen drei Theologische Fakultäten zur Verfügung: Erlangen-Nürnberg, Neuendettelsau und München; für den Vorbereitungsdienst die Predigerseminare Nürnberg (1922), Bayreuth (1954), München-Pasing (1980–1997) und Neuendettelsau (1981).[24]

2.2 Die mitarbeitende Gemeinde

Die Dienstäußerungen der sich auf die Christen verteilenden Gnade Gottes (1 Kor 12, 1–11) sind meist unscheinbar und in ihrer Fülle überhaupt nicht zu erfassen, sind alltägliche Dienste wie Konfirmandenunterricht durch Gemeinde-

---

[24] Vgl. dazu auch VII.2.2.2.4.

glieder, Hauskreise, Besuchsdienste, diakonische und seelsorgerliche Hilfeleistungen, persönliches Bibellesen, Beten, Bekennen und Bezeugen des Glaubens.

Besonders wichtig ist der Kirchenvorstand. Er ist nach der Kirchenverfassung von 1971 »dafür verantwortlich, daß die Kirchengemeinde ihre Aufgabe erfüllt« (Art. 20, 2) und hat neben seiner liturgischen Zuständigkeit auch das Recht, bei der Besetzung von Pfarrstellen mitzuwirken (Art. 25; KGO § 23). Im Bereich des Gottesdienstes tritt neben die Dienste der Mesner, Chorleiter und Organisten, der liturgischen Lektoren und Abendmahlshelfer noch das Amt der Lektoren und Lektorinnen, die den Gottesdienst leiten und eine Lesepredigt wiedergeben.[25] In den kirchlichen Kindergärten – 1982 waren es 689 mit 36.733 Kindern – erreichen über 2.000 Mitarbeiterinnen und Mitarbeiter oftmals neben den Kindern auch Eltern, die wenig Kontakt mit der Gemeinde haben.[26] In der Jugend-, Erwachsenen- und Altenarbeit[27] leisten zahlreiche haupt- und ehrenamtliche Gemeindeglieder ihren Beitrag zum Aufbau und anhaltenden Leben der Gemeinde. Die Landgemeinden haben in der Berichtszeit tiefgreifende Veränderungen durch die Strukturprobleme der Landwirtschaft erfahren. Ein Arbeitskreis »Kirche im ländlichen Raum«, der sie darin seit 1973 begleitet, bietet in Zusammenarbeit mit dem Erlanger Institut für Praktische Theologie ein theoriebegleitetes Landgemeindepraktikum für Studierende der Theologie an, um Pfarrer und Pfarrerinnen für die Gemeinden auf dem Land zu gewinnen.

Von der Gemeinde kann man nicht sprechen ohne die Kirchentage, die sie besucht. Im evangelischen Bayern sind es seit 1952 die Kirchentage auf dem Hesselberg. Sie entwickelten sich im Lauf der Jahre zu einer gesamtkirchlichen Veranstaltung mit thematisch wechselnden Schwerpunkten und sind bis heute für das kirchliche Bewußtsein der evangelischen Gemeinden in Franken und im angrenzenden Württemberg von Bedeutung. Der »Deutsche Evangelische Kirchentag« fand in den letzten 50 Jahren viermal in Bayern statt: in München 1959, in Augsburg 1971 (in Form eines »Oekumenischen Pfingsttreffens«), in Nürnberg 1979 und in München 1993. Neben das begründete Lob dieser Großversammlungen trat auch jedesmal die Frage nach der Dominanz des Pluralistischen und Politischen.

---

[25] Lektoren kennt schon die Alte Kirche. Gebildete, d.h. des Lesens kundige Gemeindeglieder versahen diesen Dienst, bis er im 3./4. Jahrhundert klerikale Weihestufe wurde. In den Reformationskirchen trat er hinter den Laiendienst der Organisten und Kantoren zurück. In den Notsituationen der Neuzeit (Weltkriege, Kirchenkampf, DDR) gewann er an Bedeutung bis dahin, daß Lektoren anstelle fehlender Pfarrer die Leitung von Gemeinden übernahmen. Lektorenordnungen der bayerischen (Rechtssammlung 30.6.1998 [B] Nr. 548) und anderer Landeskirchen gaben ihnen Anerkennung und Form. Aber was ihre Betreuung und Einbindung in den inneren Zusammenhang des gottesdienstlichen Geschehens betrifft, bestehen von Gemeinde zu Gemeinde erhebliche Unterschiede.

[26] EV.-LUTH. LANDESKIRCHENRAT (K) Abt. B. 2: Die Gemeinde, i. d. wir arbeiten, Kap. 6: Diakonie i. d. Gemeinde, 11ff.

[27] Vgl. dazu VII.6.3.2.2.

Eröffnungsgottesdienst des Evangelischen Kirchentags in München auf dem Marienplatz, 9. Juni 1993.

2.3 Die Synode als »Gemeinsamer Weg«

Die Landessynode ist eine »auf Apg 15 gestützte Form des Zusammenschlusses der Gemeinden [...], [um] in wichtigen Lehr- und Lebensfragen den Rat der Brüder (und Schwestern) zu hören und gemeinsame, möglichst verbindliche Entscheidungen zu treffen«.[28] Die Landessynode kam nach der 1946 beginnenden Zählung bis 1995 in 9 Synodalperioden unter den Präsidenten Wilhelm Eichhorn (1946–1947), Hans Meinzolt (1947–1959), Karl Burkhardt (1959–1983), Karl Heinz Schwab (1984–1990) und Dieter Haack (seit 1990) zu 84 ordentlichen und 3 außerordentlichen Tagungen zusammen. Wir beschränken uns auf einige herausragende Themen und Ergebnisse.

Neben Agende (1956), Gesangbuch (1958) und kirchlicher Lebensordnung (1966) wurden vor allem die neue Verfassung (1971), die Kirchengemeindeordnung (1964) und die Dekanatsbezirksordnung (1976) auf den Weg gebracht. Die Gründung der Volkshochschulen Hesselberg (1951) und Alexandersbad (1958), des Katechetischen Amtes in Heilsbronn (1953) und der Gemeindeakademie in

---

[28] LOTHAR COENEN, Synode. Synodalverfassung: EKL¹ 3, 1253–1257 (1253).

Landessynode im April 1998 in Memmingen, 1. Reihe, Dritter von rechts Landesbischof von Loewenich.

Rummelsberg (1974) seien hervorgehoben. In den gegen Ende der 60er Jahre die Gemeinden bewegenden »Streit um die Bibel« erließ sie ein klärendes Wort: »Jesus lebt nicht nur in unserem Glauben weiter, sondern unser Glaube lebt von der im Neuen Testament bezeugten Auferstehung Jesu«.[29] In bezug auf das »Antirassismusprogramm« des ÖRK Anfang der 70er Jahre bekannte sie, »daß die Kirche für Menschen einzutreten hat, die ihrer Hautfarbe, ihrer Volkszugehörigkeit oder ihres Glaubens wegen diskriminiert, unterdrückt oder verfolgt werden. Sie kann jedoch weder direkt noch indirekt Gewaltmaßnahmen fördern«.[30] Weiter folgten Themen und Stellungnahmen zu sozialpolitischen, ethischen, seelsorgerlichen, den Aufbau und Weg der Gemeinde und ihrer Mitarbeiter betreffenden Fragen.[31]

Ebenso ausführlich wie kontrovers wurden bzw. werden diskutiert: die Rosenheimer Synode (1991) über den Schutz des ungeborenen Lebens und die Fürther Synode (1993) über die Einstellung zur Homosexualität. In der »Rosenheimer Erklärung« stimmten alle kirchenleitenden Organe darin überein, daß

---

[29] Wort an die Gemeinden: KJ 1969, 42–46 (43).
[30] Beschluß zum ökumenischen Programm zur Bekämpfung des Rassismus: KJ 1971, 135.
[31] Separat gedruckt und im Auftrag der Landessynode erschienen: Wege z. Glauben (1987); Christsein i. d. Ökumene. Kirche unterwegs i. d. 90er Jahre (1988); Bewahrung d. Schöpfung (1989); Verantwortung d. Kirche i. europäischen Einigungsprozeß (1991); Altwerden ohne Angst (1992); Ermutigung z. Ehrenamt (1993); Den Glauben leben. Ev. Spiritualität (1994); Weltweite Verantwortung. Weltwirtschaft u. Gerechtigkeit. Ökologie u. Lebensstil (1995). Themen ferner: Personalplanung (1979); Kirche i. ländlichen Raum (1981); Kirche i. d. Stadt (1983); Friedensfrage (1983); seelsorgerliche Aufgaben (Ehe u. Familie: 1980; Kranke Menschen: 1985), missionarischer Gemeindeaufbau (1987), Arbeitslosigkeit (1996).

»Abtreibung [...] Tötung menschlichen Lebens« und immer mit Schuld verbunden ist. Deshalb hätten die betroffenen Frauen »ein Recht auf kompetente Beratung sowie auf seelsorgerliche Begleitung und konkrete Hilfe durch flankierende Maßnahmen«.[32] Der kirchlich-theologisch gebotene Entscheid, daß kein Mensch dazu legitimiert ist, über Leben und Tod eines anderen Menschen zu befinden, auch keine Mutter über ihr Kind, denn es ist nicht ihr Eigentum, schien der Mehrheit der Synode zu hart und sie gestand, bedrängten Frauen entgegenkommend, ihnen »in Konfliktsituationen [...] die letzte Entscheidung [...] vor Gott« zu (mit 55 Ja- und 36 Nein-Stimmen bei 3 Enthaltungen). Die Fürther »Stellungnahme der Landessynode zu Fragen der Homosexualität« bemühte sich in bezug auf die unterschiedlichen Auffassungen innerhalb der Kirche, »das gemeinsam Vertretbare auszusagen«: a) die schöpfungsgemäße heterosexuelle Beziehung als Grundform und ihre geordnete Gestalt in der auf Dauer angelegten Ehe von Mann und Frau anzuerkennen; b) homosexuellen Menschen offen zu begegnen und ihrer Ausgrenzung zu wehren; c) in der seelsorgerlichen Begleitung ihnen durch »Raten und Mahnen [...] Trösten und Ermutigen [...] die Annahme durch den barmherzigen Gott [zu] bezeugen«. Eine gottesdienstliche Segenshandlung für homophile Paare bleibt ausgeschlossen. Jedoch ließ die Formulierung »segnende Begleitung« offen, ob gemeinsam, was dann einer Paarsegnung gleichkäme, oder einzeln im Rahmen der Seelsorge. Während die Fürther Stellungnahme die biblischen Aussagen zur Sache anführte, so verschieden sie aufgefaßt und erklärt werden können, unterließ es die Rosenheimer Erklärung, den biblisch durchgängig belegten Gedanken der vorgeburtlichen Erwählung eines Menschen zum Glauben durch Gottes Providenz überhaupt zu erwähnen.

3. Der Auftrag der Kirche und das öffentliche Leben

3.1 Das Ringen um das rechte Verhältnis zu Gesellschaft und Staat

Wenn vom Staat die Rede ist, muß auch von Gesellschaft gesprochen werden: der Staat als Rechtsperson und als Organisationsform volklich-politischer Einheit und die Gesellschaft als Gesamtheit der zwischenmenschlichen Beziehungen und ihrer Bedürfnisse. Die Kirche hat es mit den Ansprüchen und Herausforderungen beider Systeme zu tun. Sie sind in diesen 50 Jahren zahlreich gewesen.

3.1.1 Kirche und Kerntechnik

Die Diskussion darüber begann Ende der 50er Jahre. Damals empfahlen die Kirchen die friedliche Nutzung der Kerntechnik. Sie trat in Bayern in ein neues und

---

[32] Brief der kirchenleitenden Organe der Ev.-Luth. Kirche in Bayern an die Gemeinden zur »Rosenheimer Erklärung« der Landessynode (Kulmbacher Brief) vom 4.12.1991: ABlB 298f.

Präsidium der Landessynode im April 1999 in München (von links Helga Maria von Schlenk-Barnsdorf, Johannes Opp, Dieter Haack, Heidi Schülke und Andreas Wild).

heftiges Stadium, als in Wackersdorf (Opf.) eine Wiederaufbereitungsanlage für abgebrannte Kernbrennstoffe errichtet werden sollte, und durch den Reaktorunfall in Tschernobyl (UdSSR) 1986. Landeskirchenrat und Landessynode mahnten, Andersdenkende in ihrer politischen Überzeugung ernstzunehmen, Resolutionen nicht ungeprüft zu unterzeichnen, bei Polizeieinsätzen die Verhältnismäßigkeit der Mittel zu wahren, Gottesdienste nicht für politische Zwecke zu mißbrauchen, demonstrative Aktionen nicht aus dem Bereich des staatsbürgerlichen Ermessens herauszulösen und zur christlichen Pflicht zu machen.[33]

3.1.2 »Gerechtigkeit, Frieden und Bewahrung der Schöpfung«

Die VI. Vollversammlung des ÖRK hatte 1983 in Vancouver die Kirchen der Welt aufgefordert, in einen »konziliaren Prozeß gegenseitiger Verpflichtung (Bund) für Gerechtigkeit, Frieden und Bewahrung der Schöpfung« einzutreten. Dieser »Neue Bund« mit trinitarischem Anspruch fand auch in der Bayerischen

---

[33] Vgl. das Schreiben Hanselmanns an die Pfarrer und Vikare vom 14.7.1986: KJ 1986, 185ff; vgl. auch den Beschluß der Landessynode Neuendettelsau 13.–18.4.1986: ABlB 1986, 99f.

Landeskirche Widerhall. Sie machte auf die ökologische Verantwortung der Christen aufmerksam, führte »Friedensdekaden« durch und nahm den von Carl Friedrich von Weizsäcker ausgehenden Gedanken eines »Ökumenischen Friedenskonzils« auf – nicht ohne die Feststellung, daß »nach einer anfänglichen Phase der euphorischen Zustimmung zum Konzilsgedanken [...] eine gewisse Ernüchterung eingetreten« sei. Sie bat, »den Dank für den Frieden nicht zu vergessen«, unterschiedliche Überzeugungen zu respektieren und in »Glauben, Liebe und Hoffnung Motivationen und Gaben« zu sehen, »die dieser Welt helfen können«.[34] In jüngster Zeit bemühten sich einige Gemeinden, Asylsuchenden mehr Gerechtigkeit widerfahren zu lassen. Es kam zu Auseinandersetzungen um das von ihnen entgegen richterlichen Entscheidungen gewährte sog. »Kirchenasyl«. Man sollte nach einem Vorschlag des Präsidenten der Landessynode Haack besser von »Kirchlicher Beistandspflicht« sprechen. Sie zielt auf die Überprüfung von Abschiebeentscheidungen in konkreten Einzelfällen, darf aber nicht den Anschein eines Widerstandes gegen die Rechtsordnung erwecken. »Nicht die Kirche, nur der Staat kann Asyl gewähren«.[35]

Immer wieder war es erforderlich, die Pfarrerschaft auf die Verantwortung und Grenzen von politischer Betätigung hinzuweisen. Die Landeskirche ging dabei stets von dem bereits 1950 formulierten Grundsatz aus: »Es ist von Gott so gewollt, daß in politischen Tagesfragen der einzelne Christ aus dem in Gottes Wort gebundenen Gewissen heraus in Freiheit seine Entscheidungen trifft«.[36] In ihrem Pfarrergesetz, das in § 58 den politischen, d.h. auf das Zusammenleben der Menschen einwirkenden Bezug der öffentlichen Verkündigung voraussetzt, erklärt sie aber auch, daß »Pfarrer und Pfarrerinnen [...] bei politischer Betätigung ihrem Auftrag verpflichtet« und »ihren Dienst allen Gemeindegliedern ohne Ansehen ihrer politischen Einstellung schuldig« sind.[37] Die dem Gesetz beigegebenen »Leitlinien zu politischen Stellungnahmen aus dem kirchlichen Bereich« bestätigen den öffentlichen Auftrag der Kirche. Sie warnen aber auch vor »unheiligen Allianzen«, ungeprüften Unterschriftsaktionen, unstatthaftem Verwenden der Amtsbezeichnung und – einer schon 1970 ergangenen Erklärung[38] gemäß – vor der Instrumentalisierung von Gottesdiensten für politische Zwecke.[39]

---

[34] ABlB 1986, 257; ABlB 1989, 297; KJ 1989, 245f.
[35] Zehn Thesen der EKD im Streit um das Kirchenasyl für Flüchtlinge: epd-Zentralausgabe Nr. 176 v. 12.9.1994, 7ff (9).
[36] Erklärung des Landeskirchenrates der ev.-luth. Kirche in Bayern vom 24.10.1950 (Beilage zum ABlB 1950, 24).
[37] Rechtssammlung 30.6.1998 (B) Nr. 500.
[38] Bekanntmachung betr. Verwendung der Bezeichnung »Gottesdienst« vom 27.2.1970: ABlB 37f.
[39] Vgl. Abschnitt I, 2 und II, 3 der Leitlinien zu § 58, die unmittelbar im Anschluß an das Pfarrergesetz abgedruckt sind: Rechtssammlung 30.6.1998 (B) Nr. 500.

3.2 Der Katechumenat: Die Unterweisung aller Glieder

3.2.1 Schulunterricht

Der »Katechumenat« als Grundaufgabe der Unterweisung aller Gemeindeglieder darf nicht auf den Kinderkatechumenat bzw. Religions- und Konfirmandenunterricht reduziert werden. Er umfaßt vielmehr alle Lebensalter, die Jugend- und Studentenarbeit, Gemeindeseminare, Glaubenskurse für erwachsene und ältere Menschen, und die kirchlichen Einrichtungen, die ihn tragen und die Menschen dafür ausbilden.

Katechetisch bedeutsam wurden in der Landeskirche und darüber hinaus die »Sachstufen« von Julius Schieder, dessen Name auch aus anderen Gründen festgehalten werden sollte. Er war Rektor des Predigerseminars in Nürnberg (1928) und Kreisdekan des Kirchenkreises Nürnberg (1935), berühmt als Prediger und bekennender Christ im nationalsozialistischen Nürnberg.[40]

Der schulische Religionsunterricht durchlief auch in Bayern die verschiedenen Phasen seiner theoretischen Begründung: von der evangelischen Unterweisung[41] über das hermeneutische Programm zum problem- und schülerorientierten Unterricht mit sozialisationsbegleitenden Elementen. Die besonderen Schwierigkeiten der Nachkriegsjahre waren bald überwunden. Schulgottesdienste am Anfang und am Schluß des Schuljahres wurden wieder üblich, und die Religionslehrer suchten Kontakt mit den Eltern. Im Gegensatz zu späteren Tendenzen war es selbstverständlich, »einen eisernen Bestand an gedächtnismäßigen Kenntnissen« zu gewinnen.[42] Die Ziele des 1953 errichteten »Katechetischen Amtes« (ab 1973 »Religionspädagogisches Zentrum«) dienten den Grundsätzen: a) Förderung des kirchlichen Unterrichts, b) Fortbildung und Begleitung der darin tätigen Kräfte, c) Transfer von Erkenntnissen der allgemeinen Pädagogik, d) Unterstützung der erzieherischen Arbeit der evangelischen Elternschaft.[43]

1969 schrieb Landesbischof Dietzfelbinger: »Es ist kein Geheimnis, daß für viele Amtsbrüder der Religionsunterricht zum schwersten Teil ihres Amtes geworden ist.«[44] Das dürfte sich in der Folgezeit verschärft haben. Es gingen diesem Urteil aber auch tiefgreifende Änderungen im öffentlichen Schulwesen Bayerns voraus.[45] In spannungsgeladener Atmosphäre vollzog sich der Übergang zu

---

[40] Vgl. SCHIEDER, Katechismusunterricht (K); DERS., Predigt (K).
[41] Vgl. hierzu bes. die aus Bayern stammende Literatur zur kirchlichen Unterweisung: SCHMIDT (K); FRÖR, Erziehung (K); DERS., Grundriß (K); ANGERMEYER (K).
[42] Vgl. die Bekanntmachung betr. Gedächtnisstoff im Religionsunterricht vom 18.12.1956: ABlB 129.
[43] Vgl. KGes. über die Errichtung eines Katechetischen Amtes vom 30.10.1953: ABlB 125f (125); KGes. über das Religionspädagogische Zentrum vom 9.4.1973: ABlB 71 (vgl. auch die Fassung vom 4.12.1993: Rechtssammlung 30.6.1998 [B] Nr. 910). Ein starkes Bedürfnis nach katechetischen Kräften führte 1955 zur Wiedereröffnung des »Katechetischen und Sozialen Seminars« in Neuendettelsau (bis 1972).
[44] DIETZFELBINGER, Auftrag (K) 268.
[45] Vgl. dazu auch VII.2.2.2.1.

einer christlichen Gemeinschaftsschule.[46] Zum Abschluß des Streits um die Bekenntnisschule kam es durch die Veröffentlichung der »Leitsätze für den Unterricht und die Erziehung nach gemeinsamen Grundsätzen der christlichen Bekenntnisse« am 20.11.1967, in denen die Bischöfe Dietzfelbinger und Julius Döpfner die Bereitschaft der christlichen Kirchen zur christlichen (später: öffentlichen) Volksschule aussprachen.[47]

3.2.2 Jugendarbeit und Erwachsenenbildung

Für die evangelische Jugendarbeit, die laut »Ordnung der Evangelischen Jugend in Bayern« (OEJ 1981) »das Evangelium von Jesus Christus den jungen Menschen in ihrer Lebenswirklichkeit« nahebringen soll, wurden das Studienzentrum für Evangelische Jugendarbeit in Josefstal/Schliersee (1961) und die Evangelische Landvolkshochschule in Pappenheim (1958) geschaffen. Für die Studenten und Studentinnen an den bayerischen Universitäten und Fachhochschulen die Evangelischen Studentengemeinden, in denen bis Anfang der 60er Jahre »das Selbstverständnis als kirchliche Gemeinde [für besondere Personengruppen] streng erhalten« blieb, bis es sich dann auch hochschul- und gesellschaftspolitischen Aktivitäten öffnete.[48] Die Ev.-Luth. Volkshochschulen Hesselberg (1951) mit Dorfhelferinnenseminar (1958) und Alexandersbad (1958) kümmern sich um Menschen, die sowohl in der Landwirtschaft als auch in der Industrie tätig sind, unterweisen sie in Kursen fachlich, bibel- und lebenskundlich und können durch die Formel »Glauben wagen – Leben gestalten« charakterisiert werden. Die Gemeindeakademie in Rummelsberg (1972) sammelt kirchliche Mitarbeiter und Mitarbeiterinnen, um sie »in den Fragen ihres Dienstes und des Gemeindeaufbaus zu beraten und sie fort- und weiterzubilden«.[49] Dem Amt für Gemeindedienst obliegen u.a. »missionarische Dienste in den Gemeinden, im Freizeit- und Erholungsbereich [...], Aus- und Fortbildung von Lektoren und Prädikanten [...] und anderen Mitarbeitern«.[50] Im Gemeindehelferinnenseminar Stein bei Nürnberg (1946–1970) hatte die Landeskirche unter der Leitung der ehrwürdigen Theologin Maria Weigle eine Stätte der Frauenarbeit und frühen Frauenförderung, die vielen Gemeinden zugute kam. »Der Koordinierung (nicht zuletzt auch der Verteilung der Mittel) dient die Arbeitsgemeinschaft für Evangelische Erwachsenenbildung (AEEB 1965) mit dem Sitz in Tutzing«[51]. In Mt 28, 20a, »Lehret sie halten alles, was ich euch befohlen habe«, sind Aufgabe und Ziel all dieser Einrichtungen zusammengefaßt.

---

[46] MASER, Ev. Kirche (B) 199.
[47] AaO, 218.
[48] PETER KREYSSIG, Studentengemeinde: EKL¹ 3, 1175ff (1176).
[49] § 4, Abs. 2 KGes. über das Amt für Gemeindedienst und die Gemeindeakademie vom 26.3.1974: Rechtssammlung 30.6.1998 (B) Nr. 890.
[50] § 4, Abs. 1: Ebd.
[51] GRETHLEIN/BÖTTCHER/HOFMANN/HÜBNER (B) 518.

4. Gemeinschaften in der Kirche

4.1 Kommunitäres Leben

Unter den Formen des kommunitären Lebens treten zunächst die »Kommunitäten« im genauen Sinn des Wortes hervor, die in Bayern nach dem 2. Weltkrieg entstanden sind und deren Mitglieder sich unter feierlicher Verpflichtung auf die »Evangelischen Räte« (Armut, Ehelosigkeit, Gehorsam) einem geregelten gemeinsamen Leben unterworfen haben. 1949 gründete das Pfarrersehepaar Walter und Hanna Hümmer die aus einer Gemeindeerweckung hervorgegangene Christusbruderschaft Selbitz, die heute auch in ausgelagerten Zellen durch den Dienst der Anbetung, der Verkündigung, der Sorge um Menschen und durch künstlerische Arbeit ein Zentrum evangelischer Spiritualität darstellt. Ein Jahr später, 1950, führte die Jugendarbeit des Bundes Christlicher Pfadfinderinnen durch Christel Schmid und Maria Pfister in Castell (Unterfranken) zur Entstehung der Communität Casteller Ring (CCR) auf Schloß Schwanberg bei Iphofen, wo sie neben auswärtigen Stationen eine Tagungs- und Bildungsstätte unterhält. Der seelsorgerlich tätige kleine St.-Johannis-Konvent vom gemeinsamen Leben machte sich unter dem Vorzeichen des 3. Glaubensartikels psychologische Erkenntnisse dienstbar und wirkt – 1961 in Erlangen beginnend – seit 1985 in Eschenbach bei Hersbruck. Die sich 1970 in München bildende und 1981 in Simonshofen bei Lauf angesiedelte Communität Simonshofen übt ihren aus charismatischen und benediktinischen Quellen herrührenden Dienst an Strafgefangenen und Entlassenen aus, wurde aber 1994 in einen Verein umgewandelt. Ein evangelischer Schwesternkonvent, der durch Fürbitte, missionarischen und diakonischen Dienst das Leben der Ortsgemeinde teilt, existiert seit 1977 in Nürnberg, zog aber 1990 als »Lumen Christi« nach Gößweinstein in der Fränkischen Schweiz. Der Christusbruderschaft Selbitz entstammend, aber von ihr getrennt, formierte sich ein neuer Zweig 1984 als Christusbruderschaft Falkenstein zum Dienst in Mutterhaus, Gästehaus, Altenheim und kirchlich-diakonischen Außenstationen. Die in Darmstadt 1961 aus einem Jugendklub entstandene Christusträger Bruderschaft, die neben Tagungsarbeit und evangelistischen Einsätzen mit Musikgruppen sich besonders der Not in überseeischen Ländern annimmt, fand 1985 auch in Bayern im Kloster Triefenstein am Main einen Ort für Bruderschaft und Gästehaus. Alle evangelischen Kommunitäten sind im Raum der fränkischen Kirchlichkeit beheimatet.[52]

Neben die Kommunitäten sind Lebensgemeinschaften getreten, »in denen Männer und Frauen inmitten der Welt des Berufs, der Ehe und der Familie den Schritt aus der Unverbindlichkeit eines weithin bürgerlich angepaßten ›Christseins ohne Entscheidung‹ zu einer verbindlichen und verpflichtenden Gestalt

---

[52] I. REIMER, Alternativ Leben (K); DIES., Werke (K); DIES., Verbindliches Leben (K).

Kreuzanhänger der Christusbruder-	Kreuzanhänger der Ordensfrauen der
schaft Selbitz.	Communität Casteller Ring, 1979.

gelebten Glaubens vollziehen.«⁵³ Fachschulen für Familien-, Kinder- und Altenpflege unterhält neben Kindergärten, Diakoniestationen und sozialdiakonischen Lehrgängen und Einsätzen der »Missionsdienst für Christus in der Ev.-Luth. Kirche in Bayern« (Stockdorf bei München), den bereits 1945 Landesbischof Meiser beauftragte, die Pfarrer in vielen Gemeinden bei der Eingliederung und Betreuung der Flüchtlinge zu unterstützen. Die 1957 in Selbitz entstandene »Lehrerbruderschaft« und die 1958 gegründete »Bruderschaft vom Kreuz« vereinigten sich 1962 – eng verbunden mit der »Bruderschaft vom gemeinsamen Leben«, um persönliche Zucht, Offenheit zur Welt, berufliche Verantwortung und Dienst an der Einheit der Christen im bruderschaftlichen Leben zu verwirklichen. Durch Begegnungen mit der katholischen »Fokolar-Bewegung« faßten sie 1965 den Entschluß, in Ottmaring bei Ausgburg ein »Ökumenisches Lebenszentrum Ottmaring« zu gründen. Seit 1968 siedelten sich dort über 100 evangelische und katholische Christen an, die in 25 Häusern und Wohnungen als Familien mit Kindern oder als einzelne leben mit dem Ziel, »das lebendig und erfahrbar werden zu lassen, was Christen am tiefsten eint: das Leben aus der Taufe auf den dreieinigen Gott«. Im Begegnungszentrum praktizieren sie »Öku-

---

53 Johannes Halkenhäuser zit. nach I. REIMER, Verbindliches Leben (K) 13.

mene [...] ohne Mißachtung der kirchlichen Lehre und unter Wahrung der konfessionellen Prägung« (Prospekt). Im selben Jahr 1968 wurde als »vergleichbarer Versuch, ökumenisches Zusammenleben zu gestalten«,[54] das »Ökumenische Lebenszentrum für die Einheit der Christen« auf Schloß Craheim bei Schweinfurt ins Leben gerufen. Die in der »Lebensgemeinschaft« mit der kleinen Kommunität »Jesu Weg« zusammengeschlossene »Familiengemeinschaft« arbeitet im Rahmen einer Begegnungsstätte an der Erneuerung und Vertiefung des Glaubens einzelner Christen, an Schritten der Versöhnung in der zerrissenen Christenheit und in der persönlichen, Ehe- und Familienseelsorge.

4.2 Besondere Gemeinschaften: ihr Zeugnis und ihr Dienst

Nicht alle kirchlichen Arbeitsgemeinschaften, Sammlungsbewegungen, Vereine und Verbände, die sich aus einem verschiedenen Verständnis von Kirche, aus einer besonderen Berufung oder aus dem Bemühen um Erneuerung des Glaubens in Kirche und Gemeinde gebildet haben, können hier genannt werden. Das bedeutet keine Abwertung der nicht genannten. Sie sind im »Anhang Bayern« des Pfarramtskalenders vollständig aufgezählt.[55] In den Nachkriegsjahren übernahm der CVJM – nunmehr »Christlicher Verein junger Menschen« (nicht mehr nur »Männer«) – die wichtige Aufgabe, weltanschaulich entwurzelte Menschen der jüngeren Generation zu werben, zu sammeln und im Sinne der »Pariser Basis« dafür zu gewinnen, »im Glauben und Leben (Jesu) Jünger zu sein«.[56] Neben den auf etwa 12 Städte verteilten Ortsvereinen kam den Großstadtvereinen Augsburg, München und Nürnberg besondere Bedeutung zu. In München entwickelte sich nach über 20 Jahren Arbeit 1964 ein großer Mitarbeiterkreis, der sich als eine dem Wirken des Hl. Geistes geöffnete intensive geistliche Gemeinschaft verstand, ökumenisch ausgerichtet und doch den örtlichen Gemeinden seiner Mitglieder verbunden. Aus unterschiedlichen Ansätzen entstanden die »Kirchliche Sammlung um Bibel und Bekenntnis e.V.«, die »Arbeitsgemeinschaft Lebendige Gemeinde in Bayern«, der »Arbeitskreis Evangelische Erneuerung (AEE)«[57], die »Arbeitsgemeinschaft Kirchliche Erneuerung e.V. (AKE)«, der »Arbeitskreis Bekennender Christen in Bayern (ABC)« und der »Arbeitskreis für evangelistische Gemeindearbeit in der Ev.-Luth. Kirche in Bayern (AkeG)«. Ähnlich gegen die Unbestimmtheit in Glauben und Lehre gerichtet sind der Bayerische Jugendverband »Entschieden für Christus« (EC) und der »Christliche Jugendbund« in Bayern mit Sitz in Puschendorf.

»Nach Deutschland kam die *charismatische Bewegung* auf leisen Sohlen«.[58] Über den Nürnberger Pfarrer Klaus Heß und seine »Bruderschaft vom gemein-

---

54 DIES., Alternativ leben (K) 126.
55 Anhang Pfarramtskalender 1999 (B) 109–124.
56 Zitiert nach KJ 1959, 276.
57 BLENDINGER (B) 233–254.
58 H.-D. REIMER (K) 26.

samen Leben«, über bereits bestehende Gruppierungen wie den »Marburger Kreis« u.a. und über entsprechende Tagungen öffneten sich ihr auch bayerische Pfarrer und Gemeinden. Der Wunsch der charismatisch nun Erfahrenen nach engerer Gemeinschaft führte 1968 zur Entstehung des Lebenszentrums auf Schloß Craheim.[59] Es konnte aber aus Gründen einer inneren Krise in dieser Form nicht bestehen, bis es seit 1982 durch Pfarrer Dieter Endres seine heutige Form und zunehmende Beachtung fand. 1976 befaßte sich die Bischofskonferenz der VELKD in einer Klausurtagung auf dem Schwanberg unter dem Thema »Modelle des Glaubens« auch mit der »Charismatischen Erneuerung der Kirche«. In ihrer Stellungnahme dazu heißt es: »Mit Aufmerksamkeit und Hoffnung blicken wir auf die charismatische Erneuerung zahlreicher christlicher Gemeinden in der Welt [...] Zu den Gaben des Geistes gehört es aber auch, nach dem Maßstab der Schrift die Geister zu unterscheiden.«[60] Landesbischof Hanselmann richtete 1986 an die Gemeinden einen Fastenbrief, der sich ausschließlich mit der »Geistlichen Gemeindeerneuerung« befaßte, aber »eher ein persönliches ermunterndes Wort« war.[61] Die Zurückhaltung, die es in Bayern nicht zu einer größeren Bewegung und stärkerer Einflußnahme kommen ließ, hing damit zusammen, daß es in einigen Gemeinden zu Unverträglichkeiten zwischen den charismatisch erweckten und den anderen Kirchengliedern kam und daß manche Erscheinungen und Eigentümlichkeiten wie Sprachengebet, Geisttaufe, Gebetsheilungen und Prophetie den von den herkömmlichen Glaubensformen geprägten evangelischen Christen fremd waren.

5. Die Erneuerung der Seelsorge

Bis 1945 und darüber hinaus wurde Seelsorge in der Regel als Ausrichtung des Wortes Gottes an den einzelnen unter Bezugnahme auf seine Nöte angesehen. In den 50er Jahren kamen bayerische Pfarrer in den USA in Berührung mit der amerikanischen Seelsorgebewegung. Durch die Begegnung mit dem CPT (Clinical Pastoral Training, später CPE = Education) und der in Deutschland nach dem Verbot im »Dritten Reich« sich schnell etablierenden Tiefenpsychologie erfuhr die Seelsorge der Kirche eine umfassende Erneuerung in Richtung auf beratende Seelsorge. Sie verstand sich nun nicht mehr in erster Linie als Rat und Weisung erteilend, sondern in aktivem Hören auf die Äußerungen der Ratsuchenden als klienten- oder patientenzentriert. Der daraus entwickelte Weg der »Klinischen Seelsorge-Ausbildung« (KSA), der in 6-Wochen-Kursen, in einwöchigen Kurzkursen und in berufsbegleitenden Angeboten Pfarrer/Pfarrerinnen und Mitarbeiter/Mitarbeiterinnen für die seelsorgerliche Praxis befähigt, setzte

---

[59] AaO, 28.
[60] MOHAUPT (K) 143.
[61] H.-D. REIMER (K) 36.

sich auch in der bayerischen Landeskirche durch. Ein 1992 erstelltes »Rahmenkonzept für die Aus- und Fortbildung in Seelsorge«, das Seelsorge als »angewandte biblisch-theologische Anthropologie« auffaßt und »Menschen in ihren konkreten Lebenssituationen zum Glauben an Jesus Christus und dadurch zum Leben« verhelfen will, bildet dafür den Rahmen.[62]

In jenen Jahren, in denen die deutsche Seelsorgebewegung auch vielen bayerischen Pfarrern und Pfarrerinnen zu einem vertieften Verständnis ihres Seelsorgeauftrags verhalf, entstanden eine Reihe von Spezialdiensten. In ihnen konnten Gaben und Befähigungen von Gemeindegliedern, deren Mitarbeit in der Seelorge durch die Professionalisierung der amtlichen Seelsorge zeitweise zurückgetreten war, wieder aufgenommen, eingesetzt und ausgeübt werden. Das gilt in besonderer Weise für die Telefonseelsorge, deren Anfänge in Bayern auf den Nürnberger Pfarrer Georg Schönweiß zurückgehen. Auch in der Krankenhausseelsorge werden die amtlichen Träger und Trägerinnen von Besuchsdiensten aus den Gemeinden und durch eigens dafür geschulte Einzelpersonen unterstützt. Die »Kirche unterwegs« (Campingseelsorge) ist seit jeher auf solche Mitarbeit angewiesen und sucht »Menschen in den Lebensräumen zu erreichen, in denen sie leben«, in ihrem Fall im Bereich von »Freizeit, Erholung und Tourismus«.[63] Ähnlich wie sie gewann auch die Kurseelsorge durch das moderne Gesundheitswesen wachsende Bedeutung. In die Lebensräume verschiedenster Menschengruppen gehen mit pastoralpsychologisch neuen Fragestellungen und Motiven die Seelsorge in Justizvollzugsanstalten und die Militärseelsorge; letztere durch das »Kirchengesetz zur Durchführung der Militärseelsorge im Bereich der Ev.-Luth. Kirche in Bayern« (1967) begründet.[64] Neu hinzu kamen die Seelsorge im Bundesgrenzschutz, die Polizeiseelsorge, die Notfallseelsorge (Straßenverkehr), die City-Dienste in München und Nürnberg, der Bauernnotruf (Hilfe für Landwirte), die Brief- und die Cirkus- und Schaustellerseelsorge. Dabei handelt es sich um diakonisch-seelsorgerliche Aufgaben, denen in bezug auf die Schwierigkeit ihrer Durchführung offiziell und öffentlich zu wenig Aufmerksamkeit geschenkt wird und die in Zukunft auch die gebührende praktisch-theologische Beachtung finden sollten. Das gilt nicht zuletzt auch für die Blinden- und Sehbehindertenseelsorge und für die beiden Gebiete der Schwerhörigen- und Gehörlosenseelsorge.

6. Über das Unbeweisbare im Erlebbaren

Der Raum des »Kirchlichen Lebens« ist die säkulare, d.h. die in ihrem Denken, Sprechen und Handeln vom Glauben an Jesus Christus emanzipierte Welt. Sie beeinflußt das kirchliche Leben und macht sich auch in ihm bemerkbar. Es ist

---

[62] Rechtssammlung 5.6.1994 (B) Nr. 524.
[63] Vgl. die »Ordnung für Freizeit und Erholung« vom 12.12.1988 (aaO, Nr. 933).
[64] AaO, 196.

deshalb notwendig, zwischen kirchlichem Leben als geglaubter und als erfahrbarer Wirklichkeit zu unterscheiden. Dabei bildet der Gottesdienst die empfindlichste Stelle. Er hat in der Berichtszeit an Aktualität und Menschennähe gewonnen, aber an Anbetungsqualität verloren und ist durch Gefühligkeit, Subjektivität, Wortreichtum und Hereinnahme ihm fremder Ziele durch die ihn »schön« gestaltenden Liturgen und Liturginnen gefährdet. Das für ihn und für alles Leben in der Kirche zurückzugewinnende Maß ist: »Gott ist gegenwärtig«.

VII.7 FRAUEN IN DER KIRCHE

*Von Dorothea Vorländer und Gudrun Diestel**

BRIGITTE ENZNER-PROBST, Pfarrerin. Als Frau i. einem Männerberuf? Stuttgart u.a. 1995.– DIES., We are Witnesses. Ber. über d. Internationale Frauenkonsultation d. LWB. Frauenreferat, Genf 1995.– Die Frau i. Familie, Kirche u. Gesellschaft. Eine Stud. z. gemeinsamen Leben v. Mann u. Frau, hg. v. d. KIRCHENKANZLEI d. EKD i. Auftrag d. Rates d. EKD, Gütersloh ²1980.– Die Gemeinschaft v. Frauen u. Männern i. d. Kirche. Synode d. EKD, hg. v. KIRCHENAMT d. EKD i. Auftrag d. Rates d. EKD, Gütersloh 1990.– INGEBORG LEITZ (Hg.), frauen stimmen. Eine Bestandsaufnahme ev. Frauenarbeit. Für Hildegard Zumach, Stuttgart 1992.– CONSTANCE F. PARVEY (Hg.), The Community of Women and Men in the Church, Genf 1983.– GERTA SCHARFFENORTH (Hg.), Reihe „Kennzeichen", Bd. 1–10. Stud. u. Problemer. aus d. Projekt »Frauen als Innovationsgruppen«, i. Auftrag d. Deutschen Nationalkomitees d. LWB, Gelnhausen u.a. 1977–1984.

1. Ehrenamtliche und berufliche Mitarbeit von Frauen

Die Zeit von 1945 bis zur Gegenwart ist auch für die Bayerische Landeskirche in einer bis dahin noch nicht erlebten Weise gekennzeichnet durch die immer stärker werdende Teilnahme von Frauen am kirchlichen Leben auf fast allen Ebenen.

1.1 Ehrenamt

Dies gilt für die ehrenamtliche Mitarbeit, die – wie vor 1945 – auf fast allen Gebieten des kirchlichen Lebens – mit Ausnahme der Mitarbeit in kirchlichen Leitungsgremien – zu 70–80% von Frauen geleistet wurde und wird. Neu gegenüber früher ist vor allem der Prozeß, in dem die ehrenamtlich tätigen Frauen die hohe Bedeutung ihrer Mitarbeit einerseits und andererseits ihre unbefriedigende Stellung gegenüber den hauptamtlich Mitarbeitenden wahrnehmen und ändern wollen. Deshalb erließ die Landessynode »Die Leitlinien für den Dienst, die Begleitung und die Fortbildung Ehrenamtlicher in der Evang.-Luth. Kirche in Bayern«. Unter Berufung auf die Verfassung der Evang.-Luth. Kirche in Bayern[1] wird die grundsätzliche Gleichordnung des ehrenamtlichen Dienstes mit dem hauptamtlichen festgestellt. Verschiedene Schritte für eine verbindliche Gestaltung des ehrenamtlichen Dienstes werden aufgezeigt.

---

* Gudrun Diestel ist die Verfasserin des Abschnitts VII.7.3.2 (Bayerischer Mütterdienst); alle anderen Abschnitte sind von Dorothea Vorländer verfaßt.
[1] ABlB 58 (1971), 289.

1.2 Frauen in religionspädagogischen und sozialdiakonischen Berufen

ARBEITSGEMEINSCHAFT D. BAYER. FACHAKADEMIEN F. SOZIALPÄDAGOGIK (Hg.), Kindergärtnerinnen-Seminare, Fachschulen u. Fachakademien f. Sozialpädagogik i. Bayern, o.O. 1986.– DIETER ASCHENBRENNER/KARL FOITZIK (Hg.), Plädoyer f. theol.-pädagogische Mitarbeiter i. d. Kirche, München 1981.– KARL BURKERT, Chronik: Korrespondenzblatt d. Diakonissen v. Neuendettelsau, 81 [90] (1947), 4.– EV.-LUTH. DIAKONIEWERK NEUENDETTELSAU (Hg.), 90 Jahre Fachakademie f. Sozialpädagogik, Neuendettelsau o.J.– KARL FOITZIK, Neues Berufsbild f. Kirchl. Mitarbeiter: KorrBl 89 (1974), 128ff.– KARL FOITZIK, Gemeindepädagoge – ein Beruf mit Zukunft?: ThPr 19 (1984), 36–42.– MARIE MEINZOLT, Fürsorgerinnen sind Helferinnen, denen geholfen werden muß: BIMB H. 6 (1952), 4–16.– THEODOR SCHOBER, Diakonisse Marie Meinzolt 1899–1962. Ein Lebensbild: Der Weite Raum 1 (1964), 4f.– KÄTHE TRUHEL, In Gottes Namen fahren wir. Kirchl. Ausbildungsstätten. 25 Jahre Soziale Schulgemeinde: BIMB H. 6 (1952), 24–31.

Höhere berufliche Qualifikation und das Bestreben, gleichberechtigte Partnerinnen im kirchlichen Leben zu werden, kennzeichnen im wachsenden Maß die Frauen, die sich in (religions-)pädagogischen und sozialdiakonischen Berufen ausbilden ließen. Im Zug dieser Entwicklung wurden die Seminare für Kindergärtnerinnen und Hortnerinnen erst zu Fachschulen und Anfang der 70er Jahre zu Fachakademien für Sozialpädagogik. In Neuendettelsau stand in den 50er Jahren Frauen eine breite Palette an Ausbildungsmöglichkeiten für Sozialarbeit und (Religions-)Pädagogik – vor allem dank des Wirkens von Diakonisse Marie Meinzolt[2] – offen. Das Katechetische Seminar in Neuendettelsau bildete 1947–1967 Frauen als Religionslehrerinnen an Volks- und Berufsschulen sowie als Mitarbeiterinnen in der Jugendarbeit und kirchlichen Unterweisung aus.

Ein anderer Zweig der Frauenausbildung war das Gemeindehelferinnen-Seminar in Stein. 1946 gründete Vikarin Maria Weigle »Lehrgänge für kirchliche Gemeindearbeit«, das spätere Gemeindehelferinnen-Seminar, das von dem Bayerischen Mütterdienst, dem Jugendwerk der Landeskirche und dem Landesverband für Innere Mission gemeinsam getragen wurde und in Stein angesiedelt war. Die kirchliche Situation in Bayern, die Frauen wenig zum Theologiestudium ermutigte, veranlaßte viele junge Frauen, sich diesem neuen Beruf zuzuwenden. Ende der 60er Jahre wurde die Stelle einer Landeskirchlichen Beauftragten für die Gemeindehelferinnen errichtet. Das Seminar wurde 1970 im Zuge der damaligen Ausbildungsreformen geschlossen.

Einen gewissen Ersatz hierfür stellte der 1972 begründete Fachhochschulstudiengang für Religionspädagogik und Kirchliche Bildungsarbeit im Anschluß an die Augustana-Hochschule dar. Zwar hat dieser Ausbildungsweg und Beruf von vornherein auch Männern offengestanden. Aber er wird mehrheitlich von Frauen genützt. Für die Kirche ergab sich die Notwendigkeit, Mitarbeitenden an öf-

---

[2] MARIE MEINZOLT, Ber. über d. Katechetische u. Soziale Seminar (masch.), Neuendettelsau 1947 (Archiv d. Diakonissenanstalt Neuendettelsau).

fentlichen Schulen eine vom Staat anerkannte Ausbildung zu ermöglichen und dafür den neuen Fachhochschulbereich zu übernehmen. Zunächst fand der neue Studiengang großen Zulauf, aber schon 1981 mußte der Neuendettelsauer Zweig geschlossen werden. Die doppelte Ausrichtung auf Schule und Gemeinde wurde zugunsten des Religionsunterrichts eingegrenzt. 1996 studierten 79 Frauen und 33 Männer an der Fachhochschule in München Religionspädagogik. Unter den Diplom-Religionspädagogen (FH) sind 302 Frauen und 135 Männer. Ein Seitenzweig der religionspädagogischen Ausbildung und Berufstätigkeit, vor allem für Frauen, besteht in der Katechetin/dem Katecheten im Nebenamt.

1.3 Von der (Pfarr-)Vikarin zur Pfarrerin

ENZNER-PROBST, Pfarrerin (K).– ERHART (B).– ANNA PAULSEN, Amt u. Auftrag d. Theologin, Gelnhausen u.a. 1963.– DOROTHEA VORLÄNDER, Frauen i. d. Kirche: NELKB 40 (1985), 366ff.

Hatten schon die eben geschilderten Frauenberufe mit großen Widerständen in Kirche und Gesellschaft zu kämpfen, so war der Weg der Theologinnen bis zum Pfarramt besonders schwierig. Nachdem 1927 zum ersten Mal innerhalb Bayerns vier junge Frauen das 1. theologische Examen abgelegt hatten und die Zahl der examinierten Theologinnen schnell anwuchs, war der 1935 von Lisette Bruckner (1912–1999) gegründete Theologinnenkonvent darum bemüht, im Gespräch mit der sehr zurückhaltenden Kirchenleitung die Stellung der Theologinnen theologisch, rechtlich und finanziell zu klären.

Dieser Dialog führte 1944 zum »Kirchengesetz über das Dienstverhältnis der Vikarinnen«,[3] das allerdings erst 1945 – nach Kriegsende – richtig durchgeführt werden konnte. Es berechtigte die Theologinnen zur Wortverkündigung an Frauen, Mädchen und Kindern, aber nicht einmal innerhalb dieser Zielgruppen zur Sakramentsverwaltung und anderen Amtshandlungen. Besonders die nicht erlaubte Verwaltung des Abendmahls erwies sich in der seelsorgerlichen Praxis der Vikarinnen als unbefriedigend. Die notwendige und auch vom lutherischen Bekenntnis der Kirche geforderte Zusammengehörigkeit von Wort und Sakrament wurde deutlich. Auf der anderen Seite standen die Bedenken der Kirchenleitung, die – gestützt auf ein bestimmtes Verständnis von Schöpfungsordnung, auf Schriftstellen wie 1 Kor 14, 34f und 1 Tim 2, 9, auf CA 14 und aus ökumenischer Rücksichtnahme auf die römisch-katholische Kirche – die Theologinnen in der kirchlichen Unterweisung, in Diakonie, Kirchenmusik und kirchlicher Verwaltung einordnen wollte. Schließlich wurde mit dem Beschluß der Frühjahrssynode 1970 die von dem Theologinnenkonvent befürwortete Sakramentsverwaltung im Dienstbereich für die Theologinnen durchgesetzt.[4] Danach war es dem engagierten Einsatz von Frauen und Männern in der Landessynode und der

---

[3] ABlB 31 (1944), 55–60.
[4] ABlB 57 (1970), 240–246.

»Evangelischen Frauenarbeit in Bayern« (EFB) zu danken, daß der vorläufige und theologisch unbefriedigende Charakter dieser Regelung erkannt und die volle Zulassung von Theologinnen zu Ordination und Pfarramt 1975 beschlossen wurde.[5] Seitdem sind die Pfarrerinnen allmählich zu einer Selbstverständlichkeit innerhalb der Gemeinden und kirchlichen Dienste geworden, wobei die größeren Städte eine Vorreiterrolle spielten. Zur Zeit sind unter den insgesamt 2.710 bayerischen Pfarrern 452 Frauen, womit diese 17% der Pfarrerschaft ausmachen. Die Tendenz ist steigend. Seit 1988 sind Frauen auch auf der mittleren Leitungsebene mit Dekaninnen und seit 1999 mit einer Oberkirchenrätin auch auf der oberen vertreten. Bei der Bischofswahl 1999 kandidierte auch eine Frau. Der Theologinnenkonvent blieb als Forum für die Diskussion der noch existierenden Probleme weiterhin bestehen.

2. Frauen in der Landessynode und im Landessynodalausschuß

Frauen i. d. Landessynode. Wahlen z. Landessynode i. d. Ev.-Luth. Kirche i. Bayern, hg. v. ARBEITSBEREICH FRAUEN I. D. KIRCHE, verantwortlich Sigrid Schneider-Grube, München 1995.– VLKB 1959ff.

Waren Frauen seit 1953 Mitglieder von Kirchenvorständen und Bezirkssynoden, so konnten sie mit der 1959[6] beginnenden Synodalperiode auch in die Landessynode einziehen. 1959 befanden sich unter den damals 80 Synodalen zwei Frauen, Ingeborg Geisendörfer und Liselotte Nold. Danach hat sich die Zahl der Synodalinnen laufend erhöht. Seit 1996 sind unter den 105 Synodalen 33 gewählte und 2 berufene Frauen, darunter 2 Dekaninnen.

Auch im Landessynodalausschuß nahm die Zahl der Synodalinnen ständig zu: Während Nold 1959 und 1966 nur als Ersatzmitglied in den Landessynodalausschuß gewählt wurde, betrug 1990 die Höchstzahl der weiblichen Mitglieder dieses Gremiums 5 Frauen. Seit 1972 ist das Amt des 1. Schriftführers stets von Frauen versehen worden. Seit 1990 ist die Stelle des 2. Vizepräsidenten der Synode mit einer Frau, Heidi Schülke, besetzt. Auch in den Ausschüssen der Landessynode stieg der Anteil an Frauen. Von Anfang an bemühten sich die Synodalinnen darum, den Frauen in der Kirche durch entsprechende Anträge auf Gesetze und Gesetzesänderungen zu helfen. 1984/85 trugen sie dazu bei, daß – gegen den Widerstand der Rummelsberger Brüderschaft – der Ausbildungs- und Berufsweg der Diakonin ermöglicht und ein entsprechendes Seminar in Rummelsberg eingerichtet wurde. Gemeinsam mit der EFB setzten sie sich für die Er-

---

[5] ABlB 62 (1975), 326f.
[6] ABlB 45 (1958), 58 mit Bezug auf das Kirchengesetz über die Wahl zur Landessynode vom 16.5.1947, ABlB 24 (1947), 43, § 3, Abs. I, Ziff. 2, wo in dem Text »Wählbar sind [...] 2. als weltliche Abgeordnete alle männlichen Angehörigen der Landeskirche [...]« das Wort »männlich« gestrichen wird.

richtung des »Arbeitsbereiches Frauen in der Kirche« 1989/90 ein. Ihnen ist es zu verdanken, daß der inklusive, Frauen und Männer in gleicher Weise berücksichtigende Sprachgebrauch in allen kirchlichen Gesetzestexten und Verlautbarungen beachtet wird. Auf der Frühjahrssynode in Bad Reichenhall 1995 wurde – auch dank des Engagements der Synodalinnen – der Verfassung der Evang.-Luth. Kirche in Bayern ein neuer Artikel 10a beigefügt, der aufgrund der Taufe Frauen und Männer als gleichberechtigte Kirchenmitglieder sieht und sich zur Verwirklichung dieser Gleichstellung und zum Ausgleich noch bestehender Nachteile für eine Frauenförderung »unter Berücksichtigung des Vorrangs von Eignung, Befähigung und fachlicher Leistung« ausspricht.[7]

3. Die institutionalisierte Frauenarbeit

3.1 Der Deutsche Evangelische Frauenbund (DEF)

HANS AHRENS, Gesinnungsgemeinschaft. Die Gesch. d. Deutschen Ev. Frauenbundes. Ortsverband Ansbach 1912–1992, Ansbach o.J.– ANNELIESE PETER-KOESTER, Deutscher Ev. Frauenbund, Landesverband Bayern e.V., o.O. o.J.

Der Deutsche Evangelische Frauenbund (DEF) ist der älteste Frauenverband innerhalb der Evang.-Luth. Kirche in Bayern. Nachdem er die Zeit des Dritten Reiches dadurch überstanden hatte, daß er sich eng an die Landeskirche anschloß, konnte er nach 1945 seine Arbeit neu beginnen und wichtige Impulse geben. Der Landesverband, die Ortsverbände und Anschlußvereine nahmen die Aufgaben in Angriff, die sich vor allem durch die Not der Nachkriegsjahre stellten. Der Münchner Ortsverband konnte 1956 ein Wohnheim für alleinstehende Frauen eröffnen, das vor allem für Frauen aus dem Osten bestimmt war. In Fürth wurden Wohnheime für alleinerziehende Mütter mit ihren Kindern eingerichtet. Die Landesvorsitzende Maria Christine Zeiske, die dieses Amt 1971–1983 innehatte, sah die Aufgabe des ehrenamtlich arbeitenden DEF vor allem darin, »Trägerrakete«, »Lückenbüßer« für drängende Aufgaben wie z.B. Eheberatung zu sein, bis diese Arbeit von hauptberuflichen Kräften übernommen werden kann. Ihre Nachfolgerin, Anneliese Peter-Koester (1983–1988) pflegte vor allem ökumenische Kontakte zu der »Oase«, der mit der Evang.-Luth. Kirche in Brasilien verbundenen Frauenarbeit, mit der seit 1985 eine Partnerschaft besteht. Die Entwicklung neuer Arbeitsfelder findet unter der jetzigen Landesvorsitzenden Anke Geiger statt. Besonders ist hier der Aufbau des Evangelischen Rundfunkdienstes (ERD) zu nennen. Die Arbeitsgemeinschaft Evangelischer Hausfrauen (AEH) ist Partnerin der im bayerischen Sozialministerium angesiedelten Ausbildung im hauswirtschaftlichen Bereich. Sie bearbeitet auch

---

[7] ABlB 82 (1995), 98: Kirchengesetz zur Änderung der Kirchenverfassung, Art. 1.

Fragen von Umwelt, Datenschutz, Verbraucherfragen und Genforschung im Blick auf die Verantwortung der Hausfrauen als Verbraucherinnen. Die Arbeit des DEF geschieht in 47 Ortsverbänden und Anschlußvereinen ehrenamtlich – mit Ausnahme einer hauptamtlichen Geschäftsführerin in München.[8]

3.2 Bayerischer Mütterdienst (BMD)

Quellen: Archiv d. Bayer. Mütterdienstes, Stein/Mfr.– Archiv d. Laetare-Verlags, Stein/Mfr.– LKAN.– Archiv d. Ev. Frauenarbeit i. Deutschland, Frankfurt/Main.

MARGA BÜHRIG, »Spät habe ich gelernt, gerne Frau zu sein«, Stuttgart ³1988, 62ff.– DIESTEL (B) [Lit.].– HOFMANN (B).– REINHOLD JUNKER, Die Lage d. Mütter i. d. BRD. Ein Forschungsber., Frankfurt/Main 1968 (Schr. d. Deutschen Vereins f. öffentl. u. private Fürsorge 228).– TONI NOPITSCH, Der Garten auf d. Dach. Erinnerungen, Stein ²1995.– THEODOR SCHOBER u.a., Ev. Sozialexikon, Stuttgart ⁷1980.– KARIN SOMMER, »Überleben i. Chaos«. Frauen i. d. Trümmerzeit 1945–1948: KRAFFT (B) 320–362 [Lit.].– ILSE UECKERT (Hg.), Maria Weigle. Bibelarbeit mit Frauen, Gelnhausen 1979 [Lit.].

Nach dem zweiten Weltkrieg formte sich die Grundstruktur der Arbeit des 1933 gegründeten[9] BMD aus. Mit Hilfe des LWB wurde in Stein bei Nürnberg ein Zentrum kirchlicher Frauenarbeit aufgebaut, das zur Quelle neuer Inspiration und zur geistlichen Heimat wurde. Antonie Nopitsch,[10] die sozial und sozialpolitisch engagierte Gründerin, gab mit Maria Weigle[11] und Liselotte Nold[12] dem Aufbau die Prägung. In seinen Arbeitszweigen – Müttergenesung, Hauspflege, Förderung der gemeindlichen Gruppen und Fortbildung der Leiterinnen, Landfrauenarbeit und Beteiligung an der Dorfhelferinnenausbildung, Mitarbeit in der Flüchtlings- und Aussiedlerintegration, ökumenische Arbeit, Familienbildungsstätten in Nürnberg und München, Herausgabe und Verbreitung des Schrifttums für evangelische Frauenarbeit – beschäftigte der BMD in den sechziger Jahren über 100 Mitarbeiterinnen und unterhielt Arbeitsbeziehungen zu über 600 Gemeinden in der Landeskirche. Darüber hinaus wirkte die Arbeit richtungsweisend bei der Neugestaltung der Frauenarbeit in anderen Landeskirchen der Bundesrepublik (West) und des Dachverbandes der Evangelischen Frauenarbeit in

---

[8] Diesen Ausführungen liegt u.a. eine Ausarbeitung von Anke Geiger zugrunde.

[9] Die Angaben des Gründungsjahres variieren. Die Protokolle der Vereinigung evangelischer Frauenverbände in Bayern weisen das Frühjahr 1933 als Gründungsdatum aus (Mitteilung von B. Hofmann-Strauch). Vgl. dazu auch VI.5.1.2.4.

[10] Vgl. THEODOR SCHOBER, Nopitsch, Antonie: SCHOBER, Sozialexikon (T) 955; GUDRUN DIESTEL, Antonie Nopitsch: THEODOR SCHOBER (Hg.), Haushalterschaft als Bewährung christl. Glaubens. Gnade u. Verpflichtung. Ludwig Geißel z. 65. Geburtstag, Stuttgart 1981, 427–433 (Hb. f. Zeugnis u. Dienst d. Kirche 5); GUNNILLA LAATSCH, Mutter d. Mütter. Antonie Nopitsch: EK 30 (1997), 351ff.

[11] Vgl. BEATE HOFMANN-STRAUCH, Maria Weigle: ERHART (B) 147–151.

[12] Vgl. GUDRUN DIESTEL, Nold, Liselotte: SCHOBER, Sozialexikon (T) 954f; IRMGARD ESSELBORN, Erfahrung u. Leidenschaft. Aus Arbeit u. Leben v. Liselotte Nold: LEITZ (K) 30–39; BEATE HOFMANN-STRAUCH, Wegbereiterin d. Wandels. Liselotte Nold: EK 30 (1997), 88ff.

Deutschland. In Stein wurden die Geschäfte für das Deutsche Müttergenesungswerk, für die Evangelische Arbeitsgemeinschaft für Müttergenesung, die Bundesarbeitsgemeinschaft evangelischer Familienbildungsstätten und für den Weltgebetstag in Deutschland geführt.[13] Anfängliche Auseinandersetzungen über die Einordnung des Werkes wurden mit der Mitgliedschaft des BMD im Landesverein der Inneren Mission/Diakonisches Werk gelöst.

Mütterheim Stein, erbaut 1948; 1989 geschlossen; seit 1998 Sitz des Müttergenesungswerkes Elly-Heuss-Knapp-Stiftung.

Nach Kriegsende standen die soziale und seelsorgerliche Hilfe, vor allem für die Flüchtlinge und Vertriebenen, im Vordergrund. Überwiegend trugen die Frauen die Familienverantwortung. Gegen ihre rechtliche und soziale Benachteiligung in Staat und Kirche mußte eingetreten werden. In den fünfziger Jahren folgte die Arbeit mit den Flüchtlingen aus der DDR und – bis heute in kleinerem Maße – die Integrationshilfe für die Aussiedlerinnen und die Spätaussiedlerinnen aus den osteuropäischen Ländern.

Die Gruppen in den Gemeinden wurden bis Mitte der siebziger Jahre wesentlich durch das Schrifttum des 1946 gegründeten Laetare-Verlages geprägt. Im Zentrum standen die Arbeitshilfen für die Gruppenarbeit, zuerst »Der Mütterdienst«, dann »Laetare« genannt. Die Anleitung zur Auslegung biblischer Texte

---

[13] Diese überregionalen Einrichtungen sind heute organisatorisch unabhängig vom BMD, aber alle – außer der Evangelischen Arbeitsgemeinschaft für Müttergenesung – räumlich mit dem Bayerischen Mütterdienst in Stein verbunden.

rezipierte seit den sechziger Jahren die historisch-kritische Exegese, jedoch in Ausrichtung auf den Glaubensvollzug. Die Materialien für die Themengespräche nahmen den Dialog zwischen Theologie und Gesellschaftswissenschaften auf. Die »Schriftenreihe für die evangelische Mutter« (später »... für die evangelische Frau«) bearbeitete die Thematik für eine breitere Leserschaft. »Am Leben lernen« – mit diesem Handbuch für Frauenarbeit legte Nold 1959 als erste eine Konzeption evangelischer Frauenarbeit unter Aufnahme der teilnehmerorientierten Methodik der Erwachsenenbildung vor, 1967 ergänzt durch »Frauen heute«, eine Analyse der Situation der Frauen in Gesellschaft und Kirche. Zielgruppengerichtetes seelsorgerliches Kleinschrifttum, der »Mutterkalender« und das Andachtsheft »Getroster Tag« ergänzten das Programm, dazu in den siebziger Jahren eine Reihe »Stichworte« über Grundsatzfragen der Entwicklungshilfe.[14]

Angesichts des Strukturwandels in den ländlichen Gebieten der Landeskirche galt ein besonderes Augenmerk der Landfrauenarbeit mit großen Dekanats-Landfrauentagen und besonderen Erholungswochen für Bäuerinnen. Von 1957–1970 beteiligte sich der BMD an der Ausbildung des neugeschaffenen Berufs der Dorfhelferin.

Seit 1970 wurden die bisherigen Lehrgänge für Leiterinnen örtlicher Frauengruppen zu einem größeren Programm der »Lehrgänge für Erwachsenen- und Familienbildung« und für »Frauenarbeit und Ökumene« ausgebaut. Neben thematischen Angeboten griff der BMD früh die Möglichkeiten der Pastoralpsychologie auf.

Überzeugt von der gesamtgesellschaftlichen Bedeutung der Müttererholungsarbeit in Stein gründete Elly Heuß-Knapp[15] 1950 das Deutsche Müttergenesungswerk. Mit der Bestellung von Nopitsch zu dessen Geschäftsführerin wurden die Mütterkuren des BMD zum Schrittmacher auch für andere Träger. Das ganzheitliche Konzept ließ neue Arbeitsweisen in der Sozialarbeit wie in der medizinischen Erkenntnis erproben. Die Erfahrungen der Arbeit mit oft kirchenfernen Frauen wurden im Mütterdienst für die gemeindliche Arbeit fruchtbar gemacht.

1956 konnte in Nürnberg die Mütterschularbeit wieder aufgenommen werden, 1961 in München, beides zeitweise ergänzt durch Wanderkurse in ländlichen Gebieten. Erwachsen aus der Einsicht, daß die moderne Gesellschaft weder in Familie noch Schule der jungen Generation die Kenntnisse und die praktischen Fähigkeiten für die Führung von Ehe und Familie vermittelt, bietet die Mütterschule – heute Familienbildungsstätte – ein vielgefächertes Programm für die Einübung in praktische Fähigkeiten, Wissensvermittlung und geistige Orientierung an. Die Arbeit fand große Resonanz. Einzelaspekte der Familienbildung

---

[14] Der Laetare-Verlag fusionierte 1975 mit dem Burckhardthaus-Verlag, Gelnhausen.
[15] Vgl. MARGARETE VATHER (Hg.), Bürgerin zweier Welten. Elly Heuß-Knapp. Ein Leben i. Briefen u. Aufzeichnungen, Tübingen 1961, 333ff.

wurden auch in Kirchengemeinden aufgenommen. Als Vorsitzende der Bundesarbeitsgemeinschaft evangelischer Familienbildungsstätten und des Evangelischen Arbeitskreises für Familienbildung beeinflußte Nold den Aufbau der Familienbildung im Bereich der EKD.

An den großen Themen der Ökumene der Nachkriegszeit hatte der Mütterdienst früh Anteil. Die ökumenische Zusammenarbeit vollzog sich in bilateralen Beziehungen zu den Frauenorganisationen der Kirchen anderer Länder, in der Mitarbeit im ÖRK, im LWB und in der Weltgebetstagsbewegung. Sie umfaßte materielle Hilfe, Studienarbeit, Förderung von Führungskräften und Vertretung der Frauen und ihrer Themen sowie die Förderung der Ökumene in den Gemeinden. Durch die Mitwirkung von Nopitsch und Nold an der Arbeit des LWB sowie des ÖRK bis in die siebziger Jahre wurde die in beiden Organisationen schwierige Mitarbeit der Frauen systematisch gefördert[16] und mit der Arbeit in den Gemeinden vermittelt.

Während die Zusammenarbeit mit den Frauen der Freikirchen vor allem in der Weltgebetstagsarbeit geschah, intensivierte sich nach dem Zweiten Vaticanum die Kooperation mit den katholischen Frauenorganisationen.

Als Nopitsch 1965 aus der Leitung des BMD ausschied, wurde Nold bis 1977 ihre Nachfolgerin. Sie hatte die Arbeit durch die Turbulenzen der Jahre nach 1968 zu führen und den Weg zu bahnen für den Dialog mit einer neuen Generation der Frauenbewegung,[17] die eine umfassende Gesellschafts-, Kirchen- und Theologiekritik übte. Obwohl als gesamtkirchliches Werk keiner der kirchenpolitischen Gruppen angehörig, führte die Polarisierung in der Kirche auch den BMD immer wieder in Spannungen mit den landeskirchlichen Organen. Unter Beibehaltung der Rechtsform eines e.V. wurde in den siebziger Jahren die Organisation des Werkes neu geordnet.[18] Neue Arbeitsformen, Projektgruppen und Initiativen traten neben die festen Kreise in den Gemeinden. Für sie bietet der BMD neben den Fortbildungsmaßnahmen die Reihe der »Steiner Arbeitshilfen« als Arbeitsmaterialien an. Die Müttergenesung mußte sich gemäß den geltenden Standards für Kuren fortentwickeln.[19] Der BMD ist das erste größere kirchliche Werk, das von Laien geleitet wurde und wird. Hier füllten Frauen Leitungspositionen in einer Zeit aus, als dies in der Gesamtkirche – außerhalb der Diakonis-

---

[16] Vgl. GUDRUN KAPER u.a., »Eva, wo bist du?« Frauen i. internationalen Organisationen d. Ökumene, Gelnhausen u.a. 1981 (Kennzeichen 8); GABRIELE PEETZ, Grenzen überwinden. Das Frauenreferat i. LWB – Gesch. u. Analyse, Münster 1999 (Ökum. Stud. 9).

[17] Vgl. die Einleitungskapitel von Nold in VERENA MCRAE, Frauen – eine Mehrheit als Minderheit. Materialien z. Thema Sexismus, Gelnhausen u.a. 1975, 9–25.

[18] Geschäftsführerin des Leitungskollegiums ist z.Zt. Erika Kochan-Döderlein, Vorsitzende des Kuratoriums Ingeborg Leitz – nach Ingeborg Geisendörfer und Hildegard Zumach.

[19] 1995 wurden vom Fachbereich »Gemeindebezogene Frauenarbeit und Ökumene« in 44 Dekanaten Veranstaltungen gehalten oder begleitet; die Familienbildungsstätten in Nürnberg und München verzeichneten rd. 30.000 TeilnehmerInnen; an den Müttergenesungskuren nahmen rd. 3.000 Mütter (mit Kindern) teil; in der Haus- und Familienpflege wurden an die 26.800 Pflegestunden geleistet. Die Zahl der Mitarbeiter/Innen beträgt ca. 200 (einschließlich der Teilzeitkräfte). Regionalstellen bestehen in Nürnberg, München, Fürth und Bayreuth.

senanstalten – ungewöhnlich, ja unmöglich war. In der Nachkriegszeit als einer Zeit des Übergangs zur pluralen Gesellschaft wirkte der BMD in vielfältige Arbeitsfelder der Kirche und der Ökumene ein. Unter veränderten Voraussetzungen gilt dies auch heute.

3.3 Dienste in besonderen Situationen

Neben die Arbeit von Verbänden und von Stein traten sehr bald Dienste und Einrichtungen für Frauen in besonderen Berufs- und Lebenssituationen. So ist aus den verbindlichen Pfarrbräutekursen der späten 40er Jahre in den 60er Jahren die Pfarrfrauenarbeit hervorgegangen mit einer hauptberuflichen Geschäftsführerin in Stein und jährlich zwei Tagungen für Pfarrfrauen in Tutzing. Inhaltlich geht es um die seelsorgerliche Begleitung und Stützung der Pfarrfrauen. Seit 1972 wird diese Arbeit finanziell von der Landeskirche unterstützt; seit 1978 wird das Team aus Kirchenkreisvertreterinnen gewählt.[20]

Nach dem Kriegsende 1945 kümmerten sich die Kirchen (verstärkt) um Frauen, die als Arbeiterinnen und oft alleinerziehend einer mehrfachen Belastung ausgesetzt waren. Neben Freizeiten und Urlaubswochen für junge Arbeiterinnen in Sulzbürg (Oberpfalz) entstand 1951 das Evangelische Arbeiterinnenwerk mit Dr. Käthe Truhel als Geschäftsführerin, das 1970 in das »Amt für Industrie- und Sozialarbeit« als Frauenreferat integriert wurde. Der Beistand für Frauen in der Arbeitswelt und der Einsatz für eine gerechte, partnerschaftliche Teilung der Arbeit zwischen Männern und Frauen sind heute die Ziele des Frauenreferates innerhalb des »Amtes für Industrie- und Sozialarbeit«.[21]

Am 23.7.1977 wurde in Hohenbrunn bei München die »Arbeitsgemeinschaft alleinerziehender Mütter und Väter in der Evang.-Luth. Kirche in Bayern e.V.« gegründet. Es ist ihr Ziel, Frauen (und Männern) eine helfende Gemeinschaft nach der Erfahrung von Trennung und Verlust anzubieten.[22]

Nach Kriegsende und in den frühen 50er Jahren stellten die berufstätigen alleinstehenden Frauen eine Zielgruppe dar, die in den Kirchengemeinden oft nicht die nötige seelsorgerliche Beachtung fand. Deshalb gründete 1953 die Pfarrvikarin Ilse Hartmann innerhalb des »Amtes für Gemeindedienst« die »Arbeit mit berufstätigen alleinstehenden Frauen«. Die Arbeit hat das Ziel, den Frauen in ihrer besonderen Situation seelsorgerliche Hilfe zu geben und durch Urlaubsgemeinschaften ein Stück gemeinsamen Lebens und Glaubens zu ermöglichen. Seit den 80er Jahren ist die Betreuung von Frauen hinzugekommen,

---

[20] Ergebnis eines Interviews mit Pfarrerin Barbara Dietzfelbinger, Geschäftsführerin der Pfarrfrauenarbeit 1983–1990, am 20.2.1997.
[21] BARBARA BACHMANN, Die Wurzeln d. Industrie- u. Sozialarbeit i. Bayern unter bes. Berücksichtigung d. Frauenarbeit (Masch.), o.O. 1994 (liegt vor im Amt f. Industrie- u. Sozialarbeit d. Ev.-Luth. Kirche i. Bayern in Nürnberg).
[22] MARIANNE ASCHENBRENNER (Hg.), 10 Jahre Arbeitsgemeinschaft alleinerziehender Mütter u. Väter i. d. Ev.-Luth. Kirche i. Bayern e.V. 1977–1987, München 1987.

die in den Ruhestand getreten sind, und denen gemeinsames Wohnen ermöglicht wird.

3.4 Die Evangelische Frauenarbeit in Bayern (EFB)

Schon vor dem Zweiten Weltkrieg hatte seit 1928 eine »Vereinigung Evangelischer Frauenverbände«, später »Evangelische Frauenarbeit in Bayern«, bestanden. Nach Kriegsende fanden sich die verschiedenen früheren Mitglieder wieder zusammen, und es kamen neue Einrichtungen und Verbände hinzu. Die »Evangelische Frauenarbeit in Bayern« versteht sich laut ihrer am 26.11.1993 beschlossenen Satzung (§ 1) als »eine Arbeitsgemeinschaft selbständig arbeitender Frauenorganisationen, Frauenwerke und Frauenreferate, Dienst- und Lebensgemeinschaften sowie Standesorganisationen.«[23] Inzwischen sind 25 Mitgliedsorganisationen in der EFB vereinigt.[24] Es ist das Ziel der EFB, die Frauengruppen und Werke durch Information und Koordination miteinander zu vernetzen und zur Wahrnehmung gemeinsamer Aufgaben zu befähigen. Die Arbeit erfolgt durch eine alljährliche Mitgliederversammlung, durch den Vorstand und durch die Delegation von Mitgliedern in Gremien und Ausschüsse des kirchlichen und politischen Lebens.

3.5 Der »Arbeitsbereich Frauen in der Kirche«

Während die Frauenverbände und die besonderen Dienste sich hauptsächlich auf die inhaltliche Arbeit mit Frauen konzentrieren, ist es die Hauptaufgabe des »Arbeitsbereiches Frauen in der Kirche« (AFK), Gleichstellungsarbeit und Frauenförderung in der Kirche zu betreiben.[25] Nach einem Antrag der »Evangelischen Frauenarbeit in Bayern« 1987 beschloß die Landessynode im November die Errichtung eines solchen Arbeitsbereiches auf Probe mit zwei Referentinnen und einem Beirat, die ein Konzept erarbeiteten und Wahlen vorbereiteten. Ein endgültiger Beschluß der Synode 1988[26] und Wahlen von Dekanatsdelegierten und Kirchenkreisfrauen führte 1989 zur Errichtung des »Arbeitsbereiches Frauen in der Kirche« mit 2½ Stellen für vier Referentinnen (eine Theologin, eine So-

---

[23] Satzung der »Evangelischen Frauenarbeit in Bayern« (EFB), beschlossen am 26.11.1993, genehmigt am 4.3.1994.
[24] Für die einzelnen Mitgliedsorganisationen vgl. den Prospekt der »Evangelischen Frauenarbeit in Bayern« sowie HELGA ERIKA KOCHAN-DÖDERLEIN, Das Handlungsfeld Frauenarbeit i. d. Ev.-Luth. Kirche i. Bayern. Aufgaben u. Funktionen d. Ev. Frauenarbeit i. Bayern (EFB), o.O. 1996.
[25] ARBEITSBEREICH FRAUEN I. D. KIRCHE (Hg.), Ausgewählte Pressenotizen 1991–1995, München 1995; »... und ziehen wir Bilanz«. Ber. d. Arbeitsbereiches Frauen i. d. Kirche am 25.11.1993 bei d. Landessynode z. Protokoll gegeben: efi 3 (1994), 2–10.
[26] ABlB 75 (1988), 326 (Beschluß der Landessynode zur Errichtung eines Arbeitsbereiches »Frauen in der Kirche«); vgl. auch ABlB 76 (1989), 146: Ordnung für den Arbeitsbereich Frauen in der Kirche, beschlossen vom Landeskirchenrat am 8.2.1989, von der Landessynode und vom Landessynodalausschuß zustimmend zur Kenntnis genommen.

zialwissenschaftlerin, eine Sozialpädagogin und eine Juristin), einem 15-köpfigen Beirat und einem erweiterten Beirat, dem auch einige Männer angehören. Dadurch, daß Vertreterinnen der »Evangelischen Frauenarbeit in Bayern« und des »Bayerischen Mütterdienstes« im Beirat sitzen, ist die Verbindung zur bisherigen Frauenarbeit gewährleistet. 1993 erfolgten Neuwahlen für die Dekanatsfrauendelegierten und die Zusammensetzung der Beiräte. Der AFK wurde dem Leiter des Landeskirchenamtes zugeordnet und gehört damit in die Struktur der Kirchenleitung hinein. Seit 1.1.1998 wurde der AFK in »Frauengleichstellungsstelle der Evangelisch-Lutherischen Kirche in Bayern, fgs« umbenannt und erhielt eine die Gleichstellungsarbeit stärker akzentuierende Ordnung.[27]

Die Aufgaben des AFK sind in einer vom Landeskirchenrat erlassenen Ordnung in fünf Schwerpunkte gegliedert: 1. Sichtbarmachen von Erfahrungen von Frauen in der Kirche sowohl in der Geschichte wie für die Lebenssituationen von Frauen in der Gegenwart.– 2. Die verstärkte Vertretung und Mitarbeit von Frauen in den Organen und Gremien der Kirche durch entsprechendes Informationsmaterial und durch Fortbildungsangebote fördern.– 3. Konkrete Fälle von Benachteiligung von Frauen innerhalb der Kirche wahrnehmen und bearbeiten.– 4. Die rechtliche und tatsächliche Gleichstellung von Frauen innerhalb der Kirche fördern, vor allem auch im Hinblick auf die Vereinbarkeit von Familie und Beruf.– 5. Stellungnahme bei grundlegenden Entscheidungen der kirchenleitenden Organe oder in der Diakonie, soweit Frauen betroffen sind.

In der bisherigen Verwirklichung dieser Schwerpunkte hat sich der AFK in zahlreichen Projekten und regelmäßigen Aktivitäten engagiert, so in der nunmehr eingelösten Forderung nach einem Lehrstuhl für Theologische Frauenforschung (in Neuendettelsau), in der Mitarbeit am Evangelischen Gesangbuch unter dem Blickwinkel einer Frauen ansprechenden und sie einschließenden Sprache und Spiritualität, in der Mitarbeit an einer Arbeitsgruppe, die eine Stellungnahme der Evang.-Luth. Kirche in Bayern zur Hexenverfolgung ausarbeitete.[28] Die seit Juli 1992 erscheinende Zeitschrift »efi« hat sich zu einem wichtigen Organ der evangelischen Frauen in Bayern entwickelt.[29]

4. Neue Formen von kirchlichem Engagement und Spiritualität von Frauen

4.1 Frauengruppen

Frauen suchen einen eigenen Weg in der Kirche. Ausdruck dieser »Such«-Bewegung ist die Entstehung zahlloser Frauengruppen und Initiativen. Beson-

---

[27] ABlB 84 (1997), 439f.
[28] FRITZ ANDERS/TRAUDL KLEEFELD/JOACHIM TRACK (Hg.), Hexenverfolgung. Eine Stellungnahme aus d. Ev.-Luth. Kirche i. Bayern, München 1997.
[29] Zu den Grundsatzfragen dieser Arbeit vgl. KATRIN ADER/CHRISTIANE BERGERAU/JOHANNA BEYER (Hg.), Gratwanderinnen. Was bewegen Frauenbeauftragte i. d. ev. Kirche? Düsseldorf 1998.

ders beliebt sind die Treffs von Müttern mit Kleinkindern. Waren die Kirchengemeinden erst skeptisch gegenüber diesen Gruppen, so hat sich inzwischen gezeigt, welch wertvollen Beitrag sie für die Arbeit mit jungen Familien leisten können. Gleichzeitig wurde die in diesen Gruppen erfahrene Gemeinschaft zum Anstoß für neue Gruppenformen.[30]

4.2 »Lesbische Frauen in der Kirche« (LuK)

BARBARA WEISS/CHRISTINE BANDILLA, Lesbische Frauen u. Kirche – ein Widerspruch? Ökum. Arbeitskreis Lesbische Frauen u. Kirche (LuK) München: BARBARA KITTELBERGER/WOLFGANG SCHÜRGER/WOLFGANG HEILIG-ACHNECK (Hg.), Was auf d. Spiel steht. Diskussionsbeitr. z. Thema Homosexualität u. Kirche, München 1993, 210ff.

Immer mehr Frauen wollen die eigene Lebensform mit dem Glauben zusammenbringen. Dieses Bedürfnis steht auch hinter der Entstehung des »Ökumenischen Arbeitskreises Lesbischer Frauen in der Kirche« (LuK) in München. 1991 fanden sich einige Frauen zu einem Treffen zusammen; der Kreis nahm schnell zu. Folgende Anliegen sind diesen Frauen wichtig: Sie wollen sich in ihrer frauenorientierten Sexualität und Emotionalität annehmen können und zusammen mit anderen Frauen den eigenen Glauben und ihre Spiritualität leben. Sie wollen die Kirche dazu auffordern, gleichgeschlechtlich liebende Menschen nicht nur vordergründig und mit Einschränkungen zu tolerieren, sondern ihnen einen vollen und gleichberechtigten Lebensraum innerhalb der Kirche zu gewähren.

4.3 Gottesdienste von Frauen für Frauen

4.3.1 Der Weltgebetstag

ANNELIESE LISSNER, Weltgebetstag d. Frauen – eine Herausforderung: LEITZ (K) 122–128.– ANGELIKA SCHMIDT-BIESALSKI (Hg.), Ein Freitag i. März, Gelnhausen u.a. 1982.

Ein Markstein in der Entwicklung einer besonderen Spiritualität von Frauen ist die Einführung des Weltgebetstages. 1948 überbrachte Nopitsch die Einladung der amerikanischen Frauen an die deutschen, im nächsten Jahr im März den Weltgebetstag mitzufeiern. 1949 erschien aus Stein eine deutsche Ausgabe der internationalen Gebetsordnung. Seitdem hat sich der immer am ersten Freitag im März begangene Weltgebetstag die Gemeinden und Frauenkreise erobert. Der Bayerische Mütterdienst in Stein war vor allem mit Nold und Gudrun Diestel in der organisatorischen Entwicklung des Weltgebetstages federführend. Seit 1966 liegt die Geschäftsführung für das interkonfessionelle Deutsche Weltgebetstagskomitee in Stein. Es besteht enge Zusammenarbeit mit dem Internationalen

---

[30] ARBEITSBEREICH FRAUEN I. D. KIRCHE/BAYER. MÜTTERDIENST/FACHBEREICH GEMEINDEBEZOGENE FRAUENARBEIT U. ÖKUMENE/NÜRNBERG-FORUM/EV. BILDUNGSWERK E.V. (Hg.), Dokumentation. Neue Formen d. Frauenarbeit i. Kirchengemeinden, Nürnberg 1992.

Weltgebetstagskomitee. Besonders wichtig für die Frauen in Bayern ist die Tatsache, daß seit 1969/70 auch katholische Frauen an den Weltgebetstagsgottesdiensten beteiligt sind und dem Deutschen Weltgebetstagskomitee angehören.

Die Gottesdienste zum Weltgebetstag eröffneten den Frauen zum ersten Mal die Möglichkeit zu voller geistlicher Mündigkeit und zur aktiven Gestaltung eines Gottesdienstes. Durch die Beteiligung von Frauen aus anderen Kirchen oder auch von ausländischen Frauen wurde der Weltgebetstag zu einer Vorreiterbewegung der Ökumene. Der Grundsatz des Weltgebetstages »Informiertes Beten – Betendes Handeln«, die Tatsache, daß die Ordnungen für den Gottesdienst jedes Jahr aus einem anderen Land stammen, sowie die Bestimmung der Kollekte für Frauenprojekte in der Dritten Welt hat den Frauen den Blick für die kulturellen Besonderheiten und für die Sorgen von Frauen in anderen Teilen der Welt geöffnet.

4.3.2 Frauengottesdienste- und Liturgien

BRIGITTE ENZNER-PROBST/ANDREA FELSENSTEIN-ROßBERG (Hg.), Wenn Himmel u. Erde sich berühren, Gütersloh 1993.– BEATE HERTEL-RUF/BRIGITTE PROBST/SIGRID SCHRAGE (Hg.), Arbeitshilfe z. Fragen v. Spiritualität u. Liturgie v. Frauen, o.O. 1996.– ELISABETH SCHNEIDER-BÖKLEN/DOROTHEA VORLÄNDER, Feminismus u. Glaube, Mainz u.a. 1991, 31–44.

Auch unter dem Einfluß der feministischen Theologie sind seit etwa 1987 zahlreiche Formen und Entwürfe für Frauengottesdienste entstanden. Besonders zu nennen sind die Gottesdienste zur Dekade der »Solidarität der Kirchen mit den Frauen«, die in Bayern besonders intensiv gefeiert wurden, sowie Gottesdienste und Frauenliturgien während des Münchner Kirchentages 1993.[31] Die zahlreichen schon existierenden Ordnungen und Entwürfe für solche Gottesdienste zeichnen sich besonders durch Ganzheitlichkeit, Verwendung von Symbolen und künstlerischen Elementen, Bewegung und Tanz sowie durch die Beachtung eines inklusiven Sprachgebrauchs aus.

5. Der inhaltliche Beitrag der Frauen zum Leben der Kirche

Innerhalb der Kirche hat sich in der Zeit seit 1945 für die Frauen eine Fülle neuer Möglichkeiten aufgetan. Ein wichtiger Beitrag der Frauen liegt vor allem darin, daß die Kirche in ihren Strukturen und Entscheidungen, auch als Arbeitgeberin, sensibel für die Eigenständigkeit und die Bedürfnisse von Frauen geworden ist.

---

[31] Frauen im Zentrum. Begegnen – auseinandersetzen – verabreden. Dokumentation z. Deutschen Ev. Kirchentag 1993 i. München, hg. v. d. ARBEITSGRUPPE »FRAUENZENTRUM BEIM KIRCHENTAG I. MÜNCHEN« D. ARBEITSBEREICHS FRAUEN I. D. EV.-LUTH. KIRCHE I. BAYERN U. D. EV. FRAUENARBEIT I. BAYERN. Redaktion: Sigrid Schneider-Grube/Johanna Beyer/Dagmar Drechsler/Regina von Haller-Beckmann, München 1994, 14ff.

In vielen Aktivitäten haben der »Arbeitsbereich Frauen in der Kirche« und die »Evangelische Frauenarbeit in Bayern« sich für Quotenregelungen oder zumindest für eine angemessene Vertretung von Frauen in kirchlichen Gremien und für frauenfreundliche Arbeitszeiten in den kirchlichen und diakonischen Einrichtungen eingesetzt.

Hier ist auch auf die Verhandlungen der im April 1991 in Rosenheim tagenden Landessynode zur Reform des § 218 hinzuweisen. Nach langem, fairen Ringen, in dem auch die Synodalinnen unterschiedliche Positionen einnahmen, wurde eine Erklärung verabschiedet, die die Würde und Eigenverantwortlichkeit der Frau betont, die in Konfliktfällen die letzte Entscheidung für oder gegen das Kind in ihrer Verantwortung vor Gott zu treffen hat.[32]

Nicht nur durch die Weltgebetstagsarbeit, sondern auch durch andere Projekte sind es hauptsächlich Frauengruppen, die in Gemeinden, Dekanaten und Regionen die ökumenische Basisarbeit tragen.

Ein wichtiger Beitrag, den die Frauen für die ökumenische Verantwortung der Kirche leisteten, war auch in Bayern, vermittelt durch den Bayerischen Mütterdienst, das Engagement für die Menschen in Südafrika und die Boykott-Aktion gegen das Apartheidssystem. Von 1977 bis 1991 haben sich viele Frauengruppen in Regensburg, Nürnberg, Erlangen und München durch phantasievolle und mutige Aktionen hier eingebracht. Die Haltung der Kirchenleitung war angesichts von sehr unterschiedlichen Reaktionen aus den Gemeinden zunächst vorsichtig abwartend. 1986 stellte sich die Landeskirche mit dem Aufruf zu einem Gebetstag für Südafrika am 15. Juni voll hinter die Südafrika-Arbeit der Frauen.[33]

In der Pfarrerschaft hat der wachsende Anteil an Frauen dazu geführt, daß die Strukturen des geistlichen Amtes flexibler und offener geworden sind. Gerade Kirchenferne werden von einer Frau, die nicht unbedingt in die gängige Vorstellung von Pfarrern hineinpaßt, eher angesprochen als von Männern. Die Theologinnen, die nach 1945 zu den innovatorischen Gruppen in der Kirche zählten, haben in die Gemeindearbeit und Seelsorge viele neue Ideen und Möglichkeiten eingebracht.[34]

Die Frauengottesdienste haben auch die Gestaltung der anderen Gottesdienste beeinflußt. So wird die Frauen einbeziehende, »inklusive« Sprache in den meisten Gottesdiensten und Predigten mit zunehmender Selbstverständlichkeit praktiziert. Die neue Offenheit des gottesdienstlichen Lebens für mehr Ganzheitlichkeit und Symbolik hat ihren Ursprung u.a. auch in der von Frauen entwickelten Spiritualität.

---

[32] FRAUENREFERAT D. EV.-LUTH. KIRCHE I. BAYERN (Hg.), Die Rosenheimer Erklärung aus d. Sicht v. Frauen, o.O. 1992.
[33] GRETE MEHL/RENATE SCHILLER (Hg.), Südafrika-Boykott-Aktion i. Bayern, o.O. 1993.
[34] ENZNER-PROBST, Pfarrerin (K) 178ff.

VII.8 THEOLOGISCHE STRÖMUNGEN

Von Joachim Track

BEYSCHLAG (B) [Lit.].– ROEPKE (B).– SIMON, Kirche i. Bayern (B).– GEORG STRECKER (Hg.), Theologie i. 20. Jh. Stand u. Aufgaben, Tübingen 1983 (UTB 1238).

1. Grundlegende Beobachtungen zur Erfassung der »Theologischen Strömungen«

1.1 Wandel in der wissenschaftlichen Theologie

In der wissenschaftlichen Theologie läßt sich die Entwicklung »theologischer Strömungen« an Personen und Konzeptionen, an institutionellen Entwicklungen und an entsprechenden Veröffentlichungen festmachen. Durch die Errichtung der Augustana-Hochschule, der Theologischen Hochschule der Ev.-Luth. Kirche in Bayern (1947), und der evangelisch-theologischen Fakultät der Universität München (1967) neben der Erlanger theologischen Fakultät sowie die Errichtung von theologischen Lehrstühlen und Instituten an den Universitäten Augsburg, Bamberg, Bayreuth, Regensburg, Passau und Würzburg ist die Lage unübersichtlicher geworden.[1] So korrespondiert den mit diesen institutionellen Voraussetzungen eröffneten Möglichkeiten zur differenzierten Wahrnehmung von Forschung und Lehre auch eine Vielstimmigkeit der theologischen Auffassungen. Der zeitgeschichtlich bedingte Rückgang von theologischen »Schulen« und ihrer prägenden Kraft im Horizont der Differenzierungs- und Pluralisierungstendenzen der Moderne wurde durch diese institutionellen Veränderungen noch verstärkt.

1.2 Neue Orte und Formen des theologischen Diskurses in der Kirche

Theologische Strömungen entwickeln sich nicht nur im Medium universitärer Theologie und ihrer Rezeption in den Kirchen. Dem lutherischen Verständnis von der Autorität und Selbstdurchsetzungsmacht des Wortes der Schrift in der Kraft des Heiligen Geistes entspricht die Beteiligung und Verantwortlichkeit aller in diesem Prozeß. Faktisch wurden aber in der Geschichte der lutherischen Kirchen solche Auslegungsprozesse weitgehend von Vertretern des kirchlichen Amtes initiiert und getragen. Zwei einschneidende Entwicklungen sind hier für die bayerische Landeskirche zu verzeichnen: 1. Die Lösung vom landeskirchlichen Regiment stärkte im Selbständigwerden der lutherischen Kirche das synodale Element in der Kirche auf den unterschiedlichsten Ebenen. Dies kam nach

---

[1] Vgl. dazu VII.2.2.2.4.

1945 und im Laufe der folgenden Jahre immer deutlicher zur Geltung. Die Kirchenverfassung sieht vor, daß Bekenntnisfragen nicht zum Gegenstand synodaler Entscheidungen werden, aber unterhalb dieser Ebene standen in Auslegung, Anwendung und auch Weiterbildung des lutherischen Bekenntnisses theologisch zu verantwortende Entscheidungen an. Sie betreffen das Selbstverständnis und die Struktur der Kirche, das Verständnis von kirchlicher Verkündigung und Praxis, die Gestaltung christlichen Lebens, die öffentlichen Stellungnahmen der Kirche insbesondere zu ethischen Fragen und die »Rezeptionsvorgänge« zu ökumenischen Dokumenten und Vereinbarungen. Das hat die theologische Diskussion in Synode und Kirche insgesamt intensiviert. Neue Gruppierungen mit unterschiedlichen theologischen Akzentsetzungen und Zielvorstellungen bildeten sich. 2. Weitgehend wurde in den lutherischen Kirchen das Lehramt durch das kirchliche Amt, spezifisch durch die konsistorialen »Kirchenleitungen« in – teilweise kritischer – Verbindung mit der universitären Theologie ausgeübt. Die Ausdifferenzierung der theologischen Wissenschaft und der kirchlichen Arbeitsfelder hat jedoch einen Prozeß wachsender Differenz zwischen Kirchenleitung und universitärer Theologie, zwischen Gemeinde und akademischer Theologie eingeleitet.[2] Darauf wurde in den Kirchen so reagiert, daß sie ihren »Theologiebedarf« im Feld zwischen Theorie und Praxis durch die Schaffung eigener Beratungsinstitutionen gedeckt haben. So entstand eine Reihe kirchlicher Institutionen (z.B. Religionspädagogisches Zentrum, Gemeindeakademie, Amt für Gemeindedienst, Amt für Industrie- und Sozialarbeit) und Bildungs- und Fortbildungseinrichtungen (z.B. Akademie Tutzing, Pastoralkolleg). Die Kirche richtete zu ihrer Beratung Fachausschüsse ein, die mit ausgewählten Fachleuten aus dem Bereich der Kirche und einzelnen Vertretern der universitären Theologie besetzt waren. Das führte zu einer Verlagerung des theologischen Diskurses und der Meinungsbildung.

1.3 Theologische Strömungen im Wandel der Situation

Zu den gewachsenen Einsichten in der Theologie selbst gehört die Einsicht in ihre Kontextualität. Der einen Wahrheit des Evangeliums durch alle Zeiten und in allen Situationen verpflichtet, entwickeln sich »theologische Strömungen« immer in einer konkreten geschichtlichen Situation und bleiben auch in ihrem Bemühen, für ihre Zeit eine theologisch angemessene Antwort zu geben, darauf bezogen. Überblickt man die Entwicklung im zweiten Teil unseres Jahrhunderts, so

---

[2] Es entsteht eine wachsende Differenz zwischen den Erfordernissen des wissenschaftlichen Diskurses und den Erfahrungen, Fragestellungen und Themen der Gemeinde. Das führt zu verstärkter Differenz zwischen wissenschaftlicher Fachkompetenz und deren Vermittlung an die »Laien«. Umgekehrt aber finden sich im akademischen Bereich auch Tendenzen zu einer Eigendynamik und Eigenbezogenheit des wissenschaftlichen Betriebs, in der die Fragen und Erfahrungen der Gemeinden und die Vermittlung gewonnener wissenschaftlicher Ergebnisse und Einsichten in die kirchliche Praxis nicht hinreichend beachtet werden.

zeigt sich, wie sehr Kirche und Theologie in diesen geschichtlichen Wandel, auch noch in ihrer Kritik der Zeit, hineinverwoben sind.³ Die »Großwetterlage« bestimmt auch die »theologischen Strömungen« in Bayern. Die bayerische Situation ist nach wie vor von traditioneller Christlichkeit und Kirchenfreundlichkeit geprägt. Der Umgang der unterschiedlichen Richtungen miteinander ist nicht von sich gegenseitig ausschließender Radikalität bestimmt. Die notwendige Auseinandersetzung mit den Herausforderungen der Situation blieb aber auch der Kirche und Theologie in Bayern nicht erspart.

2. Lutherische Theologie in Auseinandersetzung mit ihrer Tradition und in den Herausforderungen der Zeit

2.1 Das Ringen um die Gestalt des Luthertums

Die Ev.-Luth. Kirche in Bayern ist von ihren Anfängen an entscheidend durch die »Erlanger Theologie« geprägt. Das gilt auch für die Zeit nach dem Ende des 2. Weltkriegs. Vornehmlich Paul Althaus und Werner Elert repräsentierten gemeinsam und in ihren unterschiedlichen Akzentsetzungen die von den 20er bis zum Ende der 50er Jahre andauernde »zweite Blütezeit«⁴ der Erlanger Theologie und wirkten über Bayern hinaus durch die prägende Kraft ihrer Vorstellungen eines »konfessionellen Luthertums«. Nach 1945 freilich gerät diese Theologie unter »Rechtfertigungsdruck« angesichts ihrer Haltung zum Nationalsozialismus und ihrer Einstellung zum Widerstand gegen die Eingriffe des Staates in Kirche und Theologie.⁵ Zugleich intensiviert sich die Auseinandersetzung mit

---

³ Es lassen sich m.E. in der Entwicklung grob fünf Phasen, deren Grenzen sich überlappen, unterscheiden. In der ersten Phase geht es in der Gesellschaft und auch in Kirche und Theologie um die Gestaltung des Neuanfangs nach dem Zusammenbruch des nationalsozialistischen Regimes. In einer zweiten Phase tritt die Auseinandersetzung mit der Moderne und ihren Herausforderungen in den Vordergrund, die sich in einer veränderten Stellung der Kirche und einem Wandel des Bewußtseins in der Gemeinde zeigt. Die dritte Phase ist bezogen auf die Veränderungen, die von der »Studentenbewegung« ausgehen, und in grundlegende Überlegungen zu einem »Paradigmenwechsel« münden. Die vierte Phase ist bestimmt durch die Einsicht in die begrenzte Lösungskapazität aller Reformen, vom Geist einer »Moratoriumsgesellschaft« hofft, die hofft, mit begrenzter Korrektur des Projektes der Moderne einen Weg in die Zukunft zu finden. Die fünfte Phase ist, nicht zuletzt nach dem Zusammenbruch der sozialistischen Systeme und der friedlichen »Wende«, davon gekennzeichnet, daß die Auswirkungen der Dynamik der Moderne unter der Dominanz des Ökonomischen im Prozeß von Globalisierung und Regionalisierung, mit ihren Tendenzen zu wachsender Angleichung und wachsenden Unterschieden in und zwischen den Gesellschaften immer deutlicher spürbar werden. In Deutschland eher verspätet, setzt eine Neubesinnung auf die (eigene) Kultur und Religion ein.

⁴ BEYSCHLAG (B) 143.

⁵ Geprägt blieb die Ethik der Erlanger Theologie auch nach 1945 von ihrer Orientierung an romantisch-nationalistischen Vorstellungen (vgl. das Verständnis des Volkes als Schöpfungsordnung bei Althaus: PAUL ALTHAUS, Theologie d. Ordnungen, Gütersloh ²1935; DERS., Obrigkeit u. Führertum. Wandlungen d. ev. Staatsethos, Gütersloh 1936), der Betonung des Staates als Ordnungsmacht und der Skepsis gegenüber emanzipatorischen Prozessen in der Moderne. Zwar wurde der Mißbrauch dieses Ordnungsgedankens durch die Nationalsozialisten deutlich gesehen und zumindest bei

der Theologie Karl Barths und der dort vorgetragenen grundlegenden Kritik des Luthertums. In Anknüpfung an die Einsichten der »Lutherrenaissance« will die »Erlanger Theologie« die Rechtfertigungseinsicht (Althaus), die Dynamis des Luthertums in seiner von der Unterscheidung und Zuordnung von Gesetz und Evangelium geprägten Gestalt (Elert) in der Gegenwart gegen alle »rationalistische« Verflachung und »moralisierende« Engführung zur Geltung bringen. In Aufnahme der »Erlanger Erfahrungstheologie« des 19. Jahrhunderts[6] soll in der gegenwärtigen Situation die im Wort Gottes eröffnete Erfahrung zur Sprache gebracht werden. Mit Barth teilt man unter dem Eindruck der Erfahrungen des ersten Weltkriegs die radikale Kritik an der Moderne und der »Synthese« von Kultur und Religion. Anders aber als Barth strebt man eine (neue) Wirksamkeit und Prägung der Moderne durch das Luthertum in der Dialektik von Gesetz und Evangelium an. Von daher wird im Streit um die »natürliche Theologie« und in der Anknüpfungsfrage ein anderer Standpunkt bezogen. Die gegenwärtige Situation kann nur im Licht der Kategorie des »Gesetzes« recht verstanden werden. In ihm begegnet der Anspruch Gottes an den Menschen, vor ihm wird der Widerspruch des sündigen Menschen offenbar. Aufgrund des Gesetzes ergeht der gerechte Schuldspruch über den Menschen. Erst auf dem Hintergrund dieser Erfahrung wird das Geschenk der Rechtfertigung, der Freispruch (Elert) im stellvertretenden Straf- und Sühneleiden Jesu Christi, das bleibend spannungsvolle Gegenüber von Gesetz und Evangelium und die Eröffnung neuen Lebens im Glauben (Althaus) angemessen verstehbar. Gegenüber Barth möchte man eine Theologie betreiben und für eine Gestalt von Kirche eintreten, die jene spannungsvolle Einheit in Gott[7] und eine realistische Sicht des Menschen im Horizont von Gericht und Gnade entfaltet, die Möglichkeiten christlichen Lebens und Handelns differenziert zur Geltung bringt.[8] Von dieser theologischen Aus-

---

Elert die späte Erkenntnis dieses Machtmißbrauchs als Schuld eingestanden, aber die grundsätzliche Problematik solcher Orientierung wurde nicht erkannt. Vgl. WALTER SPARN, Paul Althaus: Profile (B) 1–26; DERS., Werner Elert: aaO, 159–183.– Wichtige Beiträge zur Aufarbeitung des sog. Kirchenkampfes sind von der 1955 vom Rat der EKD berufenen »Kommission für die Geschichte des Kirchenkampfes in der nationalsozialistischen Zeit« vorgelegt worden; die Kommission wurde 1970 aufgrund der Erweiterung des Forschungszeitraumes sowie eines Neuansatzes hinsichtlich Methodik und Thematik umbenannt in »Evangelische Arbeitsgemeinschaft für Kirchliche Zeitgeschichte« (vgl. die Reihe »Arbeiten zur Geschichte des Kirchenkampfes«, die gleichnamige Ergänzungsreihe sowie die »Arbeiten zur Kirchlichen Zeitgeschichte«). Die Geschäfts- und Forschungsstelle der Arbeitsgemeinschaft befindet sich seit 1968 in München.

6 Neben dem von BEYSCHLAG (B) 14ff hervorgehobenen Einfluß der Erweckungsbewegung und von Johann Georg Hamann ist auf die Verbindungslinien zur Theologie Schleiermachers, zur Romantik und bei Elert vor allem auf den Einfluß von Oswald Spengler zu verweisen. Vgl. WALTER SPARN, Rezension zu Karlmann Beyschlag, Die Erlanger Theologie: ThLZ 122 (1997), 585–588.

7 Vgl. die Überlegungen von WERNER ELERT zur Realdialektik in Gott, die er bereits 1924 (Die Lehre d. Luthertums i. Abriß, München ²1926, 39ff) entfaltet und in seiner Dogmatik (Der christl. Glaube. Grundlinien d. Luth. Dogmatik, bearb. u. hg. v. ERNST KINDER, Hamburg ³1956, 143ff. 237ff. 340ff) expliziert.

8 Vgl. die Überlegungen von PAUL ALTHAUS (Gebot u. Gesetz. Zum Thema »Gesetz u. Evangelium«, Gütersloh 1952 [BFChTh 42]; DERS., Die Theologie Martin Luthers, Gütersloh 1962, 211ff)

richtung wird nach 1945 weitgehend der »Kurs« der bayerischen Landeskirche bestimmt. Sie prägt die kirchliche Verkündigung und Praxis, den Umgang mit Vergangenheit, die Skepsis gegen die Barmer Theologische Erklärung als neues (unionistisches) Bekenntnis (Elert),[9] das Eintreten für die Gründung der VELKD und die Mitarbeit im Lutherischen Weltbund,[10] die Verhältnisbestimmung zum Staat und die Äußerungen der Kirche in der Öffentlichkeit.

2.2 Orientierung am Erbe der Tradition und Öffnung für andere Traditionen

Im Zuge der Rückbesinnung auf die lutherische Tradition kommt es zu intensiven kirchengeschichtlichen Forschungen. Neben der Beschäftigung mit Martin Luther selbst rücken verstärkt die anderen Reformatoren ins Blickfeld.[11] Die weitere Entwicklung des Luthertums und des Protestantismus in der Neuzeit bis zur Gegenwart wird zum Gegenstand vielfältiger Untersuchungen. Der geistes- und theologiegeschichtliche Ertrag dieser Forschungen ebenso wie der Untersuchungen zum Urchristentum und zur frühen Kirche, zur Patristik, zur mittelalterlichen Theologie liegt auch darin, daß sie ein differenziertes, in sich spannungsreiches Bild des Luthertums und seines Ortes in der Theologiegeschichte entwickelt und so die lutherische Tradition in ihrer Vielfalt erschlossen und aufgeschlossen haben für andere Traditionen.[12] Das gilt auch für die neue Aufmerksamkeit für die anderen Konfessionen und den ökumenischen Dialog.[13] Dieser

---

und von WILFRIED JOEST (Gesetz u. Freiheit. Das Problem d. Tertius usus legis bei Luther u. d. neutestamentliche Parainese, Göttingen ³1961).

[9] Vgl. WERNER ELERT, Confessio Barmensis: AELKZ 67 (1934), 602ff; HERMANN SASSE, In Statu Confessionis. Ges. Aufsätze v. Hermann Sasse, hg. v. FRIEDRICH WILHELM HOPF, Berlin u.a. ²1975.

[10] Vgl. dazu VII.9.2 und VII.9.5.

[11] So nahm z.B. die Melanchthon-Forschung nach 1945 einen beispiellosen Aufschwung (vgl. dazu bes. die Arbeiten von Wilhelm Maurer). In Erlangen wurde unter der Leitung von Gerhard Müller 1969 die Osiander-Forschungsstelle eingerichtet. Berndt Hamm ediert seit 1995 die Schriften Lazarus Spenglers und betreut seit 1998 die Fortführung des Briefwechsels Martin Bucers.

[12] Zu verweisen ist auf die entsprechenden Arbeiten von Karlmann Beyschlag, Walther von Loewenich, Erich Beyreuther, Müller, Reinhard Schwarz, Georg Kretschmar, Horst Weigelt, Gottfried Seebaß, Hamm, Hanns-Christof Brennecke, Friedrich Wilhelm Kantzenbach und Wolfgang Sommer. Vgl. dazu die Beiträge von WOLFGANG BIENERT, KG. Erster Teil: STRECKER (K) 146–202; JOACHIM MEHLHAUSEN, KG. Zweiter Teil: aaO, 203–288. Gegenüber Elerts »Bild« von einer mehr geschlossenen Gestalt des Luthertums, das auch bei Beyschlag noch einmal repristiniert wurde, ist die Vielgestaltigkeit des Luthertums von Anfang an hervorzuheben. Im Zusammenhang der Öffnung für andere Traditionen kommt es nach langjähriger Vorarbeit von Eduard Steinwand zur Errichtung des Lehrstuhls für Theologie und Geschichte des Christlichen Ostens (Fairy von Lilienfeld, Karl-Christian Felmy) und zur Integration des Lehrstuhls für Reformierte Theologie in die Erlanger theologische Fakultät (vgl. dazu VIII.3).

[13] Um den damals noch »kontroverstheologischen« Dialog hat sich als erster besonders W. von Loewenich verdient gemacht (vgl. LOEWENICH [B]; vgl. dazu auch FRIEDRICH WILHELM KANTZENBACH, Zur Deutung d. kontroverstheol. Problematik, München 1963 [TuG 6]). Bemerkenswert ist, daß die systematisch-theologischen Lehrstühle in Erlangen (in der Nachfolge von Althaus) mit Wilfried Joest und in München mit Wolfhart Pannenberg mit zwei Theologen besetzt wurden, die sich, wie ihr Lehrer Edmund Schlink, im ökumenischen Dialog besonders engagierten.

Öffnung in der Theologie korrespondierte eine Veränderung des ökumenischen Bewußtseins in der Kirche. Der Flüchtlingsstrom nach 1945 und die wachsende gesellschaftliche Mobilität hatten nicht nur das Wachstum der Ev.-Luth. Kirche in Bayern, sondern auch eine stärkere konfessionelle Mischung von vorher konfessionell geschlossenen Gebieten zur Folge und die konfessionelle Begegnung unausweichlich gemacht.[14] Die Begegnung vor Ort, ein wachsendes Bewußtsein der Verbundenheit mit den protestantischen Kirchen weltweit, die Wahrnehmung der gemeinsamen Herausforderung aller Konfessionen, in der Welt ihren gemeinsamen Glauben an Christus zu bezeugen, schufen eine neue ökumenische Offenheit und die Bereitschaft, den »Skandal der Trennung«[15] zu überwinden.[16] Auf dem Hintergrund der konfessionellen Prägung durch die Erlanger Theologie einerseits und der ökumenischen Öffnung andererseits wird auch in der mit großer theologischer Leidenschaft um die Leuenberger Konkordie geführten Diskussion beides verständlich: der Widerstand gegen diese Konkordie aus theologischen, kirchlichen und ökumenischen Gründen (Landesbischof Hermann Dietzfelbinger) und die Annahme durch die bayerische Synode (1974), den neuen Landesbischof Johannes Hanselmann und den Landeskirchenrat (1976).[17] Mit der Einführung des Theologinnengesetzes 1975 wurde auch in der bayerischen Landeskirche den Frauen der volle Zugang zum geistlichen Amt eröffnet. Das prägt seitdem die Gestalt der Kirche entscheidend mit.[18]

2.3 Die Vermittlung zwischen lutherischer und dialektischer Theologie

Auch wenn der Einfluß der Erlanger Theologie in der Nachkriegszeit groß war, gab es doch eine Reihe von Pfarrern, die in ihrem Studium Barth selbst oder von Barth stark beeinflußten theologischen Lehrern begegnet waren und auf dem Hintergrund der Erfahrungen des Kirchenkampfs, in Kritik der Orientierung an Volk und Obrigkeit in der »Erlanger Theologie« und des weiter stark hierarchisch geprägten Volkskirchenverständnisses andere Akzente setzen wollten. Darüber kam es in der »Pfarrbruderschaft« zu deutlichen Auseinandersetzungen. Auch im Bereich der universitären Theologie gab es eine Reihe von Theolo-

---

[14] Vgl. dazu VII.1.2.9.
[15] II. Vatikanisches Konzil, Dekret über den Ökumenismus »Unitatis redintegratio«, Proemium Nr. 1: HEINRICH DENZINGER, Kompendium d. Glaubensbekenntnisse u. kirchl. Lehrentscheidungen. Verbessert, erw., ins Deutsche übertragen u. unter Mitarbeit v. Helmut Hoping hg. v. PETER HÜNERMANN, Freiburg/Breisgau ³⁷1991, Nr. 4185.
[16] Freilich speiste sich solche »ökumenische Gesinnung« durchaus aus unterschiedlichen Motiven. Neben ernster Sorge um das gemeinsame Glaubenszeugnis und das Miteinander der Kirchen waren auch aus der Aufklärung kommende Toleranzgedanken sowie ein verloren gegangenes Verständnis und Gespür für die Relevanz der traditionellen Unterscheidungen wirksam.
[17] Inzwischen ist die Leuenberger Konkordie als das protestantische »Ökumene-Modell« (Einheit in versöhnter Verschiedenheit) anerkannt worden. Bemerkenswert ist, daß Wenzel Lohff, ein Schüler von Althaus, zu den wesentlichen Mitinitiatoren der Konkordie gehörte, während Jörg Baur, ebenfalls Althaus-Schüler, einer ihrer deutlichsten Kritiker war.
[18] Vgl. dazu VII.7.1.3.

gen, die in Aufnahme und Kritik von Barths Theologie lutherische Theologie neu profilieren wollten.[19] Die von ihnen vertretene lutherische Theologie entfaltete unter Bejahung des offenbarungsbestimmten Ansatzes von Barth eine differenzierte Sicht in der Frage der Anknüpfung, der Zuordnung und Unterscheidung von Gesetz und Evangelium, von Gesetz und Gebot, ein stärker an der Barmer Theologischen Erklärung orientiertes Kirchenverständnis und setzte sich für eine kritische Korrektur der Ethik des Politischen ein.[20] Diese theologische Richtung gewann deutlichen Einfluß auf die kirchenreformerischen Bewegungen in der bayerischen Landeskirche.

3. Protestantismus und Moderne

3.1 Die Debatte um die historisch-kritische Forschung und die hermeneutische Frage

Die »Tragfähigkeit« des Versuchs der »Erlanger Theologie«, dem Luthertum eine Gestalt in Auseinandersetzung mit und in der Moderne zu geben, stand auch nach 1945 zur Debatte. Die historisch-kritische Forschung führte zu einer dreifachen Desintegration: Es kam zu einer Infragestellung der kirchlichen Lehre (Dogmatik) zugunsten einer historisch-kritischen biblischen Theologie, der Einheit der Heiligen Schrift zugunsten eines Aufweises der Vielfalt und Unterschiedlichkeit des biblischen Zeugnisses, der neutestamentlichen Interpretation des irdischen Jesus und des Christusgeschehens zugunsten einer Orientierung am »historischen Jesus«. Damit wurden nicht nur lutherische Grundüberzeugungen von der Klarheit, der Inspiriertheit, der Einheit und Mitte der Schrift problematisiert, sondern eigene theologische Ansprüche erhoben.[21] Eine noch weitergehende Herausforderung stellte Rudolf Bultmanns Sicht des »historischen Jesus« sowie sein hermeneutisches Programm der Entmythologisierung und existentialen Interpretation dar. Im theologischen Diskurs um diese Fragen zeigte sich die Bereitschaft, sich einerseits auf die Ergebnisse der exegetischen Arbeit einzulassen und darin beim geschichtlichen Geschehen, bei der Erfah-

---

[19] Dazu gehörten in Bayern in besonderer Weise der Nachfolger von Georg Merz als Rektor der Augustana-Hochschule Wilhelm Andersen und Wilfried Joest, die ihre Fakultäten auch in der Synode (Joest in der Nachfolge Walter Künneths) vertraten.

[20] Diese Öffnung für die Barthsche Theologie führte dazu, daß mit Friedrich Mildenberger als Nachfolger von Künneth ein deutlicher Vertreter des Barthschen Ansatzes auf den Lehrstuhl berufen wurde, den einst Elert innehatte.

[21] Eine bayerische Variante dieser Auseinandersetzungen war der Streit mit Ethelbert Stauffer (vgl. ETHELBERT STAUFFER, Jesus, Paulus u. wir. Antwort auf einen offenen Brief v. Paul Althaus, Walter Künneth u. Wilfried Joest, Hamburg 1961). Zur Auseinandersetzung um das Verständnis des Alten Testaments und seine Beziehungen zum Neuen Testament vgl. die Arbeiten von Friedrich Baumgärtel, Georg Fohrer, Ernst Kutsch, Ludwig Schmidt, Hans-Christoph Schmitt, Gunther Wanke, Klaus Baltzer, Jörg Jeremias, Horst-Dietrich Preuß, Helmut Utzschneider. Zur Entwicklung der exegetischen Arbeit im Alten Testament vgl. WERNER H. SCHMIDT, Altes Testament: STRECKER (K) 1–60.

rungswirklichkeit des Glaubens einzusetzen, andererseits den Offenbarungscharakter dieses Geschehens, in dem der Glaube Gottes Selbstoffenbarung erfährt, hervorzuheben.[22] Zugleich wurde die bleibende und unhintergehbare Angewiesenheit auf das Glaubenszeugnis der Schrift betont.[23] Gegenüber Bultmann wurde darauf verwiesen, daß er zwar den Glauben zu recht als Geschenk eines neuen Gottes-, Selbst- und Weltverhältnisses versteht, aber die im Wort Gottes ergehende Anrede sich im Horizont des Geschichtshandelns Gottes vollzieht.[24] Gegenüber Tendenzen in der »Bultmannschule«, den Glauben als »neues Selbstverständnis« zu interpretieren, wurde hervorgehoben, daß sowohl um der Gottheit Gottes als auch um des ganzheitlichen Personseins des Menschen willen an einem Verständnis Gottes als alles bestimmender Wirklichkeit und an einem futurisch-eschatologischen Verständnis des Heilshandelns Gottes festzuhalten ist.

In der kirchlichen Verkündigung wurden sowohl die Ergebnisse der historisch-kritischen Forschung als auch dieser hermeneutischen Diskussionen eher vorsichtig und weitgehend zurückhaltend vermittelt. Dennoch kam es bei einem Teil von Gemeindegliedern zu Verunsicherungen. Auch unter einem Teil der Theologenschaft erwuchs deutlicher Widerstand. Dieser Widerstand formierte sich aus unterschiedlichen Kreisen und Gruppen: aus mehr pietistisch und erwecklich geprägten Gruppierungen, konservativ lutherischen Kreisen, von Barths Theologie beeinflußten Theologen. Er mündete in die »Bekenntnisbewegung ›Kein anderes Evangelium‹« ein.[25] Sie wollte den Einflüssen der »modernen Theologie« und auch der (eher vorsichtigen) Öffnung für solche Einsichten in der Kirche wehren. Zunächst war die Theologie Bultmanns und seiner Schüler[26]

---

[22] Zur neutestamentlichen Exegese vgl. die Arbeiten von Gerhard Friedrich, Jürgen Roloff, Ferdinand Hahn, Harald Hegermann, Heinz-Wolfgang Kuhn, August Strobel, Wolfgang Stegemann. Zur biblischen Theologie vgl. insbesondere die Arbeiten von Otto Merk (OTTO MERK, Biblische Theologie 2. Neues Testament: TRE 6, 455–477 [Lit.]), Roloff, Mildenberger. Zur Entwicklung der exegetischen Arbeit insgesamt vgl. GEORG STRECKER, Neues Testament: STRECKER (K) 61–145.

[23] Zum Verhältnis von Offenbarung und Geschichte vgl. WOLFHART PANNENBERG (Hg.), Offenbarung als Gesch., Göttingen 1961 (KuD Beih. 1); DERS., Grundfragen systematischer Theologie. Ges. Aufsätze, Bd. 1, Göttingen ²1971. Zu neueren heilsgeschichtlichen Konzeptionen vgl. LEONHARD GOPPELT, Theologie d. Neuen Testaments, Bd. 1: Jesu Wirken i. seiner theol. Bedeutung, Bd. 2: Vielfalt u. Einheit d. apostolischen Christuszeugnisses, Göttingen 1976.

[24] Zu Fragen der Hermeneutik vgl. KURT FRÖR, Biblische Hermeneutik. Zur Schriftauslegung i. Predigt u. Unterricht, München ²1964; JÜRGEN ROLOFF, Exegetische Verantwortung i. d. Kirche. Aufsätze, hg. v. MARTIN KARRER, Göttingen 1990; WILFRIED JOEST, Bewahren i. Übersetzen. Zur hermeneutischen Aufgabe d. Theologie: DERS., Gott will z. Menschen kommen. Zum Auftrag d. Theologie i. Horizont gegenwärtiger Fragen. Ges. Aufsätze, Göttingen 1977, 69–81.

[25] Vgl dazu insgesamt ROGER J. BUSCH, Einzug i. d. festen Burgen? Ein kritischer Versuch, d. Bekennenden Christen z. verstehen, Hannover 1995 (Lit.). In Bayern war Künneth, jahrelang auch einflußreicher Vertreter seiner Fakultät in der Synode, als Mitinitiator der Bekenntnisbewegung »Kein anderes Evangelium« der Wortführer. Seinen Thesen, daß wir uns in einer neuen »Kirchenkampfsituation« befinden, folgte jedoch in dieser Radikalität nur ein Teil der »Bekenntnisbewegung« in Bayern.

[26] Willi Marxsen, Ernst Fuchs, Ernst Käsemann wurden in besonderer Weise angegriffen. Vgl. auch die Diskussion zwischen Fuchs und Künneth in Sittensen 1964. Dann wurden vor allem Herbert Braun und Dorothee Sölle scharf kritisiert. Zu Sittensen 1964 vgl. ERNST FUCHS/WALTER KÜNNETH, Die Auferstehung Jesu Christi v. d. Toten. Dokumentation eines Streitgesprächs. Nach

der ins Visier genommene Gegner. Später wurde die Auseinandersetzung mit der Gott-ist-tot-Theologie geführt, und ab 1969 mit der politischen Theologie (»politischer Aktionismus«), dann mit der Seelsorgebewegung (»Psychonautik«). Schließlich wurde vor einem Wandel in Fragen der Individualethik gewarnt. Ständig waren die Kirchentage sowie der ÖRK (Anti-Rassismus-Programm), später auch der LWB (Suspendierung weißer Kirchen wegen ihrer Apartheidspolitik im südlichen Afrika von der Kirchengemeinschaft innerhalb des LWB) Anlaß zu grundlegender Kritik. Als weitere explizite »Gegnerin« kam die feministische Theologie hinzu. Gegenüber historischer Kritik und Urteilen über Einzelaussagen von Schrift und Bekenntnis als zeitgebunden, gegenüber einer Anpassung an den »Zeitgeist«, dem Wandel in der Gesellschaft und der »Aufweichung« von Normen, und »politischer Schwärmerei« sollte der Gehorsam treten gegenüber dem Wort Gottes der ganzen Schrift, deren Wahrheit auch im neuzeitlich historischen Sinn man für alle ihre Aussagen gegeben sah oder doch weitgehend erweisen wollte. Die Gruppierungen, die in Bayern der Bekenntnisbewegung nahestanden, hielten jedoch sowohl hinsichtlich einer grundsätzlichen Kirchenkritik als auch im Blick auf den Aufbau von Parallelstrukturen deutlich Abstand zu entsprechenden Tendenzen in der Bekenntnisbewegung.[27] Dem korrespondierte, daß die Kirchenleitung weitgehend auf einen Integrationskurs bedacht war. Erst als wesentlich auf Initiative von Pfarrer Wolfhart Schlichting der Arbeitskreis Bekennender Christen (1992) gegründet wurde, wurden deutlichere Töne in diese Richtung vernehmbar.[28]

---

einer Tonbandaufzeichnung hg. v. CHRISTIAN MÖLLER, Neukirchen-Vluyn 1973; vgl. auch WALTER KÜNNETH, Glaubenskrise? Zwischen Lehre, Irrlehre u. Revolution, Stuttgart 1969 (DGl 9); RUDOLF BÄUMER, Kein anderes Evangelium. Festvortrag z. zwanzigjährigen Bestehen d. Bekenntnisbewegung: idea-Dokumentation 7/1986.

[27] Seit der Verfassungsreform in der bayerischen Landeskirche war es in den Synoden möglich, offiziell synodale Arbeitskreise zu bilden. Der konservativ geprägte Arbeitskreis (Arbeitskreis »Synode«), von 1972 bis 1984 deutlich die »Mehrheitsfraktion«, verzichtete unter der Leitung von Dekan Hans Sommer bewußt darauf, sich einen entsprechenden programmatischen Namen zu geben und sich inhaltlich ganz auf die Seite der Bekenntnisbewegung zu stellen. In allem Ringen um den schriftgemäßen und zeitgemäßen Weg hat das Bewußtsein der Zusammengehörigkeit in der Gemeinschaft des Glaubens dazu beigetragen, unterschiedliche Auffassungen nicht in unversöhnlichen Gegnerschaften enden zu lassen. Dies und die bei allen sachlichen Unterschieden gute Zusammenarbeit mit den Sprechern des progressiv orientierten Arbeitskreises »Offene Kirche« (Hermann von Loewenich, Erwin Haberer, Gabriele Becker, Ursula Seitz und Joachim Track) hatte eine integrierende Funktion.

[28] Vgl. Bekenntnis, Erneuerung u. Einheit d. Kirche. Nürnberger Bekenntnismanifest. Dokumentation d. Nürnberger Versammlung d. Arbeitskreises Bekennender Christen um Bekenntnis, Erneuerung u. Einheit d. Kirche v. 19. bis 22.2.1993 i. Nürnberg, hg. v. ALBRECHT IMMANUEL HERZOG, Neuendettelsau 1993; vgl. auch REINHARD SLENCZKA, Kirchl. Entscheidung i. theol. Verantwortung. Grundlagen, Kriterien, Grenzen, Göttingen 1991. Eine neue Herausforderung erwuchs für diese Gruppierung durch die charismatische Bewegung, die sich als neue Bewegung in der Kirche teilweise sehr deutlich von diesen Gruppierungen absetzte (vgl. FRANK STEPPER, Die Gesch. d. charismatischen Bewegung. Ihre Entwicklung i. Luth. Kirchen, baptistischen, meth., pfingstkirchl. u. freien Gemeinden sowie d. Kath. Kirche: idea-dokumentation H. 16 [1995], 3–189 [Lit.]).

3.2 Protestantismus in einer veränderten gesellschaftlichen und kirchlichen Situation

Zu einer Auseinandersetzung mit der Moderne sahen sich Kirche und Theologie noch einmal seit Beginn der 60er Jahre auf ganz andere Weise gefordert durch den Wandel in der gesellschaftlichen Stellung von Kirche und Theologie, durch die gewandelte Einstellung zu Religion und Glaube im Zusammenhang der Pluralisierungs- und Individualisierungsprozesse, fortschreitender Säkularisierungstendenzen und Kritik am christlichen Glauben, insbesondere an der Institution Kirche, im Namen emanzipatorischer Prozesse. In der theologischen Diskussion kam es in diesem Zusammenhang zu einer intensiven fundamentaltheologischen und wissenschaftstheoretischen Debatte. In neuer Weise wurde, insbesondere von Wolfhart Pannenberg, der Dialog mit den Naturwissenschaften gesucht und geführt.[29] In Frage stand die Einschätzung sowohl der Moderne samt den damit verbundenen Säkularisierungstheorien als auch des protestantischen Weges, sich zu Aufklärung und Moderne in eine konstruktive Beziehung zu setzen. In Aufarbeitung der radikalen Kritik sowohl der von Barth als auch von der Erlanger Theologie vorgetragenen Kritik des »Kulturprotestantismus«, in kritischer Anknüpfung an Friedrich Daniel Ernst Schleiermachers und Georg Wilhelm Friedrich Hegels Überlegungen zu Gehalt und Gestalt des Christentums unter den Bedingungen der Neuzeit, in Auseinandersetzung mit den Thesen von Max Weber und Ernst Troeltsch wurden Untersuchungen zu einer »neuzeitlichen Theorie« des Christentums vorgelegt, die den Gewinn der Inbeziehungsetzung des christlichen Glaubens zur Neuzeit aufwiesen und zugleich den christlichen Einfluß in der Moderne deutlich machten. In neuer Weise wurden die Funktion von Religion in der Gesellschaft, der Zusammenhang von Religion und Kultur, die Verwiesenheit des Menschen auf den Gottesgedanken und die »Vernünftigkeit« und Leistungsfähigkeit des christlichen trinitarisch geprägten Gottesverständnisses entfaltet. Die unverkennbare Leistung war es, zu einem neuen konstruktiveren Umgang mit den Entwicklungen der Moderne beizutragen und ein neues

---

[29] FRIEDRICH MILDENBERGER, Theorie d. Theologie. Enzyklopädie als Methodenlehre, Stuttgart 1972; WOLFHART PANNENBERG, Wissenschaftstheorie u. Theologie, Frankfurt/Main 1973; A.M. KLAUS MÜLLER/WOLFHART PANNENBERG, Erwägungen z. einer Theologie d. Natur, Gütersloh 1970; WILFRIED JOEST, Fundamentaltheologie. Theol. Gundlagen- u. Methodenprobleme, Stuttgart u.a. 1974 (ThW 11). Zu den Überlegungen zu erfahrungstheologischen Ansätzen und zur Debatte um Moderne und Postmoderne vgl. JOACHIM TRACK, Sprachkritische Unters. z. christl. Reden v. Gott, Göttingen 1977 (FSÖTh 37); EILERT HERMS, Theologie. Eine Erfahrungswissenschaft, München 1978 (TEH NF 199); WERNER H. RITTER, Glaube u. Erfahrung i. religionspädagogischen Kontext. Die Bedeutung v. Erfahrung f. d. christl. Glauben i. religionspädagogischen Verwendungszusammenhang. Eine grundlegende Stud., Göttingen 1989 (ARPäd 4); FALK WAGNER, Was ist Religion? Stud. z. ihrem Begriff u. Thema i. Gesch. u. Gegenwart, Gütersloh 1986; HERMANN TIMM, Das aesthetische Jahrzehnt. Zur Postmodernisierung d. Religion, Gütersloh 1990. Zur Entwicklung in der systematischen Theologie nach 1945 insgesamt vgl. FRIEDRICH MILDENBERGER, Gesch. d. deutschen ev. Theologie i. 19. u. 20. Jh., Stuttgart u.a. 1981 (ThW 10); HERMANN FISCHER, Systematische Theologie. Konzeptionen u. Probleme i. 20. Jh., Stuttgart u.a. 1992 (GKT 6) [Lit.].

Gespür für den Zusammenhang von Kultur und Religion zu entwickeln.[30] Die wachsenden Prozesse der Internationalisierung und die beginnende Globalisierung erforderten neue Überlegungen zur Ökumene der »Konfessionen«, zur Ökumene der Religionen, zur Ökumene als bewohntem Erdkreis. So kam es zu tiefgreifenden Veränderungen in der Zuordnung von Mission und Kirche und zu einem neuen Verständnis des Umgangs mit den »Jungen Kirchen« als Partnerkirchen und der Bedeutung von Kontextualität. Die Begegnung der Weltreligionen führte zu einer intensiven Debatte um das Miteinander der Religionen in ihrer Konvivenz, die gemeinsame ethische Verantwortung der Religionen, die Möglichkeiten und Grenzen einer Theologie der Religionen.[31] Getragen wurden diese Aktivitäten verstärkt von vor Ort und weltweit sich engagierenden kirchlichen Gruppen, die damit in neuer Weise das Erbe der »Laienbewegungen« des 19. Jahrhunderts aufnahmen.

4. Theologische Ethik und konziliarer Prozeß

4.1 Entfaltung und Reformulierung lutherischer Ethik nach 1945

Ähnlich wie in der Dogmatik kam es nach 1945 zur Ausarbeitung der ethischen »Systeme«. Zunächst war die Diskussion geprägt von der Auseinandersetzung um das rechte Verständnis der Zuordnung von Gesetz und Evangelium und den Gebrauch des Gesetzes sowie um die Zuordnung und Unterscheidung der bei-

---

[30] TRUTZ RENDTORFF, Theorie d. Christentums. Historisch-theol. Stud. z. seiner neuzeitlichen Verfassung, Gütersloh 1972; DERS., Gesellschaft ohne Religion? Theol. Aspekte einer sozialtheoretischen Kontroverse (Luhmann–Habermas), München 1975; Protestantische Identität heute, hg. v. FRIEDRICH WILHELM GRAF u. KLAUS TANNER, Gütersloh 1992; FALK WAGNER, Zur gegenwärtigen Lage d. Protestantismus, Gütersloh 1995.

[31] Zum römisch-katholischen/lutherischen Dialog sind die jahrelangen Begegnungen zwischen dem Institut für Fundamentaltheologie und Ökumene (Heinrich Fries) der Münchner Katholisch-Theologischen Fakultät und den Seminaren für Praktische Theologie (Bernhard Klaus) und für Apologetik (Joest) der Erlanger Theologischen Fakultät sowie vor allem das ökumenische Engagement von Pannenberg, der jahrelang (evangelischer) Vorsitzender des Ökumenischen Arbeitskreises Evangelischer und Katholischer Theologen (früher [Lorenz] Jaeger-[Wilhelm] Stählin-Kreis) und Mitglied in der Kommission Faith and Order des ÖRK war, hervorzuheben. Vgl. dazu WILFRIED JOEST, Grenzen u. Wege: Auf Wegen d. Versöhnung. Beitr. z. ökum. Gespräch. FS f. Heinrich Fries z. 70. Geburtstag, hg. v. PETER NEUNER u. FRANZ WOLFINGER, Frankfurt/Main 1982, 164–174; Lehrverurteilungen – kirchentrennend? Bd. 1: Rechtfertigung, Sakramente u. Amt i. Zeitalter d. Reformation u. heute, hg. v. KARL LEHMANN u. WOLFHART PANNENBERG, Freiburg/Breisgau u.a. 1986 (DiKi 4), Bd. 2: Materialien z. d. Lehrverurteilungen u. z. Theologie d. Rechtfertigung, hg. v. KARL LEHMANN, Freiburg/Breisgau u.a. 1989 (DiKi 5), Bd. 3: Materialien z. Lehre v. d. Sakramenten u. v. kirchl. Amt, hg. v. WOLFHART PANNENBERG, Freiburg/Breisgau u.a. 1990 (DiKi 6), Bd. 4: Antworten auf kirchl. Stellungnahmen, hg. v. WOLFHART PANNENBERG u. THEODOR SCHNEIDER, Göttingen u.a. 1994 (DiKi 8). Intensiv wurde diese Diskussion begleitet durch die an der Augustana-Hochschule und dann auch an den beiden Theologischen Fakultäten Erlangen und München eingerichteten Lehrstühle für Missions- und Religionswissenschaft. Vgl. dazu die entsprechenden Arbeiten von Georg F. Vicedom, Horst Bürkle, Herwig Wagner, Niels-Peter Moritzen, Michael von Brück, Hermann Brandt, Dieter Becker.– Vgl. dazu auch VII.10.

den Reiche und Regimente.³² Zu den Fragen der Grundlegung der Ethik und den Überlegungen zu einer Ethik des Politischen traten ab den 60er Jahren Fragen der individuellen Lebensführung (Ehe, Familie, neue Lebensformen). Ebenso erforderte eine Reihe von neuen brisanten Themen, vor allem durch die dynamische Entwicklung in der wissenschaftlich-technischen Moderne bedingt, eine intensive ethische Diskussion (z.B. Ethik der Technik, Kernenergie, Humanmedizin, Gentechnik, Fragen von Wirtschaft und Arbeit).³³ Insbesondere in Fragen der Individualethik kam es zu Auseinandersetzungen zwischen konservativen und progressiven Kräften. Zwei Probleme standen dabei im Vordergrund: die Auseinandersetzung um die Geltung der biblischen Einzelanweisungen und die Frage der Anerkennung von Handlungsweisen und Lebensformen als ethisch verantwortet und am Liebesgebot orientiert, auch dort, wo sie mit Gründen im Blick auf Schrift und Tradition nicht den dort vertretenen »Leitbildern« folgten oder in Konfliktsituationen auf die Gewissensentscheidung des oder der Einzelnen abhoben.³⁴ Mehrheitlich, begleitet aber von scharfem Protest vor allem in der Frage des Schwangerschaftsabbruchs, setzte sich in der Landeskirche und ihren Synodalentscheidungen eine Linie durch, die einerseits die grundsätzliche Orientierung an den biblischen Normen hervorhob, andererseits die Gewissensentscheidung des oder der Einzelnen in einer am Liebesgebot orientierten Verantwortungsethik achten wollte.

4.2 *Die Zuwendung zu den Themen des konziliaren Prozesses (Gerechtigkeit, Frieden und Bewahrung der Schöpfung)*

Eine der wesentlichen Wandlungen innerhalb des bayerischen Luthertums war die Bejahung der entstehenden Demokratie. Diese demokratische Staatsform geriet in der Studentenbewegung in die Kritik als nur »formale Demokratie«, die letztlich von den Erfordernissen der Ökonomie (Kapitalismuskritik) und ihrem Macht- und Sicherheitsstreben (Imperialismuskritik) im Ost-West-Gegensatz bestimmt sei. Beides aber ginge zu Lasten der Länder der Zwei-Drittel-Welt, die

---

³² Vgl. NIELS HASSELMANN (Hg.), Gottes Wirken i. seiner Welt. Zur Diskussion um d. Zweireichelehre, Bd. 1: Dokumentation einer Konsultation, Bd. 2: Reaktionen, Hamburg 1980.
³³ TRUTZ RENDTORFF, Ethik. Grundelemente, Methodologie u. Konkretionen einer ethischen Theologie, Bd. 1, Stuttgart u.a. 1980 (ThW 13/1), Bd. 2, Stuttgart u.a. 1981 (ThW 13/2); HANS SCHULZE, Theol. Sozialethik. Grundlegung, Methodik, Programmatik, Gütersloh 1979; Ev. Ethik. Diskussionsbeitr. z. ihrer Grundlegung u. ihren Aufgaben, eingeleitet u. hg. v. HANS G. ULRICH, München 1990 (TB 83). Zu den damit im Zusammenhang stehenden Veränderungen im Bereich der Diakonie vgl. CLAUS-JÜRGEN ROEPKE, Die Protestanten i. Bayern. Kirche zwischen Auftrag u. Erwartung (= zusätzlich eingelegter Beitrag zu ROEPKE [B]), 12f.
³⁴ So kam es zu scharfen Auseinandersetzungen um die Rosenheimer Erklärung »Zum Schutz des ungeborenen Lebens und zu Fragen des Schwangerschaftsabbruchs« (1991) und zu einer intensiven Diskussion um die Frage Homosexualität. Zu den Hintergründen vgl. JOACHIM TRACK, Die Stellungnahme d. Ev.-Luth. Landeskirche i. Bayern z. Fragen d. Homosexualität. Ein Werkstattber.: Sexualität, Lebensformen, Liebe, hg. v. WILFRIED HÄRLE u. REINER PREUL, Marburg 1995, 103–122 (MThJ 7.1995 = MThSt 41). Vgl. dazu auch VII.6.2.3.

aller Entwicklungshilfe zum Trotz in Abhängigkeit gehalten und ausgebeutet würden. Zu dieser Kritik kam die Einsicht in die »Grenzen des Wachstums«[35] und die umfassende und zum Teil irreversible Gefährdung unserer Lebensgrundlagen als Folge der wissenschaftlich-technischen Zivilisation und des ihr entsprechenden Lebensstils. Unter Aufnahme von Einsichten der Theologie der Revolution, der politischen Theologie, der Theologie der Befreiung entstand in Anknüpfung an die Auseinandersetzungen der 50er und 60er Jahre um die Fragen der Wiederbewaffnung und atomaren Aufrüstung eine erneute Diskussion um die Fragen der Friedens- und Sicherheitspolitik und des Rechtes zur Verteidigung und von Kriegsdienst. Ebenso wurden in der aufkommenden »Ökologischen Theologie« die Fragen des Beitrags des christlichen Schöpfungsglaubens zu dieser Entwicklung (Herrschaftsauftrag des Menschen) und eines neuen Verständnisses von Schöpfung sowie die Fragen der internationalen Gerechtigkeit diskutiert. All diese Fragestellungen mündeten ein in den Aufruf zu einem konziliaren Prozeß zu Frieden, Gerechtigkeit und Bewahrung der Schöpfung. Kennzeichen dieses Prozesses waren die Einsicht in die gegenseitige Bezogenheit und Abhängigkeit dieser drei Ziele, in die Forderung nach einem grundlegenden Paradigmenwechsel und einer neuen Weltordnung.[36] Im Zusammenhang dieser Debatte bildete sich eine Reihe von Initiativen, die ein deutliches Wort der Kirchen in dieser Sache erwarteten und selbst auch Zeichen eines veränderten Lebensstils setzten. In besonderer Weise engagierte sich im konziliaren Prozeß der 1968 gegründete Arbeitskreis Evangelische Erneuerung, dessen erster Sprecher der spätere Landesbischof Hermann von Loewenich war und der von Anfang an neben kirchenreformerischen Zielen für die Wahrnehmung des politischen, sozialen und diakonischen Auftrags der Kirche eintrat.[37] Landeskirchenrat und Synode in ihrer Mehrheit standen dem Prozeß wohlwollend, aber in der Sache eher zurückhaltend gegenüber, vor allem im Blick auf das politische Mandat der Kirche.

---

[35] Vgl. DENNIS MEADOWS/DONELLA MEADOWS/ERICH ZEHN/PETER MILLING, Die Grenzen d. Wachstums. Ber. d. Club of Rome z. Lage d. Menschheit, Stuttgart 1972.
[36] Vgl. die Erklärung zu Gerechtigkeit und Frieden und den Aufruf zu einem konziliaren Prozeß anläßlich der 6. Vollversammlung des ÖRK in Vancouver (1983) und den Aufruf zu einem Friedenskonzil (Carl Friedrich von Weizsäcker) auf dem Kirchentag in Düsseldorf (1985); vgl. auch ULRICH DUCHROW/GERHARD LIEDKE, Schalom. Der Schöpfung Befreiung, d. Menschen Gerechtigkeit, d. Völkern Frieden, Stuttgart 1987 (Lit.).
[37] JOACHIM TRACK (Hg.), Umkehr z. Frieden. Münchner Erklärung d. Arbeitskreises Ev. Erneuerung, Neuendettelsau 1984; DERS. (Hg.), »Ein Nein ohne jedes Ja«. Stellungnahme d. Arbeitskreises Ev. Erneuerung z. SDI, Neuendettelsau 1987.

5. Theologie und kirchliche Praxis

5.1 Die Debatte um das Verständnis von Kirche und Gemeinde

Nach 1945 stand die Landeskirche vor der Frage einer Neubestimmung ihres geschichtlichen Auftrags und ihrer Gestalt. Gegenüber Vorstellungen, die mehr von den Erfahrungen der Bekennenden Kirche und Barths Konzept einer von ihrem geistlichen Auftrag her bestimmten und organisierten Gemeinde (Kirche als Abendmahls- und Bekenntnisgemeinschaft, als Dienstgemeinschaft, Gemeinschaft von Brüdern) bestimmt waren, setzte sich die volkskirchlich orientierte Wiederherstellung landeskirchlicher Strukturen durch. Um den Dienst der Verkündigung und der Seelsorge in den Gemeinden zu sichern, wollte man auf dem weiterhin intakt gebliebenen Organisationsgefüge der Landeskirche aufbauen. Kirche verstand sich als gesellschaftliche Ordnungs- und Orientierungsmacht, die in freier Partnerschaft zum Staat ihren vom christlichen Glauben her gegebenen Öffentlichkeitsauftrag wahrnimmt. In den 60er Jahren geriet dieses Konzept in die Diskussion. Erster Anlaß dafür war die Frage nach dem Bestand der Kirche angesichts zurückgehender Mitgliederzahlen.[38] Das führte zu einer grundsätzlichen Besinnung auf die Bedeutung von Kirche als Volkskirche und einem reformerischen Aufbruch. Man trat für eine Kirche ein, die in Aufnahme der Anfragen der modernen Lebenswelt lebensnah die biblische Botschaft auslegt.[39] Zugleich sollte Kirche zum Ort kritischer Humanität werden und Anwalt der Schwachen sein. Man verstand Kirche als »Kirche für andere«, die zum Ort der Hoffnung auf eine menschliche Gestalt der Gesellschaft wird. Kirche sollte sich als offene, partizipatorische und ökumenische Kirche erweisen. Dem stand erstens ein der pietistischen Tradition verpflichtetes Modell des Gemeindeaufbaus gegenüber. Ausgangspunkt sollte die Bekehrung der Getauften zu einem persönlichen und verinnerlichten Glaubensleben und der Ruf dieser Bekehrten in die Gemeinschaft der Glaubenden sein. Hauptaufgabe ist die Institutionalisie-

---

[38] Ab 1967 stieg die Zahl der Kirchenaustritte sprunghaft an. Die Erhebungen der EKD (1972, 1984, 1992) aber zeigten, daß die Volkskirche zumindest in der gegenwärtigen Situation eine relative Stabilität hat. Allerdings wird gesamtgesellschaftlich ein gewisser Ablösungsprozeß sichtbar, da die Vermittlung der christlichen Tradition und Orientierung nicht mehr selbstverständlich geschieht. In Bayern war und ist dies vornehmlich in den Großstädten spürbar. Die gegenwärtig in Gang befindlichen Diskussionen über die Gestalt der Kirche im Übergang ins nächste Jahrtausend (Kirche als Dienstleistungsunternehmen) haben hier ihren Schwerpunkt (München-Programm); vgl. auch Wege z. Glauben. Kirche unterwegs i. d. 90er Jahre, hg. i. Auftrag d. Landessynode d. Ev.-Luth. Kirche i. Bayern v. MARTIN BOGDAHN u. HELMUT WINTER, München 1987.

[39] Die reformerischen Kräfte fanden sich vornehmlich im Arbeitskreis Evangelische Erneuerung (1968) zusammen. Zum Reformkonzept vgl. CHRISTOF BÄUMLER, Kommunikative Gemeindepraxis. Eine Unters. ihrer Bedingungen u. Möglichkeiten, München 1984. Interessant ist in diesem Zusammenhang auch ein Vergleich der Einschätzung von Situation und Auftrag durch die Landesbischöfe: DIETZFELBINGER (B); JOHANNES HANSELMANN, Bischofsworte f. d. Alltag. Bedenkenswertes aus 19 Amtsjahren, München 1994; Unterwegserfahrungen. Gemeinde entwickeln i. West u. Ost. Überlegungen u. Kurzkommentare z. »missionarischen Doppelstrategie«, hg. v. HERMANN V. LOEWENICH u. HORST RELLER, Gütersloh 1991 (Priestertum aller Gläubigen aktuell 4).

rung einer solchen Gemeinschaft, in der das persönliche Glaubensleben gewiß und geborgen werden kann, die Spiritualität ihre Struktur und Zeit findet und tragende Bezugsgruppen entstehen.[40] In solcher Gemeinschaft werden die einzelnen Glieder fähig und bereit, sich selbst in den Dienst eines missionarischen Gemeindeaufbaus zu stellen. Zweitens wurde in einer bestimmten Interpretation lutherischen Kirchenverständnisses das Konzept von »Kirche als Institution der Freiheit« entwickelt.[41] Die Volkskirche erscheint als Konsequenz der Rechtfertigungseinsicht. Volkskirche entspricht in der Weite ihres Horizonts und der Niedrigkeit ihrer Zugangsschwellen dem Rechtfertigungsglauben. So wird durch die kirchliche Struktur ein offener Zugang zur freien Gnade eröffnet. Auch die Ordnungen der Kirche müssen in ihrer Relativität gesehen werden. Sie können die kirchliche Einheit nicht sicherstellen, sie haben allenfalls indirekt Zeugnischarakter und sind geschichtlich wandelbar. Sie sollen dazu dienen, daß das Evangelium in der Welt präsent gemacht werden kann, Kirche ihre Grundaufgabe der Verkündigung des Evangeliums und der Darreichung der Sakramente erfüllt. Verbunden mit diesem Kirchenkonzept ist eine Bejahung der neuzeitlichen Entwicklung. Kirche muß ihre Rolle innerhalb der Pluralität und der Differenzierung der neuzeitlichen Gesellschaft annehmen. Der Vielfalt der Formen und der Differenzierung nach innen entspricht die Toleranz nach außen. Aufgabe der Kirche ist es, die kritische Begleitung der Gesellschaft in ihrer Differenziertheit und Vielschichtigkeit wahrzunehmen.

5.2 Reform der Kirche in Theorie und Praxis

Aufgrund dieser Debatte um Gestalt und Verständnis der Kirche ist es unter Aufnahme von Impulsen des Konzepts der offenen Kirche, aber auch der beiden anderen Konzeptionen zu einer Reihe von Reformen gekommen. Ende der 60er und Anfang der 70er Jahre entstand eine Seelsorgebewegung, die das Selbstverständnis der Arbeit vieler Pfarrer und Pfarrerinnen neu prägte.[42] Erkenntnisse aus Humanwissenschaften und therapeutischer Praxis wurden für die kirchliche Arbeit fruchtbar gemacht. In diesem Zusammenhang entwickelte sich gegenüber der früheren Rede vom Pfarrer als »Zeremonienmeister« ein neues Verständnis für die Kasualien und die Begleitung der Menschen in den rites des passage, in ihrer Biographie. In dieser Zeit wurden auch Erkenntnisse der Kommunikationswissenschaften für die Verkündigung verstärkt zur Geltung gebracht und ein

---

[40] MANFRED SEITZ, Erneuerung d. Gemeinde. Gemeindeaufbau u. Spiritualität, Göttingen ²1991.
[41] TRUTZ RENDTORFF, Theol. Probleme d. Volkskirche: Volkskirche, Kirche d. Zukunft? Leitlinien d. Augsburgischen Konfession f. d. Kirchenverständnis heute. Eine Stud. d. theol. Ausschusses d. VELKD, hg. v. WENZEL LOHFF u. LUTZ MOHAUPT, Hamburg 1977, 104–131 (Zur Sache H. 12/13).
[42] RICHARD RIESS, Seelsorge. Orientierung, Analysen, Alternativen, Göttingen 1973; DERS., Sehnsucht nach Leben. Spannungsfelder, Sinnbilder u. Spiritualität d. Seelsorge, Göttingen ²1991; MANFRED SEITZ, Praxis d. Glaubens. Gottesdienst, Seelsorge u. Spiritualität, Göttingen 1978; MARTIN NICOL, Gespräch als Seelsorge. Theol. Fragmente z. einer Kultur d. Gesprächs, Göttingen 1990.

neues Verständnis für diese Medien entwickelt.[43] Im Bereich des Religionsunterrichts orientierte man sich in Aufnahme der Einsichten aus Pädagogik und Humanwissenschaften an einem lebensnahen, biblisch orientierten Unterricht. Seine Relevanz für Kirche und Kultur wurde immer stärker beachtet. Wesentliche Impulse zur Neugestaltung des Konfirmandenunterrichts wurden entwickelt.[44] Sowohl der Religionsunterricht als auch der Konfirmandenunterricht erweisen sich immer mehr als Orte einer Primärbegegnung mit dem christlichen Glauben. Ende der 80er Jahre und in den 90er Jahren kam es zu einer neuen Aufmerksamkeit für die Spiritualität und ihre Formen und zu einer neuen Aufgeschlossenheit für die unterschiedlichen Formen der Meditation und die Bedeutung von Symbolen und Ritualen.[45] In diesen Zeitraum fällt auch die Entstehung des neuen Evangelischen Gesangbuchs,[46] das insbesondere in seiner bayerischen Gestalt die Gemeinden für verschiedene Gottesdienstformen öffnen will. So haben sich Theologie und Kirche in allen ihren Fragwürdigkeiten doch auch als fähig erwiesen, sich im Geist des Evangeliums den Herausforderungen, Gefährdungen und Chancen der Zeit zu stellen. Das ermutigt auf dem Weg ins nächste Jahrtausend.

---

[43] Zur Theorie u. Praxis d. Predigtarbeit. Ber. v. einer homiletischen Arbeitstagung September 1967 Esslingen, hg. v. ERNST LANGE i. Verbindung mit PETER KRUSCHE u. DIETRICH RÖSSLER, Stuttgart u.a. 1968 (PSt[S].B 1); BERNHARD KLAUS, Massenmedien i. Dienst d. Kirche. Theologie u. Praxis, Berlin u.a. 1970 (TBT 21); MEIER-REUTTI, Politik (B); WOLFGANG STECK, Der Pfarrer zwischen Beruf u. Wissenschaft. Plädoyer f. eine Erneuerung d. Pastoraltheologie, München 1974 (TEH NF 183).

[44] WILHELM STURM, RU gestern, heute, morgen. Der Erziehungsauftrag d. Kirche u. d. RU an öffentl. Schulen, Stuttgart 1971 (AzP 15); HANS-JÜRGEN FRAAS, Religiöse Erziehung u. Sozialisation i. Kindesalter, Göttingen ³1978; DERS., Die Religiosität d. Menschen. Ein Grundriß d. Religionspsychologie, Göttingen ²1993; ADAM/LACHMANN (B); GÜNTER R. SCHMIDT, Religionspädagogik. Ethos, Religiosität, Glaube i. Sozialisation u. Erziehung, Göttingen 1993.

[45] In diesem Zusammenhang ist auf die wichtige Funktion des Seminars für christliche Archäologie und Kunstgeschichte (Peter Poscharsky) und Beiträge zum Thema Kirche und Kunst hinzuweisen. Zu Spiritualität, Symbol und Ritus vgl. Spiritualität. Theol. Beitr., i. Auftrag d. Dozentenkollegiums anläßlich d. 40jährigen Bestehens d. Augustana-Hochschule Neuendettelsau hg. v. HERWIG WAGNER, Stuttgart 1987. Zur Entstehung der Kommunitäten vgl. VII.6.4.1.

[46] Vgl. dazu VII.12.3.

VII.9 KIRCHLICHE ZUSAMMENSCHLÜSSE

Von Gerhard Müller

Ber. über d. Tagungen d. Synode d. EKD, mit Versammlungsort u. Jahr.– HEINZ BRUNOTTE, Die Grundordnung d. EKD, Berlin 1954.– DIETZFELBINGER (B).– PAUL FLEISCH, Das Werden d. VELKD u. ihrer Verfassung: ZEvKR 1 (1952), 404–418.– DERS., Zwölf Jahre Lutherrat: ELKZ 8 (1954), 52–57.– WOLF-DIETER HAUSCHILD, EKD: TRE 10, 656–677.– VOLKMAR HERNTRICH, Der erste Leitende Bischof d. VELKD: ELKZ 9 (1955), 174f.– Luth. Generalsynode mit Versammlungsjahr.– JOACHIM MEHLHAUSEN, Die Konvention v. Treysa. Ein Rückblick nach vierzig Jahren: DERS., Vestigia Verbi. Aufsätze z. Gesch. d. ev. Theologie, Berlin u.a. 1999, 485–499 (AKG 72).– MEISER, Kirche (B).– NICOLAISEN/SCHULZE 1 u. 2 (B).– Personalstand. Ev.-Luth. Kirche i. Bayern 47 (1996).

1. Die Überwindung der landeskirchlichen Perspektiven

Der Zweite Weltkrieg hatte die Entfernungen auf der Welt zusammenschrumpfen lassen. Der Zusammenbruch in Deutschland eröffnete neue Möglichkeiten, und zwar nicht zuletzt auch für neue Entwicklungen in und zwischen den Kirchen.

Die Impulse, die sich international sowohl konfessionell-lutherisch wie auch ökumenisch wahrnehmen ließen, blieben in der bayerischen Kirche nicht unbeachtet. Es mußte nach dem Zusammenbruch der deutschen »Einheitskirche« von 1933 ein neues Fundament gelegt werden. Als Landeskirche separat leben zu wollen, war unmöglich und wurde in Bayern auch nicht gewünscht. Man brachte sich ein – unterschiedlich intensiv, aber stets mit Gestaltungswillen und -kraft.

2. Die Vereinigte Kirche

2.1 Einsatz für eine vereinigte lutherische Kirche in Deutschland

1936 war von den lutherischen Bischöfen der »intakten« Kirchen Bayern, Hannover und Württemberg der »Rat der Evangelisch-Lutherischen Kirche Deutschlands« gegründet worden, der damals beschloß: »Das Ziel des Zusammenschlusses ist die Ausgestaltung des Bundes zur Evang.-Luth. Kirche Deutschlands. Die Kirchen sind willens, unter der Gewährleistung ihrer Eigenart sich künftig der Evang.-Luth. Kirche Deutschlands als Sprengel einzufügen«.[1] Es

---

[1] MEISER, Kirche (B) 216; der gesamte Text bei FLEISCH, Werden (K) 407; vgl. auch VI.6.3.1.

wurde ein Sekretariat eingerichtet; den Vorsitz übernahm der bayerische Theologe Dr. Thomas Breit. 1938 schied er aus diesem Amt, weil er erkannte, »daß [...] die Erreichung positiver Arbeitsergebnisse in der Richtung auf Schaffung der lutherischen Kirche Deutschlands immer mehr unmöglich wurde(n)«.[2] Daraufhin wurde Hans Meiser Vorsitzender. Er lud zum 25./26.8.1945 nach Treysa alle Kirchen ein, die sich dem Rat inzwischen angeschlossen hatten.

In einer Vorbesprechung, an der Meiser und der württembergische Landesbischof Theophil Wurm nicht teilnahmen, weil sie verspätet eintrafen, stimmten die »Vertreter Braunschweigs, Hannovers, der lutherischen Klasse in Lippe, Lübecks, Schaumburg-Lippes und Hamburgs [...] grundsätzlich einem Verfassungsentwurf« zur Bildung einer evangelisch-lutherischen Kirche zu.[3] Aber in einer Sitzung am Abend des 25.8.1945 widersprach Wurm diesem Vorhaben, der sein »Kirchliches Einigungswerk« (vgl. unten 3.1) fortführen wollte. Die geplante Ausrufung der neuen Kirche unterblieb deswegen. Doch hielten Meiser und die Vertreter der übrigen Kirchen an dem Plan einer Bildung der 1936 beschlossenen lutherischen Kirche fest.[4]

Am 19.7.1946 wandte sich der bayerische Landesbischof an die Pfarrer der »Evangelisch-Lutherischen Kirche in Bayern rechts des Rheins.« Erst zum Schluß seines Briefes ging er auf das »Ringen um die Neugestaltung der Kirche« ein: »Immer deutlicher schält sich als das Kardinalproblem für den Neuaufbau die rechte Zuordnung der einzelnen Konfessionen zueinander [...] heraus.« Meiser empfahl, »dem neuen kirchlichen Gebilde« einen bekenntnismäßigen »Mittelpunkt zu geben [...], der bei dem Überwiegen des lutherischen Bekenntnisses selbst in den Kirchen der Union ganz von selbst in diesem Bekenntnis gegeben ist«. Der Rat der EKD habe am 30./31.1.1946 »beschlossen, daß den Landeskirchen das Recht zu solchem Zusammenschluß unbestritten sein soll.« Der Bischof versichert: »Unsere Pfarrerschaft und unsere Synode werden noch Gelegenheit haben, zu dieser Lebensfrage des Luthertums in Deutschland Stellung zu nehmen.«[5] Unterstützung hierfür hatte der Landesbischof bereits beim »Schwabacher Konvent im Lutherischen Einigungswerk« gefunden.[6]

Aber es gab auch erheblichen Widerstand. Viele, die der Lehre der Deutschen Christen widerstanden hatten, fühlten sich denjenigen verbunden, die als Refor-

---

[2] FLEISCH, Lutherrat (K) 54.

[3] AaO, 56; vgl. auch WOLF-DIETER HAUSCHILD, Vom »Lutherrat« z. VELKD: ... und über Barmen hinaus. Stud. z. Kirchl. Zeitgesch. FS f. Carsten Nicolaisen z. 4. April 1994, hg. v. JOACHIM MEHLHAUSEN, Göttingen 1995 (AKiZ B. 23).

[4] Vgl. MEISER, Kirche (B) 216. Die »Erklärung« des Lutherrates vom 27.8.1945 gedr.: KJ 1945–1948, 7f; GERHARD BESIER/HARTMUT LUDWIG/JÖRG THIERFELDER (Hg.), Der Kompromiß v. Treysa. Die Entstehung d. Ev. Kirche i. Deutschland (EKD) 1945. Eine Dokumentation. Bearb. v. Michael Losch, Christoph Mehl, Hans-Georg Ulrichs, Weinheim 1995, 210f (Schriftenreihe d. Pädagogischen Hochschule Heidelberg 24).

[5] LKAH D 15 V Nr. 32 (Kop.); zum Beschluß des Rates der EKD vgl. NICOLAISEN/SCHULZE 1 (B) 323.

[6] Vgl. dessen Schreiben an Hans Meiser vom 18.8.1945: LKAH D 15 V Nr. 32 (Kop.). Von ihm gibt es auch ein Memorandum vom Februar 1948, gedr.: ELKZ 2 (1948), 38ff. 45–48.

mierte oder Unierte sie ebenfalls abgelehnt hatten. Um seine Sicht der Dinge vorzutragen, lud Meiser zu Dekanskonferenzen und Pfarrerversammlungen im September 1947 in Bayreuth, Ansbach, Nürnberg, Würzburg und München ein.[7] Er bewertete diese Treffen positiv,[8] aber es gab auch Widerspruch.[9] Entscheidend mußte sein, wie die Landessynode votieren würde.

Meiser gab auf ihrer Tagung in Bayreuth am 27.10.1947 einen Bericht, in dem er die Entwicklung schilderte und zugleich versicherte, die Vereinigung lutherischer Kirchen soll uns »nicht aus dem Kreis der übrigen Landeskirchen hinausführen.« Er legte aber Wert auf die Feststellung, daß die kirchlichen Zusammenschlüsse bekenntnisbestimmt sein müßten. Meiser hoffte, daß die unierten Kirchen ihr lutherisches Bekenntnis als das bestimmende erkennen würden und es zu einer »›großlutherischen‹ Lösung« komme. Die Reformierten wären, wenn die Lutheraner in den Unionen sich einer lutherischen Kirche anschlössen, eine kleinere Gruppe, mit der man sich verständigen werde. Die lutherischen Landeskirchen bleiben selbständig, soweit sie nicht freiwillig Kompetenzen abgeben.[10] Das Ganze ist ein Plädoyer für eine lutherische Kirche, deren neuer Name inzwischen vorgeschlagen worden war: Vereinigte Evangelisch-Lutherische Kirche Deutschlands (VELKD). Meiser beschreibt das Entscheidungsverfahren, an dessen Ende die Konstituierung dieser Kirche stehen könnte und nach seiner Meinung auch sollte.

Der Vorschlag wurde gründlich erörtert. Am 31.10.1947 – ein bewußt gewähltes Datum – wurde von der Synode beschlossen: »Die Evang.-Luth. Kirche in Bayern tritt der Vereinigten Evang.-Luth. Kirche Deutschlands als Gliedkirche bei.« Die Entscheidung fiel einstimmig. Alle Bedenken waren überwunden oder jedenfalls zurückgestellt worden.[11] Die verfassunggebende Generalsynode der neuen Kirche tagte vom 5. bis 8.7.1948 in Eisenach. An ihr nahmen neben Meiser sieben Vertreter der bayerischen lutherischen Kirche teil. Die Synode beschloß die »Verfassung der Vereinigten Evangelisch-Lutherischen Kirche Deutschlands«.[12] Diese erhielt Rechtskraft durch Ratifizierung der einzelnen Landessynoden. Die bayerische vollzog sie einstimmig während der zweiten or-

---

[7] Vgl. ABlB 1947, 69 und Schreiben Meisers an die Dekane und Pfarrer vom 28.8.1947 (LKAH D 15 V Nr. 25; Kop.).

[8] Vgl. den Aktenvermerk Meisers über die Gespräche: LKAH D 15 Nr. 25 (Kop.).

[9] In der Vollsitzung des Landeskirchenrates am 1./3.10.1947 wurde protokolliert, es seien »etwa 1.000 Pfarrer der Landeskirche erfaßt« worden. Es »bestand der Eindruck, daß das Gros der Pfarrer bereit ist, den Weg der lutherischen Kirche zu gehen [...]. Am unerfreulichsten war die Aussprache hier in München« (LKAN LKR I 102i Bd. 1). Material über das Für und Wider im LKAN NL XXXVI Bd. 66.

[10] Vgl. MEISER, Kirche (B) 214–228 und VLKB Bayreuth 1947. Bereits bei der vorhergehenden Tagung der Landessynode in Ansbach vom 6. bis 9.5.1947 war der Plan einer Bildung einer Vereinigten Ev.-Luth. Kirche dargestellt worden, vgl. VLKB Ansbach 1947.

[11] Vgl. VLKB Bayreuth 1947.

[12] Gedruckt u.a. KJ 1945–1948, 149–157; vgl. auch FLEISCH, Werden (K) 44–55; das erste Referat hielt Walter Künneth (gedr.: Luth. Generalsynode 1948, 31–46).

dentlichen Tagung in Ansbach im September 1948.[13] Weitere Kirchen folgten, so daß die Verfassung am 31.12.1948 in Kraft trat.[14] Bereits vom 25. bis 28.1.1949 tagte die erste ordentliche Generalsynode in Leipzig.[15]

2.2 Mitarbeit in der Vereinigten Kirche

»Die Evangelische Landeskirche in Bayern gilt unter den evangelischen Kirchen in Deutschland als eine der geprägtesten Kirchen des Luthertums.«[16] Bei diesem Selbstverständnis verwundert es nicht, daß sich Bayern besonders stark in diesem konfessionellen Zusammenschluß engagierte. Hinzu kommt, daß Bischof Meiser den Weg zur Bildung einer Vereinigten Lutherischen Kirche nachhaltig gefördert hatte, weil er meinte, daß nur so die territoriale Aufgliederung der Kirchen in Deutschland kompensiert werden könne, nachdem sich eine Aufhebung dieses Prinzips – wie von ihm erhofft – als nicht durchsetzbar erwiesen hatte. Trotzdem war für ihn »die Gründung der Vereinigten Evangelisch-Lutherischen Kirche [...] eine Krönung seines Lebenswerkes.«[17] Deswegen ist es verständlich, daß er der einzige Kandidat für das neue Amt des Leitenden Bischofs war. Mit 35 von 51 Stimmen wurde er gewählt, was zeigt, daß es erhebliche Vorbehalte gab. Meiser nahm die Wahl an und versprach: »Ich möchte mit Ihnen wetteifern in der Gewißheit, daß der Weg, den wir nun angetreten haben, aus dem Wesen und der Sendung unserer luth. Kirche heraus erfolgt und daß wir diesen Weg mit gutem Gewissen gehen.«[18]

Als Leitender Bischof war Meiser Vorsitzender der Kirchenleitung und der Bischofskonferenz der VELKD sowie des Deutschen Nationalkomitees des Lutherischen Weltbundes.[19] Dies nahm viel Kraft in Anspruch. Zugleich wurde das Amtsblatt der bayerischen Kirche zum Amtsblatt der Vereinigten Kirche – eine Lösung, von der erst 1954 Abstand genommen wurde.[20] Bayerischer Einfluß war auch dadurch möglich, daß die Schriftleiter der ELKZ aus der eigenen Kirche kamen, zunächst Ernst Kinder, dann Richard Eckstein. Dagegen war die Zahl der entsandten Synodalen mit fünf von 42 nicht übermäßig groß. Jedoch kamen noch zwei von 12 berufenen Synodalen hinzu. Zum stellvertretenden Beisitzer im Präsidium der Synode wurde Hermann Dietzfelbinger gewählt, und zum

---

[13] Vgl. VLKB Ansbach 1948 und ABlB, 22.10.1948, 95.
[14] Vgl. ABlB 1949, 2.
[15] Vgl. Luth. Generalsynode 1949.
[16] HEINRICH RIEDEL, Ber. aus d. Leben u. d. Arbeit d. Ev.-Luth. Kirche i. Bayern: ELKZ 2 (1948), 100.
[17] HERNTRICH (K) 174.
[18] Luth. Generalsynode 1949, 105; in bezug auf Meisers Wahl heißt es: »15 Zettel waren leer, einer war ungültig« (aaO, 104).
[19] Die Stelle des Beauftragten im Hauptausschuß des Deutschen Nationalkomitees war von Beginn, nämlich 1953 an bis 1998 von bayerischen Theologen besetzt: Karl Nagengast (bis 1960), Ernst Eberhard (1960–81) und Edmund Ratz (1981–98).
[20] Vgl. LKAN LKR zu I 102i (86).

Vorsitzenden des Theologischen Ausschusses Georg Merz.[21] Das Lutherische Kirchenamt erhielt »seinen Sitz in Hannover, außerdem eine Berliner Stelle«.[22]

Die zweite ordentliche Tagung der Generalsynode der VELKD wurde in Ansbach 1950 durchgeführt, die nächste in Rostock, worauf Flensburg 1952[23] folgte und 1953 Berlin-Spandau – der Plan, sich in Weimar zu treffen, war aus politischen Gründen nicht realisierbar gewesen.[24] 1954 erstattete Meiser persönlich seinen letzten Bericht.[25] An der Synode 1955 konnte er wegen einer schweren Erkrankung nicht teilnehmen.[26] Hier trat die neue Generalsynode zusammen, von der Generalstaatsanwalt Otto Gross zum 2. Stellvertreter ihres Präsidenten gewählt wurde. Dietzfelbinger, der Meiser 1955 als Bischof folgte, wurde stellvertretendes Mitglied der Kirchenleitung und 1957 der erste Catholica-Beauftragte.[27] Johannes Meister arbeitete 1954–56 als theologischer Hilfsreferent im Lutherischen Kirchenamt,[28] so daß Bayern auch hier jetzt vertreten war.

Die Vorträge Dietzfelbingers vor den Generalsynoden 1956 (»Toleranz und Intoleranz zwischen den Konfessionen«) und 1957 (»Aufgabe und Verheißung der Predigt«)[29] brachten die Stimme Bayerns weiterhin zu Gehör. Ein Vortrag von Wilhelm Maurer, Erlangen, wurde sehr beachtet.[30] Hugo Schnell ging 1956 als Oberkirchenrat nach Hannover. Präsident des Lutherischen Kirchenamtes war von 1963–67 Max Keller-Hüschemenger. Er wurde in diesem Amt von Schnell abgelöst, der es von 1967–76 innehatte.[31] In der dritten Generalsynode (1961–66) wurde Karl Burkhardt 2. Stellvertreter des Präsidenten.[32] Bayerische Synodale wurden Vorsitzende von Ausschüssen,[33] Beauftragungen von Theologen dieser Kirche (etwa für Jugendarbeit) kommen hinzu.[34]

Vor allem machte Bayern sich für die Errichtung eines Prediger- und Studienseminars der VELKD stark, durch das das Zusammenwachsen der Kirche gefördert werden sollte. Es wurde 1960 in Pullach gegründet. Erster Rektor wurde in der Zeit von 1960–74 Herbert Breit. Ihm folgte Adolf Sperl in den Jahren 1974–

---

21 Vgl. Luth. Generalsynode 1949, 99. 121. 204–207; vgl. auch LICHTENFELD (B) 578ff.
22 FRIEDRICH-OTTO SCHARBAU, Die VELKD. 40 Jahre VELKD – 1948 bis 1988: JÜRGEN JEZIOROWSKI (Hg.), Kirche i. Dialog. 40 Jahre VELKD, Hannover 1988, 86.
23 Der Bericht, den der Leitende Bischof bei dieser Tagung hielt, wurde gedruckt: MEISER, Kirche (B) 248–258.
24 Vgl. ELKZ 8 (1954), 361.
25 Gedr.: Luth. Generalsynode 1954, 26–40.
26 Vgl. ELKZ 9 (1955), 174.
27 Luth. Generalsynode 1955, 451; Dietzfelbinger war auch Catholica-Beauftragter der EKD (vgl. DIETZFELBINGER [B] 279).
28 Vgl. ELKZ 9 (1955), 180 und Personalstand 637.
29 Vgl. ELKZ 10 (1956), 289 und 11 (1957), 197–201.
30 »Luth. Kirche heute«, gedr.: Luth. Generalsynode 1955, 35–54; die Diskussionsbeiträge von Hanns Lilje und von Georg Merz wurden nachgedruckt im KJ 1955, 168–178.
31 Vgl. Personaldaten im LKAN.
32 Vgl. »Organe u. Amtsstellen« 1963, 7, Verzeichnis im Luth. Kirchenamt Hannover.
33 Vgl. Luth. Generalsynode 1961, 461.
34 Vgl. »Organe u. Amtsstellen« 1966, 15, im Luth. Kirchenamt Hannover; in diesem Jahr wird Karl-Heinz Neukamm als Beauftragter für Jugendarbeit genannt (aaO, 16).

80. Dietzfelbinger wurde Vorsitzender des Beirats des Seminars und blieb es bis 1975,[35] so daß sich hier ein Schwerpunkt bayerischer Mitarbeit bildete.

In der 1967 neu gebildeten Generalsynode wurde Hermann Greifenstein Beisitzer im Präsidium. Auch in den Ausschüssen und bei den Beauftragungen ist Bayern weiter an wichtigen Stellen vertreten. In das Lutherische Kirchenamt trat Horst Becker 1965 als Oberkirchenrat ein (–1972).[36]

Einen Einschnitt brachte 1969 die Aufteilung in VELKD und VELK DDR. Dietzfelbinger wurde in der VELKD Stellvertreter des Leitenden Bischofs, und in deren Bischofskonferenz traten zusätzlich zwei Vertreter aus Bayern ein. Dr. Ludwig Blendinger wurde zweiter Vizepräsident der Synode, und Landesbischof Dietzfelbinger wurde aufgrund seines neuen Amtes ständiges Mitglied der Kirchenleitung, die jetzt aus 11 Personen bestand, darunter Greifenstein und Peter Höffkes aus Bayern. Jürgen Jeziorowski war 1969 bis 1998 Oberkirchenrat im Lutherischen Kirchenamt.[37] Beauftragter für Äußere Mission wurde Horst Becker.[38]

Präsident der 6. Generalsynode (1979–84) wurde Dr. Blendinger. Zum Stellvertreter des Leitenden Bischofs wurde Dr. Johannes Hanselmann 1978 gewählt (bis 1987), der noch zusätzlich 1991–1994 das Amt des Catholica-Beauftragten übernahm.[39] Beide gehörten kraft Amtes zur Kirchenleitung, in der als gewähltes Mitglied auch Kreisdekan Johannes Meister mitarbeitete.[40] In der folgenden Synode (1985–90) wurde Hans Sommer 1. Vizepräsident. In der Kirchenleitung arbeiteten Dr. Ursula Böning und Kreisdekan Hermann v. Loewenich mit.[41] Als Oberkirchenräte im Lutherischen Kirchenamt wirkten Albert Mauder (1974–82),[42] Manfred Jahnel (1983–92) und Dr. Manfred Kießig (1982–91). Die Generalsynode, deren Legislatur 1991–96 dauerte, wurde durch den Wiederbeitritt der lutherischen Kirchen von Mecklenburg, Sachsen und Thüringen erheblich verändert. Beisitzer in ihrem Präsidium wurde Gerhard Gohlke, der dies auch in der 9. Generalsynode blieb. Ursula Böning und Hermann v. Loewenich blieben Mitglieder der Kirchenleitung (dieser bis zu seiner Übernahme des Bischofsamtes 1994). Der 1997 gewählten Kirchenleitung gehören aus Bayern Helga Beyler und Franz Peschke an. In das Lutherische Kirchenamt wurden als Oberkirchenräte berufen Dr. Reinhard Brandt 1991, Hans Gänßbauer 1992 und Udo Hahn 1999.[43]

---

[35] Vgl. LKAN LKR I 102i Bd. IV: Vollsitzung vom 14. bis 17.12.1959; vgl. »Organe u. Amtsstellen«, 1963, 16, im Luth. Kirchenamt Hannover; vgl. aaO 1976, 16: in diesem Jahr löste Hanselmann Dietzfelbinger ab.
[36] Vgl. im Luth. Kirchenamt Hannover »Organe u. Amtsstellen« 1968, 7–19. Auch in den Gerichten arbeiteten und arbeiten bayerische Vertreter mit, die aber nicht einzeln genannt werden.
[37] Vgl. Personaldaten im LKAN und jüngste Informationen aus dem Luth. Kirchenamt Hannover.
[38] Vgl. »Organe u. Amtsstellen« 1973, 16, im Luth. Kirchenamt Hannover.
[39] Vgl. Luth. Generalsynode 1978, 159, 1991, 58 und 1994, 137.
[40] Vgl. »Organe u. Amtsstellen« 1980, 1–7, im Luth. Kirchenamt Hannover.
[41] Vgl. »Organe u. Amtsstellen« 1987, 1–9, ebd.
[42] Vgl. »Organe u. Amtsstellen« 1980, ebd.
[43] Vgl. »Organe u. Amtsstellen« 1993, 1–11, und jüngste Informationen ebd.– Die Evangelisch-Lutherische Kirche Sachsens und die Evangelisch-Lutherische Kirche in Thüringen traten 1991 und die Evangelisch-Lutherische Kirche Mecklenburg trat 1992 wieder der Vereinigten Kirche bei (vgl.

Die VELKD wäre ohne die Initiativen und die Mitarbeit aus Bayern nicht das geworden, was sie geworden ist: eine Kirche, von der viele theologische, gemeinde- und religionspädagogische Impulse ausgegangen sind. Die gemeinsame Regelung von Rechtsfragen oder die Bemühungen etwa um eine Ordnung des kirchlichen Lebens – so zuletzt der Entwurf für »Leitlinien kirchlichen Lebens der VELKD« (Texte aus der VELKD 76) vom April 1997 – kommen hinzu, was auch der Evangelisch-Lutherischen Kirche in Bayern zugute kam, deren Einfluß auf die VELKD während der Anfangszeit am größten gewesen ist.

3. Die Evangelische Kirche in Deutschland (EKD)

3.1 Die Entstehung der EKD

Wurm setzte sich seit 1941 für ein »Kirchliches Einigungswerk« ein, »in dem mit Ausnahme der entschiedenen ›Deutschen Christen‹ alle innerprotestantischen Richtungen wieder zusammengeführt werden sollten«.[44] Er lud nach Kriegsende zu einer »Konferenz der evangelischen Kirchenführer« für die Zeit vom 27. bis 31.8.1945 ein. Vorher trafen sich der Reichsbruderrat in Frankfurt[45] und der Lutherrat (vgl. oben 2.1). Bayern widersetzte sich nicht einem Zusammenschluß aller evangelischen Kirchen in Deutschland, legte aber wie die übrigen Mitglieder des Lutherrates wert auf dessen konfessionelle Bestimmtheit, so daß eine evangelische Kirche in Deutschland lediglich als ein Bund von Kirchen denkbar sei.[46]

Selbst dies ging einigen Theologen in Bayern zu weit. Sie wollten die Abendmahlsgemeinschaft mit den selbständigen lutherischen Freikirchen erhalten und lehnten den Begriff EKD ab, weil er zu weitgehend sei.[47] Meiser, dem das lutherische Bekenntnis alles andere als unwichtig war, wollte aber die Brücken zu den reformierten und den unierten Kirchen nicht abbrechen. Er akzeptierte den in Treysa erarbeiteten Kompromiß, hatte aber immer wieder darauf hinzuweisen, daß die EKD als nichts anderes als ein Bund von Kirchen anerkannt worden sei. Es wurde eine »Vorläufige Ordnung der evangelischen Kirche in Deutschland« erarbeitet und ein aus 12 Personen bestehender »Vorläufiger Rat« eingesetzt, in

---

Luth. Generalsynode 1991, 36f und 1992, 39); vgl. auch die Karte der EKD am Schluß des Bandes.

[44] MEHLHAUSEN (K) 487.
[45] Vgl. aaO, 471f.
[46] Vgl. HAUSCHILD (K) 669 und ERNST KINDER, Ev.-Luth. Kirche innerhalb d. Kirchenbundes d. EKD: ELKZ 1 (1947), 1f; vgl. auch GERHARD BESIER/HARTMUT LUDWIG/JÖRG THIERFELDER/ RALF TYRA (Hg.), Kirche nach d. Kapitulation. Das Jahr 1945 – eine Dokumentation, Bd. 2: Auf d. Weg nach Treysa, Stuttgart u.a. 1990.
[47] Vgl. GERHARD HOFFMANN, Der Name d. EKD: ELKZ 2 (1948), 112f. Vom 28.8.1948 gibt es eine Eingabe an die bayerische Landessynode von Pfarrer Friedrich Wilhelm Hopf, in der er »den Weg in die ›Evangelische Kirche in Deutschland‹« strikt ablehnt (vgl. LKAN NL XXXVI, Bd. 66; vgl. dazu auch IX.7).

den der bayerische Landesbischof berufen wurde.[48] Durch ein »Gespräch in Neuendettelsau vom 25.6.1946 gelang eine Verständigung zwischen Lutherrat und Bruderrat«: Der Widerstand gegen eine VELKD wurde von der einen Seite aufgegeben, und von der anderen wurde eine Zusammenfassung aller evangelischen Kirchen in Deutschland konzediert.[49]

Die Erarbeitung der »Grundordnung« der EKD war kompliziert.[50] Am 15.6.1948 wendete sich die »Gesellschaft für Innere und Äußere Mission im Sinne der lutherischen Kirche« an die »Eisenacher Kirchenversammlung der EKD« und meinte: »Wir erkennen dankbar, daß Gott den evangelischen Kirchen in Deutschland manches Gemeinsame im geistlichen Leben und in der Abwehr von Unglaube und Irrlehre geschenkt hat. Es muß aber auch nüchtern erkannt und aufrichtig zugegeben werden, daß uns das einmütige Verständnis des Wortes und der Sakramente leider noch nicht zuteil geworden ist. Ohne dieses gibt es jedoch keine echte Kircheneinheit.« Daraus wird gefolgert: »Der Zusammenschluß der evangelischen Kirchen Deutschlands hat sich in allen Bestimmungen seiner Ordnung und um der gebotenen Aufrichtigkeit willen unbedingt auch in seinem Namen als Kirchenbund zu erweisen.«[51]

Nachdem die Verfassunggebende Generalsynode der VELKD am 8.7.1948 in Eisenach ihre Arbeit abgeschlossen hatte, trat die Verfassunggebende Kirchenversammlung der EKD dort vom 9. bis 13.7.1948 zusammen.[52] An ihr nahmen 11 Synodale aus Bayern teil.[53] Zur Feststellung von Abendmahlsgemeinschaft kam es nicht.[54] Die Versammlung beschloß die »Grundordnung« der EKD und wählte einen Rat, der aus 12 Personen bestand, darunter Meiser. Die einstimmig angenommene Grundordnung war ein Kompromiß, an dem die verschiedenen Richtungen mitgearbeitet hatten. Meiser war als Vorsitzender des Lutherrates der Sprecher einer Gruppe und brachte seine Vorstellungen nachdrücklich ein.[55] Insofern ist auch bei der Entstehung der EKD ein wichtiger Einfluß aus Bayern konstatierbar.

Während der Tagung der bayerischen Landessynode, in der der Beitritt zur VELKD beschlossen wurde (vgl. oben 2.1), wurde auch ein »Kirchengesetz über den Beitritt zur Evangelischen Kirche in Deutschland« angenommen. Darin heißt es: »Die Evangelisch-Lutherische Kirche in Bayern tritt unter Wahrung ihres unantastbaren Bekenntnisstandes der Evangelischen Kirche in Deutschland als einem Bund lutherischer, reformierter und unierter Kirchen nach Maßgabe

---

[48] Vgl. BRUNOTTE (K) 300ff und MEHLHAUSEN (K) 498.
[49] Vgl. HAUSCHILD (K) 669.
[50] Vgl. BRUNOTTE (K), NICOLAISEN/SCHULZE 1 u. 2 (B) und ANNEMARIE SMITH-V. OSTEN, Von Treysa 1945 bis Eisenach 1948, Göttingen 1980 (AKiZ B. 9).
[51] ELKZ 2 (1948), 114. Dieser Text ist auch in LKAH D 15 V Nr. 25 vorhanden.
[52] Vgl. PETER BRUNNER, Eisenach 1948: ZEvKR 3 (1954), 126–163.
[53] Nämlich Meiser und Oberkirchenrat Otto Bezzel von der Kirchenleitung, fünf gewählte und vier berufene Mitglieder (LKAH D 15 V Nr. 6).
[54] Vgl. HAUSCHILD (K) 669.
[55] HERNTRICH (K) 174 betont Meisers Einfluß auf die Grundordnung.

der von der Kirchenversammlung in Eisenach am 13. Juli 1948 beschlossenen Grundordnung bei.«[56] Die Landessynode unterstützte also die lutherische Position, die bei der Verfassunggebenden Synode der EKD eingebracht worden war.

3.2 Mitarbeit in der EKD

Im September 1948 wurde festgelegt, daß in die erste Synode der EKD aus Bayern sechs Synodale entsendet werden sollten.[57] Rasch entstanden innerhalb der EKD erhebliche Spannungen. Das Datum des 25.10.1950 trägt eine von Meiser unterzeichnete Verlautbarung des Landeskirchenrats, in der er sich von »verschiedenen Erklärungen zur politischen Lage« durch Martin Niemöller abgrenzt. Dessen »Äusserungen [sind] nicht im Auftrag und nicht im Sinn unserer Kirche geschehen [...]. Wir sagen das mit Trauer; denn wir wissen, was D. Niemöller im Kirchenkampf bedeutet hat.« In politischen Fragen habe »der einzelne Christ aus dem in Gottes Wort gebundenen Gewissen heraus« zu entscheiden. Die Kirche dürfe ihm nicht »im Namen des Evangeliums politische Entscheidungen aufzwingen.«[58] Niemöller hatte am 31.8.1945 die Leitung des Kirchlichen Außenamtes der EKD übernommen. Das brachte weitere Schwierigkeiten mit sich.[59] Auch mit dem Deutschen Kirchentag gab es Verständigungsbedarf.[60]

1952 referierte Walter Künneth vor der Synode der EKD über »Die öffentliche Verantwortung des Christen.«[61] Meiser meinte vor der Landessynode im Oktober 1952, »die Wogen« seien »oft hoch« gegangen. Trotz aller »Spannungen« hoffe er aber, »im Bund der Evangelischen Kirche in Deutschland vereint bleiben [zu] können.«[62] Aber schon ein Jahr später fühlte er sich veranlaßt, vor der Landessynode auf den Beschluß vom 14.9.1948 hinzuweisen: »Der Bundescharakter der EKiD ist durch Artikel 1 Abs. I der Grundordnung eindeutig ausgesprochen. Bei Unklarheiten [...] wird die Evang.-Luth. Landeskirche in Bayern an dem Bundescharakter festhalten.«[63]

In der zweiten Synode der EKD (Periode 1955–1960) veränderte sich die Zahl der bayerischen gewählten Synodalen nicht. Im Präsidium der ersten EKD-Synode arbeitete Dr. Meinzolt mit,[64] während in der folgenden Bayern in diesem

---

[56] ABlB 1948, 98.
[57] Vgl. LKAN NL XXXVI, Bd. 124.
[58] LKAH D 15 VI Nr. 60.
[59] Vgl. z.B. Protokoll der Bischofskonferenz der Vereinigten Kirche vom 28.10.1952 (LKAN NL XXXVI, Bd. 90).
[60] Vgl. z.B. Protokoll der Bischofskonferenz der Vereinigten Kirche vom 30.9.1953 (aaO). Vgl. schon Meisers Bericht vor der Landessynode in Ansbach vom 13. bis 18.9.1951: VLKB 7–16, bes. 15 (vgl. auch LKAN NL XXXVI, Bd. 68).
[61] Der Vortrag ist gedruckt: Ber. Elbingerode 1952, 70–90.
[62] VLKB Bayreuth 1952, 19 und LKAN NL XXXVI, Bd. 69.
[63] ABlB 1948, 99 und VLKB Bayreuth 1953, 16.
[64] Vgl. Ber. 1949.

Leitungsorgan nicht vertreten war. Jedoch blieb die Kirche im Rat präsent: Oberkirchenrat Heinrich Riedel gehörte ihm 1955–67 an.[65] Auch in der dritten Synode der EKD (1961–1966) finden wir sechs gewählte Synodale aus Bayern.[66]

Einen Höhepunkt für bayerische Mitarbeit brachte die vierte Synode (Tagungsperiode 1967–72) sowohl in personeller wie in inhaltlicher Hinsicht. Die in Ost und West getrennt tagende Synode hatte einen Ratsvorsitzenden zu wählen. Die Entscheidung schien zwischen Hanns Lilje und Kurt Scharf zu fallen, als Hermann Dietzfelbinger für diese Aufgabe vorgeschlagen wurde, und zwar besonders von der Regionalsynode Ost. Mit 129 von 146 Stimmen wurde er gewählt.[67] Er konnte die Bildung des »Bundes der evangelischen Kirchen in der DDR« und die damit von der EKD vollzogene Trennung 1969 nicht verhindern. Eine Erkrankung erlaubte es ihm 1970 nicht, sich an der EKD-Synode zu beteiligen. Auf ihr wurde eine Veränderung der EKD beschlossen: »An die Stelle des Kirchenbundes« sollte »eine engere Gemeinschaft der Kirche (Bundeskirche) treten.«[68] Der Präses der Synode, der Jurist Ludwig Raiser, war einer »der entschlossensten Verfechter der Reform«, Dietzfelbinger dagegen sah in ihr die Absicht, »das bekenntnismäßige wie das gliedkirchliche Element zugunsten einer größeren Zentralisation« zurückzudrängen. Eine Verständigung zwischen Synodalpräsident und Ratsvorsitzendem kam auch durch einen persönlichen Briefwechsel nicht zustande.[69] Raiser referierte über seine Vorstellungen vor der bayerischen Landessynode.[70] Dietzfelbinger ergriff vor demselben Gremium öfter zu diesem Thema das Wort.[71] Am 12.3.1971 beschloß die Landessynode einstimmig: »Das Ziel, volle Kanzel- und Abendmahlsgemeinschaft in der EKD herzustellen, [ist] eine Angelegenheit der bekenntnisbestimmten Gliedkirchen und nicht Sache der EKD.«[72] Damit war das letzte Wort über die Veränderung aber noch nicht gesprochen. Nachdem in der Württemberger Synode 1976 die Zweidrittelmehrheit für eine EKD-Reform knapp verfehlt worden war,[73] hielt die bayerische Landessynode eine Entscheidung über eine neue Grundordnung der EKD nicht mehr für sinnvoll und lehnte sie 1980 endgültig ab.[74] Die engagierte Mitarbeit Dietzfelbingers in der EKD[75] ging also nicht ohne gegenseitige Blessuren ab.

---

[65] Vgl. Ber. Espelkamp 1955, 7. 11f. Der Wahlvorschlag war angegriffen worden, woraufhin Meiser sich für ihn stark machte (zusammen mit anderen), was Erfolg hatte.
[66] Vgl. Ber. Berlin 1961, 381. 383.
[67] Vgl. Ber. Berlin und Fürstenwalde 1967, 178 und DIETZFELBINGER (B) 290ff.
[68] HAUSCHILD (K) 675.
[69] DIETZFELBINGER (B) 301.
[70] VLKB Neuendettelsau 1972, 9–15.
[71] Z.B. VLKB Schweinfurt 1971, 15ff. Vgl. auch HERMANN DIETZFELBINGER, Die Vielfalt i. d. Einheit: LM 12 (1973), 72–75; DERS., Kirche mit zu viel Bundesgewalt: EK 6 (1973), 678ff.
[72] VLKB Schweinfurt 1971, 178.
[73] Vgl. HAUSCHILD (K) 675.
[74] Vgl. VLKB Würzburg 1977, 168f und ABlB 67 (1980), 100f.
[75] So schrieb er als Ratsvorsitzender z.B. wegen der südafrikanischen Apartheidspolitik an den dortigen Ministerpräsidenten (vgl. DIETZFELBINGER [B] 307).

1973 wurde wieder ein Bayer in den Rat gewählt, Dr. Werner Hofmann, der ihm vier Legislaturperioden (bis 1997) als juristischer und finanzpolitischer Berater angehörte. Seitdem ist Claus-Jürgen Roepke Mitglied dieses Gremiums. Auch in der Kirchenkonferenz haben Bayern kontinuierlich mitgearbeitet. Im Präsidium der 6. Synode war Karl Heinz Neukamm stellvertretender Präses, in dem der 7. Synode (1985–90) war Crafft Freiherr Truchseß von Wetzhausen Beisitzer, was auch in der 8. Synode der Fall war.[76]

Auch im Kirchlichen Außenamt waren Referenten aus Bayern tätig: Dr. Karl-Christian Felmy (1971–75), Dr. Jürgen Micksch (1972–84), Reinhold Mauritz (1976–92) und Dr. Heinz Ohme (1979–83), während Claus-Jürgen Roepke 1974–80 in der Kirchenkanzlei arbeitete. Im Kirchenamt war Ludwig Markert (1986–91) und sind gegenwärtig aktiv Ernst Lippold (seit 1981), Volker Faigle (seit 1990) und Peter Weigand (seit 1993). 1997 wurde Johanna Haberer erste Rundfunkbeauftragte des Rates der EKD.

4. Der Ökumenische Rat der Kirchen (ÖRK)

Während und nach dem Ende des Zweiten Weltkrieges setzte eine große Welle von Hilfsbereitschaft für Flüchtlinge, Vertriebene und Notleidende durch zahlreiche christliche Kirchen ein.[77] Der Wunsch nach einem besseren Zusammenschluß der Kirchen kam hinzu. Die »Stuttgarter Schulderklärung«[78] machte es möglich, auch die deutschen Kirchen für eine Aufnahme in den ökumenischen Kreis von Kirchen vorzusehen. 1948 sollte in Amsterdam die Gründung des ÖRK vollzogen werden. Aber bereits im Vorfeld kam es zu Schwierigkeiten. Meiser schrieb am 23.12.1947 an Niemöller als Leiter des Kirchlichen Außenamtes der EKD, daß Hanns Lilje und er überlegten, angesichts der vorgesehenen Delegation[79] nicht nach Amsterdam zu reisen. Sie hielten die Vertretung lutherischer Anliegen nicht für gewährleistet. Am gleichen Tag informierte Meiser die Bischöfe anderer lutherischer Kirchen.[80] Der bayerische Landesbischof fuhr dann doch in die Niederlande, wo er in das erste Zentralkomitee des ÖRK 1948 gewählt wurde.[81]

Aufsehen, aber auch Verwirrung rief der Beschluß der Generalsynode der VELKD vom 27.1.1949 hervor: 1. Jede Gliedkirche der Vereinigten Kirche »ist

---

[76] Vgl. Ber. Berlin-Spandau 1979, 354, Ber. Berlin-Spandau 1985, 391 und Ber. Coburg 1991, 335.– Die evangelischen Kirchen in der DDR, die aus der EKD ausgeschieden waren, traten 1991 wieder in sie ein (vgl. KJ 117/118 [1990/91], 181–375).
[77] Vgl. WILLEM ADOLF VISSER 'T HOOFT, Die Entstehung d. ÖRK: RUTH ROUSE U. STEPHEN CHARLES NEILL, Gesch. d. Ökum. Bewegung, 2. Teil, Göttingen 1958, 405ff.
[78] Vgl. MARTIN GRESCHAT, Stuttgarter Schulderklärung: EKL³ 4, 533f.
[79] Vgl. dazu NICOLAISEN/SCHULZE 2 (B) 286f. 398.
[80] Vgl. LKAH D 15 V Nr. 25.
[81] Vgl.: Die Unordnung d. Welt u. Gottes Heilsplan, Bd. 5, hg. v. d. STUDIENKOMMISSION D. ÖKUM. RATES I. GENF, Tübingen 1948, 314. 326 und HEIWIK (B) 28.

im Oekumenischen Rat als eine Kirche des evangelisch-lutherischen Bekenntnisses vertreten. 2. Vertreter, die aus ihrer Mitte in den Oekumenischen Rat entsandt werden, sind als evangelisch-lutherisch zu bezeichnen. 3. Innerhalb der Grenzen der Zuständigkeit der Evangelischen Kirche in Deutschland läßt sie sich im Oekumenischen Rat durch die Vermittlung des Rats der Evangelischen Kirche in Deutschland vertreten.«[82]

Meiser und anderen lag daran, daß es im ÖRK nicht zu einer regionalen Gliederung kam, sondern daß die konfessionelle erhalten blieb. Diese Auffassung vertrat auch der Landeskirchenrat, der am 2.2.1949 erklärte, die bayerische Kirche »ist im Oekumenischen Rat als eine Kirche des evangelisch-lutherischen Bekenntnisses vertreten.« Ihre »Vertreter [...] sind als evangelisch-lutherisch zu bezeichnen. Innerhalb der Grenzen der Zuständigkeit der EKD läßt sie sich im Oekumenischen Rat bis auf weiteres durch die Vermittlung des Rates der EKD vertreten.«[83] Auch die Generalsynode stellte nochmals 1950 fest, daß ihr Beschluß vom Januar 1949 »im Sinne einer unmittelbaren Mitgliedschaft der lutherischen Gliedkirchen in dem Oekumenischen Rat der Kirchen zu verstehen« sei.[84] Das änderte aber faktisch nichts an der Federführung der EKD,[85] die sich immer mehr durchsetzte.[86]

Auf die zweite Vollversammlung des ÖRK 1954 in Evanston wurde in Bayern aufmerksam gemacht und »der innere Fortschritt in dem [...] oekumenischen Gespräch, neue Ansatzpunkte im dogmatischen Denken und das Vorwärtsdrängen der Jungen Kirchen« wurden besonders hervorgehoben.[87] Krankheitsgründe hinderten Hermann Dietzfelbinger an einer Beteiligung an der dritten Vollversammlung des ÖRK 1961 in Neu-Delhi,[88] dafür war er aber 1968 »Leiter der Delegation aus der Bundesrepublik« bei der Vollversammlung in Uppsala.[89]

---

[82] Luth. Generalsynode 1949, 155–166. Der Landeskirchenrat diskutierte am 3.2.1949 den »Anschluss der Landeskirche an die Ökumene« und beschloß: »Die Anmeldung erfolgt in der auf der Generalsynode empfohlenen Form, jedoch mit dem Zusatz, daß die Vermittlung der EKD ›bis auf weiteres‹ in Anspruch genommen wird« (LKAN LKR I 102 i, Bd. 1).

[83] LKAN NL XXXVI Bd. 185.

[84] Vgl. LKAN LKR zu I 102 i Bd. 83.

[85] Jedoch hat der Landeskirchenrat noch am 25.8.1952 die »Vertretung beim Genfer Sekretariat des Oekumenischen Rates der Kirchen dem Lutherischen Kirchenamt« übertragen (LKAN LKR I 102i Bd. II [79]).

[86] Das »Kirchengesetz über die Mitarbeit der EKD in der Ökumene« vom 6.11.1996 legt fest, daß die EKD »ihre ökumenischen Aufgaben in Fühlungnahme mit ihren Gliedkirchen« wahrnimmt (ABlEKD H. 12, 1996, 525–528). Über das Verhältnis zur Evangelischen Kirche Lutherischen Bekenntnisses in Brasilien gibt es ein Verwaltungsabkommen zwischen der EKD und der Ev.-Luth. Kirche in Bayern (vgl. Rechtssammlung 2.6.1996 [B] Nr. 79).

[87] HEINRICH FOERSTER, Neue Perspektiven i. ökum. Gespräch: NELKB 9 (1954), 212ff; vgl. auch Meisers Bericht vor der Landessynode in Bayreuth 1953: VLKB 16.

[88] DIETZFELBINGER (B) 238; unter den Delegierten werden aus Bayern Liselotte Nold und Georg F. Vicedom genannt (Neu-Delhi 1961, hg. v. WILLEM A. VISSER 'T HOOFT, Stuttgart 1962, 402; vgl. auch HAROLD E. FEY [Hg.], Gesch. d. ökum. Bewegung 1948–1968, Göttingen 1974).

[89] DIETZFELBINGER (B) 295. In Uppsala waren (wieder) Nold und Oberkirchenrat Dr. Werner Hofmann zugegen (Ber. aus Uppsala 1968, hg. v. NORMANN GOODALL u. WALTER MÜLLER-RÖMHELD, Genf 1968, 441. 451). Auch an der 5. Vollversammlung des ÖRK beteiligte sich der baye-

Zu Spannungen zwischen ÖRK und deutschen Kirchen kam es seit 1970 wegen des Antirassismusprogramms, das vom ÖRK ins Leben gerufen worden war.[90] Um zu einer Verständigung zu kommen, besuchten Vertreter der bayerischen und der Württemberger Kirche unter der Leitung von Landesbischof Hanselmann die Gesprächspartner des ÖRK im Februar 1977. In Bayern wurde darüber ausführlich und zum Teil kontrovers diskutiert und informiert. Diese gemeinsame Arbeit wurde interpretiert als ein Beispiel dafür, »die Verbindung des Ökumenischen Rates mit seinen Mitgliedskirchen zu intensivieren«. Sie trug zur Beseitigung von Mißverständnissen und zur Verständigung über die unterschiedlichen Standpunkte bei.[91] Die Landessynode der Evangelisch-Lutherischen Kirche in Bayern nannte 1982 den ÖRK »eine Gemeinschaft von [...] Kirchen, die danach strebt, gemeinsam das Ziel der sichtbaren Einheit der Kirche zu verwirklichen.« Auch der Sonderfonds, »der Organisationen, die von Rassendiskriminierung betroffen werden, für humanitäre Aufgaben unterstützt«, wurde genannt und hinzugefügt: »Unsere Kirche beteiligt sich nicht an seiner Finanzierung, sondern überläßt die Unterstützung dieses Sonderfonds der Gewissensentscheidung des einzelnen.«[92] Eine personelle Mitarbeit im ÖRK in Genf durch bayerische Kirchenmitglieder ist nicht erfolgt. Es blieb bei der Beteiligung an den Vollversammlungen.[93]

5. Der Lutherische Weltbund (LWB)

Nachdem Landesbischof August Marahrens den Vorsitz im Exekutivkomitee des Lutherischen Weltkonvents nach dem Ende des Zweiten Weltkrieges niedergelegt hatte, wurden die restlichen Mitglieder zum Juli 1946 nach Uppsala eingeladen, unter ihnen Hans Meiser. Er traf verspätet ein und erklärte in seinem Grußwort: »Als unsere eigenen Kirchen brannten und zerstört wurden, erinnerten wir uns daran, daß das deutsche Volk die jüdischen Synagogen einriß und mit Feuer verbrannte [...]. Wir [...] sind bereit zu aller erforderlichen Wieder-

---

rische Landesbischof (Ber. aus Nairobi 1975, hg. v. HANFRIED KRÜGER u. WALTER MÜLLER-RÖMHELD, Frankfurt/Main 1976, 381).

[90] Vgl. REINHARD MUMM, Woher u. Wohin? 25 Jahre ÖRK: NELKB 28 (1973), 305ff; KONRAD RAISER, Ein Instrument d. Kirchen. Bedeutung u. Arbeit d. ÖRK: aaO 30 (1975), 61–64.

[91] HERMANN GREIFENSTEIN, Keine verbindlichen Rezepte f. eine neue Welt. Eindrücke aus einer Begegnung i. Ökum. Rat i. Genf: NELKB 32 (1977), 81–84; vgl. auch aaO, 84–87 die beigefügte »Dokumentation«.

[92] ABlB 69 (1982), 330.

[93] Die sechste Vollversammlung des ÖRK wurde 1983 in Vancouver und die siebte 1991 in Canberra durchgeführt; vgl. Ber. aus Vancouver 1983, hg. v. WALTER MÜLLER-RÖMHELD, Frankfurt/Main o.J. und: Im Zeichen d. Hl. Geistes. Ber. aus Canberra 1991, hg. v. WALTER MÜLLER-RÖMHELD, Frankfurt/Main 1991.– Ihrer Grundordnung gemäß (Art. 17 Abs. 2) vertritt die EKD ihre Mitgliedskirchen auch in der 1959 gegründeten Konferenz Europäischer Kirchen. Hier ist ihr direkter Einfluß noch unmittelbarer als beim ÖRK, für den ja besondere Beschlüsse der VELKD gefaßt wurden.– Zur Leuenberger Konkordie vgl. VII.10.1.1.3.

gutmachung, um eine wirkliche christliche Brüderschaft wiederherzustellen [...]. Wir können nur bitten, daß Ihr das Unrecht vergeben wollt, das wir begangen haben.« Erzbischof Erling Eidem von Uppsala antwortete: »Wir nehmen Ihre herzlichen Worte in aller Demut auf und möchten Sie in herzlicher Gemeinschaft in unserem Herrn Jesu Christo grüßen.«[94] Auf diese Weise wurden die deutschen Lutheraner wieder in das weltweite Luthertum integriert. Für 1947 wurde die Gründungsversammlung eines LWB vorgesehen. Von den 130 Delegierten sollten 40 Deutsche sein, und im neuen Exekutivkomitee mit 16 Plätzen wurden vier für Deutsche vorgesehen.[95]

Die Gründungsversammlung wurde in Lund durchgeführt. Die von ihr verabschiedete Verfassung vom 1.7.1947 wurde von Vertretern von 39 Kirchen unterschrieben, darunter von Meiser, der zum Mitglied des Exekutivkomitees gewählt wurde.[96] Die bayerische Landessynode bestätigte am 13.9.1948 »die Mitgliedschaft der Evang.-Luth. Kirche in Bayern im Lutherischen Weltbund« und stimmte »der in Lund beschlossenen Verfassung des Lutherischen Weltbundes [...] zu.« Die Entscheidung fiel einstimmig.[97] Bei der zweiten Vollversammlung des LWB werden zehn Delegierte aus Bayern genannt,[98] 1957 bei der dritten sind es 13, unter ihnen Dietzfelbinger, der in das Exekutivkomitee gewählt wurde, in dem er bis 1977 blieb.[99] Die vierte Vollversammlung in Helsinki 1963 wurde von sieben bayerischen Delegierten besucht.[100]

Eine wichtige Anregung für den Lutherischen Weltbund kam aus Bayern, nämlich ein Ökumenisches Institut zu gründen. Der Plan wurde 1957 bei der dritten Vollversammlung vorgetragen.[101] Es gelang, eine Stiftung zu errichten, die das Institut wirtschaftlich ermöglichte. 1965 wurde es in Straßburg eröffnet. Dietzfelbinger wurde der Vorsitzende des Kuratoriums und behielt dieses Amt bis 1978.[102] 1984 bis 1990 hatte Hanselmann diese Position inne. Die bayerische Präsenz in Genf hielt sich dagegen in Grenzen. Dort arbeiteten lediglich Jürgen

---

[94] LKAN NL XXXVI Bd. 187; vgl. auch JOHANNES HANSELMANN, Luth. Profil als ökum. Beitr. i. d. weltweiten Kirche: Identität i. Wandel i. Kirche u. Gesellschaft. Richard Riess z. 60. Geburtstag, Göttingen 1998, 237–245.

[95] Vgl. LKAN NL XXXVI Bd. 187.

[96] Vgl. Der Luth. Weltbund. Lund 1947, hg. v. Landesbischof D. MEISER, Stuttgart 1948, 20f; vgl. auch Siegfried GRUNDMANN, Der Luth. Weltbund, Köln u.a. 1957.

[97] VLKB Ansbach 1948, 28.

[98] Vgl. Das lebendige Wort i. einer verantwortlichen Kirche. Offizieller Ber. d. zweiten Vollversammlung d. LWB Hannover 1952, hg. v. CARL E. LUND-QUIST, Hannover o.J., 192.

[99] Vgl. Offizieller Ber. d. dritten Vollversammlung d. LWB, Minneapolis 15.–25. August 1957, hg. v. CARL E. LUND-QUIST, München 1958, 224 und DIETZFELBINGER (B) 227. 231.

[100] Vgl. Offizieller Ber. d. vierten Vollversammlung d. LWB, Helsinki 30. Juli – 11. August 1963, hg. v. KURT SCHMIDT-CLAUSEN, Berlin 1965, 552.

[101] Vgl. DIETZFELBINGER (B) 243.

[102] Vgl. aaO, 243–248. Der bayerische Landesbischof, der sich für diese Gründung jahrelang eingesetzt hatte, formulierte: »Für meine gesamte ökumenische Arbeit ist das Ökumenische Institut [...] zu einem der wichtigsten Schwerpunkte geworden« (248). In Straßburg arbeitete von 1965 bis 1968 Friedrich Wilhelm Kantzenbach mit, der von 1958 bis 1982 Professor an der Kirchlichen Hochschule in Neuendettelsau gewesen ist. Für seine Tätigkeit in Straßburg wurde er von der bayerischen Landeskirche beurlaubt (vgl. Personalstand 601).

Roloff als Assistent in der Theologischen Abteilung 1958–61 und Friedrich Wilhelm Künneth als Sekretär der Kommission für Erziehungsfragen und für Gottesdienst 1967–69.[103]

Abendmahlsgottesdienst der Vollversammlung des Lutherischen Weltbundes, Budapest 1984, Landesbischof Johannes Hanselmann, rechts, zusammen mit Bischof Zoltán Káldy, Ev.-Luth. Kirche Ungarns.

---

[103] Personalstand 430. 280.

Jedoch setzte sich die Arbeit in den Vollversammlungen (Evian 1970,[104] Daressalam 1977,[105] Budapest 1984, Curitiba 1990 und Hongkong 1997) kontinuierlich und ohne Spannungen fort. 1977 wurde Hanselmann Vizepräsident des Lutherischen Weltbundes und 1987 dessen Präsident. Dieses Amt übte er bis 1990 aus[106] und hatte dadurch die Vollversammlung in Curitiba zu leiten. Er setzte sich für eine stärkere Zusammenarbeit im Lutherischen Weltbund ein und unterstützte eine entsprechende Verfassungsreform. 1990 wurde Anna-Maria aus der Wiesche in das Exekutivkomitee (den späteren »Rat«) des Lutherischen Weltbundes gewählt[107] und 1997 Joachim Track,[108] so daß die bayerische Mitarbeit in diesem Gremium kontinuierlich möglich ist.

Die seit 1945 eingetretenen Veränderungen sind also in unterschiedlicher Intensität von der Evangelisch-Lutherischen Kirche in Bayern in den nationalen und internationalen kirchlichen Zusammenschlüssen mitgestaltet worden. Besonders in der VELKD und im Lutherischen Weltbund ist der Einfluß groß. Aber auch in der EKD haben Mitglieder dieser Kirche an wichtigen Stellen mitgearbeitet und tun dies nach wie vor.

---

[104] Vgl. Evian 1970. Offizieller Ber., bearb. v. CHRISTIAN KRAUSE u. WALTER MÜLLER-RÖMHELD, Witten u.a. 1970.
[105] Vgl. Daressalam 1977, bearb. v. HANS-WOLFGANG HESSLER u. GERHARD THOMAS, Frankfurt/Main o.J.
[106] Vgl. JENS HOLGER SCHJØRRING/PRASSANNA KUMARI/NORMAN HJELM (Hg.), Vom Weltbund z. Gemeinschaft. Gesch. d. Luth. Weltbundes 1947–1997, Hannover 1997, 420.
[107] Vgl. Sonntagsblatt. Ev. Wochenzeitung f. Bayern, Nr. 27 v. 6.7.1997, 18.
[108] Vgl. aaO, 27.7.1997, 7.

VII.10 ÖKUMENISCHE ENTWICKLUNGEN UND INTERRELIGIÖSE KONTAKTE

Von Michael Martin

Ökumenelexikon. Kirchen, Religionen, Bewegungen, hg. v. HANFRIED KRÜGER/WERNER LÖSER/WALTER MÜLLER-RÖMHELD, Frankfurt/Main ²1987.

1. Christliche Ökumene

1.1 Die Entwicklung der ökumenischen Beziehungen seit 1945

Nach Kriegsende waren die ökumenischen Kontakte der Landeskirche vor allem auf die weltweite lutherische Gemeinschaft gerichtet. Von dort erfuhr man über verschiedene Hilfswerke materielle Unterstützung, beachtlich war aber auch die geistliche Stärkung, die von anderen lutherischen Kirchen, vor allem aus den USA und aus Skandinavien, ausging. Mit der wachsenden Bewältigung der Kriegsfolgen verschob sich dann allerdings der Blick immer mehr von der internationalen Ökumene[1] weg hin zu der vor Ort.

Eine ganze Reihe von inneren und äußeren Faktoren hat das innerbayerische ökumenische Feld seit 1945 verändert. Im Außenbereich sorgten vor allem demographische Verschiebungen, die zunehmende Mobilität der Gesellschaft und eine veränderte politische Situation für einen Klimawandel, der die Kirchen näher zueinander brachte. Aber auch im Innenraum der Kirchen kam es zu gewaltigen Veränderungen. Dabei waren die Öffnung der römisch-katholischen Kirche für den ökumenischen Dialog mit dem 2. Vatikanischen Konzil (1962–65), die Verabschiedung der Leuenberger Konkordie (1973/1976) und die Gründung der Arbeitsgemeinschaft christlicher Kirchen (1974) von herausragender Bedeutung.

1.1.1 Beziehungen zur römisch-katholischen Kirche

Der 2. Weltkrieg hatte das konfessionelle Gefüge in Bayern erheblich durcheinandergebracht. Viele evangelische Heimatvertriebene fanden in rein katholischen Gebieten eine neue Heimat.[2] Dadurch kam es an vielen Orten zu einem zögernden Kennenlernen der anderen Konfession und zu Ansätzen ökumenischer Zusammenarbeit. In katholischen Kirchen fanden evangelische Gottesdienste statt, knapp 300 evangelische Kirchen wurden für katholische Messen zur Verfügung

---

[1] Zur Beteiligung der Landeskirche an internationalen ökumenischen Zusammenschlüssen (LWB, ÖRK, KEK etc.) vgl. VII.9.4 und 5.
[2] Vgl. dazu VII.1.2.3.

gestellt.³ Besonders bei Beerdigungen kamen Katholiken mit evangelischer Predigt und Frömmigkeit in Berührung, und viele der evangelischen Flüchtlinge lernten katholische Spiritualität schätzen. Erhebliche Impulse für die Ökumene vor Ort gingen auch von ehemaligen Soldaten aus. Ebenso waren Erfahrungen in Konzentrationslagern nicht unerheblich. Überregionale Organisationen wie die Una-Sancta-Bewegung⁴ gaben zusätzliche Anstöße. So bewirkte die Nachkriegssituation eine Annäherung der beiden Konfessionen, auch wenn beide Kirchen vorrangig um innere Stabilisierung rangen und auf die Bewältigung der eigenen Probleme fixiert blieben. Als ein »nahezu unüberwindliches Hindernis für eine ökumenische Verständigung«⁵ wurde zwar die Verkündigung des Dogmas von der leiblichen Aufnahme Marias in den Himmel von 1950 auch in Bayern angesehen, die ökumenische Annäherung jedoch war unumkehrbar.⁶

Die veränderten Rahmenbedingungen hatten in der Landeskirche auch strukturelle Veränderungen zur Folge. So wurde im Oktober 1950 erstmals ein nebenamtlicher Beauftragter für ökumenische Arbeit ernannt. 1962 errichtete man eine Stelle für ökumenisch-missionarische Aufgaben im Landeskirchenamt in München.⁷ Schwerpunkte der Arbeit waren die Begleitung der ökumenischen Aktivitäten in der Jugend- und Studentenarbeit, wo die Konfessionsgrenzen zum Teil verschwammen, die Beobachtung von Lehrentwicklungen und die Anregung ökumenischer Studienarbeit in den Kirchenkreisen.⁸ Wie mühselig allerdings konkrete Schritte zu gemeinsamen Handlungen in der Breite blieben, zeigt beispielsweise die von der Bewegung für Glauben und Kirchenverfassung seit 1920 angeregte Gebetswoche für die Einheit der Christen.⁹ Erstmals 1962 sprach der Landeskirchenrat eine Empfehlung für dieses gemeinsame Gebet aus, allerdings verbunden mit einer Warnung vor möglichen Gefahren. Nachdem seit 1966 die Materialien für diese Gebetswoche vom Päpstlichen Rat für die Einheit der Christen und vom ÖRK gemeinsam vorbereitet werden, wurde ein solches Gebet zum erstenmal gemeinsam am 17.5.1969 von Kardinal Julius Döpfner und

---

³ Vgl. SIMON, Kirchengesch.² (B) 672; ROEPKE (B) 431.
⁴ Vgl. dazu VII.10.1.2.2.
⁵ REINHARD FRIELING, Der Weg d. ökum. Gedankens, Göttingen 1992, 133 (Zugänge z. KG 10).
⁶ Über ökumenische Annäherungen und ihre Grenzen: DIETZFELBINGER (B) 270–288; JOHANNES HANSELMANN, Einander nicht loslassen. Zum gegenwärtigen Stand d. ökum. Gesprächs: Diener am Wort – Bischof d. Kirche. FS z. 60. Geburtstag v. Landesbischof D.Dr. phil. Mag. Theol. Johannes Hanselmann, hg. v. LANDESKIRCHENRAT D. EV.-LUTH. KIRCHE I. BAYERN, München 1987, 322–341; im HBKG 3 wird die Frage der Ökumene kaum berührt (481: »Ökumenismus« in der Theologie der Spätaufklärung; 371: bloße Erwähnung der Una-Sancta-Bewegung).
⁷ Am 4.10.1950 wurde Studienrat Pfarrer Norbert Rückert als Ökumenebeauftragter ernannt (vgl. LKAN LKR II, 243 Bd. I), 1958 Pfarrer Karlheinz Atzkern, beide aus Nürnberg (vgl. LKAN LKR II, 243 Bd. II), am 3.3.1962 Kirchenrat Pfarrer Hans Neumeyer mit Sonderauftrag für ökumenisch-missionarische Aufgaben eingesetzt (vgl. LKAN LKR V, 844e Bd. I). Letzterer wurde durch einen ökumenisch-missionarischen Beirat in seiner Arbeit unterstützt (vgl. LKAN LKR V, 844c Bd. I).
⁸ Vgl. bes. LKAN LKR II, 243 Bd. I, II und IV.
⁹ Vgl. HANS-MARTIN STECKEL, Gebetswoche f. d. Einheit d. Christen: Ökumenelexikon (K) 428f.

Landesbischof Hermann Dietzfelbinger in der Münchner St. Matthäus-Kirche durchgeführt.

Landesbischof Hermann Dietzfelbinger, rechts, und Julius Kardinal Döpfner, links; am 17. Mai 1969 in der Münchner St. Matthäus-Kirche.

Große Hoffnungen und eine ökumenische Aufbruchsstimmung lösten das 2. Vatikanische Konzil und in dessen Folge die gemeinsame Synode der deutschen Bistümer in Würzburg (1971–1975) aus. Landesbischof Dietzfelbinger setzte in seinen Ausführungen über das Konzil immer wieder Zeichen der Verständigung. In der Gemeindepraxis näherte man sich vor allem im gottesdienstlichen Bereich an. Unter dem Stichwort »Ökumene vor Ort« kam es in manchen Gemeinden zu vielfältigen Formen gemeinsamen geistlichen Lebens. Da dieses Miteinander auch in ökumenischen Gottesdiensten bis hin zur Interkommunion einen Ausdruck fand, entwickelte sich vielerorts ein Konflikt zwischen der Praxis vor Ort und den Vorgaben der kirchlichen Hierarchie, vor allem auf römisch-katholischer Seite. Überdeutlich wurden die Gegensätze von ökumenischem Aufbruch »von unten« und der lehramtsgebundenen »Ökumene der kleinen Schritte und Verbote« beim Pfingsttreffen in Augsburg 1971, zu dem das Zentralkomitee der Deutschen Katholiken und der Deutsche Evangelische Kirchentag gemeinsam eingeladen hatten. Die Teilnehmer und Teilnehmerinnen verabschiedeten eine ganze Reihe von Resolutionen an die Kirchenleitungen. Gefordert wurde unter anderem, künftig Kirchbauten gemeinsam durchzuführen, Mitglieder beider Konfessionen gegenseitig zur Kommunion zuzulassen,

Prediger auszutauschen, die Sonntagspflicht für katholische Christen auch durch den Besuch eines ökumenischen oder evangelischen Gottesdienstes erfüllen zu können, die Seelsorgefelder gemeinsam wahrzunehmen, entwicklungspolitisches Engagement zusammenzuführen oder die Konfessionsverschiedenheit für katholische Christen nicht länger als Ehehindernis zu werten.[10] Die Resolutionen erhielten ein sehr unterschiedliches Echo. In manchen Bereichen, wie in der Sonderseelsorge, kam es zu einer intensiven Zusammenarbeit. Dies gilt vor allem für die Telefonseelsorge und für die Kooperation im Krankenhaus sowie bei Behindertengruppen. Es kam auch zum Bau einiger weniger ökumenischer Gemeindezentren (Würzburg-Lengfeld 1975, Nürnberg-Thon 1987, München-Putzbrunn 1993, Bad Griesbach 1993), die wichtige ökumenische Erfahrungsfelder darstellen. Von ev.-luth. Seite, die für die Forderungen der Teilnehmer offener war, erfolgte 1975 die Einladung an katholische Christen zur Teilnahme an der Feier des Abendmahls;[11] auch im politischen und entwicklungspolitischen Bereich wurden viele Themen gemeinsam aufgegriffen. Im konfliktreichen Feld der konfessionsverschiedenen Ehe kam es erst sehr langsam zu kleinen Veränderungen. 1970 unterbreiteten die Ökumenische Kommission der katholischen Bistümer in Bayern und die Ökumenische Kommission der Landeskirche ihren Kirchenleitungen Vorschläge, wie auf diesem Feld die Konfrontation durch eine Kooperation ersetzt werden könnte, bis hin zur gemeinsamen liturgischen Trauung. Auch als 1971 die Voraussetzungen für »ökumenische Trauungen« gegeben waren,[12] blieb durch einen oft die Paare belastenden Umgang mit der Dispenspflicht und dem Brautexamen ein breiter Konfliktbereich. Durch gemeinsame Brautleutetagungen versuchte man auf beiden Seiten mancherorts die Verpflichtung an diesen Paaren wahrzunehmen. Erst 1993 kam es zu einer von der Freisinger Bischofskonferenz und dem Landeskirchenrat gemeinsam herausgegebenen Handreichung für konfessionsverschiedene Ehepaare.[13] Hier wurden gleichzeitig die Seelsorgerinnen und Seelsorger auf gemeinsame Verantwortung hin in die Pflicht genommen und für die Heiratswilligen der Prozeß der kirchlichen Eheschließung transparent gemacht.

---

[10] PRÄSIDIUM D. DEUTSCHEN EV. KIRCHENTAGES U. ZENTRALKOMITEE D. DEUTSCHEN KATHOLIKEN (Hg.), Ökum. Pfingsttreffen Augsburg 1971. Dokumente, Stuttgart u.a. 1971 (mit Resolutionen der Arbeitsgruppen).

[11] Pastoraltheol. Handreichung z. Frage einer Teilnahme ev.-luth. u. röm.-kath. Christen an Eucharistie- bzw. Abendmahlsfeiern d. anderen Konfession, hg. i. Auftrag d. Generalsynode d. VELKD v. LUTH. KIRCHENAMT, Hannover 1975 (TVELKD 15/1981).

[12] Papst Paul VI., Motu proprio »Matrimonia mixta«, 31.3.1970. Die veränderte Rechtslage wurde 1971 von der Deutschen Bischofskonferenz umgesetzt. Liturgische Formulare für konfessionsverschiedene Trauungen wurden entwickelt. Zum aktuell gültigen Formular vgl. DEUTSCHE BISCHOFSKONFERENZ/RAT D. EKD (Hg.), Gemeinsame Feier d. Trauung. Ordnung d. kirchl. Trauung f. konfessionsverschiedene Paare unter Beteiligung d. z. Trauung Berechtigten beider Kirchen, Leipzig u.a. 1995.

[13] Konfessionsverschiedene Ehe. Eine Verstehens- u. Arbeitshilfe, erarbeitet v. einer Arbeitsgruppe d. Ökum. Kommission d. Kath. Bistümer i. Bayern u. d. Ökumene-Fachausschusses d. Landeskirche i. Auftrag d. Freisinger Bischofskonferenz u. d. Landeskirchenrats d. Ev.-Luth. Kirche i. Bayern, München ²1995.

Unnachgiebig zeigte sich die römisch-katholische Kirche gegenüber den Forderungen nach einer Lockerung der Sonntagspflicht im Fall des Besuchs eines ökumenischen Gottesdienstes, bei der Genehmigung derselben und vor allem bei Fällen von Interkommunion.[14] Viele katholische Pfarrer setzten sich über diese Vorgaben hinweg und wurden deshalb strafversetzt. Der ökumenischen Gemeinschaft am Ort wurde so schwerer Schaden zugefügt.

Seit Beginn der siebziger Jahre ist in beiden Kirchen das Bewußtsein gewachsen, als Christen gemeinsam Verantwortung für die Gesellschaft zu tragen. Auch wenn nach wie vor in manchen sozialethischen Fragen Dissens besteht – so wich beispielsweise die römisch-katholische Kirche von den strengen sexualethischen Positionen der Enzyklika »Humanae vitae« von 1968 nicht ab –, kam es bei Diakonie und Caritas zu immer engerer Kooperation. Seit 1994 führen beide Kirchen gemeinsam die »Woche für das Leben« durch, in der jeweils Randgruppen der Gesellschaft verbunden mit sozialethischen Themen ins Blickfeld gerückt werden.

Ein wichtiges Feld der Zusammenarbeit sind die an die Kirchen herangetragenen Bitten um gemeinsame Einweihungshandlungen. Von der Arbeitsgruppe »Ökumenische Segensfeiern« wurden deshalb liturgische Formulare für solche Anlässe entwickelt.[15] Eine Voraussetzung dafür war die Erarbeitung eines gemeinsamen Textes des Glaubensbekenntnisses,[16] dessen Einführung durch die Landessynode 1974 beschlossen wurde.[17]

Die kirchenleitenden Organe der Landeskirche gingen mit der Annahme der Ergebnisse der Studie »Lehrverurteilungen – kirchentrennend?« (1993)[18] und der »Gemeinsamen Erklärung zur Rechtfertigungslehre« (1997)[19] weitere Schritte zur Aufarbeitung der Trennungs- und Verletzungsgeschichte. Mit der Unterzeichnung der »Gemeinsamen offiziellen Feststellung«[20] am 31.10.1999 in Augsburg wurde die »Gemeinsame Erklärung zur Rechtfertigungslehre« offiziell angenommen. Erstmals ist so ein Ergebnis der ökumenischen Dialoge zwischen der römisch-katholischen Kirche und den lutherischen Kirchen auf Weltebene offiziell rezipiert. Das dabei in Bezug auf die Rechtfertigungslehre angewandte ökumenische Modell des differenzierten Konsenses läßt nun nicht nur auf weitere Schritte der Annäherung hoffen, sondern stellt auch ein realistisches Modell für Kirchengemeinschaft in versöhnter Verschiedenheit dar.

---

[14] Auch für konfessionsverschiedene Ehepaare gibt es keine Ausnahmeregelung (vgl. ACK-NÜRNBERG, Zur Frage d. eucharistischen Gastfreundschaft bei konfessionsverschiedenen Ehen u. Familien. Eine Problemanzeige. Text u. Dokumentation, Nürnberg ²1998).
[15] KERNER/NÜBOLD (B).
[16] Außer »heilige christliche« bzw. »heilige katholische Kirche«.
[17] Vgl. ABlB 1974, 129.
[18] VLKB Günzburg März 1993, 176f.
[19] VLKB Schweinfurt November 1997, 251–255.
[20] Abdruck: epd-Dokumentation Nr. 24/99 v. 7.6.1999, 49ff.

1.1.2 Beziehungen zu den orthodoxen Kirchen

In der Nachkriegszeit gab es nur einige kleine orthodoxe Gemeinden in Bayern. Zumeist gehörten sie zu den Exilkirchen aus dem kommunistischen Machtbereich (russisch-, ukrainisch-, rumänisch-, bulgarisch-orthodox). Da ihre Heimatkirchen, von denen sie sich wegen deren »kommunistischer Verstrickungen« distanzierten, dem ÖRK angehörten, waren sie fast durchwegs militant antiökumenisch und grenzten sich ab. Über die »Kommission zur Unterstützung orthodoxer Priester«, die hauptsächlich staatliche Gelder an orthodoxe Gemeinden weitergab, und durch Hilfestellungen der Ortsgemeinden erhielten sie dennoch manche Förderung.

Erst aufgrund der Zuwanderung von Gastarbeitern in den sechziger und siebziger Jahren entstanden neue orthodoxe Gemeinden. Am meisten verstärkten sich die griechisch-orthodoxe und die serbisch-orthodoxe Kirche in den Ballungsräumen München und Nürnberg. Die meisten orthodoxen Gemeinden wurden in evangelischen oder katholischen Gemeinderäumen und Kirchen zur Feier ihrer Gottesdienste und für gemeindliche Aktivitäten gastfreundlich aufgenommen. In jüngster Zeit waren die großen orthodoxen Gemeinden in der Lage, sich eigene Gemeindezentren und Kirchen zu bauen. Auch dabei erfuhren sie mannigfache Hilfeleistungen durch die Landeskirche. Vor allem Verfolgungssituationen in der Türkei, in Äthiopien und Ägypten führten zur Gründung von orientalisch-orthodoxen Gemeinden in Bayern. So entstanden größere syrisch-orthodoxe und äthiopisch-orthodoxe Gemeinden, dazu auch kleinere koptische und armenische. Mit diesen in der Regel ökumenisch sehr aufgeschlossenen Gemeinden entstanden gute Verbindungen. Insgesamt war die Zuwanderung orthodoxer Christen in den vergangenen dreißig Jahren so stark, daß sie nunmehr die drittgrößte Konfession in Bayern bilden.

Starke Impulse für die Begegnung und Beschäftigung mit der Orthodoxie gingen von dem 1965 errichteten Lehrstuhl für die Geschichte und Theologie des Christlichen Ostens in Erlangen aus.[21] Ein ebenfalls in Erlangen am 8.12.1984[22] eröffnetes Studienkolleg für orthodoxe Stipendiaten der EKD ermöglicht orthodoxen Theologen das Kennenlernen lutherischer Theologie und eröffnet langfristig einen auf breiter Basis geführten theologischen Dialog.

Die Orthodoxie-Kommission der Landeskirche hat zum besseren Verständnis zwischen Orthodoxen und Lutheranern seit den achtziger Jahren eine Reihe von

---

[21] Erste Lehrstuhlinhaberin war seit 1966 die Baltin Fairy von Lilienfeld, die auch im Dialog der EKD mit verschiedenen autokephalen orthodoxen Kirchen eine wichtige Rolle spielte.– In München gibt es seit 1984 innerhalb der katholisch-theologischen Fakultät einen Lehrstuhl für orthodoxe Theologie. Eine orthodoxe Fakultät befindet sich in München im Aufbau.
[22] Vgl. Festrede von Bischof Rolf Koppe anläßlich des 10-jährigen Jubiläums des Studienkollegs für orthodoxe Stipendiaten der EKD am 1.10.1994 (Registratur d. EKD, Az. 5600/3). Darin findet sich eine ausführliche Schilderung der Vor- und Gründungsgeschichte des Studienkollegs sowie eine Bilanz der ersten 10 Jahre seines Bestehens; vgl. EKD Bulletin Nr. 1 März 1995, 14.

Faltblättern mit Grundinformationen herausgegeben.²³ Insgesamt jedoch blieb die Orthodoxie weitgehend fremd. Daran änderte auch die Aufnahme einiger gern verwendeter liturgischer Gesänge aus orthodoxen Kirchen im lutherischen Gottesdienst wenig. Die Ergebnisse von theologischen Gesprächen blieben weit hinter denen mit der römisch-katholischen Kirche zurück. Vereinbarungen geschwisterlichen Miteinanders, etwa im Bereich konfessionsverschiedener Ehen, waren bisher mit den orthodoxen Kirchen nicht zu erreichen.

1.1.3 Beziehungen zu den kleinen Kirchen und christlichen Gemeinschaften

Auch »die in Bayern kleinen Kirchen«²⁴ waren nach dem Krieg zuerst einmal auf die Neustrukturierung und den Wiederaufbau von Gemeinden konzentriert. Zum Teil fanden sich, wie beispielsweise bei den Mennoniten, die Einheimischen gegenüber der großen Anzahl von Flüchtlingen in der Minderheit. Vielfältige Hilfe kam für sie aus den Schwesterkirchen, vor allem aus den USA und der Schweiz. Wo Verträge mit der Landeskirche bestanden, wie mit der Reformierten Kirche in Bayern, blieben diese in Kraft. Ansonsten schuf erst die bayerische ACK die Plattform für einen regelmäßigen Dialog.²⁵

Einen Wendepunkt hin zur Vertiefung der Gemeinschaft zwischen lutherischen, unierten und reformierten Kirchen stellte die Leuenberger Konkordie (LK) von 1973 dar. Dem Beschluß zur LK gingen jahrelange, intensive Diskussionen über die Arnoldshainer Thesen zur Abendmahlsfrage und zur Kirchengemeinschaft voraus. Nach langwierigen Verhandlungen wurde mit der Annahme der LK durch alle kirchenleitenden Organe der Landeskirche 1976²⁶ Kanzel- und Abendmahlsgemeinschaft vereinbart. Diese veränderte das Verhältnis von Reformierten und Lutheranern auch vor Ort positiv,²⁷ da sie von den Gemeinden rasch praktiziert wurde.

Zur Evangelisch-methodistischen Kirche entwickelten sich vor allem im sozial-karitativen Bereich intensive Kontakte. Nachdem auch die theologischen Ge-

---

²³ Orth. Christen unter uns: Kirche ökumenisch. Orientierungshilfe f. d. Gemeinde VI; Orth. Frömmigkeit – f. Evangelische erklärt: Kirche ökumenisch. Orientierungshilfe f. d. Gemeinde VII; Sakramente i. d. orth. Kirche – f. Evangelische erklärt: Kirche ökumenisch. Orientierungshilfe f. d. Gemeinde X; Unser Bekenntnis z. Hl. Geist u. d. »Filioque« – ein ökum. Problem: Kirche ökumenisch. Orientierungshilfe f. d. Gemeinde XVII; Wer wir sind. Ev. Christen stellen sich orth. Christen vor: Kirche ökumenisch. Orientierungshilfe f. d. Gemeinde XVIII–XIX (deutsch, russisch, serbisch, griechisch).
²⁴ Zur Evangelisch-Reformierten Kirche vgl. VIII.; zu den Freikirchen vgl. IX.
²⁵ Vgl. dazu auch IX.1.
²⁶ Vgl. ABlB 1974, 129f (1. Lesung der Zustimmungserklärung der Landessynode zur Konkordie Reformatorischer Kirchen in Europa; vgl. den Bericht des Grundfragenausschusses: 13ff); ABlB 1975, 10f (Zustimmung der Landessynode zur LK); ABlB 1975, 66ff (Erklärung des Landesbischofs zur LK: Ablehnung der Zustimmung); ABlB 1975, 69 (Aufschub der Stellungnahme des Landeskirchenrates zur LK); ABlB 1976, 303–306 (Zustimmung des Landesbischofs und des Landeskirchenrates zur LK).
²⁷ Vgl. WACHTER (B), bes. 39 u. 50; vgl. dazu auch VIII.3.

spräche²⁸ zu einem positiven Abschluß gebracht werden konnten, wurde 1987 ebenfalls Kanzel- und Abendmahlsgemeinschaft erklärt. Seitdem sind auch hier gute geschwisterliche Kontakte entstanden.²⁹

Sehr positiv entwickelte sich auch das Verhältnis zur altkatholischen Kirche. Hier kam es zwar noch nicht zu Kanzel- und Abendmahlsgemeinschaft, aber zur gegenseitigen Einladung zum Abendmahl, wobei dessen Einsetzung nur durch Ordinierte festgelegt wurde,³⁰ und zu einer Vertiefung der Gemeinschaft vor Ort.

Dagegen blieben trotz der oft guten und konstruktiven Zusammenarbeit in der ACK die Beziehungen zu den baptistischen Kirchen in Bayern vor allem wegen der theologischen Differenzen in bezug auf die Taufe weitgehend von Abgrenzung bestimmt. Eine Ausnahme bilden hier die Mennoniten. Nach erfolgreichen Lehrgesprächen auf der Ebene der VELKD wurde 1996 die gegenseitige Einladung zum Abendmahl vereinbart und erstmalig offiziell unter Mitwirkung von Landesbischof Hermann von Loewenich in den Räumen der Regensburger Mennonitengemeinde praktiziert.³¹

Mit anderen der ACK-Bayern angehörenden christlichen Gemeinschaften wie der Heilsarmee oder den Quäkern entstand eine fruchtbare Zusammenarbeit auf deren speziellen Einsatzfeldern, wie etwa der Obdachlosenarbeit oder dem Friedensengagement.

Die fremdsprachigen evangelischen Gemeinden (z.B. Finnen, Holländer, Koreaner, Chinesen oder Vietnamesen) wurden oft in Kirchen und Gemeindehäusern der Landeskirche aufgenommen. Dabei spielte die jeweilige Bekenntnistradition zunehmend keine große Rolle mehr.³²

1.2 Ökumenische Aktivitäten

1.2.1 Kirchliche Partnerschaften

In den Jahren nach dem 2. Weltkrieg wurden die bisherigen Partnerschaften der Landeskirche mit Tansania und Papua-Neuguinea³³ durch andere Partner aus der lutherischen Ökumene wahrgenommen. Auch hier war ein Neubeginn nötig.

---

²⁸ LUTH. KIRCHENAMT/KIRCHENKANZLEI D. EV.-METH. KIRCHE (Hg.), Vom Dialog z. Kanzel- u. Abendmahlsgemeinschaft. Eine Dokumentation d. Lehrgespräche u. d. Beschlüsse d. kirchenleitenden Gremien, Hannover 1987.

²⁹ Vgl. ÖKUMENEREFERAT D. LANDESKIRCHE (Hg.), Zusammenkommen – Weitergehen. 10 Jahre Kanzel- u. Abendmahlsgemeinschaft zwischen d. Ev.-meth. Kirche i. Deutschland u. d. Ev.-Luth. Kirche i. Bayern, München 1997; vgl. dazu auch IX.5.

³⁰ Vereinbarung über d. gegenseitige Einladung z. Teilnahme an d. Feier d. Eucharistie, Hannover 1985.

³¹ Vgl. MICHAEL MARTIN, Die luth.-mennonitischen Beziehungen i. Deutschland. Vereinbarung d. gegenseitigen Einladung z. Abendmahl: Una Sancta 51 (1996), 245–255.

³² Vgl. KIRCHENAMT D. EKD (Hg.), Zur ökum. Zusammenarbeit mit Gemeinden fremder Sprache oder Herkunft. Eine Handreichung d. EKD, Hannover 1996 (EKD-Texte 59).

³³ Vgl. dazu VII.5.6.

Das mit Beschluß der Landessynode vom November 1971 errichtete Missionswerk[34] übernahm die Partnerschaften zur Ev.-Luth. Kirche von Papua-Neuguinea (ELC-PNG) und zur Ev.-Luth. Kirche in Tanzania (ELCT). Aus der Partnerschaft mit der ELC-PNG erwuchsen Beziehungen zu der Ev.-Luth. Kirche von Hongkong, der Lutherischen Kirche in Malaysia und Singapur, der Lutherischen Kirche in Korea und dem Chinesischen Christenrat. Daneben besteht aus historischen Gründen[35] weiterhin enger Kontakt zur lutherischen Kirche in Australien. Aus der Partnerschaft mit der ELCT gingen Beziehungen zu der Kenianischen Ev.-Luth. Kirche und der Ev.-Luth. Kirche in Mosambik hervor. Bei der jungen Ev.-Luth. Kirche in Kongo (Zaire) hat das Missionswerk zum Aufbau der kirchlichen Arbeit beigetragen. Aufgrund einer Vereinbarung mit der VELKD nahm das Missionswerk auch Kontakt mit den ev.-luth. Kirchen in Äthiopien und Liberia auf.

Die Tätigkeit des Martin-Luther-Vereins in Bayern und die damit verbundene Zusammenarbeit zwischen Bayern und Brasilien führte 1980 zur Partnerschaftsvereinbarung zwischen der Landeskirche und der Evangelischen Kirche Lutherischen Bekenntnisses in Brasilien (IECLB).[36] Neben einem intensiven wechselseitigen Pfarreraustausch und Projekthilfen entstanden regionale Partnerschaften. Aus der Beziehung zur IECLB sind in Absprache mit der EKD auch partnerschaftliche Beziehungen mit den evangelischen Kirchen in Argentinien und Chile erwachsen. Nachdem in den achtziger Jahren vielfältige Kontakte besonders zwischen Gemeinden, Dekanatsbezirken[37] und Initiativgruppen mit der Gemeinschaft der Lutherischen Kirchen in Zentralamerika (CILCA) entstanden waren – der Einsatz für Gerechtigkeit und Frieden hatte dabei einen besonderen Stellenwert –, entschied 1995 die Landessynode, auch mit diesen Kirchen eine besondere Vereinbarung über partnerschaftliche Beziehungen abzuschließen.[38] 1994 war bereits eine Dreiervereinbarung zwischen Landeskirche, IECLB und CILCA zustandegekommen,[39] die insbesondere den Pfarrer- und Pfarrerinnenaustausch einschließlich der Finanzierung regelt.

Die Öffnung der Grenzen nach Osteuropa seit 1989 ermöglichte eine Intensivierung der Beziehungen zu den dortigen Kirchen. 1992 kam es zu einer Partnerschaftsvereinbarung zwischen der Landeskirche und der Ev.-Luth. Kirche in Ungarn.[40] Hier entstand eine Reihe von Gemeindepartnerschaften sowie ein re-

---

[34] Zur Vorgeschichte und Gegenwart des Missionswerks vgl. TRIEBEL (B); vgl. auch VII.5.5.
[35] Seit 1875 wurden Missionare aus dem Neuendettelsauer Missions- und Diasporaseminar nach Australien entsandt, die zur Gründung der heutigen lutherischen Kirche in Australien beitrugen.
[36] ABlB 1980, 288ff; Rechtssammlung Januar 1998 (B) Nr. 80; vgl. HANS-GÜNTHER HERRLINGER, Convivencia – gemeinsam leben. Partnerschaft mit d. Ev.-Luth. Kirche Luth. Bekenntnisses i. Brasilien: NELKB 53 (1998), 152ff.
[37] Z.B. Dekanatsbezirk München und lutherische Synode in El Salvador; Dekanatsbezirk Nürnberg und lutherische Kirche »Glaube und Hoffnung« von Nicaragua.
[38] Rechtssammlung Januar 1998 (B) Nr. 85.
[39] Noch unveröffentlicht; im Landeskirchenamt unter Az. 15/74–2/3/0–5.
[40] Rechtssammlung Januar 1998 (B) Nr. 90.

ger Austausch im Bildungs-, Frauen- und Jugendbereich. In Absprache mit der EKD begann die Unterstützung der Deutschen Ev.-Luth. Kirche in der Ukraine (DELKU).[41] Pfarrer wurden entsandt, der Aufbau einer Kirchenverwaltung ermöglicht, Hilfen für den Gemeindeaufbau bereitgestellt, Bauprojekte durchgeführt und schwierige Verhandlungen mit staatlichen Stellen über die Rückgabe kirchlicher Gebäude geführt. Aus Nachbarschaftsbegegnungen der Kirchenkreise Regensburg und Bayreuth[42] und im Rahmen der Aktion »Fastenopfer«[43] entstanden Verbindungen zu den evangelischen Kirchen in Tschechien, der Slowakei, Rumänien, Polen und dem Baltikum. Seit 1990[44] unterhält die Landeskirche eine exemplarische Beziehung zur Eparchie Kostroma an der Wolga innerhalb der Russischen Orthodoxen Kirche.

Neben diesen landeskirchlichen Partnerschaften gibt es regionale und lokale Vereinbarungen. So bestehen Partnerschaften des Kirchenkreises Nürnberg mit der Diözese Hereford und des Kirchenkreises Bayreuth mit der Diözese Chichester, die die »Meissener Erklärung« zwischen der EKD und der Kirche von England von 1988[45] mit Leben füllen. Seit 1985 treffen sich im Rahmen der »Coburger Gespräche« Vertreter und Vertreterinnen der beiden Kirchenkreise, der Diözese Chichester und der Erzdiözese Bamberg in regelmäßigen Abständen zum theologischen Dialog. Zwischen dem Kirchenkreis Augsburg und der South-East-Synod der Evangelical Lutheran Church in America (ELCA), Atlanta (Georgia), wurde 1997 genauso eine Partnerschaft begonnen wie zwischen dem Kirchenkreis Ansbach-Würzburg und der Synode von Upper Susquehanna im Bundesstaat Pennsylvania.[46] Zahlreiche weitere ökumenische Beziehungen von Dekanatsbezirken und Gemeinden, beispielsweise auch im Rahmen von Städtepartnerschaften, füllen die landeskirchlichen Partnerschaften mit Leben.

1.2.2 Kirchliche Arbeitsgemeinschaften, Vereine, Verbände und Kommunitäten

Aufgrund der wirtschaftlichen Entwicklung ist die Landeskirche zunehmend in die Lage gekommen, anderen Kirchen Hilfe zukommen zu lassen. Für die evangelischen Minderheitskirchen in Lateinamerika, Mittel- und Osteuropa geschieht

---

[41] Vgl. CLAUS-JÜRGEN ROEPKE, »Ein kirchengesch. Ereignis«. Zur Gründung einer Luth. Kirche i. d. Ukraine: NELKB 47 (1992), 81ff, NELKB 48 (1993), 256f und NELKB 50 (1995), 17f; CHRISTOF HECHTEL, Ukraine – Warten auf d. Wende: JbMiss 1996, Bayer. Teil, 311–317.

[42] Z.B. im Rahmen der »Euregio Egrensis«.

[43] Landesweite Spendenaktion der Landeskirche in der Passionszeit seit 1991 zugunsten der Kirchen in Mittel- und Osteuropa.

[44] Vgl. den Beschluß der Landessynode zur Situation in der Sowjetunion und Bereitstellung von Hilfsgeldern: VLKB Rummelsberg November 1990, 174.

[45] In der Meissener Erklärung wird die bereits bestehende Gemeinschaft zwischen der EKD und der Kirche von England formuliert und die Verpflichtung zur gemeinsamen Weiterarbeit an noch offenen Fragen, wie der Bedeutung des historischen Bischofsamtes, eingegangen. Vgl. KIRCHENAMT D. EKD (Hg.), Die Meissener Erklärung. Eine Dokumentation, Hannover 1993 (EKD-Texte 47).

[46] Vgl. THOMAS PRIETO PERAL, Im Westen viel Neues. Impulse aus d. bayer. Partnerschaften mit Nordamerika u. England: NELKB 53 (1998), 104ff.

diese Unterstützung auch durch die *Diasporawerke*,[47] den Martin-Luther-Bund und das Gustav-Adolf-Werk, deren bayerische regionale Gliederungen seit 1972 in der Arbeitsgemeinschaft der Diasporadienste (AGDD)[48] zusammengeschlossen sind. Durch den Martin-Luther-Verlag und das Theologenheim des Martin-Luther-Bundes in Erlangen dient dieser »dem Bau und der Pflege der lutherischen Kirchen in aller Welt«.[49] Sein bayerischer Zweig, der Martin-Luther-Verein,[50] unterhält in München seit 1985 mit dem Collegium Oecumenicum[51] ein weiteres internationales Studienkolleg.

Der *Evangelische Bund*, ein Arbeitswerk der EKD, versucht, den Beitrag der Reformationskirchen in die Ökumene einzubringen.[52] Im bayerischen Landesverband ist dies seit 1995 wesentlich forciert worden.

Die ökumenischen Freizeiten von Else Müller[53] in Bayern, Skandinavien und Großbritannien in der zweiten Hälfte der fünfziger Jahre[54] führten 1960 zu deren Anstellung im Jugendwerk für den Arbeitsbereich »ökumenische Jugendarbeit«. 1962 wurden erstmals Teilnehmerinnen und Teilnehmer aus ganz Europa zu dem jährlich stattfindenden *ökumenischen Studienkurs* nach Josefstal eingeladen, 1970 der *Ökumenische Jugendrat* in Bayern, der wesentlich zur Konstituierung der ACK-Bayern beitrug, gegründet und 1982 eine Stelle für ökumenische Studienarbeit im Landeskirchenamt eingerichtet.

Parallel zu den kirchlichen ökumenischen Aktivitäten entwickelten sich *transkonfessionelle Gruppen* für bestimmte Herausforderungen über die Konfessionsgrenzen hinaus. Dazu gehört auch der Weltgebetstag der Frauen.[55] Der erste ökumenische Arbeitskreis in Bayern, der sich mit der Aufarbeitung dogmatischer Kontroversfragen auf dem Hintergrund der Mischehenproblematik beschäftigt, ist der 1938 gegründete Una-Sancta-Kreis München.[56] Insbesondere nach dem 2. Vatikanischen Konzil entstanden zahlreiche solcher ökumenischer Arbeitskreise, deren Bedeutung heute aber eher abnimmt. Hierbei ist auch die action 365[57] zu nennen, eine Gemeinschaft von ökumenischen Basisgruppen, die Ende der fünfziger Jahre entstand. All diese Basisgruppen arbeiten seit 1969 zu-

---

[47] Vgl. SCHELLENBERG (B); PETER SCHELLENBERG, Dienst an d. Diaspora – Dienst f. d. Kirche. Die deutschen Diasporawerke i. anderthalb Jh.: LKW 30 (1983), 139–156.
[48] Vgl. UDO HAHN (Hg.), Diaspora – miteinander unterwegs, Neuendettelsau o.J.
[49] Satzung des Vereins Martin-Luther-Bund e.V. vom 1.1.1986, § 2(1).
[50] Vgl. dazu VII.10.1.2.1.
[51] Vgl. HANS ROSER, Zur Gesch. d. Collegium Oecumenicum. Ökumene unter luth. Dach: DERS. (Hg.), Ökumene live. 10 Jahre Collegium Oecumenicum d. Martin-Luther-Vereins i. München, München 1997, 21–24.
[52] Vgl. WALTER FLEISCHMANN-BISTEN/HEINER GROTE, Protestanten auf d. Wege. Gesch. d. Ev. Bundes, Göttingen 1986 (BensH 65); HEINER GROTE, Ev. Bund: TRE 10, 683–686.
[53] Vgl. KARL FOITZIK, Else Müller: Una Sancta 39 (1984), 82ff.
[54] LKAN LKR II, 243 Bd. II und III.
[55] HELGA HILLER/HILDEGARD ZUMACH, Weltgebetstag d. Frauen: Ökumenelexikon (K) 1272f; vgl. dazu auch VII.7.4.3.1.
[56] NORBERT STAHL, »Eins in Ihm«. Der Una-Sancta-Kreis München 1938–1998, hg. v. d. KATH. AKADEMIE I. BAYERN, München 1998.
[57] WOLFGANG TARARA, action 365: Ökumenelexikon (K) 14.

sammen in der Arbeitsgemeinschaft Ökumenischer Kreise e.V. Die Herausforderung zum gemeinsamen Handeln angesichts der Überlebensfragen der Menschheit führte zur Gründung von ökumenischen Gruppen, die sich speziellen Themen widmeten. So entstanden »Eine-Welt-Läden«, Ökologie-Kreise, Initiativen für Arbeitslose, Ausländer oder Asylbewerber, Friedensgruppen und viele weitere Aktionsgemeinschaften, die oft mit säkularen Basisgruppen wie »amnesty international« oder »Greenpeace« zusammenarbeiten. Seit der Vollversammlung des ÖRK in Vancouver 1983 wird dieses Engagement als »Konziliarer Prozeß für Gerechtigkeit, Frieden und Bewahrung der Schöpfung« bezeichnet.[58] Viele dieser Initiativgruppen arbeiten im 1988 gegründeten Ökumenischen Netz Bayern zusammen.

Eine Fülle von evangelischen Kommunitäten[59] ist seit 1945 entstanden, die »Stätten ökumenischer Begegnung«[60] sind. Dies kommt beispielsweise zum Ausdruck in der Beteiligung der Kommunitäten am »Interkonfessionellen und Internationalen Ordenskongreß«, in den regen Kontakten zu Klöstern der orthodoxen Kirchen und auch in der Spiritualität, die Kommunitäten aller Konfessionen verbindet.

1.2.3 Ökumenegesetz

Der ökumenischen Entwicklung trägt auch das bayerische Kirchengesetz über Mission und Ökumene von 1995 Rechnung. Die Ökumene bekommt gegenüber dem Missionsgesetz von 1971 ein sehr viel stärkeres Gewicht und wird als Wesensmerkmal und Lebensäußerung der Kirche betont.[61]

1.2.4 Gemeindliche ökumenische Aktivitäten

Immer mehr wächst die Überzeugung, daß Ökumene keine zusätzliche Aufgabe für die Gemeindearbeit darstellt, sondern eine Dimension, die bei allen Arbeitsfeldern zu berücksichtigen ist. Aus den gemeindlichen ökumenischen Aktivitäten sind regionale, zum Teil grenzübergreifende, und lokale ökumenische Kirchentage hervorzuheben, die seit den neunziger Jahren das Bewußtsein der Gemeinschaft aller Christen in der Öffentlichkeit nachhaltig geprägt haben.

In jüngster Zeit wurde auch die Notwendigkeit des gemeinsamen Zeugnisses für Jesus Christus erkannt. Herauszuheben aus den evangelistischen Anstrengungen aller Christen verschiedener Kirchen an einem Ort ist seit 1985 die deutsche Aktion »Neu anfangen«. Sie wurde auch in mehreren bayerischen Städten

---

[58] Vgl. dazu VII.8.4.2.
[59] Vgl. KIRCHENAMT D. EKD (Hg.), Die ev. Kommunitäten. Ber. d. Beauftragten d. Rates d. EKD f. d. Kontakt z. d. ev. Kommunitäten, Hannover 1997 (EKD-Texte 62); vgl. dazu auch VII.6.4.1.
[60] KOMMUNITÄT CASTELLER RING, Kommunitäten u. Kirche. Engagement u. Zeugnis II, Schwanberg 1993 (Schwanberger Reihe 19).
[61] Vgl. Missionsgesetz vom 13.11.1971 (ABlB 1971, 303) und Missions- und Ökumenegesetz vom 7.12.1995 (ABlB 1995, 319).

mit großer Unterstützung der Gemeinden vor Ort durchgeführt, um Menschen neu in die Gemeinschaft von Glaubenden zu führen.

2. Interreligiöse Kontakte

2.1 Religionsübergreifende Zusammenarbeit

Neben dem alltäglichen Miteinander von Menschen unterschiedlicher Religionen in Bayern seit den sechziger Jahren und dem sich daraus ergebenden *Dialog des Lebens* ist der *Dialog des Glaubens* für die interreligiöse Begegnung von Bedeutung. Der Landeskirchenrat brachte deshalb 1992 eine Handreichung[62] mit Hinweisen zur Durchführung multireligiöser Gebetsveranstaltungen heraus. Daneben bildet das wachsende Bewußtsein der *Religionen für eine gemeinsame Weltverantwortung* eine dritte Dimension der religionsübergreifenden Zusammenarbeit.

2.2 Dialog mit den Juden

Das Verhältnis von Juden und Christen nach 1945 stand und steht im Schatten der Verbrechen Deutschlands an den Juden. Deshalb war die Bedingung der Möglichkeit eines Dialogs das Eingeständnis der Mitschuld von Christen am Holocaust. In einem Brief des Landeskirchenrates an alle Dekanate der Landeskirche vom 16.1.1951 wurde auf die Schulderklärung der EKD vom 27.4.1950[63] folgendermaßen Bezug genommen: »Es hat den Anschein, als ob gerade diese Erklärung zu einem Prüfstein für die Glaubwürdigkeit und Wirkungskraft kirchlicher Worte überhaupt werden könnte. Die Erklärung zur Judenfrage ist dazu auch deshalb besonders geeignet, weil sie mit der Bitte an die Gemeinden, unbetreute jüdische Friedhöfe innerhalb ihres Bereiches in Schutz zu nehmen, einen praktischen Vorschlag macht.«[64] Mit der evangelischen Versöhnungskirche auf dem Gelände des ehemaligen Konzentrationslagers Dachau wurde 1967 ein sichtbares Zeichen der Versöhnung errichtet.

Der Dialog mit den Juden begann nach 1945 mit der Gründung der ersten »Gesellschaft für christlich-jüdische Zusammenarbeit« in München, nach deren Vorbild in ganz Deutschland Gesellschaften für christlich-jüdische Zusammen-

---

[62] LANDESKIRCHENRAT D. EV.-LUTH. KIRCHE I. BAYERN (Hg.), Multireligiöses Beten, München 1992 (Kirche ökumenisch. Orientierungshilfe f. d. Gemeinde XX).

[63] ABlEKD 1950, 101: »Wir sprechen es aus, daß wir durch Unterlassen und Schweigen vor dem Gott der Barmherzigkeit mitschuldig geworden sind an dem Frevel, der durch Menschen unseres Volkes an den Juden begangen worden ist [...]. Wir bitten die christlichen Gemeinden, jüdische Friedhöfe innerhalb ihres Bereichs, sofern sie unbetreut sind, in ihren Schutz zu nehmen.«

[64] LKAN Best. Kreisdekan München, vorl. Nr. 86.

arbeit entstanden,[65] deren wichtigste öffentliche Veranstaltung die jährlich stattfindende »Woche der Brüderlichkeit« ist.

Ein wichtiges Indiz für die Veränderung der Perspektive im Dialog zwischen Christen und Juden war in Bayern die 1994 erfolgte Umbenennung der Regionalgruppe des »Evangelisch-Lutherischen Zentralvereins für Zeugnis und Dienst unter Juden und Christen e.V.« in »Begegnung von Christen und Juden. Verein zur Förderung des christlich-jüdischen Gesprächs in der Ev.-Luth. Kirche in Bayern« (BCJ). Der christlich-jüdische Dialog innerhalb der Landeskirche mündete in den Beschluß der Landessynode von 1997, sich ein Jahr lang besonders mit dem Verhältnis von Christen und Juden und mit den gemeinsamen Wurzeln zu befassen.[66]

Für das gegenwärtige Gespräch in Bayern ist von Bedeutung, daß die etwa 4.200 Juden im Freistaat Bayern vor der Aufgabe stehen, zahlreiche osteuropäische Juden, die oft von ihrer religiösen Tradition entfremdet sind, in die Gemeinden zu integrieren.

2.3 Dialog mit den Muslimen

Der Dialog mit den Muslimen ist in Bayern stark von der »Ausländerproblematik« bestimmt und vom türkischen Islam geprägt, denn von den ca. 300.000 Muslimen im Freistaat sind die meisten seit den sechziger Jahren aus der Türkei gekommen. Moscheen und Versammlungshäuser entstanden auch in zahlreichen kleineren Städten in Bayern.

In den achtziger Jahren wurde der Ökumenereferent im Landeskirchenamt mit der Aufgabe betraut, den Dialog mit den Muslimen zu koordinieren, und vom Landeskirchenrat eine Islamkommission eingerichtet. Seit Anfang der neunziger Jahre entstanden in Bamberg, Nürnberg, München und Regensburg im Rahmen des World Council of Religions for Peace (WCRP) dauerhafte Begegnungen. Daneben sind die christlich-islamischen Gesellschaften in Augsburg und Würzburg zu nennen, die zusammen mit Dialoggruppen aus Baden-Württemberg 1995 die »Islamisch-Christliche Konferenz für Süddeutschland« gründeten. Von kirchenoffizieller Seite ist der Austausch am intensivsten mit der »Türkisch-Islamischen Union der Anstalt für Religion e.V.« (DITIB) und mit dem »Verband Islamischer Kulturzentren e.V.« (VIKZ). 1993 wurde in Nürnberg die »Brücke«, ein von der finnischen Mission geleitetes Begegnungszentrum für Christen und Muslime, eingerichtet.

---

[65] Vgl. JOSEF FOSCHEPOTH, Im Schatten d. Vergangenheit. Die Anfänge d. Gesellschaften f. christl.-jüdische Zusammenarbeit, Göttingen 1993.– Gesellschaften für christlich-jüdische Zusammenarbeit gibt es in Bayern neben München in Nürnberg, Augsburg und Regensburg.
[66] VLKB Ansbach April 1997, 177.

Trotz dieser Begegnungsansätze gibt es auch starke Vorbehalte und Ablehnung des Dialogs, vor allem aus evangelikalen Kreisen.[67] Während hier die Überlegenheit des Christentums betont wird, stellen einige muslimische Gruppen die Überlegenheit des Islam heraus. Die Voraussetzungen für einen echten Dialog auf der Basis von Verständnis und Achtung müssen vielerorts erst noch geschaffen werden.

Ein wichtiger Ort der Begegnung sind evangelische Kindergärten und Kindertagesstätten. Seit 1996 ist es auf Beschluß des Landessynodalausschusses möglich, in evangelischen Kindertagesstätten unter bestimmten Voraussetzungen auch muslimische Kinderpflegerinnen einzustellen.[68] Hilfestellungen und Informationen für Ehen zwischen Christen und Muslimen bietet eine von der Islamkommission der Landeskirche 1996 herausgegebene Handreichung.[69]

Dem Wunsch nach einem dauerhaft guten nachbarschaftlichen Verhältnis zu den moslemischen Gemeinschaften dient auch der 1998 erstmals in Bayern von Landesbischof von Loewenich verschickte Gruß an die beiden großen islamischen Zentren in München und Nürnberg zum »Fest des Fastenbrechens« am Ende des Ramadan.[70]

---

[67] Z.B. ERNST ZUTHER, Die Ökumene d. Religionen: Informationsbrief d. Arbeitsgemeinschaft lebendige Gemeinde Bayern 1 (1992), 6–11.
[68] Vgl. epd-Landesdienst Bayern v. 10.4.1996, 2.
[69] ISLAMKOMMISSION D. LANDESKIRCHE (Hg.), »...über die Grenze gehen«. Ehen zwischen christl. u. muslimischen Partnern. Informationen f. junge Menschen, München 1996.
[70] Dekanatsrundschreiben vom 12.1.1998, Az. 36/64–0–16.

VII.11 KIRCHE UND KUNST

Von Peter Poscharsky

Bayer. Kunstdenkmale (enthalten, soweit erschienen, alle Kirchen).– JÜRGEN BREDOW/ HELMUT LERCH, Materialien z. Werk d. Architekten Otto Bartning, Darmstadt 1983.– EV.-LUTH. LANDESKIRCHENRAT (Hg.), Ev. Kirchenbau i. Bayern. Neubau u. Wiederaufbau seit 1945. Ein Querschnitt, München 1969.– KuK ab 28 (1949).– WILLY WEYRES/ OTTO BARTNING, Kirchen. Hb. f. d. Kirchenbau, München 1959 (Hb. z. Bau- u. Raumgestaltung, hg. v. KONRAD GATZ).

Nach dem Zweiten Weltkrieg[1] wurden in Deutschland so viele neue Kirchen gebaut wie in kaum einer anderen Epoche.[2] Dabei ergaben sich für den Kirchenbau in Bayern drei unterschiedliche Aufgabenfelder: der Wiederaufbau zerstörter Kirchen in den großen Städten, Neubauten in den wachsenden Randgebieten der Städte und Gemeindezentren in den Diasporagebieten.

Der Wiederaufbau ganz in der alten Gestalt wurde bei den historisch besonders bedeutsamen Kirchen wie St. Lorenz und St. Sebald in Nürnberg durchgeführt. Bei anderen, vor allem großen Barockkirchen wie St. Egidien in Nürnberg und St. Stephan in Würzburg, verzichtete man auf den früheren Dekor, auch auf die Emporen. Von einigen Kirchen war nur noch der Turm erhalten. Neben ihm wurde entweder ein völliger Neubau errichtet (Nürnberg-Steinbühl, Christuskirche) oder er wurde in den neuen Baukörper integriert (Würzburg, St. Johannis, vgl. Abb. 14[3]).

In den Randgebieten der Städte wurden häufig zuerst provisorische Gottesdiensträume geschaffen,[4] aber auch einige der von Otto Bartning konzipierten und für lange Nutzungsdauer geplanten Notkirchen mit etwa 450 Plätzen errichtet. Hier wurden serienmäßig Holzbinder hergestellt und mit einem Sattel-

---

[1] Über diese Epoche gibt es bezüglich Bayerns bisher keine zusammenfassende Dokumentation oder Darstellung, sondern nur vereinzelte Aufsätze und in der Regel schwer zugängliche Schriften zur Einweihung von Kirchen. Zur Erarbeitung dieses Beitrages waren mehrere ausführliche Gespräche mit den Architekten Franz Lichtblau und Georg Stolz sowie mit den früheren und dem jetzigen Leiter des Technischen Referates des Landeskirchenamtes, Albert Köhler, Theodor Steinhauser und Heiner Förderreuther sehr hilfreich sowie der ständige Austausch mit Klaus Raschzok, dem Redakteur von Kirche und Kunst.

[2] Bis 1959 wurden in Bayern 59 evangelisch-lutherische Kirchen wiederaufgebaut und 196 neugebaut (vgl. EV.-LUTH. LANDESKIRCHENRAT [K] 91). Von 1945 bis 1963 wurden in Bayern 60 Kirchen wiederaufgebaut und 20 neugebaut (vgl. CHRISTIAN ROSSKOPF, Die Situation d. kirchl. Bauwesens: Der Turmhahn 7 [1963], 3). Von 1971 bis 1996 wurden 109 Kirchen und Gemeindezentren errichtet (vgl. Annäherungen 7 [1997], 258f). In Franken entstanden zwischen 1950 und 1969 106 neue Kirchen (vgl. ELISABETH REISSINGER, Hans C. Reissinger u. d. ev. Kirchenbau d. 50er u. 60er Jahre i. Franken, Münster u.a. 1995, 187). Umfassende Statistiken liegen nicht vor.

[3] Vgl. KuK 36 (1958), Nr. 4.

[4] Z.B. München-Karlsfeld eine von der Ökumene gestiftete Baracke, die zuvor als Sanitätsbaracke oder andernorts schon als Notkirche gedient hatte, vgl. EV.-LUTH. LANDESKIRCHENRAT (K) Abb. S. 28.

dach geliefert, unter dem ein Fensterband umläuft. Die Wände mußten von der Gemeinde mit dem in großer Menge zur Verfügung stehenden Trümmermaterial selbst ausgefacht werden. Im Eingangsbereich lag unter einer Empore ein kleiner Gemeinderaum.[5] Nach diesen Notkirchen entwarf Bartning das sogenannte Kapellenprogramm. In Fertigbauweise wurden kleine, quer ausgerichtete Räume gebaut, die sowohl für Gottesdienste wie andere Gemeindeveranstaltungen genutzt wurden, bei denen der hölzerne Altar in eine durch Holztüren verschließbare, an die Apsis erinnernde Nische gestellt wurde.[6] Solche asketisch einfachen Bauten mit architektonischer Qualität gibt es danach nur noch sehr selten.[7]

An der Errichtung dieser Bauten war die Gemeinde direkt beteiligt und legte mit Hand an, wie sonst nur gelegentlich in der Diaspora oder in kleinen Landgemeinden. Die sonst übliche Errichtung durch Architekten und Künstler, die nur mit den Beschlußgremien zusammenkamen, und die weitgehende Finanzierung durch die Landeskirche hatte öfter eine nur langsame Akzeptanz der neuen Kirche durch die Gemeinde zur Folge. Vor allem aber hat man damit die Chance des Ineinander von »Kirche bauen« im architektonischen und theologischen Sinne zumindest nicht im möglichen Maße wahrgenommen.

Das Verhältnis des Kirchenraumes zur Umgebung war unterschiedlich im Zentrum der Städte, in deren wachsenden Randgebieten und in der Diaspora.

In den Stadtzentren ist z.T. das alte, gewachsene Verhältnis zerstört worden, wie etwa um die Markuskirche in München, was ihren Wiederaufbau mitbestimmt hat. Repräsentative Neubauten in Zentren sind die absolute Ausnahme. An erster Stelle ist hier die Matthäuskirche in München zu nennen, die anstelle der 1938 zerstörten Kirche durch Gustav Gsaenger 1955 erbaut wurde (vgl. Abb. 16 und 17).[8] Sie steht beherrschend auf dem Sendlinger Torplatz. Der Turm, die Brauthalle, das Treppenhaus und Pfarramtsräume schirmen den Kirchenraum gegen den Lärm ab. Während Gsaengers zahlreiche andere Kirchen in der Regel längsrechteckige Saalräume sind,[9] hat er hier einen organischen Grundriß gewählt, dem auch eine geschwungene Form des zum Altarbereich hin ansteigenden Daches entspricht. Eine große Empore schließt die Gemeinde (1.250 Plätze) zusammen, unter ihr liegt ein Gemeindesaal mit 600 Plätzen. Einmalig ist auch die Situation der ebenfalls von Gsaenger erbauten Christuskirche in Sulzbach-Rosenberg, die 1958 nach Auflösung des Simultaneums mitten in der Altstadt in eine Häuserfront eingepaßt werden mußte. Dadurch war die Längsge-

---

[5] Z.B. Würzburg, Martin-Lutherkirche 1949; Nürnberg, St. Leonhard 1950, vgl. KuK 29 (1950), 18f, vgl. BREDOW/LERCH (K) 12–130.

[6] Z.B. Herzogsägmühle 1949, vgl. KuK 29 (1950), 19f, Nürnberg-Schafhof 1951. Vgl. BREDOW/LERCH (K) 130ff.

[7] Z.B. Hirschaid, 1955, Umbau eines Fabrikgebäudes, Architekt Köhler, 135 Plätze, vgl. KuK 35 (1957), 22f; Wettstetten, Jakobuskirche, 1980, Architekt Georg Küttinger, vgl. KuK 60 (1982), 14ff.

[8] Ein Plan für einen Neubau wurde damals von German Bestelmeyer gemacht, aber nicht ausgeführt. Gustav Gsaenger ist ein Schüler von Bestelmeyer.

[9] Z.B. Erlangen, Matthäuskirche; Ingolstadt, Lukaskirche 1955.

stalt vorgegeben. Unter dem Kirchenraum mit 800 Plätzen liegen die Gemeinderäume mit einem Saal mit 320 Plätzen.

Die Kirchenneubauten in den Randgebieten der Städte und neuen Stadtteilen sind oftmals die einzigen öffentlichen Gebäude, die hier einen architektonischen Akzent setzen konnten. In der ersten Phase des Kirchenbaues nach dem Krieg wurde dies allein schon durch das relativ große Volumen und den Turm erreicht.

Der Kirchenbau in der Diaspora, vor allem in Orten, in denen durch zugezogene Flüchtlinge eine evangelische Gemeinde erst neu entstand, war schwierig, weil sich ein Grundstück in der Regel nur sehr schwer und am Ortsrand beschaffen ließ. Der schlechten finanziellen Lage dieser Gemeinden stand die Notwendigkeit der Schaffung aller für die Gemeinde notwendigen Räume (Kirche, Gemeindesaal, Raum für Unterricht, Pfarrwohnung) gegenüber. Die wenigen evangelischen Christen brauchten nur kleine Räume. In den Fremdenverkehrsgebieten, in denen in der Saison die Zahl der Gottesdienstbesucher wesentlich größer als in den anderen Jahreszeiten ist, war deshalb ein in seiner Größe variabler Gottesdienstraum notwendig. Die Lösung war die Möglichkeit der Erweiterung des Kirchenraums durch den Gemeindesaal mittels einer Faltwand. Dies wurde auch in vielen Stadtkirchen realisiert, weil der Gottesdienstbesuch an den hohen Festtagen wesentlich besser ist und im Unterschied zur katholischen Kirche in der evangelischen jeder einen Sitzplatz erwartet.

Zwei konzeptionelle und fast überall verwirklichte Grundgedanken lassen sich erkennen: Die Kirchen wurden nicht isoliert, sondern gemeinsam mit den für die übrige Gemeindearbeit erforderlichen Räumen als Gemeindezentrum erbaut, in den Städten meist als Gruppenbau, oft auch einschließlich eines Kindergartens. Ebenso ohne Diskussion[10] wurden die Kirchen über lange Zeit – im Unterschied zu den Zentrierungstendenzen im 19. Jahrhundert und den fast nur als Zentralraum errichteten katholischen Kirchen nach dem Zweiten Weltkrieg – fast nur als Längsbauten errichtet, mit Ausrichtung der Gemeinde auf den Altar in der Mittelachse, mit seitlicher Stellung der Kanzel und des Taufsteines, beide meist rechts und links als Pendant in Altarnähe.

Die Kirchen sind fast immer einfache rechteckige, meist verputzte schlichte Hallenbauten mit einer relativ kleinen Orgelempore an der Eingangsseite und einem um einige Stufen erhöhten Altarbereich, der die ganze Breite des Raumes einnehmen kann oder als Chorraum ausgebildet ist und oft durch die Lichtführung besonders hervorgehoben wird. Die Seitenwände sind geschlossen mit relativ kleinen Fenstern und bergen die Gemeinde. Dennoch kann man, auch durch die Höhe der Kirchen, nicht von der Assoziation »Höhle« sprechen, die nachträglich als eines der beiden angeblichen Leitbilder des Nachkriegskirchenbaues neben dem des »Zeltes« bezeichnet wurde, und die beide als Ausdruck der Unsi-

---

[10] Begründet wurde dies nur von der Michaelsbruderschaft, die den Kontakt und die Gemeinschaft unter den Gottesdienstbesuchern als Rückwirkung durch die Ausrichtung auf den Altar geschaffen und nicht durch eine zentrierende Bestuhlung erreichbar ansah, vgl. KARL BERNHARD RITTER, Die Kirche St. Michael i. Nienburg a. d. Weser: ELKZ 11 (1957), 332ff.

cherheit und des Unbehaustseins des Menschen nach dem Erlebnis des Krieges angesehen wurden.[11] Relativ selten sind traditionelle Elemente wie die Dreischiffigkeit, erreicht durch eingestellte, aber oft statisch nicht notwendige schlanke Säulen, während die Verwendung historischer Bauformen wie etwa des Rundbogens – in der Zeit zwischen den beiden Weltkriegen häufig – kaum mehr vorkam.[12] Die Kargheit des Raumes wurde durch die Beschränkung der Mitwirkung von Künstlern verstärkt. Auf dem meist als Block (und nicht seinem Sinn gemäß als Tisch) gestalteten Altar steht ein Kruzifix, die große hohe Wand hinter dem Altar trägt manchmal eine Plastik oder ein Fresko, meist mit der Thematik des Kreuzes. Die Kanzel weist selten figürlichen Schmuck auf, eher noch der Taufstein. Farbe ist in bescheidenem Maße in Fenstern vorhanden, aber sie lassen dem Raum insgesamt seinen weißen Grundton und verwandeln ihn nicht wie etwa die gotischen Fenster. So ist der Kirchenraum eine zurückhaltende Hülle für das primäre gottesdienstliche Geschehen und will »ganz der Sache des Gottesdienstes und der Verkündigung dienen, aber nicht gefühlvollen Stimmungen«,[13] die in der Zwischenkriegszeit ein ganz wesentliches Element des Kirchenbaues waren.[14] Diese Kirchen verdeutlichen, daß es protestantischer Frömmigkeit nicht entspricht, den Kirchenraum etwa zum privaten Gebet außerhalb des Gottesdienstes aufzusuchen.

Kirchenbauten stellen an die Architekten besonders hohe Anforderungen hinsichtlich der Qualität des Raumes,[15] so daß unter den zahlreichen Kirchenbauten nicht alle kunstkritischer Betrachtung standhalten und auch den Bedürfnissen der Gemeinden nicht immer voll entsprachen. Letzteres zeigt sich besonders seit Beginn der neunziger Jahre, in denen nun die zweite Generation seit der Erbauung in diesen Kirchen lebt und sie mit Kunstwerken ausstatten möchte.

Der seit Wiederbeginn des Kirchenbaus nach 1950 übliche Kirchenraum mit etwa 400 bis 600 Plätzen, zu dem in der Regel noch ein Gemeindesaal mit bis zu 200 Plätzen kam, ließ sich für die Diasporagemeinden nicht einfach maßstäblich verkleinern. Das mag einer der Gründe dafür sein, daß sich deren kleine Kirchen mit etwa 150 Plätzen vom durchschnittlichen städtischen Neubau unterscheiden. Ein anderer ist der unterschiedliche Kontext. Setzte sich in den Städten immer mehr das dort übliche industrielle Bauen auch im Kirchenbau durch, so blieb das Bauen auf dem Lande handwerklich bestimmt und auf die Umgebung abge-

---

[11] Es ist eine Ausnahme, daß der Nürnberger Architekt Wilhelm Schlegtendal die durch Le Corbusiers Kirchenbau bei Ronchamp angeregte Erlöserkirche in Erlangen als Höhle und die Friedenskirche in Nürnberg-Langwasser (vgl. KuK 46 [1968], 59f) als Zelt errichtete.

[12] Ausnahme etwa die Markuskirche in Erlangen 1955 von Gottlieb Schwemmer, dessen ganz an der Vergangenheit orientierte Grundideen posthum publiziert wurden (GOTTLIEB SCHWEMMER, Problematik u. Aufgabe d. christl. Kirchenbaues, Tübingen 1964).

[13] EV.-LUTH. LANDESKIRCHENRAT (K) 14.

[14] Vgl. dazu VI.7.

[15] Z.B. München-Laim, Paul-Gerhardt-Kirche (Architekt Johannes Ludwig), 650 Sitzplätze, vgl. KuK 35 (1957), 10ff und WEYRES/BARTNING (K) 335ff.

stimmt.[16] Einige dieser Bauten ähneln älteren Kapellen, andere haben keine Angleichung versucht.[17] Bei dieser Bauaufgabe war und ist die Frage nach der Qualität besonders wichtig.

Im Bereich dieser kleinen Kirche beginnt die zentrierende Anordnung der Gemeinde. Olaf Andreas Gulbransson[18] hat in der Christuskirche in Schliersee 1954 (vgl. Abb. 15) die Gemeinde auf 154 Plätzen fast im Halbkreis um den Altar auf rundem Unterbau, Kanzel und Taufstein ausgerichtet, so daß ein exzentrischer Zentralraum ohne ausgeschiedenen Chorraum entstand. Die Dachflächen steigen zum Altar hin an und sind am höchsten Punkt als Fenster und Hauptlichtquelle gestaltet. Gulbransson erfüllte damit die von Bartning 1919 aufgestellte Forderung, daß die liturgische Spannung (Ausrichtung der versammelten Gemeinde auf Altar und Kanzel) mit der architektonischen Spannung des Raumes übereinstimmen soll.[19] Bei seinen späteren Kirchenbauten hat er konsequent an diesem Gedanken weitergearbeitet. Wurde dies von anderen Architekten nicht aufgegriffen, so doch, wenn zunächst auch nur vereinzelt und als Ausnahme, die zentrierte Anordnung der Gemeinde im Kirchenraum.[20]

Zugleich wurde damals empfunden, daß das Nebeneinander von Kirche und nur selten genutztem fast gleichgroßem Gemeindesaal unwirtschaftlich ist. In anderen Landeskirchen wie etwa Hessen-Nassau wurden daraufhin fast ausnahmslos sogenannte Mehrzweckräume errichtet, die nur einen großen, zu allen Veranstaltungen genutzten Raum besaßen. In Bayern wollte man zwar prinzipiell zunächst nicht auf einen gesonderten Gottesdienstraum verzichten.[21] Die von Vertretern der Idee des Mehrzweckraumes[22] vertretene Auffassung der Integration in die Öffentlichkeit wurde in Bayern dagegen selten aufgegriffen.[23] Im neuerrichteten Stadtteil Langwasser in Nürnberg wurde für die Dietrich-Bonhoefferkirche unter dem Stichwort »offene Kirche« für den Gemeindeaufbau seit 1967 geplant[24] und in einer reduzierten Weise gebaut. Kleinere Gruppen- und Büroräume sowie ein Kindergarten wurden um den zentralen Raum gruppiert, der durch schallisolierte Trennwände in vier Räume geteilt werden kann.[25] Be-

---

[16] Z.B. Hirschegg, Kreuzkirche von Gustav Gsaenger, vgl. KuK 33 (1955), Nr. 4; Lenggries, Waldkirche, von Franz A. Gürtner, vgl. KuK 34 (1956), Nr. 4 und KuK 35 (1957), Nr. 4.
[17] Z.B. Oberaudorf von Lichtblau, vgl. WEYRES/BARTNING (K) 307; die Gemeinden hatten mit neuen Formen, wie etwa einer zum Altar hin ansteigenden Dachtraufe, Probleme (vgl. Kolbermoor, von Reinhard Riemerschmid, KuK 33 [1955], 25–28).
[18] Vgl. PETER POSCHARSKY, Kirchen v. Olaf Andreas Gulbransson, München 1966.
[19] Vgl. PETER POSCHARSKY, Das Kirchengebäude als Raumgestalt d. Glaubens. Otto Bartning z. 100. Geburtstag: KuK 61 (1983), 7ff.
[20] Z.B. Burgau, Christuskirche 1958 (Architekt Friedhelm Amslinger); Bayreuth, Erlöserkirche 1966 (Architekt Wolfgang Gsaenger) mit Kanzel hinter dem Altar.
[21] Vgl. den Bericht über die Tutzinger Tagung »Kultraum-Mehrzweckraum«: KuK 46 (1968), 50–55.
[22] Vgl. WALTER M. FÖRDERER, Zentren politischer Urbanität. Gottesdienst u. Kirchenbau i. d. demokratischen Ära: ECKEHARD BAHR (Hg.), Kirchen i. nachsakraler Zeit, Hamburg 1968, 14–131.
[23] Vgl. KARL-HEINZ SCHANZMANN, Kooperative Gemeindezentren: KuK 57 (1979), 24–28.
[24] Vgl. KuK 47 (1969), 17–20.
[25] Einweihung 1976 (Architekt Albin Hennig), vgl. KuK 56 (1978), 3–6.

sonders gelungen ist das Gemeindezentrum Ketschendorfer Hang in Coburg,[26] das ebenfalls im Bezug auf die Konzeption des Gemeindeaufbaues besonders gründlich geplant wurde, auch Räume für eine offene Jugendarbeit bietet und architektonisch eine Klammer zwischen den beiden unterschiedlichen Gemeindeteilen darstellt.

Durch das rasante Anwachsen der Städte sah man sich nicht in der Lage, überall so rasch ein Gemeindezentrum zu erbauen, daß die Neuzuziehenden sofort auch ein geistliches Zentrum vorfanden. Deshalb entschloß sich das Technische Referat, ein als Serienbau in großer Zahl preiswertes »Montagegemeindehaus« der Firma Barth in Felbach zu kaufen.[27] Es konnte rasch montiert werden und sollte neuentstehenden Gemeinden so lange dienen, bis eine eigene Kirche gebaut wird, dann abmontiert und andernorts wieder aufgestellt werden. Das Konzept wurde aber fast nirgends so realisiert, nur wenige wirklich versetzt. Die Gemeinden bauten nämlich ein festes Fundament und richteten sich den einzigen Raum als ausgesprochenen Kirchenraum (und eben nicht als Mehrzweckraum) ein und bauten daneben einen nicht vorgesehenen Kirchturm, der dem bescheidenen Holzbau ein Aussehen wie eine Kirche gab.[28] Im Unterschied dazu waren die Gemeindestützpunkte von Franz Lichtblau und Ludwig J.N. Bauer[29] in ihrer flexiblen Wabenbauweise aus kombinierbaren Sechsecken mit unterschiedlicher Wandausfachung den jeweils anderen Erfordernissen der Gemeinden besser anzupassen und dabei von architektonischer Qualität. Der Versuch, in von sehr vielen Menschen bewohnten Hochhäusern ein normales Appartement als Gemeinde- und Gottesdienstraum zu nutzen, ist gescheitert.[30]

Zwischen 1960 und 1970 werden zahlreiche städtische Kirchen in Sichtbeton errichtet, z.B. Stockdorf,[31] Fürth, Heiliggeistkirche[32] oder die Versöhnungskirche auf dem Gelände des ehemaligen Konzentrationslagers in Dachau (vgl. Abb. 18 und 19).[33] Hier ist aus dem Beton im Unterschied zu den genannten anderen Kirchen die Baugruppe plastisch gestaltet.

---

[26] Vgl. KuK 48 (1970), 33–40, und 53 (1975), 1–9 (Architekt Hans Busso von Busse).

[27] 1968 standen davon bereits 24, z.B. München-Unterhaching, Regensburg, Christuskirche. Es besteht aus einem Raum mit 87 qm, einem anschließbaren Jugendraum mit 30 qm sowie Sakristei, Mesnerraum, WC und einem großen Vorraum.

[28] Z.B. Erlangen Büchenbach, 1967, vgl. KuK 46 (1968), 34–38, nach Errichtung der Martin-Luther-Kirche abgerissen.

[29] Z.B. Geretsried, Taufkirchen bei Unterhaching (heute nach dem Bau einer Kirche 1979 nur noch Kindergarten; Geretsried (mit doppelt hohem Gottesdienstraum), vgl. PETER POSCHARSKY, Gemeindestützpunkte i. flexibler Bauweise: KuK 49 (1971), 38–41.

[30] Z.B. Arabellahaus in München, vgl. PETER POSCHARSKY, Kirche i. Hochhaus? Theorie u. Praxis: KuK 49 (1971), 34–37.

[31] Vgl. KuK 45 (1967), 12f (Architekten Haider und Semler 1959).

[32] 1963 (Architekt Steinhauser).

[33] Vgl. KuK 45 (1967), 25–29 (Architekt Helmut Striffler 1967).

Die starke Bautätigkeit endete mit Beginn der siebziger Jahre.[34] Ein großer Teil des Bedarfes an Kirchenbauten war gedeckt. Das Bauprogramm des Gemeindezentrums änderte sich durch neue Formen der Gemeindearbeit.[35] Der Kirchenraum hatte nun nur noch maximal 250 Plätze, auf einen gesonderten Gemeindesaal wurde verzichtet, die Zahl der Gruppenräume dagegen vermehrt. Im Gottesdienstraum finden von nun an auch andere Veranstaltungen der Gemeinde statt.[36] Die Mitte der Anlage ist kein profaner Raum, in dem auch Gottesdienste stattfinden, sondern eine Kirche, in der sich das Leben der Gemeinde im Angesicht der Prinzipalstücke abspielt.

Völlig neu war das Bestreben, ökumenische Kirchenzentren zu schaffen. Ein einziger Kirchenraum für die katholische und die lutherische Gemeinde ist in der Regel wegen der Überschneidung der Gottesdienstzeiten nicht möglich. Eine Ausnahme ist die Emmauskirche im Kurviertel von Bad Griesbach.[37] So wurden in der Regel zwei Kirchen gebaut, während Gemeinderäume gemeinsam genutzt werden können und so nur ein Kindergarten notwendig ist, z.B. in Nürnberg-Langwasser[38] und Nürnberg-Thon.[39]

Das Fehlen von Gemeinderäumen in Dorfgemeinden führte in den siebziger Jahren in vielen Orten zum Umbau der nicht mehr benötigten Pfarrscheunen, wodurch auch die alten Ensembles erhalten wurden.[40]

Eine in Deutschland vermutlich einmalige Bauaufgabe war es, für die Communität Casteller Ring auf dem Schwanberg ein evangelisches Kloster zu bauen. Die an der Straße stehende St. Michaelskirche[41] ordnet die Gemeinde von drei Seiten auf den zentralen Altar, das Ordenshaus[42] ist von der Kirche abgesetzt. Viele der kirchlichen Bauten vom Ende der siebziger bis in die Mitte der achtziger Jahre wurden als Gemeindehäuser (also mit einem Mehrzweckraum) konzipiert, vor allem in Filialorten. Oft erwuchs in den betroffenen Gemeinden während der Planungsphase jedoch der Wunsch nach einem Kirchenraum, der nur

---

[34] 1971 wurde vom Finanzausschuß der Landessynode ein Baustop für Neubauten und größere Instandsetzungen beschlossen, vgl. KuK 49 (1971), 16. Trotzdem wurden von 1971 bis Ende 1996 109 Kirchen und Gemeindezentren errichtet, vgl. Annäherungen 7 (1997), 258f.

[35] Z.B. Krabbelgottesdienste für Kleinkinder, Tanzgottesdienste, Liturgische Nächte; neu sind etwa Gruppen für Mutter und Kind oder Alleinerziehende.

[36] Vgl. z.B. Nürnberg-Langwasser, Dietrich-Bonhoefferkirche (1976 Architekt Hennig), KuK 56 (1978), 3–6.

[37] 1992 (Architekt Norbert Liebich).

[38] Martin-Niemöller-Kirche und St. Maximilian Kolbe (1982, Architekten Eberhard Schunk und Dieter Ullrich). Die katholische Kirche ist als reiner Sakralraum konzipiert, die evangelische Kirche wird auch für nichtgottesdienstliche Zwecke verwendet. Vgl. KuK 66 (1988), 37–43.

[39] Gemeindezentrum (1987 Architekten Gerhard Grellmann und Alfons Leitl) der katholischen St. Clemens-Gemeinde mit Kirche und Gemeinderäumen der lutherischen Andreasgemeinde, deren Kirche bereits 1952 erbaut wurde, vgl. KuK 60 (1982), 42f.

[40] Vgl. KuK 56 (1978), 19–27.

[41] Architekt Alexander von Branca, 1982, vgl. KuK 66 (1988), 23–30.

[42] Architekt Franz Göger 1979/80.

für den Gottesdienst genutzt wird.[43] Es entstanden aber auch Kirchen.[44] Seit Mitte der achtziger Jahre wurden wieder vorwiegend Kirchen gebaut, bei denen man eine kontinuierliche Entwicklung zu zentral eingerichteten kleinen Kirchen beobachtet, die nur nur noch rund 100 Sitzplätze aufweisen. Oft wurde dabei die Anordnung der Prinzipalstücke realisiert, wie sie den lutherischen Kirchenbau in der Barockzeit geprägt hat:[45] Der Ort der Taufe steht mitten im Raum, der Altar dahinter und in dieser Achse auch die Kanzel. Somit ergibt sich ein Gegenüber von Prediger und hörender Gemeinde und ein Umscharen von Taufe und Altar durch die Gemeinde. Die Zahl und Größe der oft um den Gottesdienstraum gruppierten Nebenräume ergab sich aus den konkreten Anforderungen der jeweiligen Gemeinde. Hier seien als herausragende Beispiele Stein-Deutenbach 1993,[46] Innzell 1993,[47] München-Freimann 1995,[48] Altötting 1996[49] sowie Dinkelscherben 1997[50] genannt.

Neben solchen Kirchenbauten entstanden bescheidene Gemeindehäuser wie etwa die vom Technischen Referat des Landeskirchenamtes entworfenen in einer sparsamen Technik mit Ziegelsteinelementen, zweigeschossig mit Satteldach.[51]

Die übernommenen mittelalterlichen Kirchen mit ihren enormen Maßen stellten die Gemeinden und Architekten vor neue Aufgaben. In St. Lorenz in Nürnberg betrug der Abstand von den ersten Bankreihen, von denen aus man auch die Kanzel sehen kann, bis zum Altar 50 Meter, und in St. Georg in Nördlingen mit 1.300 Plätzen konnte man nur von 200 Plätzen den Altar und von 130 die Kanzel sehen. Hier und in zahlreichen anderen Kirchen errichtete man deshalb einen zusätzlichen Altar, hinter dem nun (auch dem Vorschlag Luthers entsprechend[52]) der Liturg der Gemeinde zugewandt ist. Damit wird selbst in den eindeutig längsgerichteten historischen Kirchen die Gemeinde auf die Zentren des gottesdienstlichen Geschehens ausgerichtet und zusammengeschart. Man hat wieder erkannt, daß die großen Räume seit jeher aus einer Vielzahl von Bereichen be-

---

[43] Vgl. KLAUS RASCHZOK, Neue ev. Kirchenbauten i. Bayern: KuK 66 (1988), 22. In München-Fasangarten errichtete die Gemeinde neben dem Gemeindezentrum 1985 die allein aus Spenden finanzierte Jesajakirche (Architekt Theodor Henzler), vgl. KuK 64 (1986), 11–15.
[44] Z.B. Schwaig, Thomaskirche 1971; Möhrendorf, St. Laurentius 1973.
[45] Vgl. PETER POSCHARSKY, Die Kanzel, Gütersloh 1963, 234–250.
[46] Sechseck mit allseitig umlaufendem Gestühl und rundem Abendmahlstisch im Zentrum (Architekt von Busse).
[47] Quadratischer Kirchenraum mit runden Bankreihen um den zentralen Altar (Architekt Rüdiger Möller).
[48] Hoffnungskirche (Architekten Ottow, Bachmann, Marx und Brechensbauer), vgl. Annäherungen 5 (1995), 196ff.
[49] Kirche Zum Guten Hirten (Architekt Hansjörg Zeitler), kreisrunde Anordnung der Bänke für 100 Besucher, Taufe zentral, Ambo hinter dem Altar. Um den Gottesdienstraum sind Räume für ökumenische und Jugendarbeit sowie ein durch Faltwand mit dem Gottesdienstraum kombinierbarer Gemeindesaal angeordnet, vgl. Annäherungen 7 (1997), 259–262. Der Gottesdienstraum hat hier eine Größe von 120 bis 200 qm.
[50] Philipp-Melanchthonkirche (Architekt Steinhauser).
[51] Gottesdienstraum 95 qm mit Empore, zentral stehendem Taufstein, Kanzel hinter dem Altar, Gemeinderaum 20 qm, z.B. Dittelbrunn bei Schweinfurt 1993; Dechsendorf bei Erlangen 1997.
[52] WA 19, 80.

stehen, die zu unterschiedlichen Gottesdiensten genutzt werden können, etwa zum Wochengottesdienst, Frühgottesdienst oder zur Trauung um den Hochaltar, zu speziellen Andachten auch vor einem der erhaltenen Nebenaltäre.[53] Theologisch und liturgisch begründete Umgestaltungen in Dorfkirchen waren sehr selten.[54]

Die notwendigen Renovierungen der Innenräume von Kirchen des 19. Jahrhunderts boten die Möglichkeit, deren Altar aus der Isolation im Chor zu lösen und ihn inmitten der Gemeinde aufzustellen wie etwa in der Christuskirche Landshut.[55]

Eine neue Bauaufgabe stellen die heute im Blick auf die zurückgegangene Zahl der Gottesdienstbesucher und zudem geringer gewordene Zahl der Gemeindeglieder zu großen Kirchen dar.[56] Zugleich fehlen kleinere Räume für die Gemeindearbeit. Wesentlich ist vielen Gemeinden, ihre gesamte, früheren Zeiten gegenüber veränderte vielfältige Arbeit[57] auch räumlich zu konzentrieren. Eine überzeugende Lösung ist der Umbau der Gustav-Adolf-Gedächtniskirche in Nürnberg. Der Gottesdienstraum dieser für die Gemeinde heute viel zu großen Kirche[58] wurde auf fünf Achsen verkürzt, indem in den drei Achsen des Eingangsteils ein viergeschossiges Gemeindehaus eingebaut wurde. Man gab dafür ein renovierungsbedürftiges Gemeindehaus und das CVJM-Heim auf und integrierte die für diese Arbeit notwendigen Räume in den neuen Bau.[59] Derselbe Architekt hat bereits vorher in der Johanniskirche in München die nicht mehr benötigten Emporen und den Raum unter ihnen zu Gemeinderäumen umgestaltet.[60]

In vielen Fällen beauftragte die Kirchengemeinde direkt einen Architekten. Für die Entwicklung im Kirchenbau hatten beschränkte Wettbewerbe[61] mit einigen ausgewählten Architekten eine besondere Bedeutung. Eine maßgebende Rolle spielte das Technische Referat im Landeskirchenamt und insbesondere seine Leiter Albert Köhler, Theodor Steinhauser und Heiner Förderreuther. Von Be-

---

[53] Vgl. PETER POSCHARSKY, Der neue Liturgische Altar i. d. Nürnberger St. Lorenzkirche: KuK 45 (1967), 17–23.

[54] Z.B. Affalterthal 1968, vgl. KuK 47 (1969), 24ff (Architekt Helmuth Steuerlein und Bildhauer Heinz Heiber). Der Altar wurde aus dem nun als Taufraum genutzten weit abgesonderten Chorraum ins Schiff gesetzt.

[55] Vgl. KuK 49 (1971), 22–25 (Architekt Riemerschmid).

[56] Z.B. hat die 1957 erbaute Christuskirche 1.000 Plätze (davon 200 auf der Empore) und eine Kapelle mit 150 Plätzen für damals 12.000, heute aber nur noch 7.500 Gemeindeglieder.

[57] Z.B. mit alleinerziehenden Müttern.

[58] Vgl. dazu VI.7. Zur Gemeinde gehören heute nur noch 11.000 Gemeindeglieder im Unterschied zu 36.000 bei der Erbauung der Kirche 1930. Architekt des Umbaues Steinhauser.

[59] Räume für die Jugendarbeit, Posaunenchor, Werk-, Bastel- und Partyraum im Keller, Erdgeschoß für CVJM sowie Mutter und Kind sowie Alleinerziehendenarbeit, erster Stock für Gruppenräume, zweiter Stock Gemeindesaal mit Empore und Foyer.

[60] Prinzipiell ähnliche Lösungen wurden öfter in Kirchen der damaligen DDR realisiert.

[61] Z.B. Nürnberg-Gostenhof, vgl. KuK 45 (1967), 1–9. Für alle Architekten offene Wettbewerbe wie z.B. für Stein-Deutenbach mit über 170 Teilnehmern waren sehr selten und brachten keine innovativen Ergebnisse.

deutung waren auch Tagungen[62] und die Information durch den Verein für christliche Kunst in der evangelisch-lutherischen Kirche in Bayern und seine Zeitschrift Kirche und Kunst.

Über die Kirchen und Gemeindezentren hinaus gibt es noch zahlreiche andere Gebäude, in denen Menschen der Kirche begegnen, vom Sitz des Landeskirchenamtes über die Evangelische Akademie in Tutzing, die großen diakonischen Zentren in Neuendettelsau und Rummelsberg, die Gemeindeakademie in Rummelsberg, die Predigerseminare, das Landeskirchliche Archiv,[63] die Kirchenmusikschule, Gesamtkirchenverwaltungen, Pfarrhäuser und so weiter bis hin zu den zahlreichen Kindergärten und Alten- und Pflegeheimen. Sie können hier aus Platzgründen weder genauer vorgestellt noch gewürdigt werden. Friedhofsbauten wie Kapellen und Leichenhäuser sind in der Regel kommunale Bauaufgaben,[64] weitgehend auch die Gestaltung der Friedhöfe (vgl. Abb. 23). Die Aussagen der Grabmäler dagegen wurden immer auch als kirchliche Aufgabe angesehen.[65]

Die bildenden Künste werden von der Kirche vor allem zur Ausstattung der Kirchenräume gebraucht. Altar mit Vasa sacra und Paramenten, Kanzel und Taufstein hat jede Kirche, dazu kommen manchmal Glasfenster, selten Wandmalerei oder Wandrelief oder ein Portal. Die Wahl der Künstler oblag in der Regel dem Architekten. So hing es meist von ihm ab, ob diese von der Planung an beteiligt waren und ihre kreativen Gestaltungskräfte einbringen konnten. Mancher Architekt, der mehrere Kirchen baute, hatte eine Gruppe von Künstlern, mit denen er ständig zusammenarbeitete, andere entwarfen die Prinzipalstücke selbst, vor allem in kleineren Kirchen. Häufig waren nur wenig Mittel für Kunstwerke eingeplant, die sich oft noch verringerten, wenn die Baukosten (in der Regel) überschritten wurden. Die häufig negativen Erfahrungen der Künstler mit der Kirche hat der Goldschmied Hermann Jünger plastisch geschildert.[66] Hinzu kam, daß sich die bildenden Künste längst von der Kirche – ihrem wichtigsten Auftraggeber über Jahrhunderte – emanzipiert haben und daß die zeitgenössische Kunst prinzipiell auf große Akzeptanz- und Verstehensschwierigkeiten stößt. Da aber über den Kirchenbau die Kirchenvorstände entscheiden, waren hier entweder Konflikte unvermeidbar oder man wählte nur solche Kunstwerke, die man in der Gemeinde akzeptieren konnte. Die Folge ist, daß renom-

---

[62] Z.B. Kirchenbautag Rummelsberg, vgl. WALTHER HEYER (Hg.), Ev. Kirchenbautagung Rummelsberg 1951, Berlin o.J.; Evangelische Akademie Tutzing 1968, vgl. KuK 46 (1968), 50–55 und KuK 30 (1951), 10–17.
[63] Vgl. KuK 36 (1958), 12–15.
[64] Vgl. PETER POSCHARSKY, Friedhofskapellen – Bauaufgabe nur f. d. politische Gemeinde?: KuK 47 (1969), 49–53.
[65] Vgl. HANS-KURT BOEHLKE, Der Friedhof als Stätte d. Verkündigung?: KuK 47 (1969), 2–9; HERMANN BLENDINGER, Das Kreuz mit d. Friedhof: KuK 53 (1975), 2–11; PETER POSCHARSKY, Gefahr f. unsere Friedhöfe: KuK 65 (1987), 5ff; KARL-HEINZ SCHANZMANN, Grabmale – Sinnzeichen d. Glaubens?: KuK 65 (1987), 7ff.
[66] Vgl. KuK 40 (1962), 14ff. An dieser Situation hat sich prinzipiell leider nichts geändert, vgl. z.B. ALMUT SCHANZMANN, Zornig auf d. Kirche: KuK 56 (1978), 10f und WOLF SPEMANN, Kirche ohne Kunst?: KuK 57 (1979), 47ff.

mierte zeitgenössische Künstler kaum für die Kirche arbeiteten und daß die Ausstattung der Kirchen in der Qualität oft hinter ihrer Architektur zurücksteht. Dies ist nicht nur aus formalen Gründen zu bedauern, sondern vor allem vom Sinn des Kircheninnenraumes als Ort des Gottesdienstes der Gemeinde. Eine wirklich künstlerische Gestaltung des Raumes und seiner wesentlichen Orte, welche die Gemeinde im Gottesdienst immer vor Augen hat, kann dem Gemeindeaufbau dienlich sein und das Geschehen im Raum unterstützen.

Wegen der großen Zahl der beauftragten Künstler können hier nur allgemeine Tendenzen aufgezeigt und nur besondere Objekte erwähnt werden.

Der Altar war anfangs meist ein in seinen Proportionen dem Kirchenraum angepaßter (oft viel zu großer) rechteckiger Block oder eine große Mensa auf einem blockhaften Stipes nahe der Wand. Die ihm eigentlich angemessene Form als »Tisch des Herrn« erhielt er in nicht allzuviel Fällen erst seit den siebziger Jahren. Die Kanzel war anfangs ebenfalls oft sehr massiv, wandelte sich aber schnell zum leicht wirkenden sogenannten Ambo. Die beide schmückenden und in ihren wechselnden liturgischen Farben die Kirchenjahreszeit anzeigenden Paramente[67] zeigten in der Anfangszeit fast ausschließlich die von Rudolf Koch in den dreißiger Jahren entwickelten Symbole und waren auch später meist nur von begrenzter Aussage. Das Abendmahlsgerät zeigt schlichte Formen, die sich an den Werken herausragender Goldschmiede orientierten (vgl. Abb. 20).[68] Der Ort der Taufe wurde aus Stein gearbeitet, oft auch aus anderem Material. Die zumeist großen Fensterflächen wurden nur selten insgesamt in Glasmalerei ausgeführt.[69] Häufiger wurden die Fenster in Altarnähe oder kleinere Fenster im Kirchenraum farbig gestaltet (vgl. Abb. 24).[70] Wandmalerei[71] war eine Ausnahme wie das noch seltenere Mosaik.[72] Künstlerisch gestaltete Portale wurden nur selten ausgeführt. In die älteren Kirchen wurde zeitgenössische Kunst nur sehr selten eingebracht (vgl. Abb. 22 und 25).[73] Es wurden zahlreiche neue Orgeln gebaut (vgl. Abb. 26).

Auf vielfältige Weise wurde, vor allem ab Ende der siebziger Jahre, versucht, das Verständnis für Kunst in der Kirche zu fördern. Sowohl die Erwachsenenbildungswerke wie einzelne Kirchengemeinden boten Vorträge zur Erschließung der sich in den Kunstwerken ausdrückenden Spiritualität an. Nachdem zunächst

---

[67] Hergestellt von der Paramentenwerkstatt des Diakonissenwerkes Neuendettelsau oder von Künstlerinnen und Künstlern, z.T. erworben über den Wirtschaftsverband der Evangelischen Geistlichen in Nürnberg oder im kirchlichen Versandhandel.
[68] Z.B. Andreas Moritz, vgl. KuK 38 (1960), 1–8; 57 (1979), 22f; Jünger.
[69] Z.B. Nürnberg, Christuskirche (Georg Meistermann), vgl. KuK 39 (1961), 18f.
[70] Z.B. Stockdorf, Fenster am Taufstein (Rupprecht Geiger).
[71] Z.B. Hirschaid 1956 (Günther Danco); Taufkirchen/Vils 1958 (Hubert Distler).
[72] Z.B. München, Matthäuskirche 1955 (Angela Gsaenger).
[73] Z.B. Nürnberg, St. Sebald, Westtür, Tympanon 1988 und Portal 1992 (Heiber), vgl. Abb. 26 und KuK 71 (1993), 1–5; Nürnberg, Bartholomäuskirche, Glasfenster 1996 (Hans Gottfried von Stockhausen); Rothenburg/Tauber, Franziskanerkirche, Chorfenster 1997 und 1999 (Johannes Schreiter), nach dem Sonnengesang des Franziskus (von links nach rechts: Bruder Feuer, Bruder Wind, Schwester Sonne und leiblicher Tod, Schwester Wasser, Schwester Mutter Erde), vgl. Abb. 24; Erlangen-Tennenlohe, Chorfenster 1997 und 1999 (Ernst Otto Köpke).

nur einzelne Gemeinden in ihren Kirchen zeitgenössische Kunst mit einem Begleitprogramm ausstellten, ist dies seit Anfang der neunziger Jahre sehr verbreitet. Eine theologisch-spirituelle Erschließung der Kirchenräume geschieht in den von zahlreichen Fremden besuchten großen Kirchen in Nürnberg,[74] Rothenburg ob der Tauber und Nördlingen. An verschiedenen Stellen wurde das kirchliche Kunstgut inventarisiert.[75] Im Landeskirchenamt gibt es seit 1980 eine Galerie, die Kunstwerke an die nichtselbständigen Einrichtungen ausleiht. Außerdem werden von dort seit 1979 Wanderausstellungen angeboten. Ausstellungen werden auch vom Landeskirchlichen Archiv durchgeführt. 1980 stiftete die Landeskirche einen Kunstpreis, der in unregelmäßigen Abständen verliehen wird.[76] 1990 wurde die Stelle eines Kunstbeauftragten eingerichtet. Der Verein für christliche Kunst in der Evangelisch-Lutherischen Kirche in Bayern e.V. informierte durch seine Zeitschrift Kirche und Kunst alle Pfarrer. Mehrfach hat er sich um eine gute Gestaltung von Konfirmationsscheinen bemüht.[77] 1983 hat er eine Wanderausstellung »Die Evangelischen und die Bilder« geschaffen[78] und durch seinen Einsatz beim Deutschen Evangelischen Kirchentag 1979 in Nürnberg[79] erreicht, daß seit dem Kirchentag in München 1993[80] die Kunst einen festen Platz bei dieser Großveranstaltung hat. Kontinuierlich setzte er sich für die liturgischen Gewänder ein.[81] Für die Theologische Fakultät in Erlangen stiftete er einen Bilderzyklus[82] und erarbeitete im Auftrag der Landeskirche 1993 die Auswahl der Bilder für die bayerische, mecklenburgische und thüringische Ausgabe des neuen Evangelischen Gesangbuches und publizierte dazu eine Erschließungshilfe.[83] In enger Zusammenarbeit mit dem Verein bemüht sich der einzige Lehrstuhl für Christliche Archäologie und Kunstgeschichte an der Theologischen Fakultät Erlangen um die Ausbildung von Studierenden der Theologie und der Religionsphilologie.[84]

---

[74] Vgl. KuK 67 (1989), 1–15 und KLAUS RASCHZOK, Der Feier Raum geben. Zu d. Wechselbeziehungen v. Raum u. Gottesdienst: Für d. Gottesdienst (Hg. v. d. Ev.-luth. Landeskirche Hannovers, Arbeitsstelle f. Gottesdienst u. Kirchenmusik), H. 48 (1996), 22–35.
[75] Z.B. in Nürnberg; vgl. KLAUS RASCHZOK, Vernachlässigte kirchl. Kunstguterfassung: KuK 58 (1980), 18.
[76] Preisträger: Distler, Werner Knaupp, Karlheinz Hoffmann und Rudolf Büder.
[77] Vgl. KuK 30 (1951), 2ff; 35 (1957), 33f; 37 (1959), 4f.
[78] Zum Evangelischen Kirchbautag 1983 in Nürnberg, präsentiert in der Lorenzkirche, vgl. REINER SÖRRIES, Die Evangelischen u. d. Bilder, Erlangen 1983.
[79] Vgl. KuK 57 (1979), 1–17. 33–44.
[80] Vgl. KuK 71 (1993), 29–48.
[81] Z.B. KLAUS RASCHZOK, Schwarz geht nicht: KuK 56 (1978), 16 sowie KuK 69 (1991), 7–18.
[82] Vgl. KLAUS RASCHZOK (Hg.), Herbert Falken – Jakobskampf, Erlangen 1987.
[83] KLAUS RASCHZOK (Hg.), Die Bilder i. Gesangbuch. Beschreibung – Kontext – Zugänge, Erlangen 1995. 1957 hat der Verein zur typographischen Gestaltung des Evangelischen Kirchengesangbuches eine Denkschrift verfaßt (vgl. KuK 35 [1957], 12f).
[84] Vgl. REINER SÖRRIES, 100 Jahre Seminar f. Christl. Archäologie u. Kunstgesch. an d. Theol. Fakultät d. Friedrich-Alexander-Universität Erlangen-Nürnberg: KuK 65 (1987), 37–41.

VII.12 MUSIK

*Von Christine Jahn, Peter Bubmann, Hermann Fischer, Bernhard Klaus,
Michael Lochner und Theodor Wohnhaas**

Kleines Nachschlagewerk z. EG. Ausgabe f. d. Ev.-Luth. Kirchen i. Bayern u. Thüringen, hg. v. WOLFGANG TÖLLNER, München o.J.– SIGRID WILDT, Psalmen singen. Das Kleine Luth. Kantionale u. d. Kantionale I i. Vergleich mit d. neuen deutschen Gregorianik i. neuen EG: Kleines Nachschlagewerk (K) 134–172.

1. Der Aufbruch der fünfziger Jahre: Evangelisches Kirchengesangbuch

»Leichter läßt sich eine Staatsverfassung ändern als in der Kirche ein Gesangbuch«, stellte 1950 Landesbischof Hans Meiser fest.[1] Bald ein Jahrzehnt rang die Ev.-Luth. Kirche in Bayern um die Einführung des Evangelischen Kirchengesangbuchs (EKG) und der Agende I.

Nach 1945 herrschte Mangel an Gesangbüchern. Das Verbot kirchlicher Literatur in den letzten Jahren des Dritten Reiches, Kriegsschäden und -folgen hatten zu einer »Gesangbuchlücke«[2] geführt. Um einen unveränderten Nachdruck alter landeskirchlicher Gesangbücher zu vermeiden, beschloß die zweite Kirchenversammlung der EKD 1947 in Treysa die Erarbeitung eines neuen einheitlichen deutschen Kirchengesangbuchs. Die Grundlage sollte das über einen Zeitraum von etwa zehn Jahren vom Verband evangelischer Kirchenchöre Deutschlands erarbeitete »Gesangbuch für die evangelische Christenheit« bilden, das den Kirchenleitungen zur Stellungnahme zugeleitet wurde. Die Generalsynode der VELKD nahm 1949 in Leipzig das EKG an. Sie überließ den Gliedkirchen den Termin der Einführung und die Erarbeitung eigener landeskirchlicher Anhänge.

In Bayern waren zu diesem Zeitpunkt zwei Gesangbücher in Gebrauch. Das Gesangbuch von 1927/28 hatte vielerorts noch nicht das von 1854 ersetzt. Als Vorbereitung der synodalen Entscheidung gab der Landeskirchenrat 1950 eine Denkschrift zur Frage der Einführung eines neuen Gesangbuchs heraus.[3] Informiert wurde über den vorliegenden Stammteil, über Kriterien der Lied-, Text- und Melodieauswahl, über Grundsätze des landeskirchlichen Liederanhangs und

---

* Abschnitt 2 ist verfaßt von Peter Bubmann, Abschnitt 6 von Michael Lochner, Abschnitt 7 von Hermann Fischer und Theodor Wohnhaas, Abschnitt 9 von Bernhard Klaus; alle übrigen Abschnitte sind verfaßt von Christine Jahn.

[1] Zitiert nach JOHANNES G. MEHL, Die Bayreuther Landessynode 1950: GuK H. 6 (1950), 24–31 (29).

[2] So HEINRICH RIEDEL, Das Ev. Gesangbuch i. Widerstreit d. Meinungen: GuK H. 4 (1977), 125–133 (125f).

[3] DER LANDESKIRCHENRAT D. EV.-LUTH. KIRCHE I. BAYERN, Zur Frage d. Einführung eines neuen Gesangbuchs. Denkschrift d. Ev.-Luth. Landeskirchenrates, München 1950.

des Gebetsanhangs. Das Einheitsgesangbuch galt als Frucht zielstrebiger kirchengeschichtlicher Entwicklung und als nicht zu gefährdendes Gut im zerrissenen Nachkriegsdeutschland. Betont wurde, daß Resultate kirchlicher und kirchenmusikalischer Erneuerungsbewegungen und hymnologischer Forschungen Eingang fanden. Die liturgische Funktion des Gesangbuchs wurde unterstrichen.

Die Bayreuther Landessynode stimmte der Vorlage nicht zu.[4] Kritisiert wurden vor allem die Streichung eingebürgerter Lieder, die antiquierte Sprache und der hohe musikalische Anspruch. Da die Gesangbuchfrage unlösbar verknüpft schien mit der Agendenrevision,[5] sollten deren Ergebnisse abgewartet werden. So entschied sich die Synode für den Kompromiß eines Übergangsgesangbuchs, das neben dem Neudruck des Gesangbuchs von 1928 die Lieder enthalten sollte, die im Evangelischen Kirchengesangbuch neu hinzukamen.

Dieser Beschluß enttäuschte zwar die Gesangbuchbefürworter, eröffnete ihnen aber die Möglichkeit vorbereitender Aktivitäten. In der Zeitschrift »Gottesdienst und Kirchenmusik« wurden nun kontinuierlich Kantoren, Komponisten und Chöre aufgerufen, die neuen Lieder bekannt zu machen. Choräle wurden vorgestellt, die Erneuerung der Kantoreipraxis propagiert, die aktuellen Entwicklungen rund um Gesangbuch und Agende referiert, erste Erfahrungen aus Gemeinden berichtet. Die liturgische Funktion der Kirchenmusik wurde über den Gottesdienst hinaus zum Programm gemacht.[6] Tagungen schulten im liturgischen Singen, in angemessener Orgelbegleitung und kirchenmusikalischer Erziehung von Gemeinden.

1954 beschlossen Generalsynode und Bischofskonferenz der VELKD die Agende I. Auf der Bayreuther Landessynode von 1956 wurden dem EKG wie auch der Agende restaurative Tendenzen vorgehalten.[7] Die Erstarrung in äußeren Formen wurde beklagt, die Aufblähung von Liturgie auf Kosten der Predigt, katholisierende Tendenzen, falsches Einheitsstreben, Unruhe in den Gemeinden und Ablenkung von wesentlicheren kirchlichen Aufgaben. Beschlossen wurde, gewillten Gemeinden die Erprobung von Agende I zu gestatten, das Proprium zum Kennenlernen zuzulassen und eine Vorlage für den liturgischen Teil des EKG zu erarbeiten.

Zur gleichen Zeit wurde die endgültige Beschlußfassung über das Gesangbuch durch eine weitere Denkschrift vorbereitet.[8] Darin wurden die Grundsätze für den regionalen Liedanhang benannt. Berücksichtigung finden sollten bayerisches Sondergut und neuere Lieder. Lücken des Stammteils sollten aufgefüllt und Übereinstimmungen mit den Regionalteilen anderer Gliedkirchen gesucht wer-

---

[4] Die kontroverse Aussprache ist dokumentiert in: VLKB Bayreuth 1950, 44–65. 80–86.

[5] Zur Agendenrevision vgl. VII.6.1.1.

[6] Vgl. JOHANNES G. MEHL, Zur Frage d. Programmgestaltung kirchenmusikalischer Feierstunden i. schlichteren Verhältnissen: GuK H. 5 (1953), 177–183.

[7] Zur Diskussion über die Agende I auf der Tagung der Landessynode vgl. NELKB 11 (1956), 151–155.

[8] Vgl. Denkschrift z. einer bayer. Ausgabe d. EKG, bearb. u. hg. v. GESANGBUCHAUSSCHUß, München 1956.

den. Aufgrund der Stellungnahmen wurde der Entwurf des Liedanhangs nochmals überarbeitet und der Ansbacher Synode von 1957 vorgelegt. Kontrovers diskutiert wurde erneut der Umfang des Liedanhangs. Die Synode beschloß, die bayerische Ausgabe des EKG in der Landeskirche einzuführen. Über die liturgischen Ordnungen sollte erst im Jahr 1958 entschieden werden.[9]

Die Regensburger Synode 1958 stimmte der Agende I in der Fassung der Ev.-Luth. Kirche in Bayern zu, behielt aber daneben die bisherige Ordnung des Hauptgottesdienstes bei.[10] Beide Ordnungen hielten Einzug in das EKG und standen gleichberechtigt nebeneinander. Den Kirchenvorständen blieb die Entscheidung über die Einführung der neuen Agende vorbehalten.

Außerdem wurden das »Kleine Lutherische Kantionale« und die »Antiphonen zum Gebrauch in der Ev.-Luth. Kirche in Bayern« beschlossen. Damit erlangte ein Markenzeichen des liturgischen Aufbruchs in der bayerischen Landeskirche Geltung: die neue Gemeindepsalmodie. Seit Beginn der fünfziger Jahre hatte man sich auch im Liturgischen Ausschuß der VELKD verstärkt mit dem Psalmengesang beschäftigt, wollte die Vielzahl von Psalmtönen vereinheitlichen und mit einem neuen Psalmodieheft dem Psalmengesang neue Impulse geben. Das Kleine Kantionale der VELKD erwies sich aber für die bayerische Praxis als ungeeignet. Es war für den chorischen Gebrauch gedacht und überforderte die Gemeinden. Weil man in Bayern an der bewährten Praxis der Gemeindepsalmodie festhalten wollte, wurden die Introiten in die bayerische Ausgabe des EKG aufgenommen. Dort erschien die Reihe der B-Introiten in einer etwas erweiterten Zahl und in den als leichter eingestuften Psalmtönen. Die Antiphonen wurden von Johannes G. Mehl gesondert herausgegeben,[11] einem maßgeblichen Vertreter der deutschen Gregorianik. Er teilte die Vorliebe der liturgischen Erneuerungsbewegung für die »Objektivität der Gregorianik«, die »in strengem Gleichmaß [...] frei von jeder äußeren Gefühlsbetontheit«[12] ausgeführt werden sollte und als »schöpfungsmäßige Urmusik«[13] galt. Die Psalmodien folgen dem Prinzip der Interlinear-Gregorianik in der Melodiefassung des germanischen Dialekts.[14] Mit der Einführung des EKG kam auch die Erarbeitung der Begleitbücher – Orgelsätze zur Liturgie und Orgelchoralbuch – zum Abschluß, für die LKMD Friedrich Högner verantwortlich zeichnete.

Der Kampf um die liturgische und kirchenmusikalische Erneuerung hatte so lange gewährt, daß die Früchte erst zu ernten waren, als bereits neue Fragestel-

---

[9] Vgl. VLKB Ansbach 1957, 131f.
[10] Vgl. GEISENDÖRFER, Die Agendenfrage vor d. Landessynode: NELKB 13 (1958), 151–154; vgl. auch VII.6.1.1.
[11] Eine Einführung gibt JOHANNES G. MEHL, Das neue Antiphonale d. Ev.-Luth. Kirche i. Bayern: GuK H. 4 (1957), 132–135.
[12] Mehl in der Einleitung »Zur Praxis d. Singens« zum Antiphonale: Antiphonen z. Gebrauch i. d. Ev.-Luth. Kirche i. Bayern, hg. v. Ev.-Luth. Landeskirchenrat, München 1957.
[13] Kleines Kantionale, Bd. 1, z. Gebrauch i. d. Ev.-Luth. Kirche i. Bayern, hg. v. Ev.-Luth. Landeskirchenrat, München ³1980, VII.
[14] WILDT (K).

lungen Raum griffen. Bereits Ende 1957 berichtete die Zeitschrift »Gottesdienst und Kirchenmusik«[15] von Diskussionen um das »Ende der Singbewegung«.[16] Der neu aufkommende Schlager wurde Gesprächsgegenstand. Christhard Mahrenholz sprach von der Flucht in die Liturgie und fragwürdiger Verabsolutierung bestimmter Stil- und Ausdrucksformen.

2. Das neue Lied und der Sacro-Pop

PETER BUBMANN, Sound zwischen Himmel u. Erde. Populäre christl. Musik, Stuttgart 1990.– Liederheft 72. Geistliche Lieder unserer Zeit, hg. i. Auftrag d. Landeskirchenrats d. Ev.-Luth. Kirche i. Bayern v. einem Arbeitskreis unter Vorsitz v. Friedrich Kalb, München 1971.

Seit Mitte der fünfziger Jahre entwickelte sich eine populäre christliche Musikszene. Deren Wurzeln lagen in der Verbreitung amerikanischer Spirituals, im Engagement einzelner Kirchenmusiker, die mit Jazz-Elementen kompositorisch experimentell arbeiteten[17] und in der Entwicklung missionarischer Jazz-Gottesdienste. Für Bayern war jedoch vor allem eine dritte Wurzel wichtig: der religiöse Schlager. Auf Initiative von Günter Hegele führte die Evangelische Akademie Tutzing im Jahr 1960 ein Preisausschreiben für neue religiöse Lieder durch, »die dem auch von Jazz und Unterhaltungsmusik geprägten musikalischen Resonanzvermögen der Jugend entsprechen«.[18] Das Siegerlied »Danke« von Martin G. Schneider wurde zu einem Hitparaden-Erfolg. Es löste gleichzeitig eine kontroverse Diskussion um Schlager und Unterhaltungsmusik in der Kirche aus, die bis in die neunziger Jahre fortdauerte.[19] Auch manche Lieder der folgenden Preisausschreiben in Tutzing und des Kirchentages 1965 setzten sich in den Gemeinden durch (»Ein Schiff, das sich Gemeinde nennt«, »Komm, sag es allen weiter«) und gelangten ins Evangelische Gesangbuch.

Von Jugendgottesdiensten der sechziger Jahre her entwickelten sich Zielgruppengottesdienstformen, in denen religiöse Schlager, Blues, Spirituals, Beat-Songs, neue geistliche Lieder und der typische »Sacro Pop«-Sound Peter Janssens ihren Ort fanden: Familiengottesdienste, Politische Nachtgebete und Kommentargottesdienste. In der bayerischen Kirchenmusikerschaft stießen solche Töne auf wenig Gegenliebe. Abseits der subkulturellen Jugendgottesdienstszene setzten sich

---

15 Zu dieser Zeitschrift vgl. VII.12.5.
16 HERMANN STERN, Ende d. Singbewegung?: GuK H. 5 (1958), 160–163 u. H. 6 (1958), 192ff.
17 Bekannt wurde etwa Helmut Barbes Jazz-Musical »Halleluja Billy«, aufgeführt beim Kirchentag 1956 in Frankfurt.
18 GÜNTER HEGELE, Neue Lieder durch Preisausschreiben? Viermal Tutzing u. d. Folgen: ARNIM JUHRE (Hg.), Singen um gehört zu werden. Lieder d. Gemeinde als Mittel d. Verkündigung. Ein Werkbuch, Wuppertal 1976, 25–37 (25).
19 Vgl. etwa den Tagungsbericht von FRANK SEIFERT, Verführerische Menschenfängerei durch neue Lieder? ›Sacro-Pop‹ i. Widerstreit – Kirchenmusiktagung i. Tutzing: epd-Landesdienst v. 11.5. 1982, 494f; GÜNTER HEGELE, So fing es mit d. neuen Liedern an: Unser Auftrag Nr. 11 (1989), 14f.

daher vor allem solche neueren geistlichen Lieder durch, die in der Tradition des protestantischen Chorals stehen und nur behutsam neuere Sprache, melodische und rhythmische Elemente integrieren, in Bayern etwa von Friedrich Walz, Wolfgang-Jürgen Stark, traditioneller Friedrich Hofmann, näher am Schlager Hanns Köbler.

Im »Liederheft 72« wurden Lieder und Songs dieser Herkunft erstmals im Auftrag der Landeskirche herausgegeben.[20] Kriterium der Liedauswahl war, »daß die ausgewählten Lieder eine gegenwartsbezogene Aussage, eine gewisse Neuartigkeit der Form und jedenfalls auch Eignung für den Gemeindegesang aufweisen konnten«.[21] Auch der Gedanke einer Integrierung von Liedern aus der weltweiten Ökumene tauchte hier erstmals auf. Diese Sammlung wurde in den Gemeinden gut angenommen und fand in dem 1982 herausgegebenen »Liederheft für die Gemeinde« einen umfangreicheren und in den Gemeinden viel benutzten Nachfolger.[22] Zu den Songs und Refrainliedern traten hier Kanons, Singrufe, liturgische Rufe und Psalmweisen hinzu.

Der »Liederfrühling« der siebziger Jahre entwickelte sich in verschiedenen Szenen weiter. Zum einen strahlten die Deutschen Evangelischen Kirchentage mit ihren Liedheften in die Gemeinden aus, insbesondere der Kirchentag Nürnberg 1979.[23] Vom Kirchentag geprägt sind auch die überregional in Bayern tätigen »Sacro Pop«-Gruppen »Preiser-Band«, »Jericho« und »Studiogruppe Zebaoth«, die in den siebziger bzw. achtziger Jahren gegründet wurden und vor allem liturgische Großveranstaltungen musikalisch ausgestalteten (Landesmissionstage, regionale Kirchentage, Bischofseinführungen etc.). In diesem Kontext entstanden ab Mitte der achtziger Jahre auch größere Werke (Oratorien, getanzte Bibliodramen), für die etwa das stilistisch zwischen avantgardistischer E-Musik und Jazz-Pop-Rock angesiedelte Oratorium »Thomas, der Zweifler« als Beispiel dienen kann.[24]

Ein eigener Bereich populärer Kirchenmusik sind die in Taizé entstandenen Lieder, Rufe und Kanons, die sich seit Mitte der siebziger Jahre zunehmend verbreiteten.[25]

---

[20] Liederheft 72 (T).
[21] Vorwort von Friedrich Kalb zum Liederheft 72 (T).
[22] Liederheft f. d. Gemeinde. Auf u. macht d. Herzen weit, hg. i. Auftrag d. Landeskirchenrats d. Ev.-Luth. Kirche i. Bayern, München 1982. Das Heft wurde in den Gemeinden wegen seines Umschlags auch »Silberpfeil« genannt.
[23] Liederheft z. 18. Deutschen Ev. Kirchentag 1979 i. Nürnberg, hg. i. Auftrag d. Kirchentagsausschusses d. Ev.-Luth. Kirche i. Bayern, o.O. o.J.; viele der in diesem Heft unter Teil II (Neue Lieder) enthaltenen Lieder sind später ins EG eingegangen.
[24] Text: Wolfgang Töllner; Musik: Peter Bubmann; Uraufführung 1989 beim Kirchentag in Berlin. Eher in der freien Musikszene angesiedelt sind die Projekte »Rock-Requiem« und »Cosmogenia« des Rockmusikers Guntram Pauli und des Würzburger Kirchenmusikers Christian Kabitz sowie weiterer Autoren (erschienen auf Tonträgern bei PTA Musik, München).
[25] Seit dem ersten Notenheft »Jubilate Deo« (Taizé 1976) folgten weitere Notenhefte mit teils mehrstimmigen Sätzen.

Die pietistisch und missionarisch orientierte Jugendarbeit (EC, CVJM, Jugend für Christus etc.) ging ab den siebziger Jahren eigene Wege. Liedersammlungen wie »Dein Ruhm – unsere Freude«[26] prägten die Frömmigkeit. Es entwickelte sich eine eigene Band- und Jugendchorszene. Den ersten Bands der siebziger Jahre[27] folgten in den achtziger Jahren weit über 50 meist im Fränkischen angesiedelte Gruppen und Solisten, deren Schwerpunkt zumeist in der missionarischen Konzertarbeit liegt. 1986 schlossen sich Bands, Solisten und Chöre zur »Arbeitsgemeinschaft Musik in der Evangelischen Jugend in Bayern« (AGMB) zusammen, die seit 1988 vom hauptamtlich für missionarische Arbeit mit Musik im Amt für Jugendarbeit (Nürnberg) zuständigen »Pop-Diakon« Friedrich Rößner betreut wird.[28] Was die Kirchentage für den »Sacro Pop« bedeuten, sind die »Christivals« (Nürnberg 1988; Dresden 1996) für die missionarische Musikszene.

Eigens zu erwähnen ist die vom CVJM-Gesamtverband 1986 unter der Bezeichnung »Ten-Sing« initiierte popmusikalische offene Jugendarbeit, die seither in einigen Städten zur Gründung von Ten-Sing-Gruppen führte, die nach wie vor existieren.[29] Hier werden Jugendliche zu eigener Kreativität ermutigt und dies nicht allein durch Musizieren in Pop- und Rockgruppen, sondern auch durch Tanz, Theater, Bühnengestaltung etc.

Seit Mitte der achtziger Jahre verstärkten sich die Bemühungen, die jugendkulturellen Musikformen in die Kirchenmusik zu integrieren. Einige jüngere Kirchenmusiker wie Andreas Hantke oder Ralf Grössler engagierten sich popularmusikalisch. In der Fachakademie für Kirchenmusik in Bayreuth werden seit 1995 Kurse in Popularmusik angeboten. Durch die Entwicklung der sogenannten DJ-Culture mit ihren Musikrichtungen Hip-Hop, House und Techno gerät die christliche Popmusik allerdings seit den neunziger Jahren in die Defensive, weil die teils textlosen und auf Ekstase zielenden Musikstile der neunziger Jahre manchen nur schwer in die Kirchenmusik integrierbar erscheinen und alte Kämpfe um das Recht rhythmischer Musik in der Kirche wieder aufbrechen.[30]

---

[26] Hg. von Joachim Cochlovius, seit 1973 in vielen Auflagen in Kreglingen erschienen.
[27] Zu nennen wären etwa Gruppen wie »At Light«, »Elops«, »On the Way«, »The Followers« oder »Asante Sana«, vgl. die Interpretenverzeichnisse der Arbeitsgemeinschaft Musik in der Evangelischen Jugend in Bayern (Nürnberg), in denen die Gruppen ihre Band-Geschichte beschreiben.
[28] Die AGMB bringt seit 1983 einen »Rundbrief« heraus (Schriftleitung: Friedrich Rößner), der dem Austausch und der Weiterbildung der Szene dient, und seit 1996 im professionellen Layout unter dem Titel »Musik & Message« erscheint.
[29] Vgl. SABINE HESSE/JAN THORMODSAETER (Hg.), Ten Sing – eine neue Bewegung i. CVJM, Hamburg 1989 (nordbundhefte 4); STEFFEN GROSS, Jeder ist ein Star: Deutsches Allgemeines Sonntagsblatt Nr. 8 v. 21.2.1997, 22.
[30] Vgl. die Beiträge in der Themenbeilage »Techno« zu »Musik & Message« Nr. 3 (1996), 1–12.

3. Arbeit und Mitarbeit am Evangelischen Gesangbuch

ERNST LIPPOLD, Das EG: Musik u. Gottesdienst. Zeitschrift f. ev. Kirchenmusik 50 (1996), 7–16.– REINHOLD MORATH, Das neue »EG«, aktualisierte Informationen Oktober 1993, 5 (kircheninterne Vorlage bei d. Akten d. LKA München).

Ende 1978 beschlossen die EKD und der Bund der Evangelischen Kirchen in der DDR, ein neues Gesangbuch zu erarbeiten. November 1979 tagte erstmals das Plenum der ost- und westdeutschen Gesangbuchausschüsse, dem auch Vertreter der am Gesangbuch beteiligten Gliedkirchen angehörten.[31] Verschiedene breit angelegte Stellungnahmeverfahren führten zu dem Fazit: »Noch nie ist ein Gesangbuch so demokratisch erarbeitet worden«.[32] Die »Grundsätze zur Erarbeitung eines künftigen Gesangbuchs« von 1980[33] zeigen die Richtung der Gesangbuchrevision an. Die Leitlinien formulieren: »Bewahrung des Bewährten, Rückgewinnung von Verdrängtem, breite Aufnahme der Gegenwart, Bereicherung des Gottesdienstes, Öffnung zur Ökumene, Einbeziehung von Mehrstimmigkeit und anderen Singformen«.[34]

Die Arbeit auf EKD-Ebene wurde in Bayern seit 1984 von einem Gesangbuchausschuß begleitet. Zu seinen Aufgaben gehörte neben der Erarbeitung des geplanten bayerischen Regionalteiles auch die Abfassung von Stellungnahmen zu den Zwischenergebnissen. Die Veröffentlichung der »Vorläufigen Liedliste« 1984 führte zu einer differenzierten und kritischen Stellungnahme der bayerischen Landeskirche. Es wurde festgestellt, daß es noch »außerordentlicher Bemühungen« bedarf, ein Gesangbuch von »zeitgemäßer und vor allem zukunftsorientierter Qualität zu erarbeiten«.[35] Der Rücklauf wurde im Vorentwurf (EKD-Stammteil) verarbeitet, der 1988 in einem breit angelegten Verfahren zur Erprobung in der bayerischen Landeskirche freigegeben wurde.[36] Im Laufe des folgenden Jahres ging eine Fülle von Voten ein.[37] Sie bildeten die Grundlage für die vom Gesangbuchausschuß erarbeitete Stellungnahme, die u.a. eine Neustrukturierung des Aufbaus des Gesangbuchs anregte. Das Manuskript der Endfassung des Stammteils lag im Februar 1991 auf der abschließenden Plenumstagung in Eisenach vor.

---

[31] Über die Entstehungsgeschichte des EG informieren LIPPOLD (T); CHRISTOPH KRUMMACHER, Das EG: ThLZ 120 (1995), 763–778.

[32] LIPPOLD (T) 8.

[33] HANS-CHRISTIAN DRÖMANN, Grundsätze f. d. Arbeit an einem neuen Gesangbuch: MuK 50 (1980), 166–175.

[34] LIPPOLD (T) 13.

[35] »Ber. über d. Stellungnahmen d. auftraggebenden Kirchen z. Vorläufigen Liederliste«, Anlage zum Plenumsprotokoll des gesamtdeutschen Gesangbuchausschusses vom 19.12.1985, 3 (Archiv d. LKA München, Az. 30/2–3/0–43.

[36] Vgl. REINHOLD MORATH, Für d. Leben d. Gemeinde unverzichtbar. Zum Entwurf d. neuen Gesangbuchs: NELKB 43 (1988), 144–148 (147).

[37] Auch der Theologinnenkonvent meldete sich zu Wort: Nennt uns nicht Brüder: KorrBl 103 (1988), 100f. Dort veröffentlichte FRIEDRICH HOFMANN, Gut, aber nicht optimal: KorrBl 104 (1989), 72f.

Zeitgleich lief die Erprobung des Liedteils des bayerischen Regionalteils. Zu den konzeptionellen Leitlinien gehörten: noch weitergehende Öffnung für das zeitgenössische Liedgut; Ausgleich thematischer Defizite des Stammteils; Bewahrung besonderer bayerischer kirchlicher Traditionen.[38] 1991 beschloß die Landessynode in Kulmbach den Regionalteil.

Erste Überlegungen zur Einführung des neuen Gesangbuchs führten dazu, daß der Landeskirchenrat im Februar 1992 den Auftrag zu Verhandlungen mit der Keysselitz GmbH gab, einer Agentur für Wirtschaftskommunikation. Erarbeitet werden sollte ein kommunikatives Gesamtkonzept zur Einführung. Als im Herbst dieses Jahres die EKD das geplante Layout vorstellte, wurde es von bayerischen Vertretern als zu traditionell empfunden.

Das bayerische Neukonzept wollte das Gesangbuch zu einer »Brücke« machen zwischen den Erfahrungen der Kirche und den Lebensfragen der Menschen.[39] Der »Ausbruch aus der Kerngemeinde« sollte gewagt werden.[40] Distanzierte Kirchenmitglieder und religiös suchende Menschen auch außerhalb der Kirche wurden zur Zielgruppe. Das Gesangbuch sollte Antwort auf existentielle Fragen geben, Wegweiser und Zeichen christlicher Identität sein, spirituelle Kompetenz der Kirche deutlich machen und corporate identity vermitteln. Typenwahl, Mehrfarbigkeit und Gesamtgestaltung sollten dem Gesangbuch ein modernes Gewand verleihen, Aufgeschlossenheit signalisieren sowie leichte Orientierung ermöglichen. Überarbeitung und neue Konzeption des Textteiles verstärkten gegenüber dem EKD-Stammteil die lebenszyklische Perspektive und verbreiterten das pädagogische Angebot. Bilder wurden den einzelnen Abschnitten vorangestellt. Der Verein für christliche Kunst in Bayern wählte Graphiken aus der Zeit vom 15. bis zum 20. Jahrhundert, die Zeugnis geben von der »intensiven Auseinandersetzung führender Künstler und Künstlerinnen mit den Themen des christlichen Glaubens«.[41] Besonderen Anklang fanden die »Zwischentexte«. Sie stammen aus der Bibel und der theologischen Tradition, aus der Literatur und der wissenschaftlichen Diskussion und laden zu Meditation oder Reflexion ein.

Auf den Abdruck von Gottesdienst-Ordnungen hatte der EKD-Stammteil verzichtet, weil die Arbeit an der Erneuerten Agende noch nicht abgeschlossen war. Die bayerische Synode vom April 1994 hingegen beschloß die Aufnahme von Gottesdienstordnungen, die »den wegweisenden Rahmen der Beschlüsse der Landessynode vom November 1980 zur bayerischen Konvergenzagende ausschöpfen und Anregungen der Erneuerten Agende aufnehmen«.[42] Neben einer

---

[38] Vgl. REINHOLD MORATH, Neues EG i. Erprobung: NELKB 44 (1989), 389f.
[39] Vgl. HERBERT LINDNER, Das neue Gesangbuch als Glaubensbuch: Unser Auftrag Nr. 11 (1994), 7ff.
[40] JOHANNES OPP, Ein neues Gesangbuch mit neuem Profil: Arbeitshilfen z. neuen EG, hg. v. d. EV.-LUTH. KIRCHE I. BAYERN, München 1994, 4ff (5).
[41] Joachim Track: VLKB Rothenburg/Tauber April 1994, 66.
[42] AaO, 65.

»Verbundform nach Agende I und Erneuerter Agende«[43] (G1) stehen der Predigtgottesdienst (G2) »mit Affinität zu Grundform 2 der EA (ohne Abendmahl)«,[44] der Kindergottesdienst (G3) und der »Versuch, die alte bayerische Form von 1856 unter Angleichung liturgischer Grundbausteine an G1 in das ›Strukturmodell‹ umzugießen«,[45] die Ordnung G4, die zunächst nur als gesonderte Anlage gedruckt und eingelegt werden sollte.[46]

Die bayerische Besonderheit der Gemeinde-Psalmodie führte zu intensiven Auseinandersetzungen mit Ergebnissen neuerer Gregorianik-Forschung. Die bisherigen Introiten wurden in Auswahl und in revidierter Fassung aufgenommen, der Wechselgesang der alten bayerischen Liturgie von 1856 erneut angeboten. Eine neue Form deutscher Gregorianik findet sich in der »Allgemeinen Psalmenreihe«.[47]

Einen eigenen Weg ging die Ev.-Luth. Kirche in Bayern auch bei der Publikation von musikalischen Begleitmaterialien zum EG. Erstmals erschien ein Orgelchoralbuch als Loseblattsammlung.

Für die EKD wurde das Resümee gezogen: »Die Akzeptanz des neuen Gesangbuchs in den Gemeinden ist durchweg sehr gross, Beispiele von abwartender Haltung oder gar von Ablehnung sind selten. Die hymnologische Fachkritik lässt unterschiedliche Stimmen hören«;[48] für die bayerische Landeskirche konstatierte Wolfgang Töllner ein »überwiegend positives Echo«.[49] Die Attraktivität der bayerischen Lösung zeigte sich darin, daß drei andere Landeskirchen das neue Konzept übernahmen.[50] Die Werbeoffensive zur Einführung des Gesangbuchs hatte auch eher distanzierte Kirchenmitglieder erreicht. Ein Jahr darauf wird in einem Pressebericht bilanziert: »Das neue bayerische Gesangbuch ist wohl das erste, das außerhalb der Kirche besser ankam als bei den eigenen Leuten«.[51] Die Impulse für das Singen werden zwar nicht flächendeckend, aber partiell aufgenommen. Unbegleitete Psalmodie gewinnt neue Anhänger, die Vielfalt von Singformen bereichert Gottesdienste, wenn auch die »Spannweite des EG

---

[43] MORATH (T) 5.
[44] Ebd.
[45] Ebd.
[46] Zu Veränderungen der Gottesdienstordnungen vgl. REINHOLD MORATH, Die Ordnungen d. Gottesdienstes. Veränderungen u. Erläuterungen: Kleines Nachschlagewerk (K) 173–192.
[47] WILDT (K).
[48] LIPPOLD (T) 15f.
[49] WOLFGANG TÖLLNER, Das neue Gesangbuch – eine erste Bestandsaufnahme: GuK H. 1 (1997), 10f.
[50] Die Ausgabe der Ev.-Luth. Kirche in Thüringen ist identisch mit der bayerischen, die Ausgabe für Mecklenburg differiert im Regionalteil. Die Ev. Landeskirche in Württemberg variierte das bayerische Gesangbuch in einigen Details.
[51] SABINE RÜCKERT, Spagat zwischen inner- u. außerkirchlicher Welt. Ein Jahr nach d. Einführung. Das neue Gesangbuch erschließt eine neue Zielgruppe: Sonntagsblatt Nr. 49 (1995), 24f.

[...] erst ansatzweise genutzt« wird.[52] Insgesamt wird das EG akzeptiert und geschätzt.

4. Aus- und Fortbildung

GRÜNWALD (B).

Nach dem Ersten Weltkrieg stellten die Lehrerbildungsanstalten die Ausbildung von Kantoren und Organisten ein. Doch erst die Zeit des Nationalsozialismus machte die entstandene Lücke schmerzlich bewußt, denn nun legten »Lehrerorganisten« reihenweise den Dienst nieder. Die Landeskirche reagierte, indem sie 1939 die private Organistenschule zur Ausbildung Nebenberuflicher übernahm, die 1921 von Dr. Heinrich Schmidt in Bayreuth gegründet und unter der Leitung von Dr. Heinrich Weber seit 1935 in Erlangen ansässig war. Die landeskirchlichen Organistenkurse in Erlangen wurden, wenn auch beeinträchtigt, sogar in den Kriegsjahren fortgeführt.[53] Schon im Februar 1946 konnten wieder Halbjahreskurse angeboten werden.

Inzwischen war die Organisation kirchenmusikalischer Ausbildung zum Thema in vielen deutschen Landeskirchen geworden. Die Grundlinien der Neuordnung ähnelten sich und wurden programmatisch formuliert bei der Konferenz der Leiter evangelischer Kirchenmusikschulen und Kirchenmusikabteilungen der staatlichen Hochschulen für Musik, die 1949 in Schlüchtern tagte.[54] Konstanten der sich ausbreitenden »Kirchenmusikschulbewegung« wurden die Verpflichtung zu kirchlicher Trägerschaft kirchenmusikalischer Ausbildung, das Bemühen, die geistliche Dimension des kirchenmusikalischen Amtes auszuprägen und die soziale Stellung der Kirchenmusiker zu sichern. Die liturgische Ausbildung erhielt fundamentale Bedeutung. Die Bezogenheit des kirchenmusikalischen Dienstes auf die Gemeinde sollte schon in der Ausbildung, z.B. in geistlich geprägter Internatsgemeinschaft, zum Ausdruck kommen.

Der Beschluß der bayerischen Herbstsynode von 1947, die landeskirchlichen Organistenkurse in Erlangen zu einer Kirchenmusikschule auszubauen, atmeten den Geist des kirchenmusikalischen Aufbruchs.[55] Vorgesehen wurden zwei Ausbildungswege: ein ganzjähriger zusammenhängender Lehrgang für nebenamtliche Organisten und Kantoren, C-Prüfung, sowie ein zweijähriger für den hauptberuflichen kirchenmusikalischen Dienst.

---

[52] MICHAEL LOCHNER, Gesangbuch u. Gottesdienst heute – eine kritische Zwischenbilanz: GuK H. 1 (1997), 12–15 [13].
[53] Die Vor- und Frühgeschichte der Kirchenmusikschule seit 1921 ist dargestellt bei GRÜNWALD (B) 7–25.
[54] Zusammenfassung der Ergebnisse bei KARL-FERDINAND MÜLLER, Schlüchtern 1949. Ber. über d. Konferenz d. Leiter d. Ev. Kirchenmusikschulen u. d. Kirchenmusikabteilungen an d. staatlichen Hochschulen f. Musik v. 25. bis 27.4.1949 i. Schlüchtern: MuK 17 (1949). 67–77.
[55] VLKB Bayreuth 1947, 80f.

Am 1. Advent 1948 eröffnete Landesbischof Meiser die Kirchenmusikschule der Ev.-Luth. Kirche in Bayern.[56] Erster Direktor wurde Günter Lamprecht, Stadtkantor in Ansbach.[57] 1950 wurden an der Erlanger Kirchenmusikschule erstmals B-Prüfungen abgenommen. Zunehmende Raumprobleme machten bald einen Umzug nötig.[58] Die Verlegung nach Bayreuth, in einen gemeinsam mit dem neuen Predigerseminar bewohnten Gebäudekomplex, ermöglichte nun auch die Errichtung eines Internates.[59]

Lamprecht gelang es, den Schulchor als »Visitenkarte der Anstalt« aufzubauen[60] und eine ganze Organistengeneration zu prägen. Auch die Fortbildungsarbeit – Kurse für Nebenamtliche, Studientage und Seminare für einen weiten Kreis Interessierter – erhielt in der Bayreuther Kirchenmusikschule eine Heimat. Das Kuratorium der Kirchenmusikschule spielte in den Anfangsjahren eine gewichtige Rolle bei zentralen Fragen der bayerischen Kirchenmusikpolitik.[61]

Mit Dr. Friedrich Kalb trat 1965 erstmals ein Theologe das Direktorenamt an (bis 1972). Inzwischen hatte sich die Lage zuungunsten von Kirchenmusik und Liturgie verändert. Die Zahl der Studierenden sank ebenso wie das Niveau der Vorbildung.[62] Die Zukunft der Kirchenmusikschule schien nur bei einschneidenden Reformen sowie einer Verlegung nach Nürnberg und einer Kooperation mit der dortigen Fachakademie gesichert. Das kurze Direktorat Helmut Schellers (1973–1974) war von den Auseinandersetzungen um die Zukunft der Ausbildungsstätte gezeichnet.[63] Die Umwandlung in eine staatlich anerkannte Fachakademie 1973 brachte finanzielle und anstellungsmäßige Verbesserungen. Bei ihrer Herbsttagung in Bayreuth 1974 beschloß die Landessynode die Weiterführung der Ausbildung in Bayreuth.

---

[56] Ein anschauliches Bild der Eröffnungsfeier gibt GRÜNWALD (B) 28f.

[57] Vgl. FRIEDRICH HÖGNER, Günter Lamprecht †. Ein Kapitel z. Aufbau kirchenmusikalischen Lebens nach d. Zweiten Weltkrieg: GuK H. 2 (1973), 39f.

[58] Grünwald zitiert aus Friedrich Kalbs Rede anläßlich des 20-jährigen Bestehens der Kirchenmusikschule eine lebhafte Schilderung der räumlichen Unzulänglichkeiten: GRÜNWALD (B) 31.

[59] Von Anfang an gab es auch Kritik an der Verlegung. HERMANN GREIFENSTEIN erinnert sich anläßlich des Jubiläums 1978 sowohl an sein eigenes negatives Votum als auch an Landesbischof Meisers Begründung für den Ortswechsel: „Das kirchliche Fettherz Mittelfranken muß entfettet werden" (Glückwunschadresse „30 Jahre Kirchenmusikschule – 25 Jahre i. Bayreuth": 30 Jahre Kirchenmusikschule d. Ev.-Luth. Kirche i. Bayern, hg. v. d. Fachakademie f. Ev. Kirchenmusik Bayreuth, Bayreuth 1978, 9–16 [10]).

[60] So Ewald Weiss (EWALD WEISS/HANS SCHMIDT, Von d. Kirchenmusikschule z. Fachakademie. 30 Jahre Kirchenmusik i. Bayreuth: GuK H. 2 [1978], 42–49 [43]).

[61] HEINRICH RIEDEL, Ein Gespräch über Arbeit u. Auftrag d. Fachakademie f. Kirchenmusik i. Bayreuth: GuK H. 2 (1978), 51ff (51: »Alle Fragen der Kirchenmusik in Bayern kamen dort verantwortlich zur Sprache«).

[62] Kalb teilte dem Landeskirchenrat wiederholt brieflich seine Sorgen mit (vgl. die Unterlagen im LKAN PA Friedrich Kalb).

[63] Vgl. JOACHIM WIDMANN, Die Kirchenmusikschulfrage nach d. Novemberbeschluß d. Synode. Ein Zwischenbericht: GuK H. 2 (1974), 48ff; Helmut Scheller äußert sich in einem Leserbrief zu den Vorgängen: GuK H. 3 (1978), 101.

1976 wurde Hans Schmidt zum neuen Direktor berufen. 1982 konnte er von einem »Höchststand von 44 Vollstudierenden« berichten.[64] 1992 wurde das Institut für evangelische Kirchenmusik zur Abnahme der kirchenmusikalischen A-Prüfung angegliedert. Der Fächerkanon wurde umfangreicher und differenzierter, vor allem im musikpädagogischen Bereich. 1994 wurde Karl Rathgeber Leiter der Bayreuther Fachakademie. 1995 wurde im umgebauten großen Saal die Steinmeyer-Orgel von 1953 durch eine neue Unterrichts- und Konzertorgel der Firma Goll ersetzt.[65] Im gleichen Jahr wurde erstmals das Fach »Popularmusik/Arrangement« angeboten.

Beherrscht sind die späten neunziger Jahre durch erneute konzeptionelle Überlegungen zur Zukunft der Fachakademie. Zum einen führte die zunehmend schwierige finanzielle Situation in anderen Landeskirchen weitgehend zur Aufgabe kirchlicher Trägerschaft kirchenmusikalischer Ausbildungsstätten. Zum anderen streben staatliche Reformen des Bildungssystems Vereinheitlichungen im Status der Ausbildungsstätten an. Die Landessynode beschloß deshalb im April 2000 die Umwandlung der Fachakademie in eine Kirchliche Hochschule für evangelische Kirchenmusik zum Wintersemester 2000/2001.

Die Ausbildung zum hauptberuflichen kirchenmusikalischen Dienst ist außer an der kirchlich getragenen Fachakademie auch an den staatlichen Hochschulen in München und Würzburg sowie am Meistersinger-Konservatorium in Nürnberg möglich, wo es bereits in den sechziger und frühen siebziger Jahren eine Orgelausbildung gab, die, ergänzt durch eine Zusatzprüfung an der Bayreuther Kirchenmusikschule, zur B-Qualifikation führte. An der Hochschule für Musik in Würzburg wird seit der Gründung 1973 der Studiengang evangelische Kirchenmusik mit A-Examen angeboten.

Die evangelische Kirchenmusik an der Hochschule für Musik in München wurde vor allem durch Karl Richter geprägt. Der Organist der Leipziger Thomaskirche kam 1951 nach München und übernahm den Lehrstuhl für Evangelische Kirchenmusik. Mit seiner Lehrtätigkeit verband er die Praxis als Kantor und Organist an St. Markus in München. Der Münchner Bach-Chor brachte es unter seiner Leitung zu Weltruhm. Gleichzeitig unterrichtete LKMD Högner kirchenmusikalische Fächer; sein Nachfolger Joachim Widmann übernahm einen Lehrauftrag. Diethart Hellmann wurde 1972 Abteilungsleiter für Evangelische Kirchenmusik, die Nachfolge Richters im Orgelfach übernahm 1981 Hedwig Bilgram. 1985 wurde Hanns-Martin Schneidt als Professor für Orchesterleitung und Evangelische Kirchenmusik berufen. 1994 übernahm Michael Gläser die Fächer Evangelische Kirchenmusik und Chordirigieren. Die Münchner Musikhochschule hat auf Grund der Persönlichkeiten, die für die kirchenmusikalische

---

[64] HANS SCHMIDT, Mitt. aus d. Fachakademie: GuK H. 6 (1982), 221.
[65] Über die Entstehungsgeschichte, die Gedanken der Orgelbauer und die Disposition der Orgel informiert die FS »Die neue Goll-Orgel d. Fachakademie«, hg. v. d. Fachakademie f. Ev. Kirchenmusik d. Ev.-Luth. Kirche i. Bayern, Bayreuth 1995.

Ausbildung verantwortlich waren, ein international hohes Ausbildungsniveau erreicht.

5. Arbeit der kirchenmusikalischen Verbände

Die Zeit des Nationalsozialismus und die Kriegsjahre hinterließen auch bei den drei kirchenmusikalischen Verbänden Spuren. Nur wenige Jahre zuvor eingegliedert in die Reichsmusikkammer, stellte sich nach 1945 zwar nicht die Frage nach einer grundsätzlichen Neuorganisation. Die Leitung aller drei Verbände zeugt von personeller Kontinuität. Vokal- und Bläserchöre aber waren stark dezimiert. Die Nachkriegsjahre wurden zu einer Zeit der Neubelebung: Eine »Welle von Singfreudigkeit« erfaßte die Kirche,[66] die Zahl der Mitgliedschöre des Posaunenchorverbandes stieg von 1945 bis 1949 von 270 auf 316 Chöre.

Pfarrer Friedrich Hofmann folgte 1949 Friedrich Veit als Obmann des Landesverbandes Evangelischer Kirchenchöre in Bayern e.V. Er hatte seit 1938 Chorwochen initiiert. 1953 wurde er hauptamtlicher Beauftragter für das kirchliche Singen, 1974 Schriftleiter der Zeitschrift »Gottesdienst und Kirchenmusik«. Noch im Ruhestand wirkte er prägend bei den Vorarbeiten zum EG.[67]

Die Publikationen des Verbandes möchten »eine möglichst allen Chören zugängliche Chorsammlung mit guten leichten und für den Gottesdienst brauchbaren Kompositionen« zur Verfügung stellen.[68] Zentrale und regionale Chortreffen, die in den späten siebziger und frühen achtziger Jahren ihre größte Ausstrahlung hatten, vermittelten das Erlebnis großer gleichgesinnter Gemeinschaft, und die Sing- und Chorleiterwochen setzten chorpädagogische Impulse. Der Wandel der Lebensverhältnisse spiegelt sich in den Formen der Singwochen: Gab es zunächst Diaspora-, Abend- und Wintersingwochen, so konzipierte und realisierte der bayerische Landesverband als erster 1957 eine Familiensingwoche. 1970 begann der Verband mit Jugend-, 1971 mit Kindersingwochen. Der Kinderchorbereich hat seither besonderes Gewicht. 1982 kamen Skifreizeiten hinzu, seit 1992 Veranstaltungen im Bereich Meditation und Tanz.

Mit Klaus Meinzolt trat 1976 erstmals ein Kirchenmusiker an die Spitze des Chorverbandes. Ihm folgte 1978 der Theologe und Laienmusiker Siegfried Erdinger. 1994 wurde der Ingolstädter Kantor Reinhold Meiser Präsident des Landesverbandes. Auch wenn sich die Zahl der Mitgliedschöre seit den achtziger Jahren bei etwa 750 hält, machen der allgemeine Rückgang des Singens und eine gewisse Skepsis gegenüber vereinsmäßigen Organisationen neue Anstrengungen erforderlich. Mit dem Ausbau der Chorbibliothek, die mittlerweile zu den

---

[66] VEIT (B) 170.
[67] ADOLF SPERL, Kirchenrat Friedrich Hofmann z. 80. Geburtstag: GuK H. 6 (1990), 154f.
[68] FRIEDRICH HOFMANN, Auf alten Fundamenten weiter bauen: 100 Jahre Landesverband Ev. Kirchenchöre (B) 19–24 (20).

größten kirchenmusikalischen Spezialbibliotheken in der Bundesrepublik zählt, werden die Serviceleistungen für die Mitglieder des Verbandes verbessert.

Der Verband evangelischer Kirchenmusiker(innen) in Bayern e.V. war von LKMD Högner wieder aufgebaut worden. Bis 1965 blieb er Obmann des Verbandes. Eine Vielzahl von Fortbildungsveranstaltungen werden von Högner für haupt- und nebenberufliche Kirchenmusiker und Kirchenmusikerinnen sowie Theologen angeboten. Besondere Ausstrahlung gewannen die jährlichen Werkwochen, die, erstmals 1956 veranstaltet, bis heute zum festen Programm des Verbandes gehören.

Immer neuer Verhandlungen mit der Kirchenleitung bedurfte es, um auf der Basis des am 9.8.1940 erlassenen „Kirchengesetzes über das Amt des Kirchenmusikers"[69] zu befriedigenden Arbeitsrechtsregelungen und angemessener Stellenpolitik zu gelangen. 1954 legte der Landeskirchenrat einen Stellenplan für Hauptberufliche vor mit differenzierten Eingruppierungen in Beamten- und Angestelltenverhältnisse. 1955 traten die ersten Richtsätze für die Vergütung nebenberuflicher Kirchenmusiker in Kraft. 1958 wurden die Richtlinien für Bezirkskantoren erlassen, ein Versuch, der »brennenden Kantorennot in vielen kleineren Gemeinden«[70] Abhilfe zu verschaffen, indem ein Netz von hauptberuflichen Kirchenmusikern die Aus- und Weiterbildung von Nebenberuflichen sicherstellen soll. Dem diente auch die Einführung der »D-Prüfung« 1961, ein Abschluß für eine vereinfachte Ausbildung. Seit 1962 hat der Kirchenmusikerverband einen Sitz in der »dienstrechtlichen«, der späteren »arbeitsrechtlichen« Kommission.

Schon in die Zeit Gottfried Sankes als Obmann (1966–1978) fällt die Mitarbeit an der Allgemeinen Dienstanweisung für Kirchenmusiker, 1968. Mit der Neuregelung der Vergütung für hauptamtliche Kirchenmusiker 1971 ist nach Einschätzung des damaligen LKMD Widmann eine »grundsätzliche Neuorientierung im Leitbild des hauptamtlichen Kirchenmusikers« verbunden.[71] Unter der Obmannschaft Meinzolts (1978–1990) erreichte der Verband 1984 sein Ziel der Einstufung der Kirchenmusiker mit A-Prüfung in den höheren und der B-Kirchenmusiker in den mittleren gehobenen Dienst. Eine einschneidende Umstrukturierung gelang dem Verband in der Mitte der sechziger Jahre: Der Verband wurde demokratisiert. Kurz nach Amtsantritt des jetzigen Präsidenten des Verbandes, Klaus Wedel (1990), trug eine erneute Satzungsänderung unter anderem der großen Zahl von Kirchenmusikerinnen Rechnung.

Der Verband evangelischer Posaunenchöre in Bayern e.V. wurde 1945 wieder aufgebaut von dem amtierenden Landesobmann Martin Schlee und dem Landesposaunenwart Diakon Georg Grosch. Erste Höhepunkte des Verbandslebens

---

[69] ABlB 1940, 83.
[70] OSKAR STOLLBERG, Wandlungen d. ev. Kirchenmusikerstandes, bes. seit 1945: GuK H. 4 (1977), 134–146 (139).
[71] JOACHIM WIDMANN, Zur Neuregelung d. Vergütung f. hauptamtliche Kirchenmusiker: GuK H. 6 (1970), 203ff (203).

waren die Landesposaunentage in Ansbach 1949 und Bayreuth 1951. Als die Teilnehmerzahl bei den Landesposaunentagen bis auf 8.000 anwuchs, mußte der zweijährige Rhythmus zugunsten eines größeren zeitlichen Abstands aufgegeben werden. Mit Diakon Werner Göttle und Konrad Köstner kamen 1955 bzw. 1958 zwei weitere hauptberufliche Mitarbeiter dazu, die über Jahrzehnte als Landesposaunenwart bzw. Geschäftsführer die Arbeit des Verbandes leiteten. Im Laufe der Jahre expandierte die Posaunenchorarbeit. Der seit 1997 amtierende Landesobmann Gotthart Preiser steht 914 Chören und 19.000 Bläserinnen und Bläsern vor. Musikalische Fortschritte wurden durch die intensive Schulungsarbeit, aber auch durch eine Weiterentwicklung des Instrumentariums hin zu enger mensurierten Instrumenten erzielt. Das klassische Repertoire mit Choral und Volkslied erweiterte sich um spezielle Bläsermusik und das neuere Liedgut.

1982 wurde die Geschäftsstelle des Posaunenchorverbandes in das Nürnberger »Haus für Gottesdienst und Kirchenmusik« verlegt, in dem auch die Materialstelle für Gottesdienst, Kirchenchor- und Kirchenmusiker(innen)verband angesiedelt wurden. Mit der räumlichen Neustrukturierung war ein Konzept verstärkter inhaltlicher Zusammenarbeit und modellhafter Projekte im gottesdienstlichen Bereich verknüpft.

Seit 1950 wird von den drei kirchenmusikalischen Verbänden die Fachzeitschrift »Gottesdienst und Kirchenmusik« herausgegeben. Mit Pfarrer Mehl stand bis 1967 ein Schriftleiter zur Verfügung, der als Theologe und Musikwissenschaftler das Programm der Zeitschrift personifizierte und seine profunden Kenntnisse einbrachte.[72] Ihm folgte Kalb. 1974 bis 1982 lag die Schriftleitung in den Händen Hofmanns. In einer »Zeit des Übergangs« sorgte er dafür, daß die Zeitschrift »wegweisende Aufgabe« für den Gottesdienst behielt.[73] Mit seinem Ausscheiden beendete auch die Lutherische Liturgische Konferenz Bayerns ihre Mitarbeit. Die nachfolgende Schriftleiterin, Ruth Engelhardt, Musikwissenschaftlerin und Kantorin an der Gustav-Adolf-Gedächtnis-Kirche in Nürnberg, gestaltete bis 1996 die Zeitschrift. 1997 wurde der Musikwissenschaftler Stefan Uhlenbrock, Mitarbeiter des Kirchenchorverbandes, »Leitender Redakteur«.

6. Impulse durch neue Musikzentren und Institutionen

Günstige Umstände führten im fränkischen Teil der bayerischen Landeskirche zu Gründungen überregionaler Zentren geistlicher und weltlicher Musik. Die Ansbacher Bachwoche, die Internationale Orgelwoche Nürnberg, die Würzburger Bachtage und die Musica Bayreuth verbinden sich mit den Namen evangeli-

---

[72] FRIEDRICH HOFMANN, Johannes G. Mehl z. Vollendung d. 65. Lebensjahres: GuK H. 2 (1972), 47–51.
[73] ADOLF SPERL, »... daß wir getrost u. all in ein mit Lust u. Liebe singen!« Dank an Dekan i.R. Kirchenrat Friedrich Hofmann: GuK H. 1 (1983), 2f.

scher Kantoren: Karl Richter, Werner Jacob, Günter Jena, Christian Kabitz, Viktor Lukas. Trotz zunehmenden Festivalcharakters und moderner Marketingmethoden haben diese Musikzentren eine kirchenmusikalische Rückbindung bewahrt. Durch die Aufführungen bedeutender Werke pflegen sie deren große Tradition auf hohem Niveau, verschließen sich jedoch nicht aufführungspraktischen und programmatischen Neuerungen. Organisatorisch und wirtschaftlich sind sie ganz oder weitgehend selbständig tätig. Neben Zuschüssen aus öffentlicher Hand erhalten sie Unterstützung von Mäzenen und Sponsoren.

In Schwaben, Oberbayern, Niederbayern und der Oberpfalz konnten sich gleichartige Zentren nicht entwickeln. Hier sind es bis heute die größeren evangelischen Kantorate, die aus sich heraus in die kulturinteressierte Öffentlichkeit wirken und das örtliche und regionale Musikleben mitprägen. Nur in München gab es durch Richter eine aufsehenerregende Entwicklung. Um der Herausforderung eines hochgradigen und unüberschaubar gewordenen Musiklebens in einer Millionenstadt noch wirksam begegnen zu können, stehen heute die großen Münchener Kantorate vor der Aufgabe, ihre Kräfte zu bündeln und die evangelische Kirchenmusik als ein gemeinsames Unternehmen öffentlich zu exponieren. Träger sind dabei v.a. die Chöre der zentralen Kirchen (z.B. St. Matthäus, St. Lukas) mit übergemeindlichen Angeboten.

Als Sonderform auf landeskirchlicher Ebene sind nach 1990 die »Tage für neue Musik« entstanden, die die Verbreitung zeitgenössischer geistlicher Musik zum Ziel haben und zunächst in Ansbach, Erlangen, Ingolstadt und München stattfanden.

Eine herausragende Rolle im Musikleben der bayerischen Landeskirche spielt der Windsbacher Knabenchor, der im März 1946 von Hans Thamm gegründet wurde. Der frühere Kruzianer machte es sich zur Aufgabe, die traditionelle Dresdener und Leipziger Knabenchorarbeit nach Mittelfranken, in das ehemalige Pfarrwaisenhaus in Windsbach, zu verpflanzen. Der Windsbacher Knabenchor entwickelte sich zu einem der führenden Knabenchöre Deutschlands, geprägt durch die starke Bindung zur Ev.-Luth. Kirche in Bayern, insbesondere durch die Gestaltung von Gottesdiensten und Kirchenkonzerten im mittelfränkischen Raum sowie Konzertreisen. Seit Karl-Friedrich Behringer 1978 die Leitung des Chores übernahm, hat sich dieser zu einem bedeutenden Vokalensemble der allgemeinen nationalen und internationalen Musikszene entwickelt. Die Werke der evangelischen Kirchenmusik, insbesondere Johann Sebastian Bachs, bilden den Programmschwerpunkt. Rechtsträger des Chores ist das Evang.-Luth. Studienheim in Windsbach. Es ermöglicht ca. 150 Jugendlichen einen zeitgemäßen Internatsbetrieb.

Eine besondere kirchenmusikalische Einrichtung ist das Tutorat für Kirchenmusik an Kur- und Urlaubsorten. Mit dem Aufschwung des Fremdenverkehrs und des Kurwesens kamen nach dem 2. Weltkrieg immer mehr Gäste nach Bayern. Zwischen 1975 und 1995 befand sich der Zustrom auf einem Höhepunkt. Die meisten Reiseziele befanden sich in Südbayern, einer kirchenmusikalisch noch weithin unterentwickelten Diasporaregion. Mitte der siebziger Jahre erkannte der Kantor von Mittenwald, Michael Lochner, die durch den Tourismus gegebene kirchliche Herausforderung und erarbeitete kirchenmusikalische Angebote für Urlauber. Gleichzeitig verstärkte die Landeskirche ihre Bemühungen, das kirchliche Angebot in den Kur- und Urlaubsorten auszubauen. Im Mittelpunkt stand die Wahrnehmung einer missionarischen Chance. Der Kreisdekan von München/Oberbayern, Theodor Glaser, gestaltete mit Lochner neuartige Kantatengottesdienste und erwirkte dessen Anstellung als »Tutor für die Kirchenmusik in den Kur- und Urlaubsorten in Bayern«. 1991 wurde das Tutorat in das Amt des LKMD Bayern-Süd eingegliedert.

Die Verbreitung situationsgemäßer Angebotsformen und -methoden in Wort und Schrift weckten in den Gemeinden mehr Interesse an der Kirchenmusik und an der Nutzung ihrer kommunikativen und therapeutischen Kräfte. Kirchenmusikalisch gestaltete Gottesdienste, Kirchenkonzerte und offenes Singen und Musizieren zählten bald zu den bestbesuchten kirchlichen Angeboten. Dazu kam die Mitarbeit bei Berggottesdiensten/Gottesdiensten im Grünen mit Posaunenchoreinsätzen und Singleitung. Die Zunahme von Kantatengottesdiensten v.a. mit Bachkantaten und Kantatenpredigten führte zu einer engeren Zusammenarbeit von Pfarrerinnen und Pfarrern mit Kirchenmusikerinnen und Kirchenmusikern. Für das offene Singen wurden Liederhefte erstellt.

Im Zuge dieser Entwicklung konnte der Bestand an haupt- und nebenberuflichen Kirchenmusikstellen in Südbayern erweitert werden, u.a. als Bezirkskantorate. In den Kur- und Urlaubsorten wurden zahlreiche neue Orgeln gebaut. Um den qualifizierten kirchenmusikalischen Dienst während der Sommerferien zu gewährleisten, wurde der »Kurkantorendienst« erweitert. Bis zu 50 Kirchenmusikerinnen und Kirchenmusiker aus ganz Deutschland kommen seither jährlich in die bayerische Landeskirche, um für jeweils vier Wochen mitzuarbeiten.

7. Orgelbau

BRENNINGER, Orgeln i. Altbayern (B).– BRENNINGER, Orgeln i. Schwaben (B).– FISCHER/WOHNHAAS, Notizen (B).– FISCHER/WOHNHAAS, Orgeln (B).– FISCHER/WOHNHAAS, Sieben Jh. (B).

Nach 1945 konnte sich der Orgelbau in Bayern wie in der gesamten Bundesrepublik in einer bis dahin nicht gekannten Weise entfalten, ausgelöst durch den Ersatzbedarf der zahlreichen kriegszerstörten Orgeln (1945–1960), durch die Ausstattung von neu errichteten Kirchen mit Orgeln (ab 1950) als Folge des Bevölkerungswachstums und schließlich durch den allgemeinen Wohlstand der Gemeinden, dem in verschiedenen Wellen die Nachkriegs-Notorgeln, nicht selten auch marode Denkmalorgeln, hauptsächlich aber die Orgeln des 19. Jahrhunderts zum Opfer fielen.

In Nürnberg stellte man in der Sebalduskirche 1947 ein gebrauchtes Werk auf; 1950 erklang die unzerstörte Hauptorgel von St. Lorenz wieder. Die übrigen Kirchen folgten in den fünfziger und sechziger Jahren, so daß bis 1968 der Orgelbestand einigermaßen wiederhergestellt war.

In München zog sich der Wiederaufbau bis weit in die fünfziger Jahre hin. St. Anna in Augsburg hatte 1944 den Verlust des kostbaren Renaissancegehäuses der Fuggerorgel (1518) zu beklagen, in der Barfüßerkirche verbrannte das herrliche Stein-Gehäuse von 1757. Die Fuggerorgel mit den geretteten Orgelflügeln konnte 1978 wieder rekonstruiert, die neue Barfüßerorgel mit dem expressionistischen Prospekt 1958 aufgestellt werden. Kriegszerstörte Orgeln mußten auch in Würzburg und in Nördlingen ersetzt werden. Das Renaissancegehäuse von St. Georg in Nördlingen (1540) fiel erst 1974 einem Brand zum Opfer, es konnte jedoch originalgetreu rekonstruiert werden.

Hauptlieferant für die zahlreichen Instrumente der ersten beiden Jahrzehnte war die Firma Steinmeyer in Oettingen mit 184 Neubauten zwischen 1946 und 1990, gefolgt von der Firma Walcker in Ludwigsburg mit über hundert Orgeln, darunter zahlreiche Kleinorgeln und Positive. Die Firma Walcker hatte 1949 ein Serienprogramm für Kleinorgeln aufgelegt, das erfolgreich verlief. Diese dienten hauptsächlich zur Erstausstattung der vielen neuen Kirchen, ab den siebziger Jahren auch als Zweitorgeln und Übungsinstrumente in den Gemeinderäumen.

In Bayern hatten die mittelständischen Werkstätten von Wilhelm Holländer in Feuchtwangen, Leopold und Guido Nenninger und Wilhelm Stöberl in München, Erich Bauer in Unterasbach, Anton Staller in Grafing, Gerhard Schmid in Kaufbeuren und Ekkehard Simon in Landshut nicht unerheblichen Anteil an den Nachkriegsorgelbauten in der Landeskirche. Die erloschene Werkstatt Julius und Richard Sieber in Holzkirchen wird seit 1964 von Albert Deininger & Manfred Renner fortgesetzt. Im nordbayerischen Zonenrandgebiet nahmen die Werkstätten von Otto Hoffmann (vormals Otto Markert) in Ostheim/Rhön und Wolfgang und Gotthard Hey in Urspringen ihre Tätigkeit nach 1945 wieder auf und schafften sich im fränkischen Raum einen neuen Kundenkreis, da sie von ihrem früheren in Thüringen durch den Eisernen Vorhang abgeschnitten waren. In Marktbreit etablierten sich die Gebr. Rudolf und Helmuth Mann mit nachhaltigem Erfolg.

Die Orgelbaukonjunktur ermöglichte es seit Mitte der sechziger Jahre jungen Orgelbauern, sich selbständig zu machen, so Franz Heinze, Hubert Köhler und Volkmar Krätzer in Nürnberg, Günther Ismayr in Bernried, Günther Riegner & Benedikt Friedrich in Hohenpeißenberg, Günter Schwan in Feucht, Manfred Thonius in Rottal und WRK in München, um die zu nennen, die für ev. Kirchen tätig waren. An außerbayerische Firmen wurden meist besondere Aufträge (Augsburg, München, Nördlingen, Nürnberg, Rothenburg) vergeben.

Schon beim Bau der Kleinorgeln griff man auf die von der Orgelbewegung geforderte Schleiflade mit mechanischer Traktur zurück, die den besten, d.h. sensiblen Kontakt zwischen Spieler und Toneinsatz ermöglicht. Bei den Großorgeln setzte sich die Schleiflade (Tonkanzellenlade) erst Mitte der fünfziger Jahre durch, meist noch in Verbindung mit der elektrischen Traktur, dann um 1960 auch mit mechanischer Spielanlage. Die Registereinschaltung erfolgte weiterhin elektrisch, um einige vorprogrammierte Registrierungen zu ermöglichen, seit den siebziger Jahren durch elektronische Setzer noch vervielfacht.

Die kurzen Wege der mechanischen Traktur führten zu kompakteren Gehäuseformen und zur klaren Gliederung der Prospekte nach den Teilwerken. Högner sprach von »Werkorgeln«,[74] die den inneren Aufbau auch von außen erkennen lassen, wie das schon bei der Barockorgel der Fall war, aber nicht mehr bei den Freipfeifenprospekten, die noch bis fast 1960 gebaut wurden. Einer der ersten Gehäuseprospekte steht im Münster zu Heilsbronn (Steinmeyer 1959). Die Entwicklung vom breitflächig gegliederten Prospekt über schmale Pfeifenfelder zur Gliederung in Türme und Flachfelder vollzog sich in den sechziger Jahren. Nach 1970 werden die Formen immer »barocker«, die Türme wieder plastischer auf Dreiecks- oder Halbkreisbasis, allerdings mit neuartigen Abschlüssen. Bei den flächigen Gehäusen kommen häufig noch asymmetrische Gliederungen in mannigfachen Gestaltungen vor, die reich gegliederten mit Türmen sind dagegen immer symmetrisch aufgebaut.

Anfangs sind die Gehäuse noch ohne jeglichen Dekor, dann treten einfache Schleier aus geometrischen Formen über den Pfeifenenden hinzu, schließlich auch in ganz originellen oder barock nachempfundenen Formen. Seit den achtziger Jahren kommen Neostilgehäuse hinzu, deren stilistische Bandbreite von Barock bis zur Postmoderne reicht. Davon zu unterscheiden sind die Replikate von historischen Gehäusen und die Erweiterungen alter Prospekte durch Veränderung der Proportionen. Die modernen Gehäuse sind meist holzfarben oder farbig abgetönt, seltener gestrichen, Fassungen im historischen Sinn nur bei Stilgehäusen oder Denkmalprospekten üblich.

Klanglich sind zwei große Stilrichtungen vorherrschend: Die neobarocken, aus der Orgelbewegung hervorgegangenen norddeutsch orientierten Dispositionen, wie sie durch Högner und den Präsidenten der Gesellschaft der Orgelfreunde Walter Supper (Esslingen) in vielen Varianten als Werkorgeln (Haupt-, Ober-, Brust- und Schwellwerk, Rückpositiv und Pedal) geprägt waren. Sie nahmen um 1965/70 stärker regionale Züge an, die sich bei sorgfältigen Restaurierungen und orgelhistorischen Lokalforschungen herausstellten. Schließlich entdeckten die Organisten die Schönheit der romantischen und französischen Orgelmusik wieder, was zu einer Neuorientierung führte, indem man nicht mehr nur die noch erhaltenen Kegelladenorgeln aus dem 19. Jahrhundert restaurierte, die man bisher verschrottet hatte, sondern auch die Dispositionsweise der romantischen Orgeln in die Orgelplanung einbezog.

Die Neubautätigkeit nimmt seit den neunziger Jahren ab, alle Werkstätten stellen sich auf Restaurierungstätigkeiten ein. Wie im Gehäusebau und -design

---

[74] FRIEDRICH HÖGNER, Alte u. neue Orgeln i. ev. Bayern: Bayernland 66 (1964), 276.

sind die Orgeln der jüngsten Periode auch klanglich überwiegend Stilorgeln, d.h. Orgeln mit einem Grundbestand an klanglichen Mitteln für jede Orgelmusik, der nach einer bestimmten Stilrichtung, etwa nach französischer oder deutscher Romantik erweitert ist, in besonderen Fällen auch einem bestimmten Vorbild (Gottfried Silbermann, Arp Schnitger, Aristide Cavaillé-Coll) nachempfunden ist. Andere Bestrebungen richten sich auf den Nachbau einer nicht erhaltenen, aber gut dokumentierten früheren Orgel.

Nach dem Zweiten Weltkrieg wurde die Orgeldenkmalpflege unter der Tätigkeit von Högner zunächst immer noch recht großzügig gehandhabt. Erste Restaurierungen führten Paul Ott, Göttingen, und Eduard Hirnschrodt, Regensburg, durch. Diese Phase ist noch die Fortsetzung der lediglich durch den Krieg unterbrochenen Vorkriegsphase und charakterisiert durch Umbau und (Pedal-)Erweiterungsmaßnahmen im Sinne des damals herrschenden neobarocken Zeitgeschmacks mit wenig Rücksicht auf die historische Substanz. Mangelnde Kenntnis historischer Fakten führte oft zu willkürlichen Rekonstruktionen.

In den 1970er Jahren erreichte die Restaurierungspraxis endlich nach den vielen negativen Erfahrungen einen Standard, der auch dem Namen gerecht und mittlerweile von fast allen Orgelbaufirmen garantiert wird. Jüngste Restaurierungen (Maihingen, Triefenstein und Pappenheim) sind gute Beispiele. Naturgemäß findet man die meisten Denkmalorgeln in den altprotestantischen Gebieten Mittel- und Oberfrankens, glücklicherweise aber auch noch zahlreiche Denkmalprospekte in evangelischen Gemeinden im südbayerischen Raum.

8. Glocken[*]

Seit 1942 wurden die meisten Glocken für militärische Zwecke angefordert. Bei Kriegsende war in der Regel nur noch die jeweils kleinste Glocke vorhanden. Soweit Kirchengemeinden sofort an eine Geläuteergänzung bzw. -wiederbeschaffung gingen, schafften sie sich Glocken aus Ersatz-Legierungen an, denn Kupfer und Zinn standen nicht zur Verfügung. Die Wahl von Eisenhartgußgeläuten ließ zwar die Zahl der Kirchenglocken nach dem Zweiten Weltkrieg rasch ansteigen, war aber mit Einbußen an Klangqualität und Haltbarkeit verbunden. Vor ähnliche Probleme stellte das Aufkommen der Eisen- bzw. Stahl-Glockenstühle statt der jahrhundertelang bewährten (Eichen-)holzglockenstühle. Die grelle Klangabstrahlung konnte jedoch nicht befriedigen. Außerdem zeigten sich schon in den siebziger Jahren Korrosionserscheinungen. Nach 1948 begann man mit der Wiederbeschaffung von Bronzeglocken. Der »Boom« der fünfziger und sechziger Jahre verschaffte etwa dreimal sovielen Glockengießereien Arbeit wie die neunziger Jahre. Hilfestellung zu sachgerechten Entscheidungen erhalten die

---

[*] Aufgrund von Vorarbeiten von Pfarrer Karl Schrems, die er zur Verfügung stellte, verfaßt.

9. Das Institut für Kirchenmusik in Erlangen

KLAUS, Grundkonzeption (B).– OPP (B).

In der Nachkriegszeit bewährte sich weiterhin die Konzerttätigkeit Georg Kempffs (bis 1959).[75] 1957 war er zum Honorarprofessor ernannt worden; daß aber seine Rechtsstellung nur die eines Universitätsbeamten blieb – des Leiters eines Instituts, das lediglich der »Vermittlung gewisser Fertigkeiten«[76] zu dienen hatte –, ertrug er als eine nicht geringe Belastung.

Auf eine völlig veränderte Situation neu erblühten Musiklebens in der Stadt und den Bedürfnissen der mit der Stadt stark angewachsenen Universität[77] traf Kempffs Nachfolger Dr. Franz Keßler, der das Amt von 1959 bis 1981 innehatte. Er unterrichtete die Studierenden und gestaltete musikalisch die akademischen Feiern und die Universitätsgottesdienste. Zusätzlich erreichte er, daß in seinem Institut die C-Prüfung für Organisten als kirchenmusikalisches Abschlußexamen abgelegt werden kann.[78] Er gründete als »Collegium Musicum« ein Akademisches Orchester.

Mit ihm endete der Abschnitt der Geschichte des Instituts als »Einrichtung« der Universität, die in keine der Fakultäten, auch nicht in die Theologische Fakultät, eingegliedert war und deren Leiter nicht zum Kreis der mit wissenschaftlichen Aufgaben betrauten Professoren gehörten.

Durch das Hochschulgesetz von 1979 wurde das Institut in die Theologische Fakultät eingegliedert.[79] Unter den neuen Voraussetzungen erfolgte die Berufung von Walter Opp, der das Institut von 1981 bis 1997 leitete. Er wurde mit dem 1.4.1981 nicht mehr als Universitäts-Musikdirektor, sondern als Professor der Besoldungsgruppe C 3 berufen. Opp beantragte aber beim Akademischen Senat, ihm auch die Bezeichnung »Universitäts-Musikdirektor« zu verleihen. Seinem Wunsch entsprechend verlieh ihm der Akademische Senat dann am 29.7.1981 diese Bezeichnung. Der Musikunterricht wurde von ihm zusammen mit zwei weiteren Akademischen Musiklehrern erteilt, die, wie er selbst, die A-Prüfung abgelegt haben. Mit dem Musikunterricht und der Konzerttätigkeit bei akademi-

---

[75] Zu Kempff vgl. VI.8.5.
[76] KLAUS, Grundkonzeption (B) 127.
[77] SILKE ZIETEN, Drei Jh. Musik i. Erlangen: INGE MEIDINGER-GEISE (Hg.), Erlangen 1686–1986, Erlangen 1986, 262f.
[78] Zur Ausbildung und Prüfung der Kirchenmusiker vgl. VII.12.4.
[79] Die 1957 getroffene Feststellung der unmittelbaren Zuordnung des Institutsleiters zum Rektorat (OPP [B] 285, Anm. 58) ist seitdem hinfällig. Als Vorstand eines Instituts der Theologischen Fakultät ist er dem Dekan der Fakultät unmittelbar zugeordnet.

schen Feiern und zu den Universitätsgottesdiensten trat Musik wieder wie einst als Bildungsauftrag der Universität in Erscheinung.

Neben der unbestreitbar großen Bedeutung der praktischen Musikpflege im Gesamtbereich der Universität sollten jedoch die dem Institut mit seiner Gründung gesetzten Ziele für die Aufgaben an den künftigen Amtsträgern der Kirche auch in Zukunft nicht übersehen werden.[80] Sie lassen sich verwirklichen, wenn die Wiedergewinnung liturgiewissenschaftlicher und hymnologischer Forschungsaufgaben die Zielvorstellung bleibt. Planungen für die zukünftige Realisierung einer solchen, den ursprünglichen Absichten der Gründer des Instituts sich annähernden Konzeption fanden die lebhafte Zustimmung des Landeskirchenrates.[81] Die Eingliederung des Instituts in die Theologische Fakultät und die Etatisierung der Stelle des Vorstandes als einer C 3-Professur der Theologischen Fakultät erweisen sich als die wichtigste formale Voraussetzung für eine künftige Verwirklichung dieser Zielvorstellung.

---

[80] Vgl. KLAUS, Fakultät (B), bes. 81f.
[81] Im Schreiben des Landeskirchenrates an die Theologische Fakultät der Universität Erlangen-Nürnberg (Az. 20/1–1/12–10) vom 29.6.1995 heißt es dazu: »Die Bedeutung der Liturgie ist gerade im Zusammenhang mit der erneuerten Agende und dem neuen Gesangbuch erheblich gewachsen. Nach Meinung des Landeskirchenrates ist die (sc. geplante) neue Konzeption (sc. des Erlanger Instituts für Kirchenmusik) bisher einmalig im gesamten deutschen Sprachraum. Insofern kann ihr Modellcharakter zukommen.«

VIII. DIE EVANGELISCH-REFORMIERTE KIRCHE IN BAYERN[1]

Von Alasdair I.C. Heron

BONKHOFF 1 u. 2 (B).– HAAS, Ev.-Ref. Kirche (B).– HAAS, Lehrstuhl (B).– KARL EDUARD HAAS, Die Ev.-Ref. Kirche i. Bayern i. d. Jahren 1970–1982. Anhang z. 2. Tsd. (S. 339–387), Neustadt/Aisch 1982.– Rechtssammlung d. Ev.-ref. Kirche, hg. v. SYNODALRAT, Leer, Stand 1997.– WACHTER (B).

Die reformierte Kirche in Bayern ist mit ihren gegenwärtig 13.500 Mitgliedern in 14 Gemeinden mit 15 Pfarrstellen im Vergleich zur lutherischen Schwesterkirche klein. Sie hat erst in diesem Jahrhundert eine eigene reformierte Landeskirche bilden können, die bis 1988 selbständig blieb. In ihrer Geschichte spiegelt sich jedoch manches wider, was für das deutsche Reformiertentum als Ganzes gilt: Fast überall besteht eine Diaspora- und Minderheitssituation, dafür aber werden ein ausgeprägtes konfessionelles Bewußtsein, die Erinnerung an die besondere eigene Tradition und weltweite Verbindungen zu reformierten Kirchen gepflegt.[2]

1. Reformiertes Profil

Auf die Besonderheiten der reformierten Lehre, des reformierten Gottesdienstes und der reformierten Kirchenordnung im allgemeinen kann hier nicht ausführlich eingegangen werden. Global betrachtet bestehen vor allem im Hinblick auf die Liturgie und den ökumenischen Kontext durchaus verschiedene Profilierungsnotwendigkeiten und Ausgestaltungen des Reformiertseins. Für Bayern aber und das deutsche Reformiertentum überhaupt gilt weitgehend die Beschreibung, die der Historiker der Reformierten in Bayern, Karl Eduard Haas, gegeben hat: »Für die Reformierten typisch ist die konsequente Haltung in der Befolgung des Grundsatzes [...] ›Das Wort und nichts als das Wort und zwar das ganze Wort‹ [...]. Von hier aus verstehen sich die reformierten Besonderheiten in Gottesdienst, Kirchenwesen und Theologie. Der reformierte Gottesdienst ist Wortgottesdienst. Die Predigt steht beherrschend und nicht von liturgischem Beiwerk erdrückt im Mittelpunkt. Die Liturgie hat nichts mit dem römischen Meßkanon zu tun und ist nicht wie in anderen Kirchen eine immer wiederkeh-

---

[1] Dieser Beitrag beschränkt sich auf die Darstellung der Geschichte der Reformierten im Bereich des *heutigen* Bayerns, also nicht in der Rheinpfalz (vgl. PFEIFFER, Bayern [B] 386). Zur Geschichte der evangelischen Kirche in der Pfalz nach der Konsensunion von 1818 vgl. BONKHOFF 1 u. 2 (B).

[2] In Bayern ist weitgehend nicht bekannt, daß es weltweit mehr Reformierte als Lutheraner gibt: Dem Reformierten Weltbund gehören 214 Kirchen in 104 Ländern mit zusammen 75 Millionen Christen an (vgl. RKZ 139 [1998], 358); dem stehen ca. 61 Millionen Lutheraner gegenüber (vgl. Luth. Weltinformation v. 15.1.1998, 3).

rende dramatische Vorführung des Heilsgeschehens. Die reformierte Liturgie (eine solche gibt es!) dient mit den Gebeten und Gesängen der Verkündigung und ist der anbetende Lobpreis Gottes, wobei neben dem allgemeinen evangelischen Liedgut der typisch reformierte, auf Genf zurückgehende Reimpsalter mit seinen wuchtigen Melodien zu nennen ist [...]. In bewußtem Unterschied zu anderen Kirchen kennt das Reformiertentum keine einheitliche Agende, keine uniformierte Gottesdienst- und Abendmahlsgestaltung [...]. An Stelle der von der mittelalterlichen Kirche herrührenden Perikopenordnung wird in der reformierten Kirche [...] das Durchpredigen ganzer biblischer Bücher (Reihenpredigten) bevorzugt. Allen reformierten Kirchen eignet der Umstand, daß sie keine Altäre, keine Kruzifixe und keine symbolischen und biblischen Darstellungen besitzen [...]. Das Bilderverbot (2. Gebot) wird in dem ungekürzten Dekalog (10 Gebote) in Geltung gehalten. Die Reformierten lieben und pflegen ihre Kirchen, aber diese sind ihnen nicht sakrale Kulträume [...]. Der Gottesdienst ist ausgesprochen unkultisch, er weist vielmehr die Gemeinde aus der Kirche zum Dienst in der Welt hinaus.«[3] Die liturgischen Gottesdienstformen sind bis heute von Gemeinde zu Gemeinde verschieden; zuständig dafür ist das jeweilige Presbyterium.[4]

Neben den liturgischen Aspekten, die dem Besucher eines reformierten Gottesdienstes primär auffallen, beschreibt Haas aber auch die diesen zugrundeliegenden theologischen Fragen und betont dabei die in der Christologie begründete reformierte Sakramentenlehre: »Taufe und Abendmahl sind Wirkzeichen, d.h. nicht leere Symbole, sondern Handlungen, die das Heilswerk Christi abbilden und zugleich seine Frucht vermitteln. Eine automatische oder magische Wirkung der Sakramente anzunehmen, ist als heidnische Vorstellung verpönt.«[5] Als weitere Merkmale erwähnt Haas den Anfang des Herrengebets (»Unser Vater«, nicht »Vaterunser«), das Verständnis von Gesetz und Evangelium (eigentlich in umgekehrter Reihenfolge) und die Heiligung in ›guten Werken‹: Diese sei »im Reformiertentum immer stärker als im Luthertum betont worden und hat ihre praktischen und auch geschichtlich nachweisbaren Früchte in einem sehr aktiven Christentum gezeitigt«.[6] Außerdem erwähnt Haas die stärkere Betonung des Alten Testaments sowie das Gewicht des Heidelberger Katechismus (jedenfalls im deutschsprachigen Raum, aber keineswegs allein dort) und schließlich die presbyteriale und synodale Kirchenordnung.

Damit sind die wesentlichen Merkmale der reformierten Reformation skizziert, die ihren Ausgang außer bei Martin Luther in Wittenberg in besonderer

---

[3] HAAS, Ev.-Ref. Kirche (B) 10f; zur Geschichte der Gottesdienstformen und zum Gebrauch von Gesangbüchern vgl. aaO, 46. 86ff.
[4] Verfassung der Evangelisch-reformierten Kirche (Synode Evangelisch-reformierter Kirchen in Bayern und Nordwestdeutschland) vom 9. Juni 1988, § 17 (2) 1: Rechtssammlung (K) Nr. 1.1.
[5] HAAS, Ev.-Ref. Kirche (B) 12.
[6] Ebd.

Weise bei Huldrych Zwingli in Zürich und Johannes Calvin in Genf genommen hat.

2. Die Entstehung der reformierten Gemeinden

Schon von den ersten Anfängen der Reformation an gab es im Bereich des heutigen Bayerns reformierte Einflüsse. Diese Einflüsse, die freilich kaum in Altbayern, dafür aber in Schwaben und Franken wirksam wurden, blieben jedoch meist diffus und sporadisch, nicht fähig, sich auf Dauer gegenüber Katholizismus und Luthertum zu behaupten. Dies gilt erst recht für den Zeitraum der strengen Konfessionalisierung, die u.a. dazu führte, daß im Augsburger Religionsfrieden von 1555 unter dem Prinzip *cuius regio, eius religio* zwar das lutherische, nicht aber das reformierte Bekenntnis reichsrechtlich anerkannt wurde. Trotzdem blieb die evangelische Gottesdienstform im schwäbischen Bereich bis ins 19. Jahrhundert eher oberdeutschen Stils. Sie ist bis heute noch im unierten Baden und im lutherischen Württemberg anzutreffen.

Allerdings sind hier zwei Ausnahmen zu verzeichnen. Die erste – historisch betrachtet zwar weniger bedeutsame – hat bis in die Gegenwart Bestand. 1559 ließen die Herren Philipp und Wolfgang von Pappenheim in ihrem kleinen Territorium im Allgäu, den beiden Ortschaften Herbishofen und Grönenbach, das reformierte Bekenntnis zu, zu dem sie selber übergetreten waren. Obwohl ihnen der Lehnsherr, ausgerechnet der Fürstabt von Kempten, wiederholt Widerstand entgegensetzte, konnten die Reformierten über Jahrhunderte hinweg ihre Religionsfreiheit behaupten. Dabei erhielten sie einmal sogar die diplomatische Unterstützung des Preußenkönigs Friedrich I., der selber dem reformierten Bekenntnis angehörte. Die engsten Verbindungen der Allgäuer Gemeinden bestanden zur reformierten Kirche in Zürich; auch heute noch ist das schweizerische Gesangbuch bei ihnen in Gebrauch.[7] Nachdem das Allgäu 1802 zu weiten Teilen nach Bayern eingegliedert worden war, traten sie im Laufe des 19. Jahrhunderts in den Gesamtzusammenhang mit den bayerischen reformierten Gemeinden, die allerdings nicht als Ergebnis einer einheimischen Reformation, sondern als Folge von Einwanderungen entstanden waren.

Die bedeutendere, wenn auch nur mit kurzer Dauer versehene Ausnahme ist markiert durch den Übertritt des Heidelberger Kurfürsten Friedrich III. zum Calvinismus. In der Folge entstanden die Heidelberger Kirchenordnung von 1563 und der Heidelberger Katechismus. Friedrich III. und seine Nachfolger, sofern sie nicht wieder lutherisch geworden sind, haben versucht, auch in der Oberpfalz die Kirche im reformierten Sinne neu zu gestalten, was zu erheblichen

---

[7] Von den Allgäuer Gemeinden abgesehen ist heute das Evangelische Gesangbuch in der Ausgabe für die Evangelisch-reformierte Kirche in Gemeinschaft mit den evangelischen Kirchen im Rheinland und Westfalen und der Lippischen Landeskirche (1996) in Gebrauch.

Auseinandersetzungen, aber auch zu beachtlichen Erfolgen in der kurfürstlichen Religionspolitik führte. Diese Entwicklungen fanden mit dem Scheitern von Kurfürst Friedrich V., dem »Winterkönig«, nach der Schlacht am Weißen Berge bei Prag jedoch ein jähes Ende: Ab 1625 wurde die Oberpfalz durchgreifend rekatholisiert; die Gegner der Rekatholisierung mußten auswandern. Einige der Auswanderer haben dann jedoch zur Gründung der nächsten reformierten Gemeinde beitragen, die ab 1650 in Nürnberg entstand.

In Nürnberg, einem der bedeutendsten Handelsplätze Europas, hatten sich viele ausländische Kaufleute angesiedelt, darunter auch solche aus den reformierten Niederlanden. Diese wollten nach der reichsrechtlichen Anerkennung des reformierten Bekenntnisses durch den Westfälischen Frieden von 1648 zusammen mit den reformierten Flüchtlingen aus der Oberpfalz eine eigene Gemeinde in Nürnberg gründen. Damit stießen sie bei der oligarchischen lutherischen Stadtregierung der freien Reichsstadt allerdings auf wenig Verständnis. Deshalb bekamen sie das Recht der Religionsausübung auch nicht in Nürnberg selbst, sondern ab 1658 zunächst nur im Ansbachischen Stein und ab 1703 auch im Vorstadtort Wöhrd. Erst 1800 wurde ihnen innerhalb der Stadt Nürnberg mit der Marthakirche sowohl eine dauerhafte Stätte als auch das Recht auf öffentliche Religionsausübung gewährt. Heute ist die karitativ und ökumenisch sehr aktive Marthagemeinde mit über 2.000 Mitgliedern die zahlenmäßig größte reformierte Gemeinde in Bayern.

Der nächsten Welle reformierter Zuwanderung nach Franken wurde der Weg durch die Offenherzigkeit des Ansbacher Markgrafen gegenüber der reformierten Gemeinde in Nürnberg gebahnt. Ausgelöst wurde die Zuwanderung durch den Sonnenkönig Ludwig XIV., der 1686 mit dem Edikt von Fontainebleau das von seinem Großvater Heinrich IV. 1598 zugunsten der »vorgeblich reformierten Religion« erlassene Edikt von Nantes aufgehoben hatte. Daraufhin waren ca. 200.000 Hugenotten ins Ausland gewandert, einige davon auch nach Franken.[8] Die Markgrafen in Ansbach und Bayreuth ließen sie in ihre Territorien einwandern, erlaubten ihnen die Ansiedlung und gewährten ihnen Religionsfreiheit, obwohl sich das lutherische Konsistorium in beiden Markgrafschaften dagegen aussprach. So entstanden Gemeinden reformierter Exulanten in Bayreuth, Erlangen, Schwabach und Wilhelmsdorf (Mfr.). Die Markgrafen erhofften sich durch die Hugenotten offenbar einen wirtschaftlichen Aufschwung in ihren verwüsteten Ländern, galten sie doch als fleißig und den fränkischen Einwohnern in Handwerk und Handel überlegen. Vor allem in Erlangen, aber auch in Bayreuth und Schwabach machte sich ihr Einfluß tatsächlich positiv bemerkbar. Die dortigen Gemeinden bestehen bis heute, die Gemeinde in Wilhelmsdorf allerdings

---

[8] Vgl. dazu z.B. CHRISTOPH FRIEDERICH (Hg.), Vom Nutzen d. Toleranz. 300 Jahre Hugenottenstadt Erlangen, Nürnberg 1986; RUDOLF V. THADDEN/MICHELLE MAGDELAINE (Hg.), Die Hugenotten 1685–1985, München 1985 (146–159 zu Erlangen); zur Aufhebung des Edikts von Nantes und den Folgen in Frankreich vgl. JANINE GARRISON, »Denn so gefällt es uns ...«. Gesch. einer Intoleranz, Bad Karlshafen 1995; vgl. künftig dieses Handbuch Bd. 1, IV.1.3.

wurde 1926 aufgelöst. Noch kürzer existierten die reformierten Gemeinden in Naila (1701–1815) und Fürth (1711–1717); 1693 entstand in Erlangen zusätzlich eine deutsch-reformierte (Pfälzer) Gemeinde, die sich aber 1922 mit der französisch-reformierten Gemeinde vereinigte.

Im 19. und 20. Jahrhundert wurden in Bayern noch mehrere reformierte Gemeinden gegründet. Die erste entstand 1848 in Marienheim bei Neuburg, als König Ludwig I. zum Trockenlegen und Urbarmachen des Donaumoosgebietes Arbeitskräfte aus der Pfalz herbeiholte.[9] 1926 wurde auch in München eine Gemeinde gegründet, seit 1969 existieren in der Stadtmitte und in Neuperlach sogar zwei Gemeinden. Eine weitere reformierte Gemeinde entstand schließlich durch die 1993 vollzogene Angliederung der ungarisch-reformierten Exilkirche, die sich in München und Nürnberg versammelt.[10]

Evangelisch-Reformierte Kirche Marienheim, heute Stadtteil von Neuburg/Donau, Aufnahme von 1999.

Insgesamt sind die Reformierten in Bayern als eine kleine Sammlung von Einwanderern und Exulanten zu beschreiben, die hier zwar eine neue Heimat fanden, aber gleichzeitig ihre eigene reformierte Tradition, ob niederländisch, hugenottisch, pfälzisch oder ungarisch, aufrechterhalten wollten. Dieses Ziel konnte weitgehend auch verwirklicht werden, allerdings mit verschiedenen zeitbeding-

[9] HAAS, Ev.-Ref. Kirche (B) 163–176.
[10] AaO, 183–187. 307f; WACHTER (B) 98f.

ten Anpassungen und Veränderungen. So pflegt allein die ungarische Gemeinde auch heute noch ihre eigene Sprache; dagegen haben die französisch-reformierten Gemeinden schon im 19. Jahrhundert vom Französischen Abstand genommen. In ihnen überwog das Bewußtsein, deutsch zu sein, in Bayern beheimatet und an diesem Ort auch zum Zusammenleben und Christenleben berufen. Sie wollten ihre Wurzeln zwar nicht verleugnen, aber ebenso der neuen Umwelt entgegenkommen. Im Gegensatz zu von außen herangetragenen Vorstellungen von einer »protestantischen Einheit« ist in den reformierten Gemeinden aber kein Wille vorhanden, in einer Art »unierter Einheitsmischung« des »bayrischen Protestantismus« aufzugehen. Obwohl die im 19. Jahrhundert vollzogene Zusammenfassung verschiedenster Komponenten zur evangelisch-lutherischen Kirche Bayerns durchaus Würdigung erfährt, wird in den reformierten Gemeinden das eigenständige Selbstbewußtsein gepflegt: »Wir sind auch da, wir sind reformiert, nicht lutherisch«.

3. Lehrstuhl und Synode

Die Parole »reformiert, nicht lutherisch« gewann besonders im zweiten Drittel des 19. Jahrhunderts Aktualität, als die reformierten Gemeinden in Franken durch den Aufschwung des bayerischen Luthertums zunehmend in Bedrängnis gerieten. Es ist bemerkenswert, daß dieser Aufschwung im wesentlichen von der Erlanger Erweckungsbewegung ausging, die von Anfang an von dem reformierten Prediger und Professor in Erlangen, Christian Krafft (1784–1845),[11] geprägt wurde. Der Aufschwung führte zu einem ausgeprägten neulutherischen Bewußtsein im fränkischen Luthertum, das zwar an sich positiv zu bewerten ist, den reformierten Gemeinden im fränkischen Bereich aber erhebliche Schwierigkeiten bereitete. Seit eineinhalb Jahrhunderten geduldet, bekamen sie jetzt ihre Andersartigkeit im Gefüge der evangelischen Kirche schmerzhaft zu spüren.

Gegen diese Entwicklung haben sich die Reformierten zunehmend erfolgreich zur Wehr gesetzt. So beantragten sie beim bayerischen König die Einrichtung eines Lehrstuhls für reformierte Theologie an der Universität Erlangen, der 1847 bewilligt wurde.[12] Außerdem erhielten sie vom König die Erlaubnis, eine eigene Synode zur Regelung ihrer kirchlichen Angelegenheiten einzuberufen.

Die synodale Kirchenleitung war seit dem 16. Jahrhundert ein Merkmal der reformierten Ekklesiologie, besonders dort, wo der Einfluß Calvins und der Genfer Reformation gewirkt haben. Grundlegend dafür war der Gedanke, daß

---

[11] WILHELM H. NEUSER, Pietismus u. Erweckungsbewegung – der bayer. Erweckungstheologe Christian Krafft (1784–1845): PuN 3 (1976), 126–141; KLAUS-GUNTHER WESSELING, Krafft, Johann Christian Gottlob Ludwig: BBKL 4 (1992), 582ff. – Zu Krafft und den im folgenden genannten anderen reformierten Theologieprofessoren in Erlangen vgl. die Angaben bei HAAS, Ev.-Ref. Kirche (B) 209–273 (Biographien) sowie WITTERN (B); vgl. auch V.2.
[12] HAAS, Lehrstuhl (B).

die Gemeinde- und Kirchenleitung nicht allein der Pfarrerschaft anvertraut ist, sondern der Gemeinde selbst samt ihren Vertretern bzw. Leitern. Ursprünglich besaßen die Familienväter diese Funktion. Als die Hugenotten nach Franken kamen, erhielten sie zunächst das Recht, eine gemeinsame Synode zu gründen. Sie tagte zwischen 1688 und 1732 insgesamt vierzehnmal, wurde dann aber nicht mehr zugelassen. Trotzdem blieben die Hugenottengemeinden in eigenen Angelegenheiten weitgehend selbständig, solange sie unter der Obhut der Markgrafen in Bayreuth und Ansbach standen.

Dies änderte sich mit der Eingliederung Frankens in das neu entstandene bayerische Königreich. Den Reformierten wurde zwar Gleichberechtigung zugestanden, sie mußten sich aber fortan der Verwaltungsunion unterwerfen und wurden damit als ein Teil der protestantischen Kirche zentral verwaltet. Vermögen, Archivbestände und auch das Pfarrwahlrecht gingen ihnen verloren. Mit dem Religionsedikt von 1818[13] wurden sie dem Oberkonsistorium bzw. den Konsistorien in Ansbach und Bayreuth untergeordnet. Bis 1848 gab es im Oberkonsistorium auch einen reformierten Vertreter; dieser kam allerdings weniger den reformierten Gemeinden in Bayern rechts des Rheins zugute, sondern hatte vielmehr die Aufsicht über die evangelische Kirche der Pfalz zu führen. 1848 bekam die Rheinpfalz eine eigene kirchliche Verwaltung.[14] Im selben Jahr führten die Vorstellungen der bayerischen Gemeinden rechts des Rheins dazu, daß ihnen ein Generalkonvent eingeräumt wurde. 1856 folgte die Erlaubnis für eine eigene Synode, in der zunächst nur die fränkischen Gemeinden und Marienheim vertreten waren; die Allgäuer traten ihr erst 1874 bei. Die Synode hatte sich in den ersten Jahren ausschließlich mit geistlichen Angelegenheiten zu beschäftigen. Im Laufe des 19. Jahrhunderts bekam sie jedoch weitergehende Aufgaben: Mitsprache bei der Pfarrbesetzung, Amtseinführung durch den Präses und Verantwortung für die Visitation. Damit war der Grundstein für die Selbstverwaltung der Kirche nach dem ersten Weltkrieg gelegt.

Die Gründung des reformierten Lehrstuhls in Erlangen steht im Zusammenhang der Vereinigung von Bayern und der Rheinpfalz, die links des Rheins seit 1816 wieder bestand.[15] Der König hatte die Universität in Heidelberg verloren, dafür aber mit Erlangen eine hinzugewonnen. Jetzt war es sein besonderes Anliegen, die Pfarrer der großen, seit 1818 konsensunierten »Vereinigten Protestantisch-Evangelisch-Christlichen Kirche der Pfalz« in Erlangen ausbilden zu lassen. Dort fungierte von 1818 bis 1845 der Pfarrer der deutsch-reformierten Gemeinde, Krafft, als Professor Extraordinarius; von 1830 bis 1833 neben ihm auch sein Kollege in der französischen Gemeinde, Isaak Rust, der dann zum Oberkonsistorium nach München und 1848 nach Speyer versetzt wurde. Eigentlich wäre für die Belange der Rheinpfalz ein unierter Theologe eher geeignet ge-

---

[13] HAAS, Ev.-Ref. Kirche (B) 55.
[14] AaO, 55ff; BONKHOFF 1 (B) 110–120; vgl. dazu auch V.1.4.2.
[15] Vgl. dazu BONKHOFF 1 (B) 1ff.

wesen; der zunehmend bewußt lutherisch geprägten Theologischen Fakultät in Erlangen war ein rein reformierter Theologe jedoch lieber als ein Vertreter der von ihr heftig abgelehnten Pfälzer Konsensunion, so daß man sich darauf verständigte, eine Professur für reformierte Theologie außerhalb der Theologischen Fakultät einzurichten.

Der erste Inhaber des Lehrstuhls war wohl auch der bis heute vielseitigste: Johannes Heinrich August Ebrard. Er wurde geboren als Sohn des französisch-reformierten Pfarrers in Erlangen und starb als Pfarrer der Gemeinde.[16] Nachdem er 1844 zunächst auf eine Professur nach Zürich berufen worden war, kehrte er 1847 als Inhaber des neu gegründeten Lehrstuhls nach Erlangen zurück. 1853 wurde er Oberkonsistorialrat und Hofprediger in Speyer. Diese Ämter legte er 1861 nieder und lebte seitdem erneut in Erlangen, wo er sich als Privatgelehrter und Schriftsteller betätigte, bis er 1875 auf die Pfarrstelle berufen wurde. Ebrard schrieb in immenser Breite: Exegese, Dogmengeschichte, Liturgik, Polemik gegen David Friedrich Strauß, daneben auch Heimatromane, Reiseberichte, Ahnenforschung, eine gaelische Grammatik und ein System der musikalischen Akustik. Von großer Bedeutung war er auch für die Konsolidierung der Reformierten in ganz Deutschland, besonders als Mitbegründer des reformierten Bundes und der Reformierten Kirchenzeitung.[17]

Auf Ebrard folgten zunächst Johann Jakob Herzog (1854–1877), der Begründer der Realenzyklopädie für protestantische Theologie und Kirche, und Friedrich Sieffert (1878–1889), der bis jetzt einzige Inhaber des Lehrstuhls, der einem Ruf an eine andere theologische Fakultät gefolgt ist (nach Bonn). Er war 1888/89 Prorektor und verfasste u.a. einen Kommentar zum Galaterbrief.[18] Johann Martin Usteri (1889–1890) verstarb schon kurz nach seinem Amtsantritt in Erlangen. Dafür war die Amtszeit seines Nachfolgers Ernst Friedrich Karl Müller (1892–1935) die bei weitem längste in der Geschichte des Lehrstuhls. Müller war nach Ebrard wohl derjenige Erlanger reformierte Professor mit der größten Bedeutung für das deutsche Reformiertentum; er galt als »Nestor der Reformierten«, diente der eigenen Kirche als Präses, der Universität als Rektor, seinen Studenten als Seelsorger und Leiter eines Konvikts in seinem Haus und der theologischen

---

[16] MICHAEL PETERS, Johann Heinrich August Ebrard: GERHARD PFEIFFER/ALFRED WENDEHORST (Hg.), Fränkische Lebensbilder. NF 13, Würzburg 1990, 151–165.

[17] JOACHIM GUHRT (Hg.), 100 Jahre Ref. Bund. Beitr. z. Gesch. u. Gegenwart, Bad Bentheim 1984, darin bes. JOHANN F. GERHARD GOETERS, Vorgesch., Entstehung u. erstes Halbjh. d. Ref. Bundes (12–37).– Zu Ebrards Schrifttum vgl. ERNST FRIEDRICH KARL MÜLLER, Johannes Heinrich August Ebrard: RE³ 5, 130–137; HAAS, Ev.-Ref. Kirche (B) 221. Von besonderer Bedeutung war sein »Ref. Kirchenbuch. Vollständige Sammlung d. i. d. ref. Kirche eingeführten Kirchengebete u. Formulare z. praktischen Gebrauch eingerichtet« (Zürich 1848; Halle ²1890). Noch heute recht interessant sind seine »Lebensführungen« (Bd. 1: In jungen Jahren, Gütersloh 1888; die unveröffentlichte Fortsetzung befindet sich im Stadtarchiv Erlangen).

[18] Der Brief an d. Galater, Göttingen ⁶1880, ⁹1899 (KEK 7). Seine Rektoratsrede widmete er dem Thema »Über d. sozialen Gegensatz i. Neuen Testament«, Erlangen 1888.

Wissenschaft durch sein breites literarisches Werk.[19] 1918 rief er mit nur wenig Erfolg zur Gründung einer antikatholisch-antisozialistischen »Evangelischen Volkspartei« auf.[20] Von 1919 bis 1926 war er Mitglied im Erlanger Stadtrat und kandidierte im März 1933 bei der Reichstagswahl für den »Christlichen Volksdienst«.[21] Sein Nachfolger Paul Sprenger (1935–1945) war schon vor seiner Berufung auf den Lehrstuhl für reformierte Theologie aktives Mitglied der NSDAP.[22]

Nach der Abtrennung der Rheinpfalz von Bayern war es eine Zeit lang ungewiß, ob der Lehrstuhl noch erhalten bleiben könnte. 1949 konnte er dann doch wieder besetzt werden mit Jan Remmers Weerda (1949–1963), früher Pastor in Emden, der in der Reformationsgeschichte einen Schwerpunkt seiner wissenschaftlichen Arbeit setzte.[23] Sein Nachfolger Joachim Staedtke (1965–1979), ebenfalls aus Ostfriesland, hat sich vor allem in der Bullinger-Forschung ausgezeichnet.[24] Staedtke war auch Präses der Evangelisch-Reformierten Kirche in Bayern und aktiv an den Gesprächen beteiligt, die zur Leuenberger Konkordie von 1973 führten, welche die Kanzel- und Abendmahlsgemeinschaft zwischen lutherischen, unierten und reformierten Kirchen in Europa ermöglichte. In seiner Amtszeit erfolgte 1970 nach 123 Jahren Sonderexistenz auch die Eingliederung des reformierten Lehrstuhls in die Theologische Fakultät. Der Verfasser als Nachfolger Staedtkes konnte seit 1981 die ökumenische Annäherung fortsetzen, sowohl als Prediger in Universitätsgottesdiensten in der Erlanger Neustädter Kirche als auch – was einige Jahrzehnte zuvor wohl noch undenkbar gewesen wäre – als Prüfer im Fach Dogmatik für die Evangelisch-Lutherische Kirche in Bayern. 1997 feierte der Lehrstuhl sein 150-jähriges Bestehen. Er ist einer von nur drei theologischen Lehrstühlen in ganz Deutschland, die ausdrücklich für *reformierte* Theologie eingerichtet sind.

4. Die Evangelisch-Reformierte Kirche in Bayern

Als mit dem Ende des ersten Weltkriegs das landesherrliche Kirchenregiment zu bestehen aufhörte, mußte die Verwaltung der evangelischen Kirchen neu gestal-

---

[19] Eine vollständige Bibliographie bringt MATTHIAS FREUDENBERG, Müller, Ernst Friedrich Karl: BBKL 14 (1998), 1285–1298.
[20] Vgl. MEHNERT, Ev. Kirche (B) 131–135.
[21] Vgl. Erlanger Tagblatt Nr. 50 v. 28.2.1933, 3.
[22] Vgl. HAAS, Ev.-Ref. Kirche (B) 260; HAAS, Lehrstuhl[2] (B) 98. 100.
[23] JAN REMMERS WEERDA, Nach Gottes Wort Ref. Kirche. Beitr. z. ihrer Geschichte u. ihrem Recht, mit einem Geleitwort v. Rudolf Smend, aus d. Nachlaß hg. v. ANNELIESE SPRENGLER-RUPPENTHAL, München 1964 (TB 23); Bibliographie Jan Remmers Weerda, zusammengestellt v. Anneliese Sprengler-Ruppenthal: ThLZ 89 (1964), 395–398.
[24] JOACHIM STAEDTKE, Reformation u. Zeugnis d. Kirche. Ges. Stud. hg. v. DIETRICH BLAUFUß, Zürich 1978; Bibliographie Joachim Staedtke, zusammengestellt v. Bernhard Schneider: Zwingliana 15 (1979), 81–90.

tet werden. Die reformierte Kirche in Bayern gab sich daraufhin eine eigene Kirchenordnung, die bereits 1919 von Müller erarbeitet worden war.[25] Damit wurde sie völlig selbständig. Sie verzichtete jedoch auf den eigenständigen Einzug der Kirchensteuer, weil es für sie als relativ kleine Kirche schwierig gewesen wäre, die ihr zustehende Kirchensteuer selbst einzutreiben. Hier zeigte sich die große lutherische Schwesterkirche, die ebenfalls in die Selbständigkeit entlassen worden war, hilfsbereit: Nach einem Abkommen aus dem Jahre 1922 wird auch die Kirchensteuer der Reformierten an die lutherische Kirche gezahlt; dafür übernimmt diese die Pfarrerbesoldung der reformierten Kirche und teilt ihr einen festen Prozentsatz des gesamten Kirchensteueraufkommens zu. Dieses Abkommen blieb bis heute in Kraft und war in schwierigen Zeiten eine große Hilfe für die reformierte Kirche.[26]

Die selbständige, aber kleine Evangelisch-Reformierte Kirche in Bayern – wie sie seit 1949 offiziell hieß – suchte auch Anschluß an größere Verbindungen. So trat sie z.B. 1931 dem Bund reformierter Kirchen Deutschlands bei, einem Zusammenschluß meist freier reformierter Gemeinden außerhalb der großen Landeskirchen.[27] Nach dem zweiten Weltkrieg wuchs das Bewußtsein für ökumenische und internationale Beziehungen und damit der Wunsch nach einer weitergehenden Integration innerhalb der EKD. Anfang der achtziger Jahre wurden Unionsverhandlungen mit der Evangelisch-reformierten Kirche Nordwestdeutschlands aufgenommen. Diese Kirche, deren Kirchenamt sich in Leer (Ostfriesland) befindet, hat ihren geographischen Schwerpunkt im Nordwesten, ist in Diasporagebieten aber auch in fast ganz Deutschland vertreten. Im Laufe der nahezu zehnjährigen Verhandlungen wurde eine völlig neue Kirchenordnung erarbeitet, die auch die besonderen Traditionen und Wünsche des Partners aus Bayern berücksichtigt. Schließlich entstand 1988 die neue, vereinigte »Evangelisch-reformierte Kirche (Synode evangelisch-reformierter Kirchen in Bayern und Nordwestdeutschland)«. Durch die Vereinigung wurde die bayerische Kirche zum neuen Synodalverband XI der Evangelisch-reformierten Kirche.[28] Sie behielt dabei weitgehend ihre Selbständigkeit und finanzielle Hoheit. Ihre Synode blieb so zusammengesetzt wie bisher (sie besteht aus den Gemeindepfarrern und -pfarrerinnen sowie Vertretern der Gemeindepresbyterien entsprechend der Zahl der Gemeindeglieder; der reformierte Lehrstuhlinhaber ist geborenes Mitglied) und tagt jährlich unter der Leitung des Moderamens, des Synodalvor-

---

[25] HAAS, Ev.-Ref. Kirche (B) 49. Diese Kirchenordnung (in Kraft ab dem 20.9.1923) wurde mit Wirkung vom 10.10.1956 durch eine neue ersetzt (abgedruckt aaO, 297–303), die ihrerseits am 26.9.1972 durch die dritte und letzte Ordnung der selbständigen Ev.-Ref. Kirche in Bayern abgelöst wurde. Letztere ist nur als Broschüre gedruckt (Kirchenordnung. Ev.-Ref. Kirche i. Bayern, 1972).
[26] Das entsprechende Kirchengesetz der ev.-luth. Kirche in Bayern r. d. Rh. ist abgedruckt bei HAAS, Ev.-Ref. Kirche (B) 303f; vgl. auch VI.1.4.
[27] KARL EDUARD HAAS, Der Bund Ev.-Ref. Kirchen Deutschlands, Erlangen 1982.
[28] Zur Verfassung von 1988 vgl. Anm. 4; vgl. auch das am 1.2.1989 in Kraft getretene Einführungsgesetz: Rechtssammlung (K) Nr. 1.2.

stands, bestehend aus Präses, Assessor und Rechner. Sitz des Moderamens ist Nürnberg.[29]

---

[29] Allerdings führte die Vereinigung mit Nordwestdeutschland zu einer Erweiterung der Mitgliedschaft des Synodalverbands. Bereits 1990 kam die schon zur Ev.-ref. Kirche gehörende reformierte Gemeinde in Stuttgart hinzu, später die bisher freie Wallonisch-Niederländische Gemeinde Hanau sowie die reformierte Gemeinde in Leipzig mit Chemnitz und Westsachsen. Das sprengt zwar in etwa den bayerischen geographischen Rahmen, aber gerade weil die bayerisch-reformierte Tradition die Eigenverantwortung der einzelnen Gemeinden von Anfang an eingebaut hat – teils aus Prinzip, teils dazu einfach gezwungen –, brachte die Erweiterung bisher kaum Probleme, eher eine als positiv empfundene Horizonterweiterung.

IX. EVANGELISCHE FREIKIRCHEN

Von Hartmut Hövelmann

Freikirchenforsch. 1992, hg. i. Auftrag d. Vereins z. Förderung d. Erforschung freikirchl. Gesch. u. Theologie e.V. v. GÜNTER BALDERS, Münster 1992.– ERICH GELDBACH, Freikirchen. Erbe, Gestalt u. Wirkung, Göttingen 1989 (BensH 70).– HAAS, Christl. Kirchen (B).– Hb. Religiöse Gemeinschaften (B).– JOHANN-ADAM-MÖHLER-INSTITUT (Hg.), Kleine Konfessionskunde, Paderborn ²1997 (KKSMI 19).– ULRICH KUNZ (Hg.), Viele Glieder – ein Leib. Kleinere Kirchen, Freikirchen u. ähnliche Gemeinschaften i. Selbstdarstellungen, Stuttgart ³1963.– PETER MEINHOLD, Ökum. Kirchenkunde. Lebensformen d. Christenheit heute, Stuttgart 1961.

1. Einführung

Die reformatorische Bewegung hatte zahlreiche Gebiete im heutigen Bayern erreicht. Das Täufertum fand in Franken und Schwaben Anhänger. Es wurde aber unterdrückt, weil es keine reichsrechtliche Anerkennung gefunden hatte. Vom Ende des 18. Jahrhunderts an treten Mennonitenkolonien aus der Pfalz in Altbayern, in Unterfranken und der Oberpfalz auf.

Von den evangelischen Freikirchen arbeiten gegenwärtig Mennoniten, Baptisten, Methodisten, Heilsarmee und Quäker in der Arbeitsgemeinschaft christlicher Kirchen in Bayern (ACK) mit. Die Selbständige Evangelisch-Lutherische Kirche (SELK) ist in München, nicht jedoch in Nürnberg Mitglied der örtlichen ACK. Im Gaststatus beteiligen sich die Freien evangelischen Gemeinden in Augsburg und Erlangen, die Siebenten-Tags-Adventisten[1] in Augsburg und Bayreuth sowie die Apostolische Gemeinschaft in Nürnberg. Zur Vereinigung Evangelischer Freikirchen gehören die Arbeitsgemeinschaft Mennonitischer Gemeinden, der Bund Evangelisch-Freikirchlicher Gemeinden, der Bund Freier evangelischer Gemeinden, der Mülheimer Verband freikirchlich-evangelischer Gemeinden, die Heilsarmee und im Gaststatus auch der Bund Freikirchlicher Pfingstgemeinden, die Evangelische Brüder-Unität (Herrnhuter) sowie die Gemeinschaft der Siebenten-Tags-Adventisten. Wegen ihrer in Bayern geringen Verbreitung werden hier die Religiöse Gesellschaft der Freunde (Quäker) und die Evangelische Brüder-Unität nicht eigens vorgestellt. Die Siebenten-Tags-Adventisten und die Apostolische Gemeinschaft sind Sondergemeinschaften auf gutem Weg zur Freikirche. Als Freikirchen werden hier unabhängige Kirchen und Gemeinschaften neben den Volks- und Landeskirchen bezeichnet, die außer der Bibel keine Sondernormen als geoffenbarte zulassen.

---

[1] Vgl. dazu Anhang, Abschnitt 1.

2. Mennonitengemeinden

GELDBACH (K) 172–181.– HANS-JÜRGEN GOERTZ (Hg.), Mennoniten, Stuttgart 1971 (KW 8).– HAAS, Christl. Kirchen (B) 36–63.– Hb. Religiöse Gemeinschaften (B) 68–81.– HANS A. HERZLER, Ansichten einer Freikirche, Krefeld 1987.– JOHANN-ADAM-MÖHLER-INSTITUT (K) 253–256.– MEINHOLD (K) 422–429.– BENJAMIN HEINRICH UNRUH, Die Mennoniten oder Taufgesinnten: KUNZ (K) 136–151.

»Mennoniten« werden nach ihrer Gründerpersönlichkeit Menno Simons genannt. Täuferische Gemeinden bildeten sich um 1770 in Unterfranken, bei Regensburg, Dachau und Ingolstadt. 1802 entstand in Grünau/Maxweiler bei Neuburg eine geschlossene Gemeinde täuferischer Kolonisten aus der Pfalz. Um 1900 kamen Gemeinden in Donauwörth, München und Rottmannshart bei Ingolstadt hinzu.

Folgende Merkmale kennzeichnen die Mennoniten: 1. Nach der Geburt werden die Kinder nur gesegnet. Die Taufe erfolgt als Mündigentaufe auf Verlangen nach vorangehendem Taufunterricht. Bei Übertritten wird die Säuglingstaufe anerkannt. 2. Ablehnung von Eid und Kriegsdienst. 3. Gewaltlosigkeit. 4. Gemeinschaftliche Lebensgestaltung als unbedingte Nachfolge Jesu.

Die Gottesdienste sind allein auf die Wortverkündigung ausgerichtet und völlig kultlos. Nichtmennoniten können am Abendmahl teilnehmen. In Bayern sind Mennoniten von der Eidesleistung befreit. Die Einzelgemeinde versteht sich als Kirche Christi. Oberstes Leitungsorgan ist die Gemeindeversammlung aller Getauften. Ämter gibt es nicht, aber Dienste: Älteste, Prediger, Diakone. Sie werden dazu ordiniert. Taufe und Abendmahl sind in der Hand der Ältesten und Prediger. Die Diakone verwalten hauptsächlich den gemeindlichen Haushalt.

Nach Mitteilung der Vereinigung Bayerischer Mennonitengemeinden gibt es derzeit in Bayern Gemeinden u.a. in Augsburg, Dachau, Eichstock (Markt Indersdorf), Freising, Ingolstadt, Königshofen/Grabfeld, München, Nürnberg/Erlangen, Regensburg, Traunreut/Traunstein und Würzburg. Nur acht von ihnen gehören der bayerischen Vereinigung an. Traunreut/Traunstein ist eine Brüdergemeinde, Dachau und Freising sind Gemeinden der Mennonitischen Heimatmission. Sie gehören damit anderen Zusammenschlüssen an. Die Gesamtzahl der getauften Mennoniten in Bayern liegt bei 1.000 Personen. Die Zahlen haben sich in den letzten Jahren durch Zuwanderung mennonitischer Aussiedler aus Rußland erhöht.

3. Der Bund Evangelisch-Freikirchlicher Gemeinden (BEFG)

GÜNTER BALDERS (Hg.), Ein Herr – ein Glaube – eine Taufe. 150 Jahre Baptistengemeinden i. Deutschland 1834–1984, Wuppertal 1984.– RUDOLF DONAT, Wie d. Werk begann. Entstehung d. deutschen Baptistengemeinden nach vorhandenen Quellen u. Unterlagen, Kassel 1958.– DERS., Das wachsende Werk. Ausbreitung d. deutschen Baptistengemeinden durch sechzig Jahre (1849–1909), Kassel 1960.– GELDBACH (K) 181–189.– ERICH GELDBACH, Christl. Versammlung u. Heilsgemeinde bei John Nelson Darby, Wuppertal 1971.– HAAS, Christl. Kirchen (B) 64–96.– Hb. Religiöse Gemeinschaften (B) 82–102.– JOHANN-ADAM-MÖHLER-INSTITUT (K) 257–262.– KURT KARRENBERG, Versammlungen d. »Brüder«? Dillenburg 1960.– MEINHOLD (K) 437–449.– HERBERT STAHL, Der Bund Ev.-Freikirchl. Gemeinden i. Deutschland: KUNZ (K) 157–181.

Der BEFG besteht aus Baptisten- (90%) und Brüdergemeinden. Ein Zusammenhang des Baptismus mit der Täuferbewegung des 16. Jahrhunderts ist nicht gegeben. Vielmehr sind die Baptisten ein Kind der kongregationalistischen Erweckung. Bereits 1839 begann der Bayreuther Schneidergeselle Johann Tobias Knauer mit der Missionierung in seiner Heimatstadt, nachdem er sich in Hamburg zum Baptismus bekehrt hatte. Die 1840 gegründete Gemeinde existierte bis 1864 und wurde 1900 wiedergegründet. 1895 entstand die Gemeinde in München. Von dort aus kam es dann im 20. Jahrhundert zu weiteren Gemeindegründungen, insbesondere nach dem Zweiten Weltkrieg durch die Flüchtlingsströme und neuerdings Aussiedler aus dem Osten.

Die reichlich 5.000 bayerischen Baptisten versammeln sich in 38 selbständigen und 6 Zweiggemeinden. Eine Baptistengemeinde ist nach ihrem Selbstverständnis eine Gemeinde »gläubig getaufter Christen«. Gemeinsam bilden die Gemeinden einen Bund. Die Struktur ist streng kongregationalistisch. Übergemeindliche Aufgaben werden auf Ratstagungen besprochen. Diese haben aber keine kirchenleitende Kompetenz. Drei Merkmale charakterisieren die Baptisten: 1. Die vorrangige Bedeutung des Glaubens vor der Taufe. Nicht die Taufe vermittelt die Gnade, sondern der Glaube. 2. Die Mündigentaufe als Konstitutivum der Gemeindemitgliedschaft. Von den Baptisten wird bei Übertritten die Säuglingstaufe nicht anerkannt, sondern die Mündigentaufe verlangt. 3. Gemeindezucht.

4. Der Bund Freier evangelischer Gemeinden (BFeG)

KONRAD BUSSEMER (Hg.), Die Gemeinde Jesu Christi. Ihr Wesen, ihre Grundsätze u. Ordnungen, Witten ⁶1968.– WOLFGANG DIETRICH (Hg.), Ein Act d. Gewissens. Gesch. u. Theologie d. Freien ev. Gemeinden, 2 Bde., Witten 1988.– ERNST-WILHELM ERDLENBRUCH/ HEINZ-ADOLF RITTER, Freie ev. Gemeinden, Witten 1995.– GELDBACH (K) 190–197.– HAAS, Christl. Kirchen (B) 146–153.– Hb. Religiöse Gemeinschaften (B) 103–124.– JOHANN-ADAM-MÖHLER-INSTITUT (K) 270–283.– HARTMUT LEONHARD, Die Einheit d. Kirche Gottes. Der Weg H.H. Grafes zwischen Brüderbewegung u. Baptisten, Witten u.a. 1977.– MEINHOLD (K) 499–502.– WILHELM WÖHRLE, Der Bund Freier ev. Gemeinden i. Deutschland: KUNZ (K) 244–261.

Die erste Freie evangelische Gemeinde in Bayern wurde 1930 in Nürnberg gegründet. Die Wurzeln dieser Gemeinde liegen in einem Notspeisungsprogramm unter Arbeitslosen, das mit Evangelisation und Bibelstunden verbunden war.

Von Nürnberg aus gründete man 1967 die Münchner Gemeinde, ein Jahr später eine in Augsburg. Der deutsche Bund gliedert sich in 20 »Kreise« (Bezirke) mit zusammen mehr als 300 Gemeinden. Der bisherige Bayerische Kreis ist neuerdings in einen nord- und einen südbayerischen aufgeteilt. Von deren 28 Gemeinden wurden 10 erst in den letzten zehn Jahren gegründet. Fünf weitere Gemeindegründungen stehen bevor. Die Zahl der registrierten Mitglieder ist mit ca. 2.000 relativ klein. Dieser Bund expandiert aber zur Zeit stärker als andere kleine Kirchen.

Praktiziert wird die Mündigentaufe. Bei Übertritten wird die Säuglingstaufe aber akzeptiert und nur auf Verlangen »ergänzt«. Das Abendmahl wirkt nicht die Sündenvergebung, sondern setzt sie voraus. Das ökumenische Engagement dieser Gemeinden ist sehr zurückhaltend. Dagegen arbeitet man in der Evangelischen Allianz mit.

5. Die Evangelisch-methodistische Kirche (EmK)

GELDBACH (K) 197–207.– HAAS, Christl. Kirchen (B) 97–145.– Hb. Religiöse Gemeinschaften (B) 31–49.– JOHANN-ADAM-MÖHLER-INSTITUT (K) 267–276.– WALTER KLAIBER/MANFRED MARQUARD, Gelebte Gnade. Grundriß einer Theologie d. Ev.-meth. Kirche, Stuttgart 1993.– HELMUT MOHR, Die Ev.-meth. Kirche: Freikirchenforsch. 1992 (K) 11–15.– CHARLES C. PARLIN, Unser gemeinsames Erbe, Stuttgart 1962.– KARL STECKEL (Hg.), Gesch. d. Ev.-meth. Kirche, Stuttgart 1982.

Etwa 5% der 65.000 deutschen Methodisten leben in Bayern. Die EmK unterscheidet sich von der Landeskirche nicht durch Sonderlehren, sondern durch ihren evangelistisch-missionarischen Stil, die Betonung der Heiligung und die Eigenart ihres Gemeindeverständnisses. Bayern umfaßt 15 Gemeindebezirke, davon drei in München und zwei in Nürnberg. Außerhalb Nordbayerns gibt es nur in München, Augsburg und Cham/Regensburg Gemeindebezirke. Bayern bildet zusammen mit einem Teil Württembergs den »Nürnberger Distrikt«, dessen Superintendent seit 1920 seinen Sitz in Ansbach hat. In Nürnberg gehört der EmK das Diakoniewerk Martha-Maria zu. Die bayerischen Gemeinden kommen aus den unterschiedlichen Traditionen der EmK und sind davon bis heute geprägt.

Die älteste Gemeinde ist München (1874). Ein Jahr später kamen Augsburg und Nürnberg hinzu. Die Ausbreitung des Methodismus in Bayern wurde dadurch erleichtert, daß 1883 die Bischöfliche Methodistenkirche und 1885 die wesleyanische durch Ludwig II. den Status einer Privatkirchengesellschaft zuerkannt bekamen, der ihnen die Rechte einer Kirche und ungehinderte Mission erlaubte. Die EmK will Kirche sein, nicht ein Bund von Gemeinden. Zwei lokale Sondergemeinschaften stießen in diesem Jahrhundert zu den Methodisten: 1905 die 1869 im Frankenwald ins Leben getretene Gemeinde der »Vereinigten Brüder in Christo« (Naila/Selbitz/Hof) und 1941 eine seit 1912 unter dem Eindruck

Diakoniewerk Martha-Maria Nürnberg, Mutterhaus.

der Predigten Hermann Bezzels aus dem CVJM München heraus entstandene Gemeinde, die im Dritten Reich unter der geistlichen Leitung von Karl Merz zu ihnen fand.

Eine methodistische Gemeinde ist in Seelsorge- und Dienstgruppen eingeteilt. So werden alle, die der Gemeinde zugehören, engagiert. Eine oder mehrere Gemeinden bilden jeweils einen Bezirk, mehrere Bezirke einen Distrikt, denen ein Superintendent zugeordnet ist. Die Kirche ist durch »Konferenzen« strukturiert. Methodistischer Glaube ist eine stark auf das Individuum und seine Heiligung focussierte Rechtfertigungslehre. Für die Heiligung spielt die Erfahrung der Lebenswende durch die Gnade Gottes eine wichtige Rolle. Soziales Engagement als Konsequenz des Glaubens wird erwartet. Von den 4.200 Zugehörigen in Bayern gelten nur 3.200 als Kirchenglieder. Die Kindertaufe wird zwar als Regelfall praktiziert, sie führt jedoch nicht automatisch zur Kirchengliedschaft. Mit 14 Jahren erfolgt nach vorausgegangenem Unterricht eine Einsegnung. Etwa ab 16 Jahren können Zugehörige nach einem seelsorgerlichen Gespräch mit dem Pastor beim gemeindlichen Ausschuß für Kirchengliedschaft ihre Aufnahme beantragen. Voraussetzung ist das persönliche Bekenntnis zum Glauben an Jesus Christus sowie das Versprechen, die Gemeinde im Gebet, finanziell und durch aktives Engagement zu unterstützen.

Die EmK und die EKD haben nach Lehrgesprächen am 29.9.1987 in einem Gottesdienst in der Nürnberger Lorenzkirche gegenseitig Kanzel- und Abendmahlsgemeinschaft ausgesprochen.

6. Die Heilsarmee

GELDBACH (K) 207–212.– MAX GRUNER, Die Heilsarmee: KUNZ (K) 325–360.– HAAS, Christl. Kirchen (B) 154–163.– Hb. Religiöse Gemeinschaften (B) 59–67.– JOHANN-ADAM-MÖHLER-INSTITUT (K) 302–305.– MEINHOLD (K) 588–594.– HEINZ ROLLER, Die Heilsarmee. Eine Streitmacht Gottes. Zum hundertjähr. Bestehen dieser Armee christl. Streiter, Stuttgart 1965 (Gottestaten 17).

1886 begann die Arbeit der Heilsarmee auch in Deutschland, wohin sich William Booth, ihr Gründer, ein ehemaliger Methodistenprediger, zahlreiche Male begeben hatte. Die Heilsarmee will keine Kirche sein. Sie fordert deshalb von ihren Mitgliedern auch keinen Kirchenaustritt. Die örtlichen Gemeinden heißen »Korps«. Schon im 19. Jahrhundert praktizierte die Heilsarmee die Gleichberechtigung der Frau. Lehrmäßig gibt es zwei markante Besonderheiten. Erstens gelten Sakramente nicht als heilsnotwendig. Die Heilsarmee praktiziert weder Taufe noch Abendmahl. Zweitens: Die Heiligung, die im Methodismus von besonderem Gewicht ist, wird zugespitzt. Sie ist durch eine sichtbare Lebensverwandlung unter Beweis zu stellen. Dazu müssen die Bekehrten »Kriegsartikel« unterschreiben, in denen sie außer der Treue zu Jesus auch Enthaltsamkeit von Rausch- und Genußmitteln versprechen sowie, den Heilskrieg mit Zeit, Kraft und Geld zu unterstützen. Bei den Gottesdiensten werden die Anwesenden eingeladen, vorn in der Bußbank öffentlich ihre Sünden zu bekennen. Ziel ist die Errettung und die persönliche Erfahrung der Heilsgewißheit.

Die Heilsarmee ist wie eine weltweite Armee mit Divisionen, Kommandeuren und Nationalen Hauptquartieren organisiert. Von 3 Millionen Mitgliedern weltweit leben nur 2.000 in Deutschland. 1923 kam die Heilsarmee nach München. Dort entstand das erste Korps in Bayern. 1924 folgten Nürnberg und Fürth, später Ansbach, Erlangen, Hof, Regensburg und Würzburg. Derzeit gibt es sie nur noch in Nürnberg, München und Fürth. Die sozialdiakonische Arbeit in Nürnberg mit großen Wohnheimen für obdachlose Männer und Frauen hat beeindruckende Ausmaße angenommen.

7. Die Selbständige Evangelisch-Lutherische Kirche (SELK)

HAAS, Christl. Kirchen (B) 178–185.– JOHANN-ADAM-MÖHLER-INSTITUT (K) 315–326.– HANS KIRSTEN, Einigkeit i. Glauben u. i. d. Lehre. Der Weg d. luth. Freikirchen i. Deutschland nach d. letzten Kriege, Bd. 1: Die Lehreinigung 1945–1949, Groß Oesingen 1980.– WERNER KLÄN, Die Selbständige Ev.-Luth. Kirche (SELK): Freikirchenforsch. 1992 (K) 19–22.– MANFRED ROENSCH/WERNER KLÄN (Hg.), Quellen z. Entstehung u. Entwicklung selbständiger ev.-luth. Kirchen i. Deutschland, Frankfurt/Main u.a. 1987 (EHS.T 299).– VOLKER STOLLE (Hg.), Frauen i. kirchl. Amt? Aspekte z. Für u. Wider d. Ordination v. Frauen, Oberursel 1994 (OUH 28).

Die SELK konstituierte sich 1972 als Zusammenschluß verschiedener Vorgängerkirchen, die im 19. Jahrhundert als Reaktion auf Union und Liberalismus vor allem in Preußen, Hannover, Sachsen, Baden und dem heutigen Hessen entstanden waren. Sie versteht sich als Bekenntniskirche. Ihrer Verfassung nach ist sie eine Synthese aus synodalen und episkopalen Strukturelementen. Heute gehören ihr 40.000 Mitglieder an, davon 500 in Bayern.

Die Gedanken Wilhelm Löhes führten 1870 in Memmingen zur Gründung einer freien lutherischen Gemeinde zur Abwehr der Tolerierung reformierter Traditionen. Als erster Pfarrer wurde Andreas Hörger berufen, der in seiner früheren Gemeinde Vestenberg bei Ansbach mit dem Konsistorium in Konflikt geraten war, weil er »unbußfertige Sünder« vom Abendmahl zurückgewiesen hatte. Von Memmingen aus bildeten sich kleine Gemeinden in Ansbach und Augsburg. 1949 wurde der Mühlhausener Pfarrer Friedrich Wilhelm Hopf amtsenthoben, nachdem er mit seiner Gemeinde den Beitritt der bayerischen Landeskirche zur EKD als mit der Kirchenverfassung unvereinbar erklärt und dagegen »Rechtsverwahrung« eingelegt hatte. Daraufhin bildete sich in Mühlhausen an der Reichen Ebrach eine selbständige evangelisch-lutherische Gemeinde. 1972 entstand nach Übertritten aus der Landeskirche als Reaktion auf die Leuenberger Konkordie und die Auseinandersetzungen um die Frauenordination der Predigtplatz Kronach. Die Zuwanderung von Flüchtlingen nach dem Zweiten Weltkrieg hatte

Gemeinden in München und Nürnberg entstehen lassen. Ansbach, Mühlhausen und Kronach sind heute mit Nürnberg zusammengefaßt, Augsburg mit Memmingen.

Abendmahlsgemeinschaft wird in der SELK in engstem Zusammenhang mit Kirchengemeinschaft gesehen. Das Abendmahl steht daher nur Mitgliedern der SELK oder aus solchen Kirchen offen, die Kirchengemeinschaft mit der SELK haben. Frauenordination wird abgelehnt; immerhin gibt es neuerdings Pastoralreferentinnen für Unterricht und Seelsorge.

8. Die Pfingstbewegung

LUDWIG EISENLÖFFEL, Ein Feuer auf Erden. Einführung i. Lehre u. Leben d. Pfingstbewegung, Erzhausen 1968.– GELDBACH (K) 217–224.– HAAS, Christl. Kirchen (B) 235–242.– Hb. Religiöse Gemeinschaften (B) 146–173.– REINHARD HEMPELMANN, Kontinuität u. Wandel d. Pfingstbewegung: MdEZW 61 (1998), 33–46.– KURT HUTTEN, Seher – Grübler – Enthusiasten. Das Buch d. traditionellen Sekten u. religiösen Sonderbewegungen, Stuttgart ^{12}1982, 303–365.– JOHANN-ADAM-MÖHLER-INSTITUT (K) 292–298.– CHRISTIAN HUGO KRUST, 50 Jahre Deutsche Pfingstbewegung Mülheimer Richtung nach ihrem geschichtlichen Ablauf, Altdorf o.J. [1958].– Neunzig Jahre Pfingstgemeinden i. Deutschland, hg. v. FORUM FREIKIRCHL. PFINGSTGEMEINDEN I. DEUTSCHLAND, Freudenstadt 1997.

Als die in der amerikanischen Heiligungsbewegung wurzelnde Pfingstbewegung 1907 über Norwegen nach Deutschland fand, breitete sie sich zunächst in der Deutschen Gemeinschaftsbewegung aus. Den »Pfingstlern« ging es um die Aktualisierung der apostolischen Pfingstgaben nach 1 Kor 12–14, vor allem die Geisttaufe, die Zungenrede und die Krankenheilung. In der Gemeinschaftsbewegung wurde leidenschaftlich gestritten, ob der neue Geist »von oben« oder »von unten« sei. Die »Berliner Erklärung« von 1909 brach mit den Pfingstlern, die sich fortan unabhängig organisieren und Strukturen geben mußten. Zunächst geschah das auf den jährlichen »Mülheimer Konferenzen«. Aus ihnen erwuchs der Christliche Gemeinschaftsverband Mülheim/Ruhr (CGV), der heute allerdings nur noch eine geringe zahlenmäßige Bedeutung hat. Seit 1998 hat er sich einen neuen Namen gegeben: Mülheimer Verband freikirchlich-evangelischer Gemeinden (MV). Gemäß verändertem Selbstverständnis ist er eine Freikirche auf der Grundlage evangelikal-charismatischer Frömmigkeit. Ab 1922 entstanden auf Initiative des Zeltevangelisten Heinrich Vietheer zahlreiche freie Pfingstgemeinden in Deutschland, die sich »Christen-Gemeinde Elim« (hebr. für Oase, vgl. Ex 15, 27 usw.) nannten. Die Elim-Gemeinden vereinigten sich im Dritten Reich mit den Baptisten, lösten sich nach Kriegsende aber wieder von ihnen und fanden in der Arbeitsgemeinschaft der Christengemeinden Deutschlands eine neue Plattform. Das Zentrum dieser Bewegung, aus der der heutige Bund Freikirchlicher Pfingstgemeinden (BFP) entstanden ist, befindet sich in Erzhausen bei Darmstadt.

Die Pfingstbewegung erreichte von Anfang an auch Bayern. Ein Bauer aus Schobdach bei Wassertrüdingen lernte sie in Frankfurt kennen und ließ auf seinem Hof 1910 einen Saalbau errichten, in dem sich bis heute eine aus ganz Franken anreisende Gemeinde zu Gebetsversammlungen trifft. In den zwanziger Jahren entstanden Gemeinden in Altdorf, Altenthann, Winkelhaid, Albertshofen und Nürnberg. Nach dem Krieg befanden sich bis 1978 Verlag und Buchhandlung des CGV in Altdorf. Heute existiert nur noch eine kleine Gemeinde in Altdorf, die anderen MV-Gemeinden sind verschwunden. Stark angewachsen ist dagegen der BFP. Von seinen 27.000 Mitgliedern bundesweit leben 2.500 in Bayern, davon fast die Hälfte in München, Nürnberg und Augsburg. Die derzeit 26 Gemeinden und 6 Zweiggemeinden sind durchwegs nach dem Zweiten Weltkrieg entstanden, oft erst in den letzten Jahren. Meist nennen sie sich vor Ort Freie Christengemeinde, Christliches Zentrum usw.

Obwohl im Forum Freikirchlicher Pfingstgemeinden (FFP) eine informelle Plattform (ohne Leitungskompetenz) entstanden ist, bleibt die Pfingstbewegung buntscheckig. Das kongregationalistische Gemeindeprinzip ist extrem ausgeprägt. Vor allem in den Städten existieren nur schwer erfaßbare Personalgemeinden und Hauskreise separierter Charismatiker.[2] Oft fordern sie keinen Kirchenaustritt. Ihre Anhänger nehmen einzelne Kasualien in den Kirchen in Anspruch, die sie dann in den Pfingstgemeinden »ergänzen«. Gemeinsam ist den Pfingstlern neben der Praktizierung der Charismen das persönliche Heiligungsstreben und die Betonung der Wiedergeburt als notwendiger völliger Erneuerung des Menschen. Buße und Glaube müssen der Taufe vorangehen.

Erwähnt werden muß hier noch die Ecclesia, deren zehn bayerische Gemeinden, u.a. in Nürnberg, Roth, Neumarkt, Augsburg, Schwabmünchen, Bad Reichenhall und München, mit gut 700 Zugehörigen einen der acht Bezirke dieser Gemeinschaft bilden. Die Ecclesia, die 1944 in Solingen als eine charismatische Heilungsbewegung begann, gehört dem FFP an, die Geisttaufe spielt aber keine Rolle in ihr, statt dessen betont man die Neuwerdung des Menschen durch die Wiedergeburt im Glauben. Die Ecclesia vertritt eine prämilleniaristische Eschatologie und hat ein fundamentalistisches Bibelverständnis. Sie will keine Kirche sein, sondern ist als eingetragener Verein »Gemeinde der Christen« organisiert.

Die Evangelische Allianz hat faktisch mit Teilen der Pfingstbewegung ihren Frieden geschlossen. Die Berliner Erklärung von 1909 ist zwar nicht widerrufen, aber man hat erklärt, daß sie auf verschiedene Zweige der Pfingstbewegung heute so nicht mehr zutreffe.

---

[2] Vgl. auch VII.6.4.2.

ANHANG: SONDERGEMEINSCHAFTEN

Von Wolfgang Behnk

MARY BAKER EDDY, Wissenschaft u. Gesundheit mit Schlüssel z. Hl. Schrift, hg. v. THE FIRST CHURCH OF CHRIST, Scientist, Boston/Mass. 1975.– WOLFGANG BEHNK, Abschied v. »Urchristentum«? Gabriele Witteks »Universelles Leben« zwischen Verfolgungswahn u. Institutionalisierung, München 1994.– Berliner Dialog. Informationen u. Standpunkte z. religiösen Begegnung. Quartalszeitschrift 1ff (1995ff), hg. v. THOMAS GANDOW u. DIALOG CENTER INTERNATIONAL, Aarhus.– INGOLF CHRISTIANSEN, Bedeutung u. Brisanz v. Sekten, Destruktiv-Kulten u. Weltanschauungen f. Jugendliche i. unserer Gesellschaft, Göttingen 1997.– Das ist Mein Wort A u. Ω, hg. v. UNIVERSELLES LEBEN E.V., Würzburg ²1993.– FRIEDRICH-WILHELM HAACK, Jehovas Zeugen, v. Thomas Gandow aktualisierte u. erw. Aufl., München 1997 (Münchener Reihe 16).– Hb. Religiöse Gemeinschaften (B).– RÜDIGER HAUTH (Hg.), ... neben den Kirchen. Gemeinschaften, die ihren Glauben auf bes. Weise leben wollen, Neukirchen-Vluyn ¹⁰1995.– Der Innere Weg i. Universellen Leben. Stufe d. Ordnung, hg. v. UNIVERSELLES LEBEN E.V., Würzburg 1987.– WILHELM KNACKSTEDT, Supermarkt d. Heilsbringer. Was hat d. Kirche noch zu bieten? Wuppertal 1996.– Lexikon d. Sekten, Sondergruppen u. Weltanschauungen, hg. v. HANS GASPER, JOACHIM MÜLLER u. FRIEDERIKE VALENTIN, Freiburg/Breisgau ⁵1997.– CHRISTOPH MINHOFF/HOLGER LÖSCH, Neureligiöse Bewegungen, hg. v. d. BAYER. LANDESZENTRALE F. POLITISCHE BILDUNGSARBEIT, München ²1994.– MATTHIAS PÖHLMANN (Hg.), Sehnsucht nach Heil. Neupfingstlerisch-charismatische Bewegungen, Sondergemeinschaften, Sekten, Neureligionen, Esoterische Weltanschauungen u. Bewegungen, Psychogruppen, Angebote f. Lebensbewältigung u. Lebenshilfe i. Erlangen, Erlangen ⁴1997.– Streifzug durch d. religiösen Supermarkt, hg. v. ILSE KROLL u. BERND DÜRHOLT, München ⁴1997.– GABRIELE WITTEK, Die Kosmische Uhr u. d. Netzwerk Deiner Haut. Dein Schicksal liegt i. Deiner Hand, Marktheidenfeld 1996.

Die im folgenden behandelten Sondergemeinschaften zählen nicht zur evangelischen Kirche. Auf sie wird dennoch kurz eingegangen, weil sie zum religiösen und weltanschaulichen Leben in Bayern hinzugehören und sich mehr oder weniger auf christliches Gedankengut berufen bzw. als Alternative dazu empfehlen. Nicht nur wegen des kontextuellen Charakters der theologischen Disziplin Kirchengeschichte ist die Wahrnehmung solcher Randphänomene unverzichtbar, sondern auch wegen der »apologetischen«, d.h. dialogischen, unterscheidenden und prüfenden Dimension von Theologie und Kirche überhaupt. In Deutschland gibt es ca. 300 bis 500 derartige Gruppen wie christliche Sondergemeinschaften und Sekten, Neuoffenbarungsgemeinschaften, östlich-guruistische Kulte oder säkulare Psychoorganisationen. Die meisten haben auch in Bayern eine Niederlassung oder gar ihre Hauptresidenz. Auch wenn das Augenmerk auf Besonderheiten dieser Gruppen in Bayern gerichtet ist, so gilt für sie wegen ihrer ideologischen und organisatorischen Gleichförmigkeit in der Regel das, was für sie prinzipiell und auch andernorts gilt. Im Hinblick auf weiterführende Informationen sei deshalb auf die umfangreiche Fachliteratur, vor allem das »Handbuch Religiöse Gemeinschaften« hingewiesen. Dieser Verweis gilt insbesondere für die neureligiösen östlichen Kulte und Gurugemeinschaften sowie die säkularen Psychoorganisationen, die einen immer größeren Teil des weltanschaulichen »Supermarktes« ausmachen. Da sie mit dem Christentum jedoch – außer gelegentlich vertretenen christlichen Ansprüchen und sinnwidrig uminterpretierten christlichen Begriffen – nichts gemein haben, wird auf sie in diesem Beitrag nicht eingegangen.

Eine im Auftrag der Enquete-Kommission »Sogenannte Sekten und Psychogruppen« des Deutschen Bundestages 1997 veröffentlichte repräsentative Umfrage ergab, daß in der Bundesrepublik ca. 800.000 Bürger ab 14 Jahre bekennen, »Anhänger bzw. Mitglied in einer neuen religiösen bzw. weltanschaulichen Bewegung oder Psychogruppe« zu sein.[1] Bei der Umfragezahl muß freilich berücksichtigt werden, daß sie sehr unspezifisch ist. Auch Anhänger freier christlicher Gemeinschaften haben sich hier gemeldet. Ferner wurde das Potential der in sektiererische Gruppen hineingeborenen oder -gebrachten Kinder durch die Umfrage nicht erfaßt. Allein bei den »Zeugen Jehovas« muß in Deutschland von etwa 80.000 Kindern ausgegangen werden.[2] Während diese Gruppe Jahrbücher mit nationalen und weltweiten Mitgliederstatistiken führt, ist eine solche Informationsbereitschaft bei vielen anderen Gruppen nicht gegeben. Die von ihnen gelegentlich mitgeteilten Zahlen scheinen je nach Umstand entweder willkürlich hoch (etwa, wenn der Status einer Körperschaft des öffentlichen Rechts beantragt wird) oder willkürlich klein (etwa, wenn man sich als verfolgte Minderheit darstellt).

1. Christliche Sondergemeinschaften

Christliche Sondergemeinschaften haben teilweise Beziehungen zu den Kirchen, vertreten aber Sonderlehren, die in einigen Fällen auch »sektiererische Züge« tragen.[3] Folgende Gruppen sind zu nennen:

Die 1832–1835 durch den Londoner reformierten Pfarrer Edward Irving gegründeten, endzeitlich ausgerichteten *»Katholisch-Apostolischen Gemeinden«* *(K.ap.G.)*[4] versuchten durch die Berufung von »12 Aposteln« die »göttliche Kirchenordnung« wiederaufzurichten. Der Irvingianismus faßte auch in Bayern Fuß. Als infolge zurückgehender Naherwartungen nach dem Tod des letzten

---

[1] INFRATEST BURKE BERLIN, Neue religiöse u. weltanschauliche Bewegungen. Ergebnisse einer repräsentativen Umfrage, Berlin 24.4.1997, i. Auftrag d. Enquete-Kommission »Sogenannte Sekten u. Psychogruppen« d. Deutschen Bundestages, veröff. durch eine Pressemitteilung v. 24.4.1997.
[2] KURT-HELMUTH EIMUTH, Die Sekten-Kinder, Freiburg/Breisgau 1996, 9.
[3] Hb. Religiöse Gemeinschaften (B) 6.
[4] Hb. Religiöse Gemeinschaften (B) 194–203; WALTER PÖTZL, Volksfrömmigkeit: HBKG 3, 809–844 (827f); *Quellen:* KARL BORN, Das Werk d. Herrn unter d. Aposteln, Bremen 1974; ERNST ADOLF ROSSTEUSCHER, Der Aufbau d. Kirche auf d. ursprünglichen Grundlagen, Siegen ⁴1969.

dieser Apostel 1901 – des für Süddeutschland zuständigen Francis Valentine Woodhouse – keine Apostelnachwahl erfolgte, verloren die Gemeinden ihre Führung. In Deutschland gibt es – mit abnehmender Tendenz – nur noch ca. 4.000, in Bayern einige hundert Anhänger, die sich wegen des Empfangs von Sakramenten und Amtshandlungen teilweise an die traditionellen Kirchen wenden.[5]

Eine christliche Sondergemeinschaft ist auch die »Lorber-Gesellschaft« (LorbG).[6] Sie führt sich auf den steirischen Musiklehrer Jakob Lorber zurück, der sich aufgrund seiner »inneren Stimme« als »Schreibknecht Gottes« ansah und von seinen Anhängern als »Gottesbote« und »Prophet« verehrt wird. Die von ihm übermittelte »Neuoffenbarung Jesu« – insbesondere das elfbändige »Große Evangelium Johannis« – steht in der Lorber-Bewegung auf einer Ebene mit der Bibel. Seit 1949 engagiert sich die in Bietigheim residierende LorbG, die keine eigene Kirchengemeinschaft sein will, im Sinne dieser Lehren. Ihr derzeitiger 1. Vorsitzender, Manfred Peis aus Hausham am Schliersee, betont die kirchlichen Integrationsbemühungen der Gemeinschaft, die in Deutschland ca. 400, in Bayern höchstens 130 Anhänger hat. Von ihnen sind die meisten katholisch, ca. 20% evangelisch. In München gibt es z.B. zwei Kreise mit 10–14 Personen, weitere Gruppen treffen sich etwa in Nürnberg und Rosenheim.[7]

Als eigenständige »Protestantische Freikirche« versteht sich die »Gemeinschaft der Siebenten-Tags-Adventisten« (STA),[8] die 1863 in den USA entstand und 1875 nach Deutschland gelangte. Die »Gemeinschaft der Siebenten-Tags-Adventisten in Deutschland« (Sitz in Darmstadt) mit ihren ca. 35.000 Mitgliedern in 597 Gemeinden besitzt in Deutschland den Status einer Körperschaft des öffentlichen Rechts (K.d.ö.R.). Zum »Süddeutschen Verband« (Sitz Stuttgart) gehören auch die bayerischen STA-Gemeinden der Vereinigungen Nordbayern (34 Gemeinden mit 1.902 Mitgliedern) und Südbayern (36 Gemeinden mit 2.645

---

[5] Stark endzeitlich-biblizistisch ist auch die 1922 gegründete »Gemeinschaft in Christo Jesu« (Lorenzianer), die in Bayern jedoch kaum relevant ist (Hb. Religiöse Gemeinschaften [B] 223ff; *Quellen*: VORSTAND D. GEMEINSCHAFT I. CHRISTO JESU E.V. [Hg.], Licht ins Dunkel, Lengefeld 1927; DERS., Wegbereiter d. Vollendung. Das Botenbuch d. Gemeinschaft i. Christi Jesu, o.O. 1954).

[6] Hb. Religiöse Gemeinschaften (B) 204–216; MATTHIAS PÖHLMANN, Lorber-Bewegung – durch Jenseitswissen z. Heil? Konstanz 1994; *Quellen*: JAKOB LORBER, Die Haushaltung Gottes, 3 Bde., Bietigheim ⁴1960–1964; DERS., Das große Evangelium Johannis, 11 Bde., Bietigheim ⁵1949–1963.

[7] Information des Vorsitzenden der Lorber-Gesellschaft e.V., Manfred Peis, Hausham, am 18.2.1998.

[8] Hb. Religiöse Gemeinschaften (B) 226–242; RÜDIGER HAUTH, Adventisten, München ³1994; *Quellen*: Auf einen Blick. Die Siebenten-Tags-Adventisten – 1998, hg. v. d. PRESSE- U. INFORMATIONSSTELLE D. GEMEINSCHAFT D. SIEBENTEN-TAGS-ADVENTISTEN, Ostfildern 1998; Gelebter Glaube. Christsein Heute, hg. v. d. GEMEINSCHAFT D. SIEBENTEN-TAGS-ADVENTISTEN, Hamburg 1990; Grundbegriffe v. A–Z. Lehre u. Leben d. Siebenten-Tags-Adventisten, hg. v. d. GEMEINSCHAFT D. SIEBENTEN-TAGS-ADVENTISTEN, Berlin 1975; Schlüsselbegriffe adventistischer Glaubenslehre, hg. v. d. GEMEINSCHAFT D. SIEBENTEN-TAGS-ADVENTISTEN, Hamburg 1974; ELLEN GOULD WHITE, Aus d. Schatzkammer d. Zeugnisse, 3 Bde., Hamburg o.J.; DIES., Der große Kampf zwischen Licht u. Finsternis, Hamburg o.J.

Mitgliedern).⁹ Im November 1997 konnte die STA-Gemeinschaft in München – mit heute acht Gemeinden sowie einer zweiklassigen privaten Grundschule in Sendling – ihr 100-jähriges Bestehen feiern. In Erlangen blickte die Gemeinschaft 1996 mit ihren mehr als 90 Mitgliedern auf ihr 75-jähriges Bestehen zurück.¹⁰

Die STA haben zwar einerseits – trotz teilweise vehementen Widerspruchs der eigenen Basis¹¹ – mit einer allmählichen Öffnung für den ökumenischen Dialog (Gaststatus bei der ACK seit 1993, zuvor schon ACK-Beobachter in der DDR) begonnen. Andererseits beharrt die »reformatorische Endzeitgemeinde«¹² jedoch auf exklusiven endzeitlichen Sonderlehren (Sabbathaltung; »Heiligtums- und Gerichtslehre« in Verbindung mit dem unbiblischen »Wiederkunft Christi«-Datum »22.10.1844«; exklusives Selbstverständnis als »Gemeinde der übrigen« in Anlehnung an die »dreifache Engelbotschaft« aus Offb 14, 6–12). Danach sollen durch die adventistische »Schar der Übrigen« die Menschen aller Völker aus dem »falschen System«, insbesondere dem kirchlichen »Babylon der Verwirrung« gerettet werden, so daß sie auch das antichristliche »Malzeichen des Tieres«, die Sonntagsheiligung, ablegen. Wegen der ausgeprägten Sonderlehren können die STA noch nicht als Freikirche angesehen werden; immerhin haben sie in der »Vereinigung Evangelischer Freikirchen« (VEF; Sitz in Frankfurt/Main) den Status eines »Gastmitgliedes«. Auch wenn die 56. Generalvollkonferenz – als die höchste irdische STA-Autorität – 1995 alle Endzeitspekulationen und -berechnungen »verurteilte«,¹³ hält man doch an dem endzeitlichen Datum »22.10.1844« (Eintritt Jesu Christi in das »himmlische Heiligtum« als Hoherpriester und Beginn eines »Untersuchungsgerichtes« für die verstorbenen Gläubigen als Auftakt des folgenden Endgerichtes über alle Menschen) fest. Wegen ihrer ökumenischen Gesprächsbereitschaft (seit 1994 Konsultationen mit der VELKD und dem LWB) kann die STA als eine sich um Verständigung mit den Kirchen bemühende Sondergemeinschaft bezeichnet werden.

2. Sekten

Sekten sind Gemeinschaften, die mit christlichen Überlieferungen wesentliche außerbiblische Wahrheits- und Offenbarungsquellen verbinden und in der Regel ökumenische Beziehungen ablehnen.

---

⁹ Internationale Zahlen gemäß »Auf einen Blick« (vgl. Anm. 8), die Zahlen für Deutschland/Bayern ergänzt durch Prediger Zoran Lukic von der STA-Gemeinde München am 18.2.1998.
¹⁰ PÖHLMANN (K) 30.
¹¹ MdEZW 58 (1995), 56: »ACK-Gastmitgliedschaft sorgt für Zündstoff«.
¹² [GEMEINSCHAFT D. SIEBENTEN-TAGS-ADVENTISTEN], STA – Gemeinschaft d. Siebenten-Tags-Adventisten: VEF – Vereinigung Ev. Freikirchen, hg. v. d. VEREINIGUNG EV. FREIKIRCHEN, Stuttgart 1994, 14.
¹³ »APD-Informationen« vom 14.7.1995 des Adventistischen Pressedienstes.

Die in New York-Brooklyn residierende Organisation der »*Zeugen Jehovas*« *(ZJ),*[14] deren Leiter zugleich als Vorstände der Firma »*Wachtturm Bibel- und Traktat-Gesellschaft*« *(WTG)* fungieren, kann als die klassische christliche Sekte angesehen werden. Sich formell auf die Bibel stützend, propagiert der »Glaubenskonzern«[15] eine rigoros gesetzliche Ideologie und Praxis. Dem gesamten weltlichen, als satanisch betrachteten »System der Dinge« kündigt die »Endzeitsekte«[16] die »Hinrichtung« im unmittelbar bevorstehenden Weltgericht »Harmagedon« an.[17] Insbesondere die freiheitlichen Gesellschaftsordnungen seien Feinde der »Theokratie Jehovas«, so daß ein Zeuge Jehovas sich demokratischen Wahlen verweigern müsse. Wer sich der »Theokratischen Organisation« anschließt, muß alle kirchlichen Bindungen lösen. Durch eine taufähnliche Untertauchhandlung werden die Anhänger in den missionarischen »Felddienst« als »Verkündiger« eingeführt. Im »Jahrbuch der Zeugen Jehovas 1995« wurden weltweit ca. 4,9 Millionen (Deutschland ca. 170.000) »Verkündiger« (Mitglieder) sowie ca. 12,3 Millionen »Gedächtnismahl-Anwesende« (Deutschland: ca. 292.000) angegeben. Im Jahr darauf seien in Deutschland, so die ZJ-Statistik, 6.018 Menschen getauft worden, was einer Zuwachsrate von 5,9% entspräche. Auch in Bayern, wo es schätzungsweise 25.000 Mitglieder gibt, sind die ZJ sehr aktiv. Allein im Münchner Telefonbuch sind neben dem ZJ-»Bereich Südbayern e.V.« 15 »Versammlungen« eingetragen, wie die als eingetragene Vereine organisierten örtlichen WTG-Filialen heißen. In Erlangen[18] existieren zwei »Versammlungen« (West und Ost) mit insgesamt etwa 300 Anhängern.

Gegründet wurde die Gemeinschaft in den USA unter dem Namen »Ernste Bibelforscher« durch den Kaufmann Charles Taze Russell. Beeindruckt durch die Endzeitprognose einer adventistischen Splittergruppe, begann er selber mit Berechnungen der Wiederkunft Christi, die er für 1914 erwartete. 1879 gründete er die Zeitschrift »Der Wachtturm«, zwei Jahre später die WTG, die er 1884 ins Handelsregister (!) eintragen ließ. Russels Nachfolger Joseph F. Rutherford gab der Gemeinschaft 1931 den Namen »Zeugen Jehovas« und erklärte 1932 die »Leitende Körperschaft« in Brooklyn zum »Kanal Jehovas«, dessen Weisungen sich jeder Anhänger zu beugen habe. Die Tatsache, daß das erwartete »Harmagedon«-Ereignis nicht eintrat, führte lediglich zu der Interpretation, daß 1914 dem geschöpflichen Sohn Jehovas Jesus Christus im Himmel das »Königreich der Welt« übertragen worden sei. Nur sein Amtsantritt über das wiederzuerrichtende ewige Paradies auf Erden stehe noch aus. In diesem werde die »große

---

[14] Hb. Religiöse Gemeinschaften (B) 283–300; HAACK (K); *Quellen:* WACHTTURM BIBEL- U. TRAKTAT-GESELLSCHAFT (Hg.), Du kannst f. immer i. Paradies auf Erden leben, Wiesbaden 1982; DIES., Neue-Welt-Übersetzung d. Hl. Schrift, Selters 1985; DIES., Einsichten über d. Hl. Schrift, 2 Bde., Selters 1990/1992; DIES., Jehovas Zeugen. Verkündiger d. Königreiches Gottes, Selters 1993.
[15] HAACK (K) 23.
[16] CHRISTIANSEN (K) 45.
[17] Die Offenbarung. Ihr großartiger Höhepunkt ist nahe! Hg. v. d. WACHTTURM BIBEL- U. TRAKTAT-GESELLSCHAFT DEUTSCHER ZWEIG, Selters/Taunus 1988, 214f.
[18] PÖHLMANN (K) 44.

Volksmenge« von ca. 5 Millionen Gläubigen leben, regiert von Christus und den »144.000 Gesalbten«, einer auserwählten priesterlichen und königlichen Menschen-»klasse«.

Weder das Jahr »1925« zur Zeit Rutherfords, noch das Jahr »1975«[19] zur Zeit des dritten ZJ-Präsidenten Nathan Homer Knorr brachte die erhoffte Apokalypse. Enttäuscht wandten sich 1975 viele Menschen von den ZJ ab. Offenbar deshalb verzichtet die WTG neuerdings auf präzise Festlegungen für den Endzeittermin, hält ansonsten aber an ihren apokalyptischen Erwartungen fest. Frederik W. Franz wurde 1977 vierter Präsident der ZJ, die seit seinem Tod im Dezember 1992 von Milton Henschel geführt werden. Unter Henschel scheint sich die WTG für die verbleibende Zeit des alten Erdensystems mit diesem arrangieren zu wollen. So wurde im »Wachtturm« vom 1.5.1996 überraschend erklärt, daß diejenigen Zeugen, die sich nach »persönlicher Gewissensentscheidung« für den »zivilen Dienst« des Staates entscheiden würden, von der ZJ-Gemeinschaft »voll und ganz« respektiert und »weiterhin als Christen betrachtet« werden sollten.[20] Bis zu diesem Datum wurden Anhänger, die sich für den Zivildienst entschieden, rigoros aus der Gemeinschaft ausgeschlossen, so daß wehr- bzw. ersatzdienstpflichtigen Zeugen nichts anderes übrig blieb, als hohe Geldstrafen für die ihnen abverlangte Totalverweigerung zu zahlen oder gar ins Gefängnis zu gehen. Auch der 1996 von den ZJ im zentralen Zweigbüro Selters/Westerwald eingerichtete »Informationsdienst« für die Medien und die Öffentlichkeit muß als Teil der neuen Strategie angesehen werden. In Osteuropa beginnen die ZJ sogar das bislang unantastbare Verbot der Bluttransfusion aufzuweichen: Damit ihnen die staatliche Registrierung nicht versagt wird, stellen sie die Bluttransfusion neuerdings in die Gewissensentscheidung der Mitglieder. Das Bundesverwaltungsgericht hat den Antrag der aus den ostdeutschen ZJ-Gliederungen entstandenen »Religionsgemeinschaft der Zeugen Jehovas in Deutschland« auf Zuerkennung der Rechte einer Körperschaft des öffentlichen Rechtes inzwischen wegen Demokratiewidrigkeit der Organisation abgewiesen.[21]

Aus der Sondergemeinschaft »Katholisch-Apostolische Gemeinden«[22] ist die »*Neuapostolische Kirche*« *(NapK)*[23] hervorgegangen. Als in den K.ap.G. 1855 drei der gewählten »12 Apostel« starben und die englische Führung eine Nachwahl ablehnte, trennte sich der Berliner »Apostel« Heinrich Geyer von den K.ap.G. Mit Freunden aus Berlin und Hamburg gründete er 1863 die »Allgemei-

---

[19] RAYMOND FRANZ, Der Gewissenskonflikt. Menschen gehorchen oder Gott treu bleiben? Ein Zeuge Jehovas berichtet, München 1988, 191–214.
[20] Der Wachtturm vom 1.5.1996: Gott u. d. Staat. Jedem das geben, was ihm gebührt.
[21] Urteil des Bundesverwaltungsgerichtes vom 26.6.1997 (Az. 7 C 11.96).
[22] Vgl. dazu Anhang, Abschnitt 1.
[23] Hb. Religiöse Gemeinschaften (B) 245–258; FRIEDRICH WILHELM HAACK, Neuapostolische Kirche, neu bearb. v. Thomas Gandow, München [7]1996; *Quellen*: APOSTELKOLLEGIUM (Hg.), Fragen u. Antworten über d. Neuapostolischen Glauben, Frankfurt/Main 1971; DASS., Reichsgottesgesch., 2 Bde., Dortmund 1970/1974; GOTTFRIED ROCKENFELDER, Gesch. d. Neuapostolischen Kirche, Frankfurt/Main 1968.

ne Apostolische Mission«, in der sich allmählich ein »Apostelring« als kollektives Führungsgremium herausbildete. Dessen Mitglied Friedrich Krebs führte 1896 den Titel »Stammapostel« zur Bezeichnung des obersten Leiters ein. Der »Stammapostel« gilt in der NapK seither als »Repräsentant des Herrn auf Erden«, der als einziger den Willen Gottes erkennt und den Gläubigen den Zugang zu Gott vermittelt. Den – mittlerweile etwa 250 – »Aposteln« ist angeblich exklusiv der Heilige Geist anvertraut, den sie im »Sakrament der Versiegelung« spenden. 1907 benannte die Gemeinschaft sich in »Neuapostolische Gemeinde« um, seit etwa 1930 heißt sie »Neuapostolische Kirche«. Sie besitzt in Deutschland den Status einer Körperschaft des öffentlichen Rechts und hat hier ca. 445.000 Mitglieder; weltweit sind es ca. 7 Millionen. Der »Internationale Sitz« der »Hauptleitung« befindet sich in Zürich, wo auch der »Stammapostel« residiert. Die »Neuapostolische Kirche in Bayern, K.d.ö.R.« gibt ca. 28.000 Mitglieder an.[24] Wenngleich für deren »Kirchenleitung« als Adresse die Münchner Fraasstraße benannt wird, erfolgt die Verwaltung eher von Stuttgart aus. An vielen Orten Bayerns existieren Gemeinden; die in Erlangen[25] hat z.B. ca. 300 Mitglieder. Da in der NapK der »Stammapostel« als Autorität faktisch über der Bibel steht und die Gemeinschaft sich als einzige Kirche ansieht, in der durch das »Apostelamt« das Erlösungswerk Christi wiederaufgerichtet wurde, ist die ökumenische Grundlage verlassen. Insofern muß diese – in Deutschland nach den Landeskirchen größte nichtkatholische christliche – Gemeinschaft als Sekte eingeordnet werden.

Die »*Christengemeinschaft*« *(CG)*[26] geht auf den von 1895 bis 1916 in Würzburg und Nürnberg als Pfarrer tätigen evangelischen Theologen Friedrich Rittelmeyer zurück. Immer stärker durch Rudolf Steiners Anthroposophie geprägt, schied er 1922 aus dem kirchlichen Dienst aus, übernahm die Funktion eines »Erzoberlenkers« in der am 16. September des Jahres gegründeten CG und ließ sich in den Vorstand der »Anthroposophischen Gesellschaft« wählen. In Deutschland gibt es zwischen 10.000 und 20.000 Mitglieder (ab ca. 21 Jahren) in ca. 150 Gemeinden (weltweit ca. 275) sowie zahlreiche weitere Anhänger. Das CG-Zentrum befindet sich in Stuttgart, wo der »Erzoberlenker« samt sechs weiteren »Oberlenkern« und »Lenkern« (»Siebenerkreis«) residiert. Dort existiert auch ein »Priesterseminar«, in dem die »Pfarrer« der CG ausgebildet werden. Für Bayern gibt eine CG-Pfarrerin ca. 2.300 Mitglieder an: 900 in den beiden Münchner Gemeinden, 600 in Nürnberg, 400 in Erlangen sowie weitere 400 an anderen Orten (Chiemgau, Augsburg, Coburg, Würzburg). Hinzu komme

---

[24] Information des bayerischen Kultusministeriums vom 19.2.1998.
[25] PÖHLMANN (K) 39.
[26] Hb. Religiöse Gemeinschaften (B) 344–358; *Quellen:* EMIL BOCK, Die Evangelien, 4 Bde., Stuttgart 1950–1958; DERS., Was will d. Christengemeinschaft? Stuttgart 1960; FRIEDRICH RITTELMEYER, Die Menschenweihehandlung, Stuttgart 1926; DERS., Meine Lebensbegegnung mit Rudolf Steiner, Stuttgart 1928; HANS-WERNER SCHROEDER, Die Christengemeinschaft, Stuttgart 1990.

ein etwa Vierfaches an Familienmitgliedern und »Freunden«.[27] Der Kultus des »neuen Gottesdienstes« – die »Menschenweihehandlung« mit sieben »Sakramenten« – ist stark durch Texte Steiners geprägt, die »aus der geistig-göttlichen Welt gegeben« seien und deshalb nicht verändert oder in gedruckter Form veröffentlicht werden dürfen. Da in der CG ein nichtbiblisches Christusbild vermittelt wird, die biblische Tauformel durch eine anthroposophisch-triadische Kultformel ersetzt wird und auch sonst nichtchristliche Vorstellungen – wie Karma und Reinkarnation – dominieren, trennt sich die Gemeinschaft vom ökumenischen Konsens und kann nicht als Freikirche angesehen werden.

Auf Mary Baker Eddy geht die »Christliche Wissenschaft/Christian Science« (CS)[28] zurück. Nachdem die Amerikanerin eine »Geistheilung« an sich erfahren hatte, wurde ihr nach eigener Überzeugung der Inhalt ihres grundlegenden Werkes »Wissenschaft und Gesundheit« von Gott eingegeben. Danach existieren die Krankheit, das Böse und der Tod nur in einer nichtgöttlichen Scheinwirklichkeit, sind eine schreckliche »irrende Annahme«.[29] Durch Versenkung in das Kraftfeld des unpersönlichen Gottesgeistes geschehen laut CS Heilung und Heil. 1879 erfolgte die erste Kirchengründung, seit 1896 wirkt die von der Bostoner »Mutterkirche« streng hierarchisch geführte CS auch in Deutschland. Weltweit gibt es ca. 3.000 Gemeinden mit rd. 150.000 Gliedern, in Deutschland ca. 150 Gemeinden mit rd. 5.600 Angehörigen. In Bayern finden sich Gemeinden – samt den dazugehörigen »Lesezimmern« – etwa in München (seit 1921), Augsburg, Rosenheim, Würzburg, Ulm, Nürnberg, Regensburg und Konstanz. Die CS ist in Bayern und anderen Bundesländern als Körperschaft des öffentlichen Rechts anerkannt. Weil die Gemeinschaft das Böse und die Krankheit für letztlich nicht real erklärt und Gott lediglich als unpersönliches Kraftfeld versteht, steht sie außerhalb der christlichen Kirchen.

Die 1988 entstandene »Gemeinde Christi München e.V.« war ursprünglich die wichtigste deutschsprachige Niederlassung und europäische »Pfeilergemeinde« der in den USA residierenden Sekte »The International Churches of Christ« (ICOC) bzw. »Die Internationalen Gemeinden Christi« (IGChristi). 1998 wurde sie jedoch ihrer Führungsrolle beraubt und mit ihrer – seitdem tonangebenden – Berliner Tochter »Gemeinde Jesu Christi Berlin e.V.« verschmolzen. Die ICOC gehen auf den Amerikaner Kip McKean zurück, der sie 1979 unter dem Namen »Boston Church of Christ« (BCC) als »Antwort auf alle Probleme« gründete. Er spaltete sich damit von den traditionellen »Churches of Christ« (»Gemeinden Christi«) ab und ersetzte deren basischristliche Strukturen durch eine totalitäre Leiterhierarchie. Als Kontrollmethode führte er »Jüngerschaftsbeziehungen« (discipling) ein, wonach jedem »Jünger« ein mit absoluter Führungskompetenz ausgestatteter »discipler« zugewiesen wurde. Die Hauptaufga-

---

[27] Information der Pfarrerin Johanson von der Münchner »Christengemeinschaft« am 19.2.1998.
[28] Hb. Religiöse Gemeinschaften (B) 359–371; *Quellen:* BAKER EDDY (K); MARY BAKER EDDY, Hb. d. Mutterkirche d. Ersten Kirche Christi, Wissenschaftler, Boston/Mass. 1960.
[29] BAKER EDDY (K) 472.

be der meist jungen Mitglieder besteht darin, »ohne Kompromisse« immer neue »Jünger zu machen«, um so die »willfährige Armee« zu vergrößern. Von »Blitzkrieg« und »spirituellem Holocaust« war die Rede. 1990 verlegte McKean seine Zentrale von Boston nach Los Angeles. 1993 änderte er den Namen der »Boston-Bewegung« in ICOC. Weltweit gibt es ca. 100.000, in Deutschland ca. 450 Mitglieder (davon ca. 150 in München).[30]

3. Neuoffenbarungsgemeinschaften

Neuoffenbarungsgemeinschaften sind solche Gruppen, die christliche und andere Elemente mit ihren eigentlichen – sektiererischen – spiritualistischen Botschaften verschmelzen.

So ist das *»Universelle Leben« (UL)*[31] eine synkretistische Neuoffenbarungssekte mit christlichem Anstrich. Während z.B. die ZJ die Bibel als Glaubensgrundlage anerkennen, wird sie im UL als verfälschtes »Menschenwort« und durch großkirchlichen Mißbrauch entwertete »blutende« Schrift »aus dem Verkehr gezogen«. Ersetzt wird sie durch die »Offenbarungen« eines »kosmischen Christusgeistes«, der über seine »Prophetin« Gabriele Wittek nicht nur erläutert, wie man die »Zehn Gebote« und die »Bergpredigt« zu verstehen habe, sondern auch »Karma« und »Reinkarnation«. Außerdem wird die unmittelbar bevorstehende Apokalypse einer zweiten Sintflut samt einem dazugehörigen Evakuierungsprogramm der Getreuen durch Raumschiffe gelehrt. Das UL empfiehlt sich als urchristlich« und »urdemokratisch« und zielt auf die Errichtung eines 1.000-jährigen »Friedensreiches« auf Erden. Da die vorfindliche Welt von Anfang an als dunkle »Fallwelt« und die Menschen als »Fallwesen« gelten, können die »neue Welt« und das »neue Menschentum« nur aus den »Trümmern« des alten Systems entstehen.

---

30 WOLFGANG BEHNK, Boston Church of Christ – Gemeinde Christi München e.V.: Streifzug (K) 6f; HELGE KORNSCHNEIDER, Geistlicher »Blitzkrieg«: Deutsches Allgemeines Sonntagsblatt v. 10.12.1993; Art. »Soldaten für Gott«: Der Spiegel Nr. 1 (1994), 55ff. *Quellen:* Die Internationalen Gemeinden Christi im deutschsprachigen Europa, hg. v. DIE INTERNATIONALEN GEMEINDEN CHRISTI: Internet-Ausdruck http://www.igchristi.org v. 16.5.1999; KIP MCKEAN, Revolution through Restoration, Part 1, o.O. 1992, Part 2, o.O. 1994; The International Churches of Christ, hg. v. THE INTERNATIONAL CHURCHES OF CHRIST: Internet-Ausdruck http://www.icoc.org v. 16.5.1999.

31 Hb. Religiöse Gemeinschaften (B) 532–553; BEHNK (K); WOLFGANG BEHNK, Gutachten über d. Verfassungswidrigkeit d. Grund- u. Hauptschule d. Organisation »Universelles Leben«, München 1997; HANS-WALTER JUNGEN, Universelles Leben. Die Prophetin u. ihr Management, Augsburg ²1996; WOLFRAM MIRBACH, »Universelles Leben«. Die einzig wahren Christen? Freiburg/Breisgau 1996; DERS., Universelles Leben. Originalität u. Christlichkeit einer Neureligion, Erlangen 1994; *Quellen:* Das ist Mein Wort (K); Der Innere Weg (K); Aus d. Leben d. Prophetin Gottes, hg. v. UNIVERSELLES LEBEN, Würzburg ²1984; WITTEK (K); Christus enthüllt. Der Dämonenstaat, seine Helfershelfer u. seine Opfer, hg. v. UNIVERSELLES LEBEN, Würzburg 1990.

Von Anfang an sind Welt und Mensch nach Wittek nicht Gottes gute Schöpfung, die erst durch menschliche Sünde getrübt wurde, sondern ein widergöttlicher kosmischer Absturz. Die einzige Rettung bestehe in der korrekten Anwendung des – in der »Prophetin« selbst inkarnierten – »absoluten Gesetzes«. Dieses könne nur auf dem »Inneren Weg im Universellen Leben« realisiert werden, im Sinne einer »karmischen« Konto-Abwicklung. Hierzu sei es nötig, die individuelle menschliche »Lebensfilmspule« von allen irdischen Aufzeichnungen (»Engrammen«) zu »löschen«,[32] ansonsten drohe dem Menschen durch »Reinkarnation« die Verewigung seiner »Ich-Tümpel«-Existenz. In die vom »Ich« restlos befreiten »Gehirnzellen« könne dann das neue geistige »Programm« eingespeichert werden. Das Ziel solcher – an das scientologische »Auditing« erinnernden – »Umprogrammierung« sind nicht mehr persönlich-biographisch geprägte Menschen, sondern »unpersönliche«,[33] angeblich »göttliche« Wesen.[34]

Als Wittek, geboren 1933 in Wertingen bei Augsburg, am 6.1.1975 den »Durchbruch des Inneren Wortes« erlebte, startete sie ihre spirituelle Karriere zunächst in einer kleinen spiritistischen Gruppe als einer von mehreren »medialen Menschen«. Doch schon bald verdrängte sie in dem 1977 von ihr ausgerufenen »Heimholungswerk Jesu Christi« (HHW) ihre Konkurrenten und beförderte sich zur alleinigen »Lehrprophetin« für diese Endzeit. Zahlreiche Geschäftsleute und Akademiker scharten sich um »das hohe Wesen im Erdenkleid«. 1984 wurde das HHW zum UL umstrukturiert. Die wichtigste Innovation bestand in der Errichtung eines rasch wachsenden Verbundes sogenannter »Christusbetriebe«, die u.a. durch eine »Vereinigte Christusbetriebe Holding GmbH im Universellen Leben« gesteuert werden. Die UL-Firmen und Vorfeldbetriebe – ca. 200 Landwirtschafts-, Vermarktungs- und Dienstleistungsbetriebe, Arztpraxen, Kliniken, pädagogische Einrichtungen samt einer eigenen privaten Volksschule, sowie Immobilien-, EDV-, Sozial- und PR-Unternehmungen – werden vom UL-Zentralorgan »Das Weisse Pferd« (bis 1997 »Der Christusstaat«) als Infrastruktur einer neuen »Arche Noah« präsentiert. Angesichts der bevorstehenden Apokalypse sollen sie denjenigen Versorgung, Schutz und Trost bieten, die die Endzeitschrecken »überleben«.

Ca. 40.000 Anhänger zählt das vor allem im Raum Würzburg/Marktheidenfeld ansässige UL. Die seit 1997 »kosmische Lebensschulen« genannten Filialen an ca. 80 Orten des deutschsprachigen Raums unterstehen der absoluten Weisung der »Bundgemeinde Neues Jerusalem« (ca. 800 »Glieder«) und ihrer Führung. Wer dem allein rettenden »absoluten Gesetz« Witteks vorbehaltlos nachfolgen will, kann dies letztlich nur, wenn er sich der wohngemeinschaftlichen »Bundgemeinde« anschließt und sich nicht nur auf deren »Gemeindeordnung«,[35] sondern zugleich auch auf die »Betriebsordnung für Christusbetriebe« schriftlich

---

[32] WITTEK (K) 41. 56f. 59. 81. 130ff. 138f. 141f. 163. 180.
[33] Der Innere Weg (K) 84.
[34] BEHNK (K) 29.
[35] Das ist Mein Wort (K) 953ff.

verpflichtet. Er verzichtet damit auf persönliches Vermögen, Einkünfte aus der »Welt«, »eigenmächtige« Berufstätigkeit und Privatleben. Die als »Parzelle« diskreditierte Familie wird durch das »großfamiliäre« Kollektiv, die individuelle Lebensgestaltung durch Totalreglementierung (»Hüter für die innere« und »äußere Ordnung«; Kontrollbücher) ersetzt. »Harmonie- und Aufrichtigkeits-Gruppen«, neuerdings »Friedensgruppen« genannt, sowie »Überdach«-Controller sorgen für die lückenlose »Ausrichtung« der UL-Glieder. Der Bayerische Verwaltungsgerichtshof stellte fest, daß das Menschenbild des UL »im Widerspruch zur Wertordnung des Grundgesetzes«[36] stehe und seine Führungsstrukturen »aus ›richtigen‹ Diktaturen hinreichend bekannt«[37] seien. Auch sei es zulässig, die im unterfränkischen Esselbach betriebene private Grund- und Hauptschule des UL als »grundgesetzwidrig« zu bezeichnen.[38] Der Staat dürfe vor den »totalitären« Strukturen dieser Sekte warnen. Wohl nicht zuletzt im Hinblick auf diese gerichtlichen Entscheidungen ist der 1994 vom UL beim Bayerischen Kultusministerium gestellte Antrag auf Zuerkennung des Status einer Körperschaft des öffentlichen Rechts ergebnislos geblieben.[39] Auch die juristischen Aktivitäten des UL gegen Kritiker hatten meist keinen Erfolg. Das UL ist im Unterschied zu den meisten neuen Gruppen kein »Import«, sondern ein bayerisches Gewächs mit großer Kenntnis der hiesigen Strukturen und nicht zuletzt deshalb »Deutschlands gefährlichste Sekte«.[40] Parallelen zwischen der »großen Prophetischen Volkslehrkirche« UL und der Psychoorganisation Scientology (wie kommerzielle Ausrichtung, Einsatz manipulativer Psychotechniken oder Propagierung abstruser Verschwörungstheorien) sind unübersehbar. Fragwürdig ist es auch, wenn das UL in Würzburg »urchristliche Glaubens-Fernheilung« anbietet, wobei ein zugeschicktes Bild des Patienten sowie die Angabe seines Vornamens und seiner Krankheit genüge.[41]

Um eine Neuoffenbarungssekte handelt es sich auch bei dem von der Schweizerin Erika Bertschinger Eicke, genannt Uriella, 1980 gegründeten *»Orden Fiat Lux« (OFL)*,[42] der besonders in Süddeutschland aktiv ist. Uriella versteht sich als

---

[36] Beschluß des Bayerischen Verwaltungsgerichtshofes vom 4.4.1995 (Az. 7 CE 95.462).
[37] Beschluß des Bayerischen Verwaltungsgerichtshofes vom 18.12.1995 (Az. 7 CE 95.2108).
[38] Ebd.
[39] BEHNK (K) 7–17.
[40] Stern 16/1997, Titelseite. 54–68; WOLFGANG BEHNK, Das »Universelle Leben« d. Gabriele Wittek: HAUTH (K) 373–437.
[41] Der Prophet – Urchristl. Fernheilung, hg. v. UNIVERSELLES LEBEN E.V., Würzburg/Marktheidenfeld o.J.
[42] ALBERT LAMPE, Fiat Lux: Lexikon d. Sekten (K) 289ff; HAUTH (K) 271–297; GUIDO GRANDT/MICHAEL GRANDT/KLAUS-MARTIN BENDER, Fiat Lux. Uriellas Orden, München 1992; HOLGER REILE, Die todsichere Heilung. Die Geschäfte d. Ordens Fiat Lux: MdEZW 55 (1992), 75–82; HANS-DIETHER REIMER, Erika Bertschinger u. ihr »Orden Fiat Lux«: MdEZW 52 (1989), 210–217; *Quellen:* Spiegelbild d. Ordens Fiat Lux. Informationspapier mit d. »Ordensregeln«, hg. v. ORDEN FIAT LUX, o.O. o.J.; Der Heisse Draht. Zeitschrift d. Ordens Fiat Lux, hg. v. d. STIFTUNG BETHANIEN, Ibach-Lindau; Geistesschulung durch unseren Himmlischen Vater i. Jesus Christus E[rika] B[ertschinger]. Hektographiertes Heft-Periodikum mit »Offenbarungen v. Jesus Christus«,

göttliches »Volltrance-Sprachrohr«⁴³ für die »Offenbarungen« des »Christusgeistes« und geistige Heilerin, ferner als Reinkarnation Maria Magdalenas, der »Urmutti Eva« und der ägyptischen Königin Nofretete. Durch intensive geistige Ausrichtung auf Uriellas Kundgaben und die OFL-»Ordensregeln«, d.h. durch Verzicht auf Fleisch, Alkohol, Nikotin, Kaffee, Pharmazeutika, Fernsehen, Radio und Zeitungen sowie – auch in der Ehe – Sexualität, bereiten sich die Anhänger auf das apokalyptische Gericht vor. Trotz eines von Uriella Anfang 1998 für den August des Jahres vorausgesagten und nicht eingetroffenen Endzeittermins erwarten sie und ihre Anhänger weiterhin für sich und »zwei Drittel der Menschheit« eine Evakuierung durch Raumschiffe, die sie aus den vermeintlich bevorstehenden Katastrophen erretten. Sodann werden sie als göttliche Geistwesen in einem paradiesischen »Goldenen Zeitalter«, dem »Tausendjährigen Reich«, leben. Dort wird es laut Uriella keinerlei Gebrechen mehr geben, jedoch schon jetzt verspricht sie Heilung von allen Krankheiten, auch von Krebs und Aids. Sie könne »Unmögliches bewerkstelligen«.⁴⁴ Die Bibel wird im OFL nur selektiv benutzt, Taufe und Abendmahl gibt es in dieser »kosmischen Religion« nicht, lediglich »geistige Kommunion«. Nach Uriellas Ehemann und »geistigem Dual« Eberhard Eicke (»Icordo«) gab es Ende 1997 im OFL 723 Mitglieder, von denen ein kleiner Teil in Strittmatt im Schwarzwald lebt, in der Nähe des OFL-»Heiligtums« in Ibach. Außerdem habe der OFL einen »Freundeskreis von weltweit 35.000 Erdbewohnern« – eine wohl übertriebene Zahl. In Bayern gibt es schätzungsweise einige Hundert Mitglieder und Anhänger. Auf Esoterikmessen, etwa in München, wurde immer wieder für den OFL geworben. Auf der Nürnberger Spielwarenmesse stellte man eine »dreifach verwandelbare Rotkäppchenpuppe« vor, deren Erlös Uriellas Hilfswerk »Adsum – Ich bin bereit« zufließen sollte. Die OFL-Monatszeitschrift »Der Reinste Urquell« (vor Herbst 1998 »Der Heisse Draht«) wird auch in Bayern verschickt. Insbesondere wegen der Heilungsversprechen ist die Gruppe umstritten. In einem Gerichtsverfahren wegen einiger Todesfälle von Anhängerinnen wurde Uriella nur mangels Beweisen freigesprochen. 1992 wurde ihr vom Landratsamt Waldshut die Heilpraktikerlizenz entzogen, die sie mit Hilfe einer Anhängerin – der damaligen Leiterin des Gesundheitsamtes im bayerischen Mühldorf am Inn – ohne Prüfung und das erforderliche Protokoll erhalten hatte.⁴⁵

Die Neuoffenbarungsgemeinschaft der *Mormonen*, der »*Kirche Jesu Christi der Heiligen der Letzten Tage*«,⁴⁶ wurde 1830 durch ihren ersten »Propheten«

»Geistige Schauen« u. »Fragebeantwortungen durch Jesus Christus« gegeben durch Erika Bertschinger.
⁴³ Der Heisse Draht Nr. 38/Juni 1995, 14f.
⁴⁴ WOLFGANG BEHNK, Uriella u. d. Wunderheilungen. Zum therapeutischen Wildwuchs i. d. Sektenszene: MdEZW 58 (1995), 329–336; in aktualisierter Fassung abgedruckt: Skeptiker. Parawissenschaften unter der Lupe 10 (1997), 7–11.
⁴⁵ MINHOFF/LÖSCH (K) 29.
⁴⁶ Hb. Religiöse Gemeinschaften (B) 390–406; HAUTH (K) 271–297; RÜDIGER HAUTH, Die Mormonen. Sekte oder neue Kirche Jesu Christi? Freiburg/Breisgau 1995; DERS., Der Mormonen-Tem-

Joseph Smith im amerikanischen Bundesstaat New York gegründet. Sie hat ihr Weltzentrum in der von Smiths Nachfolger Brigham Youngh gegründeten Stadt Salt Lake City/Utah. Gordon B. Hinckley ist seit 1995 der 15. Präsident und damit für alle Mormonen der maßgebliche »Seher, Prophet und Offenbarer«. Es gibt weltweit ca. 9,4 Millionen Anhänger in 11.540 Gemeinden. Das »Hauptgebiet Kontinentaleuropa« wird von Frankfurt/Main aus verwaltet. In Deutschland begann die Missionstätigkeit (heute ca. 700 Missionare), als der Älteste Orson Hyde nach Regensburg kam. 1843 entstand eine erste Mitgliedergruppe in Darmstadt, die erste deutsche Gemeinde wurde 1852 in Hamburg gegründet. Die mormonische Gemeinschaft hat heute in Deutschland in fast 180 Gemeinden ca. 36.000 Mitglieder, davon ca. 8.000 in Bayern, wo man seit 1940 aktiv ist. Mormonische Tempel gibt es in Bayern bislang zwar nicht (der erste wurde 1985 im sächsischen Freiberg, der zweite 1987 im hessischen Friedrichsdorf gebaut), wohl aber zahlreiche Gemeinden. So existiert (neben einer eigenen amerikanischen) eine Gemeinde in München und eine – mit ca. 150 Mitgliedern – in Erlangen.[47]

Nach mormonischer Überzeugung sind die traditionellen Kirchen vom Glauben abgefallen und ihre Bekenntnisse in den Augen Gottes »ein Greuel«. Allein in der »einzig wahren christlichen Kirche auf Erden«, der mormonischen, mit ihrem (neben der Bibel) heiligen »Buch Mormon« sei das »ursprüngliche Evangelium wiederhergestellt«. »Vater«, »Sohn« und »Heiliger Geist« gelten als verschiedene Götter. Gottvater war z.B. ursprünglich selbst ein Mensch, der sich durch das »Studium der kosmischen Gesetze« zur Gottheit – mit einem Körper aus »Fleisch und Bein« – emporgearbeitet hat und auf dem Planeten »Kolob« im Sternensystem der »Kokaubeaum« residiert. Nach dem über den Göttern stehenden »Gesetz vom immerwährenden Fortschritt« gilt: »Wie der Mensch ist, war Gott einst; wie Gott ist, kann der Mensch einst werden.«[48] Als »Grundeinheit« der mormonischen Kirche wird die Familie – einschließlich ihrer Vorfahren – angesehen. Durch stellvertretende »Taufen für Tote«[49] werden Vorfahren von Mormonen sowie wichtige verstorbene Persönlichkeiten der Menschheitsgeschichte im Tempelkult mormonisiert und registriert. Martin Luther gehört seit einigen Jahren ebenso dazu wie berühmte Philosophen, Komponisten, Päpste und Präsidenten. Insofern hat die von den Mormonen akribisch betriebene Ahnenforschung keine wissenschaftliche, sondern eine kultische Funktion. Die bayerische Landeskirche gehört zu den Kirchen beiderlei Konfession, die aus diesem Grund eine Mikroverfilmung ihrer Kirchenbücher mit den Tauf-, Trau-

---

pel u. seine Rituale (Masch. Diss.), Aarhus/Dänemark 1986; *Quellen*: JOSEPH SMITH, Das Buch Mormon, Frankfurt/Main 1985; DERS., Lehre u. Bündnisse, Frankfurt/Main [19]1974; DERS., The Pearl of Great Price, Utah/USA 1974; WILLIAM BERRET, Seine Kirche wiederhergestellt, Frankfurt/Main 1972; Informationspaket: Die Kirche i. Deutschland bis 1997, hg. v. d. KIRCHE JESU CHRISTI D. HEILIGEN D. LETZTEN TAGE, Frankfurt/Main 1997.

[47] PÖHLMANN (K) 51.
[48] HAUTH (K) 287.
[49] Vgl. aaO, 290.

und Sterberegistern durch die »Genealogische Gesellschaft« der Mormonen ablehnte. Da die »Kirche Jesu Christi der Heiligen der Letzten Tage« eine synkretistische Neuoffenbarungsreligion mit Glaubensvorstellungen ist, die sich mit den christlichen nicht vereinbaren lassen, erkennen die lutherische Kirche und die EKD insgesamt die Taufe der Mormonen seit einigen Jahren nicht mehr als christlich an.[50]

---

[50] Die Taufe der Mormonen kann gemäß den Beschlüssen der Bischofskonferenz der VELKD vom 11./12.10.1991 und der Kirchenleitung der VELKD vom 14./15.11.1991 sowie des Rates der EKD vom 17./18.7.1992 nicht als christliche Taufe gelten. Die meisten Kirchen des LWB, darunter auch die in den USA, sowie die Presbyterian Church und die Episcopal Church in den USA erkennen die Taufe der Mormonen ebenfalls nicht an (vgl. Hb. Religiöse Gemeinschaften [B] 405).

München, Matthäuskirche, Architekt Johann Nepomuk Pertsch, 1827–33, abgerissen 1938

München, Lukaskirche, Architekt Albert Schmidt, 1893–96

München, Lukaskirche, Architekt Albert Schmidt, 1893–96

München, Lukaskirche, Abendmahlsgerät, Goldschmied Theodor Heiden, 1896

Hetzelsdorf, Matthäuskirche, Architekt Eyrich, 1901

Fritz von Uhde, Tischgebet, 1885

8

9

Nürnberg, Gustav-Adolf-Gedächtniskirche, Architekt German Bestelmeyer, 1928–30

10

11

Planegg, Waldkirche, Architekt Theodor Fischer, 1926

12

Nürnberg, Reformationsgedächtniskirche, Portal, Bildhauer Markus Heinlein, 1935

13

München, Erlöserkirche, Architekt Theodor Fischer, 1899–1903, Innenansicht 1999

14

Würzburg, Johanneskirche, Architekt Steindorf, 1892–95,
Wiederaufbau Architekt Reinhard Riemerschmid, 1956–57

15

Schliersee, Christuskirche, Architekt Olaf Andreas Gulbransson, 1954

16

17

München, Matthäuskirche, Architekt Gustav Gsaenger, 1955, Wandmosaik Angela Gsaenger

Dachau, Versöhnungskirche, Architekt Helmut Striffler, 1967, Wandplastik Fritz König

20

Abendmahlsgerät, Hermann Jünger, 1985

21

Nürnberg, Lorenzkirche, Antependium des Hauptaltares für die Trinitatiszeit, Luise Kellner

Nürnberg, St. Sebald, Nordportal an der Westseite (Hauptzugang), Tympanon 1988 und Portal 1992 Heinz Heiber

Nürnberg, Südfriedhof, „Leitfriedhof" (Musteranlage)

Stockdorf, evangelisch-lutherische Kirche, Architekten Haider und Semler, 1959,
Glasbild hinter dem Taufstein, Rupprecht Geiger, 1959

Rothenburg ob der Tauber, Franziskanerkirche,
Fenster nach dem Sonnengesang des Franziskus
von Johannes Schreiter, 1997 und 1999

26

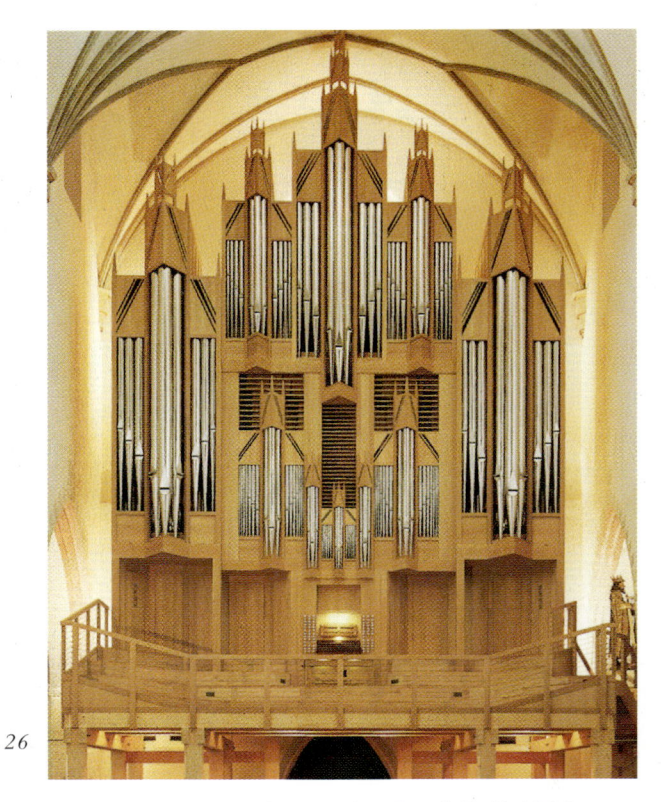

Memmingen, St. Martin, Orgel Goll, 1998

27

Nürnberg, Gustav-Adolf-Gedächtniskirche, Architekt German Bestelmeyer, 1928–30,
Innenansicht zum eingebauten Gemeindezentrum, Architekt Theo Steinhauser, 1988–90

Nachweis für die Farbabbildungen

Archiv der Matthäusgemeinde München: Bilder 1 und 2
Bertram, Hans, München: Bild 11
Bildarchiv Preußischer Kulturbesitz: Bild 7
Braun, Helmut, München: Bilder 15 und 25
Haberland, Walter, München: Bild 6
Herrmann, Eckhard, Würzburg: Bild 21
Köstler, Gerhard, Nürnberg: Bilder 5, 8, 9, 10, 12, 13, 14, 16, 17, 18, 19, 20, 24, 26, 27
Komma, Dieter, Bayerisches Landesamt für Denkmalpflege, München: Bilder 3 und 4
Marx-Studios, Memmingen: Bild 22
Pötzsch, Johannes, Buch am Wald: Bild 23

Nachweis für die Karten und Bilder

Archiv der Evangelisch-Reformierten Kirche Marienheim, Neuburg a.d. Donau: Bild S. 579
Communität Christusbruderschaft, Selbitz: Bild S. 472 links
Diakoniewerk Martha-Maria e.V., Nürnberg: Bild S. 591
Evangelischer Pressedienst, Landesdienst Bayern: Bilder S. 218 links (Archiv), S. 462 (Schneider), S. 464 (Fechter), S. 465 (Fechter), S. 467 (Schneider)
Freimund-Verlag, Neuendettelsau: Bild S. 405 (Häßlein)
Publizistik als Aufgabe der Kirche. 50 Jahre Evangelischer Presseverband f. Bayern, hg. v. EV. PRESSEVERBAND F. BAYERN, München 1983, 30: Bild S. 418
Gemeindearchiv der St. Sebald Kirche Nürnberg: Bild S. 278
Kirchenamt der Evangelischen Kirche in Deutschland, Hannover: Karte (2) in der Tasche am Schluß des Bandes
JOSEF WALTER KÖNIG, Die Heimatvertriebenen im Landkreis Donau-Ries. Eine Dokumentation, Donauwörth 1989, 356: Karte S. 365
MARTIN KORNRUMPF, In Bayern angekommen. Die Eingliederung der Vertriebenen. Zahlen – Daten – Namen, München u.a. 1979, 169 (Dokumente unserer Zeit 3): Tabelle S. 374
Landeskirchliches Archiv Nürnberg: Bilder S. 9, 14, 52, 56, 66, 123, 138, 142, 168, 170, 171, 196, 207, 217, 218 rechts, 221, 288, 303, 327, 367, 385, 403, 417, 452, 472 rechts, 483, 523
Pressestelle der Diakonie Neuendettelsau: Bild S. 325
Pustet-Verlag, Regensburg: Karte S. 4

CLAUS-JÜRGEN ROEPKE, Die Protestanten in Bayern, München 1972, 440: Bild
   S. 527
Stadtarchiv Erlangen: Bild S. 40
Süddeutscher-Verlag, München: Karte (1) in der Tasche am Schluß des Bandes

PERSONEN- UND ORTSREGISTER
SOWIE SACH- UND STICHWORTVERZEICHNIS

Namen mit Adelstitel (von) in Klammern bezeichnen Bürgerliche, die den bayerischen nichterblichen Personaladel als Ritter des Zivilverdienstordens der Bayerischen Krone oder des Militär-Max-Josephs-Ordens erhielten.

Abel, Karl August von (1788–1859) 43, 76f, 81
Abendmahlsgemeinschaft 63; vgl. auch Kanzel- und Abendmahlsgemeinschaft
Ackermann, Maria 165
Adventisten vgl. Gemeinschaft der Siebenten-Tags-Adventisten
Ägypten 530
Äthiopien 530, 533
Affalterthal 337, 549
Agende 33, 66f, 144, 177f, 183, 194, 222, 347f, 350f, 456, 576
– von 1836, Münchner 98, 194
– von 1844 von Löhe 98, 139
– Agendenkern 1856 84, 98–102, 234, 561
– von 1870 von Boeckh 98
– von 1879 97–102, 234
– von 1917 99–102, 233
– von 1920 233
– von 1932 233f, 457
– von 1956 457, 464, 553ff, 561
– Erneuerte 457f, 560f
Akademie Tutzing, Evangelische 403, 423, 426, 494, 550, 556
Albertshofen 595
Allgäu 35, 335, 577, 581
Allgaier, Walter (1937–1997) 425
Allgemeine Evangelisch-Lutherische Konferenz 67, 134
Allgemeine Pastoralkonferenz 106
Altar, Kanzel, Kanzelaltar 178f, 331–336, 543ff, 547–551
Altbayern 7, 312, 577, 587
Altdorf 120, 197, 348, 595
– Dekanatsbezirk 385
Altenheim, Altenpflege 173f

Altenthann 595
Althaus, Paul (1888–1966) 249f, 252–257, 261ff, 265, 267, 299, 308f, 322, 347, 359, 495–498
Altkatholische Kirche 532
Altlutheraner 53, 65, 369
Altötting 548
Altpreußens, Evangelisch-Lutherische Kirche 369
Amberg 6f, 113, 120, 197
Amberger Resolution von 1800 6
Amerika 55; vgl. auch Nordamerika; Vereinigte Staaten von Amerika
Ammon, Wilhelm von (1903–1992) 361
Amorbach 353
Amslinger, Friedhelm (*1929) 545
Amsterdam 519
Amt für Gemeindedienst 319, 420f, 494; vgl. auch Volksmission
Amt für Industrie- und Sozialarbeit, Kirche in der Arbeitswelt 410, 486, 494
Amtsaushilfe 369
Amtsblatt, Kirchliches 319
Amtsbrüderliche Hilfskasse 369f
Andersen, Wilhelm (1911–1980) 499
Angestellte 152f, 392, 408ff
Ansbach 7f, 13, 15f, 19, 26, 32, 36, 57, 61, 64, 73, 81, 117, 119, 125, 141, 145, 181, 186, 190, 195, 215f, 229, 274, 284, 301, 310, 317, 329, 344, 349, 352f, 355, 371, 378, 511ff, 517, 555, 563, 567f, 578, 581, 590, 593f
– Kirchenkreis 219, 385, 534
– Markgrafschaft 3, 7, 61, 65, 578, 581
Ansbacher Bachwoche 567f
Ansbacher Erklärung 20

Ansbacher Kreis 309f
Ansbacher Mémoire 5
Ansbacher Ratschlag 257, 295, 308f
Anstaltsseelsorge 227
Anthroposophie 266, 603f
Antiliberalismus 250f
Antimodernismus 258
Antirassismusprogramm 501, 521
Antisemitismus, Antijudaismus 135, 257, 261, 266ff, 321, 323; vgl. auch Arierparagraph; Juden; Holocaust; Nürnberger Gesetze; Rassismus
Apokalyptik vgl. Eschatologie
Apologetik 124f, 132
Apostolische Gemeinschaft 587
Arbeit 149, 152, 159f, 272, 408f, 413f
Arbeiter, Arbeiterinnen 151ff, 159f, 169, 172, 272f, 275, 277, 283, 408–411
Arbeiter-, Soldaten- und Bauernräte 161, 208f, 271
Arbeiterfrage, Arbeiterbewegung 152, 154, 156f, 410f
Arbeitervereine 156, 158, 164, 170, 174, 283, 287
Arbeitsbereich Frauen in der Kirche 481, 487f
Arbeitsdienst, evangelischer 284
Arbeitsgemeinschaft christlicher Kirchen 525, 531f, 535, 587, 600
Arbeitsgemeinschaft Evangelischer Hausfrauen 481
Arbeitsgemeinschaft für Volksmission 260, 284
Arbeitsgemeinschaft gemeinnütziger Einrichtungen 431
Arbeitsgemeinschaft Ökumenischer Kreise 536
Arbeitskreise, kirchliche 413, 473, 501
Arbeitslosigkeit, Arbeitsvermittlung 284, 289
Argentinien 533
Arierparagraph 321f
Armenpflege 165ff, 283
Armut, Pauperismus 149, 152, 155, 165, 408
Arndt, Ernst Moritz (1769–1860) 264
Arndt, Johann (1555–1621) 50
Arnold, Friedrich Christian (von) (1786–1868) 13, 22, 62, 82, 140
Arnoldshainer Abendmahlsthesen 458, 531
Aschaffenburg 120
– Dekanatsbezirk 385
– Fürstentum 3

Asyl, Asylanten 413, 444f, 468
Atlanta/Georgia 534
Atomkraft 413, 466f
Atzkern, Karlheinz (*1925) 526
Auernhammer, Otto 182
Aufenau 3
Aufhausen 177
Aufklärung 32–35, 71ff, 98, 164, 257f, 502
Aufseß 99
Augsburg 2f, 8, 23f, 36, 54, 58f, 87f, 93, 106, 117ff, 150, 152, 157, 166f, 169, 172ff, 177, 183, 186, 197, 201, 212, 234, 241, 271, 283, 287, 308, 311, 318, 329, 336, 341, 401, 406, 432, 441–444, 446ff, 463, 472f, 493, 527, 529, 538, 570, 587f, 590, 593ff, 603f, 606
– A.-Pfersee 180
– Kirchenkreis 383, 385, 419, 534
Augsburger Bekenntnis 48f, 62
Augsburger Religionsfrieden 375, 577
Augustana-Hochschule Neuendettelsau 240, 380, 404ff, 462, 488, 493, 503
Aumer, Hermann (1915–1955) 361f
Ausländer 409; vgl. auch Asyl; Fremdarbeiter; Gastarbeiter
Auslandsdeutsche vgl. Flüchtlinge
Australien 56, 268, 533
Auswanderer vgl. Migration
Bach, Johann Sebastian (1685–1750) 185, 187f, 192, 201, 341, 349, 568f
Bach-Renaissance 187, 349
Bachmann 548
Bachmann, Friedrich (1900–1961) 346
Bachmann, Georg (1885–1971) 273f
Bachmann, Philipp (1864–1931) 125, 134, 216, 218, 238, 245, 252f
Bad Aibling 2
Bad Alexandersbad 403, 464, 470
Bad Berneck, Dekanatsbezirk 385
Bad Godesberg 411
Bad Griesbach 528, 547
Bad Höhenstadt 368
Bad Kohlgrub 334
Bad Neustadt/Saale 336
– Dekanatsbezirk 385
Bad Reichenhall 481, 595
Bad Steben 181
Bad Tölz, Dekanatsbezirk 385
Bad Windsheim, Dekanatsbezirk 385

Baden 78, 577, 593
- Evangelische Landeskirche in 392
Baden-Württemberg 538
Bähr, Georg (1666–1738) 179
Baeumler, Alfred (*1887) 267
Bahnhofsmission 172, 174, 287, 289, 441
Baist, Gustav (1824–1914) 60f
Baker Eddy, Mary (1821–1910) 604
Baldingen 55, 165
Baltikum 280, 364, 534
Baltzer, Klaus (*1928) 499
Bamberg 2, 7f, 25, 80, 113, 119, 140, 197, 271, 333, 401, 406, 493, 538
- Dekanatsbezirk 385
- Erzdiözese 534
Bamberger Verfassung 213f, 272f, 377
Baptisten vgl. Bund Evangelisch-Freikirchlicher Gemeinden
Barbe, Helmut (*1927) 556
Barmen 179, 231, 253, 257, 308f, 311f, 314, 380, 461, 497, 499; vgl. auch Bekenntnissynode, Barmen 1934; Barmer Theologische Erklärung
Barmer Theologische Erklärung 257, 308f, 497, 499
Barth (Firma) 546
Barth, Karl (1886–1968) 47, 236, 240, 244f, 250, 255, 266, 308f, 496, 498ff, 502, 506
Bartning, Otto (1883–1959) 331, 335, 541f, 545
Basel 38, 50–55, 72, 127
Baseler Mission 53f
Bauer, Erich (*1914) 570
Bauer, Johann Friedrich Christoph (1803–1873) 80
Bauer, Ludwig J.N. (*1929) 546
Bauern, Bauerntum 150, 153, 156ff, 272ff, 277, 280, 373, 408ff
Baum, Friedrich (1865–1950) 347
Baum, Karl (1869–1942) 344f
Baumgärtel, Friedrich (1888–1981) 251, 263, 265, 499
Baumgärtner, Johannes (Hans) (1892–1943) 286, 293, 295, 315
Baur, Jörg (*1930) 498
Bayerische Mittelpartei 273
Bayerische Politische Polizei 299, 312
Bayerische Volkspartei 273
Bayerischer Bauernbund 271
Bayerischer Herbergsverband 175

Bayerischer Landesverein für Kirchenchöre 344f
Bayerischer Rundfunk 422, 426f, 431
Bayerischer Verband evangelischer Büchereien 434
Bayerischer Wald 369
Bayerlein, Wilhelm (1842–1913) 195
Bayreuth 8, 13, 15f, 19, 32, 61, 64, 66, 73, 113f, 117, 119, 141, 165, 186, 197, 215f, 229, 238, 246, 277, 305, 317, 339, 344, 349, 401, 406, 451, 462, 485, 493, 511, 520, 545, 554, 558, 562ff, 567, 578, 581, 587, 589
- Kirchenkreis 219, 275, 385, 534
- Markgrafschaft 3, 61, 65, 191, 578, 581
Bayrischzell 212
Beamte, Beamtentum 76, 151, 277, 409f; vgl. auch Öffentlicher Dienst
Beauftragungsgesetz 220
Beck, Carl Heinrich (1767–1834) 50, 340
Beck, Rosa 292
Beck-Flachsenberg, Elke (*1942) 427
Becker, Daniel Johann Andreas 7, 13
Becker, Dieter (*1950) 503
Becker, Gabriele (*1949) 501
Becker, Horst (*1926) 514
Beckmann, Gustav (1864–1928) 134
Beckstein, Günther (*1943) 412f
Beer, Ludwig (1893–1949) 292, 315
Beerdigung 144, 158, 460; vgl. auch Gottesdienst
Beethoven, Ludwig van (1770–1827) 195f
Begegnung von Christen und Juden (BCJ) 538
Behinderte 114, 174, 289, 323ff
Behm, Johannes (1883–1948) 254
Behringer, Karl-Friedrich (*1948) 568
Beichte vgl. Gottesdienst
Bekennende Kirche 267, 298, 304, 307f, 310, 312–317, 320f, 326, 329, 356, 359, 506, 515f
Bekenntnis, Lutherisches 35, 51ff, 64f, 71, 122, 249, 510ff, 515f, 520
Bekenntnisbewegung »Kein anderes Evangelium« 500f
Bekenntnisgemeinschaften 316f, 319
Bekenntnisgottesdienste 311
Bekenntnissynode 317, 322
- Barmen 1934 231, 308f, 311f, 314, 380
- Dahlem 1934 231, 312, 314
Belgien 134, 207, 261
Bengel, Johann Albrecht (1687–1752) 38
Berchtesgaden 447

Berlichingen, Adolf Freiherr von (1840–1915) 145
Berlin 57, 92, 122, 125, 137, 170, 173, 187, 194, 252, 259, 264, 275, 281, 284ff, 301, 305ff, 311ff, 331f, 334, 341, 448, 513, 557, 594f, 602, 604
- B.-Dahlem 231, 312, 314
- B.-Spandau 513
Berliner Erklärung 594f
Bernried 570
Bertram, Ernst (1884–1957) 267
Bertschinger Eicke, Erika (»Uriella«) (*1929) 607f
Berufsstände 152, 271, 273, 276, 280, 411
Berufstätige Frauen 486f
Besatzungszone 363, 369, 372, 416
- Amerikanische 363, 372, 416
- Sowjetische 364, 369
Bessarabien 364
Bestelmeyer, German (1874–1942) 331–337, 542, 616, 626
Bethel 195
Betriebsräte 272, 409
Betzenstein 208
Bevölkerung 149, 151, 159, 272, 277, 374, 409, 412
Beyler, Helga (*1941) 514
Beyreuther, Erich (*1904) 497
Beyschlag, Karlmann (*1923) 497
Bezzel, Hermann (von) (1861–1917) 13f, 59, 94, 140f, 145ff, 158, 160, 174f, 206f, 212, 227, 267, 592
Bezzel, Otto (1893–1967) 516
Bibelfreizeiten, -stunden 236, 283, 292
Bibelvereine 40, 49ff, 53
Biberach 186
Biblizismus 251, 268
Bietigheim 599
Bilderverbot 576
Bildung 164, 174
Bilgram, Hedwig (*1933) 564
Bismarck, Otto (Fürst) von (1815–1898) 85, 88, 153
Bittner (Orgelbau-Firma) 199f
Bittner, August Ferdinand (1817–1879) 199
Bittner, Johann Michael (1816–1896) 199
Blendinger, Ludwig (*1922) 514
Bloch, Ernst (1885–1977) 429

Bock, Theodor (1887–1951) 238
Bodelschwingh, Friedrich von (1831–1910) 86
Boeckh, Christian Friedrich (von) (1795–1875) 98
Boeckh, Friedrich (1845–1914) 58f, 169
Boeckh, Friedrich (1859–1930) 174, 294, 347
Boeckh, Rudolf (1891–1980) 324f
Böhm, Carl (1877–1928) 346
Böhm, Dominikus (1886–1955) 334
Böhme, Jakob (1575–1624) 38, 258
Böhmen 369
Boehmer, Heinrich (1869–1927) 127
Böhner, Karl (1872–1955) 220
Böning, Ursula (*1941) 514
Bogdahn, Martin (*1936) 425ff
Bogner, Gerhard (*1927) 428, 435
Bogner, Wilhelm (1897–1946) 316
Bollmann, Friedrich Wilhelm Emil (1825–1892) 168
Bomhard, August (1787–1869) 36, 58
Bomhard, Heinrich (1792–1851) 36
Bonn 123, 254, 411, 582
Booth, William (1829–1912) 592
Bormann, Martin (1900–1945) 321
Bornkamm, Heinrich (1901–1977) 267
Boßlet, Albert (1880–1957) 334
Boston 604f
Bracker, Robert 216, 245, 303
Brahms, Johannes (1833–1897) 187, 201
Branca, Alexander Freiherr von (*1919) 547
Branca, Max Edler/Freiherr von (1767–1813) 7
Brandenburg 65
- Kirchenprovinz 369
Brandt, Christian Philipp Heinrich (1790–1857) 36, 38, 50, 165
Brandt, Hermann (*1940) 503
Brandt, Reinhard (*1956) 514
Brasilien 60, 418, 452, 481, 520, 533
Brasilien, Evangelische Kirche Lutherischen Bekenntnisses in 520
Braun, Harald (1901–1960) 421
Braun, Herbert (1903–1991) 500
Braunschweig, Evangelisch-lutherische Landeskirche in 510
Brechensbauer 548
Breit, Dieter (*1961) 425
Breit, Helmut (*1939) 426
Breit, Herbert (1908–1993) 513

Breit, Thomas (1880–1966) 231, 301, 308, 314, 320, 510
Breit-Keßler, Susanne vgl. Schullerus-Keßler, Susanne
Brendel 334
Brennecke, Hanns-Christof (*1947) 497
Breslau 53f, 252, 331, 369, 447
Breuer, Hans (1883–1918) 340
Broeckelmann, Wilhelm 118
Bruckberg 325, 334
Bruckner, Anton (1824–1896) 187
Bruckner, Lisette (1912–1999) 479
Bruderrat 310, 312, 314; vgl. auch Reichsbruderrat
Brück, Michael von (*1949) 503
Brüne, Heinrich 336
Brüning, Heinrich (1885–1970) 260
Brüssel 413
Brunner, Emil (1889–1966) 266
Brunstäd, Friedrich (1883–1944) 262, 267
Bubmann, Peter (*1962) 557
Bucer, Martin (1491–1551) 497
Buchhandlungen, evangelische 424
Buchrucker, Christian Friedrich (1754–1824) 50
Buchrucker, Karl (1827–1899) 110, 165, 167, 172, 238
Buchschwabach 347
Budapest 523f
Bücherverbrennung 263
Büder, Rudolf 552
Bürckstümmer, Christian (1874–1924) 216, 252, 255
Bürckstümmer, Hermann (1911–1985) 440
Bürger, Bürgertum 78, 122, 150, 152, 155f, 159, 163f, 251, 266, 268, 277, 412
Bürkle, Horst (*1925) 503
Büro Pfarrer Grüber 323
Bukowina 364
Bullemer, Julie (1896–1996) 292
Bullemer, Ludwig (1899–1986) 335
Bullinger, Heinrich (1504–1575) 583
Bultmann, Rudolf (1884–1976) 266, 499f
Bund der evangelischen Kirchen in der DDR 518, 559
Bund Deutscher Mädel (BDM) 294f
Bund Evangelisch-Freikirchlicher Gemeinden 532, 587, 589, 594
Bund Freier evangelischer Gemeinden 589f

Bund reformierter Kirchen Deutschlands 584; vgl. auch Reformierte Kirchen und Gemeinden
Bundesrepublik Deutschland 377, 407
Bundestag 411
Bundesvertriebenengesetz 364
Bunzel, Helmuth (1888–1973) 370, 372
Burgau 545
Burger, Georg (1816–1847) 55
Burger, Karl Heinrich August (1805–1884) 60
Burgfarnbach 117
Burkert, Adolf (1894–1975) 238
Burkhardt, Dora (1905–1988) 296
Burkhardt, Karl (1910–1997) 464, 513
Busch, Max (1865–1941) 134
Busse, Hans Busso von (*1930) 546, 548

Cäcilianismus 187
Calvin, Johannes (1509–1564) 255, 577, 580
Campoformio 2
Canberra 521
Canterbury 147
Carlshöhe, Brüderschaft 447
Carlyle, Thomas (1795–1881) 264
Caselmann, Adolf 119
Caselmann, Christian (1860–1939) 283
Caspari, August (1847–1923) 125
Caspari, Wilhelm (1876–1947) 133
Castell 37, 57, 186, 471
– Dekanatsbezirk 385
– Grafschaft 3, 33, 72
Cavaillé-Coll, Aristide (1811–1899) 200, 572
Cham 369, 590
– Dekanatsbezirk 385
Chamberlain, Houston Stewart (1855–1927) 264
Charismatische Bewegung 473f
Charleroi 207
Charta der deutschen Heimatvertriebenen 375
Chemnitz 585
Chichester 534
Chiemgau 603
Chile 533
China 533
Chöre, Gesangvereine 185, 194f
Choralbücher 186, 192f, 348, 351, 561
Choralrestauration 188f, 193
Chr. Kaiser Verlag 266f

Christengemeinschaft 266, 603f
Christenlehre 113, 238
Christlich-Soziale Bewegung 170
Christlich-Soziale Union 407, 411f
Christlich-sozialer Volksdienst 260f, 274, 583
Christliche Wissenschaft/Christian Science 604
Christlicher Verein Junger Männer/Menschen (CVJM) 159f, 169ff, 284, 291ff, 345, 473, 558, 592
Christusbruderschaft Selbitz 448, 471
Claudiusverlag 424
Coburg 119, 199, 267, 274, 299, 349, 420, 546, 603
– Dekanatsbezirk 385, 419
Coburger Gespräche 534
Coburger Landeskirche 222f
Colmberg 181
Communität Casteller Ring 448, 471, 547
Craheim, Schloß 473f
Cramer, Johann Andreas (1723–1788) 190
Curitiba 524

Dachau 2, 537, 546, 588, 621
Dänemark 85
Dahlem vgl. Bekenntnissynode, Dahlem 1934
Daimler, Marie 292
Danco, Günther 551
Danzig 369
Daressalam 524
Darmstadt 59, 393, 471, 594, 599, 609
Darmstädter Wort 1947 357
Daumer, Georg Friedrich (1800–1875) 63
Daumiller, Oskar (1882–1970) 286
Dauner, Gottfried 333f
David, Johann Nepomuk (1895–1977) 343
Davidson, Randall (1848–1930) 147
DDR vgl. Deutsche Demokratische Republik
Dechsendorf 548
Deggendorf 114
Deininger, Albert (*1927) 570
Deisenhofen 334
Dekanatsbezirke 382, 384ff
Dekanskonferenzen 511
Delitzsch, Franz Julius (1813–1890) 46, 123
Delitzsch, Friedrich (1850–1922) 144
Demokratie 134f, 157, 273, 275, 407, 411, 413, 504
Deutsch-Evangelischer Frauenbund 172

Deutsch-Französischer Krieg 1870/71 87
Deutsche Arbeitsfront 276, 285, 287
Deutsche Christen (DC) 253, 257, 268f, 285, 287f, 298, 301, 303–307, 309–317, 319ff, 329, 358, 510, 515
Deutsche Christentumsgesellschaft 38, 50ff, 165
Deutsche Demokratische Republik 369, 372, 374, 407, 463, 519, 549, 559, 600
Deutsche Evangelische Kirche (DEK) 247, 302f, 305, 312ff, 321, 326, 328, 509; vgl. auch Reichskirche
Deutscher Evangelischer Frauenbund 427, 435, 481
Deutscher Evangelischer Kirchenbund 301
Deutscher Krieg 1866 67
Deutscher Presserat 415
Deutschgläubige 254
Deutschkatholizismus 80
Deutschnationale Volkspartei 209, 260f, 268, 273f, 276
Diakon, Diakonin
– Diakonenanstalt Puckenhof 57, 169
– Diakonische Schwestern- und Brüderschaft Neuendettelsau 447
– Rummelsberger Anstalten 169, 173, 232, 284, 287, 360, 373, 390, 392, 446f, 480
Diakonenanstalten vgl. Diakon, Rummelsberger Anstalten
Diakonengesetz 232
Diakonie 163–175, 281–289, 442–449
– Mutterhaus für kirchliche Diakonie Ottobrunn 446ff
Diakonisches Jahr 445f
Diakonisches Werk 440, 443ff
Diakonissen
– Diakoniewerk Martha-Maria Nürnberg 447, 591
– Diakonissenanstalt Neuendettelsau (Evangelisch-Lutherisches Diakoniewerk Neuendettelsau) 57, 59, 141, 145, 159, 167f, 174, 237, 268, 283, 287, 289, 324f, 360, 445, 447
– Diakonissenhaus Augsburg 58, 167, 174, 283, 287, 447f
– Diakonissenmutterhaus Hensoltshöhe/Gunzenhausen 169, 284, 287, 305, 317, 360, 447
– Diakonissenmutterhaus Lehmgruben 447
– Diakonissenmutterhaus Puschendorf 284, 447
– Diakonissenmutterhaus Schloß Jägersburg vgl. *Diakonissenmutterhaus Puschendorf*

Diakonissenanstalt Neuendettelsau vgl. Diakonissen, Diakonissenanstalt Neuendettelsau
Dialektische Theologie 251, 256f, 266
Diaspora 164, 166, 283, 366–370, 374f
Diehl, Guida (1868–1961) 292f
Diem, Hermann (1900–1975) 323
Dienstboten 150, 155
Dienstleistungsgesellschaft 408, 413
Diestel, Gudrun (* 1929) 489
Dietz, Otto (1898–1993) 235, 238, 292, 296, 344
Dietzfelbinger, Barbara (* 1935) 486
Dietzfelbinger, Hermann (1908–1984) 379, 387, 415, 433, 445, 459, 462, 469f, 498, 512ff, 518, 520, 522, 527
Diez, Heinrich (1899–1952) 371
Dillingen 197
Dinkelsbühl 3, 252, 366
– Dekanatsbezirk 385
Dinkelscherben 548
Distler, Hubert (* 1919) 551f
Distler, Hugo (1908–1942) 341, 344f, 349
Dittelbrunn 548
Dobrudscha 364
Döpfner, Julius (1913–1976) 470, 526f
Dörfler, Theodor (1869–1938) 308, 320
Dollinger, Werner (* 1918) 411f
Dombühl 106
Donau 199
Donaumoos 2, 61, 579
Donauwörth 588
– Dekanatsbezirk 385
Dorfhelferin 482, 484
Dorpat 47f, 68, 125
Dortmund 144
Draeseke, Felix (1835–1913) 195
Dresden 53ff, 62, 65, 179, 331f, 558, 568
Dubuque 56
Duell 144
Düsseldorf 58, 428, 505
Duisburg 39

Eberhard, Ernst (1913–1987) 512
Eberhard, Otto (1875–1966) 238
Ebrard, Johannes Heinrich August (1818–1888) 62, 582
Eccard, Johannes (1553–1611) 187
Eckstein, Richard (1899–1982) 512
efi (Zeitschrift) 422, 488

Egloffstein 186
Ehe 408, 412
– konfessionsverschiedene 528, 531
– religionsverschiedene 539
Eichhorn, Heinrich (1845–1917) 61
Eichhorn, Wilhelm (1879–1957) 357, 464
Eichmüller, Johann Wolfgang (1759–1847) 199
Eichrodt, Walther (1890–1978) 251
Eichstätt 2
Eichstock 588
Eicke, Eberhard 608
Eid 261
– auf Hitler vgl. Führereid
Eidem, Erling (1880–1972) 522
Eisenach 179f, 190, 511, 516f, 559
Eisenacher Regulativ von 1861 179f
Eisenbahn 151, 155
Eisner, Kurt (1867–1919) 160, 208, 211, 225, 271
El Salvador 533
Elberfeld 190
Elektrizitäts-AG Schuckert & Co. 152
Elert, Werner (1885–1954) 47, 249f, 252f, 255, 257ff, 265, 299, 309, 322, 495ff, 499
Ellingen 333
Elmau, Schloß 268
Elsaß 200, 352
Emden 583
Enders, Ernst Ludwig (1833–1906) 41
Endres, Dieter (* 1937) 474
Engelhardt, Eduard (1821–1887) 238
Engelhardt, Johann Georg Veit (1791–1855) 43f
Engelhardt, Ruth (* 1928) 567
England, Kirche von 534
Enquete-Kommission »Sogenannte Sekten und Psychogruppen« 598
Entkirchlichung 33, 91, 165, 206, 209, 302, 502
Entkonfessionalisierung 289, 298, 318f, 326
Entmythologisierung 499f
Entnazifizierung 329, 355, 358–361
Epp, Franz (von) (1868–1946) 298, 313, 324
Eppelein, Friedrich (1887–1969) 285
Erdinger, Siegfried (* 1934) 565
Erlangen 21, 25f, 34–49, 52, 55, 57f, 62, 65, 72f, 77, 79, 81, 83, 88, 94, 106, 113f, 117–128, 130–135, 137, 139, 144f, 153, 155, 164–167, 169, 186, 189–193, 195f, 201f, 216, 219, 225–228, 245, 249–254, 258–265, 267, 291,

299, 308, 322, 332, 338f, 344, 347–352, 358f, 380, 404, 406, 436, 441f, 450, 462f, 471, 491, 493, 495–499, 502f, 513, 530, 535, 542, 544, 548, 552, 562f, 568, 573f, 578–583, 587f, 593, 600f, 603, 609
- E.-Büchenbach 546
- E.-Tennenlohe 551
- Dekanatsbezirk 385

Erlanger Gutachten 1933 322
Erlanger Theologie 42–49, 121–135, 143, 258f, 495f, 498f; vgl. auch Theologische Fakultät Erlangen
Ermächtigungsgesetz
- landeskirchliches 301, 356
- staatliches 297, 301
Ernst, Adam (1815–1895) 55
Ernste Bibelforscher vgl. Zeugen Jehovas
Erprobungsgesetze 388ff
Erwachsenenbildung 402ff, 470
Erweckungsbewegung 34–38, 41, 44, 46, 51, 53, 62f, 65, 75, 84, 98, 122, 139, 164, 496, 580
Erzhausen 594
Erziehungsanstalten, -heime 165, 172, 174f
Eschatologie, Apokalyptik 600ff, 608
Eschau 3
Eschenbach 471
Esselbach 607
Esslingen 571
Estland 369
Ethik, Theologische 256, 258, 503f
Eugenik 254, 268
Europa, Europäische Union, Europäische Kommission 35, 204, 407f, 413, 444, 535, 583
Euthanasie 289, 321, 323ff
Evakuierte 278, 364
Evangelisation 169, 174
Evangelisch-Lutherische Kirche Deutschlands 509f, 515
Evangelisch-Methodistische Kirche 531, 587, 590ff
Evangelisch-Theologische Fakultät der Universität München 406, 436, 462, 493, 503
Evangelische Allianz 430, 595
Evangelische Frauenarbeit in Bayern 480, 487
Evangelische Heimvolkshochschulen 403, 464, 470
Evangelische Jugendhilfe 175
Evangelische Kirche in Deutschland (EKD) 361, 378f, 397, 515–520, 524, 553, 559

Evangelische Volkspartei 260
Evangelischer Bund 130, 535
Evangelischer Filmbeobachter 421
Evangelischer Literaturbeobachter 421
Evangelischer Pressedienst-Bayern 419, 422f
Evangelischer Presseverband für Bayern 175, 319, 415f, 421ff, 430–435
Evangelischer Rundfunkdienst 435, 481
Evangelisches Hilfswerk 371, 373, 439
Evangelisches Siedlungswerk 373
Evangeliumsrundfunk 431
Evanston 520
Evian 524
Ewald, Paul (1857–1911) 124, 130f
Eyrich 614

Faigle, Volker (*1948) 519
Falckenberg, Richard (1851–1920) 134
Falkenstein 471
Familie 152, 156, 159, 409, 412
Familienbildungsstätten 482–485
Fastenopfer 534
Faulhaber, Michael (von) (1869–1952) 245
Felbach 546
Feldafing 182
Feldkirchen 2
Felmy, Karl-Christian (*1938) 497, 519
Ferdinand III. (1769–1824) Großherzog von Toskana, Großherzog von Würzburg 3, 7
Fernsehen 415, 426f, 429, 431–434
Feucht 119, 182, 570
Feuchtwangen 200, 352, 570
- Dekanatsbezirk 385
Fichte, Johann Gottlieb (1762–1814) 85, 256, 258
Fikenscher, Ernst (1895–1970) 295
Finkenstein 341
Fischer, Otto (1852–1932) 134
Fischer, Pauline (1822–1911) 169
Fischer, Theodor (1862–1938) 180f, 335, 617f
Flad, Christoph (*1964) 432
Fleischmann, Johann Christoph Jacob (1795–1870) 50
Flensburg 513
Fliedner, Theodor (1800–1864) 58f
Flierl, Johann (1858–1947) 56
Flüchtlinge 278, 280, 363–375
Flüchtlingswerk, Christliches 372

Flügge, Julius 180
Föhrenbach 61
Förderreuther, Heiner (*1940) 541, 549
Fohrer, Georg (*1915) 499
Fontainebleau 578
Forchheim 180, 182, 284
- Dekanatsbezirk 385
Forkel, Johann Nikolaus (1749–1818) 187
Forstwirtschaft, private 151; vgl. auch Landwirtschaft
Franck, Melchior (ca. 1580–1639) 345
Francke, August Hermann (1663–1727) 50
Frank, Franz Hermann Reinhold (von) (1827–1894) 47, 125, 128, 131f, 143, 253
Franken 3, 10, 25, 33, 46, 50f, 72, 78, 80, 93, 123, 164, 187, 189, 260f, 274, 299f, 305, 312, 318, 424, 463, 541, 558, 570, 577f, 580f, 587, 595
- Mittelfranken 13, 61, 81, 92, 152, 199f, 274f, 277, 305, 310f, 316, 364, 366, 374, 568, 572
- Oberfranken 13, 105, 150, 152, 158, 180, 182, 199f, 274f, 277, 284, 300, 364, 374, 448, 572
- Unterfranken 13, 61, 103, 105, 114, 305, 374, 448, 471, 587f
Frankenwald 590
Frankfurt/Main 41, 199, 515, 556, 595, 600, 609
Frankreich 2f, 19, 70, 74, 86, 134, 578
Franz, Frederik W. (1893–1992) 602
Frauen 122, 152f, 159f, 165, 171f, 174, 275, 277, 280, 282f, 409, 412, 477–491
Frauenarbeit, evangelische 482–485
Frauengleichstellungsstelle 488
Frauengottesdienste 490f
Frauenordination 383f, 388, 480, 498, 593f
Frauenwahlrecht 215
Freiberg/Sachsen 609
Freidenker 158
Freiheitskriege, Deutsche 1813–15 35, 39
Freikirchen 158, 587–595
Freikirchliche Pfingstgemeinden 595
Freikorps 259, 266
Freising 2, 197, 432, 588
- Dekanatsbezirk 385
Freisinger Bischofskonferenz 528
Fremdarbeiter 278, 364
Friedensbewegung 413
Friedhöfe 183, 338, 550
Friedrich I. (1657–1713) König von Preußen 577

Friedrich II., der Große (1712–1786) König von Preußen 85, 191
Friedrich III. (1515–1576) Kurfürst von der Pfalz 577
Friedrich V. (1596–1632) Kurfürst von der Pfalz, König von Böhmen 578
Friedrich von Brandenburg-Bayreuth, Markgraf (†1763) 34
Friedrich Wilhelm III. (1770–1840) König von Preußen 182
Friedrich Wilhelm IV. (1795–1861) König von Preußen 67, 80
Friedrich, Benedikt (*1960) 570
Friedrich, Gerhard (1908–1986) 500
Friedrich, Johannes (*1948) 462
Friedrichsdorf/Hessen 609
Fries, Heinrich (1911–1998) 503
Frör, Kurt (1905–1980) 317
Frosch, Joseph (1785–ca. 1868) 199
Fuchs, Ernst (1903–1983) 500
Fuchs, Gottfried (1892–1960) 293
Führereid 320f
Führerprinzip 256, 298, 304, 306, 356; vgl. auch Ermächtigungsgesetz
Fürbittenlisten 326
Fürsorge 173, 282, 289
Fürstenfeldbruck, Dekanatsbezirk 385
Fürth 93, 110, 113, 117f, 137, 150, 154f, 177, 181, 216, 245, 271, 337, 441, 465f, 481, 485, 546, 579, 593
- F.-Poppenreuth 231
- Dekanatsbezirk 385
Funkmedien 425–432

Gabler, Johann Philipp (1753–1826) 34
Gänßbauer, Hans (*1940) 514
Gärtner, Friedrich (von) (1792–1847) 178
Galen, Clemens August Graf von (1878–1946) 324
Galizien 369
Galsterer, Hermann (1878–1961) 292
Gastarbeiter 408f, 444
Gebersdorf 336
Gebetsliturgie für den Frieden von 1938 315, 356
Gebetswoche für die Einheit der Christen 526
Gebhard, Karl (1864–1941) 216, 220, 226
Gebietsreform 1972 408
Gefängnisseelsorge 115

Geier, Gerd (*1931) 423, 425, 430
Geiger, Anke (*1933) 427, 435, 481
Geiger, Rupprecht (*1908) 551, 624
Geiger, Wilhelm (1856–1943) 134
Geisendörfer, Ingeborg (*1907) 411, 480, 485
Geisendörfer, Robert (1910–1976) 418–421, 433
Gellert, Christian Fürchtegott (1715–1769) 190
Gelnhausen 484
Gemeindeakademie 403, 470, 494
Gemeindeaufbau 506f
Gemeindeblätter, Gemeindebriefe 318f, 419f
Gemeindehelferin 478
Gemeindejugend 295f
Gemeindezentren 542f, 547–550; vgl. auch Ökumenische Kirchenzentren
Gemeinschaft der Siebenten-Tags-Adventisten 587, 599f
Gemeinschaftsbewegung 169, 171, 174, 268f, 283f, 317, 594
Gemeinschaftswerk Evangelischer Publizistik 420, 430
Generalsynodalausschuß 21
Generalsynode 19f, 38, 82, 141ff, 166, 175
Genf 520, 522, 576f, 580
Genfer Flüchtlingskonvention 444
Genin 49
Genossenschaften 152f; vgl. auch Raiffeisenkassen
Geretsried 546
Gerhardt, Martin (1894–1952) 252
Gesangbuch
– von 1814/15/16 32f, 185f, 189f
– von 1853/54 66f, 83, 190, 347, 553; Liturgischer Anhang 1864 98f
– von 1927/28 190, 233, 347f, 350, 457, 553f
– Deutsches Evangelisches 1915 190, 348
– Evangelisches Kirchen- 1950-58 189f, 457, 553ff
– Evangelisches 1995/96 424, 458, 508, 552, 557, 559–562, 565, 577
– Schweizerisches 577
Gesellen 152, 155
Gesellschaft für christlich-jüdische Zusammenarbeit 537
Gesellschaft für Innere und Äußere Mission im Sinne der lutherischen Kirche 57, 516
Gesellschaft, Wilhelminische 92, 130, 251
Gestapo (Geheime Staatspolizei) 298
Gesundheitswesen 442

Geuder, Karl (1898–1983) 296
Gewerbe 150, 155, 277, 408
Gewerkschaften 152f, 158, 160, 170, 272, 276, 407
Geyer, Christian (1862–1929) 94, 145f, 174, 217, 266f
Geyer, Heinrich (1818–1896) 602
Geyer, Johannes 336
Geyer, Wilhelm (1892–1978) 322
Ghillany, Friedrich Wilhelm (1807–1876) 63, 82
Giech (Grafen von) 72
Giech, Franz Friedrich Carl Graf von (1795–1863) 77f, 88
Gießen 48, 252
Gilardi, Rupprecht von (1910–1990) 261
Gläser, Michael (*1957) 564
Glaser, Theodor (*1932) 569
Gleichschaltung 285, 298, 304f, 310, 313, 329
Gliedschaftsgesetz 381f
Glocken 328, 572f
Gloël, Johannes Eduard (1857–1891) 124
Gneist, Werner (1898–1981) 345
Gochsheim 186
Godesberger Programm 411
Göger, Franz 547
Gölz, Richard (1887–1978) 341, 345
Goeringer, Julius Wilhelm (1801–1876) 58
Görlitz 369
Görres, Joseph (von) (1776–1848) 77
Gößweinstein 471
Göttingen 48, 251, 572
Göttle, Werner (*1932) 567
Gogarten, Friedrich (1887–1967) 266f
Gohlke, Gerhard (*1947) 514
Goll (Orgelbau-Firma) 564, 626
Gollwitzer, Hans (1896–1976) 312, 315
Gottesdienst 67, 97, 100–105, 233–236, 456–459, 468, 507, 555, 560f, 575f
Gottesdienst und Kirchenmusik 554, 556, 565, 567
Gottgetreu, Rudolf Wilhelm 179
Gräfenberg 293
– Dekanatsbezirk 385
Graf, Friedrich Wilhelm (*1948) 414
Graffam-Minkus, Melanie (*1958) 432
Grafing 570
Gregorianik 555, 561
Greifenstein, Hans (1883–1959) 282, 286, 306

Greifenstein, Hermann (1912–1988) 514
Greifswald 251, 264
Greiner, Daniel 337
Grellmann, Gerhard (*1937) 547
Grether, Oskar (1902–1949) 251, 265
Griebel, Fritz 337
Griechenland 444
Grießbach, Heinrich (1891–1973) 292, 295
Grießbach, Wilhelm (1907–1993) 356
Grillenberger, Karl (1848–1897) 93
Grönenbach 577
Grössler, Ralf (*1958) 558
Grosch, Georg (1902–1974) 346, 566
Gross, Otto (1902–1984) 513
Großbritannien 535
Großkarolinenfeld 2
Großmann, Georg Martin (1823–1897) 55
Großreuth 336
Grüber, Heinrich (1891–1975) 323
Grünau/Maxweiler 588
Gründerkrise 1873 150, 152
Grüne 412
Grützmacher, Georg (1866–1935) 252
Grützmacher, Richard (1876–1959) 125, 132ff, 252
Grundherrschaft, Grundlastenablösung 150, 154
Gsaenger, Angela (*1929) 551, 620
Gsaenger, Gustav (1900–1989) 179, 542, 545, 620
Gsaenger, Wolfgang (1923–1999) 545
Guericke, Ferdinand (1803–1878) 54
Gürtner, Franz A. (*1925) 545
Gulbransson, Olaf Andreas (1916–1961) 545, 619
Gunzenhausen 37, 145, 169, 274, 310, 360, 364, 447
– Dekanatsbezirk 385
Gustav II. Adolf (1594–1632) König von Schweden 59
Gustav-Adolf-Werk 59f, 82, 164, 535

Haack, Dieter (*1934) 412, 464, 467f
Haag, Heinz (*1947) 425
Haberer, Erwin (1927–1989) 501
Haberer, Johanna (*1956) 420, 425, 432, 519
Händel, Georg Friedrich (1685–1759) 187, 192, 195
Haenlein, Heinrich Karl Alexander (1762–1829) 7, 11, 13, 32

Haffner, Ludwig (1884–1958) 292
Hahn, Ferdinand (*1926) 500
Hahn, Hermann (1868–1942) 336
Hahn, Johann Michael (1758–1819) 38
Hahn, Udo (*1962) 514
Haider 546
Halbach, Kurt (1891–1976) 286
Halle/Saale 42, 72, 124, 331
Hamann, Johann Georg (1730–1788) 41, 140, 496
Hamburg 119, 124f, 256, 278, 415, 602, 609
– Evangelisch-lutherische Kirche in 510
Hamm, Berndt (*1945) 497
Hamm-Brücher, Hildegard (*1921) 412
Hammerbacher, Johannes (1867–1946) 346
Hammerbacher, Wilhelm (1875–1950) 346f
Hanau 585
Handel 150f, 159; vgl. auch Gewerbe
Handwerk 149ff, 156, 159, 169, 174, 273, 283, 410; vgl. auch Gewerbe
Hanemann, Friedrich (1889–1970) 314
Hannover 52, 55, 67, 78, 311, 432, 513, 593
Hannovers, Evangelisch-lutherische Landeskirche 304f, 313, 327, 509f
Hanow, Wolfram (*1909) 369
Hanselmann, Johannes (1927–1999) 433, 459, 462, 467, 474, 498, 514, 521–524
Hantke, Andreas (*1956) 558
Harleß, Gottlieb Christoph Adolf (von) (1806–1879) 13f, 19, 42ff, 49, 54f, 62–68, 77f, 82f, 88, 121, 140f, 145, 154, 188, 190
Harms, Claus (1778–1855) 36
Harms, Ludwig (Louis) (1808–1865) 55
Harms, Theodor (1819–1885) 55
Harnack, Adolf (von, preußischer Adel) (1851–1930) 47, 126f, 131, 146, 250
Harnack, Theodosius (1817–1889) 47f, 64
Harsdorf, Friedrich Freiherr von (1883–1914) 293
Hartlieb, Gertrude 292
Hartmann, Ilse (*1911) 296, 486
Haßler, Hans Leo von (1564–1612) 193, 342
Haßloch 3
Hauck, Albert (1845–1918) 124f, 127, 135, 251
Hauck, Friedrich (1882–1954) 251, 254, 265, 360
Hauser, Gustav (1856–1935) 134
Hausham 599

Heckel, Karl (1863–1932) 231
Heckel, Theodor (1894–1967) 238
Hegel, Georg Wilhelm Friedrich (1770–1831) 258, 502
Hegele, Günter (*1929) 421, 437, 556
Hegermann, Harald (*1922) 500
Heiber, Heinz (*1928) 549, 551, 623
Heidelberg 252, 577, 581
Heidelberger Katechismus vgl. Katechismus, Heidelberger
Heidelberger Kirchenordnung von 1563 577
Heideloff, Karl Alexander (1789–1865) 182
Heiden, Theodor 614
Heidenheim, Dekanatsbezirk 385
Heidenreich (Orgelbau-Firma) 199
Heil- und Pflegeanstalten, staatliche 324
Heiligung 590, 592, 595
Heilmann, Jakob (1846–1927) 180
Heilsarmee 587, 592
Heilsbronn 404, 436, 464, 571
Heimatvertriebene vgl. Flüchtlinge
Heimholungswerk Jesu Christi vgl. Universelles Leben
Heinlein, Markus 336, 618
Heinrich IV. (1553–1610) 578
Heinrich, Irma (verh. Wenke) (1908–1991) 427
Heintz, Philipp Casimir (1771–1835) 13
Heinze, Franz (*1931) 570
Helbich, Hans-Martin (1906–1975) 295
Held, Heinrich (1868–1938) 226
Hellmann, Diethart (*1928) 564
Helsinki 522
Hemmerlein, Karl 336
Hemmeter, Karl (1904–1986) 336
Hennig, Albin 545, 547
Henschel, Milton (*1920) 602
Hensel, Paul (1860–1930) 134
Hensel, Walther [= Janiczek, Julius] (1887–1956) 341
Hensoltshöhe 169, 274, 284, 286f, 305, 317, 360; vgl. auch Diakonissen, Diakonissenmutterhaus Hensoltshöhe/Gunzenhausen
Henzel 181
Henzler, Theodor (*1931) 548
Herbergen zur Heimat 173f
Herbishofen 577
Hereford 534

Hermannsburger Mission 55
Herold, Max (1840–1921) 189, 195f, 234, 344
Herold, Wilhelm (1895–1973) 345, 347
Herrnhut 587
Hersbruck 60f, 193, 471
– Dekanatsbezirk 385
Herzog, Johann Georg (1822–1909) 189, 192, 194, 196, 200ff, 351
Herzog, Johann Jakob (1805–1882) 582
Herzogenaurach 334
Herzogsägmühle 542
– Arbeiterkolonie 167
Heß, Klaus (1907–1987) 473
Heß, Rudolf (1894–1987) 298
Hesselberg 403, 464, 470
– Kirchentag 463
Hessen 593
Hessen-Darmstadt, Großherzogtum 61
Hessen und Nassau, Evangelische Kirche in 392, 545
Hetzelsdorf 181, 614
Heun, Karl (*1923) 425
Heuß-Knapp, Elly (1881–1952) 483f
Hexenverfolgung 488
Hey, Gotthard (*1934) 570
Hey, Wolfgang (*1929) 570
Hildesheim 450
Hildmann, Gerhard (1907–1992) 378, 415, 418, 426f, 433
Hilfswerk, Evangelisches 361f, 441
Hillermeier, Karl (*1922) 412
Hilpert, Hans (*1878) 274
Hilpert, Johann Wolfgang (1796–1876) 155
Hinckley, Gordon B. 609
Hindenburg, Paul von (1847–1934) 263, 276, 320
Hirnschrodt, Eduard (1875–1933) 572
Hirsch, Emanuel (1888–1972) 262, 267
Hirschaid 542, 551
Hirschegg 545
Hitler, Adolf (1889–1945) 250, 256, 260f, 263f, 272, 274ff, 279, 285f, 297f, 300, 304f, 307, 310f, 313f, 318, 320, 323f, 329
Hitlerjugend (HJ) 278, 294ff, 342
Hocheder, Karl (1854–1917) 180
Höffkes, Peter (*1927) 514
Höfling, Johann Wilhelm Friedrich (1802–1853) 42ff, 47, 64, 66, 68, 98, 117, 381

Högner, Friedrich (1897–1981) 340, 342ff, 347, 353, 555, 564, 566, 571f
Hoegner, Wilhelm (1887–1980) 377, 411
Hörfunk 422, 426f, 433
Hörger, Andreas (1845–1894) 593
Hörner, Julie (1813–1868) 58
Hof 87, 89, 93, 120, 150, 178, 199, 238, 301, 317, 349, 353, 441, 443, 590, 593
– Dekanatsbezirk 385
Hoffmann, Adolph (1858–1930) 213
Hoffmann, Johannes (1867–1930) 209, 212, 214, 271
Hoffmann, Karlheinz 552
Hoffmann, Otto (*1913) 570
Hofmann (Orgelbau-Firma) 199
Hofmann, Friedrich (1904–1965) 323
Hofmann, Friedrich (1910–1998) 557, 565, 567
Hofmann, Johann Christian Konrad (von) (1810–1877) 44–48, 57, 88, 123f, 126, 129, 155, 253
Hofmann, Werner (*1931) 401, 519f
Hohenbrunn 486
Hoheneck 294
Hohenlohe-Schillingsfürst, Grafschaft 3
Hohenpeißenberg 570
Holl, Karl (1866–1926) 47
Holländer, Wilhelm 200, 352, 570
Holle 450
Holocaust 521
Holz, Karl (1895–1945) 310f
Holzkirchen/Ries 200, 352, 570
Homiletisch-Liturgisches Correspondenzblatt 36f, 44, 46, 49
Homosexualität 465f, 489, 504
Hongkong 524, 533
Hopf, Friedrich Wilhelm (1910–1982) 515, 593
Hopfmüller, Wilhelm (1885–1951) 342, 344
Huber, Karl (1906–1995) 296
Hümmer, Hanna (1910–1977) 471
Hümmer, Walter (1909–1972) 471
Hüssingen 337
Hugenberg, Alfred (1865–1951) 260
Hugenotten 578, 580f
Hummelgau 74
Hunzinger, August Wilhelm (1871–1920) 125, 132f
Hupfeld, Renatus (1879–1968) 267
Huschke, Eduard (1801–1886) 53f

Hyde, Orson 609
Ibach 608
idea (Informationsdienst) 430
Ihmels, Ludwig (1858–1933) 125, 131f
Immenreuth/Fichtelgebirge 367
Immenstadt 181
Indochina 445
Industrialisierung 90, 149–152, 156, 159f, 272, 408, 413
Industrie 151f, 155, 158, 170, 272, 408
Informationsgesellschaft 413f
Ingolstadt 182, 542, 565, 568, 588
– Dekanatsbezirk 60, 385
Innere Mission 58, 87, 120, 130, 158, 160, 163–175, 281–289, 292, 319, 323, 325, 360, 362, 439, 483
Innsbruck 197
Innzell 548
Institut für Kirchenmusik in Erlangen 190ff, 350f, 573f
Intakte Landeskirchen 304, 306, 313ff
Integration (von Flüchtlingen und Vertriebenen) 363, 366ff, 370, 375
Interkommunion 529; vgl. auch Abendmahlsgemeinschaft
Internationale Orgelwoche Nürnberg 567f
Interreligiöse Kontakte 537ff
Iowa-Synode 56
Iphofen 471
Irmischer, Johann Konrad (1797–1857) 41
Irving, Edward (1792–1834) 598
Islam 408f, 538f
Islamkommission 538
Ismayr, Günther 570
Italien 404

Jacob, Werner (*1938) 568
Jäger, August (1887–1949) 310–313
Jäger, Bernhard 337
Jaeger, Lorenz (1892–1975) 503
Jägersburg, Schloß 284
Jahnel, Manfred (*1937) 514
Jalsovec, Andreas (*1965) 432
Jalta 364
Janssens, Peter (1934–1998) 556
Jatho, Carl (1851–1913) 144
Jena 34, 58, 222, 310
Jena, Günter (*1933) 568

Jeremias, Jörg (*1939) 499
Jerusalem 104
Jeziorowski, Jürgen (*1936) 514
Jöde, Fritz (1887–1970) 341
Joest, Wilfried (1914–1995) 497, 499, 503
Johnsen, Helmuth (1891–1947) 274
Joisten, Hartmut (*1957) 414, 420, 433
Jordan, Hans Werner (1908–1978) 323
Jordan, Hermann (1878–1922) 125, 134, 252, 254f, 262
Josefstal/Schliersee 470, 535
Juden 257f, 261f, 276, 280, 300, 321ff, 343, 361f, 409, 537f; vgl. auch Antisemitismus; Arierparagraph; Holocaust; Nürnberger Gesetze; Reichspogromnacht; Rassismus
- Dialog, christlich-jüdischer 453, 537f; vgl. auch Begegnung von Christen und Juden
- Judenchristen 322
- Judenmission 46, 49, 104, 268, 362, 453
Jülicher, Adolf (1857–1938) 131
Jünger, Hermann 550f, 622
Jugend, Jugendarbeit 159, 169, 172, 175, 276, 278, 280, 282f, 291–296, 409, 470
Jugendbewegung 159, 175, 275, 278, 283, 291, 294, 341
Jugendbünde, Jugendverbände 175, 291–294
Jugoslawien 369
Jung-Stilling, Johann Heinrich (1740–1817) 50
Junge Kirchen 503, 520
Junglutheraner 250, 253, 255

Kabitz, Christian (*1950) 557, 568
Kähler, Martin (1835–1912) 268
Kälberer 181, 334
Käsemann, Ernst (1906–1998) 500
Kaftan, Theodor (1847–1932) 262
Kahl, Adolf Hermann 167
Kaiser, Christian († 1866) 266
Kaiser, Gottlieb Philipp Christian (1781–1848) 39, 44
Kaiserreich, Deutsches 121ff, 128, 135, 250, 259
Kaiserswerth 58
Kalb, Friedrich (*1925) 557, 563, 567
Kalb, Heinrich (1887–1974) 292
Kalbensteinberg 61
Káldy, Zoltán (1919–1987) 523
Kaminski, Heinrich (1886–1946) 344
Kanne, Johann Arnold (1773–1824) 39

Kantzenbach, Friedrich-Wilhelm (*1932) 261, 497, 522
Kanzel- und Abendmahlsgemeinschaft 518, 531
Kapitalismus 87, 89, 414, 504
Karl Theodor (1724–1799) Herzog von Sulzbach, Kurfürst von Pfalz-Bayern 2
Karlshuld 60
Karoline Wilhelmine (1776–1841) Königin von Bayern 2, 77
Kasberg 293
Kaspar, Hermann 336f
Kassel 341
Katechismus
- Heidelberger 576f
- Luthers Kleiner 110
- von 1856 67
- von Buchrucker 110, 238
- von 1928 238
Katechumenat 469f
Katholisch-Apostolische Gemeinden 598f
Katholische Präferenz 76
Katzwang 347
Kaufbeuren 2f, 33, 114, 150, 570
Kelber, Johann Jakob (1823–1897) 61
Kelber, Julius (1900–1987) 292
Kelheim 366
Keller, Heinrich (1904–1949) 352
Keller-Hüschemenger, Max (1913–1996) 513
Kellner, August Fr. (1885–1944) 336f
Kellner, Luise 336, 622
Kempff, Georg (1893–1975) 344, 348, 351, 573
Kempten 2, 24, 120, 150, 181, 183, 335, 349, 577
- Dekanatsbezirk 385
Kenia 452, 533
Kern, Georg (1885–1947) 292
Kern, Heinrich Jakob Adolf (1886–1967) 207, 283
Kern, Helmut (1892–1941) 285, 317, 319
Kerntechnik vgl. Atomkraft
Kerrl, Hanns (1887–1941) 298, 314
Keßler, Franz (*1914) 573
Keupp, Ernst (1869–1948) 284, 286, 293, 305, 317
Keysselitz GmbH 560
Kiel 36, 124
Kießig, Manfred (*1940) 514
Kießling, Johann Tobias (1742–1824) 50, 52
Kinder, Ernst (1910–1970) 512

Kindergarten 115ff, 174, 282, 287, 241, 442, 463, 539
Kindergottesdienst 38, 117f, 165, 174f, 238, 241f, 458
Kirche Jesu Christi der Heiligen der Letzten Tage 608ff
Kirchenausschuß 314f
Kirchenaustritte 158, 279, 410, 506
Kirchenbau 177–181, 331–335, 541–549
Kirchenbeamte 320
Kirchenbeamtengesetz 389
Kirchengemeinde 17, 230, 245f, 380, 463
Kirchenjahr 102–105
Kirchenkampf 259, 267, 329, 356, 415, 498
Kirchenkreise 219, 383, 385
Kirchenlied 187, 190, 576
Kirchenmusik 191f, 198–202, 342ff, 349ff, 568f
Kirchenmusikergesetz 231
Kirchenmusikschule 239, 562ff
Kirchenordnung, reformierte 575f, 584
Kirchenorganisation 5f, 8
Kirchenpräsident 220
Kirchenreform 501, 505f
Kirchenregiment, Landesherrliches 211f, 250, 493; vgl. auch Summepiskopat
Kirchensteuer, Kirchensteuerämter 27ff, 90f, 227, 230, 328, 398f, 410, 584
Kirchentag, Deutscher Evangelischer 302, 458, 463, 517, 527, 552, 557
Kirchenverfassung
– von 1818 32
– von 1920 215–220, 235, 282
– von 1971 379, 386–389, 400, 456
Kirchenvertrag vgl. Staatskirchenvertrag
Kirchenvorstand 18, 71, 144, 305, 381, 456, 463, 480
Kirchenvorsteherblatt 319, 415
Kirchenwahlen 1933 305
Kirchenzucht 67, 108
Kirchheimbolanden 353
Kirchliches Einigungswerk 510, 515
Kissingen 178
Kittel, Gerhard (1888–1948) 254, 323
Kitzingen 24, 143, 346, 349
– Dekanatsbezirk 385
Klaus, Bernhard (* 1913) 436, 503
Klein, Friedrich (1894–1946) 301, 305
Kleinpolen 369

Klenze, Leo (von) (1784–1864) 178
Klingler, Fritz (1882–1951) 303, 357, 369
Klopstock, Friedrich Gottlieb (1724–1803) 190
Knauer, Johann Tobias (1812–1879) 589
Knaupp, Werner (* 1936) 552
Knecht, Justin Heinrich (1752–1817) 186
Kniebeugungsstreit 43, 77
Knorr, Nathan Homer (1905–1977) 602
Koch, Rudolf (1876–1934) 336, 551
Kochan-Döderlein, Helga Erika (* 1938) 485
Köbler, Hanns 557
Köhler, Albert (* 1915) 541, 549
Köhler, Hubert (* 1929) 570
Köhler, Philipp August (1835–1897) 123, 126, 130
Köln 144, 335
König, Fritz 621
Königsberg 304
Königshofen/Grabfeld 588
Köpke, Ernst Otto (* 1914) 551
Köstner, Konrad (* 1928) 567
Kolb, Richard (* 1914) 426, 433
Kolbermoor 545
Kolde, Theodor (von) (1850–1913) 122, 124f, 127f, 130, 135, 255
Kolitz, Anna 317
Kommunikationswissenschaften 507f
Kommunisten 300
Kommunitäten, evangelische 471ff, 536; vgl. auch Christusbruderschaft Selbitz; Communität Casteller Ring
Konferenz Europäischer Kirchen (KEK) 521
Konfessionalismus 22, 32, 40–44, 48, 50, 53f, 58, 61–65, 75f, 81, 83, 85, 89, 94, 122
Konfirmation, Konfirmandenunterricht 112f, 144, 238, 459, 462, 508
Konkordat
– von 1817 73
– von 1924 237
Konsensunion, Pfälzer 582
Konservative Partei 88
Konsistorialordnung von 1809 9, 11f
Konsistorium vgl. Oberkonsistorium
Konstanz 604
Konzentrationslager 278, 326, 537, 546
Konziliarer Prozeß 7f, 503ff, 536
Koppe, Rolf (* 1941) 530
Korea 533

Kornacher, August (1889–1939) 292
Korrespondenzblatt 107, 143, 421
Kostroma 534
Kottern 335
Krätzer, Volkmar (*1936) 570
Krafft, Christian (1784–1845) 39f, 42, 44, 62, 165, 580f
Kraft, Friedrich (*1944) 420, 425
Kragler, Georg (1891–1980) 292
Kramer, Georg 336
Krankenhäuser, -hilfsvereine, -pflege 167, 169, 174, 283f
Krausneck, Wilhelm 226
Krauß, Johann August (1793–1874) 58
Krauß, Ludwig (1886–1963) 292
Kraußold, Lorenz (1803–1881) 119
Krebs, Friedrich (1832–1905) 603
Kreisdekan 219f, 400
Kreßel, Konrad 335
Kretschmar, Georg (*1925) 497
Kreuzwertheim 3, 13, 73
Kriegsgefangene, Kriegsgefangenenbetreuung 282, 329
Kriegsverbrecher 361
Kronach 273, 593f
– Dekanatsbezirk 385
Krüger, Christa (*1926) 427
Krüger, Eduard (1807–1885) 195
Künneth, Friedrich Wilhelm (*1933) 523
Künneth, Johann Theodor (1735–1800) 186
Künneth, Walter (1901–1997) 265, 267, 358, 499f, 511, 517
Küstenmacher, Werner (*1953) 430f
Küttinger, Georg 542
Kuhlo, Eduard (1822–1891) 196
Kuhlo, Johannes (1856–1941) 195f
Kuhn, Heinz-Wolfgang (*1934) 500
Kulmbach 65, 349, 560
– Dekanatsbezirk 385
Kulturkampf 88, 144
Kulturpessimismus 258
Kulturpolitik 129
Kulturprotestantismus 122, 130, 132, 502
Kulturwissenschaften 132
Kunst, bildende 263, 550ff
Kunst, kirchliche 181–184, 335–338
Kurhessen 63, 89
Kurpfalz 2, 6

Kutsch, Ernst (*1921) 499
Laetare-Verlag 483
Lagarde, Paul de (1827–1891) 256, 264
Lagergemeinden 366
Lagois, Martin (1912–1997) 426, 434
Lahm/Itz 353
Lahusen, Christian (1886–1975) 345
Laien 166, 170, 323
– Laienpredigt 461
Lammers, Karl 181
Lamprecht, Günter (1910–1973) 348, 563
Landbund, Bayerischer 274
Landesausschuß für Publizistik 423, 434
Landesbischof 220, 246f, 387, 462, 480
Landesjugendpfarramt 229, 295f
Landeskirchenrat 219f, 269, 300ff, 311f, 315f, 319f, 322, 329, 480, 517, 520
Landeskirchenstelle Ansbach 329
Landeskirchliches Archiv Nürnberg 229
Landessynodalausschuß 219, 301f, 306f, 480
Landessynode 219, 245ff, 301f, 304ff, 311, 355–358, 360, 384, 456f, 461, 464ff, 477, 479f, 493f, 501, 504ff, 511f, 516ff, 521
Landesverband der evangelischen Jugend 295
Landesverband der evangelischen Kirchenchöre 345, 565, 567
Landesverband der Evangelischen Vereine 291
Landesverband evangelischer Kirchenchöre 565ff
Landesverband für Kirchenmusik 343f
Landsberg 361
Landshut 549, 570
– Dekanatsbezirk 385
Landtag 150, 155, 157, 160f, 271, 273, 275, 411
Landvolk, Deutsches 274
Landwirtschaft 149ff, 272, 408, 470; vgl. auch Forstwirtschaft
Langenfaß, Friedrich (1880–1965) 267, 293, 416
Langenzenn 92
Langerringen 177f
Lastenausgleich 372
Lateinamerika 60
Lauerer, Hans (1884–1953) 217, 283, 286, 320, 324f
Lauf 471
Laufen 334
Lavater, Johann Caspar (1741–1801) 50
Layriz, Fridrich (1808–1859) 189, 193

Le Corbusier (Jean-Edouard Jeanneret) 544
Lebensordnung von 1922 242f
Leer/Ostfriesland 584
Leffler, Siegfried (1900–1983) 268
Lehmus, Theodor (1777–1837) 36
Lehrer, Lehrerinnen 153, 156, 159, 227, 237, 275, 277, 409, 478f
Lehrerkantor 195, 197f
Leins, Christian Friedrich (von) (1814–1892) 180
Leipheim 155
Leipzig 46, 48, 54, 58f, 68, 88, 123ff, 154, 228, 264, 450, 512, 553, 564, 568, 585
Leipziger (Dresdner) Mission 53f, 450
Leitl, Alfons (*1909) 547
Leitz, Ingeborg (*1937) 485
Lektor 328, 461, 463
Lempp, Albert (1884–1943) 266, 323
Lenggries 545
Lenk, Hans (1863–1938) 134
Lettenmeier, Eva Maria 432
Lettland 369
Leuenberger Konkordie 458, 498, 521, 525, 531, 583, 593
Leutershausen, Dekanatsbezirk 385
Leutheuser, Julius (1900–1942) 268
Lever, Hans 181
Ley, Robert (1890–1945) 252
Liberalismus, politischer und theologischer 77, 82, 84, 87ff, 93f, 121, 127, 129, 131, 133, 139, 145ff, 152–155, 157, 174, 266f, 280
Liberia 533
Lichtblau, Franz (*1928) 541, 545f
Liebich, Norbert 547
Liebl, Heimo (*1937) 440
Liederhefte 557
Liesching, Samuel Gottlieb (1786–1864) 50
Lietzmann, Hans 337
Lilienfeld, Fairy von (*1917) 497, 530
Lilje, Hanns (1899–1977) 513, 518f
Lima-Texte 458
Limburg/Lahn 573
Lindau 3, 58, 118
Link, Waldemar (1893–1964) 362
Lippische Landeskirche, Lutherische Klasse 510
Lippold, Ernst (*1935) 519
List, Wilhelm (1880–1971) 361
Littmann, Max (1862–1931) 180

Loccum 125
Lochner, Michael (*1952) 569
Lodz 368
Loeffelholz von Colberg, Georg Freiherr (1869–1938) 292
Löhe, Gottfried (1841–1916) 50
Löhe, Wilhelm (1808–1872) 35, 39, 47f, 50–60, 62–65, 75ff, 82, 84, 98f, 137–140, 145, 147, 154f, 159, 167, 182, 196, 268, 381, 593
Loewenich, Hermann von (*1931) 433, 462, 465, 501, 505, 514, 532, 539
Loewenich, Walther von (1903–1992) 160, 252, 265, 294, 497
Löwenstein-Wertheim, Grafen von 72
Lohff, Wenzel (*1925) 498
Lohr 334
– Dekanatsbezirk 385
London 598
Lorber, Jakob (1800–1864) 599
Lorber-Gesellschaft 599
Los Angeles 605
Lotz, Wilhelm (1853–1928) 123, 130, 134, 251, 253
Ludendorff, Erich (1865–1937) 263
Ludwig I. (1786–1868) König von Bayern 60, 75ff, 78, 81f, 116, 164, 198, 226, 579
Ludwig II. (1845–1886) König von Bayern 590
Ludwig III. (1845–1921) König von Bayern 209, 211
Ludwig XIV. (1638–1715) König von Frankreich 578
Ludwig, Johannes (*1904) 544
Ludwigsburg 570
Ludwigshafen 178
Ludwigsstadt 119
– Dekanatsbezirk 385
Lübeck 49, 341
– Evangelisch-lutherische Kirche in 510
Luftangriffe 328f
Luitpold, Prinzregent von Bayern (1821–1912) 141
Lukas, Viktor (*1931) 568
Lund 522
Luthardt, August Emil (1824–1906) 88
Luthardt, Christoph Ernst (1823–1902) 88
Luther, Hans (1910–1985) 440
Luther, Martin (1483–1546) 33, 35, 40f, 44f, 47, 64, 73, 78, 86, 100, 104, 110, 128, 134f, 186,

204, 236, 240, 244, 254, 256, 263, 293, 336f, 497, 548, 576, 609
Luther-Gesellschaft 256
Lutherfeier 1846 78
Lutherischer Gotteskasten 56, 60, 164; vgl. auch Martin-Luther-Bund
Lutherischer Pakt 1935 304
Lutherischer Weltbund 501, 521–524, 600
– Deutsches Nationalkomitee und Hauptausschuß 512
– Ökumenisches Institut 522
Lutherischer Weltkonvent 521
Lutherrat (Rat der Evangelisch-Lutherischen Kirche Deutschlands) 304, 314
Lutherrezeption 40f, 44f, 47, 128, 135, 249
Luthertum 58, 98, 134f, 139, 141, 145, 164, 166, 249, 255, 259, 494–499, 507; vgl. auch Konfessionalismus
Lutz, Johann Freiherr von (1826–1890) 88ff
Luxburg, Friedrich Graf von (1829–1905) 61

Mähren 369
Magdeburg 331, 335
Mahrenholz, Christhard (1900–1980) 343, 556
Maihingen 572
Mainburg 368
Malaysia 533
Mann, Helmuth (*1920) 570
Mann, Rudolf (*1913) 570
Marahrens, August (1875–1950) 313, 521
Marburg 124, 322, 331, 474
Marburger Kreis 474
Marie (1825–1889) Königin von Bayern 67
Marienheim 579, 581
Markert, Ludwig (*1946) 519
Markert, Otto (1860–1944) 570
Markt Einersheim, Dekanatsbezirk 385
Markt Indersdorf 588
Marktbreit 186, 570
Marktheidenfeld 606
Marktheidingsfeld 447
Marktwirtschaft, Soziale 407, 413
Marquardt, Horst (*1929) 430
Marshall-Plan 372
Martin-Luther-Bund 164, 252, 535; vgl. auch Lutherischer Gotteskasten
Martin-Luther-Verein in Bayern 533, 535
Marx, Michel 548
Marxsen, Willi (1919–1993) 500

Maschinenfabrik Augsburg-Nürnberg 152, 272
Maser, Hugo (1912–1989) 401, 434
Materialismus 158
Mathesius, Johann (1504–1556) 41
Matt, Franz (1860–1929) 225f
Mauch, Hubert (*1955) 432
Mauder, Albert (1929–1989) 514
Maurer, Wilhelm (1900–1982) 497, 513
Mauritz, Reinhold (1930–1995) 519
Max I. Joseph (1756–1825) König von Bayern (= Max IV. Joseph, Kurfürst von Pfalz-Bayern) 2, 5f, 32, 186
Maximilian II. (1811–1864) König von Bayern (= Max II.) 58, 62, 82f, 152, 166
McKean, Kip (*1954) 604f
Mecenseffy, von 181
Mechanisierung 408
Mecklenburg 364
Mecklenburgs, Evangelisch-Lutherische Landeskirche 514, 561
Medien, Theologie der 436f
Medienmessen 434
Medienzentrale, Evangelische 433f
Mehl, Ernest (1836–1912) 169
Mehl, Johannes G. (1907–1993) 345, 352f, 555, 567
Meier-Reutti, Gerhard (*1933) 425, 436
Meinzolt, Hans (1887–1967) 220, 308, 411, 464, 517
Meinzolt, Klaus (*1928) 565f
Meinzolt, Marie (1899–1962) 478
Meiser, Hans (1881–1956) 175, 209, 226, 231, 246, 269, 272, 279, 285f, 295, 301–309, 311–317, 321–324, 340, 346, 351, 355–358, 360ff, 369–372, 378f, 417, 441, 462, 472, 510–513, 515–522, 553, 563
Meiser, Reinhold (*1955) 565
Meissener Erklärung 1988 534
Meister, Johannes (*1926) 440, 513f
Meistermann, Georg (*1911) 551
Melanchthon, Philipp (1497–1560) 182, 497
Memmingen 2f, 159, 245, 366, 593f, 626
– Dekanatsbezirk 385
Mendelssohn, Arnold Ludwig (1855–1933) 349
Mendelssohn-Bartholdy, Felix (1809–1847) 187, 201
Menken, Gottfried (1768–1831) 50
Mennoniten 531f, 587f

Menschenweihehandlung 604
Mergner, Friedrich (1818–1891) 189
Mergner, Gotthold (1868–1959) 347
Merk, Otto (*1933) 500
Merkel, Georg (1882–1968) 241
Merkel, Johann (1785–1838) 52
Merz, Georg (1892–1959) 47, 240, 266f, 404f, 499, 513
Merz, Karl (1890–1969) 592
Messiaen, Olivier (1908–1992) 342
Methodisten vgl. Evangelisch-Methodistische Kirche
Meyer, Friedrich (1832–1891) 59
Meyer, Hermann (1902–1945) 353
Meyer, Johann Matthias (von) (1814–1882) 13, 141
Meyer, Karl (1862–1937) 228
Meyer-Erlach, Wolf (1891–1982) 305, 310
Mgeyekwa, Zephania 452
Michel, Johann Balthasar (1755–1818) 6
Michelau, Dekanatsbezirk 385
Michelrieth 3
Micksch, Jürgen (*1941) 519
Miederer, Heinz (1928–1990) 440
Migration 33, 55f, 149, 284, 373
Mildenberger, Friedrich (*1929) 499f
Militärseelsorge 113f, 239f
Mindelheim 182
Mink-Born, Mate 337
Mission 40, 46, 49, 51, 55, 57f, 62f, 129, 140, 164, 450–453, 503, 536f
Mission und Ökumene, Kirchengesetz über 536
Missions- und Diasporaseminar 55, 60, 284, 533
Missionswerk 451, 533
Missouri-Synode 55
Mitarbeitervertretungsgesetz 393f
Mitbestimmung 160, 409
Mitgliedschaftsrecht 396ff
Mittelfranken vgl. Franken
Mittelsinn 3
Mittenwald 569
Modernisierung 90, 128, 130, 249, 280, 407ff
Möbus, Friedrich (1890–1945) 310
Möhrendorf 548
Möller, Rüdiger 548
Montgelas, Maximilian Joseph Freiherr/Graf von (1759–1838) 2, 5f, 8, 11f, 17, 23, 25f, 32, 70, 72f

Moritz, Andreas (1901–1983) 551
Moritzen, Niels-Peter (*1928) 503
Mormonen vgl. Kirche Jesu Christi der Heiligen der Letzten Tage
Mosambik 452, 533
Moser, Albert (1878–1960) 352
Mühldorf/Inn 608
Mülhausen an der Reichen Ebrach 593, 594
Mülheim 587, 594
Müller, Else (1915–1987) 535
Müller, Ernst-Friedrich Karl (1863–1935) 134, 253, 255, 260, 582, 584
Müller, Gerhard (*1929) 497
Müller, Hans (1864–1951) 170
Müller, Herbert (*1944) 412
Müller, Jakob (1834–1866) 199
Müller, Johannes (1864–1949) 252, 268
Müller, Ludwig (1883–1945) 285, 295, 304f, 307, 310, 313, 343
Müller, Willi (*1936) 412
Münch, Heinrich 310
Münchberg, Dekanatsbezirk 385
München 2, 6ff, 10, 13, 16, 20, 24ff, 32, 34, 38, 40, 49, 60–63, 66, 68, 71, 78, 83f, 86, 97, 107, 113f, 116–119, 141, 150f, 158, 166, 169f, 172ff, 177, 179–183, 186, 193f, 197, 199, 202, 216, 220, 226, 228, 240, 266ff, 271f, 275, 283, 292, 294, 299, 302, 310, 312, 319, 323, 329, 332, 334–337, 342ff, 346, 349, 352, 362, 368, 371, 378, 380, 384, 388, 401, 406, 408f, 416–420, 423, 425f, 428, 430ff, 436, 440f, 443f, 447f, 451, 462f, 471ff, 475, 479, 481f, 484ff, 489ff, 493, 496f, 503, 506, 511, 526f, 530, 533, 535, 537ff, 541f, 544, 546, 548f, 551f, 557, 564, 568ff, 579, 581, 587–590, 592–595, 599ff, 603ff, 608f, 611–614, 618, 620
– M.-Bogenhausen 334, 336
– M.-Fasanengarten 548
– M.-Freimann 548
– M.-Großhadern 334
– M.-Haidhausen 181
– M.-Karlsfeld 541
– M.-Laim 544
– M.-Neuhausen 180
– M.-Neuperlach 579
– M.-Pasing 401, 405, 462
– M.-Putzbrunn 528
– M.-Ramersdorf 337
– M.-Schwabing 181
– M.-Sendling 600

- M.-Solln 268
- M.-Unterhaching 546
- M.-Westend 336
- Kirchenkreis 219, 385
Münchner Laienbrief 323
Münster 293, 318, 324, 344
Münsterschwarzach 334
Münter, Balthasar (1735–1793) 190
Mütterdienst 288, 441, 482–486
Muggendorf 177, 385
Multikulturelle Gesellschaft 414
Musica Bayreuth 567f
Musik und Kirche 345

Nachrichten der Evangelisch-Lutherischen Kirche in Bayern 421
Nadler, Josef (1884–1963) 140
Nägeli, Hans Georg (1773–1836) 194
Nägelsbach, Elisabeth (1894–1984) 292
Nagengast, Karl (1909–1987) 512
Naila 336, 579, 590
- Dekanatsbezirk 385
Nantes 578
Napoleon I. (1769–1821) 70
Nationalismus 9, 81, 85f, 88, 92, 133, 407
Nationalliberale Partei 130
Nationalpolitische Arbeitsgemeinschaft 260
Nationalsozialismus, Nationalsozialistische Deutsche Arbeiterpartei (NSDAP) 239, 250, 252, 259–264, 267ff, 272, 274ff, 280, 284f, 287f, 297–301, 310–313, 316ff, 321, 325, 329, 356ff, 360f, 495, 583
Nationalsozialistischer Deutscher Studentenbund 260, 265
Nationalsozialistischer Lehrerbund (NSLB) 318
Nationalsozialistischer Pfarrerbund (NSEP) 299, 301, 309–312
Nationalsynode 305, 310f, 320
Naturwissenschaften 149, 132, 502
Naumann, Friedrich (1860–1919) 130
Naumann, Johann Tobias (1786–1847) 52
Neithardt, Richard 181
Nenninger, Guido (1918–1998) 352, 570
Nenninger, Leopold (1880–1970) 352, 570
Neu-Delhi 520
Neu-Ulm, Dekanatsbezirk 385
Neuapostolische Kirche 602f
Neubürger 363, 370, 374
Neuburg/Donau 579, 588
- Herzogtum 2
Neuburg, Clamor (1851–1928) 134
Neue Allgemeine Kirchenzeitung 37
Neue kirchliche Zeitschrift (ab 1933 Luthertum) 124, 253
Neue Medien 415, 428–433
Neuendettelsau 48, 51, 55ff, 59ff, 64f, 99, 106, 137ff, 141, 145, 159, 167ff, 172, 174, 182, 217, 227, 237, 240, 268, 274, 283f, 286f, 289, 302, 324f, 334, 360, 380, 404ff, 445ff, 450f, 462, 467, 469, 478f, 488, 516, 522, 533, 550f
Neuendettelsauer Missionsgesellschaft 450f
Neuendettelsauer Missionsseminar vgl. Missions- und Diasporaseminar
Neuguinea 56, 268, 418; vgl. auch Papua-Neuguinea
Neukamm, Karl Heinz (* 1929) 440, 513, 519
Neumarkt 595
- Dekanatsbezirk 385
Neumeyer, Hans (1902–1991) 526
Neurath, Konstantin Freiherr von (1873–1956) 361
Neustadt/Aisch 349
- Dekanatsbezirk 385
New York 601, 609
- N.Y.-Brooklyn 601
Nicaragua 533
Nicol, Karl (1886–1954) 282, 284, 286, 371, 440
Niederbayern 13, 364, 366f, 373f, 568
Niederlande 261, 519, 578f
Niederrhein 39
Niedersachsen 364
Niemöller, Martin (1892–1984) 307, 357, 517, 519
Niethammer, Friedrich Immanuel (1766–1848) 7, 9ff, 13f, 16, 20, 25, 32f, 35, 40f, 194
Nördlingen 2, 50, 55, 157, 165, 183, 186, 195, 199, 202, 266, 340, 349, 548, 552, 570
- Dekanatsbezirk 385
Nold, Liselotte (1912–1978) 480, 482, 484f, 489, 520
Nopitsch, Antonie (1901–1975) 288, 482, 484f, 489
Nordamerika 55f, 60, 113, 139, 268; vgl. auch Amerika; Vereinigte Staaten von Amerika
Norddeutscher Rundfunk 415
Nordmann, Carl 180
Norwegen 594

Nürnberg 2f, 8, 18, 24f, 34, 38, 41f, 50–53, 63, 67, 71, 73f, 77, 80, 82, 87, 91–94, 106f, 113, 117ff, 137, 145ff, 150ff, 154f, 157f, 164–167, 172ff, 180ff, 194–197, 199f, 204, 207, 217, 226, 229, 234f, 237, 241, 263, 266f, 271, 273, 275, 280f, 283f, 286, 291–294, 302, 305, 308, 311, 315f, 318f, 321ff, 329, 332ff, 336f, 341, 344–347, 349, 352, 361f, 366, 371, 373, 388, 401, 403, 405f, 408f, 414, 419f, 423, 432ff, 436, 439–448, 453, 457f, 462f, 469ff, 473, 475, 482, 484ff, 491, 511, 526, 530, 538f, 541f, 544f, 547ff, 551f, 557f, 563f, 567, 570, 574, 578f, 585, 587–595, 599, 603f, 608, 616, 618, 622f, 626
- N.-Gostenhof 196, 345, 349, 549
- N.-Langwasser 544f, 547
- N.-Leyh 334
- N.-Mögeldorf 337
- N.-St. Peter 349
- N.-Schafhof 542
- N.-Steinbühl 541
- N.-Sterntor 346
- N.-Thon 528, 547
- N.-Wöhrd 349, 578
- N.-Zerzabelshof 334, 336
- Burggrafenthum 186
- Fachakademie 563
- Kirchenkreis 219, 385, 469, 534

Nürnberger Gesetze 276, 322
Nürnberger Prozeß 361

Oberaudorf 545
Oberbayern 271, 366, 373f, 568f
Oberdachstetten 177
Oberfranken vgl. Franken
Oberkonsistorium, Konsistorien 7, 11ff, 16, 32, 34, 37, 43f, 51, 57, 61ff, 66ff, 73, 82, 140ff, 145, 166
Oberlin, Johann Friedrich (1740–1826) 61
Oberpfalz 6f, 13, 271, 364, 374, 568, 577f, 587
Oberweihersbuch 335
Oechsler, Elias (1850–1917) 192, 195, 202, 350
Öffentlicher Dienst 151, 277; vgl. auch Beamte, Beamtentum
Ökumene 283, 452, 490, 497f, 503, 519–537
Ökumenische Kirchenzentren 528, 547
Ökumenischer Jugendrat 535
Ökumenischer Rat der Kirchen 501, 505, 519ff
- Vorläufiger Ausschuß 362
Oertmann, Paul (1865–1938) 134
Oeschey, Rudolf (1879–1944) 228

Österreich 33, 160, 320
Oetinger, Friedrich Christoph (1702–1782) 38
Oettingen 3, 72, 199f, 570
- Dekanatsbezirk 385
Ohme, Heinz (*1950) 519
Oldenburg, Evangelisch-Lutherische Kirche in 344
Oldesloe 334
Olshausen, Hermann (1796–1839) 44
Opp, Johannes (*1936) 467
Opp, Walter (*1931) 573
Orden Fiat Lux 607f
Ordination 64, 144, 460, 532
Ordnung des kirchlichen Lebens 382, 397, 461, 515
Orgelbau, -denkmalpflege 199f, 351ff, 569–572
Orgelmusik 192, 341, 351
Ortenburg 342
- Grafschaft 3, 71
Ortenburg, Joseph-Carl Graf von (1780–1831) 3
Orth, Julius (1872–1949) 293
Orthodoxe Kirchen 530f
Ortloph, Ernst (1874–1952) 347
Ortloph, Wilhelm 193
Ostheim/Rhön 570
Ostpfarrer 368, 370
Ostpreußen, Kirchenprovinz 369
Ott, Paul (1903–1991) 572
Ottmaring 472
Ottobeuren 353
Ottobrunn 446ff
Ottow, Joh. Chr. (*1922) 548

Palestrina, Giovanni (1525–1594) 187
Pannenberg, Wolfhart (*1928) 497, 502f
Pappenheim 3, 403, 470, 572
- Dekanatsbezirk 385
Pappenheim, Marschall von, Philipp (1542–1619) 577
Pappenheim, Marschall von, Wolfgang II. (1535–1585) 577
Papua-Neuguinea 452, 532f; vgl. auch Neuguinea
Paramente 182, 336, 550f
Pariser Basis 473
Parität 71, 78, 82
Parlamentarismus 157, 160, 275, 407
Parteien, politische 153, 155, 157, 160, 271ff, 407, 411f

Partenstein 3
Partnerschaften, kirchliche 532f
Pasing 180; vgl. auch München-Pasing
Passau 2, 24, 352, 406, 493
– Dekanatsbezirk 385
Pastoralkolleg 404, 494
Patenschaftssiedlungen 373
Patrimonialgerichte 150
Patronat 72, 154, 395
Paul VI. (1897–1978) Papst 528
Pauli, Guntram 557
Paulus, Heinrich Eberhard Gottlob (1761–1851) 10
Pechmann, Wilhelm Freiherr von (1859–1948) 216, 218, 245, 269, 302, 321, 323
Pegnitz 181
– Dekanatsbezirk 385
Peis, Manfred 599
Pennsylvania 534
Penzberg 307, 327
Penzoldt, Ernst (1892–1955) 337
Perlach 2
Personenstandsgesetzgebung 27
Pertsch, Johann Nepomuk (1780–1835) 177, 611
Peschke, Franz (*1938) 514
Peter, J.P., Verlag 424
Peter-Koester, Anneliese (*1924) 481
Petri, Ludwig Adolf (1803–1873) 52, 55
Pfalz 13, 15, 20ff, 32, 61f, 65, 74, 79, 84, 89, 150, 224, 226, 271, 276, 346, 353, 575, 579, 581, 587f
Pfalz, Vereinigte Protestantisch-Evangelisch-Christliche Kirche der 20, 74f, 581f
Pfalz-Zweibrücken, Herzogtum 2
Pfarrer, Pfarrerinnen 25f, 105–113, 150, 153, 156f, 159, 220, 235–239, 274f, 279f, 410ff, 461f
– Pfarrerbesoldung 18, 105, 153f
– Pfarrerbruderschaft 317, 321, 356, 461, 498
– Pfarrerinnen 383f, 388, 479f, 491, 498; vgl. auch Theologinnen, Vikarinnen
– Pfarrerkonferenzen 106
– Pfarrernotbund 307
– Pfarrerrecht 220, 230f, 382, 388–391
– Pfarrerverein 106f, 167, 299, 301, 306f, 357, 369
– Pfarrerversammlungen 511
– Pfarrfrau 171, 370, 486
– Pfarrverwalter 461

– Pfarrwitwen-Kasse 186
Pfarrkirchen 366
Pfeffer von Salomon, Franz (1888–1968) 298, 310
Pfingstbewegung 594f
Pfingsttreffen in Augsburg 1971 527
Pfister, Maria (*1923) 471
Pflaum, Ludwig (1774–1824) 119
Pfordten, Ludwig Freiherr von der (1811–1880) 82f
Pfründenstiftungsverband 229
Pietismus 164, 268f, 317
Pissel, Annemarie (1889–1974) 292
Pius XII. (Eugenio Pacelli) (1876–1958) Papst 224
Planegg 335, 337, 617
Platner, Georg Zacharias (1779–1862) 63, 67
Plattling 334
Plitt, Gustav Leopold (1836–1880) 48f, 124
Polen 279, 368f, 534
Politik 129f, 133ff, 259–264
Politischer Protestantismus 78f, 84, 89f
Pommern, Kirchenprovinz 369
Popularmusik 558
Posaunenchorbewegung 195f, 345ff, 566f; vgl. auch Verband evangelischer Posaunenchöre
Poscharsky, Peter (*1932) 508
Posen 369
Positivismus 132f
Potsdamer Abkommen 1945 364
Prackenfels, Burg 292
Prädikant 461
Prag 578
Predigerseminare 226, 308, 462
Predigt 108f, 236f, 461
Preiser, Gotthart (*1931) 567
Preßburg 3
Presse, kirchliche 80, 92, 119f, 243f, 415f, 419, 421f, 433
Pressestellen 319, 423
Preuß, Hans (1876–1951) 125, 134f, 252, 254f, 263ff, 338, 359f
Preuß, Horst-Dietrich (1927–1993) 499
Preußen 3, 17, 54, 65, 67, 71, 78, 83, 85, 92, 144, 156, 213, 258, 369, 577, 593
Prien 333
Prinzing, Otto (1862–1910) 159
Privatkirchengesellschaft 590

Procksch, Otto (1874–1947) 251, 253f, 261ff
Proletarier 152, 154, 157, 172
Protestantenedikt 6, 12f, 15, 32, 140f, 215
Protestantische Gesamtgemeinde 9–19, 71
Protestantische Kirche 21f, 71
Psalmodie 555, 561
Publizistische Konferenz 435
Publizistischer Gesamtplan 424f, 434ff
Puchta, Philippine 165
Puckenhof 57, 169
Pullach 513
Puschendorf 284, 447, 473
Putz, Eduard (1907–1990) 268, 299, 302, 308, 317

Quäker 587
Quotenregelungen 491

Rade, Martin (1857–1940) 133
Räterepublik 161, 266, 271
Raiffeisen, Friedrich Wilhelm (1818–1888) 61
Raiffeisenkassen 60f, 156
Raiser, Ludwig (1904–1980) 518
Ranke, Leopold (von) (1795–1886) 58, 127, 140
Ranke, Philipp Friedrich Heinrich (1798–1876) 57f, 81, 119
Raschzok, Klaus (*1954) 541
Rassismus 135, 254f, 260ff, 268, 299, 315, 321ff; vgl. auch Antisemitismus; Arierparagraph; Holocaust; Juden; Nürnberger Gesetze
Rathgeber, Karl (*1950) 564
Rationalismus 127
Ratz, Edmund (*1933) 512
Raumer, Friederike von (1790–1869) 38
Raumer, Karl von (1783–1865) 38f, 50, 52, 117, 164f, 189
Rauschenberg, Wilhelm von 336
Ravensberger Land 195
Raw, Johann Philipp (1743–1826) 50
Rechtfertigungslehre, Gemeinsame Erklärung 1999 529
Redenbacher, Christian Wilhelm Adolph (1800–1876) 119
Reformationsjubiläum
– 1817 35, 39ff, 73
– 1830 35
– 1917 134, 204
Reformierte Kirchen und Gemeinden 32f, 38, 52f, 61, 63, 71, 223f, 310, 510f, 516, 575–585; vgl. auch Bund reformierter Kirchen

Reformierter Weltbund 575
Regensburg 3, 8, 24, 114, 145, 174, 195, 202, 226, 342, 349, 371, 401, 406, 443, 491, 493, 532, 538, 546, 555, 572, 588, 590, 593, 604, 609
– Kirchenkreis 368, 383, 385, 534
Reger, Max (1883–1916) 201
Rehbach, August (1879–1978) 234
Reichsbanner Schwarz-Rot-Gold 275
Reichsbischof 304f, 307, 310–313, 317
Reichsbruderrat 312ff
Reichsdeputationshauptschluß 2
Reichsgründung 87
Reichskirche 285f, 298, 303f, 306f, 309–317, 320; vgl. auch Deutsche Evangelische Kirche
Reichskulturkammergesetz 1933 319
Reichspogromnacht 322
Reichsstatthalter, bayerischer 298, 313, 324
Reichstag 134, 273ff
Reichstagswahlen 1930/1932/1933 260, 263, 299
Reichsverband für evangelische Kirchenmusik 343
Reichswehr 292
Religion und Kultur 502f
Religionsdeklaration 1799 6
Religionsedikt
– 1803 32
– 1818 212
Religionspädagogin 478
Religionspädagogisches Zentrum 494
Religionsunterricht, Religionspädagogik 110f, 129, 157, 227, 237f, 282, 284, 318, 402, 469, 508
Renitenz 61
Renner, Manfred (*1937) 570
Restauration 34, 82
Revolution
– 1848 79ff, 84, 155, 159
– 1918 161, 208, 271, 281
Rheinland 61, 127
– Evangelische Kirche im 577
Rheinpfalz 3, 8, 575, 581, 583
Richter, Karl (1926–1981) 564, 568
Ried/Oberbayern 344
Ried, Martin 40
Riedel, Heinrich (1903–1989) 229, 286, 295, 369ff, 518
Riegel, Friedrich Samuel (1825–1907) 188, 202
Rieger, Paul (*1928) 425, 427f, 433, 435, 437

Riegner, Günther (* 1951) 570
Rieker, Karl (1857–1927) 216
Riemerschmid, Reinhard 545, 549, 619
Riepp, Karl Joseph (1710–1775) 353
Rimini 404
Rinck, Johann Christian Heinrich (1770–1846) 195
Ritschl, Albrecht (1822–1889) 47f, 121, 127, 253
Rittelmeyer, Friedrich (1872–1938) 93f, 145ff, 266ff, 603
Ritter, Gerhard (1888–1967) 267
Ritter, Hermann (1910–1983) 347
Ritter, Lorenz (1832–1921) 14, 138
Roepke, Claus-Jürgen (* 1937) 519
Rößner, Friedrich (* 1960) 558
Rœulx vgl. Roux
Roloff, Jürgen (* 1930) 500, 522f
Ronchamp 544
Roos, Magnus Friedrich (1727–1803) 50
Rosenberg, Alfred (1893–1946) 256
Rosenheim 2, 199, 442, 465f, 491, 504, 599, 604
– Dekanatsbezirk 385
Roser, Hans (* 1931) 411
Rost, Leonhard (1896–1979) 251
Rostock 44, 46, 54, 68, 125, 135, 251f, 513
Rotenhan, Hermann Freiherr von (1800–1858) 77
Roth 36, 344, 595
Roth, Friedrich (von) (1780–1852) 13f, 22, 40, 43, 62f, 77, 82, 140
Rothenburg/Tauber 2f, 119f, 195, 200, 202, 349f, 417, 419, 424, 551f, 570, 625
– Dekanatsbezirk 385
Rottal 570
Rottmannshart 588
Roux 207
Ruck, Christian 181, 334
Rüber, Eduard 178
Rückert, Georg (1914–1988) 443
Rückert, Norbert (1913–1990) 526
Rügheim, Dekanatsbezirk 385
Rüstung 160, 408
Ruhrgebiet 278
Rumänien 369, 534
Rummelsberg 169, 232, 284, 286f, 334, 342, 346, 360, 373, 390, 392, 403, 446f, 465, 470, 480, 550
Rundfunk 328

Rupp, Émile (1872–1948) 200
Russell, Charles Taze (1852–1916) 601
Rußland 588
Rußlanddeutsche 364
Rust, Isaak (1796–1862) 581
Rutherford, Joseph F. (1869–1942) 601f
SA (Sturmabteilung) 275f, 279, 298
Saalfeld, Ralf von (1900–1947) 342
Saalfrank, Günther (* 1956) 419
Sachsen 65, 78, 164, 593
– Kirchenprovinz 120
Sachsen-Coburg-Gotha, Herzogtum 222
Sachsenhausen 326
Sachsens, Evangelisch-Lutherische Landeskirche 125, 514
Sacro-Pop 556ff
Saginaw/USA 55
Saint-Martins, Louis Claude de (1743–1803) 38
Sakramente 144, 326ff, 458ff, 479, 593f
Salt Lake City/Utah 609
Salzmann, Armin (* 1954) 432
Salzmann, Carmen (* 1955) 432
Sammelstelle für landeskirchliches Schrifttum 229, 284
Sammetreuther, Julius (1883–1939) 317
Sanke, Gottfried (* 1919) 566
St. Johannis-Verein 58, 166
St. Louis 139
Sasse, Hermann (1895–1976) 252, 265, 308f, 323
SBZ vgl. Besatzungszone, sowjetische
Schäfer, Rudolf (1878–1961) 337
Schäffen 181
Scharf, Kurt (1902–1990) 518
Schattenmann, Marieluise (1909–1958) 427
Schaumburg-Lippes, Evangelisch-Lutherische Landeskirche 510
Scheel, Christine (* 1956) 412
Scheibel, Johann Gottfried (1783–1843) 54
Scheller, Helmut (* 1929) 563
Schelling, Cäcilie Julie Pauline 49
Schelling, Friedrich Wilhelm (von) (1775–1854) 40
Schemm, Hans (1891–1935) 260f, 263, 275, 277, 300, 310
Scherer, Irmgard (1900–1986) 296
Scherzer, Otto Erdmann (1821–1886) 202
Scheurl, Christoph Gottlieb Adolf Freiherr von (1811–1893) 21

Schibilsky, Michael (* 1946) 436
Schieder, Julius (1888–1964) 226, 308, 317, 469
Schiller, Friedrich von (1759–1805) 85
Schirach, Baldur von (1907–1974) 295
Schlageter, Albert Leo (1894–1923) 263
Schlatter, Adolf (1852–1938) 251, 268
Schlee, Martin (1889–1961) 346, 566
Schlegtendal, Wilhelm (1906–1994) 544
Schleiermacher, Friedrich Daniel Ernst (1768–1834) 127, 258, 496, 502
Schlenk-Barnsdorf, Helga Maria (* 1936) 467
Schlesien 53, 368ff
– Kirchenprovinz 369
Schleswig-Holstein 85, 364
Schletterer, Hans Michael (1824–1893) 201
Schleusingen 186
Schlichting, Wolfhart (*1940) 501
Schlier, Hermann (1900–1980) 317
Schliersee 545, 619
Schlink, Edmund (1903–1984) 497
Schlüchtern 562
Schmerl, Christoph (* 1940) 419
Schmerl, Wilhelm (1912–1977) 419
Schmerl, Wilhelm Sebastian (1879–1963) 419
Schmid, Achim (*1956) 423
Schmid, Christel (1892–1970) 471
Schmid, Gerhard (*1925) 570
Schmid, Heinrich Friedrich Ferdinand (1811–1885) 46, 124, 127
Schmid, Karl (1901–1966) 296
Schmid, Thusnelde (1896–1977) 296
Schmidt, Albert 179, 181, 612f
Schmidt, Ernst (1864–1936) 202, 348, 350f
Schmidt, Franz 171
Schmidt, Gerhard (1899–1950) 226, 265
Schmidt, Hans (1902–1992) 317
Schmidt, Hans (* 1931) 564
Schmidt, Heinrich (1881–1923) 339
Schmidt, Heinrich (* 1907) 562
Schmidt, Johannes 241
Schmidt, Karl Ludwig (1891–1956) 254
Schmidt, Ludwig (* 1940) 499
Schmidt, Ludwig Friedrich (1764–1857) 2, 7, 32f, 62
Schmidt, Theodor (1867–1943) 154, 157
Schmidt, Waldemar (* 1909) 356
Schmitt, Hans-Christoph (* 1941) 499
Schmitz, Joseph 181f

Schnauffer, Heinz (1915–1998) 347
Schneider, Alexander (von) (1845–1909) 13, 141
Schneider, Martin G. (* 1930) 556
Schneider, Norbert (* 1940) 430
Schneider, Wolfgang (* 1954) 432
Schneidt, Hanns-Martin (*1930) 564
Schnell, Hugo (1911–1988) 513
Schnitger, Arp (1648–1720) 572
Schnorr von Carolsfeld, Julius (1794–1872) 181, 183
Schobdach 595
Schoeberlein, Ludwig (1813–1881) 187f, 195, 202
Schoen, Paul (1867–1941) 220
Schönberg, Arnold (1874–1951) 341f
Schöner, Heinrich Christian (1836–1899) 119
Schöner, Johann Gottfried (1749–1818) 50
Schönwandt, Walter 336
Schönweiß, Georg (1889–1963) 283, 475
Scholler, Heinrich (1864–1931) 292
Schott, Wolfgang 336
Schreiter, Johannes (* 1930) 551, 625
Schremser, Paul (* 1952) 432
Schricker, Walter (1928–1990) 418
Schriftleitergesetz 1933 319
Schrobenhausen 334
Schröder, Dorothea (1804–1883) 39
Schröder, Rudolf Alexander (1878–1962) 323, 461
Schubert, Franz (1797–1828) 187, 201
Schubert, Gotthilf Heinrich (1780–1860) 38, 40, 50
Schuckert, Johann Siegmund (1846–1895) 152
Schüler-Bibelkreise 171
Schülke, Heidi (* 1939) 467, 480
Schüller, Nora (* 1905) 362
Schütz, Heinrich (1585–1672) 187, 342, 349
Schuldfrage 355ff
Schule 22–25, 72f, 88, 110f, 156f, 159, 174, 208, 227f, 273, 279, 318, 400f, 410f, 413, 460f
Schullerus-Keßler, Susanne (* 1954) 422
Schulten, Adolf (1870–1960) 134
Schunck, Julius (1822–1857) 57, 117, 167
Schunk, Eberhard 547
Schwab, Karl Heinz (* 1920) 464
Schwabach 118, 120, 197, 202, 251, 293, 347, 349, 578
– Dekanatsbezirk 385

Schwabacher Konvent 510
Schwaben 7, 13, 72f, 78, 80, 103, 271, 353, 374, 568, 577, 587
Schwabmünchen 181, 595
Schwager, Hans (* 1934) 427
Schwaig 548
Schwan, Günter (* 1930) 570
Schwanberg 448, 471, 474, 547
Schwangerschaftsabbruch 466, 491, 504
Schwarz, Gerhard (1902–1993) 345
Schwarz, Reinhard (* 1929) 497
Schwarzenberg, Grafschaft 3
Schweinfurt 3, 80, 117f, 234, 238, 473, 548
– Dekanatsbezirk 385
Schweitzer, Albert (1875–1965) 200
Schweiz 73, 172, 194, 254, 372, 531, 577, 607
Schwemmer, Gottlieb († vor 1973) 544
Schwerin von Krosigk, Lutz Graf (1887–1977) 361
Seckendorff, Johann Carl August Freiherr von (1774–1828) 13, 140
Sedan 86, 88
Seebaß, Gottfried (* 1937) 497
Seeberg, Reinhold (1859–1935) 125, 130ff, 261, 267
Seelsorge 107f, 235f, 474f, 501, 507
– Seelsorge geistig Behinderter 114
Sehling, Emil (1860–1928) 134, 216, 228
Seidel, Johann Esaias von (1758–1827) 186
Seiler, Georg Friedrich (1733–1807) 35
Seitz, Ursula (* 1951) 501
Selb 157, 352
– Dekanatsbezirk 385
Selbitz 446, 448, 471f, 590
Selbständige Evangelisch-Lutherische Kirche 593; vgl. auch Altlutheraner
Selbständige, Unternehmer 150f, 159, 277, 409
Selters/Westerwald 602
Semler (Architekt) 546
Seybold, Johann Christian Leonhard (1817–1891) 167
Siebenbürger Sachsen 367, 372
Sieber, Julius (1880–1965) 200, 352, 570
Sieber, Richard (1885–1967) 200, 352, 570
Siebert, Ludwig (1874–1942) 276, 298, 313
Sieffert, Friedrich (1843–1911) 582
Siemens AG 408
Silbermann, Gottfried (1683–1753) 199, 572

Simmel, Georg (1858–1918) 256
Simon, Ekkehard (* 1936) 570
Simon, Matthias (1893–1972) 273
Simons, Menno (1496–1561) 588
Simonshof, Arbeiterkolonie 167
Simonshofen 471
Singapur 533
Singbewegung 292, 340f, 344, 556
Sittensen 500
Skandinavien 525, 535
Slowakei 369, 534
Smith, Joseph (1805–1844) 609
Söderblom, Nathan (1866–1931) 283
Söhngen, Oskar (1900–1982) 341, 343
Sölle, Dorothee (* 1929) 500
Solingen 595
Solln 337; vgl. auch München-Solln
Sommer, Hans (* 1932) 501, 514
Sommer, Wolfgang (* 1939) 497
Sommerauer, Adolf (1909–1995) 426f
Sommerer, Hans (1892–1968) 312, 315
Sonntagsarbeit 159
Sonntagsblätter 318
– Sonntagsblatt für die Evangelisch-Lutherische Kirche in Bayern 416–421
– Sonntagsblatt Rothenburg 417, 419
Sonntagspflicht 529
Sonntagsschule 112f, 238
Sowjetunion vgl. Union der Sozialistischen Sowjetrepubliken
Sozialdemokratie, Sozialdemokratische Partei Deutschlands (SPD) 89, 93f, 129, 157f, 160, 271, 275f, 300, 407, 411f
Soziale Frage 87, 91, 93
Sozialismus 153f, 156f, 160, 273, 280, 299, 407
Sozialismus, Religiöser 256, 273
Sozialversicherung 153, 272, 407
Spätrationalismus 79, 81
Specht, Bruno 178
Speidel, Ruth 336
Spengler, Lazarus (1479–1534) 336, 497
Spengler, Oswald (1880–1936) 256, 258, 496
Sperl, Adolf (* 1930) 513
Speyer 8, 13, 15, 19, 21f, 32, 61f, 141, 180, 581f
Spiritualität 488, 506ff
Spitta, Friedrich (1852–1924) 188, 201
Spitta, Philipp (1841–1894) 187
Sprenger, Paul (1898–1945) 253, 264, 583

SS (Schutzstaffeln) 277f, 298
Staat und Kirche, Trennung von 157, 160, 209, 211–215, 250, 279
Staatsabsolutismus 74
Staatskirche 164
Staatskirchenvertrag von 1924 224–228, 237, 245, 282, 395f
Staatsleistungen 228
Staatsprotestantismus 70–74
Stadtmission 174, 283, 362, 441, 443
Staedtke, Joachim (1926–1979) 583
Stäfa 194
Stählin, Adolf (von) (1823–1897) 13, 49, 141, 143, 157
Stählin, Therese (1839–1928) 167f
Stählin, Wilhelm (1883–1975) 234, 291, 293f, 341, 344, 503
Ständeklassen 150, 152, 155
Stahl, Friedrich Julius (1802–1861) 83
Stahlhelm. Bund der Frontsoldaten 274, 276
Staller, Anton (*1923) 570
Stapel, Wilhelm (1882–1954) 256, 267
Stark, Burkhard (*1948) 419, 425
Stark, Wolfgang-Jürgen (*1939) 557
Stauffer, Ethelbert (1902–1979) 265, 499
Stegemann, Wolfgang (*1945) 500
Steiermark 599
Stein 368, 470, 478, 482ff, 486, 489, 578
– S.-Deutenbach 548f
Steinbauer, Karl (1906–1988) 307, 321, 326f
Steindorf 619
Steiner, Rudolf (1861–1925) 266, 603f
Steinhauser, Theodor (*1922) 541, 546, 548f, 626
Steinlein, Hermann 145
Steinmeyer (Orgelbau-Firma) 351ff, 564, 570f
Steinmeyer, Georg Friedrich (1819–1901) 200
Steinwand, Eduard (1890–1960) 265, 497
Stephani, Heinrich (1761–1850) 37, 72
Steuerlein, Helmuth (*1925) 549
Steuern 410
Stiller, Heinrich Theodor (1765–1828) 13, 98
Stockdorf 447, 472, 546, 551, 624
Stockhausen, Hans Gottfried von (*1920) 551
Stöberl, Wilhelm (*1929) 570
Stoll, Christian (1903–1946) 302, 324
Stolz, Georg (*1928) 541
Straßburg 58, 200, 522

Strathmann, Hermann (1882–1966) 216, 251, 254, 260f, 265, 273f, 322, 359, 411
Strauß, David Friedrich (1808–1878) 582
Strauß, Franz Josef (1915–1988) 413
Strauss, Richard (1864–1949) 341
Strawinsky, Igor (1882–1971) 341f
Strebel, Johannes (1832–1909) 200
Streicher, Julius (1885–1946) 261, 310
Streitberg 336
Striffler, Helmut (*1927) 546, 621
Strittmatt/Schwarzwald 608
Strobel, August (*1930) 500
Studenten 153, 240f, 264f, 409
Studentenbewegung 1968ff 495, 504
Studienkolleg für orthodoxe Stipendiaten 530
Stürmer, Der 322
Sturm, Christoph Christian (1740–1786) 190
Stuttgart 50, 58, 119, 180, 311, 335, 341, 519, 585, 599, 603
Stuttgarter Schuldbekenntnis 1945 356f, 519, 537
Suchdienst, kirchlicher 372
Sudetendeutsche 364f, 372
Südafrika 491, 518
Sulzbach 32, 186
– Herzogtum 2
– Religions- und Kirchendeputation 7
Sulzbach-Rosenberg 542
– Dekanatsbezirk 385
Sulzbürg/Oberpfalz 486
Sulzbürg-Pyrbaum 2
Sulze, Emil (1832–1914) 335
Summepiskopat 5, 15, 64, 83, 138; vgl. auch Staat und Kirche
Supper, Walter (1908–1984) 571
Synode 15, 20; vgl. auch Generalsynode
Synode der deutschen Bistümer 1971–75 527

Täufer 587ff
Taizé 557
Tansania 452, 532f
Taufkirchen/Unterhaching 546
Taufkirchen/Vils 551
Taufstein 336, 543, 548, 551
Technik 149f, 152, 154f, 280, 408, 413
Teheran 364
Thamm, Hans (*1921) 568
The International Churches of Christ 604f

Theologie 121, 126ff, 131f, 250f, 253, 255, 257ff, 267
- Alttestamentliche 123, 126, 251, 253f, 499
- Erlanger vgl. Erlanger Theologie
- Kirchengeschichte 124f, 127f, 131, 252, 254f, 497
- Neutestamentliche 124, 126f, 130f, 251, 254, 499f
- Praktische 125, 129, 133, 252f, 255, 503
- Systematische 125, 128f, 131ff, 252, 255–259, 495–499, 502–505

Theologinnen, Vikarinnen 326ff, 383f, 388, 479f, 491, 498; vgl. auch Pfarrer, Pfarrerinnen

Theologische Existenz heute 266

Theologische Fakultät der Universität Erlangen (bzw. Universität Erlangen-Nürnberg) 41–49, 68, 106, 121–135, 191f, 227, 245, 249–265, 350, 359f, 380, 406, 436, 462, 493, 497, 503, 530, 552, 573f

Theologische Fakultäten 122
- Berlin 122, 264
- Erlangen vgl. Theologische Fakultät der Universität Erlangen
- Greifswald 264
- Leipzig 264
- Marburg 322
- München vgl. Evangelisch-Theologische Fakultät der Universität München
- Tübingen 122, 264

Thielicke, Helmut (1908–1986) 252
Thiersch, Friedrich Wilhelm (1784–1860) 25
Thiersch, Ludwig (1825–1909) 181
Tholuck, August (1799–1877) 42
Thomas, Kurt (1904–1973) 349
Thomasius, Gottfried (1802–1875) 37, 45ff, 108, 121, 125, 128
Thonius, Manfred (*1946) 570
Thüngen 3
Thüngen, Dietz Freiherr von (1894–1973) 274
Thüringen 199, 222, 320, 570
- Evangelisch-Lutherische Kirche in 514, 561
Thuisbrunn 181
Thurnau 13, 73, 186
- Dekanatsbezirk 385
Tillich, Paul (1886–1965) 256
Tobler, Johann Kaspar (*1764) 194
Töllner, Wolfgang (*1940) 557, 561
Toleranz 5, 32, 507
Toleranzedikt 1801 6

Tourismus 409
Track, Joachim (*1940) 501, 524, 560
Traditionalismus 73
Traktatmission 51, 53f
Traub, Gottfried (1869–1956) 144, 262, 268
Traunreut 366, 588
Traunstein 588
- Dekanatsbezirk 385
Trautberg 57
Trautner, Friedrich Wilhelm (1855–1932) 202
Trauung 144, 460
Trenkle, Georg Hermann (1814–1896) 58
Treysa 241, 371, 510, 515, 553
Triefenstein/Main 471, 572
Trillhaas, Wolfgang (1903–1995) 253, 265
Troeltsch, Ernst (1865–1923) 130, 132, 250, 259, 502
Truchseß von Wetzhausen, Crafft Freiherr (1932–1993) 519
Trudering 2
Truhel, Käthe (1906–1992) 486
Tschechien 534
- Tschechische Sozialistische Republik 364
Tschernobyl 467
Tucher, Gottlieb von (1798–1877) 189, 193
Tübingen 58, 72, 122, 264
Türkei, Türken 408f, 530, 538
Turtur, Ludwig (1891–1965) 292
Tutzing 470, 486; vgl. auch Akademie Tutzing, Evangelische

UdSSR vgl. Union der Sozialistischen Sowjetrepubliken
Uffenheim 362, 366
- Dekanatsbezirk 385
Uhde, Fritz von (1848–1911) 183f, 615
Uhland, Ludwig (1787–1862) 85
Uhlenbrock, Stefan (*1964) 567
Ukraine 534
Ullrich, Dieter 547
Ulm 2f, 7f, 308, 604
Ulmer, Friedrich (1877–1946) 145, 252f, 255, 347
Ulmer, Wilhelm Theodor Friedrich (1810–1903) 119
Ultramontanismus 77, 85, 88, 92, 127, 130
Umsiedlung 373
Una-Sancta-Bewegung 526, 535
Ungarn 369f, 533, 579f

- Geistliche 370
Unger, Erna (1912–1984) 362
Unglehrt, Max 179
Unierte Kirchen 57, 369, 510f, 516
Union der Sozialistischen Sowjetrepubliken 361, 467, 534
Universelles Leben 605ff
Universität
- Altdorf 25, 34f, 58, 72
- Augsburg 406, 493
- Bamberg 406, 493
- Bayreuth 406, 493
- Erlangen-Nürnberg 25f, 34–40, 49, 72, 122, 165, 191f, 261, 263, 350f, 573, 580–583; vgl. auch Theologische Fakultät der Universität Erlangen
- München vgl. Evangelisch-Theologische Fakultät der Universität München
- Passau 406, 493
- Regensburg 406, 493
- Würzburg 406, 493
Unterasbach 570
Unterfranken vgl. Franken
Unterhaching 546
Untermainkreis 16
Untermaxfeld 2
Upper Susquehanna, Synode von 534
Uppsala 520ff
Uriella vgl. Bertschinger Eicke, Erika
Urspringen 570
US-Zone vgl. Besatzungszone, amerikanische
USA vgl. Vereinigte Staaten von Amerika
Usteri, Johann Martin (1848–1890) 582
Utah 609
Utzschneider, Helmut (* 1949) 499

Vancouver 467, 505, 521, 536
Varnhagen von Ense, Hermann (1850–1924) 134
Vasa Sacra 336, 550f
Vaterlandspartei, Deutsche 204
Veit, Ernst (1891–1968) 238
Veit, Friedrich (1861–1948) 13, 141, 145, 206, 208, 212, 217f, 224, 226, 246, 274f, 284, 301
Veit, Friedrich (1888–1961) 345, 565
Veltheim 157
Verband evangelischer Kirchenmusiker(innen) 566f
Verband evangelischer Posaunenchöre 196, 566f

Verein evangelischer Kirchenmusiker 346
Verein für christliche Kunst 180, 183, 550, 552, 560
Vereinigte Evangelisch-Lutherische Kirche Deutschlands 67, 304, 378f, 389, 397, 511–516, 524, 532, 553f, 600
- Prediger- und Studienseminar (Theologisches Studienseminar) 513f
Vereinigte Evangelisch-Lutherische Kirche in der DDR 514
Vereinigte Staaten von Amerika 55, 372, 474, 525, 531, 599, 604, 609; vgl. auch Nordamerika
Vereinigung Evangelischer Freikirchen 600
Vereinsgeistliche 173ff, 284
Vereinswesen
- evangelisches 163–175, 281–289
- römisch-katholisches 166
Verfassungsurkunde des Freistaates Bayern 1919 213f; vgl. auch Bamberger Verfassung
Verlage 265ff, 423f
Vernichtungslager 323
Versailler Vertrag 251, 260ff, 272
Verstädterung 90, 151, 156, 158, 272, 277, 280, 408
Vertriebene vgl. Flüchtlinge
Vestenberg 593
Vicedom, Georg F. (1903–1974) 450, 503, 520
Viechtach 367
Vietheer, Heinrich (1883–1968) 594
Vilmar, August Christian Friedrich (1800–1868) 381
Vöhingen 334
Vötterle, Karl (1903–1975) 341
Vogtland, bayerisches 150
Voit, August (von) (1801–1870) 177f
Volkershausen 337
Volkert, Johannes (1846–1937) 180
Volksgemeinschaft 285, 300
Volkskirche 249, 283, 303, 314, 316, 506f
Volksmission 166, 175, 283ff, 306, 319; vgl. auch Amt für Gemeindedienst
Volkstum 250, 257, 268
Vollmar, Georg von (1850–1922) 157f
Vollrath, Wilhelm (1887–1968) 252f, 263f
Vorläufige Kirchenleitung
- Erste (VKL I) 313f
- Zweite (VKL II) 314f
Vulpius, Melchior (ca. 1570–1615) 193

Wackersdorf/Oberpfalz 467
Währungsreform
- 1923 272
- 1948 407, 410
Wagner, Adolf (1890–1944) 298, 310, 316
Wagner, Herwig (*1927) 503
Wagner, Richard (1813–1883) 341
Wahlrecht, kirchliches 215
Waisenhäuser 174
Waitzacker, Gut 345
Waitzackerhof 342
Walcker (Orgelbau-Firma) 199, 352, 570
Walcker, Eberhard Friedrich (1794–1872) 199
Wald 145
Waldeck 89
Waldshut 608
Walz, Friedrich (1932–1984) 426, 557
Wanderer, Friedrich Wilhelm (1840–1910) 183
Wanke, Gunther (*1939) 499
Warschau 369
Wassertrüdingen 595
- Dekanatsbezirk 385
Weber, Heinrich (1878–1964) 339, 562
Weber, Matthias Wilhelm Ferdinand (1836–1879) 107, 143
Weber, Max (1864–1920) 130, 259, 502
Weck, Ludwig (1905–1970) 345
Wedel, Klaus (*1955) 566
Weerda, Jan Remmers (1906–1963) 583
Wehrverbände 275
Weichlein, Julius (1898–1978) 282, 371
Weiden 110
- Dekanatsbezirk 385
Weigand, Peter (*1949) 519
Weigel, Erhard (1866–1950) 282, 347
Weigelt, Horst (*1934) 497
Weigle, Maria (1893–1979) 470, 478, 482
Weihehandlungen 102
Weilheim 384
- Dekanatsbezirk 385
Weimar 41, 513
- Weimarer Reichsverfassung 213f, 245, 272, 276, 297, 377
- Weimarer Republik 227, 234, 239, 244, 250, 255f, 259, 273, 275, 281, 339
Weißenburg 3, 71, 316, 336, 349
- Dekanatsbezirk 385
Weißenburg-Gunzenhausen, Kreis 364

Weizsäcker, Carl Friedrich Freiherr von (*1912) 468, 505
Weizsäcker, Ernst Freiherr von (1882–1951) 361
Weltgebetstag 485, 489f, 535
Weltkrieg
- Erster 133, 147, 160f, 171f, 175, 203–209, 249, 251, 255, 258, 262, 282
- Zweiter 265, 277f, 287, 319, 326, 328f
Weltreligionen 503; vgl. auch Islam
Weltwirtschaftskrise 272, 274, 284
Wendland, Heinz-Dietrich (1900–1992) 267
Wermelskirch, Johann Georg (1803–1872) 54
Werneck 114
Wernfels, Burg 292, 346
Wertingen 606
Westarp, Kuno Graf (1864–1945) 260
Westfälischer Frieden 578
Westfalen 84
- Evangelische Kirche von 577
Westheim am Hahnenkamm 60
Westsachsen 585
Wettstetten 542
Wetzlar 431
Wichern, Johann Hinrich (1808–1881) 38, 57, 59, 67, 120, 165f
Widerstand, kirchlicher 313, 329f
Widmann, Joachim (*1930) 564, 566
Wiegand, Friedrich (1860–1934) 131
Wien 123
Wiesche, Sr. Anna-Maria aus der (*1952) 524
Wild, Andreas (*1971) 467
Wilderspin, Samuel 115
Wilhelmine (1709–1758) Markgräfin von Bayreuth 191
Wilhelmsdorf/Mittelfranken 578
Wilkens, Erwin (1914–1989) 430
Windsbach 36, 165, 568
- Dekanatsbezirk 385
Windsbacher Knabenchor 568
Windsheim 3, 71, 349; vgl. auch Bad Windsheim
Winkelhaid 595
Winter, Helmut (*1927) 420, 423, 425
Winterfeld, Carl von (1784–1852) 187
Winterhilfswerk
- kirchliches 284
- nationalsozialistisches 285, 289

Wirth, Friedrich Wilhelm (1837–1927) 157
Wirth, Karl (1880–1927) 292
Wittek, Gabriele (*1933) 605f
Wittenberg 57, 67, 92, 166, 576
Wittenberger Kirchentag 1848 166
Wittmann, Pankraz (1877–1952) 345
Wohlenberg, Gustav (1862–1917) 124, 130f, 133
Wohlfahrt 173, 281f, 284, 289
Wolfrum, Philipp (1854–1919) 189
Wolfstein, Grafschaft 2
Wolhynien 364
Woodhouse, Francis Valentine (1805–1901) 599
Woodruff, Albert 118
World Council of Religions for Peace 538
Worms 85, 224
Worringer, Hans (1881–1965) 254
WRK (Wendhack-Redeker-Kreuzer) (Orgelbau-Firma) 570
Wucherer, Johann Friedrich (1803–1881) 55, 119, 165
Würth, Ludwig (1786/87–1866) 155
Württemberg 3, 119, 194, 241, 261, 323, 463, 577, 590
– Evangelische Landeskirche in 304f, 307f, 310–313, 324, 327f, 370, 509f, 518, 521, 561
Würzburg 2f, 7f, 10, 16, 25, 33, 113, 117, 119, 144, 158, 166, 196, 271, 303, 401, 404, 406, 443, 451, 493, 511, 527, 538, 541f, 557, 564, 567, 570, 588, 593, 603f, 606f, 619
– W.-Lengfeld 528
– Dekanatsbezirk 419, 385
Würzburger Bachtage 567f
Wüstenstein 181
Wunsiedel, Dekanatsbezirk 385
Wuppertal 253
Wurm, Theophil (1868–1953) 307, 311, 313, 324, 510, 515
Wynecken, Friedrich (1810–1876) 55, 139

Youngh, Brigham (1801–1877) 609

Zahn, Adolf (1858–1928) 348
Zahn, Johannes (1817–1895) 188f, 193, 196, 346, 348
Zahn, Theodor von (1838–1933) 124ff, 130f, 251, 253f, 261
Zaire 452, 533
Zehnte 17, 154
Zeilitzheimer Pastoralkonferenz 57, 106, 166, 174
Zeiske, Maria Christine (1917–1993) 481
Zeitler, Hansjörg 548
Zeitschrift für Protestantismus und Kirche 43f, 46, 49, 54f, 121, 127, 129
Zentner, Georg Friedrich Freiherr von (1752–1835) 5, 10–13, 23, 25
Zentralamerika 533
Zentralbibelverein 164
Zentralkomitee der Deutschen Katholiken 527
Zentralmissionsverein 164
Zentrumspartei 89, 93
Zerstörte Landeskirchen 314
Zeugen Jehovas 598, 601f
Zezschwitz, Gerhard von (1825–1886) 48, 125, 129, 139
Zimmermann, Franz (1821–1861) 199
Zindel, Fr. 335
Zivilehe 87, 144; vgl. auch Ehe
Zivilreligion 72, 84
Zürich 577, 582, 603
Zürich-See 194
Zumach, Hildegard (*1926) 485
Zusatzversorgung, kirchliche 393
Zwangserziehungsgesetz, staatliches 1902 175
Zwanzger, Johannes (1905–1999) 323
Zwei-Reiche-Lehre 129, 135, 249
Zweibrücken 13
Zweites Vatikanisches Konzil 525, 527
Zwingli, Huldrych (1484–1531) 577

Soweit Geburts- und Todesjahr zu ermitteln waren, wurden diese angegeben.

VERZEICHNIS DER MITARBEITERINNEN UND MITARBEITER

Archivdirektor Dr. Helmut Baier, Nürnberg
Kirchenrat Dr. Wolfgang Behnk, München
Prof. Dr. Werner K. Blessing, Erlangen
Oberkirchenrat Dr. Hartmut Böttcher, München
Hannelore Braun M.A., München
Prof. Dr. Friedhelm Brusniak, Würzburg
Pfarrer Dr. Peter Bubmann, Greußenheim
Oberkirchenrätin i.R. Gudrun Diestel, München
Studiendirektor i.R. Hermann Fischer, Aschaffenburg
PD Dr. Reinhold Friedrich, Erlangen
Prof. Dr. Friedrich Wilhelm Graf, München
Prof. Dr. Alasdair I.C. Heron, Erlangen
Kirchenrat Dr. Hartmut Hövelmann, München
Kirchenverwaltungsdirektor Dr. Hans-Peter Hübner, München
Kirchenrätin Christine Jahn, München
PD Dr. Rudolf Keller, Neuendettelsau
Prof. em. Dr. Dr. h.c. Bernhard Klaus, Erlangen
Landeskirchenmusikdirektor Michael Lochner, München
Dekan Michael Martin, Aschaffenburg
Pfarrer Dr. Björn Mensing, Bayreuth
Landesbischof i.R. Prof. Dr. Gerhard Müller D.D., Erlangen
Prof. Dr. Carsten Nicolaisen, München
Prof. Walter Opp, Erlangen
Prof. em. Dr. Peter Poscharsky, Erlangen
Kirchenrat Paul Rieger, Puchheim
Prof. Dr. Ulrich Schwab, Marburg
Prof. em. Dr. Manfred Seitz, Erlangen-Bubenreuth
Prof. Dr. Barbara Städtler-Mach, Nürnberg
Prof. Dr. Joachim Track, Neuendettelsau
Pfarrerin Dr. Dorothea Vorländer, Heilsbronn-Weißenbronn
Akad. Direktor i.R. Dr. Theodor Wohnhaas, Nürnberg
Prof. em. Dr. Wolfgang Zorn, Augsburg

IN VORBEREITUNG

HANDBUCH DER GESCHICHTE DER EVANGELISCHEN KIRCHE IN BAYERN

Herausgegeben von

Gerhard Müller
Horst Weigelt
Wolfgang Zorn

Redaktion
Nora Andrea Schulze

BAND 1
VON DEN ANFÄNGEN BIS ZUM ENDE DES 18. JAHRHUNDERTS

I.
KIRCHE IN BAYERN BIS ZU BEGINN DES 16. JAHRHUNDERTS

II.
ANFÄNGE EVANGELISCHER KIRCHE IN BAYERN BIS ZUM AUGSBURGER RELIGIONSFRIEDEN

III.
VOM AUGSBURGER RELIGIONSFRIEDEN BIS ZUM WESTFÄLISCHEN FRIEDEN

IV.
VOM WESTFÄLISCHEN FRIEDEN BIS ZUM ENDE DES ALTEN REICHES

AUTOREN

Rudolf Endres – Berndt Hamm – Rolf Kießling – Kurt Löcher – Franz Machilek – Helmut Neuhaus – Peter Poscharsky – Kurt Reindel – Klaus-Jürgen Sachs – Reinhard Schwarz – Gottfried Seebaß – Wolfgang Sommer – Wilhelm Volkert – Horst Weigelt – Hans-Martin Weiss – Alfred Wendehorst